KB261900

유라시아 유목제국사

유라시아 유목제국사

르네 그루쎄(René Grousset) 지음
김호동·유원수·정재훈 옮김

유라시아 유목제국사

유라시아 유목제국사

옮긴이의 말

유라시아 대륙의 중앙을 가로지르는 광대한 초원과 그 아래로 넓게 펼쳐진 사막과 반사막. 이미 고대 중국의 한 역사가가 말했듯이 걸음마보다 말타기를 먼저 배울 수밖에 없었던 유목민들은 지난 2천년 이상의 세월 동안 자신들에게 주어진 환경에 적응하고 또 인내하며 역사의 부침에 동참했고 인류 문명사에 굵고 분명한 자국을 남겨 놓았다. 알 수도 없는 곳에서 홀연히 나타나 고대 서아시아의 제국을 무너뜨린 뒤 갑자기 북방으로 돌아간 스키타이, '신의 채찍'으로 불리며 게르만족을 밀어내면서 '영원한 수도' 로마를 위협했던 훈족, 멀리 북방 바이칼 호 근처에서 일어나 한 세대도 채 지나기 전에 문명사회의 꽃이었던 북경과 바그다드와 키예프를 함락시켜버린 몽골. 이들은 우리 모두에게 잘 알려진 몇몇 예에 불과하지만, 이 같은 유목민족들의 출현과 정복과 소멸이 인류사에서 단지 스쳐 지나가는 에피소드만이 아닌 것은 분명하다. 그러나 대륙의 내부에서 벌어졌던 이 거대한 드라마의 의미를 올바로 이해한다는 것은 결코 용이한 일이 아니다. 우리와 너무도 다른 환경 속에서 살았던 그들의 심성은 어떠했는지, 혹은 그들이 어떠한 과정을 통해 제국을 건설했으며 그 역사적 의미는 무엇인지 하는 문제들은 고사하고라도, 솔직히 말해 혜성처럼 나타났다가 사라진 수많은 민족들의 이름을 제대로 기억하는 것조차 용이한 일이 아닐 것이다.

르네 그루쎄(René Grousset, 1885-1952)는 이처럼 낯설기만 한 세계를 사건의 핵심을 꿰뚫는 통찰력과 박진감 넘치는 유려한 문체를 통해 우리에게 펼쳐 보여주고 있다. 국내외를 막론하고 유목제국의 역사에 대해 지금까지 몇몇 개설적인 책들이 있으나 그 단조롭고 판에 박힌 서술방식으로 인해 지식을 얻겠다는 의무감이 아니면 책장을 넘기기 힘든 것이 사실이다. 그러나 그루쎄의 놀라울 정도로 박람한 지식과 예술사가로서의 남다른 식견은 본서에 개설서이면서도 지루하지 않고 독자를 매료하는 힘을 불어넣고 있다. 사실 그의 저작목록 가운데 일부만 열거해 보아도 1921년 『아시아의 역사』(*Histoire de l'Asie*)를 시작으로 1929-30년 『동양문명사』(*Les civilisation de l'Orient*), 1936년 『극동의 예술』(*L'Art de l'Extrême Orient*), 1939년 『초원제국』(*L'Empire des Steppes* ; 본역서의 원서), 1941년 『몽골제국사』(*L'Empire mongol*), 1947년 『아르메니아사』(*Histoire de l'Armenie*), 1951년 『중국과 그 예술』(*La Chine et son art*) 등, 그가 얼마나 다양한 관심을 가졌고 또 얼마나 정력적인 작가였는가를 금세 확인할 수 있다. 그는 이러한 학문적 업적을 인정받아 1946년에는 프랑스 학술원 회원으로 선출되기도 하였다.

그가 이처럼 다양한 주제에 대해 쉬지 않고 저술을 계속했기 때문에 우리는 과연 그가 유라시아의 유목제국에 대해서 얼마나 전문적이고 학술적인 식견을 가졌겠는가 하는 의구심도 갖게 된다. 더구나 투르크어나 몽골어와 같은 유목민족의 언어에 대해 그가 정통한 것으로 보이지도 않기 때문이다. 그러나 일단 본서를 읽기 시작하면 그러한 의구심은 말끔히 사라지고 오히려 이처럼 방대한 지식을 그가 어떻게 수집하고 또 어떻게 이처럼 조리 있고 흥미 있게 설명할 수 있었을까 하는 놀라움을 느끼게 된다. 그의 이 책이 개설서이면서도 동시에 고도의 학문적 수준을 유지할 수 있었던 것은 아마 뻴리오(P.Pelliot), 샤반느(E.Chavanne), 마스뻬로(H.Maspero), 발라즈(E.Balaz)와 같은 탁월한 동양학자들이 활약하던 당시 프랑스의 높은 학문적 수준, 그리고 무엇보다도 그루쎄 자신의 부단한 노력과 놀라운 종합력이 있었기 때문이었을 것이다. 이렇게 해서 이 글은 출판된 지 지금까지 거의 반세기가 되어 가지만 유목제국사를 공부하는 초학자들의 필독서임은 물론 전문학자들까지 즐겨 인용하는 글이 되었다.

그루쎄의 이 책은 이제 중앙아시아사 분야에서 하나의 고전으로 분명히 평가받게 되었고, 어느 언어로 씌어진 개설서이든 아직도 이 글을 능가하지 못하고 있다. 현재까지 영어, 독어, 일어, 중국어, 터키어 등 각국어로 번역된 것도 이 때문일 터인데, 유목민족과 남다른 관계를 갖고 있는 우리나라에만 유독 번역서가 없다는 것은 부끄러운 일이다. 역자들이 우리 말 번역에 착수하게 된 것은 이 글이 진작 번역되었어야 했음에도 불구하고 그렇지 못하여 소수의 전문가를 제외하고는 쉽게 접근하기 어렵게 되어 있다는 점에 대한 반성과, 장차 이 글이 중앙아시아 분야의 여러 초학과 전문가들은 물론 미지의 세계에 대한 지적인 호기심과 탐구의 용기를 지닌 독자들에게 좋은 길안내가 되었으면 하는 희망에서였다.

세 사람의 번역자들은 이 책을 세 부분으로 나누어 우선 자기 전공과 관련된 부분을 책임지고 맡아서 옮기기로 하였고, 초고가 완성된 뒤 각자 그것을 교환하여 꼼꼼히 원문과 대조하여 가능하면 오역을 줄이려고 노력하였다. 또한 기왕에 다른 나라에서 번역된 것에는 저자의 주석까지 생략한 경우도 있지만, 본 역자들은 원주를 모두 옮기는 것은 물론, 그루쎄가 이 책을 완성한 뒤 지금까지 적지 않은 학문적 성과가 축적되었다는 점을 감안하여 역주를 통해 눈에 띄는 오류를 가능한 한 바로잡으려고 하였다. 이러한 노력에도 불구하고 이 번역에 대해 만족할 만하다고 자부하는 것은 결코 아니다. 어디엔가 존재할지 모르는 오역, 역자의 차이에서 생겨나는 문체상의 어그러짐, 용어 표기상의 불비함 등이 있으리라 생각하기 때문이다. 독자들의 날카로운 질정을 바라는 바이다.

어려운 시기에 출판을 쾌히 응락해주신 사계절 출판사의 강맑실 사장님께 감사를 드리며, 번역의 시작에서 완결까지 이모저모로 도움과 격려를 아끼지 않은 여러분들께 고개 숙여 고마움을 표하고 싶다. 마지막으로 이 번역서가 부디 많은 분들께 읽혀져 초원의 세계에 대한 호기심을 불러일으키고, 중앙아시아의 역사에 대한 보다 깊은 이해와 탐구를 향한 작은 초석이 되었으면 하는 바람으로 이 서언을 맺고자 한다.

1998년 8월
옮긴이

저자 서언

앗틸라, 칭기스칸, 티무르 이들의 이름은 모두의 기억 속에 자리잡고 있다. 서구의 작가들이나 중국과 페르시아의 사가들이 쓴 글들은 그들의 명성을 퍼뜨리는 데 한몫을 하였다. 엄청난 야만인들이 발달된 역사적 문명지역으로 밀려들어와 몇 년밖에 안되는 짧은 기간에 로마나 이란, 중국 세계를 잿더미로 만들어버렸다. 그들의 출현, 동기, 퇴각은 설명하기 힘들어 보였고, 그래서 오늘날의 역사가들도 옛날의 작가들이 내렸던 결론, 즉 그들은 고대문명을 응징하기 위해 파견된 신의 채찍이라는 판단을 거의 그대로 되풀이하고 있다.

그러나 그들 이상으로 대지의 자식이 없고 그들 이상으로 환경의 자연적 산물은 결코 없었다. 그들의 동기와 행동패턴은 그들의 생활방식을 이해함으로써 분명하게 드러난다. 그들의 왜소하고 단단한 — 극도로 험한 조건에서도 생존할 수 있었기 때문에 패배를 모르는 — 체격은 초원에 의해 형성된 것이었다. 고원지대의 매서운 바람, 혹심한 추위와 타는 듯한 더위는 주름진 눈매, 높이 솟은 광대뼈, 숱이 없는 머리털로써 그들의 얼굴을 조각하였고, 힘줄이 불거진 그들의 몸을 단단하게 만들었다. 목초지를 찾아 계절적인 이동을 해야 하는 목축생활의 조건은 독특한 유목주의를 규정하였고, 유목경제의 절박함이 그들과 정주민과의 관계, 즉 소극적인 차용과 잔인한 약탈의 어느 쪽이 될지를 결정하였다.

역사의 그물을 찢고 우리에게 닥쳐왔던 아시아의 위대한 유목민들 서넛은 예외적인 것처럼 보일지 모르지만, 그것은 순전히 우리의 무지에서 비롯된 것이다. 세계의 정복자가 된, 놀라운 업적을 이룩한 세 사람이 나오기 위해서 얼마나 많은 앗틸라와 칭기스칸들이 불발로 끝나고 말았던가?

그러나 그들은 아시아의 일부, 즉 시베리아에서 황하까지, 또 알타이에서 페르시아에 이르는 아주 한정된 영역의 제국 — 이 정도만으로도 상당한 규모의 성취라는 점을 우리는 인정해야만 할 것이다 — 이상을 건설하는 데 실패했을 뿐이었다. 나는 이 위대한 야만의 민족들, 특히 앗틸라와 칭기스칸과 티무르라는 세 사람의 강력한 인물이 지배했던, 그들이 천년의 역사를 통해서 중국의 변경지역에서 서구의 문턱까지 다다랐던 모습을 독자들의 마음속에 가져가려고 한다.

야만인의 문제는 정확하게 서술되지 않으면 안된다. 고전세계는 여러 종류의 야만인들 — 그 이웃들로부터 그렇게 불렸던 사람들 — 과 마주쳤다. 켈트족은 오랫동안 로마인들의 야만인이었고, 게르만족은 갈리아인에게, 슬라브의 세계는 게르만인에게 그러하였다. 마찬가지로 후일 남중국으로 알려진 지역도 황하 유역에 있던 원래의 중국인들에게는 오랫동안 야만의 지역으로 남아 있었다.

그러나 이 모든 지역의 지리적 조건은 그 주민들에게 농경이라는 생활방식을 요구하였고, 그들은 후진성에서 벗어나 점차로 그러한 생활방식을 영위하는 주민과 자신을 동일시하게 되어, 중세 후반기가 되면 유럽과 서아시아, 이란과 인도와 중국의 거의 대부분이 같은 단계의 물질문명에 이르게 된다.

그러나 중요한 한 지역이 이 과정에서 빠져 있었으니, 그것은 만주에서 부다페스트에 이르기까지 중앙 유라시아의 북방을 가로지르는 넓은 지역이었다. 이곳은 초원지대였고 그 북방의 끝은 시베리아의 삼림과 맞닿아 있다. 여기에서는 지리적 조건으로 인해 문명은 극히 부분적으로만 가능할 뿐, 그 주민들은 다른 인류가 수천 년 전 신석기 시대 말기부터 알고 있었던 목축-유목적인 생활을 따를 수밖에 없었다. 사실 삼림지역에 살던 이들 일부 부족들은 막달레니안기Magdalenian 수렵민들의 문화단계에 머물러 있었다. 이렇게 해서 초원과 삼림지역은 야만의 저수지로 남아 있었다. 그러나 이 말을 그곳에 살던 사람들이 다른 인류에 비해 열등하다는 의미로 받아들여서는 안된다. 다만 지역적인 조건으로 인해 다른 곳에서는 이미 오래 전에 지나가버린 생활양식이 영속화되었을 뿐이다.

아시아의 다른 지역이 발달된 농경단계에 도달한 시기까지 이 목축민들이 잔존하였다는 사실은 역사의 드라마에 매우 중요한 변수가 되었다. 그것은 이웃하는 민족들 간에 일종의 시차와 같은 현상을 낳았다. 기원전 2천년기의 사람들이 기원후 12세기의 사람들과 공존하였다. 한 집단에서 다른 집단으로 옮겨가려고 한다면 북몽골에서 북경으로 내려오거나 키르기즈 초원에서 이스파한Isfahan으로 가면 그뿐이었다. 그 단절은 돌발적이고 위험으로 가득 차 있었다. 중국과 이란과 유럽의 정착민들에게 훈과 투르크멘과 몽골은 정말로 무력을 써서 겁을 주거나 유리구슬과 거창한 칭호를 사용하여 달램으로써만이 농경지에서 상당한 거리를 두게 할 수 있는 야만인이었다.

유목민들의 생활은 쉽게 상상할 수 있다. 가난한 투르크-몽골 유목민은 가뭄이 든 해가 되면 말라버린 우물을 찾아 여기저기 헤매면서 풀이 메말라버린 초원을 지나 농경지대의 언저리, 즉 북직예北直隷(하북河北)나 트란스옥시아나의 문앞에까지 와서 정주문명이 이룩해놓은 기적, 즉 풍부한 농작물, 곡식으로 가득 찬 마을들, 도시들의 호화스러움을 놀라운 눈빛으로 바라보았을 것이다. 이 기적, 아니 차라리 그 비밀 — 이 같은 인간의 벌집을 유지하기 위해서는 끈질긴 노력이 필요하다 — 은 훈족으로서는 이해할 수 없는 것이었다. 그들이 거기에 매료되었다면 그것은 마치 눈 오는 날 농장 가까이에 와서 나뭇가지로 된 담장 안에 있는 가축들을 노리는 늑대와 같은 심정이었을 것이다. 그들 역시 울타리를 넘어서 약탈하고 노략물을 갖고 도망치고 싶은 오랜 충동을 갖고 있었다.

농경사회와 동시에 목축·수렵 공동체가 잔존한 것 — 달리 말해 한발이 드는 해가 되면 초원생활에 드러나는 끔찍한 굶주림을 겪고 있는, 여전히 목축단계에 머물던 사람들이 보고 접촉할 수 있는 곳에서 농경사회가 더욱더 발전해간 것 — 은 현격한 경제적 대조를 보여줄 뿐 아니라, 그보다 훨씬 더 잔인한 사회적 대조를 나타내었다. 다시 말하면 인문지리의 문제가 사회지리의 문제가 된 것이다. 정주민과 유목민이 서로에 대해 취했던 태도는 근대도시 안에 공존하는 자본가와 프롤레타리아 사회와 같은 느낌을 연상케 한다. 북중국에서 비옥한 황토지대를, 이란에서 정원을, 혹은 키예프에서 흑토를 일구던 농업 공동체들은 열악한 초목지대, 즉 엄혹한 기후조건이 지배하고 10년에 한 번은 물 있는 곳이 말라버려 초목이 마르고 가축이 폐사하며 그들과 함께 유목민들도 쓰러져갔던 지대에 의해 둘러싸여 있었다.

이러한 상황 속에서 경작지역에 대한 유목민들의 주기적인 침투는 자연의 법칙이었다. 더구나 투르크든 몽골이든, 그들은 그러한 환경의 가혹한 현실에 단련되어 있었기 때문에 한마디의 명령에도 항시 따를 준비가 되어 있는 지능적이고 분별력 있으며 현실적인 사람들이었다. 정주적인, 그리고 많은 경우 퇴폐한 공동체들은 그들의 공격에 굴복하였고, 유목민들은 도시로 들어가 처음 몇 시간은 학살을 자행하고, 그것이 끝나면 그다지 큰 어려움 없이 자기들에게 패배한 사람들의 지배자로서 자리에 앉았다. 그는 부끄러움도 없이 전통과 권위를 자랑하는 왕좌위에 올라, 중국의 대칸, 페르시아의 임금, 인도의 황제, 혹은 룸Rum의 술탄이 되어 자신을 그에 맞게 적응시켜 나갔다. 북경에서 그는 반중국인이 되었고, 이스파한이나 라이Rayy에서는 반페르시아인이 되었다.

그러면 그것이 최종적인 결과, 즉 초원과 도시 사이에 이루어진 영구적인 화해였을까? 천만에! 인문지리의 가혹한 법칙은 작용을 멈추지 않았다. 중국화 또는 이란화한 칸들이 토착민들의 저항에 의해 제거되지 않는다면, 점진적이든 신속하든 간에 초원 깊숙한 곳에서 새로운 그리고 굶주린 유목집단이 변경지역에 출현하고, 그들은 출세한 자기 사촌들을 또 다른 타직Tajik이나 타브가치Tabghach인으로 여기며 상대를 누르고 모험을 되풀이한다.

그렇다면 어떻게 이러한 모험의 대부분이 성공을 거두었고, 그같이 동일한 리듬은 흉노족이 낙양에 들어갔을 때부터 만주족이 북경에 입성할 때까지 어떻게 1300년 내내 되풀이될 수 있었을까? 그 대답은 유목민이 비록 물질문화에서는 뒤처졌지만 언제나 엄청난 군사적 우위를 소유하고 있었다는 데에 있다. 그들은 기마궁사였다. 총포가 유럽인들로 하여금 지구상의 다른 사람들에게 우위를 갖게 했던 것처럼, 그들로 하여금 정주민에 대해 커다란 우위를 가져다 주었던 기술무기는 숙련된 궁수들로 구성된 믿을 수 없을 정도의 기동성을 지닌 기마군대였다.

물론 중국인이나 이란인들도 이러한 무기를 무시하지 않았다. 기원전 3세기 이래 중국인들은 기마에 맞게끔 의복을 개조하였고, 파르티아 시대 이래 페르시아인들도 퇴각하는 기마군들이 퍼붓는 화살세례의 가치를 알고 있었다. 그러나 중국인·이란인·러시아인·폴란드인·헝가리인은 이 점에서 몽골인과는 결코 맞수가 될 수 없었다. 어려서부터 광활한 초원을 뛰어다니는 사슴을 모는 것에 훈련되어 있었고, 침착한 접근과 사냥꾼에게 필요한 각종 기술 — 그렇지 않고는 먹이를 구할 수 없었고, 그것이 곧 그들의 삶이었다 — 에 익숙해진 그들은 무적이었다. 그들이 자주 적과 정면대결했기 때문에 그런 것이 아니라, 오히려 기습공격을 감행하고는 사라졌다가 다시 나타나고, 자신을 노출시키지 않으면서 끈질기게 추격하여 괴롭히고 피곤하게 한 뒤 마치 궁지에 몰린 사냥감처럼 지쳐버린 상대를 쓰러뜨리는 것이다. 이처럼 교묘한 기동성과 편재성을 갖춘 기마군이 제베Jebe나 수베에테이Sübe'etei — 칭기스칸의 뛰어난 두 장군 — 에 의해 지휘될 때에는 이러한 무력에 일종의 집단적인 정보력까지 더해지게 된다. 작전 중인 그들을 관찰했던 플라노 카르피니Plano Carpini와 루브룩Rubruck은 이 같은 결정적인 기술의 우위에 무척 충격을 받았다.

중장보병과 군단은 그것이 마케도니아와 로마의 정치제도 속에서 생겨난 것이었기 때문에 사라지고 말았다. 즉 그것들은 조직된 국가에 의해 계획적으로 만들어진 것이기 때문에, 모든 국가가 그러하듯이 그것도 생겨나고 성장하다가 사라졌다. 초원의 기마궁사, 그것은 토지 그 자체의 자연스러운 결과이고 배고픔과 가난함의 소산이며 유목민이 굶주림의 나날에 살아남을 수 있는 유일한 방법이었기 때문에, 그들은 1300년 동안이나 유라시아에 군림하였다.

칭기스칸이 세계를 정복할 수 있었던 것은 그가 케룰렌Kerulen 초원에 고아로 버려졌을 때 이미 자신의 동생인 '호랑이' 조치와 함께 굶어 죽지 않기 위해 필요한 사냥감을 잡을 수 있었기 때문이다. 고대나 중세에 기마궁사가 질주해와서 쏘고 도망가는 화살은 마치 오늘날 포병들의 일종의 간접 사격만큼이나 효과적이었고 적을 혼란에 빠뜨렸다.

　무엇이 이러한 우위에 종지부를 찍게 한 것일까? 어떻게 해서 16세기부터 시작하여 유목민은 정주민들을 더 이상 자기 마음대로 하지 못하게 된 것일까? 그 이유는 후자가 이제 그들에게 총포로 맞서게 되었고 그렇게 해서 하루아침에 그들에 대해 인위적인 우위를 획득하게 된 데에 있다. 오랫동안 유지되던 위치는 역전되었다. '공포왕' 이반이 금장 칸국의 마지막 후예들을 흐트러뜨리기 위해서 사용했고 중국의 강희제가 칼묵을 놀라게 하기 위해 사용했던 대포는 세계사에서 한 시대에 종지부를 찍었다. 처음으로 그리고 영원히, 군사기술이 다른 편으로 넘어갔고 문명이 야만보다 더 강해진 것이다. 순식간에 유목민의 전통적인 우위는 현실이 아닌 듯한 과거로 사라져버렸고, 낭만적인 짜르 알렉산더 1세가 1807년 나폴레옹과의 전쟁터에서 지휘했던 칼묵 궁사들은 마치 막달레니안기의 수렵민들처럼 퇴물로 보였다.

　그러나 이들 궁사들이 세계의 정복자의 자리에서 내려온 것은 지금부터 불과 300년 전의 일이다.

서론 : 초원과 역사 · 23

1부. 13세기까지의 유라시아 초원 세계

1. 초원의 초기 역사 : 스키타이와 훈

2. 중세 초기 : 돌궐·위구르·거란

3. 13세기 투르크인들과 이슬람

【 일러두기 】

■ 본서는 르네 그루쎄(René Grousset)의 1952년판(초판은 1939년) *L'Empire des Steppes : Attila. Gengis-Khan. Tamerlan*의 영역본인 *The Empire of the Steppes : A History of Central Asia*(Naomi Walford역, New Brunswick, New Jersey: Rutgers University Press, 1970)를 번역한 것이다. 필요에 따라 佛語 原本과 대조도 했으며, 불어본에는 있으나 영역본에는 빠져 있는 「부록」(L'Art animalier des Steppes)도 개설서로서의 본서의 성격과 맞지 않기 때문에 생략하였다.

■ 「저자 서언」·「서론」 및 11-15장은 김호동, 1-4장은 정재훈, 5-10장은 유원수가 번역을 담당하였으나, 자기가 번역하지 않은 부분에 대해서도 초고상태에서 읽고 수정에 필요한 지적들을 주고받았다.

■ 본서에는 일반 독자들에게 생소한 수많은 역사적 사실과 사항들이 나오기 때문에 이에 대해 일일이 역주를 붙인다는 것이 실제적으로 불가능하여, 역주는 원본이 범한 오류를 수정하는 것으로 제한하였다. 역자들은 자신이 담당한 부분에 대해서 일차적으로 역주를 달았으나, 필요에 따라서 다른 역자가 주석을 추가하기도 하였다.

■ 원서에는 현재 학자들이 일반적으로 사용하는 표기법과도 상이하고 또 많은 경우 잘못된 용어들이 자주 등장하는데, 사소한 차이밖에 없는 경우는 별도로 역주를 달지 않은 채 올바른 형태를 본문에 사용했으나, 저자의 분명한 착오로 판단되는 경우는 역주를 달아 밝혀 두었다.

■ 본서에 나오는 인명·지명·족명·용어 등 고유명사들이 다양한 언어에서 기원한 것이고 그만큼 통일된 전사(轉寫)체계를 만들기가 어려우나 아랍·페르시아어, 투르크어, 몽골어에서 나온 용어들을 전사함에 있어 다음 몇 가지 사항을 지키려고 하였다. 아랍·페르시아어의 kh는 'ㅎ'(예 : 후라산Khurasan)으로, q는 'ㅋ'(예 : 카즈빈Qazvin)으로 옮겼고, 투르크어의 모음 ö ü는 각각 'ㅚ'와 'ㅟ'로 옮겼다. 몽골어의 모음 o는 'ㅗ'로 하되 ö·ü·u는 모두 'ㅜ'(예 : 우구데이Ögödei)로 하였고, 자음 q는 'ㅋ'(예 : 칸qan, 쿠빌라이Qubilai)으로 하였다. 그러나 이러한 원칙에 따르다 보면 더러 우리의 귀에 매우 익숙한 용어가 어색하게 표기되는 경우가 생겨, 전사원칙을 무시하고 관용적 표현을 따르는 예외를 인정하였다.

【 약어표 】

AA	*Artibus Asiae*
AM	*Asia Major*
AU	*Archeologica Ungarica*
BEFEO	*Bulletin de l'École Française d'Extême-Orient*
BMFEA	*Bulletin of the Museum of Far Eastern Antiquities* (Stockholm)
BSAS	*Bulletin of the School of Asiatic Studies*
EI	*Encyclopédie de l'Islam*(Paris, 1913)
ESA	*Eurasia Septentrionalis*
FFH	*Festschrift für Friedrich Hirth*(Berlin, 1920)
GJ	*Geographical Journal*
HJAS	*Harvard Journal of Asiatic Studies*
Ipek	*Jahrbuch für prähistorische & ethnographische Kunst*
JA	*Journal Asiatique*
JRAS	*Journal of the Royal Asiatic Society*
MHST	*Les mémoires historiques de Sse-ma Ts'ien,* trans. *Édouard* Chavannes (5 vols., Paris, 1895-1905)
MTB	*Memoirs of the Research Department of the Toyo Bunko* (Tokyo)
OZ	*Ostasiatische Zeitschrift*
RAA	*Revue des Arts Asiatiques*
RS	*Revue Scientifique*
TP	*T'oung Pao*
ZDMG	*Zeitschrift der deutschen morgenländischen Gesellschaft*

【 지도 목록 】

(제작 : 전병호)

서론 : 초원과 역사

아시아 고원지대의 지형적 특징은 이 지구의 역사에서 가장 엄청난 지질학적 드라마를 보여주고 있다. 이 거대한 땅덩어리의 융기와 고립은 서로 다른 시기에 생겨난 두 개의 거대한 산맥이 서로 덮치듯 부딪치면서 일어난 것이었다. 즉 헤르시니안Hercynian 조산운동기에 형성된 천산산맥과 알타이 산맥의 습곡 — 전자는 세린디아Serindia 지대, 후자는 앙가라 Angara 지방의 시베리아 고원과 서로 연접해 있다 — 과 마이오세 Miocene에 유라시아의 고대 '지중해'를 대신해서 생겨난 히말라야 고산 습곡이 충돌하면서 생겨난 것이었다. 서북부에는 활처럼 휜 천산과 알타이 가 위치하고 남쪽에는 반대방향으로 휜 히말라야가 자리잡고 있는데, 이 산맥들은 투르키스탄과 몽골리아를 둘러쌈으로써 그들을 다른 지역으로부 터 격리시켜 놓았다.

이 두 지역은 고도와 바다로부터의 거리로 인하여 여름에는 찌는 듯 한 더위와 겨울에는 살을 에는 추위를 보이는 아주 극단적인 대륙성기후 를 갖게 되었다. 몽골의 우르가(울란바토르)의 기온은 섭씨 38도에서 -42 도의 진폭을 나타낸다. 지대가 너무 높아서 거의 극지성 작물만이 자라는 티베트 고원, 그리고 이와 비슷한 이유로 기슭에는 삼림이 형성되고 정상 으로 갈수록 식물이 드물어지는 알타이와 천산지역 등을 제외하고는 아시 아의 내륙은 가로로 길게 띠를 이룬 초원으로 덮여 있는 셈이다. 이 프레 리prairie성 초원지대 — 물이 공급되는 지역은 비옥하지만 중부 황야에서 는 빈약해지면서 사막으로 변해간다 — 는 동쪽의 만주에서 서쪽으로는 크리미아까지, 북쪽으로 외몽골의 우르가에서 남쪽으로는 메르브Merv와 발흐Balkh까지 이어지고, 거기서부터 유라시아의 초원은 점차 건조한 아 열대성 초원, 즉 보다 지중해성기후에 가까운 이란과 아프가니스탄의 초원에 자리를 내주게 된다.

유라시아 초원의 가로로 된 띠는 북쪽으로 중부 러시아와 시베리아의 삼림지대와 몽골·만주 지방의 북변과 연결되어 있다. 이 초원지대 안에는 초원이 슬며시 사막으로 바뀌는 세 지역이 있다. 즉 트란스옥시아나Trans-oxiana에 있는 키질 쿰Kizil Kum 사막과 아무다리아 남쪽의 카라 쿰Kara Kum 사막, 타림분지로 둘러싸인 타클라마칸Taklamakan 사막, 그리고 마지막으로 타클라마칸 사막과의 접점인 롭 노르Lop Nor에서 만주의 경계를 이루는 흥안령산맥에 이르기까지 서남쪽에서 동북쪽을 향해 널리 펼쳐져 있는 고비사막이 그것이다. 이들은 초원을 갉아먹는 암과 같은 것으로서 선사시대 이래 그러한 침식이 꾸준히 이루어져왔다. 고비사막은 북방으로 북몽골, 바이칼의 삼림, 오르콘Orqon과 케룰렌 부근의 초원, 남방으로는 남몽골, 알라샨Alashan, 오르도스Ordos, 차하르Chaqar, 열하熱河 등지의 초원 사이에 위치해 있으면서, 고대의 흉노 제국이든 중세의 돌궐 제국이든 상관없이 항상 투르크-몽골 계통 제국들의 생존을 위협하는 요소로 작용했다.

이 같은 초원에 대한 사막의 우위는 현재 중국령 투르키스탄인 타림분지의 역사에 결정적인 역할을 하였다. 이 지역은 초원의 유목생활에서 유리되어 — 물론 항상 북방 유목민의 위협이나 지배를 받기는 했지만 — 도시적이고 상업적인 오아시스의 특징을 갖게 되었고, 이러한 오아시스들이 사슬을 이루어 이란·인도·지중해 세계 등 서방의 거대한 정주문명과 동아시아, 주로 중국의 문명을 연결하는 교통로가 되었다. 모래 속으로 사라지는 타림 강의 남쪽과 북쪽으로 두 개의 루트가 형성되었는데, 북방 루트는 돈황·하미·투르판·카라샤르·쿠차·카쉬가르·페르가나를 거쳐 트란스옥시아나로 이어졌고, 남방 루트는 돈황·호탄·야르칸드·파미르 협곡을 지나 박트리아Bactria로 연결되었다. 사막과 준봉을 거쳐가는 가는 실과 같은 이 두 길은 길고 구불거리는 개미떼의 행렬처럼 매우 연약해 보이기는 하지만, 중국이라는 개미집과 서방이라는 개미집 사이에 필요한 최소한의 접촉을 유지해줌으로써 우리 지구가 두 쪽으로 나뉘지 않고 하나의 세계를 이룰 수 있을 정도의 강인함을 갖고 있었다. 이것은 비단의 길이었고 또 순례자의 길이기도 하였으며 이 길을 통해 상품과 종교가 전달되었고 알렉산더 대왕의 후계자들이 만들어낸 그리스 예술과 아프가니스탄의 불승들이 건너간 길이기도 하였다. 프톨레미Ptolemy가 언급했던 그리스-로마의 상인들은 바로 이 길을 거쳐서 세리카Serica로부터 비단고리를 얻으려고 애썼으며, 후한대의 중국의 장군들도 이 길을 통해 이란인들의 세계나 동부 로마와 접촉하려고 노력하였던 것이다.

그러나 이 가느다란 문명의 길 북쪽에 있는 초원은 유목민들에게 전혀 다른 성격의 길을 제공해주었다. 그것은 광막한 초원에 헤아릴 수 없을 정도로 여러 갈래로 펼쳐진 길, 즉 야만의 길이었다. 오르콘 강이나 케룰렌 강에서부터 발하쉬 호에 이르기까지 천둥이 치듯 시끄러운 야만군단의 이동을 막을 만한 것은 어디에도 없었고, 비록 발하쉬 호 근처에서 알타이 산맥과 천산산맥의 북쪽 자락이 서로 만나기는 하지만 그래도 타르바가타이Tarbaghatai와 추구착Chughuchak 방면으로 흐르는 이밀Imil 강 연변과 율두즈Yulduz·일리Ili·이식쿨이 있는 지역에서는 두 산맥 사이의 틈새가 상당히 벌어져 있어 몽골 고원에서 달려온 기마병들은 그곳에서부터 끝없이 펼쳐져 있는 카자흐 초원과 러시아 초원을 바라볼 수 있었다. 유목군단은 타르바가타이·알라 타우Ala Tau·무자르트Muzart와 같은 고개를 통해 끊임없이 동부 초원에서 서부 초원으로 건너갔던 것이다.

아마 선사시대에는 그 이동의 방향이 반대였던 것 같다. 이란 계통, 즉 인구어족 계통의 유목민들 ― 그리스 사가들은 스키타이Scythian·사르마트Sarmatian라고 불렀고 이란의 비문들에는 사카Saka라고 기록된 ― 가운데 한 부류는 이러한 루트를 통해 동북방으로 진출하여 파지리크Pazyryk나 미누신스크Minusinsk로 진출하였고 또 다른 부류는 타림분지로 들어가 카쉬가르에서 쿠차·카라샤르·투르판, 아마 감숙甘肅 지역까지 퍼져 살게 되었다.

그러나 기원후가 되면서 그 흐름은 분명히 동쪽에서 서쪽으로 향하게 되었다. 후일 중국령 투르키스탄이라고 불리게 된 지역에서 인구어 계통 ― '동부 이란어', 쿠차어, 혹은 토하라어 ― 은 지배적인 지위를 상실하게 된 반면, 동쪽에서 흥기한 흉노는 훈Hun이라는 이름으로 남부 러시아와 헝가리에서 제국을 건설하였다(러시아 초원은 아시아 초원의 연장이고 헝가리 초원은 러시아 초원의 연장이다). 훈족의 뒤를 이어 아바르Avar가 출현하였는데 그들은 6세기 돌궐의 압력을 받아 중앙아시아에서 서쪽으로 도주해온 몽골계 집단이었다. 이들도 처음에는 남부 러시아를, 그리고 곧 헝가리까지 지배하게 되었다. 7세기에는 하자르Khazar가, 11세기에는 페체넥Pecheneg이, 12세기에는 쿠만Quman이 출현하였는데 이들은 모두 투르크인들이었다. 마지막으로 13세기에는 칭기스칸의 몽골인들이 나타나 초원 전체를 통합하고 북경에서 키예프에 이르는 지역을 지배하였던 것이다.[1]

초원 내부의 역사는 최상의 초지를 확보하기 위해 경쟁을 벌이던 여러 투르크-몽골 집단들의 역사이자 가축을 방목시키기 위해 한 목지에서 다른 목지로 끊임없이 옮겨다닌 그들의 이동의 역사이기도 하였다. 이리저리 오가는 그들의 이동은 너무나 광범위한 지역에 걸쳐 이루어졌기 때문에 때로는 몇 세기가 지난 뒤에야 완결되는 경우도 있었는데, 그동안 그들은 신체적 외형이나 생활방식조차 서서히 새로운 지역에 적응해갔다. 황하와 부다페스트 사이에서 이런 식으로 진행되었던 이동에 대해 정주국가 사람들이 남긴 기록은 매우 적었고 남아 있는 기록마저도 그들에게 영향을 미친 사건들에 관한 것뿐이었다. 그들은 대동大同이나 실리스트라Silistra와 같이 만리장성 연변이나 다뉴브 강변의 성채들에 대한 습격에 대해서는 기록을 남겼지만, 투르크-몽골인들 안에서 벌어진 혼란에 대해서 말해주는 것은 도대체 무엇이 있는가.

다른 집단들을 지배하려고 했던 유목씨족들은 모두 제국의 중심지라 부를 수 있는 북몽골의 오르콘 강 상류에 위치한 카라발가순Qarabalghasun과 카라코룸Qaraqorum에 자리를 잡았었다. 투르크 계통의 흉노, 3세기경 몽골 계통의 선비鮮卑, 5세기 역시 몽골 계통의 유연柔然, 6세기 투르크계의 돌궐, 8세기 투르크계의 위구르, 9세기 투르크계의 키르기즈Qirghiz,

---

1. 투르크-몽골 제국사를 인문지리적 관점에서 연구한 것으로는 Owen Lattimore, "The Geographical Factor in Mongol History," *GJ*, XCI(1938년 1월)를 참조하시오.

10세기 몽골계의 거란, 12세기 아마 투르크계인 것으로 추정되는 케레이트Kereyit와 나이만Naiman, 마지막으로 13세기 칭기스칸의 몽골 등이 모두 그러하였다.

이처럼 다른 집단들에 대해 주도권을 행사한 투르크계 혹은 몽골계의 씨족들을 확인할 수는 있지만, 그 모집단이라 할 수 있는 투르크·몽골·퉁구스의 여러 집단들이 원래 어떻게 분포되어 있었는지에 대해서는 아는 바가 없다. 물론 우리는 오늘날 퉁구스인들이 만주 북부와 동부 시베리아 대부분의 지역, 나아가 중부 시베리아의 예니세이 강 중류에 이르는 지역까지 분포되어 있고, 몽골인들은 역사상의 몽골리아에, 투르크인들은 동·서 투르키스탄과 서부 시베리아에 분포되어 있음을 잘 알고 있다. 그러나 투르크인들은 현재 거주하고 있는 지역에 처음부터 살고 있었던 것은 아니다. 그들이 알타이 지역에 영향을 미치기 시작한 것은 기원후 1세기 이후의 일이고, 9세기 이전에는 카쉬가리아에, 11세기 이전에는 트란스옥시아나에 살지 않았었다. 사마르칸드와 카쉬가르의 도시민들은 기본적으로 여전히 투르크화된 이란계로 남아 있다고 할 수 있다.

반면 몽골리아에서는 칭기스칸의 몽골인들이 상당수의 투르크 부족들을 몽골화시켰던 것이 확실하다. 알타이 지역의 나이만, 고비 지역의 케레이트, 차하르 지방의 웅구트Önggüt가 그 예이다. 칭기스칸이 이들 부족을 모두 몽골이라는 깃발 아래 통합하기 전에는 현재 몽골리아의 일부 지역에는 투르크계 집단들이 거주하고 있었던 것이다. 심지어 오늘날에도 동북아 시베리아의 레나Lena·인디기르카Indigirka·콜리마Kolyma 분지에는 투르크계의 야쿠트Yakut인들이 살고 있다. 투르크계 집단들이 몽골인이나 심지어 퉁구스인들보다 훨씬 더 북쪽인 베링 해와 북극해 부근에 살고 있다는 사실은 '최초의' 투르크인·몽골인·퉁구스인의 상대적인 위치를 정하려는 시도에 경고를 던져준다.[2] 그러한 사실이 우리에게 시사하는 바는 투

---

2. 그렇지만 야쿠트인들은 북방으로 이주한 사람들로 보이며 그들의 발원지는 바이칼 호 지역에서 찾아야 할 것이다. 그들은 현재 점유하고 있는 지역에서 전적으로 순록을 이용하지만, 일부 의식에서는 말의 해골이 등장하고 있는데 이는 그들이 몽골 초원의 변경에 있었을 때의 기억과 관련된 것이다. 이것은 파지리크 분묘에서 나타

르크-몽골인과 퉁구스인들이 원래는 동북방으로 상당히 먼 곳에 살았으리라는 것인데, 그 당시 카쉬가리아뿐 아니라 사얀산맥의 북방(미누신스크)과 대알타이(파지리크)의 북방에는 '공통 인구어족'의 요람인 남부 러시아에서 온 인구어족들이 살고 있었기 때문이다. 이러한 가설은 알타이계 언어(투르크·몽골·퉁구스어)와 핀-우그르계Finno-Ugrian 언어가 우랄 지역을 중심으로 원초적인 연관성을 갖고 있었으리라는 주장에 대해 분명한 증거가 제시되기 전에는 그러한 주장을 받아들일 수 없다고 한 뽈 뻴리오P. Pelliot나 기욤 드 헤베시Guillaume de Hévésy와 같은 언어학자들의 입장과도 일치한다.3)

나아가 투르크·몽골·퉁구스 언어들이 원초적인 친연관계에도 불구하고 오늘날 상당한 차이를 보이고 있는 것은 역사시대에 들어와 단일한 정치적 지배를 받았던 — 따라서 문명어휘의 상호차용이 빈번히 일어났던 — 이 세 집단이 과거에는 아시아 동북부의 광범위한 지역에 서로 상당한 거리를 두고 떨어져서 살았기 때문일지도 모른다는 생각을 갖게 한다.4)

만약 투르크-몽골계 집단들의 역사가 새로운 목초지를 찾기 위한 어지러운 싸움이나 원정과 같은 것으로만 국한된다면 그것은 적어도 현재

난 것들과 반대되는 현상이다. 같은 곳, p. 1, p. 8 참조.

3. 뻴리오는 "우리는 적어도 현재의 연구단계에서 투르크·몽골·퉁구스 제어와 핀-우그르〔및 사모예드어를 포괄하는 우랄-알타이 어족을 운운하는 것은 현명하게 포기하였다"고 진술하였다. Paul Pelliot, "Les mots à H initiale, aujourd'hui amuie, dans le mongol des XIIIe et XIVe siècle," *JA*(1925), p. 193.

4. Poppe는 원시 알타이어에서 원시 투르크·몽골·퉁구스어가 갈라져 나왔으리라고 상정하면서, "원시 투르크어의 시대는 기원전 1세기 이후로 내려올 수 없다"고 덧붙였다. N. Poppe와 V. V. Barthold는 "대체적으로 투르크어는 몽골계 언어들보다 더 많이 진화되어 있다. 몽골세계의 어느 지역에서 사용되는 몽골어라 할지라도 가장 오래 된 투르크어보다 더 고대적이다. 음운론적인 관점에서 몽골문어는 원시 알타이 언어와 진화상 거의 동일한 단계에 있다"고 하였다. *Ungarische Jahrbücher*, VI, p. 98에 있는 N. Poppe의 글 참조. '공동체'의 문제에 관해서는 A. Meillet와 M. Cohen의 *Les langues du monde*(Paris, 1924), p. 185에 있는 Jean Deny, "Langues turques, mongoles et tongouzes"를 참조하시오.

우리의 관심과 관련해서 별다른 의미를 지니지 못할 것이다. 인류역사에 보편적으로 나타난 사실은 이들 유목민들이 남쪽의 문명제국에 대해 압력을 가했다는 것이고 그 압력은 꾸준히 반복되어 정복을 이룩하기도 하였다. 유목민의 남하는 그들이 살고 있는 초원을 지배하는 조건들 때문에 어쩔 수 없이 발생하는, 거의 물리적인 법칙과도 같은 것이었다.

물론 바이칼 호나 아무르 강의 삼림에 머물러 있던 투르크-몽골인들은 여전히 야만인으로 남아 있었고, 12세기 이전의 여진女眞인들이나 칭기스칸 출현 이전의 '삼림 몽골인'들처럼 수렵과 어로로 살아갔다. 그들을 둘러싼 삼림의 적막함이 그들로부터 다른 지역에 대한 탐욕을 앗아갔던 것이다.

그러나 초원에서 가축을 키워야 했고 그래서 유목민이 될 수밖에 없었던 초원의 투르크-몽골인들의 경우는 달랐다. 가축은 목초지를 찾아다녔고 그들은 그 가축을 따라다녔다. 더구나 초원은 말이 풍부한 지역이기도 하였다.5) 초원민은 타고난 기마병이었다. 서쪽의 이란인이든 동쪽의 투르크-몽골인이든 기마용 의복을 고안해낸 것은 바로 유목민이었고, 그 복장은 키메리안 보스포로스Cimmerian Bosporus에서 출토된 그리스제 항아리에 묘사되어 있고, 기원진 300년 기마 유목민들과 대등하게 기마전을 하기 위해 두루마기 대신 바지를 착용했던 중국인들이 언급한 바이다. 전격적인 습격을 감행하는 기마병들은 기마궁수이기도 하였다. 그는 멀리에서 적을 쏘아 맞히고 후퇴하면서 활을 쏘기도 하며 ─ 파르티아Parthia식 활쏘기라고 하지만 사실 스키타이와 흉노인들이 이미 사용했던 기술이다 ─ 마치 활과 올가미로 사냥감이나 암말을 추적하듯이 전쟁을 수행하였다.

습격이 시작되는 문턱, 즉 초원이 끝나고 농경지가 시작되는 지점에서 유목민들은 자신들과는 매우 다른 생활조건을 목격하게 되자 자연스레 탐욕이 솟아나올 수밖에 없었다. 자신이 사는 초원은 겨울이 되면 시베리아

---

5. 시베리아 삼림지역의 순록을 말로 대체한 것에 대한 증거는 파지리크 분묘에서 제물로 희생되는 말에게 마치 순록처럼 가면을 씌운 것에 의해서도 발견되며, 이것은 한 부족이 삼림의 수렵민에서 유목적 가축사육민으로 이행한 것을 보여주는 생생한 자료이다. Cf. Lattimore, "Geographical Factor," p. 8.

타이가의 연장이 되어버려 극지방의 날씨가 엄습하였고, 여름이 되면 고비 사막의 연장이 되어 땅이 타들어가는 더위가 지배했기 때문에 가축이 먹을 풀을 찾아 흥안령·알타이·타르바가타이와 같은 산지로 올라가지 않으면 안되었다. 초원은 봄이 되어야 갖가지 색깔의 꽃들이 피는 풍요로운 전원으로 바뀌고 자신과 가축들의 축제의 계절이 되는 것이다. 일년 중 나머지 계절 — 특히 겨울 — 에는 그들의 눈길은 남쪽의 온화한 지방, 즉 서남쪽의 이식쿨이나 동남쪽의 황하 부근의 비옥한 황토지대로 향하였다. 그러나 그들이 농경지를 탐내는 것은 그 자체의 가치를 인정해서가 아니었기 때문에, 그들에 의해 점령된 농경지는 초원으로 변하여 자신의 양과 말이 풀을 뜯는 곳으로 바뀌곤 하였다.

13세기 칭기스칸의 태도가 바로 그러하였다. 북경 지방을 점령한 뒤 그가 진정으로 바랐던 것은 하북의 밀밭을 그럴 듯한 방목지로 승격시키는 것이었다. 그는 농경에 대해서 아무런 이해도 없는 북방민이었지만 — 투르키스탄과 러시아에 있던 칭기스칸의 후예들은 농민들이 공납을 바치지 않는다는 이유로 도시를 파괴하고 관개시설을 돌려 농토를 황폐화시켰으며, 그 결과 14세기에 이르기까지 순수한 유목민으로 남아 있었다 — 도시문명에서 생산되는 물품과 그 효용에 대해서는 충분히 알고 있었고 그것이 얼마나 훌륭한 약탈대상인지도 알고 있었다. 칭기스칸은 북경 지방의 극단적인 기후를 좋아하지 않아 매번 원정이 끝나면 북쪽으로 돌아가 바이칼 호 부근에서 여름을 보내곤 하였다. 잘랄 웃 딘Jalal ad-Din을 패배시킨 뒤에도 그는 바로 자기 발 밑에 있는 인도로 들어가기를 거부하였다. 알타이에서 온 이 사람에게 인도는 지옥의 불가마 바로 그것이었다. 그의 후손들이 북경과 타브리즈Tabriz의 궁전에 자리잡은 직후부터 퇴락하기 시작한 것을 보아도 문명생활의 편안함에 대한 그의 경계심은 정당한 것이었다.

그러나 유목민이 유목민의 정신을 버리지 않는 한 그는 정주민을 마치 자신이 부리는 농사꾼처럼 여겼고 도시와 경작지는 그의 농장이었으며 한낱 착취대상에 불과했다. 유목민들은 말을 타고 고대제국들의 변방을 넘나들면서 비교적 순순히 말을 듣는 사람들로부터는 정기적인 공납을 받아냈고, 공납을 거부하는 경우에는 도시를 급습하였다. 이들은 양떼의 주위에서 맴도는 한 무리의 늑대들 — 고대 투르크인들의 토템이 바로 늑대가 아니었던가 — 이 양떼를 공격하여 목을 물어뜯기도 하고 길을 잃거나 상처입은 짐승을 덮치는 것과 같았다.6) 한바탕의 약탈과 공납의 요구, — 이 공납은 중국의 '천자'가 주는 것이기 때문에 '하사품'이라고 그럴 듯하게 불렸다 — 이 양자를 번갈아 가면서 되풀이한 것이 기원전 2세기에서 17세기에 이르기까지 중국과 투르크-몽골인들의 관계에서 볼 수 있는 일반적인 특징이었다.

그러나 때로는 유목민들 가운데서 강력한 개성을 지니고 정주제국의 황폐한 상태를 숙지하는 인물이 출현하기도 한다(그리고 이 교활한 야만인들은 4세기 게르만인들처럼 중원 제국의 조정이 사용하던 비잔티움식 술수에 대해 훤하게 알고 있었다). 그는 중국의 한 당파나 왕국과 협정을 맺어 다른 세력과 대항하기도 하고 혹은 도망친 군주 후보자와 손을 잡기도 한다. 그는 자신과 휘하의 유목집단을 제국적 연맹체라고 선포하고 그것을 방어한다는 구실로 광범위한 변경지역으로 진입하기도 한다. 한두 세대가 지난 뒤 그의 손자들은 도약을 할 정도로 충분히 중국적인 형식을 갖추게 되고 떳떳하게 천자의 권좌에 오른 것이다. 이러한 점에서 13세기 쿠빌라이의 행적은 4-5세기에 유총劉聰이나 탁발인拓跋人들이 했던 것을 단지 되풀이한 것에 불과하였다.

그 뒤 다시 2-3세대가 지나면서 (민족적인 반란에 의해 장성 밖으로 쫓겨나지 않는다면) 야만적 기질의 엄격함을 보존하지 못한 채 문명으로부터 단지 연약함과 폐단만을 배우게 된 이 중국화된 야만인들은 도리어 모멸의 대상으로 전락하고 그들의 영토는 고향의 초원 깊숙한 곳에서 빈곤한 유목민으로 남아 있던 다른 야만인들이 탐내는 대상이 되어버린다. 그렇게 해서 과정은 되풀이되었다. 5세기 탁발인들은 흉노와 선비의 등 뒤

---

6. 투르크-몽골인들의 신화적인 조상은 『몽골비사』의 몽골인들에게는 흰 점이 난 잿빛 늑대 즉 Börte Chino이고, 『오구즈 사기』*Oghuz-nama*의 투르크인들에게는 회색빛 늑대 즉 Kök Böri였다("하나의 빛줄기로부터 회색 털과 갈기를 지닌 거대한 늑대가 생겨났다").

에서 성장하여 그들을 파괴하고 그들의 자리를 차지하였다.

10세기 이래 북경을 편안하게 지배했던 지나치게 중국화한 몽골족인 거란의 북방에서 12세기에는 여진이 흥기했다. 야만인이나 다름없는 퉁구스족이었던 그들은 불과 몇 달 만에 그 대도시를 점령하였지만 그들 역시 중국의 영향에 굴복하여 나태해지다가 겨우 1세기 후에 칭기스칸에 의해 파괴되어버렸다.

서방에서도 동방에서와 동일한 일이 벌어졌다. 아시아 초원의 연장인 유럽의 러시아 초원에서 유사한 상황이 이어졌다. 앗틸라의 훈족은 불가르인Bulgar(Bolgar)에 의해, 그리고 그들은 다시 아바르, 헝가리인(이들은 훈 계통의 귀족을 보존한 핀-우그르 계통이었다), 하자르, 페체넥, 쿠만, 칭기스칸의 무리에 의해 차례로 대체되었다. 이슬람 지역에서도 마찬가지로 이란과 아나톨리아를 정복한 투르크인들에게서 일어난 이슬람화와 이란화의 과정은 중원 제국의 정복자인 투르크·몽골·퉁구스계 정복자들에게서 일어났던 중국화의 과정과 완전히 짝을 이루고 있다. 한쪽에서 천자가 되었듯이 다른 쪽에서 칸은 술탄sultan이나 파디샤padishah가 되었고, 중국에서와 마찬가지로 그는 곧 초원에서 출현한 더 거친 다른 칸에게 자리를 내주었다. 이란에서도 이와 유사한 정복, 계승, 파괴의 과정이 보이며, 가즈나Ghazna조의 투르크인들은 셀죽과 호레즘의 투르크로, 다시 칭기스칸의 몽골, 티무르 휘하의 투르크, 샤이바니조의 몽골로 바뀌어 나갔다. 오스만조의 투르크인들 역시 이러한 예로서, 그들은 무슬림 지역의 외곽에서부터 마치 화살처럼 신속하게 소아시아에서 사멸되어가는 셀죽의 잔재를 쓸어버리고 이어서 비잔티움의 정복이라는 미증유의 성공을 거두었던 것이다.

따라서 요르다네스Jordanes가 묘사했던 스칸디나비아 이상으로 대륙 아시아는 민족들의 자궁(*vagina gentium*) 혹은 아시아의 게르마니아라고 할 수 있으며, 민족이동을 통해 고대문명 제국들에게 술탄이나 천자를 제공해주도록 운명지워져 있었다. 초원의 유목민들이 이와 같이 주기적으로 내려와서 그들의 칸들이 장안, 낙양, 개봉, 북경, 사마르칸드, 이스파한, 타브리즈, 코냐, 콘스탄티노플의 왕좌에 오른 것은 역사의 지리적인 법칙이 되었다. 그러나 거기에는 또 다른, 즉 그에 반대되는 법칙이 있었으니 그 것은 고대 문명지역이 유목민 침입자들에 대한 점진적인 흡수를 가능케 한 것이었다.

이 같은 현상은 두 가지 특징을 지니고 있었다. 하나는 인구적인 측면 으로, 야만적인 기마민들은 귀족으로 광범위하게 흩어져야 했기 때문에 마 치 영원한 개미집과도 같이 조밀한 인구 속에 함몰되었다. 또 하나는 문화 적인 측면으로, 중국과 페르시아의 문화는 비록 정복되었지만 도리어 저 거칠고 야만적인 승리자들을 압도하고 도취시키고 잠에 빠뜨리게 하여 소 멸시켜버렸다. 정복된 지 50년만 지나도 마치 아무 일도 없었던 것처럼 전과 같은 생활이 계속되는 경우가 많았다.

중국화 혹은 이란화된 야만인들은 야만의 지역에서부터 새로이 시작 되는 침공에 맞서 문명을 보호하기 위해 가장 먼저 무기를 들었다. 5세기 낙양의 탁발 군주들은 중국을 정복하고자 했던 선비나 유연과 같은 몽골 인들에 맞서 중국의 토지와 문화의 보호자가 되었다. 12세기에 셀죽의 산 자르Sanjar는 아랄 해와 일리 유역의 오구즈나 카라키타이에 대항하여 옥 서스Oxus와 약사르테스Jaxartes를 지키는, 말하자면 '라인 강의 파수꾼' 이었다. 클로비스Clovis와 샤를마뉴Charlemagne의 이야기가 아시아 역사 의 페이지에서 다시 되풀이된 것이다. 로마문명이 색슨Saxon과 노르만 Norman의 게르만주의에 대항하기 위해 노력할 때 그들에게 동화된 프랑 크인들의 에너지를 빌렸듯이, 중국의 문명도 이 5세기의 탁발인을 최상의 지지자로서 확보하였고, 아랍-페르시아의 이슬람도 앞서 언급한 용맹한 산 자르 이상의 충성스러운 보호자를 찾지 못했다.

이보다 더 좋은 예는 고대 이란의 제왕이나 중국 천자의 과업을 완성 시킨 중국화한 또는 이란화한 투르크-몽골인들일 것이다. 어떠한 호스로우 Khosraw나 칼리프도 성취할 수 없었던 일, 즉 비잔티움 황제의 왕관을 손에 넣고 성 소피아 사원의 입구를 차지하는 일은 그들이 전혀 예상치 못했던 계승자인 15세기의 오스만 군주에 의해 무슬림 세계의 환호 속에 서 이루어졌다. 마찬가지로 한과 당이 동경해왔던 범아시아 제패의 꿈은 13-14세기에 쿠빌라이와 테무르 울제이투Temür Öljeyitü와 같은 원조元

朝의 황제들에 의해 성취되었고, 이는 늙은 중국을 위해 북경을 러시아, 투르키스탄, 페르시아, 소아시아, 한국, 티베트, 인도차이나를 휘하에 둔 최고의 수도로 만들어주었다.

이렇게 해서 투르크-몽골인들은 고대문명을 정복했지만 그들이 휘두른 칼은 이 같은 결과를 낳았다. 고대의 시인인 로마인들처럼 지배자로서의 운명을 갖고 태어난 이들은 고대문명 지역의 주민들을 지배하였지만, 그것은 그 주민들의 전통에 따라서 행해졌고, 또 그들이 오랫동안 품어왔던 꿈을 실현시켜주는 결과를 낳았다. 쿠빌라이 칸에서 강희제와 건륭제에 이르기까지 이 지배자들은 중국을 통치하면서 중국이 아시아에서 추구해왔던 제국주의적인 계획을 실행에 옮겼고, 이란-페르시아 세계에서는 콘스탄티노플의 황금의 돔을 열망하던 사산조와 압바스조의 꿈을 실현시켰던 것이다.

지배하는 종족, 제국을 만드는 민족은 많지 않았다. 투르크-몽골인들도 로마인들처럼 얼마 안되는 그들 중의 하나였던 것이다.

1부. 13세기까지의 유라시아 초원 세계

1. 초원의 초기 역사 : 스키타이와 훈

상고시대의 초원 문명

우리가 알고 있는 가장 이른 유라시아의 연결로는 북방의 초원길이었
다. 구석기 시대 이 길을 따라 오리냑Aurignacian 문화가 시베리아를 —
'오리냑 비너스'는 이르쿠츠크Irkutsk에서 멀지않은 앙가라 강 상류에 있
는 말타Malta에서 발견 — 통해서 북중국에 전파되었고, 떼이야르 드 샤
르뎅Teilhard de Chardin은 오리냑형 화덕 유적이 감숙의 영하寧夏에서
가까운 수동구水洞溝[1]와 섬서陝西의 북부 지역에 있는 유림楡林 남서부의
시라 우수 골Shira Usu Gol의 황토층에 묻혀 있다고 지적하였다. 이와
비슷하게 막달레니안기Magdalenian의 문화도 시베리아(예니세이 강의 상
류)와 만주 — 돌론 노르Dolon Nor, 만주리滿洲里, 하일라르Khailar —
와 하북 등지에서 나타난 것으로 보인다. 북경 근처 주구점周口店의 위쪽
동굴에서는 두개골과 장신구가 발견되었고, 뼈로 만든 바늘, 구멍 뚫린 동
물의 송곳니, 귀걸이형 골편, 구멍 뚫린 조개, 진주조개편, 적토赤土 퇴적
층도 발견되었다.[2]

---

1. [역자] 원문에는 Kwei-tung으로 되어 있으나 이는 水洞의 잘못된 전사로 보임.
2. Cf. Teilhard de Chardin, "Esquisse de la préhistorie chinoise," *Bulletin 9,
   Catholic University of Peiking*(1934)과 "Les fouilles préhistoriques de
   Péking," *Revue des questions scinetifiques*(March, 1934), pp. 181-193 ;
   Tolmatchov, "Sur le paléolithique de la Mandchourie," *ESA*, IV(1929) ; M.
   C. Burkitt, "Some Reflexions on the Aurignacian Culture and Its Female
   Statuettes," *ESA*, IX(1934), p. 113 ; J. G. Andersson, "Der Weg über die
   Steppen," *BMFEA*(1929).

　　신석기 시대, 아니 더 정확히 말해 그 시대가 끝나는 무렵, 빗살무늬 토기가 아시아로 들어간 것 역시 시베리아 초원길을 통해서였다. 즉 기원전 3000년기 전반기 동안 중부 러시아 지역에서 발전된 '빗살무늬'로 장식된 토기가 그러하다. 이는 시베리아로 전파되었고 그리하여 점차 감숙 제가평齊家坪의 원시 중국 토기에 영향을 주었다. 마찬가지로 그 뒤를 이어서 기원전 2000년기 초기, 나선형의 띠로 장식된 멋진 토기 — 키예프 근처의 트리폴리에Tripolye 지방과 부코비나Bukovina에 있는 쉬페니츠Schipenitz, 벳사라비아Bessarabia에 있는 페트레니Petreny, 그리고 몰다비아Moldavia에 있는 쿠쿠테니Cucuteni에서 기원한 형태 — 가 우크라이나에서 중국으로 전파된 것도 아마 시베리아를 통해서였을 것이다. 이런 형태는 중국에서 이후 기원전 1700년경 하남의 앙소촌仰韶村에서 새로이 발전되었고 그 후 감숙의 반산半山에서 발전하였다.

　　탈그렌Tallgren에 따르면, 청동기 시대가 마침내 기원전 1500년경 서부 시베리아에서 시작되었고, 그것은 같은 시대 다뉴브 지역의 거대한 청동기 문명(온예티츠Aunjetitz 문명)과 연결되었다. 반면에 미누신스크가 있는 중부 시베리아에서는 청동기 시대가 300여 년이 지난 후인 기원전 1200년경에 시작되었다. 서부 시베리아의 도끼와 창의 머리부분이 중국에서도 모방되었다는 사실은 막스 뢰어Max Loehr로 하여금 이 무렵(기원전 1400년)에 중국이 청동기기술을 시베리아로부터 차용한 것으로 추측케 하였다.[3]

　　초원의 고대역사에서 두드러진 한 가지 특징은 점차로 양식화돼가는 동물예술의 발전인데, 이것은 아주 독창적인 것으로 유목민들의 사치의 한 형식 즉, 장신구와 마구 위에 구리·은 또는 금제의 판금장식을 위해 도안된 것이다. 이런 예술품은 분명 앗시리아-바빌로니아 양식으로부터 영향

---

3. L.Bachhofer, "Der zug nach dem Osten, einige Bemerkungen zur prähistorischen Keramik Chinas," *Sinica*(1935), pp. 101-128 ; Max Loehr, "Beiträge zur Chronologie der älteren chinesischen Bronzen," *OZ*, I(1936), pp. 3-41 ; L. Bachhofer, "Zur Frühgeschichte Chinas, *Die Welt als Geschichte*, III(1937), p. 4 참조.

을 받은 쿠반의 마이코프 고분에서 발견된 호박색 금은 합금 항아리, 금 또는 은으로 된 작은 동물상(소나 사자 등)으로 나타난다. 이것은 중기 미노아 시기의 예술품과 동시대의 작품으로, 탈그렌에 따르면 이런 예술품은 대개 기원전 1600-1500년경의 것으로 추정된다.4) 이런 앗시리아-바빌로니아적인 영향은 켈레르메스의 그 유명한 도끼에서도 볼 수 있듯이 역사시대(기원전 6세기)까지 계속되었다.

탈그렌은 기원전 1200년경부터 인도-유럽 계통의 사람들인 키메르인들이 흑해 북부의 러시아 초원을 차지하기 시작한 것으로 추측하고자 했다. 이렇게 트라키아-프리기아에 기원을 둔 것으로 믿어지는5) 키메르인들은 헝가리나 루마니아에서 '왔거나' 아니면 적어도 그곳에 '살고 있었을' 가능성 — 희박하기는 하지만 — 이 있다.6) 핀란드의 이 저명한 고고학자는 적어도 부분적으로 쿠반이나 드네프르에서 최근에 발견된 그 시기의 많은 유물들을 키메르인들의 것으로 간주했다. 이들 중에서 가장 중요한 것은 보로디노Borodino의 유보遺寶(기원전 1300?-1100), 청동의 낫을 포함한 쉬테트코보Shtetkovo의 유보(기원전 1400?-1100), 니콜라에프Nikolayev의 청동제작장(기원전 1100?), 그리고 아브라모프카Abramovka의 낫(기원전 1200)으로, 이들 모두는 다뉴브 하류와 드네프르 하류 사이의 지역에서 발견되었다. 게다가 쿠반에서는 스타로미샤스토프스카야Staromishastovskaya(기원전 1300?)의 황금의 판식과 은제 황소가 발견되었다. 끝으로

---

4. 마이코프에 대한 연대측정의 구도는 A. V. Schmidt, "Kurgane der Stanica Konstantinovskaia," *ESA*, IV(1929), p. 18에서 정리. 사용된 체계에 따라 둘 사이의 이런 다양한 연대측정의 불확실성과 모순에 대해서는 cf. A. M. Tallgren, "Caucasian Monuments," *ESA*, V(1930), p. 180과 "Zur der nordkaukasischen Bronzezeit," *ESA*, IV(1931), p. 144.
5. 트라키아식의 이름들은 헤로도투스가 자세히 다룬 스키타이에 대한 전설의 일부에 남아 있고(E. Benveniste의 Société Asiatique에서의 발언[1938년 4월 7일]), 심지어 그리스 로마시대의 키메리안 보스포로스의 왕국에도 남아 있다(M. I. Rostovtzeff, *Iranians and Greeks in South Russia*, Oxford, 1922, p. 39).
6. Cf. A. M. Tallgren, "La Pontide préscythique après l'introduction des métaux," *ESA*, II(1926), p. 220.

테렉 강가에는 퍄티고르스크Piatigorsk(기원전 1200년경?)와 쿠반 초기 (순수한 청동기 시기 ; 기원전 1200-1000년경?)의 고분들이 발견되었다.

남부 러시아의 이런 모든 키메르예술은 동물의 기하학적 문양이 장식된 청동제의 멋진 혁대고리가 발견된 간자-카라바흐의 트란스코카서스 문화와 연결되어 있다(이 문화는 기원전 1400년과 1250년 사이에 시작되어 늦어도 8세기에는 끝난다). 이것은 또한 탈리쉬Talysh 문화로 연결되는데, 그곳에서 청동기 예술은 대개 1200년경에 융성하였다.[7]

기원전 1300-1200년까지 소급되는 포크로프스크Pokrovsk(현재는 엥겔스Engels)의 목곽분은 전前 키메르 또는 청동기 키메르문명이 볼가에서 우랄로, 그리고 투르키스탄으로 전파되었다는 것을 보여주고 있다. 니즈니 노브고로드Nizhni Novgorod(현재의 고르키Gorki) 근처 세이마Seima에서 발견된 '보물'은 ─ 최초의 투겁 있는 전투용 도끼(기원전 1300-800)를 포함 ─ 구리와 청동을 사용한 조악한 문화의 한 단면을 보여준다. 카자흐스탄에서 안드로노보Andronovo 문화로 알려진 것과 유사한 문화가 미누신스크에 도달하였고 기원전 1000년경에 카라수크Karasuk 문화로 연장되었다. 이것은 시베리아 최초의 청동기 시대로, 일찍이 중국 상대商代의 안양安陽에서 출토된 것에 영향을 준 것으로 보이는 투겁 있는 도끼, 세이마 형식의 납작한 단검과 창날, 그리고 순수한 기하학적 장식 등이 나타난다. 코카서스의 동물예술이 이처럼 멀리 파고든 것으로 보이지는 않는다. 보다 북쪽으로 예니세이 강가의 크라스노야르스크Krasnoyarsk에서는 상당히 늦은 시기에 동석병용기 양식의 작품이 발견되고 있고, 이것은 꽤 주목할 만한 고라니나 말의 암각화를 만들어냈다.

기원전 1150년부터 950년까지 키메르문명은 흑해 북부에서 발전을 계속하였고, 노보그리고리에프스크Novogrigorievsk의 보물(청동제의 투겁있

---

7. Franz Hančar는 Ganja-Karabakh, Lelvar, Talysh 등의 트란스코카서스 문화군을 기원전 14세기와 8세기 사이로 위치지우고 있다. 그의 지적처럼 이런 문화들은 모두 동시대 서아시아 문화의 영향을 받고 있다. 이런 점은 도끼의 형태, 허리띠 판식, 토기 등에서 발견될 수 있다("Kaukasus-Luristan" *ESA*, IV(1934), p. 107).

는 도끼)과 부그 강 유역 니콜라예프Nikolayev의 청동제작장(기원전 1100)
이 만들어진 시기가 여기에 속하는 것으로 보인다. 테렉 초원에서 쿠반의
순수한 청동기 시대는 그루지아의 렐바르Lelvar 문명 — 거기서는 철이
나기 때문에 기원전 1000년경부터 900년까지 초원문명이 발전하고 있었고,
사냥이나 농경의 모습을 배경으로 사람이나 동물의 모양을 기하학적인 양
식으로 장식한 호기심을 끄는 청동제 허리띠가 만들어졌다 — 과 흥미로
운 연관관계를 보여주고 있다. 게다가 사마라Samara와 사라토프Saratov
사이에 있는 포크로프스크(엥겔스)에서 보이는 지역적인 청동기문화 —
탈그렌이 기원전 1200년과 700년 사이로 연대를 추정한 — 는 하발린스
크Khavalinsk에 있는 고분으로 증명되는 것처럼 그곳에서 계속되고 있었
다.

탈그렌은 나아가 이 문화를 그때 처음으로 러시아에 나타나 흑해 북
부 초원을 점령하였던, 키메르인들을 계승한 이란계의 주민들 즉, 스키타
이의 것으로 보았다.

키메르문화의 마지막 단계는 기원전 900년에서 750년 사이에 나타났
다. 이는 갈리시아Galicia에 있는 유명한 황금 왕관이 포함된 미하일로프
카Mikhailovka 유보의 시대로 오스트리아의 할쉬타트문화(?800-700)와
코카서스와의 연관성을 보여주고 있다.

이는 또한 코카서스의 영향을 받은 키예프 남부의 포드고르차 유보와
오데싸 동부에 있는 코블레보에서 발견된 투겁 있는 청동제 도끼, 그리고
일반적으로 말해 당시 러시아 남부(기원전 900-700년경)에서 아주 보편적
이었던 두 개의 날이 있는 창을 사용한 시대였다. 키메르의 청동기문화는
역시 몰다비아에서 보르데이-헤라스트라우Bordei-Herastrau와 무레스Mures
문화, 그리고 왈라치아Wallachia에서 바르토푸Vartopu 문화의 형태를 띠
면서 루마니아로 흘러들어갔다. 그 시기 키메르의 청동기문화는 헝가리로
도 계속 전파되었다. 탈그렌이 지적했듯이 남서 코카서스와 오스트리아의
할쉬타트 지역이 철기 시대로 들어갔을 때(Hallstatt 1기, 기원진 900-700년
경)에도 키메르인들과 트라키아인들은 여전히 청동기 시대에 남아 있었다
고 볼 만한 이유가 있다.

그 외에 스키타이의 선구로 여겨지는 소스노바야 마자Sosnovaya Maza의 청동제작장을 기원전 900년경에 만들어냈던 볼가와 우랄의 카발린스크 문화군 역시 그와 비슷하게 뒤처졌다.

이 시기 동안 시베리아의 미누신스크에서는 청동기의 두 번째 단계 — 탈그렌에 따르면 기원전 1000-500년 사이이다 — 에 두 개의 날이 있는 투겁 있는 도끼가 발전하고 있었다. 비록 분명히 자루 끝부분에 장식된 동물의 모습은 아주 소수이기는 하지만 여전히 기하학적인 장식이 주류를 이루고 있었다.[8]

러시아 초원의 키메르 청동기 시대는 그 마지막 단계 동안 두 개의 철기문명(오스트리아 할쉬타트와 코카서스)과 연결되어 있었음을 기억해야만 할 것이다. 할쉬타트로부터 온 철제 칼은 초기 스키타이 시기는 물론 키메르 문화의 상층부에서 발견되고 있다.[9]

스키타이

앗시리아 연대기와 함께 그리스 사가들의 기록에 따르면, 기원전 750년과 700년 사이에 키메르인들은 투르키스탄과 서부 시베리아에서 온 스키타이로 인해서 남러시아 초원에서 쫓겨났다.

그리스인들에게 스키트Scyth라는 이름으로 알려진 이 사람들은 앗시리아인이 아쉬쿠즈Ashkuz라고 부르고 페르시아인이나 인도인들은 사카Saka

---

8. Tallgren의 키메르문화에 대한 결론은 "La Pontide préscythique après l'introduction des métaux," *ESA*, II(1926)에 요약되어 있다. 키메르인의 이주에 대해서는 Hančar, "Kaukasus-Luristan," p. 47을 보시오. 이 논문에서 필자는 쿠반과 코카서스 북부의 동물예술, 루리스탄 청동기 등을 7세기 키메르인과 스키타이인의 이주와 연결시키려 했다. 이 주제에 대한 Hančar의 다른 연구로는 "Probleme des Kaukasischen Tierstils," *Mitteilungen der Anthropologischen Geschellschaft in Wien*, LXV(1935), p. 276이 있다.
9. Cf. N. Makarenko, "La Civilisation des Scythes et Hallstatt," *ESA*, V(1930), p. 22.

라고 부른 사람들이었다.[10] 호칭에서 추측될 수 있는 것처럼 스키타이는 이란인 계통이었다.[11] 그들은 현재의 러시아령 투르키스탄 초원에 있던 '이란인들의 원주지'에서 유목하고 있었고, 이란 고원의 남부에 거주하는 그들의 형제민족인 메데스(메디아)와 페르시아에 깊은 영향을 주었던 앗시리아와 바빌론문명의 영향으로부터 크게 벗어나 있었던 북방의 이란인들이었다.

그들과 혈연관계에 있는 사르마트인들처럼 스키타이도 바로 메디아–페르시아Medo-Persia의 신앙을 진보적으로 변화시킨 역사적인 마즈다교Mazdaizm와 조로아스터교Zoroastrianism의 개혁에서도 역시 이방인으로 남아 있었다.

이런 스키타이인의 생생한 모습은 쿨 오바Kul Oba와 보로네즈Voronezh의 그리스–스키타이식 항아리에 남아 있다. 그들은 수염을 기르고 있고, 페르세폴리스의 조각에 있는 동족 사카인들처럼 평원의 거센 바람을 막기 위해 귀를 덮는 끝이 뾰족한 모자를 쓰고 있으며, 또한 그들의 사촌이라 할 수 있는 메디아인과 페르시아인, 그리고 사카인들에게 공통적으로 보이는 넉넉한 의상 — 튜닉과 헐렁한 바지 — 을 입었다.

체르톰리크Chertomlyk 고분의 은제 항아리 표면에 재현된 초원의 멋진 말은 그들에게는 떨어질 수 없는 동료였으며 그들이 좋아하는 무기는

---

10. 페르시아의 아케메네스 왕조 시대에 사용된 명칭은 (a)엄격한 의미에서 우리가 말하는 사카에 해당되며 페르가나와 카쉬가리아 주변에 살고 있었던 것이 분명한 *Saka Haumavarka*, (b)아랄 지역과 시르다리아 하류에 거주하였던 *Saka Tigrakhauda*, (c)'외지로부터' 즉, 남부 러시아 지역에서 온 사람들로 역사적으로 스키타이인 *Saka Taradrava* 등을 구분하고 있다.

11. Cf. W. Miller, "Die Sprache der Osseten," *Grundriss der Iranischen Philologie*, I. 남부 러시아의 스키타이 비문들을 구분하면서 밀러는 10퍼센트에서부터 60퍼센트까지 지역에 따라 나타나는 다양한 이란적인 요소를 발견하였다. Émile Benveniste 역시 Herodotus, IV, p. 5에 의거하여 『아베스타』의 이란인이나 아케메네스 왕조 시대의 이란인처럼 스키타이인들 사이에도 동일한 사회계급 — 전사·사제·농민 —이 존재했다고 주장하였다(Société Asiatique에서 1938년 4월 7일의 언급에서).

활이었다.12) 이런 기마궁사는 '도시 없이' 소위 '움직이는 도시'라고 할 수 있는 것만을 지니고 있었다. 즉 그들의 계절적인 이동에 따른 마차의 행렬은 1900년이 지난 뒤인 13세기 플라노 카르피니나 윌리암 루브룩의 시대에 동일한 러시아 초원 위로 칭기스칸 국가의 몽골인들을 따라가는 그것과 동일했다. 그들은 마차 위에 여인들과 재산을 실었다. 그들의 재산인 금세공품, 마구나 장비의 판식, 그리고 물론 카펫은 말할 것도 없고 그들이 필요로 했던 모든 것은 스키타이 양식의 예술을 탄생시켰고 그 형식이나 일반적인 경향을 결정하였다. 그들은 그러한 모습으로 기원전 7세기부터 3세기에 걸쳐 러시아 초원의 지배자로 군림했던 것이다.

근대 언어학자들은 스키타이인을 인구어족의 인도-이란 또는 아리안 계통에 속하는 이란계로 분류해야 한다고 믿고 있다. 그러나 지적되었던 것처럼 그들의 생활방식은 같은 시기에 중국의 변경에 있는 초원의 다른 끝에서 활동하기 시작한 투르크-몽골 계통의 흉노13)와 아주 흡사하였다. 사실 초원에서 유목민의 생존조건은 비록 몽골리아가 더욱 혹독하기는 했지만 흑해와 카스피 해의 북부나 몽골리아는 아주 비슷하였다. 따라서 체형과 언어를 빼놓고는 그리스 역사가들의 기록이나 그리스-스키타이식의 항아리에 묘사되어 있는 스키타이인의 문화와 일반적인 생활방식이 중국의 역사가나 예술가들이 흉노·돌궐·몽골에 대해서 기록하거나 묘사한 것을 연상케 하는 것은 전혀 이상한 일이 아니다. 어떤 관습은 두 집단에서 공통적으로 발견되고 있는데, 그 까닭은 그들의 비슷한 생활방식이 — 예를 들어서 초기 중국인들이나 지중해 지역의 헐렁한 겉옷을 대치한 스키타이나 흉노와 같은 기마궁사의 승마용 바지나 장화의 이용, 또한 등자의

---

12. E. H. Minns, *Scythians and Greeks*(Cambridge, 1913), pp. 48-49. Rostovtzeff, *Iranians and Greeks in South Russia*, Plates XXI, XXII. 스키타이-흉노의 초원에 살고 있는 말의 품종과 예술상의 표현에 대해서는 J. G. Anderson, "Hunting Magic in the Animal Style," *BMFEA*, No. 4(1932). p. 259.
13. [역자] 원문에서는 흔히 흉노와 훈을 구분하지 않고 '훈'으로 기술하고 있지만, 본 역서에서는 이를 구별하였다.

이용14) — 같은 결과를 낳게 만들었거나 아니면 동일한 문화단계에 있었던 스키타이와 흉노 사이에 실제적인 지리적 접촉이 동일한 관습을 만들어냈던 것인지도 모른다(이런 예로는 순장殉葬이 있다. 이런 관습은 이미 서아시아나 중국 — 우르나 안양의 고분 — 에서는 오래 전에 사라졌음에도 불구하고 스키타이나 투르크-몽골에서는 오랫동안 존속했다).15)

이렇게 기원전 750년과 700년 사이에 스키타이, 아니 차라리 스키타이-사카인의 일부 — 사카인들의 나머지 대다수는 페르가나나 카쉬가리아가 있는 천산 주변에 그대로 잔류했다 — 가 투르가이 지역과 우랄 강 지역에서 남부 러시아로 이동하여 그곳에서 키메르인들을 쫓아냈다.16) 키메

---

14. 鐙子의 문제는 매우 중요하다. 이 발명품은 오랫동안 정주민의 기마대를 능가하는 놀라울 정도의 이점을 유목민들에게 주었다. 가장 유명한 체르톰리크의 그리스-스키타이 항아리는 '(말의) 뱃대끈으로부터 나온 고리 달린 가죽끈으로 된 등자'를 보여주고 있다(W. W. Arendt, "Sur l'apparition de l'étrier chez les Scythes," *ESA*, IX[1934], p. 208). Arendt는 Melitopol 지역의 Novo Alexandrovka 근처에 있는 Kozel 고분에서 출토된 유물들(현재 모스크바 역사박물관에 보관)에 대한 연구로 이런 사실을 알아낼 수 있었다고 덧붙였다. 마찬가지로 3세기 이후 흉노의 등자 이용 역시 증명되었다고 얘기하고 있다. 그러나 한대 중국의 부조에서는 그것이 거의 보이지 않는다. 기원전 1세기의 (알타이) Oirotin 안장에서 빌견되고 있다. 서양에서는 그리스와 로마에 전혀 알려지지 않았고, 단지 6세기 아바르가 그곳에서 보편적으로 사용하게 한 것으로 보인다.
15. 스키타이인들 사이의 장례의식은 Herodotus, IV, p. 71(죽은 자를 기리기 위해 팔·이마·코를 칼로 베어내고 하인과 말들을 죽여서 시체 주위에 그와 같이 매장하는 것)을 보시오. 흉노 즉, 몽골리아의 훈족에 대해서는 Edouard Chavannes, *Les mémoires historiques de Sse-ma Ts'ien*(5 vols. Paris, 1895-1905), I, lxv에서 『史記』를 요약한 것을 보시오(수령의 무덤에 순장을 하는데, 수백에서 수천의 여자와 노예가 포함되어 있었다). 마지막으로 흉노의 계승자인 6세기 돌궐 즉 몽골리아의 투르크 경우는 Stanislas Julien, "Documents sur les T'oukiue," *JA*(1864), p. 332를 보시오 ("그들은 그들의 얼굴을 칼로 베어서 눈물이 피와 같이 흐르도록 보이게 했다").
16. Herodotus, IV, p. 13에 따르면 스키타이가 유럽으로 이주한 것은 동쪽에서 — 아니 차라리 동북쪽에서 — 밀려온 압력의 영향인데, 스키타이인은 Issedon인에 의해서 밀려났고, Issedon인은 다시 Arimaspi인에 의해 밀려났기 때문이다. 헤로

르인들의 일부는 헝가리로 피난했던 것으로 보인다. 그곳에는 이미 트라키아인들과 친연관계가 있는 사람들이 거주하고 있었다. 그리고 실라기Szilagyi 근처에 있는 미하에니Mihaeni와 헤베스Heves 근처에 있는 포쿠루Fokuru, 갈리시아의 미하일로브카에 '보물'을 파묻은 사람들이 아마 이 도망자들인 것으로 추측된다. 스트라보Strabo에 따르면 키메리아인의 나머지가 트라키아를 거쳐서 — 혹은 헤로도투스에 따르면 이들은 콜치스Colchis를 거쳐 — 소아시아로 들어갔고, 그곳에서 프리기아를 떠돌다가 (기원전 720년경) 다음에 카파도키아Cappadocia와 킬리키아Cilicia(기원전 650년경)로, 그리고 최종적으로 폰티스Pontis에 도착했다(기원전 630년경). 스키타이의 일부가 그들을 추격했지만(기원전 720-700) 헤로도투스의 기록에 따르면 그들은 길을 잘못 들어서서 코카서스를 건너 데르벤드 통로를 통해 내려가 앗시리아 제국과 접촉하게 되었다. 그 수령인 이샤파카이Ishapakai가 이 나라를 공격했는데 승리를 거두지는 못하였다(기원전 678년경).

스키타이의 또 다른 수령인 바르타투아Bartatua는 더욱 신중하여, 공통의 적을 가지고 있었던 앗시리아에 우호적으로 접근했다. 당시 앗시리아는 국경인 킬리키아와 카파도키아에서 키메르로부터 위협을 느끼고 있었

도투스의 기록에 따르면 Issedon인은 핀-우그르계였다. Émile Benveniste는 그들을 예를 들어 고전시대에 우랄 근처 Ekaterinburg 협곡에 있었던 사람들에서 찾고 있다. 아마 훨씬 더 동쪽의 이르티쉬와 예니세이 근처에 살았을 Arimaspi는 스키타이와 마찬가지로 이란인이었던 것으로 보이는데, 그 이름은 Benveniste가 추론한 *ariamaspa* 즉 '말들의 친구'라는 말에서 나왔다(Benveniste, 1938년 4월 7일 Société Asiatique에서의 발표). 아랄 해의 동남쪽 해변에 있던 Massagetae는 Herodotus 자신도 그의 책 I, p. 201에서 스키타이인으로 보았다. 게다가 그들의 이름은 이란어로 '어부'라는 의미를 갖는 *massyagata*에서 왔다(J. Marquart, "Skizzen zur geschichtlichen Völkerkunde des Mittelasien und Siberien," *FFH*, p. 292). Dio Cassius나 Arian과 같은 고대의 작가들은 Massagetae를 사르마트 계통인 알란인의 조상으로 보았다. 유목 스키타이가 세금을 징수한 '농경 스키타이' 즉 분명히 *Chernoziom*의 원주민에 대해서는 Scherbakivski, "Zur Aga-thyrsenfrage," *ESA*, IX(1934), p. 208을 참조.

다. 스키타이 군대는 앗시리아의 정책에 부합하는 행동을 하면서 폰티스로 들어가 키메르인들을 격파했다(기원전 638년경). 거의 10년 뒤, 헤로도투스가 마디에스Madyes라는 이름으로 기록한 바르타투아의 아들은 메디아에게 공격을 받은 앗시리아의 요청을 받고 직접 쳐들어가서 메디아를 정복했다(기원전 628년경). 그러나 메디아인들이 바로 반란을 일으켜 왕 퀴악사레스Cyaxares가 스키타이의 수령들을 죽이고, 남아 있었던 스키타이인들도 코카서스를 경유해서 남부 러시아로 돌아왔다. 이것은 서아시아를 7년 간 떨게 했던 스키타이의 침입에 대한 가장 대표적인 얘기이다. 이 시기를 통틀어서 인도-유럽계의 막강한 야만인은 구세계의 공포대상이었다. 그들의 기병은 카파도키아에서 메디아까지, 코카서스에서 시리아로 약탈품을 좇아서 질주했다. 이스라엘의 예언자들 사이에서도 인지될 수 있을 정도의 반향을 남긴 이 엄청난 사람들의 소용돌이는 남쪽에 있는 구문명에 대한 북방 초원 유목민들의 역사상 최초의 난입이었고 향후 거의 20세기 동안 계속될 모습이기도 하다.

서아시아의 패자로 페르시아가 앗시리아·바빌로니아·메디아를 대체했을 때, 그들은 이란 외부로부터의 새로운 공격에 대해 이란을 지키는 일을 시작했다. 헤로도투스에 따르면 퀴루스Cyrus가 감행한 마지막 원정은 마싸게태Massagetae 즉, 히바의 동부에 있는 스키타이에 대한 것이었나 한다. 다리우스Darius도 유럽의 스키타이에 대한 첫번째의 대대적인 원정에 나서(기원전 514-512) 트라키아와 현재의 벳사라비아를 거쳐 초원으로 들어갔다.

스키타이는 통상적인 유목민의 전술에 따라 그들 앞에서 후퇴하면서 그들을 약올려 들판 깊숙한 곳까지 들어오게 만들었다. 그는 현명하게도 적시에 후퇴했다. 헤로도투스는 이 '러시아 원정'을 전제군주의 어리석은 행동으로 보려는 경향이 있다. 그러나 사실 이 아케메네스조의 왕들은 이를 통해 비이란의 이란화 또는 범이란적 연합과 같은 매우 당연한 정책을 이루어내려고 했던 것이다. 이런 노력은 실패로 끝났고 스키타이인들은 페르시아의 영향에서 벗어나 그 후 3세기 동안 남러시아에서 평화롭게 남아 있게 되었지만, 다리우스의 원정은 적어도 유목민의 침입으로부터 서아시

아를 항구적으로 방어할 수 있게 하였다.[17]

탈그렌에 따르면, 스키타이의 발굴 예술품들은 러시아에서 스키타이인들의 지배가 진전되는 양상을 보여준다고 한다.[18] 처음 — 대략 기원전 700년부터 550년까지 — 스키타이문화의 중심은 동남부에 있는 쿠반 지역이나 타만 반도 지역에 있었다. 비록 많은 것은 아니지만 멜구노프Melgunov와 마르토노차Martonocha에서 발견된 것을 보면, 이 시기의 스키타이는 이미 분명 드녜프르 강과 부그 강 하류 사이의 우크라이나 남부를 지배하고 있었다.

대략 기원전 550-450년이 되어야 스키타이의 문화가 현재 우크라이나에서 왕성하게 피어나고, 기원전 350년에서 250년 사이에 절정에 이른다고 탈그렌은 보았다. 이는 드녜프르 강 하류에 있는 왕족들의 거대한 고분(체르톰리크, 알렉산드로폴Alexandropol, 솔로하Solokha, 데네프Denev 등)에서 추측할 수 있다. 서부에서 스키타이의 확대가 도달하는 가장 북방 한계는 삼림초원의 북방 경계(키예프의 남부와 보로네즈 지역)를 따라간다. 동북쪽에서는 그 확장이 볼가 강을 건너 사라토프Saratov까지 전진했는데, 이곳에서도 중요한 것이 많이 발견되었다. 탈그렌은 이곳의 스키타이인 또는 유사 스키타이인 — 어쨌든 모두 이란인 — 을 사르마트인으로 분류하였다.

남러시아의 스키타이인들은 키메르인 즉, 트라키아-프리기아인들의 기층 위에서 귀족정치를 구축할 수 있었다. 벤베니스테Benveniste는 헤로도투스의 기록(IV, pp. 5-10)을 통해서 스키타이에 기원한 말에서는 순수 이란적인 고유명사가 보이는 반면, 스키타이인에 관한 그리스측의 또 다른 자료에서는 트라키아-프리기아적인 것이 나타나고 있다고 지적했다.[19] 고고학적인 유물도 이런 언어적인 잔재를 확증해주고 있다. 탈그렌은 "키메

---

17. 기본적으로 그리스 세계와 관계를 갖고 있는 스키타이의 이후 역사에 대해서는 Max Ebert, *Süd-Russland im Alterthum*(Leipzig, 1921)을 보시오.
18. Tallgren, "Sur l'origine des antiquités dites mordviennes," *ESA*, XI(1937), p. 123. Cf. K. Schefold, "Skytische Tierstil in Süd-Russland," *ESA*, XII (1938).
19. Émile Benveniste, 1938년 4월 7일 Société Asiatique에서의 언급.

르 청동기 시대의 할쉬타트문화는 심지어 스키타이적 또는 헬레니즘적인 문화가 확립되어 갈 동안에도 여전히 농경문화로 우크라이나에 존재했다"고 지적하고 있다.[20]

마지막으로 다소간 키메르적인 기층이 존재했던 스키타이 지역의 북부에는 헤로도투스가 안드로팍Androphag·멜란클렌Melankhlen·잇세돈Issedon이라는 이름으로 기록한 스키타이가 아닌 야만인 — 핀-우그르계로 볼 수 있다 — 이 거주하고 있었다. 탈그렌은 안드로팍은 체르니고프의 북방, 멜란클렌은 보로네즈의 북방에 있었던 것으로 추정하였다. 이들 두 집단은 다리우스의 공격을 방어하기 위해 스키타이와 연합하였다. 벤베니스테는 잇세돈이 에카테린부르그 근처의 우랄 지역에 있었다고 생각했다.

또한 탈그렌은 소위 모르도비아문화를 이 스키타이의 핀-우그르계 이웃인 안드로팍과 멜란클렌으로 귀착시켰다. 그들의 유적은 데스나Desna와 오카Oka에 대한 발굴에서 발견되었는데, 스키타이의 동물양식이 거의 없는 대신 조잡한 기하학적인 장식이 특징을 이루고 있다.[21]

스키타이 예술

7세기 코카서스, 소아시아, 아르메니아, 메디아, 그리고 앗시리아 제국에 대한 스키타이의 대대적인 침공이 끼친 영향은 정치사에 국한된 것이 아니었다. 스키타이가 동맹 내지는 연합세력이기도 했던 앗시리아 세계와 거의 한 세기 이상 밀접한 접촉을 가졌다는 점은 초원의 예술을 연구하는 모든 사람에게 아주 중요한 사실이다. 먼저 스키타이인들이 청동기로부터 철기로 완전히 바뀐 때가 바로 그들이 7세기 서아시아를 가로질러 돌아다녔던 시기였다는 점은 의심의 여지가 없다.

스키타이의 예술의 시작에 켈트-다뉴브 지역의 할쉬타트 철기기술의

<hr>

20. Tallgren, *ESA*, XI(1937), p. 128.
21. *Ibid.*, p. 127.

영향이 없었던 것은 아니었다(할쉬타트의 경우 기원전 1000-900년과 500-450년경이지만, 스키타이는 700년과 200년 사이다).22) 그러나 우선 코카서스와 메디아인들의 땅 — 이 경우 루리스탄 — 은 기원전 7세기경에 일어난 소동으로 스키타이인과 더욱 밀접한 관계를 가졌다. 한차르Franz Hančar는 그의 동료인 비엔나의 쾨니히F. W. König에 동의하면서, 코카서스 지역 쿠반 청동기의 대부분과 메디아 남서지역에 있는 루리스탄의 일부 청동기도 7세기 것으로 생각했다. 한차르는 쿠반과 루리스탄의 청동기가 부분적으로 키메리아인들에 의한 것이라고 보았다.23) 이로써 스키타이와 키메르의 기병대가 일찍이 같은 지역을 석권하였던 점이 이 시기에 두 가지의 청동기문화와 스키타이예술의 기원 사이에 존재하는 연관성을 분명하게 드러내고 있다.

초기 스키타이의 예술에 대한 앗시리아-바빌로니아 메소포타미아의 직접적인 영향과 관련된 반박할 수 없는 증거는 쿠반의 켈레르메스에서 나온 철과 금으로 만들어진 도끼이다(약 기원전 6세기). 이 도끼는 몇 마리의 멋진 사슴과 함께 생명수의 주위에 서 있는 두 마리의 아이벡스(야생염소)가 그려진 고대 앗시리아-바빌로니아(그리고 루리스탄)적인 주제를 보여주고 있다. 동물들은 살아 있는 것처럼 묘사되었고, 그 형태는 앗시리아의 동물예술에서 영향을 받았다. 그러나 그것을 장식에 사용한 것은 특히 스키타이인이었다.

이것을 기점으로 우리는 스키타이 동물예술의 출현을 보게 되는데, 그것은 앗시리아(또는 그리스)의 자연주의적인 면이 장식적인 목적으로 바뀐 것이라고 정의될 수 있다. 이런 예술은 코스트롬스카야의 고분에서 발굴된 황금 사슴에서 확정된 형태로 나타났고, 그곳에서 나온 사슴뿔은 나선형으로 양식화되었다. 이런 것들은 6세기 쿠반에서도 분명하게 나타나고 있다.

초원미학은 이런 방식으로 몇 세기 동안 자리잡았고, 우리는 앞으로

---

22. Cf. N. Makarenko, "La civilisation des Scythes et Hallstatt," *ESA*, V (1930), p. 22.
23. F. Hančar, "Gürtelschliessen aus dem Kaukasus," *ESA*, VII(1931), p. 146 ; "Kaukasus-Luristan," *ESA*, IX(1934), p. 47.

거기서 분명히 정의된 경향들을 살펴보겠지만 그것은 멀리 동쪽으로 몽골리아와 중국까지 발전해갔다.

초기부터 두 가지의 흐름이 있었다. 하나는 의심할 것도 없이 지속적으로 앗시리아-아케메네스의 자료를 새롭게 변용시켜서 만들어낸 자연주의적인 흐름이었다. 다른 하나는 헬레니즘적인 것으로 그것은 위에서 지적한 것처럼 순수한 장식적 목적에 부합되는 바꾸고 뒤틀고 섞는 장식적인 흐름이었다.[24] 결국 동물양식의 사실주의는 결코 기마민과 수렵민에게서 완전히 사라지지는 않았지만 단지 양식화된 장식을 위한 구실과 이유가 되고 말았다.

이런 경향은 유목적인 생활양식을 통해서 설명될 수 있다. 서쪽에 있는 스키타이-사르마트든 동쪽에 있는 흉노든 모두가 마찬가지였다. 정해진 주거나 고정된 건물이 없던 그들에게 사실주의적 표현을 요구하는 조각·부조·그림과 같은 것들은 거리가 멀었다. 그들이 할 수 있는 사치는 옷의 치장, 개인적인 꾸미기, 그리고 장비와 마구 등의 장식이었다. 노인 울라 Noin Ula에서 발견된 이런 종류의 물건, 예를 들어 허리띠에 사용하는 고리와 버클, 마구의 판식, 칼집, 마차의 널, 다양한 종류의 손잡이와 자루 등은 심지어 문장紋章과 같은 모습으로 단지 양식화된 처리를 위해서 도안된 것처럼 보인다.

이미 위에서 다룬 것처럼, 북방의 유목민들은 스키타이와 같은 이란계이든 흉노와 같은 투르크-몽골계이든 관계없이 말 위에서 그들의 일생을 보냈다. 초원의 생활은 끝없는 들판에서 양을 노리고 있는 늑대를 경계하고 야생말과 사슴떼를 쫓는 일이었다. 그들의 이러한 생활방식과 재산의 특성으로 인해 앗시리아-바빌로니아로부터 받은 영향 가운데에서 문장적인 주제나 싸우는 동물의 양식화된 표현 등만을 보존하게 된 것은 당연하였다.

마지막으로 안데르손Andersson의 지적처럼, 이런 동물묘사는 막달레

---

24. 전형적인 복제도는 M. I. Rostovtzeff, *Animal Style in South Russia and China*(Princeton, 1929) ; *Le centre de l'Asie, la Russie, la Chine et le style animal*(Prague, 1929) ; G. I. Borovka, *Scythian Art*(New York, 1928)에 보인다.

니안인들의 프레스코나 골각처럼 특수한 주술적인 목적을 띠었던 것으로 보인다.25) 그리스-스키타이식의 금은 예술품 — 단지 주제에서 스키타이적일 뿐이고 크리미아의 그리스 식민지 내지는 초원의 유목수령들을 위해서 그리스 장인들이 직접 제작한 것 — 을 제외한 나머지 대부분의 스키타이예술에서 동물형상은 오로지 장식적인 효과를 위하여 형식적이고 기하학적인 양식으로 만들어졌다.

그런 예로는 쉐폴드Schefold가 기원전 5세기경으로 추정한 코스트롬스카야, 같은 시기의 엘리자베토브스카야, 기원전 450년에서 350년 사이의 크리미아 반도 쿨 오바에서 발견된 유물, 표트르 대제의 유보에 있는 서부 시베리아에서 발굴된 사르마트 시기(기원후 1세기)의 것, 그리고 흉노예술로 거의 기원후 초기로 추정되는 트란스바이칼리아의 베르흐네딘스크 Verkhnedinsk 등의 유물이 대표적이다. 이런 예술 모두에는 사슴뿔, 말의 갈기, 그리고 심지어 고양이과 동물의 발톱과 같은 것이 그 동물의 크기보다 두 배 정도로 굽어진 채로 발견된다. 말의 윗입술은 달팽이집처럼 말려져 있다.

서부 시베리아에서 발견되는 스키타이-사르마트식의 예술과 오르도스의 흉노가 발전시킨 동일한 구상을 바탕으로 한 예술도 때때로 동물형태의 양식화가 너무도 완전해서, 사슴·말·곰·호랑이 등의 머리부분에 사실주의적인 흔적이 남아 있기는 해도 장식된 동물을 식별하려면 아주 곤란함을 느낄 수밖에 없다. 그것은 그들 상호 간에 서로 복잡하게 뒤섞이고 교차되어 있고, 예상할 수 없을 정도로 너무나 많이 변형되어 있기 때문이다. 동물의 뿔이나 꼬리는 나뭇잎 모양으로 끝맺거나 아니면 새의 모습으로 확대시키기도 했다. 결국 동물의 사실주의적 표현은 바로 거기에서 기

---

25. J. G. Andersson, "Hunting Magic in the Animal Style," *BMFEA*, No. 4(1932). 이 연구의 p. 259 이하를 참조. 이는 말과 사슴과 기타 초원의 동물을 분류하고 이를 오르도스 청동기의 모습에서 보이는 양식과 비교한 연구이다. 초원예술의 장식적인 모티브의 주술적 기원에 대해서는 O. Janse, "Le cheval cornu et la boule magique," *Ipek*, I(1935), p. 66과 Potapoff, "Conceptions totémiques des Altaïens," *RAA*(1937), p. 208도 참조하시오.

원한 장식 속에 파묻힘으로써 유실되고 말았다.[26]

초원예술은 이렇게 주변의 정주민(스키타이와 앗시리아-아케메네스, 흉노와 중국)들의 예술과 상호 공유하고 있는 바로 그 부분, 즉 사냥이나 동물이 싸우는 장면 등과 같은 데에서 확연하게 대비된다. 초원예술의 뒤틀림·구부림·애매함 등은 한편으로는 앗시리아나 아케메네스, 다른 한편으로 한대(중국)의 동물의 고전주의적 표현과는 너무 다르다. 앗시리아인과 아케메네스인은 한나라 때의 중국인들처럼 단순하고 넓은 배경에서 서로 쫓고 쫓기며 으르렁거리는 맹수들의 모습을 보여주고 있다. 반면에 스키타이든 흉노든 초원의 장인은 그들의 작품 속에서 서로 죽을 때까지 물어뜯으며 뒤엉켜 있는 동물의 격투장면을 보여주고 있다. 마치 그것은 칡덩굴이 얽혀 있는 것과 같은 모습을 띠고 있다. 그들의 예술은 표범, 곰, 맹금류, 그리고 그리핀에게 잡힌 말이나 사슴의 찢어진 사지나 완전히 뒤틀린 희생물의 몸뚱이로 표현되는 극적인 예술이다. 여기에는 어떤 신속함이나 어떤 도망도 없다. 대신 거기에서는 이미 지적한 것처럼 희생자가 가해자를 마치 자신의 죽음으로 같이 끌고 들어가려는 듯한 모습으로 목이 서서히, 그리고 갈가리 찢기는 것이 보일 뿐이다.

그러나 이런 '완만함'에도 불구하고, 형태가 얽히며 장식되어 종종 그 살육장면으로부터 모든 사실성을 빼앗아갈 정도의 화려한 양식화 속에는 고도의 비극성을 느끼게 해주는 내적인 생동감이 존재하고 있다.

초원예술의 다양한 요소와 경향은 오데싸로부터 만주와 황하 지역까지 광범위하지만 고르지 않게 퍼져 있다. 초원의 스키타이의 예술은 볼가강 상류의 삼림지대까지 전파되어 카잔 근처의 아나니노Ananino문화에도 영향을 주었다(기원전 600-200년경). 이들은 분명히 핀-우그르계의 문명이다. 이곳에서 풍부한 고분군들이 발굴되었는데, 일상적인 청동제의 단검과 머리가 작은 도끼 이외에도 몸체가 뒤틀려 있는 동물 모티브의 유물들도 함께 출토되었다. 이것들은 비록 조금은 빈약하고 단순한 형태이지만 스키타이의 것과 유사성이 있다. 그러나 탈그렌의 연구에 따르면 스키타이

---

26. Cf. Josef Zykan, "Der Tierzauber," *AA*, V(1935), p. 202.

동물양식은 단지 부분적으로만 아나니노에 수용되었고 기본적인 장식은 여전히 기하학적인 도안에 기반하였다.27)

시베리아 중부에 있는 미누신스크에서의 상황은 그와 완전히 동일한 것은 아니었다. 청동기 시대(기원전 6세기에서 3세기까지)가 절정에 머무는 동안 알타이에서 가장 중요한 이 청동기 생산지역에서는 단순한 기하학적인 도안이 가미된 투겁 있는 도끼를 생산했다(예로 크라스노야르스크에 있는 '각이 진' 장식을 들 수 있다). 그러나 같은 시기의 다른 지방에서 출토된 복잡한 장식과는 대조되는 단순 질박한 양식화를 보여주는 동물문양의 청동기가 생산되었다. 이런 점에서 보로브카Borovka는 이곳을 바로 지리적·연대적인 측면에서 초원예술의 발상지로 보려고 했다.

이 문제의 중요성은 명백하다. 과연 알타이의 고대 대장장이들이 최초의 동물양식을 만들어낸 곳이 흑해와 직예만(발해만)의 중간에 위치한, 그리고 이 예술의 지리적인 중심인 미누신스크였는가? 그리고 이런 단순하고 빈약한 문양이 남서지역에서는 앗시리아-아케메네스의 양식이 스키타이에 영향을 줌으로써, 그리고 남동쪽에서는 중국의 양식이 흉노에 수입됨으로써 더 풍부해졌는가? 그것이 아니라면 반대로 로스토브체프Rostovtzeff의 생각처럼, 미누신스크에서의 동물문양이 빈곤한 것은 마치 페름Perm의 삼림지역으로 전파된 예술이 아나니노에서 쇠퇴한 것처럼 스키타이의 예술이 시베리아 삼림지역으로 전파되는 과정에 쇠퇴한 것일까? 만약 그렇다면 아나니노와 미누신스크는 러시아 초원의 희미한 반향에 불과한 것이 된다.

또한 남러시아 자체에서도 처음에는 ― 기원전 7세기부터 6세기 초 이래 ― 동물문양의 경직된 예들만이 발견된다는 점도 지적되어야 할 것이다. 쿠반의 '칠형제' 분묘, 쿠반에 있는 켈레르메스, 울스키Ulski, 그리고 코스트롬스카야, 키예프 근처의 치기린Chigirin, 크리미아에 있는 케르치와 쿨 오바(기원전 5-4세기) 등지에서 발견된 청동기들이 그러한 예들이다. 기원전 5세기에서 4세기가 되면 양식화는 아조프 해의 멜리토폴 근처

---

27. Tallgren, "Sur l'origine des antiquités dites mordviennes," *ESA*, XI(1937), p. 133.

에 있는 솔로하에서처럼 분명히 더욱 복잡하게 변한다. 거기에서는 스키타이의 주제를 바탕으로 멋지게 만들어진 그리스 금세공인들의 작품과 함께, 특유의 가지침이나 정교함으로 만들어진 뒤틀어진 동물형상이 나타나고 있다. 아조프 해에서 가까운 엘리자베토브스카야에서도 마찬가지다. 그곳에서 출토된 청동기는 꽃무늬나 가지침의 모티브가 새겨져 있다.

사르마트와 서부 시베리아

우랄 산맥 근처 오렌부르그Orenburg 지역의 프로호로브카Prokhoro-vka에서 기원전 4세기 이후로 추정되는 한 지역문화가 발견되었는데, 거기에는 창들이 많이 부장되어 있었다. 로스토브체프는 이 고분을 유럽 쪽 러시아에 사르마트인들이 최초로 모습을 드러낸 예로 이해했는데, 그것은 창이 사르마트인들의 중요한 특징을 보여주는 무기이기 때문이다.[28] 그 사실 여부가 어떠하든 스키타이와 마찬가지로 이란계의 북방 유목민에 속하는 사르마트인들은 그때까지 아랄 해의 북방에 살고 있다가 기원전 3세기 후반경이 되면서 볼가 강을 건너 러시아 초원에 침입해 스키타이를 크리미아 쪽으로 몰아냈다.[29] 폴리비우스(XXV, p. 1)는 그들이 기원전 179

---

28. 그럼에도 불구하고 Herodotus, IV, p. 116에서는 '사르마트인들'이 기원전 5세기에 돈 강 하구의 동쪽 지역에 있었다고 기록했고 또한 스키타이어를 말하는 아마존과 스키타이가 혼혈이었다고 얘기하고 있다. 이들이 과연 이때에 여전히 카스피 해의 북방에서 유목을 하고 있었던 사르마트인의 本隊가 도착하기 전에 스키타이인들을 뒤따라온 그들의 전위였다고 볼 수 있을까(cf. Max Ebert, *Süd-Russland im Alterthum*, pp. 339-340.) 그러나 Rostovtzeff는 그리스인들이 사르마트인들 사이에 보편적으로 나타났다고 한 모권제 사회의 기본적인 모습은 사르마트인에게서는 어디에서도 발견할 수 없다고 지적했다. 그는 양자 사이에 관계가 없다고 믿고 있다(*Iranians and Greeks*, p. 113).
29. 당시 스키타이인들은 아시아에서 나타난 사르마트인들과 이후 헝가리와 루마니아에서 제국을 건설한 트라키아-프리기아 계통의 부족 Getae(후일 Dacia인)의 확산으로 그 사이에 갇혀버렸다.

년에 처음으로 강력한 세력이 되었다고 기록하고 있다.

　두 민족은 인종적으로 관련이 있고 모두 유목민이었다.[30] 그럼에도 새로운 이주자들은 이전의 스키타이와는 확연히 구별되었다. 지적한 것처럼 스키타이는 품이 큰 갑옷과 사카의 모자를 쓴 기마궁사였고 그리스를 피상적으로 맛본 야만인들로서 동물문양을 띠는 동물예술을 발달시켰지만, 그 양식화에도 불구하고 여전히 입체적이고 자연주의적인 유풍을 간직하고 있었다. 반면 사르마트인들은 기본적으로 창을 사용하는 기마민으로 원뿔형의 모자와 쇠미늘로 된 갑옷을 입었다. 그들의 예술은 기본적으로는 동물양식이었지만 스키타이인들보다 양식화나 기하학적인 장식에 훨씬 더 강한 취향을 나타냈고, 금속 위에 색이 있는 도료를 입히는 것을 좋아했다. 간단히 말해 그들의 예술은 그리스-로마적 입체성에 기반을 둔 양식화된 꽃모양 장식을 통해 극히 특징적인 '오리엔트적' 반응을 보여주고 있다. 이런 예술은 중세 이전의 유럽에 처음으로 나타난 것이었으며, 사르마트인은 고트족에게 전하고 고트족은 민족의 대이동에 참여했던 모든 게르만의 부족들에게 전해주었다.

　에카테리노슬라브Ekaterinoslav 근처인 알렉산드로폴에서의 대발견에서 알 수 있는 것처럼 스키타이에서 사르마트로의 예술적 전환은 기원전 3세기 초에 일어났다. 사르마트의 예술은 기원전 3세기와 2세기에 남러시아에서 시작되었는데, 이는 부에로바 모길라Buerova Mogila, 아크타니조브카Akhtanizovka, 아나파Anapa, 스타브로폴Stavropol, 카신스코예Kasinskoye, 쿠반의 쿠르지프스Kurdzhips에서 발견된 보석에서 나타나고 있다. 또한 아조프 해 근처 엘리자베토브스카야의 사르마트 문화층에서도 나났고, 저 유명한 마이코프의 화려한 은제 상감 허리띠에서도 볼 수 있다. 말을 삼키고 있는 그리펀의 모습이 담긴 마이코프의 허리띠는 기원전 2세기 사르마트예술의 한 예이다.

　이와 같은 형식은 이후 사르마트의 판식에서 지속적으로 나타나는데 예를 들어 돈 강 하구 근처의 타간로그Taganrog와 페둘로보Fedulovo, 쿠

---

30. Strabo, XI, p. 2.

반 강 하구 근처의 시베르스카야Siverskaya (기원전 2세기 또는 1세기),
기원후 1세기 아조프 해 근처 보체르카스크Novocherkask, 우스트-노라빈
스카야Ust-Labinskaya, 주보프Zubov 농장, 그리고 쿠반에 있는 아르마비
르Armavir 등지에서 이런 것들이 출토되었다.31)

　　현재 표트르 대제 유보 중의 일부 ― 그리핀과 말, 호랑이와 말, 그리
핀과 야크, 독수리와 호랑이 등의 싸움이 극히 양식화되고 나무모양의 형
태로 장식되어 있다 ― 인 시베리아 서부에서 출토된 금·은 판식은 위에
서 말한 유물들, 특히 마이코프 허리띠의 판식과 연관되어 있다. 이런 시
베리아계의 판식에 대해 보로브카는 지나치게 이른 시기(기원전 3-2세기)
로 비정했으나, 메르하르트는 기원전 1세기 이후로, 그리고 로스토브체프
는 ― 아마 가장 신빙성 있게 ― 기원후 1세기로 비정했다.32)

　　서부 시베리아의 금·은 판식은 사르마트와 친척관계에 있는 종족의
것으로 여겨지는데, 그것은 최근 소련에서의 연구에 따르면 더 동부에 있
는 중앙 시베리아 미누신스크 부근인 오글락티Oglakty에서 발견된 인골
이 투르크-몽골계와는 다른 것으로 보이기 때문이다.

　　그들은 아마도 스키타이·사르마트·사카와 접촉하면서 살던 인도-유럽

---

31. 사르마트 지역보다는 분명 핀-우그르 지역에서 발견된 것이기는 하지만 또 다른
　　특징을 지닌 청동기로는 우랄 강 남부의 서부지역인 Ufa의 고분에 있는 부장품과
　　Ufa와 Perm 사이에 있는 Ekaterinovka 보물에서 발견된 것들을 참조하시오.
　　Tallgren은 이 모두의 연대를 기원전 300-100년 사이의 것으로 추정하였다
　　(Tallgren, "Études sur la Russie orientale durant l'ancien âge du fer,"
　　ESA, VII(1932), p. 7). Perm의 북동부 Gliadenovo에서 발견된 '뒤틀린 동물'의
　　판식에서는 마찬가지로 사르마트인의 영감이 보이고, Tallgren은 그것을 기원 초
　　기 이후의 것으로 추정했다. 시베리아 서부에서 발견된 표트르 대제의 보물에 있
　　는 거대한 판식들은 스키타이 또는 '뒤늦은 스키타이'에서 사르마트로의 이행기에
　　속하는 것으로 보인다. 그럼에도 불구하고 그것들은 Nero와 Galba의 주화와 연결
　　된 사르마트 시대[역자 : 영역본에는 스키타이로 되어 있음]의 것이다. cf. Joa-
　　chim Werner, "Zur Stellung der Ordosbronzen," *ESA*, IX(1934) p. 260.
32. Rostovtzeff, *Irans and Greeks*, Plate XXV ; Borovka, *Scythian Art*, pp.
　　46-48, figs. 7과 8에 나오는 복제도를 보시오.

계 종족일 가능성이 크다.[33]

흉노 이전 알타이의 문화[34]

예니세이 강 상류에 있는 야금술의 중심지 미누신스크는 대략 기원전 5세기 초부터 새로운 활동의 본거지가 된다.[35] 탈그렌에 따르면, 그때는 바로 사각의 돌담 안에 있는 지하분묘가 출현하는 소위 '청동기 3기' 또는 메르하르트가 말하는 '전성기 청동기 시대'(기원전 500-300 또는 200)와 일치한다. 이 시기에는 동물소재의 예술이 풍부하게 나타나는 것이 특징이다. 모티브로는 누웠거나 아니면 서 있는 사슴이 뒤를 돌아보는 것, 그리고 말린 형태의 동물들이 두드러지게 나타난다. 탈그렌에 따르면 이런 동물 모티브는 러시아 남부로부터 전파된 것이다.

기원전 500-300년 사이에는 시베리아 청동제의 단검과 비수, 그리고 '동복銅鍑'(cup cauldrons)이 처음으로 만들어졌는데, 미누신스크에서부터 한쪽으로는 흉노 시기의 오르도스로, 다른 한편으로는 민족 대이동 시기의 헝가리로 전파된 '동복'이 만들어졌다.[36] 얇고 약간 휘었으며 손잡이 끝부분이 사슴머리로 세밀하게 장식된 미누신스크와 타가르스코예Tagarskoye

---

33. Cf. Tallgren, "Oglakty," *ESA*, XI(1937), p. 71.
34. [역자] 영어본에는 투르크 이전으로 되어 있지만 불어본에는 흉노 이전으로 되어 있다.
35. Cf. Tallgren, *Collection Tovostine des antiquités de Minoussinsk* (Helsinki, 1917) ; J. Merhart, *Bronzezeit am Ienissei*(Vienna, 1926) ; Teplukhov, "Essai de classification des anciennes civilisations métalliques de la région de Minoussinsk," *Materialy po Etnographii*(Leningrad, 1929) IV.
36. 이런 동복은 원통형의 몸체와 곧은 직사각형의 '귀'를 갖고 있고, 이들은 Cernu-schi 박물관(Baye 탐험대가 Minusinsk 지역에서 발견)과 부다페스트의 박물관에 있다. Cf. Zoltán Takács, "Francis Hopp Memorial Exhibition," *The Art of Greater Asia*(Budapest, 1933), p. 17, p. 68.

의 칼은 흉노 시기의 오르도스에 이르기까지 몽골리아 전역에 고르게 분포되었다.

기원전 330-200년 사이에 미누신스크에서는 철기가 우세를 점하게 되는데, 부분적으로는 청동과 철을 사용해 만든 날카로운 도끼와 일군의 대규모 집단 매장지가 나타난다. 메르하르트가 확신하듯이 미누신스크에서는 기원전 2-1세기로 소급되는 장식된 청동 판식들이 출현하였다. 머리를 서로 부딪히고 있는 소들과 서로 싸우는 말들이 장식된 판식에는 귀·발굽·꼬리·근육·털 등을 모두 '삼엽형 음각三葉形 陰刻'(hollow trefoil)으로 처리한 동물들이 묘사되어 있다. 분명 이런 기술은 러시아 남부와 시베리아 서부의 사르마트예술과 관계가 있다. 많은 고고학자들은 이것이 미누신스크를 통해서 오르도스의 흉노예술로 이어졌다고 생각한다.

미누신스크는 사얀산맥의 북사면에 위치하고 있다. 그로부터 남서 방향 오브 강과 카툰Khatun 강의 발원지 부근 알타이 산맥의 북사면에 파지리크가 있다. 이곳에서 1929년 그랴즈노프Griaznov의 발굴대가 기원전 100년경 내지는 그보다 약간 이른 시기로 추정되는 매장지를 발굴했는데, 이곳에서 '순록과 같은 가면을 쓴' 말의 시체가 발견되었다(그런데 이것은 그 지역 사람들이 순록을 말로 대체한 증거가 된다).37) 이 말가면과 가죽·나무·금으로 된 마구는 양식화된 동물 모티브로 장식되어 있다. 예를 들어서 날듯이 달리는 아이벡스(야생염소)와 사슴, 날개 달린 그리핀이 아이벡스를 쪼아 죽이는 장면, 사슴과 아이벡스를 덮치는 표범들, 땅 위에 있는 사슴을 공격하는 새의 모습, 그리고 서로 싸우는 수탉의 모습 등이다. 이런 주제는 모두 스키타이 내지는 그리스-스키타이의 동물 사실주의 — 후대의 장식적인 복잡함이 없는 — 와 아주 비슷하다. 정연하면서도 정제된 듯한 양식화는 화려한 장식적 효과를 발휘하고 있다.

파지리크에서는 역시 그리스-로마의 기원을 잘 보여주는 수염이 있는 초상이 발견되고 있다. 그것은 키메리안 보스포로스의 헬레니즘 왕국에서

---

37. 스키타이 고분에서 수령의 시체 주위에 말을 순장하는 것에 대해서는 Herodotus, IV, p. 72를 보시오. 그리고 순록에 대해서는 *Acad. Cult. Matér*(1931년 2월)를 보시오.

영감을 받았던 게 분명하다. 이와 유사한 그리스-로마식의 초상이 같은 시대인 기원전 2-1세기에 미누신스크 그룹인 트리포노바Trifonova·바테니Bateni·베야Beya·칼리Kali·즈나멘카Znamenka 등에서도 발견되었다.38) 알타이의 그룹은 파지리크 이외에도 시베Shibe·카라콜Karkol·오이로틴Oirotin의 고분들로 이루어져 있으며 기원전 1세기 이후의 것이고 사르마트의 것과 비슷하다. 시베의 유물들은 아직도 사실주의에서 크게 벗어나지 않고 절제된 양식화가 나타나는 동일한 동물예술을 보여주고 있다. 시베에서 발견된 중국 칠기는 기원전 86-48년 이후의 작품으로 추정되는데, 이것은 이 중심지의 연대확정에 도움을 준다.39)

　1세기 알타이의 문화는 카탄다Katanda의 고분이 대표적이다. 이곳에서는 목각이 발견되었는데, 거기에는 곰과 사슴이 싸우는 모습, 새모양의 머리에 뿔이 솟아난 사슴이 묘사되어 있고, 특히 같은 시기(2세기) 몽골리아의 노인 울라에서 발견된, 흉노예술을 상기시키는 양식화된 동물문양으로 장식된 청동 판식과 직물조각에는 그리핀과 사슴이 싸우는 모습이 묘사되어 있다. 그리고 노인 울라에 분명 키메리안 보스포로스로부터 전해진 그리스의 직물조각이 남아 있는 것처럼, 미누신스크에서 가까운 테스Tes의 고분도 대대적인 침입이 있기 전까지는 같은 곳에서 온 그리스-로마의 영향이 보이는데, 그것은 특히 흑해 쪽의 영감을 보여주는 귀걸이에 잘 나타나 있다.

---

38. Pazyryk, Shibe, Kantanda 등의 그룹에 대해서는 cf. M. P. Griaznov의 *American Journal of Archeology*(1933), p. 32 ; S. V. Kiseleff, "Fouilles de 1934 dans l'Altai," *RAA*, X, 4(1937)의 번역 p. 206 ; Laure Morgenstern의 "L'exposition de l'art iranien à Léningrad et les découvertes de Pasyryk," *ibid.*, p. 199와 *Esthétique d'Orient et d'Occident*(Paris, 1937) ; Joachim Werner의 *ESA*, IX(1934), p. 265 등을 참조. 파지리크의 마스크에 대해서는 A. Salmony, "Chinesische Schmuckform in Eurasien," *ibid.*, p. 329를 보시오. 준가리아에서 발견된 기원전 3세기의 보스포로스의 동전에 대해서는 *ibid.*, p. 249를 참조.
39. Griaznov의 *American Journal of Archeology*(1933), p. 32 ; Tallgren, "Oglakty," *ESA*, XI(1937), p. 69.

기원후 2세기 동안 미누신스크 지역 주변에서 발전한 동물문양 중심의 일종의 과도기적인 문화를 테플루호프Teplukhov는 타쉬틱Tashtyk문화라고 부르고 있다. 미누신스크에서 60킬로미터 북방에 있는 예니세이 강과 투바 강이 만나는 합류점 오글락티 계곡에서 출토된 것들이 이에 속하며, 그곳에서 발견된 것들 가운데 동물을 그린 아름다운 암각화들은 거기서 발견된 후한시대 중국 비단조각을 통해서 그 연대를 추정할 수 있다.

얼마 후, 이 알타이와 미누신스크 지역에 존재하였고 스키타이-사르마트와 친연성을 지녔던 문화의 중심지는 소멸, 아니 정확하게 말하면 변화한 것처럼 보인다. 미누신스크 지역에서는 당초唐初에 사용된 중국 동전으로 그 시기를 알 수 있는 것처럼 7세기 초에도 여전히 청동 장식품을 만들어내고 있었다. 그러나 그 중간에 분명히 키르기즈의 조상으로 보이는 투르크 부족들이 그곳을 정복하였는데, 중국 역사가들은 이를 5세기의 일로 기록하였다.40) 테플루호프에 따르면, 미누신스크에서 키르기즈가 사르마트와 관련이 있던 인도-유럽계 귀족들의 지배를 대체하는 것은 3세기 이후의 일이라고 한다.41) 그러나 이들은 미누신스크, 파지리크, 그리고 카

---

40. 당시 이 종족들은 혼혈이었던 것으로 보인다. Gardizi는 그 시절 키르기즈가 여전히 하얀 피부와 빨간 머리털을 갖고 있었다고 기록하고 있다. 게다가 이 예니세이의 키르기즈는 원래 투르크어를 사용하는 사람들이 아니었다(W. V. Radloff, *Die alttürkischen Inschriften der Mongolei*, St. Peterbrug, 1895-1899, p. 425).
41. 이것은 시베리아와 심지어 몽골리아에서 발견되고 있는 일부 흥미로운 암각화를 사르마트예술 — 적어도 거기에서 비롯된 고대 후기의 형태 —과 연관시키는 근거가 될 수 있다. 이 암각화들은 Oglakty 산에 있는 Kizilkaya(Qizil Qaya, '붉은 암석'을 의미), Minusinsk 근처 Sulak, 예니세이 강 상류의 Uriyangkhai에 있는 Morosova, 끝으로 오르콘에 있는 Ilkhe Alyk과 Durbelji 등지에서 발견되었다. Uriangkhai(Tannu Ula)의 벽화는 놀라울 정도로 사실적인 사슴과 곰의 소묘를 보여주는데, 그 선의 움직임은 최상의 그리스-스키타이 양식(Buluk, Kedrala, Chaghan Gol)을 상기시킨다. 한편 미누신스크 근처의 Sulak에 있는 암각화에서 원뿔형의 투구처럼 보이는 것을 쓰고 활과 긴 창을 든 기사를 묘사한 것은 크리미아에 있는 케르치의 로마-사르마트의 벽화와 조금도 다르지 않다. Sulak에서 '룬' 문자의 비문이 발견되어 이곳의 그림이 적어도 7세기 이후의 것이라는 점은 사실이다. Tallgren, "Inner Asiatic and Siberian Rock Pictures,"

탄다의 문화 중심지가 사라지기 전에 양식화된 동물예술 즉, 초원의 예술을 몽골리아와 오르도스 지역에 있던 흉노에게 전달해주는 데 상당한 역할을 하였다.

흉노의 기원

이란계 유목민 — 스키타이와 사르마트 — 이 초원의 서부인 러시아 남부는 물론 투르가이와 서부 시베리아를 지배할 때, 동부는 투르크-몽골계 종족의 지배 하에 있었다. 이들 중에서도 지배적인 종족은 중국에 흉노로 알려진 사람들로서, 이 이름은 로마나 이란에서 이후 이들과 동일한 야만인을 가리키는 훈Hun(Hunni) 그리고 Huna와 동일한 어원을 갖고 있다.42) 아마도 이들 흉노(기원전 3세기 진나라에 이르기까지 중국의 기록에는 분명히 나타나지 않음)는 기원전 9세기 또는 8세기에 중국에서 험윤獫狁이라고 칭해졌던 것 같고, 그 이전에는 훈육獯鬻으로, 혹은 보다 막연하게 호胡라고 불렸다. 역사의 여명기에 중국인들이 알고 있는 호라는 것은 당시 중국의 변경인 오르도스 즉, 북부 산서와 북부 하북에 살고 있는 사람들을 칭하였다. 마스뻬로는 현재 북경의 서부와 서북부에 성립되었던 '북융北戎'이 호胡의 하나였다고 추정했다. 다른 부족들은 기원전 4세기에 중국의 왕조인 조趙에게 항복했다. 조의 무령왕武靈王(기원전 325-298)은 산서의 최북단(대동 지역)과 현재 오르도스의 북방(기원전 300)을 그들로부터 빼앗았다.

ESA, VIII(1933), pp. 175-197. 한편 Fettich는 기원후 7세기 후기 미누신스크 문화와 레베드풍의 원시 헝가리예술 사이의 관계를 보여주었다. Cf. Nandor Fettich, "Die Reiternomadenkultur von Minusinsk," *Metallkunst der Land-nehmenden Ungarn, AU*(1937), p. 202.

42. "Hsiung-nu(흉노), Hans(한), 그리고 Huna 등의 이름은 서로 관계가 없는가? 선험적으로 매우 개연성이 희박하다"(Pelliot, "À propos des Comans," *JA* [1920], p. 141).

진秦나라(섬서)와 조나라(산서)의 중국인들이 무거운 전차를 기동성 있는 기병으로 바꾸어 기동력을 발휘하고자 한 것은 유목민들의 공격을 효과적으로 방어하기 위함이었다. 이것은 군사상의 혁명을 일으켜 중국의 복식을 바꾸기에 이르렀다. 중국의 고풍스런 겉옷은 유목민들의 것을 차용하여 기마용 바지로 대체되었고, 더욱이 중국의 전사들은 ‘세 갈래의 꼬리’가 있는 깃털장식의 모자와 허리띠 버클을 유목민들로부터 차용하였는데 이는 이후 전국시대의 예술에 지대한 역할을 하였다.43) 또한 조나라와 그와 인접한 국가들은 흉노로부터 자신들을 방어하기 위해 북쪽 국경에 초보적인 요새들을 짓기 시작하였는데 이를 토대로 진시황제가 연결시켜 축조한 것이 만리장성이 되었다.

중국의 사가인 사마천의 기록에 따르면 흉노가 통합되어 강력한 국가를 이룬 것은 기원전 3세기 후반이라고 한다. 선우單于라고 불리던 군주가 있었는데, 그 완전한 칭호는 중국어로 ‘탱리고도선우撑犁孤塗單于’로 전사되며 중국인들은 이를 ‘하늘(天)의 당당한 아들’이라고 번역했다. 아마도 투르크-몽골어의 어근에 따르면, 탱리는 투르크어 또는 몽골어의 텡그리 tengri 즉 하늘(天 ; 神)의 전사에 해당된다.44) 선우 밑에는 좌우도기왕左右屠耆王 즉 좌우현왕左右賢王이 있었다. 한자로 음사된 도기屠耆는 ‘올바른, 충실한’ 등의 의미를 갖는 투르크어 ‘doghri’와 연관되어 있다.

유목민의 고정된 거주지가 있다고 한다면 그곳은 오르콘 강 상류의 산지 즉, 이후에 몽골의 칭기스칸이 수도로 정한 카라코룸이었다. 좌현왕은 차기 계승자로 동부에 거주하였는데 그곳은 아마 케룰렌 강 상류였을 것이다. 서부의 우현왕은 헤르만의 추정에 따르면 항가이 산맥에 위치한 현재의 울리아수타이Uliassutai 근처에 거주하였던 것으로 보인다.45) 흉노

---

43. 사마천에 따르면 370년에 이런 복식개혁의 공식적인 추진자는 조나라 무령왕이다. Chavannes, *MHST*, V, p. 73을 보시오.
44. Cf. *MHST*, I, p. lxv. 白鳥庫吉은 선우를 중국어의 어원적인 의미로 “끝이 없이 넓다”라고 설명하고 있다(K. Shiratori, “A Short on the Titles of Khagan and Khatun,” *MTB*, I, p. 11 ; “On the Territory of the Hsiung-nu,” *MTB*, V, p. 71).
45. Albert Herrmann, “Der Gobi im Zeitalter der Hunnenherrschaft,” *Geo-*

의 직급에 따르면 그 다음은 좌우욕려왕左右谷蠡王, 좌우대장左右大將, 좌우대도위左右大都尉, 좌우대당호左右大當戶, 좌우골도후左右骨都侯, 그리고 천장千長, 백장百長, 십장十長 등이 있었다.46)

옮겨다니는 사람들인 이 유목민들은 마치 군대처럼 조직되어 있었다. 일반적으로 그들의 이동방향은 보통 투르크-몽골의 관습에 따라 남쪽을 향했다. 그런 현상은 흉노의 후예인 6세기의 투르크뿐만 아니라 칭기스칸의 몽골에서도 나타난다.

중국인들이 묘사한 흉노의 모습은 우리가 그들의 후예라고 보는 투르크와 몽골의 모습에서 다시 발견되고 있다. 그들은 "신체는 작지만 땅땅한 편이고, 머리는 아주 크고 둥글며, 안면은 넓고, 광대뼈가 튀어나왔고, 콧구멍이 넓으며, 콧수염이 아주 텁수룩하고, 아울러 콧수염은 많지만 뺨에 난 뻣뻣한 털로 된 수염을 제외하고는 턱수염은 없다. 긴 귀에 구멍을 뚫어 둥근 모양의 귀걸이를 달고 있다.47) 그들의 머리모양은 머리카락을 자르고 겨우 정수리에 있는 머리털만을 남긴다. 눈썹은 짙고 눈동자는 불타듯이 강렬하며 눈은 찢어진 모양이다. 종아리까지 내려오는 헐렁한 겉옷은 양쪽이 터져 있으며, 그것을 묶은 허리띠의 끝을 앞으로 늘어뜨린다. 추위 때문에 소매는 손목에서 단단하게 묶는다. 짧은 털로 된 망토로 어깨를 덮고 털모자로 머리를 가린다. 신은 가죽으로 만들었고 넓은 바지를 허리띠로 단단하게 묶는다. 허리띠에는 활집을 왼쪽 넓적다리 앞으로 기울여 매단다. 화살통 역시 허리띠에 매되 등 뒤에 걸치고 활시위는 오른쪽을 향하도록 한다"라고 위게르Wieger는 정리하고 있다. 발목부분에서 끈으로 바지를 붙들어 맨다고 하는 등 옷에 대한 몇몇 상세한 기록은 흉노나 스키타이들에게는 공통적이다.

그 외에도 많은 관습 — 예를 들어 순장 — 이 동일했다. 흉노와 스

---

grafiska Annaler(1935), p. 131.
46. *MHST.*
47. 白鳥庫吉은 흉노의 편발이 그들로부터 이런 풍습이 이어져 투르크-몽골 부족들인 탁발·유연·돌궐·거란·몽골에게 확산되었다고 했다. Cf. "The Queue among the peoples of North Asia," *MTB*, IV(1929).

키타이는 수령의 처첩이나 하인들을 그의 무덤에서 목을 베었는데, 그 숫자는 흉노의 경우 수백 내지는 수천을 넘었다. 헤로도투스(IV, p. 65)가 전하는 바에 의하면 스키타이는 적의 두개골을 눈썹 부위 정도에서 잘라서 가죽으로 밖을 싸고 안쪽에는 금박을 입혀서 컵으로 사용했다고 한다. 『한서漢書』도 흉노에 마찬가지의 습속이 있었다는 점을 입증하고 있는데, 그것은 월지月氏 왕의 두개골로 술을 마셨다는 노상선우老上單于의 예에서 잘 나타나고 있다.[48] 실제로, 흉노와 스키타이는 머리 자르는 것을 좋아했다. 헤로도투스(IV, p. 64)는 스키타이인들은 전쟁에서 벤 수급을 최고의 수확으로 생각했고 사람의 머리가죽을 안장에 매달고 다니는 것을 전리품으로 생각했다고 기록했다.

흉노의 후예 중에서도 6세기의 돌궐은 전사의 무덤에 자신이 일생 동안 죽인 사람 숫자만큼 석인石人을 세웠다.[49] 이 같은 잔인함은 인도-유럽계나 투르크-몽골계 유목민에게 공통적으로 보이는 현상이었다. 스키타이는 성스러운 칼을 땅에 꽂고 거기에 적의 피를 뿌렸으며 처음 죽인 적의 피를 한 잔 가득 마셨다.[50] 흉노인들은 동맹이 맺어진 것을 축하하기 위해 스키타이와 마찬가지로 두개골로 만든 잔에다 피를 따라 마셨다.[51] 죽은 이를 애도할 때 스키타이와 흉노는 모두 '그의 눈물과 피가 같이 흘러내리게 하기 위해서' 그의 얼굴을 칼로 자해했다.

스키타이와 마찬가지로 흉노도 기본적으로는 유목적이었다. 그들의 생활리듬은 소유하고 있는 양·말·소·낙타의 그것에 따라갈 수밖에 없었고, 물과 풀을 찾아 가축들과 함께 이동하였다. 오직 고기(곡식을 먹는 중국인들은 이에 대해 아주 놀라움을 나타내고 있다)만을 먹고, 가죽으로 된 옷을 입고, 털 위에서 잠을 자고,[52] 펠트로 만든 천막에서 머물렀다. 종교는 막연한 샤머니즘으로 텡그리에 대한 의식과 성산에 대한 숭배를 기초로

---

48. *MHST*, I, p. 1xv와 p. 1xx에 있는 『漢書』.
49. Stanislas Juliens, "Documents sur les T'ou-kiue," *JA*(1864), p. 332.
50. Herodotus, IV, p. 62, p. 64.
51. *MHST*, I, p. 1xv에 있는 『漢書』.
52. Cf. *Ibid.,* p. 1xiii. J. J. M. de Groot, *Die Hunnem der vorchristlichen Zeiten*, p. 2.

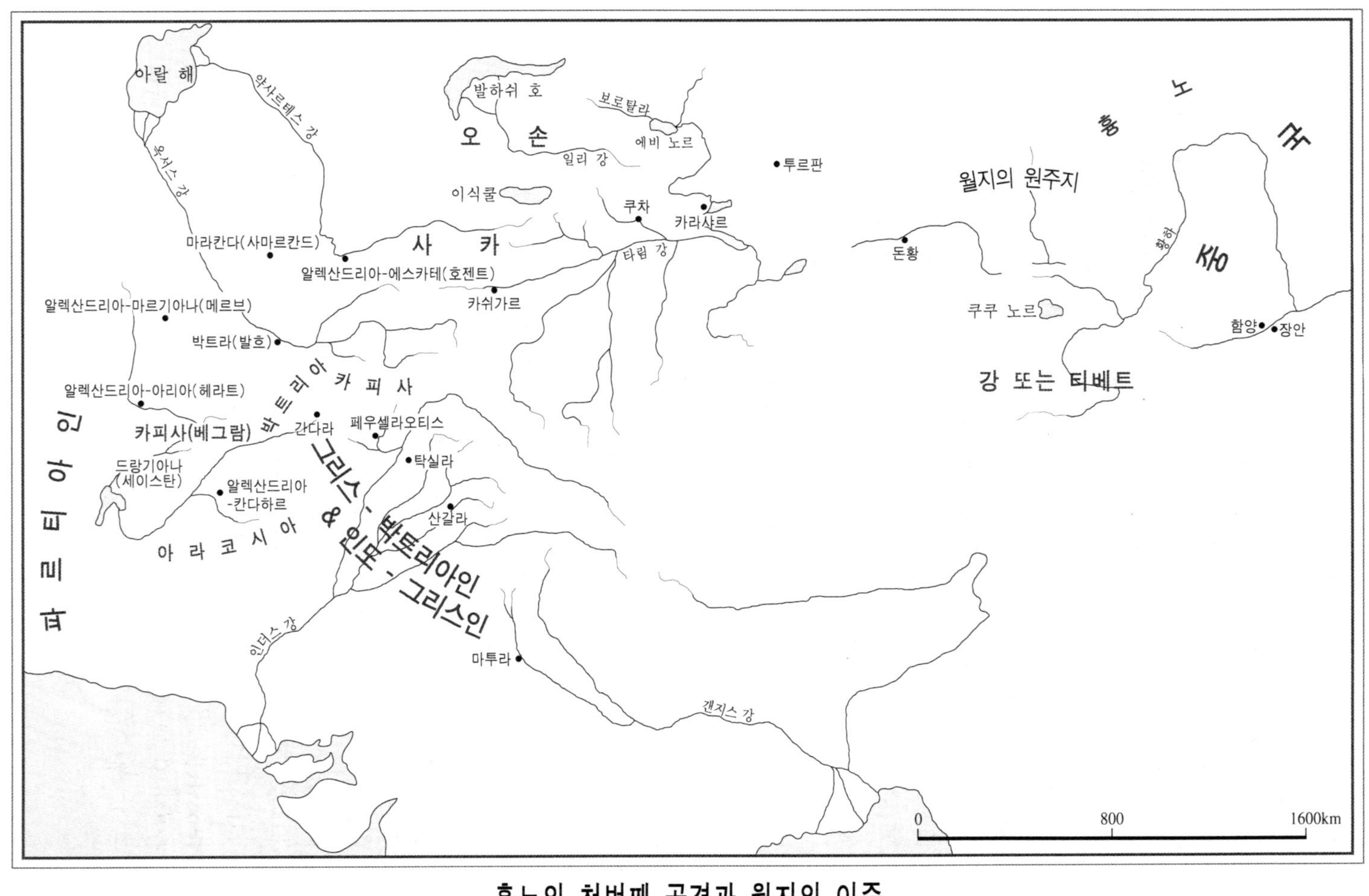

흉노의 첫번째 공격과 월지의 이주

했다. 그들의 선우 즉, 최고의 통치자는 호구와 가축을 알아보기 위해 천고마비의 계절인 가을에 부락민들을 불러 모았다. 모든 중국의 사가들은 이런 야만인들을 농경지역 주변에 아무런 예고 없이 나타나 사람과 가축을 약탈하고 반격을 받기 전에 전리품을 가지고 퇴각해버리는 상습적인 약탈자로 묘사하고 있다.53) 추격당하게 되는 경우의 전술은 중국 군대를 고비(사막)나 초원으로 유인한 후 그들 자신이 추격군의 덫에 걸리지 않으면서 활로 공격하는 것이다. 그들은 적들이 고통에 빠져 지치고, 배고픔과 갈증으로 사기가 꺾일 때까지 절대 공격하려고 하지 않았다. 이런 방법은 기병의 기동성과 뛰어난 궁술 때문에 효과를 발휘했고, 처음 흉노에서 칭기스칸의 시기에 이르기까지 초원 유목민 모두에게 거의 차이가 없었다. 동쪽의 흉노든 서쪽의 스키타이든 그들은 모두 기마궁사의 부족들이었기 때문에 가능했다.

헤로도투스의 기록처럼 스키타이는 이런 전술을 다리우스 대제를 상대로 사용하였다. 다리우스는 얼마 후 그 위험을 인지하고 '러시아로부터의 후퇴'가 재앙으로 끝나기 전에 빠져나왔다. 그러나 얼마나 많은 중국의 장군들이 이런 신중함이 없이 고의적인 흉노의 후퇴에 유인당하여 고비의 벌판에서 도살당하였는가?

투르크-몽골계에 속하는 흉노의 언어적인 귀속문제와 관련해서 예를 들어서 시라토리 쿠라키치(白鳥庫吉)를 비롯한 몇몇 학자들은 몽골로 구분하려고 했고,54) 뻴리오는 반대로 중국어 전사로 된 것들을 이용하여 몇 가지 단어를 복원할 경우에 이들 대다수는 투르크적이고 특히 그들의 정치적인 지배집단이 그에 속한다고 생각했다.

---

53. 7세기에 있었던 이런 엄청난 약탈 이후 스키타이인들은 약탈이라는 면에서 명성을 잃었는데 그것은 틀림없이 그들의 나라가 더 부유해졌고, 이 흑해 경계지역의 유목 기병대가 우크라이나의 흑토를 개간한 '농경 스키타이'를 지배하며 살았기 때문이다.

54. Shiratori, "Sur l'origine des Hiong-nou," *JA*, I(1923), p. 71. 그러나 그는 다른 언어학적인 주장에도 불구하고 흉노가 투르크적인 특징을 갖고 있다는 생각을 버리지 않았다. "Über die Sprachen der Hsiung-nu und der Tung-hu Stämme," *BAIS*, XVII(1902), p. 2를 보시오.

흉노의 예술

흉노의 예술에서는 주로 청동제의 양식화된 동물문양이 새겨진 허리 띠 판식 또는 다른 종류의 판식, 금은 장식, 고리, 마구나 장비에 사용된 장식, 혹은 암사슴모양으로 긴 창의 끝부분을 장식한 것들이 대표적인 특징으로 나타나며, 이것을 오르도스예술이라고 부른다. 그 이유는 이들이 대개 황하의 만곡 지역과 섬서의 북부에서 많이 발견되었고, 16세기 이래 이곳을 지배한 것이 몽골 오르도스 부족이었기 때문이다.

이것은 남부 러시아에서 앗시리아-이란과 그리스의 영향이 가미된 초원의 양식화된 동물예술의 한 갈래이다. 이 예술은 미누신스크에서 — 기원했든 아니면 약화되었든 간에 — 상당히 단순화되었다. 그것은 오르도스에서 중국적인 미와 접촉하였고 초원예술과 중국예술은 서로에게 작용을 일으키고 영향을 주었다. 비록 더 풍부하고 더 상상적이기는 하지만 오르도스 예술품에서 보이는 말들의 싸움, 호랑이와 싸우는 말과 사슴, 상상의 동물, 창대 끝의 둥근 연결점 위에 조각한 숫사슴과 암사슴의 모습은 분명 미누신스크에서 만들어진 것을 떠올리게 한다.

몽골리아와 오르도스에서 발굴된 흉노의 예술은 고고학적인 발굴로 인해 스키타이 것만큼이나 오래 되었음이 증명되고 있다. 1933년 스웨덴의 고고학자인 아르네T.J.Arne는 난평灤平과 선화宣化에서 출토된 청동기를 기원전 4세기 후반 또는 3세기 전반의 것으로 추정했다.[55] 1935년 일본의 고고학자 우메하라 수에지(梅原末治)는 오르도스의 예술품이 전국시대의 중국양식에 영향을 주었다고 믿었으며 최초의 오르도스 청동기의 연대로 추정되는 적어도 기원전 5세기부터는 그것이 꽃을 피웠다고 생각한다.[56] 최근 스웨덴의 중국학자 칼그렌Karlgren은 전국시대의 양식이 기원전 650년까지 거슬러올라간다고 했는데, 그렇다면 초원예술은 오르도스 예술품의 형태로 그때 이미 존재하고 있었다는 것이 증명된다. 왜냐하면 그

---

55. T. J. Arne, "Die Funde von Luan-p'ing und Hsuan-hua," *BMFEA*, V (1933), p. 166.
56. S. Umehara, *Shina kodo seikwa*, Yamanaka ed.(1935), III.

것이 이미 주周나라 중기로 알려져 있는 시기의 중국적 양식의 장식품에 영향을 주었기 때문이다.57) 대부분의 학자들은 오르도스예술의 영향이 자체적으로 내적인 진화법칙과 상응하고 이렇게 같은 방향으로 분명히 작용하여 주나라 중기의 고대적 청동기 양식을 소위 전국시대의 양식으로 바뀌게 하는 하나의 요인이 되었다는 점에서는 의견일치를 보고 있다.58)

흉노예술품이 발견된 주요한 유적은 바이칼 호수로부터 하북·산서·섬서의 변경지역에 분포되어 있다. 그들은 다음과 같다. (1)북방에는 메르하르트가 기원전 2-1세기로 추정한 트란스바이칼리아에 있는 치타Chita 고분과 기원전 11년 이후에 발행된 한대의 동전과 함께 시베리아 장식판이 발견된 몽골 고원의 캬흐타 북방 트로이츠코사브스크Troitskosavsk 근처의 데레스투이스크Derestuisk 고분이 있다.59) (2)외몽골의 우르가Urga 근처 노인 울라에서 코즐로프 발굴대가 흉노 왕자의 무덤을 발견하였다. 그 속에는 초원예술풍의 청동기, 같은 분위기(그리핀이 고라니와 싸우고 고양이과 동물이 야크를 공격하는)의 화려한 모직물 장식이 있었다. 모든 주제가 최상의 사르마트-알타이 양식으로 처리되었고, 콧수염이 있는 남자의 모습이 7분신 정도로 비스듬하게 묘사된 그리스 직물이 있었는데 그것은 분명히 키메리안 보스포로스의 어떤 장인의 솜씨로 만들어진 작품이다. 이들의 연대는 2세기경에 제작된 중국 칠기를 통해 모두 확정할 수 있다. 그곳으로부터 멀지않은 오르콘 강가에 있는 두르벨지Durbelji와 일케 알릭Ilkhe Alyk에서 발견된 프레스코들 역시 그들과 같은 그룹에 속하는 것으로 추정되는데,60) 비록 연대를 확인할 수는 없지만 멋진 사슴의 묘사

---

57. Karlgren, "New Studies on Chinese Bronzes," *BMFEA*, IX(1937), p. 97.
58. Cf. O. Janse, "Le style du Houai et ses affinités," *RAA*, VIII(1934), p. 159. 편년적인 관점에 기초한 연구에 대해서는 Joachim Werner, "Zur Stellung der Ordosbronzen," *ESA*, IX(1934), p. 259와 Herbert Kühn, "Sur Chronologie der Sino-Siberischen Bronzen," *Ipek*(1934)을 보시오.
59. 오르도스 양식과 깊은 연관이 있는 같은 종류의 다른 유물들은 치타 강 하류의 Tultu 근처 Talco-Hryncewics와 셀렝게 강 유역 Khilok에 있는 Birchurskoye 근처에서 만들어졌다. Cf. Werner, *ESA*, IX(1934), p. 261.
60. G. I. Borovka, *et al., Comptes rendus des expéditions pour l'exploration*

는 사르마트-알타이적인 영향을 다시 한 번 확인케 해준다.61) (3)오르도스에서는 현재의 수원綏遠·차하르·열하 등지에서 오르도스 청동기가 많이 출토되었다. 특히 승덕承德에서 가까운 난평, 칼간의 북쪽과 돌론 노르의 서쪽에 있는 하틴 슘Hattin Sum과 할롱 우수Hallong Usu, 칼간의 남방으로서 북경 가는 길에 있는 선화, 수원에서 가까운 귀화성歸化城, 그리고 섬서 북부와 오르도스의 변경에 있는 유림이 유명하다. 선화의 유적에서 발견된 유물은 기원전 480년에서 250년 사이의 전국시대 중국에서 사용된 '도刀'라는 글자가 새겨진 '도전刀錢'의 존재로 연대를 알 수 있다.62)

오르도스 청동기의 대부분 즉 내몽골 지역의 흉노 청동기는 대체로 전국시대(기원전 5-3세기)와 같은 시기지만 이와 같은 예술은 기원전 2세기 초에서 기원후 3세기 초까지인 한대에도 그 지역과 외몽골에서 계속 발전하고 있었다. 이러한 사실은 노인 울라에서 발견된 연대추정이 가능한 유물, 거의 확실히 이 시기의 것으로 추정되는 머리가 많은 동물들의 도안을 갖고 있는 청동 판식이 오르도스에 다수 존재한다는 점, 그리고 마지막으로 분명히 한대의 장인이 오르도스의 원형에서 복사한 흉노적인 테마의 중국제 청동 갈고리가 수집된 콜렉션들 ─ 세르누시Cernuschi 박물관, 꾸아파르Coiffard 콜렉션, 로Loo 콜렉션 ─ 로 입증된다.63) 다음 시기, 즉 중국의 육조시대六朝時代(4-5세기)에 구부러지고 뒤엉킨 동물의 모습으로 점점 더 그 동물적인 주제가 강화되어 장식된 일부 중국제 청동갈고리에서도 오르도스예술의 영향이 그에 못지않게 나타나고 있다.

이와 마찬가지로 같은 시기, 같은 초원예술의 영향은 민족 대이동의

---

du nord de la Mongolia(Leningrad, 1925) ; K. V. Trever, *Excavations in Northern Mongolia*, 1924-1925(Leningrad, 1932). Cf. Werner, *ESA*, VIII (1933), p. 264.

61. Cf. Andersson, "Hunting Magic in the Animal Style," *BMFEA*, No. 4, p. 308 ; Tallgren, "Inner Asiatic and Siberian Rock Pictures," *ESA*, VIII (1933), p. 175.

62. *Guide to the Exhibitions of the Museum of Far Eastern Antiquities* (Stockholm, 1933년 9월 10일), p. 40.

63. Cf. Solange Lemaître, "Les agrafes chinoises," *RAA*, XI(1938).

시기 서양의 버클, 판식, 그리고 금은 장식에서도 나타나고 있다. 게다가 아르네는 시베리아 서부의 청동기가 9세기까지 여전히 초원의 오래 된 동물문양을 유지하고 있었다고 지적하고 있다.[64] 그와 동일한 예술은 계속 존재하여 아마 칭기스칸 국가 시기의 웅구트의 네스토리우스파 기독교풍의 조그마한 청동기들 — 예를 들어 십자가, 비둘기, 그리고 성령 — 에까지 이어졌던 것으로 보이며, 이런 유물들은 오르도스와 그 인근 지역에서 매우 많이 출토되고 있다.[65]

게다가 순수한 오르도스형 판식은 서하西夏 중기(11-12세기)에도 만들어졌다. 만약 살모니Salmony가 주목했던 서하문자가 그 시대에 글자만 새로 새겨 넣은 것이 아니라면, 또는 그러한 물품들이 서하시대에는 흔히 사용되지는 않던 복제품에 불과한 것이 아니었다면 그렇다는 말이다.[66]

흉노의 1차 공격과 월지의 이주

흉노는 기원전 3세기 말 역사무대에 가공할 만한 큰 세력으로 처음 등장하였는데, 이때는 바로 진나라(기원전 221-206)가 중국을 통일하였을 때다.[67] 위험을 예상한 진시황제秦始皇帝(기원전 221-210)는 장군 몽염蒙

---

64. Arne, "Västsibirisk kultur för 100 år sedan," *Etudes archéologiques dédiées au Prince Héritier Gustave Adolphe*(Stockholm, 1932), pp. 351-367.

65. Pelliot, "Sceaux-amulettes de bronze avec croix et colombes," *RAA*, VII (1931).

66. Alfred Salmony, *Sino-Siberian Art in the Collection of C. T. Loo*(Paris, 1933), pp. 93-94. 오르도스예술에 대한 두 가지 저작은 다음을 참조하시오. V. Griessmayer, *Sammlung Baron von der Heydt, Ordos Bronzen*······ (Vienna, 1936)과 "Entwicklungsfragen der Ordos-Kunst," *AA*, VII(1937), p. 122.

67. 이 시기에 대해서는 J. J. M. de Groot, *Die Hunnen der vorchristlichen Zeiten*과 O. Franke, "Wiedergabe fremder Völkernamen durch die Chine-

恬을 보내 만리장성을 완성하게 했다. 만리장성은 기원전 215년 이래 흉노로부터 중국 영토를 보존하는 역할을 하였다. 기원전 214년경 몽염은 현재 오르도스 지역과 황하의 만곡으로 둘러싸인 지역에서 흉노를 몰아냈다. 그러나 두만선우頭曼單于(기원전 약 210-209) 시대에 흉노는 감숙 서부 지역에 존재하고 있었던 월지를 공격하면서 팽창하기 시작하였다. 동으로는 두만의 아들이자 그의 계승자인 묵특冒頓(기원전 209-174)이 만주 경계에 거주하고 있던 다른 야만인 동호東胡를 격파하였다.

진나라의 붕괴(기원전 206)와 한나라의 건국(기원전 202)으로 이어지는 내전으로 중국이 약화된 틈을 타 흉노는 기원전 201년에 산서 지역을 공격하고 중심지인 태원을 포위했다. 한나라를 건국한 고조 유방劉邦이 흉노를 물리치기 위해 달려왔지만 현재 산서의 변경인 대동 지역에 있는 그 당시의 평성平城 근처 백등산白登山에서 포위되는 신세가 되었다. 그가 이런 어려움을 벗어날 수 있었던 것은 야만인들보다 더 잘할 수 있었던 협상을 통해서 뿐이었다. 그는 자신의 공주와 궁녀들을 보내 선우와 혼인시켜주었다. 후대 중국의 한 시인은 그녀들을 '몽골리아의 사나운 새'에게 던져진 불쌍한 '메추라기'라고 노래했다.

기원전 177-176년경 묵특은 서부 감숙의 월지에 대해 심각한 타격을 가해서 그를 정복했다고 의기양양해 했다. 그의 아들이자 계승자인 노상(기원전 174-161)은 월지의 위협을 완전히 끝내고 그 왕의 두개골로 술잔을 만들었다. 그를 감숙에서 쫓아내 서쪽으로 이주하게 하였고, 결국 역사상 최초로 아시아 고원에서 기원한 민족이동을 일으키게 하였다.[68]

월지月氏라는 이름 — 어쨌든 그러한 형태로 — 은 단지 중국어 전사를 통해서만 전해지고 있다.[69] 그러나 많은 동양학자들은 오랫동안 이를

---

sen," *OZ*(1920-1921)를 보시오. Cf. G. Hauloun, "Seit wann kannten die Chinensen die Tocharer oder Indogermanen überhaupt," *AM*(1926).

68. Cf. *MHST*, I, p. 1xx.

69. 당시 중국어로 월지를 Gustav Haloun은 스키타이(앗시리아어로는 *Ashkuzai*)와 같은 고대의 발음 *Zgudja*에서 구하고 있다. Cf. Haloun, "Zur Üe-tsi Frage," *ZDMG*, vol. 91, 2(1937), p. 316. 또한 같은 논문에서 원래 월지의 위치를 지도상으로 감숙의 북부와 서부라고 제시하였다(p. 258).

토하리Tokhari와 동일시하려 했고, 기원전 2세기 투르키스탄에서 박트리아로 이주해옴으로써 그리스 사가들에게도 잘 알려진 이 종족은 그들에게는 인도-스키타이인으로 이해되었다. 이런 입장에 따르면, 토하리와 인도-스키타이인은 그들이 존재하고 있던 두 시대의 다른 명칭에 불과하고, 그들은 인구어족에 속하거나 스키타이와 친연성을 지닌 종족인 셈이다.

이렇게 명칭이 다른데도 그들을 동일하게 보는 주요한 근거는 중국 사가들이 기원전 2세기 초 월지의 땅이라고 했던 현재 중국의 감숙 서부 지역을 지리학자 프톨레미는 기원전 2세기경에 타구리Thagouri 사람, 타구룬Thagourun 산, 토가라Thogara 시라고 기록한 데에 있다.70) 한편 스트라보는 그리스인들로부터 박트리아를 빼앗은 민족 중에서 토하로이Tokharoi를 들고 있는데, 정확히 이때 중국의 사가들은 월지가 이주의 마지막 단계에서 대하大夏 즉 박트리아의 변경에 도달했다고 기록하였다.71) 이런 일관된 유사성의 존재는 그리스 역사가들이 기록한 토하로이, 산스크리트 문헌의 토하라, 그리고 후일 로마시대의 인도-스키타이를 중국자료의 월지로 보려고 하는 사람들에게 중요한 근거가 되고 있다.72) 게다가 늦어도 5세기와 8세기까지는 타림의 북부에 있는 오아시스에서는 인구어가 사용되고 있었고, 이 지역이 월지가 과거에 지배했던 영역이 아니었다고 할

---

70. Ptolemy, VI, p. 16. 9세기 소그드어 자료는 여전히 베쉬발릭·투르판·카라샤르 등을 '네 Tughri'라고 부르고 있다(W. B. Henning, "Argi and the Tokharians," *BSAS*(1938), p. 560).
71. Strabo, XI, p. 8, p. 2와 『漢書』에 대한 Toru Haneda, *Bulletin de la masin franco-japonaise*, IV, I(Tokyo, 1933), pp. 7-8의 번역.
72. 토하라 문제에 대한 명쾌한 설명은 그에 대한 다양한 가설과 문헌목록의 개관과 함께 다음에서 찾아볼 수 있다. Sigmund Feist, "Der gegenwärtige Stand des Tocharer problems," *FFH*, pp. 74-84. 이후 견해가 바뀐 부분에 대해서는 René Grousset, "L'Orientalisme et les études historiques," *Revue historique, Bulletin critique*, CLXXXI, fasc. I(1937, 1월-3월). 이 논문은 H. W. Bailey, "Ttaugara," *BSAS*, VIII, 4(1936)와 Pelliot, "À propos du tokharien," *TP* 등이 언급하고 있다. 또한 W. W. Tarn, *The Greeks in Bactria and India*(Cambrdge, 1938)를 보시오.

지라도 적어도 그 일부였으며 투르판·카라샤르·쿠차에도 그들과 다소간 친족관계가 있는 부족들이 살고 있었다.

역사의 여명기에 인구어족의 부족들은 극동으로 먼 길을 이주하였던 것으로 보인다. 서부 시베리아는 물론 심지어 미누신스크 지역에서도 기원 이전에 스키타이-사르마트와 유사한 사람들이 살고 있었고, 또한 아케메네스 시대의 카쉬가르와 페르가나 근처에 있는 천산의 남북 기슭에 동부 이란어를 사용하는 사카인들이 살고 있었다는 이유 때문에 그 가설은 더욱 설득력을 갖는다. 현재의 투르키스탄 대부분의 지역에는 인구어계의 사람들이 살고 있었는데, 그들은 카쉬가르 근처의 동부 이란인 계통과 쿠차와 감숙에 있는 토하라 계통이었다. 월지는 후자와 연결된다.

그러나 중국의 기록에서 전하는 초기의 정보는 이런 거점들에 있던 '인도-유럽인의 우위'(Indo-Europeanism)가 최초로 역전당했음을 알려주고 있다. 앞서 살펴본 것처럼 묵특선우(기원전 209-174년경)는 월지에게 심각하게 타격을 가했고, 그를 이은 노상선우(기원전 174-161년경)는 월지의 왕을 죽여서 그의 두개골로 잔을 만들었으며73) 월지로 하여금 감숙을 떠나서 북부 고비를 가로질러 서쪽으로 이주하게 만들었다.74) 단지 이 월지의 일부분 즉, 중국에서 소월지小月氏라고 불리는 사람들만이 두 세기 반이 지난 후 『한서』의 기록에서처럼 남산의 남부에서 강羌 내지는 티베트 사람들과 함께 거주하면서 그들의 언어를 받아들였다.75) 다른 월지 부족들 즉, 중국에서 대월지大月氏로 불리던 사람들은 일리 계곡과 이식쿨 유역에 정착하려 했지만 즉시 오손烏孫(Oo-soon으로 발음)에게 쫓겨났다.76) 중국의 사가들은 이들 오손이 푸른 눈과 빨간 머리카락을 갖고 있

---

73. 같은 풍습이 스키타이와 관련해서 Herodotus, IV, p. 65에 기록되어 있다.

74. Cf. *MHST*, I, p. 1xx.

75. Pelliot, *JA*, I(1934), p. 37에 있는 내용.

76. 사실 오손도 월지와 마찬가지로 중국 국경의 북서부(Albert Hermann의 *Atlas of China*의 지도 17에서 제시된 것처럼 숙주의 북부 Sobo Nor와 Sobok Nor 지역, 혹은 白鳥庫吉의 주장처럼 약간 더 남쪽, 아니면 돈황 근처의 과주에서 서쪽)로부터 흉노에게 쫓겨나 일리 지역으로 이주하였다. Cf. Kurakichi Shiratori, "On the Territory of the Hsiung-nu Prince Hsiu-t'u Wang and His

다고 했다. 샤르팡티에르Charpentier는 그들의 이름 오손을 '*Asianoi* 또
는 *Asioi*' — 즉 알란Alan으로 알려진 사르마트인들의 또 다른 명칭 —
와 관련시켜 알란의 친척 내지는 조상으로 이해했다.[77) 만약 이 가설이
정확하다면 월지나 흉노가 가했던 것과 비슷한 압력 하에서 러시아 남부
쪽으로 그 일부가 이주한 사람들이 바로 오손인 게 분명하다. 사실상 그곳
에서는 이 시기보다 약간 이르기는 하지만 사르마트가 스키타이를 대체하
고 있었다.

그러나 이런 새로운 가설과는 상관없이 월지가 감숙에서 흉노에게 쫓
겨나 서주하던 물결이 일리 근처에 있었던 오손을 덮친 것만은 틀림없다.
오손은 일시적으로 새로운 이주자에게 정복되었지만 바로 흉노의 도움으
로 반란을 일으켰다. 월지는 그때 다시 서주하여 페르가나(중국에서는 대
완大宛이라 표기) 지방에 있는 시르다리아(그리스에서는 약사르테스로 칭
함) 상류에 도착하였다. 『한서』에는 그들의 도착을 기원전 160년경으로 기
록하고 있는데, 그곳은 그리스계 왕국인 박트리아의 국경이었고, 그 시기는
그리스계 박트리아의 왕 유크라티데스Eukratides 재위의 종말에 가까웠던
것으로 보인다.

흉노의 최초 승리가 일으킨 반향 :
아프가니스탄에서 그리스 지배의 붕괴

타쉬켄트·페르가나·카쉬가르 지역에는 중국에서 색塞 — 고대의 발음

Metal Statues for Heaven-Worship," *MTB*, I, 5(1930), pp. 16-20. 스키타
이로부터 남러시아를 차지하기 위해서 왔던 사르마트인들에게 가해졌던 후방의 압
력을 월주의 이주가 야기했는가 아닌가 하는 문제가 생긴다. 연대상으로는 이 이
론이 뒷받침되기 어렵다. Cf. Rostovtzeff, *Recueil Kondakov*(Prague, 1926),
p. 239 ; N. Fettich의 *AU*에 있는 논문(1937), p. 142.
77. Jarl Charpentier, "Die ethnographische Stellung der Tocharer," *ZDMG,*
vol. 71(1917).

은 Ssek이라는 이름으로, 페르시아나 인도인들에게는 사카Saka로, 그리스 인들에게는 사카이Sakai로 알려진 — 즉, 우리가 말하는 사카족이 살고 있었다. 그들은 사실 '아시아의 스키타이인'이었다. 그들은 거대한 스키타이-사르마트족의 한 갈래를 이루었고 서북 초원에서 내려온 이란계 유목민이었다. 뤼더스Lüders가 연구한 이래 언어적인 면에서 사카어는 분명 '동부 이란어'의 한 방언이라는 것을 알게 되었고, 그것은 오렐 스타인 Aurel Stein이 호탄에서 발견한 중세 초기의 것으로 추정되는 많은 필사본에서 나타나고 있다.

사카 주민들을 덮친 월지의 이주는 그들에게 전반적인 충격을 가져다 주었고 알렉산더의 후계자인 그리스인 왕들이 박트리아에 건설한 왕조에 대한 침략이라는 결과를 낳았다. 타안W.W.Tarn 이전까지는 일반적으로 월지의 압력 하에서 사카가 소그디아나를 침입하고 이어 박트리아로 들어가 그곳에서 그리스인들을 대체하게 되었다는 이론이 받아들여졌다. 사실 기원전 140년과 130년 사이에 유목부족들이 그리스 왕 헬리오클레스 Heliocles로부터 박트리아를 빼앗았는데, 스트라보에 따르면 그 가운데 가장 잘 알려진 게 아시오이Asioi, 파시아노이Pasianoi, 토하로이Tokharoi, 사카라울라이Sakaraulai였는데 그들은 모두 약사르테스(시르다리아)의 북쪽지방으로부터 왔다고 한다. 하지만 그 부족들의 정체는 정확하게 확인할 수가 없다. 지적한 것처럼, 샤르팡티에르는 아시오이를 폼페이우스 트로구스Pompeius Trogus가 아시아노이Asianoi — 중국의 사가들이 언급한 일리의 오손 —로 부른 것과 동일시했다.[78] 사카라울라이 또는 사라우카에Saraucae(사카 라우카Saka Rawaka)는 고대 사카 부족을 가리키는 듯하다. 베일리H. W. Bailey가 말한 가설에 따르면 토하로이는 월지의 핵심을 이루었다.[79]

---

78. *Asioi*라는 단어가 투르크-몽골 이름 Alan과 관계를 갖고 있다는 점(몽골어로 어근이 *As*, 복수형이 *Asud*)에서 Charpentier는 오손이 알란, 즉 사르마트계(북방 이란인) 종족의 조상이라고 결론을 내리고 있다. "Die ethnographische Stellung der Tocharer," *ZDMG*, vol. 71(1917), pp. 357-361.
79. Bailey, *BSAS*, VIII, 4(1936), 916 ; Tarn, *The Greeks in Bactria and*

사마천은 중국의 사절인 장건張騫이 기원전 128년 월지를 방문하였을 때 그들이 소그디아나 — 옥서스의 북쪽, 즉 규수嬀水[80]의 북부 — 를 점령, 지배하고 있었다고 기록했다. 『한서』는 그들이 수도로 정한 곳이 감씨성監氏城[81]이라 했다. 하네다 토오루(羽田亨)는 이것을 음성적으로 마르칸다Markanda 내지는 사마르칸드Samarkand의 약칭인 칸다Kanda와 같은 것으로 보았다.[82] 이 두 중국의 기록에는 월지가 이미 대하 즉 박트리아를 복속시킨 것으로 기록되어 있지만 그때까지는 아직 지배하지 못했던 것 같다.[83] 타안은 월지가 정복한 박트리아의 지배자는 사카인이 아니라 그리스인들 — 이 경우 사카는 그들을 아직 그 지방에서 몰아내지 않았던 셈이 된다 — 이었다고 (잘못된) 추측을 했다.

많은 동양학자들은 기원전 126년경 월지가 박트리아에 대한 종주권에 더 이상 만족하지 않고 옥서스 강을 건너서 실제적으로 그 지역을 장악했다고 믿고 있다. 이런 견해는 월지가 대하로 이주한 뒤 그 땅을 5명의 수령들 내지는 흡후翕侯(Yabghu)로 나누었다고 분명히 기록한 『후한서後漢書』의 내용과 부합한다. 이 사건과 더 가까운 시기에 기록된 『한서』가 이 점에 대해 덜 분명하다는 것은 사실이다. 단지 "대하(즉 박트리아 사람들)에는 큰 세력을 갖고 있는 군장이 없고 도시나 촌락의 작은 수령들만이 있었다. 그들은 전쟁을 두려워하는 나약한 사람들이었다(그렇다면 그들은 거친 그리스인 모험가들이었을 리 없고 다른 종류의 야만인들이었을 것이다). 그래서 월지를 보자마자 그들은 모두 신속臣屬하였다"라고 기록했을

India, p. 290.
80. [역자] 원문에는 the river Wei로 되어 있는데 이는 嬀水를 잘못 전사한 것으로 보인다.
81. [역자] 이 에프탈의 도읍에 대한 기록은 『史記』「大宛傳」과 『後漢書』「西域傳」에는 藍氏로 되어 있고, 『漢書』에는 監氏로 되어 있는데, 본서에서는 『漢書』의 오류를 그대로 받아들였지만 원래는 藍氏가 더 정확하다.
82. Toru Haneda, "À propos des Ta Yue-tche et des Kouei-chouang," *Bulletin de la maison franco-iaponaise*, IV, I(Tokyo, 1933), p. 13.
83. Cf. O. Franke, "Das alte Ta-hia der Chinesen, ein Beitrag zur Tochaer Frage," *FFH*, p. 117.

뿐이다.84) 이것은 어느 쪽이든 결론을 내릴 수 없을 만큼 모호하고 불분명한 기록이다.

그러나 의심의 여지가 없는 또 다른 기록이 『후한서』에 적혀 있다. 즉 기원후 84년 중국의 장군 반초班超가 월지의 왕에게 소그디아나(강거康居) 왕의 질책을 요구했다는 것이다.85) 이것은 소그디아나와 월지가 완전히 구분되어 있다는 것을 의미한다. 따라서 월지는 박트리아 쪽보다 훨씬 더 남쪽의 다른 곳에서 찾아야 될 것이다.

월지는 옥서스의 북부에 머물다가 강을 건너서 박트리아에서 사카인을 대체하였다. 타안의 의견을 받아들일 수는 없지만 그에 따르면, 그들은 그리스인들로부터 거의 직접적으로 박트리아를 차지했다고 한다.86) 어쨌든 이들의 이주는 종족의 거대한 동요와 동부 이란을 가로지르는 유목민들의 용솟음의 신호탄이었다. 사카는 월지에게 밀려나 남방으로 내려가 드랑기아나Drangiana(Seistan)와 아라코시아Arakhosia(Qandahar)를 차지했다. 이 점령은 그때부터 계속해서 이 지역을 이란식 명칭인 사카스타나Sakastana 즉, '사카의 땅'이라고 부르게 했고 그로부터 근대 페르시아어의 세이스탄 Seistan이 생기게 되었다.

이 모든 유목민들은 그곳을 출발해서 파르티아 제국을 습격해 그 제국을 붕괴시킬 뻔했다. 파르티아의 왕인 프라아테스 2세Phraates II는 시리아의 왕 안티오코스 7세Antiochos VII로부터 메디아를 위협받고 또 자신은 셀레우코스 왕조Seleucid의 재정복(기원전 129)을 기도하면서 경솔하게도 일부 야만인들에게 도움을 구하려고 했다. 하지만 그들은 프라아테스를 배신하고 그를 죽였다(기원전 128 또는 127).

폼페이우스 트로구스가 전하는 바에 따르면, 파르티아의 새로운 왕 아

---

84. Haneda의 번역은 "À propos des Ta Yue-tche," p. 8에 있다.
85. Chavannes, "Les pays d'Occident d'après le Heu-Han chou," *TP*(1906), p. 230에 번역이 있다.
86. Tarn은 *The Greeks in Bactria and India*, p. 283에서 Starbo, IX, p. 8, p. 4에 사카의 박트리아 정복이 2세기가 아니라 7세기로 되어 있다고 기술하고 있을 뿐이다. Cf. J. Przyluski, "Nouveaux aspects de l'historie des Scythes," *Revue de l'Université de Bruxelles*(1937년 2-3월), p. 3.

르테바누스 2세Artebanus II는 기원전 124년과 123년 토하리에 대한 반격에서 치명상을 입었다. 이것은 중국 사서의 월지 — 추정한 대로 그들이 그리스의 기록에 나오는 'Tokharoi'에 대응되는 것이라면 — 가 그때 이후에 박트리아 즉, 그 뒤 토하리스탄Tokharistan이라고 불리게 된 지역에 자리잡았다는 사실을 입증하는 것 같다. 물론 파르티아의 왕 미트리다테스 2세Mithridates II(기원전 123-88)는 유목민의 침입을 막았을 뿐만 아니라 세이스탄에 있는 사카에 대한 종주권을 확립하는 데에도 성공했다. 그럼에도 불구하고 기원전 77년에 사카라울라이는 이란에서 자기들 마음대로 파르티아의 왕위에 아르삭세스 왕조Arsacid의 후예를 골라 세울 만큼 강성했다. 이때 그들의 보호 하에 있었던 시나트루케스Sinatrukes (Sinatroikes)는 이후에 사카라울라이에 반발하였지만 오히려 패해서 죽었다(기원전 70년경).

그 뒤 이 지역의 사카와 월지의 운명은 이란과 인도 역사의 한 부분을 형성하게 되었다. 사카는 세이스탄과 칸다하르로부터 카불과 편잡으로 팽창하였고, 그 뒤 이 지역이 월지에게 점령될 때 그들은 말반Malvan과 구자라트Gujarat로 도망하여 그곳에서 사카의 총독이 4세기까지 존속했다.

중국의 시서는 박트리아의 월지가 기원후 1세기에 거대한 쿠샨 왕조(중국어로 귀상貴霜)를 세운 것으로 기록하고 있다.[87] 『한서』의 기록에 따르면 이들 쿠샨은 기원전 128년경 박트리아를 분할했던 5개 씨족 중의 하나였다.

『후한서』는 쿠샨의 수령인 구취각丘就却(주화에는 쿠줄라 카드피세스 Kujula Kadphises)이[88] 어떻게 다른 월지 씨족들의 신속을 받아내서 그리스와 로마 사람들에게 인도-스키타이인의 제국으로 알려진 쿠샨 제국을 건설했는가 하는 점을 설명하고 있다. 쿠샨의 황제들 — 쿠줄라(또는 쿠졸로) 카드피세스 또는 카드피세스 1세(30년과 90년 또는 91년 사이), 비

---

87. 『후한서』에는 "이때부터 月氏가 아주 강성해졌다. 모든 왕국들이 그들을 貴霜이라고 불렀지만, 한은 그들을 예전 이름을 따서 月氏라고 불렀다"고 되어 있다. Chavannes, *TP*(1907), p. 192에 그 번역이 있다.
88. Pelliot, "Tokharien et Koutchéen," *JA*, I(1934), p. 30에서 교정.

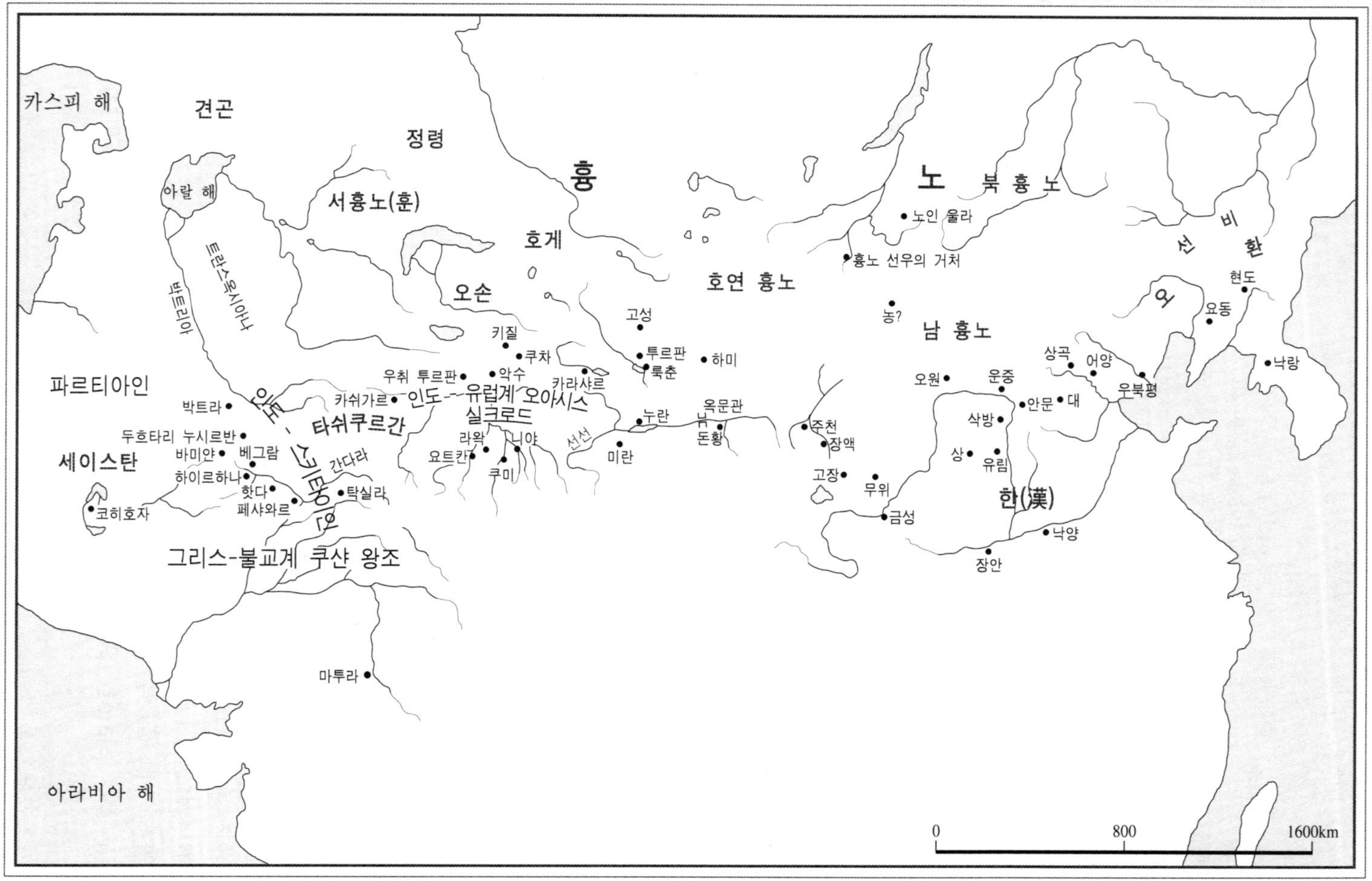

카스피 해
견곤
정령
흉
노
북 흉 노
서흉노(훈)
호게
아랄 해
노인 울라
흉노 선우의 거처
선 비
환
현도
요동
낙랑
오손
호연 흉노
농?
남 흉노
상곡
어양
고성
키질
투르판
하미
오원
운중
쿠차
룩춘
삭방
안문
대
우취 투르판
악수
카라샤르
우북평
파르티아인
카쉬가르
인도—유럽계 오아시스
옥문관
주천
박트라
실크로드
누란
장액
상
유림
두흐타리 누시르반
타쉬쿠르간
선선
돈황
세이스탄
바미얀
베그람
간다라
라왁
니야
미란
고장
무위
한(漢)
하이르하나
요트칸
쿠미
금성
핫다
탁실라
낙양
코히호자
페샤와르
장안
그리스-불교계 쿠샨 왕조
마투라
아라비아 해
0
800
1600km

한대의 중앙아시아

마 카드피세스Vima Kadphises 또는 카드피세스 2세(92년과 대략 132년 사이), 카니쉬카Kanishka(대략 144년과 172년 사이), 후비쉬카Huvishka (172-217), 바수데바Vasudeva(217-244) 등 — 은 카불에서 인도의 북부(편잡과 마투라Mathura)에 이르기까지 그들의 지배지역을 확대했다.[89] 또한 카니쉬카가 중앙아시아에 불교를 전파하기 위해 큰 역할을 한 것도 주지의 사실이다. 여기서 우리의 목적은 흉노의 첫번째 공격이 아시아의 이후 운명에 얼마나 거대한 충격을 가져왔는가 하는 점을 보여주는 데에 있다. 흉노는 감숙에서 월지를 쫓아냄으로써 멀리 인도와 서아시아까지도 느껴지는 반향의 연쇄를 시작하였다. 헬레니즘 세계는 아프가니스탄을 잃어버렸고 그 지역을 정복한 알렉산더의 자취는 완전히 일소되어버렸다. 파르티아의 이란은 한동안 동요되었고 감숙에서 쫓겨 나온 부족들은 카불과 인도 북서부에 예기치 않았던 제국을 건설하였다. 우리가 다룰 역사는 늘 이런 것이다. 초원의 한쪽 끝에서 발생한 작은 자극으로 인해 민족이동이 가능한 이 엄청나게 광대한 지역의 구석구석에 전혀 예상하지 못한 일련의 결과들이 초래될 수밖에 없었던 것이다.

전한과 흉노의 충돌 : 서흉노의 분열

월지의 이주는 흉노의 힘을 강화시켰다. 그 후 그들은 동부 고비의 양

---

89. R. Ghirshman, "Fouiles à Begram," *JA*(1943-44), pp. 70-71 ; 또한 L. de La Vallée-Poussin, *L'Indeaux temps des Mauryas et des Barbares* (Paris, 1930), p. 343 등에서 새로운 연대가 제시되었다. Sten Konow, "Beitrag zur Kenntniss der Indoskythen," *FFH*, p. 220에 많은 언어학적인 비교와 종족적인 가설이 있다. 그러나 La Vallée-Poussin의 회의적인 견해와 Bailey의 논평은 H. W. Bailey, "Ttaugara," *BSAS*, VIII, p. 4(1936)에 있는데, 그는 특히 (p. 912에서) *Asioi*와 동일시되고 토하리아인으로 여겨진 *Arshi*라는 이름에 대해 논박하고 있다. 또한 Henning, "Argi and the Tokharians," *BSAS*(1938), p. 545를 보시오.

쪽 즉, 오르콘 지역의 카라코룸 근처에 선우의 거처가 있던 외몽골과 중국 만리장성 주변의 내몽골을 지배하였다. 이때 그들의 기마부대는 중국 영토에 들어가 약탈을 감행하고 있었다.[90] 기원전 167년 중국의 수도인 장안 서쪽에서 멀지않은 섬서 지역으로 공격해 들어가서 그곳에 있었던 회중궁回中宮을 불태웠다. 기원전 158년 그들은 다시 위수渭水의 북방으로 돌아와 장안을 직접 위협하였고, 기원전 142년에는 대동에서 가까운 산서 북부인 안문雁門 방향으로 장성을 공격하였다. 중국 변경은 위대한 황제인 무제武帝(기원전 140-87)가 황위에 오를 때까지 거의 전지역에서 위협받고 있었다.[91]

대륙 아시아의 제국은 흉노의 것이었다. 유목민들이 거주지를 가지고 있다고 가정한다면 선우의 주요한 거주지역 또는 적어도 하영지의 한 곳은 이미 알고 있는 것처럼 오르콘 강 상류에 있었다. 그들의 다른 중심지는 옹긴 강 하류 쪽으로 고비 남부에 있었던 것으로 추정되는데, 이곳은 중국인들에게는 농龐이라는 이름으로 알려진 곳이다.

무제는 그들을 근거지로부터 일소할 계획을 세웠다. 그러나 전쟁을 시작하기 전에 당시 소그디아나에 있었던 월지와 동맹을 맺어 그 배후를 치고자 하는 목적으로 월지에게 장건을 사절로 파견했다. 기원전 138년에 출발한 장건은 도중에 흉노에게 사로잡혀 군신선우軍臣單于에게로 보내졌고,[92] 그곳에서 거의 10여 년간 억류되었지만 마침내 탈출해서 페르가나(대완大宛)의 왕을 방문한 뒤 다시 소그디아나에 도착했다.

그러나 새로운 영역에 만족하고 있던 월지는 더 이상 고비의 문제에 흥미가 없었다. 장건은 귀로에서 다시 흉노에 1년여 동안 잡혀 있다가 기원전 126년에 귀환하였다[93](장건은 기원전 115년에 같은 목적을 띠고 일

---

90. Cf. Albert Herrmann, "Die Gobi im Zeitalter der Hunnenherrschaft," *Geografiska Annaler*(1935), p. 130.
91. 무제의 원정에 대해서는 *MHST*, I, pp. 1xii-1xxxviii ; Avant, *History of Former Han*, 1938을 보시오.
92. 기원전 161년 군신선우가 유명한 아버지 老上單于에 이어서 제위에 올랐다.
93. Cf. *MHST*, I, pp. 1xxi-1xxii.

리 지역에 있던 오손에게 파견되지만 흉노에 대한 전쟁에 개입하려고 하지 않았기 때문에 성공을 거두지 못하였다).

월지에게 기대했던 견제작전의 제안이 거부되자 무제는 흉노를 단독으로 공격하기 시작했다. 그때 마침 흉노는 중국에 대한 일상적인 약탈의 하나로 현재의 북경 방향을 공격한 바 있었다(기원전 129). 중국의 장군 위청衛靑은 산서 북부 지역에서 출발하여 고비를 횡단, 옹긴 강가에 있는 농성까지 진출하면서 그들을 격파했다. 기원전 127년 오르도스와 알라샨 사이의 황하 만곡에 있는 삭방에 둔전을 설치하였고, 기원전 124년에는 흉노가 삭방을 공격하자 위청이 이를 격퇴했다. 기원전 121년 위청의 조카인 젊고 용맹한 곽거병霍去病은 1만 명의 기병을 이끌고 이전에 월지와 오손이 차지했던 감숙 지역 즉, 현재의 양주凉州·감주甘州·과주瓜州에서 흉노를 몰아냈다. 이 지역을 차지하고 있던 흉노의 소규모 집단 — 감주 근처의 혼야부渾邪部와 양주 근처의 휴도부休屠部 — 이 선우에 대한 충성을 저버리고 제국에 투항하여 남산 북부 지역의 번병으로 자리잡았다.94)

기원전 120년에 오르도스 지역에 중국의 작은 둔전이 설치되었다. 기원전 119년 위청과 곽거병 — 전자는 산서의 북방에 있는 후흐호트 지역을 출발하였고, 후자는 북경 북서쪽에 있는 현재 선화 근처의 상곡上谷을 출발하였다 — 은 고비를 가로질러서 현재 외몽골에 있는 흉노의 본거지에 도착하였는데, 헤르만은 위청이 옹긴 강의 하류까지 간 것으로 생각하고 있다. 그는 이치사선우伊稚斜單于를 공격하여 흉노인들에게 불어닥친 남쪽의 모래바람 속에서 그들을 도망치게 하고, 1만 9,000명 정도를 죽이거나 사로잡았다. 곽거병은 대담하게 외몽골 툴라 강과 오르콘 강 상류까지 1천여 킬로미터를 쳐들어갔다. 그는 80명 이상의 흉노 수령을 잡았고, 그들의 땅에 있는 산에서 신성한 희생의식을 거행했다. 곽거병은 귀환 직후인 기원전 117년에 죽었다. 섬서의 함양에 있는 이 위대한 장군의 무덤에는 야만인을 짓밟고 있는 한 마리의 말을 표현한 커다란 조각상이 그를

---

94. *Ibid.,* I, pp. lxvii-lxviii ; Kurakichi Shiratori, "On the Territory of the Hsiung-nu Prince Hsiu-t'u Wang and his Metal Statues for Heaven-Worship," *MTB*, I, 5, pp. 7-21.

기리기 위해서 세워져 있다.[95]

이렇게 일단 흉노를 몽골 고원에서 몰아낸 무제는 그들의 재침략을 막기 위해 기원전 127년부터 111년 사이에 감숙 지역에 일련의 둔전과 군현을 설치했다. 난주에서 옥문관에 이르기까지 무위군(양주 부근), 장액군(감주 부근), 주천군(숙주 부근)과 돈황군을 둠으로써 이전의 월지의 땅을 장악하고 실크로드를 방어하였다.[96] 기원전 108년 장군 조파노趙破奴는 더욱 서북으로 밀고 나가서 롭 노르에 있는 누란樓蘭 왕국과 현재의 투르판인 거사車師까지 진출하여, 누란 왕을 사로잡고 거사 왕을 격파했다.[97] 몇 년 동안 중국은 페르가나(중국에서는 대완이라 칭함)와 교역관계를 맺었다. 그 땅에는 분명 트란스옥시아나의 좋은 말을 중국에 공급하고 있었던 동부 이란인 또는 사카인들이 살고 있었다. 기원전 105년경 이런 요구에 싫증이 난 페르가나 사람들이 중국의 사절을 죽여버리자, 기원전 102년 장군 이광리李廣利는 돈황에서 페르가나까지 유례가 없을 정도로 대담하게 6만의 군대를 이끌고 원정했다. 그가 그곳에 도착했을 때에는 단지 3만 명만이 남아 있었다. 그는 아마도 현재 우라튜베Uratyube인 우스루쉬나Usrushna에 있는 그들의 수도를 공격하여 수로를 변경시킴으로써 점령하고 3천 마리의 말을 조공으로 받고서야 철수하였다.[98]

---

95. *MHST*, I, p. 1xviii. Albert Herrmann, *Atlas of China*, 지도 17, 2 ; J. Lartigue, *Mission archéologique en Chile* 1914 et 1917, Paris, 1923-1924, I, Pl. 1과 *L'art funéraire à l'époque Han*(Paris, 1935), p. 33 ; Zoltán Takács, *The Monument of Ho Ch'uping*(Budapest, Mahler ed., 1937).

96. *MHST*, I, p. 1xxxvii.

97. *Ibid.*, pp. 1xxiv-1xxv.

98. *Ibid.*, pp. 1xxv-1xxvii. Perceval Yetts가 입증한 것처럼 중국의 페르가나에 대한 원정은 단순한 행진이나 시위가 아니었다. 중국은 흉노의 가공할 기마병들을 다루는 데 아주 어려움을 겪고 있었고, 그들의 무서운 기마병들은 작은 몽골 말(*Equus przhevalskii*)을 타고 중국 국경을 주기적으로 약탈하였다. 같은 종류의 말을 탄 중국인들은 기마술이 뒤떨어졌기 때문에 불리했다. 뛰어난 전마를 소유한 이웃 소그디아나와 마찬가지로 페르가나도 트란스옥시아나의 큰 말을 갖고 있었고, 아마도 이는 메디아에 있던 그리스 사람들에게 'Nisa' 말로 알려져 있던 것과 같은 것이다. 중국 사람들은 이렇게 외래종의 큰 말이 분명 몽골의 조랑말을 능가할

한편 북방의 흉노는 여전히 무장 해제되지 않았고, 무제는 재위 말기에 '바루스Varus의 재난' — 그보다는 훨씬 정도가 가벼웠지만 — 을 맛보았다. 중국의 젊은 장군 이릉李陵이 북부 몽골에 대한 원정을 계획하고 있었다. 5,000명의 보병을 거느리고 중국을 출발하여 거연居延을 거쳐 북쪽의 에친 골Etsin Gol에 도착한 뒤 다시 북쪽 옹긴 강 방향으로 30일 동안 행군했다. 틀림없이 현재 투프쉬Tupshi로 알려진 산의 근처에 있는 봉우리인 준계산浚稽山에 도착하였을 때, 그는 기마궁사로 구성된 8만 명의 흉노 군대에 겹겹이 포위되어 유린당하였다. 그는 중국 국경 쪽으로 후퇴했지만 여전히 유목민 기병의 추격을 피할 수 없었다. "중국 부대는 하루에 50만 발의 화살을 쏘아버려서 남은 것이 없었다. 수레를 버린 채 걸어서 갔다. 병사들은 3,000여 명 정도 되었다. 병사들은 전차의 기둥을 뽑아서 휘둘렀고, 장교들도 길이가 단지 한 자도 안되는 칼을 가지고 있었을 뿐이다." 그럼에도 불구하고 도망쳐온 중국 부대는 국경에서 50킬로미터 안쪽까지 들어와서 오히려 불행한 사태를 당하였다. "그들이 협곡으로 들어가자 선우가 그 입구를 막았다. 산 위로 기어오르려고 하자 둥근 돌을 굴리게 했다."[99] 밤이 되자 이릉은 어둠 속에서 흉노의 진영으로 들어가 선우를 죽이려고 했지만 실패했다. 각자 서로 의지할 수조차 없었다. 단지 400명의 중국 병사만이 탈출에 성공했고 이릉을 포함한 나머지는 포로가 되었다.

이 소식이 무제를 격노하게 했고 사마천은 용감한 이릉의 명예를 지켜주려다가 궁형을 당하였다. '이릉의 화禍'는 중국으로 하여금 외몽골에

수 있다고 생각하여 그들의 기병에게 이것으로 바꾸어 타게 하려고 했다. 이렇게 페르가나에 대한 원정은 유목민에 대한 군사적인 우위를 확보하기 위한 것이었다 (실제 예를 들어 소단산의 부조에서도 분명 후한대에 작은 프르제발스키 말 옆에 트란스옥시아나의 큰 말을 볼 수 있다). 그 지역에 대한 중국어 명칭인 大宛이 그리스인에 대한 인도 - 이란식의 이름인 Yavana(즉, Ionia인)와 연결된다는 생각에서 페르가나가 여전히 그리스 - 박트리아인들의 후예가 아닌가 하는 점에 대한 논의도 있다. Perceval Yetts, "The Horse : A Factor in Early Chinese History", *ESA*, IX(1934), p. 231을 보시오.

99. *MHST*, I, pp. 1xxv-1xxviii.

대한 이런 역습의 방식을 당분간 포기하게 했다. 그러나 이런 사기의 손상이 — 단지 소규모 군대만이 패배한 것이었기 때문에 — 감숙 변경 자체를 위태롭게 하지는 못했다.[100]

이 시기의 흉노의 유물은 트란스바이칼리아에서 출토되고 있다. 앞에서 지적한 것처럼 현재 트로이츠코사브스크 근처에 있는 데레스튀스크에서 최근 발견된 고분들이 그들의 유물이다. 이곳에서 발견된 시베리아 청동제 판식의 연대는 기원전 118년 이후에 주조된 중국 동전으로 판명된다. 또한 치타의 고분은 메르하르트에 따르면, 그 연대가 기원전 2세기와 1세기로 추정된다. 트란스바이칼리아는 유목민이 오르도스의 만곡부를 습격할 때에 그 지원군을 공급받을 수 있는 흉노의 배후지역을 형성했다.

이후 흉노와 중국은 만리장성과 몽골리아에서 대규모의 충돌을 벌이기보다는 북부 타림 오아시스 지역의 지배, 즉 실크로드의 통제를 두고 싸웠다. 기원전 77년 롭 노르 지역에 있던 누란 왕이 흉노와 연합하여 중국의 지배에 반발하자 그의 목을 베고 이순伊循에 둔전을 설치했다.

선제宣帝 시대(기원전 73-49) 타림분지에 대한 중국의 진출은 괄목할 만했다. 황제는 "한나라에는 법이 있는데 이는 정복자의 법이다"라고 선언하였다. 기원전 71년 장군 상혜常惠는 일리 계곡에 있는 오손의 도움을 받아 흉노를 공격하였다. 기원전 67년 투르판의 왕은 흉노의 지원을 받았지만 역시 정길鄭吉에게 격파되었다. 기원전 65년 다른 중국 장군인 풍봉세馮奉世는 야르칸드의 왕을 폐위시키고 그 오아시스를 지배했다. 다음해 중국의 주둔군이 투르판 왕국에서 철수하자 그곳은 다시 흉노에 귀속되었지만 기원전 60년에 정길이 이곳을 탈환했다. 카라샤르의 남쪽, 즉 거려渠黎에 중요한 군사기지가 만들어진 뒤 정길은 카라샤르와 쿠차 중간에 있는 오루烏壘에서 서역도위西域都尉로 취임했고, 그 이후 그는 전지역을 자신의 감독 하에 둘 수 있었다.

이렇게 중국은 흉노로부터 실크로드의 지배권을 빼앗았다. 그것은 기원전 60년 이래 흉노가 일련의 내분으로 약화되어 강력하게 저항하지 못

---

100. 『漢書』, *ibid.*, p. xxxviii.

했기 때문이다. 호한야呼韓邪와 질지郅支가 서로 선우를 칭하였다. 기원전 51년 호한야는 장안의 조정에 신하의 예를 취하고 직접 조공하여 선제宣帝에게 도움을 청했다. 그는 중국의 지원 하에 자신의 경쟁자를 누르고 기원전 43년 오르콘 강의 영지에서 승리자가 되었다. 이런 것에 익숙해진 흉노는 기원전 33년 다시 장안에서 와서 천자에게 예를 갖추고 엄청난 양의 사여품을 받았고, 특히 모든 야만인들이 갈구하는 중국의 공주와 결혼하게 되었다.

호한야에게 쫓겨난 질지는 중국에 복속된 몽골리아에서 현재 러시아령 투르키스탄 지역인 서방으로 신천지를 찾아서 떠났다(기원전 44). 그는 도중에 일리 지역에서 오손을 격파하고 이밀 강 지역의 호게呼揭와 아랄 초원의 견곤堅昆을 복속시킨 뒤 그들을 동맹자로 삼았다. 심지어 그는 소그디아나로 쳐들어갔다. 소그디아나 사람들은 성급하게도 그를 도와 그는 추 강과 탈라스 강의 초원에 아정牙庭을 세웠다. 이것은 서구에서 출현한 거대한 흉노 제국의 한 기원이 되었다.

하지만 중국은 질지가 위치를 공고히 할 만한 시간을 주지 않았다. 기원전 36년 장군 진탕陳湯은 아주 대담하게 추 강 지역까지 습격해 들어가 손쓸 틈도 주지 않고 질지를 잡아 목을 베었다(기원전 36-35). 이렇게 창졸간에 벌어진 사건 이후 질지를 따라서 아랄 지역까지 들어온 흉노의 자취는 사라져버렸고, 이 서흉노에 대한 기록은 없다. 왜냐하면 그들은 중국이 동부 지역에 있는 흉노에 대해서 기록한 것처럼 그들에 대한 작은 정보라도 남길 수 있는 거대한 문명세계와 접촉을 하지 않았기 때문이다. 4세기 말(약 370-375) 그 후예들이 볼가 강과 돈 강을 건너서 유럽을 공격할 때에야 비로소 우리는 이들 흉노가 발라미르Balamir와 앗틸라Attila와 함께 고전역사의 무대에 등장하는 모습을 보게 될 것이다.

후한과 흉노의 충돌 : 남흉노의 분열

서흉노의 이주와 소멸, 그리고 타림분지에 대한 동흉노의 간섭배제는 중국의 중앙아시아에 대한 지배권을 공고하게 해주었다. 그러나 이런 상황은 전한의 붕괴(8-25)를 가져온 중국의 혼란으로 위협받을 수밖에 없었다.

흉노 선우는 이를 이용하여 투르판 왕국의 보호령(10)을 차지하고 변경지대를 약탈하였다. 코즐로프의 탐험대[101]가 우르가 근처인 노인 울라에서 발견한 흉노 수령의 무덤은 이 시기 흉노문화의 한 단면을 보여주고 있다. 그곳에서는 알타이예술과 시베리아-사르마트 초원예술의 특징을 보여주는 양식화된 동물양식 외에도 그리스-로마의 크리미아에서의 차용을 보여주는 직물이 발견되었다. 기원후 2년 이후의 것으로 추정되는 중국 칠기와 키메리안 보스포로스에 기원을 둔 헬레니즘식 직물도 발견되었다.[102]

후한이 다시 중국을 지배하게 되었을 때(25) 타림분지에 위치한 중국의 보호국들은 아직도 탈환되지 않은 상태였다. 중국으로서는 다행스럽게 바로 그때 흉노가 분열되었다. 48년 남쪽의 8개 흉노집단의 추장인 비比는 선우인 포노蒲奴에게 반기를 들고 중국에 투항했다. 광무제光武帝는 그들에게 내몽골 즉, 고비의 남쪽 국경과 산서와 감숙의 국경에서 번병의 지위를 부여했다. 이로써 남흉노 왕국이 형성되었다. 이들은 중국이 강성할 땐 한 제국에 충실하게 복속했으나, 중국이 약해지는 4세기에는 파괴자가 되어 중국을 붕괴시켰다. 이런 역사적인 사실은 로마 제국의 변경을 따라서 번병으로 배치되었던 게르만 사람들과 동일하였다.

이제 중국의 유일한 적은 외몽골 오르콘에서 이전 흉노 제국의 맥을 잇고 있던 북흉노였다. 49년경 그들에 대한 측면공격을 위해 요동 태수 제융祭肜이 그들과 국경을 접하고 있는 두 집단을 선동했다. 이들은 만주 요하 상류에 거주하던 오환烏桓과 이들보다 북방 눈嫩(Nonni) 강과 대흥안령산맥 근처에서 유목생활을 하고 있던 선비였다. 후자는 분명 몽골계에 속한다. 남흉노의 분리, 그리고 선비와 오환의 측면공격으로 약화된 북흉

---

101. Cf. Kozlov *et al., Comptes rendus des expéditions pour l'exploration du nord de la Mongolie*(Leningrad, 1925).
102. 기원전 3세기 Panticapaeum(Kerch)에서 만들어진 그리스 주화가 준가리아의 Borotala에서 1918년에 발견되었다는 것을 기억할 필요가 있다. Cf. J. Werner, *ESA*, VIII(1933), p. 249.

노는 다시는 심각한 위협을 주는 존재가 될 수 없었다.

실크로드

중국은 이런 성공에 힘입어 타림 오아시스 지역의 보호령을 회복할 수 있었다. 이들은 주지하듯이 타림분지를 따라서 남과 북으로 두 개의 활 모양을 이루고 있다. 북쪽의 오아시스들로는 투르판(車師)·카라샤르(焉耆)·쿠차(龜茲)·악수(姑墨)·우치 투르판(溫宿)·카쉬가르(疏勒) 등이 있고, 남쪽으로는 롭 노르 부근의 누란·호탄(于寘)·야르칸드(莎車) 등이 있었다.103) 사실상 7세기 인구어계의 방언이 여전히 카라샤르, 쿠차, 그리고 의심할 것 없이 카쉬가르에서 사용되고 있었다는 것은 타림분지에 살고 있던 사람들이 적어도 어느 부분에서 인도-유럽 계통에 속한다는 점을 짐작케 한다. 7세기 쿠차어는 인도-이란, 히타이트, 아르메니아, 슬라브 등의 언어와 친연관계를 보여주고 있다. 비록 지그Sieg와 지글링Siegling의 독일학파에서 주장하는 것처럼 토하라어가 쿠차어나 카쉬가리아어와 동일한 것인가 하는 점은 분명하지 않지만, 그들의 인구어족적인 성격은 부정할 수 없다.104) 인구어족이 타림분지에 중세 초기에 침입했다고 생각해야 할 이유는 결코 없다. 고대 인구어족이 그곳에 존재한 것이 스키타이-사르마트인들이 서부 시베리아로 예니세이 상류까지 확장한 것이나 천산 양쪽의 페르가나와 카쉬가르로 사카인들이 이주한 것과 동시대였다고 가정하는 것이 논리적이다. 게다가 북방에 있는 쿠차어와 서부 카쉬가리아에 있는

---

103. 후한 시기 이 여러 왕국에 대한 『後漢書』의 열전은 다음의 번역에 있다. Chavannes, "Les pays d'Occident," *TP*(1907), pp. 168-221.

104. E. Sieg & W. Siegling, *Tocharische Grammatik*(Göttingen, 1931)과 Sylvain Lévi, *Fragments des texts koutchéens*(Paris, 1933)의 연구가 있다. 다른 인구어계의 언어 중에서 쿠차어와 다른 방언의 상대적인 위치에 대해서는 H. Pedersen, "Le groupement des dialectes indo-européens," *Kgl. danske Vid. sel. hist. fil. meddelelser*, XI, 3(1925)을 보시오.

'동부 이란어'가 제시하는 증거 이외에도, 민족지학자들은 중국 사가들의 푸른 눈과 빨간 머리를 갖고 있는 쿠차 북서 지역 일리의 오손에 대한 기록으로 그것을 증명하고 있다.

타림의 작은 왕국들은 경제적으로 아주 중요하였다. 왜냐하면 중국과 인도-이란, 그리고 그리스 세계로 이어지는 대상들의 길인 실크로드가 이 오아시스를 지나기 때문이다.[105] 이 길의 존재에 대해서는 지리학자 프톨레미가 언급한 바 있다. 그는 선배인 튀레 마리누스Tyre Marinus의 기록을 인용하여 1세기, 즉 바로 지금 대상으로 하고 있는 시기에 마에스 티티아노스Maes Titianos라는 한 '마케도니아' 상인이 중요한 지점들과 길을 답사하기 위해서 중개인을 보냈다고 하였다.

실크로드는 로마령 시리아의 수도인 안티오크Antioch를 출발하여 히에라폴리스Hierapolis(Menbij)에서 유프라테스를 건너 파르티아 제국으로 들어갔다가 에크바타나Ecbatana(Hamadan), 현재 테헤란 근처에 있는 라게스Rhagae(Rayy), 헤카톰필로스Hecatompylos(Shahrud?)와 메르브Merv를 거쳐서, 그리고 이 시기 인도-스키타이 사람들 즉 중국에서는 월지 또는 인도에서는 토하라인으로 기록된 사람들이 지배하고 있었던 박트라Bactra(Balkh)로 이어졌다. 이곳에서 실크로드는 파미르 고원으로 들어갔다. 프톨레미에 의하면 이 산맥의 계곡 즉 '코메다이Komedai 언덕'의 아랫자락에는 돌탑(*lithinos pyrgos*)이 있고, 그 부근에서 '비단'을 운반하는(*seric*) 상인들과 레반트 상인들이 물품을 교환하였다. 헤르만은 이 지점을 옥서스 상류에서 카쉬가르로 이어지는 키질 수Qizil Su가 있는 파미르 계곡 즉, 알라이Alai 산맥와 트란스알라이 산맥 사이에 위치한 지점으로 비정하였다. 이 지역들을 여행한 악캥Hackin은 앞에서 시사했던 것처럼 그곳이 와한(소파미르)과 야르칸드의 발원지(민테케Minteke 고개의 북방)

---

105. Cf. Albert Herrmann, "Die alten Seidenstrassen zwischen China und Syrien," *Quell. u. Vorsch. z. alten Gesch. u. Geog.* (1910) ; "Die Seidenstrassen von China nach dem Römischen Reich," *Mitt. der Geogr. Ges.* (1915), p. 472 ; "Die ältesten chinesischen Karten von Zentral - und Westasien," *FFH*, p. 185.

사이에 있는 지금의 타쉬쿠르간Tashqurghan 부근이라고 생각하였다.

카쉬가르에서 실크로드는 둘로 나뉜다. 먼저 북으로는 쿠차에 이른다. 헤르만의 견해에 따르면, 쿠차는 알렉산드리아의 지리학자들이 말한 잇세돈 스키티카Issedon Schythica였다고 한다. 그 다음에 카라샤르(지리학자들이 말하는 Damna), 롭 노르의 누란(잇세돈 세리카Issedon Serica), 옥문관(돈황의 서쪽, 닥사타Daxata)으로 이어졌다. 남쪽으로의 길은 이미 다룬 것처럼 카쉬가르에서 야르칸드를 거쳐 호탄, 니야, 미란, 그리고 마지막으로 롭 노르의 누란으로 연결되었다.

두 길은 돈황에서 만났는데 이곳은 그리스-로마의 지리학자들이 말하는 트로아나Throana로 추측된다. 실크로드는 중국으로 주천酒泉(드로사케 Drosakhe?), 장액張掖(토가라Thogara?), 그리고 최종적으로 흔히 프톨레미의 세라 메트로폴리스Sera Metropolis로 여겨지고 있는 장안(서안)과 그가 사라가Saraga 또는 티나에Thinae라고 했던 하남의 낙양에 도달하였다.

반초班超의 타림분지 정복

그리스와 중국 기록 사이의 이렇게 다른 명칭들이 서로 부합할 수 있는가와는 관계없이, 한나라와 로마나 파르티아 제국 사이에 실크로드가 대륙을 가로질러 열린 이래 타림분지 남북의 오아시스를 따라서 존재하는 작은 인도-유럽계 왕국들이 상업적으로 중요성을 갖게 된 것은 사실이다. 게다가 흉노와 중국은 이 지역의 통제권을 장악하기 위해 투쟁을 벌이고 있었다. 전자는 북방에서 알타이 산지로부터 타림분지를 통제하고 있었고, 후자는 동방에서 돈황 지역에서 빠져나가는 지점들을 차지하고 있었다.

후한이 타림분지를 정복하거나 아니면 다시 탈환하게 된 것은 명제明帝(58-75)·장제章帝(76-88)·화제和帝(89-105)의 시기에 계획적으로 이루어진 일이다. 그것은 몇몇 위대한 군인들의 공으로 이루어졌다. 73년 중국의 장군 경병耿秉(부마도위駙馬都尉)과 두고竇固가 북흉노에 대한 초보적

인 원정을 하였고 흉노는 중국군을 피해 도망하였다.106)

사마司馬였던 반초는 두고의 부장으로 중국이 배출한 위대한 장군이었다. 그는 바르쿨에 있던 흉노의 한 부락인 호연呼衍을 격파하고 "엄청나게 많은 야만인을 베었다."107) 같은 해인 73년에 중국의 둔전이 이오伊吾에 설치되었는데, 샤반느Chavannes는 이곳을 하미Hami로 보았지만, 헤르만은 롭 노르 북방에 있는 현재의 영반營盤과 누란 사이의 한 지점으로 보았다.108) 74년 경병과 두고가 투르판을 공격할 때 그곳은 두 개의 왕국으로 나뉘어 있었지만 동일한 왕가가 지배하고 있었는데, 그것은 투르판 인근의 남거사南車師와 천산 건너편 기슭의 고성古城 방면에 있던 북거사北車師였다.109) 경병은 과감하게 진군해서 두 곳 중에서 비교적 더 먼 곳에 있는 고성의 거사를 공격하였는데, 그 왕 안득安得은 공격도 하기 전에 항복하였다. "그는 성에서 나와서 모자를 벗고 말의 발굽을 껴안으면서 항복했다."110) 안득이 항복하자 투르판의 왕인 안득의 아들 역시 항복했다. 그곳에 중국군 2개 수비대를 주둔시켰는데 한 곳은 북거사(고성)였고, 다른 한 곳은 경병의 종제인 경공耿恭이 주둔한 투르판의 본성이 있는 유중柳中이었다.111)

한편 반초는 '호랑이굴에 들어가지 않으면 그 새끼를 잡지 못한다'는 식의 생각을 갖고 있었던 모험가였다. 누란과 롭 노르의 남서부에 있었던 선선 왕국으로 정찰부대와 함께 파견된 그는 기계奇計를 통해 그 나라의 왕이 중국에 대항해서 흉노의 사절과 음모를 꾸미고 있음을 알아차렸다.

---

106. 『後漢書』의 경병열전은 "Biographie de Keng Ping", Chavannes번역, *TP* (1907), p. 222 참조.
107. 『後漢書』의 班超, 班勇, 梁慬의 열전에 대한 번역은 Chavannes, "Trois généraux chinois de la dynastie des Han," *TP*(1906), p. 218.
108. 『後漢書』의 번역 Chavannes, *TP*(1907), p. 156.
109. [역자] 『後漢書』에 따르면 남거사, 북거사라는 명칭을 사용하지 않고 車師前部, 車師後部로 통칭되고 있는데, 여기에서는 원문의 내용에 따라서 번역하였다.
110. 『後漢書』의 경병열전 번역 Chavannes, *TP*(1907), pp. 222-223.
111. *Ibid.*, p. 226. [역자] 耿恭이 주둔한 곳은 柳中이 아니라 金蒲城으로, 柳中에는 대신 關寵이 주둔하고 있었다. Cf. 『後漢書』 권 19 「耿恭列傳」

밤이 되자 그는 막료들을 불러 모았다. 하지만 그는 원정시에 자신과 함께 온 문관에게 조언을 청해야 마땅했지만 그에 대해서는 전혀 개의치 않았다. "그는 일개 보통의 문관일 뿐이다. 만약 그에게 우리의 계획을 말한다면 그가 누설할 것이다. 바로 이 순간 우리의 운명은 결정되었다. 명예도 없이 죽는 것은 용자가 할 도리가 아니다." 고요한 밤 반초와 그의 소규모 부대는 흉노의 사절이 묵고 있는 막사에 불을 놓은 다음 북을 치고 소리를 쳐서 안에 있는 사람들을 더욱 겁나게 만들었다. 그리고 그들을 베거나 불을 놓아 태워 죽인 뒤, 반초는 선선의 왕을 불러와서 흉노 사절의 머리를 보여주었다. 반란을 일으키려고 했던 왕은 떨면서 중국의 신하가 되었다.112) 그리고 나서 반초는 카쉬가리아 본토의 문제에 관심을 돌렸던 것이다.

타림의 작은 인도-유럽계 왕국들은 흉노도 중국도 간섭을 하지 않으면 서로 다투었다. 야르칸드의 왕은 현賢(33-61)이라는 이름으로 중국에 알려져 있었다. 그는 이미 호탄·페르가나·쿠차(46)를 정복하고 그 지역에 대한 지배권을 갖게 되었지만 대대적인 반란에 굴복하고 말았다.113) 그렇게 되자 쿠차는 흉노에게 굴복하였고, 호탄의 왕은 야르칸드의 현을 타도하였다(61). 이로 인해서 타림분지 남부의 패권은 중국인들이 광덕廣德이라고 칭하던 바로 그 호탄 왕에게 넘어갔다.

북쪽에는 중국에서 건建이라고 부르던 쿠차의 왕이 있었는데 그는 흉노의 지원을 받아서 73년에 카쉬가르를 차지했다.114) 이때 이 지역의 일을 해결하기 위해 명제가 파견한 반초가 카쉬가리아에 도착했다. 그는 먼저 호탄으로 갔는데, 이때 광덕115)은 바로 얼마 전의 성공에 우쭐하여 흉노 사절의 조언을 들으면서 반초에 대해서 오만한 태도를 취했다. 반초는 그 자리에서 자신의 손으로 왕에게 중요한 자문을 하던 무당을 베었다. 놀란 왕은 중국에 대한 복종을 되풀이하면서 진심을 보이기 위해 흉노의 사

---

112. 『後漢書』 번역 "Biographie de Pan Tch'ao," *TP*(1907), pp. 218-220.
113. *Ibid.*, p. 197.
114. *Ibid.*, pp. 203-204.
115. 이 이름은 물론 알려지지 않은 호탄 왕의 중국어 전사이다.

신을 죽였다. 그리고 나서 반초는 곧바로 카쉬가르로 진군하였다. 쿠차의 왕 건은 이미 흉노의 도움으로 카쉬가르를 정복하고 쿠차 출신으로 자신의 친신 중 하나인 두제兜題를 그 왕으로 삼았었는데, 반초는 숫자가 적었음에도 불구하고 대담하게 이 외국의 왕자를 체포하여 폐위시키고, 중국의 기록에 충忠(74)으로 알려진 왕을 세워 이전의 카쉬가르 왕가를 부활시켰다.116)

명제 사망 직전인 75년, 흉노의 지원 하에 중국에 대한 대대적인 반란이 타림 지역에서 일어났으니, 카라샤르의 왕이 중국계 거주민과 '도호都護'였던 진목陳睦을 살해한 것이다. 쿠차와 악수인들이 와서 카쉬가르의 반초를 포위했지만 그는 일년 넘게 공격을 버텨냈다. 한편 흉노는 북거사(고성)를 공격하여 중국에 종속해 있던 그곳의 왕 안득을 살해하고 요새에 있던 중국의 장군 경공을 포위했다. 그의 동료인 반초처럼 경공 역시 영웅적으로 저항했는데, 그와 소수의 사람들은 보급품이 떨어지자 장비에 붙어 있는 가죽을 삶아 먹으면서 마지막까지 버텼다.117)

그러나 새롭게 황제가 된 장제는 반초와 경공에게 타림분지에서 철수하라고 명령하였다. 왜냐하면 조정은 중앙아시아 보호령의 유지에 드는 희생과 끊임없는 반란에 당황했기 때문이다. 그러나 그런 퇴각이 흉노에게 이 땅을 넘겨주는 것이라는 점을 알고 있던 반초는 귀환 도중 호탄에 다 왔을 무렵 다시 생각을 돌이켜 조정으로부터 받은 명령을 어기면서까지 카쉬가르로 되돌아갔다. 그가 잠시 부재했을 동안 그 도시는 당연히 흉노와 연계한 쿠차인들에게 넘어가 있었다. 반초는 쿠차측 수령들의 목을 벤 뒤 다시 카쉬가르에 거처를 정하고 결코 그곳에서 떠나지 않기로 결심했다. 나아가 그는 78년에 카쉬가르와 호탄, 그리고 심지어 멀리 소그디아나에서 징집한 보조부대를 이끌고 악수와 투르판을 탈환하고 "700명을 베었다."118)

한편 감숙에 있던 중국 부대는 흉노로부터 거사 왕국 즉, 투르판을 재

116.『後漢書』 번역 *TP*(1907), p. 222.
117. *TP*(1906), pp. 226-229.
118. *Ibid.,* pp. 223-224.

탈환했다. 그들은 3,800명을 참수하고 3만 7,000마리의 가축을 획득했으며 북방의 야만인들은 놀라서 철수하였다.119) 반초와 경공과 같은 뛰어난 장군들을 적으로 둔 흉노는 임자를 만났던 것이다.

황제에게 상주한 내용에서 반초는 자신이 서역에서 경험한 것을 설명하면서 겁먹고 있는 조정을 설득하려고 노력하였다. 그는 문신들이 쓸모없다고 비난하는 이런 장거리 원정이야말로 흉노의 간헐적인 침입으로부터 중국 땅을 지키는 현실적인 방어의 수단이라고 주장했다. "(서역) 36국을 장악하는 것은 흉노의 오른쪽 팔을 자르는 것이다"라는 그의 말처럼 그것은 '이이제이以夷制夷'라는 유명한 공식으로 정리된다. 사실 그는 여전히 반란을 일으키는 오아시스를 치기 위해 새로이 정복한 오아시스로부터 징발한 군대를 이용하여 타림 정복을 성취했던 것이다. 정말로 중국적 요소가 있다면 변경지역의 파란만장한 삶 속에서 새로운 명예를 얻기 위해 온 소수의 모험가나 유배자 정도였다. 모두가 그 땅에서 생활하면서 흉노의 반격을 막아냈다. "야르칸드와 카쉬가르 땅은 경작지가 비옥하고 풍부하기 때문에 그곳에 주둔한 병사들은 국고를 축내지 않을 것이다"120)라고 반초는 설명했다. 그는 그 시대에 다키아Dacia의 정복자 트라야누스Trajanus와 군사적인 문제에 관해서 같은 생각을 갖고 있었던 것이다.

중국의 중요한 목적은 흉노를 외몽골로 몰아내 그들이 실크로드로부터 식량과 재화를 얻는 것을 차단하는 데 있었다. 이런 원대한 생각을 실천하기 위해 반초는 카쉬가르(80, 87)와 야르칸드(88)에서 일어난 새로운 반란을 평정했고, 일리에 있던 오손을 자신의 편으로 만들었다. 정보원으로부터 정보를 얻어 야만인의 심리를 놀라울 정도로 정확히 간파한 반초는 적을 대담하게 기습, 공격하였다.

그의 피보호자이자 허수아비였던 카쉬가르의 왕 충은 84년에 야르칸드, 소그디아나, 그리고 월지 또는 인도-스키타이인들과 함께 반란을 일으켰다. 87년에 그는 반초에게 카쉬가르로부터 쫓겨났다가 투항하는 척하면서 거짓으로 접견을 청했는데, 실은 강한 기병으로 반초를 기습하려고 한

---

119. *TP*(1907), p. 230.
120. *TP*(1906), pp. 224-227.

것이었다. 반초는 속는 척하면서 연회를 열어 그를 기쁘게 해 그에게 믿음을 주고, "술이 한 순배 돈 다음에" 왕을 잡아 목을 베었고, 그 순간 중국 병사들이 나타나 적에게 달려들어서 죽여버렸다.[121] 88년 반초는 야르칸드에서 얼마 되지 않는 군대(중국군과 호탄의 보조군대의 숫자가 비슷)와 함께 그 주민들을 상대했는데, 쿠차와 그 인근 도시로부터 5만 명이 적군을 도왔다. 하지만 그는 밤에 후퇴하는 척하다가 다시 군대를 돌려 신속하게 진군하여 성을 함락하였고, 5,000명 이상 목을 치고 그들을 항복시켰다.[122]

단지 쿠차와 카라샤르만이 반란을 일으킨 상태로 있었는데, 이들은 중국에 대항하기 위해 몽골리아의 흉노와 월지(인도-스키타이) 등 각지의 세력과 동맹하려고 하였다. 90년 인도-스키타이계 왕 — 인도 북서부와 아프가니스탄을 지배하고 있던 쿠샨 왕조의 강력한 황제로 아마 카드피세스 1세 — 은 중국 공주와의 결혼이 실패한 것에 실망하며, 반초에 대항해 쿠차를 원조하기 위해 파미르의 동북쪽으로 원정대를 파견했다. 반초는 이 군대와 쿠차 사람들 사이의 모든 연락을 끊고 쿠차인들이 제공했던 것으로 보이는 보급품을 차단하고 사라졌다. 인도-스키타이인들은 카쉬가르로의 끝없는 길에서 보급품도 없이 고생하고 있었기 때문에 더 큰 피해 없이 철수하는 것만으로도 만족했다. 쿠차의 조정은 이처럼 거의 재난에 이를 뻔했던 경험을 바탕으로 90년에는 현명하게 정책을 바꾸어 — 월지인들이 전통적으로 그러했듯이 — 중국과의 우호관계를 회복하였다.[123]

북방의 몽골리아에서는 두헌과 경병이 북흉노에 대해서 큰 승리를 거두자(89-90), 북과 남의 거사(고성과 투르판)의 두 왕은 즉시 중국과의 관계를 재개했다. 91년 중국 장군 경기耿夔는 다시 흉노에게 큰 패배를 안겨주었다. 그는 멀리 외몽골의 오르콘 강까지 진군하여 선우의 어머니와 모든 가족을 잡았고 그의 형인 어제건於除鞬을 계승자로 지명했다. 93년 새로운 선우가 반란을 일으키자 중국은 만주 지역과 경계에 있던 몽골계

---

121. *Ibid.*, pp. 230-231.
122. *Ibid.*, pp. 231-232.
123. *Ibid.*, p. 233.

의 선비를 그들에게 보내서 격파하고 그를 죽여버렸으니 이는 북흉노로서는 더 이상 재기할 수 없는 파탄이었다.

이렇게 흉노와 인도-스키타이인의 도움이 끊기자 타림분지 북부 네 개의 도시 가운데 반란을 일으켰던 쿠차·악수·투르판 등 세 곳은 반초에게 항복하였다(91). 반초는 조정으로부터 실제로 중앙아시아의 총독이나 마찬가지인 '서역도호'의 벼슬을 받았다. 그는 쿠차 근처의 조그만 마을인 타건它乾에 근거를 두고, 다른 한 명의 중국 장군은 카쉬가르에 주둔하였다.

카라샤르만이 복속되지 않았는데, 94년 반초는 쿠차와 선선(롭 노르)에서 징집한 보조부대와 함께 반란을 일으킨 이 도시로 진군했다. 카라샤르 사람들은 율두즈 강에 놓인 다리를 파괴하였지만 아무 소용이 없었다. 반초는 허리 깊이의 여울을 건너서 카라샤르 전방에 있는 습지로 들어갔다. 일부 주민들은 바그라쉬 호수를 가로질러 도망할 수 있었지만 왕은 항복하지 않을 수 없었다. 반초는 19년 전 중국 장관인 진목이 죽임을 당하였던 바로 그 자리에서 왕의 목을 베어버림으로써 오랜 원한을 갚았다. "반초는 사람들을 풀어서 성을 약탈했다. 그들은 5,000명의 수급을 얻었고 1만 5,000명을 사로잡았으며 30만 마리의 말·소·양 등 가축을 노획했다."124) 이로써 모든 타림분지 지역이 복속되었다.

97년 반초는 그의 부장인 감영甘英을 안서安西 ─ 즉 아르삭세스 왕조의 파르티아 제국 ─ 를 거쳐 중국에서 대진大秦이라 칭하던 로마 제국으로 파견했다. 그러나 감영은 파르티아인들의 얘기에 놀라 거기서 더 가지 못하고 로마의 국경에 이르지도 못한 채 돌아오고 말았다.125)

반초는 은퇴해서 중국으로 귀환하던 해인 102년에 죽었다. 그의 계승자들은 탄력적이고 현실적인 그의 정책을 따라가지 못해, 106년과 107년에는 타림분지에서 다시 반란이 일어났다. 중국 장군 양근梁懂은 쿠차에서 그곳 사람들에게 포위되었다.126) 비록 양근이 승리하기는 했지만 107년

---

124. *Ibid.*, pp. 235-236.
125. *TP*(1907), p. 178.
126. *TP*(1906), pp. 256-257.

중국 조정은 이런 계속된 반란에 위축되어 타림분지의 모든 중국 군대, 심지어 유중과 이오의 군대까지도 철수시켰다.

다음해 쿠쿠 노르 지역의 서부와 남부에서 아직도 원시적인 상태에서 유목생활을 하던 강족(티베트)이 감숙의 군진을 공격하여 돈황으로 이어지는 길을 차단시킬 뻔했지만 양근은 고전 끝에 이를 막아내는 데 성공했다(108). 109년에는 내몽골의 남흉노가 반란을 일으켜 장성 지역을 공격하자 중국의 요동 태수인 경기는 그들을 상대하기 위해서 선비집단을 불러들였다. 그러나 남흉노는 산서 북부를 약탈하였고 양근은 110년에 그들과 화평할 수밖에 없었다.

전체적으로 말해, 중국은 자신의 변경을 방어하는 것에도 어려움을 겪고 있었으나 119년에 이르러 복구작업이 시작되었다. 이오(하미 또는 롭노르?)에 둔전이 다시 설치되고 선선과 투르판의 왕이 다시 복속하였다. 그러나 얼마 후 북흉노의 선우와 고성의 북거사가 이오에 있는 중국 군대를 기습 학살했다.

마침내 반초의 아들인 반용班勇은 아버지의 업적을 다시 복구하였다. 123년 그는 투르판에서 가까운 곳인 유중에 둔전을 재설치하고, 124년에는 선선 왕을 중국에 충성하도록 만들었으며, 쿠차와 악수의 왕들을 협박하여 신속하러 오도록 했고, 그들이 그에게 제공한 군사력으로 투르판에서 흉노집단을 몰아냈다. 126년 그는 바르쿨의 동북 지역에 살고 있는 북흉노의 한 집단인 호연까지도 일시적으로 복속시켰고, 여기에 간섭하려던 북방민 대부분을 멀리 몰아냈다.[127] 127년 중국이 카라샤르에 다시 들어감으로써 타림분지에 대한 재정복이 완료되었다. 130년 카쉬가르의 왕자와 페르가나의 사절이 수도인 낙양으로 순제順帝에게 조공하기 위해서 왔다.

이후 140년과 144년에 남흉노 좌익의 한 수령이 일으킨 반란을 제외하면, 중국의 두통거리는 주로 바르쿨의 호연 흉노였다.[128] 131년 그들은 북거사를 공격해 그곳 사람들을 학대했다. 151년 그들은 이오에 있는 중

---

127. *Ibid.*, pp. 246-254.
128. Cf. Peter Boodberg, "Two Notes on the History of the Chinese Frontier," *HJAS*, 3-4(1936년 11월), p. 286.

국의 둔전을 거의 파괴하였는데 이것을 복구하기 위해 큰 대가를 치러야
만 했다. 153년에도 북거사는 여전히 중국에 복속되어 있었다. 151년 호
탄인들이 반란을 일으켜 매우 잔인한 중국의 관리 왕경王敬을 죽이기도
하지만 곧 바로 중국에 공식적으로 사죄했다.[129] 170년 중국 장군들은 지
방 분쟁의 조정자로 투르판·카라샤르·쿠차로부터의 군대를 이용해서 카쉬
가르에 대한 엄포성 원정을 하기도 하고, 168-169년에는 장군 단영段熲이
감숙 국경을 침략하던 강족(티베트)을 쫓아버렸다.

고대 말과 중세 초 타림분지 오아시스 지역의 문명

후한 시기 중국의 실크로드 장악은 타림분지의 남북을 따라 난 오아
시스를 거쳐 가는 실크로드를 통한 대륙교역의 자유를 보호함으로써 헬레
니즘의 예술이나 인도의 문학과 함께 불교가 이 분지에 전파되는 데에 기
여하였다. 더 정확하게 말하면 카쉬가리아와 중국에 불교를 전파하기 위해
서 온 인도의 선교사들이 밟았던 길이기도 한 실크로드를 따라 교역과 종
교뿐만 아니라 그리스-로마의 예술도 함께 전해졌다. 마에스 티티아노스의
대리인들의 활동도 불교를 전파하는 사람들의 목적과 흡사한 섬이 있었다.
이 시기에 가장 빈번히 이용되던 길은 야르칸드와 호탄을 지나는 남
도南道였다. 요트칸Yotkan 즉 고대의 호탄에서 스타인의 탐험대가 발렌스
Valens 황제(364-378) 시기의 로마 주화를 발견했고, 호탄의 동쪽 지역
에 있는 라와크Rawak에서는 순수한 간다라 양식의 멋진 그리스 모직물
과 함께 일련의 그리스-불교 부조가 발견되었다. 그보다 약간 동쪽에 있
는 니양Niyang(尼壤)의 3세기 말경 황폐화된 유적에서 로마인의 인장과
음각된 옥석, 그리고 인도-스키타이의 주화가 발견되었다. 롭 노르의 남서

---

129. 『後漢書』권 155는 쿠차에서의 둔전 설치에 대해 언급하고 있다. Peter Bood-
    berg는 이 언급이 중앙아시아 Muzart 강가에 있는 쿠차를 얘기한 것이 아니라,
    아마도 楡林의 북방 섬서 북동부 지역에 쿠차에서 쫓겨난 사람이나 이주민들을
    위해 세운 것으로 믿고 있다.

쪽에 있는 미란, 즉 이전의 선선에서 같은 탐험대가 아름다운 그리스-불교식 벽화를 발견하였는데, 이것에는 확연히 로마-그리스적인 외모를 지닌 부처, 그의 제자, 그리고 날개 달린 악마 등이 주로 묘사되어 있다. 이런 벽화에는 인도의 문자로 '티타Tita' ― 이는 티투스Titus라는 이름으로 비정되었다 ― 라고 적혀 있었고, 그들 모두는 분명히 3-4세기 이후의 것으로 추정된다.[130]

이러한 실크로드를 통해서 당시 평화를 구가하던 중국으로 많은 불교 선교사절이 왔다. 파르티아인 안세고安世高가 148년에 와서 170년에 입적했고, 인도인 축불삭竺佛朔과 월지인(인도-스키타이인) 지참支讖이 170년에 같이 와서 당시 수도였던 낙양에 종교 공동체를 세웠다. 월지 사신의 아들 지겸支謙은 223년부터 253년까지 몇 가지 불경을 중국어로 번역했다. 이렇게 월지라고 기록한 것은 흥미로운데, 이것은 중국과 타림분지에 불교를 전파하는 데 크게 공헌한 당시 아프가니스탄·간다라·편잡을 지배하던 쿠샨 왕조임을 보여주기 때문이다. 쿠샨과 인도의 선교사절 이외에도 많은 파르티아인들이 아시아 고원과 극동에서 선교활동을 수행하고 있었다는 점도 주목할 만하다. 중국어로 된 트리피타카*Tripitaka*(삼장三藏)는 타림분지를 거쳐 중국에 들어온 많은 선교사절과 역경자의 명단을 우리에게 알려주고 있다. 타림분지 자체에서도 이란 동부와 이란의 북서쪽에서 온 다른 일군의 승려들이 산스크리트어로 된 불경을 그 지방의 말 ― 동부 이란어에서 쿠차어에 이르기까지 ― 로 번역하는 데 종사하고 있었다. 유명한 쿠마라지바Kumarajiva(344-413)는 대표적인 예로 여기서 한 번 살펴볼 만하다.

쿠마라지바는 인도에서 기원했으나 쿠차 지역에 정착한 가문에 속했다. 그의 조상은 그 지역에서 대대로 고귀한 신분이었다. 독실한 불교신자

---

130. Mark Aural Stein, *Ancient Khotan*(Oxford, 1907), II, Pls. XIV 이하, XLIX, LXXI ; *Serindia*(Oxford, 1921), IV, Pls. XL-XLII과 figs. 134, 136 이하, p. 517, p. 520 등 ; *On Ancient Central-Asian Tracks*(London, 1933), Pls. 54, 57 등에 있는 복제도 참조. 또한 F. H. Andrews, "Central Asian Wall-Painting," *Indian Arts and Letters*, VIII, 1(1934)을 보시오.

였던 그의 아버지는 세속적인 영예를 버리고 승려의 생활에 귀의하려고 했지만 쿠차의 왕이 그에게 세속적인 일을 맡기기 위해 자신의 여동생을 배필로 주어 결혼시켜버렸다. 이런 결합으로 쿠마라지바가 태어났다. 소년 시절 어머니는 그를 카쉬미르로 데리고 가 인도문학과 불교를 공부하도록 했다. 돌아오는 길에 카쉬가르를 방문해 그곳에서 일년 정도 머무르면서 아비다르마*Abhidharma*(아비달마阿毘達磨)를 공부했다. 그의 전기에 따르면131) 당시 카쉬가르는 쿠차와 마찬가지로 그 시대 인도철학의 중심지였기 때문에 이 두 도시의 지배자들은 젊은 쿠마라지바처럼 박학한 승려가 자신의 조정에 머무는 영광을 차지하기 위해서 경쟁하였다.

쿠마라지바가 쿠차에 돌아왔을 때 중국어로 백순白純이라고 불리는 그곳 통치자는 그를 반갑게 맞이했고, 야르칸드 왕의 두 손자가 그의 제자가 되었다. 우리가 뒤에서 보듯이 382년과 383년 사이에 중국 장군인 여광呂光이 쿠차를 침공하여 쿠마라지바를 데리고 중국으로 돌아갈 때까지, 그는 원래 카쉬미르 출신의 인도인 스승 비말락샤Vimalaksha와 함께 쿠차에 거주했다. 이 여광에 관한 이야기는 중국 정복자의 눈을 휘둥그레 만든 쿠차 왕궁의 화려함을 입증해주고 있다. 우리는 그가 경탄한 까닭이 그곳의 건물과 예술품들이 중국적이기보다는 인도나 이란의 전통을 바탕으로 한 것이기 때문이고, 또한 악캥이 주장한 것처럼 아마 키실의 가장 오래 된 회화가 시작된 것도 대략 이 시기였다고 추측할 수 있다.

대륙 아시아의 문명은 이상의 예에서 알 수 있듯이 두 개의 횡대로 나뉘어 있다. 북쪽으로는 흑해 지역의 러시아로부터 만주와 오르도스에 이르는 초원의 예술로서, 자루 끝부분이나 청동장식에서 분명히 장식적인 특징을 보이는 양식화된 동물문양으로 대표되는 유목민의 예술이 있었다. 남쪽으로는 아프가니스탄에서 타림분지의 오아시스를 거쳐 돈황으로 이어지는 실크로드상에서, 그리고 대상들이 머무는 그 오아시스의 주민들 사이에서 그리스·이란·인도 — 이 세 가지는 실크로드를 따라서 전파되었고 불교 즉, 불교도의 수요로 인해 서로 혼합되었다 — 의 직접적인 영향을 받

---

131. Sylvain Lévi, "Le 'Tokharien B,' Langue de Koutcha," *JA*, II(1913), p. 335에 있는 *Tripitaka*의 일부 번역.

은 회화와 조각들이 있었다.

고대 말과 중세 초기에 타림의 이러한 예술의 기원은 아프가니스탄에서 찾아야 할 것이다. 헤르츠펠트와 악캥의 쿠샨-사산조 화폐에 대한 연구에서도 나타나는 것처럼 4세기 카불 계곡에 있던 쿠샨의 마지막 왕들은 사산조 페르시아의 영향을 강하게 받았고 그 영향권 안으로 끌려들어갔다.[132]

사산조-불교의 문명과 예술은 인도-이란의 경계에서 탄생했다. 그것은 3세기 말과 4세기 동안에 만들어진 바미얀Bamiyan과 카크락Kakrak의 거대한 벽화로 증명되고 있다. 묘사된 양식과 의복에서, 그리고 얼굴모습의 처리에서 보이는 사산조의 영향은 놀랄 정도이다. 또 카불 근처에 있는 하이르하나Khairkhana(4세기 말)에서 악캥이 최근 발견한 사산조-브라만식의 조각과 카불에서 박트리아로 이어지는 노선에 있는 루이Rui 근처 두흐타리 누시르반Dukhtar-i Nushirvan에 있는 순수한 사산조의 벽화 — 박트리아의 총독인 사산조의 왕자가 묘사되어 있다(5세기) — 를 예로 들 수 있다. 이들은 모두 악캥Hackin-고다르Godard와 악캥-카를Jean Carl 탐험대에 의해 발견된 것이다. 이런 점에서 그 시대의 아프가니스탄은 인도의 종교와 인도의 문예문화가 샤푸르Shapur와 호스로우Khosraw 왕 시기의 페르시아 물질문명과 밀접하게 연결되어 있었던 지역으로 볼 수 있다.[133]

이것은 쿠마라지바를 본뜨려고 한 불교의 선교사들 — 실크로드는 이런 사람들 덕택에 선교의 길이 되었다 — 이 타림 오아시스의 전지역과 실크로드를 따라서 존재하는 많은 지점에 심어 놓은 사산-불교의 혼합물

---

132. Cf. E. Herzfeld, "Kushano-Sassanian Coins," *Memoirs of the Archeological Survey of India*, No. 38(1930) ; J. Hackin, "Répartitions des monnaies anciennes en Afganistan," *JA*(1935년 4-6월), p. 287.
133. Cf. A. Godard & Y. Godard, J. Hackin, *Les antiquités bouddhique de Bamiyan* (Paris, 1928) ; J. Hackin & J. Carl, *Nouvelles recherches archéologiques à Bâmiyân*(Paris, 1933) ; J. Hackin & J. Carl, *Recherches archéologiques au col de Khair Khaneh*(Paris, 1936).

이었다. 초기 양식의 키질 벽화 — 쿠차의 약간 서쪽에 위치 — 의 양식은 바로 바미얀의 벽화들과 연관되었으며 분명한 모델링과 부드럽고 조심스런 색상(회색, 진한 갈색, 붉은 갈색, 어두운 갈색, 밝은 녹색)을 특징으로 한다. 이 다양한 시대의 편년을 제시한 바 있는 악캥은 이 양식을 대체로 450년과 650년 사이의 것으로 추정하였다.134)

인도적인 영향은 아잔타Ajanta의 멋진 인도 나체화를 연상케 하는 찬드라프라바Chandraprabha 여왕의 춤을 통해 압도적으로 나타난다. 또한 사산조의 영향은 특히 공작 동굴과 화가 동굴에서도 분명히 볼 수 있다. 화가 동굴의 화가는 자신을 쿠차풍의 큰 젖혀진 깃이 있고 — 고다르 부인이 바미얀에 있는 벽화들을 모사한 데서 지적한 것 — 허리에 꼭 끼며 기품 있는 밝은 색감의 남자용 상의·바지·높은 장화를 신고 있는 젊은 이란 귀족의 복장을 한 모습으로 묘사했는데, 이 모든 복식은 이란에서 온 것이다.

1937년 카불의 서쪽에 있는 푼두키스탄Fundukistan에서 악캥과 카를이 발견하였고 사산조의 왕 호스로우 2세Khosraw II(590-628) 시기에 발행된 전폐를 통해 연대추정이 가능한 훌륭한 스터코는 아랍 침공 이전까지 이란-불교적인 아프가니스탄이 쿠차 사회의 남성의 패션과 의상에 계속적으로 영향을 미치고 있었다는 점을 확증하고 있다.135)

키질 벽화의 두 번째 양식의 연대를 악캥은 650년과 750년 사이로 비정했다. 그에 따르면, 덜 분명한 모델링과 밝은 색감(라피스 라줄리*lapis laguli*와 생생한 녹색)과 사산조 양식의 의복이 주된 특징이라고 한다. 현재 베를린에 있는 키질과 쿰투라의 불교 벽화는 남녀 시주施主들의 행렬을 보여주고 있는데 그들은 5세기부터 8세기까지 쿠차의 조정을 되살려내고 있다. 이 눈부신 귀족들 — 분명 인도-유럽 계통의 종족 — 은 의상이나 물질문명의 다른 측면에서는 분명히 이란적이지만 신앙이나 문학에

---

134. Hackin, "L'art indien et l'art iranien en Asie Centrale," ed. L. Réau, *Historie des arts*, IV, p. 253 ; "Buddhist Art in Central Asia," *Studies in Chinese Art and Some Indian Influences*(London, 1938), p. 12.
135. *RAA*, XII(1938)를 보시오.

서는 인도적이었다.

이런 조정의 복식 이외에 키질의 군사적인 장면들 — 예를 들어 '성
물聖物의 분배分配'의 묘사 — 은 금속제의 갑옷, 원뿔형의 투구와 쇠미늘
의 겉옷을 입고 긴 창을 들고 있는 쿠차의 '기사'를 보여주는데, 그것은
사산조의 기병과 크리미아의 케르치Kerch(Panticapaeum)에 있는 사르마
트 기사를 떠올리게 한다.136)

이 같은 이란-불교적인 복합은 타림의 남부 특히 호탄의 북동쪽에 위
치한 오아시스인 단단 오일릭Dandan Oylik의 나무판에 그려진 그림들에
서도 발견된다(7세기 말). 이곳에는 아잔타의 가장 품위 있는 누드화와 흡
사한 순수한 인도형의 나기nagi,137) 둘 다 이란적 특징을 지닌 말을 탄
사람과 낙타를 탄 사람, 그리고 페르시아식의 머리장식(tiara)을 쓰고 긴
녹색의 겉옷에 사산조 귀족의 바지와 장화를 신은 수염을 기른 보살이 나
란히 그려져 있다.

마지막으로 동일한 이란적인 영향은 투르판 지역, 예를 들어 베제클릭
Bezeklik과 무르툭Murtuk에 있는 벽화와 세밀화에서도 발견된다. 베제클
릭에는 흉갑을 차고 있는 신상이 키질과 쿰투라에서 사산조 갑옷을 입은
쿠차 기사의 하나를 떠올리게 하는 반면, 악캥의 지적처럼 어떤 관세음보
살(Avalokiteshvara)은 순수한 인도적인 기품을 띠고 있다. 무르툭에도
역시 온통 인도적인 용모를 띤 부처를 따라서 키질에서 본 것과 동일한
갑옷을 입고 줄지어 서 있는 시주자들이 있는데, 이들은 확연하게 사산조
와의 유사성을 보여주는 펼쳐진 날개로 장식된 투구를 쓰고 있다.138) 조각

---

136. A. von Le Coq, *Bilderatlas zur Kunst-und Kulturgeschichte Mittel-
    Asiens* (Berlin, 1925), Figs. 32, 33, 50 ; M. I. Rostovtzeff, *Iranians and
    Greeks in South Russia*(Oxford, 1922), P. 29.
137. [역자] 半人半蛇의 악마.
138. 쿠차 벽화의 영향이 아주 멀리 북으로 시베리아까지 미쳤다고 생각된다. '키질의
    기사'에 보이는 인물의 유형은 미누신스크 근처 Kara Yus(Pisannaya gora)의
    계곡에 있는 Sulak의 암각화에서도 나타난다. 거기에서는 갑옷을 입고 원뿔형의
    모자를 쓰고 긴 창을 갖고 있는데, 이것 역시 분명히 키질에 있는 '성물의 전
    쟁'(War of Relics)의 모습과 아주 흡사하다(Von Le Coq, *Bilderatlas*, p. 54,

에서의 그런 모습은 스타인이 발견한 카라샤르의 섬세하고 작은 벽장식의 조각상들에서 나타나는데, 대표적인 인종 유형들의 전시장과 너무나 흡사하다. 그것들은 아프가니스탄에 있는 핫다Hadda의 그리스-불교적인 작은 조각상들과 강한 유사성을 갖고 있다(현재 기메Guimet 박물관에 보관).

이렇게 8세기 중반 투르크 국가들이 그 지역을 정복하기 이전, 타림의 남북에 위치한 인도-유럽계의 오아시스들, 즉 야르칸드와 호탄에서 롭 노르까지, 그리고 카쉬가르·쿠차·카라샤르로부터 투르판에 이르기까지의 문화는 알타이와 초원의 문명이 아니라 인도와 이란의 거대한 문명들로부터 유도된 것이었다.

그들은 중국의 변경까지 확대된 '외곽 인도'와 '외곽 이란'을 형성하였다. 게다가 그들로 인해서 인도와 이란이 모두 중국 그 자체에 파고들었는데, 이런 모습은 실크로드가 현재 중국의 감숙성으로 들어가는 지점인 돈황 근처에서 뻴리오와 스타인의 탐험대가 발견한 불교 벽화와 표상들이 보여주고 있다.139)

Fig. 50). Tallgren은 사산조풍 내지는 중국풍의 질주를 연상하게 하는 Sulak의 '나는 듯이 질주하는' 기사의 연대를 기원후 7세기로 추정했다. 이르티쉬 강 상류(Kamennaya Baba) 발하쉬 호수 북쪽의 Semipalatinsk 지역에 있는 석비의, 심지어 조잡하고 의인화된 도안은 그들의 젖혀진 커다란 깃과 같은 예에서 사산화의 중심지인 쿠차의 영향을 떠올리게 한다. Cf. Tallgren, "Inner Asiatic and Siberian Rock Pictures," *ESA*, VIII, p. 193.

139. Sir Mark Aurel Stein의 *Ancient Khotan*(1907), *Ruins of Desert Cathay* (London, 1912), *Serindia*(1921), *Innermost Asia*(Oxford, 1928) 등과 같은 위대한 저작은 마찬가지로 훌륭한 도판과 함께 그의 *On Ancient Central-Asian Tracks* (1933)에 잘 요약되어 있다. Von Le Coq의 큰 도록 *Buddhistische spätantike in Mittelasien*(Berlin, 1922-1933, 7 vols.)의 경우도 마찬가지이다. 이 책의 요약으로는 *Bilderatlas*와 *Buried Treasures of Chinese Turkestan* (London, 1928)이 있다. E. Waldschmidt, *Gandhara, Kutscha, Turfan* (Leipzig, 1925)과 Hackin, "Recherches archéologiques en Asie Centrale," *RAA*(1936, 1938, 1)도 참조.

몽골리아에서의 북흉노에서 선비로의 이행

그리스-불교적이고 이란-불교적인 문명이 타림분지 오아시스의 정주민들에게 전파되는 동안 투르크-몽골부족들은 북방의 초원에서 서로 살육전을 벌이고 있었다. 155년경 틀림없이 투르크계 종족으로 북몽골 오르콘지역에서 성립되었던 북흉노는 다른 종족에게 패배해 정복되었다. 몽골리아와 만주의 경계에 있는 흥안령 지역에서 기원한 선비는 오랫동안 퉁구스계로 이해되었지만 뻴리오와 토리이 류우조(鳥居龍藏)의 연구에 따르면 몽골계로 보는 것이 더 합당할 듯하다.140) 이렇게 해서 몽골계가 투르크계의 지배를 계승했다.

중국에서 단석괴檀石槐라는 이름으로 기록된 선비의 수령은 북흉노를 정복하고, 오손 종족들이 존재하는 서부 몽골리아의 일리까지 진출하여 그들을 격파하였다. 중국의 사서들에는 166년 그가 만주에서부터 오손의 땅 즉 발하쉬만큼이나 멀리까지 지배했다고 기록되어 있다. 이것은 약간 과장된 게 분명하고, 선비의 지배영역은 현재 보그도 칸Boghdo Qan(Tüshi-yetü Qan)과 체체를릭 만달Checherlik Mandal의 범위 정도밖에 되지 않았다.

이렇게 세력을 얻게 된 선비의 수령은 그의 선배인 흉노처럼 중국을 상대로 똑같은 탐욕스런 목적을 추구하기 시작했다. 156년 단석괴는 현재의 요동 지역을 공격했지만 물러났다. 그는 그때 중국에게 충성을 바치고 있던 내몽골의 남흉노를 공격한 뒤, 그들과 서로 제휴하여 자신과 함께 섬서와 감숙의 중국 변경을 공격하자고 설득했다. 하지만 연합한 부족들은

---

140. R. Torii & K. Torii, "Études arxhéologiques et ethnologiques, populations primitives de la Mongolie orientale," *Journal of the College of Science, Imperial University of Japan*, Tokyo, XXXVI, p. 9와 p. 19. 여기서 그는 선비가 아주 낙후한 상태에 있어 석기와 청동기를 혼용했고, 철기는 2세기 말 중국에서 들어올 때까지 도입되지 않았다고 했다. Pelliot는 중국어 전사 鮮卑는 원래 Särbi, Sirbi 또는 Sirvi를 나타내는 것이라고 보았다("Tokharien et Koutché-en," *JA*, I, 1934, p. 35).

중국 군대 앞에서 물러나야만 했다(158). 요서 — 만주의 서남부인 요하 하류의 서부에 있는 중국 지역 — 에 대한 선비의 새로운 공격 역시 177년 조포趙苞가 격퇴하였다. 마지막으로 조조曹操는 흥안령 남부의 달라이 노르Dalai Nor와 시라무렌Sira Müren 즉, 현재의 열하에 있었던 유목민 집단인 오환烏桓을 207년에 격파하였다. 또한 조조는 216-217년에 현재의 섬서·산서·하북 지역의 인구가 희소한 국경지역에 남흉노의 잔여세력을 안치시키고, 그들을 다섯 개의 부락으로 나누어 중국에서 파견한 사람의 감독 하에 각각 토착수령들을 두었다. 남흉노의 공식적인 선우는 조정에서 반구금상태로 머물렀다.[141]

220년 후한 왕조가 내란으로 사라졌을 때, 북방 초원의 유목집단들은 이미 중국 군대에게 계속 패했기 때문에 너무나 견제당하고 약화되어서 상황을 이용할 만한 처지가 아니었다. 인도-유럽계의 타림 오아시스 역시 중국에서 한나라에 이어 '삼국' 간의 내전이 극에 도달했음에도 불구하고 이 세 왕국 중에서 최강이었던 북중국의 패자 위魏(220-265)에게 조공을 계속하고 있었다. 이렇게 해서 224년에는 선신(롭 노르)·쿠차·호탄이 위의 황제인 조비曹丕에게 신하의 예를 취하였다. 위를 비롯하여 다른 두 나라를 진晉 왕조의 사마씨司馬氏가 무너뜨리고 천하를 통일하였을 때 쿠차의 왕은 조정에 복속하여 그의 아들을 보냈다(285). 선비는 양주(무위) 근처 감숙의 국경을 대담하게 공격했으나 279년 중국 장군 마융馬隆에 의해 격퇴되었다.

거대한 흉노 제국이 붕괴되고 그를 대체한 선비 역시 중국 변경을 공격할 만큼의 충분한 힘은 갖고 있지 못했다. 4세기 거대한 야만인의 침공 — 5세기 유럽의 '민족 대이동'(Völkerwanderung)과 흡사한 — 이 시작된 것은 초원으로부터의 어떤 위험도 중국을 위협하지 못할 것처럼 보이던 바로 그때였다. 그러나 이런 침입은 유럽처럼 야만인이 사는 배후지역에서 일어난 소란에 의해 촉발되었거나 아니면 앗틸라와 같은 인물에 의해서 시작된 것이 아니라 단지 중국의 힘이 쇠퇴한 것에 기인하였는데, 이

---

141. 『三國志』의 요약은 Peter Boodberg, "Two Notes on the History of the Chinese Frontiers," *HJAS*, 3-4(1936년 11월), p. 292에 있다.

런 상태가 그때까지 중국의 변경을 따라서 야영하며 존재하던 번병화된 야
만인들을 진공속으로 빨아들였다.

4세기의 대규모 침입 : 선비와 흉노의 북중국 정복

우리는 흉노를 약화시킨 일련의 과정을 살펴보았다. 기원전 3세기 이
래 그들은 오르콘을 거처로 선택한 선우의 지배 하에 외몽골과 내몽골을
장악하였다. 기원전 44년 질지라는 수령이 몽골리아에서 자기 조상들의 땅
으로부터 쫓겨나 현재 카자흐 공화국이 있는 발하쉬 지역으로 이주한 것
이 첫번째 분열이었다. 이렇게 해서 중국의 적으로 남게 될 몽골리아의 동
흉노와 훈(앗틸라의 조상)이라는 이름으로 로마 세계의 적이 될 발하쉬와
아랄 초원의 서흉노가 갈라지게 된 것이다.

48년에는 동흉노 제국 자체가 분열되었는데, 오르콘 지역의 선우에게
충성을 바치던 이들로부터 내몽골 내지는 남방에 있던 '여덟 개의 부락'이
떨어져 나왔다. 이렇게 해서 두 개의 구별되는 집단이 형성되었는데, 외몽
골 오르콘의 북흉노와 만리장성 북방쪽 내몽골의 남흉노가 그것이다. 방금
본 것처럼 155년에 북흉노는 만주의 변경에 있는 동몽골의 흥안령 지역에
서 기원한 몽골계 집단인 선비에게 격파되었고, 선비는 당시 만주의 경계
에서부터 하미와 바르쿨 입구까지 이르는 몽골리아를 지배하게 되었다.

지금부터 우리가 전적으로 살펴보려고 하는 남흉노는 한 왕조가 붕괴
할 무렵 선비의 압력을 받아 더욱 남쪽으로 내려가 황하의 만곡 부분, 오
르도스 초원, 그리고 알라샨의 인접 지역까지 들어갔고, 삼국시대三國時代
(220-265)에는 그곳에 그들의 국가를 세웠다. 이 곳에서 그들은 중국의
번병으로서의 역할을 담당하였는데, 그것은 4세기 로마 제국의 외곽에 존
재했던 많은 게르만족이 그러했던 것과 어느 정도 비슷했다. 이렇게 번병
화된 오르도스 흉노의 수령들과 위·진 왕조(220-265, 265-316) 황제들
간의 관계는 4세기 고트·프랑크·부르군드의 수령들과 콘스탄틴과 테오도
시우스 계통의 로마 황제들 사이에 이루어졌던 것과 아주 비슷하였다. 두

경우 모두 야만인 수령들은 제국의 수도인 장안과 낙양, 그리고 밀라노
Milano와 콘스탄티노플Constantinople에 자주 드나들었는데 그들이 자신
의 부락으로 돌아갔을 때 그 경험은 유용하였다.

번병(confederates) — 황제에게 봉사하는 군대 — 이었던 남흉노는
남으로 더 멀리 내려가 만리장성 내의 중국 영역에 자리잡았다.[142] 그 선
우 호주천呼廚泉(195-216)은 산서의 중심부에 있는 평양平陽에 거처를 정
하였는데, 그 당시 한나라는 붕괴하기 직전으로 내전이 절정에 달해 있었
다. 호주천은 먼 할머니의 하나가 한나라의 공주였다는 점을 시의적절하게
기억해내 거대한 제국의 성인 유劉씨를 칭하였다. 일련의 찬탈로 인해서
중국에서 사라진 정통성은 이렇게 흉노의 천막 안에서 다시 태어났다.

304년에 당시 산서의 태원에서 확고하게 자리잡고 있었던 유연劉淵이
라는 한나라식 이름을 갖고 있는 흉노의 한 수령이 진나라 황제로부터 오
부선우五部單于로 책봉되었다. 308년에 그는 5만 명의 흉노 군대를 이끌
고 한나라의 후예라는 점을 명분으로 내세워 태원에서 황제를 칭하였고,
이 흉노의 수령이 세운 것이 바로 북한北漢 또는 전조前趙라고 알려진 왕
조이다.

유연의 아들이자 계승자인 유총劉聰(310-318)은 중국의 앗틸라였다.
311년 그의 군대는 중국의 수도인 낙양을 점령해 황궁을 불태우고 황제인
회제懷帝를 포로로 잡았다. 그리고는 장안으로 쇄도해가서 그곳에서 인구
의 절반을 학살했다(312). 포로가 된 황제는 유총이 거주하던 평양으로 이
송되어 313년에 처형될 때까지 시종으로 일해야 했다.

흉노가 떠난 이후 중국의 새로운 황제인 민제愍帝(312-316)는 장안에
거처를 정하였지만, 316년 흉노가 다시 돌아와 성을 봉쇄하고 심약한 황
제에게 항복을 강요했다. 다시 한 번 더 평양에서 권좌를 차지한 흉노의
왕은 포로가 된 중국 황제로 하여금 "연회에서 술잔을 씻도록 하였고",

---

142. 서양의 5세기만큼이나 혼란스러운 이 시기에 대해서는 Des Michels역, *Histoire
géographique des seize royaumes*, pp. 304-407에 있는 『十六國疆域志』를
보시오. Peter Boodberg는 3세기와 4세기 흉노 선우의 연대와 가계를 재구성하고
정리하였다. *HJAS*, 3-4(1936년 11월), p. 298을 보시오.

318년 그 역시 처형시켜버렸다.

진나라 황족에 속하는 한 사람은 야만인들로부터 북중국 방어의 모든 희망을 포기한 채 탈출하여, 양자강이 보호해주는 남경(건강으로 알려짐)으로 피난해서 남진南晉 또는 동진東晉(317)이라고 부르는 두 번째 진왕조를 세웠다. 이와 마찬가지로 5세기 마지막 로마인들도 서쪽 영토를 게르만의 침략자들에게 내주고 동방의 제국으로 피난하였다. 콘스탄티노플이 로마를 대체한 것처럼 남경은 거의 3세기 동안(317-589) 장안과 낙양의 지위를 차지하게 되었다.

북중국을 장악하고 승승장구하던 흉노의 유총은 한동안 주도적인 인물이었다. 제국의 오랜 수도였던 장안과 낙양의 지배자가 된 그는 산서에 있는 평양에 조정을 두고, 산서의 중남부, 섬서 북부(한수 유역 제외), 하남 북부(개봉 제외), 하북 남부, 산동 북부를 지배하였다. 그러나 이 흉노의 수령은 야만적인 생활방식에도 불구하고 중국문화의 영향을 받고 있었고(그는 중국 조정에서 성장했었다) 이 왕국의 북방에서는 순수한 야만적인 특징을 가진 다른 종족들이 몰려오고 있었다. 타브가치 또는 탁발[143] — 아마도 투르크 계통에서 기원[144] — 은 260년경 산서의 최북단 즉, 만리장성의 북방에 야영하고 있었다. 탁발은 그후 한동안 만리장성 남부로 이동하여 산서 북부에 과거 중국의 군진이 설치되어 있었던 안문(삭평朔平)과 대동 지역의 대代(유주幽州 근처)로 들어가 310년경에는 그곳에 확고하게 정착했다.[145] 끝으로 몽골 선비족의 하나인 모용慕容씨는 현재 만

---

143. 拓跋의 고대 중국어 발음은 T'ak-B'uat였음에 틀림없다. Pelliot, *TP*(1912), p. 732.

144. [역자] 탁발의 종족적인 배경과 관련해서 그들이 선비의 일원이었다는 것은 분명하지만, 선비가 투르크적인 기원을 갖고 있었다는 점에 대해서는 명확한 증거가 없다. 또한 선비는 대개 東胡에 속하고 투르크계가 아니라 몽골계로 보는 견해도 많다.

145. 拓跋의 기원에 대해서 Pelliot, *TP*(1915), p. 689 ; *JA*(1925), pp. 254-255, n. 4 ; *TP*(1925-26), p. 79, p. 93을 보시오. 또한 Boodberg, "The Language of the T'o-pa Wei," *HJAS*, 3(1936년 7월), pp. 167-185를 보시오. 거기에서 그는 중국어로 전사되어 있는 탁발의 몇 단어를 투르크어의 어근으로 설명하고 있다.

주의 남서쪽에 있는 요동과 요서에서 새로운 왕국을 건설하였다.

4세기에 북중국에서 흥기한 투르크-몽골계 국가의 대부분은 서로마 지역에서 5세기에 건설된 초기의 게르만 국가들처럼 불안정했는데, 그것은 동일한 이유 즉, 그 종족들이 서로가 죽어라고 싸웠기 때문이다.

북중국을 정복한 유총이 318년에 사망하자, 그의 후계자들은 장안에 근거를 둔 채 그가 지배했던 영역의 서북부만을 차지할 수 있었을 뿐이다. 그러나 정복욕으로 가득 찬 그의 부관 중 하나인 석륵石勒은 하북 남부 양국襄國(현재의 순덕順德) 주위에서 자신의 힘으로 국가를 개척했다. 329년에 석륵은 유총의 왕조(전조)를 폐하고 후조後趙로 알려진 새로운 흉노 왕조를 세웠는데, 이것은 대략 330년경부터 350년까지 20년 간 지속되었다. 석륵은 양국의 약간 남쪽에 있는 업鄴(현재의 창덕彰德)을 수도로 하고 낙양을 배도로 정했다. 연대기 편자의 기록에 따르면, 이 일자무식의 흉노인은 그에게 설명해주는 중국의 고전을 듣기를 즐겼다고 한다. 그의 문법과 신학에 대한 관심은 유럽에서 테오도릭Theodoric과 킬페릭Chil-peric이 문법학자나 신학자에게 보인 태도를 떠올리게 한다.

그러나 그는 유목민적인 성향도 못지않게 강했고, 특히 그의 흉노인 후예들에게는 더욱 그랬다. 석륵의 계승자인 석호石虎(334-349)는 자기를 암살하려고 기도했던 아들을 사형에 처할 정도로 방탕한 짐승이었다. 그 아들은 완전히 괴물로서 자신의 가장 예쁜 첩을 불에 구워서 탁자에 내오게 할 정도로 변태적인 타타르 냉혈한이었다.146) 석호는 가장 열렬한 불교의 보호자가 되었는데, 이것은 문명의 마력에 처음 접하면서 빠져버리는 야만인 사이에 흔히 나타날 수 있는 이상현상이다. 하남 북부에 있는 창덕을 수도로 하던 그의 지배영역은 섬서(중국 남조의 영역인 한중을 제외)와 산서(탁발이 있는 대동을 제외), 호북, 산동, 호남, 심지어 회수가 흘러드는 강서의 북부와 안휘까지로 확대되었다.

이 광대한 흉노 왕국은 일어난 것만큼이나 빨리 붕괴되었다. 349년 석호의 죽음 이후 그의 후계자들과 장군들이 서로 싸우고 살육하였다. 선

---

146. L. Wieger, *Textes historiques*, II, p. 943. [역자] 이 같은 잔인한 행동을 한 장본인은 석호의 아들이 아니라 석호 그 자신이었다.

비 — 앞서 지적한 것처럼 대부분이 몽골계 — 의 한 부족이고 요동에 왕조를 세웠던 모용은 이 무정부상태를 이용하여 하북 전체(350, 352)와 산서·산동 등지를 점령하였다. 이렇게 승리를 거둔 수령 모용준慕容儁(349-360)은 수도를 오늘의 북경인 연燕(기冀)에 정했다가 후에는 업鄴(357, 창덕)으로 바꾸었다. 그 왕조는 중국식으로 전연前燕(349-370)이라고 알려져 있고, 364년에는 그의 후예가 낙양(중국이 잠시 재탈환한 뒤)과 회수의 북방을 차지했다(366). 그러나 모용의 이런 지배는 그들보다 앞서 있었던 흉노의 지배보다 더 짧은 기간밖에 존속하지 못했다.

흉노의 지배자 석호의 휘하에는 부홍苻洪이라는 관리가 있었다. 비록 그를 탕구트(티베트, 저족氐族 - 역자)의 후예로 여기는 경우도 많지만 아마 몽골계였던 것으로 보인다. 그는 350년 장안을 수도로 정하고 섬서에 독립적인 왕국을 세웠다. 그 왕조의 국호는 전진前秦(350-394)이었는데, 그것은 이러한 군소 투르크-몽골계 수령들이 중국의 정통 왕조를 창건하였다고 주장했기 때문이다. 그의 손자 부견苻堅(357-385)은 이런 투르크-몽골 지배자 중에서 가장 뛰어난 사람의 하나였다. 그는 진정으로 중국의 문화에 대해서 공감을 표하였고, 자신이 관대한 통치자이며 충실한 불교의 보호자임을 보여주었다. 처음에 모용(전연)으로부터 낙양을 빼앗고(369) 그 다음에는 태원을, 그리고 마지막으로 모용의 수도인 업(창덕)을 점령한 뒤 그 왕을 포로로 잡았다(370). 이렇게 해서 모용의 모든 지배지역 — 하북·산서·산동·하남 — 이 부견에게 넘어갔다(370). 부견은 이미 섬서를 차지하였기 때문에 북중국 전체의 주인이 되었다. 376년 그는 다른 작은 야만인 국가인 감숙의 양涼을 합병하였다.

382년에는 타림을 복속시키기 위해 부장인 여광을 보내 선선(롭 노르)·투르판(남거사)·카라샤르(언기)의 통치자들로부터 복속의 서약을 받아냈다. 중국어로 순백이라고 기록된 쿠차의 왕은 저항하려 했지만 383년에 패배해 쫓겨나버렸다. 쿠차를 점령한 여광은 이미 앞에서 설명한 것처럼 장차 산스크리트어로 된 불경을 중국어로 번역해 엄청난 업적을 남기는 유명한 승려 쿠마라지바를 데리고 귀국하였다.

북중국의 모든 야만인 왕조들을 복속시키고 정복한 부견은 마치 800

년 뒤 몽골의 정복자인 쿠빌라이가 했던 것처럼 남쪽에 있는 중국 민족의 제국을 정복하여 그의 독점적인 지배 하에 통일을 달성하는 시점에 있었던 것으로 보인다. 사실 그는 383년에 회수를 따라서 '(동진) 제국'을 공격했지만 그 강 상류에서 재기불능의 치명적인 타격을 입었다. 이때 그에게 봉사하고 있었던 옛 선비족 모용의 후손인 모용수慕容垂가 반란을 일으켜 산동과 하북을 차지하였고, 이렇게 해서 387년부터 407년까지 존속하게 된 후연後燕 왕조가 중산中山 — 하북의 보정 남부에 있는 현재의 정주定州 — 을 수도로 건설되었다. 같은 해(387) 모용씨의 다른 구성원이 산서에 서연西燕을 세웠지만 394년에 후연의 모용수에 의해 합병되었다.

끝으로 섬서와 하남의 일부는 한때 부견의 부장이었다가 그로부터 떨어져 나온 요장姚萇이 차지했는데, 아마 그는 티베트계의 종족이었던 것 같다. 요장은 자신이 정복한 땅에 당시 경조부라는 이름으로 알려진 장안을 수도로 하여 후진後秦을 세워 384년부터 417년까지 존속했다. 다른 두 명의 몽골 또는 투르크계 장군이 감숙에서 왕조를 세웠는데, 그것은 난주蘭州(원천苑川)를 수도로 한 서진西秦(385-400, 409-431)과 여광이 세운 후량後凉(386-403)이었다.

타브가치(탁발) 투르크 왕국과 유연의 몽골 칸국

하루가 멀다하고 왕국들이 연이어서 무너지고 있는 이런 하루살이 부족들 옆에서 나머지를 흡수함으로써 힘을 길러 북중국에 대한 지속적인 지배를 확립하는 데 성공한 한 부족 — 타브가치 또는 중국어로 탁발 — 이 있었다. 이런 점에서 그들은 부르군드·비시고트·롬바르드 이후에 살아남아 그들의 폐허 위에 카롤링거 제국을 세움으로써 로마의 과거와 게르만의 현재를 연결시킬 운명에 있었던 프랑크와 비슷하였다. 그들은 북중국의 다른 투르크-몽골계 국가들을 통일한 뒤 너무 한화漢化되어 부족이나 왕조 모두 중국인 대중 속으로 녹아들었다. 더욱이 불교를 위한 그들의 열의는 기독교에 대한 카롤링거와 메로빙거의 열정의 재판이었다. 마지막으로 프랑크 자신이 게르만의 침입이라는 새로운 물결에 대항해 로마 전통의 보호자가 되려고 했던 것처럼, 탁발도 그들이 원래 거주했던 초원 깊숙한 곳에서 미개인으로 남아 있었던 몽골계 부족들을 상대로 황하에서 '라인 강의 파수꾼'이 되었다. 앞에서 지적한 것처럼 3세기 말 아마 투르크계로 보이는 탁발인들이 대동 지역에 있는 산서 북단에 자리를 잡았다. 진취적인 수령인 탁발규拓跋珪(도무제道武帝, 386-409)는 처음 후연의 모용으로부터 진양(현재의 태원, 396)을, 그 다음 보정의 남쪽에 있는 중산(정주, 397)을, 마지막으로 업인 창덕(398)147)을 정복함으로써 이 부족들에게 성공을 가져다 주었다. 그리고 그는 자신의 가문에 위魏라는 중국 왕조의 이름을 받아들이고, 그의 부족에게는 대동의 동쪽에 있는 평성(대)을 고정된 수도로 정해주었다. 이렇게 체제를 정비한 탁발의 위 왕국은 멀리 황하에 이르기까지 산서와 하북을 영유했다.

탁발의 투르크계 중국 왕조는 야만인의 침입이라는 새로운 물결에 위협을 느끼게 되었는데, 그것은 유연柔然 내지는 중국 사람들이 경멸하는 투로 연연蠕蠕 — '징그럽게 꿈틀거리는 벌레'라는 의미 — 이라고 이름을 붙인 사람들의 침입이었다.148) 언어학자에 따르면 이들은 정말로 이전 선비와 같은 몽골계였으며, 몇몇은 그들이 선비와 관련되어 있었던 것으로 믿고 있다. 402년경 그 수령들 중의 하나인 사륜社崙은 홉도Qobdo와 우룽구Urunggu 근처에 있었던 것으로 믿어지는 경쟁부족인 고차高車 — 철륵鐵勒(Töläch)149) 또는 위구르 투르크의 조상으로 추정된다 — 를 정

---

147. 모용 또는 연나라의 지배영역은 탁발 위의 갑작스런 확대로 둘로 나뉘었다. (1) 현재의 열하에 있었던 북연은 영평의 북동부와 그곳으로부터 오늘날의 조양 근처 용성을 중심으로 현재 열하와 과거 만주국의 경계까지 지배하며 436년까지 존속하였다. (2)산동에 있었던 남연은 청주 근처 광고를 중심으로 398년부터 410년까지 존속했다.
148. [역자] 원문에는 이들을 계속적으로 蠕蠕로 기록하고 있는데, 본 번역에서는 통칭인 柔然으로 대체하였다.
149. [역자] 한때 서구학자들은 鐵勒을 Tölis의 음역으로 여겼고, 그루쎄도 이를 그대로 받아들여 철륵을 Töläch로 표기하고 있다. 그러나 현재는 철륵을 Türk의 음

복함으로써 국가를 세웠다. 그때 유연은 동으로는 고구려의 국경이 있는 요하로부터, 서쪽으로는 이르티쉬 강 상류와 카라샤르 부근까지의 막북漠北 전지역을 지배하고 있었다. 우리가 '칸Qan' 또는 '카간Qaghan'의 칭호를 최초로 발견하는 것도 이들 유연의 지배자들에게서이다. 그러므로 이것은 과거 흉노의 선우라는 칭호를 대체하는 몽골어의 칭호가 분명하며, 따라서 이전의 흉노의 칭호는 투르크적인 칭호였을 것으로 추정된다.[150]

이 새로운 유목제국의 협박에 직면한 북중국의 탁발(위) 통치자들이 공격적인 자세를 취하여 고비를 가로질러 일련의 반격을 감행하기로 결정했다는 점은 주목할 만하다. 탁발규는 황하의 만곡 지역으로부터 유연의 카간인 사륜을 물리친 성공적인 원정을 통해 좋은 모범을 보여주었다(402). 탁발사拓跋嗣(명원제明元帝, 409-423)는 북방에서 만리장성으로 접근하는 경계를 계속적으로 방어하는 한편, 남방의 한인 왕조로부터 거대한 도시 낙양과 거기에 속했던 하남 전지역을 빼앗음으로써 남쪽에서의 세력을 확대시켰다(423). 아버지 탁발사를 이은 탁발도拓跋燾(태무제太武帝, 424-452)는 한때 유연의 위협을 받았지만 이를 물리쳤고(424), 425년에는 기병을 이끌고 남에서 북으로 고비를 횡단하여 유연에 대한 습격을 지휘했다(이는 분명히 유연 카간이 그의 중심을 오르콘 근처에 두었기 때문이었을 것이다). 한편 그는 섬서에 있었던 흉노 출신 혁련씨赫連氏가 세운 다른 야만인 왕국 하夏의 수도와 왕족의 야영지(섬서 북방 보안 근처의 통만統萬)를 공격하고(427), 자신의 다른 지휘관들로 하여금 장안을 약탈

역으로 보는 견해가 우세하다. 따라서 철륵을 Töläch로 옮긴 그루쎄의 원문은 받아들이기 힘드나, 고차가 철륵의 일파라는 것은 확실하다.

150. Cf. Marquart, *Historische Glossen*, p. 196과 *Êrânschar*, Berlin, 1910, p. 53 등 ; Chavannes, *Documents sur les T'ou-kiue occidentaux*(St. Peterburg, 1903), p. 221, p. 229 ; Pelliot, "À propos des Comans," *JA*(1920), p. 144 ; *TP*(1915), p. 688과 *TP*(1920), p. 328 ; K. Shiratori, "Khan and Khagan," *Proceedings of the Japanese Academy*(1926년 6월). [역자] 유연이 카간의 칭호를 처음 사용했다는 이 주장에는 이견이 있을 수 있다. 북위의 탁발인들이 자기 조상을 '카간'으로 칭한 것이나 고대 한국에서 사용된 군장의 칭호에도 '칸'과 관련 있는 것으로 보이는 것들이 있기 때문이다.

하게 했다(426). 431년에 혁련(하국)이 붕괴하자 섬서는 탁발의 영역에 귀속되었다. 436년에 탁발도의 군대가 모용의 마지막 영토였던 북연(현재 열하 지역)을 마찬가지로 공격하여 그곳을 점령하였다. 439년 탁발도는 감숙에 있는 북량(고장姑臧, 감주甘州)을 정복하기 위해 갔다. 북량의 왕가 — 397년 이래 그곳에 정착한 흉노계로서 저거沮渠라는 성을 갖고 있었다 — 는 투르판으로 도망해가서 그곳을 차지한 후 442년부터 460년까지 존속하였다.

북량의 영역을 병합함으로써 탁발은 북중국에 있는 모든 투르크-몽골계 왕국에 대한 정복을 끝냈다.[151] 이렇게 해서 이들 모두가 이제는 거대한 투르크계 탁발 왕국(중국식으로는 위)의 일부를 구성하게 되었고 마치 비잔티움을 연상하게 하는 남경의 중국인 왕조(송)만이 남게 되었다. 사실 8세기 로마 세계도 이와 비슷하게 다른 야만인 왕국들을 격파하고 서부를 지배하게 된 프랑크 왕국과 유럽의 오리엔트 지배자로 남은 비잔티움 제국으로 나뉘었다.

이런 정복은 중앙아시아 사람들에게 충격을 가져다 주어 그 뒤로 그들 사이에서 북중국은 탁발의 나라로 알려지게 될 정도였다. 심지어 비잔티움 사람 자신도 그것을 동일한 이름으로 부르게 되었으니, 투르크어로 'Tabghach', 아랍어로 'Tamghaj', 중세 그리스어로 'Taugast' 등이 그런 예이다.[152]

중국이 통일되자 탁발도는 고비에 있었던 유연에 대해 대대적인 원정을 지휘하고 엄청나게 많은 사람들을 살육했다(429). 443년에도 그는 이런 작전을 되풀이하여 비슷한 성공을 거두었다. 445년 탁발의 군대는 서역에서 중국으로 들어오는 길을 막고 있었던 선선(롭 노르)을 보복 공격하였고, 448년 탁발의 장군인 만도귀萬度歸는 카라샤르와 쿠차로 하여금 북위에 조공을 바치도록 했다. 탁발도는 449년 유연을 추격하기 위해서 고비로 세 번째 원정을 했다.

---

151. 산동에 있는 南燕을 제외하고, 모용의 다른 국가들은 410년 東晉에게 정복되었다.
152. Pelliot, *TP*(1912), p. 792.

5세기에 북중국을 지배한 탁발, 즉 타브가치 투르크의 역사는 아주 흥미롭다. 왜냐하면 분명 투르크-몽골계 부족이 반쯤은 한화된 완벽한 예를 보여주고 있기 때문인데, 이 부족은 중국에 대해서 모든 고유한 군사적인 우위를 점하면서도 여전히 북방의 야만적인 부족들에 비해 우월감을 갖게 해주는 조직력을 갖추고 있었다. 429년 '타브가치'의 왕 탁발도가 몽골의 유연을 상대로 동부 고비에서 반격을 감행하기로 결정했을 때, 그에게 조언하던 몇 사람은 남쪽에 있는 동진이 이를 이용하여 교란작전을 펼지도 모른다고 지적하였다. 이에 대해서 그는 "중국인들은 보병이고 우리는 기병이다. 풋내나는 망아지와 송아지들이 호랑이와 늑대를 상대로 무엇을 할 수 있겠는가? 유연 그들은 여름에 북쪽에서 방목하고, 가을이 되면 남쪽으로 내려왔다가 겨울에 우리의 변경지역을 약탈한다. 우리는 단지 여름에 방목장에 있는 그들을 공격하기만 하면 된다. 그때 그곳의 말은 쓸모가 없다. 왜냐하면 숫말들은 암말과 교미에 정신이 없고 어미말은 망아지와 지내기 바쁘다. 만약 우리가 그곳으로 가서 그들의 목초지와 물을 없애버리기만 한다면 며칠 이내로 그들을 잡든지 아니면 붕괴시켜버릴 것이다"라고 대답하였다.

이 같은 이중의 우위는 이후 몽골 제국의 쿠빌라이가 남송과 카이두의 몽골부족을, 그리고 초기의 만주족이 최후의 중국인 반란과 마지막 몽골의 호전성을 성공적으로 다룰 수 있도록 했던 것이다. 그러나 이런 이중의 이점은 일시적일 수밖에 없었고, 결국 탁발·쿠빌라이조·만주도 완전히 한화되는 때가 반드시 찾아왔다. 그러면 그들은 북방의 부족들에게 패배하였고, 중국에서 쫓겨나거나 아니면 그 속에 흡수되어버렸다. 이것이 중국과 몽골 역사의 기본적인 리듬이다.

탁발도는 이 활기에 넘치는 투르크계 탁발 중에서도 여전히 유목적인 동족들로부터 고대 중국문명을 훌륭하게 방어할 수 있을 만큼 강력한 개성을 갖고 있었다. 그는 뛰어난 용맹을 갖추었고, 취약한 중국 왕조에 대해서는 그 변경을 공격하는 데에 주저하지 않는 유연의 심장부를 공격하여 그들에게 공포를 불러일으켰다. 이렇게 그는 마치 클로비스가 톨비아쿰 Tolbiacum에서 갈리아를 위해서 했던 것처럼 대규모의 침입에 대해 종지부를 찍었다.

그는 중국문화에 상당히 빠져들었지만 자기 부족의 투르크적인 기질을 약화시킬 정도로 한화되는 것은 거부했다. 초원에 인접한 산서 북단의 대동 근처인 옛 평성에 있는 근거지를 자신이 무력으로 점령한 중국의 오래 된 역사적인 수도 장안이나 낙양으로 바꾸려 하지 않았다. 그는 또한 만약에 새로운 통치자의 어머니가 과부로서 가질 수 있는 야망, 탐욕, 또는 질투가 빚어낼 결과를 미연에 방지하기 위해 황제 즉위 이전에 그녀를 죽이는 야만적인, 그러나 사려 깊은 투르크-몽골의 관습을 그대로 보존하였다.

이런 심성으로 인해서 그가 불교를 극도로 싫어한 것은 물론이거니와 측근에 있던 도교신자들의 증오는 야만적인 전사의 이러한 감정을 더욱 부추겼다. 그는 438년에는 승려의 환속을, 446년에는 불교에 대한 금령을 내렸다. 그러나 이런 불교 탄압은 손자인 탁발준拓跋濬(문성제文成帝 452-465)이 궁정 쿠데타로 등극하면서 끝이 났다.

대동 근처 운강雲崗에 있는 석굴사원은 414년부터 520년까지 조성되었는데, 뛰어난 조각들이 북위예술의 성가를 높여준 것은 바로 그의 치세부터였다.153) 이들의 종교적 열정은 간다라에서 타림분지의 길을 따라 전파된 전통적인 그리스-불교의 형식에서 출발한 심오하고 신비주의적인 작품을 만들 수 있도록 영감을 불어넣었고, 그 작품들은 거의 로마네스크·고딕양식의 조각들을 미리 보여주는 듯할 정도이다. 정말로 순수 중국 왕조가 민족적 편견과 유가의 의고주의에 지나치게 얽매여 인도의 신비한 가르침에 거리낌없이 빠져들지 못하는 것과는 구별되었다. 남경南京에 있는 중국 왕조들 — 심지어 양梁 대에도 — 의 불교 조각에는 그런 열정이 결여되어 있다. 극동의 프랑크인 왕국이라고 할 수 있는 탁발이 그들의 능력을 샤르트르Chartres나 렝스Rheims에 맞먹을 정도인 운강과 이후 용문龍門에 걸작을 남길 수 있었던 것은 야만적인 배경에 힘입은 바 크고, 아마도 초원 유목민이 고대 중국을 정복함으로써 가져온 가장 놀라운 결

---

153. Cf. P. Demiéville, "L'inscription de Yun-kang," *BEFEO*, 3-4(1925), p. 449.

과의 하나일 것이다. 야만인들이 거의 기독교의 영향 하에 들어갔을 때인 5세기 서양에서 일어난 대침공은 암흑기 이후 중세의 화려함을 낳게 하였는데, 4세기 동양에서의 대침공 역시 비슷한 결과를 가져왔다. 북위는 불과 100년도 채 안되는 사이에 불교를 충분히 흡수하여 운강과 용문에 위대한 조각을 만들어냈던 것이다.

탁발의 투르크적인 에너지가 중국적인 영향과 불교에의 귀의로 약화되기까지는 어느 정도의 시간이 있었다. 탁발준의 재위 동안(452-465) 탁발은 하미 오아시스를 점령했고(456) 고비에 있는 유연을 약탈했다(458). 유연은 그들 나름대로 투르판을 점령하여 그곳의 저거 왕조를 폐하고 복속하는 가문으로 교체했다(460). 탁발홍拓跋弘(헌문제獻文帝, 465-471)의 지배 하에서 탁발은 중국의 민족국가인 남중국을 대상으로 확장하여, 466년에는 팽성彭城(강소의 서주)을, 467년에는 회수 유역을 정복하고, 469년에는 산동을 점령했다. 470년에는 5세기 초부터 쿠쿠 노르에 성립되어 있었던 몽골계 선비부족인 토욕혼吐谷渾을 정벌했다.

탁발홍은 독실한 불교신자였기 때문에 승려가 되기 위해 471년에 어린 아들에게 황위를 물려주었다. 아들 탁발굉拓跋宏(효문제孝文帝, 471-499)[154]은 성년이 된 후에 불교에 대해 아버지만큼 대단한 열정을 갖고 그런 영향 하에서 보다 관대한 법률을 도입했다. 494년에 그는 평성에서 낙양[155]으로 수도를 옮김으로써 탁발의 한화를 완성했고, 그해 그는 남양의 남쪽 용문에다 유명한 불교 석굴을 조성하도록 지시했다. 이 석굴 조각들은 494-759년 사이에 여러 차례에 걸쳐서 만들어졌다.

그러나 탁발은 중국의 문화와 불교의 신앙을 완전히 받아들이는 과정

---

154. 편의상 이렇게 칭하였다. 실제로 불어(또는 영어)로 Hong(아버지 弘과 아들 宏)을 나타내는 두 말은 발음이 비슷하지만 한자로는 아주 다르다. [역자] 宏은 弘과 중국어 발음이 비슷하여 원서에는 그를 Toba Hung II라고 했으나, 여기서는 우리 발음대로 탁발굉이라고 하였다.
155. 비잔티움과 시리아의 지리서에는 낙양이 때때로 Taugast로 기록되는데 이는 Tabgatch 또는 Toba라는 이름에서 온 것이다. [역자] 원문에는 '열하에 있는 평성'이라고 되어 있는데 이것은 분명히 잘못된 것이다.

에서 투르크 조상들로부터 물려받은 강인하고 늠름한 기상을 잃어버릴 수
밖에 없었다. 남방의 중국 만족 왕조를 굴복시켜 그들의 지배 하에 완전한
통일을 이루려던 노력은 성공하지 못하였다. 탁발각拓跋恪(선무제宣武帝,
499-515)이 최후의 노력을 벌였지만 그의 장군들은 국경선인 회수에서 더
이상 나아가지 못하였고, 종리鍾離(안휘의 봉양)에 있는 남방의 요새는 이
런 공격을 완강하게 버텨냈다.

515년 탁발각의 죽음 이후, 그의 미망인 호황후胡皇后가 528년까지
북위를 지배했는데, 타브가치의 이 후예는 고대 투르크의 힘을 보여준 마
지막 인물이었다. 그녀는 아주 정력적인 인물로 경우에 따라서는 잔인하며
권력에 집착하는 여성이었지만 그럼에도 불구하고 불교를 애호했다. 그녀
는 용문 사원을 더 장식했고 구법을 위해 송운宋雲을 인도 서북부로 파견
했다. 그는 이 시기 중앙아시아 나라들에 대한 흥미있는 기록을 남기고 있
다. 송운은 선선(롭 노르), 호탄, 파미르를 지나, 그리고 앞으로 다룰 에프
탈 훈의 칸을 바닥샨에서 방문했다. 그는 그 다음에 우디야나Udiyana와
간다라(카불 하의 하류)에서 그녀를 기쁘게 할 불경을 가지고 되돌아왔다
(518-521).156)

이제 완전히 한화되어버린 탁발은 궁정 내의 정변, 황족 간의 분란,
그리고 내전 등에 시달리고 있었다. 534년 이 나라는 하북·산서·산동·하
남을 차지하고 업을 수도로 한 동위東魏(534-550)와, 섬서와 감숙을 차지
하고 장안을 수도로 한 서위西魏(534-557)로 나뉘었다. 두 나라 모두 재
상에게 황위가 찬탈되어, 업에서 동위를 대체한 북제北齊(550-577)와 장
안에서 서위를 대체한 북주北周(557-581)가 들어섰다. 그러나 이 두 황실
은 모두 한화되어버려서 더 이상 초원 역사의 일부가 되지 못했다.

그들이 역사에 미친 영향이 있다면 초기 탁발 통치자에게 그렇게 특
징적이었던 투르크적인 활력이 점차적으로 약화되고 희석되어 중국인 대
중 속으로 흡수된 것이다. 이런 역사의 순환은 거란·여진·몽골·만주를 통
해 수세기 동안 거듭해서 반복되는 패턴이었다. 탁발인들이 약화되어가는

---

156. Cf. Chavannes, "Le voyage de song Yun dans l'Udyâna et le Gandhâ-
　　ra," *BEFEO*(1903), p. 379.

과정에서 가장 큰 역할을 담당한 것은 이후 원나라나 할하의 몽골에게도 작용했던 불교의 영향이다. 한번 보살(Bodhisattva)의 자비로운 손길에 스친 이런 사나운 전사들은 승려(sramanas)의 인문주의적인 가르침에 너무나 감화되어 원초적인 호전성뿐만 아니라 심지어 자기방어마저 게을리 하게 된 것이다.

최후의 미누신스크문화

이제 완전히 한화된 투르크에서 눈을 돌려 아시아 초원에서 여전히 유목생활을 하던 부족들을 살펴보자. 탁발과 관련하여 우리는 아마도 몽골계 부족인 것으로 보이는 유연 — 5세기와 6세기 초에 걸쳐서 외몽골을 지배 하고 있었다 — 을 다루었다. 우리가 알고 있는 그들의 정치사는 단지 중국의 위나라나 수나라의 연대기를 통해서만 알 수 있고, 그 문명에 대해서 논의하기 위해서는 그들의 고대 영역에 대한 조직적인 발굴이 선행되어야만 할 것이다. 다만 이들 영역의 서북방과 그 너머, 즉 시베리아의 예니세이 강 유역의 미누신스크 부근에서 그 무렵에 새로운 문화가 꽃피웠다는 점은 지적할 수 있다. '유목 기사'의 문화로 알려져 있는 이 문화는 장신구, 허리띠의 판식, 버클을 비롯해 많은 청동기를 남겼고, 또한 등자·재갈·단검·단도·장도·창·안장 등은 모두 미누신스크 박물관과 헬싱키(토보스틴 소장품)에 아주 풍부하게 드러나 있다. 이 문화는 유연과 동일한 시기의 것으로 보이지만,157) 유연보다 좀더 오래 존속한 것으로 보이

---

157. Cf. Tallgren, *Collection Tovostine*(Helsinki, 1917). 이 시기 미누신스크예술의 예를 보여주는 주요한 유적으로 Anash, Ayoshka, Oiskaya, Byskar, Gorodcheskaya, Lugovskoye, Malyi-Terek, Protoshilovo, Askys 하안, Kazyr 강의 우안에 있는 Tyutshta 마을, Abakan 초원에 있는 여러 지점들이 있다. 같은 양식의 무기류는 바이칼 호수 남부에 있는 러시아령 동부 몽골리아, Verkhneudinsk 근처 Bichura, Selenginsk, Troitsk 등에서 발견되었다. Cf. N. Fettich, "Die Reiternomadenkultur von Minussinsk," *Metallkunst der Landne-*

는데, 그것은 튀트쉬타Tyutshta 마을에서 발견된 유적에서 당 초기(7세기) 중국 주화가 섞여서 출토되었기 때문이다. 이 문화는 9세기까지 존속했던 것으로 보인다.

특히 흥미로운 것은 페티흐Nandor Fettich의 지적처럼 이것이 6세기부터 8세기에 헝가리의 아바르문화와 또한 9세기 레베드문화 내지는 원시 헝가리문화와 매우 흡사하다는 사실이다.158) 이 점이 유럽 아바르의 직접적인 조상을 유연으로 보는 주장에 대한 유효한 논거가 되지는 않지만 적어도 양자가 모두 동일한 문화적인 중심과 연관되어 있었다는 증거는 된다.

유연을 살펴보았으니, 이제 그 친족으로서 비슷한 시기에 서투르키스탄의 패자였던 에프탈을 검토해보도록 하자.

에프탈 훈

에프탈(에프탈 훈)은 투르크-몽골계 부족이지만, 이 경우 투르크계보다는 몽골계에 더 가깝다.159) 송운에 따르면, 그들은 금산金山 즉, 알타이에서 기원하여 현재 구소련령 투르키스탄 초원으로 내려온 것으로 보인다. 비잔티움 역사가가 'Ephthal'로 기록한 그들의 이름은 페르시아의 역사가인 미르혼드Mirkhond가 'Hayathel'로, 중국의 사가는 염대厭帶로 기록하였고, 이는 지배씨족의 명칭인 에프타Ephtha 또는 염달厭噠에서 유래된 것으로 보인다.160) 비잔티움 사가는 약간 부정확하지만 그들을 백흉노

---

hmenden Ungarn, AU(1937), p. 202.
158. Ibid., p. 205.
159. Marquart, "Über das Volkstum der Komanen," Osttürkische Dialektstudien(Berlin, 1914) ; Pelliot, "À propos des Comans," JA(1920), p. 140.
160. Chavannes, Documents sur les T'ou-kiue occidentaux, p. 223. Cf. Albert Herrmann, "Die Hephtaliten und ihre Beziehungen zu China," AM, II, 3-4(1925), pp. 564-580.

(White Hun)라는 이름으로 불렀다.

기원후 5세기 초 에프탈은 일개 미약한 부족으로 당시 몽골리아를 지배 하던 강력한 몽골인 유연에 복속하고 있었다. 하지만 5세기 후반에 들어서 이 에프탈은 동쪽에서 서방으로 지배지역을 확대하면서 상당히 중요한 존재로 부상하였다. 그들의 지배영역은 동쪽으로 율두즈 강 상류(카라샤르의 서북)에서부터 일리분지를 가로질러 발하쉬까지, 추 강·탈라스 강 초원 너머 멀리 아랄 해에 이르는 시르다리아 지역까지 확대되었다. 어떤 기록에 따르면 칸의 한 거처가 탈라스 도시 근처에 있었다고 한다. 440년 경에 그들은 또한 소그디아나 즉, 트란스옥시아나(사마르칸드)와 발흐·박트리아·토하리스탄 등지를 점령한 것으로 보인다.

노엘데케Noëldeke를 비롯한 일부 동양학자들은 에프탈의 박트리아 정착이 페르시아의 왕 바흐람 구르Bahram Gur의 시대(420-438)라고 믿었고, 심지어 그들이 후라산의 사산조 영토를 침입했다가 메르브 근처의 쿠스메한Kusmehan 전투에서 바흐람 구르에 의해 패퇴한 것으로 여기기도 했다. 반면 마르크와르트는 바흐람 구르와 그의 계승자인 야즈디기르드 2세Yazdigird II(438-457)가 막아낸 것은 에프탈의 공격이 아니라 메르브 북방에서 유목하고 있던 훈 계통의 또 다른 부족인 히온Khion 족의 공격이라고 생각하였다.161) 그러나 아마 사산조의 왕 페로즈Peroz(459-484) 치세 동안 후라산을 공격하여 그 군주를 끝내 패배시켜 죽인 것은 분명 에프탈이었을 것이다. 이런 승리를 거둔 에프탈의 수령은 아랍-페르시아의 사가들에게 아흐슌와르Akhshunwar 또는 아흐슌와즈Akhshunwaz로 알려져 있는데, 아마도 이것은 분명히 소그드어에서 왕을 의미하는 칭호인 흐쉐반khshevan을 잘못 옮긴 것으로 보인다.162)

에프탈이 페로즈 왕에 대해 승리를 거둔 이후, 그들은 그때까지 서북쪽으로 사산조 제국의 변경도시였던 탈리칸Taliqan(발흐와 메르브 중간의

---

161. T. Noëldeke, *Etudes historiques sur la Perse ancienne*, p. 161, p. 163 ; Marquart, *Êrânschar*, p. 57 ; A. Christensen, *L'Iran sous les Sassanides* (Paris, 1936), p. 284.
162. F. W. K. Müller, *Soghdische Texte*, I, p. 108.

서부 탈리칸) 부근을 차지했을 뿐만 아니라 메르브와 헤라트도 점령했다.[163] 게다가 페르시아 사산조의 궁정분쟁에도 개입하였는데, 크테시폰 Ctesiphon에게 왕위에서 밀려난 카바드Kavadh가 그들에게 도망와서 칸의 질녀와 결혼한 다음 그로부터 군대를 얻어 다시 왕위를 되찾은 것도 그 때문이었다(498 또는 499). 에프탈은 이제 중부 아시아에서 중요한 세력의 하나가 되었고, 『양서梁書』에는 '염대이율타厭帶夷栗陁'라는 이름의 왕이 516년 남경에 있는 조정에 사신을 파견했다고 기록되어 있다.

페로즈 왕의 패배에도 불구하고 에프탈이 정복을 생각하기에는 사산조 페르시아의 방어가 너무 강했다. 그들은 카불을 향해 동남쪽으로 귀환하였다. 그곳에서 그들의 출현으로 야기된 첫번째 반응은 5세기 중반 쿠샨왕조가 박트리아에서 기원한 그들과 동일한 월지 또는 토하라의 다른 지파로 바뀐 것이었다. 이란측의 기록은 발흐와 메르브 사이, 즉 옥서스 강남부에 있었던 '키다라Kidara' 왕조가 사산조와 전쟁을 하였다고 적고 있다.[164] 같은 자료에 따르면, 사산조의 페로즈(459-484) 왕 — 에프탈의 공격으로 죽은 사람과 동일인 — 은 키다라 왕조의 군주들, 즉 처음에는 그의 시조인 키다라Kidara, 다음에 그의 아들 쿤가스Kungas(Kungkas)와 전투를 벌였다고 한다. 쿤가스는 페로즈에게 패배당한 뒤 박트리아를 떠나 — 그곳은 즉시 에프탈에 의해 점령되었다 — 힌두쿠시를 넘어 카불로 들어가 거기서 쿠샨조의 마지막 군주들을 없애버렸다.[165] 이 사건은 중국측 기록에 의해서도 확인되는데, 다만 그보다 이른 시기에, 또 조금은 다른 원인에 의해 생겨난 일로 기록하고 있다. 이 중국 자료는 비록 연대를 436-451년까지로 거슬러 올려 잡고 있지만 '박라薄羅' — 분명히 발흐의 토하라를 가리킴 — 에 있던 '월지의 왕'이 에프탈의 압력 하에 막 박트리아를 떠나서 간다라로 이동하여 페샤와르Peshawar에 정착하고 그의 일족인 카불의 월지를 지배했다고 기록하고 있다. 중국 사람들은 그 왕을 기다라﨎多羅라 불렀는데 이것은 앞에서 언급한 키다라와 분명히 일치한

---

163. Marquart, *Êrânschar*, pp. 60-3 ; Christensen, *L'Iran*, p. 289.
164. Christensen이 비정한 위치(Marquart와도 일치). *L'Iran*, 마지막 지도.
165. Marquart, *Êrânschar*, pp. 55-57 ; Christensen, *L'Iran*, pp. 287-288.

다.166) 이처럼 키다라로 하여금 박트리아에서 카불로 도망하게 한 것은 사산조라기보다는 에프탈인 게 분명하다. 그러나 키다라는 다시 곧 에프탈에게 쫓기는 처지가 되었고 에프탈은 재빨리 같은 길을 따라 힌두쿠시를 넘어갔다. 이렇게 해서 이전에 월지의 지배지역 — 박트리아·카불·간다라 — 전체가 에프탈의 손으로 넘어갔다. 게다가 에프탈의 선봉은 이전에 쿠샨 왕조가 했던 것처럼 카불 계곡의 고지에서부터 인도의 정복에 나섰다.

인도의 대부분 — 갠지스 강 유역 전체, 말와Malwa, 구자라트Gujarat, 그리고 데칸의 북부 — 은 당시 민족왕조 굽타의 지배 하에 거대한 제국을 형성하고 있었고, 이 왕조는 쿠마라굽타Kumaragupta(414-455)의 시기에 전성기를 구가하다가 그 뒤를 이어 아들 스칸다굽타Skandagupta(455-470)가 등극했다. 에프탈 훈 — 산스크리트어 전사로 *Huna* — 이 카불을 점령하고 편잡으로 들어와 도아브Doab 또는 말와 근처 굽타 왕조의 경계까지 육박했을 때는 쿠마라굽타의 말기 아니면 스칸다굽타의 초기였다. 스칸다굽타는 즉위 직후 내지는 직전에 바로 그들을 물리쳤다.167) 만약 그가 즉위 직전에 그런 일이 있었다면 훈의 2차 침공은 그의 치세 초기의 일이었을 것이고 그것 역시 마찬가지로 격퇴되었다. 이 일이 있은 뒤 460년에 제작된 비문에 기록된 것처럼 나라는 다시 평화를 되찾았다.

한편 에프탈은 힌두쿠시의 양측인 박트리아와 카불을 확고하게 지배하였다. 520년에 송운이 구법여행을 할 때 칸은 힌두쿠시 북부에 있었는데, 겨울을 보내던 박트리아에서 계절이동을 하여 여름을 지내던 바닥샨으로 옮겨가 있었다. 카불 지역 — 간다라와 카피사Kapisa의 옛 그리스-불교 지역 — 에는 에프탈의 다음 수령이 자리를 잡았는데, 테긴Tegin이라는 사람이 그곳에 독자적인 왕조를 세워 520년에는 그 두 번째 군주가 지배하고 있었다. 헬레니즘과 불교가 결합하면서 새로운 헬라스Hellas이자

---

166. Pelliot, "Tokharien et Koutchéen," *JA*, I(1934), p. 42 ; Chavannes, *TP* (1907), p. 188.
167. 혼란스러운 사료는 La Vallée Poussin의 *Dynasties et histoire de l'Inde*, pp. 52-54에서 논의되었다.

불교 성지가 형성됨으로써 고도의 간다라문화가 존재한 이곳에서 에프탈은 야만인처럼 행동하여 주민을 학살하고 불교 공동체를 박해했으며, 예술작품과 사원을 파괴하여 그때까지 5세기 이상 있어왔던 훌륭한 그리스-불교 문명을 폐허로 만들었다. 페르시아[168]와 중국측 기록들도 이 부족의 횡포와 파괴행각에 대해서는 일치하고 있다.

520년 당시 바닥산에 있는 칸의 하영지를 방문하고 다음에 간다라에 있는 테긴을 방문했던 송운의 기행문과 『북사北史』 모두가 이들을 순수한 유목민으로 기록하고 있다. "그들은 도시에 살지 않고 조정은 이동용 천막에 있다. 그들의 주거는 모전으로 되어 있다. 물과 풀을 따라 이동하는데, 여름에는 시원한 곳을, 겨울에는 따뜻한 곳을 찾아 여행한다. 왕을 위한 거대한 모전천막을 세우는데 내부는 40자 정도이고 그 내부의 벽은 모직 카펫으로 되어 있다. 칸의 옷은 장식된 비단으로 되어 있고, 그는 받침대에 네 마리의 봉황이 장식되어 있는 황금 침상에 앉는다. 첫번째 부인은 석 자 정도 땅에 끌리며 장식된 헐렁한 비단 겉옷을 입고 있다. 그녀는 머리에 오색의 보석으로 장식된 여덟 자 정도의 뿔모양으로 생긴 것을 쓰고 있다."[169] 또한 송운은 에프탈이 형제간 일처다부제와 그들의 불교에 대한 적대감을 기록하고 있다. "그들은 불법을 믿지 않고 아주 많은 신들을 모신다. 그들은 살아 있는 생물을 죽이고 피 묻은 고기를 먹는다." 현장玄奘의 증언에 따르면 에프탈은 간다라 사람 중 3분의 2의 목을 떼었고 나머지를 노예로 삼았으며, 대부분의 불교 사원과 탑들을 파괴했다고 한다.[170]

에프탈은 카불에서 풍요로운 인도로 눈을 돌렸다. 인도의 황제 스칸다굽타에게 쫓겨난 이후 그들은 때를 기다렸다. 그 통치자가 죽은 이후(470) 인도 제국이 쇠퇴의 길로 들어섬으로써 마침내 기회가 찾아왔다. 즉 굽타왕조가 두 개로 나뉘었기 때문인데, 하나는 부다굽타Buddhagupta(476-

---

168. Tabari, *Annals*(H. Zotenberg역), Paris, 1867-1874, II, p. 131.
169. 宋雲의 여행기(Chavannes역), *BEFEO*(1903), p. 402, p. 417.
170. Cf. A. Foucher, *Art gréco-bouddhique du Gandhâra* (paris, 1905-1951), II, p. 589.

494)와 바누굽타Bhanugupta(499-543)가 지배한 말와 지역의 왕조이고, 다른 하나는 푸라굽타Puragupta와 나라심하굽타Narasimhagupta가 지배하는 비하르Bihar와 벵갈Bengal 지역의 왕조였다. 에프탈은 이런 굽타 권력의 약화를 이용해 인도를 침공하였다. 이를 주도한 훈의 수령은 흔히 주장하듯이 인도의 문학에서 토라마나Toramana(520년 사망)라는 이름으로 기록되어 있는 에프탈의 칸은 아니었다. 칸은 우리가 알듯이 박트리아와 바닥샨에 있는 즉, 힌두쿠시 북방에 살고 있었고, 정작 침공한 사람은 2인자 내지는 테긴 — 물론 카불의 테긴 — 이었다. 살트 산맥의 케와하(펀잡의 서북부)와 괄리오르Gwalior, 그리고 에란Eran 등에서 발견된 그의 세 비문은 그가 인더스 유역뿐만 아니라 말와도 정복했음을 증명하고 있다. 그의 화폐는 그와 동시대 인도의 부다굽타 황제의 것을 모방한 것이었다.171)

토라마나의 아들이자 계승자인 미히라쿠라Mihirakura — 그의 이름은 고전 산스크리트어로 '태양 종족'이라는 뜻의 이 인도식 존호로만 알려져 있다 — 가 502년경부터 530년경까지 그 부족을 지배한 것으로 보이며 그는 정말로 인도의 앗틸라였다. 그는 동부 펀잡의 시알코트Sialkot에 자리잡고 있었는데, 물론 520년 중국의 구법승 송운이 만났던 간다라의 테긴이었음에 틀림없다. 카쉬미르를 정복한 이후에 미히라쿠라는 간다라로 돌아와 그곳에서 소름끼치는 학살을 저질렀다. 불교측의 기록에는 그가 무시무시한 불교의 탄압자로 기록되어 있다. 현장은 발라디티야Baladitya라는 이름으로 불리던 마가다Magadha와 비하르의 굽타 통치자 — 아마 위에서 말한 나라심하굽타와 동일인 — 는 유일하게 그를 감히 공격하려고 한 사람이었다고 하였다.

미히라쿠라는 적들을 찾아 갠지스 지역까지 들어갔다. 처음에 발라디티아는 후퇴한 것 같다고 기록되어 있지만 그 후 그는 기습공격으로 미히라쿠라를 패배시키고 사로잡기까지 했던 것으로 보인다. 이 기록은 도덕적

---

171. 에프탈의 화폐에 대해서는 Junker, "Die Hephtalitischen Münzinschriften," *Sitz. der preuss. Akad. der Wissenschaften*(Berlin, 1930), p. 641 ; Morgan, *Num. Or.* (1936), pp. 446-457을 보시오.

인 내용의 이야기로 종결짓고 있다. 이 외에도 말와에 있는 510년의 에란 비문에는 바나굽타Bhanagupta — 또 다른 굽타의 왕자 — 의 승리가 기록되어 있는데, 이로 인해 이 승리도 에프탈 침략자들에 대해 거두어진 것이라는 견해를 낳게 하였다.

마지막으로 533년 세 번째 인도의 왕자 야소다르만Yasodharman — 아마 말와에 있는 만다수르Mandasur 왕조의 왕(*raja*) 중의 하나 — 은 그의 비문에서 훈을 격파한 것과 미히라쿠라로 하여금 그에게 충성을 서약하도록 한 것을 자랑하고 있다.172) 중국의 구법승이 전하고 있는 것처럼, 이런 패배 이후 미히라쿠라는 카쉬미르로 철수해서 이유는 알 수 없지만 그곳 간다라 주민을 상대로 끔찍한 보복을 하였다. 불교의 기록은 그가 결국 자신의 흉포함에 대한 저주를 받아서 참혹한 죽음을 당했다고 단언하고 있다.

미히라쿠라의 죽음 이후 편잡에 있던 훈(에프탈)이 어떻게 되었는지는 알지 못한다. 그들은 6세기 후반 타네사르Thanesar173)의 대왕(*maharaja*)이었던 프라바카라Prabhakara(605년 사망)가 그들과 싸워 영광과 권력을 얻은 것으로 보아, 그들이 위험한 존재는 아니었다 할지라도 여전히 골치 아픈 이웃이었음은 분명하다. 605년에 그의 큰아들 라쟈바르드나Rajya-vardhna는 여전히 그들과 전쟁을 했고, 이후 이 둘을 계승한 위대한 인도의 황제인 하르샤Harsha(606-647)는 이들 훈에 대해 승리를 거두어 시인들로부터 찬양을 받았다. 그러나 7세기 후반부터 인도의 훈은 역사무대에서 사라졌는데 틀림없이 절멸되었거나 편잡인으로 흡수된 것으로 보인다. 그들의 일부 씨족은 같은 기원을 갖고 있는 것으로 추측되는 구르자라의 '라즈푸트Rajput' 씨족처럼 힌두 귀족의 일원이 되었을 가능성이 크다.

---

172. 원문에 대해서는 다음에서 논의되었다. La Vallée Poussin, *Dynasties et histoire de l'Inde*, pp. 62-66.
173. 델리의 서북. Thaneswar 또는 Thanesar 왕국의 성장은 분명히 훈의 침입에 대해 갠지스 강 세계를 방어하는 변경 파수병의 역할에 기인했다.

유럽의 훈 : 앗틸라

기원전 35년부터 서흉노의 자취는 보이지 않는다. 선우와 갈등을 벌인 질지가 북부 몽골리아의 휘하 흉노 부족을 이끌고 아랄 해와 발하쉬 북부 의 초원으로 이주했다가 중국의 원정대에게 쫓겨 패해서 죽은 것이 바로 그때였다. 그가 이 지역으로 데리고 들어갔던 부족들의 후예는 그곳에서 상당 기간 머물러 있었던 것으로 보인다. 그러나 그들의 행동과 원정을 기 록할 만큼 문명화된 이웃이 없었기 때문에 아무것도 역사에 알려지지 않 았다. 4세기가 돼서야 그들이 유럽에 들어와 로마 세계와 접촉하게 되면서 비로소 그들의 소식을 다시 듣게 되었다.174)

흑해 북부에 있는 러시아 초원은 기원전 3세기 이래 사르마트가 지배 하고 있었는데, 그들은 스키타이를 대체했었고 그들과 마찬가지로 이란의 북방 계열에 속했다. 그들 대부분은 볼가 강의 하류와 드녜스트르 강 사이 를 이동하는 유목민이었다. 어떤 사르마트 부족은 독자적인 생활방식을 전 개하고 있었다. 그들 중에 멀리 쿠반 유역까지 간 테렉의 유목적인 알란, 62년 이래 돈 강 하류의 서쪽에 자리잡은 록솔란Roxolans, 티사Tisza와 다뉴브Danube 사이의 초원 — 즉 다키아인Dacians과 헝가리의 심장부에 위치한 로마의 판노니아Pannonia 성 사이의 지역 — 을 50년경부터 차 지하고 있었던 야지게Jazyges 등이 있었다.175) 사르마트는 심지어 트라야

---

174. 투르크학은 아시아와 유럽의 두 개의 훈 사이에 일어난 초기 분열과 관련된 증 거를 제시할 수 있을지도 모른다. N. Poppe에 따르면 볼가 지역의 사마라와 카잔 사이에 있는 현재의 추바쉬는 서부 지역 훈의 후예이다. 추바쉬의 언어는 다른 투 르크어와는 매우 다른 특징을 보여주고 있다. 다른 투르크어와의 이 같은 차이는 Poppe와 Bartold의 경우 기원후부터 시작되었다고 생각하고 있다. Cf. N. Poppe, *AM*, I, p. 775 ; *Ungarische Jahrbücher*, VII, p. 151 ; Bartold, "Türks," *EI*, p. 948.
175. 칭기스칸의 몽골 제국 시기에 Asod라는 이름으로 나타나기 때문에 더욱 흥미로 운 알란인Alans에 대해서는 다음을 참조. Tomaschek, "Alani," Pauly- Wissowa의 *Real Encyclopädie*; Bartold, "Allan," *EI*, p. 315 ; V. F. Minorsky, "The Alan," *Hudud al-Alam*, p. 444. Max Ebert는 다음과 같이

누스가 다키아를 병합한 후(106)에도 바스타르내Bastarnae 인들로 인해서 로마 제국으로부터 차단되었다(106). 이 바스타르내는 동부의 게르만 종족으로 기원전 200년부터 카르파티아 산맥의 북쪽 기슭을 거쳐 드녜스트르 강을 따라 그 하구까지 내려왔는데, 이 이동은 게르만족 최초의 '동방으로의 분출'(Drang nach Osten)이었다고 할 수 있다. 200년경 비스툴라 강 하류로부터 게르만 — 스웨덴에서 기원한 고트족 — 의 새로운 압박이 남부 러시아 평원에 대한 사르마트의 영유권을 위협했다. 230년에는 고트인들이 이주의 제한선까지 도착했고 흑해에 있는 로마 도시 올비아Olbia를 공격했다.

남부 러시아에는 이때 드녜스트르 강 하류를 중심으로 서쪽에는 고트, 동쪽에는 사르마트 종족(알란과 다른 부족들)이 거주하고 있었다. 한편 크리미아에는 여전히 로마 황제에게 복속된 한 그리스-로마의 왕국이 있었다. 고트 그 자체도 오스트로고트Ostrogoths(돈 강 하류와 드녜스트르 강 하류 사이)와 비시고트Visigoths(드녜스트르 강 하류에서 다뉴브까지)로 나뉘어 있었다. 세 번째의 고트 부족인 게피대Gepidae는 270년 아우렐리우스 황제의 철수로 다키아를 점령하였다. 이때는 키예프의 남쪽에 있는 체르냐호프와 드녜프르 강 하류에 있는 헤르손 근처의 미콜라예브카의 고트 고분이 존재하는 시기였다(3세기). 또한 사르마트인에게도 사르마트예술의 특징을 보여주는 판식과 버클이 있는 쿠반 고분(트빌리스카야·보즈드비젠스코예·아르마비르·야로슬라브스카야)이 바로 이 시기에 나타났다. 북방으로 동부와 중부 러시아 삼림지대 — 틀림없이 당시 핀-우그르계인들이 거주 — 에 있는 카잔 근처 피안노보르의 문화(100-300, 400)는 아나니노의 문화를 지역적으로 계승한 것으로서 여전히 사르마트적인 영향이 나타나 있고, 더 서쪽으로 칼루가 고분군에서는 게르만-로마식의 브로

지적했다. "기원전 2세기에 알란인들은 여전히 아랄-카스피 해 초원에서 유목을 하고 있었다. 그곳으로부터 그들은 돈 강 지역으로 이주했다. Strabo의 시대에 그들은 카스피 해와 돈 강 사이에서 거주하였고, 이로부터 그들은 파르티아·아제르바이잔을 약탈했다." *Süd-Russland im Alterthun*, p. 375. Cf. Marquart, *Osteuropäische und Ostasiatische Streifzüge* (Leipzig, 1903), p. 164 등.

치가 발견되었다(3-4세기). 훈이 러시아 남부에 도착했을 때 그곳의 인종적·문화적 상황은 그러했다.

역사적으로 유명한 훈, 즉 서흉노의 후예들이 아랄 해 북부의 초원을 떠나서 유럽으로 들어오게 된 이유는 무엇인가? 우리는 그 이유를 알지 못한다. 374년경 요르다네스가 훈족은 발라미르Balamir 혹은 발람베르 Balamber라고 부른 수령의 지휘 하에 볼가 강 하류를 지나 돈 강을 건너 테렉과 쿠반의 알란인들을 격파하여 복속시키고, 드녜프르 강 서쪽에 있는 오스트로고트를 공격하여 늙은 왕 에르마나릭Ermanarich을 패배시켜 절망 속에서 자살하게 만들었다. 에르마나릭의 계승자인 비씨미르Vithi-mir 역시 패배하여 죽었다. 대부분의 오스트로고트가 훈의 지배 하에 들어갔지만 비시고트는 침입을 피해서 다뉴브를 건너 로마 제국으로 들어갔다(376).

쿠반과 테렉 강가에 거주하던 알란족의 대다수는 훈에게 잠시 복속되거나 아니면 그 땅에 남아 있다가 10세기쯤 그곳에서 비잔티움 기독교로 개종하였는데, 이들이 근대 오세트인Ossetians의 조상이다. 다른 알란인들은 서쪽으로 이동하여 민족 대침입기에 서부 게르만에 동참하였다. 그 일부는 르와르 강의 하류에 있는 갈리아에 정착했고,176) 나머지는 스페인으로 들어가 스페인의 갈리시아에 존재하는 수에비Suevi 내지는 비시고트와 섞여 복합적인 종족요소를 구성하게 되어 그것이 아마도 카탈로니아('고트 -알란')라는 이름을 낳게 한 듯하다.

로마와 게르만 세계에 대한 훈의 난입으로 발생한 공포는 암미아누스 마르켈리누스Ammianus Marcellinus와 요르다네스의 기록이 잘 전해주고 있다. 암미아누스는 다음과 같이 묘사했다. "훈의 난폭함과 야만스러움은 상상할 수 있는 그 어떤 것도 초월한다. 그들은 아이의 뺨에 수염이 자라지 않게 하기 위해서 깊은 상처를 낸다. 그들의 탄탄한 몸, 큰 손, 엄청나게 큰 얼굴은 괴물 같은 인상을 풍긴다. 그들은 짐승처럼 산다. 그들은 음식을 요리하거나 양념을 치지 않고, 안장 밑에 놓아두어 부드럽게 된

---

176. Cf. L. Franchet, "Une colonie scytho-alaine en Orléanais au Ve siècle. Les bronzes caucasiens du Vendmois," *RS*(1930년 2월 8일과 22일).

들풀의 뿌리와 고기를 먹고 산다. 그들은 농기구를 사용하는 방법이나 고정된 거처를 모른다. 늘 유목생활을 하기 위해 그들은 어렸을 때부터 추위, 배고픔, 갈증으로부터 단련되었다. 가축은 그들을 따라서 이동하는데 그 중 일부는 가족이 살고 있는 포장마차를 끄는 데 이용된다. 그 여인들이 실을 자아내서 옷을 만들고, 아이를 낳고, 사춘기가 될 때까지 그들을 키우는 곳이 바로 이곳이다. 만약 당신이 이들에게 어디에서 왔고 어디에서 태어났느냐고 묻는다면 대답을 못할 것이다. 그들의 옷은 면포로 된 튜닉과 쥐가죽을 모아서 만든 겉옷으로 되어 있다. 튜닉은 어두운 색깔인데 그들은 그것이 썩어서 떨어질 때까지 입고, 해질 때까지 갈아입지 않는다. 투구나 모자는 머리 뒤로 젖혀 쓰고, 털이 많은 다리를 염소가죽으로 말아서 가리면 그들의 복장이 완성된다. 모양이나 치수에 관계없이 자른 그들의 신발은 걷기가 쉽지 않은데, 이렇게 그들은 보병으로서 싸우기에는 정말로 적합하지 않다. 그러나 말에 올라타면 그들은 지칠 줄 모르는 번개처럼 빠르고 작고 못생긴 말과 안성맞춤이다. 그들은 말 위에서 생활을 하는데, 때때로 다리를 벌리고 그 위에 앉기도 하고 때로는 여자들처럼 한쪽으로 다리를 모아 걸터앉기도 한다. 그들은 모임도, 장사도, 마시거나 먹는 일 심지어는 말을 탄 채 자기도 한다. 전투에서 그들은 적을 급습할 때 놀랄 정도로 큰 소리를 지른다. 만약 적이 저항하면 흩어졌다가 다시 빠른 속도로 돌아오면서 도중에 있는 모든 것을 부수고 뒤엎어버린다. 그들은 요새나 진지를 어떻게 함락하는지 모른다. 그러나 놀랄 만큼 먼 거리에서 쇠같이 단단하고 날카로운 뼈로 촉을 만든 화살을 쏘는 기술에서 그들은 누구와도 비교할 수 없을 정도로 뛰어나다."177)

훈의 육체적인 형태를 어린 시절의 기형으로 설명한 시도니우스 아폴리나리스Sidonius Apollinaris는 이들을 낮은(모양이 없고, 평평하게 자란) 코, 튀어나온 광대뼈, 마치 동굴처럼 눈구멍이 쑥 들어간 눈("그러나 그들의 꿰뚫어보는 눈은 훨씬 더 먼 곳을 볼 수 있다"), 초원의 지평선에

177. Ammianus Marcellinus, XXXI, p. 2. Sidonius Apollinaris는 다음과 같이 덧붙였다. "큰 활과 긴 화살로 무장한 훈은 결코 그의 목표를 놓치는 법이 없다. 오, 가엾도다. 표적이 되는 것은 그의 화살에 죽게 될 뿐이니!"

서 야생마나 사슴떼를 식별하거나 넓은 곳을 관찰하는 데 적합한 유목민의 독수리 눈을 갖고 있는 단두短頭의 사람들로 혐오스럽게 묘사하고 있다. 그는 초원의 영원한 기마민족에 대해서 다음과 같이 멋지게 읊었다. "훈족은 두 발로 서 있을 때는 보통 키도 안되지만, 말에 올라타고 있을 때는 유별나게 크다!"

　이런 묘사를 중국의 연대기가 흉노의 모습이나 생활방식에 대해 남긴 것과 아울러 중국과 기독교 세계에서 13세기 몽골을 묘사한 것을 비교해보면 재미있다. 흉노·투르크·몽골을 막론하고 단두의 초원민 — 큰 얼굴, 단단한 몸매, 짧은 다리, 늘 말을 타는 유목민, 농경지의 가장자리를 따라서 먹이를 찾아 기웃거리는 아시아 고원에서 온 '기마궁사' — 이 정주문명을 상대로 한 1500년이 넘는 약탈은 거의 변하지 않았다.

　알란인과 오스트로고트의 복속, 그리고 비시고트의 탈출은 훈족을 카르파티아와 우랄 사이에 있는 모든 초원의 주인으로 만들었다. 다음에 그들은 카르파티아 통로 내지는 왈라치아 평원에 이르기까지 헝가리 초원을 점령하자, 그곳에 있던 게피대가 복종하게 되었고 그로부터 멀리 다뉴브 강의 오른쪽 유역까지도 확대하였다(405-406). 이때 그들에게는 세 명의 수령 아래에 세 개의 집단이 존재하고 있었던 것으로 보인다. 루아스Ruas(Rugas, Rugila), 문주크Mundzuk(Mundiuk), 그리고 옥타르Oktar의 형제가 425년경 동시에 권력을 갖고 있었다. 434년에 문주크의 두 아들인 블레다Bleda와 앗틸라가 이들을 모두 지배하게 되었고, 이후 블레다는 앗틸라에 의해 제거되었다.

　앗틸라가 정복을 시작한 것은 바로 그때였다. 그는 441년에 동로마제국과의 전쟁을 선언하였다. 다뉴브 강을 건너 현재 세르비아의 모라바Morava강으로 이동하여, 나잇수스Naissus(Nis)를 점령하고, 필립포폴리스Pilippopolis(Plovdiv)를 약탈하고 트라키아 지역을 파괴한 뒤 아르카디오폴리스Arcadiopolis(Luleburgaz)까지 약탈했다. 448년의 화의를 통해서 황제는 다뉴브 강의 남쪽 지대 즉, 횡으로는 현재 벨그라드Belgrade에서 스비쉬토프Svishtov에 이르고 종으로는 니스에까지 이르는 지역을 그에게 할양해주어야 했다.

기원후 500년경 최초 '몽골계' 제국들 : 유연과 에프탈

앗틸라는 451년 1월과 2월에 헝가리 평원에 병력을 모으고 그에게 복속한 게르만 부족들을 라인 강의 오른쪽 지역에 집결시켜 갈리아를 공격하였다. 라인 강을 건너서 그는 여전히 로마의 지방 총독 아에티우스Aetius의 지휘 아래 로마인들의 지배를 받고 있던 갈리아 지방을 공격했다. 4월 7일에는 메츠Metz를 점령하고 이어서 오를레앙Orléan을 포위하였다. 오를레앙은 6월 14일 아에티우스가 지휘하는 로마 군대와 비시고트의 왕 테오도릭Theodoric이 지휘하는 군대가 도착해서야 포위에서 풀려났다. 앗틸라는 트로예스Troyes 쪽으로 후퇴했다. 로마와 비시고트인들은 그와 치열한 전투를 벌여 결정적인 승부는 나지 않았지만, 이로써 그는 트로예스의 서쪽에 위치한 캄푸스 마우리아쿠스Campus Mauriacus에서 저지되었고 서구도 구원을 얻게 되었다(451년 6월 말).

이 같은 좌절을 맛본 앗틸라는 다뉴브 강가로 돌아와 그곳에서 겨울을 보냈다. 452년 봄 이탈리아로 쳐들어갔는데, 결국 아퀼레이아Aquileia를 점령하고 파괴했지만 점령하는 데 너무 시간을 끌었다. 또한 밀라노와 파비아Pavia를 점령하고, 로마로 진군할 의사를 알리자 발렌티아누스 3세Valentianus III는 도망갔다. 그러나 그는 세계의 수도를 공격하기보다는 오히려 공물과 황제의 딸인 호노리아Honoria를 주기로 한 로마의 대주교 성 레오Saint Leo the Great의 설득을 받아들였고(452년 7월 6일), 그는 다시 판노니아로 돌아와 그곳에서 453년에 죽었다.

고트의 역사가 요르다네스는 앗틸라를 인상적으로 묘사하고 있다. 그는 전형적인 훈의 모습인 작은 키, 넓은 가슴, 큰 머리, 작고 움푹 파인 눈, 낮은 코 등의 특징을 보이고 있다. 그의 얼굴은 거무스레하여 거의 까만 피부이고 성근 수염을 갖고 있었다. 그가 화를 내면 소름끼칠 정도였고 다른 사람을 두려움에 떨게 만드는 공포스러움을 정치적인 무기로 사용하였다. 사실 그에게도 중국의 역사가들이 기록한 육조시대의 흉노 정복자들처럼 계산적이고 교활한 점이 있었다. 고의적으로 강조하거나 모호하게 협박하는 투의 말씨는 전략적인 예비행위였고 그의 조직적인 파괴 — 아퀼레이아는 철저히 파괴되어 그 후 다시는 복구되지 못했다 — 와 대규모 학살은 무엇보다도 적에게 교훈을 주기 위함이었다.

요르다네스와 프리스쿠스Priscus는 다른 한편으로 그는 백성들에게
공평하고 깨끗한 판결을 내리고 그의 하인들에게 부드러우며, 여타의 사람
들이 황금 접시로 식사를 할 때 나무로 된 접시를 이용하는 등 그의 부하
들이 호사스럽게 지내는 것과는 달리 검소하게 사는 데 만족하는 모습으
로 그를 묘사하고 있다. 같은 자료에는 그의 또 다른 특징이 추가되어 있
다. 즉 그는 무당에 대한 야만인의 경신으로 지나치게 미신적이었고, 그의
주벽은 주연을 아수라장으로 만들었다. 그러나 그는 주의깊게도 자기 주변
에 그리스 출신 오네게시스Onegesis, 로마 출신 오레스테스Orestes, 게르
만 출신 에데코Edeco와 같은 대신과 서기를 두었다. 게다가 흥미로운 것
은 이 수령은 아주 영리하게 전쟁보다는 정치적인 전술을 더 자주 활용했
다는 점이다. 전쟁 자체에서도 그는 지휘관이라기보다는 지도자였다. 이런
모든 것은 이상한 형식적인 경향과 결합되었다. 그는 공식적인 관행에 따
라 자신의 행동에 대한 외교적인 구실을 얻어냄으로써 어떤 경우든 자신
의 행동을 정당화하려고 하였다. 이런 특징은 유목제국의 또 다른 건설자,
즉 초원의 또 다른 아들인 칭기스칸을 연상케 한다.178)

---

178. 터키 역사학자로 이스탄불대학의 교수인 Dr. Reşit Saffet(Kara Şemsi)는
Contribution à une histoire sincère d'Attila (Paris & Istanbul, 1934)에서
앗틸라에 대한 재미있는 찬사를 보내고 있다. 중앙아시아와 헝가리에서 발견되는
훈의 예술에 대해서는 A. Alföldi, "Funde aus der Hunnenzeit und ihre
ethnische Sonderung," *AU*(1932) ; Zoltán Takács, "Congruencies Between
the Arts of the Eurasiatic Migration Periods," *AA*, V, part 2, 3, 4(1935),
p. 177 등을 참조. 여기에서 Takács는 그의 이전 성과들을 정리하였다.
"Chinesische Kunst bei den Hunnen," *OZ*(1916), pp. 174-186 ; "Chinesisch-
hunnische Kunstformen," *Bulletin de l'Institut Archéologique Bulgare*
(1925), pp. 194-229 ; "Sino-Hunnica," School of Oriental Studies에서 발표,
Alexis Petrovics Anniversary Volume(1934) ; "L'art des grandes migra-
tions en Hongries et en Extrême Orient," *RAA*(1931), p. 32. 같은 시기 동
부 러시아의 예술에 대해서는 Schimidt, "Katchka, Beiträge zur Erforschu-
ngen der Kulturen Ostrusslands in der Zeit der Völkerwanderung," *ESA*,
I(1927), p. 18을 보시오. 사르마트, 훈, 그리고 헝가리에서의 아바르 문제에 대한
개관적인 설명은 Fettich, *Metallkunst, AU*(1937 ; 도록 별첨)를 보시오.

비록 상징적으로 몽골이지만 칭기스칸 제국이 몽골 유목민만을 중심으로 제국을 구성한 것이 아니라 아시아 고원의 투르크와 퉁구스까지도 끌어들였던 것처럼, 앗틸라의 제국 — 그 자신은 아마 투르크인 — 은 훈족을 중핵으로 하고 우랄과 라인 강 사이에 흩어져 있는 사르마트·알란·오스트로고트· 게피대 등을 흡수하고 포섭하였다. 여기에 그의 약점이 있었다. 453년 그가 갑작스럽게 사망하자 이질적인 제국은 분열되고 말았다. 오스트로고트와 게피대는 곧바로 반란을 일으켜 판노니아에서 벌어진 대전투에서 그들을 패배시키고 위대한 정복자의 아들인 엘락Ellac을 살해했다(454).

훈은 그 뒤 러시아 초원으로 다시 후퇴하였고 앗틸라의 아들인 덴기지흐Dengizich 또는 딩지기흐Dingzigikh가 그들을 지휘했다. 그의 다른 아들들은 로마에 땅을 요구하여 그것을 서로 나누었는데, 에르낙Ernac은 도브루자Dobruja(Dobrogea)에, 다른 두 명인 엠네자르Emnedzar와 우진두르Uzindur는 메시아Mesia에 있었다. 덴기지흐는 다시 훈을 이끌고 다뉴브 강 하류 근처에서 동로마 제국을 공격하였지만 패배해 그곳에서 죽고, 그의 머리 — 앗틸라 아들의 머리 — 는 468년 콘스탄티노플에 있는 원형경기장에 전시되었다.

훈족의 다른 씨족들은 두 무리로 나뉘어 흑해의 북부에 남게 되었는데, 하나는 쿠트리구르 훈Kutrigur Hun으로 아조프 해의 서북부에서 유목생활을 하였고, 또 하나는 우투르구르 훈Uturgur Hun(Utigur Hun)으로서 돈 강의 출구에 출몰했다. 이 둘은 급속히 적대적이 되었는데 그런 다툼의 내막에는 비잔티움의 비밀스런 외교가 개재되어 있었다. 545년경 유스티니아누스 황제는 우투르구르 훈의 지배자 산딜흐Sandilkh를 선동해 경쟁자를 공격하게 했다. 산딜흐는 쿠트리구르를 제거하였지만, 그 뒤 자베르간Zabergan(Zamergan)이 등장하여 유스티니아누스 황제의 도움으로 적인 우투르구르 훈에게 보복을 하였다. 558-559년 겨울에 자베르간과 그의 부족은 얼어붙은 다뉴브 강을 건너 갑자기 콘스탄티노플의 성벽 아래에 나타났다. 그러나 벨리사리우스Belisarius는 수도를 구하였고, 자베르간은 다시 돈 강가의 초원으로 돌아가 그의 적인 산딜흐와 적대관계를 유지했다. 다시 훈의 두 부족 사이의 골육상쟁이 시작되었는데, 이는 세 번째 부족인 아바르가 아시아에서 나타나 이 두 부족을 격파하고 러시아 초원을 차지하게 될 때까지 참혹하게 계속되었다. 이 새로운 침입은 돌궐 또는 역사상의 투르크가 등장하면서 일으킨 대륙 아시아의 격변에 영향을 받은 것이었다.

2. 중세 초기 : 돌궐·위구르·거란

돌궐 제국

540년 초원의 제국은 세 개의 광대한 투르크-몽골계 영역으로 분할되어 있었다. 몽골계인 유연은 만주 경계에서 투르판(심지어 발하쉬 호 동단)까지, 또 오르콘 강에서 만리장성에까지 이르는 몽골리아를 지배했다. 역시 몽골계인 에프탈은 율두즈 강(카라샤르의 북방) 상류로부터 메르브까지, 발하쉬 호와 아랄 해로부터 아프가니스탄과 편잡의 심장부까지 미치는, 즉 현재의 세미레치에, 러시아령 투르키스탄, 소그디아나, 동부 이란, 카불 등지를 지배했다.

유연과 에프탈을 각각 지배하는 두 씨족은 동맹관계에 있었다. 520년경 에프탈의 킨온 유연 카간 아나괴阿那壞의 고모와 결혼하였다. 몽골리아 본토의 지배자인 유연은 심지어 에프탈에 대해서도 어느 정도 주도권을 유지하고 있었던 것으로 보이며, 에프탈은 서남부의 변경지방을 지배하고 있었다.

끝으로 방금 위에서 살펴본 것처럼 분명 투르크계에 속하는 유럽의 훈은 돈 강 어귀와 아조프 해 부근의 러시아 초원을 지배하고 있었지만, 두 개의 경쟁부족 즉, 서부의 쿠트리구르와 동부의 우투르구르가 상쟁을 벌여 세력이 약화되어 있었다.

중국측의 기록에 의하면, 돌궐은 유연에 예속된 부족 중의 하나였는데, 그 부족은 공통의 언어를 갖는 민족집단 전체에게 그 이름을 부여하게 되었다. 뻴리오는 "중국어의 돌궐은 몽골(유연)어로 Türk의 복수형인 Türküt를 나타내고 문자상으로 그것은 '강하다'는 의미이다"라고 설명하였다.[1] 중국의 연대기에 따르면 그들의 토템은 늑대였다.[2] 그들은 과거 흉노의 후예였는데 이런 사실은 뻴리오가 훈족의 경우에 지적했던 원시 투르크적인 특징을 통해서 확인된다. 6세기 초 돌궐은 알타이 지역에서 야금(대장장이 일)에 종사하며 살았던 것으로 보인다. 유연 정권은 카간인 아나괴(522-552)와 그의 숙부인 바라문婆羅門 ─ 각기 동부와 서부 집단의 통치자 ─ 사이의 충돌로 인해 520년 내전이 벌어져 크게 약화되어 있었다.

투르크계 부족들의 반항을 평정하는 일은 칸국의 유일한 지배자가 된 아나괴의 몫이었다. 508년에 그런 부족의 하나였던 고차 ─ 오늘날 철륵 Tölös(Töläch)과 동일시되고,[3] 우룽구 근처 알타이의 남부에서 유목하고 있었으며 위구르의 조상으로 보이는 ─ 가 유연을 격파했으나, 516년경 유연은 고차의 왕을 죽이고 그 부족을 복속시켰다. 521년 고차는 유연의 내분을 이용하여 다시 한 번 그의 지배에서 벗어나려고 했지만 실패로 끝나고 말았다. 546년 직전 그들은 또 다른 반란을 계획할 때 돌궐의 방해를 받았다. 돌궐은 같은 종족이었지만 충성스럽게 주군인 유연의 카간 아나괴에게 그 계획을 알렸다. 이런 봉사의 대가로 돌궐의 수령 ─ 투르크식으로는 부민이고 이를 한자로 전사한 것이 토문土門[4] ─ 은 유연의 공

---

1. Cf. Pelliot, "L'Origine de T'ou-kiue, nom chinois des Turcs," *TP*(1915), p. 687 ; Thosen, *ZDMG*, vol. 78(1924)에 있는 글, p. 122 ; F. W. K. Müller, *Uighurca*, II, p. 67, p. 97 ; Marquart, *Untersuchungen zur Geschichte von Eran*, II(1905), p. 252 ; Bartold, "Türks," *EI*, p. 948.
2. 돌궐의 조상은 늑대의 젖을 먹고 자랐다. 성인이 되었을 때 그는 그 늑대와 결혼하여 10명의 아들을 두었다(Julien, "Documents sur les T'ou-kiue," p. 326). "기치의 纛에 突厥은 황금으로 된 암늑대의 머리모양을 달았다. 왕의 시위들을 늑대라고 불렀다. 늑대로부터 태어났기 때문에 그들은 조상의 기원을 잊으려 하지 않았다"(p. 331).
3. [역자] 철륵을 Tölös 또는 Töläch로 보기 힘들다는 점에 대해서는 前章의 역주를 참조하시오.
4. [역자] 그루쎄의 주장과는 달리 토문을 Bumin의 전사로 보기에는 음가의 차이가 너무 크다. 일부 학자들이 중국측 사료에 나오는 토문은 돌궐 제국의 건국자인 반면, 돌궐 비문에 나오는 Bumin은 전설적인 인물이라고 주장하는 이유도 여기에 있

주와의 결혼을 요구했지만 아나괴는 이를 거부했다.[5] 그러자 부민은 북중국의 장안을 수도로 하고 있었던 탁발 계통(아마 대부분은 투르크계)의 왕조인 서위와 연합하였다. 탁발은 비록 완전히 한화되기는 했어도 아직 투르크 공동체와의 친족관념을 갖고 있었을지도 모르며, 어쨌든 그들은 몽골계의 숙적인 유연에게 보복하는 데 도움이 될 수 있다는 점에서 이 동맹을 반가워하였음에 틀림없었고, 서위는 부민에게 공주를 주었다(551). 몽골계 유연을 이렇게 포위하고 난 이후 부민은 그들을 완전히 격파하고 카간 아나괴를 자살하게 하였다(552). 이때 유연의 잔중은 돌궐에게 몽골리아를 넘겨주고 중국의 변경으로 피난했는데, 그곳에서 동위를 계승한 북제의 조정이 그들을 변경의 수비병력으로 삼았다.[6]

이렇게 몽골리아 옛 제국의 영토는 유연으로부터 돌궐로, 즉 몽골계로부터 투르크계로 넘어갔다. 부민은 카간이라는 칭호를 취하였다.[7] 새로운 제국의 근거지는 여전히 오르콘 강 상류에 있는 산지였는데, 이곳은 과거 흉노 시절부터 칭기스칸 국가들의 시대까지 유목민 집단들이 자기들 지휘본부로 선택한 곳이었다.[8]

투르크의 영웅인 부민 카간은 승리 직후 사망하였고(552), 그가 죽자

다.

5. Cf. Chavannes, *Documents sur les T'ou-kiue occidentaux*, p. 221(『北史』·『周書』·『梁書』의 번역).

6. 이것을 비잔티움 역사가 Theophylactus Simocattes가 확인하고 있는데, 그는 아바르의 잔여세력이 Taugast 지방 즉, Tabghach 또는 탁발의 후예들 사이로 피난하였다고 말하고 있다. Chavannes, *Documents*, p. 246에서 인용.

7. "Chaganus magnus, despota septium gentium et dominus septem mondi climatum"(Theophylactus Simocattes, VII, p. 7). 카간과 칸의 칭호는 유연 즉, 몽골계의 칭호였다는 것이 지적되었다. 알려진 바에 따르면 돌궐은 그것을 최초로 사용한 투르크 종족이다.

8. Stanisla Julien은 돌궐, 그 중에서도 특히 동돌궐과 관련된 기본적인 중국사료(『隋書』와 『新唐書』 등)를 번역하였다. Cf. "Documents sur les T'ou-kiue," *JA*(1864). Chavannes는 서돌궐과 관련된 사료를 번역하는 일을 계속하였다. Cf. *Documents sur les T'ou-kiue occidentaux*, St. Petersburg, 1903 ; "Notes additionelles sur les T'ou-kiue occidentaux," *TP*(1904), pp. 1-110.

그의 영유지는 나뉘었다. 그의 아들인 무한(木汗)은 몽골리아와 함께 카간의 칭호를 물려받았고(553-572) 이로써 동돌궐 칸국이 성립되었다. 부민의 동생 이스테미(투르크어) 또는 실점밀室點密은 '야브구'(*yabghu*)라는 칭호를 갖고 준가리아Jungaria — 현재 카라 이르티쉬와 이밀 지방 — 와 율두즈 강, 일리 강, 추 강, 탈라스 강 유역을 물려받아 서돌궐 칸국을 세웠다.9)

서부 집단의 수령인 이스테미는 탈라스 지역에서 에프탈과 충돌하였다. 그는 배후에서 에프탈을 격파하기 위해 그들의 숙적인 페르시아와 협상을 벌였다. 그 시절 페르시아는 사산조에서 가장 위대한 군주인 호스로우 아누시르반 1세Khosraw Anushirvan I가 통치하고 있었다. 이스테미는 자신의 딸을 호스로우와 혼인시킴으로써 협약을 맺었다. 북방에서는 돌궐에게, 서남쪽으로는 사산조에게 협공을 당한 에프탈은 붕괴하여 사라져 버렸다(565년경). 그들의 일부 — 서북부에 있는 아랄 지역에서 유목하던 사람들 — 가 서쪽으로 도망하였는데, 우아르혼Uarkhonites 또는 아바르Avar라는 이름으로 헝가리에서 새로운 몽골 칸국을 세웠던 것은 유연의 잔여세력이라기보다는 아마 이들이었을 것이다.10) 실제로 그 다음 시기에 아시아에서 쫓겨나 그리스와 라틴의 사가들에게 아바르라는 이름으로 기록된 유목민 집단이 샤를마뉴 대제에게 격파되는 그날까지 비잔티움 제국과 게르만 지배 하의 서양을 공포에 떨게 만들었다.

에프탈의 속령은 서돌궐과 사산조에게 분할되었다. 돌궐의 추장인 이스테미는 소그디아나를, 호스로우 아누시르반 1세는 박트리아를 차지했는데, 이것은 이란에게는 '실지회복'이었다. 565년과 568년 사이에 박트리아

---

9. yabgu 또는 yabghu의 칭호는 고대 쿠샨이나 인도-스키타이계 종족들에 의해서 투르크계 종족들에게로 넘어간 것으로 보인다. 쿠샨의 통치자인 Kadphises I세는 그의 주화에 이 호칭을 표기했다. Cf. Foucher, *L'art grĕco-bouddhique du Gandhâra*, II, p. 299 ; Marquart, *Êrânschar*, p. 204 ; W. Bang, *Ungarische Jahrbücher*, VI에 있는 글, p. 102.
10. 발하쉬 호 남부에 있는 Kochkar의 허리띠 장식과 헝가리의 아바르 청동기의 공통점에 대해서는 Cf. Fettich, *Metallkunst, AU*(1937), p. 211, p. 274.

는 이렇게 사산조에 다시 귀속되었다. 그러나 돌궐이 곧바로 이전의 동맹자였던 사산조로부터 발흐와 쿤두즈(즉 박트리아)를 빼앗았기 때문에 실지 회복은 짧을 수밖에 없었다.

중세 초 두 개의 투르크 제국은 이런 방식으로 그들의 완성된 모습을 드러냈는데, 무한 카간이 오르콘 강 상류의 미래의 카라코룸을 중심으로 몽골리아에 세운 동돌궐, 그리고 여름이면 카라샤르의 북쪽에 있는 율두즈 강 상류에 거주하고 겨울이면 탈라스 계곡이나 이식쿨의 연안으로 이동하면서 일리 지역과 서투르키스탄에 중심을 둔 서돌궐이 그것이었다. 이 두 유목제국 사이에 국경이 있다고 한다면, 두 칸국은 대알타이 산맥과 하미 동쪽에 있는 산맥으로 나뉘었다.

무한의 재위(553-572) 초부터 동돌궐은 몇몇 적들의 위협을 받고 있었다. 560년(혹은 그 무렵) 거란 — 몽골계로 분명 5세기 중반부터 현재 열하 근처 요하의 서안을 차지했던 — 을 격파하였다. 북중국에서는 장안에 있는 북주의 왕이 정중하게 무한의 딸에게 청혼했다. 무한은 이때 분명히 탁발 제국의 두 계승왕국 사이에서 조정자의 역할을 하고 있었다(565년경).11)

서돌궐의 야브구 또는 칸이었던 이스테미(552년부터 575년까지 통치)는 타바리Tabari의 글에는 신지부Sinjibu로, 비잔티움의 시가 메난드로스 Menandros에게는 실지불Silzibul이라는 이름으로 알려졌는데, 이는 야브구라는 칭호의 와전이다.12) 그는 비잔티움에게 동맹세력으로 간주되었는

---

11. Tabghach 또는 탁발에 의해 점령된 북중국을 발견한 투르크인들 — 그때 이렇게 처음 접촉한 — 은 그 종족의 이름을 따서 그 지방을 불렀다. Theophylactus Simocattes 같은 비잔티움 역사가들은 그 이름 — 그리스화한 Taugast — 으로 그곳을 알게 되었다. Cf. Thomsen, "Inscriptions de l'Orkhon," *Mémoires de la Société finno-ougrienne*(Helsinki, 1896), V, p. 26.
12. 그의 다양한 이름에 대해서는 Cf. Marquart, *Historische Glossen zu den alttürkischen Inschriften*, p. 185, *Êrânschar*, p. 216. Istämi에 대한 중국, 아랍, 비잔티움 기록은 Chavannes, *Documents*, p. 226 등에서 정리되었다. [역자] Sinjibu와 Silzibul 가운데 jibu와 zibul 부분만이 yabghu에 상응하고, 앞의 Sin 이나 Sil은 그와 무관한 것이다.

데, 사실 그 당시 옥서스 강 유역에 있었던 돌궐은 사산조와 국경을 바로 접하게 되었고, 이것이 비잔티움으로 하여금 돌궐과의 동맹에 흥미를 갖게 하였다. 아주 영리했던 것으로 추측되는 이스테미도 아시아의 교차로에 위치하고 있다는 점을 충분히 이용하여 중국의 경계로부터 페르시아를 거쳐 비잔티움 경계로 이어지는 비단교역을 자유롭게 하기를 원하였다. 이를 위해 소그드인(중앙아시아에서 소그드인들은 그 시절에 가장 탁월한 대상 안내인들이었다)인 마니악Maniakh이 이스테미를 대신해 페르시아의 호스로우 아누시르반을 방문했지만, 비잔티움 제국에서의 비단교역의 독점권을 유지하고자 했던 페르시아는 그의 요구를 거절했다. 그러자 이스테미는 페르시아에 대항하기 위해 비잔티움과 직접적인 교섭을 결심했고, 567년 그는 다시 마니악을 볼가 강 하류와 코카서스를 거쳐서 콘스탄티노플의 조정으로 파견하였다.

유스티니아누스 2세Justinianus II는 분명 투르크 사절의 제안에 흥미를 느꼈던 것 같다. 왜냐하면 568년 마니악이 귀국할 때 비잔티움 사절인 제마르코스Zemarchos가 동행했기 때문이다. 이스테미는 제마르코스를 카라샤르의 서북방 율두즈 강 상류의 깊은 계곡에 있는 아크 탁Aq Tagh(천산天山) 북부에 있는 하영지에서 맞았다. 공동의 적인 사산조 페르시아에 대항하기 위해 확고한 동맹이 이루어졌다. 때마침 그곳에 도착하여 탈라스 근처에서 이스테미를 만난 사산조의 사신은 거칠게 호송되어 보내졌고 투르크의 군주는 곧바로 페르시아에 선전포고했다. 572년 비잔티움도 20여 년 간(572-591) 지속될 페르시아에 대한 전쟁을 선포했다. 동시에 서돌궐과 비잔티움은 아주 긴밀한 관계를 유지하였다. 제마르코스가 볼가 강 상류, 코카서스, 라지카Lazica를 경유하여 귀국할 때 이스테미는 두 번째 사신인 아난카스트Anankast를 콘스탄티노플로 보냈고, 비잔티움도 지속적으로 그에게 유티키오스Eutychios, 발렌티노스Valentinos, 헤로디안Herodian, 킬리키아Cilicia의 파울Paul 등을 사신으로 파견했다.

이런 여러 사신들은 비잔티움 사람들에게 돌궐의 관습과 종교에 대한 정확한 이해를 가능하게 만들었다. 테오필락투스 시모카테스Theophylactus Simocattes는 "투르크들은 특히 불을 숭상하고 있다"라고 기록하였다. 실제로 이란 마즈다교의 영향으로 인해 그들은 오르마즈드Ormazd 또는 아후라 마즈다Ahura Mazda 신까지도 받아들였다. '공기와 물도 숭배한다'는 것과 실제로 칭기스칸 국가들에서 흐르는 물에 대한 숭배는 오랫동안 지속되어 특별한 경우를 제외하고는 무슬림들에게 목욕을 하거나 빨래하는 것까지 금지시킬 정도였다. "그러나 그들이 신이라고 부르며 숭배하고 말·소·양 등을 희생으로 바치는 대상은 하늘과 땅의 유일한 창조자일 뿐이다." 신적인 측면으로서의 하늘인 텡그리에 대한 숭배는 고대 투르크-몽골인들에게는 공통적이었다. 끝으로 테오필락투스가 "사제들은 미래를 예언하는 일을 했다"라고 언급한 것의 사제는 투르크-몽골의 무당을 말하는 것으로, 무당들은 칭기스칸 시대까지 계속해서 엄청난 영향력을 행사했다.[13]

576년 비잔티움의 황제 티베리우스 2세Tiberius II는 다시 한 번 발렌티노스를 사절로 서돌궐에 보냈다. 그러나 사절이 율두즈 강 상류에 있는 칸의 거처에 도착했을 때 이스테미는 이미 죽고 없었다. 그의 아들이자 계승자인 타르두(575-602) — 중국 기록에는 달두達頭 — 는 비잔티움이 아바르, 즉 유연의 잔존자이거나 아니면 십중팔구 러시아 남부로 도망간 에프탈과 협약을 맺은 것에 대해서 크게 분노하며 발렌티노스를 냉대했다. 게다가 비잔티움이 자신들과의 동맹을 위반한 것으로 간주하여 보킨 Boqan이 지휘하는 돌궐의 기마군대를 보내 크리미아에 있는 비잔티움 촌락들을 공격하였다. 보칸은 우투르구르 훈의 마지막 수령인 아나가이Ana-gai의 도움으로 케르치 근처의 보스포로스에 있던 비잔티움의 도시 판티카패움Panticapaeum을 포위하였다. 마찬가지로 581년에도 돌궐은 케르소네수스Chersonesus의 성을 공격하였고 590년이 돼서야 비로소 거기에서 영구적으로 철수하였다.[14]

돌궐이 비잔티움과 이러한 분쟁을 벌였다고 해서 그들이 사산조에 대

---

13. 돌궐의 문화와 신앙에 대해서는 Thomsen, "Alttürkische Inschriften aus der Mongolei," *ZDMG*, n.s., Vol. 3, part 2(1924), p. 131을 보시오.
14. 비잔티움(Menadros와 Theophylactus)과 중국의 자료들은 Chavannes의 비교연구 주제였다는 점을 환기할 필요가 있다. *Documents*, pp. 233-252.

한 전쟁을 중단한 것은 아니었다. 588-589년에 그들은 박트리아 내지는 토하리스탄을 공격하여 헤라트까지 진출하였다. 페르시아측 전승이 주장하고 있는 것처럼 만일 페르시아의 영웅인 바흐람 추빈Bahram Chubin이 그를 저지했다는 것이 사실이라면, 그들은 590년에 일어난 바흐람과 호스로우 파르비즈 2세Chosroes II Parviz 사이의 내분을 이용했던 게 분명하다. 사태는 극도로 악화되어 바흐람은 결국 돌궐로 피신하였고, 돌궐이 힌두쿠시 북방에 있는 토하리스탄을 완전히 점령한 것도 바로 이때였다.

어쨌든 597-598년에 발흐와 쿤두즈를 중심으로 한 이 지방은 더 이상 페르시아령이 아닌 서돌궐의 속령이 되었다.15) 630년 중국의 구법승 현장이 여행할 때 토하리스탄은 쿤두즈에 살고 있는 투르크 왕자인 테긴의 봉읍지였고, 그는 서돌궐 카간의 아들이었다.

이렇게 해서 동쪽에서 순수한 중국 왕조 수隋가 3세기 이상의 분열을 재통일했던 바로 그때(589), 중앙아시아는 거대한 두 개의 투르크(돌궐) 제국으로 나뉘어 있었다. 즉 동돌궐 제국은 만주의 변경에서 만리장성과 하미 오아시스까지를 지배했고, 서돌궐 제국은 하미에서 아랄 해와 페르시아까지 뻗쳐 있었으며, 페르시아와는 옥서스와 메르브 강 사이 즉, 옥서스 강 남쪽을 따라가는 경계로 구분되었다. 힌두쿠시 산맥 북부의 모든 토하리스탄이 정치적으로 투르크의 판도 안에 들어왔다.

한 세기 이후에 만들어진 호쇼 차이담Khosho Tsaidam에 있는 퀼 테긴 비문은 절정에 달한 이 투르크의 위대함을 서사시적인 어조로 찬양하고 있다.

위로 푸른 하늘이 아래로 거무스름한 땅이 창조되었을 때, 이 둘 사이에서 사람이 창조되었다. 사람들 위에는 나의 조상 부민 카간, 이스

---

15. 실제로 아르메니아의 역사가 Sebeos는 597-598년에 아르메니아의 장군인 Sempad Bagratuni가 이끄는 페르시아 군대가 발흐까지 투르크 영토에 대해 반격을 했다고 얘기하고 있다. Cf. Marquart, *Êrânschar*, pp. 65-66 ; Chavannes, *Documents*, p. 251 ; 현장의 『大唐西域記』의 번역은 Stanislas Julien, *Histoire de la vie*(Paris, 1851), pp. 61-66.

테미 카간이 보위에 앉았다. 보위에 앉아서 투르크 부족민들의 나라와 법을 통치하고 정비하였다. 사방은 모두 적이었다. 오만한 자들을 머리 숙이게 하고 힘있는 자들을 무릎 꿇게 하였다. 동쪽으로는 카디르칸(흥 안령산맥)까지 서쪽으로는 철문(트란스옥시아나)까지 (부족민들을) 자리 잡게 하였다. 두 (경계) 사이에서 아무런 조직도 없이 (살았던) 쾩 투르 크Kök Türk인들을 수습하여 그렇게 다스렸다. 현명한 군주들이고 용 감한 군주들이었다. 지휘관들도 분명 현명하고 용감했다. 지배층들도 부 족민들도 분명 평화와 조화 속에 있었다.16)

이 유명한 구절에 내포된 도덕적 관념은 투르크-몽골의 샤머니즘을 기반으로 한 고래의 우주관에서 차용된 것이다. 톰센의 개략적인 설명에 따르면 이 우주관의 기본원리는 아주 간단하다.17) 우주는 일련의 순차적 인 단계들로 이루어져 있는데, 위로 17번째에 있는 단계는 하늘들 즉 '광 명의 영역'을 구성하고, 아래로 일곱 또는 아홉 번째 있는 단계는 '암흑의 지점'인 하계를 구성한다. 이 둘 사이에는 땅이 존재하고 그곳에 사람들이 살고 있다. 하늘과 땅은 하늘의 가장 높은 단계에 있는 초월적인 존재에 복종하였고, 그분은 '신성한 하늘' 또는 '텡그리'라는 이름으로 알려졌다.18) 하늘은 또한 착한 영혼들이 사는 곳이었고 하계는 저주받은 자들의 지옥 이었다.

투르크 신화에는 많은 신격이 열거되어 있는데, 그 중의 하나가 아이 를 돌보는 여신 우마이Umai였다.19) 게다가 셀 수 없이 많은 정령들이

---

16. Thomsen, "Inscriptions de l'Orkhon," *Mémoires de la Société finno-ougrienne*, V, pp. 97-98. [역자] 본서에서 인용된 고대 투르크 비문은 역자가 비문의 원문을 직접 번역하여 옮겼다.
17. Thomsen, "Alttürkischen Inschriften aus der Mongolei," *ZDMG*(1924), p. 130.
18. 텡그리는 하늘(天) 또는 신을 의미한다. Pelliot, "Le mont Yu-tou-kin(Ütükän) chez les anciens Turcs," *TP*, 4-5(1929), pp. 215-216.
19. 분명히 대지의 여신이다. Ötükän(Ätügän, Itügän과 동일) 산지에 있는 여신 또 는 13세기 몽골인들의 대지의 여신을 의인화한 것이다. Pelliot, "Le mot Yu-

'땅과 물'(*yer sub*, 현대 투르크어로 *yer su*)에 살았다. 후자 가운데 특히 유명한 것은 언덕과 우물에 살고 있는 정령으로, 그곳은 신성한 장소로 여겨졌고 그에 대한 숭배는 칭기스칸 국가들의 관습과 법에도 지속되었다.

중국의 사가들은 돌궐의 신체적인 특징에 대해 기록했는데, 한 작가는 581년에 그들을 이렇게 묘사하였다.

그들은 머리를 길게 늘어뜨리고 펠트로 된 천막에 거주한다. 물과 풀을 찾을 수 있는 곳을 따라서 야영지를 옮기면서 산다. 그들의 생업은 목축과 사냥이다. 노인을 존중하지 않고,[20] 혈기가 왕성할 때 우대를 받는다. 염치와 예의를 모르고, 이런 점에서 옛 흉노와 비슷하다. 고관으로는 엽호葉護(yabghu), 설設(shad), 특근特勤(tegin), 힐리발頡利發, 토둔발吐屯發(tudun) 등이 있고 그 외에 낮은 관리들이 있다. 이런 관리들에는 28등급이 있고 모두가 세습된다. 무기로는 활·화살·명적鳴鏑·흉갑·창·칼이 있다. 허리띠에는 음각되거나 양각된 장식을 달고 있다. 독纛에는 황금으로 된 암컷 늑대 머리모양의 장식이 있다. 카간의 호위는 늑대를 의미하는 부리附離(böri)라고 부른다. 사람이 죽으면 자손이나 친족들이 양이나 말을 잡아 그의 천막 앞에 그에게 제물을 바치듯이 놓아둔다. 그들은 말을 타고 애도하는 울음소리를 내면서 그 천막 주위를 일곱 바퀴 돈 다음에 그 천막 앞에 와서는 얼굴을 칼로 그어서 피가 눈물과 함께 흐르게 한다. ……장례를 치르는 날 그와 가까웠던 친족이나 그와 가까웠던 다른 사람들이 제물을 바치고 말을 달리며, 죽었던 날과 마찬가지로 그의 얼굴을 칼로 긋는다. 장례 이후에 고인이 생전에 죽인 사람의 숫자만큼의 돌을 그의 무덤 주위에 둔다. 아버지나 백부나 숙부가 죽으면 그의 아들이나 어린 동생 혹은 조카가 미망인과 그녀의 자매와 결혼한다. 칸의 천막에 있는 문을 동쪽을 향해 여는 것은 해가 떠오르는 방향인 하늘에 대한 경의 때문이다. 그들은 악령과

---

tou-kin(Ütükän) chez les anciens Turcs," *TP* 4-5(1929), pp. 212-219.
20. 톤유쿡Tonyuquq의 예는 이런 중국에 대한 비난이 종종 근거없는 것임을 보여준다.

정령을 숭배하고 주술사(무당)를 믿는다. 전투에서 죽는 것이 그들에게
는 영광이고, 병에 걸려 죽는 것을 부끄럽게 생각하였다.[21]

돌궐 제국의 분열

돌궐의 두 제국은 이런 전성기를 오랫동안 구가하지 못하였다. 호쇼
차이담 비문에서 찬양되었던 위대한 카간의 권좌는 그 같은 능력을 결여
한 후손들이 계승하였다. 이 비문에는 이렇게 기록되어 있다. "그들의 동
생과 아들이 카간이 되었다. 그러나 남동생들은 분명 형들처럼 태어나지
못했다. 그들의 아들들도 아버지들처럼 태어나지 못했다. 어리석은 카간들
이 즉위했고 능력이 떨어지는 카간들이 즉위했다. 이로 인해서 투르크 제
국은 나라를 잃어버렸다."[22]

실제 돌궐의 힘을 파괴한 것은 오르콘 강가에 있는 동부 칸국과 탈라
스 강과 이식쿨에 있는 서부 칸국 사이의 경쟁이었다. 만주로부터 후라산
까지를 절반씩 나누어 지배한 쌍생의 두 투르크 제국이 만약 552년에 그
러했던 것처럼 동돌궐이 우위를 보지하여 카간이라는 최고 군주의 칭호를
갖고 서돌궐은 이인자의 지위와 야브구라는 칭호에 만족하면서 통일을 유
지했다면 그들은 무적이었을 것이다.

그러나 무한의 동생이자 계승자인 돌궐의 카간 타발(他鉢)[23]은 서돌궐
의 충성을 받았던 그 가계의 마지막 존재였다.[24] 582년과 584년 사이에
서돌궐의 야브구인 타르두 — 발렌티노스의 말에서 알 수 있듯이 아주 난
폭한 성격을 갖고 있었다 — 는 동돌궐의 신임군주과 결별하고 스스로 카

---

21. Julien, "Documents," *JA*(1864), p. 331. [역자] 원문에는 관직의 숫자가 29개로
    되어 있지만 28등급이 정확하다.
22. Thomsen, "Inscriptions de l'Orkhon," pp. 98-99.
23. [역자] 그의 투르크식 원래 이름은 타스파르Taspar였다.
24. 575년부터 585년까지 타발은 중국에서 쫓겨난 간다라의 선교사절 Jinagupta를 환대
    했고, 그에 의해서 불교로 개종되었다. Cf. Chavannes, "Jinagupta," *TP* (1905),
    p. 334, p. 346.

간을 칭하였다. 중앙아시아를 지배했던 한나라의 위업을 회복하고자 했던
강력한 수나라는 이런 반란에서 타르두를 지원했고 투르크의 세력은 둘로
분열되었다. 그 후 동·서 돌궐은 결코 다시 통합되지 못하였을 뿐만 아니
라 사실상 대부분의 기간은 적대적이었다.25)

　　이렇게 해서 중국이 재통일된 시점에 투르크는 분열되었다. 이런 역전
은 수대와 당대(7-9세기)에 중앙아시아에서 중국의 제국주의가 승리를 거
두는 것을 가능하게 했다.

　　동돌궐은 서돌궐의 독립뿐만 아니라 내적인 갈등에도 직면해 있었다.
그들의 새로운 카간 사발략沙鉢略(581-587)26)은 그의 사촌인 엄라菴羅와
대라편大邏便과 몽골리아 자체를 두고 다툼을 벌이면서 권력을 잡았다. 동
시에 사발략은 서부의 타르두 — 서돌궐의 카간 — 와 요서 동부 지역의
거란으로부터 협공을 당하였다.

　　그러나 이런 발전이 중국에게는 우려스러운 일이었다. 왜냐하면 만약
이런 협공이 몽골리아의 투르크들을 박살낸다면 타르두의 세력을 강하게
할 위험성이 있었기 때문이다. 타르두가 자기에게 유리한 방향으로 돌궐을
통합하게 해서는 안되었다. 따라서 수나라를 세운 중국의 황제 양견楊堅
(文帝, 581-604)은 갑자기 타르두와의 연맹을 유보하고 오히려 타르두에
대항하는 동돌궐의 카간 사발략을 지원하였다(585). 내분에 휩싸여 있던
동부는 어쨌든 더 이상 위협적인 존재가 아니었기 때문이다. 사발략을 계
승한 그의 동생 막하莫何는 카간에 대항하던 대라편을 분명히 살해한 것
으로 보이지만(587), 그 역시 얼마 되지 않아 사망했다. 그를 이은 카간
도람都藍(587-600)은 그에 반발하며 중국의 지원을 받던 또 다른 정적
돌리突利의 반란에 직면하였다. 도람은 599년에 돌리를 몰아냈지만 황제
양견은 오히려 돌리와 그의 무리를 환대하고 그들을 오르도스 지역의 번

---

25. Cf. 타르두에 대한 열전의 재구성인 Chavannes의 *Documents*, p. 48의 주 1과
　　p. 211.
26. 투르크 원음 Ishpara의 중국어 형태인가? Cf. Pelliot, "Sur quelques mots
　　d'Asie Centrale," *JA*(1913), p. 211. [역자] 뻴리오의 추측대로 그의 이름은
　　Ishbara였다.

병으로 삼았다. 동돌궐은 절망적인 분열상태에 있었다.

도람이 죽자, 서돌궐의 카간인 타르두는 동부의 혼란을 다시 한 번 이용하여 그들을 복속시키고 몽골리아와 투르키스탄에 대한 자신의 지배권을 확립하여 투르크인들의 재통합을 실현시키려고 하였다.27) 중국의 개입을 미연에 방지하기 위해서 그는 위협수단을 구사했다. 601년에는 제국의 수도인 장안을 위협했고, 602년에는 중국의 보호를 받으며 오르도스에 둔영을 치고 있던 돌리를 공격하였다. 그러나 중국의 정책은 조심성 있게 진행되었다. 603년 당시 타르바가타이, 우룽구, 그리고 준가리아 지역에서 유목을 하고 있었던 서부 부족의 하나 ― 위구르의 조상인 철륵 ― 가 갑자기 타르두에게 반란을 일으켰다. 타르두는 자신의 영역 안에서조차 세력기반을 상실했기 때문에 쿠쿠 노르로 은신하였다가 거기서 사라져버렸다(603). 그의 왕국 ― 페르시아와 비잔티움을 떨게 했고 몇 년 전까지만 해도 중국의 수도를 위협할 만큼 강력한 서돌궐 칸국 ― 은 곧바로 분할되었다.

타르두의 손자인 사궤射匱는 자신의 상속분 중에서 가장 서쪽에 있는 타쉬켄트를 포함하는 지역민을 확보했고, 한편 처라處羅라는 이름의 반란 수령은 일리의 통치자가 되었다. 처라는 실제로 타르두의 과업을 계속하려는 생각을 갖고 있었지만 중국인들은 적시에 그를 저지할 수 있었다. 황제의 명을 받은 황문시랑黃門侍郞 배구裵矩가 비밀리에 그의 경쟁자인 사궤를 지원하자,28) 상황이 극도로 악화된 처라는 중국 조정에 봉사하게 되었다(611). 사궤는 중국 정책 덕분에 성공했기 때문에 중국에 대해서 결코 어떤 적대적인 행동도 하지 않은 것으로 보인다.

---

27. 타르두가 콘스탄티노플의 Maurice 황제에게 그의 사신을 통해서 보낸 편지에서 "위대한 일곱 부족의 수령이고, 일곱 땅의 통치자"라고 하며 스스로를 위대한 카간으로 자칭한 것은 598년 이 무렵이었다(Theophylactus의 기록은 Chavannes, *Documnets*, p. 246).
28. 『隋書』의 번역으로는 Chavannes, *Documents sur les T'ou-kiue occiden-taux*, pp. 15-20 ; F. Jäger, "Leben und Werke des P'ei-kiu, chinesische Kolonialgeschichte," *OZ*(1921년 10월).

한편 동돌궐에서는 중국의 보호를 받던 카간 돌리(609년 사망)가 권력을 장악하고 있었고, 그 뒤 아들 시필始畢(609-619)이 계승하였다. 몽골리아에서도 서투르키스탄에서와 마찬가지로 중국의 수나라는 대대적인 전투를 치르지 않고 단지 상투적인 계략만으로 투르크의 힘을 약화시키고 복종하지 않는 카간을 제거하여 중국의 종주권에 복종하는 카간들을 권좌에 앉히는 데 성공하였다.

쿠쿠 노르에서도 동일한 상황이 벌어졌다. 3세기에 걸쳐 감숙 지역에 있는 중국 변경을 괴롭혔던 선비 계통의 토욕혼(아마 몽골계 유목집단)은 608년 중국 군대에게 격파되어 티베트로 도망가야만 했다.29) 같은 해에 중국은 다시 하미 오아시스를 점령하였고, 609년 투르판왕 국백아麴伯雅가 양제煬帝(604-617)에게 충성을 표하기 위해서 왔다.

이 같은 모든 구조는 양제의 불운한 고구려 원정(612-614)이 수나라의 위신을 떨어뜨리면서 와해되었다. 동돌궐의 카간 시필은 반란을 일으켜 산서 서북의 안문에서 수의 양제를 포로로 잡을 뻔하기도 하였다(615). 그때 중국에서 일어난 내란(616-621)은 수나라의 붕괴를 가져왔고(618), 이는 과거 돌궐의 과감성을 되살려주었다. 경쟁하는 세력들을 격파한 이후 새로운 당조가 중국의 왕좌를 차지하였을 때, 그들은 수나라의 유업을 모두 다시 실천해야 했다. 초원 유목민들은 산서의 심장부로 쇄도해 들어왔고, 624년 동돌궐의 새로운 카간인 힐리頡利(Ilig, 620-630)30)는 내전으로 인한 혼란을 이용하여 부대를 이끌고 제국의 수도 장안을 위협했다.

다행히 당조에는 뛰어난 장수이며 태자인 이세민李世民이 있었는데, 그는 청년이었지만 왕조의 실제적인 창업자였다. 대담한 이세민은 군대를 이끌고 경하涇河 유역의 빈주豳州까지 가서 야만인들과 만나 그들에게 단호한 행동으로 겁을 주자, 유목 수령들은 한동안 협의한 뒤 공격하지 않고 말머리를 돌렸다. 몇 시간 뒤 억수같은 비가 그 지역 전체를 휩쓸었다. 이

---

29. Cf. Pelliot, "Note sur les T'ou-yu-houen et les Sou-p'i," *TP*(1920), p. 323.
30. [역자] 그루쎄는 힐리가 El이라는 음을 나타냈다고 했지만 Ilig을 옮긴 것으로 보는 것이 옳다.

세민은 즉시 장군들을 소집하여 『신당서』의 기록처럼 "제장들! 지금 모든 초원이 물바다가 되었다. 곧 밤이 될 것이고 그러면 아주 어두워질 것이다. 지금이 바로 공격할 때다. 돌궐이 두려운 것은 단지 그들이 조준해서 화살을 쏠 때뿐이다. 칼과 창을 손에 들고 그들에게 가면 그들이 방어태세를 취하기 전에 패주시킬 수 있다"라고 말했다. 실제로 그렇게 되었다. 해가 뜰 무렵 투르크의 둔영지가 점령되었고 중국의 기마대가 통로를 뚫고 카간 힐리의 천막에 도달하였다. 힐리는 화의를 청하고 몽골리아로 철수했다(624).[31] 이런 극적인 행동 직후 당시 스물일곱 살이었던 이세민은 중국 황제가 되었고 그 뒤에 그는 역사상 태종太宗이라는 이름으로 알려졌다(626).

태종에 의한 동돌궐 제국의 붕괴

태종(627-649)은 중앙아시아에서 중국의 위대함을 진정으로 확립한 인물이었다. 그는 동돌궐을 붕괴시켰고, 비록 그의 사후에 아들이 완성하기는 했지만 서돌궐을 해체시키는 데 일익을 했고, 타림의 인도-유럽계 왕국들을 보호령으로 만들었다.

태종이 즉위하던 해 동돌궐의 카간 힐리는 다시 한 번 장안으로 기마원정대를 이끌고 왔다. 626년 9월 23일 도시의 북문에 있는 편교便橋 앞에 10만의 군대가 나타났다. 힐리는 수도를 약탈하겠다고 위협하면서 오만하게 조공을 요구하였다.

태종은 불과 소수의 군사밖에 없었지만 대담하게 행동했다. 동원 가능한 모든 사람을 불러서 성문 앞에 배치시키는 한편, 자신은 소수의 기병과 함께 적군을 향해 위수를 따라 나아갔다. 그의 용감한 행동에 감명을 받은 돌궐의 수령들이 말에서 내려 그에게 예를 표했다. 한편 중국 군대는 그의

---

31. 멋진 서사시같이 쓰인 이 이야기에 대한 중국의 기술은 Julien에 의해 "Documents sur les T'ou-kiue," *JA*(1864), pp. 213-219에서 번역되었다.

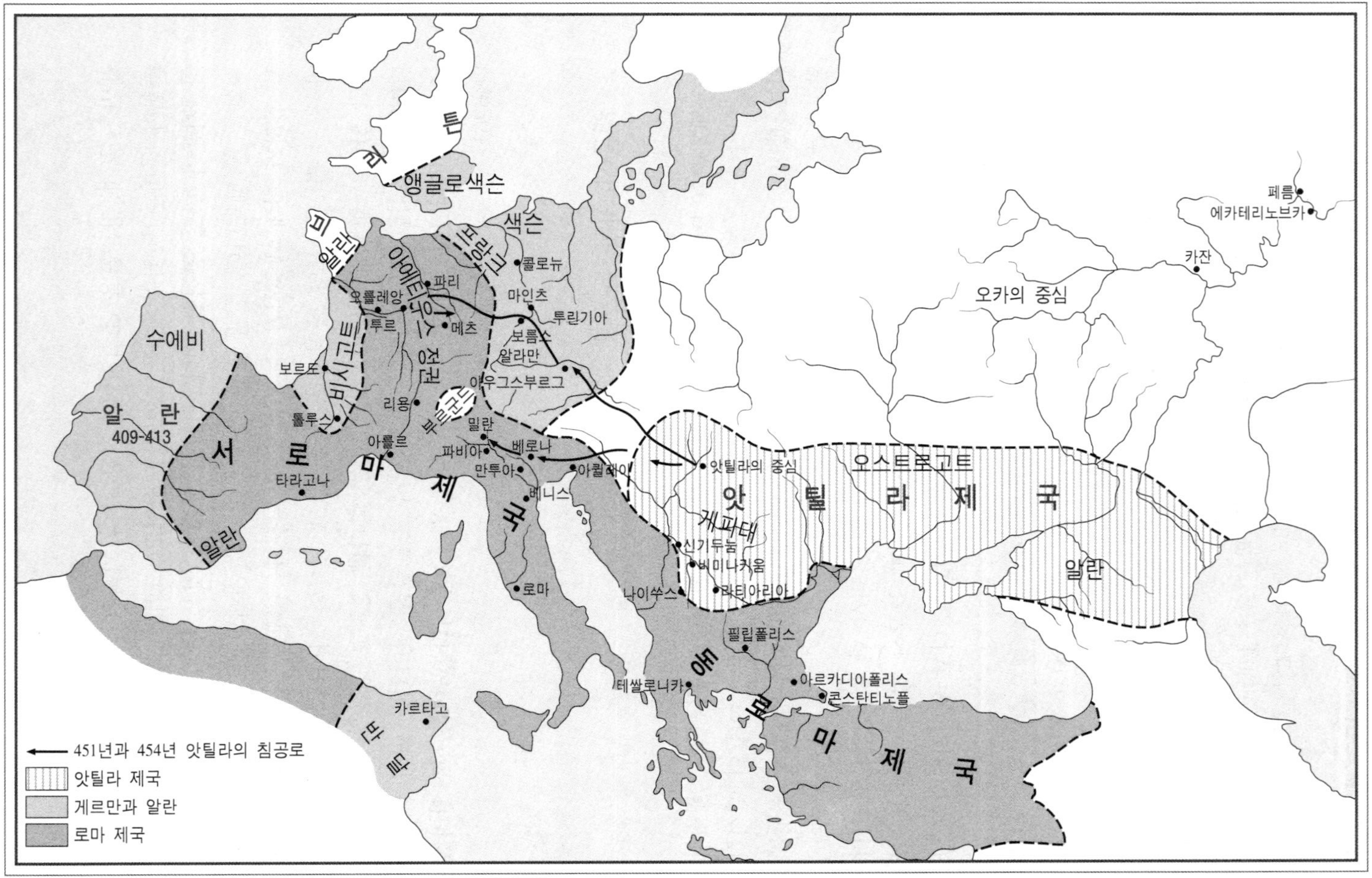

앵글로색슨
색슨
튼
프랑크
알레마니
부르군트
수에비
알란 409-413
서 로 마 제 국
게파대
오스트로고트
알란
앗틸라 제국
앗틸라의 중심
오카의 중심
페름
에카테리노브카
카잔
콜로뉴
마인츠
투린기아
파리
오를레앙
메츠
보름스
알라만
애우그스부르크
투르
보르도
리용
밀란
베로나
아퀼레이
톨루스
아를르
파비아
만투아
베니스
타라고나
로마
카르타고
신기두눔
비미니키움
라티아리아
나이쑤스
필립폴리스
테쌀로니카
아르카디아폴리스
콘스탄티노플
동 로 마 제 국
451년과 454년 앗틸라의 침공로
앗틸라 제국
게르만과 알란
로마 제국

앗틸라 제국

뒤편 들판에 배치되어 '무기와 기치가 태양에 빛나 번쩍거리도록 했다.' 태종은 투르크 야영지에 목소리가 들릴 정도까지 말을 타고 다가가서 카간과 수령들에게 화의를 어긴 것에 대해 꾸짖었다. 무안당한 힐리는 다음날 백마를 잡는 전통적인 희생의식을 치르고 화의를 체결하였다.32)

태종은 힐리의 힘을 약화시키기 위해서 힐리에게 반란을 일으킨 두 투르크 부족 — 철륵과 설연타薛延陀33) — 을 지원했다. 전자(이후의 위구르)는 타르바가타이 지역에 있었고, 후자는 홉도 근처에 있었다.34) 동시에 동부 몽골리아 본토에서도 태종은 카간의 정적인 돌리突利를 돕자 그가 힐리에게 반란을 일으켰다(628). 이렇게 힐리를 둘러싼 포위망을 구축한 위대한 황제는 630년에 이정李靖과 이세적李世勣의 지휘 하에 중국 군대를 그에게 출정시켰다. 산서 북부 내몽골 지역에 있었던 힐리와 충돌한 중국군은 그의 야영지를 기습 공격하여 그의 부족민들을 궤산시켰고, 힐리 자신은 포로가 되었다. 동돌궐은 50년 가까이(630-682) 중국에 복속하게 되었다. 호쇼 차이담 비문에서는 "투르크의 귀족(벡)이 될 만한 아들들이 중국의 남자종이 되었고, 귀부인(에시)이 될 만한 딸들이 여자종이 되어버렸다. 귀족들은 투르크식 이름을 버리고 중국식 이름을 받아들이고, 그를 위해서 해가 뜨는 곳으로부터 서로는 철문까지 그들의 원정을 따라 50년 동안 봉사했다. 그러나 중국의 카간은 그들의 나라와 제도를 없애버렸다"라고 기록하고 있다.35)

몽골의 투르크를 격파한 태종은 이 같은 보조군대로 향후 20여 년 동안 투르키스탄의 투르크인들과 사막의 인도-유럽계 오아시스를 지배했다.

---

32. 중국자료(『新唐書』)의 번역은 Stanisalas Julien, "Documents sur les T'ou-kiue," *JA*(1864), pp. 213-219.

33. [역자] 앞에서도 지적했듯이 그루쎄는 여기서도 鐵勒이 Tölös 혹은 Töläch를 옮긴 말이고, 설연타가 Sir Tardush를 옮긴 것이라고 하였지만, 타당한 견해가 아니기 때문에 본 역서에서는 삭제하였다.

34. 『新唐書』의 번역은 Chavannes, *Documents*, p. 95.

35. Cf. Thomsen, "Inscriptions de l'Orkhon," p. 99. 중국사료는 이미 A. Gaubil, "Histoire de la dynastie des Tang," *Mémoires concernant les Chinois*, XV, p. 441에서 번역되었다.

아시아는 그에게 경악하며 다만 중국의 미증유의 영웅적 성취를 바라볼 뿐이었다. 태종은 결코 야만인과 타협하고 황금으로 그들을 매수해 물러나 도록 한 것이 아니라 그들을 역습해 떨게 만들었다. 3세기에 걸친 투르크 -몽골인들의 침입기간 동안 중국인들은 승리한 유목민들을 동화시켰는데, 이렇게 새로운 피를 수혈받아 강력해진 그들은 거기에다 오랜 뿌리를 지닌 문명의 엄청난 우월성까지 가미하여 이제 그들에게 힘을 불어넣어준 초원민에게로 향한 것이었다.

서돌궐 제국의 붕괴

630년에 오르도스와 내몽골의 영토를 변경지역으로 재편성한 태종은 관심을 서돌궐로 돌렸다. 이미 살펴보았듯이 이곳은 카간 사궤에 의해서 다시 통합되어 있었다. 알타이의 설연타를 복종시킨 이후 테케스 강과 율두즈 상류에 거처를 두고 있었던 사궤는 알타이로부터 카스피 해와 힌두 쿠시에 이르는 지역을 611년부터 618년까지 지배하였다. 그의 동생이자 계승자인 통엽호統葉護(Ton Yabghu, 618-630)는 세력을 더욱 확장했다. 이미 동북쪽에 있던 철륵을 정복한 그는 서남쪽으로 토하리스탄 내지 박트리아에 대한 지배권을 재확인했고 부분적이지만 타림분지에 대한 패권도 장악하였다.

중국의 구법승 현장이 여행 도중인 630년 초 토크막Tokmak에서 통엽호를 만났을 때 그의 세력은 최고 정점에 있었다. 그는 조상들처럼 계절에 따라 유목생활을 영위하고 있었는데, 율두즈 강의 상류에 있는 계곡 사이에서 여름을 보냈고 '열해熱海'인 이식쿨의 연안은 그의 동영지였다. 또한 그는 더 서쪽의 탈라스 근처에 있는 '천천千泉' — 현재의 잠불 Dzhambul — 주변에 즐겨 둔영을 세웠다. 그에게는 투르판의 왕이 신속하고 있었고, 그의 아들 타르두 샤드Tardu Shad 역시 토하리스탄의 군주로서 쿤두즈에 거처를 두었다. 『신당서』는 "그는 서역에 대한 지배권을 행사하고 있었다. 서방의 야만인들 중에서 그처럼 강성한 자가 없었다"라

고 기록하였다.[36] 당시 동돌궐을 격파하기 위해서 온힘을 쏟고 있던 태종
은 '원교근공遠交近攻'의 입장을 취해야 한다고 생각하여 통엽호를 동맹자
로 대우하였다.

통엽호에 대해 현장이 남긴 기록은 앗틸라나 칭기스칸에 대한 것과
동일하다. "이 야만인들에게는 말이 아주 많다. 카간은 녹색의 수놓은 비
단을 걸쳤고, 머리카락은 보이도록 했으며, 다만 그의 이마만 10자 정도의
비단으로 된 끈으로 몇 번 묶었고 그 끝은 등 뒤로 늘어뜨렸다. 그는 모
두 비단옷을 입고 머리를 딴 200여 명의 관리의 시중을 받았다. 나머지
군대는 낙타나 말을 탄 기사들로 구성되어 있었는데, 그들은 모피나 좋은
모직옷을 입고 있으며 긴 창과 기치, 그리고 반듯한 활을 들고 있었다. 그
런 사람들이 얼마나 많은지 그 끝을 볼 수 없을 정도였다."[37]

통엽호는 중국의 구법승을 환대했다. 사실 그는 늘 불교에 대해서 매우
호의적인 태도를 보였다. 몇 년 전 프라바카라미트라Prabhakaramitra[38]라
는 인도 승려가 손님으로 와 있었는데 그는 626년 중국으로 들어가기 전
에 돌궐인들을 개종시키기 위해서 노력하고 있었다.[39] 통엽호는 토크막에
있는 아징에서 현장을 환대하였고 이 구법승은 그에 대해 생생한 기록을
남겼다. "카간은 현란한 황금빛 꽃들로 장식된 큰 천막에 살고 있었다. 관
리들은 입구에 큰 매트를 깔고 그곳에 두 줄로 앉아 있었으며, 모두 비단
으로 된 화려한 의상을 입고 있었다. 그들 뒤로는 왕의 시위들이 서 있었
다. 비록 펠트로 된 천막에 사는 야만인 통치자였지만 경외감을 갖고 그를
바라보지 않을 수 없었다."

이런 구절을 읽을 때 칭기스칸 일족의 수령들을 방문하였던 서구 여
행자들이 거의 꼭 같은 인상을 받았다는 사실을 상기하는 것은 의외일지
도 모른다. 루브룩이 13세기 몽골에 대해 남긴 또 다른 모습은 외국 사신
을 맞이하기 위해서 벌였던 연회 장면이다. 현장이 통엽호의 곁에 머무는

---

36. 『新唐書』의 번역은 Chavannes, *Documents*, pp. 24-25, pp. 52-53.
37. 현장, 『大唐西域記』의 번역, Julien, p. 55.
38. [역자] 중국식 이름은 光智.
39. Chavannes, *Documents*, p. 192.

동안 그는 중국과 투르판 왕이 보낸 사신들을 접견했다. "그는 이들 사신들을 초대해서 앉게 하고 그들에게 악기가 연주되는 가운데 술을 대접했다. 칸이 그들과 같이 술을 마셨다. 그러자 모두 서로 술을 권하면서 점점 더 활기차게 잔을 쨍쨍 부딪치며 술잔을 채우고 또 돌아가면서 잔을 비웠다. 한편 동방과 서방 야만인들의 음악은 요란한 음률을 냈다. 이러한 분위기는 반야만적이긴 했지만 귀를 즐겁게 하고 마음을 기쁘게 했다. 잠시 후에 삶은 양고기와 송아지 고기가 담겨 있는 새로운 요리가 들어왔고, 이것은 술을 마시는 사람들 앞에 산같이 쌓여 있었다."

현장이 방문한 지 몇 달 뒤 이 강력한 서돌궐 제국은 붕괴되었다. 같은 해인 630년 서부에 있던 부족의 하나인 유목민 카를룩Qarluq — 이들은 발하쉬 호의 동단과 타르바가타이 지방의 추구착 사이에서 계절적인 이동을 했던 것으로 보인다 — 이 통엽호에게 반란을 일으켜서 그를 죽였다.[40]

서돌궐 제국은 두 집단으로 나뉘었다. 그 이름은 중국어 전사로만 남아 있는데, 이식쿨의 서부와 서남부에 있는 노실필弩失畢과 그 호수의 동북부에 있었던 돌육咄陸이 그것이다.

이 두 집단은 이유를 알 수 없는 싸움으로 서로를 약화시켰다. 돌육의 한 칸으로 역시 돌육이라는 이름을 지닌 인물(638-651)[41]이 한때 이 두 집단을 통합하기 위해서 노력하다가 그 후에는 중국의 둔전이 설치되어 있던 하미 지역을 대담하게 공격하였다. 그러나 중국의 장군 곽효각郭孝恪이 고성古城과 우룸치 사이에 있는 보그도 울라Bogdo Ula 근처에서 그를 패배시켰다(642년경). 더구나 태종이 돌육에 대항하여 노실필 유목민들을 지원하자 진퇴유곡에 빠진 돌육은 박트리아로 도망가 그곳에서 사라졌다(651).[42]

---

40. 『新唐書』의 번역은 Chavannes, *Documents,* pp. 25-26, p. 53.
41. [역자] 중국측 기록에는 그가 乙毗咄陸可汗으로 나와 있다.
42. *Ibid.,* pp. 27-32, pp. 56-58.

당조 팽창기간 중 타림의 인도-유럽계 오아시스

　돌궐을 구축한 황제 태종은 적어도 부분적으로는 인도-유럽계였던 타림분지의 오아시스에 대한 지배권을 재확립할 수 있었는데, 특히 북으로는 투르판·카라샤르·쿠차·카쉬가르, 남으로는 선선·호탄·야르칸드에 대해서 그러했다.

　이들 옛 대상도시들은 중국·이란·비잔티움의 세계를 잇는 실크로드에 위치한 중계거점으로서도 중요했지만, 중국에서 아프가니스탄과 인도로 가는 불교순례의 길로서의 위상 역시 그에 못지않게 중요했다. 이 도시들이 지니는 그러한 측면은 중국의 구법승 현장에 의해서도 잘 묘사되고 있다. 629년 감숙을 출발한 현장은 행로를 투르판·카라샤르·쿠차·악수를 거치는 북쪽 루트로 잡았고 거기에서 토크막·타쉬켄트·사마르칸드를 거쳐 갔다 (629-630). 644년 귀로시에는 파미르를 거쳐 카쉬가르·야르칸드·호탄·선선·돈황을 거치는 남쪽 루트를 따라 여행했다. 그의 기록은 이 작은 타림의 왕국들이 완전히 불교로 개종되어 있었고, 그와 함께 인도의 문화가 크게 영향을 미쳐 그곳의 인구어 계통의 토착 언어들 — 투르판어·카라샤르어·쿠차어(과거 '토하라' A 및 B언어)와 분명히 호탄 지역에서 사용되던 '동부 이란어' — 과 함께 산스크리트어가 宗敎언어가 되었음을 보여주고 있다.43)

　뻴리오와 스타인, 그리고 르 콕 등이 발견한 필사본들 역시 산스크리트어로 된 불경이 이런 다양한 인구어계의 방언(북방의 두 가지 종류의 토하라어와 남방의 '동부 이란어')으로 번역되었다는 점을 증명하고 있다.

---

43. Cf. Pelliot, "Tokharien et Koutchéen," *JA*, I(1934), p. 52. 언어학에 조예가 없어도 우리는 쿠차어와 연결된 단어 사 상당수의 인구어적인 특성의 무작위적인 실례를 제시할 수 있을 것이다. *st*와 *nessi* = to be ; *ste* = he is ; *pâtar, mâter* = father, mother ; *pracer*(*frater*) = brother ; *se* = son ; *tkaɛer* = daughter ; *okso* = ox ; *yakwe*(*equus*) = horse ; *ñem* = name ; *khân* = to know ; *klaitke, kaklau* = circle ; *sâlyi* = salt ; *malkwer* = milk ; *wek* = voice ; *ek* = eye ; *trai* = three ; *okt* = eight ; *ikam* = twenty ; *kante* = hundred ; *meñe* = moon ; *pest* = after.

한편 부하라와 사마르칸드로부터 온 대상들이 들여온 인구어계의 또 다른 방언인 소그드어가 천산에서부터 롭 노르까지의 숙영지에서 사용되었고, 뻴리오는 그곳에서 7세기경 소그드인 거류지의 흔적을 발견하였다.44)

앞서 살펴본 것처럼 인도-이란의 변경에서 온 실크로드의 대상이나 상인들뿐만 아니라 불교의 선교사들이 이란과 인도의 예술을 타림 오아시스에 소개하였고, 그곳에서 그들은 불교적인 신앙의 작용을 통해 기묘한 융합을 탄생시켰다. 이와 관련하여 많은 차용 — 그리스-불교적, 인도-갠지스적, 또는 이란-불교적 — 들이 지적되었고, 이는 쿠차 부근의 키질 벽화에서 확인할 수 있으며 악캥이 소위 제1기 키질양식(450-650년경) 또는 제2기 키질양식(650-750년경)으로 분류한 것 중 어느 하나에 속하는 것들이다.45)

또한 유난히 사산조적인 특징을 보이는 불화가 호탄의 동쪽 단단 오일릭에 있는 목판화에서 보이고(650년경), 마지막으로 키질의 제2기 사산-불교양식 — 동시에 아잔타를 연상시키는 인도적 영향 — 은 심지어 베제클릭·무르툭Murtuk·셍김Senggim과 같은 투르판 석굴군의 벽화에까지 확산되었다. 악캥이 지적했듯이 이러한 인도·헬레니즘·이란적인 영향에 더하여 중국적인 영향도 쿠차 근처의 쿰투라에서, 그리고 무엇보다도 베제클릭을 위시해 중국 변경에 가장 가까웠던 투르판 석굴군의 다른 벽화에서도 느껴진다.46)

현장이 여행할 당시(630) 이 문명의 교차로에서의 문화는 최고점에 도달해 있었는데 특히 쿠차에서 그러했다. 타림의 인도-유럽계 오아시스 중에서도 쿠차는 인도-유럽적인 면모가 가장 잘 드러나는 곳의 하나였는데, 그것은 뻴리오, 스타인, 르 콕의 원정대가 발견한 쿠차어로 된 풍부한 불교문헌들을 통해서 확인된다. 산스크리트어로 Kuchi, 한자로 龜玆로 전

---

44. Pelliot, "Le Cha-tcheou Tou tou fou t'ou king et la colonie sogdienne du Lob-nor," *JA*, I(1916), p. 120.
45. Hackin, "L'art indien et l'art iranien en Asia Centrale," p. 253과 "Buddhist Art in Centrale," p. 12.
46. Cf. Hackin, "Reserches archéologiques en Asie Centrale," *RAA*(1936).

사되는 쿠차라는 이름은 그곳의 토착민들 — 그 전에는 토하라인이라고
했던 — 의 발음으로 Kütsi라는 것과 매우 긴밀하게 연관되어 있는 것으
로 보인다.47)

불교적인 영향 하에서 쿠차 방언 — 한때 동양학자들이 이 인구어를
토하라 B언어라고 명명하였지만 최근에는 간단히 쿠차어로 불린다 — 은
문어가 되었고, 5세기부터 7세기까지 산스크리트어 경전의 일부가 그 언어
로 번역되었다.

이렇게 해서 쿠차 사회는 인도의 지적인 유산이라고 할 수 있는 불교
문명과 접촉하고, 나아가 이란과의 대상무역에서 재화를 축적하고 그 물질
문명을 복제함으로써, 키질과 쿰투라의 경전과 벽화에서 엿볼 수 있듯이
놀라운 성취를 이룩했던 것으로 보인다. 그것은 시간과 공간의 측면에서
거의 역설적이라고 할 수 있으니, 중앙아시아에서 아리안주의Arianism의
아름다운 꽃이라고 할 만한 이 우아하고 세련된 사회가 투르크-몽골 유목
민들이 몇 걸음이면 달려올 수 있는 곳, 즉 야만세계의 코앞에서 그리고
원시적인 사람들로 이루어진 가장 미개한 사회에 의해 소멸되기 직전에
활짝 꽃을 피웠다는 사실을 생각하면 마치 꿈과 같은 일이다. 이 사회가
초원의 가장자리에 위치하여 비록 사막의 보호를 받지만 매일같이 유목민
의 잔인한 습격에 위협을 느끼면서도 그렇게 오랫동안 생명을 유지했다는
것은 기적처럼 보인다.

키질 벽화를 통해 재생된 번쩍이는 쿠차의 기사들은 마치 시간의 흐

---

47. Cf. Pelliot, "Note sur les anciens noms de Koutcha, d'Aqsu et d'Utch-
    Turfan," *TP*(1923), p. 127 ; "Tokharien et Koutchéen," *JA*(1934), pp. 86-
    87 ; H. Lüders, "Weitere Beiträge zur Geschichte und Geographie von
    Osttürkistan," *Sitz. der preuss. Akad. der Wissenschaft*(Berlin, 1930), p.
    17. 소위 '토하라 A어' 문헌이라는 데에서 Sieg는 *ârçi*라는 이름이 토하라인을 지
    칭하는 것이며 Asioi·烏孫·Alan 등의 이름은 이미 이것과 관계를 맺기 시작하고
    있었다고 보았다. 그러나 Bailey는 *ârçi*가 단지 산스크리트 단어 *ârya*를 나타내는
    Prakrit 단어 *ârça*의 '토하라화'한 형태라고 지적하여 Sieg의 주장이 잘못된 번역
    의 한 예임을 증명하였다. Cf. Bailey, "Ttaugara," *BSAS*, VIII, 4(1936), p.
    912.

름을 거역하고 페르시아의 어떤 세밀화에서 나온 것처럼 보인다. 깨끗한 달걀모양으로 생긴 섬세한 얼굴, 약간의 콧수염을 제외하고는 꼼꼼하게 면도된 모습, 길고 반듯한 코와 활처럼 휜 눈썹, 잘룩한 허리와 길고 여린 신체, 이 모든 요소들은 마치 티무르조의 『제왕사기帝王史記』(Shah-nama)에서 묘사된 사람들처럼 모두 극히 이란적인 신체적인 유형을 보여준다.

복장도 마찬가지이다. 먼저 궁정복장을 살펴보면, 길고 반듯한 코트는 허리쯤에서 금속 허리띠에 의해 여며지고, 이미 사산조 양식과 유사한 아프가니스탄의 바미얀 벽화에서 나타났듯이 앞가슴 부분에는 커다란 깃이 젖혀져 있으며, 땋은 머리, 염주, 꽃장식 등은 까마득한 옛날부터 존재했던 이란식의 장식에서 빌려온 것이었다.

다음으로 군복을 살펴보면, 원뿔형 투구, 쇠미늘 갑옷, 긴 창, 베고 찌르는 큰 칼로 무장한 키질 벽화의 당당한 기사들은 완전히 '페르시아적인' 우아함을 연상시키고 사산조 페르시아적인 특징을 지니고 있다. 끝으로 허리에 꼭 끼는 코르셋과 풍만한 치마를 입고 있는 키질이나 쿰투라 벽화의 귀부인과 시주여인들은 — 그것이 불교적인 주제임에도 불구하고 — 실크로드를 따라 존재하는 모든 중간 기착지와 타림분지의 풍요로운 여러 대상도시들 가운데에서도 특히 쿠차가 환락의 도시로 유명했고 멀리 중국에서도 사람들 사이에 그 음악과 무희와 매춘부들이 회자되었다는 사실을 떠올리게 한다.

타림분지에 대한 당조의 속령 설치

통합력을 지닌 불교의 영향을 받았음에도 불구하고 쿠차의 물질문명은 주로 이란적인 것으로 남아 있었지만, 투르판(고창高昌)은 이런 점에서 중국에게 더 강한 영향을 받았다.48) 쿠차 지역(키질)의 벽화와 투르판 지

---

48. 당의 지배 하에 있던 투르판 왕국의 수도는 현재 그 이름을 쓰고 있는 지역에 위

역(무르툭·셍김·베제클릭)의 벽화를 비교해보면 이런 측면이 더욱 분명해진다. 인도-이란적인 특징은 쿠차를 거치면서 점차 당적인 미로 용해되어간다. 중국에 가깝다는 것은 이 지역의 역사뿐만 아니라 이 같은 문화적인 편향도 설명해주고 있다.

투르판 지방은 507년 이후 중국에 기원을 둔 국씨鞠氏 왕조가 지배하고 있었다. 609년 국백아麴伯雅는 중국의 양제를 방문하여 충성을 맹세했다. 그의 아들인 국문태麴文泰(620-640) 역시 중국의 구법승 현장을 진심으로 환영했는데, 사실 그것은 너무 지나쳐 손님의 출국을 거의 막았을 정도였다(629년 말과 630년 초). 잘 알려져 있는 이 일화는 적어도 그 군주의 중국문화에 대한 취향과 열렬한 불심을 보여준다. 같은 해(630) 국문태는 태종을 찾아가 충성을 맹세했지만 재위 말년에는 당조의 종주권에 대해 반란을 일으켰다(640). 태종은 장군 후군집侯君集을 파견했고, 중국 군대가 다가오자 국문태는 충격으로 죽었다. 투르판은 점령·합병되어 중국의 한 주州의 소재지가 되었고 그 뒤 '안서安西'의 행정 소재지가 되었다(640).

카라샤르(산스크리트어로는 아그니Agni, 한자로는 언기焉耆) 왕국은 쿠차만큼이나 화려한 인도-유럽 문화의 중심이었던 것으로 보인다.[49] 쿠차에서처럼 불교 덕택에 인도에서 종교문화가 수입되었고, 물질문화는 부

치해 있지 않았고, 더 동쪽인 Idiqut Shahri에 있었으며 그곳은 옛날의 Qara-khoja이기 때문에, 자연 현재의 Qarakhoja와는 일치하지 않는다. Cf. Pelliot, "Kao-tch'ang, Qotcho, Houo-tcheou et Qara-khodja," *JA,* I(1912), p. 579. 투르판에 대한 중국 자료(『新唐書』)의 번역은 Chavannes, *Documents,* pp. 101-110, 요약은 Sylvain Lévi, *Fragments des textes koutchéens*(Paris, 1933), p. 15.

49. 산스크리트어 전사로는 Agni로 나타나는 카라샤르의 '토하라어'와 소그드어의 이름(Arg와 Ak?)에 대해서는 Pelliot, "À propos du tokharien," *TP,* p. 265와 Henning, "Argi and the Tokharians," *BSAS*(1938), p. 564를 참조. 카라샤르에 대한 정보를 기록한 중국자료(『新唐書』)의 번역은 Chavannes, *Documents,* pp. 110-114, 요약은 Lévi, *Fragments,* pp. 8-15. 카라샤르의 산스크리트 이름이 Agni라고 한 확증은 Lüder, "Weitere Beiträge," p. 20에 의거했다.

분적으로 이란에서 빌렸으며, 예술의 대부분은 그리스-불교적인 아프가니스탄의 것을 연상케 한다. 베를린에 보관되어 있는 카라샤르의 스터코들은 핫다Hadda에서 출토되어 기메 박물관에 소장된 것들과 놀라울 만큼이나 흡사하다.

그러나 당조는 그곳에 대해서도 역시 군사력을 행사했다. 632년에 카라샤르는 태종의 종주권을 인정했지만 640년에는 군주(한자로는 돌기지突騎支로 기록)가 투르판의 합병에 놀라 서돌궐과 연합하여 당조에 반기를 들었다. 그를 치기 위해 태종이 보낸 곽효각은 율두즈 쪽에서 카라샤르로 접근하는 계략을 사용하여 야음을 틈타 접근해 새벽에 놀란 도시를 기습함으로써 점령했다. 그는 전에 폐위된 친중국적인 율파준栗婆準이라는 왕의 동생을 군주로 앉혔다(640).

몇 년 뒤 율파준은 쿠차인들과 돌궐의 지원을 받은 조카 아나지阿那支에게 쫓겨났다. 돌궐의 왕자로 당조에 봉사하고 있었던 장군 아사나사이阿史那社爾가 태종에 의해 이 도시를 진압하기 위해서 임명되어 카라샤르로 진군해와서 반란을 일으킨 사람들을 참수하고 그 왕가의 다른 사람을 왕으로 앉혔다(648).

카라샤르 다음 차례는 쿠차였다.[50] 쿠차는 쿠차어로 스와르나Swarna라는 가문(산스크리트어로는 수바르나Suvarna, 한자로는 소벌蘇伐) 즉 '황금 가문'이 지배하고 있었다. 618년 한자로 소벌발사蘇伐勃馱(산스크리트어로 Suvarna Pushpa 즉 '황금의 꽃'을 의미)로 알려진 군주는 중국 황제 양제에게 충성을 맹세하였다. 중국 기록에 소벌첩蘇伐疊(쿠차어로 Swarnatep, 산스크리트어로 Suvarna Deva 즉 '황금 신발'을 의미)이라고 되어 있는 그의 아들 역시 열렬한 불교신자로 630년 현장을 거창하게 맞이하였다.

비록 그와 그의 백성들이 소승(Hinayana)으로 알려진 불교를 믿고 있어서 대승(Mahayana)이었던 현장과 다르다는 점은 문제가 되지 않았

---

50. 쿠차의 역사를 기록한 중국자료(『新唐書』)의 번역은 Chavannes, *Documents*, pp. 114-121, 요약은 Sylvain Lévi, "Le 'Tokharien B', langue de Koutcha," *JA*, II(1913).

다.51) 같은 해 스와르나텝(소벌첩)은 태종의 속신임을 공언했지만 이후 태종의 개입정책에 불만을 품고 그에 반해서 서돌궐과 연합하였고, 644년에는 조공을 거부하고 중국에 대해 반란을 일으킨 카라샤르인들을 지원했다. 그는 응징을 받기 전에 사망해 동생인 가려포실필訶黎布失畢(산스크리트어로 Hari Pushpa 즉 '신성한 꽃'을 의미)이 그를 계승하였다.52) 장차 다가올 재난을 걱정한 이 새로운 왕은 서둘러 중국 조정에 충성의 맹세를 전달했지만(647) 이미 때가 늦었다. 이미 아사나사이가 중국 정규군과 돌궐인, 그리고 철륵 보조부대와 함께 서역을 향해 출발했기 때문이다.

아사나사이는 반란을 일으킨 쿠차와 연합했던 투르크계 두 부족, 즉 고성 근처에서 유목하던 처월處月과 마나스 강가에 있던 처밀處密을 격파함으로써 쿠차에 대한 그들의 지원 가능성을 없애버렸다. 거기서 그는 쿠차로 내려갔다. 국왕 가려포실필이 그의 부대와 함께 출격하자 아사나사이는 전래의 유목민 전술에 따라 후퇴하는 척하며 그를 사막으로 유인한 뒤 그곳에서 결정적인 패배를 가했다. 이 전투에서 이란문화의 화려한 그 기병들 즉, 키질 벽화의 그 용사들은 크레시Crécy와 아갱쿠르Agincourt와 같은 처지가 되었다.53) 중국에 고용된 투르크 용병들은 정복자로서 쿠차에 입성한 다음 그 왕인 '신성한 꽃'을 악수(발환撥換) 서부 변경의 초소까지 추격해서 그곳을 포위하고 그를 붙잡았다.

한편 서돌궐로부터 구원병을 구하러 갔던 쿠차의 한 귀족(한자로는 이름이 나리那利)이 예상치 않게 돌아와 기습공격을 감행하여 장군 곽효각을 죽였다. 아사나사이는 무자비하게 보복하여 1만 1,000명의 목을 베었다. "그는 다섯 개의 큰 성을 파괴하고, 남녀 만여 명을 죽였다. 서역은 공포에 휩싸였다."(647-648). 잡힌 쿠차의 왕 가려포실필은 장안에 있는 태종에게로 와서 이마를 바닥에 조아렸다. 이 왕자의 동생 '야브구'가 당조

---

51. 현장, 『大唐西域記』의 번역, Julien, p. 48.
52. 쿠차어로 꽃은 *pyapyo*이다(Lévi, *Fragments des textes koutchéens*, p. 140).
53. [역자] 그루쎄는 쿠차인들이 자기 영역 안에서 외적에게 패배한 것을 프랑스가 백년전쟁 당시에 자신의 땅인 프랑스에서 영국군에게 패배한 Crécy와 Agincourt의 고사로써 비유하고 있다.

에 의해 쿠차의 왕으로 임명되었지만 엄격한 감시 하에 있었다.

쿠차와 키질의 화려한 인도-유럽계 사회는 이 같은 재난에서 회복되지 못하였다. 1세기에 걸친 중국의 지배 이후 8세기 중반 중국이 또다시 쿠차에 대해 관심을 상실하게 되었을 때 권력을 장악한 것은 지난날의 인도-유럽계 귀족들이 아니라 투르판의 경우처럼 위구르계 투르크인들이었다. 이 고대의 인도-유럽계 국가, 즉 '외곽 이란'(Outer Iran)은 '동양적 투르키스탄'(Oriental Turkestan)이 되었다.

타림분지의 서부에 위치한 카쉬가르(소륵疏勒) 왕국에는 분명 옛 사카인들의 후예가 아마 그들의 언어인 동부 이란어를 사용하며 살고 있었다. 현장은 카쉬가르인들은 푸른 눈, 아니 그의 표현처럼 "녹색의 눈동자"를 갖고 있었는데, 이는 독일의 작가들이 '아리아주의'라고 부르는 것이 그 사람들 사이에 지속적으로 존재했음을 보여주는 진귀한 자료이다. 현장은 또한 그들의 문자가 인도에서 기원했고, 비록 사산조의 마즈다교의 추종자들이 있기는 했지만 주도적인 종교는 소승불교라는 사실도 지적하였다. 반면에 야르칸드(사차莎車) 왕국에는 대승불교가 유행하였다. 마지막으로 누에를 기르기 위한 뽕나무 재배와 카펫 생산, 그리고 옥의 생산 등으로 부유했던 호탄(우전于闐) 오아시스는 산스크리트어를 열심히 공부하고 대승불교가 유행하던 불교의 중요한 중심지의 하나였다. 당시 지배왕조의 이름은 단지 한자 전사인 위지尉遲로 알려져 있을 뿐이다.

태종이 즉위한 이후에 이 세 곳의 왕국은 중국에 충성을 맹세했는데, 카쉬가르와 호탄은 632년, 야르칸드는 635년에 충성을 맹세했다. 635년에 호탄의 왕은 그의 아들을 조정에 보냈다. 648년 아사나사이가 쿠차를 정복하였을 때 부관인 설만비薛萬備를 경기輕騎들과 함께 호탄으로 보냈다. 공포에 질린 호탄 왕(복도신伏闍信)은 중국 조정으로 불려와 책봉과 은사를 받고 되돌려 보내졌다.[54]

---

54. 중국자료(『新唐書』)의 번역은 Chavannes, *Documants*, pp. 121-128. Cf. Sten Konow, "Khotan Studies," *JRAS* (1914), p. 339 ; Lévi, "Les rois Fou-tou de Khotan," *Ibid.*, p. 1020 ; F. W. Thomas, "The Language of Ancient Khotan," *AM*, II, 2 (1925), p. 251.

중앙아시아의 주인 당조

이러한 정복이 완료되었을 때 중국의 직접적인 권위는 파미르 지역까지 확대되었다. 중앙아시아를 정복한 태종의 자부심은 이해할 만하다. 『신당서』에 기록된 그의 말에 따르면 "옛날에 야만인을 정복한 사람은 진시황제와 한무제뿐이다. 그러나 짐은 석 자짜리 칼로 200여 개의 나라를 정복하고 사해를 평화롭게 했고, 멀리 있는 야만인들은 하나씩 복속을 청해 왔다."[55] 그의 명망은 투르크들 사이에서도 대단했다. 그는 그들을 정복했을 뿐 아니라 그들을 결집시켰고 투르크-몽골적인 방식으로 개인적인 충성의 끈으로 자신에게 묶어두었다. 실제로 다음 세기 호쇼 차이담 비문에 기록된 것처럼 그는 어떻게 '중국인 카간'이 될 수 있는지를 알고 있었다.

그가 투르크들을 끌어모으는 능력에 대한 가장 특징적인 예는 『신당서』에 기록되어 있는 아사나사이에 대한 일화가 보여주고 있다.[56] 동돌궐의 카간 씨족(카간 힐리의 동생)인 이 칸은 636년에 당조와 연합하였다. 그가 태종 휘하의 중요한 장군이 되자 황제는 그 대가로 그에게 당조의 공주를 주었다. 우리는 카라샤르·쿠차 등지에 대한 중국인들의 정복전에서 그가 어떠한 역할을 했는지를 살펴보았다. 그의 충성심은 어찌나 대단했는지 태종이 죽자 이 늙은 용병은 '황제의 능침을 지키기 위해' 유목민의 방식대로 그의 무덤에서 자살하기를 바랄 정도였다.

이렇게 중앙아시아의 원정에 참여한 역전의 병사들에게는 시인 이백李白이 「행행차유렵편行行且遊獵編」에서 찬양한 구절이 딱 들어맞을 것이다. "변방에 사는 사람은 그의 일생을 통틀어 책을 펼쳐본 적도 없지만 사냥을 할 줄 알고, 능숙하고 강인하며 용감하다. 가을에 말이 살 찌는 것은 초원의 풀이 그들이 원숙해지기에 알맞기 때문이다. 그가 질주할 때 그의 모습은 얼마나 훌륭하고 당당한가! 그의 채찍소리가 눈을 가르고, 그의 빛나는 칼집에서는 소리가 난다. 그는 독주로 기운이 북돋우면 매를 불러 싸움터로 말을 달린다. 힘으로 당겨진 그의 활은 결코 목표를 놓치는 법이

---

55. 『新唐書』의 번역은 Chavannes, *Documents*, p. 121.
56. *Ibid.*, pp. 174-178.

없다. 사람들은 그를 위해 길을 비켜준다. 왜냐하면 그의 용맹과 호전적인 기상이 고비에서 유명하기 때문이다."57)

태종의 아들인 고종高宗(650-683)은 재위 초기에 아버지의 사업을 완성했다. 그는 서부에 있는 돌궐에 노력을 집중했다. 당시 서돌궐은 둘로 나뉘어 있었는데, 이식쿨 서남부의 노실필과 동북부의 돌육이었다. 이런 분열은 기본적으로 중국의 정책에 부합했다. 돌육의 카간 하로賀魯(651-657)는 잠시였지만 노실필 부족으로부터 인정을 받아서 서부의 칸국을 부활시켰고 곧바로 중국의 종주권에 대해서 반란을 일으켰다. 이에 대응하기 위해 중국은 중국의 정책을 잘 따르던 파윤婆閏을 칸으로 하면서 항가이 산맥의 주변에서 유목하던 위구르계 투르크(이전의 철륵)인들과 연합하였다.

이런 지원에 힘을 얻어서 중국의 장군 소정방蘇定方은 바람이 휘몰아치는 서북의 황야로 출정하였다. 겨울이 다가오고 있어서 두 자 정도의 눈이 쌓여 있었다. 중국의 장군은 병사들에게 "안개는 어디든지 어둡게 만든다. 바람은 얼음같이 차갑다. 야만인들은 우리가 이런 계절에 원정할 수 있을 것이라고는 믿지 않는다. 신속히 진군하여 그들을 놀라게 해주자"라고 말했다. 그는 준가리아의 에비 노르 근처에 있는 보로탈라 강에서 하로와 조우하여 정말로 그들을 놀라게 하였고, 이어 그를 이식쿨의 서쪽에 있는 추 강가에서 격파해서(657) 타쉬켄트로 도망하게 했다. 이것이 하로의 최후였다. 왜냐하면 타쉬켄트인들이 그를 잡아서 중국으로 보냈기 때문이다.58) 그러자 조정은 중국에 충성을 바치던 투르크인 아사나미사阿史那彌射를 돌육의 새로운 카간으로 임명했고(657-662), 노실필은 중국측의 후원을 받던 아사나보진阿史那步眞을 그들의 칸으로 받아들였다.

---

57. [역자] 李白의 원문은 다음과 같다. 원문과 달리 위의 번역에는 생략된 부분이 있다. 邊城兒, 生年不讀一字書, 但知遊獵誇輕趫. 胡馬秋肥宜白草, 騎來蹋影何矜驕. 金鞭拂雪揮鳴鞘, 半酣呼鷹出遠郊. 弓彎滿月不虛發, 雙鶬迸落連飛髇. 海邊觀者皆辟易, 猛氣英風振沙磧. 儒生不及遊俠人, 白首下帷復何益.
58. *Ibid.*, pp. 32-38, pp. 59-66.

돌궐의 마지막 불꽃 : 카파간 카간[59]

중국 당조가 중앙아시아에서 모든 목적을 성취한 것처럼 보였을 때 갑자기 상황이 바뀌었다. 후궁들의 음모에 좌지우지되던 유약한 군주 고종의 치세 후반기인 665-683년 사이 이 지역들에 대한 중국의 지배력은 약화되었다. 665년부터 서돌궐의 두 집단(노실필과 돌육)은 중국에서 임명한 카간에 대해 반란을 일으켜 독립을 회복하였다. 다음으로는 당시 야만인이나 크게 다를 바 없던 티베트인(토번吐蕃)들이[60] 타림분지로 밀려들어와 안서사진(카라샤르·쿠차·호탄·카쉬가르)이라 불리는 지역을 중국으로부터 빼앗았다(670). 더 중요한 것은 630년 태종에 의해서 멸망된 동돌궐이 옛 카간 씨족의 후손인 쿠틀룩Qutlugh('행운'을 의미)의 지휘 하에 부흥한 것이다. 그는 호쇼 차이담 비문에서 일테리쉬 카간Ilterish Qaghan이라는 이름으로 기억되고 있다.

쿠틀룩의 아들이 세운 이 비문은 오르콘에 있던 투르크 칸국의 부흥이 민족적인 감정과 같은 것이 용솟음친 결과라는 점을 보여주고 있다.[61] "투르크 일반 부족민은 '나는 나라가 있는 부족민이었다. 내 나라는 지금 어디 있는가? 나는 누구를 위해 여러 나라를 정복하는가?'라고 말했다. '나는 카간이 있는 부족이었다. 내 카간은 어디 있는가? 나는 어느 카간에게 봉사하고 있는가?'라고 말했다. 이렇게 말하고는 타브가치(중국) 카간에게 적이 되었다. 적이 되었으나 자신을 정리하고 조직하지 못하였다. 또다시 (타브가치 사람들에게) 예속되었다 한다. (타브가치 사람들은) 이만큼

---

59. [역자] 그루쎄는 돌궐 제2제국의 2대 카간인 카파간을 한문 자료에 나오는 默啜이라는 이름으로 서술하고 있으나, 여기서는 돌궐 비문에 기록된 대로 Qapaghan Qaghan(혹은 Qapghan Qaghan)으로 바꾸었다.
60. 티베트 문서는 敦煌으로부터 Pelliot가 가지고 왔고(Bibliothèque Nationale, Pelliot Fund), J. Bacot의 연구에 의해 종래 7세기 티베트 왕들의 시기로 여겨졌던 티베트의 전반적인 불교로의 개종이 후대에 이루어졌다는 것이 증명되었다 (Bacot, comunication to the Société Asiatique, 1937).
61. Thomsen, "Inscriptions de l'Orkhon," p. 100.

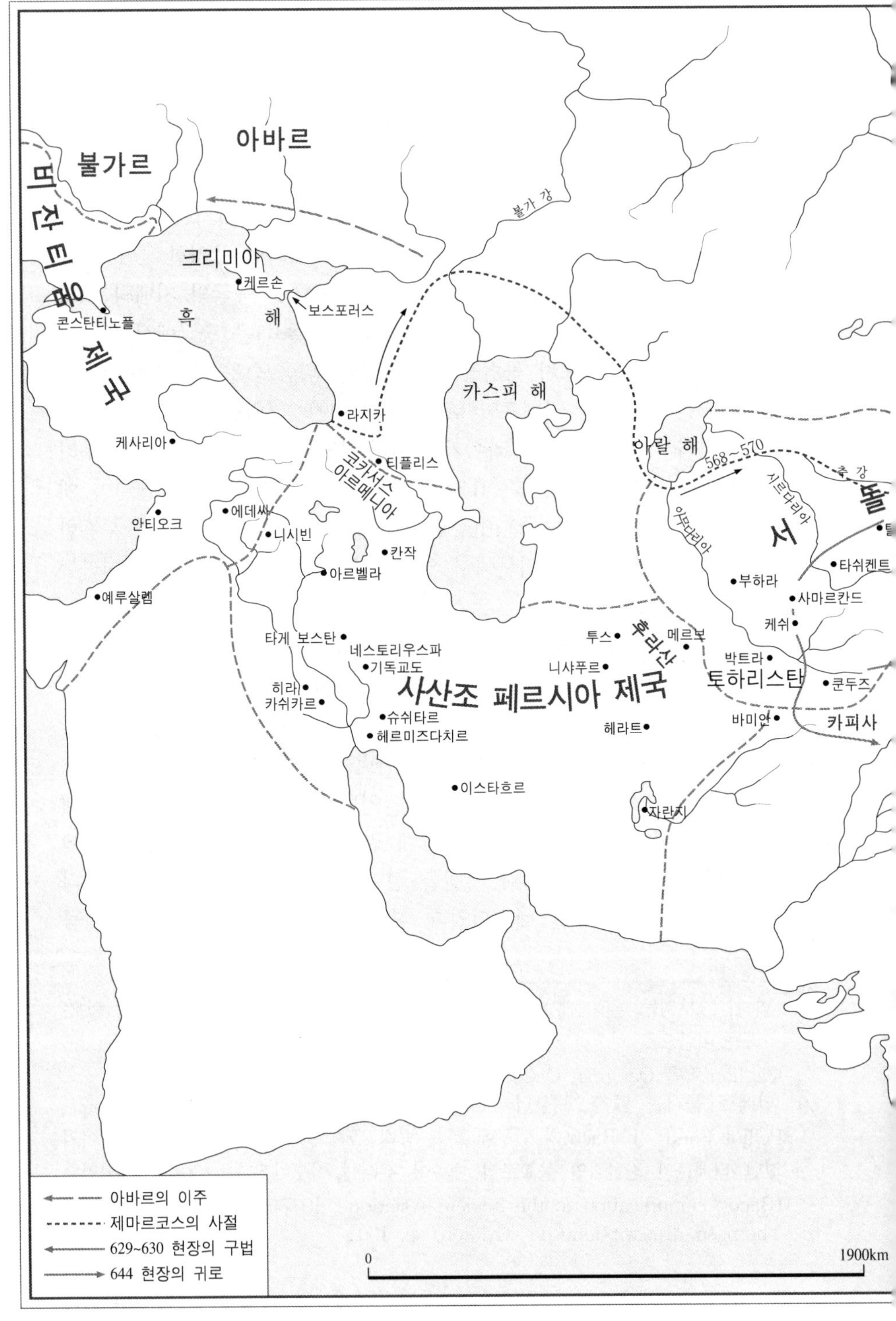
불가르
아바르
비잔티움 제국
크리미아
케르손
콘스탄티노플
흑 해
보스포러스
볼가 강
카스피 해
아랄 해
568~570
추 강
라지카
케사리아
티플리스
코카서스
아르메니아
서
돌
타쉬켄트
에데싸
니시빈
칸작
부하라
사마르칸드
안티오크
아르벨라
케쉬
예루살렘
타게 보스탄
네스토리우스파
기독교도
투스
후라산
메르브
니샤푸르
박트라
히라
카쉬카르
쿤두즈
토하리스탄
슈쉬타르
헤라트
바미얀
헤르미즈다치르
카피사
사산조 페르시아 제국
이스타흐르
자란지
아바르의 이주
제마르코스의 사절
629~630 현장의 구법
644 현장의 귀로
0
1900km

바이칼 호
미누신스크(테스고분 6세기)
오르콘
가한정
거란
철록
제 국
동돌궐 제국
안문
대동
투르판
하미
태원
카라샤르
삭방
업
쿠차
이란-불교문화의
인도-유럽계 오아시스
돈황
장액
토 욕 혼
양주
낙양
남경
쿠쿠 노르
용문
장안
티 베 트
양자 강
수(隋)
날란다
보드가야
도

돌궐 제국 ~ 6세기 말과 7세기 초

봉사한 것은 생각지도 않고 '투르크 부족을 죽여야겠어. 그들의 씨를 말려 야겠어'라고 말했다. (투르크 부족은) 전멸될 지경이었다 한다. 위에 있는 투르크의 텡그리와 투르크의 신성한 땅과 물이 분명 이렇게 말했다. 투르 크 부족민은 없어지지 말라고, 부족이 돼라고, 나의 아버지 일테리쉬 카간 Ilterish Qaghan과 나의 어머니 일 빌게 카툰Il Bilge Qatun을 텡그리가 높은 곳으로 들어올렸다."

비문에 기록한 것처럼 오르콘 제국의 부흥자는 소규모 집단의 지도자 로 시작했다. "내 아버지 카간은 17명의 군사와 함께 반란을 일으켰다. ……70명이 되었다. 텡그리께서 힘을 주셨기 때문에, 나의 아버지 카간의 군사들은 늑대 같았고 적은 양과 같았다. 동으로 서로 출정하여 (사람을) 모았다. 모두 700명이 되었다. 700명이 되어 나라 없이 카간 없이 남은 부족민을, 계집종이 되거나 사내종이 된 부족민을, 투르크의 풍습을 버린 부족민을 내 조법祖法에 따라 교화하고 가르쳤다. ……남쪽으로는 타브가 치 사람들이 적이었고, 북쪽으로는 토쿠즈 오구즈Toquz Oghuz 부족들이 적이었다. 키르키즈Qirqiz·쿠리칸Quriqan[62]·오투즈 타타르Otuz Tatar· 거란(Qitan)이 모두 적이었다. 내 아버지 카간은 이처럼 마흔일곱 번 출 정했고 스무 번 싸웠다. 텡그리가 시켰기 때문에 나라가 있는 자들을 나라 없게 만들었고, 카간이 있는 자들을 카간 없게 만들고, 적들을 복속시키고 힘있는 자를 무릎 꿇게 하고 오만한 자들을 머리 숙이게 했다."[63]

이렇게 해서 동돌궐 칸국은 외튀켄 산지(대체로 항가이 산맥 지역)와 오르콘 상류의 전통적인 핵심지역에서 재건되었다.[64] 이런 업적을 이룬 쿠틀룩은 탁월한 정치가였던 톤유쿡Tonyuquq(Toñyuquq)의 치밀한 도 움을 받았었는데, 그는 한때 산서성 북부 — 현재 귀화성歸化城 — 근처 에 있는 운주雲州의 변경지역에서 중국의 행정관리직을 세습했던 가문 출

---

62. Quriqan은 바이칼 호의 서부 지역에 거주했던 것으로 추정된다.
63. Thomsen, "Inscriptions de l'Orkhon," pp. 101-102.
64. 빌게 카간의 비문에는 "제국을 통치하는 자리는 외튀켄 삼림이다"라고 되어 있다 (*Ibid.*, p. 116). 그 위치는 Thomsen, *ZDMG*, vol. 78(1924), p. 123에서 비정 되었다.

신이었다. 1897년 툴라 상류 계곡에서 발견된 그의 묘비명은 『신당서』의
자료로 보충하면 이 독특한 인물을 재구성하는 데 도움이 된다.65)

태종 시기 이래 많은 돌궐의 지배층처럼 톤유쿡도 중국의 교육을 받
았다. 그러나 쿠틀룩이 투르크의 독립을 이룩했을 때 톤유쿡은 그와 합류,
그의 조언자로서 최고의 참모가 되었다. 그는 새로운 카간에게 자신이 알
고 있는 중국의 관습과 정신상태와 정치, 나아가 고종을 딱한 처지로 몰아
넣은 궁정의 음모로 인해 약화된 중국의 사정까지 모두 알려주었다.

682년 쿠틀룩과 톤유쿡은 산서 북부를 공격하였다. 683년 3월 쿠틀룩
은 규주嬀州(북경의 서북쪽 남구南口의 북부에 있는 회래현懷來縣) 지역을
폐허로 만들었고,66) 그 후 산서와 하북의 변경은 해마다 약탈에 시달려야
했다. 683년 4월 쿠틀룩과 톤유쿡은 현재 수원綏遠인 선우도호부單于都護
府를 황폐화시켰다. 6월 그들은 울주蔚州(대동의 남서에 있는 영구靈丘)의
자사刺史를 죽이고, 풍주豊州(섬서의 북부에 있는 유림榆林)의 도독都督을
사로잡았으며 산서 서북에 있는 양주梁州67)를 약탈하였다.68) 684년 가을
그들은 삭주朔州(산서의 북부에 있는 삭평朔平) 방면을 약탈했고, 685년 5
월에는 흔주忻州(태원의 북부)까지 들이갔지만 그곳에서 중국 군대에게 패
배했다. 687년 4월에는 북경의 서북에 있는 삭평까지 약탈을 하였고, 그해
가을 돌궐은 신서에 있는 삭주 근처를 공격하였지만 결국 밀려나고 말았
다.

한편 고종 황제의 죽음(683년 12월 26일)으로 무후武后(무측천武則天)
가 정권을 장악했다. 그녀는 뻔뻔하고 극도로 독재적인 여성이었지만 행정
에는 대단한 열의와 재능을 갖고 있었다(684-705). 그녀는 비록 국경 안
에서는 전제적이었을지 모르지만 대외적으로는 과거 중국의 대외정책으로

---

65. Radloff, *Die alttürkischen Inschriften der Mongolei*, II(Radloff, "Die
   Inschriften des Tonjukuk," F. Hirth, "Nachworte zur Inschrift des To-
   njukuk"; V. V. Barthold, "Die alttürkischen Inschriften und die arabi-
   schen Quellen").
66. Cf. Radloff, *Alttürkischen Inschriften*, II, p. 31.
67. [역자] 원문에는 Lanchow(蘭州)로 되어 있다.
68. Hirth, "Nachworte," pp. 56-58에서 확증하고 있다.

되돌아갔다. 예를 들어 그녀가 보낸 장군들은 티베트로부터 타림분지의 안서사진 — 카라샤르와 쿠차는 692년에, 카쉬가르와 호탄은 694년에 — 을 회복했다.[69]

앞에서 지적한 것처럼 그녀는 산서와 하북의 변경지역을 거의 매년 약탈하던 쿠틀룩의 동돌궐에 대해서는 성공적이지 못하였다. 그녀는 당시 일리 하류를 따라 세미레치에에 거주하고 있던 투르크 부족의 하나인 튀르기쉬Türgish[70]를 지원하여 그를 측면에서 공격하려 했다. 그러나 튀르기쉬의 카간 오질륵烏質勒은 쿠틀룩에게 패배해 포로가 되어 그의 종주권을 인정할 수 밖에 없었기 때문에(689)[71], 그녀의 그 같은 노력은 아무런 성과를 거두지 못하였다.

쿠틀룩은 691년 8월에서 11월 사이에 죽었다.[72] 그를 계승한 사람은 아들이 아니라 동생인 묵철默啜(뻴리오는 이것이 투르크어 Bäk-chor의 전사라고 입증)이었다. 그는 바로 동돌궐에게 최고의 절정기를 가져온 군주로서 오르콘 비문들에서 카파간 카간Qapaghan Qaghan으로 불린 인물(691-716)이었다.[73] 그는 당조의 궁정드라마에서 중재자로서의 역할을 하면서, 제위를 찬탈한 여제 무후에 대해 제법 노련하게 자신을 당조의 정통성을 수호하는 사람으로 부각시키는 데 성공하였다. 그녀도 자기 조카를 그의 딸과 혼인시키자고 제의함으로써 나름대로 그와 화해하려고 노력하였다. 하지만 무후의 조카가 현재 사인 노얀Sayin Noyan부의 남쪽 흑사

---

69. 『新唐書』의 번역은 Chavannes, *Documents*, p. 119.
70. Türgish의 형태는 위구르어에서 발견되고 있다. 예를 들어 A von Gabain, "Die Uigurische Üebersetzung der Biographie Hüen-tsang," *Sitz. der preuss. Akad. der Wissenschften*(Berlin, 1935), p. 24를 보시오.
71. 『新唐書』의 번역은 Chavannes, *Documents*, p. 43, p. 79. 여기에서 튀르기쉬 카간의 두 거처에 대해 얘기하고 있는데, '大庭'은 토크막 계곡에 있었고 '小庭'은 일리 북부의 弓月에 있었다. Cf. Chavannes의 언급, *Ibid.*, p. 283.
72. Pelliot, "Neuf notes sur des questions d'Asie Centrale," *TP*, 4-5(1929), pp. 206-207.
73. Cf. Stanislas Julien, "Documents sur les T'ou-kiue," *JA* (1864), pp. 413-458. 默啜과 Bäk-chor에 대해서 Pelliot, *TP*(1914), p. 450을 보시오.

黑沙(카라 쿰)에 있던 카간의 아장을 방문하자 카파간은 경멸하듯이 그를 물리쳤다(698). 그는 자신의 딸을 무후의 조카가 아니라 제위를 찬탈한 여제에게 쫓겨난 정당한 황제에게 주어야 마땅하다고 선언하였다(703). 그는 이미 그 전에 만약 그녀가 당조의 황족을 폐위시킨다면 휘하의 모든 유목민을 이끌고 제국을 공격할 것이라고 선언한 바 있었다.

카파간 카간은 만만찮은 과부를 상대로 중국을 수호하는 척하면서 중국 영역에 대한 약탈을 계속하였다. 694년 그는 영하 근처인 영주靈州를 약탈하였고, 698년에는 북경 서쪽에 있는 순화와 영구靈丘 사이의 지역과 울주蔚州를 약탈했다. 그러는 와중에도 그는 중국측과 일시적인 연맹을 결성해 요서와 열하에 있던 몽골계 유목민인 거란 ― 당시 영평 주변의 중국 변경을 공격하면서 남으로 확장하고 있었다 ― 을 쳤다.

696년 거란의 칸 이진충李盡忠이 그곳에서 중국 군대를 격파했다. 이 수령은 카파간 카간의 동맹자였는데, 얼마 후 그가 죽자 거란인들은 그의 아들을 몰아내고 돌궐과의 동맹을 깼다.74) 카파간 카간은 추방당한 그 사람을 다시 앉히기 위해 거란의 영역으로 들어갔지만 실패했다. 그러자 그는 거란에 대한 연합작전에서 중국과 손을 잡았고, 그 대신 중국으로부터 비단·쌀·무기·흉갑 등 후한 대가를 받았다. 카파간 카간과 중국의 침입을 받은 거란은 결국 붕괴되고 말았다(696-697).

무후는 카파간 카간이 자신을 영속적으로 지지할 것으로 믿었고 자기에게 도움을 준 것에 대해 감사를 표했다. 그러나 이에 대한 응답으로 카파간 카간은 영하 지역의 영무에 대한 약탈을 재개하였다. 중국 조정이 그의 오만한 요구를 거부하자 그는 선화의 남부를 무자비하게 약탈했고, 울주(이 경우 아마 대동의 동남쪽에 있는 영구)를 급습했으며 보정과 정정正定 사이에 있는 하북의 중심지 정주定州를 노략질하면서 조주趙州를 점령하였다.

그는 수천에 달하는 포로를 이동시키기 전까지 철수하지 않다가 출발

---

74. [역자]『新唐書』를 보면 이진충과 돌궐의 묵철이 동맹을 맺은 것에 대한 기록이 없고 역시 그런 이유로 인해서 거란이 돌궐과의 동맹을 깬 것 역시 확인되지 않고 있다.

에 임박해서는 그들을 모두 죽여버렸다.75) 702년에 그는 산서 북부에 있는 대주代州 지역을 황폐화시켰다. 706년 그는 중국의 장군 사탁충의沙吒忠義를 명사鳴沙 지역(돈황敦煌의 동부)에서76) 격파하고 현재 영하 근처인 영주의 변경이었던 군진을 약탈했다. 명사에서의 승리는 호쇼 차이담 비문에서도 카파간 카간의 조카인 퀼 테긴이 한 역할과 관련해 다음과 같이 기념되고 있다. "그가 스물한 살 때 우리는 차차 생귄과 싸움을 하였다. 맨처음에 타디킨 초르의 회색 말에 올라타고 싸웠다. 그 말이 거기서 죽었다. 두 번째 이쉬바라 얌타르의 회색 말에 올라타고 싸웠다. 그 말이 거기서 죽었다. 세 번째 예게르 실릭 벡의 옷을 입은 적갈색 말에 올라타고 싸웠다. 그 말이 거기서 죽었다. (적은) 그의 무기에, 그의 소매에 100개도 넘게 활을 쏘았다. 그의 얼굴에 그의 머리에 하나도 미치지 못했다. 그들이 싸웠던 것을 튀르크 벡들이여, 너희는 모두 알리라. 그 군대를 거기서 우리는 없애버렸다."77)

중국 영토에 대한 이런 약탈이 있을 때마다 카파간 카간은 수많은 포로와 엄청난 전리품을 갖고 몽골리아로 돌아왔다. 호쇼 차이담 비문에는 "그 당시에는 사내종들이 사내종을 두었고 계집종들이 계집종을 두었다. 그처럼 부유하고 그처럼 발전된 나라와 법이 있었다"라고 기록되어 있다.78)

카파간 카간은 투르크계 집단들에 대해서도 그에 못지않은 성공을 거두었다. 동쪽으로는 케룰렌 상류의 바이르쿠Bayirqu 사람들을, 북쪽으로는 예니세이 상류의 키르기즈인들을 격파했다. "창이 빠지는 눈을 헤치고 쾨그멘 산(현재의 탄누 울라Tannu Ula)을 넘어서 키르기즈 백성을 쫓아 물리쳤다. 우리는 그들의 카간과 송가산에서 싸웠다. 퀼 테긴은 바이르쿠

---

75. Julien, "Documents," p. 420.
76. [역자] 706년 묵철이 공격한 곳은 돈황 근처에 있는 명사산鳴沙山이 아니라 영주에 있는 鳴沙縣이었기 때문에 이 기술은 잘못이다(『舊唐書』 권194 상 「突厥·上」).
77. Thomsen, "Inscriptions de l'Orkhon," p. 109. [역주] 위의 주에서 다루었던 것처럼 비문의 기술과 중국자료의 기술은 상반되고 있다. 중국에서는 격퇴하고 단지 약탈을 당한 것으로 기록한 반면에 돌궐은 크게 승리한 것으로 기록하였다.
78. *Ibid.*, p. 105.

의 흰색 준마에 올라타 덤벼들었다. 한 사람을 활로 쏘았는데, 두 사람의 허벅지를 관통하였다. 그 접전에서 그들은 바이르쿠의 흰색 준마의 허벅지를 분질렀다. 우리는 키르기즈의 카간을 죽였다. 나는 그의 나라를 거기서 빼앗았다"라고 그 조카 퀼 테긴의 비문에 기록되어 있다.[79] 카파간 카간은 서쪽으로 일시적이나마 서돌궐의 두 집단인 돌육과 노실필을 복속시켰다(699).

이로써 투르크는 다시 한 번 가공할 만한 통합을 이루었고 550년의 돌궐 대제국이 거의 완전하게 재건되었다. 일리의 하류, 발하쉬 호의 남부에는 튀르기시의 칸인 사갈沙葛(706-711) — 오질륵烏質勒의 아들이자 계승자 — 이 저항을 시도하여 카파간 카간에 대항해서 서돌궐을 규합하려고 했다. 그러나 그도 711년에 패배해 카파간 카간에게 살해됨으로써 카파간 카간은 이제 중국의 국경에서 트란스옥시아나에 이르는 투르크 민족들의 유일한 군주가 되었다.[80]

퀼 테긴의 비문에는 다음과 같이 기록되어 있다. "튀르기시의 카간은 우리 투르크 부족민이었다. 그것을 몰랐기 때문에, 우리를 배반했기 때문에 그 카간을 죽였다. ……우리는 튀르기시에 대항해 알타이 산을 넘고 이르티쉬 강을 건너 전진했다. 우리는 튀르기시 부족민을 쫓아 물리쳤다. 튀르기시 카간의 군대는 볼추Bolchu에서 불처럼 폭풍처럼 왔다. 우리는 싸웠다. 퀼 테긴이 회색 말 바쉬구에 올라타 싸웠다. ……그 카간을 죽였고 그 나라를 빼앗았다. 튀르기시의 부족민들이 모두 복속하였다."

이런 승리는 일리 지역의 또 다른 투르크인 카를룩에 대해서도 계속되었다. "카를룩 백성이 오가며 반란을 일으켰다. 우리는…… 싸웠다. (퀼 테긴은) 알프 살치의 말에 올라타서 싸웠다. ……우리는 카를룩을 죽이고 빼앗았다."[81]

---

79. *Ibid.*, p. 109.
80. Marquart, *Chronologie der alttürkischen Inscriften*(Leipzig, 1898), p. 17과 p. 53 ; Chavannes, *Documents*, p. 283. Pelliot에 따르면 투르크어로 Saqal인 蘇祿에 대해서는 『新唐書』의 번역, *Ibid.*, pp. 43-44, pp. 79-81을 보시오.
81. Thomsen, "Inscriptions de l'Orkhon," p. 110, p. 111.

그러나 카파간 카간은 늙어갔고 투르크인들은 그의 잔인함과 독재에 싫증을 내기 시작하였다. 많은 수령들이 중국에 충성을 바쳤고 케룰렌 상류의 바이르쿠가 반란을 일으켰다. 카파간 카간은 그들을 툴라 강 유역에서 격파하였지만 귀환 도중 숲에서 적의 공격을 받아 죽임을 당하였다 (716년 7월 22일). 그의 머리는 바이르쿠에 의해서 중국의 사신에게 증정되었고, 그는 그것을 장안으로 보냈다.

퀼 테긴과 빌게 카간[82]

카파간 카간의 죽음은 투르크인들 내부의 심각한 혼란으로 이어졌다. 그의 조카인 정력적인 퀼 테긴 — 과거 쿠틀룩 카간의 아들 — 은 정변을 일으켰다. 그는 원정전에서 거둔 승리, 특히 숙부인 카파간 카간의 참모로서의 권위를 지녔던 그는 카파간 카간의 아들인 뵈귀Bögü와 그의 가족 모두, 그리고 죽은 카간의 참모들까지도 모두 죽였다.[83] 오직 형의 장인이었던 톤유쿡만이 살아남았다.

퀼 테긴은 제위에 오르지 않고 형 묵극련默棘連을 카간으로 지명하였는데, 그는 오르콘 비문에서 빌게 카간Bilge Qaghan('현명한 제왕')이라고 불렸고 716년부터 734년까지 몽골리아를 통치했다.[84]

한편 카파간 카간의 죽음과 그 일족 간의 분쟁에 힘입어 피복속 유목민들이 오르콘 왕조에 대해서 반란을 일으켰다. 퀼 테긴과 빌게 카간은 질서를 회복하고 그들을 다시 복속시키기 위해서 온힘을 다했다. 퀼 테긴을 위

---

82. [역자] 그루쎄는 빌게 카간을 한자로 표기된 默棘連이라는 이름으로 쓰고 있으나, 본 역서에서는 돌궐 비문에 따라 Bilge Qaghan으로 바꾸었다.
83. Cf. Pelliot, "La fille de Mo-tch'o qaghan et ses rapports avec Kül-tegin," *TP*(1912), p. 301.
84. 묵극련은 삼촌인 카파간 카간에게 Qobdo 지역에 거주하는 투르크인들을 지배하는 Syr Tardush의 칸으로 임명되었었다. [역자] 시르 타르두시의 칸으로 임명된 것이 아니라 Tardush의 *shad*로 임명되었다.

해서 빌게 카간이 세운 오르콘의 비문에는 케룰렌 중류와 상류에 각기 거주
하던 구성九姓 오구즈(Toquz Oghuz)와 구성 타타르(Toquz Tatar)[85], 그
리고 위구르와 카를룩에 대한 일련의 피비린내나는 전투가 묘사되어 있
다.[86] "토쿠즈 오구즈 사람들은 나의 부족민이었다. 하늘과 땅이 혼란하였
기 때문에 그들은 적이 되었다. 우리는 한 해에 다섯 번 싸웠다. 맨처음
토구 발릭Toghu Baliq에서 싸웠다. 퀼 테긴은 아즈만의 흰색 말을 타고
달려들었다. 여섯 명을 찔렀다. ……맞붙었을 때 그는 일곱 번째 사람을
칼로 쳤다. 투르크 부족민들은 힘이 빠졌고 상심하게 되었다."

이런 끊임없는 전투 속에서 동돌궐은 서돌궐에 대한 종주권을 포기해
야 했지만 오르콘 왕국을 보지하는 데는 성공했다. 빌게 카간은 자신의 비
문에서 "내가 동생과 함께 이렇게 이끌어서 승리하지 않았다면 투르크 부
족민은 죽었을 것이다"라고 자찬하고 있다.[87]

그가 내전으로 입은 마지막 상처를 치료할 수 있었던 것은 빌게 카간
이 당시 70세였던 톤유쿡과 상의를 했기 때문이다. 빌게 카간은 자신의
치세를 중국을 공격하는 것으로 시작하려고 했지만 톤유쿡이 그를 막았다.

위대한 황제 현종玄宗(713-755)이 이제 막 당조의 황제가 되었다. 위
대한 태종과 같은 개인적인 용기는 부족하고 궁정생활에서 벗어나고자 하
는 생각도 거의 하지 않았지만(왜냐하면 이 시기는 황금기로 징인의 조정
과 비교될 것이 없었기 때문이다), 그럼에도 불구하고 새로운 천자는 영광
을 희구했고 중앙아시아에 대한 중국의 지배를 복구하고자 했다.

중국의 내적인 정치상황에 대해서 잘 알고 있었던 톤유쿡은 그의 주
군에게, 내전으로 지쳐서 가축들은 흩어졌고 말은 야위었으며 백성들이 굶

---

85. 三十姓 타타르(Otuz Tatar)는 약간 떨어져 있다. Thomsen, "Inscriptions de
    l'orkhon," p. 140.
86. 위구르Uighur 또는 과거 철륵은 아마도 Tarbagatai 지역 — 몽골의 알타이 지
    역 남서부 — 에서 유목을 하고 있었다. 카를룩은 분명히 발하쉬 호의 동쪽 끝에
    서 유목하고 있었다. 위구르의 수령은 카를룩과 마찬가지로 *eltäbär*의 칭호를 갖
    고 있었다. Cf. *Ibid.*, pp. 127-128.
87. *Ibid.*, p. 112, pp. 125-126. [역자] 그루쎄는 이 구절이 퀼 테긴 비문에 나오는
    것으로 썼으나 실은 빌게 카간 비문(동면 33행)에 나오는 것이다.

주린 상태에 있는 투르크가 이제 생기를 되찾고 있는 중국을 공격하는 것
은 성급한 일이라고 분명하게 설명했다. 그러자 빌게 카간은 전혀 반대방
향의 극단으로 나아가, 투르크인들을 획정된 지역에 정착시키고 오르콘 지
역에 중국식의 성곽도시를 건설하고 불교 사원과 도관을 건설하려고 했다.
톤유쿡은 그 역시 잘못일 수 있다는 점을 지적하였다. 투르크의 중요한 장
점은 언제든지 기회가 되면 기습공격을 감행하고 또 상황이 나쁘면 피해
서 도망칠 수 있는 유목민으로서의 기동성에 있었기 때문이다.

중국의 연대기 작가는 이 투르크 노병이 다음과 같이 말한 것으로 전
하고 있다. "돌궐은 그 수가 중국의 100분의 1에 불과하다. 그들은 물과
풀을 찾아 떠돌고 사냥을 한다. 그들은 정해진 주거가 없고 늘 전투하는
연습을 한다. 그들은 자기들이 강하다고 느끼면 나타나고, 약하다고 생각
하면 물러나 숨는다. 이런 방식으로 그들보다 수가 많은 중국의 이점을 상
쇄하고 그것을 쓸모없게 만들 수 있다. 만약 당신이 돌궐을 성곽이 있는
도시에 살게 하고 중국에게 공격을 받아 패배를 당한다면, 설사 그것이 단
한 번일지라도 당신은 그들의 포로가 되고 말 것이다. 부처와 노자는 사람
들을 유약하게 만드니 그런 가르침은 전사에게는 맞지 않는다."[88]
이것이 바로 빌게 카간이 호쇼 차이담 비문을 통해서 후손들에게 전
해주려고 했던 투르크인들의 힘의 비밀이었다. 그는 전세기에 중국의 풍습
이 동돌궐에 끼친 나쁜 영향에 대해서 회고하였다. "(타브가치 사람들은)
금·은·비단을 끝없이 그렇게 주고 있다. ……달콤한 말과 부드러운 선물
에 속아서. 투르크 부족민들이여, 너희는 죽었다. 투르크 부족민들이여, 너
희는 죽을 것이다. '초가이Choghay 산지와 퇴귈뛴Tögültün 평원에 살
자!'고 한다면 ……." 빌게 카간은 그 투르크들을 투르크로 남게 하기 위
해 간청하였다. "그곳으로 가면 투르크 부족민들이여, 죽을 것이다. 외튀켄
땅에 머물고 (여기서 다른 나라로) 대상을 보낸다면 어떠한 근심도 없다.
외튀켄 산에 머문다면 너희는 영원한 나라를 지킬 수 있을 것이다. (오!)
투르크 부족민들이여! ……(나는 이 모든 것을) 영원히 새겨서 쓰도록 하

---

88. *Mémoire concernant les Chinois*, XVI, 11, Cf. Marquart, "Skizzen zur
geschichtlichen Völkerkunde des Mittelasien und Siberien," *FFH*, p. 291.

였다."[89]

톤유쿡의 조언으로 빌게 카간은 중국과 평화관계를 맺고자 했다(718). 그러나 현종은 그의 제안을 거절하고 공격을 명하였다. 고성(이전의 북정 北庭) 지역에 있는 투르크 부족인 바스밀과 요서와 열하에 있는 거란이 중국과 연합하여 남서와 남동쪽으로부터 돌궐을 측면공격하기 위해 준비 했다. 빌게 카간은 불안해 했지만 톤유쿡은 바스밀·중국·거란 등은 너무 멀리 떨어져 있어서 공격의 시점을 맞출 수 없다며 그를 안심시켰다. 실제 로 빌게 카간은 오늘날 감숙에 있는 감주와 양주 등 중국의 변경을 약탈 하기 전에 고성에서 바스밀을 격파할 시간적인 여유를 가졌다(720). 결국 721-722년에 휴전이 이루어졌고 돌궐과 중국 사이에 우호관계가 성립되 었다.[90]

731년 그에게 제위를 양보한 동생 퀼 테긴이 죽은 뒤 카라코룸에서 북쪽으로 60킬로미터 떨어진 호쇼 차이담 호수와 혹신 오르콘Kökshün Orkhon 사이에 있는 그의 무덤에 묘비명을 새겼다. 이 비문의 몇 구절은 이미 인용했는데 그것은 고대 투르크인들의 민족적인 서사시라고 생각할 수 있다. 거기에 황제는 두 나라 사이에 존재하는 우호의 징표로 732년 한자로 된 비문을 덧붙였다.[91]

이 비문 — 가장 오래 된 투르크 문학의 기념비 — 에 사용된 것은 '룬'(runic) 문자로 알려져 있지만 정확하게 말하면 이 문자는 아람문자에 서 기원하여 고대 소그드문자를 변용한 것이었다(그러나 바르톨드는 이 '룬 문자'의 일부가 별개의 기원을 갖는 상형적인 것이라고 주장하였다). '룬 문자'로 된 다른 투르크 비문이 시베리아의 예니세이 강 유역에서 발 견되었다. 바르톨드는 투르크문자가 최초로 사용된 것이 7세기 아니면 심 지어 6세기였다고 생각하였다. 뒤에서 살펴보겠지만 이것은 8세기에 들어

---

89. Thomsen, "Inscriptions de l'Orkhon," pp. 117-118.
90. 빌게 카간이 죽자 현종은 이 카간이 중국에 보여주었던 성실한 우정과 평화적인 입장을 높이 칭찬했다. Cf. Pelliot, "L'inscription chinose de Bilgä qaghan," *TP*, 4-5(1929), p. 238.
91. Cf. Pelliot, "Les funérailles de Kül-tegrin," *TP*, 4-5(1929), p. 246.

와 북방 셈족의 알파벳에서 기원하여 소그드문자를 변형한 위구르문자에
의해 대체되었다.

동돌궐 제국의 멸망 : 위구르 제국의 등장

오르콘의 비문과 문자가 입증하는 그들의 문화, 그리고 비교적 부드러
운 성격을 지녔던 빌게 카간 덕택으로 734년 빌게 카간이 신하에게 독살
당했을 때 동돌궐은 위대한 문명의 본류에 들어가려는 순간이었던 것으로
보인다. 그의 죽음은 지속적인 분란을 야기했고 궁극적으로는 돌궐 제국의
붕괴를 초래하였다.

얼마 지나지 않아 그의 아들 이연伊然 역시 죽자 그 동생 텡그리 카
간Tengri Qaghan이 그를 이었다. 이 젊은이는 조언자였던 빌게 카간의
과부와 함께 공동으로 통치하였다. 그러나 741년 텡그리 카간은 그의 관
리였던 동부의 샤드(shad)에게 죽임을 당하였고, 이 관리는 이후 오즈미쉬
카간Ozmish Qaghan이라는 이름으로 군주임을 자칭했던 것으로 보인다.
이는 돌궐 제국의 종말을 알리는 신호였다. 왜냐하면 오즈미쉬는 즉시 현
재의 고성 — 홉도와 셀렝게 강 사이 — 과 이밀 강 근처 발하쉬 호 동
부에 각각 거주하던 바스밀·위구르·카를룩 등 세 부족의 반란에 직면했기
때문이다. 오즈미쉬는 744년 바스밀에게 죽임을 당해 그의 머리는 장안의
조정으로 보내졌으며, 동돌궐의 남은 카간 씨족들은 이미 743년에 중국으
로 피난하였다.92)

이제 몽골리아의 제국을 누가 차지하느냐만이 문제였다. 바스밀이 장
악하려고 했지만 실패했고(744), 위구르가 분명 카를룩의 도움을 받아 성
공하였다. 한자로 골력배라骨力裴羅라고 알려진 위구르의 칸은 오르콘 상
류에 있는 제국의 근거지에서 쿠틀룩 빌게Qutlugh Bilge라는 호칭으로

---

92. Pelliot, "L'inscription chinoise de Bilgä qaghan," *TP*, 4-5(1929), pp.
　　229-246. [역자] 돌궐의 지배층이 당조에 투항한 것에 대한 기록은 두 차례가 있
　　는데 그것은 742년과 745년의 일이다.

카간의 자리에 앉았다. 그의 등극은 당조로부터 인정을 받았고 현종은 그에게 회인懷仁이라는 칭호를 주었다. 당의 기록에는 그의 지배영역이 알타이에서 바이칼 호까지 뻗어 있었다고 되어 있다. 그는 즉위한 다음 해(745)에 죽었는데 어떤 자료에는 756년으로 되어 있지만 어쨌든 그의 업적은 죽음과 함께 사라지지 않았다.

이렇게 해서 위구르 제국이 동돌궐 제국을 대체했고, 약 1세기 정도 지속되었다(744-840). 사실상 일어난 일이라고는 몽골리아의 패권이 한 투르크 집단에서 그와 긴밀하게 연관된 다른 집단으로 바뀐 정도였다. 그럼에도 불구하고 위구르는 늘 중국의 위험한 이웃으로 여겨졌던 돌궐과는 대조적으로 처음에는 상당히 충성스러운 추종자였고, 그 뒤에는 유용한 동맹자가 되었다가, 마지막에는 때로 부담스럽긴 했지만 당조의 귀중한 보호자였다.

위구르의 수도는 그 당시 오르두 발릭Ordu Baligh — '아정의 도시'라는 뜻 — 이라는 이름으로 알려진 카라발가순에 위치했고, 이곳은 오르콘 상류로 과거 흉노의 선우와 돌궐의 카간들의 거처가 있었고 후일 칭기스칸 일족의 카라코룸이 생기게 된 곳 근처였다.93)

---

93. 투르크 학자들 사이에 많이 논의된 문제의 하나는 위구르를 오구즈와 동일한 섯으로 볼 수 있느냐 하는 문제이다. 이 유명한 논쟁은 다음의 점들에 의거하고 있다. 위구르를 오구즈와 동일하게 보는 입장은 Thomsen("Inscriptions de l'Orkhon," p. 147)과 Marquart(*Chronologie der alttürkischen Inschriften*, p. 23과 *Osteurspäische und Ostasiatische Steifzuge*, p. 91)에 의해서 주장되었다. Barthold("Toghuzghuz", *EI*, p. 848과 "Vorlesungen," p. 53)는 이런 주장에 반대를 하였다. 8세기 돌궐 비문과 9세기 위구르 비문에 나오는 Toquz Oghuz (구성 오구즈)의 정확한 자리매김은 논쟁거리이다. Barthold("Türks," *EI*, p. 53)는 그들을 가설적으로 외튀켄의 북방(항가이 산맥?)에 위치시키고 있다. Albert Herrman(*Atlas of China*, p. 35, p. 39)에 따르는 다른 전문가들은 그들을 케룰렌 강의 중류에 위치시키고 있다. 위구르와 토쿠즈 오구즈의 동일함을 주장하는 사람들은 다음의 논거들을 제시하고 있다. (1) Örgötü 비문(역자 : Sine Usu 비문)에서 위구르 카간인 카파간은 그의 백성을 'On Uighur Toquz Oghuz'라고 불렀다(비록 이것이 두 개의 다른 연합체를 가리키는 것이지만). (2) *Oghuz-*

당조의 전성기 : 서투르키스탄의 정복

714년 중국에 봉사하던 투르크의 용병장군 아사나헌阿史那獻이 이식쿨의 서쪽에 있는 토크막(쇄엽碎葉)에서 유명한 승리를 거두었고, 이로써 준가리아의 돌육 부족들과 타르바가타이와 이밀에 있는 카를룩 부족이 복

---

*Nama*에서 오구즈의 전설적인 영웅인 오구즈 칸은 '나는 위구르의 카간'이라고 말하고 있다(Pelliot, "Sur la légende d'Oghouz-khan en écriture ouigoure," *TP*, 4-5(1930), p. 351에서 인용) 그러나 Pelliot는 *Oghuz Name*가 '1300년대경에 투르판의 위구르어로 작성되었다'는 의견을 갖고 있고, 이렇게 인용된 문장은 단지 정형화된 언급으로 이후에 만들어졌다. (3) Mas˙udi, Gardizi, Yaqut 등은 토쿠즈 오구즈가 한때 마니교도였고 이는 그들이 위구르와 동일한 것으로 보이게 하는데, 위구르들은 763년과 840년 사이에 마니교도가 되었기 때문이다. 문제는 이 세 작가가 이름의 유사성으로 인해서 약간의 혼동을 했느냐 안 했느냐 하는 문제로 바뀐다. 바르톨드가 주장한 반대의 입장은 토쿠즈 오구즈가 위구르와 동일시되어야 하는 것이 아니라 과거 돌궐과의 동일 여부를 따져야 된다는 것이고, 사실 돌궐의 카간 카파간은 호쇼 차이담 비문에서 토쿠즈 오구즈를 '나의 부족민'이라고 칭하였다. 그럼에도 불구하고 그의 동일한 오르콘 비문은 토쿠즈 오구즈가 적어도 어느 정도는 자치적이었다는 점을 보여주고 있는데, 그것은 그들의 반란을 진압하기 위한 카파간과 퀼 테긴의 원정을 얘기하고 있기 때문이다. 따라서 우리가 위구르와 토쿠즈 오구즈를 동일한 것으로 확신할 수 없는 것은 분명한 사실이다. 우리는 심지어 8세기와 9세기 오르콘 비문에서 말하고 있는 몽골리아의 토쿠즈 오구즈를 예를 들어 10세기 페르시아의 지리서인 *Hudud al-Ala*m에 나오는 Toghuz Ghuz 혹은 Ghuz와 동일한 것인지 여부를 모르고 있다. 실제로 그때에 이 자료에 따르면 토쿠즈 구즈로 알려진 투르크들은 현재 세미레치에에 있는 발하쉬 호의 남방(Ili, Charin, Tekes, Muzart)에 거주하고 있었다(Minorsky, *Hudud al-Alam*, pp. 263-279와 지도 p. 279). 구즈라고 불리는 다른 투르크들은 현재 카자흐들이 차지하고 있는 지역 — 발하쉬 호의 서부와 아랄 해의 북부 지역 —인 사리 수 초원, 투르가이, 그리고 엠바에 있었다(*Ibid.*, p. 311과 지도 p. 307). 카자흐 초원의 구즈는 분명 세미레치에의 토쿠즈 구즈의 한 지파이다. 11세기에 나타난 남러시아의 Uzes(Ouzoi)와 페르시아의 셀죽 투르크, 그리고 현재의 투르크멘이 이들로부터 나왔다는 것은 확실하다. 그러나 우리의 확신은 거기서 끝난다.

속되었다. 세미레치에에 있는 발하쉬 호의 남부 일리 삼각주 지역에서 목축하고 있던 것으로 보이는 튀르기시 투르크인들은 훨씬 더 완강한 집단이었다.

그 카간인 소록蘇祿(717-738)은 중국에 대항하여, 티베트와 이란-트란스옥시아나 변경에 예상치 않게 새로운 침입자로 나타난 아랍과 동맹을 맺었다. 중앙아시아 역사의 이 새로운 변수에 대해서는 뒤에서 다시 살펴볼 것이다. 여기서는 다만 소록이 무슬림 군단의 공격으로 인해서 발생한 혼란을 이용하여 693-694년 이래 중국의 속령이었던 타림 지역을 공격하여 악수를 점령하고(717) 이어 몇 달 동안 카라샤르·쿠차·카쉬가르·호탄 등 안서사진을 괴롭혔던 사실만 지적해두기로 한다.

비록 그가 그곳들을 점령하지는 못하였지만 제국의 장군 아사나헌이 그 지역으로 원정을 와서 전투를 벌였음에도 불구하고(719) 그는 투르키스탄에 있던 중국의 오래 된 전초기지인 이식쿨 서부의 토크막을 장악할 수 있었다. 중국 조정에서는 이렇게 위태로운 거점을 유지할 수 없음을 깨닫고 소록에게 관작과 영예를 부여함으로써 그와의 타협을 시도하였다 (722).

이 끈질긴 약탈자는 726년에도 여전히 안서사진의 영역을 괴롭혔다. 마침내 736년 북정(현재 고성 부근의 짐사)의 도호였던 중국 장군 개가운 蓋嘉運이 소록에게 치명적인 타격을 안겨주었다. 그 직후인 738년경 소록은 발하쉬 호의 동남쪽 튀르기시와 카를룩의 영역 사이에서 유목했던 것으로 보이는 투르크계의 소부족인 처목곤處木昆의 '퀼 초르'(*kül chor*)인 바가 타르칸Bagha Tarqan에게 살해당했다.94)

바가 타르칸은 장군 개가운과 연합하여 739년에 소록의 아들인 돌화선咄火仙이 튀르기시 세력을 재건하려는 것을 막았다. 그러나 자신을 중심으로 서돌궐을 재통합하려고 노력했던 이 같은 군소 투르크 칸들의 이야

---

94. 『新唐書』의 번역, Chavannes, *Documents,* pp. 44-46, p. 81, p. 83. Marquart의 지적처럼 Bagha Tarqan이 Tabari의 Koûrçoûl(koûrçoûl = kul-chur)이다. Marquart, *Chronologie der alttürkischen Inschriften*, p.38, n.1 ; Barthold, "Die alttürkischen Inschriften und die arabischen Quellen," p. 27.

기는 모두 언제나 동일하였다. 바가 타르칸은 곧 중국과 결별하고, 당시 튀르기시의 통치를 위해 도호로 파견되었던 한화된 투르크인 아사나흔阿史 那昕을 살해하였다(742).[95] 그러나 통상 그렇듯 마지막 승자는 중국이었 다. 744년 제국의 장군 부몽영찰夫蒙靈察이 바가 타르칸을 격파하고 그를 참수하였다.[96] 이 승리로 중국은 일리 계곡과 이식쿨 지역의 지배권을 되 찾을 수 있었다.[97]

748년 중국 장군 왕성건王成建은 이식쿨 서북부의 추 강 상류에 위치 한 토크막에 중국식 절을 지었고, 751년 또 다른 장군인 유명한 고선지高 仙芝는 또 한 명의 튀르기쉬 수령을 생포하여 조정으로 보냈다.[98]

타림분지에서 중국의 분견대에 의해 점거되어 안서사진安西四鎭이라고 알려진 카라샤르·쿠차·호탄·카쉬가르와 같은 작은 왕국들은 충실한 속령 이었다. 728년에 한자로 비裵라는 왕조명을 지닌 카쉬가르 왕조의 한 왕 과 역시 한자로 위지尉遲라는 왕조의 왕인 위지복웅尉遲伏雄이라는 호탄 왕에게 중국의 관작이 주어졌다.[99] 타림분지의 이들 고대 인도-유럽계 주 민들은 한때 중국의 종주권에 거세게 저항한 적도 있었지만, 이제는 아랍 과 티베트라는 이중의 침략으로부터 자신을 방어하기 위해 재빠르게 중국 과 동맹을 맺었던 것으로 보인다.

파미르 서부에서 중국과 아랍의 대결

사산조 페르시아가 아랍인들의 공격에 무너진 지 약 1세기쯤이 지났 다. 카디시아Qadisiya(637)와 니하반드Nihavand(642)의 전투결과 강력한 사산 왕조가 붕괴되고 서부 이란이 정복되었다. 651년에는 헤라트가 아랍

---

95. 『資治通鑑』의 번역은 Chavannes, *Documents*, p. 286, n. 1.
96. *Ibid.*
97. 『新唐書』, *Ibid.*, p. 45, n. 1과 p. 143.
98. *Ibid.*, p. 286, n. 1.
99. *Ibid.*, p. 127, p. 207.

에게 정복되었고, 사산조의 마지막 황제 야즈디기르드 3세Yazdigird III가 메르브에서 사망했으며, 652년에 아랍은 발흐까지 쳐들어갔다. 후라산을 포함한 옛 제국 전체를 정복한 것에 만족한 침입자들은 한동안 더 이상 진군하지 않았다.

그들은 705년부터 715년까지 우마이야 칼리프조를 위하여 후라산을 통치하던 쿠타이바 이븐 무슬림Qutayba ibn Muslim의 지휘 하에 8세기 초 다시 진군을 시작하였다.[100] 705년 쿠타이바는 토하리스탄(예전의 박트리아)에 대해 원정을 했는데, 그때 이 지역은 서돌궐의 옛 군주 씨족의 한 갈래로서 불교도 투르크인이었던 테긴(*tegin*)들이 세운 왕조가 지배하고 있었고, 현장의 기록에 따르면 이 왕조는 통상 쿤두즈 근처에 본거지를 두고 있었다.

쿠타이바는 호레즘과 소그디아나에 개입하기 위해서 지역분쟁을 이용하였다. 706년부터 709년까지 부하라의 이란-투르크계 왕조와 전투를 벌였고, 709년에는 그곳을 속령으로 만들었다. 그리고 나서 그는 부하라의 왕위에 합법적인 왕위 계승자인 툭샤다Tugshada(710-739)를 앉혔는데, 그는 적어도 처음에는 아랍에 충성스런 속신으로 행동했고 — 표면적으로는 — 이슬람교의 추종자였다.[101]

709년에 사마르칸드에서 이 지역의 타르칸이 쿠타이바와 조공과 볼모를 조건으로 화의를 맺자 그는 그의 비겁함에 반발한 부하들에게 쫓겨났고 이흐시드 구렉Ikhshid Gurek으로 대체되었다.

쿠타이바는 오랫동안 사마르칸드를 포위한 뒤 구렉에게 항복을 강요했는데, 구렉은 타쉬켄트에 있던 투르크인과 페르가나인들의 개입에도 불구하고 패하고 말았다.

707년에는 부하라인들이, 712년에는 사마르칸드인들이 당시 몽골리아 전체의 지배자였던 동돌궐의 강력한 군주 카파간 카간에게 도움을 호소했다. 그럴 때마다 카파간 카간은 소그드인들을 구하기 위해서 그의 조카

---

100. 이 시대에 대해서는 바르톨드, *Turkestan down to the Mongol Invasion* (London, 1928), pp. 184-196에 있는 무슬림 자료에 대한 비평을 보시오.
101. *Ibid.*, pp. 184-185, Tabari와 Baladhuri에 의거.

— 물론 유명한 퀼 테긴 — 의 지휘 하에 군대를 파견했다.102) 707년에 쿠타이바는 메르브와 부하라 사이에서 벌어진 전투에서 카간의 조카를 격파하고 몰아낸 것으로 보인다. 712년 돌궐은 잠시나마 소그디아나 전체를 점거하였고 아랍은 단지 사마르칸드만을 차지하고 있었다. 그러나 713년 마침내 쿠타이바는 그들을 물러나게 했다.

승승장구하던 쿠타이바는 구렉을 사마르칸드의 속신으로 삼는 것과 동시에 아랍의 부대를 그 도시에 주둔시켰다. 712-713년에 돌궐을 몰아낸 이후 그는 타쉬켄트를 응징하기 위해 원정대를 보내고 자신은 호젠트 Khojent를 향하여 페르가나로 진군하였다. 714년에 그는 타쉬켄트에 있었고, 715년 그가 막 페르가나에 대한 원정을 시작하려고 할 때 칼리프조의 내분으로 인해 그는 자신의 군인들에게 피살당했다(타바리에 따르면 쿠타이바는 카쉬가르까지 도달했다고 했지만 이 점은 매우 의심스럽다).103)

당시 중앙아시아 정복을 꿈꾸었던 유일한 아랍 장군이었다고 할 수 있는 쿠타이바의 죽음은 마지막 우마이야 칼리프조를 약화시켰던 내분과 겹쳐 소그드인들에게는 얼마간의 안정을 주었다. 동시에 현종에 의한 몽골리아·일리·타림에 대한 중국 세력의 회복은 소그드인들로 하여금 중국측의 지원을 기대하게 만들었다.

712년에 아랍에 의해서 쫓겨난 페르가나의 왕104)은 쿠차로 피난해 있으면서 복위를 위해 중국의 지원을 탄원했다. 715년 쿠타이바가 죽은 직후 중국의 장군 장효숭張孝嵩은 아랍인에 의해 임명된 페르가나의 왕을

---

102. Cf. Marquart, *Chronologie der alttürkischen Inschriften*, p. 8에 있는 그의 의견. 그러나 이것에 대해 바르톨드가 반박하였고(Barthold, "Die alttürkischen Inschriften und die arabischen Quellen," p. 10) 그는 카간의 조카가 Kül Tegin일 필요는 없다고 주장하였다.

103. 아랍의 카쉬가르 정복에 대한 주장에 대해서는 H. A. R. Gibb, "The Arab Conquest in the Central Asia," *BSAS*, II(1923)를 보시오. 아랍사료(Tabari, Baladhuri)에 근거한 사실의 정리는 Barthold, *Turkestan*, pp. 185-188에 의거하였다. 중국자료(『新唐書』·『冊府元龜』)는 Chavannes(*Documents*, p. 203, p. 294)에 의해 번역되었다.

104. 당조의 지리적 명명에 따르면 Fergana = 寧遠이다.

쫓아내고 그를 다시 앉혔다.105) 718-719년 부하라의 왕인 툭샤다는 비록 아랍인들의 승인을 받기는 했지만 자신이 중국의 속신임을 인정하였고, 중국의 개입을 호소하면서 726년에는 동생 아르슬란Arslan(투르크어로 '사자'를 의미)을 현종에게 보냈다. 사마르칸드의 왕 구렉(710-739년경) 역시 비록 아랍의 종주권을 인정하도록 강요받았지만 그의 새로운 주군인 아랍에 반해서 중국에 도움을 계속 요청했다(719, 731).106) 더 남쪽에 있던 투르크의 통치자, 즉 토하리스탄(쿤두즈와 발흐)의 야브구는 아랍인에 대하여 중국측의 보호를 요청하는 것과 비슷한 요청을 했다(719, 727).107)

현종의 영토확장 욕구에도 불구하고 중국측은 소그디아나 또는 박트리아에 원정대를 보내고 우마이야 칼리프조를 상대로 개전하기를 주저하였다. 사마르칸드·부하라·쿤두즈의 투르크-이란인들은 장안의 조정과 칼리프 조정 사이의 전면적인 대결이야말로 무슬림의 침입을 물리치기 위한 유일한 수단이라고 꿈꾸었지만 그러한 일은 결국 실현되지 못했다(적어도 751년 이전에는).

현종은 소그드인과 토하라인들에게 관작을 주어 항전을 북돋워주는 정도에 만족하였다. 일리 지역을 지배하였기 때문에 그곳에 보다 인접해 있었던 투르크 수령 즉, 튀르기쉬의 왕 소록(717-738)도 무슬림의 지배에 대한 지역적인 빈린을 지원한 것은 사실이다. 이런 지원과 격려에 힘입어 728년에는 아랍 지배에 항거하는 전면적인 반란이 일어났는데 부하라인들은 일년 동안(728-729) 튀르기쉬의 지원 하에 반란을 계속할 수 있었다. 730-731년에 사마르칸드의 왕인 구렉 역시 튀르기쉬의 도움으로 반란을 일으켰으며, 사마르칸드는 737년 또는 738년까지 아랍에게 다시 정복되지 않았다.108)

---

105. 『資治通鑑』의 번역은 Chavannes, *Documents*, p. 148.
106. 『新唐書』의 번역은 *Ibid.*, p. 136, p. 138.
107. Tesh(帝賒)라는 토하리스탄의 왕이 719년에 중국 조정에 천문학에 정통한 摩尼教徒를 보냈다(Chavannes와 Pelliot, "Un traité manichéen retrouvé en Chine," *JA*, I(1913), p.153). 토하리스탄의 야브구에 대한 중국의 책봉은 『新唐書』와 『資治通鑑』의 번역, Chavannes, *Documents*, p. 157, p. 206.
108. Barthold, *Turkestan*, pp. 189-192(Tabari에 의거) ; Chavannes, *Docu-*

파미르에서의 중국, 747-750

사실상 현종은 부하라와 사마르칸드에 개입하지 않음으로써 그곳이 아랍의 지배로 들어가도록 한 셈이다. 그때 중국은 감숙과 타림에서 더 가까운 적 즉, 티베트인(토번)에 매달려 있었기 때문이다.

중국의 장군 당휴경唐休璟에게 700년에 패배한 티베트는 702년에 화의를 청하였지만 전쟁은 즉시 다시 일어났다. 737년에 중국은 쿠쿠 노르의 서부에서 큰 승리를 거두었고, 746년에는 장군 왕충사王忠嗣가 그들을 다시 한 번 같은 지역에서 패배시켰다. 양측이 공방을 벌였던 곳은 감숙 변경의 서녕 근처에 있던 석보성石堡城 요새로, 일찍이 중국 장군 이위李禕가 티베트로부터 탈취했지만(729) 얼마 후 다시 빼앗겼다가 또 다른 장군 가서한哥舒翰이 되찾았다(749).

티베트의 다른쪽 끝에서는 주민들이 길기트Gilgit(소발율小勃律)·발티스탄Baltistan(대발율大勃律)·와한Wakhan(호밀護蜜)과 같은 파미르의 소왕국들을 위협하고 있었는데, 중국의 속령이 있는 타림과 인도를 잇는 길이 그곳을 지나고 있었다. 교역과 구법순례라는 끈으로 인도와 연결되어 있던 당조 중국에게 파미르의 높은 계곡을 통과하는 길의 자유스러운 통행의 확보는 필수적이었다.

카쉬미르의 통치자인 찬드라피다Chandrapida(733년 사망)와 무크타피다Muktapida(733-769)는 중국 조정의 충성스러운 동맹세력으로 티베트인 집단에 저항하고 있었고 중국은 그들을 책봉하였다(720, 733). 카불 계곡의 카피사Kapisa(계빈罽賓)를 통치하던 투르크-불교도 샤히Shahi 왕조도 마찬가지였다. 중국은 이곳에 대해서도 705년, 720년, 745년에 책봉을 내려주었다.[109] 티베트인들이 길기트에 대한 종주권을 확보하게 되자, 쿠차의 절도부사節度副使였던 장군 고선지는 747년 파미르를 넘어 바로길Baroghil 고개를 거쳐 길기트로 내려가 티베트의 속신이던 왕을 투옥시켰다.

---

ments, pp. 203-207.

109. 『新唐書』의 번역은 Chavannes, *Documents*, p. 132, p. 166. ; 『冊府元龜』는 *Ibid.*, p. 209, p. 213.

749년 토하리스탄의 야브구 — 쿤두즈의 투르크-불교도 왕국의 통치자로 한자로는 실리달가라失里怛伽羅(산스크리트어로는 Srimangala)로 기록 — 는 길기트와 카쉬미르 사이의 교통을 차단하고 있는 작은 산악부족의 수령(티베트와 동맹)과 대항하기 위해 중국에게 도움을 청하였다. 고선지는 다시 한 번 중국 원정군과 함께 파미르를 넘어서 티베트 일당을 몰아냈다(750).[110]

고선지의 파미르 서부에 대한 두 차례의 원정은 당조 치하에서 중국의 중앙아시아로의 팽창에 정점을 이룬다. 당시 중국은 타림과 일리분지와 이식쿨 지방의 안주인이었고 타쉬켄트의 주군이었으며, 파미르 계곡을 호령하고 토하리스탄·카불·카쉬미르의 보호자였다. 쿠차에 본영을 둔 고선지는 사실상 중앙아시아의 중국 총독으로 행세했다.

그러나 갑자기 이 모든 것이 무너지고 말았는데, 그것은 그렇게 멀리까지 중국 군대를 이끌고 왔던 고선지 바로 그 때문이었다.

중앙아시아에서 당 지배의 붕괴

한자로 차비시車鼻施라는 이름으로 기록된 투르크인 왕 또는 타쉬켄트의 투둔(*tudun*)은 중국에 거듭 충성을 맹세했다(743, 747, 749). 그러나 750년 그때 쿠차의 절도사였던 고선지는 변경의 방어자로서의 의무를 다하지 못하였다는 이유로 투둔을 꾸짖었다. 고선지는 타쉬켄트에 도착하여 투둔의 목을 베었고 그의 재산을 몰수했다. 이런 고선지의 폭력적인 행동은 서역에서의 반발을 초래했다. 희생된 투둔의 아들은 발하쉬 호의 동단에서부터 이르티쉬까지 이르는 지역 즉, 타르바가타이와 우룽구 강 부근에 있던 카를룩 투르크인들에게 지원을 청했고, 소그디아나에 있던 아랍 주둔군에게도 도움을 요청했다. 그 직전에 부하라에서 일어난 반란을 진압했던

---

110. 『新唐書』의 번역은 *Ibid.*, p. 151, p. 214(pp. 151-152에 있는 『新唐書』 고선지의 열전)와 Chavannes의 복원(p. 296) 참조.

아랍의 장군 지야드 이븐 살리흐Ziyad ibn Salih가 서둘러 남쪽에서 왔고, 카를룩 군대도 북쪽에서 왔다. 751년 7월 고선지는 이 연합군에게 탈라스 강가 즉 현재 아울리에 아타Aulie Ata(잠불) 근처에서 패배했다. 전하는 얘기에 따르면, 지야드 이븐 살리흐는 수천 명의 중국 포로를 사마르칸드로 데리고 갔다고 한다.111)

바르톨드는 이 역사적인 날이 중앙아시아의 운명을 바꾸었다고 했다. 그 전에 일어났던 사건들의 전반적인 흐름이 전조를 보여주었던 것처럼 중앙아시아는 중국이 아니라 무슬림 쪽으로 방향으로 돌리게 된 것이다. 카를룩은 이 승리 이후 발하쉬 남부와 이식쿨 북방의 일리 지역 전체로 영역을 확대한 것으로 보인다. 서돌궐의 옛 카간들의 본거지가 그들의 지배 하에 들어가게 되었지만 그들의 수령은 분명히 위구르 카간의 공격을 피하기 위해서 야브구라는 하급의 칭호에 만족하였다.112)

탈라스에서 중국이 당한 재난은 현종 말년에 일어난 내분과 혁명이 없었더라면 다시 복구되었을지도 모른다. 8년에 걸친 내전(755-763)의 희생물이 된 중국은 단 한 번의 패배로 중앙아시아의 제국을 상실해버렸다.

위구르 투르크 제국

당조를 거의 붕괴시킬 지경에 이르게 한 반란은 거란 용병 — 안록산 安祿山이라는 이름으로 중국에 봉사하였던 몽골인 — 이 일으켰다. 이 모험가는 신속히 두 개의 수도 낙양(755)과 장안을 점령하는 성공을 거두었고 현종 황제는 사천四川으로 피난하였다. 현종의 아들 숙종肅宗(756-762)은 당시 몽골리아의 지배자였던 위구르 투르크에게 도움을 청했다.113)

---

111. *Ibid.*, p. 142, p. 297 ; Barthold, *Turkestan*, pp. 195-196.
112. Cf. Barthold, "Türks," *EI*, pp. 948-949.
113. 호탄의 왕 尉遲勝(尉遲 王朝)은 역시 반란군에 대항해 당조를 돕기 위해 군대를 파견했다. [역자] 안록산의 출신에 대해서는 이견이 있으나 그는 원래 돌궐(투르크) 출신의 부모를 두었다. 물론 기록에 따라서는 아버지가 부하라 출신의 상인

이미 살펴본 것처럼 위구르 투르크는 744년 몽골리아의 제국 동돌궐을 대체하였다. 마연철磨延啜 또는 갈륵葛勒 카간으로 불리던 위구르의 카간(745-759)[114]은 숙종의 요청을 즉시 받아들였으며 그 대가로 중국 공주와 혼인하게 되었다. 몽골리아에서 도착한 위구르 군대는 그곳에서 중국군과 연합하여 낙양을 반란군으로부터 탈환하는 데 큰 도움을 주었다(757). 황제 숙종은 위구르의 수령들에게 감사의 표시로 칭호를 잔뜩 주고 그들이 떠나기 전에 매년 2만 단의 비단을 주기로 약속했다.

그러나 중국의 내전은 가라앉지 않았고 다른 반란세력이 또다시 당조를 위협했다. 마연철의 계승자인 등리모우登里牟羽라고 알려진 새로운 위구르 카간(759-780)[115]은 반란군의 사신에게 끌려 처음에는 궁지에 빠진 중국의 어려움을 이용하려고 생각했다. 그는 심지어 반란군과 연합작전을 벌이기 위해서 그의 군대를 이끌고 중국을 향해 출발했는데, 도중에 기민한 중국의 사신이 그의 마음을 바꾸게 하여 그는 당조와의 동맹으로 선회

이고 어머니는 돌궐 阿史德氏族 출신의 무당이라고 되어 있기도 하지만, 그의 성이 '안'이 된 것은 그의 아버지가 부하라 출신이어서가 아니라 그가 어린 나이에 부하라에서 온 상인의 양자가 되었기 때문이다(Pulleyblank, E. G., *The Background of the Rebellion of An Lu-Shan*, Oxford Univ. Press, 1955, pp. 7-23).

114. 마연철의 중국어 전사로부터 Schlegel은 투르크 이름을 Muyun-chor로 가정했고, 그에 비해 Pelliot는 대응되는 것이 아마도 Bayan-chor가 될 것이라고 하였다(Pelliot, "À propos des Comans," *JA*(1920), p. 153). 이 카간의 투르크 이름은 Tängridä qut bolmysh il itmish bilgä qaghan이다. 오르콘과 셀렝게 강 사이의 오르괴튀 계곡에서 그의 무덤이 발견되는데 그곳에는 고대 또는 룬 투르크 문자로 된 그의 비문이 있다. Cf. Ramstedt, *Zwei Uighurischen Runeninschriften in der Nord-Mongolei*(Helsinki, 1913), XXX과 Chavannes, *TP*(1913), p. 789.

115. 마니교의 문서 잔권이나 대략 820년경의 카라발가순 비문에는 이 카간이 일련의 칭호로 기록되어 있다. "Ulug ilig(위대한 왕), tängridä qut bolmysh(하늘로부터 축복을 받은) ärdämin il tutmysh(공적으로 백성을 지배하는) alp(용감하고) qutlugh(축복받은) külüg(위대한) bilgä(현명한)"(F. W. K. Müller, *Uigurica*, II, p. 95).

하였고, 황제를 위해서 반란군으로부터 낙양을 수복해주었다(762년 11월 20일). 그 역시 그 도시를 철저하게 약탈했다. 그는 비록 의심할 나위 없이 당조의 구원자이긴 했지만 상당히 부담스러운 보호자요 위험한 동맹자였던 것이다. 그러나 763년 5월 그는 결국 몽골리아로 되돌아갔다.

위구르 카간이 낙양에 오랫동안 체류한 것은 그들의 정신적인 면에서 중요한 결과를 가져왔다. 왜냐하면 거기서 그는 마니교 선교사들 — 분명 소그드인적인 기원 — 과 접촉을 하게 되어 몽골리아로 돌아갈 때 그들을 데리고 갔고 그들로 인해서 마니교로 개종했기 때문이다. 마즈다교와 기독교의 기묘한 혼합으로서 아랍인들의 박해를 받아 이란과 이라크에서 쫓겨났던 이 고대 페르시아의 종교는 이렇게 해서 예기치 않은 행운, 즉 몽골리아의 지배자이고 중국의 동맹국으로 세력이 절정에 달해 있던 위구르 제국의 개종을 성취하게 된 것이다. 정말로 마니교는 위구르의 국교가 되었다. 이 카간은 카라발가순 비문에서 '마니의 환생'(*zahag-i Mani*)으로 일컬어졌다.

마니교의 고위 성직인 모사慕闍(소그드어 *mojak* 혹은 파흘라비어 *moje* 라는 칭호의 한자 전사)가 새로운 국교회의 우두머리로 위구르의 영토 안에 주재하게 되었다.116) 마니교 사제들은 곧 정치적인 영향력을 행사하기 시작했고, 그 당시 당조의 기록도 "위구르는 항상 마니교도와 나랏일을 상의했다"라고 적고 있다.117)

위구르 제국은 그 뒤를 이은 카간들의 시대에 중앙아시아에서 주도적인 세력을 유지하였다. 알프 쿠틀룩Alp Qutlugh(합골돌록合骨咄祿, 780-789)은 중국 공주와의 결혼을 요구해서 얻어내었다. 당조는 도저히 이 투르크인들의 요구를 거절할 처지가 아니었는데, 그들이 적대적이 되면 중국

---

116. Chavannes와 Pelliot, "Un traité manichéen retouvé en Chine," *JA*, I (1913), p. 190, p. 195-196.
117. [역자] 806년 이전까지 중국측의 자료에는 위구르 조정내에서 마니교도의 활동에 대한 기록이 나오지 않고, 그 이전에는 정사를 마니교도와 상의한다고 되어 있지 않고 소그드인과 상의한다고 되어 있다. 이 시기 소그드인과 마니교도의 정확한 연관관계는 밝혀져 있지 않다.

을 파괴할 수 있고 그들이 동맹국이 되면 중국을 구원할 수 있었기 때문이다. 그들과의 교섭은 대등한 입장에서 이루어졌는데 이것은 중국과 야만인과의 관계에서는 상당히 새로운 것이었다.[118]

카라발가순 비문에는 동일한 칭호로 불리던 여러 카간들의 이름이 열거되어 있다. 텡그리데 볼미쉬 퀼뤽 빌게Tengride Bolmish Külüg Bilge(789-790), 텡그리데 볼미쉬 알프 쿠틀룩 울룩 빌게Tengride Bolmish Alp Külüg Ulugh Bilge(795-805), 텡그리 빌게Tengri Bilge(805-808), 아이 텡그리데 쿠트 볼미쉬 알프 빌게Ai Tengride Qut Bolmish Alp Bilge(808-821) 등이 그러하다. 이 비문은 마지막 '하늘 같은 카간'의 재위 시기에 그를 찬미하기 위해 오르콘 강의 좌안에 있는 카라발가순 근처에 세 가지의 언어(중국어·투르크어·소그드어)로 새겨져 세워진 것이다.[119] 그 역시 중국 공주와의 결혼을 요구했지만 연기되어 그녀는 그의 아들이자 계승자인 퀸 텡그리데 울룩 볼미쉬 퀴췰뤽 빌게 숭덕崇德(Kün Tengride Ulugh Bolmish Küchlüg Bilge Chongte, 821-824) 카간과 결혼하였다.

마니교의 가르침, 그리고 그와 함께 전달된 기독교와 마즈다교의 모든 철학적인 요소, 또한 이란의 예술적인 요소들은 위구르의 문명화에 기여할 수밖에 없었다. 카라발가순 비문에는 이것을 "피냄새로 진동하는 야만인들의 습속이 유행하던 나라가 채소를 먹는 사람들의 땅으로 바뀌었다. 살인이

---

118. *Ibid.*, p. 276. 이때 중국은 티베트를 상대로 위구르와의 연합이 아주 절실했다. 787년경 티베트는 당의 마지막 군진 중에서 쿠차 오아시스를 점령했다. 그러나 이후 그들은 위구르에게 밀려났다. 791년 그들은 감숙의 영하 근처 영무에 있는 전초부대를 공격하지만 다시 한 번 위구르 때문에 격퇴되었다. 783년부터 849년까지, 다시 860년까지 그들은 감숙의 서남부에 있는 서녕과 임주를 완강히 차지하고 있었다. [역자] 787년 위구르가 중국과 혼인관계를 맺기 전에는 서로 적대적이었고, 오히려 중국의 덕종은 티베트와 우호적인 관계를 유지하고 위구르를 견제했다.

119. Radloff, *Atlas der Alterthümer der Mongolei*(St. Petersbrug, 1892-1899), Pls. XXXI-XXXV; Radloff, *Antiquités de l'Orkhon*(Helsinki, 1892), pp. 50-60 ; F. W. K. Müller, *Stiz. der preuss. Akad. der Wissenschaften*(Berlin, 1909), p. 276.

자행되는 나라가 선이 권장되는 나라로 바뀌었다"라고 설명하고 있다.[120]

위구르의 사신은 여러 차례(770, 771, 807)에 걸쳐서 당의 조정에서 중국에 이미 있거나 앞으로 만들어질 마니교 공동체의 보호자임을 자처했다. 768년 카간은 천자로부터 중국에서 마니교를 합법적으로 포교해도 좋다는 조칙을 얻었고, 그 후 위구르 외교사절들이 주재하는 호북의 형주荊州, 강소의 양주揚州, 절강의 소흥紹興, 강서의 남창南昌 등지에 마니교의 사원들이 세워졌다(771). 807년 위구르 사절단은 낙양과 태원에도 마니교 사원을 건설할 수 있도록 해달라고 당국에 요청하였다.

위구르의 영토로 편입된 투르판 지역[121]에서도 마니교 공동체가 번성하고 있었는데, 이는 르 콕 탐험대가 이디쿠트 샤흐리Idiqut Shahri[122]에서 발굴한 마니교의 벽화와 세밀화에 의해 입증되고 있다. 세밀화에서 위구르 시주자로 보이는 사람들을 따라서 가고 있는 하얀 겉옷을 입은 마니교 사제들의 모습이 흥미로운데, 이것이 우리가 알고 있는 가장 오래 된 페르시아 세밀화이기 때문에 더욱 그러하다.[123] 사실 이 마니교 선교사들은 회화기술을 전교에 가장 훌륭한 수단으로 간주하고 그들의 종교와 함께 페르시아로부터 들여왔던 것이다. 위구르의 시주자들은 투르판 그룹, 특히 무르툭과 베제클릭에 있는 불교 벽화에서도 그 모습을 드러내고 있다.[124] 그들은 우아한 궁정의복과 주교풍의 모자로 이루어진 의식용 복장

---

120. 우유와 버터를 먹는 것에 대한 마니교의 금지 — 가축을 기르고 쿠미스(마유주)를 마시는 지방에서는 보기 어려운 — 는 위구르를 그들의 유목적인 생활로부터 채소를 먹는 것을 받아들이는 것과 함께 농경에 근거하도록 바꾸었음에 틀림없다는 점을 지적할 수도 있다(cf. Chavannes, Pelliot, "Traité manichéen," p. 268).
121. 카라발가순의 소그드어 비문은 베쉬발릭, 투르판, 카라샤르 등 "네 곳의 Tughri"가 800년경에 위구르의 지배를 받았다는 증거를 제시하고 있다. Henning, "Argi and the Tokharians," *BSAS*(1938), p. 550.
122. [역자] 원문에는 Idigutschai라고 되어 있지만 Idiqut Shahri가 정확하다. 그것은 'Idiqut의 도시'라는 뜻이고 Idiqut는 투르판의 토착군주를 가리키는 칭호이다.
123. Cf. A von Le Coq, *Buddhistische spätanike in Mittelasien*, II, *Manichäische Miniaturen*(Berlin, 1923) ; *Chotscho*(Berlin, 1913), Pls. 1-6.
124. Von Le Coq, *Chotscho*, Pls. 30-32과 *Buddhistische spätantike in Mitte-*

을 입고 그 뒤로는 꽃을 든 여인들과 시종·악사들이 따르는 모습으로 묘
사되어 있는데, 이것은 위구르문화의 풍요함과 화려함을 입증하고 있다.
또한 이 벽화의 또 다른 수염 난 시주자들 — 현재 카쉬가르인들을 연상
케 하는 투르크-이란적 외형에 납작한 모자를 썼으며, 마치 불교류의 동
방박사처럼 노새와 낙타를 거느린 — 은 위구르 제국으로 하여금 이란의
종교와 접촉할 수 있게 했던 소그드인 대상들을 떠올리게 한다.125) 그리고
위구르 시대 투르판에서 우리는 지금도 멋진 네스토리우스파의 벽화를 발
견할 수 있다.

　　그러나 이런 위구르 투르판의 예술이 특히 베제클릭에서 발전한 것은
다음 시기, 즉 840년 이후인 9세기 중반과 10세기 초였다. 왜냐하면 위구
르가 몽골리아에서 쫓겨나 많은 수가 투르판에 들어와 그곳에 새로운 왕
국을 건설한 것이 바로 그때였기 때문이다. 그 지역의 최상의 시주자들은
바로 이 두 번째 시기에 속했던 사람들로 보인다.126)

　　위구르는 이란 또는 '외곽 이란'으로부터 마니교를 들여오면서 역시
같은 지역 — 정확히 말하면 트란스옥시아나 — 으로부터 소그드문자도
차용했는데, 이 소그드문자는 시리아문자에서 기원한 것으로서 위구르인들
은 그것을 변형시켜 자신들의 문자를 만들었다. 9세기에는 이 문자가 고대
투르크(돌궐)의 오르콘문자를 대체했고,127) 그들은 이를 바탕으로 민족문
학을 만들어냈다. 가장 초기의 투르크 문헌들은 이란어로 된 일부 마니교
경전과 산스크리트어·쿠차어·중국어로 된 많은 불경을 번역한 것이다.128)
이렇게 위구르는 다른 투르크-몽골계 민족들에 비해서 두드러지게 발전했

---

lasien, II, Pl. 17 ; E. Waldschmidt, *Gandhara, Kutsca, Turfan*, Pls. 16-21.

125. Waldschmidt, *Ghandhara, Kutscha, Turfan*, Fig. 18.

126. 10세기 투르판의 위구르 왕자인 Bughra Sali Tutuq은 Bezeklik에 있는 벽화에
　　서 재현되었다.

127. Cf. von Le Coq, *Kurze Einführung in die uigurische Schriftenkunde*
　　(Berlin, 1919), pp. 93-109.

128. 예를 들어 Annemarie von Gabain, "Die uigursche Übersetzung der
　　Biographie Hüen-tsangs," *Sitz. der preuss. Akad. der Wissenschften*
　　(Berlin, 1935)을 보시오.

고, 칭기스칸 시대에 이를 때까지 그들의 교사가 될 수 있었다.

하지만 위구르는 문명을 수용하는 과정에서 힘을 잃었던 게 분명하다. 840년 그들의 수도 카라발가순이 함락되고 카간이 살해되었으며 그들의 제국은 훨씬 더 야만적인 상태로 남아 있었던 투르크인, 즉 예니세이 강 상류 — 미누신스크와 홉스굴Köbsgöl 사이 — 에 살던 키르기즈인들에게 정복되었다.[129] 100여 년 동안 너무 강한 동맹국 앞에서 움츠려 있었던 중국 조정은 위구르의 몰락을 이용해 그 보호를 받던 마니교도들을 조직적으로 약탈하여 제거하였다(843). 키르기즈는 카라발가순의 주변 — 현재의 카라코룸 근처 — 의 오르콘 강 상류에 있던 '몽골리아의 제국' 위구르를 대체하기 위해 이주해 들어왔다.

그러나 이들 시베리아의 부족들은 몽골리아를 야만주의로 되돌려 놓았다. 키르기즈는 920년까지 그 지방의 지배자로 남아 있다가 몽골계 거란에게 패배하여 다시 예니세이의 초원으로 밀려났다. 위구르는 몽골리아의 제국을 상실하고 타림 북부의 오아시스 지역, 즉 카라호자Qarakhoja 또는 코초Qocho — 투르판의 구성舊城 —, 투르크인들의 베쉬발릭이 된 고성, 카라샤르, 쿠차 등지에 정착했다(843).[130]

사릭 위구르Sarigh Uighur라는 이름으로 알려진 또 다른 위구르 집단은 서부 감숙(감주 주변)에 860년 또는 866년경에 정착해[131] 탕구트에게 정복되던 1028년까지 존속하였다. 10세기에 돈황에서 불교를 신봉하며 번영을 누렸던 위구르 왕국은 재빨리 마니교를 포기하고 그 지역의 불교로 개종했음을 입증하고 있다.[132]

---

129. 마지막 위구르 카간 중의 하나인 烏介(Ugä?) — 통치자이기보다는 모험가 — 는 키르기즈와 중국과의 전쟁을 벌이면서 고비에서 그의 지위를 유지하려고 했다. 그는 847년 알타이에서 무엇인가 분명치 않은 일로 죽었다.
130. Barthold, "Beshbalik," *EI*, p. 746을 보시오.
131. 감주의 위구르 왕은 카간을 칭하였다(Chavannes와 Pelliot, "Traité manichée-en," p. 179).
132. 이것은 돈황에 있는 천불동의 많은 불화에서 감주 위구르의 '하늘의 카간'이라는 기록에서 입증되고 있는 것으로 보인다(Chavannes와 Pelliot, "Traité manichée-een," p. 303).

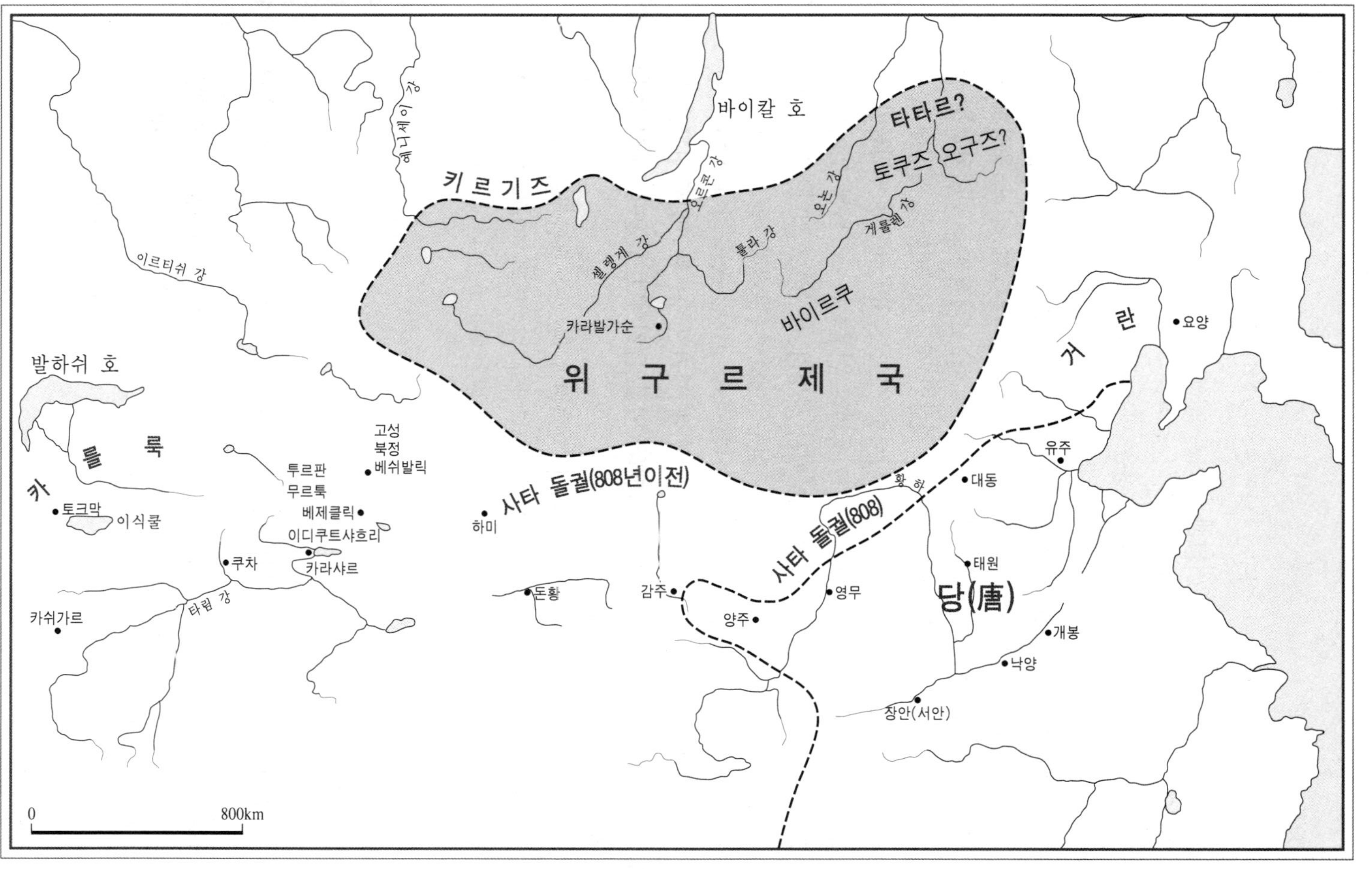

위구르 제국(745~840)

베쉬발릭과 쿠차의 위구르 왕국은 13세기 칭기스칸의 시대까지 존속하였고, 고대 토하라인(정확하게 말하면 쿠차인)의 토대 위에 지배자로 군림하였다. 이 지역의 위구르는 쿠차의 문화를 지속시키면서도 흥미롭게 불교-네스토리우스교-마니교적인 문명을 만들어냈다. 그러나 이곳에서도 역시 마니교는 아주 빨리 약화되어, 칭기스칸 국가의 시대에 베쉬발릭과 쿠차의 위구르인들은 불교도 아니면 네스토리우스 교도였다.

투르판과 쿠차 지역에서 위구르인들의 정착 — 고대 인도-유럽계 주민의 땅을 궁극적으로 투르크화한 정착 — 은 단계적으로 진행되었을 것이고, 위구르와 원주민의 혼효는 아마 한동안 두 가지 언어를 동시에 사용하는 사람들을 만들어냈을 것이다. 이러한 사실은 위구리아의 주민들이 투르크어 방언 이외에도 오랫동안 자기들끼리 사용하는 또 다른 언어를 갖고 있었다고 한 무슬림 자료의 기록에서 분명히 시사하고 있다.[133]

그렇다 하더라도 위구르인들은 선주민이었던 '토하라인들'로부터 문학적 유산을 획득함으로써 혜택을 입었다. 독일·프랑스·영국의 탐험대가 현재의 신강에서 발견한 — 종종 목판 위에 새겨진 — 위구르 문헌들은 투르크적인 변용이 이루어지는 도중에도 이전의 지적인 활동이 계속되었음을 보여주고 있다.[134]

이렇게 해서 위구르는 알타이와 오르콘의 투르크-몽골계의 국가에게 '문명의 교사'로서의 역할을 하였고, 12세기의 나이만과 13세기의 칭기스칸 국가에게 그들은 서기書記와 관직과 문자를 제공하였다.

사타 돌궐

880년 당조(907년에 멸망)는 황소黃巢가 이끄는 민중반란 — 일종의

---

133. Barthold, "Türks," *EI*, p. 952. 7세기에 고성 — 이전의 베쉬발릭 —에 위구르보다 앞서 거주했던 바스밀은 투르크어 이외에 자신들의 언어를 갖고 있었다.
134. 예를 들어 10세기 2/4분기로 연대가 추정되는 현장의 전기의 번역이 있고, 이것은 최근에 von Gabain이 "Die uigurische Übersetzung"에서 번역하였다.

농민반란 — 의 결과 붕괴 직전에 있었다. 제국의 수도였던 낙양은 물론 거대한 도시 장안이 반란군에게 점령되자, 조정은 새로운 투르크 유목집단인 췰Chöl — 한자로 그 음을 옮겨 처월處月이라 하기도 하고, '사막에 사는 사람'이라는 뜻의 사타沙陀라고도 씀 — 에게 도움을 청하였다.135)

바르톨드는 이 췰을 토쿠즈 오구즈의 한 부족으로 그 기원을 소급하면서, 10세기부터 12세기까지 적어도 그 일부가 아랄 해 북방에서 유목했던 것으로 보았다.136) 사실 사타는 서돌궐 본대로부터 분리되어 7세기부터 바르쿨의 동쪽에 살고 있었다. 712년에 티베트인 집단이 바르쿨 지역을 약탈하자 사타는 약간 서쪽의 고성 방면으로 이주했다. 그들은 808년 다시 티베트의 공격으로 이 둔영지에서 쫓겨나자 중국에 보호를 요청했고, 당조는 그들을 번병으로 삼아 북부 오르도스에 있는 영주(영하 부근)의 동북방에 살게 했다.

사타는 878년까지 오르도스에 머물러 있었다. 그해 중국이 내란으로 황폐화된 까닭에 그 수령인 이극용李克用이 산서 북방 대동의 변경지방을 점거했고, 그곳의 전반적인 무정부상태에 간여하기에 충분한 태세를 갖추었다. 880년 황소가 이끄는 가공할 만한 반란군이 당의 수도 장안을 점령하자 당조는 이극용에게 도움을 청했다. 당시 28세의 이 젊은 지도자는 중국의 시기들에 의해 용감하고 충성스러운 인물로 묘사되고 있다. 그는 당조의 구원자로서의 자신의 역할을 진지하게 받아들였던 듯하며, 그의 진실성은 그 후에도 전혀 의심의 여지가 없었다. 그는 883년에 장안에서 반란군을 몰아내고, 그 대가로 그가 막 구원해준 제국의 대신으로 임명되었다. 그러나 그에게 더 중요했던 것은 아마도 자기에게 태원(현재 산서)의

---

135. Barthold, "Toghuzghuz," *EI*, p. 848과 "Türks," *Ibid.*, p. 949. 그러나 Cha-vannes가 인용한 중국자료에서는 사타와 처월의 친연관계를 강조하였는데, 전자는 바르쿨의 동부에서, 후자는 서부에서 유목을 하고 있었다.
136. Barthold, "Toghuzghuz"와 "Türks," *Ibid.*, p. 948. Cf. Minorsky, *Hudud al-Alam*, p. 266. 『新唐書』에 대한 Chavannes의 번역(*Documents*, p. 96)에서는 사타가 서돌궐 종족이고, 7-8세기에 계절적으로 고성과 바르쿨 지역 사이에서 유목하였던 처월에서 나왔다고 한다.

지배권이 주어졌다는 점이었을 것이다. 한동안 이 한화된 투르크인은 숨이 끊어져가는 당조를 계승하여 중국의 제위에 앉을 수 있을 것처럼 보였지만, 아마 그의 충성심이 그를 자제케 했던 것으로 보인다.

그 대신 한때 도적의 수괴였던 주온朱溫[137]은 중국인들의 지지를 획득하여 권력을 장악하였다. 그는 당의 마지막 군주를 폐하고 스스로 황제를 칭함으로써 후량後梁 왕조를 세웠다(907). 그때도 이극용은 계속 산서의 지배자로 남아 있었고, 그가 죽은 뒤인 908년 그의 아들 이존욱李存勗(926년 사망)은 진晉의 군주를 칭하며 황제로 즉위하고 태원을 수도로 삼았다. 923년 이존욱은 후량을 넘어뜨리고 낙양을 수도로 하여 중원의 제위에 올라 단명한 후당後唐의 창건자가 되었지만, 그의 왕조는 13년밖에 존속하지 못하였다(923-936).

936년 거란의 도움을 받은 또 다른 사타인 석경당石敬瑭은 후당의 마지막 황제를 폐위시키고 자신이 중국의 황제임을 선언했다. 그는 개봉開封(변汴)을 수도로 하여 후진後晉을 건국했다. 그러나 이 왕조는 그전 왕조보다 더 단명하여 기간이 겨우 10년에 지나지 않았다(936-946). 946년에 이렇게 오래 된, 그러나 지나치게 한화된 투르크인들은 진정한 야만인인 몽골계의 거란에게 붕괴되고 말았다.

거란

키탄Qitan 혹은 거란(契丹) — 아랍-페르시아어로는 Khitai, 몽골어로는 Kitat — 은 405-406년부터 중국의 연대기에 기록되었는데, 당시 그들은 요하와 그 지류인 시라무렌 강 사이에 있는 요서 지방 즉, 현재의 열하에 살고 있었다.[138] 몽골계에 속하는 그들의 언어는 '퉁구스어와의 접

---

137. [역자] 朱全忠의 본명.
138. 거란에 대해서는 G. von Gabelentz, *Geschichte der grossen Liao*(『遼史』의 번역, St. Peterbrug, 1877) ; E. Bretschneider, *Mediaeval Researches* (London, 1888), I, p. 209 ; Chavannes, "Voyageurs chinois chez les

촉으로 인하여 구개음화가 강하게 나타나는 몽골계의 한 방언'이었다.[139)
696년 산해관山海關을 통해서 하북의 영평을 약탈하고 심지어 북경 평원
까지 진출했지만, 무후 치세의 당조가 카파간 카간 — 당시 최고의 절정
기에 있었던 동돌궐의 카간 — 과 연합하여 그들을 배후에서 공격해 —
앞서 언급한 것처럼 — 거란은 697년에 너무나 치명적인 패배를 당해서 3
세기 동안 팽창이 정지되었다. 734-735년에 중국과 거란 간의 국경전쟁도
결코 상황을 바꾸어놓지는 못하였다.

　751년 거란은 중국 군대의 침입을 평로平盧(현재의 평천平泉)의 동북
쪽에서 격퇴하였는데, 그 군대는 우연하게도 그들과 동족인 안록산이 지휘
하고 있었다. 그는 중국에 봉사하고 있었고 당 현종의 총신이었다. 그 뒤
에 현종을 쫓아내고 자신이 황제가 되려고 한 것도 바로 이 안록산이었다
(755).

　거란은 10세기 초 야율耶律(씨족명) 아보기阿保機(926년 사망)라는 정
력적인 수령의 지배를 받게 될 때에도 여전히 요하의 서북 유역과 그 지
류인 시라무렌 지역을 차지하고 있었다. 그는 자신이 속했던 야율씨가 칸
의 권위를 세습하게 만드는 데 성공했다. 후일의 사가들에 따르면, 아보기
는 부족민들에게 비록 피상적이긴 했지만 중국적인 방식을 도입하기 시작
하였고, 947년에는 그의 계승자가 요遼라는 왕조명을 붙였다. 사실 기란은
중국 역사에서 이 이름으로 알려지게 되었다. 924년에 그는 몽골로 쳐들

　　Khitan et les Joutchen," *JA*, I(1897), p. 377 ; J. Mullie, "Les anciennes
villes de l'empire des Grands Leao au royaume mongol de Barin," *TP*
(1922), p. 105를 보시오. 몽골어로 단수는 Kitan이고 복수는 Kitat이다.
139. Pelliot, "À propos des Comans," *JA*(1920), pp. 146-147. Rashid ad-Din이
분명하게 "거란의 언어는 몽골의 그것과 아주 비슷하다"라고 기록한 것을 지적해
둔다. 또한 Willy Baruch, "The Writing and Language of the Si-Hia and
K'i-tan," A. Salmony, *Sino-Siberian Art in the Collection of C. T. Loo*
(paris, 1933), p. 24와 W. Kotwicz, *Les Khitai et leur écriture* (Lwow,
1925), p. 248을 보시오. Mostaert는 Qitan을 Qitai의 몽골어 복수형으로 보았다
(Mostaert, "Ordosica," *Bulletin 9, Catholic University of Peking*(1934, p.
40).

어가 오르콘 상류까지 진출했고, 카라발가순으로 들어가 840년 이래 그곳
에 살고 있던 키르기즈 투르크인들을 예니세이 상류와 서부의 초원으로
몰아냈다.140) 그때 그는 웬일인지 서부 감주에 있던 위구르 투르크에게 오
르콘의 국가를 회복시켜 주겠다고 제안하였다. 과거 위구르의 카간들이 그
땅을 743년부터 840년까지 지배하기는 했지만, 정주적인 생활방식을 수용
한 그 후예들은 유목생활로 되돌아가는 것을 거부하였다.141) 아보기는 926
년에 동쪽으로 퉁구스-고구려계 왕국인 발해渤海를 멸망시켰는데(그는 이
원정 도중에 사망), 그들은 한반도의 북부(북위 40도 이북)와 요동 동부의
만주(하얼빈과 블라디보스톡에서 여순旅順 항구까지)를 지배하고 있었다.
만주 동북부의 우수리강 삼림지대의 퉁구스계 여진女眞도 거란에 복속하
였다.

또한 아보기는 당시 중국에서 한창 진행중이던 내전을 이용해 하북을
차지하려고 했지만, 망도멸都(보정의 남쪽)에서 후당의 건국자 이존욱에게
쫓겨났다(922).

아보기가 죽자 투르크-몽골계의 수많은 카툰들처럼 — 칭기스칸의 어
머니도 그러했다 — 지칠 줄 모르는 정력의 소유자인 그의 카툰142)은 자
기가 총애하던 둘째아들을 칸으로 선출하려 했다. "그는 나라의 집회(칭기
스칸 국가 몽골인들의 쿠릴타이)를 소집하여 큰아들인 돌욕突欲과 둘째아
들 덕광德光을 모두 말에 오르게 한 다음, 그녀의 희망을 잘 알고 있던
그곳에 모인 왕공들에게 이렇게 말하였다. '나는 이 두 아들을 똑같이 사
랑하기 때문에 둘 중에 누구를 고를 수 없다. 너희가 보기에 더 나은 사
람의 고삐를 잡아라!'" 당연히 그들은 덕광의 고삐를 잡아 그가 칸이 되었
다(927-947). 처음에는 그의 모친과 덕광이 공동으로 통치했지만 그녀의

---

140. Cf. Chavannes, "Voyageurs chinois," *JA*, I(1897), p. 382 ; Bretschneider,
   Mediaeval Researches, I, p. 265.
141. 거란에 대한 위구르의 문화적인 영향은 아주 두드러졌다. 두 종류의 거란문자 중
   하나는 위구르문자로부터 만들어졌고 다른 하나는 한자에서 만들어졌다. Marquart,
   Guwaini's Bericht über die Bekehrung der Uiguren, pp. 500-501 ;
   Chavannes와 Pelliot, "Traité manichéen," p. 377.
142. '述律 氏族' 출신으로 알려져 있다. 중국어 전사로 '述律氏'.

생각대로 처리하였다. 어떤 수령이라도 그녀의 마음에 들지 않으면 그를 '그녀의 소식을 죽은 남편에게 알리기 위해서' 보냈고, 그러면 아보기의 무덤을 지키는 위사들이 그 전령들을 저승으로 보내버렸다. 중국인 고관 조사온趙思溫은 이 같은 심부름을 맡게 되자 그런 영광은 당연히 태후에게 먼저 돌아가야 한다고 말했다. 이에 카툰이 대답하기를, "안타깝지만 자신은 유목 부족민들을 위해 계속 살아야 한다"고 하였다. 그렇지만 그녀는 당당하게 자신의 한쪽 손을 잘라서 그것을 황제의 무덤에 묻게 하였다.143) 이것은 수령이 죽으면 가족을 순장시키는 관습의 이상스러운 잔재였고, 스키타이·흉노·몽골을 막론하고 까마득한 옛날부터 계속되어온 초원의 관습이기도 했다. 이런 야만적인 관습에도 불구하고 카툰은 주저하지 않고 신임하던 한인 출신의 대신 한연휘韓延徽로 하여금 거란인들을 문명화시키도록 하였다.

거란의 새로운 칸 야율덕광(태종太宗)은 곧 중국 내정에 개입할 수 있는 기회를 찾았다. 936년 그는 후당에 대해 반란을 일으킨 중국의 장군 석경당을 자기 보호 아래 두고, 5만 명의 군대를 거느리고 고북구古北口 통로를 거쳐 하북으로 내려가, 석경당이 조정의 군대를 격파하고 후진 왕조의 창건자로 제위에 오르는 것을 도와주었다.

이렇게 거란의 도움으로 중국의 황제가 된 석경당은 감사의 표시로 유주幽州 또는 연주燕州(현재의 북경)를 포함하는 하북 북부와 산서 최북단의 운주(현재의 대동) 등을 거란에게 할양해주었다. 이로써 야만인들은 장성 이내에 자리잡을 수 있게 되었고, 북방의 변경지역에서 중국의 정책을 관찰할 수 있게 되었다.

석경당의 배반은 오랜 전통을 지닌 제국의 통일성에 최초의 틈을 만들어, 이 틈은 점차 더 벌어져 이후 12세기에는 유목민들이 북중국 전체를 정복하고 13세기에는 전중국을 지배할 수 있게 한 것이었다. 북경은 야율덕광에게 정복된 뒤 거란에서 여진으로, 여진에서 칭기스칸의 국가로 넘어가, 그곳은 938년부터 1368년까지 유목민들의 지배 하에 들어가 있었

---

143. Wieger, *Textes historique*, II, pp. 1537-1538.

다. 938년 덕광은 그곳을 남경南京으로 삼고, 시라무렌 강가에 있는 임황臨潢에는 상경上京을, 요양遼陽에는 동경東京을 두었다.144)

석경당은 942년에 죽을 때까지 거란의 온순한 속신으로 있었지만, 그의 조카이며 계승자인 석중귀石重貴(943-946)는 이 같은 감호상태에서 벗어나려고 했다. 그러나 그것은 매우 경솔한 움직임이었다. 거란은 하간河間 근처에서 그의 군대를 격파하고 황하를 건너 제국의 수도였던 개봉(당시는 대량大梁) 앞에 나타났고, 거란의 칸 덕광은 947년 초하룻날 입성했다.

거란의 칸은 분명 자신이 중국의 황제임을 칭하려고 했는데, 사실 개봉을 점령했을 때 그는 중국의 복식을 채용했다. 그러나 그의 배후에서 중국인들이 반란을 일으켜 특히 창덕에서 고립된 거란인들을 학살했다. 덕광이 보복으로 창덕의 주민을 학살함으로써 전면적인 반란에 직면하게 되자, 중국 조정에 있던 사람들을 모두 포로로 잡아 다시 열하로 돌아갔다. 진정眞定까지 왔을 때 그는 죽었다. 947년 그의 예기치 않은 죽음으로 인해 거란인들은 혼란에 빠지게 됨으로써 분명히 중국을 정복할 수 있는 기회를 상실하였다.

거란이 퇴각하는 도중에 산서 지방을 지휘하고 있던 중국의 장군 유지원劉知遠 ― 그 역시 사타 투르크 출신 ― 이 947년 2월 군인들에 의해 황제로 추대되었다. 중국의 대중적 여론의 강력한 지지를 얻은 그는 같은 해 4월 개봉에서 후한後漢 왕조를 건국했다.

덕광을 이은 거란의 통치자는 야율원耶律阮(世宗, 947-951)과 야율경耶律璟(穆宗, 951-968)이었다. 만약 중국인들 자신이 그들에게 기회를 주지 않았더라면 거란은 중국의 내정에 개입할 희망을 완전히 잃어버렸을지도 모른다. 951년에 후한의 황족은 새로운 왕조 후주後周에 의해 권좌에서 쫓겨나 산서 중부로 도망한 뒤 그곳에서 북한北漢이라는 지역 정권을 만들었는데, 이것은 태원을 수도로 959년부터 979년까지 존속했다. 그러자 후주後周(951-960)와 송宋(960)과 같이 개봉을 차지한 왕조들과 산서 중

---

144. Cf. Mullie, "Les anciennes villes de l'empire des Grands Leao," *TP* (1922), p. 105. 1044년부터 대동은 서경이 되었다.

부를 지배하던 북한 사이에 끊임없는 전쟁이 일어났다. 북한은 제위를 빼앗은 사람들에 대한 증오와 산서의 작은 영토를 지키기 위해서 스스로 거란의 속국이 되었다. 거란은 물론 기꺼이 이 게임에 합류해 태원이 제국의 군대에게 공격을 받으면 거란군은 북한을 돕기 위해 신속하게 달려왔다. 이것이 위대한 민족국가 송나라가 960년에 중국의 지배자가 되고 976년에 태원에 있던 북한을 제외한 모든 한인들을 통일하게 될 때까지의 상황이었다.

송나라를 건국한 위대한 황제 태조 조광윤趙匡胤은 이미 968년에 태원의 재정복을 시도했지만 언제나처럼 그곳을 방어하기 위해 급하게 달려온 거란에 의해 저지당했다. 송의 두 번째 황제 태종은 비교적 운이 좋은 편이었다. 거란의 개입에도 불구하고 그는 979년 태원을 항복시키고 산서의 북한 왕조를 병합하는 데 성공했다.

그리고 나서 그는 거란이 936년 이래 점령하고 있는 장성 남쪽(대동과 북경)의 영토탈환을 결의하였다. 그러나 거란의 군주 야율현耶律賢(景宗, 968-982)과 그의 장군들이 너무 강하게 저항해서 재정복의 시도는 무산되고 말았다.

중국의 황제는 북경까지 진출하여 포위하였지만, 북경 서북부의 고량하高梁河 근처에서 거란의 장군 야율휴가耶律休哥에게 격파되어 서둘러 북경과 보정을 잇는 도상에 위치한 탁주涿州로 퇴각해야 했다(979). 이제 반대로 거란인들이 중국령 하북을 공격하려고 했지만 장군 야율휴가는 정정正定 부근에서 패배하였다.

986년에 태종은 새로운 시도를 하였다. 거란의 칸 야율현이 죽자 열두 살의 소년 야율융서耶律隆緖(聖宗, 983-1031)가 모후 소씨蕭氏의 섭정하에 즉위하였다. 기회가 무르익어 보였다. 조빈曹彬·반미潘美·양업揚業 등의 장군이 이끄는 중국군은 여러 부대로 나뉘어 일부는 대동으로, 나머지는 북경으로 진군했다.

좌익군은 대동 지역을 점령하는 데 성공했지만, 우익군은 탁주를 넘지 못하고 거란의 장군 야율휴가에게 이주易州 근처 탁주의 서남쪽에 있는 기구관岐溝關에서 패배해 북경과 보정 사이에 있는 거마강拒馬江으로 후퇴했다.145) 나머지 중국군은 남쪽으로 도망했다.

야율휴가가 그들을 추격하였는데, 『통감강목通鑑綱目』의 기록에 따르면 그는 그들이 사하沙河 — 이 강은 정정과 하간河間 사이에 있는 신락新樂을 관통하고 있었다 — 를 건널 때 따라잡았다고 한다. 그는 중국군을 강물로 몰아넣어 엄청나게 많은 수를 죽였다. 거란은 심주深州(정정正定 근처)·덕주德州·순덕順德을 점령했지만 중국으로서는 다행스럽게도 더 이상 남쪽으로 밀고 내려가지 않았다. 중국은 989년이 되어서야 그들을 보정 근처에서 격파할 수 있을 정도로 회복되었다.

중국의 어려움은 티베트계 종족인 탕구트Tangut로 인해서 더욱 가중되었다. 11세기 초 탕구트인들은 오르도스와 알라샨에 새로운 나라 서하 왕조를 세웠는데, 그들은 중국의 섬서 지역에 대한 끊임없는 위협이 되었다. 이 나라를 건국한 이계천李繼遷(1003년에 사망)은 당시 동몽골의 지배자였던 거란으로부터 990년에 서하의 통치자로 인정받았다. 1001년 그들은 중국으로부터 중요한 거점인 영하 근처의 영주(영무)를 강탈했다. 서하의 수도인 할라차르Halachar는 그곳에서 멀지않은 곳에 있었다. 이렇게 해서 송의 황제는 동북의 거란과 서북의 서하로부터 동시에 위협을 받는 처지가 되었다.

1004년, 송의 3대 황제인 진종眞宗 때 거란의 왕 야율융서가 지휘하는 기병원정대가 남부 하북을 거쳐 중국의 수도인 개봉과 단지 황하에 의해서만 격리된 보주保州(현재의 보정), 기주冀州(대명), 심지어 덕청德淸(현재의 청풍)까지 점령하였다(1000년경 황하의 하도는 그러했고, 1007년에야 하도가 변경되었다).

개봉의 겁먹은 대신들은 진종 황제에게 남경이나 사천으로 피난할 것을 건의했다. 하지만 그는 이를 거부했을 뿐만 아니라 과감한 조치를 취하였다.

황하의 북안에 있는 전주澶州(청대 만주인들이 개주開州로 명명, 현재

---

145. "기구는 탁주에서 서남방으로 30리 떨어져 있다. 당조의 말기에 '關'이 그곳에 설치되었다. 호삼성의 주에 따르면 관은 서릉의 서북 지역에서 발원하여 易州의 남으로 굽어 흐르는 거마 강의 북방에 있었다 한다"(des Rotours가 주석).

의 복양현(濮陽縣)의 요새는 여전히 굳건히 지키고 있었다.146) 중국의 용맹한 지휘관 이계륭李繼隆은 이곳에서 거란에게 포위되어 있으면서도 그들을 매복장소로 유인하여 심대한 타격을 입혔다. 지도를 보면 한눈에 전주가 개봉으로 가는 길을 막고 있음을 알 수 있다. 만약 이계륭이 압도당했다면 거란은 수도 건너편에 있는 황하에 도달할 수 있었을 것이다.

진종은 용감하게 개봉을 떠나 '전선'인 전주로 지원병을 이끌고 왔다. 그의 단호한 태도는 거란인들에게 깊은 인상을 주어 1004년에 전주에서 화의가 체결되었다. 국경은 936년에 정해진 상태, 즉 북경과 대동은 거란이 그리고 보정과 영무는 중국이 소유하는 것으로 그대로 유지되었다. 이 국경은 중국령으로 남은 패주覇州의 북부 근교를 따라 하북을, 그리고 역시 중국령이었던 오대산맥五台山脈 북방의 산서를 가로지르며 관통하였다.147)

1004년의 평화는 100여 년 정도 유지되었다. 북경과 대동의 지배에 만족한 거란은 더이상 요구하지 않았고, 그 도시를 제외한 전중국을 지배한 송조도 두 도시를 탈환하겠다는 생각을 포기했다. 거란은 그들의 야욕을 고려와 고비로 돌렸다. 그러나 고려에 대한 침공은 1004년 고려가 우수리에 거주하는 퉁구스계 종족 여진을 끌어들여 양동작전을 구사함으로써 실패로 끝나고 밀았다. 고비에서 거란은 시부 감숙에 있는 도시들인 감

---

146. M. des Rotours는 처음에 Mailla가 그 뒤에 Cordier가 비정한 澶州의 위치가 완전히 혼동되었다고 지적하였다. Mailla(VIII, 147)는 거란이 澶淵의 북방에 야영했다고 했는데, M. des Rotours는 이것이 Mailla가 송대 전주의 다른 이름인 전연을 잘못 읽은 데에서 생긴 오해라고 보았다. Cordier는 전주를 Mailla의 전연과는 다른 도시라고 하여 문제를 더 꼬이게 만들었다. 그는 "거란은 전연 또는 代州 즉 지금 開州의 북방에 야영했고 전주를 점령했다"고 했다(*Histoire géné-rale de la Chine*, Paris, 1777-1785, II, p. 87). 사실 이들은 모두 한 도시를 지칭하는 것이었다. 즉 그것은 송대에 전주와 전연으로, 7-9세기에는 개주로, 중화민국 시기에는 복양현으로 알려진 곳이다. M. des Rotours는 두 사람의 잘못을 수정해주었다.
147. Cf. Chavannes, "Voyageurs chinois," p. 414 ; Bretschneider, *Mediaeval Researches*, I, p. 209 ; Herrmann, *Atlas of China*, pp. 43 - 44.

주와 숙주를 위구르로부터 빼앗았다. 1017년경 그들은 카쉬가리아와 이식쿨 지역을 정복하려고 했던 것으로 보이는데, 이 지역은 뒤에서 다루겠지만 이슬람화한 투르크인이 지배하는 카라한조에 속해 있었다.

거란은 카라한조의 수도인 이식쿨 서부의 추 강 상류에 위치한 발라사군Balasaghun에서 8일정 떨어진 곳까지 진군하였지만 카쉬가르의 카라한조의 칸이었던 투간Tughan에게 격퇴되었다.148) 서하의 탕구트인들 역시 그들의 관심을 서부로 돌렸다. 그들의 왕인 조덕명趙德明(1006-1032)은 1028년 위구르로부터 감주를 빼앗았다(거란은 1009년 원정 이후 그곳을 유지하는 데 실패했다). 1036년 그의 아들 조원호趙元昊(1032-1048)도 비슷하게 숙주와 돈황을 티베트로부터 빼앗았고, 1044년에는 오르도스 근처에서 거란의 공격을 격퇴하였다. 그의 재위 기간 동안 탕구트는 한자를 변용해 자신들의 고유한 서하문자를 만들었다. 인쇄되거나 필사된 수많은 서하의 문헌들이 1908년 예전의 에치나Echina(易濟乃) — 마르코 폴로의 *Etzina* — 인 카라호토Qarakhoto에서 코즐로프 탐험대에 의해 발견되었다.149)

거란 역시 자기들 고유의 문자를 만들었지만 최근까지 그 흔적을 발견하지 못하다가,150) 마침내 1922년에 12세기 초의 것으로 보이는 거란문자로 된 두 개의 비문이 몽골리아에서 발견되었다.151)

---

148. Cf. Marquart, *Osttürkische Dialektstudien*, p. 54 ; Barthold, "Qara-Khitai," *EI*, p. 782와 *Turkestan down to the Mongol Invasion*, p. 279.

149. Cf. Pelliot, "Les documents chinois trouves par la mission Kozlov," *JA* (1914년 5-6월), p. 503과 *TP*(1925), p. 6, p. 399 ; Willy Baruch, "The Writing and Language of the Si-hia and K'i-tan," *Sino-Siberian Art.* 서하의 예술에 대해서는 A. Bernhardi, "Buddhist. Bilder der Glanzzeit der Tanguten," *OZ*(1917년 10월)를 보시오.

150. Barthold, "Kara Khitâi," *EI*, p. 782.

151. Pelliot와 L. Ker, "Le tombeau de l'empereur Tao-tsong des Leao(1055-1101) et les premières inscriptions connues en écriture k'i-tan," *TP*(1923년 10월), p. 292 ; W. Kotwicz, "Les Khitai et leur écriture," *Rocznik Orjentalistyczny*(1925), p. 248.

여진

북경과 대동 지역을 거란으로부터 탈환해야 한다는 꿈은 여전히 중국인들의 마음 속에서 떠나지 않고 있었다. 송의 휘종徽宗(1101-1125) ― 송대의 가장 탁월한 황제의 한 사람으로 예술을 사랑하고 그 자신이 화가였다 ― 은 중국의 고전적인 야만인 정책인 '이이제이'·'원교근공'을 사용하는 실수를 저질렀다. 이것은 중국의 전통적인 전략으로서 성공을 거두는 경우가 많았는데 특히 당대 초기 태종 대제의 시기에 그러했다. 그러나 휘종의 경우는 실책이었다.

거란 ― 이제는 길들여지고 문명화되었으며 상당히 한화된 몽골인 ― 은 그런 대로 견딜 만한 이웃이 되어 있었다. 그들의 배후인 우수리 강의 삼림, 만주의 동북부 ― 현재 러시아 연해주 지방 ― 에는 여진(아랍-페르시아어에서는 Jurche)이라고 불리던 퉁구스족이 살고 있었다.152) 1124-1125년에 중국의 사신 허강종許康宗은 이들 여진족을 완전한 야만인으로 기록하였다. 왜냐하면 칸의 거처가 목초지와 방목되는 가축떼로 둘러싸여 있었기 때문이다.153) "그들의 집락에는 도로도 ― 심지어는 골목도 ― 없고, 단지 칸의 천막과 병영을 둘러친 것을 제외하면 방어용 성벽조차 없었다. 칸은 12마리의 호랑이 가죽으로 덮인 왕좌에 앉아 있었다. 그곳에서는 흥청거리는 음악, 거친 춤, 사냥이나 전투를 흉내내는 무대 등 야만적인 술판이 벌어졌고, 또한 몸에 색을 칠한 여인들이 거울을 갖고 놀면서 관객에게 빛을 반사시키는 놀이 ― 삼림민이 즐겼던 최고의 오락 ― 를 하였다"(이것은 '번개의 여신'의 유희로, 아마테라스Amaterasu가 여주인공으로 나오는 일본의 극과 흡사하다).

중국이 거란을 파멸시키기 위해 동맹을 맺으려고 한 것은 바로 이 야만인들, 즉 중국 조정에 왔던 고려의 사신이 '늑대나 호랑이보다 더 나쁘

---

152. Pelliot는 Jürchät(Juchid)의 형태를 원형이라고 생각했다. Cf. *TP*(1930), p. 297, p. 336("Joutchen(여진)은 사실 Jüchät의 와전이다").
153. Cf. Chavannes, "Voyageurs chinois chez les Khitan et les Joutchen," *JA*, I (1897), p. 378 ; Wieger, *Textes historique*, II, p. 1621.

다'고 했던 여진인들이었지만, 거란이야말로 배후의 이 야만인들로부터 중국을 방어할 수 있는 처지였다.

바로 이때 완안부完顔部의 지배씨족 출신인 아골타阿骨打라는 정력적인 추장이 여진인들을 열심히 조직하고 있었다(1113-1123).[154] 중국적 생활방식을 지나치게 수용한 거란 통치자들의 은밀한 약점을 간파한 그는 1114년 그들의 종주권에 대해 반란을 일으키고 그 국가를 정복하기 위해 군사를 몰고 갔다. 그는 9년 만에 그들의 모든 중요 거점을 빼앗았는데, 그곳들은 북에서 남으로 다음과 같았다. 1114년에 영강寧江(현재 송화강의 지류에 위치한 하얼빈의 남쪽), 1116년에 요양(이곳의 함락은 오늘날의 만주 전역을 여진에게 가져다 주었다), 1120년에 거란의 북경인 임황臨潢(현재 열하 북부에 있는 시라무렌 강가에 위치), 1122년에 중경인 대정大定(북부 열하의 적봉赤峰 근처), 그리고 같은 해 산서 북부에 있는 대동이었다.

중국의 휘종이 여진과 성급하게 맺은 동맹조약에는 거란의 영역을 분할할 때 북경을 중국에 돌려주기로 명시되어 있었다. 그러나 중국은 그 도시를 함락시킬 능력이 없음이 판명되었고, 여진은 1122년 그곳을 점령한 뒤 깔보는 듯한 태도로 중국에게 넘겨주었다(1123). 거란의 마지막 황제인 야율연희耶律延禧(천조제天祚帝)는 후흐호트 방향으로 도망하여 1124년 무주武州(삭평朔平 근처) 주변에서 최후의 저항을 시도했지만 여진의 추격대에게 1125년에 생포되었다.

이렇게 거란 왕국을 정복한 여진은 완안씨 왕족의 현명한 지도 하에 중국적인 외양을 차린 정식국가를 건설하려고 노력하였다. 그 과정에서 그들 완안 왕조에게 금金이라는 명칭을 붙였는데, 금은 퉁구스어로 알춘 alchun이었고, 이때부터 중국의 기록에서 이 왕조는 금이라는 이름으로 불리게 되었다.[155]

---

154. 황실이 갖고 있는 이름 完顔은 단지 중국어의 wang(王)을 퉁구스어로 옮긴 것에 불과하다. Pelliot, "Sur quelques mots d'Asie Centrale," *JA*(1913), p. 467.
155. Pelliot, *TP*(1922년 5-7월), p. 223 ; C. J. de Harlez, *Histoire de l'empire kin ou empire d'or, traduit de l'Aisin Gurun*(1887).

몽골
타타르
여진 지역
거란 지역
회녕
요양
고려 왕국
대정
북경
웅구트
대동
황하
금(金, 여진)
탕구트 왕국
숙주
감주
영하
영주
태원
제남
대명
활주
회양
회안
사주
서하
허창
개봉
서주
양수
난주
하남
풍양
남경
서안
당주
태평
안경
항주
강주
양양
온주
성도
양자 강
홍주
송(宋)
건주
천주
광동
0
800km

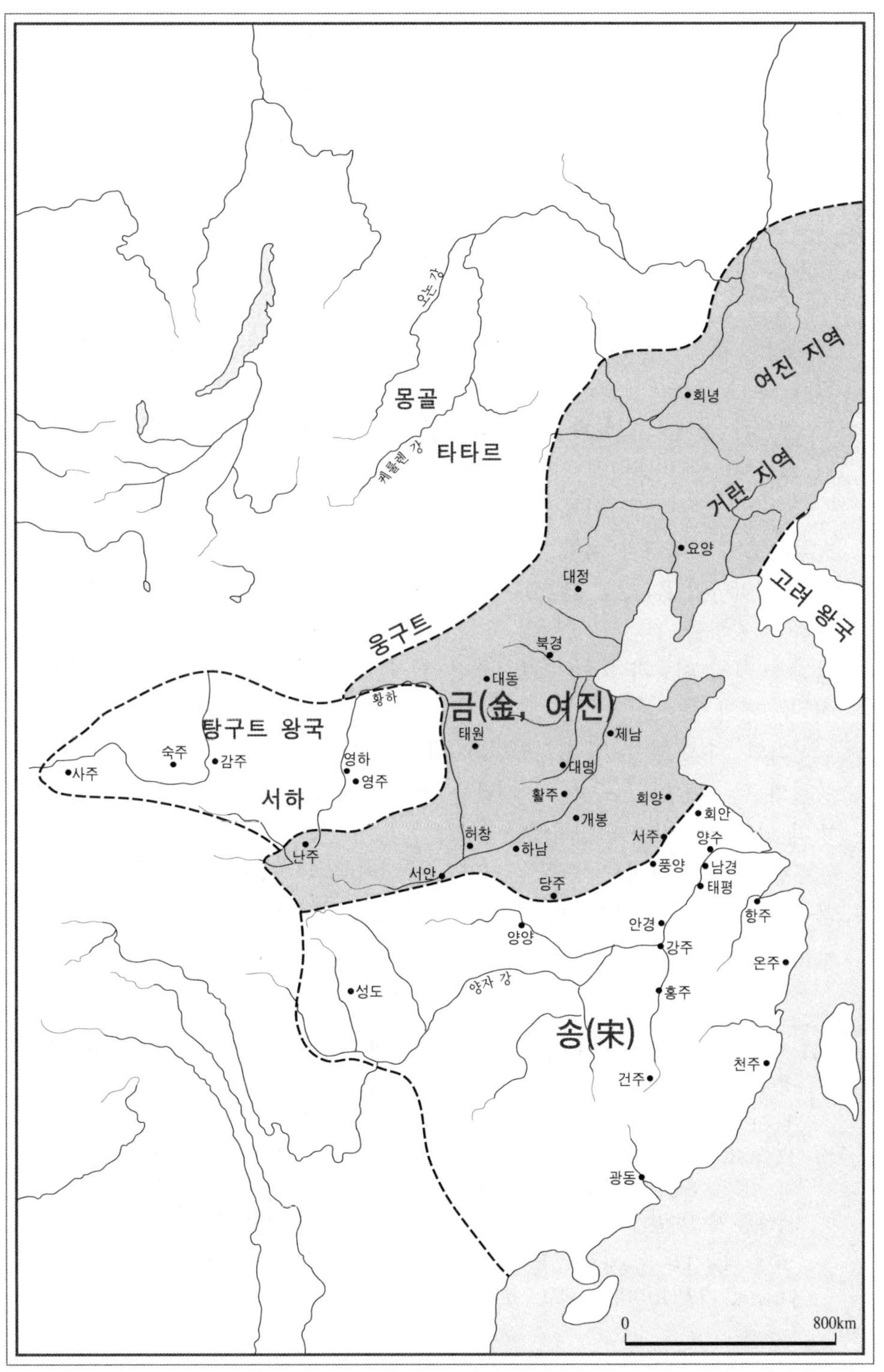

1150년경 금과 송

상당히 부드러워졌고 협약으로 안정된 민족이었던 몽골계 거란은 격
렬하고 길들여지지 않았으며 야만적인 기질을 지닌 퉁구스계 종족으로 대
체되었고 그 영향은 그 같은 역전을 성급하게도 좋아하였던 중국인에게
곧바로 되돌아왔다.

승리가 절정에 달했을 때 금의 통치자 아골타가 죽자 동생 오걸매吳乞
買(태종太宗, 1123-1135)가 계승했는데 그는 형보다 더 야심에 찬 인물이
었다. 중국 조정은 어리석게도 북경의 북방에 있는 몇몇 변경 성읍들에 대
한 영유권 문제로 그들과 다툼을 벌이는 외에 심지어 금에 대해서 반란을
일으킨 세력을 비밀리에 지원하였다.

이것은 전쟁으로 이어졌다. 몇 달 만에 금나라의 장군 점몰갈粘沒喝은
중국으로부터 북경과 하북 평원을 차지했고 이어 태원과 섬서陝西의 심장
부를 장악하였다(1125, 1126). 또 다른 장군 오리보吾里補는 점몰갈과 합
류하여 황하를 건너서 중국의 수도인 개봉에 나타났다. 그곳을 방어하던
불쌍한 황제 휘종과 아들 흠종欽宗은 항복할 수밖에 없었으며(1126년 말),
이 두 명의 불행한 군주는 모든 시종과 화물과 재화와 함께 만주 깊숙이
금나라의 '수도'였던 영강(하얼빈의 남부)으로 유배되었다(1127년 초).156)
종실의 한 사람인 고종은 이 재난을 피해 도망쳐 양자강이 보호해주는 남
방의 남경에서 황제를 칭하였다(1127).

한편 금은 아직도 중국의 영역으로 남아 있던 북중국의 최후의 거점
들에 대한 점령을 끝마쳤다. 그곳은 하북의 하간과 대명大名, 산동의 제남
濟南, 하남의 창덕, 그리고 산서의 서남각에 있는 하중河中(포주蒲州) 등

---

156. 이 전쟁에서 일어난 한 사건은 기독교권의 역사와도 관계가 있다. 그들의 침입과
    정에서 금은 몇 명의 웅구트인을 포로로 잡았는데, 그들은 후에 산서 북부의
    Toqto 지역에 이주되었다. 그러나 웅구트의 여러 씨족들은 감숙 남부의 임조 방향
    으로 갔고 금은 그들을 다시 만주 남부로 이주시켰다. 이들 웅구트는 네스토리우스
    파 기독교도였는데 황제 吳乞買가 현몽한 것이 그들이 가지고 있었던 성화상의
    하나로 설명되었기 때문에, 그들은 금나라로부터 자유을 얻고 황하 북쪽에 있는 靑
    州에 재정착할 수 있었다. Pelliot, "Chrétiens d'Asie Centrale et d'Extrême-
    Orient," *TP*(1914), p. 630.

이었고, 개봉도 금의 주둔군이 없는 틈을 타서 중국 군대가 잠시 탈환했지만 다시 여진군에게 빼앗겼다(우리는 장차 칭기스칸 휘하의 군대가 같은 지역에서 이처럼 서로 손발이 맞지 않는 공성전을 벌이는 것을 볼 수 있을 것이다).

북부 다음은 중부 중국의 차례였다. 1129년에 점몰갈이 지휘하는 금나라 군대는 회수 하류와 양자강 하류 사이의 지역을 정복했다. 그들은 잠시 휴식을 취한 뒤 두 부대로 나뉘어 양자강 하류의 방어선을 공격했다. 서군은 호북에 있는 황주黃州에서 도하하여 파양호鄱陽湖 북쪽의 강주江州(강서에 있는 구강九江)와 남쪽의 홍주洪州(남창南昌)로 내려갔다. 이곳에서 그들은 건주虔州(강서 남부의 감주贛州)까지 밀고 들어가 남하의 한계선에 도달하였다. 이렇게 해서 그들은 단숨에 남중국 거의 전체를 가로질러 간 것이다. 심지어는 다음 세기의 몽골도 그렇게 빨리 이동하지는 못했다.

금나라의 두 번째 군대는 양자강 하류에서 작전을 하였는데, 태평太平 근처에서 강을 건너 남경을 함락시켰다. 고종은 영파寧波(당시에는 명주明州)로 도망갔다가 설강 남쪽의 온주溫州 항으로 이동했다. 남경에서 금의 장군 올구兀求는 추격을 서둘러 항주杭州와 영파를 점령했다(1129년 말과 1130년 초).

그러나 완전히 기병으로 구성된 금나라 군대는 중국 남방으로 너무 깊이 들어갔다. 그곳에는 범람하는 땅, 서로 얽히는 강들, 논과 운하가 있었고, 조밀한 인구가 언제 그들을 기습하고 포위할지도 모르는 일이었다. 금나라 군대의 지휘관 올구는 북으로 귀환하려고 했지만, 마치 바다와 같이 넓고 중국 함선들이 순찰하고 있는 양자강에 의해 막혀버렸다. 결국 한 배신자가 그에게 남경 동쪽의 건강建康 근처에서 강을 건널 수 있는 방법을 알려주었다(1130). 고종 황제는 1130년 금의 군대가 사라진 남부로 돌아와서 항주에 자리잡았는데, 이 도시는 몽골에 의해 정복될 때까지 중국의 수도가 되었다.

금은 이 같은 좌절로 인해 어려움에 처하게 되었다. 중국의 장군들은 양자강과 황하 사이의 거점들을 다시 확보하기 시작하고, 그들 중에서 가

장 용감한 악비岳飛는 금으로부터 중요한 도시인 양양襄陽을 탈환했다
(1134). 1138년 그가 개봉으로 진군하려고 하자 유약한 성격의 고종은 전
쟁에 지쳐서 금과 화의를 맺었다.

사촌인 오걸매의 뒤를 이은 금의 황제 합랄合剌(희종熙宗, 1135-
1149)[157]도 북방으로부터의 위협 때문에 역시 화의를 원했다. 이제 무대
에 등장한 몽골인들 — 적어도 역사상 알려진 그 이름으로는 — 은 카불
Qabul 칸의 영도 아래 갓 연합체를 형성해 금나라의 배후인 동부 고비
지역을 공격하였다(1135, 1137). 금은 1147년 그들에게 국경지역의 많은
지방을 양도해야만 했다.[158]

이런 상황 하에서 금조와 송조 황제 사이에 화의가 쉽게 체결되었다.
국경은 회수의 선을 따라 그리고 황하(와 위수) 유역과 한수 상류 유역
사이의 고지대를 따라 정해졌고, 황하와 위수의 유역은 금에게, 한수 유역
은 중국에 속하게 되었다. 이렇게 해서 금은 하북, 산동, 산서, 하남과 섬
서의 거의 전역, 북부 안휘와 강소의 상당 지역을 지배하게 되었다. 따라
서 중국에 대한 그들의 지배영역은 거란에 비해서 훨씬 더 넓어졌다.

중국은 이제 항주를 수도로 하는 남방의 송과 북방의 퉁구스계 여진
왕국인 금으로 나뉘었다. 처음 이 북방의 수도(북경)로 삼았던 만주의 하
얼빈에서 가까운 회령은 1153년까지 황제들의 주된 거처였다. 현재의 북
경은 그들의 이차적인 남방의 수도 남경南京일 뿐이고, 대정大定(열하의
북부)에는 중앙의 수도(중경中京)를 두었다. 1153년 금의 황제 적고내迪古
乃(해릉왕海陵王)가 북경을 주요한 거처로 삼자 그때부터 열하에 있는 대
정은 북경, 요양은 동경, 대동은 서경, 현재의 북경은 중경, 개봉은 남경으
로 간주되었다.

황족의 일원이었던 완안곡신完顔谷神(곡신은 분명히 여진인이 사용하
는 퉁구스어에서 Goshi를 표시)이 금의 건국과정에서 했던 역할은 흥미롭
다. 그는 능력 있는 정치가로서 그가 갖고 있던 영향력의 일부는 그가 무

---

157. [역자] 그의 이름에 대해서 Ho-lo-ma로 되어 있다. 하지만 熙宗의 이름은 『金
　　史』에 따르면 합랄로 되어 있다.
158. Cf. Barthold, *Turkestan*, p. 381 ; Pelliot, *JA*(1920), p. 146.

당이었다는 점에서 기인하였다.[159] 퉁구스어의 음운에 한자를 적용하여 '여진대자女眞大字'를 만든 것도 바로 그였다. 그의 명망은 황제 합랄의 의심을 사게되어 결국 그는 1139년에 처형되었다.

전임 황제인 합랄과 황족의 일부를 죽이고 즉위한(1149) 황제 적고내는 문명에 의해 잘못 변질된 야만인으로서, 옛날 여진인들의 원시적인 기질을 생각케 하는 격렬한 성격의 소유자였으며, 쾌락을 추구하기 위해 초기 금국이 자리잡았던 고향 만주의 삼림지역을 버리고 북경의 궁궐로 옮겨왔다. 타타르와 몽골이 만주 지역에 대한 약탈을 점차 강화시켜가던 때의 그러한 행동은 전선이탈이나 마찬가지일 정도로 중대한 잘못이었다. 그러나 적고내의 야망은 중국의 황제가 되는 것, 그리고 이를 위해 송나라로부터 남중국을 빼앗는 것이었다. 따라서 1161년에 그는 송나라를 공격하여 양자강 하류까지 쳐들어가, 금산金山의 작은 섬 근처인 양주揚州 — 오늘날의 진강鎭江 — 건너편에 있는 강 어귀에서 도하를 시도하였다. 그러나 이는 재앙으로 끝나고 말았으니, 그의 독재에 분노한 군인들이 그를 살해하고 요양에서는 또 다른 왕족 오록烏祿이 황제로 선포되었다(1161).

새로운 금의 군주는 송과 1163년과 1165년 기간 중에 협상을 벌여 '전과 마찬가지의 현상유지'를 골자로 하는 화의를 맺었다. 연대기들은 그를 북경의 보좌에 앉아 고향인 북만주의 삼림을 동경하는 현명하고 합리적인 군주로 묘사하고 있다. 그가 매우 연로해서 사망하자 그의 손자인 마달갈麻達葛이 왕위를 계승했다(1189).

중국측 기록에 의하면 마달갈(장종章宗, 1189-1208)은 여진인들이 군사적인 규율이 해이해지는 것을 방치했다고 하는데, 그 결과는 그의 계승자들의 시대에 몽골의 침입을 받게 되는 것으로 나타났다. 한편 1206년 송나라가 경솔하게 적대행위를 재개하자 금나라는 두 나라의 국경이었던 회수를 건너 양자강까지 진군했다. 마달갈은 전쟁을 주장했던 중국 재상의

---

159. Pelliot, "Chaman," *JA*(1913년 3-4월), p. 468. ; W. Grube, "Note préliminarie sur la langue et l'écriture des Jou-tchen," *TP*(1894), p. 334. [역자] 完顔希尹의 이름은 谷神으로 되어 있는데, 본문에서는 그 전사를 Wu-shih로 하였다.

머리를 요구했지만, 1208년 중국이 금나라에 매년 보내주는 비단과 은을
증액하는 조건 — 사실상 엷게 분식된 조공 — 으로 영토적인 '현상유지'
를 받아들였다. 그의 계승자인 승과繩果(위소왕衛紹王, 1209-1213)의 치
세에 몽골의 침입이 시작되었다.

　몽골 역사를 살펴보기 이전에, 그것은 극동만큼이나 무슬림 투르크 세
계에도 영향을 미쳤기 때문에 11세기 이래로 이슬람권에 성립되었던 투르
크인들의 역사를 간략하게 살펴볼 필요가 있을 것이다.

3. 13세기 투르크인들과 이슬람

10세기 투르크 세계에 대한 이란인의 방벽 : 사만조

언급한 것처럼 751년 탈라스 전투 이후 트란스옥시아나에 대한 아랍 지배의 확립은 한 세기가 지난 뒤 이란계 사람들에게 유리한 결과를 가져다 주었다. 아랍인 총독들은 트란스옥시아나에서 투르크(당시는 우상숭배자들)와 중국의 이중위협을 제거함으로써 오로지 자신들의 이해, 즉 칼리프조를 위하여 일하는 것처럼 생각하였다. 그러나 그 다음 세기의 3/4분기가 되면서 부하라와 사마르칸드의 권력은 아랍 정복자들의 손에서 토착 이란인들 즉, 역사상 과거 소그드인들의 후손들에게 넘어갔다.

발흐 근처의 사만Saman에서 기원한 가문을 지배층으로 한 순수한 이란계 사만조는 이렇게 해서 875년부터 999년까지 부하라를 수도로 하여 트란스옥시아나의 패자로 군림하였다. 권력의 이 같은 이동은 혁명이나 폭력이 수반되지 않은 채, 공식적으로는 여전히 칼리프 체제의 틀 안에서, 그리고 무슬림 사회의 내부에서 이루어졌다.

사만조는 '아미르'(*amir*)라는 그리 거창하지 않은 칭호로 만족하였고 바그다드에 있는 칼리프의 대리인 이상은 아무것도 아니라고 표방하였다. 그러나 사실 그들은 완전히 독립된 것처럼 행동하였고, 고대 페르시아의 군주인 바흐람 추빈과 연결시키려는 그들의 주장은 이 왕조가 가장 정통적인 이슬람의 껍데기 속에 이란인들의 민족적인 부흥이라는 진정한 성격이 숨어 있었음을 보여주고 있다.[1]

---

1. Mirkhond, *Histoire des Samanides*(Paris, 1845 ; C. F. Defrémery 번역), p. 113.

사만조의 위대한 시대는 874-875년에 칼리프 무으타미드Mu'tamid로부터 트란스옥시아나를 봉읍으로 받고 사마르칸드를 거처로 삼은 나스르 이븐 아흐마드Nasr ibn Ahmad에서부터 시작된다.[2] 그해에 나스르는 형제인 이스마일 이븐 아흐마드Isma'il ibn Ahmad를 부하라의 '왈리'(*wali*) 즉, 총독으로 임명하였다. 그러나 곧 이 형제 사이에 갈등이 벌어졌는데(885, 886) 이는 트란스옥시아나의 왕조들에게서 흔히 볼 수 있는 좋지 않은 경향이었다. 892년 나스르가 죽자 이스마일이 트란스옥시아나의 유일한 군주로 남게 되면서부터 그의 왕궁이 있는 부하라는 사만조의 수도가 되었다.

이 이스마일(892-907)은 위대한 군주였다. 그의 군대는 후라산의 지배자이자 사파르Saffar조의 군주인 아미르 이븐 울 라이쓰Ibn al-Laith와 900년 봄 발흐 근처에서 전투를 벌여 승리를 거두고 그를 포로로 잡았다.[3] 이스마일은 이 승리에 뒤이어 후라산을 병합하였다. 902년 그는 다른 왕가로부터 라이(현재의 테헤란)와 카즈빈Qazvin을 포함한 타바리스탄Tabaristan 지역을 빼앗았다.

893년 이래 그는 동북방으로 탈라스의 투르크 지역에 대해 원정을 감행하였다. 그 도시(탈라스 또는 아울리에 아타Aulie Ata)를 점령한 그는 그곳에 있던 기독교 공동체의 교회 ─ 아마 네스토리우스파 ─ 를 모스크로 바꾸어버렸다.[4] 이 이란인 왕자는 투르크 초원에 대한 원정 후에 유목민으로부터 빼앗은 말과 양, 낙타 등 엄청나게 많은 약탈물을 갖고 돌아왔다. 그렇게 함으로써 그가 고대 사산조의 군주들이 옥서스(아무다리아) 강 북안에 대해 예방적인 차원의 습격을 행하던 정책으로 되돌아갔다는 것은 흥미로운 사실이다. 이 시르다리아(작사르테스)의 파수꾼 ─ 고대 이란의 군주들이 '라인 강의 파수꾼'이었던 것처럼 ─ 에게는 이제 우상숭배

---

2. Barthold, *Turkestan*, p. 210에 있는 Tabari의 글.
3. *Ibid.*, p. 225에서 이 연대가 논의되었다.
4. *Ibid.*, p. 224에서 Narshakhi, Tabari, Mas'udi가 인용. 이 마지막 사료는 사만조가 강제로 개종시킨 네스토리우스파 기독교도는 카를룩 투르크였다고 기록하고 있다.

자이든 네스토리우스 교도이든 투르크 세계에 대한 페르시아 이슬람의 전쟁이라는 종교적인 구실이 덧붙여졌다.

이와 같은 상황은 변경지역의 투르크 유목집단들이 이슬람으로 개종하면서 수정될 수밖에 없었다. 사만조가 그렇게 열심히 추구하던 이 같은 개종은 도리어 그 추진자들을 곤경에 빠뜨리게 하였다. 그 까닭은 그로 인해 투르크인들에게 무슬림 사회의 문이 활짝 열리게 되었기 때문인데, 적지 않은 투르크 수령들에게는 그것이야말로 개종의 유일한 목적이기도 하였다.

영토적인 관점에서 사만조는 나스르 이븐 아흐마드 2세Nasr ibn Ahmad II(914-943)의 치세 중에 절정에 도달하였다. 북방으로는 타쉬켄트(Shash), 동북방으로는 페르가나, 서남방으로는 라이 등이 모두 사만조 국가의 일부를 구성하게 되었고, 멀리 카쉬가리아까지 상당한 영향력을 미쳤다. 그러나 나스르의 시어파 이슬람으로의 개종은 심각한 동요를 일으켜 결국 그의 폐위를 불러왔다. 그 당시 트란스옥시아나의 이란인들은 이미 열렬한 순니파였고, 이러한 종교적인 차이를 이용해 그들 자신과 페르시아 본토의 주민들과의 차별을 강화하였다.5)

누흐 이븐 나스르 1세Nuh ibn Nasr I(943-954)의 치세부터 왕조의 쇠퇴가 시작되었다. 이란계 군사 귀족들은 끊임없는 반란을 도모하였다. 사만조는 서남쪽으로 서부 페르시아를 지배하던 또 다른 이란계 왕조인 부이Buy조와 적대하기 시작하였다. 사만조가 순니파였고 부이조가 시어파라는 종교적 차이는 갈등을 더욱 심화시켰고, 그러한 구실과 목적을 표방한 그들에 의해 도시 라이의 영유권이 여러 차례 바뀌었다. 그것은 이란 내부의 역사에만 영향을 미치는 단조로운 싸움이기는 했지만, 사만조를 위험할 정도로 약화시켜 투르크 세계에 대한 그들의 방어태세를 느슨하게 했다는 점에서는 주목할 만하다. 그러나 바로 그때 많은 투르크 집단들의 이슬람으로의 개종은 그 같은 투르크 개종자들에게 트란스옥시아나 공동체의 성원이 될 수 있는 권리를 부여해주었다. 그들은 그곳에 용병으로서 받

---

5. *Ibid.*, p. 243.

아들여지게 되고, 나아가 이란인들의 주요 거점들을 점령해서 건네주었다.

후일 가즈나Ghazna조를 세운 사람들이 그러한 예이다. 사만조의 압둘 말릭 1세'Abd al-Malik I(954-961)의 치세에 알프 테긴Alp Tegin이라는 투르크인 노예가 수비사령관의 지위에 올라 후라산 총독에 임명되었다(961년 1-2월). 하지만 그는 뒤이은 사만조의 군주 만수르 이븐 누흐 1세Mansur ibn Nuh I(961-976) 때 그 자리에서 해임되어 발흐로 물러났다. 또다시 그는 사만조의 군대에게 그 도시에서도 쫓겨나 아프가니스탄의 가즈니로 은신하였다(962).6) 그의 가족은 가즈니에서 사만조의 종주권을 인정함으로써 새로운 영역에 자리잡게 되었다. 어쨌든 이것이 무슬림 이란의 영역에다 투르크인들이 최초로 세운 국가였다는 것은 사실이다. 알프 테긴은 그 뒤 곧 사망하였다(963년경?). 그가 가즈니에서 징집한 투르크 용병은 이미 이슬람에 강한 영향을 받고 있었고, 그들은 977년 이래 또 다른 투르크 해방노예 — 또 다른 맘룩 — 인 사복 테긴Sabok Tegin의 지휘를 받게 되었다. 그는 토하리스탄(발흐와 쿤두즈)과 칸다하르를 장악하고 카불 정복에 나섰다.7)

사만조의 누흐 이븐 만수르 2세Nuh ibn Mansur II(977-997)의 치세 중 이란계 군사 귀족들의 불복에서 기인한 봉건적인 혼란상은 992년에 절정에 달해, 그 중 한 영후였던 아부 알리Abu 'Ali는 자신의 주군에 대항하기 위해, 추 강 유역의 발라사군에서 군림하던 카라한조의 투르크 군주인 부그라 칸 하룬Bughra Khan Harun에게 지원을 요청하였다. 부그라 칸은 부하라로 군사원정을 감행하여 992년 5월에 입성하였지만 그곳에 남아 있으려고 하지는 않았다.

이러한 각종의 반란과 카라한조 투르크인들의 위협에 대항하기 위해 누흐 2세는 정력적인 사복 테긴이 지휘하는 가즈나조 투르크인들에게 구원을 청하였다(995). 사복 테긴은 가즈니에서 달려와 사만조를 자신의 보호 아래 편입시키고 후라산을 차지해버렸다.8) 이렇게 해서 이란인의 공국

---

6. *Ibid.*, pp. 249-251.
7. Cf. Pelliot, "Notes sur le Turkestan," *TP*(1930), p. 16.
8. Barthold, *Turkestan*, pp. 261-262.

은 트란스옥시아나로 축소되며, 한쪽으로는 아프가니스탄과 후라산의 주인인 가즈나조 투르크인들에게, 다른 한쪽은 추 강과 일리 강, 카쉬가리아의 초원을 장악하던 카라한조 투르크인들에게 둘러싸이게 되었다. 이제 문제는 이 두 투르크 집단 가운데 누가 먼저 최후의 일격을 가하느냐 하는 것뿐이었다.

그 일격은 사만조의 군주 압둘 말릭 2세'Abd al-Malik II (999년 2-10월) 때, 양쪽에서 동시에 가해졌다. 사복 테긴의 아들이자 계승자인 가즈나조의 마흐무드Mahmud는 메르브 근처에서 그를 패배시키고 영원히 후라산을 포기하도록 만들었다(5월 16일). 그해 가을 트란스옥시아나 본토는 페르가나의 우즈겐Uzgen을 다스리던 카라한조의 아르슬란 일릭 나스르Arslan Ilig Nasr의 침공을 받았다. 그는 999년 10월 23일 부하라에 입성하여 압둘 말릭 2세를 포로로 잡고 트란스옥시아나를 합병해버렸다.[9]

이렇게 해서 동부 이란과 트란스옥시아나의 이란인들의 영역은 이제 두 개의 무슬림 투르크 세력, 즉 트란스옥시아나를 차지한 카쉬가리아의 카라한조 칸들과 후라산을 점령한 아프가니스탄의 가즈나조 술탄들에 의해 분할되어버렸다. 이 두 지역의 영구적인 투르크화에 그토록 커다란 역할을 했던 이 두 집단의 역사는 다음 절의 주제이기도 하다.

카쉬가리아와 트란스옥시아나의 투르크화 : 카라한조

몽골리아에서의 패권을 상실한 뒤, 타림분지의 북방 즉 호초(투르판)·베쉬발릭(오늘날의 짐사)·카라샤르·쿠차 등지에 정착한 위구르 투르크인들은 과거 토하라인들이 살던 이 지역을 투르크인들의 땅으로 변화시켰다. 그렇지만 그들은 그곳의 불교와 네스토리우스교의 특징을 존중하였다.

그러나 그 다음 세기에 카쉬가리아의 서부와 서북부, 그리고 일리 강과 이식쿨 지역에 자리잡은 카라한조 투르크인들은 위구르 투르크인과는

---

9. *Ibid.*, p. 268. Gardizi가 연대를 기록하고 있다.

달리 이슬람으로 개종했기 때문에 이 지역의 특징을 근본적으로 변화시켰다. 이같이 무슬림과 투르크가 결합됨으로써 생겨난 영향력으로 인해 중앙아시아의 이 지역에는 과거의 어떠한 잔재도 남아 있지 않다.

카라한조의 왕가는 10세기 중반부터 13세기 초에 이르기까지 카쉬가리아를 장악하게 되었지만 그 기원에 관해서는 알려진 바가 적다. 바르톨드가 지적했듯이 카라한조는 카를룩 투르크인들로부터 발라사군 지역(이식쿨의 서쪽)을 탈취한 토쿠즈 오구즈계의 한 씨족이었을 가능성이 있다.10)

카라한조 가운데 무슬림 문헌에 최초로 언급된 사람은 사툭 부그라칸Satuq Bughra Khan인데, 카쉬가르의 군주였던 그는 955년경 사망했고 그의 백성들에게 무슬림 신앙을 받아들이도록 장려했던 것으로 보인다. 10세기 나머지 시기와 11세기 내내 서부 타림의 오아시스들과 추 강과 탈라스 강의 평원은 이미 모두가 무슬림이 된 그의 일족들이 나누어 갖고 있었다. 그러나 카라한조는 그 신앙에도 불구하고 투르크와 이란 사이의 전통적인 투쟁을 잊지 않았으며 트란스옥시아나의 사만조 아미르들 — 비록 이들이 중앙아시아로의 출구에 위치하여, 순니파 이슬람 혹은 무슬림 정통주의의 공식적인 대표자이긴 했지만 — 과 전쟁을 벌이는 데에도 주저하지 않았다. 앞에서 보았듯이 추 강 유역의 발라사군에서 군림한 카라한조의 부그라 칸 하룬은 그 지역에 대한 일련의 투르크인 침공을 시작해 992년 5월에는 부하라까지 약탈하였으나, 부수적으로 약탈전의 직접적인 결과는 없었다.11)

이 점에서 또 다른 카라한의 군주, 즉 페르가나의 우즈겐에 있던 아르슬란 일릭 나스르Arslan Ilig Nasr(1012년 혹은 1013년 사망)는 더 운이

---

10. 동일한 시기에 카쉬가르는 야그마Yaghma와 다른 투르크 부족, 그리고 토쿠즈 오구즈(10세기의 1/4분기?)의 한 씨족이 점령하고 있었던 것으로 추측된다. 이 씨족의 이름에 대해서는 Pelliot의 *JA*(1920)에 있는 글, p. 35와 *TP*(1930)에 있는 글의 p. 17 ; Minorsky, *Hudud al-Alam*, p. 277 등을 보시오. 카라한조의 역사는 지금까지 아주 혼란스러웠는데 Barthold, *Turkestan down to the Mongol Invasion*(London, 1928), p. 254 등에서 동양의 사료를 모두 대조함으로써 분명해졌다.

11. Cf. *Ibid.*, pp. 258-259.

좋았다.12) 999년 10월 23일 그는 부하라에 승리자로 입성하여 사만조 최후의 군주(압둘 말릭 2세)를 포로로 잡고 트란스옥시아나를 합병해버렸다. 아무다리아의 남쪽과 후라산 등 사만조의 나머지 유산들은 두 번째 투르크 왕조 즉, 가즈나조의 수중에 들어갔는데 당시 가즈나조는 서북 인도의 정복자인 그 유명한 술탄 마흐무드Mahmud(998-1030)의 지배 하에 있었다.

이 두 투르크 무슬림 왕조 사이의 관계는 처음에는 정당하고 우호적이기까지 하였다. 부하라의 승자 아르슬란 일릭 나스르는 딸을 마흐무드와 혼인시키기도 했지만, 이러한 우호관계는 단명에 그치고 말았다.

카쉬가리아뿐만 아니라 일리 강과 추 강 유역의 옛날 돌궐의 영역까지 지배하는 왕조로 굳게 자리잡은 카라한조는 가즈나조를 전에는 노예였다가 갑작스럽게 출세한 사람들쯤으로 여겼다. 한편 마흐무드 가즈니는 그때 막 편잡을 자신의 아프가니스탄과 후라산 영역으로 병합하였고(1004-1005) 인도의 보물들을 취하여 부유해졌다. 이제 철저하게 이란화되었고 인도 라자들의 세계를 그 발 아래 둠으로써 권력의 정점에 오른 마흐무드는 카라한조 투르크인들을 보잘것 없는, 북방의 초원에 그토록 오랫동안 머무는 야만인의 사촌들이며 동시에 자신의 찬란한 인도-이란 제국에 항상 위협적인 존재로 보았다. 그의 이 마지막 생각은 과연 잘못된 것이 아니었다. 1006년 마흐무드가 아직 인도에 발이 묶여 있을 때 카라한조의 아르슬란 일릭 나스르는 후라산을 침공하여 발흐와 니샤푸르를 약탈하였다. 마흐무드는 이란으로 돌아가 발흐 근처의 샤르히안Sharkhiyan에서 일릭 나스르를 패배시키고(1008년 1월 4일) 그곳에서 몰아냈다.13) 이 전투에서 일릭 나스르는 호탄의 군주이자 자기 사촌인 카디르 칸 유숩Qadir Khan Yusuf의 도움을 받았지만, 카라한조의 세 번째 군주이며 일릭 나

---

12. Pelliot는 Barthold가 Ilek으로 읽은 것에 대해서 Ilig으로 읽기를 주장하였는데, Ilig은 왕을 의미하는 위구르 단어다. "Notes sur le Turkestan," *TP*(1930), p. 16.
13. Barthold, *Turkestan*, p. 273에 인용된 Gardizi의 기록으로 연대를 알 수 있다. 마흐무드의 카라한조에 대한 승리는 인도 코끼리를 이용하였기 때문이다.

스르의 형제인 토간 칸Toghan Khan은 마흐무드의 편을 들었다.

카라한조는 이 같은 가족분규에 더하여 아무다리아 전선에서 가즈니의 마흐무드와 전투하고 있을 때, 1017년 카쉬가리아로 군대를 파견한 북경의 거란 군주들에게 후방을 공격당하였다. 때마침 카쉬가르를 지배하던 카라한조의 군주 토간 칸이 이 침공을 격퇴하였다. 미노르스키는 북경의 거란 궁정에서 가즈니의 마흐무드에게 사신을 보냈다는 증거를 찾아냈는데, 분명히 이는 카라한조에 대항하기 위해 그와 협약을 맺기 위함이었을 것이다.14)

마흐무드가 자신의 제국 반대편에서 인도를 정복하기 위해 오랜 시간을 보낸 것은 사실이다(1014년 타네사르Thanesar의 함락, 1019년 마투라 Mathura 약탈, 1020-1021년 괄리오르Gwalior 포위, 1025년 솜나트 Somnath 약탈). 그는 갠지스와 말와까지 영역을 확장한 뒤 1025년 당시 부하라와 사마르칸드를 통치하던 알리 테긴과 승패를 가르기 위하여 돌아왔고, 카라한조는 그때 부하라와 사마르칸드에서 군림하고 있었다. 마흐무드에게 저항할 수 없었던 알리 테긴이 퇴각하자 마흐무드는 사마르칸드에 입성하였다. 바로 그때 카쉬가르를 지배하던 카라한조의 또 다른 군주 카디르 칸 유숩이 트란스옥시아나로 들어왔다. 그와 마흐무드는 그 지방을 각자 나누기 위하여 사마르칸드 앞에서 격식을 차린 회담을 가졌다(1025). 그러나 사실 그들 중 누구도 성공하지 못하였다. 마흐무드가 후라산으로 돌아가자마자 알리 테긴이 또다시 부하라와 사마르칸드를 모두 탈환하였다(1026).15)

마흐무드의 아들이자 계승자인 가즈나조의 술탄 마스우드Mas'ud (1030-1040)가 알리 테긴에게 또 다른 군대를 보내 부하라를 다시 점령했지만 그곳을 계속 영유하지는 못했다(1032). 알리 테긴은 그해에 사망할 때까지 트란스옥시아나의 종주로 남아 있었다. 얼마 지나지 않아 부하라는 카라한조의 또 다른 일파의 손으로 넘어갔는데, 탐가치 칸Tamghach Khan으로도 알려진 부리 테긴Büri Tegin은 1041년부터 1068년까지 부

---

14. Communication to the Académie des Inscription, 1937.
15. Barthold, *Turkestan*, pp. 285-286에 인용된 Gardizi에 의거함.

하라를 지배하였다.[16]

한편 뒤에서 보겠지만 이란 동부에서는 심각한 혁명이 발생하였다. 1040년 5월 22일 가즈나조는 메르브 근처의 단다나칸Dandanaqan 전투에서 또 다른 투르크 집단인 셀죽에게 패배해, 셀죽은 후라산을 빼앗고 그들을 아프가니스탄과 인도로 물러나게 하였다. 그러자 셀죽의 칸 토그릴 벡 Toghril Beg ─ 즉, 단다나칸의 승리자 ─ 은 페르시아의 나머지 지역을 복속시키고, 1055년에는 바그다드에 입성하여 압바스조의 칼리프로부터 동방과 서방의 군주 즉, 술탄으로 인정받게 되었다. 이 거대한 투르크 제국은 곧 그 영역을 아무다리아에서 지중해까지 확장하였고, 트란스옥시아나에 있는 카라한조의 군소 칸들의 독립을 감내할 생각은 별로 없었다. 부리의 아들이자 그 계승자가 된 카라한조의 샴스 울 물크 나스르Shams al- Mulk Nasr는 1068년부터 1080년까지 부하라와 사마르칸드를 지배했는데, 1072년에는 셀죽의 2대 술탄인 알프 아르슬란Alp Arslan의 침공을 받았다. 이 원정에서 알프 아르슬란은 전사하였고 그의 아들인 위대한 술탄 말릭 샤Malik Shah가 사마르칸드로 진군하였지만 그는 샴스 울 물크를 속신으로 받아들이고 그에게 평화를 허락해주었다(1074). 말릭 샤는 1089년 다시 전장으로 돌아와 부하라와 사마르칸드를 점령하고 카라한조의 아흐마드 ─ 샴스 울 물크의 조카이자 두 번째 계승자 ─ 를 투옥시켰다가 후에 그를 공동 통치자로 다시 앉혔다. 그때 이후로 카라한조는 셀죽 술탄들의 속료로서 부하라와 사마르칸드를 지배하게 되었고, 트란스옥시아나는 셀죽 제국의 속방에 불과하게 되었다.

트란스옥시아나의 카라한조가 이렇게 투쟁하며 복속하는 동안, 일리와 카쉬가리아에 있던 카라한조는 거대한 역사적 드라마에서 멀리 떨어져서 보다 모호한 운명을 겪고 있었다. 지적한 것처럼 그들 중 하나였던 카디르 칸 유숩은 발라사군·카쉬가르·호탄 등지에 있던 일족들의 영지를 재통합

---

16. Tamghach Qan의 칭호 즉 '북중국(Tabghach)의 황제'에 대해서는 Barthold, *Turkestan*, p. 304 참조. 이 군주의 무슬림 신앙에 대해서는 *Ibid.*, p. 311에 인용된 Ibn al-Athir에 근거. 그는 비유목적인 투르크이면서 능력 있는 행정가로서 아주 흥미로운 예의 하나이다.

하였는데, 그가 죽자 발라사군·카쉬가르·호탄은 그의 두 아들 가운데 하나인 아르슬란 칸Arslan Khan(1032-1055년경?)에게로 넘어갔다. 또 다른 아들인 무함마드 부그라 칸Muhammad Bughra Khan은 탈라스를 받았다(1032-1057년경). 1055년경에 부그라 칸은 아르슬란 칸으로부터 카쉬가리아를 빼앗음으로써 나라를 다시 한 번 통합하였지만 그 뒤 다시 분할되어버렸다.

11세기 말 발라사군과 카쉬가르, 호탄은 카라한조의 부그라 칸 하룬Bughra Khan Harun(1102년 사망)에 의해 또 한 번 통일된 것으로 보인다. 발라사군 출신의 유숩 하스 하집Yusuf Khass Hajib이 1069년에 저술한 저 유명한 투르크어 서적 『복락지혜福樂智慧』(Qutadghu Bilig)는 분명히 그에게 헌정된 것이었다.

카라한조 덕택에 카쉬가리아와 이식쿨 분지에는 1130년에 '우상숭배자' 몽골인 즉, 북경의 거란인들이 그곳을 정복할 때까지 무슬림 투르크인들의 주도권이 확고하게 뿌리를 내리게 되었다. 그러나 사건의 이 같은 반전을 설명하기 전에 먼저 서아시아의 셀죽 투르크의 역사를 간략하게 살펴보도록 하자.

투르크 역사에서 셀죽의 역할

페르시아어 지리서인 『세계경역지世界境域志』(Hudud al-Alam)가 전해주는 바에 의하면, 11세기에 오늘날 키르기즈인들의 고장인 발하쉬 호 북방 — 즉 사리 수, 투르가이, 엠바 등 하천 유역의 초원 — 에는 오구즈Oghuz(구즈Ghuzz), 즉 비잔티움 연대기 작가들에게는 우조이Ouzoi라는 이름으로 알려진 투르크인들이 살고 있었다.17) 언어학자들은 이 구즈인들 — 오브 강의 지류인 예니세이 강 중류에 살던 옛 키맥Kimek인, 후일 남부 러시아로 이주한 옛 킵착인, 그리고 오늘날의 카자흐인들과 함께

---

17. Minorsky, *Hudud al-Alam*, p. 311과 지도, p. 307.

— 을 어두음 y가 j로 바뀐다는 점에서 다른 투르크인들과 구별되는 하나의 특정한 투르크 집단으로 분류하고 있다.[18] 이 구즈인들은 칭기스칸 시대 이래 투르크멘(우리가 투르코만이라고 부르는)이라는 이름으로 알려져 왔다.[19]

오늘날의 투르크멘과 마찬가지로 11세기의 구즈인들은 자기들끼리 자주 전쟁을 벌이며 서로 느슨하게 연결된 하나의 부족집단을 형성하였다. 11세기 2/4분기에 그들은 남러시아와 이란에서 활동을 했다. 러시아 연대기들은 그들이 남러시아에 처음으로 출현한 때를 1054년경으로 기록하였다. 또 다른 투르크 집단인 킵착인 — 이르티쉬 중류나 오브 강 유역에 있던 키맥족의 일파 — 의 공격을 받은 '우즈Uz'족 — 비잔티움측에서는 그렇게 불렀다(Ouzoi) — 은 다뉴브 하류까지 침투한 뒤 강을 건너서 발칸에 침입하였고, 거기서 최종적으로 격파되었다(1065). 또 다른 구즈 씨족인 셀죽은 다른 방향으로 이동하여 훨씬 더 놀라운 성과를 거두었고, 그들은 페르시아와 소아시아를 정복하였다.

셀죽이라는 족명의 기원이 된 셀죽(살쩍Saljük)[20]이라는 영웅은 성이 티무르얄릭Timuryaligh('철궁鐵弓으로 된')인 두칵Duqaq이라는 인물의 아들로서 구즈 부족의 키닉Qiniq씨의 수령이거나 귀족이었다. 985년 이전에 그와 그의 씨족은 다른 구즈인들로부터 갈라져 나와 시르다리아 하류의 우안, 즉 잔드Jand 쪽 방향에 있는 오늘날 페로브스크Perovsk(현재의 Kyzyl Orda) 근처에 둔영지를 세웠다. 그의 아들들의 이름 — 미카일 Mika'il, 무사Musa, 이스라일Isra'il — 에서 그가 네스토리우스교를 신봉했으리라는 결론을 내린 사람들도 있다. 그러나 성경에 나오는 이러한 이

---

18. Barthold, "Kipčak," *EI*, p. 1082.
19. Cf. Barthold, "Ghuzz," *EI*, p. 178과 "Turkmenes," *Ibid.*, p. 943. J. Deny, *Grammaire de la langue turque*(Paris, 1921), p. 326에서는 Ghuzz가 취한 'Turkmen'이라는 명칭은 투르크어에서 의미의 강조를 위한 '강조' 접미사 *män* (또는 *men*)이 붙은 것이라고 한다. 따라서 Turkmen은 '순수한 피를 가진 투르크', '순수한 혈통의 투르크' 정도를 의미한다.
20. 아랍-페르시아 사서에 나오는 전통적인 표기는 Seljûq(또는 Saljûq)이지만, 원래 정확한 철자법은 Seljuk이다. Cf. Barthold, *Turkestan*, p. 257.

름은 무슬림들도 사용했기 때문에 그 같은 추정은 근거가 없으며, 셀죽 씨족들이 사만조 치하의 트란스옥시아나 변경지역에 자리잡으면서 과거의 투르크-몽골적 샤머니즘을 버리고 이슬람을 받아들였을 가능성이 크다.

이 시기 트란스옥시아나의 이란계 사만조는 이식쿨과 카쉬가리아에 있던 투르크계 카라한조로부터 스스로를 방어하는 데 큰 어려움을 겪고 있었다. 셀죽인들은 영악하게도 이란인 왕자들의 편을 들면서 자기 동족들에게 대항하였다. 그러나 바르톨드도 지적했듯이 이 구즈인들 — 이제 막 사리 수Sary Su와 이르기즈Irgiz의 초원에서 나왔고 우상숭배에서 갓 벗어난 — 은 지난 일세기 동안 이슬람의 추종자였으며 서부의 사만조와 동부의 위구르인들로부터 이중으로 영향을 받음으로써 비교적 문명화된 카라한조에 비해 훨씬 더 야만적이었던 게 분명하다.

사만조가 붕괴되자 그들의 유산을 두고 트란스옥시아나의 패자인 카라한조와 후라산의 지배자인 가즈나조가 다투고 있을 때, 셀죽 투르크인들은 근대 투르크멘 부족들이 그러했듯이 이 같은 전반적인 혼란을 이용해 한 발씩 전진하여 트란스옥시아나의 심장부에 근거를 두게 되었고, 985년에는 부하라의 동북방에 둔영을 설치하기에 이르렀다.21) 1025년경 그들의 수령이던 아르슬란(투르크식 이름으로 '사자'라는 뜻) 또는 이스라일(무슬림식 이름) — 야브구라는 칭호로도 알려짐 — 은 가즈나조의 마흐무드에 대항하던 지방 카라한조의 알리 테긴의 보조군대를 지휘하였다. 마흐무드는 아르슬란을 포로로 잡아 가즈니로 끌고 가 엄격한 탄압조치로 나머지 부족들을 제압하려고 하였다. 그러나 이 유목민들의 생활방식에는 정주민들이 취하는 어떠한 조치도 소용이 없었다. 결국 가즈나조는 알리 테긴이 트란스옥시아나의 패자가 되는 것을 내버려둘 수밖에 없었다.

그가 죽자(1032) 그동안 그에게 끝까지 충성을 바쳤던 것으로 보이는 셀죽인들은 그의 아들들에 대해 반란을 일으키고 자신들 생각대로 전쟁을 감행하였다. 그들의 수령들인 토그릴 벡과 다우드Daud, 파이구Payghu(전술한 야브구?)는 가즈나조의 술탄 마흐무드에게 후라산의 땅을 요구하였

---

21. *Ibid.*, p. 257.

다. 술탄이 이를 거절하자 토그릴 벡은 니샤푸르를 점령하고(1038년 8월), 메르브 근처의 단다나칸에서 그에게 결정적인 패배를 안겨주었다(1040년 5월 22일). 그 뒤 가즈나조는 아프가니스탄으로 밀려나고 후라산 전지역을 셀죽의 후손들에게 넘겨줄 수밖에 없었다.[22]

이슬람으로 개종한 지 얼마 안되는 유목씨족들 가운데 가장 개화되지 않고 전통도 갖지 못했던 유목집단인 셀죽은 단번에 동부 이란의 패자가 된 것이다. 만약 아랍-페르시아 문화의 우월성을 본능적으로 인식하고 그래서 그것을 파괴하는 것이 아니라 도리어 그 수호자의 역할을 한 소수의 지능 있는 수령들이 그 씨족을 이끌지 않았더라면, 그들의 이 같은 예상치 않은 성공은 문명에 재난을 가져다 주는 것으로 끝났을지도 모른다.

니샤푸르에 입성한 토그릴 벡은 후트바를 자기 이름으로 선포하도록 하였고, 그럼으로써 무슬림 체제를 수호할 것임을 분명히 하였다. 정복은 초원에서 행해지던 방식으로 진행되어 가족 구성원들은 각자 자기 몫을 챙기기 위해 애썼다. 토그릴의 형제인 차그리 벡Chaghri Beg, 고종사촌인 쿠툴미시Qutulmish(혹은 쿠틀루미시Qutlumish), 이종사촌인 이브라힘 이븐 이날Ibrahim ibn Inal 등은 토그릴 벡의 최고 권위를 인정하면서도 모두 그런 식으로 행동하였다. 예를 들어 차그리 벡은 1042-1043년에 호레즘(히바)을 짐령하였다. 이브라힘 이븐 이날은 라이 지역에 자리잡았는데, 유목민의 기질이 다시 한 번 솟구쳐나와 그의 군대는 과도한 행동을 저질러 토그릴 벡이 개입하여 질서를 회복시켜야 할 정도였다.

토그릴 벡은 아랍-페르시아 세계로 더욱 깊숙이 침투해 들어감에 따라 이 고대 문명국가들의 행정적 관념들을 더 잘 익히게 되었다. 그들이

---

22. 셀죽의 역사에 대해서는 Ibn al-Athir, *Kâmil fi't Ta'rikh*의 부분 번역이 실린 *Recueil des historiens des Croisades. Historiens Orientaux*(paris, 1872-1906, 5 vols.) ; M. T. Houtsma, *Recueil des textes relatifs à l'histoire des Seljoucides*(Leiden, 1886-1902, 4 vols.) ; "Histoire des Seljoucides et des Ismaéliens(*Tarikh-i guzida*)" (Defrémery의 번역), *JA*(1848) ; Houtsma, "Tughril I," *EI*, p. 872와 "Malikshâh," *Ibid.*, p. 225 ; Barthold, *Turkestan*, p. 302 이하를 보시오.

그를 한 집단의 지도자에서 한 국가의 지도자로 바꿈으로써, 그는 동족의 다른 수령들에 대해 확고한 우위를 장악하고 정상적이면서도 절대적인 군주로 변신해갔다.

서부 페르시아는 오랫동안 순수한 페르시아 왕조 즉, 부이조(932-1055)의 지배를 받아왔다. 실제로 그 왕조가 페르시아계였던 만큼 그 지방에서는 계속해서 이단적인 무슬림 교리인 시어파를 표방하였다. 그들은 '최고의 아미르'(*amir al-umara*) 자격으로 순니파인 바그다드의 칼리프 옆에 군림하였고, 궁정의 실권자로 행세하면서 칼리프들을 할 일 없는 존재로 만들었다. 그러나 11세기에 부이조는 쇠퇴하였다. 1029년 가즈니의 마흐무드는 그들로부터 이라키 아잠의 대부분을 빼앗았다. 셀죽 침입시 마지막 군주인 호스로우 피루즈 울 라힘Khosraw Firuz ar-Rahim(1048-1055)은 '최고의 아미르'라는 칭호를 갖고 여전히 바그다드와 이라키 아랍과 시라즈, 파르스 등지를 보유하고 있었다. 그의 한 형제는 키르만을 지배하고 있었다. 투르크인의 침공 전인 11세기 페르시아계의 이 마지막 군주가 사산조 페르시아에서 가장 뛰어난 두 군주의 이름을 칭했다는 것은 재미있는 일이다.

토그릴 벡은 이라키 아잠을 정복하는 데 상당한 시간을 보냈다. 그것은 비록 그 지방에 혼란이 팽배하고 있었는데도 토그릴 벡 휘하의 오구즈 유목민집단이 도시를 함락하는 방법을 알지 못했기 때문이다. 이스파한은 일년 동안이나 항복하지 않다가 굶어죽을 지경이 되어서야 투항하였다(1051). 정주생활에 매료된 토그릴 벡은 그곳을 수도로 삼았다. 팽배하는 정치적 혼돈과 봉건적 분열, 지적인 혼란 속에서 투르크인들은 비록 거칠고 무례하기는 했지만 그래도 질서에 대한 원칙이 있었던 대표적인 부족이었기에 사람들은 그다지 아쉬움 없이 그들에게 복속하였다. 1054년 토그릴 벡은 아제르바이잔(타브리즈, 간자 등)의 영주들로부터 충성서약을 받았다.

바그다드의 압바스 칼리프인 알 카임al-Qa'im과 칼리프의 호위대장인 베사시리Besasiri는 부이조의 멍에를 벗어 던지려는 희망으로 그를 불러들였다. 이러한 모든 갈등에 힘입어 토그릴 벡은 바그다드로 들어가 부이조의 마지막 군주 호스로우 피루즈를 폐위시켜버렸다(1055).

1058년 칼리프는 토그릴 벡에게 '동방과 서방의 왕'이라는 칭호를 주고 그를 현세의 대리인이라고 함으로써 이 같은 '기정 사실'을 공인하였다. 하지만 토그릴 벡은 이처럼 전대미문의 영광을 획득한 바로 그 순간, 사촌인 이브라힘 이븐 이날이 베사시리와 연합하여 일으킨 반란에 직면하였다. 셀죽 사이에 벌어진 전쟁 덕분에 베사시리는 간단히 바그다드를 재점령하였고, 그곳에서 그는 칼리프 알 카임 ― 셀죽에게 쉽게 굴복한 것으로 보이는 ― 의 폐위를 선언하고, 시어파 이슬람의 보호자가 되었다(1058년 12월). 이런 어려움에 처한 토그릴 벡은 냉정하고 단호한 모습을 보여주었다. 그는 먼저 이브라힘 이븐 이날을 라이 근처에서 패배시키고 그를 처형시켰다. 그리고 나서 바그다드 앞에서 베사시리를 격파하고 죽인 뒤, 승리를 구가하며 칼리프를 수도로 데리고 왔다(1060년 초).

이렇게 해서 오구즈집단의 보잘것 없던 수령은 자신의 집단과 씨족과 가족에 대해 기강을 확립하고 정규국가의 지도권을 장악하였을 뿐 아니라, 아랍 칼리프조의 공식적인 대표자로 인정받기에 이르렀다. 나아가 그는 순니파 세계 ― 즉 정통 이슬람 ― 에서 칼리프조의 구원자이자 복구자라는 찬미까지 받게 되었다.

아랍 칼리프조의 세속적인 상대자는 페르시아세 아미르국에서 투르크계 술탄국으로 대체되었다. 비록 개종한 지 얼마 되지는 않았지만 투르크인들은 '이단적' 이란인들과는 달리 정통을 표방하는 행운을 지녔기 때문에 이 같은 대체는 더 오래 지속되었다. 그들이 광신적이기 때문에 그런 것은 아니었다. 우상을 숭배하는 '야브구'의 가계에서 비롯된 셀죽의 초기 술탄들은 그 같은 이념을 공유하기에는 너무 거칠고 단순하였다. 그러나 그들이 서방을 정복하려고 했을 때, 과거 투르크인의 팽창을 이슬람의 성전이라는 껍질로 합리화하는 것이 편리하다는 점을 알았다.

거의 싸움도 없이, 그리고 분명히 지나친 폭력도 없이 ― 왜냐하면 서아시아의 사회는 기진한 상태였기 때문에 ― 투르크인들은 자신의 제국을 아랍인들의 제국 위에 덮어씌워 그것을 파괴하지 않고 도리어 강화시켰으며 거기에 새로운 활력을 불어넣었다. 그렇게 함으로써 자신들의 제국적 존립을 합리화하고 합법화하였던 것이다.

차그리 벡의 아들 알프 아르슬란Alp Arslan(1063-1072) ― 토그릴 벡의 조카이자 그의 계승자 ― 은 즉위한 직후, 정규국가에 적응하려는 의사가 전혀 없었던 자기 일족의 무정부적인 관습을 폐지해야 하는 과업에 직면하였다. 그리하여 알프 아르슬란은 사촌인 쿠툴미시 ― 1063-1064년에 죽임을 당했다 ― 와 키르만에서 반란을 일으키려고 했던 삼촌 카우르드Qawurd ― 1064년에 사면되었다 ― 를 패배시켜야만 했다. 서방에서 그는 알렙포에 있던 미르다스Mirdas 왕조를 복속시켰다(1070).

무슬림 역사에서 그에게 가장 위대한 명성을 가져다 준 것은 1071년 8월 19일 아르메니아의 말라즈기르트Malazgirt(혹은 만지케르트Manzikert)에서 비잔티움 황제 로마누스 디오게네스Romanus Diogenes를 패배시키고 포로로 잡은 일이었다.23) 이것은 궁극적으로 투르크인에 의한 아나톨리아의 정복을 보장해준 역사적인 사건이었다. 그러나 당시에는 이 전투가 셀죽의 아르메니아 정복을 완결시킨 것 이상의 의미는 없었다. 알프 아르슬란은 포로가 된 황제(*basileus*)를 기사다운 예우로써 대하였으며 곧 자유의 몸으로 만들어주었다. '배우지 못하고 아마 문맹이었을' 이 오구즈 수령은 내정문제에 관한 한 현명하게도 페르시아인 재상 니잠 울 물크Nizam al-Mulk에게 행정을 위임하였다.

알프 아르슬란의 아들로 그를 계승한 술탄 말릭 샤Sultan Malik Shah(1072-1092)는 아버지가 죽었을 때 겨우 열일곱 살이었다. 그의 최초의 원정은 샴스 울 물크, 즉 왕위교체를 이용하여 동부 후라산을 침공하고 발흐를 점령한 트란스옥시아나의 카라한조 군주에 대한 것이었다. 말릭 샤가 사마르칸드로 접근하자 카라한조는 평화를 간청하며 그의 속국이 되었다. 말릭 샤는 오구즈인들이 흔히 그러했듯이 형제인 테케쉬Tekesh에게 발흐를 주는 실수를 범했는데 때가 오자 테게쉬는 반란을 일으켰다. 술탄은 그에게 두 차례 원정을 가 결국 자기 형제의 눈을 뽑아버리도록 하였다(1084). 말릭 샤는 또한 키르만에서 반란을 일으킨 삼촌 카우르드를 포로

---

23. Cf. Claude Cahen, "La campagne de Manzikert d'après les sources mu-sulmanes," *Byzantion*, IX, 2(1934), p. 613.

로 잡아 교수형에 처하였다(1078).

　이러한 사건들은 니잠 울 물크의 현명한 행정에도 불구하고 말릭 샤가 자신의 군사적 지휘 아래 있던 오구즈 집단으로 하여금 술탄을 정점으로 하는 아랍-페르시아적인 국가의 체제를 받아들이도록 하는 데 어려움을 겪었음을 보여준다. 니잠 울 물크와 페르시아인 행정관료들은 투르크멘 집단의 역할을 과거 투르크 근위병들, 즉 칼리프나 부이조 아미르들 치하에서 10세기의 노예용병(맘룩)들이 하던 것처럼 축소시키려고 노력했지만, 그것은 새로운 술탄의 고집 센 동족들을 복종시키고 몸에 밴 유목민들을 토지에 묶어두어야 하는 극히 어려운 과업이었다.24)

　그러나 술탄만이 재상과 함께 셀죽인들의 모험을 정상적인 기반 위에 올려놓는 문제, 즉 한때 유목집단이었던 그들에게 정주적이고 이란적인 생활방식을 강요함으로써 전통적인 형태의 페르시아 제국으로 전환시키는 문제에 대해 관심을 갖고 있었다. 그는 수도인 이스파한의 화려한 궁정에서 고대 이란 제왕들의 계보를 자랑스럽게 계승하는 것에 대해 기쁨을 느꼈다.

　앞에서 살펴보았듯이 동북 방면에서 말릭 샤는 샴스 울 물크의 조카이자 후계자인 카라한조의 아흐마드를 상대로 트란스옥시아나에 대한 두 번째 원정을 지휘하였다(1089). 그때 포로로 잡은 아흐마드를 후일 사마르칸드로 보내 자신의 가신으로 삼았다. 서방에서는 역시 말릭 샤의 치세의 일이면서도 그와는 무관하게, 셀죽 가문의 방계인 사촌 술레이만 이븐 쿠툴미시Sulayman ibn Qutulmish가 소아시아의 니케아에 1081년 자리잡았는데, 그것은 내전에 휩싸인 비잔티움이 성급하게도 그에게 지원을 요청했기 때문이었다. 이것이 룸(즉 로마의 땅)이 셀죽 술탄국의 기원이 되었고, 처음에는 니케아(1081-1097)에, 뒤에는 이코니움Iconium(1097-1302)에 수도를 정해 1081년부터 1302년까지 존속하였다.25)

　정주세력으로서의 셀죽 국가가 장악했던 것은 페르시아뿐이었다. 소아시아의 과거 비잔티움 영역 내에는 1080년 침공 이래 독립적인 구즈 집단

---

24. Barthold, *Turkestan*, p. 309.
25. Cf. J. Laurent, *Byzance et les Turcs seldjoucides*(Paris, 1913), pp. 96-98.

들이 활동하고 있었다. 그들은 셀죽 가문의 방계인 술레이만, 기원이 분명치 않은 투르크인 수령들 ─ 예를 들어 분명히 1084년 이후에 시바스와 케사리아를 지배했던 카파도키아의 다니쉬멘드Danishmend조 아미르들 ─ 의 지휘 아래 있었다. 이 고대의 문명지역은 휘젓고 다니는 집단들의 이동에 근거하여 ─ 마치 카자흐 초원에서 그런 것처럼 ─ 배분되었다. 바르톨드는 이 점을 다음과 같은 내용으로 잘 정리하고 있다. "구즈 혹은 투르크멘은 더러는 독립적인 부랑배들처럼, 더러는 그 수령들의 지휘를 받으며 중국령 투르키스탄에서 이집트의 변경과 비잔티움의 변경 사이에 위치한 모든 지역을 가로질러 다녔다."26) 이에 덧붙여 바르톨드는 셀죽의 술탄들은 '방랑하는 자기 형제들' ─ 규율이 없는 구즈 집단들 ─ 을 제거하기 위해, 그리고 그들이 잘 가꾸어진 이란의 영지를 약탈하지 못하도록 그들로 하여금 소아시아에 있는 변경지역에 자리잡도록 하였다고 지적하였다. 이 점이 어떻게 해서 페르시아 본토는 투르크화를 피했지만 아나톨리아는 제2의 투르키스탄이 되었는가를 설명해준다.

수령들은 전리품을 두고 다투었다. 술레이만 이븐 쿠툴미시는 소아시아 대부분의 지역을 정복한 뒤 시리아로 내려왔다(1086). 거기서 그는 이미 1079년에 다마스쿠스에 영지를 구축했던 말릭 샤의 동생 투투쉬 Tutush와 충돌하였다. 두 사람은 알렙포 근처에서 그 도시의 소유권을 놓고 커다란 전투를 벌였다. 그 전투에서 술레이만은 살해되고 투투쉬는 알렙포를 다마스쿠스에 병합시켰다(1086). 투투쉬가 그곳에 자신의 독립적인 셀죽 왕국을 건설하려던 순간, 바로 그해에 그의 형 말릭 샤가 시리아에 나타나 투투쉬를 다마스쿠스로 돌아가게 한 뒤, 자신은 알렙포에 궁정을 열어 휘하의 수령들에게 식읍을 분배해주었다(1087).27)

전반적으로 볼 때 말릭 샤는 전임자들처럼 서부 지역에서의 투르크 정복을 정상화하는 노력으로 생애의 대부분을 보냈다. 그의 정복은 소규모

---

26. Barthold, "Ghuzz," *EI*, p. 178.
27. Zettersteen, "Sulaimân," *EI*, p. 559 ; Houtsma, "Tutush," *Ibid.*, p.1034 ; René Grousset, *Historie des Croisades* (paris, 1934-1936), I, xiv의 문헌 목록.

오구즈 집단들이 시리아 주변에 있던 오카일Oqayl조나 파티마Fatima조의 영역이나 소아시아에 있던 그리스 영역으로 침투해 들어가거나 비잔티움 사람과 아랍인 사이에 벌어지는 분쟁에 참여하면서 이루어졌다. 페르시아에서 통합의 외양은 전적으로 재상 니잠 울 물크의 아랍-페르시아적인 행정에 의해 유지되었고, 동부 지역과 시리아에서는 오로지 말릭 샤의 검에 의해서 이루어졌다. 아무도 간섭하지 않았던 소아시아에서는 오구즈의 무정부상태가 지배하였다.

1092년 말릭 샤의 죽음(그의 재상은 그보다 먼저 사망하였다)으로 무정부상태는 도처로 확산되었다. 말릭 샤의 장자 바르키야룩Barkiyaruk(1093-1104)은 그의 모든 일족들의 반란에 직면하였다. 한편 다마스쿠스에다 알렙포까지 합병한 그의 삼촌 투투쉬는 그로부터 페르시아를 빼앗으려고 하다가 1095년 2월 26일 라이 근처에서 패사하였다.

그 후 바르키야룩은 치세 기간 내내 친형제들과 전투를 벌이다 마침내 페르시아를 그들과 분할할 수밖에 없었다. 그때부터 셀죽의 영역은 영원히 세 집단으로 나뉘게 되었으니, 페르시아의 술탄국은 바르키야룩과 그의 형제들에게, 알렙포와 다마스쿠스의 왕국은 투투쉬의 자식들에게, 그리고 소아시아의 술탄국은 술레이만의 아들인 키질 아르슬란Qizil Arslan에게로 돌아갔다.

이 세 집단의 운명은 각기 매우 달랐다. 시리아(알렙포와 다마스쿠스)의 셀죽 왕국은 급속하게 아랍적인 성격을 띠어 갔지만, 투투쉬 가문에 속하는 셀죽의 두 지파는 곧 자신들의 노예용병들(맘룩) ― 역시 투르크인으로서 이들의 역사에 관해서는 여기서 설명할 수 없다 ― 이 제거하였다.28) 반면 소아시아의 셀죽 술탄국은 2세기 이상 더 지탱하였다. 그 업적은 항구적인 것이었는데, 왜냐하면 바로 이 영역에서 후일 터키의 역사가 등장하게 되기 때문이다.

페르시아에서는 투르크인들의 핵심 거점들(후라산과 아제르바이잔, 하

---

28. Cf. Ibn al-Qalanisi, *Damascus Chronicle*(Gibb의 번역, 1932). 아주 짧은 깃이긴 하지만 졸저 *Historie des Croisades*의 1권에서 Aleppo와 Damascus의 셀죽에 대해 다룬 내용도 참조하시오.

마단 부근)이 생겨났음에도 불구하고, — 뒤에서 보겠지만 — 그 주민들은 기본적으로 여전히 이란인들이었다. 시리아에서는 투르크적 요소들이 너무나 분산되어 있어서 안티오크와 알렉산드레타 주변을 제외하고는 아랍 대중 속으로 파고들지 못했다.

그러나 소아시아에서는 정치적인 정복뿐만 아니라 투르크 종족에 의한 실질적인 장악이 뒤따랐다. 여기서 투르크멘 유목민들은 비잔티움 농민들을 대체하였는데, 아나톨리아 고원은 그 고도와 기후, 그리고 초목지가 중앙아시아 초원지대의 연장이었기 때문이다. 스트라보는 리카오니아Lyca-onia — 현재 코냐 지역 — 를 목지라고 묘사하였다.[29] 카자흐 초원에서 온 유목민과 이 지역 사이에는 자연적인 친연성이 존재하였다. 그들은 그곳을 고향처럼 느꼈기 때문에 거기에 정착하였다. 혹자가 그러했듯이 여기서 한 걸음 더 나아가, 그들이 의식적으로 그러지는 않았더라도 경작지를 목초지로 바꾸는 데 일익을 했다고 비난해야 마땅할까? 아랄 해의 황야에서 온 구즈인들이 카파도키아와 프리기아와 같은 옛 고장들을 장악함으로써 그곳에 투르크적인 성격뿐 아니라 초원적인 성격까지 부여했을지도 모른다. 그리고 오스만조와 함께 투르크인들이 트라키아로 정복을 확대시켰을 때 초원도 그들을 따라가지 않았던가? 또한 우리는 아드리아노플 바로 눈앞에서 그처럼 특징적인 면모들 — 경작하지 않은 토지와 낙타들의 행렬 — 을 보지 않는가? 스트라보는 타타Tatta 호 분지가 셀레우코스조와 앗틸라, 로마인들의 시대에 이미 반사막과 같은 초원이었다고 증언하고 있다. 그렇지만 트라키아가 황막한 것은 그곳이 끊임없이 전쟁터였다는 데에 기인한다.

이 그림을 완성하기 위해, 아나톨리아의 투르크화는 셀죽조보다는 지방의 아미르들과 투르크멘 씨족들 — 결코 왕조에 충실하게 복종했다고 말하기 힘든 — 의 성과였다는 점을 첨가하고자 한다. 예를 들어 문화적

---

29. "리카오니아의 고원은 춥고 야생 당나귀들이 풀을 뜯는 메마른 땅이지만, 그들은 거의 식수 없이 지내고 있다. 이런 물의 부족도 가축이 그 지역에서 놀라울 정도로 번성하는 것을 막지 못한다. 가축의 털이 어느 정도 조악한 것은 사실이다. 게다가 이곳에는 소금호수까지 있다."(Strabo, XII, 6, p. 1, Tardieu ed., p. 533)

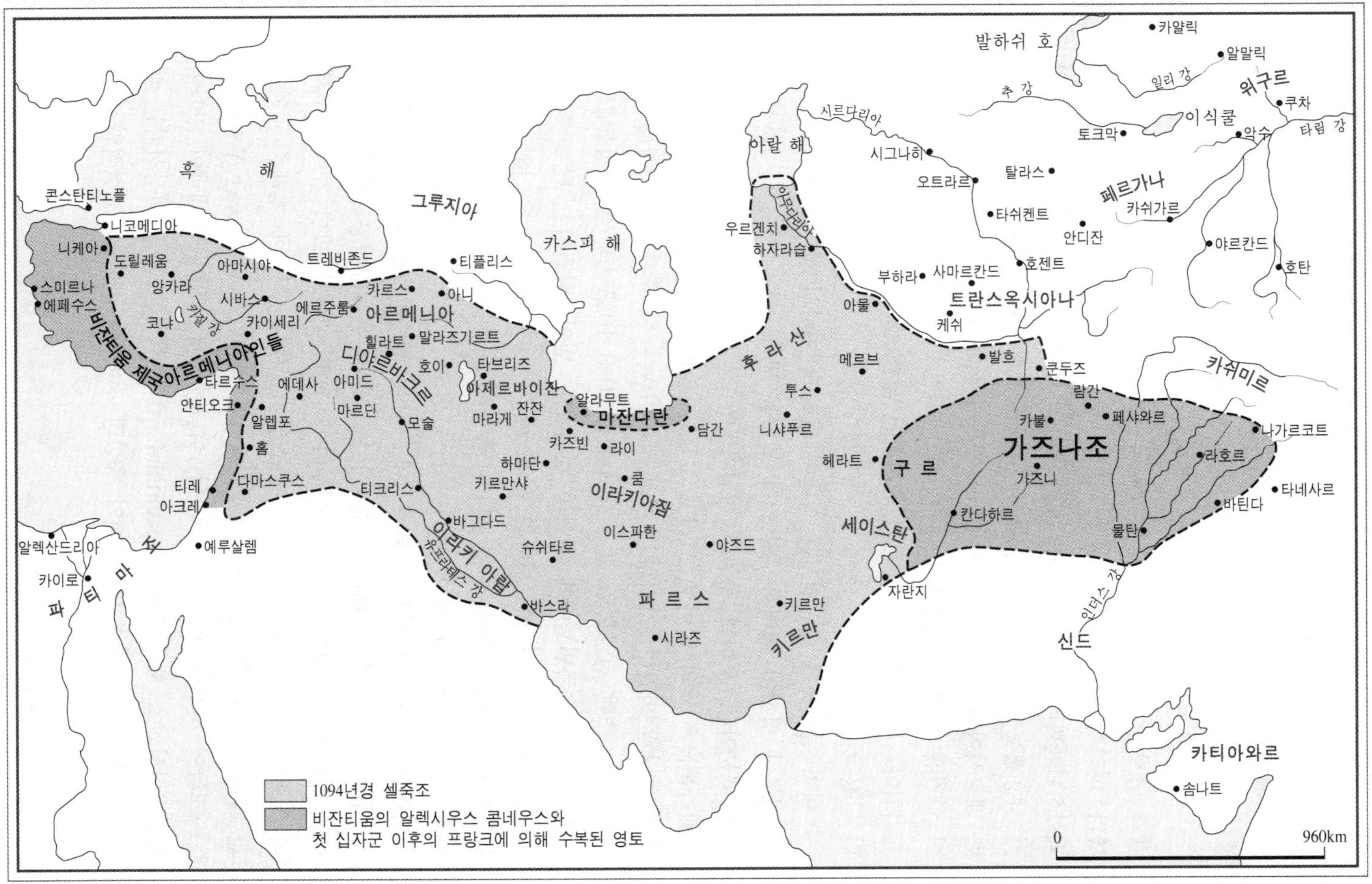

발하쉬 호
카알릭
알말릭
일리 강
위구르
쿠차
추 강
이식쿨
토크막
악수
타림 강
시르다리아
아랄 해
시그나히
오트라르
탈라스
페르가나
카쉬가르
타쉬켄트
안디잔
야르칸드
호탄
우르겐치
우무다리아
하자라습
부하라
사마르칸드
호젠트
트란스옥시아나
케쉬
아물
흑 해
콘스탄티노플
니코메디아
그루지아
카스피 해
니케아
도릴레움
아마시아
트레비존드
티플리스
스미르나
에페수스
앙카라
시바스
카르스
아니
에르주룸
아르메니아
코냐
키질 강
카이세리
비잔티움 제국
아르메니아인들
힐라트
말라즈기르트
디아르바크르
호이
타브리즈
아제르바이잔
타르수스
에데사
아미드
마르딘
안티오크
알렙포
모술
마라게
잔잔
알라무트
마잔다란
담간
후라산
메르브
투스
니샤푸르
발흐
쿤두즈
카쉬미르
람간
카불
페샤와르
나가르코트
가즈나조
가즈니
라호르
헤라트
구르
카즈빈
라이
하마단
홈
티레
아크레
다마스쿠스
티크리스
키르만샤
쿰
이라키아잠
바그다드
이라키 아랍
유프라테스 강
알렉산드리아
예루살렘
카이로
파티마
이스파한
슈쉬타르
야즈드
세이스탄
칸다하르
자란지
물탄
바틴다
타네사르
인더스 강
신드
바스라
파르스
키르만
시라즈
카티아와르
솜나트
1094년경 셀죽조
비잔티움의 알렉시우스 콤네우스와
첫 십자군 이후의 프랑크에 의해 수복된 영토
0
960km

1094년경 셀죽조

인 관점에서 아나톨리아의 셀죽조가 갖고 있던 스스로를 이란화하고자 하는 확실하게 규정된 욕구는 페르시아에 있던 그들 사촌들 못지않았다.

그 당시 서아시아에는 투르크 문어가 존재하지 않았기 때문에 코냐의 셀죽 궁정은 페르시아어를 공식 언어로 채택하였고 1275년까지 그런 상태였다. 따라서 12-13세기의 셀죽 터키는 투르크멘적인 기초 위에 덧씌워진 페르시아문화라는 하나의 층을 보여준다. 마치 폴란드와 헝가리에서 라틴어가 사용됐듯이 카이 호스로우Kai Khosraw조와 카이 코바드Kai Qobad조는 페르시아어로 말했을 뿐 아니라 기록까지 하였다. 그러나 우리는 이같이 약간은 인위적인 껍데기에 속거나 아니면 구즈 집단들이 카파도키아·프리기아·갈라티아 등지에 끼친 근본적인 투르크적 변용을 인식하지 못하면 안될 것이다.

이미 말했듯이 이란에서는 상황이 달랐다. 이란의 문명과 민족적 특징은 너무나 강하여 어떠한 투르크적 영향을 받아들이는 것도 허락하지 않았기 때문이다. 오히려 투르크 침입자들이 점차로 이란화해 갔다. 그들의 지배가문들은 거의 곧바로, 그리고 그들의 군대는 불과 몇 세대가 지난 다음에 그렇게 되었다. 그러나 정치적으로 이란은 그 후로 무방비상태가 되었고 이는 초원 전역으로 밀고 들어왔다. 1040-1055년의 셀죽 정복은 그 나라의 문을 유목민들에게 열어준 것이었다. 범이슬람권의 술탄 — 아랍의 말릭(*malik*)이나 페르시아의 샤(*shah*) — 이 된 셀죽 출신의 지도자들은 이제 그들의 전례에 충동되어 동일한 모험을 하려는 중앙아시아의 각종 투르크-몽골 씨족들에 대하여 문을 닫고 빗장을 치고 길을 막으려고 했지만 아무 소용이 없었다. 페르시아아인이 된 셀죽인들은 투르크인으로 남아 있던 투르크인들에 대하여 페르시아를 방어하는 데 성공하지 못하였다. 이를 성취하려던 그들의 의지나 아무다리아 언덕에서의 '라인 강의 파수꾼'의 역할에도 불구하고, 그들은 자기도 알지 못하는 사이에 호레즘·칭기스칸·티무르의 침공을 조달한 병참장교로서의 역할밖에 하지 못한 셈이다.

그들이 사산조 페르시아 국가나, 아니면 9세기 압바스 제국이 만들어냈던 '신사산조 체제'(Neo-Sassanianism)의 강건한 틀을 회복시키는 데 실패한 원인은 지난날 투르크멘의 유산인 지배가문 내부의 고질적인 혼란에서 찾아야 할 것이다. 토그릴 벡이나 말릭 샤와 같은 개인적인 성공에도 불구하고 그들에게는 아랍-페르시아적인 관념의 국가로 영속적으로 올려놓을 능력이 없었다는 게 분명해졌다. 이는 마치 샤를마뉴의 뛰어난 천재성에도 불구하고 카롤링거 왕조가 궁극적으로는 로마적인 국가의 관념으로 상승하지 못했던 것과 비슷하다.[30]

바르키야룩의 형제이자 계승자인 술탄 무함마드Muhammad(1105-1118)는 아랍 칼리프조의 은밀한 반란에 부딪쳤다. 이스파한의 셀죽 조정과 바그다드의 압바스 조정은 공식적으로는 긴밀했지만 서먹서먹해졌다. 그것은 칼리프들이 술탄의 정치적인 보호로부터 해방되려고 줄기차게 시도했기 때문이었다. 이러한 면에서 그들은 12세기 후반에 들어와 성공을 거두었는데, 적어도 이라키 아랍의 작은 세속영지에 대해서는 그러했다. 이것은 토그릴 벡이 불가분한 것을 통합했다고 자임했던 투르크 술탄국과 아랍 칼리프조의 관계가 점차 벌어지는 것을 의미했다.

뒤이은 셀죽 술탄들인 마흐무드 이븐 무함마드Mahmud ibn Muhammad(1118-1131)와 마스우드Mas'ud(1133-1152)의 치세 중에는 쇠퇴하는 기운이 더욱 심각하게 나타나, 그들은 내내 내전의 혼란 속에서 통치하였다.[31] 통상 하마단에 머물던 이 술탄들은 이라키 아잠을 제외한 다른 곳에는 거의 영지를 갖지 못했다. 아제르바이잔·모술·파르스 등 다른 지역들은 아타벡(atabeg)이라고 불리는 투르크인 군사적 세습 봉건영주들의 지배 하에 있었다. 그 중 아제르바이잔의 아타벡들은 셀죽조의 궁정 실권자가 되었다. 대표적인 사람은 술탄 아르슬란 샤Arslan Shah(1161-1175)를 보좌했던 아제르바이잔의 아타벡 일데기즈Ildegiz(1072년 사망)와, 술탄 토그릴 3세(1175-1194)를 보좌했던 그의 아들 아타벡 파흘라반Pahlavan이다. 토그릴 3세는 독립을 시도했다가 아타벡 키질 아르슬란 — 파흘라반의 형제이자 후계자 — 에게 감금되었다(1190). 11세기 위대한 셀죽인들의 열정을 어느 정도 갖고 있던 토그릴 3세가 마침내 이라키

---

30. 셀죽 초기 세 명의 군주 성격이 투르크 역사에 끼친 영향에 대해서는 cf. Barthold, *Turkestan*, p. 305.
31. Cf. *Historiens Orientaux,* I에 있는 Ibn al-Athir.

아잠의 왕령에서 독립을 다시 얻은 것은 키질 아르슬란이 죽은 뒤(1191)
의 일이었다.

그러나 이처럼 뒤늦게, 그리고 너무나 국지적인 셀죽의 부흥은 극히
단기간에 그쳐버렸다. 1194년 토그릴 3세가 호레즘 투르크인들의 공격에
굴복하자 그들은 마침내 셀죽의 뒤를 이어 중동의 제국을 건설할 운명이
었다.[32]

술탄 산자르와 옥서스 강의 피수꾼

말릭 샤의 막내아들이며 위대한 셀죽의 마지막 군주인 산자르Sanjar
는 가문의 쇠락을 막기 위해 노력하였다. 그는 용맹스럽고 관대하면서도
기사도에 넘쳤으며 이란화된 투르크인의 완벽한 전형이었고 페르시아문명
의 수호자였다. 그는 심지어 『제왕사기』에 나오는 몇몇 인물들처럼 전설
적인 영웅의 반열에 들었다.

말릭 샤의 자식들이 유산을 배분할 때 당시 열 살 혹은 열두 살에 불
과했던 산자르는 후라산에 대한 통치령을 받았는데 주요 거처는 메르브였
다(1096). 1102년 카쉬가르에 있던 카라한조의 군주 카디르 칸 지브라일
Qadir Khan Jibra'il의 공격으로부터 자신의 영읍을 지켜야 했던 그는,
카디르 칸 지브라일을 테르메즈 근처에서 패사시켰다. 그리고 나서 공격을
피해 도망친 카라한조의 토착군주인 아르슬란 칸을 트란스옥시아나의 예
속군주로 세웠다.[33] 1130년 그는 자신의 피후견인인 아르슬란 칸과 싸워
사마르칸드를 차지하고 칸을 폐위시킨 뒤 카라한 가문의 다른 왕자들로
대체하였다. 처음에는 하산 테긴Hasan Tegin을, 다음에는 루큰 웃 딘 마
흐무드Rukn ad-Din Mahmud(1132년부터 1141년까지)를 세웠다.

산자르는 아프가니스탄의 가즈나조 왕자들 사이의 싸움에도 개입하였

---

32. Zettersteen, "Kizil Arslan," *EI*, p. 1113에 문헌목록이 있다. Cf. Houtsma,
    "Tughril II," *Ibid.*, p. 871.
33. Cf. Barthold, *Turkestan*, p. 319.

다.[34] 1117년에는 가즈나조의 아르슬란 샤Arslan Shah를 상대해 가즈니를 취한 뒤, 같은 가문의 왕자였던 바흐람 샤Bahram Shah를 즉위시켰다. 이렇게 해서 그는 그 당시 아프가니스탄의 가즈나조와 트란스옥시아나의 카라한조의 종주이자 이란 동부의 광대한 술탄국의 주군이기도 하였다.

산자르의 가신들 중에는 호레즘의 샤였던 투르크인 아트시즈Atsiz (1127-1156)가 있었다. 아트시즈는 독립을 시도했지만 1138년 하자라습 Hezarasp에서 산자르에게 패배한 뒤 도주하였다. 그러나 1141년 귀환한 아트시즈는 술탄의 관대함으로 사면을 받았다. 그렇지만 이제는 상황이 산자르에게 역전되었다.

같은 해 트란스옥시아나는 중국에서 이식쿨로 이주해 온 카라 키타이의 침공을 받게 되었다. 이 몽골인들은 여전히 '우상숭배자' 즉, 불교도였다는 점에서 더욱 가공할 만한 이웃으로 무슬림 세계에서는 공포의 대상으로 여겨졌다. 산자르는 전과 같은 대담함으로 카라 키타이에 대항해 진군하였지만, 1141년 9월 9일 사마르칸드 근교 카트완Qatwan에서 결정적인 패배를 당하고 후라산으로 도망칠 수밖에 없었다.[35] 트란스옥시아나 전역이 카라 키타이의 수중에 들어가자, 호레즘 샤인 아트시즈는 이 기회를 이용해 반란을 일으켰다. 그는 후라산으로 들어가 메르브와 니샤푸르를 점령하였으나 산자르의 반격을 막아내지 못했다. 산자르는 두 차례에 걸쳐 호레즘을 공격했고(1143-1144, 1147), 두 번째 공격에서 그는 우르겐치 성벽 아래에서 아트시즈의 복속을 받아내는 데 성공하였다.

그러나 이 위대한 술탄의 영웅적 노력도 끊임없이 되풀이되는 시련으로 빛을 잃어갔다. 곧 예상치 않았던 위기가 닥쳐왔다. 발흐 근처에 있던

---

34. 아르슬란 칸은 순니파 무슬림 '사제들'의 음모로 폐위되었는데 그들은 부하라와 사마르칸드의 일을 더 중요하게 생각하고 있었다. 호레즘 샤, 칭기스칸의 침입, 그리고 티무르와 우즈벡의 시대에 '사제주의'(clerlicalism)는 트란스옥시아나에 확대되었다. *Ibid.*, p. 320.
35. Barthold(*Turkestan*, pp. 326-327)는 Juvayni에 근거하여 호레즘의 샤 Atsiz가 산자르에 대항하여 카라 키타이의 도움을 받았다고 비난한 Ibn al-Athir를 비판했다. 승승장구하던 카라 키타이는 호레즘의 영토도 약탈하였다. 아씨르의 비난은 Sanjar의 패배가 Atsiz에게 큰 도움을 주게 되었다는 사실에서 기인한 것이다.

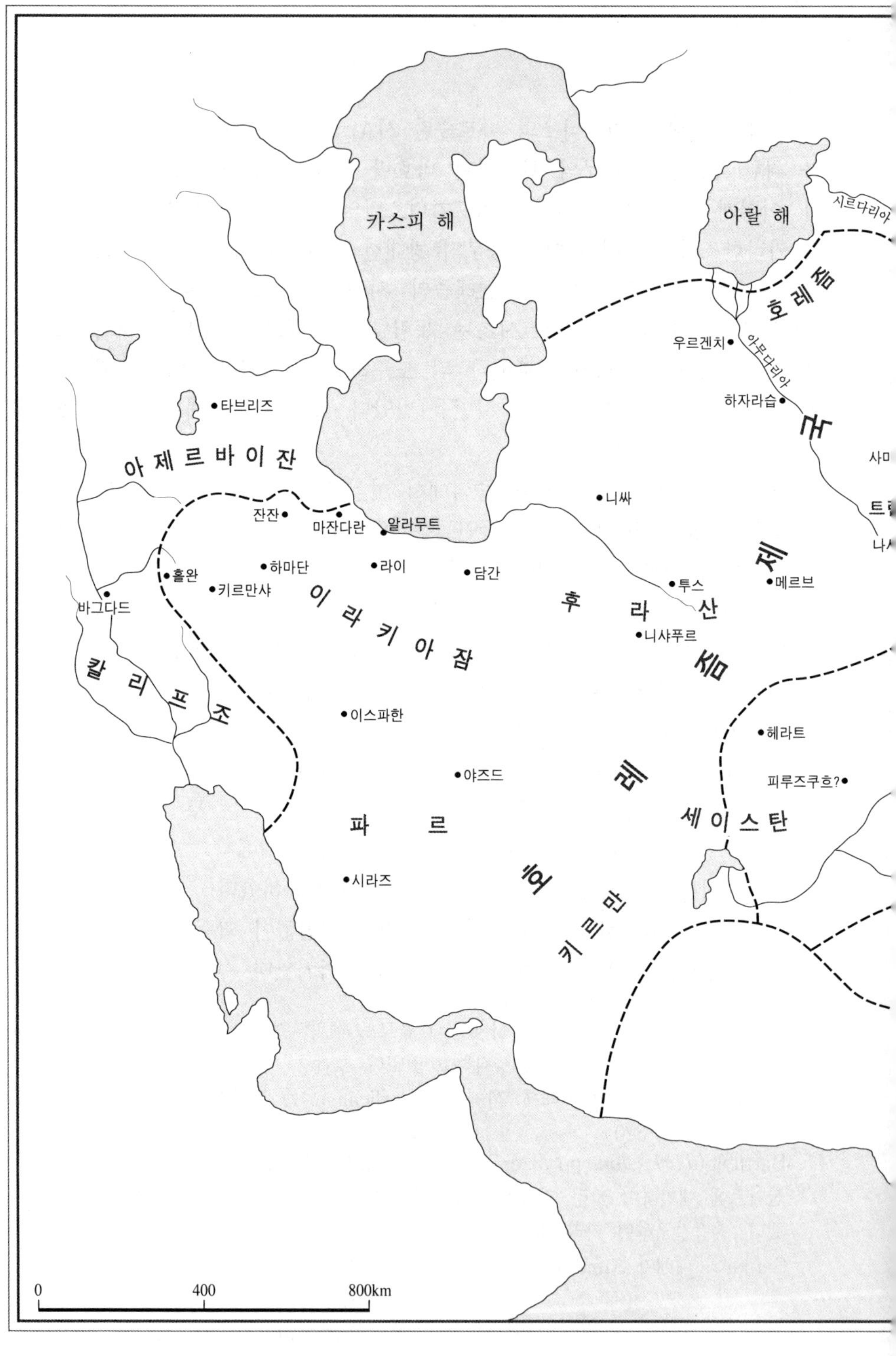

카스피 해
아랄 해
시르다리아
우르겐치
아무다리아
하자라습
호레즘
사마
타브리즈
아제르바이잔
니싸
잔잔
마잔다란
알라무트
트
나
홀완
하마단
라이
담간
투스
메르브
키르만샤
바그다드
니샤푸르
이라키아잠
칼리프조
이스파한
헤라트
후라산
피루즈쿠흐?
야즈드
레
세이스탄
파르
키르만
시라즈
0
400
800km

호레즘과 카라 키타이 제국-13세기 초

오구즈 즉, 구즈 부족들 — 다시 말해 셀죽과 동일한 종족집단에 속한 사람들 — 은 산자르의 페르시아적인 행정·재정적인 규제의 시행에 반란을 일으켜 그를 포로로 잡고 메르브와 니샤푸르를 비롯하여 후라산의 다른 도시들을 약탈하였다(1153). 산자르는 1156년이 되어서야 비로소 자유의 몸이 되었지만, 자신의 과업이 완전한 파탄을 보기 직전에 사망하고 말았다.[36]

이란 동부에 항구적인 셀죽 국가를 건설하려던 산자르의 노력은 실패로 끝나고 말았다. 구즈인들의 반란은 셀죽의 이란 정복과 연관된 유목부족들을 아랍-페르시아적인 행정체제에 끼워맞춘다는 것이 얼마나 어려운 것인가를 보여주었다. 셀죽조가 채용하고 운용했던 전통적인 페르시아적 체제는 이 왕조 여러 분파들의 붕괴(이란 동부에서는 1157년, 이라키 아잠에서는 1194년, 소아시아에서는 1302년)를 겪으면서 잔존하지 못하게 되었다.

환경이 변하고 신페르시아 술탄국이 사라졌을 때 이란(1040)과 소아시아의 정복(1072-1080)은 투르크멘 부족들의 이주 이외에는 아무것도 남기지 않았다. 1053년의 구즈인들부터 15세기의 흑양부黑羊部(Qara Qoyunlu)와 백양부白羊部(Aq Qoyunlu) 집단에 이르기까지, 또 카라만조에서 오스만조에 이르기까지, 이들 모두는 중앙아시아 초원의 심장부에서 자기 조상들이 했던 것과 똑같은 방식으로 이란과 아시아의 영유권을 놓고 전쟁을 벌였던 것이다. 셀죽의 문화적인 편향 — 그들은 신속하고 철저하게 이란화된 투르크인들이었다 — 에도 불구하고 이란과 소아시아에서 거둔 그들의 승리는 경제적·사회적으로 이 두 지역을 초원의 연장으로 변용시키는 결과만을 낳았다.

여기서 사실 인문지리는 생태지리에 파멸적인 효과를 미쳤다. 유목은 경작지를 파괴하였고 대지의 표면을 바꾸어 놓았다. 이 점에서 소아시아는 이란보다 더 그러하다. 타직인들은 도시 주변의 오아시스에서 우마르 하이얌Umar Khayyam이나 사으디Sa'di가 노래했던 사이프러스와 장미로 가

---

36. Juvayni에 따르면 Sanjar는 1157년 5월 8일에 죽었다. Cf. *Ibid.*, p. 332.

득 찬 아름다운 정원을 계속해서 가꿀 수 있었다. 그러나 그러한 도시의 성문에서 마지막 정원을 뒤로 하면 곧바로 초원이 나타났고, 그곳에는 이동하는 부족들이 검은 가축들을 몰고 다니며 물 있는 곳에 검은 천막을 세웠던 것이다.

특히 몇몇 영민한 부족수령들 — 이들 투르크인들은 모두 타고난 정치적 감각을 지니고 있었다 — 은 때때로 정주민들 사이에서 일어나는 내분을 진압함으로써 그들로부터 인정받아 왕으로 추대되기도 하였다.

이 두 사회, 즉 타직인의 도시사회와 검은 천막에 사는 유목사회는 수십 년 동안 서로를 보완하면서 결합되는 것처럼 보였지만 결국은 분열이 도래하고 말았다. 부족적 이동이 다시 재개되고 국가관념은 망각되었으며, 일부 유목씨족은 정주화하여 왕권을 획득하면서 모든 것이 처음부터 다시 시작되었다. 이러한 순환은 결코 결말이 나지 않았는데 그것은 외부로부터 새로운 생명을 얻었기 때문이다. 이렇게 해서 11세기부터 17세기까지 새로운 유목민들이 카자흐나 투르크멘 초원의 문턱 즉, 경작지의 언저리에 나타나 타직인들과의 질서 잡힌 합작에서 자신들이 차지할 자리를 요구하였던 것이다.

이 같은 이중적인 현상은 심지어 술탄 산자르가 살아 있을 때도 일어났다. 그가 죽은 뒤 셀죽처럼 투르크계였던 호레즘의 샤들은 동부 이란에 거대한 투르크-페르시아 제국 — 군사적 구조는 투르크적이고 행정체제는 페르시아적인 — 을 건설하려던 셀죽의 기도를 재개하였다. 동시에 극동에서 온 민족인 카라 키타이 — 투르크라기보다는 몽골계 민족 — 가 동투르키스탄을 장악했다. 그들의 도래는 100년 앞선 초원세력의 주력 즉, 칭기스칸계 몽골인들의 도래를 예견하였다.

아시아 역사에서 이 새로운 단계로 넘어가기 전에 셀죽인들의 역정이 남긴 민족적인 대차대조표를 정리해보도록 하자. 이 표는 전체적으로 볼 때 약간 역설적이다. 페르시아의 술탄이 된 투르크멘족인 이 셀죽인들은 페르시아를 투르크화하지 못했을 뿐 아니라 분명히 그렇게 되기를 바랐던 것도 아니다. 반면에 자발적으로 페르시아인이 되었고 또 고대 사산조의 위대한 군주들처럼 약탈적인 구즈족 집단들로부터 이란의 주민들을 보호하고 투르크멘의 위협으로부터 이란의 문화를 구하려고 노력했던 것은 바로 그들 자신이었다.[37] 그렇지만 — 이것은 아마도 1153년 산자르가 구즈에게 패배한 영구적인 결과의 하나이다 — 그들은 투르크멘인들이 아무다리아 하류의 남쪽 즉, 우스트 우르트Ust Urt 고원과 메르브 사이의 지역에 집중적으로 정착하고 그곳이 민족적으로 탈이란화 지역 — 후일 투르크메니스탄이 되었다 — 이 되는 것을 막지는 못하였다. 동시에 아나톨리아 고원에서 셀죽조의 방계 지파가 이끄는 투르크멘 집단들은 의심할 여지 없이 고대 비잔티움 지방을 투르크의 땅으로 변모시켰고, 그곳을 — 코냐의 술탄들의 지배와 오스만조와 무스타파 케말 아타튀르크Mustafa Kemal Atatürk의 주도 하에 — 근대사상의 터키로 만드는 결과를 낳았던 것이다.

카라 키타이 제국

12세기의 2/4분기에 동투르키스탄에서 발생한 격변을 이해하기 위해서는 당시 북중국에서 벌어진 혁명을 염두에 두어야 한다. 요하 서안에서 기원한 몽골족의 거란은 936년부터 1122년까지(pp. 205-206을 보시오) 하북과 산서 북부에 있는 북경, 일찍부터 자신들의 영역이었던 열하와 차하르에서 군림했다. 1116년부터 1122년 사이에 거란은 여진 즉, 금에게 밀려났는데, 그들은 퉁구스 계통으로서 북중국에서 거란을 계승하였다.

대부분의 거란인들은 만주 서남부와 오늘날 열하의 동부 지역 사이에 있는 자신들의 옛 영지에서 금에 복속하며 살게 되었다. 그러나 일부는 서방 즉, 타림 북부로 새로운 삶을 찾아 나서 그곳 투르판·베쉬발릭·쿠차에 살던 위구르계 투르크인들에 의해 종주권을 인정받았다. 거기서부터 또 한 무리의 거란인들이 1128년 카쉬가리아로 침투해 들어간 것으로 보이나, 카쉬가르의 카라한조 칸인 아르슬란 아흐마드에게 패주하였다.

---

37. 셀죽들은 심지어 이란의 문화를 소아시아에도 수출하였다. 코냐의 셀죽은 페르시아어를 공식적인 언어로 받아들였고, 이미 지적한 것처럼 적어도 1275년까지 관용어로 사용되었다(J. H. Kramers, "Karamân-oghlu," *EI*, p. 793).

야율대석耶律大石이라는 황가 귀족의 지휘 하에 서북방으로 간 거란의 이주민들은 운이 좋았다. 그들은 오늘날 추구착 근처의 타르바가타이에 있는 이밀에 근거를 두었다.[38] 이 당시 이식쿨의 서쪽 발라사군에서[39] 군림하던 카라한조의 군주는 일리 강 하류의 카를룩족과 아랄 해 북쪽의 캉글리계 투르크인들로부터 양쪽으로 위협받고 있었는데, 거란의 수령인 야율대석에게 구원을 청하자 그가 도우러 와서 카라한 군주를 폐위시키고 그 자리를 차지하였다. 이렇게 해서 발라사군은 야율대석의 도읍이 되었고, 그 자신은 '구르칸'(*gür qan*) 즉 '사해四海의 군주'라는 칭호를 취하였으며 그의 후손들도 그를 따라 그렇게 하였다.[40] 얼마 지나지 않아 새로운 구르칸은 카쉬가르와 호탄을 지배하던 지방 카라한조를 복속시켰다. 동투르키스탄에 건설된 새로운 거란 제국은 이제 무슬림 역사에서 '카라 키타이' ― '검은 거란' 혹은 '검은 키타이' ― 제국으로 알려지게 되고 여기서도 그렇게 불릴 것이다.

몽골족인 거란은 북경에서 2세기에 걸친 지배과정 중에 현저하게 중국화되었다.[41] 그 후손들은 그 뒤 투르키스탄의 무슬림 투르크인들 속에서 자리잡기는 했지만, 중국문명 ― 그것이 불교적이든 유교적이든 ― 에 대한 편향으로 인해 이슬람과 아랍-페르시아문화에 대해서는 여전히 적대적으로 부슬림들이 말하는 소위 '우상숭배자들'이었다.

조세는 중국에서처럼 호구에 기초하여 산정되었다. 다른 유목민들과는 대조적으로 구르칸들은 일족들을 위하여 식읍이나 영지를 떼어주지 않았

---

38. 『遼史』의 기록에 따르면 야율대석이 북경에서 베쉬발릭 방향으로 피난한 것은 바로 1123년이라고 한다. Pelliot의 *JA*(1920년 4-6월), p. 174를 참조. 大石이라는 이름은 중국의 太子 또는 太師를 나타낸다. Pelliot, "Notes sur le Turkestan," *TP*(1930), p. 45.
39. 이 이름에 관해서는 Bretschneider, *Mediaeval Researches*, I, p. 18과 Pelliot, "Notes sur le Turkestan," p. 18을 보시오.
40. 이 사건에 대해서 Juvaini의 *Tarikh-i Jahan-gusha*에 대한 d'Ohsson, *Historie des Mongols*, I, p. 441과 Bretscheider, *Mediaeval Researches*, I, p. 225의 번역을 보시오.
41. Cf. Pelliot, "Notes sur le Turkestan," p. 49.

는데, 이는 중국적인 행정관념의 지속성을 보여주는 좋은 예로 생각된다. 심지어 바르톨드는 행정언어도 중국어였을지 모른다고 믿었다. 그러나 카라 키타이 제국 안에서는 불교와 더불어 기독교도 성행한 것에 주목할 필요가 있다.

"이 시기 카쉬가르에는 한 명의 기독교 주교가 있었고, 추 강 유역의 가장 오래 된 기독교도 명문도 바로 이 시기에 속하는 것이다."[42] 따라서 카라 키타이 제국의 기반은 카라한조가 성취한 이슬람화 작업에 대한 반동으로 보인다.

카라 키타이의 초대 구르칸인 야율대석(1130-1142년경)은 이식쿨 지역과 카쉬가리아에서 동부 카라한조를 밀어내고 세력을 공고히 하면서, 트란스옥시아나에 근거를 둔 서부 카라한조는 물론 거기서 더 나아가 아직도 산자르가 지배하고 있던 동부 이란의 셀죽 술탄국도 공격하였다. 1137년 5월과 6월에 그는 페르가나의 호젠트에서 사마르칸드의 카라한조 군주인 루큰 웃 딘 마흐무드를 격파하였다. 술탄 산자르는 트란스옥시아나에 있는 자기 가신을 구원하러 왔다가, 오히려 사마르칸드 북방의 카트완에서 카라 키타이에게 패배를 당하고 말았다(1141년 9월 9일).

부하라와 사마르칸드에 대한 종주권은 셀죽에서 구르칸에게로 넘어갔지만, 그는 사마르칸드에 토착 카라한조를 가신으로 남도록 허용하였다.[43] 같은 해인 1141년 카라 키타이는 호레즘을 침공하였다. 호레즘의 샤인 아트시즈 역시 카라 키타이의 조공국이 될 것을 인정할 수밖에 없었다. 아트시즈를 계승한 아르슬란Arslan(1156-1172)은 동부 이란의 셀죽처럼 되려는 야망을 갖고 있었지만, 거의 평생을 구르칸에게 조공을 바치지 않을 수

---

42. Barthold, *Zur Geschichte des Christentum in Mittelasien bis zur Mongolischen Eroberungen* (Tübingen, 1901), p. 58.
43. Rukn ad-Din Mahmud는 패배한 셀죽의 군대와 함께 도망해야만 했다. 그러나 다른 카라한조의 칸인 Tamghach Khan Ibrahim은 카라 키타이의 지배 하에 사마르칸드의 통치자가 되었다(1156). 그를 이어 Chagri Khan Jalal ad-Din이 이 도시를 통치했고 그 역시 카라한조의 칸으로 카라 키타이의 속신이었다(1156-1163). 그의 아들인 Qilich Tamghach Khan Mas'ud(1163-1178)가 그를 계승했다.

없었다.[44] 카라 키타이 제국은 이제 하미에서 아랄 해와 호젠트까지 확대되었고, 그 종주권은 예니세이 상류에서 아무다리아까지 미쳤다.

무슬림의 관점에서 볼 때 우상숭배자 몽골인들이 무슬림 투르크 지역에서 이처럼 패권을 장악한 것은 심각한 좌절이자 수치였다. 그 사람들의 눈은 무슬림 세계가 아니라 자신들의 문화가 토대가 된 중국으로 향해 있었다. 가장 대표적인 인물인 야율대석은 탁월한 한학자로도 알려졌다. 중국은 나름대로 북경을 지배하던 고대 군주의 후손들에게 계속 관심을 보였던 반면, 아랍-페르시아 사가들은 그들을 어딘가 깔보는 듯한 어투로만 다루었다. 그 결과 그들의 이름은 오직 한자 전사로만 알려져 있다.

구르칸 야율대석이 사망(1142년 2월경)한 뒤 그의 과부인 탑불인塔不烟이 제국의 섭정이 되었다(1142-1150). 그리고는 야율이열耶律夷列(1150-1163)이 계승하였고, 그가 죽은 뒤에는 자매인 야율씨(혹은 보속완普速完)이 섭정을 맡았는데(1163-1178) 그 기간 동안에 카라 키타이 군대는 후라산으로 들어가 발흐를 약탈하였다(1165). 마지막으로 이열의 아들인 야율직로고耶律直魯古가 1178년부터 1211년까지 친정을 하였다. 그의 치세 동안 카라 키타이는 가신이었던 호레즘의 샤와 관계가 틀어져, 칭기스칸의 정복 시점에 발생한 이 분쟁으로 인해 적대적이었던 양측 모두가 신속하게 붕괴됨으로써 몽골인들만 이득을 보게 되었다.[45]

호레즘 제국

'우상숭배자'였고 중국화된 몽골의 세계에 머물던 카라 키타이와는 달리 호레즘(오늘날의 히바)의 샤들은 무슬림 투르크 세계를 대표하였고, 1157년 셀죽의 산자르가 후계자 없이 사망한 뒤에는 특히 그러했다. 그의 죽음으로 이란 동부는 정권의 가장 중요한 자리가 공석이 되었다. 산자르

---

44. Cf. Barthold, Turkestan, pp. 332-333에 나오는 Ibn al-Athir와 Juvayni.
45. Cf. Barthold, "Kara khitâi," *EI*, p. 782. 그가 저술한 Semirechye 역사(러시아어, 1898), II, p. 102 등에서 요약.

의 옛 영토였던 후라산은 주인 없는 땅이 되어버렸고, 그곳의 오구즈 수령들은 1153년 기대하지도 않았던 승리를 거둔 이래 비록 호레즘 샤들의 종주권을 어느 정도 인정하면서도 제멋대로 행동하고 있었다.[46]

1172년 아르슬란이 사망하자 샤의 두 아들인 테케쉬Tekesh와 술탄 샤는 왕위다툼을 벌였다.[47] 패배한 테케쉬가 카라 키타이로 망명하자, 카라 키타이의 섭정황후 야율씨는 남편에게 호레즘으로 군대를 몰고 가서 술탄 샤를 몰아내고 테케쉬를 다시 앉히도록 하였다. 1172년 12월 그대로 수행되었다. 그러나 카라 키타이 덕분에 왕위에 오른 테케쉬는 그들이 부과한 조공납부의 가혹한 조건 때문에 즉시 반란을 일으켰다. 카라 키타이는 정책을 바꾸어 그의 형제인 술탄 샤를 지원하여 테케쉬와 맞서게 하였다. 비록 그들이 술탄 샤를 호레즘 왕위에 올려놓지는 못했지만, 그에게 군대를 빌려주어 후라산 정복(1181년에 메르브·사라흐스·투스를 점령하였다)에 나서게 하였다. 이렇게 해서 술탄 샤는 1193년 사망할 때까지 후라산을 지배했고, 그 뒤 테케쉬가 후라산 전역을 자신의 호레즘 영지에 통합시켜버렸다(1193).

테케쉬는 후라산의 패자가 되자마자 이라키 아잠을 침공하였다. 앞에서도 지적했듯이 이 지방은 셀죽 최후의 술탄인 토그릴 3세의 왕령을 구성했었다. 1194년 3월 19일 라이 근처에서 치러진 결정적인 전투에서 테케쉬는 토그릴을 패배시키고 목을 베었다.[48] 페르시아에 대한 셀죽 지배를 끝장낸 이 승리는 라이·하마단과 함께 이라키 아잠을 호레즘 샤에게 안겨주는 결과를 가져왔다.

테케쉬의 뒤를 이어 아들인 알라 웃 딘 무함마드Ala ad-Din Muhammad가 즉위하였다(1200-1220). 알라 웃 딘 무함마드는 호레즘 제국을 그

---

46. Defrémery는 Mirkhond의 글을 번역했다(*Histoire des sultans du Kharezm*, Paris, 1842). 약간의 논평을 붙인 수집된 동양사료의 목록이 Barthold, *Turkestan down to the Mongol Invasion*, p. 322 등에 있다.
47. Barthold, *Turkestan*, pp. 337-340에 인용된 Ibn al-Athir, Juvayni, Mirkhond의 기록.
48. Ibn al-Athir로 연대를 정함(*Ibid.*, p. 347).

정점에 올려놓고, 그의 치세 동안 중앙아시아에서 주도적인 국가가 되었다.

그가 최초로 취한 행동은 구르조로부터 아프가니스탄을 탈취하는 일이었다. 무함마드의 두 전임자들이 아무다리아 하류에서 호레즘 제국의 기초를 닦던 그 시기에 또 다른 강력한 무슬림 세력이 아프가니스탄에서 일어났다. 그때까지 이 지방은 투르크계의 가즈나조 일족에게 속했던 곳으로 그들은 인도의 편잡도 소유하였다. 1150년경 아프간족의 수리Suri 씨족이 헤라트와 바미얀 사이에 있는 구르 산맥에서 가즈나조 술탄들에 대해 반란을 일으켰다. 그해에 구르조에 속했던 수령인 자한 소즈Jahan Soz는 술탄들의 수도였던 가즈니를 약탈하였고, 1173년에는 그의 후계자인 기야쓰 웃 딘Giyath ad-Din이 이를 영구히 점령하였다. 가즈나조의 술탄들은 아프가니스탄을 구르조가 취하도록 방기해버리고 편잡에 있는 라호르로 피신하였다.

구르조의 유명한 시하브 웃 딘 무함마드Shihab ad-Din Muhammad의 치세(1163-1206)에 구르 제국은 동방으로 놀랄 만한 팽창을 이룩하였다. 무함마드는 편잡의 마지막 가즈나조 군주를 폐위시키고 그 지방을 합병한 뒤(1186), 힌두의 라자들로부터 갠지스 분지를 빼앗았다(1192-1203). 그가 이러한 업적을 이룩했던 바로 그 시점에 그와 이름이 같았던 호레즘의 샤 무함마드로부터 공격을 받은 것이다.[49]

이 두 무함마드가 아무다리아 연안에서 벌인 최초의 전투에서는 구르조가 승리를 거두고 호레즘 본토를 약탈하러 나섰다(1204). 그러자 호레즘의 무함마드는 주군인 카라 키타이의 구르칸에게 도움을 호소해, 칸은 타얀쿠 타라즈Tayanku Taraz와 또 다른 가신 우쓰만Uthman ― 사마르칸드의 카라한조 왕자 ― 이 이끄는 군대를 그에게 보내주었다. 이 지원군에 힘입은 호레즘 샤는 하자라습에서 구르조를 패배시키고 그들을 몰아내었다(1204). 카라 키타이는 구르조의 무함마드를 추격해 발흐 서쪽의 안드호이Andkhoi에서 파멸적인 타격을 가하였다(1204년 9-10월). 이 승리

---

49. 구르조의 1175-1176년 헤라트 점령은 호레즘 샤와 적대관계를 갖게 했다(*Ibid.*, p. 338).

는 구르조에 대한 호레즘조의 최종적인 우위를 과시한 것이었다.[50] 그러나 호레즘의 무함마드는 구르조의 무함마드가 죽은 뒤에야(1206년 3월 13일) 구르조로부터 헤라트와 구르를 빼앗을 수 있었다(1206년 12월).[51] 1215년 호레즘의 샤는 가즈니를 점령함으로써 아프가니스탄 정복을 완료했다.

호레즘의 무함마드는 주군인 카라 키타이의 구르칸 덕분에 구르조에 대하여 승리를 거둘 수 있었다. 그러나 그의 감사하는 마음은 오래 가지 못하였다. 권력의 정점에 오른 그는 무슬림 황제로서(대략 이 시기에 그는 술탄이라는 칭호를 취하였다), 또 이란 영토의 2/3를 차지한 영주인 자신이 '우상숭배자' 몽골인들의 가신이자 조공인으로 머물러 있는 것은 참을 수 없는 일이라고 여겼다. 사마르칸드의 카라한조 왕자로서 카라 키타이의 가신이었던 우쓰만 이븐 이브라힘Uthman ibn Ibrahim(1200-1212) 역시 이 점에서는 무함마드의 생각에 공감하였다.

1207년 호레즘의 무함마드는 우쓰만과 협약을 맺은 뒤 부하라와 사마르칸드를 점령하고 카라 키타이 대신 자신의 종주권을 표방하였다. 이렇게 해서 호레즘 제국은 트란스옥시아나 전역을 포괄하게 되었다. 주베이니에 의하면 카라 키타이는 사마르칸드로 진입해 무함마드에게 대항하였지만, 그 장군인 타얀쿠는 페르가나의 안디잔 근처 일라미쉬Ilamish 초원, 또는 탈라스 초원에서 벌어진 전투에서 도리어 호레즘의 포로가 되었다(1210).[52]

무함마드는 사마르칸드의 카라한조 왕자인 우쓰만의 협력으로 카라 키타이를 물리쳤고, 우쓰만은 이제 구르칸이 아닌 무함마드에게 충성을 다했다. 그러나 1212년 호레즘에 신속하는 데 염증이 난 우쓰만은 반란을 일으켰다. 무함마드는 사마르칸드로 진격하여 그곳을 점령하고 약탈한 뒤 우쓰만을 처형시켜버렸다(1212). 이렇게 해서 지난 2세기 동안 양 투르키스탄을 지배했던 카라한조의 대통을 잇는 최후의 대표자는 사라지게 되었

---

50. Cf. *Ibid.*, pp. 350-351.
51. Juvayni로 연대를 정함(*Ibid.*, p. 353).
52. 이 사건에 대해 Juvayni는 두 가지의 다른 설명을 하고 있다. 그것은 *Ibid.*, pp. 355-360에서 Ibn al-Athir가 보충한 내용을 참고하여 설명되고 논의되었다.

다.[53]

　마지막으로 호레즘의 무함마드는 1217년 승승장구하며 말을 타고 페르시아를 통과했는데, 그 과정에서 페르시아 각 지방의 아타벡들, 즉 독립적이고 세습적인 투르크 총독들 — 대표적으로 파르스 지방의 살구르 Salghur조 — 의 충성서약을 받았다. 그는 이라키 아랍에 있던 압바스 영지의 변경인 자그로스 산맥의 홀완Holwan까지 진출했다. 칼리프와 분쟁을 벌인 그는 바그다드로 진군할 태세를 취하기도 하였다.[54] 심지어 그가 거쳐 가지 않았던 지역인 아제르바이잔(타브리즈)의 아타벡도 자발적으로 무함마드의 조공인이 되겠다고 하였다.

　1217년 당시 호레즘 투르크 제국은 북방으로는 시르다리아를 경계로 하고 동쪽으로는 파미르와 와지리스탄Waziristan의 산지를, 서쪽으로는 아제르바이잔과 루리스탄·후지스탄의 산지를 경계로 하여, 트란스옥시아나는 물론 아프가니스탄과 페르시아 거의 전역이 포함되었다. 바로 그때 그가 칭기스칸과 충돌한 것이다.

　앞에서 설명한 것 가운데 우리가 염두에 두어야 할 점은 몽골의 침략이 있던 시점에 호레즘 제국은 이제 막 창건되어 최종적 형태가 만들어진 것은 불과 몇 년밖에 되지 않았다는 사실이다. 그들은 자신을 안정시킬 만한 시간이 없있을 뿐만 아니라 어떠한 조직체계도 지니지 못했다. 이같이 급조된 구조물이었으므로 최초의 일격에 붕괴된 것이 칭기스칸의 전략에 감탄할 이유는 되지 못한다. 소위 호레즘 제국을 구성하는 여러 부분들을 결속시킨 유일한 요소는 술탄 무함마드 자신이었다. 그리고 비록 그가 동방의 어떤 군주들보다 행운의 바람을 더 오래 맞기는 했지만, 사실 그는 열정 못지않게 쉽게 낙심했다. 칭기스칸이 이 제국을 정복하기 위해 출발했을 때 부하라와 사마르칸드가 호레즘인들에게 소속된 것이 8년도 채 넘지 않았고, 사마르칸드는 기습과 학살을 치른 이후에야 점령되었다는 사실을 기억할 필요가 있다. 칭기스칸의 침공이 있기 전, 아프가니스탄이 호레

---

53. *Ibid.*, pp. 365-366(Juvayni와 Ibn al-Athir에서 인용).
54. Muhammad와 Caliph의 갈등에 대해서는 사료(Ibn al-Athir, Juvayni, Nasa-wi)의 개설인 *Ibid.*, pp. 373-375를 보시오.

즘에게 완전히 병합된 것은 4년도 채 되지 않았고(가즈니는 1216년에), 서부 페르시아가 확고하게 호레즘령이 된 기간은 3년이었다(1217).

그렇다면 사실 역사가들의 서술과는 달리 칭기스칸의 침공시에는 진정한 의미의 호레즘 제국이라는 것이 존재하지 않았고, 아직 국가로서의 골격이 갖추어지지 않은, 단지 그 맹아 또는 제국의 윤곽만이 존재했던 셈이다. 따라서 칭기스칸은 북중국의 금나라와 같은 진정한 국가와 부딪쳤을 때 호레즘 제국과의 전쟁 때와는 전혀 다른 성격의 과업을 수행할 수밖에 없었던 것이다.

4. 6-13세기의 러시아 초원

아바르

지리학자들의 눈에 남부 러시아 초원은 단지 아시아 초원의 연장에 불과하다. 역사가들도 똑같은 관점을 갖고 있다. 즉 스키타이·사르마트·훈족 등과 관련하여 고대에 그 같은 사실을 보았고, 그것은 아바르족에서 칭기스칸의 시대에 이르는 중세 초기에도 마찬가지로 적용된다.

아바르족이 중앙아시아에서 남러시아로 이주한 것은 비잔티움 사가인 테오필락투스 시모카테스에 의해 알려져 있다. 테오필락투스는 진정한 아바르와 가짜 아바르(*Pseudoavaroi*)를 구별한다. 마르크와르트도 지적했듯이 그는 전자를 552년 돌궐에 의해 패망하고 대치될 때까지 5세기 내내 몽골리아의 패자로 군림했던 몽골계 민족 유연으로 보았다. 그는 '가짜 아바르족'으로서 원래의 그 가공할 이름을 참칭한 유럽 중세사의 아바르를 지칭하였다. 그들은 두 개의 통합된 집단으로 구성되어 있다고 하는데, 아바르라는 이름을 낳게 한 우아르Uar(혹은 바르Var) 집단과 훈족의 기원을 시사하는 쿤니Kunni 혹은 후니Huni 집단이다. 따라서 우아르와 후니라는 두 이름은 각기 아바르와 후니를 나타낸다고 볼 수 있다.[1]

그러나 이 우아르족과 후니족 — 비잔티움 사람들은 거기서 우아르호니타이Ouarkhonitai라는 말을 만들어냈다 — 은 오고르Ogor에 속한 두 집단이라는 주장도 있다. 일부 동양학자들에 의하면 오고르는 위구르에 해당한다고 한다. 그러나 역사상의 위구르는 투르크인 반면, 유럽의 아바르

---

1. Marquart의 이론(*Osttürkische Dialektstudien*, 1914)에 대한 논의는 다음을 보시오. Pelliot, "À propos des Comans", *JA*(1920), p. 141.

인들은 몽골인이었던 것 같다. 더구나 알버트 헤르만은 자신의 지도책에 게재한 한 지도에서 우아르와 후니를 확실히 몽골족인 유연과 동일시하고 있다.2) 게다가 미노르스키에 의하면3) 단 하나의 비잔티움 사료에 의존해 '진짜 아바르'와 '가짜 아바르'를 구분한다는 것도 어딘가 취약해 보인다. 허만이 시사하였듯이4) 만약 6세기 후반 유럽으로 이주한 아바르가 유연이 아니었다면5) 그들은 에프탈이었던 게 분명하다. 기억하겠지만 에프탈은 5세기에 일리와 트란스옥시아나와 박트리아를 점유하였지만, 몽골종인 유연을 무너뜨린 돌궐이 그 얼마 뒤인 565년에 사산조 페르시아와 연맹하여 그들을 공격하여 압도하였다(pp. 142-143 참조).6)

  이러한 주장들의 타당성 여부가 어찌되었든, 아바르 — 그리스어로는 *Abares·Abaroi*, 라틴어로는 *Avari·Avares* — 가 유럽으로 들어온 것은 유스티니아누스Justinianus(565년 사망)의 치세 말년 무렵이었다. 테오필락투스 시모카테스는 그들이 "훈누구르Hunnugur와 사비르Sabir와 다른 훈족 계통의 집단들"을 앞으로 내몰면서 왔다고 하였다. 비잔티움 사람들이 사로시오스Sarosios라고 불렀던 알란족 왕은 그들과 우호관계를 유지할 수 있었다. 그들의 외모는 비잔티움 사람들에게 고대 훈족의 외모를 연상시켰는데, 다만 훈족과 달리 아바르는 머리를 두 가닥으로 땋아서 등 뒤로 내려뜨렸다. 그들은 무당을 믿었는데, 테오필락투스는 그들의 무당 혹은 '보콜라브라*bocolabra*'(몽골어에서 무당을 뜻하는 *böge*에서 나온 말) 가운데 한 사람에 대해 언급하기도 하였다.7) 그들의 사신 칸디흐 Kandikh는 유스티니아누스와 접견했을 때 그에게 토지와 조공을 요구하였다(557). 그러자 유스티니아누스는 발렌티노스Valentinos — 그는 후일 돌궐에게도 사신으로 파견되었다 — 를 사신으로 보내 카간에게 훈누구르

---

2. Herrmann, *Atlas of China*, p. 32.
3. Minorsky, *Hudud al-Alam*, p. 448.
4. Herrmann, *Atlas of China*, p. 30.
5. 비잔티움 역사가들은 유연을 Kermikhion이라고 했다.
6. Pelliot의 *BEFEO*(1903), p. 99 ; Chavannes, *Documents sur les T'ou-kiue occidentaux*, pp. 229-233 ; Pelliot, "À propos des Comans," p. 141.
7. Theophylactus, I, p. 8.

와 사비르(혹은 비구리*Viguri*와 사비리*Sabiri*)와 같은 다른 집단들과 전투를 벌일 것을 권유하도록 하였고 그들은 아바르에게 격파되고 말았다.[8] 아바르는 또한 앗틸라를 따르던 사람들의 후예로서 각기 아조프 해 북서쪽과 돈 강 하구 근처에 살던 유목민인 쿠트리구르와 우투르구르의 훈족을 패배시켰다(p. 137 참조). 그들은 이들 훈족을 자기 집단으로 동화시켰다.

여기서 대상이 된 훈족은 투르크인이 분명하고 아바르는 몽골족이었던 것으로 보이기 때문에, 우리는 다시 한 번 투르크와 몽골이라는 두 위대한 집단이 어떻게 하나의 제국 속에 다른 집단을 수용했는지를 보는 셈이다. 아바르는 비잔티움 제국의 연맹자로 활약하면서 이 훈족 왕국을 파괴하였다. 560년 그들의 영역은 볼가 강에서 다뉴브 강 어귀까지 확대되었다. 그들의 카간은 다뉴브 강 북안에 마차들로 이루어진 아장牙帳을 세웠다. 그는 북방으로 슬라브 부족들(안테Ante, 슬로벤Slovene, 웬드Wend)을 격파하고, 서쪽으로는 게르마니아까지 침투하였지만 마침내 투링기아Thuringia에서 벌어진 큰 전투에서 오스트리아의 프랑크계 왕인 시게베르트Sigebert(클로비스Clovis의 손자)에게 패배를 당하였다(562).[9] 아바르는 다시 흑해 쪽으로 되돌아왔다.

그 직후인 565년경 바얀Bayan이라는 매우 탁월한 카간이 아바르의 권좌에 올랐다. 그의 이름은 뻴리오도 지적하였듯이 지극히 몽골식이다.[10] 그 이전의 앗틸라나 이후의 칭기스칸처럼 그는 전략가라기보다는 계산이 정확하고 기민한 정치가였던 것으로 보인다. 그는 567년 롬바르드Lombard 족 — 판노니아에 정착해 살던 게르만 종족 — 과 연합하여 헝가리와 트란실바니아 지방에 자리잡고 있던 또 다른 게르만족(고트 계통)인 게피대를 파괴해버렸다.[11] 헝가리는 아바르에 의해 점령되었고 바얀은 앗틸라의 옛

---

8. Theophylactus는 "Principen suum chagana, honoris causa, nominarunt"라고 기록했다. 그리고 Gregory of Tours는 "Vocabatur gaganus ; omnes enim reges gentis illius hoc appellantur nomine"라고 기록했다.
9. Gregory of Tours, IV, p. 23.
10. Pelliot, "L'origine de T'ou-kiue," *TP*(1915), p. 689.
11. Lombard 시대의 Italy 예술은 Martinovka(Kiev 근처)의 문화적인 영향에 감응했던 것이고, 이 영향이 Po 강에서부터 카마 강·크리미아·코카서스 북방까지 느

도웁이 있던 근처에 아장을 설치하였다. 이렇게 해서 역사상 아시아 초원의 가장 먼 연장선상에 있던 헝가리 평원에 투르크-몽골 제국의 고리가 재현되었다. 아바르는 이제 볼가에서 오스트리아까지 군림하게 된 것이다.

돌궐 군대를 피해 도주한 유연 혹은 에프탈 집단의 예상치도 않았던 성공적 팽창은 돌궐을 매우 불쾌하게 만들었다. 따라서 그들은 비잔티움측에 유스티니아누스와 아바르 사이에 조약을 체결한 것에 대해 불만을 표시하였다. 서돌궐의 군주인 타르두가 575-576년 비잔티움의 사신 발렌티노스를 쿠차 북방의 율두즈 강 상류에서 접견했을 때, 그는 이 조약에 대해 심하게 질책하였는데, 메난드로스는[12] 다음과 같이 그 말을 전하고 있다. "우아르후니(혹은 바르호니태Varchonitae)에게 나의 기마군대를 기다리라고 하라. 우리의 채찍만 보아도 그들은 땅 끝까지 도망칠 것이다! 그 노예종족을 없애기 위해 우리는 칼을 쓰지 않을 것이다. 우리는 그들을 가장 미천한 개미들처럼 우리 말의 발굽으로 짓뭉개버릴 것이다."[13]

576년 돌궐은 비잔티움이 아바르와 관계를 맺은 것을 응징하기 위해 보칸Bokhan이 지휘하는 일군의 기마대를 러시아 초원으로 보내 거기서 우투르구르 훈족의 마지막 수령이던 아나가이Anagai와 함께 비잔티움의 도시들인 보스포로스 혹은 판티카패움 — 아조프 해 입구 즉, 오늘날 크리미아의 케르치 근처 — 을 공격하였다.[14]

582년 카간 바얀은 비잔티움에 대해 적대적인 태도를 취하기 시작하여 사바 강가에 있는 교두보인 시르미움Sirmium(미트로비카Mitrovica)을 점령하였다. 아바르의 압력을 받은 일부 불가르인들 — 쿠트리구르 훈족에서 기원한 분명한 투르크계 민족 — 은 벳사라비아와 왈라치아에 정착

껴진다고 한 Nandor Fettich의 지적은 흥미롭다. Martinovka의 금세공에 대해서는 Fettich, *Metallkunst der Landnehmenden Ungarn, AU*(1937), p. 282 등을 보시오.

12. *Exc. leg.*, p. 162.
13. 이 "formicarum instar" — 중국인들이 蠕蠕에게 적용하여 그 족명의 기원이 된 단어 — 라는 것이 떼지어 다니는 벌레를 묘사하는 말과 관련되었는지는 의심스럽다.
14. Chavanne, *Documents,* p. 241.

하였는데, 후일 마자르인들이 그곳에 오자 모헤시아로 이주하여 불가리아를 형성하게 되었다.

서쪽으로 바얀 ― 투르의 그레고리Gregory of Tours에 의하면 그의 몽골식 칭호는 가가누스(*gaganus*) ― 은 570년경 프랑크와의 전투를 재개하여, 이번에는 오스트리아의 왕 시게베르트를 패배시켰다. 그리고 나서 바얀은 다시 한 번 비잔티움 제국을 공격하여 신기두눔Singidunum(벨그라드)을 점령하고 안키알루스Anchialus(부르가스Burgas 근처)에 이르기까지 모헤시아를 약탈하였다.15) 587년 그는 아드리아노플 부근에서 비잔티움에 패배하고 한동안 잠잠했다. 그러다 592년 바얀은 다시 약탈을 시작하여 안키알루스를 점령하고 주룰룸Zurulum(코를루Corlu)에 이르기까지 트라키아를 유린하였다. 그러자 비잔티움의 유능한 장군인 프리스쿠스가 카간을 저지하는 데 성공했을 뿐 아니라, 심지어 다뉴브를 건너 헝가리에 있던 그 제국의 심장부를 공격하여 티사Tisza 강가에서 그의 네 아들을 죽이고 결정적인 패배를 안겨주었다(601). 이 참패 직후 바얀은 사망하였다(602).

그 뒤를 이은 아바르의 카간은 당시 롬바르드인들이 지배하던 이탈리아로 방향을 돌렸다. 아바르는 이미 롬바르드족이 판노니아에서 롬바르디로 이주한 것을 이용하여 판노니아를 장악한 적이 있었다. 610년 카간은 프리울리Friuli를 점령하고 약탈하였다. 619년 트라키아 지방의 헤라클레아 폰티카Heraclea Pontica(에레글리 Eregli)에서 회견이 이루어질 때, 카간은 술수를 부려 헤라클리우스 황제를 습격하고 이어 콘스탄티노플을 공격하였다.16) 매복과 공격은 모두 실패로 돌아갔다.

그러나 페르시아 왕 호스로우 2세가 비잔티움 황제에게 취한 적대적인 정책은 아바르인들에게 예상치도 않았던 기회를 제공해주었다. 페르시아와 아바르는 콘스탄티노플을 포위할 작정으로 연맹하였는데, 전자는 소

---

15. Sadovets의 유물은 불가리아 북부 지역이 바얀의 영향 하에 들어갔음을 증명하고 있다. Fettich, *Metallkunst*, p. 290.
16. Amédée Thierry의 지적처럼 616년의 일이 아니다. Cf. Howorth, "The Avars," *JRAS*(1889), p. 779.

아시아를 거쳐서 그리고 후자는 트라키아를 거쳐서 도착하였다. 626년 6월과 7월, 페르시아의 장군 샤흐르바라즈Shahrbaraz는 소아시아를 처음부터 끝까지 횡단하여 보스포로스로 들어가는 입구인 칼케돈Chalcedon에 둔영을 쳤고, 아바르의 카간은 콘스탄티노플 성벽 앞에 진을 쳤다. 그 당시 황제인 헤라클리우스는 코카서스 전선에 있었기 때문에 콘스탄티노플은 총독 보누스Bonus가 방어하고 있었다. 626년 7월 31일부터 8월 4일까지 아바르는 도시를 거듭해서 공격했다. 이로써 서구문명은 오랜만에 매우 심각한 위협에 직면하게 되었다. 만약 그때 몽골 유목집단들이 기독교권의 수도로 진입했다면 그 문명은 어떻게 되었겠는가?

그러나 보스포로스 해협의 여장부라고 할 만한 비잔티움 함대는 페르시아인과 아바르인이 서로 연합하지 못하도록 하였다. 공격할 때마다 엄청난 피해를 입고 물러날 수밖에 없게 되자 카간은 포위를 풀고 헝가리로 돌아가버렸다.

사태의 이러한 역전은 아바르의 위세에 손상을 주었다. 패배를 당한 카간이 죽자(630) 불가르 — 그때까지 아바르를 종속적이기보다는 동맹자적인 입장에서 도왔던 투르크계 민족 — 는 카간의 권위가 자기들의 칸인 쿠브라트Kuvrat에게로 넘겨져야 한다고 주장함으로써, 아바르는 이러한 패권의 요구를 힘으로 누르지 않으면 안되었다. 그렇지만 그들은 불가르가 현재의 왈라치아와 발칸 산맥의 북부에 있는 '불가리아'의 패자가 되는 것을 놓아둘 수밖에 없었고, 마찬가지로 슬라브인(크로아트Croat인 등)들이 다뉴브 강과 사바 강 사이를 점유하는 것을 용인할 수밖에 없었다. 그들 자신은 8세기 말까지 헝가리 평원에 남아 있었다.

이 몽골 집단을 최종적으로 처리하는 일은 샤를마뉴에게 맡겨졌다. 791년 8월 그는 최초 원정시 직접 아바르 칸국을 침공하여 다뉴브 강과 라압Raab 강 합류점까지 들어갔다. 795년 그의 아들 피핀Pepin은 프리울리의 공작인 에릭Eric의 지원을 받아 링 — 아바르인들의 성벽요새 — 을 공격하여, 아바르인들이 지난 2세기 동안 비잔티움 세계를 약탈하여 쌓아놓은 재물의 일부를 포획하였다. 796년에 세 번째 원정에 나선 피핀은 링을 허물어뜨리고 나머지 재물들을 모두 가져갔다.

투둔*tudun*이라는 고대 투르크-몽골식 칭호로 불리던 한 아바르 수령
은 그보다 한해 전에 에 라 샤펠Aix-la-Chapelle(아아헨 Aachen)에서
세례를 받았다.[17]

그는 799년에 프랑크 지배에 대해 반란을 일으켰으나 그것은 최후의
투쟁일 뿐이었다. 그가 패배한 뒤 조단Zodan이라는 새로운 아바르 수령이
803년 영구적인 복속을 표시하기 위하여 찾아왔다. 805년에는 세례명이
테오도르Theodore인 한 카간이 샤를마뉴의 신하의 자격으로 아바르를 통
치하였다.

그토록 수많은 재난을 겪은 아바르로서는 슬라브와 불가르가 가해오
는 이중의 압력에 스스로를 방어할 능력이 없었다. 샤를마뉴 치세의 말년
에 그의 권한에 의거하여 아바르와 그들의 카간인 테오도르는 다뉴브 북
안을 버리고 카르눈툼Carnuntum과 사바리아Sabaria 사이에 위치한 서부
판노니아로 이주하였다.

9세기 말 아바르족의 옛 땅은 첫째 보헤미아에서 판노니아까지 포괄
하는 스뱌토폴크Sviatopolk(895년 사망)의 슬라브 제국 — 대모라비아
(Great Moravia)로 알려짐 —, 둘째 남부 헝가리, 왈라치아, 발칸 산맥
북부의 불가리아를 포괄하는 불가르족의 투르크 칸국으로 나뉘게 되었다.
온오군두르Onoghundur(혹은 온오구르Onoghur) — 아마 여기서 '헝가리'
라는 이름이 나왔을 것이다 — 와 같은 불가르 부족들은 카르파티아 산맥
의 동쪽과 남쪽 지역을 차지하였다.[18]

헝가리에서의 고고학적인 발굴에 의해서 확인되듯이 아바르인들에게
그들 나름의 중요한 예술이 없었던 것은 아니었다. 그것은 초원예술의 한
갈래, 즉 뒤틀린 동물을 주제로 하되 무엇보다도 나선형의 기하학적 문양
이나 우아하게 얽힌 식물모티브를 통해서 확고한 장식적 효과를 내는 것

---

17. 이 칭호은 고대 투르크 비문들에서도 발견되고 있다. Cf. W. Radloff, *Die
    altürkischen Inschriften der Mongolei*, p. 197, p. 257.
18. Onoghundur에 대한 문제는 J. Moravscik, "Zur geschichte der Onoguren,"
    Ungarische Jahrbücher, X, Books 1-2(1930), p. 53 ; Minorsky, *Hudud
    al-Alam*, p. 467을 보시오.

이었다. 흔히 청동으로 만들어진 물건들은 — 전통적으로 초원예술이 그러하듯이 — 혁대판식이나 버클, 장비나 마구의 장식, 고리와 브로치들이었다.

헝가리에서 나온 이들 아바르의 발굴품과 황하의 만곡부 오르도스에서 발견된 흉노·유연·돌궐 시대의 그와 유사한 청동제품 사이에 보이는 긴밀한 연속성은 특히 주목할 만한 가치가 있다.

헝가리 유적지들 가운데 유물이 풍부한 지점으로는 케스트헤이Keszthely, 츄니Csuny와 네메스볼디Nemes volgy, 파히푸스타Pahipuszta, 초그라드Csograd와 센테스Szentes, 씰라디-솜리오Szilagyi-Somlio, 두나펜텔레Dunapentele, 윌뢰Üllö, 그리고 키스쾨뢰스Kiskörös 등을 꼽을 수 있다.19)

난도르 페티히도 관찰했듯이 아바르예술은 미누신스크의 시베리아 최후의 양식 — '유목 기마민'의 것으로 알려져 있다 — 과 특히 친연성을 지니고 있다. 페티히가 그 양식과 민트센트Mindszent, 페넥Fenek, 푸스타토티Pusztatoti에서의 발굴품에서 보이는 양식을 비교한 것은 시사하는 바가 많다. 아울러 아바르가 등자의 사용을 서구로 전달했을 가능성이 크다는 점도 지적해두기로 하자.

---

19. Cf. F. Fettich, "Über die Erforschung der Völkerwanderungskunst in Ungarn," *Ipek*; N.Fettich, "Das Kunstgewerbe der Avarenzeit in Ungarn," *AU*(1926), "Der zweite schatz von Szilagy somlio," *AU*(1932)와 *Metallkunst der Landnehmenden Ungarn, AU*(1937), 특히 p. 148, p. 205 ; A. Marosi & N. Fettich, "Trouvailles avares de Dunapentele," *AU*(1936) ; D. von Bartha, "Die avarische Doppelschalmei von Janoshida," *AU*(1934) ; Tiber Horvath, "Die avarischen Gräberfelder von Üllo und Kiskörös," *AU*(1935) ; Andreas Alföldi, "Zur historischen Bestimmung der Avarenfunde," *ESA*, IX(1934), p. 285. 러시아에 남아 있는 핀-우그르인들의 예술에 대해서는 Tallgren, "Les provinces culturelles finnoises de l'âge récent du fer dans la Russie du Nord(900-1200)," *ESA*, III(1928) 참조.

불가르와 마자르

아바르의 쇠퇴 이후 유럽에서 투르크-몽골인의 주요한 역할은 당분간 불가르인들이 담당하였다.[20] 투르크계에서 기원하고 훈족의 쿠트리구르와 연관된 것으로 보이는 이 민족은 7세기 2/4분기 동안에 코카서스의 서북방, 즉 쿠반 계곡과 아조프 해 사이의 지역에서 불가르의 온오군두르 부족의 지도자인 쿠브라트(642년 사망)의 영도 아래 강력한 국가를 세웠다. 쿠브라트가 죽은 뒤 불가르는 하자르족의 진입으로 둘로 나뉘었다. 쿠브라트의 아들인 바얀Bayan이 지휘한 한 집단은 그곳에 남아 하자르의 종주권을 받아들였다(이 분파의 후손들은 후일 북방의 카마 강과 카잔 쪽으로 이주한 것으로 보이며, 그곳에 대불가리아를 건설했다가 13세기에 칭기스칸 몽골인들에 의해 파괴되었다. 그들의 최후의 후예들이 오늘날의 추바쉬Chuvash인들로 여겨지고 있다). 불가르의 두 번째 집단은 쿠브라트의 또 다른 아들인 칸 아스파루흐Asparukh의 주도 하에 서쪽으로 이주하여 679년 다뉴브 강을 건너서 옛 모헤시아 땅에 정착하였다. 황제 유스티니아누스 2세(705-711)는 비잔티움 내전 중에 아스파루흐의 후계자인 칸 테르벨Tervel(701-718)의 보호를 받았고, 그들이 그 지역을 영유한 것을 공식적으로 인정하였다.

1세기가 지난 뒤 모헤시아의 불가르인들은 칸 텔레츠Teletz(762-764년 경)의 지휘 하에 콘스탄티노플로 진격하였으나, 비잔티움 황제 콘스탄티누스Constantinus 5세는 오늘날 부르가스 근처의 안키알루스Anchialus에서 그들을 격파하였다(762년 6월 30일). 811년 또 다른 불가르의 칸인 크룸Krum이 황제 니케포루스Nicephorus 1세를 공격하여 죽이고 과거

---

20. J. J. Mikkola, "Die Chronologie der türkischen Donaubulgaren," *Journal de la Société finno-ougrienne*, XXX(1918), fasc. 33 ; Barthold, "Bulghâr," *EI*, p. 805(문헌목록과 함께) Minorsky, *Hudud al-Alam*, p. 467 ; A. Lombard, *Constantin V*(Paris, 1902), p. 41 ; A. Rambaud, *Constantin Porphyrogénète*(Paris, 1870), p. 315 ; N. Mavrodinov, *L'industrie d'art des Protobulgares*.

흉노 계통의 관습대로 그의 두개골을 잔으로 만들었다. 813년 그는 콘스탄티노플을 포위하였으나 전에 아바르가 그러했듯이 그도 실패하고 말았다. 그의 후계자인 칸 오무르탁Omurtag(814-831)은 비잔티움과 평화를 맺었다. 9세기 중반 차르 보리스Boris(852-889)의 개종과 점증하는 슬라브적 영향으로 말미암아 불가르인들은 다른 대부분의 투르크 민족들과 분리되고 기독교 유럽에 통합되어버렸다.

아바르의 옛 영토는 9세기 말에 마자르 즉, 헝가리인들에 의해 점거되었다. 헝가리어는 투르크-몽골계가 아니라 핀-우그르계의 한 갈래인 오브-우그르Ob-Ugrian 언어에 속하며, 이 두 언어집단 사이에는 긴밀한 연관관계가 아직 발견되지 않고 있다.[21] 그러나 문제가 된 이 시기에 헝가리인들이 투르크 귀족들에 의해 정치적으로 조직되었을 가능성이 있다. 『세계경역지』(982)의 작자나 가르디지(1084)와 같은 아랍 지리학자들은 두 개의 마자르 집단을 구분(내지는 혼동)하고 있는데, 하나는 우랄 산맥에 남아 있던 — 오늘날 보굴Vogul족이 아직도 그곳에 살고 있다 — 집단이고,[22] 다른 하나는 처음에 아조프 해 북방의 '레베디아Levedia'로 이주했다가 후일 '아텔쿠주Atelkuzu' 즉 드녜프르 하류, 카르파티아 산맥, 세레트 산맥, 다뉴브 델타, 흑해 등의 사이에 있는 평원으로 이주해간 집단이다.

그 당시 이 아랍 지리학자들(콘스탄티누스 포르피로게니투스도 마찬가지)은 '마즈가리Majghari'를 투르크인이라고 하였는데, 이는 확실히 이 핀-우그르계 두 집단이 모두 불가르인들에 의해 조직되었기 때문이다. 즉

---

21. J. Deny, "Langues turques, mongoles et tongouzes," *Les langues du monde*(1924), p. 185와 Pelliot, "Les mots à Hinitiale," *JA*(1925), P. 193을 보시오. Guillaume de Hévésy의 연구는 핀-우그르어(특히 Ostyak와 Vogul)를 아리아족 이전 인도의 Munda어와 연결시키려는 경향이 있다. 인류학적으로는 투르크-몽골의 종족들은 短頭形이고, 그에 비해서 핀계의 종족들은 長頭形이라는 점을 기억해야만 한다. Deniker, *Race et peuples*(1926 ed.), p. 435, p. 459.
22. J. Németh에 따르면 우랄 산맥의 Bashkir인들은 헝가리에 기원을 둔 부족의 하나로 이후 투르크적인 생활방식을 수용하였다. Cf. J. Németh, "Magna Ungaria," H. von Mžik, *Beiträge* (Leipzig, 1929), p. 92 등.

우랄 산맥에 있던 사람들은 카마의 불가르인들에 의해, 그리고 아텔쿠주에 있던 사람들은 9세기 카르파티아 산맥의 동남 지역을 점유한 온오군두르 (혹은 온오구르)에 의해 조직되었던 것이다.23) 마자르인들을 지칭하는 명칭인 헝가리인Huganrian이라는 말은 9세기 후반 그들과 혼합된 이들 온오구르로부터 기원했을지도 모른다.

다른 자료들은 이 핀-우그르계의 마자르인들을 또 다른 투르크계 부족인 카바르인들 — 하자르인들과 관계를 가졌고 마자르인들에게는 아르파드Arpad라는 왕족을 제공해준 것으로 여겨지는 사람들 — 과 연관시키기도 한다. 마자르인들 가운데 온오구르나 카바르와 같은 투르크 귀족층의 존재는 콘스탄티누스 포르피로게니투스 치세에 사신들을 주고받을 때 비잔티움측이 의전상 마자르의 수령들을 항상 '투르크인의 왕자들'(*arxoites toi Tourkoi*)이라고 불렀던 까닭을 이해할 수 있게 해준다.24)

833년경 마자르인들은 돈 강과 드네프르 강 사이의 레베디아에서 거대한 투르크 제국인 하자르의 보호 하에 살고 있었다. 850년 또는 860년에 가까운 시기에 그들은 레베디아에서 페체넥 투르크인들에 의해 밀려나 아텔쿠주로 들어갔다. 그들은 880년경 다뉴브 델타에 이르렀고, 다뉴브의 새로운 영역에서 헝가리인들은 여전히 투르크계 하자르 왕국에 복속하였으며(이래를 참조하시오), 키비르 부족에 속히는 젊은 귀족 아르파드를 헝가리인들의 군주로 임명한 것도 하자르의 칸이 주군의 자격으로 그렇게 했던 것으로 보인다.

---

23. Cf. Minorsky, *Revue de Hongrie*(1937) ; *Hudud al-Alam*, pp. 317-324.
24. Rambaud, *Constantin Porphyrogénète*, p. 352. 헝가리인의 기원에 대해서는 B. Munlácsi, "Die urheimat der Ungarn," *Keleti Szemle*, VI(1905) ; J. Németh, "Magna Ungarn,"; Gyula Németh, "La préhistorie hongroise," *Nouvelle Revue de Hongrie*(June, 1932), p. 460 ; A. Zakharov & W. Arendt, "Studia Levedica, Archeologischer Beitrag zur Geschichte der Altungarn im IX Jahrhundert," *AU* ; Nandor Fettich, "Der Haudel in Russland und das Ungartum von Levedien," *Metallkunst der Landnehmenden Ungarn*, AU(1937), pp. 62-202. 고대 레베디아의 예술에 대해서는 *Ibid.,* pp. 280-293("Kulturkunst der Pseudoschnallen").

그 뒤 얼마 안 있어 불가르인의 군주인 시메온Simeon과 전쟁을 하던 비잔티움 황제 레오 4세가 헝가리인들에게 지원을 요청하였다. 아르파드가 이끄는 헝가리인들은 다뉴브를 건너 불가리아를 불태우고 도륙하였다. 그러자 불가르인들은 당시 러시아 초원의 패자가 된 페체넥인들에게 도움을 청해 후방에서 헝가리인들을 공격케 하여 아르파드와 그의 백성들을 트란실바니아 산지로 도망치도록 만들었다. 그때 게르마니아의 왕인 아르눌프Arnulf는 대모라비아(체코슬로바키아, 오스트리아, 서부 헝가리)의 왕인 슬라브인 군주 스뱌토폴크와 전쟁을 하고 있었는데, 그 역시 비잔티움이 했던 것처럼 헝가리인들에게 도움을 청하기로 결정하였다. 아르파드는 서둘러 왔고 스뱌토폴크는 그에게 제압당하여 혼란 중에 사라져버렸다(895). 대모라비아는 붕괴되고 헝가리인들은 후일 그들의 이름을 따라 불리게 된 지방에 영구히 자리잡게 되었다(899). 그들의 집단은 그곳을 근거로 서구를 약탈하기 시작하였다. 그들은 파비아에 이르기까지 이탈리아를 침공하였고(900), 게르마니아에서는 카롤링거 최후의 군주인 '소년왕' 루이(Louis the Child)를 격파하였다(910). 그들은 로레인Lorraine을 기습하고(919) 파비아를 불태웠으며, 알프스를 넘어 부르군디와 프로방스 지방의 프랑크 왕국까지 진출하였다(924). 샹파뉴의 아티니Attigny까지 미친 또 다른 약탈전이 뒤따랐고(926), 베리Berry에 이르기까지 렝스Rheims와 상스Sens 지방을 약탈하였으며(937), 로레인과 샹파뉴와 부르군디를 폐허화시켰다(954). 앗틸라의 시대가 다시 온 듯하였으며 그것은 끝이 없어 보였다. 마침내 955년 8월 10일 게르마니아의 왕 오토Otto 1세가 아우그스부르그Augsburg 근처에서 헝가리인들을 제압하고 그들의 침공에 종지부를 찍는 승리를 거두었다. 그때 게르만인들의 세계가 유럽을 구한 것이었다.

헝가리의 왕 바이크Vaik가 기독교로 개종하고 스테펜Stephen이라는 이름으로 세례를 받은 것은 그의 백성들의 운명을 바꾸어놓았다. '성 스테펜'의 치세 동안에 — 처음에는 공작으로, 후에는 왕으로(997-1038) — 헝가리는 새로운 소명을 띠게 되었다. 그때까지는 유럽의 공포였지만 이제는 아시아적 야만주의의 엄습을 막는 가장 확실한 수호자, 즉 '기독교권의 방패'가 된 것이다. 13세기 몽골의 침입에서부터 17세기 오스만의 축출에까지 마자르 민족은 길고 영웅적이며 영광된 십자군의 생애를 살게 되었다.

하자르

7세기 초에 러시아 초원의 서남부와 다게스탄은 하자르 제국의 흥기를 목도하게 되었다. 하자르는 텡그리를 숭배하며 카간과 타르칸tarqan들의 지배를 받는 투르크 민족이었다. 바르톨드는 그들을 서부 투르크, 더 정확하게 말해 서부 훈족 계통의 한 분파로 보았다.[25] 그들은 626년 칸이었던 지에빌Ziebil이 헤라클리우스의 티플리스에서의 회견에서 한 요청에 따라 비잔티움 황제가 페르시아와 전쟁을 할 수 있도록 4만 명의 인원을 제공해주었을 때는 이미 강력한 세력을 이루고 있었다. 헤라클리우스는 이 지원군을 데리고 사산조의 영역인 아제르바이잔 지구를 황폐화시킬 수 있었다.

이렇게 해서 비잔티움과 하자르 사이에 맺어진 연맹은 왕실혼인에 의해 여러 차례 새롭게 다져졌다. 황제 유스티니아누스 2세가 망명 시절에 (695-705) 하자르인들에게 피신하여 혼인한 카간의 자매는 황후(basilissa) 테오도라Theodora가 되었다. 콘스탄티누스 5세도 732년 하자르 카간의 딸과 혼인했고, 그녀가 황후 이레네Irene였다. 그들의 아들인 황제 레오 5세는 '하자르인 레오'(775-780)라는 별명으로도 알려졌다. 이 같은

---

25. Barthold("Türks," *EI*, pp.949-951)는 하자르어와 불가르 고어가 고대 서부 투르크어군에 속하고, 현재 추바쉬어가 그 대표라고 믿었다. 하자르에 대한 문헌목록은 Barthold, "Khazar," *EI*, p. 990 ; Minorsky, *Hudud al-Alam*, p. 450에 있다. Constantine Porphyrogenitus가 설명한 하자르의 정치적인 구조는 군주인 Khaganos와 일종의 궁정장관인 pekh — Istakhri도 bek이라 칭한 것 — 등으로 구성되어 있었다(cf. Minorsky, *Hudud al-Alam*, p. 451). 하자르와 비잔티움에 대해서는 L. Drapeyron, *L'empereur Héraclius*(Paris, 1869), p. 215 ; Lombard, *Constantin V*, p. 31 ; Rambaud, *Constantin Porphyrogénète*, p. 394 ; Chavannes, *Documents*, pp. 252-253 등을 참조.

동맹체제는 비잔티움이 아랍인들에 대항하여 싸우는 데 매우 유용하여, 하자르는 그들을 후방 즉, 트란스코카시아에서 공격하고(예를 들어 764년) 비잔티움 군대는 소아시아에서 공격하였다.

하자르에 대한 비잔티움 궁정의 우호적인 태도는 다른 방식으로 설명될 수도 있다. 하자르는 유럽에 있던 투르크인들 가운데 가장 문명화되었고, 이는 마치 중앙아시아의 투르크인들 사이에서 위구르가 그러했던 것과 비슷하다. 비록 그들이 간혹 주장되듯이 정주적 혹은 농경적 생활방식을 채택한 것은 아니었지만, 비잔티움과 아랍세계와의 접촉에 힘입어 교역이라든가 상대적으로 높은 문화와 관계를 가짐으로써 풍요하고 정돈된 국가를 건설할 수 있었다.

이 국가는 처음에는 테렉 초원 지역을 중심으로 했던 것처럼 보인다. 마르크와르트는 하자르의 최초 '수도'인 발란자르Balanjar의 위치를 테렉 강의 남쪽 지류인 술락 강의 발원지로 비정하였다. 722-723년 아랍인들에 의해 그것이 파괴된 뒤 카간의 거처는 아랍인들이 알 바이다al-Baida 즉 '백성白城'이라는 도시로 옮겨졌는데, 마르크와르트는 이 이름을 투르크어에서 '황성黃城'을 의미하는 사릭 샤르Sarigh shar로 수정하고자 하였다(아니면 미노르스키가 생각했던 것처럼 사릭신Sarighshin 즉, 삭신Saqsin이 더 나을 지도 모른다). 마르크와르트는 이 도시를 후대의 수도인 볼가 강 하구의 이틸Itil이 있던 바로 그 지점에 위치시켰다. 그런데 이틸은 하자르 카간들의 동계 둔영지였을 뿐이다. 그들은 여름에는 흉노와 같은 유목민 선조들처럼 초원을 가로질러 — 아마 쿠반 쪽으로 — 돌아다녔다.

이동하는 집단들에게 노출이 적은 근거지를 갖고자 희망했던 그들은 833년 비잔티움 황제 테오필루스Theophilus에게 성채화된 도읍을 짓는 데 필요한 기술자들을 요청하였다. 테오필루스는 책임기술자(protospathaire)인 페트로나스Petronas를 보내어 세 번째 수도 사르켈Sarkel의 건설을 돕도록 하였다. 그것은 돈 강의 하구나 — 혹은 더 가능성이 높은 — 거대한 만곡부에 위치하였다.[26] 하자르인들은 크리미아의 맞은편 타만 반도

---

26. 러시아어로 Bela Vezha(Belaya Vezha) — al-Baida와 아주 유사하고 '백탑白塔'을 의미 — 라는 이름으로 알려진 Sarkel을 아랍인들은 Itil로 보았다. Naftula

에 있던 파나고리아Phanagoria 폐허 위에 교역 거점인 마타르카Matarka를 건설하였다.

하자르 제국은 활발한 무역의 중심지였다. 비잔티움과 아랍, 유대상인 들은 북방의 펠트를 구하기 위해 이틸과 사르켈로 모여들었고, 그들과 함께 기독교·이슬람·유대교가 나라 안에 자리잡았다. 851-863년에 비잔티움이 하자르인들에게 보낸 성 키릴Saint Cyril은 따뜻한 영접을 받았다. 성 키릴의 전기는 카간의 식탁에서 유대인 랍비들과 논쟁했다는 것을 보여준다. 레오 6세의 치세에는 하자리아 전역으로 복음을 전파하기 위하여 마타르카에 비잔티움 주교구가 들어섰다. 이슬람도 많은 아랍인 거주자들이 있었기 때문에 690년 이후부터는 많은 수의 개종자들을 확보하였고, 868년부터 — 특히 965년 이후에는 — 이 지역의 주요한 종교가 되었다.

유대교의 상황은 그보다 더 좋았다. 767년 이삭 상가리Issac Sangari 가 하자르인들 사이에서 교목활동을 시작했다. 마스우디는 칼리프 하룬 울 라시드Harun al-Rashid(786-809)의 치세에 하자르 카간과 귀족들이 유대교를 받아들였다고 천명하였다. 비잔티움 황제 로마누스 레카페누스 Romanus Lecapenus(919-944)에 의해 선동된 유대교 박해로 인해 많은 수의 이스라엘 망명자들이 이 고장으로 들어왔다.

요셉Joseph이라는 성경의 이름을 지닌 한 카간은 948년 랍비 시스다이Shisdai에게 서한을 보내 하자르의 유대교가 얼마나 번성하고 있는지에 대해 설명했다고 하는데, 마르크와르트는 그것이 11세기 이후에야 씌어진 것이라고 하면서 이 유명한 서한의 진실성에 의문을 제기하였다.[27] 이븐 파들란Ibn Fadlan의 『여행기Risala』에 의하면 카간, 총독, 사만다르 Samandar(다게스탄)의 왕자[28] 및 다른 귀족들이 유대교를 표방했다고

Fajner, *Annali del Istituto superiore orientale di Napoli*, III(1936), p. 51 ; Minorsky, *Hudud al-Alam*, p. 453.

27. Marquart, *Osteuropäische und Ostasiatische Streifzüge*(Leipzig, 1903), p. 5. 740년경 기독교도, 무슬림, 유대교 성직자의 논쟁 이후 카간 Bulan이 유대교로 개종한 전승에 대해서는 cf. Naftula Fajner, "Sull'origine dei Chefsuri," *Annali del Istituto superiore orientale di Napoli*, XIV(1936), p. 13.

28. Marqurt에 의하면 Samandar — 다른 사료의 Tarqu와 같은 것으로 추정 —

한다. 어떤 카간은 이슬람 영토 안에서 시나고그의 파괴에 대한 보복으로 광탑(minaret)을 부숴버리기도 하였다. 그렇지만 그의 백성들 사이에는 무슬림과 기독교도가 유대교도보다 수적으로 압도하였던 것으로 보인다. 965년경 어떤 카간은 정치적인 이유에서 이슬람을 받아들였다고 이야기되기도 하지만, 1016년 타만 반도에 있던 칸은 '게오르기오스 출로스Georgios Tzoulos'라는 이름을 지닌 기독교도 하자르였다.

9세기에 들어와 하자르는 정치적으로 쇠퇴하기 시작하였다. 유대교를 믿는 이 문명화된 투르크인들은 아직 길들여지지 않은 우상숭배자였던 동족 집단들에 의해 일소될 운명에 처해 있었다. 초원은 또다시 유동적인 상황이 되었다. 아랄 초원에서 나온 오구즈 투르크인(비잔티움 작가들이 말하는 우조이Ouzoi)들은 엠바 지역과 우랄 강에 있던 페체넥 투르크인들을 서쪽으로 밀어냈다. 850-860년경 페체넥은 하자르 제국의 영토를 지나서, 하자르인들의 지배를 받고 있던 마자르인들을 아조프 해 북안에서 쫓아버렸다. 앞에서 설명했듯이 마자르인들은 그래서 드녜프르 강과 다뉴브 강 하류 사이에 있는 아텔쿠주로 철수한 것이다. 뒤이어 889년부터 893년까지 페체넥은 마자르에 대한 추격을 재개하여 그들을 새로운 터전에서 밀어내고 마침내 자신들이 그곳에 자리잡았다. 이렇게 해서 그들은 돈 강 하구와 몰다비아 사이에 놓인 러시아 초원을 모두 차지하게 된 것이다. 하자르는 돈 강과 볼가 강 하류 및 코카서스 지방만을 간직하였다.

965년 키예프에 있던 러시아의 왕자 스뱌토슬라브Sviatoslav는 하자르를 공격하고 돈 강 만곡부에 위치한 수도 사르켈을 점령하였다. 그러나 바르톨드도 지적했듯이 하자르는 이러한 공격에도 살아남아, 적어도 볼가 강 하류와 쿠반·다게스탄의 초원 지역은 보전하였다. 1016년 비잔티움 황제 바실레우스Basileus 2세는 러시아 군대의 지원을 받는 함대를 최후의 하자르인들에게 보냈다. 이 연합군이 타만 반도와 크리미아에 있던 하자르의 속령을 장악하였다. 1030년 하자르는 정치적인 세력으로서는 완전히 자취를 감추었다.

는 Terek과 Derbend 사이에 있는 Petrovsk의 남서부로 비정된다. *Osteuropäische und Ostasiatische Streifzüge*(Leipzig, 1903), p. 16.

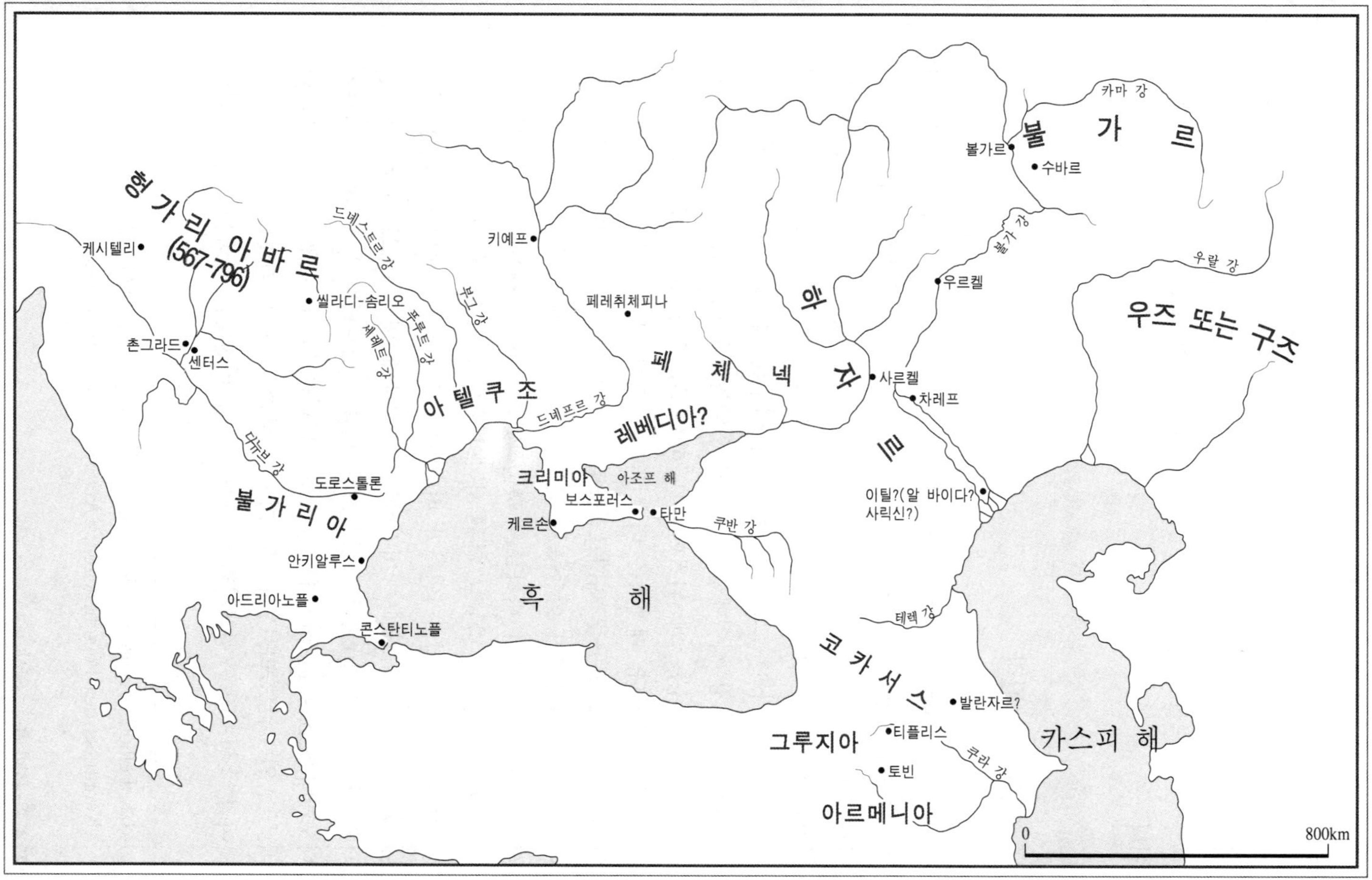
헝가리 아바르
(567-796)
케시텔리
촌그라드
센터스
쎌라디-솜리오
드네스트르 강
세레트 강
푸루트 강
부그 강
키예프
페레취체피나
아텔쿠조
드네프르 강
다뉴브 강
도로스톨론
불가리아
안키알루스
아드리아노플
콘스탄티노플
크리미아
아조프 해
보스포러스
케르손
타만
쿠반 강
레베디아?
페체넥
하자르
사르켈
차레프
우르켈
불가 강
불가르
수바르
불가르
카마 강
우랄 강
우즈 또는 구즈
이틸?(알 바이다?
사릭신?)
흑해
테렉 강
코카서스
발란자르?
그루지아
티플리스
토빈
쿠라 강
아르메니아
카스피 해
0
800km

10세기경 러시아 초원

그러나 비잔티움이 러시아인들을 도와 이 개화된 투르크인들, 즉 제국
의 가장 오래 되고 가장 충실한 동맹을 파괴한 것은 철저한 계산착오였다.
그 후 하자르를 대신해 거친 유목집단들이 흑해 초원을 거머쥐었기 때문
이다.

페체넥과 킵착

우리가 앞에서 보았듯이 페체넥 — 콘스탄티누스 포르피로게니투스의
파차나키타이Patzanakitai, 이스타흐리Istakhri의 바차낙Bachanak — 은
마르크와르트에 의하면 한때 서돌궐 연맹의 일부를 구성하다가 카를룩 투
르크인들에 의해 시르다리아 하류와 아랄 해 방면으로 밀려난 투르크 계
통의 부족이었다.[29] 그들은 서쪽으로의 이주를 계속하면서 우랄(야익) 강
과 볼가(이틸) 강 사이에서 유목하고 있었는데, 913년경(이는 콘스탄티누
스 포르피로게니투스에 의거한 것) 하자르와 오구즈의 연합공격으로 그
지역에서 쫓겨났다. 페체넥은 더 서쪽으로 가서 아조프 해 북쪽의 '레베디
아'를 점령하고 그곳을 마자르인들로부터 탈취하였다. 얼마 후 페체넥은
다시 서진을 재개하여 아텔쿠주, 즉 드녜프르와 다뉴브 하류 사이에 있는
서부 러시아 초원에서 마자르를 축출하였다. 이렇게 해서 900년경 페체넥
은 드녜프르 하구와 다뉴브 하구 사이의 초원을 이용하게 되었다.

934년 그들은 헝가리인들의 비잔티움 제국령인 트라키아에 대한 공격
에 동참하였고, 944년에는 비잔티움 그 자체에 대한 이고르Igor 공의 공
격에 참여하였다. 1026년 그들은 다뉴브를 건넜으나 유능한 콘스탄티누스
디오게네스Constantinus Diogenes에게 패퇴하였다. 1036년 러시아의 키
예프 공인 야로슬라브Yaroslav가 그들에게 처절한 패배를 안겨 그들로
하여금 초원지배를 종식시키고 다시 한 번 비잔티움 제국을 목표로 삼도

---

29. Cf. Pelliot, "À propos des Comans," *JA*(1920), p. 133 ; J. Németh, "Zur
    Kenntniss der Petschenegen," *Körösi Csoma-Archiv*, pp. 219-225.

록 만들었다.

1051년 자신들의 야욕 충동에 따라, 또 오구즈의 압박에 대한 대응으로 다시 한 번 제국을 침략하였다. 1064년에도 트라키아를 거쳐서 콘스탄티노플의 성문까지 위협하는 침략이 있었다. 비잔티움은 아시아의 무슬림 투르크인들과 싸우기 위해 유럽에 있는 우상숭배 투르크인들로부터 용병을 모집했지만, 우상숭배 투르크인들의 동족관념이 황제에 대한 충성심보다 더 강할 때가 많았다는 사실에 비잔티움의 비극이 있었다. 그러한 일이 1071년 말라즈기르트(만지케르트)의 전투가 있기 직전에 발생하였다. 페체넥 군사들이 황제 로마누스 디오게네스를 버리고 술탄 알프 아르슬란에게로 넘어간 것이다. 1087년 유럽에서 알렉시우스 콤네누스Alexius Comnenus의 치세에 페체넥은 또다시 트라키아를 침공하여 쿨레Kule(에노스Enos와 콘스탄티노플 사이)까지 진출했다가, 그곳에서 자기들 지휘자인 첼구Tzelgu를 전장에 내버려두고 도주해버렸다. 알렉시우스 콤네누스는 그들을 추격하는 실수를 범하여 1087년 가을 드리스트라Dristra(두로스토룸Durostorum, 실리스트라Silistra)에서 패배하고 말았다.

마침 러시아 초원에서 나타난 또 다른 투르크 집단인 킵착 또는 폴로브치가 페체넥을 후방에서 공격하여 다뉴브 강가에서 그들을 격파함으로써 제국은 위기를 모면하였다. 그러나 이들 유목집단이 모두 러시아로 물러난 직후 페체넥은 다시 킵착의 압력에 밀려 1088-1089년 다시 트라키아를 침공하여 아드리아노플 남쪽의 입살라Ipsala까지 진출했고, 알렉시우스는 거기서 그들을 매수하여 돌려 보낼 수밖에 없었다. 1090년 페체넥은 소아시아의 셀죽과 연합하여, 아드리아노플에서 에노스로 가는 마리차Maritsa 계곡을 거쳐 콘스탄티노플을 공격하였고, 스미르나의 여장부라고 할 만한 셀죽의 함대는 해안지대를 공격하였으며, 니케아에서 나선 셀죽 군대는 니코메디아Nicomedia(이즈미트Izmit)를 위협하였다.

이것은 헤라클리우스와 아바르 시대에 벌어졌던 상황의 재현인 셈인데, 다만 이제 비잔티움은 아시아와 유럽에서 모든 투르크인들과 맞서게 된 것이다. 즉 유럽에서는 우상숭배 투르크인들이, 아시아에서는 무슬림 투르크인들이 혈연적인 유대로 연합하여 제국에 대항한 것이다.

페체넥은 코를루Corlu까지 철수한 비잔티움 전선을 마주보는 룰레부
르가즈Luleburgaz 근처에서 겨울을 보냈다. 알렉시우스 콤네누스는 다시
한 번 킵착인들에게 도움을 청해 그들은 토고르탁Togortak과 마니악
Maniak의 지휘 하에 러시아에서 트라키아로 내려와 페체넥을 후방에서 공
격하였다. 1091년 4월 29일 비잔티움과 킵착의 연합군이 레부니온Levu-
nion 산에서 페체넥을 격파하여, 그들 부족민은 막대한 사상자가 발생하였
다.30)

페체넥의 잔중들은 왈라치아에서 조직을 정비하고, 다음 세대 즉,
1121년에 새로운 시도를 감행하였다. 그것은 발칸 산맥의 북방, 즉 불가리
아에만 국한된 것이었다. 그러나 그들은 1122년 봄 황제 요한 콤네누스
John Comnenus의 기습을 받아 절멸되었다. 페체넥은 러시아 초원에서
오구즈와 킵착에게 자리를 내주었다.

그 당시 오구즈 — 아시아에 있는 그들의 후손은 오늘날 투르크멘으
로 알려져 있고, 당시 아랍인들에게는 구즈로 불렸다 — 는 카스피 해 동
북방과 아랄 해 북방에서 이동하며 살았다.31) 이 민족의 한 씨족인 셀죽
이 이슬람을 받아들이고 11세기에 페르시아로 행운을 찾아 떠났다가 그곳
에서 토그릴 벡, 알프 아르슬란, 말릭 샤 등이 이끌었던 거대한 투르크 무
슬림 제국을 건설하였다(p. 228 참조). 이와 비슷하게 11세기에 또 다른
오구즈 씨족 — 이들은 우상숭배자로 비잔티움의 사가들은 우조이라고 불
렀다 — 은 러시아 초원에서 페체넥의 패권을 무너뜨렸다. 러시아 연대기
들은 이 오구즈 — 토르크Tork라는 간단한 이름으로 불렀다 — 를 1054
년에 처음으로 언급하였고, 폴로브치 혹은 킵착의 출현과 같은 시기에 기
록하였다.32) 비잔티움의 기록에는 1065년 즉 황제 콘스탄티누스 10세 두
카스Constantinus X Ducas의 치세에 이들 우조이 60만 명이 다뉴브를
건너 테살로니카와 북부 그리스에 이르기까지 발칸 반도를 황폐화시켰으

---

30. 비잔티움 자료는 F. Chaladon, *Essai sur le règne d'Alexis Ier Comnène*
    (Paris, 1900), pp. 2-5, pp. 108-134에 있다.
31. Cf. Barthold, "Ghuzz," *EI*, p. 178.
32. Cf. Minorsky, *Hudud al-Alam*, p. 316.

나, 곧 페체넥과 불가르에 의해 절멸되었다고 하였다. 볼가 강 서쪽으로 온 오구즈의 마지막 집단들은 킵착에게 최종적으로 복속하거나 제거, 혹은 동화되어버렸다.

투르크어로 킵착이라고 알려진 사람들을 러시아는 폴로브치로, 비잔티움은 코마노이Komanoi로, 아랍 지리학자인 이드리시는 쿠마니Qumani (쿠만Cumans)로, 헝가리인들은 쿤Kun(코운Qoun)이라고 불렀다.[33] 가르디지에 의하면 그들은 원래 시베리아의 이르티쉬 강 중류를 따라 — 혹은 미노르스키가 생각하듯이 오브 강을 따라 — 살던 키맥계 투르크 집단의 일부를 구성했었다.[34] 키맥과 오구즈는 어쨌든 긴밀하게 연관되어 있었다 (카쉬가리는 이 양자가 다른 투르크 민족들과 어두음 y가 j[dj]로 바뀐다는 점에서 다르다고 하였다).

11세기 중반경 키맥의 본류에서 떨어져나온 킵착은 유럽 쪽으로 이주하였다. 1054년 러시아 연대기들은 그들이 흑해 북방의 초원에 나타난 것과, 아울러 킵착이 앞으로 밀어낸 오구즈의 출현에 대해서 처음으로 기록하였다. 오구즈가 페체넥을 격파한 것, 그리고 오구즈가 발칸 원정과정에서 비잔티움과 불가르에 의해 격파된 것(1065년과 그 뒤) 등의 사건에 힘입어 킵착은 러시아 초원의 유일한 주인이 되었다. 1120-1121년 이븐 울아씨르는 그들을 그린 식으로 언급하였고 그루지아인들의 동맹이라고 하였다. 대략 이 시기에 거란과 밀접한 관계를 갖고 있었고 카라 키타이의 서진에 섞여 있던 일부 몽골씨족들이 중국-만주 접경지대에서부터 우랄과 볼가 지역으로 옮겨온 것으로 보이며, 그들은 그곳에서 킵착의 주력집단과 연합해 킵착인들 사이에서 지배층으로서의 지위와 기능을 하게 된 것으로 추측된다.

그러나 그들은 투르크적 생활방식을 흡수하면서 곧 순수한 킵착인들

---

33. Barthold, "Kipčak," *EI*, p. 1082 ; Rosovsky, *Polovtsi*(Prague, 1935) ; Marquart, "Über das Volkstum der Komanen," *Osttürkische Dialekstudien* (Berlin, 1914), pp. 25-238 ; Pelliot, "À Propos des Comans," *JA*(1920), p. 125.
34. Barthold, "Kimäk," *EI*, p. 1068 ; Minorsky, *Hudud al-Alam*, p. 305.

과 동화되어버렸다.[35] 킵착은 1222년 칭기스칸의 부장들이 침공할 때까지 러시아 초원의 패자로 남아 있었다.[36] 그리고 일부 킵착 수령들은 러시아의 영향 아래 기독교를 받아들였다. 또한 킵착은 후일 몽골 지배 하의 러시아에 자신들의 이름을 유산으로 물려주었는데, 그것은 그 지역에 건설된 칭기스칸 일족의 영역이 킵착 칸국으로 알려지게 되었기 때문이다.

이 같은 요약을 통해 마음속에 기억해두어야 할 사실은 그렇게 수많은 세기 동안 비잔티움 제국이 자신들의 변경을 강타했던 유목집단들의 연속적인 침입을 막아내는 데 있어 이룩한 성취이다. 앗틸라에서 오구즈에 이르기까지 모든 거친 투르크·몽골인들은 1453년의 위기와 비교해볼 때 기독교 문명에 훨씬 더 가공할 위험을 내포한 것이었다.

---

35. Marquart, "Über das Volkstum der Komanen," p. 136 ; Pelliot, "À propos des Comans," p. 149.
36. 1204년 Kipchak(Cuman 또는 Polovtsy)인들의 키예프 약탈에 대해서는 Bruce Boswell, "The Kipchak Türks," *Slavonic Review*, VI(1927), p. 70 등 ; C. A. Macartney, "The Pechenegs," *Ibid*, VIII(1929), p. 342를 보시오.

2부. 칭기스칸과 몽골 제국

5. 칭기스칸

12세기의 몽골리아

12세기 말의 아시아 지도는 다음과 같이 그려졌다. 중국은 남으로는 항주를 수도로 하는 한족의 제국 송과 북으로는 북경을 수도로 하는 여진(여직女直)의 퉁구스 왕국인 금으로 나뉘어 있었다. 오늘날의 오르도스와 감숙에 해당되는 중국 서북 지방에서는 탕구트족의 서하 왕국이 일어났는데, 이들은 계통상 티베트인들과 연관되었다. 투르판에서 쿠차에 이르는 타림의 동북에는 투르크계 위구르인들, 즉 불교와 네스토리우스교 문화로 개화된 투르크인들이 살았다.

추 강의 이식쿨 지역과 카쉬가리아에는 중국문화를 수용한 몽골계 카라 키타이가 제국을 이루었다. 트란스옥시아나와 이란의 거의 전지역은 호레즘의 술탄들이 지배하였는데, 그들은 무슬림 신앙과 아랍-페르시아문화를 가진 투르크족이었다. 그들의 뒤로 아시아의 나머지 무슬림 지역은 바그다드의 압바스조 칼리프들, 쿠르드족으로 아랍문화를 가진 시리아와 이집트의 아윱Ayyub조 술탄들, 투르크 종족이지만 문화는 뚜렷하게 이란적인 소아시아의 셀죽 술탄들에 의하여 나뉘어 있었다.

이상이 아시아 정주사회의 상황이었다. 그 북쪽 너머로 시베리아-몽골 접경지대에서, 알타이·항가이·헨테이 산맥 쪽으로 펼쳐진 고비 북쪽의 초원에서, 유목민이며 알타이 민족의 3대 지파인 투르크·몽골·퉁구스 계통의 수많은 부족들이 떠돌고 있었다. 중앙아시아 유목민들 대부분은 언어는 달라도 동일한 기후에서 동일한 방식의 삶을 살았고, 이 지역을 여행한 사람 모두를 놀라게 한 인종적 유사성들을 지니고 있었다. 이들에 대한 그레나르Fernand Grenard의 묘사는 암미아누스 마르켈리누스, 윌리암 루브룩, 또는 중국의 연대기 편찬자들의 기술과 거의 다를 바가 없다. "그들은 넓적한 얼굴, 납작한 코, 튀어나온 광대뼈, 째진 눈, 성긴 턱수염, 두툼한 입술, 그리고 곧고 검은 머리를 하고 있었으며, 피부는 볕에 그을리고 바람과 서리에 거칠어져 가무잡잡하였다. 그들은 키가 작았으며, 그들의 탄탄하고 무거운 몸은 활처럼 굽은 다리가 떠받치고 있었다." 불멸의 훈 또는 몽골인에 대한 이 묘사는 에스키모나 프랑스 코세Causses 지방 농부에 대한 묘사와 다를 바 없으니, 바람이 몰아치고 겨울에는 얼고 여름에는 몇 주 동안이나 타는 듯한 그러한 광막한 공간에서의 삶은 어떤 인종에게도 그러한 환경을 견디기에 충분할 만한 마디지고 왜소한 육체를 강요하기 때문이다.

이들 가운데 많은 부족은 그 정확한 위치를 알 수 없고, 있었을 만한 지역을 짐작만 해볼 수 있다. 주요 투르크-몽골 민족들 가운데 하나인 나이만Naiman은 한쪽으로는 오늘날의 홉도Qobdo 지구와 웁사 노르Ubsa Nor에서 카라 이르티쉬 강과 자이산 호에 이르는 지역에서, 다른 한쪽으로는 셀렝게 상류 지역에 거주한 듯하다. "이름을 보면 그들이 몽골로 보이지만 (나이만은 몽골어로 '여덟'을 뜻한다) 칭호 체계는 투르크식이다. 나이만은 몽골화한 투르크족일 가능성이 있다."1)

그들 가운데는 네스토리우스 교도가 많았다. 『세계 정복자의 역사』(Tarikh-i Jahan-gusha)에도 그들 가운데는 네스토리우스 교도들이 다수였다고 하였으며, 13세기 초 그들의 왕위계승자인 유명한 쿠출룩Kü-chülüg이 이 종교로 훈육되었다고 하였다.2)

그러나 『몽골비사』는 나이만 사람들 사이에서 샤먼들이 대등한 영향력을 갖고 있었음을 알려주는데, 그들이 전쟁 중에 폭풍우를 불러일으키고 귀신을 부릴 수 있었기 때문이다. 나이만은 문화의 근간을 남쪽 이웃인 위구르에서 빌려왔다. 13세기 초, 나이만의 군주는 금인金印 보관자 겸 서기

---

1. Pelliot, *La Haute Asie*(Paris, 1931), p. 28.
2. Denison Ross역, *History of the Moghuls of Central Asia*(London, 1895), p. 290.

로 타타통아塔塔統阿라는 위구르 학자를 데리고 있었고, 그들의 관방 사무어는 위구르 투르크어였다. 그들에게는 여진 또는 금이 지배하던 중국도 당연히 권위있는 존재로 여겨졌으니, 칭기스칸 시대에 그들의 군주들이 지니고 있던 '타양(*tayang*)'이라는 칭호가 중국어 '대왕大王'에서 나온 것에서도 명백히 입증된다. 타양의 아버지인 나이만 군주 이난차 빌게Inancha Bilge는 두려운 지배자라는 평판을 남겼다.

나이만의 북쪽으로 예니세이 상류에 키르기즈 사람들이 있었는데, 이들의 지도자는 이날(*inal*)이라는 칭호를 가진 투르크계 부족이었다. 키르기즈는 서기 920년경 거란의 공격을 받고 오르콘 상류에서 밀려난 후로는 역사상으로 더 이상 아무런 역할을 못하였다.

케레이트Kereyit인들은 나이만과 패권을 다투었다.[3] 그들의 목영지는 막연하게만 파악될 뿐이다.[4] 몇몇 동양학자들은 그들의 유목기반을 근세의 사인 노얀의 영지에 해당되는 셀렝게 남쪽, 오르콘 상류 그리고 툴라와 옹긴 강으로 비정해왔다. 다른 학자들은 나이만이 훨씬 동쪽인 카라코룸 지역까지 유목하였으며 케레이트 지역은 거기서부터 시작되었을 것으로 추정한다.

케레이트인들은 보통 투르크족으로 여겨진다. "몽골족의 기원에 관한 전설에 케레이트에 관한 부분은 없으며, 케레이트가 투르크인들에게 강력한 영향을 받아온 몽골인인지, 아니면 몽골화되고 있던 투르크인이었는지는 단언하기 어렵다. 어쨌든 많은 케레이트 칭호가 투르크 것이었으며, 토오릴To'oril은 몽골 이름이라기보다는 투르크 이름이다."[5]

---

3. 또는 차라리 Mostaert가 "Ordosica," *Bulletin No. 9, Catholic University of Peking*(1934), p. 52에서 제안한 대로 Kereit. 『몽골비사』에 나오는 형태는 Kereyid(*ibid.*, p. 33)로 전사된다. 현대형은 K'erit. [역자] 그러나 Antoine Mostaert, 1968, *Dictionnaire Ordos*, p. 417에는 *k'èrĭt*. 전통 몽골문 표기도 Kereyid이며 할하 방언에서는 Хэрээд~Хэрэйд로 적고 Xere:d~Xereid로 발음.
4. Pelliot, "Chrétiens d'Asie Centrale et d'Extrême-Orient," *TP*(1914), p. 629.
5. Pelliot, *La Haute Asie*, p. 25. [역자] 불어본의 Togroul, 영역본의 Togrul은 중세 투르크어 toghrïl '(일종의) 사냥매'를 옮긴 것이다. To'oril은 『몽골비사』에 사용된 형태.

케레이트 사람들은 서기 1000년이 지난 지 얼마 안되어 시리아의 연대기 편찬자 바르 헤브라에우스Bar Hebraeus가 언급한 환경에서 네스토리우스교를 받아들였다고 생각된다. 케레이트의 칸[6]은 초원에서 길을 잃었는데, 성자 세르기스Sergis(세르기우스Sergius)가 나타나 구조되었다고 한다. 그 칸은 때마침 이 고장에 와 있던 기독교 상인들의 권유로 후라산에 있는 네스토리우스 교단의 메르브 수좌대주교 에베예수Ebejesu에게 직접 오든지 아니면 사제를 보내 자기와 부족에게 세례를 베풀도록 요청하였다. 에베예수가 바그다드의 네스토리우스교 총대주교 요한 6세John VI(1011년에 죽음)에게 1009년에 보내고 바르 헤브라에우스가 인용한 편지에는 20만 명의 케레이트 투르크인들이 칸과 함께 세례를 받았다고 되어 있다.[7] 12세기에 케레이트의 왕족들은 계속해서 기독교 세례명을 갖고 있었고, 이는 에티오피아 황제에 관한 전설과 함께 서방의 '프레스터 존 Prester John' 전설의 한 기원이 되었다.[8]

칭기스칸 시대의 두 세대 전에 마르구즈Marguz(마르쿠스Marcus) 부이룩Buyiruq이라는 그들의 군주는 타타르인들처럼, 그리고 물론 북경 금조의 군주들처럼 동부 고비의 패권을 꿈꾸었던 듯하다. 그러나 그는 타타르인들에게 패하여 금의 수중으로 넘겨졌고 나무 당나귀에 못박혔다. 그의 과부는 타타르의 칸을 암살케 함으로써 복수하였다. 마르구즈의 두 아들은 쿠르자쿠즈Qurjaquz(키리아쿠스Cyriacus)라는 기독교식 이름을 가진 자와 구르칸Gür Qan으로 그 중 쿠르자쿠즈가 아버지 마르구즈를 계승하였다.

쿠르자쿠즈 사후 아들이자 계승자인 토오릴이 케레이트의 왕위에 올랐다. 토오릴은 나이만 왕 이난차의 후원을 받는 숙부 구르칸과 투쟁해야 하였으며, 구르칸은 토오릴을 잠시 나라 밖으로 몰아내기도 했다. 그러나

---

6. 그러나 Pelliot는 Bar Hebraeus가 케레이트라는 말을 여기 삽입한 것이 아닐까 생각한다.
7. Bar Hebraeus, *Chron. eccles.*, III, pp. 280-282.
8. 케레이트 군주들의 기독교 세례명에 대해서는 Pelliot, "Chrétiens d'Asie Centrale," p. 627을 보시오.

토오릴은 칭기스칸의 아버지인 몽골의 지도자 이수게이Yisügei의 지원을 받아 구르칸과의 대결에서 승리해 그를 나라 밖으로 몰아냈다.9)

토오릴은 1199년 북경 금조의 지원을 받아, 그리고 금조를 위하여 타타르를 패배시킴으로써 잠시 몽골 전역에서 가장 강력한 지배자가 되었다. 북경의 금 조정은 이 케레이트의 지도자에게 '왕王'이라는 중국식 칭호를 수여하였고, 토오릴은 중국식과 투르크식의 이중 칭호인 '왕칸Wang Qan' 으로 역사에 알려지게 되었다.10) 칭기스칸은 이 지배자의 피보호자이자 신하로서 무대에 등장한 것이다.

케레이트의 북쪽, 셀렝게 강 하류와 바이칼 호 남쪽에는 메르키트 Merkit가 살았는데, 뒤의 서술에서 투르크 또는 몽골계 종족인 그들에게서 기독교 요소가 발견될 것이다.11) 메르키트보다 훨씬 북쪽인 바이칼 호 서쪽에 살았던 오이라트Oyirat는 몽골 계통의 종족이었다(그들의 족명은 몽골어로 '연맹자'를 뜻한다).12)

만주 지방 북쪽 끝인 아무르 강과 아르군 강 사이의 계곡에 솔랑 Solang인들이 살았는데, 퉁구스 계통인 이들의 후손 솔론Solon인들은 오늘날까지 그곳에서 살고 있다. 거기서 훨씬 남쪽으로 케룰렌 강의 남쪽 기슭, 부유르 호 부근과 멀리는 흥안령산맥까지 뻴리오가 (오랫동안 여겨져 왔던 것처럼) 퉁구스인이 아니라 "분녕히 몽골어를 사용"했던 것으로 믿는 타타르인들이 유목하고 있었다. 때로는 '9성 타타르'(Toquz Tatar)로, 때

---

9. 우리는 『몽골비사』(Haenisch, p. 48)에서 구르칸에게 토오릴이 거의 붙들릴 뻔한 Qara'un Qabchal의 정확한 위치도, 이수게이가 도와준 덕으로 토오릴이 구르칸을 패배시킨 Qurban Telesüt의 위치도 모른다. d'Ohsson, *Histoire des Mongols*, I, p. 73 참조.
10. [역자] 『몽골비사』, *Altan Tobči* 등 몽골어 문헌에는 Ong Qan 즉 '옹칸'.
11. 메르키트가 6세기 비잔티움 작가들이 언급한 Mukri일지도 모른다는 문제가 제기되어왔다 (Pelliot, "A propos des Comans," *JA,* 1920, p. 145 참조). 다른 사람들은 Mukri를 중국사료의 말갈鞨鞨, 즉 7세기와 8세기 아무르 강의 퉁구스인들과 연관시킨다.
12. 이 지역은 호쇼 차이담 비문에 언급된 8세기 三姓Quriqan 연맹의 가설적 위치다 (Thomsen, "Inscriptions de l'Orkhon," p. 98 참조).

로는 '30성 타타르'(Otuz Tatar)로 연맹을 이루고 있던 그들은 이미 호쇼 차이담에 있는 8세기 비문에도 언급되어 있다. 그 당시에도 그들은 케룰렌 강 하류 지역에 살고 있었을 가능성이 있다.13) 12세기의 타타르인들은 가공할 만한 전사였으며 그들 여러 민족들 가운데 가장 용맹스러웠다. 그들은 만주 쪽으로 한족-퉁구스족 왕국인 금에게는 심각한 위협이었다. 북경의 금조가 칭기스칸의 초기활동을 지원한 것은 타타르에 대한 서북 방향으로부터의 측면공격을 위해서였다.

제한적이고 역사적 의미의 몽골인들은14) — 칭기스칸도 그 중의 하나 — 오늘날의 외몽골 동북 지방, 즉 오논 강과 케룰렌 강 사이에서 계절이동을 하고 있었다. 돌궐이 흥기하기 전에 투르크 민족들이 있는 것을 보았듯이, 칭기스칸과 함께 그 이름을 전집단에게 주게 될 몽골부족의 출현에 훨씬 앞서 몽골어를 사용한 것이 거의 확실한 민족들이 역사에 기록되어 있다. 그래서 우리는 몽골어를 사용하던 민족들 가운데 3세기의 선비, 5세기의 유연과 에프탈, 그리고 6세기에서 9세기까지 유럽의 아바르를 꼽았다. 8세기부터 12세기까지 큰 역할을 했던 거란이 비록 퉁구스 언어들과의 접촉으로 현저하게 구개음화되기는 했지만 몽골어 방언을 사용하였다는 점도 지적한 바 있다.15) 이들 여러 '원原몽골'(proto-Mongol) 민족들이 광대한 영역을 구축하긴 했어도 그 어느 것도 칭기스칸 국가의 몽골인들처럼 세계적인 명성을 얻지는 못했다.

라시드 웃 딘이 수집한 몽골 전설에 의하면 아주 이른 시기에 투르크인들에게 정복된 몽골인들은 에르게네 쿤Ergene Qun의 산맥에 피난처를 구해야 하였다. 몽골인들의 선조로 여겨지는 이 사람들은 페르시아 사가들

---

13. Thomsen, "Inscription de l'Orkhon," p. 140 참조. 타타르와 달단韃靼을 잘못 된 언어학적 연결로 이해하는 견해들에 대하여는 Pelliot, "À propos des Comans," p. 145 참조.
14. 몽골족의 이름은 당대에 처음 등장하는 것 같다. "중국문헌에는 몽골어를 사용한 것이 거의 틀림없는 (케룰렌 강 하류와 북쪽 흥안령산맥의) 室韋 부족들 가운데 蒙兀 혹은 蒙瓦族이 당대부터 나타나는데, 그것이 우리가 몽골의 족명을 확인할 수 있을 만한 최초의 예이다." *Ibid.*, p. 146.
15. *Ibid.*, pp. 146-147.

이 9세기경으로 추정하는 시점에 에르게네 쿤에서 셀렝게와 오논의 평원으로 내려왔다. 이 전설에 의하면 설화적인 족모인 알란 고아Alan Gho'a가 남편 도분 메르겐Dobun Mergen이 죽은 뒤 빛에 의해 니룬Nirun 몽골인의 선조들을 잉태하였으며, 마지막으로 니룬 몽골의 보돈차르Bodon-char가 칭기스칸의 8대조라고 한다.

12세기에 몽골인들은 수많은 '울루스ulus'로 나뉘었는데 블라디미르초프Vladimirtsov에 의하면 울루스는 부족인 동시에 작은 나라를 뜻한다.[16) 이러한 독립부족들은 이웃들, 특히 타타르인들과는 물론 자기들끼리도 싸웠다.

칭기스칸이 태어난 가문은 보르지긴Borjigin 씨족(obogh)의 키야트Kiyat 뼈(yasun)에 속하였다. 칭기스칸이 승리를 거둔 후 몽골부족들을 키야트와의 관련 여부에 따라 두 범주로 분류하는 것이 관행이 되었다. 전자는 니룬이었으니 빛의 아들 즉 순수한 자들이었고, 후자는 두를루킨Dürlükin의 범주에 속하였으니 이들은 열등한 출신으로 간주되었다. 니룬에는(대다수 종족과는 좀 떨어진 훨씬 북쪽에, 그리고 바이칼 호 동쪽에 살고 있었던 듯한) 타이치우트Taichi'ut(Taiji'ut)[17), 우루우트Uru'ut와 망구트Manghut, 자지라트Jajirat(Juriat) 바룰라스Barulas, 바아린Ba'arin, 두르벤Dörben(오늘날의 두르부트Dörböt), 살지우트Salji'ut, 카타긴Qata-gin(Qadagin, Qatakin) 등이 포함되었다. 두를루킨에는 아룰라트Arulat, 바야우트Baya'ut, 코롤라스Qorolas, 술두스Suldus, 이키레스Ikires, 콩기라트Qonggirat 또는 옹기라트Onggirat(Qonqarat, Qongrad) 등이 포함되었다.

콩기라트는 훨씬 동남쪽으로 북부 흥안령 방향으로 타타르 영토와 가

---

16. B. Y. Vladimirtsov, *The Life of Chingis-khan*(London, 1930). 블라디미르초프는 다른 책에서는 *ulus*를 민족이라고 번역하고, 부족은 *irgen*, 국가는 *ulus-irgen*이라는 말로 이해하였다. Vladimirtsov, *Obschestvennyi stroy Mongolov : Mongolskii kochevoy feodalizm*(Leningrad, 1934), p. 59, p. 98.

17. Haenisch의 『몽골비사』 번역 p. 10에 Taiyichi'ut 또는 Tayich'iut. Pelliot, *TP*(1930), p. 54를 참조. Rashid ad-Din에 의한 니룬과 두를루킨 부족들의 명단은 F. von Erdmann, *Temudschin*(Leipzig, 1862), p. 168, pp. 194-230에 (페르시아 전사체로) 상세하게 열거됨.

까운 곳에서 유목하고 있었던 듯하다.[18] 잘라이르Jalair 부족은 종종 몽골족으로 간주되는데, 킬록Qilok 강과 셀렝게 강이 합류되는 지역의 남쪽 또는 오논 강 가까이에 자리하고 있었던 것으로 여겨지며, 몽골의 전설적인 영웅 카이두Qaidu의 시기에 몽골인들에게 신속해 몽골화한 투르크인들일 수도 있다.[19]

12세기 말의 몽골인들은 이론적으로는 그들의 생활방식에 따라 초원의 유목부족과 삼림의 수렵·어로부족으로 나눌 수 있다. 실제로 몽골-시베리아 접경지대에 살던 몽골인들의 거주지는 남쪽의 (곧 사막화할) 초원지대와 북쪽 삼림지대 사이에 걸쳐 있었다. 그레나르는 몽골인들이 원래 초원종족이 아니라 오히려 숲으로 덮인 산지에서 온 사람들이라고 믿었다. "그들이 숲에서 왔다는 것은 그들이 나무 수레를 널리 사용하는 데에서 알 수 있다. 오늘날에도 몽골인들은 초원의 카자흐인들과는 달리 가죽통 대신 나무통을 사용한다."

초원부족 특히 유목민들은 목지를 찾아 정기적으로 계절적인 이동을 하며, 그들이 멈추는 곳에 프랑스인들이 (부정확하게) '유르트(*yourte*)'라고 부르는 모전천막을 세운다. 삼림부족들은 자작나무 껍데기로 만든 오두막에 살았다.

바르톨드와 블라디미르초프는 이 두 범주 중에 더 부유한 쪽인 유목부족이 매우 영향력 있는 귀족계급에 의해 통솔되었다고 보았는데, 그 지도자들은 바가투르*baghatur* 또는 바아투르*ba'atur*('용사'), 노얀*noyan*('수령'), 세첸*sechen* 또는 *secen*(몽골어로 '현자'), 빌게*bilge*(투르크어로 '현자'), 타이지*taiji* 또는 타이시*taishi*(태자太子)라는 칭호들을 갖고 있었다.

블라디미르초프는 "바가투르들과 노얀들의 주된 관심사는 목영지(누툭 *nu- tugh*)를 찾고, 그들의 가축과 천막을 돌보는 데 필요한 예속민과 노

---

18. d'Ohsson의 *Histoire des Mongols*, I, p. 426에 나오는 Rashid ad-Din의 기록에 근거. 『몽골비사』(p. 8)의 철자는 Onggirat. Pelliot는 Jajirat와 Qonggirat가 『遼史』 1123-1124년조에 메르키트와 함께 언급된 점을 지적하였다("À propos des Comans," p. 146).
19. D'Ohsson, *Histoire des Mongols*, I, p. 29.

예를 확보하는 것이었다"고 하였다.[20] 이 귀족계층은 다른 사회계층들에게 권위를 행사하였는데, 그들은 이론상으로 자유민 즉 누쿠드*nököd*였던 전사나 심복들, 그리고 카라추*qarachu*·아라드*arad*라고 불린 평민, 마지막으로 보올*bo'ol*이라는 노예 등이었다. 이 마지막 집단에는 개인적인 노예들뿐 아니라 정복되어 예속민이 되거나 노예가 된 부족들도 포함되는데, 그들은 정복자의 가축을 돌보거나 전시에 보조부대로 싸우는 등의 일을 하였다.

역시 러시아의 몽골 전문가들인 바르톨드와 블라디미르초프에 의하면, 귀족계층은 초원의 유목부족들인 '케에룬 이르겐*ke'er-ün irgen*'보다는 삼림의 수렵부족들인 '호이인 이르겐*hoyi-yin irgen*' 사이에서 비교적 덜 중요한 위치를 차지하였다. 이 학자들은 삼림부족들이 특히 샤먼의 지배 아래에 있었음을 보여준다. 블라디미르초프는 샤먼들이 군장으로서의 지위와 주술적인 힘을 겸비하였을 때 베키*beki*(베기*begi*)라는 칭호를 취하였다고 생각했고, 실제로 칭기스칸 시대에 오이라트와 메르키트의 지도자들은 그렇게 불렸다.[21] 그러나 모든 투르크-몽골민족들에게서 샤먼이나 주술사들 — 투르크어로 캄*qam*, 몽골어로 부게*böge* 또는 샤먼*shaman*, 한자로 전사된 퉁구스 여진어로는 산만珊蠻 — 은 중요한 역할을 수행하였다.[22] 칭기스칸 제국의 건국과 관련하여 샤먼 쿠쿠추가 어떤 역할을 했는지는 후술될 것이다.

사실 유목민과 삼림민은 그 명칭이 시사하는 것에 비해 차이가 훨씬 적었다. 예를 들어 원래의 몽골인들 가운데 타이치우트족은 삼림의 수렵인에 속했지만 칭기스칸은 유목민 부족에서 태어난 것으로 추측된다. 게다가 이들 투르크-몽골인들은 방식에 차이는 있지만 모두 사냥꾼들이었다. 삼림

---

20. B. Y. Vladimirtsov, *The Life of Chingis-khan*, p. 3. 13세기 몽골사회의 봉건적 성격에 대해서는 Olav Jansé 부인이 나를 위해 친절하게 번역해준 Vladimirtsov, *Obschestvennyi stroy Mongolov*를 보시오.
21. 이 이론에 관하여는 Pelliot, "Notes sur le Turkestan," *TP*(1930), p. 50을 보시오.
22. Pelliot, "Sur quelques mots d'Asie Centrale, III, Chaman," *JA*(1913), p. 466.

민들이 한겨울에 나무나 뼈로 만든 스케이트를[23] 신고 담비와 시베리아 다람쥐를 사냥하여 교역을 하는 동안, 유목민들도 올가미나 활을 들고 끝없는 초원에서 영양과 사슴을 사냥하였다. '초원 귀족들'은 매로 사냥하였다. 어떤 씨족은 유목생활의 성쇠부침에 따라 어느 한쪽에서 다른쪽으로 생활방식을 바꿀 수도 있었을 것이다. 유년시절 칭기스칸은 아버지의 가축을 부계 친척에게 빼앗기고, 말과 양으로 부를 쌓을 때까지 어머니와 동생들과 함께 사냥과 고기잡이로 비참한 생활을 하였다.

중부 고비의 위구르, 요하의 거란, 북경의 여진과 근접하여 이익을 보던 유목민들의 장벽을 통과하지 않고서는 문명화된 삶과 접촉할 수 없었던 삼림부족들은 대체로 그런 이유로 인해 더욱 야만적이었던 것 같다. 몽골인들에게 도시는 없었고, 이동 중에 캠프들의 집단인 아일*ayil*이 생겨났다. 모전천막인 게르*ger*는 바퀴가 달린 수레인 카라우타이 테르겐*qara'u-tai tergen* 또는 카삭 테르겐*qasagh tergen* 위에 설치되었으며, 쿠리엔*küriyen*이라는 원형 또는 임시 밀집대형으로 배치되었는데 이는 훗날 도시의 출현을 예고하는 것이었다.[24]

민족지학자들은 삼림 몽골인의 조잡한 오두막이 유목민들의 게르 즉, 모전천막으로 바뀌어간 발전에 대해 주목하였다. 그것은 접었다가 다시 설치하기가 쉬웠으며, 13세기 칭기스칸 일족의 대칸들 시대에는 아주 넓어지고 가죽과 양탄자를 겹겹이 깔아 안락해져 실로 이동식 궁전이라 할 만하였다. 그러나 현대 몽골인들이 몰락하면서 게르도 퇴보하여 환기를 시키고 연기를 배출하던 13세기의 작은 연통은 없어지게 되었다.[25]

마지막으로 삼림의 수렵민과 초원의 유목민 사이의 구분은 두 종류의 천막에서도 나타난다. (1)바로 위에서 설명한 게르 즉, 둥근 모전천막 : 쾌

---

23. "작고 윤을 잘 낸 뼈를 그들의 다리에 묶어 신는 오렌가이Orengay(Uriangqai)도 있는데, 그들은 그것을 신고 도망가는 짐승을 잡을 수 있을 만큼 얼음과 눈 위에서 빨리 달렸다"(Rubruck, Chap. XXXIX).
24. Vladimirtsov, *Obschestvennyi stroy Mongolov*, p. 34, p. 39, p. 41과 p. 128.
25. *Ibid.*, p. 41. [역자] 오늘날의 게르도 환기·채광·통풍이 잘되며, 연기를 뽑아내는 굴뚝도 있다.

많은 기둥과 얇은 나무쪽이 필요한데, 이는 거주자가 숲 가까운 곳에 산다는 것을 의미한다. (2)낮고 넓은 모직천막인 마이한*maikhan* : 이는 나무가 없는 초원에 사는 유목민들이 만들기가 용이한 것이었다. 칭기스칸 시대에 모전천막은 종종 수레 위에 세워졌는데, 최소한 평원에서는 그렇게 하는 것이 수송을 용이하게 하였고 진짜 '유목도시'의 이동을 가능케 하였는데, 이동방식은 그 이후로 사라졌다.26)

　여하튼 12세기의 몽골 지방은 9세기와 비교해서 문화적으로 퇴보한 것이 확실하다. 오르콘 지역을 지배하고 있을 때 돌궐, 그리고 특히 위구르는 농경 거점들을 개발하기 시작하였다.27) 키르기즈가 그들을 대체하자 840년 이후 그 고장은 다시 초원생활로 돌아갔다. 오르콘 강의 돌궐과 위구르 비문들은 칭기스칸의 역사에서는 더 이상 발견되지 않는 상당히 발전된 문명의 존재를 느끼게 한다.28) 840년 키르기즈의 몽골리아 점령은 마니교도들에 의해 도입된 시리아-소그드 문명을 질식시켜버렸다. 앞에서 말한 대로 920년 키르기즈가 축출되고 위구르인들이 오르콘 지역으로의 귀환을 거절하였기 때문에 이 지방은 무정부상태로 떨어졌다. 이제는 훨씬 더 남쪽의 베쉬발릭(오늘날의 짐사)과 투르판에 자리잡은 위구르인들을 통

---

26. Owen Lattimore, "The Geographical Factor in Mongol History," *GJ*, XCI (1938년 1월), p. 9.
27. *Ibid.*, pp. 14-15.
28. 투르크어에서 몽골어로 전파된 문명이나 통치에 관계된 수많은 어휘들은 투르크인들이 몽골인보다 문화적으로 우월하였다는 것을 증명한다. cf. Vladimirtsov, *Zapiski vost. otd. imp. russk. arkheol. ob.*, XX(1911). 투르크인들이 지적인 분야에서 우월하였음은 무엇보다도 두 언어의 상대적 진화로 보아 명백하다. Barthold는 Poppe의 견해를 요약하면서, "일반적으로 투르크어가 몽골어보다 더 진화되었다. 세계 어느 지역의 몽골어도 투르크 제어 가운데 가장 오래 된 것보다도 고대적이다. 몽골문어는 음성학적 관점에서 볼 때 거의 원시 알타이어(투르크-몽골어)와 같은 진화의 단계에 있다"고 하였다. [역자] 위와 같은 얘기는 어느 문화·문명·민족·언어가 다른 문화·문명·민족·언어보다 우월하거나 열등할 수 있는 것이며, 또 어느 언어가 다른 언어보다 더 진화되거나 덜 진화될 수 있다는 견해에 기초하는 것이기 때문에 독자들의 주의가 요구된다.

하여 미미하게나마 문명이 여전히 스며들어왔고, 바로 이 경로를 통하여 네
스토리우스교의 가르침도 들어왔다. 그러나 루브룩의 기록에서 볼 수 있듯
이 몽골에서는 바로 이 네스토리우스교가 지배자들의 마음을 사기 위해 샤
머니즘과 경쟁할 수밖에 없었기 때문에 거의 그 수준으로 떨어져버렸다.

몽골인들의 최초의 통일 시도

전승에 의하면, 12세기 전에도 몽골인들 사이에서는 조직된 국가를 형
성하기 위한 첫 시도가 있었다고 한다. 카이두라는 몽골 지도자는 숙적 잘
라이르 부족을 패배시킴으로써 두각을 나타냈으며, 각기 다른 부족에 속하
는 상당수의 가문을 휘하에 거느리고 있었다고 한다. 여진 즉, 북부 중국
의 지배자인 금의 통치자들의 종주권을 대담히 거부한 사람은 '칸'이라는
군주의 칭호를 사용한 — 사후에 추증되었을 수도 있겠지만 — 그의 손
자, 즉 『몽골비사』의 카불 칸Qabul Qan이었다.[29] 몽골 전설에 의하면 처
음에 카불은 금의 신하였으며 북경에서 금나라 황제에게 대접받는 자리에
서 야만인처럼 행동하였다. 카불은 엄청난 식욕과 갈증으로 그의 주군을
놀라게 했고, 취한 뒤에는 주인의 수염을 잡아당겨 그를 대경실색케 하였
지만, 황제는 카불을 용서하고 그가 출발할 때 후한 선물을 내렸다고 한
다. 그러나 그들의 관계는 곧 악화되었다. 카불 칸은 금에 의해 투옥되었
다가 탈출하고, 자기를 추격하는 군관들을 살해하였다. 이러한 일화들은
금이 1135-1139년 몽골 유목민들과 싸워야 했던 전투를 상징하는 것일
수도 있다.

초원까지 진격한 금의 장군 호사호胡沙虎는 '몽고'에 패하였고 그 때
문에 북경의 금 조정은 1147년 몽골인들에게 일정수의 소와 양, 일정량의
곡식을 제공하면서 화해해야 했다. 중국-여진 문헌들은 이러한 성과를 획
득한 지도자의 이름을 오라패극렬熬羅孛極烈이라고 하였는데, 뻴리오에 의

---

29. *Manghol un Niuca Tobca'an*(Secret History of the Mongols), ed. Haenish
(1937), p. 6.

하면 이는 오로 부길레 *Oro bögile*로 복원될 수 있다.[30] 바르톨드는 이 이름을 카불의 넷째아들이며 몽골 전승에서 유명한 인물인 쿠툴라 카간 Qutula Qaghan과 연결시키려고 하였다.[31]

쿠툴라 카간 — 그의 사후 오랜 세월이 흐른 1240년경 『몽골비사』 편찬시 추증된 것일 수도 있지만 카간 즉, 황제라는 용어에 주목하시오 — 역시 전설적인 영웅이었다. "쿠툴라의 음성은 산속의 벼락처럼 울렸으 며, 손은 곰의 발 같아서 화살을 꺾듯이 사람을 꺾어 두 동강을 낼 수 있 었다. 쿠툴라는 겨울에 큰 나무들을 쌓아올린 불 옆에서 벌거벗은 채로 잤 는데 자기 몸에 불똥이 튀거나 타고 있는 나무조각이 떨어져도 느끼지 못 하였고, 잠에서 깨면 불에 데인 상처를 벌레 물린 자리로 알았다."[32]

그러나 이 전설 같은 이야기와 함께 쿠툴라의 형제 중 한 사람인 오 킨 바르칵Okin Barqagh과 사촌인 암바가이Ambaghai가 타타르의 포로 가 되어 금으로 압송되었으며, 금은 '반역한 유목민에 대한 고문'으로서 이 들을 나무 당나귀에 못박았다는 말도 전해 내려온다. 쿠툴라는 보복으로 금의 영토를 습격하고 약탈하였다. 중국의 연대기들은 몽골의 유린이 있은 뒤 1161년 금 황제가 토벌대를 보냈다고 기록하고 있다. 몽골측 전승은 그쪽대로 금-타타르 연합군과 벌인 부유르 호반의 전투에서 몽골측이 입 은 참화를 전한다. 북경의 조정은 몽골의 세력을 꺾기 위하여 타타르에게 호소하였으며, 연합군은 그들의 목표를 달성한 것으로 보인다. 그 결과 쿠 툴라의 아들들인 조치Jochi와 알탄Altan은 어떠한 군왕의 칭호도 갖지 못 한 것으로 보이며, 왕조의 연속성에 관심을 가졌던 『몽골비사』도 알탄에 게 결코 카간의 칭호를 부여하지 않았다. 몽골의 첫 왕권이 금과 타타르에

---

30. Pelliot, "Notes sur le Turkestan," *TP*(1930), p. 24.
31. Barthold, *Turkestan*, p. 381. 『몽골비사』에 카불의 아들들은 Okin Barqaq, Bartan Ba'atur, Qutuqtu Münggür, Qutula Qaghan, Qada'an, Tödöyen Ochigin으로 나온다(Haenish에 의거, p. 6). [역자] 『몽골비사』에서 카간은 주로 '카한qahan'으로 표기되고, 페르시아측 자료에는 '카안qaan'으로 표기되지만, 여기 서는 돌궐·위구르 군주의 칭호와의 연속성을 고려하고 독자들의 혼란을 피하기 위해 '카간'이라고 고쳐 쓴다.
32. D'Ohsson, *Histoire des Mongols*, I, p. 33.

의해 파괴되자 몽골인들은 예전의 부족, 씨족, 하위씨족 체제로 되돌아갔다.

칭기스칸조의 전승이 그의 아버지 이수게이를 고대 왕통과 연결시키는 것은 사실이다. 그 전승은 특히 이수게이가 카불 카간의 둘째아들 바르탄 바아투르의 아들이라고 한다. 바르톨드는 이를 회의적으로 보았지만, 『몽골비사』, 『원사』, 라시드 웃 딘의 증거가 바로 그러한 얼마 전의 사실과 관련된 곳에서 순수한 날조이기란 거의 불가능하므로 아마도 그렇게 생각하는 것은 잘못인 듯하다. 확실한 것은 이수게이는 절대로 카간 ― 심지어 칸 ― 도 아니고 바아투르 또는 바가투르라는 하급 칭호를 가진 키야트 씨족의 수령으로만 묘사되었다는 점이다.

이수게이는 모든 몽골인들의 대대로의 적인 타타르인들과 싸웠다. 이수게이의 모험담은 용맹한 씨족 수령의 그것이었을 뿐 그 이상은 아니었다. 이수게이는 케레이트의 왕위후보자 가운데 하나인 토오릴이 숙부이자 경쟁자인 구르칸과의 싸움에서 승리하도록 도왔는데, 이로 인하여 칭기스칸은 훗날 그로부터 매우 소중한 도움을 받을 수 있게 되었다. 이수게이는 메르키트 수령의 젊은 아내 후엘룬Hö'elün을 납치해 결혼하였으니, 후엘룬은 테무진Temüjin 즉, 칭기스칸의 어머니가 되었다. 이수게이는 죽기 전에 어린 테무진을 콩기라트의 한 수령의 어린 딸과 약혼시켰다(몽골인들은 족외혼을 하였다). 1167년경 타타르인들은 초원에서 식사하는 이수게이를 독살하는 데 성공하였다.

칭기스칸의 유년기

훗날 칭기스칸으로 불리게 될 이수게이의 장남 테무진은 1167년경 오논 강의 오른쪽 기슭에 델리운 볼닥Deli'ün Boldagh 지역에서 태어났다.[33] 이곳은 오늘날의 러시아(외몽골) 영토로서 대략 동경 115도 부근이

---

33. Haenisch의 『몽골비사』 전사 p. 8에는 Deli'ün Boldaq. 원조의 정사에는 칭기스칸이 1162년생이라고 되어 있지만 정통은 칭기스칸의 출생을 페르시아 사가들이 제시한 대로 1155년생으로 여긴다. 그러나 1938년 12월 9일 Société Asiatique

다.[34]

우리는 한인 조공趙珙과 페르시아인 주즈자니Juzjani로부터 칭기스칸의 외모에 대하여 몇 가지를 알 수 있다. 칭기스칸은 키가 컸고 체격은 탄탄하였으며, 이마가 넓고 '고양이 눈'을 하였으며, 말년에는 수염을 길렀다. 유년기의 방랑, 매서운 추위와 숨막히는 더위에 대한 저항력, 비상한 참을성, 패배·후퇴·포로상태에서 부상과 학대에 개의치 않음은 모두 칭기스칸의 놀랄 만한 생명력을 입증한다.

칭기스칸의 육체는 청년기부터 더할 수 없이 한랭한 기후와 한없이 불확실한 환경에서의 단련으로 가장 가혹한 시련에도 길들여져 있었다. 테무진의 정신은 자기가 받았던 시련으로 인해 처음부터 담금질되어 있었다. 이러한 경험들은 그를 철인鐵人, 세계를 놀라게 할 사람으로 만들게끔 되어 있었다.

테무진은 1167년경 겨우 열두 살쯤일 때 고아가 되었으며 사람들은 그가 통치하기에는 너무 약하다고 여겨 복종하기를 거부하였다. 어머니 후엘룬 에케Hö'elün Eke의 설득에도 불구하고 아버지의 충성스러운 마지막 추종자들조차 테무진을 버리고 가축을 끌고 떠나버렸다.[35] 그렇게 친척들

로 보낸 글에서, Pelliot는 중국문헌들에 대한 새로운 연구가 자기로 하여금 1167년을 정복자의 출생시기로 받아들이게 하였다고 밝혔다. 그러므로 1227년에 사망할 때 칭기스칸은 겨우 60세였을 것이다. 같은 글에서 Pelliot는 몽골어 이름 테무진Temüjin을 '대장장이'로 해석하는 것은 음성적으로 옳다는 것을 상기시켰다. [역자] 불어본 본문에서는 칭기스칸의 생년을 1155년, 이수게이의 졸년을 1167년이라 하고 영역본은 칭기스칸의 생년을 1167년, 이수게이의 졸년은 바로 몇 줄 위아래에서 1167년이라고도 하고 1179년이라고도 함. 현재 몽골에서 기념하는 칭기스칸의 탄신일은 1162년 5월 31일이다.

34. Barthold, *Turkestan*, p. 459, 그리고 "Cinghiz-Khân," *EI*, p. 877. [역자] 몽골국에서는 칭기스칸의 출생지를 헨티아이막 다달솜 솝청(북위 49도 01분, 동경 111도 37분)에서 북으로 5킬로미터쯤 떨어진 소의 지라모양의 야트막한 소나무 동산으로 보는 것이 통설이다.

35. Oelün Eke 즉 '우엘룬 어머니'. 우엘룬Oelün이라는 이름에 대해서는 Pelliot, "Mots à H initiale dans le mongol," *JA*(1925), p. 230 참조.. 『몽골비사』에는 Hö-lun.

에게 강도를 당한 소년은 어머니와 카사르Qasar[36]·카치운Qachi'un·테무
게Temüge 3형제, 그리고 이복동생들인 벡테르Begter·벨구테이Belgütei
와 남았다.

어려운 시절을 만난 이 작은 무리는 헨테이 산맥(그 당시에는 부르칸
칼둔Burqan Qaldun으로 알려짐)에 있는 오논의 상류에서 사냥과 고기잡
이로 연명해야 할 만큼 영락하였다. 보르지긴씨 수령으로서의 테무진의 지
위는 타이치우트 씨족의 수령인 암바가이의 아들들인 타르구타이 키릴툭
Targhutai Kiriltugh[37]과 투두옌 기르테Tödöyen Girte가 차지해버렸다.
따라서 그들도 1161년의 재난 이후 왕족의 지위를 상실한 사람들 — 몽
골의 칸 카이두의 후손들 — 의 계보에 속하였던 것이 거의 확실하다.

그동안 헨테이 산맥에서는 테무진과 형제들이 사냥과 고기잡이로 삶
을 꾸려나갔다. 이복형제 벡테르가 테무진이 잡은 종다리 한 마리와 물고
기 한 마리를 훔치자 테무진은 동생 카사르의 도움을 받아 벡테르를 활로
쏘아 죽여버렸다. 어린 테무진과 카사르는 이렇게 거친 삶을 살면서 강인
하고 담대하게 자라났다. 그들이 죽은 줄만 알았던 타이치우트의 수령 타
르구타이 키릴툭은 그들의 끈질긴 생존에 불안과 분노를 느꼈다. 테무진을
헨테이의 숲속으로 추격하여 사로잡고는 목에 칼을 씌워놓았다. 그때 테무
진은 술두스Suldus씨의 수령 소르칸 시라Sorqan Sira와 그의 아들 칠라
운Chila'un과 침바이Chimbai를 만나 그들의 도움으로 탈출하였다.

테무진은 자기보다 더 뛰어난 동생 카사르의 활솜씨를 이용하여 집안
의 재산을 복구하기 시작하였다. "테무진에게는 이제 말이 9마리가 있었
다!" 초원의 강도들에게 도둑맞았던 8마리의 말을 아룰라트씨 지도자의
아들인 어린 보오르추Bo'orchu의 도움으로 되찾았는데, 그때부터 보오르
추는 테무진의 가장 충성스러운 부하가 되었고, 훗날 테무진이 위대하게
되었을 때 가장 유능한 장군들 가운데 하나가 되었다.

---

36. Jöchi Qasar. 우리는 이 사람을 칭기스칸의 큰아들 Jöchi와 혼동하는 것을 피하
  기 위해 일부러 Qasar라고만 부른다.
37. 『몽골비사』의 철자는 이곳(영어 轉字)의 Targhutai Kiriltuq(p. 12, p. 35)과 일
  치한다.

그렇게 궁핍한 인생에서 일어난 테무진은 콩기라트의 수령 데이 세첸 Dei Sechen을 찾아가 어린 시절부터 결혼약속이 되어 있던 어린 딸 부르 테Börte와 결혼시켜줄 것을 요구하였다.[38] 데이 세첸은 이에 동의하고 부 르테와 함께 결혼 지참물로 검은 담비가죽 외투를 주었다. 테무진은 오논 강 상류에 있던 자신의 거영지를 케룰렌 강 상류로 옮겼다.

케레이트의 신하 칭기스칸

테무진은 케레이트의 강력한 통치자 토오릴에게 충성을 표하기 위하 여 담비가죽 선물을 들고 툴라 강으로 갔다(1175년경?). 한때 테무진의 아버지에게 구원받았던 일을 잊지 않고 있던 토오릴은 이 젊은이를 환영 하고 신하로 받아들였다. 그때부터 토오릴과 테무진(비록 후자가 명백하게 신하였지만)은 동맹자가 되었다. 이는 테무진이 뒤에서 인용하게 될 그 유 명한 메시지에서 케레이트의 군주에게 말할 때 사용한 '나의 아버지 칸'이 라는 칭호에서 명백해진다(다음 절 참조).

얼마 후 테무진은 메르키트의 수령 톡토아 베키Toghto'a Beki[39]가 이끄는 무리의 기습을 받았다. 아내 부르테가 그들에게 포로로 잡혔지만 테무진은 헨테이로 도망할 수 있었다.[40] 테무진은 케레이트의 통치자 토 오릴은 물론, 자기 연배의 또 다른 몽골 지도자인 자지라트부의 자무카 Jamuqa의 도움을 확보하였다. 세 사람은 함께 셀렝게의 지류인 부우라 Bu'ura에서 메르키트를 치고 포로를 구하였다. 부르테는 곧바로 가정에서 의 명예스러운 지위를 회복하였고 테무진은 얼마 후 부르테가 낳은 아들, 즉 공식적으로는 장남인 조치가 정말 자기 아들인지 아니면 메르키트 납 치자들 가운데 칠게르 부쿠Chilger Bökö의 아들인지에 대한 것을 결코 따지지 않았다. 하지만 조치의 출생과 관련하여 드러내놓고 이야기되지 않

---

38. Börte Üjin 즉 '부르테 嬪'.
39. 이 이름의 원래의 형태는 Toqtagha로 보인다. Pelliot, *JA*(1920), p. 164.
40. 『몽골비사』의 이 흥미있는 대목의 번역은 Pelliot, *La Haute Asie*, p. 26.

는 의심으로 인해 '종가'의 우두머리인 조치의 후계자들은 칭기스칸 일족의 계승문제에서 중요한 역할을 하지 못하게 되었다.

그 뒤 얼마 지나지 않아 테무진과 자무카는 '안다*anda*' 즉, 의형제를 맺었음에도 불구하고 서로 다투게 되었다. 두 사람 다 몽골인들의 옛 왕가를 자기에게 유리한 쪽으로 재건하고 칸으로 인정받기를 원하였다. 『몽골비사』는 그들이 어떻게 일년 반을 함께 유목하다가 오논 강의 코르코낙 주부르Qorqonagh Jubur[41] 지역에서 갈라서게 되었는지에 대해 기록하고 있다. 이곳은 몽골의 마지막 칸 쿠툴라가 자신의 선출을 축하하는 잔치를 벌였던 곳으로, 아마도 그러한 사실이 두 젊은 지도자의 야망에 불을 지폈을지도 모르겠다.

테무진은 산기슭에 설영하였고 자무카는 강가에 설영하였다. 자무카는 "산비탈에는 말치기들의 천막, 강가에는 양치기들의 목영지"라고 말하였다고 한다. 바르톨드와 블라디미르초프는 이를 근거로 테무진은 말을 사육하던 '초원 귀족'의 지지를 받았고 자무카는 가난한 목민인 평민들 즉 카라추의 지지를 받았다고 결론지었다.[42] 나아가 『몽골비사』는 자무카가 "신기한 것을 즐기고 전통을 경멸하였다"고 하였다. 이를 두고 블라디미르초프는 칭기스칸이 귀족을 대표한 반면 자무카는 일종의 민주세력의 대표였다고 추론했지만, 이는 대단히 무분별한 해석으로 보인다. 러시아 학자들이 주장하는 근거가 무엇이든지간에 테무진과 자무카가 결별한 뒤 '잘라이르·키야트·바아린씨 사람들'은 테무진을 추종하였다. 그의 곁에는 몽골 귀족들 가운데 가장 지위가 높은 사람들이 모여들었는데, 그들 중에는 작은 아버지 다리타이 옷치긴Daritai Otchigin 외에 그 유명한 카불 카간의 장자 계열에 속하는 사람들 즉 카불의 증손이며 오킨 바르칵의 손자로 주르킨Jürkin씨의[43] 지도자인 사차 베키Sacha Beki와 쿠툴라 카간의 아들인

---

41. Haenisch의 『몽골비사』 전사 p. 22에 Qorqonah Djoubour.
42. Vladimirtsov, *Life of Chingis-khan*, p. 33과 Barthold, "Cinghiz-Khân," p. 878.
43. 『몽골비사』 p. 28에는 *jourki, jourkin, yourkin*(*jurki, jurkin, yurkin*)이다. Hammer(*Geschite der Goldenen Horde*, p. 61)가 이를 인정한 것은 정당함에도 불구하고 Erdmann, *Temudschin*, p. 386이 비난하였다. 그러나 Erdmann의

알탄 옷치긴Altan Otchigin도 있었다. 다시 말해 그는 몽골의 마지막 두 군주의 상속자들로부터 지지를 받은 것이었다. 블라디미르초프는 『몽골비사』의 한 대목을 해석하면서, 옛 왕가의 대표자들은 테무진을 더 전통적이고 더 온순하다고 보았던 반면 자무카의 활기찬 성격과 혁신적인 성향에 대해서는 불안을 느꼈기 때문에 새로운 왕가의 군주자리를 노리는 두 사람 가운데 테무진을 선호한 것으로 추측하였다.

옛 왕위의 합법적 상속자인 알탄은 의심할 나위 없이 기회주의적인 이유로 칸의 칭호를 사양하였고, 잠시 주저하다가 테무진에게 정통주의자당正統主義者黨이라고 부를 수 있을 법한 선거인단을 파견함으로써 테무진이 선출되었다.44) 알탄과 사차 베키는 1206년 테무진이 지고의 칸 즉, 중앙아시아의 모든 투르크-몽골민족들의 황제로 선출되기 10년 전인 이 선거에서 가장 먼저 테무진을 칸 — 즉 몽골인들의 왕 — 으로 선언한 사람들이었다.

테무진은 군주로서 '칭기스칸'이라는 이름을 취하였으며, 이것은 좀더 대중적인 역사책에서 '징기즈칸'이라는 형태로 바뀌었다. 학자들은 이 칭호의 정확한 뜻에 대해서 아직도 논쟁을 벌이고 있다.45)

---

*bourkin*은 그릇된 書寫 형태에서 도출된 것이다.

44. 뒤에 테무진이 자기가 기대하였던 것처럼 고분고분하지 않은 것을 알고 알탄은 이 행동을 후회하였으며, 갈 데 없는 어정뱅이로 여긴 테무진에게 반역하고 테무진의 적들과 동맹하였다. 그러나 그때는 너무 늦었다.

45. Pelliot는 Tchinggiz(우리의 전사형 Chinggis)가 몽골어 *dalai*처럼 바다를 뜻하는 투르크어 *tengiz*(위구르어에서) 또는 *dengiz*(Osman어에서)의 구개화된 형태일 수 있다고 한다. "이는 몽골-티베트어 '*dalai lama*'(대양 같은 라마)와 동일한 구성일 수 있다. 우리는 바티칸의 편지에서 칭기스칸의 두 번째 계승자인 대칸 구육이 자신을 대양과 같은 칸(몽골어로 *dalai qaan*, 투르크어로 *talui qaan*)이라고 칭하였음을 알고 있다. 또한 몽골어 '*chingga*'(강한, 강력한)에서도 어원을 찾으려는 시도가 있었다." Pelliot, "Les Mongols et la Papauté," *Revue de l'Orient chrétien*, Nos. 1-2 (1922-1923), p. 25 참조. *Jinkiz* '강한'이라는 어휘에 대한 Rashid ad-Din의 견해는 Erdmann, *Temudschin*, p. 601로 이어졌다. 마지막으로, 블라디미르초프는 Tchinggiz(Chinggis)는 샤먼들이 숭배하는 빛의 영혼의 이름일 수 있다고 추측하였다(*Chingis-khan*, pp. 37-38).

정치적인 계산 외에 일정한 '종교적' 요인 — 정치적 계산을 은폐시키는 역할도 한 — 도 그의 선출에 한몫 했다. 선거가 있기 얼마 전에 바아린의 수령인 코르치Qorchi는 "하늘(*Tengri*)은 테무진이 우리의 칸이 되어야 한다고 정하셨다. 이는 신령이 내게 계시하신 것이며, 내가 그것을 그대에게 드러내노라"라고 선언하였다. 이와 똑같은 또 다른 선언으로 '무칼리Muqali의 예언'이라고 부를 만한 것이 있다. 하루는 테무진이 코르코낙 주부르에 설영하였을 때, 잘라이르부의 무칼리가 테무진에게 바로 그곳 그 나무 밑에서 칸이라는 칭호를 가진 몽골의 마지막 지도자 쿠툴라가 즉위를 자축하기 위하여 춤을 추게 하고 잔치를 베풀었던 사실을 상기시켰다. "그 뒤로 몽골 사람들은 불운의 나날을 보냈으며, 그들 사이에는 칸이 없었습니다. 그러나 영원한 푸른 하늘께서는 자기 백성들, 쿠툴라의 가족을 잊지 않으셨습니다. 몽골인들 가운데 영웅이 나타나 무시무시한 칸이 되고 그들의 악행을 응징하며……."46)

그러나 칭기스칸은 이 문헌에서 시사되는 종교적인 분위기와는 달리 전쟁과 사냥의 지도자로 선출되었다는 인상을 준다. 『몽골비사』에 나오듯이 그를 선출한 알탄·쿠차르Quchar·사차 베키의 맹세는 의미심장하다. "우리는 그대를 칸으로 선언하기로 결의하였다. 우리는 전투에서 선봉으로 행군하겠다. 우리가 여자들과 소녀들을 끌어오면 그들을 그대에게 주겠다. 우리는 사냥에서 맨 앞에 설 것이며 우리가 짐승을 잡으면 그것들을 그대에게 주겠다."47)

이 새로운 권력자에 대해 마음이 불안하였거나 또는 불안할 만한 사람은 어제의 신하가 이제 자신과 대등해지는 것을 보게 된 케레이트의 통치자 토오릴이었다. 그러나 토오릴은 상상력도 없고 우유부단한 이류 지도자였으며 이 사건의 의미를 깨닫지 못하였다. 더욱이 이제 막 일어선 칭기스칸은 자신을 그 어느 때보다도 토오릴에게 충성스럽고 양심적인 신하로 자처할 만큼 조심성이 있었다. 사정 또한 확실히 토오릴을 안심시킬 만하였는데, 칭기스칸이 몽골인들을 통일하려면 아직도 요원해 보였고 칭기스

---

46. Vladimirtsov, *Chingis-khan*, p. 32.
47. *Ibid.*, pp. 36-37.

칸에게 반대하고 대항하는 자무카에게도 따르는 무리가 있었다. 더구나 케레이트의 군주와 칭기스칸에게는 타타르라는 공동의 외적이 있었다.

우리는 『몽골비사』에서 칭기스칸의 충성스러운 추종자인 잘라이르부의 무칼리[48]가 칭기스칸으로 하여금 칸을 칭하도록 설득할 때 몽골과 타타르 간의 오랜 원한을 상기시키는 것을 보았다. 옛 몽골 왕가의 두 사람을 금조에 넘겨 수치스러운 고문을 받도록 한 것도 타타르인들이었고, 1161년 금과 연합하여 최초의 몽골 왕조를 파괴한 것도 타타르인들이었다. 또한 1167년 초원에서의 우호적인 식사 때 음식에 독을 타서 칭기스칸의 아버지 이수게이를 죽인 배신행위를 한 것도 타타르인들이었다. "오, 테무진이여, 우리의 적인 타타르인들에게 복수하기 위하여 그대는 칸이 되어야 합니다. 그리고 몽골의 영광을 실현해야 합니다!"[49]

마침내 기회가 왔다. 타타르인들은 북경의 지원이 있었기에 몽골인들을 정복할 수 있었던 것으로 보인다. 그러나 그들은 일단 승리하여 동부 고비의 주인이 되자 끊임없이 금의 변방을 공격해 괴롭혔다. 북경의 조정은 동맹체제를 번복해 토오릴을 원조해 토오릴로 하여금 타타르에 대항토록 하기로 결정하였다. 칭기스칸은 토오릴의 충성스러운 신하로서 토오릴 칸과 전쟁에 함께 나가(1198년경) 대대로 이어져온 적에게 복수할 수 있어서 행복하였다. 부유르 호에 있던 타타르는 동남 방향으로는 금에, 서북 방향으로는 케레이트와 칭기스칸에게 협공을 당해 대패하였다. 『몽골비사』에 의하면 케레이트의 왕과 칭기스칸은 울자Ulja 강을 따라 진격하여 타타르의 지도자 메구진 세울투Megüjin Se'ültü를 죽였다고 한다.

북경의 금조는 토오릴에게 '왕'이라는 중국식 칭호를 하사했고, 그때부터 토오릴은 역사에 '왕칸'이라는 이름으로 알려지게 되었다. 칭기스칸 역시 중국식 칭호를 받았으나 훨씬 미미한 것이었으며, 이는 당시 북경 조정이 그를 케레이트의 미천한 신하 이상으로 보지 않았다는 것을 증명한다.

블라디미르초프는 칭기스칸이 이 전쟁 뒤에 타타르와 싸운 자신과 왕칸을 따르지 않았다는 이유로 옛 왕가에 속한 몇몇 왕자들을 처벌하였고,

---

48. 오히려 Muquli. 『몽골비사』의 형태는 Muqali.
49. [역자] Grousset의 주장과는 달리 『몽골비사』에는 나오지 않는 대목이다.

그 유명한 카불의 증손자이며 주르킨씨의 수령인 사차 베키, 그리고 두 명의 다른 왕자 타이추Taichu와 부리 부쿠Büri Bökö가 사형에 처해졌다고 생각하였다. 후일 이 정복자는 왕칸을 비판하면서 케레이트의 깊은 앙심 때문에 "가장 사랑하는 이 형제들"을 희생시켰다고 주장하였다. 그러나 사실 그는 소위 '몽골 정통성'의 대표자들을 제거할 만한 좋은 구실을 찾게 되어 몹시 기뻐했던 게 분명하다.

만일 우리가 여기서 칭기스칸 국가의 정사正史를 그대로 따르면 칭기스칸과 왕칸의 동맹은 주로 후자의 이익을 위한 것으로 보인다. 여하튼 처음에는 칭기스칸이 왕칸의 보호로 자신의 적들로부터 피할 수 있었다면, 몽골의 이 영웅은 곧 자신의 주군에게 비슷한 봉사를 할 수 있게 되었다.

언제인지 확정하기 어려운 시점에[50] 왕칸은 동생 에르케 카라Erke Qara에게[51] 쫓겨나게 되었는데, 에르케 카라는 나이만의 군주 이난차 빌게의 지원을 받고 있었다.[52] 왕칸은 서남쪽으로 추 강의 카라 키타이로 달아나 그들의 도움을 청했으나 헛된 일이었다. 그는 구르칸 즉, 카라 키타이의 군주와 다투고 나서 비참하게 고비를 떠돌다가, 자포자기해 칭기스칸에게 피난처를 구하였다. 칭기스칸은 굶주리고 보잘것 없는 왕칸의 군대를 구원하여 왕칸이 케레이트의 나라를 되찾도록 도와주었다. 훗날 정복자가 거칠고 꾸밈없는 말투로 왕칸에게 상기시킨 점이 바로 이것이었다. "그대는 굶주림에 지쳐 꺼져가는 불처럼 내게로 왔다. 나는 양과 말과 물건을 주었다. 그대는 말랐었다. 15일 안에 나는 그대를 다시 살찌게 하였다."

왕칸의 또 다른 동생 자카 감부Jaqa Gambu[53]는 금 제국에 망명을 요청하였다. 칭기스칸은 자카 감부를 기다리며 매복해 있던 메르키트로부

---

50. D'Ohsson(*Histoire des Mongols*, I, p. 54)은 왕칸이 지친 도망자로서 칭기스칸의 문전에 도착한 것이 1196년 봄이라고 믿는다.
51. 『몽골비사』 p. 36, p. 48에 Erke Qara, Erge Qara.
52. F. E. A. Krause역, *Cingis Han*(Heidelberg, 1922), p. 15에 나오는 『元史』의 기록.
53. 『몽골비사』 p. 36에 Djaqa Gambou(Jaga Gambu). 이 확실한 티베트-탕구트어 칭호에 대해서는 Pelliot, "Note sur le Turkestan," *TP*(1930), pp. 50-51을 참조

터 그를 보호하기 위하여 군대를 보내 자카 감부를 데려왔다. "그리고 그
것이 내가 그대에게 베푼 두 번째 봉사다"라고 칭기스칸이 왕칸에게 말하
였다.54)

　　이러한 내용들은 칭기스칸 일족의 전승에 근거하여 일방적으로 제시
된 것이고 왕칸이 이 모든 봉사에 대하여 때때로 고마움을 표시하지 않은
것도 사실이다. 그러나 이 점에 관해 그토록 정밀하면서도 세부적인 내용
이 서술되어 있는 것을 보면 어느 정도 진실의 핵심은 담겨 있는 게 분명
하다.

　　왕칸은 자기가 원할 때마다 마음대로 군사동맹협정을 파기하였다. 왕
칸은 칭기스칸에게 알리지도 않고 메르키트에 대해 이익이 많이 남는 약
탈을 시도하였고, 메르키트인들의 수령 톡토아를 셀렝게 강 하구를 경유해
바이칼 호 동남쪽 기슭 — 바르구Barghu 땅, 즉 『몽골비사』의 바르구진
Barghujin — 으로 달아나게 하였고, 톡토아의 아들 가운데 하나를 죽이
고 또 다른 하나를 사로잡았으며, 막대한 수의 포로·가축·전리품을 축적
하였는데, 군사협정을 더욱 위반한 것은 칭기스칸에게 아무 몫도 나눠주지
않았다는 점이다.

　　그런데도 칭기스칸은 충성스러운 신하로서 나이만에 대한 연합원정전
에 동참하였다. 그것은 좋은 기회로 보였다. 나이만 왕 이난차 빌게의 사
후 이난차 빌게의 두 아들 사이에 한 후궁을 차지하기 위한 다툼이 일어
났는데, 그들은 중국식 칭호인 '타이왕*taiwang*' 또는 '타이양*taiyang*'으로
더 잘 알려진 — 몽골어로는 타양*tayang* — 타이부카Taibuqa(타이부가
Taibugha 또는 바이부카Baibuqa)와 부이룩Buyiruq이었다. 타양은 홉도
지방의 호수 부근에 살던 평원의 부족들을, 부이룩은 알타이 부근의 산지
부족들을 통치했던 것으로 보인다. 이 분열을 기회로 포착한 왕칸과 칭기
스칸은 부이룩의 영토에 침입하여 그를 우룽구 강으로 물리쳤다. 『몽골비
사』는 그가 우룽구가 유입되는 곳, 즉 울룽구르 노르Ulyungur Nor가 분
명한 키실 바쉬Kisil Baš까지 추격을 당하다 끝내 살해되었다고 하였다

---

54. D'Ohsson, *Histoire des Mongols*, I, p. 53, p. 74를 참조.

(그러나 『원사』에서도 확인되듯이 라시드 웃 딘은 그가 처음에 키르기즈 땅의 예니세이 상류 부근으로 피난하였다고 한다).

이듬해 겨울 부이룩의 부하인 나이만의 쿡세우 사브락Kögse'ü Sabragh이 두 동맹군에게 기습적인 반격을 가하였다.[55] 전투는 매우 격렬하였다. 왕칸이 칭기스칸에게 통보도 하지 않고 야간에 도망가버렸기 때문에 칭기스칸은 단독으로 위험한 철수를 감행해야 했다. 배신에 가까운 왕칸의 행동에도 불구하고 — 우리가 칭기스칸조의 정사正史를 믿는다면 — 자신의 종주에 대한 칭기스칸의 충성은 조금도 수그러들지 않았다.

이번에는 나이만이 케레이트의 영토를 침략하여 처음에는 왕칸의 동생 자카 감부를, 그리고 나중에는 아들 셍군Senggün을 패주시켰다. 왕칸은 불쌍하게도 자신이 못되게 대했던 동맹자에게 호소하였다. 칭기스칸은 당장 자기의 '네 명의 위대한 전사'(dörben külü'üd 즉 '四駿')인 보오르추·무칼리·보로굴Boroghul·칠라운을 보내 가까스로 셍군을 구하고, 나이만을 케레이트 땅에서 몰아냈으며 빼앗긴 가축을 되찾았다.[56] 칭기스칸의 동생 카사르가 나이만에게 대승을 거둠으로써 전투는 끝이 났다.

『원사』에는 이 전투 뒤 타이치우트에 대한 칭기스칸과 왕칸의 전쟁이 기록되어 있는데, 타이치우트는 오논 강 상류에서 패배하였다. 칭기스칸의 숙적이며 어린 시절의 박해자인 타르구타이 키릴툭은 용감한 침바이의 손에 죽은 게 분명하다.[57] 『원사』에 의하면 나이만과 타이치우트의 패배에

---

55. 『몽골비사』는 이러한 작전들이 Bayidaragh Belchir에서 전개된 것으로 하였는데, Howorth("The Kireis and Prester John," *JRAS*, 1889, p. 400)가 Baidarik 강 부근으로 비정하는 위치다. 이 물줄기는 항가이 산맥에서 북에서 남으로 흘러 작은 호수 Bunchagan으로 들어간다. 『몽골비사』 p. 49의 Kökse'ü Sabragh 또는 Sabraq은 d'Ohsson(*Histoire des Mongols*, I, p. 75)에서는 Geugussu Sairac으로 표기되어 있다.

56. Krause역, *Cingis Han*, p. 17의 『元史』와 p. 40의 『몽골비사』의 기사. Howorth의 같은 부분 『몽골비사』의 번역은 "Kireus", pp. 400-401을 참조

57. D'Ohsson, *Histoire des Mongols*, I, p. 60에는 "타르구타이는 Selduz Sheburhan Shire의 아들 Chilaocan의 손에 죽었다"라고 되어 있다. D'Ohsson의 Sheburhan Shire는 『몽골비사』(p. 34, p. 72)의 So'orqan Shira 또는 Sorqan

304 유라시아 유목 제국사

겁먹은 씨족들은 연맹, 아니 사실은 음모를 꾸몄다. 그 음모에는 카타긴·살지우트·두르벤·콩기라트 그리고 타타르의 잔여세력이 가담하였다. 그들은 흰색 종마를 바친 뒤 칭기스칸과 왕칸을 기습할 것을 맹세하였다. 그러나 장인인 콩기라트의 데이 세첸이 미리 경고해줌으로써 칭기스칸은 부유르 호 부근에서 적의 동맹군을 격파할 수 있었다. 정복자가 훗날 왕칸에게 보낸 그 유명한 시적인 메시지에서 언급한 것은 틀림없이 이 작전이었을 것이다. "나는 매처럼 산 위로 날아 부유르 호를 건넜다. 그대를 위하여 나는 푸른 다리와 잿빛 깃털을 가진 학을 잡았다. 그것은 두르벤과 타타르였다. 나는 훌룬 호수를 지나 한 번 더 푸른 다리와 잿빛 깃털을 가진 학을 잡았다. 카타긴, 살지우트, 그리고 콩기라트였다."58)

왕칸은 공식적으로는 몽골의 최강자였지만 실제로 그의 권력은 흔들리는 기반 위에 서 있었다. 그는 우리가 보아온 대로 자기 가족들에게 배신당하였고 숙부인 구르칸에게서 케레이트의 군주자리를 강탈하고 나서는 동생 에르케 카라와 군주자리를 놓고 다투어야 하였다. 『원사』는 위에서 얘기한 동맹군에 대한 승리 후 왕칸이 동생 자카 감부에게 군주자리를 빼앗길 뻔하였으며, 자카 감부는 음모가 발각되자 나이만으로 망명하였다고 하였다.59)

몽골리아가 들끓고 있었다. 자지라트의 수령 자무카가 왕간과 칭기스칸이 확립하려고 애쓰던 주도권에 대항해 동맹을 결성하였다. 그는 적극적이고 가공할 적이었으며, 칭기스칸에게 반역한 몽골씨족 자지라트·타이치우트·콩기라트·이키레스·코룰라스·두르벤·카타긴·살지우트뿐 아니라 메르키트·오이라트·나이만·타타르도 자기 주변으로 모으는 데 성공하였다. 그는 1201년 케룰렌 강의 하류인 아르군 강 기슭의 알쿠이 불락Alqui Bulagh에서 개최된 대집회에서 자신을 구르칸('사해四海의 군주') 즉 몽골의 황제라고 선언하였다.

Shira이다. 타이치우트의 또 다른 지도자 Qudu'udar는 타르구타이와 같이 살해되었으며, 이 부족의 세 번째 지도자 Aquchu 또는 A'uchu는 도망칠 수 있었다.

58. D'Ohsson, *Histoire des Mongols*, I, pp. 75-76.
59. 『몽골비사』는 왕칸이 자카 감부의 공범 세 사람 — El Qutur, Qulbar, Arin Taiji — 에게 칼을 씌웠다고 한다. Howorth, "Kireis," p. 396을 보시오.

몽골 제국은 이제 실현단계로 접어들고 있었다. 문제는 두 사람의 경쟁자 칭기스칸과 자무카 가운데 누가 이기느냐였다. 이 대결에서 칭기스칸은 끈기, 정치적 기민성, 사람의 마음을 끄는 기술, 그리고 초기단계에서 케레이트 왕칸의 확고한 지지를 받는다는 점에서 유리하였다. 자무카에게는 조금은 일관되지는 않지만 비범한 정력, 활기찬 마음, 그리고 천부적인 음모의 능력이 있었던 듯하다. 그러나 칭기스칸 일족의 문헌에 따르면 자무카는 신뢰할 수 없는 동맹자였으며 자기 편 부족들을 약탈하는 것조차 망설이지 않는 반면, 칭기스칸은 자신에게 믿음을 준 자들에 대해서는 변함없고 신실한 보호자였다고 한다.

이 둘 사이의 균형을 깨뜨린 것은 왕칸이었다. 그는 칭기스칸을 도우러 와서 오이라트와 나이만 주술사들이 일으킨 폭풍우에도 불구하고 자무카를 쿠이텐Köyiten에서[60] 꺾고 아르군 하류까지 퇴각시켰다. 블라디미르초프는 칭기스칸의 적이자 동족인 타이치우트와의 전쟁과 '젤메Jelme의 헌신'이라는 일화로 유명한 사건이 벌어진 연대를 이 원정 뒤로 보았다. 첫 공격에서 격퇴당하며 부상을 입은 칭기스칸은 충성스러운 젤메의 보살핌을 받았는데, 그는 칭기스칸의 상처에서 굳은 피를 빨아냈다.

아직도 매우 불확실한 점이 많은 이 여러 원정전이 어떠한 순서로 일어났든지간에 칭기스칸은 최종적으로 타이치우트를 완전히 패주시키고 적절한 비율로 학살하였으며, 생존자들을 그에게 순종케 함으로써 보르지긴씨의 통일을 회복하였다. 칭기스칸의 말에게 활을 쏘아 쓰러뜨린 타이치우트의 젊은 전사 예수드Yesüd는 처형을 기다렸다. 그러나 칭기스칸은 그를 사면해주어 그 후 그는 제베Jebe 즉 '화살촉'이라는 이름으로 칭기스칸의 탁월한 지휘관이 되었다.[61] 몽골의 영웅 서사시에서 그는 동료 수베에테이Sübe'etei[62]와 함께 가장 유명한 장군으로 묘사되고 있다.

---

60. Howorth는 "Kireis," p. 395에서 『몽골비사』의 쿠이텐을 케룰렌 강과 아르군 강 사이에 있는 달라이 호(Hulun 호)의 북부 근방으로 비정한다.
61. 『몽골비사』, p. 35에 의하면 그의 옛 이름은 Djirqo'adai(Jirqo'adai)였다.
62. 수베에테이는 1176년경에 태어나 1248년에 죽었다. Pelliot, *JA*(1920), p. 163에 의하면 "몽골[문]어의 철자로는 Sübügätäi, 『몽골비사』에는 Sübü'ätäi이며, Sü-

칭기스칸은 이제 몽골의 숙적이자 아버지를 암살한 차간 타타르Cha-
ghan Tatar와 알치 타타르Alchi Tatar에게 원수를 갚을 수 있게 되었다.
그는 더욱 효과적인 작전수행을 위하여 사사로운 약탈을 금지시켰다. 정복된
타타르인들은 학살되고 생존자들은 몽골부족들에게 분배되었다(1202). 칭기스
칸 자신은 두 명의 타타르 미인 이수이Yisüi와 이수겐Yisügen을 취하였다.

　칭기스칸의 친척인 세 명의 몽골 왕자들, 즉 옛 왕공 귀족가문의 대표
이자 옛 몽골의 군주 쿠툴라의 아들인 알탄과 쿠차르, 그리고 칭기스칸의
숙부 다리타이는 명령을 업신여긴 채 자신들의 이익을 챙기기 위하여 약
탈을 감행하였다. 그러나 그들의 전리품은 압수되었다. 알탄, 쿠차르, 그리
고 다리타이조차 정복자와 멀어지고 곧 그의 적들에 가담하였다. 타타르인
들보다 훨씬 동쪽으로 눈嫩 강에 있던 솔론 사람들도 그의 속민임을 인정
할 수밖에 없게 되었다.

　『원사』에 의하면 타타르인들을 제압하고 나자 바이칼 호 동부(바이칼
호의 동남쪽 바르구 지방)로 피난해 있던 메르키트인들의 군주 톡토아가
돌아와 새로운 공격을 가하였으나 칭기스칸에게 격퇴되었다.[63] 역시 『원
사』에 제시된 연대순에 따르면 그 뒤 톡토아가 나이만의 군주 부이룩에게
가담하고, 두르벤·타타르·카타긴·살지우트의 잔여세력 역시 그의 군기 아
래 모여들었다.

　이 새로운 동맹군은 왕칸·칭기스칸의 연합군과 산악에서 — 『원사』에
의하면 나이만의 주술사들이 일으킨 눈보라 속에서 — 전진과 후퇴를 거
듭하며 싸웠다. 연대와 마찬가지로 기사의 지형도 믿을 수 없지만, 전투

---

bötäi 또는 Sübütäi로 발음된다." 그의 전기는 A. Rémusat가 번역하였다. *Nou-
veaux mélanges asiatiques*(Paris, 1829), II, p. 97. 수베에테이가 소속된 두를
루킨 몽골부족의 이름 우량카드는 17세기 투르크 사람들 사이에서 다시 등장하니,
예니세이 강 상류에서 순록 사육과 사냥으로 생활하던 우량카이다(M. Courant,
L'Asie Centrale aux XVII et XVIIIe siècles, p. 78).

63. Krause역, *Cingis Han*, p. 19. 우리가 본 대로 톡토아가 바르구 또는 바르구진
으로 도망치도록 한 것은 왕칸이었다. Barghut라는 어휘에 대해서는 A. Mo-
staert, "Ordosica," *Bulletin 9, Catholic University of Peking*(1934), p. 37
참조.

중에 몽골의 한쪽 끝에서 다른쪽 끝으로, 알타이 산맥에서 흥안령까지 이동한 양 진영 모두 매우 기동력 있는 유목민 집단이었다는 인상을 준다. 그들은 계절적인 전투 혹은 단기간의 교전을 위하여 연대하였고, 그래서 결과가 실패이든 성공적인 약탈이든 각자 다시 자유를 찾아 쉽게 흩어졌다.

갈팡질팡하는 목적으로 조정되지 않는 행동을 하는 이러한 수령들 가운데 칭기스칸만이 유일하게 고정된 축이 되었는데, 그 역시 미래의 정복에 대한 엄격한 계획이 있어서가 아니라 그의 강한 성격이 이 끊임없는 게릴라전의 양상을 자신에게 유리하게 작용하도록 할 수 있었기 때문이다.

왕칸과의 불화 : 케레이트 정복

칭기스칸은 왕칸이 번번이 자기를 형편없이 대해도 그때까지는 주군에게 일관되게 충성하였다. 신하의 의무를 완벽하게 이행해왔다고 여긴 몽골의 영웅은 아들 조치의 아내로 왕칸의 딸 차우르 베키Cha'ur Beki[64]를 달라고 요구하였다. 『몽골비사』는 왕칸의 거절이 이 영웅에게 깊은 상처를 주었다고 전한다.

케레이트의 군주는 자기 신하가 실은 경쟁자임을 깨닫지 못했고, 1196년경 칸을 칭할 때 그를 치지 않는 실수를 저질렀다. 왕칸이 불안을 느끼기 시작했을 때는 이미 너무 늦었다. 전승에 따르면 잠시나마 곰곰이 생각했던 왕칸은 이 사실을 어렴풋하게 깨달았던 듯하다. 하지만 그는 이미 늙었고 머리는 백발이었으며 생을 평화롭게 마감하고 싶었을 것이다. 그러나 셍군(중국식 칭호인 '장군'에서 유래)이라는 이름으로 더 잘 알려진 아들 일카 또는 닐카는 왕칸에게 칭기스칸과 결별하라고 부추겼다.[65] 또한 그

---

64. 『몽골비사』의 전사 p. 41-42.
65. 『元史』, p. 20. Nilqa 또는 Ilqa라는 이름에 대하여는 Pelliot, "À propos des Comans," *JA*(1920), pp. 20-24와 "Notes sur le Turkestan," *TP*(1930), pp. 22-24를 보시오. 將軍(*tsiang-kiun*) = 셍군(*sängün*)에 대해서는 Pelliot, *JA*

는 아버지에게 칭기스칸에 대항하여 자무카를 지지하라고 간하였다. 셍군은 자무카와의 개인적 인연에 얽매여 그의 단명한 왕권이 무너지자 케레이트 조정으로 망명하도록 격려하기도 하였다. 자무카는 셍군과 손잡고 행동하면서 칭기스칸이 반역을 도모한다고 비난함으로써 왕칸에게 불신감을 심어주었다. 그는 왕칸에게 "저는 좋은 시절이나 나쁜 시절에도 같은 곳에 사는 종달새입니다. 하지만 칭기스칸은 겨울에는 날아가는 기러기입니다"라고 선언하였다.66) 한편 고대 몽골 칸들의 적통인 알탄 역시 신출내기에게 군주자리가 돌아가도록 놓아둔 것을 끊임없이 후회하던 차에 왕칸에게 와서 한때는 자기와 동맹자였던 칭기스칸과 전쟁을 일으키도록 그를 부추겼다.

1203년 칭기스칸과 케레이트 간의 관계는 완전히 파탄에 이르렀다. 이같은 결별은 몽골 영웅의 인생에 결정적인 전환점이 되었다. 지금까지는 왕칸의 유능한 2인자 역할을 했지만 이제는 자신을 위하여, 1인자 자리를 위하여 싸우게 된 것이다.

셍군에게 교사된 케레이트는 화해하자는 구실로 칭기스칸을 불러들여 제서하려 하였으나 그것이 함정이라는 정보가 새어나갔다. 그러자 그들은 칭기스칸을 기습할 계획을 세웠다. 케레이트의 장군 예케 체렌Yeke Cheren이67) 부하들에게 계획을 설명하는 깃을 듣게 된 목민 비디이Badai와 키실릭Kishilig이 칭기스칸에게 달려가 경고하였고, 칭기스칸은 그 공으로 그들을 귀족으로 만들었다.68)

(1925), p. 261을 보시오(중국식 칭호의 또 다른 투르크-몽골어 차용은 투르크어에서 투툭*tutuq*이 된 都督, 몽골어에서 *Taiji*가 된 太子가 있다). [역자] 이 사람의 이름은 『몽골비사』(對格 桑古迷, 屬格 桑古門)나 *Altan Tobči*의 표기로 보아 셍굼Senggüm으로 전사돼야 한다. 『몽골비사』에서 주격형이 桑昆으로 표기되는 것은 그 당시 -(u)m을 표시할 한자가 없었기 때문일 것이다.

66. 『元史』, p. 20.
67. [역자] 영역본은 불어본의 Yéké Tcheren을 빠뜨렸다. 그렇다고 해도 『몽골비사』 제169장에서 출정을 준비시키는 것은 Yeke Cheren(칭기스칸의 오촌 아저씨)이 아니고 그의 아들이자 칭기스칸의 육촌인 나린 케옌Narin Keyen이었다.
68. 칭기스칸은 그들에게 타르칸*tarqan*의 칭호와 활동개 휴대자 코르친*qorchin*으로

칭기스칸은 서둘러 전쟁준비를 하였다. 『몽골비사』는 그가 처음에 마우 운두르Ma'u Öndür 고지 부근으로 철수해 소규모 전초를 배치하였다고 한다. 다음 날 그는 훨씬 후방 — 『원사』는 '아란새阿蘭寨', 도오송d'Ohsson은 라시드 웃 딘을 따라 '칼랄진 엘레트Qalaljin Elet'[69]라고 하였고, 히야신투스Hyacinthus는 이를 '칼라 고운 올라Khala Goun Ola'로 비정 — 에 위치한 모래언덕 근처에 자리잡았으니, 이곳이 『몽골비사』의 '칼라칼지드 엘레드Qalaqaljid Eled'이다. 더 정확하게 말하면 그 지점은 흥안령의 돌출부, 할하 강의 원류 부근이었다.[70]

기마정찰대(알치다이 노얀Alchidai Noyan의 병력)가 상당한 시간을 두고 미리 적의 접근을 경고하였지만, 칭기스칸은 여기에서 자신의 생애에서 가장 혹독한 시련을 맛보게 되었다. 접전은 실로 격렬하였다. 그러나 칭기스칸의 부하들인 우루우드씨의 지도자인 연로한 주르체데이 노얀Jürchedei Noyan과 망구트씨의 지도자 쿠일다르 세첸Quyildar Sechen이 기적을 이루었다. 쿠일다르는 자기의 툭tugh — 야크나 말의 꼬리와 갈기털로 만든 군기 — 을 적의 후방에 있는 언덕 위에 세우겠다고 맹세하였다. 그는 적진을 돌파하여 자신의 약속을 지켰고, 주르체데이는 활을 쏘아 셍군의 얼굴에 부상을 입혔다.

그러나 케레이트에 비해 중과부적인 칭기스칸은 야간에 전장에서 철수할 수밖에 없었다. 칭기스칸의 셋째아들 우구데이Ögödei(또는 우게데이Ögedei), 두 명의 가장 충성스러운 장수 보오르추와 보로굴은 점호에 응하지 않았다. 마침내 그들이 나타났을 때 보로굴은 말을 타고 목에 화살을 맞아 부상한 우구데이를 팔에 안고 있었다. 『몽골비사』는 이 광경을 본 철의 사나이가 눈물을 흘렸다고 전한다.[71]

구성된 경호대를 가질 특권을 부여하였다. Pelliot, TP(1930), p. 32 참조.

69. [역자] 원문에는 Khaladjin-alt로 되어 있으나 라시드 웃 딘에 나오는 이 지명은 Qalaljin Eled로 읽어야 마땅하다.

70. 『元史』, p. 21 ; d'Ohsson, *Histoire des Mongols*, I, 70. 『몽골비사』의 해당 대목에 대한 번역은 Howorth, "Kireis," p. 405 ; Haenisch의 전사는 *Manghol un Niuca Tobca'an*, p. 44.

71. Vladimirtsov, *Chingis-khan*, p. 51과 Howorth, "Kireis," p. 407.

최악의 경우를 당한 칭기스칸은 할하 강을[72] 따라 부유르 호와 달라이Dalai 호 북쪽, 즉 『원사』에 기록된 중국식 이름으로는 '동가택董哥澤' 부근으로 퇴각하였다. 할하 강이 부유르 호로 들어가는 어귀에 칭기스칸의 아내를 배출한 콩기라트 부족이 살고 있었다. 칭기스칸은 그들에게 친척관계를 들먹이며 도움을 청해 그들을 자기 편으로 만드는 데 성공하였다.

칭기스칸이 왕칸에게 그들의 우정의 세월과 그가 바쳤던 헌신을 상기시켜 옛 주군의 마음을 움직이기 위한 구두 메시지[73]를 보낸 곳도 바로 부유르 호와 달라이 호 지역이었다.[74] 그 내용은 대부분의 문헌에 재록 혹은 요약되어 있는데, 칭기스칸은 호의를 회복하기만 바란다고 하면서 — 이에 대하여 셍군은 칭기스칸이 왕칸의 경계심을 누그러뜨리려 한다고 반박하였다 — 왕칸을 아버지, 즉 '칸 아버지'라고 불렀고 자신은 신하로서 항상 양심적으로 임무를 수행하였음을 지적하였다. 그의 충성스러운 성격, 정의를 존중하는 마음은 이 유명한 대목을 기록한 여러 문헌들에서 누누이 강조되고 있다. 마찬가지로 그는 이제는 적이 된 옛 몽골 칸의 후손 알탄에게 자신이 칸의 지위를 수락한 것은 알탄을 비롯한 다른 종가 대표들이 스스로 명예를 사양하였기 때문이므로 알탄 스스로 그렇게 한 일이라는 점을 상기시켰다.[75] 이 구절이 보여주는 서사적이고 서정적인 형식의 이면에는 칭기스칸이 옛 주군에게 남자로서 그리고 동맹자로서 자신의

---

72. 『몽골비사』에는 칭기스칸이 울쿠우이 실루겔지트Ulquui Silügeljit(흥안령산맥에서 동부 고비의 한 작은 호수로 흘러드는 현대의 Olkhui 강)를 따라 철수하다가 할하 강을 따라 퇴각하였다고 한다(Howorth, "Kireis," p. 408 ; Haenisch의 전사 p. 46 참조).
73. D'Ohsson의 *Histoire des Mongols*, I, p. 73과 Howorth, "Kireis," p. 409 참조. 한편으로는 『몽골비사』, 다른 한편으로 『聖武親征錄』과 라시드 웃 딘은 "칭기스칸의 불평"에 대해 서로 상충되는 내용을 갖고 있다. 사실 이 두 그룹의 문헌은 d'Ohsson이 적시한 대로 여기서 상호보완적일 수 있다.
74. 또는 더 정확하게는, 『몽골비사』에 의하면 Tüngge 강 또는 Tünggeli 강에서부터인데 Howorth는 이를 오논 강의 지류("Kireis," p. 408)로 믿었으며, 이는 할하 강의 지류일 수도 있다.
75. Howorth의 "Kireis," p. 410에 있는 『몽골비사』의 번역.

태도가 정당했음을 강조하는 일종의 법적 진술서로서의 측면이 있다.

정치적인 관점에서 볼 때 왕칸이 옛날 자기 신하의 강력한 개성을 너무 늦게 파악하였고 이 능란한 사람의 초기의 노력을 너무 경솔하게 지원한 것은 사실이다. 그러나 아무 정당한 이유도 없이 동맹을 파기하고 칭기스칸을 배반·공격함으로써 왕칸은 자기 적에게 똑같이 행동할 권리를 준 셈이다. 또한 케레이트의 군주는 발작적이고 우유부단하고 약하고 겁이 많았으며 계속 측근들에게 시달렸을 뿐 아니라, 전력을 기울이지 않으면 아들 셍군이 반란을 일으킬 위험성도 안고 있었기 때문에, 그는 칭기스칸의 적수가 될 수 없었다.

그러나 칭기스칸은 칼라칼지드 엘레드에서 패한 뒤 일부 추종자들에게 버림받고, 일시나마 자신의 통치기간 중에서 가장 고통스러운 시간을 보내야 했다. 워낙 중과부적이었기 때문에 북으로 시베리아 방향으로, 즉 오늘날의 몽골리아와 바이칼 호 동쪽의 변경지역까지 퇴각해야 했다. 그는 한 줌밖에 안되는 충성스러운 추종자들과 에르구네 강에서 멀지않은 만주 지방 북쪽,76) 그 흙탕물을 마셔야 했던 발주나의 소택77) 부근으로 후퇴하였다. 칭기스칸은 1203년 여름을 발주나에서 보냈다. 그와 함께 이 쓰디쓴 시간을 보낸 '발주나의 사람들'은 후일 충분한 보상을 받았다.

그러나 칭기스칸에 대항하여 형성된 동맹은 다시 한 번 스스로 해체되었으니, 변덕스러운 유목민들은 계절적인 협정만을 생각했기 때문이었다. 라시드 웃 딘에 의하면 칭기스칸에 대한 증오로 왕칸에게로 모였던 다리타이·쿠차르·알탄·자무카 등 몇몇 몽골 수령들은 케레이트의 군주를 암살하려는 음모에 가담하였다고 한다. 하지만 미리 경고를 받은 왕칸이 도리어 그들을 습격해, 그들이 도망치자 재물을 빼앗아버렸다. 자무카·쿠차르·알탄은 나이만으로 망명하였고 다리타이는 칭기스칸에게 투항하였다.

1203년 가을 칭기스칸이 공세를 취하기 위하여 발주나에서 오논으로 진격할 때의 상황은 그에게 크게 유리하게 바뀌어 있었다. 칭기스칸은 가

---

76. F. Grenard, *Gengis-khan*, p. 46 참조.
77. 발주나는 『元史』의 班朱尼河(Krause역, *Cingis Han*, p. 52). 그러나 『몽골비
    사』에는 호수 또는 연못으로 나온다. "Baljuna na'ur, 즉 Baljuna Nor"(p. 51).

족이 케레이트에 억류되어 있던 동생 카사르를 통해 왕칸에게 거짓전갈을 보내 그의 의심을 누그러뜨렸다. 안심한 왕칸은 평화협상에 응하였고, 칭기스칸은 맹세할 때 사용하기 위한 '소뿔에 담은 피'를 그에게 보냈다. 바로 그 순간 칭기스칸은 비밀리에 행군하여 케레이트군을 덮쳐 기습을 당한 케레이트군은 결국 궤산되고 말았다.

『몽골비사』의 제제에르 운두르Jeje'er Öndür, 즉『원사』의 절절운도산折折運都山[78] — 분명히 툴라 강과 케룰렌 강의 상류에 위치 — 에서[79] 벌어진 이 전투는 칭기스칸에게 결정적인 승리를 가져다 주었다. 왕칸 토오릴과 아들 셍군은 서쪽으로 도망하였지만, 나이만 지방에 도달한 왕칸은 그를 알아보지 못한 나이만의 장수 코리 수베치Qori Sübechi에게 살해되었다.[80] 그의 머리는 타양에게 보내졌고 타양의 어머니 구르베수Gürbesü는 그 머리 앞에서 죽은 자의 영혼을 위하여 제사를 지내고 "경의를 표하기 위하여 음악을 연주하였다." 셍군은 고비를 지나 잠시 서하의 변경지역에 있는 에친 골Etsin Gol 부근에서, 나중에는 아마 차이담Tsaidam 부근에서 유랑생활을 하다가 쿠차에서 위구르 사람들에게 살해됨으로써 그의 삶을 비참하게 마감하였다.[81]

케레이트인들은 칭기스칸에게 투항하였으며 그 뒤로는 그에게 충성스럽게 봉사하였다. 그럼에도 그는 케레이트를 용해시켜버리기 위해 케레이트 구성원들을 여러 몽골씨족들 사이에 분산배치할 만큼 조심스러웠다. 그는 자카 감부의 사람들에게는 특별한 배려를 하였는데, 자신은 자카 감부의 딸 이바가 베키Ibagha Beki와 결혼하였고[82] 막내아들 톨루이Tolui를 자카 감부의 또 다른 딸 — 후일 칭기스칸 가문에서 상당한 역할을 할 — 소르칵타니Sorqaghtani 공주와 결혼시켰던 것이다.

---

78. 『몽골비사』, p. 52 ;『元史』, Krause역(*Cingis Han*, p. 24).
79. Albert Herrmann, *Atlas of China*, p. 49, F. 2 ; Howorth, "Kireis," p. 417 은 제르카브치가이 隘路와 제제에르 운두르 고지를 케룰렌 하류로 비정한다.
80. 『몽골비사』, Pelliot역, *JA*(1920), p. 176.
81. Pelliot가 복원한 문헌, *JA*(April-June, 1920), pp. 183-184.
82. 칭기스칸은 훗날 꿈을 꾸고 나서 이바가 베키를 그의 가장 용맹스러운 부하들 가운데 하나인 우루우드씨의 주르치데이에게 넘겨주었다.

나이만 정복과 몽골리아의 통일

칭기스칸이 케레이트를 복속시키자 몽골에는 유일한 독립세력이 남았으니, 그것은 타양의 아래 있는 나이만이었다. 아니 그보다는 칭기스칸이 동부 몽골의 주인이 되었을 때(1203년 말), 타양은 서부를 소유하고 있었다고 하는 것이 더 옳을 것이다. 칭기스칸에게 패한 모든 숙적들은 본능적으로 타양에게로 몰려들었다. 그들은 자지라트 수령 자무카, 메르키트 수령 톡토아 베키,[83] 오이라트 수령 쿠투가 베키Qutugha Beki 등이었으며, 패배하고 흩어진 두르벤·카타긴·살지우트·타타르 부족민들은 말할 것도 없고 이반한 케레이트 씨족도 있었다.

이들 모두는 칭기스칸에 대한 전쟁을 준비하였다. 타양은 칭기스칸의 측면을 공격하려고 웅구트의 도움을 구하였다. 웅구트는 투르크족으로 톡토Toqto 부근 — 오늘날 산서성 북부, 수원의 북쪽 — 에 살았으며, 금 제국의 변경수비대 노릇을 하였고 네스토리우스 교도들이었다. 그러나 웅구트 지도자 알라쿠쉬 티긴Alaqush Tigin은 칭기스칸을 견제하기 위해 이동을 요청받자 서둘러 몽골 정복자에게 그 사실을 알려주고 그의 편에 가담하였다.[84]

『몽골비사』에 의하면 칭기스칸은 나이만으로 출정하기에 앞서 몽골의 군대와 국가 조직에 관하여 여러가지 칙령을 발하였다(이 책 p. 328에서 친위대 즉 케식kesig에 관한 부분을 참조하시오).[85] 그리고 나서 나이만을 선제공격하기로 결심하고 1204년 봄 『원사』의 첩맥해천帖麥該川(『몽골

---

83. Toqto'a라는 이름에 대해서는 Pelliot, *JA*(1920년 4-6월), p. 164, *TP*(1930), p. 24를 참조.
84. 사절의 파견(Yuqunan을 웅구트에, Torbitashi를 칭기스칸에게)은 『몽골비사』(p. 55)와 Rashid ad-Din(*Temudschin*, pp. 299-300)에 언급되어 있다. Alaqush Tigin Quri의 가계에 대해서는 Pelliot, "Chrétiens d'Asie Centrale et d'Extrême-Orient," *TP* (1914), p. 631 참조. 알라쿠쉬 티긴 쿠리는 『몽골비사』에 언급되며(p. 55), 웅구트의 네스토리우스 신앙은 12세기 초부터 확인된다 (Pelliot, "Chrétiens d'Asie Centrale," p. 630).
85. Barthold가 요약한 『몽골비사』, *Turkestan*, pp. 383-384.

비사』의 테메엔 케에르Teme'en Ke'er) 근처에서 추종자들을 모아 쿠릴타이quriltai 즉 대집회를 소집하였다. 대부분의 지휘관들은 이 계절에는 말이 너무 여위어 가을로 작전을 연기하는 것이 낫다고 생각하였으나,86) 칭기스칸의 막내동생 테무게와 숙부 다리타이 노얀은 기습의 이점을 확보하기 위하여 신속한 공격을 주장하였다. 칭기스칸은 그들의 열의를 칭찬하고 나이만 지방으로 출정하였다. 『원사』를 비롯한 일부 문헌은 칭기스칸이 즉각 싸움을 개시하였다고 하고, 다른 문헌들은 그가 나이만의 영토로 진입한 것은 그해 가을이었다고 한다.

타양은 동맹자들인 자무카, 톡토아 베키, 쿠투가 베키 — 즉 나이만·자지라트·메르키트·오이라트 군대 전부 — 와 함께 몽골과 싸우러 알타이에서 항가이로 진군하였다고 『원사』가 전한다. 전투는 항가이 안에서, 즉 오늘날의 카라코룸에서 일어났다. 아불 가지Abu'l Ghazi는 전투가 알타이 지역의 강인 알타이 수Altai Su에서 일어났다고 기록하였고, 알버트 헤르만Albert Herrmann은 이 알타이 수를 카라우수Qara Usu 호에서87) 멀지않은 홉도 강 근처에서 찾았지만, 이것은 모두 잘못이다.

사실 타양은 몽골군을 긴 행군으로 지치게 한 뒤 험로에서 기습하기 위하여 알타이 너머로 철수할 생각이었다. 그의 부장 코리 수베치는 타양의 그런 소심한 행동을 보고, "그의 아버지 이난차 빌게, 나이만의 옛 군주가 언제 적으로부터 자기 등을, 자기 말 궁둥이를 돌렸던가"라고 하면서 모욕을 주었다. 이 조롱에 격분한 타양은 공격을 명령하였다.

격렬하고 끔찍한 전투였다. 몽골군의 중군을 지휘한 칭기스칸의 동생 카사르는 더할 나위 없는 지도력을 발휘하였다. 저녁 무렵이 되자 승자는 몽골군으로 판가름났다. 타양은 중상을 입고 부하들에 의해 산 위로 운반되었다. 여기서 『몽골비사』의 서술은 영웅 서사시의 어조를 띤다. 타양이 그의 충성스러운 추종자들에게 묻기를 "늑대들이 가축의 무리를 쫓듯이 우리를 쫓는 이 자들은 누구인가"라고 하자, 자무카가 이렇게 대꾸하였다.

---

86. [역자] 몽골 속담을 빌리면, (차디찬 흙)바람이 갈비뼈를 파고드는, (그리고 새 풀이 아직 나오지 않은) 몽골의 봄은 사람한테나 짐승에게나 가장 힘든 계절이다.

87. Albert Herrmann, *Atlas of China*, p. 49, E. 2.

"저들은 내 형제 테무진의 네 마리 사냥개들이다. 저들은 사람의 고기를 먹여 기르며, 쇠사슬로 묶여 있다. 저들의 두개골은 놋쇠로 만들었으며, 이 빨은 바위를 잘라 만들었고, 혀는 칼과 같으며, 심장은 쇠로 만들었다. 저들은 채찍 대신 굽은 군도를 가졌다. 저들은 갈증을 이슬로 달래며 바람과 함께 질주한다. 그들은 전투에서 사람 고기를 먹는다. 이제 저들은 사슬에서 풀렸으며, 턱에는 군침이 흐르고 기뻐 날뛰고 있다. 이 네 마리 사냥개는 제베·쿠빌라이Qubilai·젤메·수베에테이다!" 그러자 타양이 다시 물었다. "저 후방에서 굶주린 매처럼 급하게 달려드는 자는 누구인가?" 자무카는 대답하기를 "그는 나의 안다 테무진이며 쇠갑옷을 입고 있다. 그대는 몽골이 오면 그대가 양을 먹어치우듯이 고깃조각 하나 남김없이 먹어치우겠다고 하였다. 그리고 이제……"[88]라고 하였다. 몽골의 설화는 타양의 마지막 남은 충성스러운 추종자들이 헛되게도 그에게 어찌해야 하는지 물었다고 한다. 그러나 그들의 주군은 죽어가고 있었다. 코리 수베치는 그의 정신을 들게 하기 위해 그의 아내들과 어머니 구르베수가[89] 천막에서 기다리고 있다고 울부짖었으나, 그런 노력은 아무 소용도 없었다. 타양은 피를 흘리며 기진한 몸으로 땅바닥에 누워 있었다.

그러자 코리 수베치가 이끄는 그의 마지막 부하들은 싸우다 죽기 위하여 다시 산을 내려왔다. 칭기스칸은 그들의 대담무쌍한 용기에 감탄하여 그들을 살려주려고 하였으나, 그들은 항복을 거부하고 죽을 때까지 싸웠다. 타양의 아들 쿠출룩[90]은 부하 몇을 데리고 이르티쉬 쪽으로 도망할 수 있었다. 이렇게 도망친 사람을 제외한 절대 다수의 나이만인들은 칭기

---

88. Vladimirtsov의 *The Life of Chingis-khan*, p. 60. 『元史』는 항상 소략한 편인데, 자무카가 몽골군의 위력에 놀라 타양을 버리고 자신의 자지라트 추종자들만 데리고 전투가 개시되기 전에 도망하였다고만 하였다(Krause, *Cingis Han*, p.26). 그 도망은 Rashid ad-Din(*Temuchin*, p. 302)에서도 확인된다.

89. 『몽골비사』(p. 54, p. 60)에 "Tayang-un eke Gürbesü". Rashid ad-Din (d'Ohsson, *Histoire des Mongols*, I, p. 89)은 그녀를 타양이 총애하는 아내라고 하였다.

90. 『몽골비사』의 전사(p. 61)에 Gourchouloug(Guchulug). [역자] Küchülüg이 정확한 전사형태이다.

스칸에게 복속해야 했다.

메르키트의 수령 톡토아 베키는 쿠출룩을 따라 도망하였다.[91] 메르키트의 소족장 다이르 우순Dayir Usun은 자기 발로 귀순하여 아름다운 딸 쿨란Qulan을 칭기스칸에게 아내로 주었다. 젊은 장수 나야아Naya'a가 쿨란을 데리고 약탈자들이 들끓는 지역을 가로질러 칭기스칸에게 데려오는 『몽골비사』의 일화는 그 시절의 거칠고 소박한 풍습을 그대로 보여주고 있다.[92] 『원사』에서 우리는 왕칸의 동생인 나이만의 군주 부이룩[93]이 여전히 자이산 호와 울루 타우 산맥에서 멀지않은 이르티쉬 상류 지방, 즉 시베리아 알타이, 타르바가타이, 칭기스로 형성된 산지 가까이에 기반을 확보하고, 쿠출룩·톡토아 베키·자무카와 함께 저항을 계속했음을 확인할 수 있다.

네 사람 모두 차례로 쓰러졌다. 부이룩은 울루타우 근처에서 사냥하던 중 칭기스칸 휘하 부대의 기습을 받고 살해되었다(『원사』에 1206년). 1208년 가을[94] 칭기스칸은 이르티쉬 상류에 있는 '반도'들의 잔당을 처치하기 위하여 자신이 직접 진격하였다. 도중에 그는 오이라트의 수령 쿠투가 베키의 항복을 받는데, 저항할 형편이 되지 않았던 그는 칭기스칸에게 가담하여 향도 노릇을 하였다. 쿠출룩과 톡토아는 이르티쉬 하안에서 공격받고 약탈당했으며, 톡토아는 전사하였다.

---

91. 우리가 『元史』를 믿는다면(Krause, *Cingis Han*, p. 26), 쿠출룩과 톡토아는 앞서 칭기스칸에게 예니세이 상류까지 쫓겨난 타양 칸의 아우 부이룩을 찾아간 것이다. Rashid ad-Din이나 『元史』와는 달리 『몽골비사』는 그가 몽골에 패한 뒤 우룽구로 도망하는 길에 곧 죽었다고 하였다(Howorth, "Kireis," p. 398). 그러나 『몽골비사』는 먼 곳에서 일어난 전투에 관해서는 정확성이 매우 결여되어 있다.
92. Grenard, *Gengis-khan*, p. 57 참조.
93. [역자] 나이만 왕자 부이룩이 케레이트 왕칸의 동생이라는 그루쎄의 주장은 이해하기 힘들다. 바로 앞에서는 타양과 부이룩을 이난차 빌게의 '두 아들'이라 하였고, 또한 토오릴이 쿠르자쿠즈의 '아들'이라고 하였기 때문에 더욱 그러하다. 『몽골비사』·『元史』·『集史』 등에서도 두 사람이 형제라는 사실은 확인할 수 없다.
94. Barthold, *Turkestan*, p. 361. 『元史』에 제시된 연대도 같다(Krause, *Cingis Han*, p. 29).

쿠출룩은 카라 키타이 제국으로 탈출하는 데 성공하였다. 자지라트의 수령 자무카는 망명자들의 무리와 모험생활을 하던 끝에 비적이 되었고, 자기 사람들에 의해 칭기스칸의 수중에 넘겨졌다. 라시드 웃 딘이 연대를 제시하지 않았음에도 불구하고 도오송은 이 사건을 1204년 타양의 패배와 사망 뒤에 생긴 일이라고 확신하였다. 반대로 블라디미르초프는 『몽골비사』의 순서를 따라 자무카의 체포를 1208년 톡토아의 사망 뒤에 일어난 일로 보았다.

칭기스칸은 그들이 안다 즉, 의형제 사이었다는 점을 생각해 그로 하여금 왕자답게 피를 흘리지 않고 죽게 해주었다. 블라디미르초프는 "무속 신앙에 의하면 사람의 피는 그 영혼의 자리이기 때문에 이것은 호의의 표시"라고 하였다. 그러나 자무카의 감시와 처형을 맡은 칭기스칸의 조카인 알치다이가 관절을 하나씩 끊어 그의 죄수를 고문하였다는 라시드 웃 딘의 이야기에는 신빙성이 없는 듯하다.

칭기스칸에 반대했던 자무카는 음모꾼인 만큼 겁쟁이라는 것을 입증하였다. 처음에는 케레이트, 후에는 나이만을 자신의 경쟁자와 싸우는 전쟁에 끌어들였던 그가 도리어 잇따라 두 번씩이나 전투에서 도망하였으며, 처음에는 왕칸을 나중에는 타양을 배반하였다. 전투에서뿐 아니라 도덕적으로도 그는 이 정복자와 적수가 되지 못하였다. 메르키트의 잔여세력은 그 직후 수베에테이에게 격파되었다.[95] 마지막으로 예니세이 상류(탄누 울라와 미누신스크 지역)의 키르기즈는 1207년에 싸우지도 않고 항복하였다.

이제 전 몽골리아가 평정되었다. 아홉 불꽃이 있는 칭기스칸의 깃발

---

95. 칭기스칸의 사위 Toquchar의 도움을 받은 수베에테이의 최후의 전투는 메르키트의 마지막 잔당을 겨냥한 것이었는데, 『聖武親征錄』에는 1217년에 일어난 일로 되어 있다. Rashid ad-Din도 거의 같은 연대를 제시한 데 반해, 『몽골비사』는 이를 1206년의 일로 기록하였다. 이 문헌은 몽골 내부의 역사에 대해서는 매우 중요하지만, 먼 곳에서 일어난 군사행동을 다룬 것은 믿을 수가 없다(Pelliot, *JA*, 1920, pp. 163-164 참조). 수베에테이에 의한 메르키트인들의 패배는 Chäm 또는 Jäm 강에서 일어났다고 하는데, Barthold는 이를 서부 위구리아로, Bretschneider는 이르티쉬 상류 부근으로 보고 있다. Barthold, *Turkestan*, p. 362 참조.

은[96] 모든 투르크-몽골 사람들의 깃발이 되었다. 1204년 나이만 패망 후 타양의 금인金印 보관자인 위구르 사람 타타통아[97]는 몽골인의 포로가 되어 칭기스칸을 위하여 봉사하게 되었다. 그리하여 위구르인 '관리들'로 이루어진 몽골 관방의 싹이 트게 되었다.

황제 칭기스칸

칭기스칸은 자신의 권력을 부족들에게 확인받기 위하여 최후의 항복을 받을 때까지, 또는 마지막 처형을 집행할 때까지 기다리지는 않았다. 그는 1206년 봄 오논의 상류에서, 이미 복속한 모든 투르크-몽골 사람들 즉, 오늘날의 외몽골 지방에 있던 유목민들을 쿠릴타이[98]에 소집하였다. 이때 그는 모든 몽골과 투르크 부족들에 의해 지고의 칸으로 선포되었고 『몽골비사』는 그를 카간qaghan이라고 불렀다.[99] 카간은 5세기 유연의 칭호로 그 뒤를 이은 몽골 지방의 모든 군주들, 즉 6세기의 돌궐과 8세기의 위구르 군주들이 채택한 칭호였다.[100] 플라노 카르피니, 윌리암 루브룩, 마

---

96. [역자]이 깃발을 가리키는 『몽골비사』 제202장 등의 몽골어 명칭은 Yisün költü čagha'an tugh('아홉 다리를 가진 白纛')이며 '아홉 다리'는 그것이 무엇을 상징하든 主纛 둘레에 배치되는 陪從纛 9개를 주독의 다리에 비유하는 말일 가능성이 있다. 유원수, 「오르도스 지역의 Sülde 猛威祭」, 『比較民俗學』 第6輯(1990), pp. 115-144 참조.
97. '타타통아'라는 이름은 한자 전사를 통해서만 아는 것이다. Pelliot는 이 형태가 'Tashatun'에서 파생된 것이라는 Barthold의 제안을 받아들이지 않았다. Barthold, *Turkestan*, p. 387 ; Pelliot, "Notes sur le Turkestan," *TP*(1930), p. 33.
98. Pelliot는 *quriltai*(불어식 표기 *qouriltai*)가 Barthold("Notes sur le Turkestan," *TP* [1930], p. 52)와 Vladimirtsov("Sur la légende d'Utuz-khan," *ibid.*, p. 347)의 *qurultai*(불어식 표기 *qouroultai*)보다 나은 형태라고 주장한다.
99. [역자] 그루쎄의 주장과는 달리 칭기스칸은 결코 '카간'을 칭한 적이 없으며, 그의 아들 우구데이가 최초로 '카간'을 칭하였다.
100. qaghan은 옛 유연 — 따라서 몽골의 — 칭호로서 이후 6세기 후반 유연 제국의 파괴자이자 계승자인 돌궐의 군주들에 의해 채택되었다. 칭기스칸 국가에서 이

르코 폴로, 오도리코 다 포르데노네Odorico da Pordenone와 같은 서구 여행자들은 이 칭호를 대칸이라고 옮겼다.

840년 위구르의 몰락 이후 초원의 제국에는 실질적인 계승자가 없었다. 칭기스칸은 자신을 '모전천막 안에 사는 모든 자들'의 지고의 칸이라고 선포하면서, 투르크인의 조상들(흉노), 몽골인의 조상들(유연과 에프탈), 그리고 다시 투르크인들(돌궐과 위구르)이 번갈아 소유하던 이 옛 제국이 이제 영구히 몽골인들에게 돌아왔음을 선언하였다.

투르크인과 몽골인들 모두 새로운 몽골국 — 몽골 울루스Mongghol Ulus, 몽골진 울루스Mongholjin Ulus — 의 일원이 되었고, 그 후로는 케레이트·나이만·보르지긴과 같은 승자와 패자들 즉, '모전천막에 거주하는 모든 세대들'도 몽골이라는 이름으로 알려지게 되었으며 이 이름으로 명성을 얻게 되었다.101)

1206년의 쿠릴타이에서 샤먼인 쿠쿠추Kököchü(일명 텝 텡그리Teb

어휘의 몽골어 형태는 『몽골비사』에서 *qahan*(Haenisch의 전사)이며 다른 문헌에서는 *qaan*이다(Mostaert, "Ordosica," *Bulletin 9, Catholic University of Peking*, 1934, p. 73에 의하면 현대 오르도스 방언에서는 *qân*). Pelliot는 "칭기스칸이 과연 khagan이라는 칭호를 가졌었는지 의심스럽다. 그의 진정한 칭호는 Chingis-qan 또는 Chinggiz-qan이었던 것으로 보인다"라고 하였다. Pelliot, "Notes sur le Turkestan," p. 25와 "Les Mongols et la Papauté," *Revue de l'Orient chrétien*(1922-1923), p. 19.

101. 칭기스칸 국가의 몽골인들은 간혹 자신들을 '푸른 몽골인' 즉 *Köke Mongghol*이라고 하였다. Saghang Sechen(Schmidt역), p. 70 참조. 옛 돌궐인들도 호쇼 차이담 비문에서 자신들을 '푸른 투르크인' 즉 *Kök Türk*라고 하였다. Thomsen, "Inscriptions de l'Orkhon," p. 98. '푸른'이라는 별명은 하늘 즉, 텡그리에서 유래하는데, 돌궐 카간들과 칭기스칸국의 대칸들은 텡그리의 대표자, 대리인, 지상에서의 사절로 자처하였다(칭기스칸국의 몽골어에서 *jayaghatu* 또는 *jaya'atu*). 우리는 또 다른 문헌을 통해서 몽골인들이 Tatars 또는 Tartars라는 잘못된 이름으로 불렸고, 그들이 이에 대해 13세기 서구 여행자들에게 항의했었다는 것을 알 수 있다. 루브룩은 "몽골인들은 자신들을 타타르인이라고 부르는 것을 바라지 않는데, 장차 내가 알게 된 것을 설명할 때 서술되듯이 타타르인들은 다른 사람들이기 때문이다"(Rubruck, Chap. XVIII).

Tengri)의 역할은 별로 알려져 있지 않다.102) 쿠쿠추의 아버지인 현명한 노인 뭉릭Mönglig은 칭기스칸의 인생에서 중요한 인물로서, 확실치는 않지만 과부가 된 그의 어머니 후엘룬 에케와 결혼하였을 가능성도 있다.103) 쿠쿠추의 주술적인 능력은 사람들로 하여금 그에 대한 미신적인 두려움을 갖게 했고, 그는 얼룩배기 회색 말을 타고 하늘로 올라가며 영혼과 대화를 한다는 평판을 얻고 있었다. 그는 쿠릴타이에서 영원한 푸른 하늘이 칭기스칸을 모든 자의 카간으로 임명했다고 선언하였다. 이 하늘의 위임은 새로운 황제의 권위에 근거를 부여하는 신성한 권리였다. 그는 영원한 하늘의 권세나 명령 혹은 힘에 의해(*möngke tengri-yin küchün-dür*) 카간(보다 정확하게 말하자면 *qân* 혹은 *qaan*)의 칭호를 취하였고, 이러한 의전적 표현은 그의 후계자들에 의해서도 지켜졌다. 그의 손자이며 대칸인 구육이 교황 인노센트 4세에게 보낸 서한에 사용한 인새印璽의 문구가 그 예이다.104)

블라디미르초프는 칭기스칸의 기치, 즉 9개의 야크 꼬리를 가진 흰색 기치105)인 툭tugh은 제국 또는 '황금 씨족'(*altan urugh*)의 수호영령인 술데*sülde*의 상징이자 거처로 간주되었고 이를 위한 특별한 제사가 있었

---

102. E. Haenisch는 *Täb Tängri*(그의 『몽골비사』 전사로는 *Teb-tenggeri*)를 "ganz göttlich, Übergott, Erzogt", 즉 '매우 신성한, 至高의 신, 으뜸신'으로 번역하였다(*Manghol un Niuca Tobca'an*, p. 119). 『몽골비사』의 형태는 Kökö-chu.

103. 이수게이와 후엘룬 에케의 신뢰받는 조언자였던 뭉릭은 이수게이가 죽자 콩기라트 사람들에게 가서 어린 테무진을 찾아 데려오는 일을 맡았다. 그는 이 일을 잘 수행하였지만 곧바로 열세 살 난 테무진을 버렸고, 씨족의 마지막 가축을 빼냈다. 그러나 칭기스칸의 첫 성공 후 그는 칭기스칸에게로 돌아왔다. 칭기스칸에게 생군이 매복해 놓았으므로 케레이트 왕칸과의 회동을 조심하라고 경고한 것도 바로 그였다. 그 동안에 뭉릭은 과부가 된 후엘룬 에케와 결혼하였을 수도 있다.

104. Pelliot, "Les Mongols et la Papauté," p. 22. [역자] 구육 칸의 인장에도 '카간'이 아니라 '칸'이라는 칭호만 보인다.

105. Pelliot, "Notes sur le Turkestan," p. 32 참조. [역자] 위에서 말한 대로 이 깃발을 가리키는 몽골어를 직역하면 아홉 꼬리나 아홉 불꽃이 아니라 아홉 다리다. 白纛은 야크 꼬리가 아니라 흰 말의 갈기털과 꼬리털로 만든다.

다고 한다. 블라디미르초프는 "몽골 사람들을 세계 정복으로 이끈 것은, 바로 깃발의 정령인 술데였다"고 하였다.

샤먼인 쿠쿠추는 칭기스칸을 도와 그의 권력에 '종교적' 기초를 확립하였다. 그는 자신의 주술적 능력과 황족 안에서의 자기 아버지의 위치 덕분에 분명 자신을 불가침의 존재로 여겼다. 그의 행실은 곧 방자해졌고 초자연적인 영역에서의 자신의 권위를 이용하여 황제와 제국을 장악하려고 하였다. 그는 칭기스칸의 동생인 카사르와 다투게 되자, 수상한 목적이 담긴 계시를 칸에게 선포함으로써 자신의 적을 제거하려고 하였다. "신령이 내게 영원한 하늘의 명을 드러냈다. 테무진이 처음에 통치할 것이나 그 뒤로는 카사르다. 카사르를 제거하지 않으면 그대는 위험에 빠질 것이다!"

이 선언은 칭기스칸의 마음에 의혹을 불러일으켜 자기 동생을 체포하고 지휘권의 상징인 모자와 허리띠를 압수하였다. 이 이야기를 들은 어머니 후엘룬 에케는 서둘러 카사르를 풀어주기 위하여 갔다. 『몽골비사』에 의하면 그녀는 자기 젖가슴을 드러낸 채 애처롭게 울면서, "이것은 네가 빨던 젖가슴이다. 카사르가 무슨 죄를 지었길래 너는 네 혈육을 죽이려 하느냐? 너 테무진은 이 젖을, 네 동생 카치운과 옷치긴은 이 젖을 빨았다. 카사르만 두 젖을 모두 빨았다. 테무진은 재능이 있으나 카사르는 힘이 있고 빼어난 궁수다. 부족들이 들고일어날 때마다 그의 활과 화살이 그들을 길들였다. 그러나 이제 우리의 적이 모두 제거되고 보니 카사르는 더 이상 필요없게 되었다!"106) 그러자 당황한 칭기스칸은 카사르에게 칭호와 명예를 되돌려주고 부하 몇 명만 빼앗았다.

그러나 샤먼은 계속해서 황가를 지배하려고 노력하였다. 그는 이제 칭기스칸의 막내아우를 공공연하게 모욕하면서 적대하였다. 칭기스칸의 아내인 현명한 부르테가 남편에게 경고하였다. "당신 생전에도 당신 아우들이 모욕을 받게 된다면, 당신 사후에는 사람들이 당신 아들들에게 반역할 것입니다!" 이번에는 칭기스칸이 정황을 이해해 테무게에게 주술사를 없애라

---

106. Vladimirtsov, *Life of Chingis-khan*, p. 63 ; Grenard, *Gengis-khan*, p. 63. 얼마 전, 즉 1204년에 카사르는 나이만의 타양에 대항하는 결정적인 전투에서 몽골군의 중군을 지휘하면서 두각을 나타냈다.

는 허락을 내렸다. 장면은 짧았다. 며칠 뒤 쿠쿠추가 그의 아버지 뭉릭과 함께 칭기스칸을 방문하러 왔을 때 테무게가 그 주술사의 멱살을 잡았다. 칭기스칸이 그들에게 문제는 밖에 나가서 해결하라고 명령하였다. 쿠쿠추가 황제의 장막에서 나오자마자 이미 칭기스칸으로부터 무언의 동의를 얻은 테무게가 배치해둔 세 사람의 호위병이 '피를 흘리지 않고' 그의 등뼈를 분질러버렸다. 뭉릭은 아들이 죽은 것을 깨닫고도 결코 위축되지 않았다. "오 카간이시여! 나는 그대가 등극하기 오래 전부터 그대를 모셨고 앞으로도 계속해서 모실 것입니다……." 칭기스칸은 쿠쿠추 대신에 바아린부의 최장로이며 존엄하고 조용한 우순을 '흰 말을 타고 흰 옷을 입는' 베키*beki*로 임명하였다.107)

그렇게 평원의 두 모전천막 아래에서 교회와 국가, 주술사와 대칸 간의 실질적인 투쟁이 벌어졌지만, 그 투쟁은 대칸이 문자 그대로 주술사의 등뼈를 부러뜨림으로써 갑작스러운 결말을 보았다.

새로운 몽골 제국 : 국가와 군대

샤먼 쿠쿠추는 제거되었지만 칭기스칸 일족의 새로운 제국은 여전히 그 종교적 토대를 보존하였다. 즉 고대 투르크-몽골의 애니미즘은 많든 적든 마즈다교적인 요소와 중국적인 요소와 혼효되었다. 대칸이 그 현현인 신은 여전히 텡그리, 즉 하늘 또는 하늘의 신이었고, 이는 이란의 오르마즈드Ormazd는 물론 어떤 점에서는 중국의 천天 사상과도 흡사했다.108) 극동에서 철저히 중국화되었든, 투르키스탄·페르시아·러시아에서 이슬람화되었든 상관없이 칭기스칸의 후손들은 모두 지상에서의 텡그리의 대리자

---

107. Barthold, *Turkestan*, p. 391.
108. 이와 관련하여 칭기스칸은 7-8세기 돌궐 카간들의 호쇼 차이담 비문에 나타나는 의례적인 문구 — "나 하늘과 같고, 하늘이 임명한 투르크의 빌게 카간" 즉 *Tängritäg Tängri yaratmïsh Türk Bilgä qaghan*(Thomsen, "Inscriptions de l'Orkhon," p. 122) — 를 문자로서는 아닐지라도 그 정신은 되살렸다.

임을 자처하였으니, 그들의 명령은 텡그리의 명령이고 그들에 대한 반역은 곧 텡그리에 대한 반역이었다.

칭기스칸 자신은 오늘날의 헨테이 산맥 즉, 오논 강의 발원지역에 있는 부르칸 칼둔 산에 부여된 신성함을 특히 숭배했던 것으로 보인다. 초기에 칭기스칸이 메르키트의 약탈시 아내가 납치당했을 때도 발빠른 말 덕분에 도망쳐 피신한 곳이 바로 부르칸 칼둔이었다. 칭기스칸은 즉시 참배자로서 산에 올라갔다. 몽골 풍속에 따라 먼저 모자를 벗고 복종의 표시로 허리띠를 풀어 어깨에 걸친 뒤, 아홉 번 무릎을 꿇으면서 쿠미스 즉, 유목민들의 술인 발효시킨 말젖으로 의식을 올렸다. 훗날 북경의 금 제국에 대한 거국적인 전쟁에 나서기 전에도 그는 부르칸 칼둔에서의 참배를 되풀이하여, 똑같이 애원하는 태도로 그의 허리띠를 목에 두르고 기도하였다. "오 영원한 텡그리시여! 나는 금에게 모욕적인 죽음을 당한 조상들의 피를 복수하기 위하여 무기를 들었습니다. 만일 그대가 내가 하는 일을 승인하신다면 그대의 힘을 내게 내려주소서!" 그의 이 말은 라시드 웃 딘에 의해 기록되었다. 다른 문헌에는 전쟁 전야에 사람들이 "텡그리! 텡그리!" 하면서 비는 동안, 그는 사흘 동안 천막 문을 닫아 걸고 신령하고만 있다가, 나흘째 되는 날 하늘의 힘인 칸이 마침내 천막에서 나와 영원한 텡그리가 그의 승리를 약속하였다고 선언하였다고 한다.[109]

무슬림 작가들과 기독교 선교사들은 이 같은 고대의 애니미즘으로 인하여 산봉우리와 강의 발원지에서 제사지내는 것을 특기하였다. 즉 텡그리에게 더 가까이 가서 그의 도움을 빌기 위하여 성산에 오른다든가, 대칸에게 부과된 의무인 복종의 표시로서 모자를 벗고 허리띠를 어깨에 걸친다든가, 아니면 천둥이 칠 때 즉, 하늘이 분노를 드러낼 때 숨는 풍습, 혹은 샘은 정령들이 사는 곳이므로 절대로 더럽히지 않기 위해, 그리고 목욕이나 세탁으로 냇물을 더럽히지 않기 위해 조심하는 것 — 세정洗淨 의식을 충실하게 고수하는 무슬림 사회에서 이러한 행위는 처음에 심각한 오해를 불러일으켰다 — 등이 그러하다.

---

109. D'Ohsson, *Histoire des Mongols*, I, p. 123, Vladimirtsov, *Life of Chingis-khan*, p. 92에 인용된 Rashid ad-Din의 글.

하늘과 주문에 대한 그들의 미신적 두려움으로 인해 몽골인들은 자기네 샤먼뿐 아니라 신성의 대리자일 가능성이 있는 다른 사람들, 즉 케레이트와 웅구트인들 사이에 있던 네스토리우스교의 사제들, 위구르인과 거란인의 불교 승려들, 중국 도교의 도사들, 티베트의 라마들, 프란체스코회 선교사들, 또는 무슬림 물라*mullah*들처럼 초자연적인 힘에 인도된다고 여겨지는 모든 종파의 지도자들과 우호적인 관계를 갖는 것이 현명하다고 생각하였다.110) 이러한 다양한 종파의 대표자들에 대한 그들의 호의는 텡그리에 대한 재보험과 같은 것이었으니, 전반적인 미신적 공포가 그토록 일반적인 관용을 낳은 것이다. 칭기스칸의 후손들은 이 같은 미신적 두려움에서 벗어나자 투르키스탄과 페르시아에서 태도로나 행동으로나 관대하지 않게 되어버렸다.

이러한 원칙에 토대를 둔 몽골 국가는 문자와 공용어 같은 문명의 도구를 위구르로부터 빌렸다. 앞서 설명한 대로 1204년 나이만 왕국의 몰락과 함께 죽은 타양의 금인 관리자였던 위구르인 타타통아가 칭기스칸을 위하여 일하게 되었다. 타타통아에게는 칭기스칸의 아들들에게 몽골어를 위구르문자로 쓰는 법을 가르치는 일과111) 공식적인 법령에 탐가*tamgha* 즉 제국의 옥새를112) 누름으로써 서명하는 일이 주어졌다. 이러한 혁신 속에서 관방업무가 시작되는 것을 볼 수 있을 것이다.

1206년 칭기스칸은 그와 아내 부르테가 아이 때에 입양하여 기른 타타르인 시기 쿠투쿠Sigi Qutuqu에게 대법관으로서의 권위를 부여하였다. 시기 쿠투쿠는 사법적 결정과 판결문을 위구르문자를 사용하여 몽골어로

---

110. "칭기스칸 황제의 거룩한 칙령에, 和尙(불승), 也里可溫(네스토리우스 승려), 先生(도교의 도사), 答失蠻(무슬림 종교지도자)을 토지세와 상세 또는 어떠한 징발의 대상도 되지 않게 하라! 그들로 하여금 하늘의 도움을 기도하고 황제의 행복을 간구하게 하라고 되어 있다"(Chavannes, "Inscriptions et pièces de chancellerie chinoises de l'époque mongole," *TP*(1908), pp. 377-378에 있는 쿠빌라이 황제의 1275년 칙령).
111. Pelliot, "Notes sur le Turkestan," *TP*(1930), p. 34.
112. *tamgha*(투르크어로 몽골어에서는 *tamagha*로 전사)에 대해서는 *ibid.*, p. 35 참조.

기록하고, 다양한 몽골 귀족들에게 배급된 호구내역을 기재한 '청책靑
冊'(*Kökö Debter*)이라는 등록부를 관리하는 책임을 맡았다. 첫번째 활동
은 실질적인 법전의 편찬을, 두 번째 활동은 계보일람의 찬수 — 뻴리오
의 표현을 빌리면 '일종의 몽골식 오지에Hozier' — 를 결과케 하였다.113)

　야삭*yasaq* 즉, 문자 그대로 칭기스칸 국가의 '규례' 또는 보통법전 역
시 그 기원(또는 그 제국적 차원에서의 시작)은 1206년의 쿠릴타이에 있
었다.114) 야삭을 통하여 '하늘의 힘'인 대칸은 하늘이 정한 엄격한 기율을
민간사회와 군대 — 이 두 범주는 거의 구별되지 않았다 — 에 부여하였
다. 법은 너무도 가혹해 살인·절도·음모·간통·비적·저주·장물취득 등은
사형으로 규정되었다. 민간인이든 군인이든 불복종은 보통법 아래에서 범
죄로 취급되었고, 야삭은 세계를 통치하는 데 유효한 규율 즉, 민법이자
행정법이었다. 법리적으로 야삭은 지금은 전해지지 않는 '지혜'(*bilig*) 즉
칭기스칸의 성훈聖訓으로 보완되었다.

　몽골의 이러한 규율의 결과는 서구 여행자들을 놀라게 하였다. 1206
년의 쿠릴타이 이후 약 40년 뒤 프란체스코회의 플라노 카르피니는 몽골
을 방문하고 돌아와서 다음과 같은 기록을 남겼다. "타타르 즉, 몽골인들
은 세상에서 지도자에게 가장 순종적인 사람들로서 우리의 승려들이 상급
자들에게 복종하는 것보다 훨씬 더 순종적이다. 그들은 그들의 지도자들에
대하여 크나큰 경의를 품고 있으며 절대로 거짓말을 하지 않는다. 그들 사
이에는 말다툼·시비·살인이 없다. 좀도둑질 정도만 일어난다. 누군가 가축
을 잃으면 발견한 사람은 결코 그 가축을 차지하지 않으며 주인에게 돌려
보내기까지 한다. 그들의 아내들은 흥이 나서 들떠 있을 때조차 매우 정숙
하다." 이러한 모습을 칭기스칸 일족의 정복 전야나 오늘날 몽골 사람들의
도덕 수준과 비교해보면 칭기스칸의 야삭이 몽골 사회에 가져다 주었던

---

113. 마치 17세기 Pierre de La Garde d'Hozier의 *Généalogie des principales
　　*familles de France*처럼. Barthold와 Vladimirtsov를 수정한 Pelliot, "Notes
　　sur le Turkestan," p. 38, p. 40 이하를 참조.
114. 몽골어로 *jasaq* 또는 *jasa*, 투르크어로 *yasaq* 또는 *yasa*('규제하다, 정하다').
　　Pelliot, *JA*(April-May, 1913), p. 458 ; (April-June, 1925), p. 256 참조.

심대한 변화를 올바로 평가할 수 있을 것이다.115)

사회구조의 정점에는 칭기스칸의 일족이 있었다. 이 황금 씨족 즉, 알탄 우룩의 수령은 대칸(qaghan, qa'an)이었고, 대칸의 아들인 왕자들은 '쿠베군 *köbegün*'으로 불렸다. 이 일족은 정복자의 조상들이 고향 초원의 훨씬 작은 영지에 대해 지배권을 행사하던 것과 아주 비슷한 방법으로 정복한 광대한 영역에 대해서도 재산권을 행사하였다. 칭기스칸의 네 아들에게 배당된 목지(*nutugh, yurt*)는 칭기스칸 일족들이 세운 미래의 칸국들의 맹아가 되었다.

몽골 사회 — 칭기스칸이 알타이 지역에서 수많은 투르크 부족을 흡수했기 때문에 실은 투르크-몽골 사회 — 는 귀족제적인 특징을 보존하였다. 바르톨드와 블라디미르초프의 연구에 의하면 그것은 고대의 '초원 귀족제', 즉 용사(*ba'atur*, 복수형은 *ba'atud*)와 수령(*noyan*)116)으로 이루어진 귀족제였으며, 그들은 자유스러운 신분인 전사나 충복들(*nökör*, 복수형은 *nököd*), 평민 또는 서민(*arad, qarachu*), 그리고 마지막으로 이론적으로는 몽골계가 아닌 노예들(*unaghan bo'ol*)117)로 이루어진 다양한 사회 계급을 지휘하고 관리하였다. 블라디미르초프는 이처럼 계층을 달리하는 여러 사회집단들이 개인적 충성의 세습적 유대에 의해 연결된 봉건사회의 모든 요소들을 찾아내었다.

똑같은 봉건원리가 군대에도 적용되었다. 개인적 충성에 근거한 유내가

---

115. 이는 Joinville(Wailly편, *Histoire de Saint Louis* [Paris, 1874], p. 23)이 프란체스코회 선교사들로부터 야삭에 대해 알게 된 바를 요약한 것이다. "(칭기스칸이) 그들에게 준 법령은 사람들 사이에 평화를 유지하기 위해 고안된 것이다. 주먹을 잃기를 소망하는 자가 아니면 남의 소유물을 훔치거나 남을 때리지 않았다. 그 주먹이나 목숨을 잃기를 원하는 자가 아니면 남의 아내나 딸과 동침하지 않았다. 그는 평화를 확보하기 위해 그들에게 다른 많은 좋은 법령을 주었다."

116. "1389년에 편찬된 『華夷譯語』에 *noyan*은 貴이다. 현대 발음은 *noyon*이지만 중세에 외국인들에게는 대략 *noin*으로 들렸다." 복수형은 *noyad* 또는 *noyat*이다. Pelliot, *Revue de l'Orient chrétien*(1924), p. 306(110).

117. [역자] 블라디미르초프는 라시드 웃 딘의 『集史』에 근거하여 당시 '세습 노비'를 의미하는 *unaghan bo'ol*이라는 계층이 있었다고 하였으나, 후일 *unaghan*은 *ötegü*('오래 된')의 誤讀임이 밝혀졌다.

십호(*arban*)·백호(*ja'un*)·천호(*mingghan*)·만호(*tümen*)의 수령들을 통합
하였다. 백호·천호·만호의 지휘관들은 고위 귀족인 노얀이었다. 그 아래로
자유민인 하급 귀족이 군대의 중추를 이루었는데, 이들은 투르크어에서 온
타르칸(*tarqan*, 몽골어로 다르칸*darqan*)이라는 칭호로 불리며 전쟁에서의
개인적 전리품과 대규모 사냥에서 잡은 짐승을 차지할 수 있는 특권이 있
었다.118) 몇몇 타르칸들은 그들이 발휘한 무용 덕택에 노얀으로 승진하기도
했다.

블라디미르초프가 지적한 대로 '귀족제적으로 조직된' 이 군대에는 대
칸의 친위대라는 특수한 엘리트들이 있었다. 이 친위대(케식)는 1만 명 정
도로 구성되었다. 그 병사들(단수형 *keshigtü*, 복수형 *keshigten*)은 이론
상 주간 친위(*turghagh*, 복수 *turgha'ud*)와 야간 친위(*kebte'ül*, 복수
kebte'üd)로 나뉘었다.119) 여기에 호르친(*qorchin*) 즉 궁사들이 추가되었
다. "야간 친위대가 800에서 1,000명, 궁사가 400에서 1,000명이었다. 주
간 친위대는 1,000명이었다. 친위대의 실제 인원은 맨 나중에는 1만 명에
달하였다."120) 귀족들과 타르칸으로서의 특권을 가진 자유민들만 친위대원
이 될 수 있었다. 친위대의 일개 병사는 다른 부대의 천호장보다 우월한
지위를 갖고 있었으며, 칭기스칸은 많은 장군들을 이 친위대 중에서 선발
하였다.

원칙상 몽골군은 삼익으로 나뉘었으며 몽골 방위법에 따라 남쪽을 향

---

118. 타르칸 또는 다르칸은 원칙적으로 면제받은 자(*vir immunis*), 즉 조세를 면제받
    은 자였다(Mostaert, "Ordosica," p. 38). 누쿠르에 대해서는 Ralph Fox, *Gen-
    ghis-khan*, p. 109를 보시오.
119. 이 용어들에 대하여는 Barthold, *Turkestan*, p. 383과 Chavannes, *TP*
    (1904), pp. 429-432를 수정한 Pelliot, "Notes sur le Turkestan," p. 28 이하
    를 보시오. [역자] 이러한 친위병들에 대해 당시 한문자료는 散班(*turva'ud*), 宿
    衛(*kebte'üd*), 箭筒士(*qorchi*)라는 표현을 사용하였다.
120. Barthold, *Turkestan*, p. 384. 우리는 1만 명의 집단을 *tumen*이라고 하는 것을
    보았는데, 1만의 tu는 *tuq*(纛)에서 유래하였다. [역자] 이런 주장은 그루쎄가 두
    어휘의 투르크-몽골어에서의 정확한 형태를 몰랐기 때문에 나온 것이다. *tümen*
    '萬'과 *tuğ~tugh*'纛'의 어원은 물론 다르다.

하여 배치되었다. 좌익(*je'ün ghar* 또는 *jegün ghar*)은[121] 동쪽에 배치되었으며 처음에는 잘라이르부의 무칼리가 지휘하였다. 중군(*ghol*)은 바아린의 나야아가 지휘하였으며 칭기스칸이 입양하여 아들로 기른 젊은 탕구트인 차가안Chagha'an이 선발된 1,000명을 지휘하였다. 우익(*bara'un ghar* 또는 *baraghun ghar*)은[122] 아룰라트부의 보오르추(혹은 보오르치)가 지휘하였다. 칭기스칸이 죽을 때 친위대의 실제 병력은 12만 9,000명에 달하였다. 군사적인 이유로 좌익에 6만 2,000명, 우익에 3만 8,000명이 배치되었으며, 나머지는 중군과 보충대로 배치되었다.[123]

이 남향 대형은 몽골의 목표와 일치하는 것으로, 부채모양으로 여러 '남쪽' 나라들을 향하고 있었다. 목표는 왼쪽으로 중국, 가운데로 투르키스탄과 동부 이란, 오른쪽으로 러시아 초원이었다.

이 영웅 서사시의 주인공인 몽골의 전사들은 어떠한 모습이었을까? 조맹부趙孟頫 유파의 중국인 화가들은 그들을 놀라운 솜씨로 그려놓았다. 칭기스칸의 연구자인 페르낭 그레나르가 몽골 여행에서 돌아와 기록한 내용을 읽으면 마치 이러한 옛 거장이 그린 화첩을 펼쳐보는 느낌을 받는다. "병영에서 병사는 귀마개가 있는 털모자를 쓰고, 털양말과 장화를 신으며, 무릎 아래로 내려오는 외투를 입는다. 전투시 그는 목덜미를 덮는 가죽투구를 쓰고, 검은 옻칠을 한 가죽끈으로 만든 강하고 유연성 있는 흉갑을 입는다. 그의 공격용 무기는 두 개의 활과 두 개의 활통, 굽은 군도, 손도끼, 안장에 걸린 쇠로 만든 미늘창, 적의 기병을 말에서 떨어뜨리기 위한 갈고리가 달린 창, 당기면 죄어드는 올가미가 있는 말털로 짠 밧줄 등이다."[124]

---

121. '왼손'의 의미.

122. '오른손'의 의미.

123. Barthold, "Cinghiz-Khân," *EI*, p. 881에 몽골군의 전병력을 12만 9,000이라고 했다. Rashid ad-Din에 나오는 위 숫자는 d'Ohsson, *Histoire des Mongols*, II, pp. 3-5에서도 볼 수 있다. Erdmann, *Temudschin*, p. 455는 같은 페르시아 문헌에 근거하여 다른 숫자를 제시하였다(친위대 1,000, 중군 10만 1,000, 우익 4만 7,000, 좌익 5만 2,000, 황실 왕자 친위대 2만 9,000, 총 23만).

124. Grenard, *Gengis-khan*, p. 76. Plano Carpini는 1246년으로 연대를 밝힌 기사

몽골인들은 말과 떨어질 수 없었다. 사실 그들은 서로 닮았으니, 같은 초원에서 태어나 같은 기후와 토양에서 자라났으며 똑같은 훈련으로 길들여졌다. 몽골인은 키가 작고 탄탄하며 뼈대가 굵고 튼튼한 체격을 갖추었고, 스테미나가 엄청나다. 그들의 말 역시 작고 탄탄하며 우아한 데라고는 없다. "힘센 목, 굵직한 다리에, 가죽은 털이 빽빽하며, 불 같은 투지와 정력, 지구력, 꾸준함, 걸음걸이의 확실함은 경탄할 만하다."125) 역사의 여명기에 인도-유럽계의 '말 조련사들'에게 그들의 우위를 부여하고, 고전시대 말기에 훈족을 중국과 로마 제국 정복으로 이끈 것은 틀림없이 북방 유목민들의 이 군마였다. 이제 중세에 이르러 새로운 충동이 초원의 모든 기병들을 북경과 타브리즈와 키에프의 황금 대궐들을 향하여 돌진하도록 했다.

몽골의 전술에 대해서는 씌인 바가 많다. 일부 사람들은 그것을 프레데릭 2세Frederick II나 나폴레옹Napoleon의 전술과 비교하였다. 레옹 까엉Léon Cahun은 그것을 무슨 초인들의 참모회의에서 생겨난 엄청나게 천재적인 개념들로 보았지만, 실상 몽골인들의 전술은 흉노와 돌궐이 사용하던 옛날 방법의 개선된 형태에 불과했다. 그것은 농경지역 변방에 대한 지속적인 습격과 초원의 대규모 몰이사냥에서 발전된, 유목민들에게 있어 영원불변의 전술이었다. 전해 내려오기로는 칭기스칸이 다음과 같이 말하였다고 한다. "낮에는 늙은 늑대의 경계심으로, 밤에는 갈가마귀의 눈으로 지켜보아라. 전투에서는 적을 매처럼 덮쳐라." 사슴 무리에 참을성 있게 몰래 접근하는 것은 사냥감인 적에게 들키지 않고 아무 소리 없이 보이지 않는 정찰조를 전방으로 보내는 방법을 가르쳐주었다. 초원에서 사냥할 때 몰이대형을 사용하여 달아나는 야생동물 무리의 방향을 바꾸게 하는 것은 그들에게 적군을 양익으로 포위할 수 있는 우회기동법迂廻機動法(*tulughma*)을 가르쳐주었다.

유목민들은 이 고도의 기동력 있는 기병을 이용하여 작전이 개시되기

에서 이 무장에 대해, 특히 기병을 찔러 말에서 떨어뜨리기 위한 갈고리 달린 창에 대해 매우 상세하게 기술하였다.

125. *Ibid.* 발효시킨 말젖, 즉 쿠미스(kumiss, *qumiz*)는 몽골인들이 애호하는 음료였다. Pelliot, *JA*(1920), p. 170 참조.

전부터 이미 적을 당황케 하는 기습과 편재遍在의 효과를 거둘 수 있었다. 만일 적이 한 걸음도 물러서지 않으면 몽골군은 그들의 거점을 공격하지 않았다. 몽골군은 초원의 모든 약탈자들처럼 흩어져 사라졌다가, 중국군 창수槍手나 호레즘·맘룩·헝가리 기병이 경계심을 늦추면 다시 돌아올 준비가 되어 있었다. 몽골 기병들의 거짓후퇴를 추격하는 실수를 저지른 적에게는 재앙이 따를 뿐이었는데, 그것은 그들이 적을 길에서 벗어나고 기지에서 멀리 떨어진 — 포위되어 소처럼 쓰러질 — 험한 지형의 함정으로 유인하는 것이었기 때문이다. 전위와 양익에 배치된 몽골의 경기병들은 화살을 날려 적을 쉴새없이 공격하는 임무를 수행했고 이것이 적의 대오에 엄청난 혼란을 가져다 주었다. 옛 훈족들처럼 몽골 사람들도 어린 시절부터 말을 타고 활을 쏘던 기마궁수였는데, 절대로 빗나가는 법이 없는 그들의 화살은 200미터나 400미터, 심지어 그 이상 멀리 떨어져 있는 사람도 쏘아맞힐 수 있었다.

몽골군은 따라잡기 어려운 기동력에다가 당시로서는 유일한 전술상의 우위까지 갖고 있었다. 자신들의 강점에 대하여 자신감을 갖고 있던 몽골의 전위부대는 대형별로 자주 교체되면서 일제 사격을 퍼붓고는 빠져나갔다. 적이 어느 정도 앞으로 유인되고 원거리 사격으로 기동력을 잃게 되면 중무장한 기병대를 중심으로 군도를 빼들고 돌진하여 적을 농강내었다.

이 모든 작전에서 몽골 사람들은 그들의 체격, 추한 모습, 악취 등으로 인해 상대방이 갖게 되는 공포심을 백분 활용하였다. 몽골군은 예기치 않게 나타나 배치되었고, 지평선 위로 말을 타고 나타나 둥글게 달렸다. 그들은 장엄한 느낌까지 불러일으키는 침묵 속에서 서행하다가 지휘하는 고함소리 없이 기수의 신호에 따라 기동하고 진격하였다. 그리고 바로 그 순간 갑자기 악마적인 비명과 고함을 내지르며 돌진하였다.126) 이는 희생물을 제어하기 위하여 그것을 흥분시키고 갈피를 못잡게 하는 사냥꾼의 오래 된 전통적인 계략이었다.

몽골인과 그의 말은 마치 그들이 영양과 호랑이를 사냥하듯, 중국인·

---

126. G. Altunian, *Die Mongolen und ihre Eroberungen in kaukasischen und kleinasiatischen Ländern im XIII Jahrhundert* (Berlin, 1911), p. 74 참조.

페르시아인·러시아인·헝가리인을 사냥했던 것이다. 몽골의 궁수들은 독수리가 최고 높이로 날아올랐을 때 그것을 쏘아 떨어뜨리듯 적이 가장 지쳐버렸을 때 덮쳤다.

몽골인들의 '가장 훌륭한 전쟁'은 트란스옥시아나와 헝가리에서 치러졌는데, '사냥감'을 지치게 하고 갈팡질팡하다가 기진맥진케 한 뒤, 포위하여 조직적인 살육으로 끝을 내는 거대한 몰이사냥의 모습을 띠고 있었다.

이 모든 전술은 치밀한 플라노 카르피니에 의해 생생하게 묘사되었다. "그들은 적을 발견하자마자 한 사람이 서너 대씩 화살을 쏘아대면서 돌진한다. 적이 꺾이지 않은 것을 알아차리면 그들은 우군이 있는 곳으로 퇴각한다. 그러나 이것은 미리 배치된 복병들 속으로 적을 유인하고, 추격하기 위한 행동일 뿐이다. 적이 너무 강하다고 판단되면 그들은 하루나 이틀이 지나도록 후퇴하면서 통과하는 지역을 약탈한다. ……아니면 그들은 잘 선택된 지점에 설영한다. 그리고 적이 줄을 지어 지나가기 시작하면 튀어나와 기습한다. ……그들의 전쟁기술은 여러가지이다. 그들의 병력 대부분은 적을 포위하기 위하여 양익에 자리잡고, 적이 제1차 기병 돌격을 감행하면 포로들과 외국인 보조부대로 이루어진 제일선으로 맞서게 한다. 그들은 이 일을 주도면밀하게 하기 때문에 적은 그들을 실제보다 훨씬 더 많은 것으로 착각한다. 만일 적이 완강하게 방어하면 전열을 열어주어 적이 도망칠 수 있도록 했다가 그 뒤 갑자기 추격하여 가능한 많은 도주자들을 베어버린다(이 전술은 1241년 수베에테이가 사요Sajo에서 헝가리군을 상대로 싸울 때 사용한 것이다). 그러나 그들은 화살로 적의 인마를 살상하는 것을 목표로 삼기 때문에 백병전은 가능한 한 피한다."

루브룩은 몽골 사람들이 대규모 사냥을 할 때 똑같이 기동하는 모습을 이렇게 기술하였다.

"그들이 사냥하고자 할 때, 그들은 야생동물이 있는 곳에 대규모로 모여 짐승들을 그물처럼 포위하고, 화살로 쏘아 쓰러뜨리기 위하여 짐승들에게 조금씩 다가간다."

북중국의 정복

몽골리아를 통일한 칭기스칸은 이제 북중국 정복에 나섰다. 그는 먼저 탕구트 유목민들이 감숙·알라샨·오르도스에 세운 서하를 공격하였다. 그들은 티베트 종족에 속했다. 종교는 불교였으며 중국의 영향으로 문화가 상당한 수준으로 발달했고 특히 그들의 문자는 한자에서 파생한 것이었다.

서하에 대한 이 공격은 정착문명 민족에 대한 몽골인들의 최초의 행동이었고, 그들의 지도자는 이 작전을 수행하면서, 옛 중국땅을 분할하고 있는 세 나라 가운데 가장 약한 나라를 상대로 자기 군대의 질을 시험하고 있었다. 칭기스칸은 서하 영토의 지배자가 됨으로써, 중국에서 투르키스탄까지 교통로를 장악하였고 동시에 몽골의 숙적인 북경의 금의 영토를 서쪽에서 포위하였다.

그러나 몽골인들은 넓은 평원지역에서 적을 공격하는 데는 훌륭하게 조직되었지만, 요새화된 거점에 대해서는 초보자들이었다. 이것은 후일 금과의 전쟁에서 역력히 드러났고 서하 원정전에서도 볼 수 있었다. 칭기스칸은 여러 차례(1205-1207, 1209) 이 나라를 황폐화시켰지만, 수도인 영하와 영주는 함락시키지 못하였다. 서하의 국왕 이안전李安全(1206-1211)은 자신을 속령의 군수로 인정함으로써 일시적으로 왕위를 지킬 수 있었지만, 1209년에는 칭기스칸이 돌아와 오늘날의 영하에 해당하는 중흥中興을 포위하고 황하의 물줄기를 돌려 함락시키려고 하였다. 그러나 몽골인들에게는 댐 건설이 너무나 복잡한 일이어서 의도하던 방향으로 강을 범람시키는 데 실패하였다. 이안전은 자기 딸을 칭기스칸에게 바침으로써 평화를 유지할 수 있었다(1209).[127]

칭기스칸은 서하를 속국으로 만들고, 여진 왕국 즉, 북부 중국의 퉁구스계 왕조인 금나라로 향하였다. 이미 설명한 대로 이 나라의 광대한 영토는 만주 지역, 한수와 회수 이북의 중국 북부 지역을 포함하였으며 수도는 북경이었고, 열하의 대정大定, 요양, 산서의 대동, 하남의 개봉 등이 제2의

---

127. 『元史』, Krause역, *Cingis Han*, p. 28.

수도들이었다. 칭기스칸이 젊은 시절 케레이트와 함께 북경의 편에 서서 타타르와 싸웠다는 것은 서술한 바이다. 따라서 그는 금의 부하이자 신하였으며, 그들은 그에게 용병으로서의 대가를 지불하였고, 그의 공을 인정하여 적당한 중국식 칭호를 수여하였다.

그러나 그에게 이 같은 군신관계를 상기시켰을지도 모르는 마달갈麻達葛(장종章宗, 1189-1208)이 사망하자, 칭기스칸은 마달갈의 후계자 영제永濟(위소왕衛紹王, 1209-1213)[128]의 즉위를 치욕적인 동맹관계를 철회하는 기회로 삼았다. 금의 사절은 칭기스칸이 자기 주군의 즉위 선언을 무릎 꿇어 받들기를 바랐지만 정복자는 화를 벌컥 냈다. "영제같이 어리석은 자가 옥좌에 가당키나 하며 내가 그런 자에게 나 자신을 낮추어야 하는가?" 그리고 그는 "남쪽을 향하여 침을 뱉았다." 영제는 실로 가련하고 무능한 통치자였으며, 권위나 위신도 없는, 한낱 자기 장군들의 노리개일 뿐이었다. 칭기스칸으로서는 호레즘 제국의 경우처럼 이렇게 유약하고 과대 평가된 적을 상대한다는 점에서 다행이었다.

몽골 쪽에서 만리장성으로의 북방 접근로인 산서성 북부는 투르크족의 연맹체이자 네스토리우스파 기독교도인 웅구트인들이 금을 위해 방어하고 있었다.[129] 몽골리아의 부족전쟁에서 웅구트의 알라쿠쉬 티긴은 1204년 이래 칭기스칸의 편이었다. 알라쿠쉬 가문의 충성은 1211년 이 정복자가 금국으로 원정할 때 침공로를 열어주고 웅구트부가 지키던 변경지역을 그에게 넘겨주었다는 점에서 가장 큰 도움을 주었다. 칭기스칸은 자기 딸 가운데 알라가이 베키Alaghai Beki를 알라쿠쉬의 아들 패요합孛要合에게

---

128. [역자] 마달갈(章宗, 1189-1208)의 뒤를 이어 1209-1213년까지 재위한 금나라 군주는 위소왕으로 원래 諱는 允濟였으나 章宗 때(1189-1208) 아버지 顯宗(允恭)의 諱를 피해 바꾼 이름이 永濟. 또한 小字는 興勝이므로 그루쎄의 전사형 Tchong-hei는 위의 어느 것에도 해당되지 않는다. 後藤富男의 日譯本에서 繩果는 Tchong-hei와 비슷하지만, 이는 太祖(1115-1123)의 둘째아들이며 熙宗(1135-1149)의 아버지인 景宣皇帝 宗峻의 本諱이니 잘못이다. 『金史』 권13, 본기 제13, 「衛紹王」, 권19, 본기 제19, 「世紀補」 참조.

129. Pelliot, "Chrétiens d'Asie Centrale et d'Extrême-Orient," TP(1914), p. 630 참조.

주어 보답하였다.[130]

칭기스칸은 몽골과 금 사이의 이 분쟁을 일종의 민족전쟁의 성격으로 만들었다.[131] 그는 여진인들이 말뚝으로 찌르고 나무 당나귀에 못박아 죽인 옛 몽골의 칸들을 상기하면서 엄숙하게 텡그리의 도움을 빌었다. "오, 영원한 하늘이시여! 저는 금에게 수치스러운 죽음을 당한 제 아저씨 오킨 바르칵과 암바가이의 피를 갚기 위하여 무기를 잡았습니다. 제가 하는 일을 인정하신다면 높은 곳에서 그대의 도움의 팔을 제게 빌려주십시오!"

동시에 칭기스칸은 북경의 옛 주인이었으나 금에 의해 대체된 거란인들의 복수자로 자처하였고, 거란인들은 그의 명분을 열렬히 지지하였다. 옛 왕족 야율씨의 왕자들 가운데 한 사람인 야율유가耶律留哥는 그를 위하여 1212년 거란의 옛 영토인 만주 서남부의 요하에서 반란을 일으켰다. 주지하듯이 거란인들은 몽골어를 사용하였기 때문에, 그들과 칭기스칸 사이에는 북경의 퉁구스 왕조에 대항하는 연합을 가능케 한 종족적 또는 친족적인 결속관계가 존재했던 게 틀림없다.

칭기스칸은 야율유가로부터 충성의 맹세를 받자 제베 노얀이 지휘하는 구원군을 그에게 보냈다. 1213년 1월 제베는 유가가 금으로부터 요양을 빼앗고 조상들의 땅에서 몽골을 종주로 인정하며 스스로 '요왕遼王'을 칭할 수 있도록 도와주었다. 옛 거란의 이 후예는 죽을 때(1220)까지 몽골 황제의 가장 충성스러운 신하임을 보여주었다. 그리하여 금의 국경은 서북의 웅구트 쪽과 마찬가지로 동북의 거란 쪽으로도 무방비상태가 되었다.

칭기스칸의 금국 원정은 1211년에 시작되어 짧은 휴지기가 있었을 뿐 그가 죽을 때까지 지속되었으며(1227), 그의 후계자 시대에 이르러서야 결말이 났다(1234). 그 이유는 몽골 사람들이 기동력 있는 기병들로 지방과

---

130. 정력적인 여인 '알라가이 베키'는 남편이 죽은 후 그녀의 부족을 다스릴 능력이 있음을 보여주었다. *Ibid.*, p. 631.
131. 몽골인들이 금의 황제를 Altan Qan이라는 이름으로 불렀다는 것을 상기해볼 만하다. 몽골어 *altan*은 중국어 금과 뜻이 같다. 그러므로 알탄 칸은 황금의 군주이다.

무방비상태의 도시들을 파괴하는 데는 뛰어났으나, 중국인 공병들이 지키는 성채를 빼앗는 기술은 오랫동안 갖추지 못했기 때문이다. 더욱이 그들은 중국에 대한 전쟁을 초원에서처럼 수행하였으니, 계속 공격하고도 번번이 전리품만 갖고 철수했기 때문에 금에게 도시를 재점령하고 폐허를 복구하고 갈라진 성벽과 보루를 수축하여 요새를 재건할 만한 시간적 여유를 주었다. 그런 상황에서 몽골 장군들은 어떤 요새는 두세 번 다시 점령해야 했다.

마지막으로 몽골 사람들은 초원에서 패배한 적을 대량으로 학살·추방하거나 '흰 깃발' 아래 집단적으로 징집하여 처리하는 데에는 익숙해 있었다. 그러나 정주국가 특히 엄청나게 많은 사람이 사는 중국에서는 대량 학살이 별로 대단한 인상을 주지 못하였는데 이는 항상 살해된 자들보다는 그들 대신 자리를 차지할 주민들이 더 많았기 때문이다.

게다가 옛 여진인들의 금은 겨우 100년 전에 정주생활을 시작했기 때문에 퉁구스인의 피가 지니는 모든 정력을 그대로 간직하고 있었다. 따라서 공성전에 익숙지 못한 몽골인들은 중국인 공병들의 기술뿐 아니라 퉁구스 전사들의 용맹함에도 저항을 받았기 때문에 어려움이 배가될 수밖에 없었다. 앞으로 차차 보게 되겠지만 칭기스칸 자신은 이 전쟁의 초기에만 참여하였다. 전쟁을 일으키고 나서(1211-1215) 그는 투르키스탄 정복을 위하여 병력의 대부분을 철수시켰고, 그가 떠난 뒤 그의 장군들은 금의 군대를 격파하기는 했지만 금 제국을 붕괴시키지 못하고 지구전을 수행하는 수밖에 없었다.

그러나 공정하게 말해 몽골 황제가 중국 전선에 있었을 때는 그가 통상적인 끈기를 가지고 작전을 수행했다는 것을 밝혀둘 필요가 있다.[132] 1211-1212년의 작전은 산서성 최북단의 대동 지역(지금의 서안), 하북성 북부의 선화宣化(당시 선덕宣德)와 보안 지역 등 변경지역의 체계적인 파괴에 집중되었다. 국토는 황폐화되었어도 요새는 유지되었다.

1212년 칭기스칸의 가장 뛰어난 장군 중 한 사람인 제베는 거짓후퇴

132. 칭기스칸의 전쟁에 관한 이 기술의 출처는 『元史』인데 표현이 간결한 데 비해 지형에 대한 기술은 매우 정확하다.

작전으로 남만주의 요양을 함락시키는 데 성공하였으나 칭기스칸 자신은 산서 북부의 대동을 취하는 데 실패하였다. 그리하여 몽골 사람들은 무엇보다도 적의 조정이 있는 북경에 대해서는 정공법이 성공을 거두리라는 희망을 가질 수 없었다.

1213년 마침내 선화를 정복한 칭기스칸은 군대를 세 개의 군단으로 나누었다. 『원사』는 그의 아들들인 조치·차가다이Chaghadai·우구데이가 지휘하는 제1군단이 산서 중부를 돌파하여 태원과 평양을 빼앗았으나, 약탈물을 북으로 가져가기 위하여 다시 철수하였다고 전한다. 칭기스칸은 막내아들 톨루이를 데리고 중군과 함께 하북과 산동 평원을 가로질러 내려와 하간을 취하고 제남을 함락시켰다. 북경과 하북의 진정과 대명을 비롯한 몇 안되는 요새화된 도시들만 산동의 남방한계까지 밀려온 진격의 밀물에서 벗어날 수 있었던 듯하다.

마지막으로 칭기스칸의 동생이자 최고의 명사수인 카사르와 막내동생 테무게 옷치긴은 제3군단을 이끌고 발해만133)을 따라 영평永平과 요서의 문턱으로 향하였다.134)

삼군으로 나뉜 기병들을 진격시킨 뒤 칭기스칸은 최소한 봉쇄작전이라도 시도하기 위해 북경 앞에서 그의 군대를 재편성하였다. 금 조정에서는 바로 그 직전에 궁성분란이 일어났다. 금의 지배자 영제는 1213년 장군 홀사호忽沙虎에게 암살당하였고, 홀사호는 희생자의 조카인 오도보吾睹補를 제위에 앉혔다. 새 군주(선종宣宗, 1213-1223)는 불행하게도 전임자처럼 무능하였다. 그러나 칭기스칸에게는 정공법에 의한 공성전을 수행할 수단이 없었다. 늘 신중했던 그는 부하 장군들의 조바심에도 아랑곳 않고 오도보의 화의요청을 수락하였다. 금은 칭기스칸에게 여진 공주와 동남동녀, 금, 비단, 말 3천 마리라는 막대한 전쟁 배상금을 지불하였다. 그러자 정복자는 전리품을 갖고 칼간Kalgan(장가구張家口) 지방을 거쳐 몽골리아로 돌아갔다.

---

133. [역자] 불어본에는 "golf de Petchili"(北直隷灣), 영역본에는 "Gulf of Chili" (直隷灣)라고 되어 있는데, 여기서는 발해만으로 옮겼다.
134. 『元史』, p. 32.

북경이 너무 취약하다고 믿은 오도보는 몽골 사람들이 떠나자마자 개
봉으로 천도하였다(1214). 이것은 탈주였다. 칭기스칸은 그의 도주를 전쟁
이 곧 재개되리라는 것을 알리는 징조라고 믿고 그 자신이 먼저 화의를
파기함으로써 선수를 쳤다. 그는 다시 한 번 하북에 침입하였고 북경을 다
시 포위하였다. 군량을 갖고 오던 금의 증원군이 북경과 하간 사이의 패주
霸州에서 격파되어 흩어지자 낙담한 북경 유수 완안승휘完顔承暉는 자결
해버렸다. 몽골군은 도시를 점령하고 주민들을 학살하였으며, 가가호호를
약탈하고 도시 전역에 불을 질렀다(1215).135) 약탈은 한 달 동안이나 계
속되었다.

유목민들은 대도시를 어떻게 처리한다거나 그것을 그들의 권력강화와
확대를 위하여 어떻게 이용하는지에 대해 분명히 아무런 관념이 없었다.
그 결과 인문지리학도로서는 매우 흥미로운 상황이 벌어졌다. 초원 거주자
들은 아무런 과도기적인 단계도 없이 도시문명을 가진 고대국가들을 소유
하게 되자 어찌할 바를 몰랐다. 그들은 잔인함 때문이 아니라 난감함 때문
에 더 불을 지르고 더 살육을 하게 된 것으로, 그들은 이보다 더 나은 방
법을 전혀 알지 못했던 것이다. 몽골 수령들, 아니 적어도 야삭을 충실히
준수하는 자들에게 약탈은 개인적 탐욕이 개입되지 않은 일이라는 점을
주목해야 한다. 예를 들어 장군 시기 쿠투쿠는 금나라 창고의 아주 작은
부분조차 자기 몫으로 빼돌리지 않았다.136)

문명에 막대한 재난을 초래한 것은 바로 그 같은 당혹감을 바탕으로
해서 나온 행위였다. 칭기스칸의 몽골인들은 문헌에 나타나는 대로나 개개
인을 고려해볼 때 사악한 자들로 보이지는 않는다. 그들은 명예와 존엄의

---

135. 『元史』, p. 33. 그러나 학살에 대한 언급은 없다. 『몽골비사』(Haenisch역, p.
    86)에는 북경을 Jungdu라고 하였는데 중국어 中都에서 나온 것이다.
136. 시기 쿠투쿠는 칭기스칸에게 "저는 '북경의' 도시에 있는 모든 것이 정복 후 그
    대의 것이며, 그대 말고는 아무도 그것을 처분할 권리가 없다고 생각하였습니다"
    라고 했다고 한다. Erdmann, *Temudschin*, p. 329에는 페르시아 문헌에 근거하
    여 한편으로는 시기 쿠투쿠의 태도가, 다른 한편으로는 Önggür와 Arqai의 태도
    가 설명되어 있다. 『몽골비사』, p. 86 참조.

규범인 야삭 ─ 더러움을 용인한 부분은 별개로 하고 ─ 에 따라 행동한
것이다. 불행하게도 그들은 앞서의 옛 유목민들, 특히 10세기의 거란이나
12세기의 여진 사람들과 비교해볼 때 확실히 뒤처져 있었다. 후자는 최소
한의 살육으로 곧바로 전 왕조를 계승하였고 그 뒤에는 그들의 재산이 될
아무것도 파괴하지 않았다. 칭기스칸 국가의 몽골인들은 분명 선배들보다
더 잔인하지는 않았지만(실로 그들은 야삭에 의해 더욱 엄하게 훈련되었
고, 그리고 칭기스칸의 개성 때문에 훨씬 더 침착했고 도덕률의 지배를 받
았다), 훨씬 더 야만적이었기 때문에 무제한적으로 파괴했던 것으로, 그들
에 앞선 흉노·유연·돌궐·위구르처럼 실로 야만적 요소들이 총동원되었던
것이다.137)

  칭기스칸 국가의 역사가 지닌 역설은 한편으로는 자기 자신과 백성들
의 행위를 건전한 상식의 격언과 잘 확립된 정의로 규제하는 현명하고 사
려깊고 도덕적인 지도자의 성격과, 다른 한편으로는 이제 막 원시적인 야
만상태에서 나타나 공포 말고는 적들을 굴복시킬 수단을 알지 못하고 사
람의 목숨에 아무런 가치도 두지 않았으며, 도시와 농경문화를 지닌 정주
민족들의 생활이나 자기 고향인 초원에 없던 것에 대해서는 아무런 개념
도 없는 유목민들의 야수적 반응 사이에 보이는 뚜렷한 차이이다. 현대 역
사학자들의 놀라움은 라시드 웃 딘이나 『원사』의 편찬자가 지도자 개인에
게서 보이는 지혜나 심지어 온건함, 이에 반해서 교육과 유전적 회귀와 사
회관습에서 보이는 잔인성, 이 양자가 완벽하고 자연스럽게 결합된 것을
보았을 때 느꼈던 놀라움과 기본적으로 같다.

  북경 함락 후 몽골 정권을 지지하기로 한 포로들 가운데 거란의 귀족
야율초재耶律楚材가 있었다. 그의 "큰 키, 멋진 수염, 지혜, 그리고 인상적

---

137. 칭기스칸의 군대가 중국에서, 아마 분명히 북경에서 저지른 잔학행위에 대한 기
    사와 땅에서 썩어가는 시체 더미, 사람의 뼈로 덮인 들판, 이 대학살에서 비롯된
    전염병에 대한 기술은 호레즘 사신이자 목격자인 Baha ad-Din Razi가 제공한
    무슬림자료 *Tabaqat-i Nasiri*를 보시오(Barthold, *Turkestan*, pp. 393-394).
    몽골의 정복자를 사후에 소급하여 중국의 황제로 간주한 『元史』는 이러한 사실을
    신중하게 은폐한다.

인 목소리"에 만족한 칭기스칸은 그를 발탁하여 자문으로 임명하였다. 중국문화에 대한 고도의 교양과 정치가로서의 자질까지 두루 갖춘 야율초재의 발탁은 훌륭한 선택이었다. 위구르인 재상 타타통아처럼 그는 아시아의 새로운 주군의 자문인으로서 적임자였다. 칭기스칸 국가 사람들은 이 단계에서는 중국인으로부터 중국문화에 대한 수업을 직접 받을 능력이 아직 없었다. 그러나 야율초재처럼(그는 거란인이므로 물론 몽골계였다) 중국화된 투르크-몽골 사람들은 칭기스칸과 그의 계승자 우구데이와, 정착 문명 사회에서 행해지던 정치적·행정적 생활요소들 사이에 다리를 놓아 친숙해지게 할 수 있었다.

금의 영역은 이제 그 새 수도인 개봉 일원을 중심으로 섬서성陝西省의 일부 요새와 하남성 지역 정도로 축소되었다. 1216년 몽골 장군 사무카 바아투르Samuqa Ba'atur[138]가 황하 유역을 지휘하던 동관潼關의 성채를 점령함으로써 섬서를 하남으로부터 고립시켰으나, 이 요새는 뒤에 다시 금의 수중으로 들어갔다. 앞으로 보겠지만 칭기스칸은 이때 투르키스탄에서 일어난 사건에 매달려 있었기 때문에 중국에서의 전쟁에는 관심을 기울일 수 없었고, 금은 이를 이용하여 몽골인들이 확보하고 있던 북경 지역을 제외한 여러 성의 상당 부분을 수복하였다.

그러나 칭기스칸은 서쪽으로 관심을 돌리기에 앞서 가장 우수한 지휘관들 가운데 하나인 무칼리에게 중국에서의 작전을 일임하였다. 무칼리는 상대적으로 부족한 병력 — 몽골 정규군은 전체 병력의 절반인 2만 3,000명이고 나머지는 같은 수의 한인 보조병 — 을 이끌고,[139] 끈기와 계획성 있게 작전을 벌여 상당한 성공을 거둘 수 있었다. 그는 7년 간의 끊임없는 전쟁 끝에(1217-1223) 금을 다시금 하남성에 가두는 데 성공하였다.[140] 1217년에 그는 다름아닌 칭기스칸에게 저항하였던 하북 남부의 거점인 대명을 일시 탈취하였다.[141] 1218년에는 산서의 도읍인 태원과 평양

---

138. 살지우트부 출신. Erdmann, *Temudschin*, p. 328을 보시오.
139. Barthold의 평가로는 총 6만 2,000명("Cinghiz-khân," *EI*, p. 882).
140. 『元史』, pp. 35-38.
141. 그러나 여기서 다시, 몽골인들은 大名을 영구 점령하지 못하였고, 무칼리는 1220

을 금으로부터 탈환하였고, 1220년에는 산동의 도읍인 제남을 탈환하였다. 그해 그의 부장은 황하 북부에 있는 하남성 창덕을 점령하였다.

무칼리는 1221년에 보안, 부주鄜州를 비롯한 섬서 북부의 도시들을 빼앗고, 1222년에는 위수 남쪽 섬서의 옛 도읍 장안을 손에 넣었다. 1223년에 그는 황하 만곡부와 산서의 남서쪽 귀퉁이에 있는 중요한 요새인 하중(오늘날의 포주)을 기습 공격하여 금으로부터 빼앗았으나 기진하여 죽고 말았다. 그가 죽은 뒤 하중은 다시 금으로 넘어갔다. 그리하여 인구가 과밀하고 천연의 요새로 꽉 찬 이 나라에서 전투는 끝없는 공성전으로 변질되었다. 그러나 마치 손으로 더듬듯 하던 초기의 노력 끝에, 몽골인들은 다수의 거란 보조병과 여진 추종자들, 그리고 중국인 공병들을 징집하면서 자신들을 새로운 형태의 전쟁에 적응시켜 나갔다.142)

몽골의 카라 키타이 제국 정복

칭기스칸이 북중국 정복전을 시작하였을 때 그의 개인적인 적이자 나이만의 마지막 군주의 아들인 쿠출룩은 구르칸들이 다스리던 중앙아시아의 제국 카라 키타이의 주인이 되려 하고 있었다.

이 왕국은 우리가 얘기한 대로 역사상 카라 키타이 또는 흑거란黑契丹이라고 알려진 북부 중국 거란의 한 지파가 일리·추·탈라스·카쉬가리아에 세운 나라이다. 우리는 이들이 인종적으로는 투르크인이면서 종교적으로는 무슬림들인 지역주민들을 지배했던, 몽골 혈통에 중국문화를 지닌 사람들(귀족층)이라는 것도 살펴보았다. 추 강 상류, 이식쿨 서쪽의 발라사군을 수도로 한 카라 키타이의 통치자들은 투르크식 황제 칭호인 구르칸, 즉 '사해의 군주'로 불렸으며, 다음과 같은 속령을 거느렸다. 동쪽으로는 투르

년에 이곳을 다시 점령해야 했다(『元史』, p. 36).

142. 사무카의 편을 들어 북경 정복을 위해 싸운 사람은 자기처럼 변절한 여진인 군단을 이끌고 몽골측으로 넘어간 金將(石抹明安)이었다. Erdmann, *Temudschin*, p. 328 참조.

크족으로 불교도이거나 네스토리우스 교도들인 위구르 사람들이 살았던 베쉬발릭(오늘날의 짐사)·투르판·카라샤르·쿠차,[143] 북쪽으로는 부분적으로 네스토리우스 교도들인 카를룩 투르크인들이 살던 일리 강 하류, 남서쪽으로는 이미 그 역사를 간략하게 설명한 투르크 무슬림들인 호레즘의 샤들(뒤에 술탄들)이 지배하던 트란스옥시아나와 동부 이란 등이었다.

카라 키타이 제국은 구르칸 야율직로극 치세(1178-1211)에 몰락하였다. 정력이나 비상국면에 대처할 용기도 없었던 이 군주는 일생을 쾌락과 사냥으로 보냄으로써 제국이 분열되도록 방치하였다.

1209년에 위구르의 군주 즉, 이디쿠트였던 바르축Barchuq이 야율씨의 종주권을 부인하고 칭기스칸에게 들어왔다. 위구리아에서 구르칸의 대리인으로 투르판 또는 카라호자에 주재하던 샤우캄Shaukam이라는 자는 피살되었다.[144]

위구르인들에게 항상 동정적이었던 듯한 칭기스칸은 이디쿠트에게 딸 알알툰Al'altun 즉 알툰 베키Altun Beki[145]를 시집보내겠다고 약속하였다. 그리하여 카라 키타이의 동북부 전역이 몽골인들의 예속지가 되었다.

1211년 일리 하류의 카를룩(수도 카얄릭Qayaligh)의 군주 아르슬란 Arslan과 알말릭(현대의 쿨자Kulja 부근)에서 군주를 자칭한 투르크인 모험가 부자르Buzar도 마찬가지로 카라 키타이의 종주권을 부인하고 칭기스칸의 신하임을 자처하였다. 통일된 몽골리아는 타림분지와 발하쉬 호 부근의 군소 투르크 군주들에게 그 같은 흡인력을 발휘했던 것이다.

그러나 카라 키타이에게 치명타를 가한 것은 칭기스칸이 아닌 칭기스칸의 개인적인 적이자 나이만의 마지막 타양의 아들인 쿠출룩이었다. 쿠출룩은 조상들의 땅인 알타이에서 칭기스칸에게 쫓겨났다. 그는 아버지가 죽고 백성들도 절멸되자, 그의 옛 동맹인 메르키트의 잔당들과 마찬가지로

---

143. 칭기스칸 국가의 시대에 위구르 군주들은 베쉬발릭 지역(오늘날의 짐사), 고성 부근에 자리잡고 있던 8세기 바스밀 투르크인의 수령들의 칭호인 *iduq qut* 즉 *idiqut*('신성한 군주')를 사용하였다. Barthold, "Türks," *EI*, p. 949 참조.
144. Juvayni에 의거 (Barthold, *Turkestan*, p. 362).
145. 『몽골비사』에 Al'altun.

행운을 찾아 동투르키스탄으로 갔다. 메르키트의 잔당들은 위구리아에 정착하려 하였으나 위구르의 이디쿠트인 바르축이 그들을 몰아냈다.146)

쿠출룩은 그들보다 운이 좋았다. 늙은 구르칸 직로극이 발라사군에서 그를 환영하고 완전히 신임하여 자기 딸을 아내로 주었다(1208). 그러나 통치권 장악을 열망했던 나이만의 왕자는 장인이 육체적으로 노쇠한 것을 알고 자기에게 베푼 호의에도 불구하고 찬탈을 결심하였다. 그는 카라 키타이의 옛 속령이었던 호레즘의 술탄 무함마드와 공모하여 구르칸을 폐위시키고 카라 키타이의 영토를 분할하기로 음모를 꾸몄다.147) 호레즘이 적대행위를 개시하자 카라 키타이는 거세게 반격하여 사마르칸드를 점령하였다(1210). 그러는 동안 일리 지역에서는 쿠출룩이 구르칸에 대항하는 반란을 일으켜 페르가나의 우즈겐에서 국고를 약탈하고 카라 키타이의 수도 발라사군으로 진격하였다. 환상에서 깨어난 구르칸은 쿠출룩에 대항하여 발라사군 근처에서 그를 패배시켰으나, 탈라스 부근의 다른 전선에서 그의 장군 타얀쿠Tayanku가 호레즘의 포로가 되었다. 퇴각하는 카라 키타이군은 거란인들의 지배를 벗어던질 시간이 왔다고 여긴 주민들(의심할 것도 없이 투르크인들)에 의해 자기네 수도의 성문이 닫아 걸린 것을 알았다. 격분한 카라 키타이군은 발라사군을 습격하고 약탈하였다.148)

이러한 혼란 속에서 구르칸 직로극은 마침내 기습을 당해 쿠출룩의 포로가 되었다(1211). 그러나 쿠출룩은 장인을 자비와 경의로 대하였으며, 2년 뒤 노인이 죽을 때까지 장인의 이름으로 통치하면서 그를 유일한 군주로 여기는 척하였다.

카라 키타이에 대한 실질적인 지배를 획득한 쿠출룩은 국경문제를 두고 옛 동맹자인 호레즘의 술탄과 대결을 벌이게 되었다. 시르다리아 북방의 오트라르·샤쉬Shash(타쉬켄트)·사이람Sairam(이스피잡) 등지가 일시나마 술탄의 권위를 인정하였으나, 이 지점들의 방어가 너무 어렵다고 판

---

146. Barthold, *Turkestan*, p. 362, n. 4 참조.
147. Juvayni에 의거, *ibid.*, p. 356.
148. 주된 전거인 Juvayni는 이 사건들에 대해서 두 가지의 설을 제시한다. 이에 대한 Barthold의 논의는 *Turkestan*, p. 358, p. 362, p. 367을 보시오.

단한 그는 곧 주민들을 강의 남쪽으로 이주시켰다.

명분적이든 혹은 사실적이든 간에 쿠출룩의 카라 키타이 통치는 1211
년부터 1218년까지 지속되었다. 알타이의 이 유목민은 절대 다수가 정주
민인 백성들의 통치자가 되었으나 그들을 어떻게 다스려야 하는지 몰랐다.
카라한조의 군소 무슬림 투르크 군왕들이 통치하던 카쉬가리아는 카라 키
타이 제국의 속국이었다. 구르칸 직로극은 그가 망하기 얼마 전 카쉬가르
의 카라한조 칸의 아들을 투옥하였다.[149] 쿠출룩은 이 젊은 왕자를 석방하
고 카쉬가르를 통치할 대표자로 파견하였으나, 카쉬가르의 아미르들은 그
를 받아들이지 않고 죽여버렸다(1211년경).

그로부터 2-3년 뒤, 쿠출룩은 주민들이 기근에 견디지 못해 자신의
권위를 수용할 때까지 경무장 부대로 카쉬가리아를 유린하였다(1211-1213
또는 1214).[150] 그들이 항복하자 곧이어 무지막지한 종교적 박해가 이뤄
졌다. 쿠출룩은 다른 많은 나이만인들처럼 네스토리우스 교도였을 것이다.
그는 곧 카라 키타이 구르칸의 딸인 아내의 영향으로 카쉬가르와 호탄의
무슬림들에게 그들의 종교를 공개적으로 버리고 불교나 기독교를 받아들
이라고 강요하였다. 이에 대해 호탄의 고위 이맘이 항의하자 쿠출룩은 그
를 그의 마드라사madrasah(종교 학교)의 문에서 십자가에 못박았다. 그
러한 난폭한 박해가 있었기 때문에 근본적으로 무슬림 국가인 카쉬가리아
는 몽골인들을 해방자로 환영하게 되었다.

쿠출룩은 일리 지방 사람들에게도 이에 못지않게 인기가 없었다. 알말
릭(쿨자)의 군주 부자르는 앞서 얘기한 대로 칭기스칸에게 충성을 표하였
다. 쿠출룩은 그가 사냥할 때 기습해 죽여버렸으나,[151] 부자르의 아내 살
박 투르칸Salbak Turkan이 지키는 알말릭은 함락시킬 수 없었다. 그녀

---

149. 이 칸은 Arslan Qan Abu'l Muzaffar Yusuf이라고 불렸다(1205년 사망). 카라
    한조의 마지막 군주인 그의 아들은 Arslan Qan Abu'l Fath Muhammad였다
    (1211년 사망). Barthold, *Turkestan*, p.363, p. 366을 참조(Juvayni와 Jamal
    Qarshi에 의거).
150. *Ibid.*, p. 368.
151. Jamal Qarshi에 의하면 1211년경. Juvayni는 1217-1218년으로 보았다. Bar-
    thold, *Turkestan*, p. 368과 p. 401 참조.

의 아들 수크낙 티긴Suknaq Tigin은 그 후 쿠출룩에 대항하여 싸운 칭기스칸의 가장 열렬한 전사들 가운데 하나가 되었다.152)

칭기스칸은 그의 숙적이 카라 키타이 왕국의 군주로 남아 있는 것을 놓아둘 수 없었기 때문에, 1218년에 매우 우수한 지휘관이었던 제베 노얀에게 2만 병력을 주어 공격케 하였다. 제베가 받은 명령은 무엇보다도 알말릭과 수크낙 티긴의 상속재산을 지키는 것이었으나, 그가 도착했을 때 쿠출룩은 이미 나라를 떠나 카쉬가리아로 피신한 뒤였다. 발라사군과 오늘날의 세미레치에 지역은 아무런 저항 없이 몽골군에 투항하였다. 제베는 그곳에서 카쉬가리아로 내려갔는데 그곳 무슬림 주민들이 그를 해방자로 환영하였다. 제베는 그의 군대를 가장 엄격한 기율로 통제했을 뿐 아니라 특히 모든 약탈을 금하였기 때문에 주베이니에 의하면 그의 출현은 알라의 축복으로서 환영받았다.153)

쿠출룩은 파미르 쪽으로 달아났으나 제베의 부하들에게 붙잡혀 사리콜 강 부근에서 살해되었다.154) 동투르키스탄 전지역, 즉 일리, 이식쿨, 추, 탈라스 지역은 이제 몽골 제국에 합병되었다.

호레즘 제국의 파멸

칭기스칸 제국과 호레즘 제국은 이제 바로 이웃하게 되었다.155) 칭기스칸의 편에는 샤머니즘 신봉자, 불교도, 네스토리우스 교도 할 것 없이

---

152. 여기서 다시 Juvayni와 Jamal Qarshi는 다른 설명을 한다. Barthold, *Turkestan*, p. 401.
153. Barthold, *Turkestan*, p. 402(Juvayni와 Rashid ad-Din에 의거. Abu'l Ghazi의 비판도 함께 나옴. Desmaisons역, *Histoire des Mongols et des Tatares*, St. Petersburg, 1871-1874, 2 vols., p. 102) 참조.
154. Pelliot, "Notes sur le Turkestan," p. 55.
155. 『몽골비사』의 몽골어로는 호레즘 사람들을 Sart라고 하였다(Sarta'ut, Sartaghol : Haenisch역, p. 87). [역자] 『몽골비사』에 보이는 주된 형태는 Sarta'ul이고, 간혹 Sarda'ul로도 나온다.

몽골리아의 모든 몽골인과 투르크인이 있었다. 카라 키타이 합병 후에는 종교적으로는 무슬림이고 문화적으로는 순수한 투르크이며 이란의 영향을 거의 받지 않은 카쉬가리아도 있었다. 무함마드 편에는 문화적으로는 이란계를 근간으로 한 투르크 무슬림 왕조와 트란스옥시아나에 사는 투르크-이란계 주민, 후라산·아프가니스탄·이라키 아잠에 사는 순수 이란계 주민이 있었다.

통치자들 사이에는 뚜렷한 대조가 보였다. 칭기스칸은 냉정하고 신중하고 끈기 있고 조직적이었던 반면 호레즘의 무함마드는 무책임한 혈기에 날뛰며 비논리적이고 조직에 대한 감각도 전혀 없었으나 구르조와 카라 키타이조에 대한 승리로 기고만장해 있었다. 그러나 그의 최초의 패배는 그의 사기를 완전히 꺾고 속수무책으로 만들어버렸으며, 그를 애처롭고 거의 겁쟁이에 가까운 사람으로 만들어 놓았다. 두 사람 가운데 유목 야만인은 통치자였지만, 이란화된 투르크인으로 이슬람 국가들의 황제이자 정주국가들의 군주는 정작 돈키호테에 불과하였다.

더욱이 위에서 애기한 대로 칭기스칸이 1220년에 파괴한 호레즘 제국은 1194년에야 생겨난 나라였으며, 무함마드가 사마르칸드에 있던 카라한조의 마지막 군주 우쓰만Uthman을 죽이고 수도를 우르겐치(히바 부근)에서 그곳으로 옮긴 것은 겨우 1212년의 일이었다. 즉 그것은 잠정적인 통치자 밑으로 최근에야 들어간 발아단계의 제국이었고, 칭기스칸의 야삭과 같이 나라를 안정시킬 만한 법이나 옛 카간들이 소생하는 제국이 가졌던 엄청난 권위에 상응하는 것들은 전혀 갖지 못하였다.

호레즘 제국은 도시와 농경지대의 이란계 주민들인 타직인들과 군대를 구성한 투르크인들 사이에서 위험한 상황에 놓여 있었다. 이 제국은 아타벡들의 군사적 봉건구조를 지원할 수 있는 무슬림 투르크 씨족들에 근거했던 과거 셀죽과는 달랐다. 호레즘 왕조는 셀죽의 한 귀족가문에서 나온 것으로 씨족적 배경이 없었고, 호레즘 본토 즉, 히바 지방은 투르크멘 봉건체제를 확고히 지원하기에는 너무 작았다. 그 결과 군대는 키르기즈 초원의 구즈나 캉글리의 여러 부족에서 아무렇게나 채용된 용병들로 채워졌는데, 그들에게는 충성심 같은 것이라고는 전혀 없었을 뿐만 아니라 절대 다수는 주인을 배신하고 위대한 칭기스칸의 군대에 편입할 생각만 하는 사람들이었다.

게다가 술탄의 가족들은 뿌리깊은 증오심으로 갈라져 있었다. 무함마드의 어머니인 악명 높은 투르칸 카툰Turkan Qatun은 자신의 손자이자 무함마드의 사랑하는 아들이며 무너져가는 이 가문에서 유일하게 용맹했던 잘랄 웃 딘Jalal ad-Din을 미워하고 그에 반대하였다.

이슬람적 결속이 이러한 상충되고 불화하는 요소들을 통일하고 응집시킬 수 있었을지도 모른다. 위대한 셀죽의 계승자로서 자신을 산자르Sanjar와 비교한 무함마드에게는 수행해야 할 중요한 역할이 있었다. 그는 자신을 이슬람의 수호자로 선언하고 이교도, 즉 불교도이거나 네스토리우스 교도인 몽골인들에 대한 성전(jihad)을 호소하기만 해도 되었다. 그러나 위대한 셀죽들의 경력을 되풀이하고 그들처럼 이슬람의 술탄이 되기를 열망했던 이 군주는 극도의 어리석음으로 인하여 바그다드의 칼리프와 심하게 다투고는 1217년 그를 공격하려고까지 하였다. 칼리프 안 나시르an-Nasir(1180-1225)는 그를 최악의 적으로 간주하고 그보다는 몽골인들의 손을 들어주려고까지 하였다. 술탄과 칼리프 사이의 이 치명적인 불화는 무슬림 세계를 몽골 침입에 대하여 분열과 절망에 빠뜨리는 결과를 낳았다.[156]

---

156. 무함마드는 1216년 트란스옥시아나에서도 Kubrawi 교단의 장로였던 Mazd ad-Din Baghdadi를 처형하는 바람에 무슬림 '사제단'의 반감을 불러일으켰다. 몽골의 무슬림 세계 침입에 관한 아랍-페르시아 사료에 대한 비평은 Barthold의 *Turkestan down to the Mongol Invasion*, pp. 38-58에서 볼 수 있다. 무슬림 측의 3대 원전 사료는 호레즘의 샤인 잘랄 웃 딘의 일생을 1223년 그의 서기였던 Nasawi가 1241년 아랍어로 쓴 것, 몽골의 지배를 피해 1227년 아프가니스탄에서 인도로 도망한 Juzjani가 1260년경 페르시아어로 쓴 *Tabaqat-i Nasiri*, 그리고 몽골 조정에 봉사한 페르시아인의 아들로 자신도 젊어서부터 몽골 관리였던 주베이니의 저작이다. 그는 1249-1251년, 그리고 1251-1253년에 다시 몽골리아를 여행하였다. 1262년 몽골인들은 그를 바그다드의 지사(*malik*)로 임명하였고, 1260년에는 칭기스칸의 역사(*Ta'rikh-i Jahan-gusha*)를 썼으며 1283년에 죽었다. 마지막으로 라시드 웃 딘(1247-1318)이 있는데, 그는 부분적으로 주베이니에 의존하

칭기스칸과 호레즘 사이의 불화는 후자 때문에 비롯되었다. 칭기스칸은 호레즘과 올바른 정치적·상업적 관계를 수립하고자 하였다. 그러나 1218년 사절 우쿠나Uquna만 몽골인이고 나머지는 전부 무슬림들로 이루어진 몽골 제국의 대상단은 시르다리아 중류에 있는 호레즘의 국경도시 오트라르에서 카디르 칸Qadir Qan이라는 칭호로도 알려진 지사 이날칙 Inalchig에게 제지당하고 재화를 강탈당하였으며 100명 정도가 살해되었다.157) 칭기스칸이 이에 대한 배상을 요구했으나 거절당하자 그는 전쟁준비에 들어갔다.158)

1219년 여름 몽골군은 이르티쉬 상류에 집결하였다. 칭기스칸은 가을에 발하쉬 호 남쪽 카얄릭에 도착하였으며, 카를룩의 군주 아르슬란 칸, 알말릭의 새 군주 수크낙 티긴, 그리고 이디쿠트인 바르축이 각자 자기 병력을 이끌고 합류하였다. 바르톨드의 평가에 따르면 몽골군은 10만에서 15만 사이였으며 호레즘군에 비해 수적으로는 크게 열세였지만, 훨씬 잘 훈련되어 있었고 결속력이 더 강한 참모들을 갖고 있었다.

호레즘의 무함마드는 군대를 시르다리아 전선과 트란스옥시아나의 여러 거점에 분산 배치하였다. 그 결과 그들은 수적인 우세에도 불구하고, 각 지점에서는 열세에 놓이게 되었다. 칭기스칸은 시르다리아 중류 오트라르 근처에 있는 호레즘 영토로 진입하였다. 그의 두 아들 차가다이와 우구데이가 지휘하는 몽골군 1개 군단이 그 도시를 포위하였으나 오랜 공성전을 펼친 끝에야 함락시킬 수 있었다. 정복자의 장남 조치가 지휘하는 군단은 시그나히Signakhi(현재 투르키스탄시의 반대편)와 젠드Jend(오늘날의 페로브스크 부근)를 함락시키면서 시르다리아를 따라 내려갔다. 시르다리아 상류로 파견된 5,000명의 몽골군은 바나카트Banakat(타쉬켄트 서쪽)를

였다.

157. 이런 이름들에 대해서는 Pelliot, "Notes sur le Turkestan," *TP*(1930), pp. 52-53을 보시오.

158. Nasawi는 대상들의 살해를 이날칙의 탐욕의 탓으로 돌리고, Juzjani는 그가 무함마드로부터 무언의 승인을 받았다고 믿었다. Ibn al-Athir는 범죄의 책임이 무함마드 자신에게 있다고 하였다. Juvayni는 이날칙이 대상들 가운데 한 사람의 무례에 분노했다고 한다(Barthold, *Turkestan*, p. 398).

취하고 호젠트를 포위하였다. 이 고장의 지사인 정력적인 티무르 말릭Ti-mur Malik은 대담한 방어전을 펼쳤지만, 결국 작은 배를 타고 시르다리아를 따라 도망쳤다. 바르톨드는 이 전쟁에서 개별적인 영웅적 행위와 무협가적인 인물은 무슬림군에 더 많았으나 몽골군에게는 조직, 지휘의 통일성, 규율이 있었다고 지적하였다.

칭기스칸 자신은 막내아들 톨루이와 함께 주력군을 이끌고 곧바로 부하라로 진격하여 1220년 2월에 도착하였다. 투르크 수비대는 공성군의 포위망을 뚫고 탈출을 시도했지만 다수의 사상자만 내고 말았다. 주민들은 그들의 수비군을 저버리고 항복하였다(1220년 2월 10일이나 16일). 400명이 피신해 있던 성은 기습 점령되었으며 수비대 전원이 살해되었다.

도시는 그때부터 조직적으로 철저히 약탈되었다. 사람들은 도처에서 강탈당하고 학대받고 협박당하고 난행을 당하였으나, 처형된 것은 대개 승자들의 폭력과 교회 침범행위에 저항하려고 시도한 자들, 특히 무슬림 '성직자들'이었다. 바르톨드는 칭기스칸이 대모스크에 들어가 대중들 앞에서 연설하면서 자신을 신의 채찍(Scourge of God)이라고 선언했다는 주베이니의 이야기는 그저 전설일 뿐이라고 보았고,159) 부하라를 완진히 파괴한 대화재도 십중팔구는 사고였을 것으로 생각하였다.

칭기스칸은 부하라에서 사마르칸드를 향하여 진군해 그 도시 앞에서 오트라르를 함락한 두 아들 차가다이와 우구데이와 합류하였다. 아직도 부분적으로는 이란계 주민들이 용감하게 성 밖으로 돌격을 시도하였으나 베여 쓰러졌다. 주베이니에 의하면 도시는 닷새 뒤 항복하였다(1220년 3월). 사마르칸드는 철저히 약탈당하였고 주민들은 작전수행을 용이하게 하기 위하여 먼저 성 밖으로 끌려나갔다. 그들 가운데 다수가 살해되었고 그 중 이용가치가 있다고 생각되는 사람들, 예를 들어 장인들은 몽골리아로 끌려갔다. 투르크인 수비대는 자발적으로 몽골측으로 모여들었지만 최후의 한 사람까지 학살되었다.

부하라의 경우와는 달리 사마르칸드의 무슬림 종교지도자들은 저항하

---

159. *Ibid.*, pp. 409-410.

지 않아 대부분 구제되었다.160) 그렇게 혜택을 받은 사람들은 마침내 사마르칸드에 다시 들어가도록 허락되었으나 인구는 4분의 1 정도밖에 남지 않았다.

호레즘 본토의 옛 수도 구르간지Gurganj(오늘날의 히바 근처의 우르겐치)는 1221년 4월에야 함락되었는데, 칭기스칸의 두 아들 조치와 차가다이가 이 공성전에 매달려 있었고 마지막에는 셋째아들 우구데이까지 참전했다.161) 몽골인들은 이 도시를 아무다리아 강물에 잠기게 함으로써 파괴를 완결하였다.

몽골군이 트란스옥시아나를 정복하는 동안 호레즘의 술탄 무함마드는 자신의 무책임과 오만이 부른 재난에 놀라, 자만이 낙담으로 바뀐 채 숨을 죽이고 있다가 발흐로 도망쳤다. 거기서 그는 서부 후라산으로 가서 니샤푸르로 피신하였다. 그리고 그는 점점 커지는 두려움 속에서 자기 영토의 반대편 끝인 이라키 아잠의 서북부 카즈빈으로 내달렸다. 칭기스칸은 휘하의 가장 우수한 두 장군 제베와 수베에테이가 지휘하는 기병 분견대를 보내 그를 추격하였다. 그것은 대단한 추격이었다. 제베와 수베에테이가 접근하자 발흐는 투항하여 위난을 면하고 통치자를 영접하였다. 니샤푸르도 한시가 급한 제베가 머물러 있을 여유가 없었기 때문에 위임통치 정도로 상황을 모면하였다. 반면 투스Tus(마쉬하드Mashhad)·담간Damghan·삼난Samnan은 수베에테이에게 약탈당하였다. 두 몽골 장군은 계속 무함마드를 추격하여 이라키 아잠으로 들어가 라이를 공격하여 남자들은 모두 죽이고, 여자와 아이들은 노예로 만들었다. 하마단을 전력 질주하여 통과한 그들은 카룬Karun에 이르렀는데, 그곳에서 무함마드를 거의 잡을 뻔

---

160. *Ibid.*, p. 413.
161. 우르겐치 공성전에서 두드러진 두 사람은 칭기스칸의 친위대의 한 부대를 지휘한 Bo'orchu와 우익의 천호 Tolun Cherbi였다. 두 전사는 몽골의 영웅 서사시에서 찬양의 대상이 되었다. 이 어려운 공성전 과정에서 조치는 자신이 매우 초라한 지도자임을 드러냈다. 조치의 우유부단함을 거세게 비난하는 차가다이와 조치의 말다툼이 칭기스칸으로 하여금 두 사람을 모두 아우인 우구데이에게 예속시키지 않을 수 없게 하였다. 이 공성전에 대해서는 아랍과 페르시아사료(Nasawi, Rashid ad-Din 등)에 바탕을 둔 Barthold, *Turkestan*, p. 433, p. 437을 보시오.

하였다가 놓쳤다. 그들은 그 분풀이로 잔잔Zanjan과 카즈빈을 파괴하였다.
그 동안에 운이 없는 무함마드는 아베스쿤Abeskun 맞은편에 있는 카스
피 해의 작은 섬으로 도망쳤다가 거기서 1220년 12월경 지쳐 죽었다. 우
리는 뒤에서 제베와 수베에테이가 아제르바이잔을 지나 계속해서 코카서
스와 남부 러시아를 침공하는 것을 보게 될 것이다.162)

칭기스칸은 호레즘의 술탄을 처리하고 난 뒤 1221년 봄 아무다리아를
건너 호레즘군의 잔당으로부터 아프가니스탄과 후라산을 정복하기 위해
나섰다.163) 그는 발흐를 점령하였는데 그곳 주민의 항복에도 불구하고 그
는 그 도시에 전면적인 파괴(주민학살과 방화)를 가했다. 후라산에서 그는
아들 톨루이를 메르브로 보냈는데, 항복을 한 그곳 주민들 역시 거의 다
살해되었다(1221년 2월 말). 톨루이는 메르브의 평야에서 황금 의자에 앉
아 이 대량 학살의 광경을 지켜보았다. 남자와 여자와 아이들이 분리되어
무리로 각 대대에 할당되어 목이 잘렸고, "장인 400명만 살아남았다." 술
탄 산자르의 능묘에는 불을 지르고 무덤을 파헤쳤다(전승에 의하면 메르
브 지역에서 유목하던 오구즈 씨족이 그때 소아시아로 이주하였으며 셀죽
들이 그들에게 땅을 주어 그곳에 오스만 제국의 기초를 놓았다고 한다).
그리고 나서 톨루이는 니샤푸르를 응징하러 떠났다. 그 도시는 불행하게도
바로 얼마 전(1220년 11월) 몽골군을 물리치고 칭기스칸의 사위인 장군
토쿠차르Toquchar를 죽였다. 니샤푸르는 기습당해(1221년 4월 10일) 완
전히 파괴되었다. 이곳에서는 토쿠차르의 과부가 학살을 주재하였다. 살아
날 가능성을 없애기 위해 시체들은 목이 잘렸으며, 남자와 여자와 아이들
의 목을 각각 분류해 더미로 쌓아올렸다. "개와 고양이까지 죽였다." 투스
부근에서 몽골인들은 칼리프 하룬 울 라시드Harun ar-Rashid의 능묘를
헐어버렸다. 그와 산자르의 무덤, 그리고 찬란한 아랍-페르시아 문명의 영
광을 이루던 모든 것이 체계적으로 파괴되었다. 그리고 나서 톨루이는 헤

---

162. Nasawi, Juzjani, Juvayni의 자료를 검토한 Barthold, *Turkestan*, pp. 420-
426을 참조.
163. 여기서 나는 다시 Nasawi, Juzjani, Juvayni의 자료에 대한 중요한 해설이 있
는 Barthold, *Turkestan*, pp. 420-426에 제시된 연대를 따른다.

라트를 취하러 갔는데, 그곳의 호레즘 수비대는 저항했지만 주민들이 성문을 열어주었다. 그는 군인들은 모조리 죽여버리고 주민들의 목숨은 살려주었다. 톨루이는 뒤에 탈리칸Taliqan 부근에서 칭기스칸과 다시 합류하고, 얼마 전 우르겐치를 취한 차가다이와 우구데이도 그곳에서 합류하였다.

탈리칸을 파괴한 뒤 칭기스칸은 힌두쿠시를 넘어 바미얀을 포위하였는데, 이 작전에서 젊은 무투켄Mütüken이 전사하였다. 그는 차가다이의 아들이며 칭기스칸이 사랑하는 손자였다. 칭기스칸이 식사하는 자리에서 그 아버지에게 이 소식이 전달되자 칭기스칸은 아들을 위하여 애도하는 것을 야삭의 이름으로 금하였으나, 죽은 자를 피비린내나는 장례식으로 기렸다. 그곳에서 약탈은 없었다. 모든 것이 파괴되었기 때문이다. 포로도 없었다. "모든 생명을 죽여버렸기" 때문이다. 바미얀이 있던 자리는 '저주받은 도시'라는 이름이 붙었다.164)

한편 고인이 된 술탄 무함마드의 아들 즉, 호레즘의 왕자 잘랄 웃 딘 망구베르티Jalal ad-Din Manguberti165)는 나사Nassa에서 몽골군의 포위망을 뚫고 도망쳐 트란스옥시아나와 후라산의 재난에서 벗어났다. 아프가니스탄 산중의 가즈니로 피신한 그는 새로 군대를 조직하여 파르완Parwan에서 시기 쿠투쿠가 지휘하는 몽골 군단에 패배를 안겨주었다.166) 칭기스칸은 부하 시기 쿠투쿠의 패배에 대한 복수심에 불타 가즈니로 진격하였으나, 잘랄 웃 딘은 감히 그를 기다릴 수 없었다. 가즈니는 저항하지 않았으며, 칭기스칸은 잘랄 웃 딘을 따라잡을 일념에 도시 파괴의식을 연기하였다. 마침내 그는 호레즘 왕자를 인더스 강 기슭에서 따라잡아 그의 부하들을 베어버렸다(나사위에 의하면 1221년 11월 24일). 잘랄 웃 딘

---

164. Juvayni와 Rashid ad-Din에 의거. Juzjani와 Nasawi는 이 공성전에 대해서 침묵하고 있고, 칭기스칸이 탈리칸에서 곧장 가즈니로 간 것으로 기술한 것은 이상하다. Barthold, *Turkestan*, p. 444 참조.
165. 투르크어로 Mängüberti('신이 주신').
166. H. G. Raverty는 이곳이 정말로 Pandshir 계곡에 있는 파르완인지에 대해 의심을 품고, 카불 강의 지류인 Lugar 강의 발원지 부근에 있는 또 다른 파르완일 가능성을 제시하였다(Raverty역 *Tabaqat-i-Nasiri,* Calcutta, 1881-1897, 2 vols., p. 288, p. 1021).

은 중무장한 채 말을 타고 쏟아지는 화살 속에서 강물로 뛰어들어 도망쳤다. 그는 운좋게도 무사히 강 건너편에 도달하여 델리 술탄국의 조정으로 망명하였다(1221년 12월).[167] 몽골인들은 즉각 인도 영내로 추격해 들어가지 않았다(이듬해가 되어서야 잘라이르부의 노얀 발라Bala가 지휘하는 몽골군 분견대가 물탄Multan까지 수색활동을 벌였지만 더위 때문에 바로 철수해버렸다). 그러나 잘랄 웃 딘의 부재중에 그의 가족들은 몽골인들에게 잡혀 사내 아이들은 모두 살해되었다.

파르완에서의 몽골군의 패배는 동부 이란에 있던 마지막 도시들에게 용기를 북돋워주었다. 칭기스칸은 먼저 가즈니 사람들에 대한 파괴의식을 마무리지었는데, 몽골로 보낸 장인들을 제외한 그곳 사람들 모두를 죽여버렸다.

파르완 전투 뒤 헤라트가 반란을 일으켰지만(1221년 11월),[168] 몽골의 장군 엘지기데이Eljigidei가 1222년 6월 14일, 6개월 간의 공격 끝에 도시를 재탈환하였다. 전주민이 살해되었으며 학살에 꼬박 일주일이 걸렸다.

메르브로 돌아온 사람들은 어리석게도 톨루이가 그곳에 남겨둔 페르시아인 통치관을 죽이고 잘랄 웃 딘을 환호로 추대하였다. 그들은 시기 쿠투쿠에 의해 최후의 한 사람까지 철저하게 살해되었다. 학살이 끝나자 몽골인들은 그곳을 거짓으로 떠나는 조심성까지 보였다. 그들이 멀리 떠나가자 교외나 지하실에 숨었던 가련한 사람들은 적이 물러간 것으로 믿고 하나둘 돌아왔다. 그러자 몽골군의 후위가 되돌아와 그들을 덮쳐 쓸어버렸다.

몽골인들은 분명히 중국에서보다는 비교적 수월하게 트란스옥시아나와 동부 이란의 요새화된 도시들을 함락시켰다. 그 까닭은 순전히 그들이 이교도로서 또는 오늘날의 우리식 표현으로는 야만인으로서 일으킨 공포심이 여러 세기 동안 그들과 이웃으로 살아온 중국 영토 안에서보다는 무슬림들 사이에서 훨씬 컸기 때문이다. 또 그들은 이 지역에서 지방주민들을

---

167. Nasawi, *Histoire du sultan Djelal eddin Mankobirti*(Houdas역, Paris, 1891), pp. 138-141.
168. 주로 Nasawi와 Juvayni에서 취한 Barthold, *Turkestan*, pp. 446-449 참조

더 많이 활용한 듯하다. 도시를 함락시키기 위하여 몽골인들은 주변 시골과 무방비상태의 도시에서 남자들을 징집하고 칼끝으로 위협해 해자와 성벽으로 몰아붙였다.

이 가련한 사람들은 자신의 동포들에게 베여 쓰러져 그들의 시체가 해자를 메우고, 그들의 거듭된 공격으로 수비대가 기진맥진해지면 어떻게 되었겠는가? 때때로 그들은 열 명에 하나 꼴로 몽골 깃발을 들려 몽골인으로 위장되었고, 수비대는 평야를 뒤덮도록 배치된 수많은 사람들을 보면서 자기들이 칭기스칸 국가의 거대한 군대에 위협받고 있다고 믿었다. 이러한 계책으로 몽골인들의 작은 파견대도 항복을 강요할 수 있었으며, 그처럼 동원된 인간집단은 소용이 다한 뒤에는 살해되었다.

이 끔찍하면서도 보편적인 관행은 몽골군의 훈련과 조직에 의해 완벽해지면서 그들의 가장 상습적인 전술의 일부가 되었다. 칭기스칸이 사마르칸드 공성전 때 사용한 사람은 부하라에서 데려온 포로들이었으며, 우르겐치 공격에서는 사마르칸드의 포로들이 이용되었고, 톨루이가 메르브를 함락시킬 때는 부분적으로 후라산의 시골주민들을 이용하였다.

어느 누구도 저항은 생각해보지도 못할 정도로 공포와 낙담이 컸다. 나사를 함락한 몽골인들은 주민들을 평야로 몰고 나가 서로 다른 사람의 손을 등 뒤로 돌려 묶도록 명령하였다. "그들은 순종하였다"고 나사 출신의 무함마드Muhammad Nasawi는 적었다. "만일에 그들이 흩어져 근처 산으로 도망쳤다면 그들 가운데 대부분은 목숨을 건졌을 것이다. 그들이 묶이자마자 몽골인들은 그들을 둘러싸고 화살을 쏘아 남자, 여자, 어린애 할 것 없이 죽여버렸다."

그러나 몽골인들이 질서에 대한 행정적·군사적인 감각이 없어진 것은 결코 아니었다. 주민 80퍼센트를 죽인 뒤 그들은 20퍼센트의 살아남은 사람들의 문제를 다룰 민간인 관리 다루가치darughachi를 남겨두고 떠났는데, 그들은 대개 위구르인이었지만 간혹 페르시아인도 있었으며, 그들과 함께 위구르어와 페르시아어로 장부를 관리할 유능한 서기들도 남겨놓았다.

동부 이란은 그 후 칭기스칸 국가의 태풍에서 완전히 회복되지 못하였다. 발흐 같은 도시에는 오늘날까지 몽골인들에 의한 피해의 흔적이 남아 있다. 15세기 이 지역에서 티무르조의 부흥기, 즉 샤 루흐Shah Rukh, 울룩 벡Ulugh Beg, 후세이니 바이카라Husayn-i Baiqara의 치세를 거치는 동안에도 한번 아래위가 뒤집힌 땅은 완전히 복구되지 않았다.

칭기스칸이 아랍-페르시아 문명에 대한 최악의 적처럼 행동하였을지라도, 그리고 무슬림 작가들에게 낙인찍힌 대로 지옥의 망령들과 저주받은 자들처럼 처신하였을지라도, 그는 이슬람 자체에 대해서는 적개심이 없었다. 그가 세정洗淨의 관행이나 무슬림 방식의 가축 도살을 금지하였지만 그것은 몽골 관습이나 미신과 모순되기 때문이었다. 또한 그가 피르도시 Firdawsi나 이븐 시나Ibn Sina에 의해 만들어진 동부 이란의 찬란한 도시문명을 파괴하였지만, 그것은 서남 국경 쪽으로 일종의 무인지대나 인위적인 초원을 만들어 자신의 제국에 대한 제방이나 보호벽으로 삼으려는 의도 때문이었다. 그가 '땅을 죽인 것'은 바로 이 목적에서였다. 그는 종교 전쟁을 결코 용납하지 않을 정도로 통치감각이 있던 사람이지만, 동시에 초원이 그의 생활방식에 적합하고 통치하기도 수월했기 때문에 도시문명을 파괴하고 농경을 폐지하여(동부 이란을 떠나면서 그는 곡물창고들을 파괴하였다) 전답을 초원으로 바꾸려고 했을 정도로 정주생활에 대해서는 불완전한 인식을 가진 유목민이기도 하였다.

칭기스칸은 잠시 힌두쿠시 남쪽 아프가니스탄에 머물렀다. 1222년 5월 그는 유명한 도교 승려 장춘진인 구처기長春眞人 邱處機의 방문을 받았다. 그는 1220년에 중국에서 소환되어 위구리아·알말릭·탈라스·사마르칸드를 거쳐 막 도착하였다. 정복자는 도교의 주술사로부터 불사약에 대하여 배우기를 갈망하였다.[169]

그러나 그는 이제 몽골리아로 돌아갈 생각을 하였다. 그는 1222년 가

---

169. 邱長春 즉, 邱處機의 여정에 대해서는 Bretschneider, *Mediaeval Resear-ches*, I, pp. 35-108 ; Arthur Waley, *Travels of an Alchemist*(London, 1931) ; Pelliot, *TP*(1930), p. 56을 보시오. 장춘은 도교 사원을 보호한다는 칭기스칸의 칙령을 받고 돌아갔다. 1228년 그의 동료 승려인 李志常은 이 여행기(『長春眞人西遊記』)를 썼다. Chavannes, "Inscriptions et pièces de chance-llerie chinoises," *TP*(1931), p. 298 참조.

을 아무다리아를 다시 건너 부하라로 갔으며, 거기서 무슬림 신앙의 주요 교리에 대하여 물어보았다. 칭기스칸은 전세계가 신(즉 텡그리, 몽골인들의 ‘영원한 하늘’)의 거처이기 때문에 메카 순례가 불필요하다고 여긴 것 말고는 이슬람의 교리를 승인하였다.

사마르칸드에서 칭기스칸은 자신이 술탄 무함마드를 대체하였기 때문에 공적인 기도는 자신의 이름으로 행해야 한다고 지시하였다. 그는 무슬림 성직자들, 즉 이맘들과 카디qadi(재판관)들에게 면세 조치를 내렸는데, 이것은 그가 무슬림 세계에 대해 저지른 잔혹함은 전쟁행위였을 뿐 종교 전쟁의 일부가 아니라는 것을 입증한다.

칭기스칸은 겨울을 사마르칸드에서 나고 1223년 봄을 시르다리아 북쪽에서 보냈다. 그가 황금 보좌에 앉아 노얀들과 바아투르들을 거느리고 일종의 야만 ‘조정’을 개설한 곳은 타쉬켄트 부근, 아마 치르칙Chirchik 계곡에 있는 그 강의 작은 북쪽 지류였을 것이다. 그리고 나서 같은 1223년 봄에 그는 알렉산더(키르기즈) 산맥의 북쪽에 있는 쿨란바시Qulan Bashi 초원에서 아들들과 함께 쿠릴타이를 주재하였다.

그러는 동안 그의 군대는 거대한 사냥을 즐겼다. 칭기스칸은 그해 여름을 탈라스와 추 강 사이의 초원에서 보내고, 이듬해 여름은 분명히 이르티쉬에서 보냈다. 1225년 그는 몽골리아로 돌아갔다.

제베와 수베에테이의 페르시아·러시아 침공

칭기스칸의 마지막 중국 전투를 따라가기 전에 그의 두 부하 제베 노얀과 수베에테이 바아투르가 카스피 해 부근에서 벌인 원정전을 상기해볼 필요가 있다. 우리는 몽골군 최고의 전략가들인 이 두 장군이 그레나르의 추산에 의하면 2만 5,000에 달하는 기병군단을 이끌고 페르시아를 가로질러 도망하는 호레즘의 무함마드를 추격하기 위하여 파견된 것을 보았다. 술탄이 죽은 뒤에도 그들은 계속해서 서쪽으로 진군하였다. 경이롭게 장식된 도기류로 이름을 떨쳤지만 재난에서 결코 다시는 복구되지 못한 라이를 약탈한 뒤,170) 그들은 미르혼드Mirkhond라는 순니파 무슬림들로부터 쿰Qum의 시어파 본거지를 파괴하여 달라는 간청을 받고 서슴지 않고 그렇게 하였다. 하마단이 항복함에 따라 그들은 엄청난 배상금을 거둔 것 말고는 다른 만행을 저지르지 않았다. 그 뒤 잔잔을 파괴하였고, 카즈빈은 강습으로 탈취해야 했는데 그 때문에 주민들은 학살당하였다.

지방 맘룩Mamluk 왕조로서 12세기 말에 셀죽들을 계승할 뻔했던 아제르바이잔의 마지막 아타벡이었던 늙은 우즈벡Özbeg은 타우리스Tauris(타브리즈Tabriz)를 구하기 위해 그들에게 막대한 뇌물을 바쳤다. 제베와 수베에테이는 그루지아를 침공하기 위하여 한겨울에 무간Mughan 평원을 가로질렀다. 그때 기오르기 3세 라사Giorgi III Lasha(일명 찬란왕燦爛王, 1212-1223)가 다스리던 이 기독교 왕국은 그 세력이 절정기에 있었으나 1221년 2월 두 몽골 장군이 그루지아군을 티플리스Tiflis(트빌리시Tbilisi) 근방에서 격파하였다.171) 그들은 포로들에게 성채 공격에 앞장서도록 강요해 후퇴하면 죽였고, 도시가 함락돼 주민학살이 끝난 뒤에는 도망쳤던 자들이 안심하고 돌아오도록 그곳을 떠나는 체했다가 후위가 회오리바람처럼 되돌아와 남은 자들의 목을 베는 통상적인 공격을 가한 뒤 마라게Maraghc를 약탈하기 위하여 아제르바이잔으로 돌아갔다(1221년 3월).

두 몽골 장군은 그때 압바스 칼리프조를 파괴하기 위하여 바그다드로

---

170. Minorsky("Raiy," *EI*, p. 1, p. 184)는 1220년 라이의 전주민이 몽골인들에게 학살당하였다는 것은 Ibn al-Athir의 과장이 아닐까 생각하였다. Ibn al-Athir는 사실 1224년에 생존자들에 대한 2차 학살이 있었다고 덧붙였다. Minorsky는 "Juvayni는 단지 몽골 장군들이 Khwar-i Rai(시어파 거주 지방?)에서 많은 사람을 죽였다고만 하였다. 그러나 그들은 Bai에서 (Shafi'i파?) 판관(*qadi*)에게 영접을 받았고 그는 그들에게 항복하였으며, 침략자들은 이에 따라 철수하였다. Rashid ad-Din은 제베와 수베에테이의 몽골인들이 라이에서 살인하고 약탈한 것을 인정한다. 그러나 그는 라이와 (시어파) 주민들이 마지막 사람까지 학살된 Qum을 구분하는 듯하다"고 하였다.

171. 아르메니아인 연대기 편찬자 Kirakos의 'Sabada Bahadur'의 침입에 대한 기사는 E. Dulaurier역, *JA*, I(1858), pp. 197-200과 M. F. Brosset, *Histoire de la Géorgie*(St. Petersburg, 1849-1857, 2 vols. in 3), I, p. 492를 보시오.

막 출발하려던 참이었다. 이븐 울 아씨르의 기록에 따르면 마침 그때 십자
군도 이집트를 침략해 다미에타Damietta를 점령하였기 때문에, 이러한 결
과들은 의심할 나위 없이 아랍 세계의 파멸을 가져다 줄 뻔하였다.172) 다
쿠카Daquqa에 집결한 소수의 압바스군은 이라키 아랍을 도저히 방어할
수 없었을 것이다. 자칫 1221년에는 제베와 수베에테이가 바그다드로, 브
리엥의 존 왕King John of Brienne이 카이로로 동시에 입성할 뻔하였다.
칼리프에게는 다행스럽게도 제베와 수베에테이는 배상금을 한 번 더 받아
내기 위하여 돌아가서 하마단을 장악하는 것으로 만족하였다. 이번에는 시
민들이 저항하였다. 몽골인들은 하마단을 기습해 그곳을 취하고 모든 주민
을 학살하였으며 도시를 불태웠다. 그 후 아르다빌Ardabil을 지나 그곳
역시 약탈한 뒤 두 몽골 장군은 그루지아로 돌아왔다.

그루지아 기사단은 그 당시로서는 최강이었다. 그러나 수베에테이는
거짓으로 후퇴하여 그들을 제베가 기다리고 있는 매복장소로 유인하여 괴
멸시켜버렸다. 그루지아 사람들은 틀림없이 티플리스를 방어한 것을 다행
스럽게 여겼겠지만, 그 대가로 몽골인들이 그 나라의 남부 지방을 황폐화
시키도록 내버려두어야 했다. 침략자들은 그리고 나서 시르반Shirvan으로
가서 샤마카Shamaka를 약탈하였다. 그리고 데르벤드를 거쳐 코카서스 북
쪽 스텝으로 내려와 그 지역 민족들의 동맹군, 즉 코카서스 인종인 알란인
들(옛 사르마트인의 후손으로 그리스정교도),173) 레즈기Lezghi인들(레즈기
니Lezginy), 시르카스Circass인들, 그리고 킵착 투르크인들과 충돌하였다.
제베와 수베에테이는 투르크-몽골의 형제애에 호소하기도 하고 약탈물의
일부를 주기도 하며 킵착인들이 배신하도록 교묘하게 공작하였다. 그리고
는 동맹군의 다른 구성원들을 하나씩 차례로 격파하고, 마지막에는 킵착인
들을 추격하여 격파하고 약탈물을 되찾았다.174)

---

172. R. Grousset, *Histoire des Croisades*, III, p. 230 이하.
173. 그들이 1253년 프란체스코회 수도사 루브룩에게 베푼 감동적인 환영에 대해서는
    Voyage de Rubrouck, 제3장을 보시오.
174. 이 무렵 킵착인들은 기독교로 개종하고 있었다. 1223년 몽골인들에게 죽은 그들
    의 지도자 가운데 Yuri Konchakovich는 기독교식 이름을 갖고 있었다. Pelliot,

한편 킵착인들은 러시아에 호소하였다. 자기 딸을 갈리치Galich의 러시아 왕자 므스티슬라브Mstislav(일명 대담공大膽公)와 결혼시킨 킵착의 칸 쿠탄Kutan은 사위와 다른 러시아 왕공들이 개입하여 몽골인들에게 대항토록 하였다. 갈리치·키예프·체르니고프Chernigov·스몰렌스크Smolensk의 왕공들이 이끄는 8만 러시아군이 알렉산드로프Aleksandrov 부근 호르티차Khortitsa로 집결하기 위하여 드네프르 강을 따라 내려왔다. 몽골인들은 적이 완전히 지치고 그 잡다한 부대들이 처리하기 쉽게 널리 분산될 때까지 후퇴하며 싸움을 피하였다. 마리우폴Mariupol 부근에서 아조프 해로 흘러드는 해변의 작은 강 칼카Kalka 또는 칼미우스Kalmius에서 교전이 일어났다.175) 키예프 병력이 도착할 때까지 기다리지 않고 돌격을 감행한 갈리치의 왕자와 킵착인들은 패해 도망쳐야 하였다(1222년 5월 31일). 홀로 남은 키예프의 왕자는 사흘간 병영을 방어하다가 명예로운 항복을 허락받았다. 그렇지만 그는 뒤에 자신의 모든 병사들과 함께 죽임을 당하였다.176)

러시아의 이 첫번째 재난은 정치적으로는 아무런 직접적인 결과도 가져오지 않았다. 블라디미르의 유리Yurii of Vladimir 대공과 그의 군대는 칼카에 채 당도할 시간이 없었기 때문에 고스란히 살아남았다. 몽골인들은 크리미아의 수닥Sudak 또는 솔다이아Soldaia에 있던 제노아인들의 창고들을 노략하는 것으로 만족하였다(그러나 그들과 베네치아인들 사이에 협정이 있었다는 까영의 주장을 뒷받침할 만한 근거는 아무것도 없다).177)

제베와 수베에테이는 차리친Tsaritsyn 근처(스탈린그라드Stalingrad, 볼고그라드Volgograd)에서 볼가 강을 건너 카마 강가의 불가르인들과 우랄 산맥의 캉클리 투르크인들을 격파하는 것으로 환상적인 원정을 마친

"À propos des Comas," *JA*(1920), p. 149.

175. Bretschneider, *Mediaeval Researches*, I, p. 297.

176. Erdmann, *Temudschin*, p. 434 이하 참조.

177. Hammer, *Geschite der Goldenen Horde*, p. 87. 정치적으로 솔다이아(수닥)는 그리스계 제국 트레비존드의 속국이었다(G. I. Bratianu, *Recherches sur le commerce génois dans la Mer Noire au XIIIe siècle*[Paris, 1929], p. 203).

뒤 칭기스칸의 대군과 시르다리아 북부 초원에서 다시 합류하였다.

칭기스칸의 만년

칭기스칸은 1225년 봄에 몽골로 돌아와 1225년 겨울부터 1226년 여름까지 오르콘 강의 지류인 툴라 강의 거영지에서 보냈다. 북경에서 볼가까지 세계가 그 앞에서 떨었다. 아랄-카스피 해 초원의 통치를 위하여 파견된 장남 조치는 독립된 정책을 추구하기 위하여 극단으로 치닫는 듯하였다. 이것이 정복자를 놀라게 하였으나, 조치는 부자 간에 공공연한 불화가 발생하기 전인 1227년 2월에 죽었다.

칭기스칸은 감숙의 탕구트 왕국 서하에 대해 다시 전쟁을 일으켰다. 서하의 군주는 신하였음에도 호레즘 정벌전에 군대 파견의 의무를 회피하였다. 『몽골비사』에 의하면 그의 공식적인 지원요청에 대하여 아샤 감부 Asha Gambu라는 탕구트 고관이 자기 주군의 이름으로 보낸 회답에서, 만일 칭기스칸에게 충분한 병력이 없다면 그는 최고 권력을 행사할 자격이 없다고 할 만큼 건방졌다고 한다. 그런 허세가 묵과될 수 없었으니, 정복자는 호레즘 문제를 해결하자 이를 응징하기로 하였다. 게다가 블라디미르초프가 지적한대로 칭기스칸은 자기 부하 무칼리가 시도하다가 바로 얼마 전에 죽은 북중국 금의 영토를 정복하기 위해서는 감숙·알라샨·오르도스에 대한 직접 지배가 필수적이라는 것을 알았음에 틀림없다.

그래서 그는 1226년 가을 전쟁을 일으켜 연말에 영주를 점령하고, 1227년 봄에는 오늘날의 영하인 서하의 수도에 대한 공성전에 들어갔다.[178] '몽골의 공포' 수법은 아프가니스탄에서처럼 여기서도 무자비하게 적용되었다. "주민들은 헛되이도 몽골의 위력을 피하여 산으로 동굴로 숨었다. 벌판은 사람의 뼈로 뒤덮였다." 1227년 여름 영하가 포위되어 있는 동안 칭기스칸은 오늘날의 평량平凉 서북에 해당하는 용덕龍德의 청수하淸

---

178. 『元史』, Krause역, *Cingis Han*, p. 40.

水河 지역에 설영하고 있었다. 그는 그곳 평량의 서쪽에서 1227년 8월 18일 60세의 나이로 죽었다.[179] 그 뒤 적의 수도 영하는 함락되었고 정복자의 마지막 명령에 따라 전주민이 살해되었다. 탕구트인들의 일부분은 칭기스칸의 아내들 가운데 이 전쟁 때 그를 수행한 이수이 황후에게 주어졌다.

칭기스칸의 시신은 한때 텡그리가 그에게 말을 한 오논과 케룰렌의 발원지 즉 성산 부르칸 칼둔(헨테이) 부근에 안장되었다. 1229년 그의 후계자는 몽골 방식에 따라 대대적인 제사를 올렸다. "그는 관습에 따라 자기 아버지의 영령에 사흘간 음식을 올리도록 명하였다. 그는 노얀들과 장군들의 가문에서 가장 아름다운 소녀 40명을 뽑았다. 그들은 화려한 옷과 값비싼 보석으로 가꾸어졌으며, 라시드 웃 딘의 말에 의하면 저승에서 칭기스칸에게 봉사하기 위하여 보내졌다. 이 야만스러운 경의의 표시에 더하여 훌륭한 말들이 희생되었다."[180]

칭기스칸 : 그의 성격과 업적

칭기스칸은 인류의 재앙 가운데 하나로 여겨져왔다. 그는 1200년 간에 걸친 초원 유목민의 고대 정주문명에 대한 침략의 화신이었다. 실로 그처럼 가공할 평판을 남긴 사람은 아무도 없었다. 그는 공포를 통치의 방법으로, 학살을 정교하고 조직적인 제도로 만들었다. 동부 이란의 파괴가 가져다 준 공포는 유럽이 앗틸라의, 혹은 인도가 미히라쿨라Mihirakula의 탓으로 돌린 그 어느 것보다 더 끔찍했다.

그럼에도 불구하고 우리는 그의 잔혹성이 어떤 본성적인 사나움보다는 주로 그가 처했던 환경이 어떤 투르크-몽골인들의 경우보다 더 거칠었다는 데에서 생겨난 것임을 명심하여야 한다(이 점에서 훨씬 더 문명화된

---

179. 『元史』에 나오는 날짜.
180. D'Ohsson, *Histoire des Mongols*, II, pp. 12-13. 초원에서 장례식 참가자와 말의 순장은 헤로도투스의 스키타이인들 이래 칭기스칸에 이르기까지 변함없이 유지되고 있었다(Herodotus, IV, pp. 71-72).

또 다른 살육자 티무르의 경우는 이 외에도 다른 설명을 필요로 한다).[181]
몽골 정복자들이 수행한 집단적 처형은 전쟁체계의 일부가 되었다. 그것은
재빨리 항복하지 않은 정주민족들에게, 그리고 무엇보다도 일단 항복한 뒤
에 다시 반란을 일으킨 사람들에게 가해진 유목민의 무기였다. 슬픈 일은
이 유목민이 농경과 도시경제의 본질을 거의 이해하지 못하였다는 점이다.
동부 이란과 북부 중국을 정복하고 나서 그는 도시와 전답을 파괴하여 이
나라들을 초원으로 바꾸는 것을 당연하게 여겼다. 문명의 문턱과 오래 된
경작지 언저리에 대한 약탈이라는 천년의 유목 전통은 그가 최고의 기쁨
에 대해 정의할 때 드러난다. "적들을 산산조각내고, 그들을 내 앞에서 쫓
아내고, 그들의 소유물을 빼앗고, 그들에게 소중한 자들의 눈물을 목격하
고, 그들의 아내와 딸들을 끌어안는 것!"[182] 거꾸로 그는 손자들이 정주민
족으로서의 삶을 위해 초원의 거친 삶을 저버릴지도 모른다고 생각하면서 슬
픔에 잠긴다. "우리 뒤의 우리 종족들은 황금옷을 입을 것이다. 그들은 달고
기름진 음식을 먹을 것이고 멋진 준마를 탈 것이며, 그들의 팔로는 가장 아
름다운 여인을 안을 것이며, 그리고 그런 것들이 우리 덕택이라는 것을 잊을
것이다……."[183]

　　1220-1223년 그 유명한 구장춘을 수행하여 정복자를 방문한 이지상
이 기초하여 1219년에 새겨진 한 도교 석비에는 유목민 황제와 그의 생활
방식과 업적에 대해 자신이 받은 인상이 도교의 철학적 용어로 흥미롭게
표현되어 있다. "하늘은 중국의 지나친 사치에 환멸을 느낀다. (칭기스칸
이 이르기를) 나는 북의 야생지역에 남아 있다. 나는 소박함으로 돌아가
한 번 더 절제를 모색한다. 내가 입는 옷과 내가 먹는 음식에 대해 말하자
면, 나는 소치기나 마부와 똑같은 누더기를 입고, 똑같은 음식을 먹으며, 병
사들을 내 형제로 대한다. 100번의 전투에서 나는 늘 선두에 섰다. 7년 간

---

181. 칭기스칸은 문맹이었을 뿐 아니라 많은 몽골인들이 알고 있던 투르크어조차도 할
　　줄 몰랐다(Juzjani, Barthold, *Turkestan*, p. 461과 d'Ohsson, *Histoire des*
　　Mongols, II, p. 95에).
182. Rashid ad-Din, d'Ohsson, *Histoire des Mongols*, I, p. 404.
183. *Ibid.*, I, p. 416.

나는 큰일을 했고, 육방六方의 모든 것이 유일한 통치에 복속한다."184)

칭기스칸은 그의 생활방식과 환경과 종족이라는 틀 안에서 사려깊은 심성과 건전한 상식을 가진 놀랍도록 균형잡힌 사람이자 남의 말도 잘 경청하는 사람이었던 것으로 보인다. 그는 우정을 굳게 지켰으며, 매우 엄격하면서도 관대하고 자애로웠다. 그에게는 진정한 행정가로서의 자질도 있었으나 그것은 유목민족들에게만 해당되는 것이었고, 정주민족의 경제에 대해서는 극히 미미한 개념밖에 없었다.

이러한 한계에도 불구하고 그는 질서와 선정善政에 대한 타고난 감각을 보여주었다. 그에게는 잔혹한 야만적 감정과 결합된 어떤 마음의 고결함과 고상함이 있었고, 때문에 무슬림 저자들에 의해 '저주받은 자'로 낙인찍혔으면서도 인간으로서의 정당한 지위를 회복할 수 있었다.

그의 성격에서 가장 두드러진 특징의 하나는 반역자들에 대한 본능적인 두려움이다. 불운한 주인을 배반함으로써 그의 환심을 사려고 하였던 하인들은 그의 명령에 따라 처형되었다.185) 반면에 주군에게 끝까지 충성한 자들에게는 그 주군이 자신의 적일지라도 종종 상을 내리거나 벼슬을 내렸다.

라시드 웃 딘과 『몽골비사』가 그의 특성으로 드는 점들은 많이 비슷하며, 두 사료는 불행할 때의 용기에 대한 그의 존경뿐 아니라, 그의 통치가 건전한 도덕에 바탕하였음을 강조한다. 그는 자신의 보호 아래 두었던 약한 사람들을 끝까지 지켰으며 평생 동안 흔들림 없는 신실함으로 그들을 보호하였다. 웅구트의 지도자 알라쿠쉬 티긴은 나이만에 대항하여 그와 한편에 섰다가 살해당하였다. 그는 이 수령의 가문을 부흥시켜 그의 아들에게 벼슬을 내리고 자기 딸을 주어 사위로 삼았으며 그 가운家運을 보장하였다.186)

---

184. Chavannes, "Inscriptions et pièces de chancellerie chinoises de l'époque mongole," *TP*(1908), p. 300.

185. 그 예는 1203년에 일어난 케레이트 셍군의 신의 없는 마부 Kököchü 사건이다 (『몽골비사』, Pelliot역, *JA*[1920], pp. 179-180).

186. A. C. Moule, *Christians in China Before the Year 1550*(New York,

과거 전쟁에서 격파된 적들인 위구르와 거란도 그가 가장 믿을 만한 보호자라는 것을 알게 되었다. 이는 마치 훗날 그의 손자들이 시리아 기독교도들과 아르메니아인들을 더할 수 없이 확실하게 보호해주었던 것과 흡사하다. 요동에서 초기부터 그의 신하였던 거란의 왕족 야율유가가 호레즘과의 전쟁 중에 죽었다. 그의 과부는 최후의 원정을 하던 정복자가 감숙에 있을 때 마침내 그를 만났다. 그는 이 부인을 최대의 친절로 환영하였으며, 그녀와 야율유가의 두 아들에게 크나큰 애정과 아버지로서의 배려를 베풀었다.187)

그러한 모든 상황에서 가죽옷을 입은 이 유목민 즉, 여러 민족의 진멸자는 중국인들조차 놀라게 한 자연스러운 위엄과 숭고한 예의와 진정한 고결함을 보여주었다. 훌륭한 가문의 신사로서 그는 영혼 속 깊이 군주였으며, 그래서 유성과 같은 행운의 상승에도 불구하고 누구보다도 겸손하였던 것이다.

칭기스칸은 자신의 정책에 확고하면서도 개화된 사람의 경험의 소리에도 귀머거리가 아니었다. 그는 많은 조언자들을 신뢰하였으니, 타타퉁아 같은 위구르인, 마흐무드 얄라바치Mahmud Yalavach 같은 무슬림, 야율초재 같은 거란인들이 그러하다. 나이만의 마지막 군주의 조정에서와 똑같은 일을 하던 타타퉁아는 칭기스칸의 아들들에게 위구르 글을 가르치는 가정교사였을 뿐 아니라 재상이 되기도 하였다.188) 마흐무드 얄라바치는 트란스옥시아나 주민들에 대한 칭기스칸의 대리인, 즉 트란스옥시아나 최초의 '몽골' 총독이 되었다.189)

중국화된 거란인인 야율초재는 자기 주군을 중국문화에 약간이나마 물들게 함으로써 때때로 학살을 막기도 하였다. 그의 전기에 의하면 그가 갖고 있던 주요 관심사의 하나는 몽골인들이 약탈하고 불지른 도시에서

1930), p. 235에 나오는 『元史』의 번역.

187. Mallia, IX, pp. 78-126.

188. 칭기스칸은 그에게 자기 아들들이 몽골어를 위구르문자로 적을 수 있도록 가르치는 책임을 부여하였다. Pelliot, "Les systèmes d'écriture en usage chez les anciens Mongols," *AM*(1925), p. 287, 그리고 *TP*(1930), p. 34를 보시오.

189. Barthold, "Caghatâi-khân," *EI*, p. 832.

나온 귀중한 문헌들을 보존하는 것이었으며, 다른 하나는 그러한 대학살에서 비롯된 전염병과 싸우기 위한 의약을 찾아내는 것이었다.[190]

　몽골 국가와 칭기스칸 일족에 대한 그의 헌신에도 불구하고, 저주받은 도시나 지역을 위하여 자비를 탄원할 때 그가 항상 자신의 감정을 숨길 수 있었던 것은 아니다. “그대는 또다시 사람들을 위하여 울겠는가” 하고 우구데이가 묻곤 하였다. 그는 재치 있고 현명하게 개입하여, 자칫하면 돌이킬 수 없는 피해를 예방한 적이 많았다. 레뮈자A. Rémusat는 “출신으로는 타타르인이며 문화적으로는 중국인인 그는 압제자와 압제받는 자들 사이에 선 타고난 중재자였다”고 적었다.[191] 그는 몽골인들에게 인류의 대의를 주장할 수 없었는데, 그랬다가는 몽골인들이 자신의 말을 듣지 않을 것이기 때문이다. 그는 관대한 조치가 훌륭한 정책이라는 것을 입증하려고 애썼는데, 이는 몽골인들의 야만성이 주로 무지에서 비롯된 것이었기 때문이다.

　감숙에서 칭기스칸이 마지막 전투를 할 때 한 장군은 새로 백성이 된 사람들이 전투에는 적절지 않아 쓸모가 없으니, 최소한 땅이라도 기마부대의 목장으로 사용하기 위하여 거의 천만에 달하는 그들을 모조리 없애버리는 것이 낫겠다고 말했다. 칭기스칸은 설득력 있는 그의 충고에 감사해했지만 야율초재가 이의를 제기하였다. “그는 비옥한 땅과 근면한 백성들로부터 얻을 수 있는 이점들에 관해서는 아무런 생각도 갖지 않았던 몽골인들에게 그 점을 설명해주었다. 그는 토지에 세금을 매기고 상품에서 공물을 거둠으로써, 은 50만 냥과 비단 8만 필과 곡식 40만 석을 거두어들일 수 있다는 점을 분명히 하였다.” 그의 취지가 받아들여져[192] 칭기스칸은 그에게 그러한 선에서 조세제도에 관한 문서를 초안하도록 명하였다.

　야율초재와 칭기스칸의 위구르 조언자들 덕에 온갖 대학살이 자행되

---

190. A. Rémusat, *Nouveaux mélanges asiatiques*, I, p. 64.
191. A. Rémusat, "Vie de Yeliu Thsoutsai," *Nouveaux mélanges asiatiques*, II, p. 64 ; Bretschneider, *Mediaeval Researches*, I, p. 9 참조. 耶律楚材 (1190-1244)는 1214년이나 1215년부터 몽골인들을 위해 봉사하기 시작하였다.
192. Deveria, "Notes d'épigraphie mongole-chinoise," *JA*, II(1896), p. 122.

는 가운데서도 몽골행정의 기초가 생겨났다. 이렇게 된 데에는 정복자 자신이 전반적으로 문화를 좋아하는 기질을 갖고 있었다는 점도 분명히 작용했을 것이다.

칭기스칸은 투르크-몽골 세계에서 가장 개화된 민족들인 거란과 위구르에 특히 끌렸던 것으로 보인다. 거란인들은 칭기스칸 일족의 제국에게 몽골인들의 민족성을 박탈하지 않고도 중국문화를 전수할 수 있었으며, 위구르인들은 오르콘과 투르판의 고대 투르크문명에서, 그리고 시리아와 마니교-네스토리우스교 및 불교적 전통이 남긴 모든 유산에서 그 일부를 몽골인들에게 전달해줄 수 있었다. 실로 칭기스칸과 그의 바로 다음 계승자들이 그들의 관방 사무어와 문자는 물론 민간행정의 틀을 이끌어낸 것은 바로 위구르로부터였다. 훗날 위구르문자는 약간의 수정을 거쳐 몽골인들의 민족문자가 되었다.

학살은 잊혀졌고 대신 칭기스칸 국가의 기율과 위구르식 관제의 혼합물인 행정적 성취가 계속되어갔다. 그리고 그것은 초기의 막대한 파괴 뒤에 마침내 문명에 혜택을 주게 되었다. 칭기스칸이 그의 동시대 사람들로부터 평가를 받는 것은 바로 이 점에서였다. 마르코 폴로는 "그는 죽었으며, 이는 매우 유감스러운 일이었다. 그는 올바른 사람이었고 현명한 사람이었기 때문이다"라고 했다. 주앵빌Jean de Joinville은 "그는 사람들이 평화를 유지하도록 하였다"고 했다.193) 이 평가는 외면상으로는 역설적이다. 모든 투르크-몽골민족을 하나의 제국으로 통일하고 중국에서 카스피해에 이르기까지 철의 기율을 강요함으로써 칭기스칸은 끝없는 부족전쟁을 억누르고 대상들에게 그들이 일찍이 알지 못했던 안전을 제공하였다. 아불 가지는 "칭기스칸의 치세 아래 이란과 투란(투르크인들의 땅) 사이에 있는 모든 나라들은 누구도 누구한테서도 어떠한 폭행도 당하지 않은 채 황금 쟁반을 자기 머리에 이고 해가 뜨는 땅에서 해가 지는 땅까지 여행할 수 있을 만큼 평화를 누렸다"고 기록하였다.194) 그의 야삭은 전몽골과

---

193. Marco Polo, J. P. G. Pauthier편, *Le livre de M. Polo*(Paris, 1865, 그리고 Peking 1924-1928), I, p. 183 ; Joinville, Wailly편, p. 263.
194. Abu'l Ghazi Bahadur Khan, *Histoire des Mongols et des Tatares* (Des-

투르키스탄에 '팍스 칭기스카나Pax Chinggis-Qana'를 확립하였으니, 이 것이 그의 시대에는 분명 무서운 것이었으나 그의 후계자들의 시대에는 부드러워졌고, 14세기 위대한 여행가들과 같은 성취도 가능하게 된 것이 다. 이 점에서 칭기스칸은 일종의 '야만인 알렉산더'로서 문명에 이르는 새 길을 열어젖힌 개척자였다.195)

---

maisons역), p. 104. 또한 "칭기스칸의 탁월한 법, 그리고 정의에 관한 몽골인들의 불편부당함"이 서술된 그루지아 연대기를 보시오(Brosset, *Histoire de la Géorgie*, I, p. 486). 아르메니아 사람 'Hayton'(Hethum)이 기억하고 있는 칭기스칸의 위엄, 질서, '신성한 권리'에 대한 인상은 *Recueil des historiens des Croisades. Documents arméniens*, Paris, 1869-1906, 2 vols., II, pp. 148-150을 참조. 엄격한 정의와 완벽한 질서에 관한 똑같은 인상은 Plano Carpini (Part IV)에도 나타난다.

195. 호레즘과의 전쟁 전 호레즘 제국과 지속적인 교역관계를 수립하기 위한 그의 관심에 주목하시오. 실제로 술탄 무함마드와의 불화를 야기한 것은 바로 '몽골' 隊商에 대한 공격이었다(Barthold, *Turkestan*, p. 396).

6. 칭기스칸의 세 후계자들

칭기스칸의 제자분봉諸子分封

칭기스칸의 네 아들은 그의 생전에 각자 울루스*ulus*(일정수의 부족)와 유르트*yurt*(그 부족들을 부양하기에 충분한 목지)를 속령으로 받았다. 이와 함께 각자의 궁정과 하인들의 소용에 충당할 재원으로 중국·투르키스탄·이란의 정복지역 정주민족들이 지불할 세금이 포함된 인주*inju*가 주어졌다.[1]

유목민들의 목영지인 투르크-몽골 초원만이 분배할 수 있는 자산이었다는 점을 지적해둘 필요가 있다. 북경과 사마르칸드 주변의 농경지는 제실帝室의 영토로 남겨졌다. 칭기스칸의 아들들은 정주민족의 나라들을 분할하여 각자의 소유로 한다거나, 각기 중국의 황제, 투르키스탄의 칸, 혹은 페르시아의 술탄이 될 생각은 아예 하지도 않았을 것이다. 1260년 이후 그들의 후계자들이 했던 그러한 생각은 그들에게는 어울리지 않았다. 실제로 그들에게는 초원의 분할이 칭기스칸 제국의 분할까지 뜻하는 것은 절대 아니었다. 이러한 상황은 형제들이 화목했던 체제 아래에서는 계속되었다. 더욱이 바르톨드가 지적한 대로 유목민의 법에 의하면 카간의 절대권력에도 불구하고 국가는 그에게보다는 황실가문 전체에 속하는 것이었다.

칭기스칸의 큰아들 조치[2]는 1227년 2월경, 아버지보다 6개월 먼저 아

---

1. Barthold, "Cinghiz-Khân," *EI*, p. 882 참조. [역자] 몽골문어 ingǰi~inǰi, 중세 몽골어 inǰe.
2. 이 이름에 대해서는 Pelliot, "Sur quelques mots d'Asie Centrale," *JA*(1913), p. 459. (가능한 어원은 *jochin*, '주인') [역자] 몽골문어의 jočin, 할하 몽골어의 zochin은 '주인'이 아니고, 명사로는 '외부에서 온 존중해야 마땅한 사람' 즉 '손님,

랄 해 북쪽 초원에서 죽었다. 비록 칭기스칸이 조치의 의심쩍은 출생을 공식적으로 문제삼지는 않았지만, 그들 사이의 틈은 끝내 넓어져만 가고 있었다. 조치는 우르겐치 점령시에 참전한 것을 끝으로(1221년 4월), 그 후 1222년부터 1227년까지는 은퇴하여 자기 속령에 있는 투르가이와 우랄스크Uralsk에 살면서 아버지가 추진한 원정에 참여하지 않았다. 이 우울한 움츠림은 칭기스칸을 얼마간 불안하게 했으며, 그는 큰아들이 자신에 대해 모반을 꾀하고 있는 게 아닌가 하고 의심하기 시작하였다. 마침내 조치의 죽음은 그들 사이에 일어났을지도 모를 고통스러운 갈등을 막아주었다.

조치의 아들들 가운데 바투Batu가 아버지의 속령에 대한 통치권을 계승하였다. 몽골 전승에는 현명하고 온화한 왕자로 묘사되고 있지만(그에게는 사인 칸Sain Qan 즉 '훌륭한 임금'이라는 별명이 주어졌다) 러시아인들에게는 무자비한 정복자로 알려진 그는 훗날 칭기스칸 가문의 장로로서 제국의 대위를 둘러싸고 일어난 분쟁에서 중요한 역할을 한다. 이러한 분쟁에서 그는 '대칸 옹립자'로 그려졌다.3) 한편 그가 상대적으로 연소한 점, 그의 아버지의 죽음, 그리고 입 밖에 내지는 않았지만 그의 가계의 정통성에 대한 의심으로 인해 '조치 가문'은 제국의 일에 눈에 띄지 않는 역할만 하게 되었다. 그럼에도 부모의 주거에서 가장 먼 곳을 큰아들의 영역으로 남겨주는 몽골법 덕분에 조치 가문은 유럽으로 향하게 되었고, 몽골 제국의 공격의 한 날개를 이루었다. 그 영토는 이르티쉬의 서쪽으로 몽골의 말발굽이 닿는 곳까지, 즉 세미팔라틴스크Semipalatinsk, 악몰린스크Akmolinsk, 투르가이 또는 악튜빈스크Aktyubinsk, 우랄스크, 아다지Adaj, 호레즘 본토(히바)를 포함하였고, 거기에 킵착인들의 땅부터 볼가 강 서쪽의 모든 정복지에 이르기까지, 즉 제베와 수베에테이의 원정으로 장차 정복될 지역들까지 포함되었다.

정복자의 야삭을 관리하고 몽골인들의 기율을 책임지도록 한 칭기스

방문자'의 뜻이고, 형용사로는 '외래의, 남의'라는 뜻이다. F. Lessing et al, 1982, *Mongolian-English Dictionary*, p. 1066, Ia. Tsevel, *Mongol Khelnii Tovch Tailbar Tol'*, 1966, p. 277 참조.

3. Barthold, "Bâtû-khân", *EI*, p. 699 참조.

칸의 둘째아들 차가다이(1242년 사망)[4]는 엄격하고 무서운 판관이었고 칭기스칸 국가의 양심적이고 꼼꼼한 법률 집행자였으며, 군대의 대오에서 편안함을 느끼는 노련한 군인이면서도 조금은 고리타분하였다. 그는 아버지가 동생 우구데이를 최고위에 지명하였을 때 항의하지 않았다. 차가다이는 위구르 지방에서 서쪽으로 부하라와 사마르칸드에 이르는 옛 카라 키타이 제국의 초원, 즉 기본적으로 일리, 이식쿨, 추 강 상류, 그리고 탈라스 지역을 몫으로 받았다. 그는 카쉬가리아와 트란스옥시아나도 받았지만 이런 곳들은 정주민족들의 땅이었으며, 트란스옥시아나에서 부하라·사마르칸드 등의 도시는 대칸의 관료에 의해 직접 통치되었다는 점에 유념해야 한다. 장춘진인의 증언에 의하면 차가다이의 통상적인 주거는 일리 남쪽이었다.

칭기스칸의 셋째아들 우구데이[5]는 발하쉬 호 동쪽과 동북쪽 지역, 즉 이밀과 타르바가타이, 카라 이르티쉬와 우룽구 지역을 받았다. 카라 이르티쉬와 우룽구 지역은 옛 나이만의 영토 부근으로 우구데이의 아정은 보통 이밀 강가에 세워졌다.

마지막으로, 몽골 관습에 따라 막내아들 톨루이[6]는 옷치긴ochigin(더 정확한 형태는 otchigin) 즉, 화로의 수호자였다. 다시 말하면 그는 툴라, 오논 상류, 케룰렌 상류 사이의 지역을 포괄하는 가문 세습재산의 상속자였다. 톨루이는 정복만을 꿈꾸는 대담한 군인이자 훌륭한 장군으로 기록되었다(그는 1232년 하남河南 전투를 매우 훌륭하게 수행하였다). 그는 알코올에 중독되었으며(그래서 1232년 10월 나이 40에 요절하였다) 위대한 사

---

4. Jagatai 또는 Chaghatai. 몽골어 *chagan*('흰')에서 유래? Barthold, "Caghatâi-khân," *EI*, p. 831 참조. 여기서 우리는 Jagatai라는 형태를 쓰기로 한다('투르크-차가타이어'라고 할 때 고전 프랑스어 철자는 Djaghatai). [역자] 『몽골비사』에는 차아다이Cha'adai로 되어 있고, 무슬림측 문헌에는 Chaghatai라고 되어 있지만, 본 역서에서는 '차가다이'Chaghadai로 통일한다.
5. Ogödäi 또는 Ogädäi. 몽골어 *ögädä*('높은')에서 유래? [역자] 『몽골비사』의 주된 표기는 '우구데이Ögödei'이고 본 역서에서는 이 형태를 취한다.
6. 이 이름에 대해서는 Pelliot, "Sur quelques mots d'Asie Centrale," p. 460을 보시오. (가능한 어원은 *toli* '거울') Erdmann, *Temudschin*, p. 641에서 Rashid ad-Din 참조.

람으로서의 통찰력이 부족하였다. 그러나 그는 드물게 지적인 여자인 옛 케레이트 왕가의 공주 소르칵타니Sorqaghtani(소유르칵타니Soyurqagh-tani, 왕칸의 질녀)와 결혼하였는데, 다른 모든 케레이트 사람들처럼 그녀도 네스토리우스 교도였으며 훗날 자기 아들들을 위하여 제국을 확보하였다.

그 외에 칭기스칸의 두 동생 카사르와 테무게 옷치긴의 가문도 속령을 받았다. 카사르의 영지는 아르군 강과 하일라르 강 부근이었으며, 테무게의 영지는 몽골리아의 동단 즉, 오늘날의 길림성에 있던 여진족의 옛 영토 근처였다.

칭기스칸이 죽은 뒤 톨루이는 몽골법에 따라, 그리고 화로의 수호자로서 새로운 대칸이 선출될 때까지 감국監國(1227-1229)을 맡았다. 그는 섭정으로서 궁궐에 해당되는 자기 아버지의 오르두ordu들, 즉 장막 궁전과 1227년 당시 12만 9,000명의 몽골군 가운데 10만 1,000명을 물려받았다 (나머지 2만 8,000은 다른 아들들에게 각 4,000씩, 칭기스칸의 동생 테무게에게 5,000, 다른 동생 카치운의 아들들에게 3,000, 또 다른 동생 카사르의 아들들에게 1,000, 그리고 어머니 후엘룬 에케의 가족에게 3,000이 돌아갔다).

쿠릴타이, 즉 대칸 선출을 위한 몽골 왕공들의 대집회가 케룰렌 강가에서 열린 것은 1229년 봄이나 되어서였다. 이 대집회에서는 셋째아들 우구데이를 후계자로 지명한 칭기스칸의 소원을 승인하는 것 이상의 일은 이루어지지 않았다.[7]

우구데이의 치세, 1229-1241

칭기스칸이 자기 후계자로 선택한 우구데이는 아들들 가운데 가장 지

---

7. 일부 사료에는 우구데이가 즉위한 날짜가 1229년 9월 13일로 나온다. 톨루이는 선거가 있은 지 3년 후인 1232년 10월 9일 겨우 나이 40에 죽었다. 그는 섭정으로서의 기능을 훌륭하게 수행하였다.

적인 사람이었다. 그는 아버지의 천재성, 지배에 대한 열정과 정력 가운데 어느 것도 물려받지 못하였으나, 대신 그에게는 훌륭한 감각과 끈기가 있었다. 그는 서툴고 게으르고 유쾌한 주정뱅이였으며 극단적으로 관대하고 대범했고, 술을 마시고 자기 방식대로 즐기기 위하여 절대권력을 이용하였다. 그러나 야삭 덕분에 몽골 제국의 사무는 잘 운영되어갔다.

우구데이는 거처를 카라코룸에 정하였다. 그의 위치 선정은 역사적 의의를 지녔으니, 옛 흉노 시절부터 중세 전성기의 동돌궐에 이르기까지 투르크-몽골 제국들의 '수도'가 오르콘 상류의 이 지역에 있었던 것이다. 근처의 카라발가순에는 8세기 위구르 카간들이 오르두 발릭을 세웠으며, 칭기스칸 국가의 수도도 처음에는 바로 이 오르두 발릭('궁정 도시')이라는 이름으로 알려졌다. 카라코룸 또는 그 인근 지점은 이미 칭기스칸의 치세, 즉 늦어도 1220년 이후에는 아마 이론적으로는 수도로 선정되었겠지만, 1235년에 카라코룸을 방어벽으로 둘러싸인 새 제국의 진정한 수도로 만든 것은 우구데이였다.[8]

우구데이가 완전히 신임한 중국화한 거란인 야율초재는 순수한 군사 정부에 대응하는 중국식 행정조직을 설립하려고 노력하였다. 야율초재는 위구르 지식인들과 협의하여 몽골 관청에 중국·탕구트·위구르·페르시아 담당부서를 설치하였다(위구르 부서가 오랫동안 가장 중요시되었다). 몽골 인들에게는 오래 전부터 군사적 필요에 부응하기 위한 역참체계가 있었는데, 야율초재와 그를 따르는 사람들은 그 루트를 따라 일정하게 세워진 역참에 곡물창고를 설치하였다.[9] 무엇보다도 야율초재는 몽골 제국에 일종의 고정 예산제도를 마련해 한인들은 이에 따라 가호별로 사정된 세금을 은·비단·곡식으로 냈고, 몽골인들은 그들의 말·소·양의 10퍼센트를 냈다.

---

8. 이 도시의 중국식 이름은 和林으로 (Qara)qorum의 전사형이다. 그 설립연대에 대해서는 Pelliot, "Note sur Karakorum," *JA*, I(1925), p. 372와 Barthold, "Karakorum," *EI*, p. 785를 보시오. 카라코룸의 도면은 Radloff, *Atlas der Alterhümer der Mongolei*, Pl. XXXVI에서 볼 수 있다.
9. D'Ohsson, *Histoire des Mongols*, II, p. 63에 있는 Juvayni와 Rashid ad-Din ; Marco Polo, Chap. 97.

그 결과 그때까지는 단지 닥치는 대로 약탈대상으로만 간주되던 중국의 정복지가 1230년에는 몽골 관리들과 중국인 지식인 출신의 행정요원을 갖춘 10개 지구로 나뉘게 되었다.

야율초재는 젊은 몽골 주인들의 '유교' 교육을 위하여 북경과 평양에 학교를 열었으며 몽골 행정사무를 위해 막대한 수의 한인들을 채용하였다. 그는 우구데이에게 "제국은 말 위에서 건설되었지만 말 위에서 다스릴 수는 없다"고 하였다.10)

야율초재 외에 우구데이는 일찍이 칭기스칸도 존경했었고 플라노 카르피니가 '주공증인'*protonotary*11) 즉 제국의 재상이라고 묘사한 케레이트 출신의 네스토리우스 교도 친카이Chinqai를 신임하였다. 뻴리오에 의하면 "북중국에서는 어떠한 칙령도 친카이가 위구르문자로 한 줄 적지 않고는 공포될 수 없었다"고 한다.12) 군사면에서 우구데이의 치세에는 북중국·페르시아·남러시아 정복이 완성되었다.

금조의 멸망

중국에서는 새로운 시도가 요구되었다. 무칼리가 죽은 뒤, 그리고 칭기스칸이 서역에서 바쁘게 지내는 동안 금은 영토의 일부를 수복하였다.

---

10. Mailla, IX, p. 132. 거친 몽골인일지라도 적어도 몽골인들의 이익이 관계되는 면에 있어서는 한인 조언자보다 더 넓은 안목을 지녔다. 우구데이는 무슬림 원정군을 중국으로, 그리고 극동 지역의 군대를 서방으로 보내고자 하였지만, 야율초재는 장도가 너무 고달플 것이라는 이유로 그를 말렸다. 그 결과 50년 뒤에 극동의 몽골인들은 중국 사람이 다 되었고, 서쪽의 몽골인들은 투르크인이나 페르시아인이 되어버렸다(Mailla, IX, p. 212 참조).

11. [역자] 불어본의 protonotaire는 『元史』 권2에 '鎭海爲右丞相'이라는 기사에 비추어볼 때 '右丞相'에 해당되는 셈이다.

12. Pelliot, "Chrétiens d'Asie Centrale et d'Extrême-Orient," *TP*(1914), p. 628. Pelliot는 친카이의 두 아들의 이름이 기독교식인 要束木(Yoshmut)과 闊里吉思(George[s])였다고 한다.

퉁구스의 피가 여전히 강하게 흐르던 이 고대 여진 사람들은 놀라운 생명력을 드러냈다. 그들은 새로운 수도인 개봉 주위의 하남을 지키고 있었을 뿐 아니라 몽골인들로부터 하남으로 들어오는 관문인 동관을 비롯한 섬서 중부의 위수계곡 거의 전역을 되찾았다. 그들은 산서의 서남단에서 동관과 마주보이는 황하 북쪽의 하중(포주)의 요새도 점령하였다. 금의 마지막 지배자 영갑속寧甲速(1223-1234)은 다시 희망을 갖기 시작하였다.13)

　　1231년 몽골인들은 평량平涼·봉상鳳翔 등 위수계곡의 도시들을 포위함으로써 전쟁을 재개하였다. 1232년의 침공을 위하여 그들은 대규모 계획을 세웠다.14) 그들은 동관을 강습으로 탈취할 수 없게 되자 이를 동북과 남서에서 포위하였다. 우구데이가 주력부대와 풍부한 전쟁물자를 배경으로 하중을 탈취하는 동안(뒤에 그가 황하 하류를 도하할 수 있게 한 작전), 동생 톨루이는 3만 기병을 이끌고 남서를 통과하는 거대한 우회 기동 작전을 수행하였다. 그는 송의 영토를 고의로 침범하면서 위수계곡에서 한수 상류를 지나 한중漢中(남정南鄭 ; 송의 영토)을 점령하고, 사천의 가릉강嘉陵江 계곡을 따라 나아가 보녕保寧 지역을 황폐화시켰다. 그리고 나서 군대를 동북으로 돌려 한수의 중류 유역을 가로질러(1232년 1월에 횡단) 남양南陽 근처 남부 하남의 금 영토에 홀연히 나타났다. 동시에 우구데이와 주력부대는 하중을 취하고 황하를 건너 하남을 북쪽에서 침공하였다 (1232년 1월). 두 몽골군은 하남의 심장부이자 며칠 전 톨루이가 금을 격파한 균주鈞州(오늘날의 우주禹州)에서 합류하였다.15)

---

13. 중국사료에 나오는 寧甲速의 이름은 몽골인들이 중국인들을 가리키는 *Nangkiyas* 또는 *Nang-kiyas*(만주어 *nikasa*)에서 비롯된다. Pelliot는 몽골인들이 이 용어를, 송을 두고 南家Nan-kia('남녘 사람들')라고 부르는 여진인들 즉, 금으로부터 취하였다고 믿는다. Pelliot, "Nankias," *JA*, I(1913), pp. 460-466, 그리고 *TP*(1930), p. 17 참조.
14. 몽골 전승은 금을 최종 처리하기 위한 전략적 계획이 칭기스칸 임종시의 것이라고 한다.
15. 『元史』의 서술은 Mailla, IX, pp. 133-155에 요약되어 있다. Rashid ad-Din의 해당구절은 d'Ohsson, *Histoire des Mongols*, II, p. 613에 번역되어 있다. 이 전쟁에서 아버지의 노장군들 가운데 시기 쿠투쿠와 위대한 보오르추의 아우

이 장엄하고 결정적인 전투에서 금조는 이 방면의 전문가들인 몽골군 참모들의 감탄을 자아내게 한 용기를 보여주었다. 그들의 장군들은 승자의 군대에 들어가기보다는 고문을 달게 받았다. 그러나 상황은 절망적이었다. 북서쪽에서 몽골인들이 마침내 동관을 점령하였다(1232년 3월).

우구데이는 페르시아와 러시아전의 승장으로서 자기 휘하에서 최상의 전략가인 수베에테이에게 금의 수도 개봉을 포위, 공격하도록 명령하였다. 도시는 1233년 5월, 오랜 저항 끝에 마침내 함락되었다. 야율초재는 황제 우구데이에게 몽골 재산의 일부가 될 그곳을 파괴하지 말도록 설득하였다. 영갑속은 종말이 오기 전에 개봉을 떠나 지방에서 저항을 조직하려고 하였다. 그는 처음에 귀덕歸德으로, 나중에는 채주蔡州(오늘날의 여녕汝寧)의 작은 거점으로 피신하였다. 그는 몽골군이 마지막 공격을 퍼붓고 있을 때 이 작은 도시에서 자살하였다(1234년 2월에서 3월).16) 송조는 그들의 숙적인 금에 복수하기 위해 몽골인들에게 약간의 보병 분견대를 보내 그 도시의 함락을 도와주었다.

채주의 함락으로 몽골 제국에 의한 금 국토의 합병이 완료되었다. 그 때부터 몽골인들은 한족의 제국 송과 바로 이웃하게 되었다. 우구데이는 금과의 마지막 전투를 원조한 대가로 송으로 하여금 오늘날의 하남 동남단의 일정 지역을 보유하도록 하였나. 하지만 송의 황제 이종理宗(1225-1264) — 실은 그의 조정 — 은 이 대가에 불만을 품고 터무니없이 하남 전체를 탐냈을 뿐 아니라 어리석게도 몽골인들을 공격하였다.17) 처음에 송군은 전투도 하지 않고 개봉과 낙양을 재점령하였지만(1234년 7-8월), 몽골인들에게 즉시 쫓겨났고 우구데이는 1235년 카라코룸에서 열린 쿠릴타이에서 송 제국의 정복을 결정하였다.

Dogholqu Cherbi가 톨루이를 수행하였다. *Ibid.*, II, p. 614와 Erdmann, *Temudschin*, p. 207, p. 462.

16. Mailla, IX, pp. 156-207. Pelliot는 금조 멸망시의 영웅적 죽음들 가운데 1234년의 네스토리우스 교도 馬慶祥의 죽음을 언급한다.

17. 실지회복을 중시하는 송조의 이러한 입장을 보여주는 흥미로운 예는 *Instruction d'un futur empereur de Chine en 1193*, Chavannes역(*Mémoires concernant l'Asie Orientale*, I[1913], pp. 28-29)에서 볼 수 있다.

몽골군은 3군으로 나뉘어 송을 침공하였다. 우구데이의 둘째아들 쿠텐 Köten[18]이 지휘하는 제1군은 사천을 침공하여 성도를 빼앗았고(1236년 10월), 우구데이의 또 다른 아들 쿠추Küchü와 테무테이Temütei 장군이 지휘하는 제2군은 1236년 3월 호북의 양양을 점령하였다. 왕자 구운 부카 Gü'ün Buqa[19]와 장군 차가안Chagha'an이 지휘하는 제3군은 양자강에 있는 오늘날의 한구에서 하류를 따라 황주黃州까지 진군하였지만 거기서 버틸 수 없었다. 1239년에는 양양이 다시 송으로 넘어갔고, 이렇게 해서 사실상 45년 전쟁(1234-1279)이 시작된 셈이었는데, 우구데이는 그 초기 단계 이상은 보지 못하였다.

몽골의 제4군은 고려를 복속시키기 위하여 진격하였다. 1231년 12월, 오늘날의 서울 서북쪽인 고려의 수도 개성이 몽골군에게 점령당했다. 그들은 고려를 보호령으로 만들고 이를 다스릴 72명의 다루가치를 두었으나, 이듬해 1232년 7월 이 몽골 주재관들은 서울 서쪽의 작은 섬 강화로 피난한 고려왕 고종의 명령으로 모두 살해되었다. 우구데이가 새로 파견한 군대가 1236년 고려 ― 적어도 고려 본토 ― 를 실질적으로 점령하였다. 고려 조정은 항복을 선언하였으나(고려는 1241년 이후 종속국임을 인정하기 위하여 사절을 파견하였다) 그 섬에 30년을 더 틀어박혀 있었다.[20]

서부 페르시아 정복

우구데이가 등극하였을 때 이란은 재정복되어야 했다. 1221년 11월 칭기스칸은 호레즘 제국의 상속자인 잘랄 웃 딘 망구베르티를 인도로 도

---

18. 우리는 우구데이의 둘째아들 Köten과 여섯째아들 Qada'an을 혼동해서는 안된다. Pelliot, "Les Mongols et la Papauté," *Revue de l'Orient chrétien*(1931-1932) p. 63(203).
19. Pelliot, "Chrétiens d'Asie Centrale et d'Extrême-Orient," *TP*(1914), p. 631.
20. H. B. Hulbert, *The History of Korea*(Seoul, 1901-1903), p. 189, p. 195 ; Demiéville, *BEFEO*, 1-2(1924), p. 195.

망치게 하였다. 델리의 술탄인 투르크인 일투트미쉬Iltutmish는 그의 망명
을 환영하고 자기 딸과 결혼시켰으나, 잘랄 웃 딘은 모반을 꾀하다 추방되
었다(1223). 당시 칭기스칸과 몽골 군대는 폐허가 되거나 아니면 도시와
고을 주민들이 거의 완전히 절멸된 후라산과 아프가니스탄을 뒤로 하고
투르키스탄으로 막 돌아갔다. 이 지역은 그들이 떠나기 전에 아무런 정규
적인 행정체제를 세워놓지 않아 일종의 무인지경이었고, 중부와 서부 페르
시아는 제베와 수베에테이의 침공이 있은 뒤 거의 무정부상태에 놓이게
되었다. 그것이 비록 정규적인 방식으로 작전을 수행한 결과이며 몽골인들
이 그곳에 3년을 머물렀지만, 그것은 진정한 의미에서 정복이 아니라 유목
민들의 회오리가 지나간 것이었다.

　　잘랄 웃 딘은 이란 문제에 대한 몽골인들의 외관상의 무관심을 틈타
1224년에 그곳으로 돌아왔다.21) 몽골 폭풍 이전의 마지막 정통권력의 대
표자로서 그는 어렵지 않게 키르만과 파르스의 아타벡들이나 투르크계 세
습 총독들 — 키르만에는 토착 쿠틀룩 칸Qutlugh Qan조의 창업자 보락
하집Boraq Hajjib, 파르스에는 살구르Salghur조의 사아드 이븐 젱기Sa'd
ibn Zengi(1195-1226) — 로부터 술탄으로 인정받았다. 시라즈에서 잘랄
웃 딘은 동생 기야쓰 웃 딘Ghiyath ad-Din에게서 이스파한과 이라크 아
잠을 빼앗으러 갔는데, 그의 동생은 그곳에 공국을 갖고 있었다(1224). 그
리고 나서 그는 아제르바이잔을 복속시키러 갔다. 아제르바이잔의 아타벡,
즉 1136년 이래 그 지방을 다스려온 강력한 투르크계 봉건가문 출신의 우
즈벡Özbeg(1210-1225)은 상당량의 조공을 바치고 제베와 수베에테이의
침략에서 용케 살아남았으나, 잘랄 웃 딘과는 운이 별로 없었다. 새로운
침략자는 타브리즈를 항복시키고 그 지방 전역에서 군주로 인정되었다
(1225). 거기서 호레즘의 왕자는 그루지아를 공격하러 갔다. 이 기독교 왕
국은 4년 전 제베와 수베에테이의 맹공을 받았고, 잘랄 웃 딘이 나타났을

---

21. 사료 : Nasawi, *Histoire du sultan Djelal eddin Mangkobirti*(Houdas역) ;
Nasawi, Juvayni, Nuwayri, Ibn al-Athir 등에 근거한 d'Ohsson, *Histoire
des Mongols*, IV, p. 64 이하 ; Juzjani, Raverty역 ; B. Spuler, "Quellen-
kritik zur Mongolengeschichte Irans," *ZDMG*(1938), p. 219.

때 그 지방은 기오르기 3세의 누이이자 계승자인 그 유명한 루수단Rusu-
dan 여왕(1223-1247)의 통치 아래 몽골인들에게서 받은 피해에서 고통스
럽게 회복되고 있었다. 술탄은 그루지아인들을 1225년 8월 카르니Karni
(또는 가르니Garni)에서 격파하였다.

다음 해의 두 번째 공격에서 그는 3월에 티플리스를 약탈하고 모든
기독교 교회를 파괴해버렸다. 1228년에 그는 세 번째로 돌아와 로레Lore
근방 민도르Mindor에서 원수 이바네Ivane가 지휘하는 그루지아군을 격파
하였다.[22] 이러한 코카서스 원정전은 아제르바이잔에서 잘랄 웃 딘의 세
력을 강화시켰다.

이제 그는 이스파한과 타브리즈를 수도로 삼고 키르만·파르스·이라키
아잠·아제르바이잔 등 서부 이란 전역의 주인이 되었다. 이것은 옛 호레즘
제국을 서쪽으로 방향을 바꿔 부분적으로 복원한 것이 된다.

그러나 이토록 대단한 무사에게는 이상하게도 정치적 감각이 없었다.
이 호레즘 술탄들의 계승자는 무슬림 세계에서 가장 눈부신 용사답게 과
감함과 대담성으로 페르시아의 군주자리를 차지하였으면서도 여전히 방랑
무사처럼 행동하였다. 이 무슬림 투사는 피할 수 없는 몽골인들의 귀환에
대비하여 자신의 새로운 페르시아 왕국을 강화하기는커녕, 도리어 자신의
동맹자이어야 할 서아시아 주요 무슬림 왕공들과 다투었다.

1224년 그는 바그다드의 칼리프를 침략하겠다고 위협했으며, 1230년
4월 2일에는 오랜 포위 공격 끝에 다마스쿠스의 아윱 술탄 알 아쉬라프
al-Ashraf로부터 힐라트Khilat(아르메니아의 반Van 호수 서북)의 요새를
빼앗았다.[23] 마침내 그는 알 아쉬라프와 소아시아의 투르크 군주(코냐 술
탄국)인 셀죽 술탄 알라 웃 딘 카이 코바드 1세'Ala ad-Din Kai Qobad
I의 동맹을 자초해, 1230년 8월에는 이 두 군주가 에르진잔 부근에서 그
에게 결정적인 패배를 안겨주었다. 몽골인들이 새로운 침략을 개시한 것은
바로 이 무렵이었다.

우구데이는 이 예기치 않은 호레즘 제국의 재건을 중단시키기 위하여

---

22. Minorsky, "Tiflis," *EI*, p. 795 참조.
23. Grousset, *Histoire des Croisades*, III, p. 366 참조.

초르마간Chormaghan(Chormaqan) 노얀[24])이 지휘하는 3만 병력을 페르시아로 파견하였다. 1230-1231년 겨울 몽골군은 번개 같은 속도로 후라산과 라이를 거쳐, 잘랄 웃 딘이 군대를 소집할 시간을 갖기도 전에 그가 머물던 아제르바이잔으로 곧장 진격하였다. 이 소식을 접한 혁혁한 용사는 어쩔 줄 몰라했다. 그는 타브리즈를 떠나 아라스(아락세스)의 하구와 쿠라 부근의 무간과 아란의 평원으로 달아났다가, 앞서 자기 아버지처럼 몽골 기병에게 내내 쫓기며 디야르바크르까지 도망갔다. 마침내 그는 세상에 알려지지도 않은 채 사라져버렸으니, 1231년 8월 15일 디야르바크르의 산중에서 한 쿠르드 농민에게 살해된 것이었다.

1231년부터 1241년까지 10년 동안 초르마간은 서북 페르시아에 주둔한 몽골군 사령관으로 있었다. 그는 상설 사령부를 쿠라와 아라스의 하류에 있는 무간과 아란 평원에 두었는데,[25]) 초원의 싱싱하게 우거진 풀이 그의 기병에게 알맞았기 때문이다. 같은 이유로 무간과 아란 지방은 1256년 이래 페르시아의 몽골 칸들이 애호하는 체류지가 되었다. 몽골인들은 아제르바이잔 서북의 이러한 초원에서 빛나는 도시문명을 가진 고대 정주국가 이란을 100년 간 다스린 것이다.

잘랄 웃 딘이 사라진 뒤 초르마간은 소부대를 보내 이란-메소포타미아 국경지대를 약탈하였다. 몽골인들은 아르메니아에서 비틀리스Bitlis와 에르지스Ercis(아르지쉬Arjish)의 주민들을 학살하였다. 그들은 아제르바이잔에서 마라게를 점령하고 그들의 습관적인 살육에 탐닉하였다. 선례를 보고 깨달은 타브리즈 사람들은 항복하고 그들이 요구하는 것은 모두 지불하였고, 대칸 우구데이를 위하여 값진 피륙을 짜바치고 초르마간을 달랬다. 남쪽 디야르바크르와 에르빌Erbil 지방은 끔찍할 정도로 유린되었다. 이븐 울 아씨르는 이러한 대학살 장면을 다음과 같이 묘사하였다.

---

24. 이 장군에 대해 자세한 것은 Pelliot, "Les Mongols et la Papauté," p. 51을 보시오.
25. Arran(뒤에 Karabakh)은 일반적으로 아라스와 쿠라의 동쪽 지류 사이에 있는 평야를 말하며 Mughan은 쿠라와 아라스의 합류점에서 카스피 해까지 쿠라 하류의 남쪽과 동쪽 평원이다.

니시빈Nisibin 지역 사람 하나가 "집에 숨어 있을 때 구멍을 통하여 밖에서 무슨 일이 일어나고 있는지를 지켜보았다. 몽골인들이 누군가 죽이려고 할 때마다 그들은 (무슬림의 기도문을 조롱하며) '라 일라하 일라 알라'la illaha illa allah[26]라고 외쳤다. 학살이 끝나자 그들은 도시를 약탈하고 여자들을 끌고 갔다. 나는 그들이 말 위에서 시시덕거리는 것을 보았다"고 내게 말하였다. "그들은 웃고 자기네 말로 노래하고, 그리고 '라 일라하 일라 알라'라고 말했다"라고 내게 말해주었다.

이븐 울 아씨르가 남긴 또 다른 일화가 있다.

나는 믿기 어려운 얘기를 들었는데, 너무 두려워서 마치 알라께서 모든 심장을 찌르신 듯하였다. 예를 들어 한 타타르 기병이 인구가 조밀한 한 마을에 들이닥쳐 주민을 차례로 죽이기 시작하였는데, 아무도 자기 자신을 방어하려들지 않았다는 것이다. 나는 무기를 휴대하지 않은 한 타타르인이 자기가 포로로 잡은 사람을 죽이고자 그 사람에게 땅에 눕도록 명령한 뒤, 가서 칼을 가져오게 하여 꼼짝 못하고 있던 그 가련한 사람을 죽였다는 얘기를 들었다. 누군가가 내게 이런 얘기를 하였다. "나는 다른 17명과 함께 길에 있었다. 우리는 한 타타르 기병이 오는 것을 보았고, 그는 우리에게 각자 팔을 등 뒤로 돌려 서로 묶으라고 하였다. 내 동료들이 그에게 복종하기 시작하였고, 나는 그들에게 이렇게 말하였다. '이 사람은 혼자다. 우리는 그를 죽이고 도망쳐야 한다.' 그러자 그들은 '우리는 너무 두렵다'고 대답하였다. 그래서 내가 그들을 부추겼다. '그러나 이 사람은 당신들을 죽이려고 한다. 우리가 그를 죽이자! 알라께서 우리를 구하실 것이다.' 그러나 맹세코 그들 가운데 아무도 감히 그렇게 하지 못하였다. 그래서 내가 내 칼로 그를 찔러 죽이고 우리는 안전한 곳으로 달아났다."[27]

---

26. [역자] '알라 외에 신은 없다'를 의미하는 아랍어.
27. Ibn al-Athir, d'Ohsson, *Histoire des Mongols*, III, p. 70.

코카서스에서 몽골인들이 간자를 파괴하고 그루지아를 침공하자 여왕 루수단은 티플리스에서 쿠타이시Kutaisi로 달아나야 했다(1236년경). 티플리스 지역은 몽골의 속령이 되었으며 그루지아의 봉건영주들은 몽골군의 보조부대로 봉사해야 했다. 초르마간은 1239년 대아르메니아에서 그루지아의 이바네 원수 가문의 소유인 아니Ani와 카르스Kars 같은 도시를 빼앗고 약탈하였다.28)

초르마간은 그루지아와 아르메니아에서 저지른 전쟁행위에도 불구하고 원칙적으로 기독교에 대해 적대적이지는 않았는데 그것은 자신의 동족들 가운데도 네스토리우스 교도가 있었기 때문이다.29)

더욱이 그가 아제르바이잔에서 지휘하고 있던 기간인 1233년부터 1241년 사이, 대칸 우구데이는 그에게 랍반 아타Rabban Ata라고도 불리던 시리아 기독교도 시메온Simeon을 기독교 문제에 관한 판무관으로 보냈다. 이 사람은 아르메니아 사람들의 공동체들을 보호하기 위하여 많은 일을 하였다.30)

페르시아에 주둔한 몽골군(즉 무간과 아란 주둔군) 사령관이었던 초르마간의 후임자로는 바이주Baiju 노얀이 됐으며, 그는 1242년부터 1256년까지 그 직책에 있었다.31) 바이주는 코냐의 셀죽 술탄령을 공격함으로써 몽골의 정복전에 크게 기여하였다. 소아시아의 이 위대한 투르크 왕국은 술탄 카이 호스로우Kai Khosraw(1237-1245)가 통치할 때 세력이 절정

---

28. G. Altunian, *Die Mongolen und ihre Eroberungen*, p. 35 이하 참조.
29. Pelliot, "Les Mongols et la Papauté," p. 246(51).
30. 랍반 아타(列邊阿答)에 대해서는 *ibid.*, p. 236(41) 이하를 보시오. 아르메니아의 연대기 저자(Kirakos of Ganja)는 가장 화려한 수식으로 랍반 아타를 칭송한다. "그는 그때까지 그리스도의 이름조차 입 밖에 내는 것이 엄금되던 타직인들(즉 무슬림들)의 도시, 예를 들어 타브리즈와 나히체반처럼 주민들이 기독교인들에 대해 유별난 적의를 드러내던 곳에 교회를 세웠다. 그는 교회를 세웠으며 십자가를 세웠고, 기독교 의식을 복음서·십자가·촛불·찬송가를 갖고 집전하도록 명하였다. 그는 자신의 적을 죽음으로 응징하였다. 모든 타타르 군대가 그를 존경하였다. 타타르 장군들조차 그에게 선물을 바쳤다……." (*ibid.*, p. 244[49] 참조).
31. 바이주에 대해서는 *ibid.*, p. 303(109) 이하 참조.

에 있었던 듯하다. 그러나 바이주는 1242년에 에르주룸Erzurum을 점령, 약탈하고 나서 술탄이 직접 지휘하는 셀죽군을 에르진잔 부근의 쾨세 닥 Köse Dagh에서 대파하였다(1243년 6월 26일). 이 승리 뒤에 그는 시바 스Sivas를 점령하였는데 이 도시는 신속히 투항하여 약탈만 당하였다. 저 항을 시도한 토카트Tokat와 카이세리Kayseri는 철저하게 약탈당하였다. 카이 호스로우는 평화를 간청하고 자신을 대칸의 신하로 인정함으로써 자리를 유지할 수 있었다. 몽골 제국은 이 전쟁으로 비잔티움 제국까지 국경을 확장시켰다.32)

아르메니아(즉 킬리키아Cilicia)의 영민한 통치자 헤툼 1세Hethum I(1226-1269)는 1244년 자진해서 몽골의 종주권을 받아들였다. 그의 모든 계승자들이 따른 이 정책으로 인해 아르메니아인들은 셀죽이나 이슬람 맘룩으로부터 자신들을 지켜줄 아시아의 새로운 주군들을 얻었다.33) 1245년에 바이주는 힐라트와 아미드Amid를 점령함으로써 쿠르디스탄에 대한 지배를 강화하였다. 그리고 나서 몽골인들은 힐라트를 이바네Ivane 씨족의 그루지아 속신들에게 넘겨주었다. 헤툼 1세만큼이나 분별력 있던 정치가인 모술의 아타벡 바드르 웃 딘 룰루Badr ad-Din Lulu도 자진해서 몽골의 종주권을 인정하였다.

바투와 수베에테이의 유럽원정

대칸 우구데이의 명령에 따라 15만 병력의 몽골 대군이 유럽에서 활동하였다. 명목상의 최고지도자는 아랄 초원과 우랄 지역의 칸이었던 바투였으며, 그의 주위에 칭기스칸 가문 모든 지파의 대표가 모였으니, 바투의 형제들인 오르다Orda·베르케Berke·샤이반Shayban, 우구데이의 아들인 구

---

32. D'Ohsson, *Histoire des Mongols*, III, p. 83(Nuwayri, Bar Hebraeus, Maqrizi에 따라). "Kaikhusraw II," *EI*, pp. 679-680 ; Altunian, *Die Mongolen und ihre Eroberungens*, p. 38 참조.
33. Grousset, *Histoire des Croisades*, III, p. 526 참조.

육Güyüg·카다안과 손자인 카이두Qaidu, 톨루이의 아들인 뭉케Möngke, 차가다이의 아들인 바이다르Baidar와 손자인 부리Büri가 그들이었다.[34] 하지만 실질적인 지도자는 페르시아·러시아·중국전쟁의 역전 노장으로 60세쯤 된 수베에테이였다.

무슬림사료에 따르면 전쟁은 1236년 가을 카마 불가르Kama Bulgar 인들의 투르크 영토에 대한 파괴로 개시되었다. 수베에테이는 볼가 강과 카마 강의 합류점 남쪽, 즉 볼가 강 근처에 있는 그들의 수도이자 교역중심지인 볼가르Bolgar를 약탈하고 파괴하였다[35](러시아사료에는 이러한 사건들의 연대가 1237년 가을로 되어 있다).

1237년 이른 봄, 몽골인들은 무슬림들이 킵착이라고 부르던 — 헝가리인들과 비잔티움인들은 쿠만Cuman, 러시아인들은 폴로브치Polovtsy라고 불렀다 — 러시아 초원의 이교도 유목민이자 반야만인인 투르크인들을 공격하였다. 일부 킵착인들은 항복하였는데 훗날 몽골 칸국의 인종적·지리적 토대를 형성한 것은 바로 이들로서 이 지방의 옛 주인들에게 '킵착 칸국'이라는 이름으로 알려지게 되었다. '금장金帳 칸국'이라고도 불리던 킵착 칸국은 조치 가문의 한 지파 소유였다. 바치만Bachman이라는 한 킵착 지도자는 얼마 동안 볼가 강 기슭에 숨어 지냈으나, 마침내 강 하류에 있는 한 섬에서 붙들려(1236-1237년 겨울)[36] 뭉케에 의해 참수당했다. 라시드 웃 딘의 기록에 의하면 베르케는 1238년 세 번째 전쟁을 지휘해 킵착인들에게 결정적인 패배를 안겨주었다. 킵착의 수령 쿠탄(제베의 1222년 전쟁과 관련하여 앞에서 언급)이 4만 '장막'을 이끌고 헝가리로 이주한 것이 바로 그때였으며 거기서 그는 기독교로 개종하였다. 1239-1240년 겨울(더 정확하게는 1239년 12월) 몽골인들은 뭉케의 지휘 아래 알란인 즉,

---

34. 『元史』에 따르면 (Pelliot역), 바투는 1234년에 유럽으로 보내졌고, 뭉케가 그에게 내린 합류 명령은 1235년이나 되어서 받았다.
35. "볼가르의 폐허는 Kazan 남쪽 155킬로미터, 볼가 강 左岸에서 7킬로미터, Spassk 지구에 있는 오늘날의 Bolgarskoye 또는 Uspenskoye 마을에 해당된다"(Minorsky, *Hudud al-Alam*, p. 461).
36. Pelliot, "À propos des Comans," *JA*(1920), pp. 166-167.

아스As인(몽골어로 아수드Asud)의 수도였을 것으로 보이는 마가스Ma-ghas(만카스Mankas 또는 몬카스Monkas)를 점령함으로써 남러시아 초원 정복을 완료하였다.37)

러시아 공국들에 대한 원정전은 남러시아 초원에서의 이 두 전쟁 중간에 일어났다. 이러한 공국들의 영토적 분열은 몽골인들에게 일을 수월하게 하였다. 리아잔Riazan의 왕공들인 유리Yurii와 로만Roman 형제는 각자 리아잔과 콜롬나Kolomna에서 농성하였다. 리아잔이 함락되어 유리는 살해되고 전주민이 학살되었다(1237년 12월 21일). 러시아의 가장 강력한 왕자였던 수즈달리아Suzdalia의 대공 유리 2세Yurii II는 콜롬나의 수비를 위하여 증원군을 보냈지만 아무 소용이 없었다. 로만은 패배하여 요새 앞에서 살해되고 콜롬나는 함락되었다. 그 당시에는 2급 도시였던 모스크바가 약탈당하였다(1238년 2월).

대공 유리 2세는 몽골인들이 그의 도시 수즈달Suzdal과 블라디미르Vladimir를 파괴하는 것을 막을 수 없었고 수즈달은 불타버렸다. 1238년 2월 14일, 블라디미르는 강습을 받고 파괴되었으며 공포의 장면이 발생했으니, 난리통에 피난해 들어간 교회 안에서 주민들이 학살된 것이었다. 유리 2세 자신도 몰로가Mologa 하류의 시타Sita(또는 시티Siti, 시아스Syas)의 결정적인 전투에서 패배해 살해되었다(1238년 3월 4일). 몽골의 또 다른 분견대는 야로슬라브Yaroslav와 트베르Tver를 약탈하고, 북쪽의 노브고로드Novgorod는 해빙으로 인해 겨우 살아남을 수 있었다.

이듬해 연말에 작전이 재개되었는데 중세 루스Rus의 남부와 서부(오늘날 우크라이나의 대부분) 지방이 그 대상이었다. 체르니고프Chernigov를 약탈한 뒤 몽골인들은 키예프를 점령하여 거의 완벽하게 파괴해버렸다(1240년 12월 6일). 그리고 나서 그들은 러시아의 공국 갈리치Galich(또는 갈리시아Galicia)를 유린하였고, 그곳의 통치자 다니엘Daniel은 헝가리로 피신하였다.

원정 도중 몽골 왕자들 사이에 알력이 발생하였다. 우구데이의 아들

---

37. *Ibid.*, p. 169 참조 ; Minorsky, *Hudud al-Alam*, p. 446.

구육과 차가다이의 손자 부리가 바투의 우월한 지위에 분개하자 우구데이는 그들을 조치에 대한 불복종의 죄로 소환해야 했다. 부리는 바투와 격한 언쟁을 벌이기까지 하였다. 톨루이의 아들 뭉케 역시 원정군에서 떠났으나 바투와는 좋은 관계를 유지하였다. 바투와 구육·부리 간의 불화, 그리고 바투와 뭉케의 우정은 훗날 몽골 역사에 상당한 영향을 미치게 되었다.

오늘날의 우크라이나 지방에서 몽골군의 일부가 바이다르와 카이두의 지휘 아래 폴란드 공격에 나섰다.[38] 1240-1241년 겨울 동안 몽골인들은 얼어붙은 비스툴라Vistula를 건너(1241년 2월 13일) 산도미에르즈Sandomierz를 약탈하고 크라코우Cracow 교외까지 진격하였다. 1241년 3월 18일 그들이 츠미엘니크Chmielnik에서 폴란드군을 격파하고 크라코우까지 진격하자, 폴란드 왕 볼레슬라브 4세Boleslav IV는 모라비아로 달아났다. 몽골인들은 주민들이 크라코우를 버리고 떠난 것을 알고 그 도시에 불을 놓았다. 그들은 실레지아Silesia에 침입하여 폴란드 사가들이 페타Peta라고 부르는 왕자(틀림없이 바이다르)의 지휘 아래 라티보르Ratibor에서 오데르Oder(오드라Odra) 강을 건너 폴란드인, 독일의 십자군, 튜톤Teuton 기사단으로 구성된 3만 병력을 지휘하던 폴란드의 실레지아 공 헨리Henry와 격돌하였다. 4월 9일, 이 군대는 전멸하였고 공작은 리그니츠Liegnitz(레그니차Legnica) 근방의 왈슈타트Wahlstatt에서 살해되었다. 이 승리 후 몽골인들은 모라비아로 가서 그 지방을 황폐화시켰으나 슈테른베르크Sternberg의 야로슬라브Yaro slav가 지키는 올로무츠Olomouc(올뮈츠Olmütz)는 빼앗지 못하였다. 이 군단은 헝가리에서 작전 중인 다른 몽골군들과 모라비아에서 다시 합류하였다.

이 기간 중 몽골군의 다른 병력은 바투의 지휘와 수베에테이의 지시 아래 3대로 나뉘어 헝가리로 침입해 들어갔다. 샤이반이 지휘하는 제1대는 북쪽으로 폴란드와 모라비아 사이로 진격하였다. 제2대는 바투의 지휘로

---

38. G. Strakosch-Grassmann, *Der Einfall der Mongolen in Miteleuropa in den Jahren* 1241-1242(Innsbruck, 1893) ; Altunian, *Die Mongolen und ihre Eroberungen*(Berlin, 1911) ; H. Morel, "Les campagnes mongoles," *Revue Militaire française*(June-July, 1922) 참조.

갈리시아에서 웅바르Ungvar(우즈고로드Uzhgorod)와 문카츠Munkhacs
(문카체보Munkhachevo) 사이의 카르파티아 협로를 기습 점령하고, 1241
년 3월 12일에는 그들에게 대항하던 영주를 패주시켰다. 제3대는 카다안
의 지휘로 몰다비아에서 오라데아Oradea와 차나드Csanad로 왔는데, 그
지역은 파괴되었으며 주민들은 온갖 종류의 잔학행위로 살해되었다. 이 병
력들은 최소한 부분적으로나마 4월 2일과 5일 사이에 페스트Pest 맞은편
에 집결하였다.39)

헝가리 국왕 벨라 4세Béla IV는 페스트에서 서둘러 그의 군대를 소
집하였다. 그가 4월 7일 적을 향해 전진하자 몽골군은 사요Sajo와 티사
Tisza의 합류점까지 서서히 철수하였다. 4월 11일 수베에테이는 합류점의
상류 즉, 모히Mohi 남쪽 지점에서 가장 멋진 승리를 거두었다. 주베이니
와 라시드 웃 딘은 수베에테이가 전투 전날 저녁 칭기스칸처럼 높은 곳에
올라 하루 낮 하룻밤 동안 몽골인들 최고의 신 텡그리의 도움을 빌었다고
한다.

양군은 사요 강을 경계로 대치하고 있었다. 4월 10-11일 밤 수베에테
이는 기리네스Girines와 나디 세스Nagy Czeks 사이에서 그의 군대를 도
하시켰다.40) 다음 날 아침 그는 양익을 앞으로 보내 사칼드Szakald까지
적진을 측면에서 포위하였다. 주베이니에 의하면 결정적인 돌격은 바투의
동생 샤이반이 이끌었다. 헝가리인들은 무참히 패하여 학살당하거나 달아
났고, 주민들은 이루 말할 수 없는 잔학행위를 당하였으며 대부분 집단처
형이 그 뒤를 이었다.

『로게리 카르멘 미제라빌레』(*Rogerii carmen miserabile*)는 모두

---

39. d'Ohsson은 카다안의 부대가 병력 집결이나 사요 전투에 가담하지 않았다고 믿는
    다. 한편 L. Cahun은 그 부대가 거기 참가할 시간이 충분하였다고 주장한다. 사
    실 페르시아 사가들이 제공하는 정보는 매우 혼란스럽다. Juvayni, 특히 Rashid
    ad-Din의 서방 지리와 관련된 자료는 부적절하며, 사실과 사건들은 뒤죽박죽이어
    서 불행하게도 Cahun이 바랐던 만큼 명료하지 못하다. 그의 역사적 설명은 놀라
    우리만치 생생한 그의 소설 『*La Tueuse*』의 영향을 받았다.
40. Mohi의 戰鬪圖는 *Spruner-Menke, Hand-Atlas für die Geschichte des
    Mittelalters und der neuren Zeit*(Gotha, 1850), 지도 73에 있다.

똑같이 비극적인 얘기들로 가득 차 있다. 몽골인들은 간악하게도 완전 사면을 약속해 도망하는 주민들을 집으로 돌아오도록 유인하였고, 그들은 그렇게 안심시키고는 마지막 사람까지 베어버렸다. 몽골인들은 때로 요새화된 도시들을 습격하기 위하여 포로들을 앞으로 내몰았다. "그들은 이 불행한 사람들 뒤에서 쓰러지는 자들을 비웃고 후퇴하는 자들은 죽여버렸다." 농부들에게 수확을 하도록 강요한 뒤 그들을 죽여버렸고, 다른 곳을 유린하러 가기 전에 철수할 지역의 여자들을 범하고 마찬가지로 죽여버렸다.[41] 그란Gran(스트리고니움Strigonium, 에즈테리움Eszeterium)과 알바 율리아Alba Iulia처럼 저항을 한 소수의 성채 말고는 나라 전역이 다뉴브까지 그들의 굴레 아래 들어갔다.

1241년 7월, 몽골 전위부대는 심지어 비엔나 부근 노이슈타트Neustadt까지 도달하였다. 바투 자신은 그란을 빼앗으러 가기 위하여 1241년 12월 25일 얼어붙은 다뉴브를 건넜다.

몽골인들은 1241년 여름과 가을 내내 아마 그들의 고향 초원을 생각케 했을 헝가리의 푸스타Puszta에서 휴식하며 지냈다. 그들은 1242년 초왕자 카다안을 보내 크로아티아Croatia로 피신한 벨라 왕을 추격하는 것 외에는 아무것도 하지 않았다. 몽골 전위부대가 접근하자 벨라는 달마티아Dalmatia 군도로 달아났다. 카다안은 아드리아Adria 해의 스플리트Split(스팔라토Spalato)와 코토르Kotor(카타로Cataro)를 압박하였으며, 코토르를 약탈하고 나서야 헝가리로 돌아왔다(1242년 3월).

그러는 동안 몽골리아에서는 1241년 12월 11일 대칸 우구데이가 죽었다. 그가 죽음으로써 일어난 계승문제로 인해 몽골인들은 헝가리에서 철수할 수밖에 없었다. 구육과 뭉케는 이미 몽골리아로 돌아갔으며, 다른 지휘관들도 돌아가기 위해 서둘렀다. 이것이 앗틸라 이래 서방이 직면한 최대의 위험에서 서구를 구하였다는 데 대해서는 의심의 여지가 없다.

---

41. Cahun(*Introduction à l'histoire de l'Asies*, Paris, p. 376)은 마자르인들과 몽골인들 사이에 초기 협약이 있었다는 것을 증명하기 위해 *Carmen miserabile*에 있는 어떤 대목들의 의미를 뒤집으려고 하였다. 그러나 사실 대체로 그러하듯이 d'Ohsson 쪽이 옳은 듯하다(*Histoire des Mongols*, II, pp. 146-155).

몽골인들은 철수를 시작하였다. 포로들에게는 집으로 돌아가도 좋다고 하여 그들에게 안전하다는 느낌을 갖게 한 뒤 붙잡아 베어버렸다. 1242년 봄 바투는 불가리아를 경유하여 흑해로 가는 길로 접어들었고, 거기서부터 왈라치아와 몰다비아를 지나 1242-1243년 겨울 볼가 강 하류에 있는 자신의 거영지에 도착하였다.

1236-1242년 몽골전쟁의 결과, 볼가 강 서쪽 조치의 영지는 상당히 확대되었다. 칭기스칸의 유언에 그의 울루스는 몽골의 말 발굽에 밟힌 이르티쉬 서쪽의 모든 영역을 포함하게 되어 있었고, 이제 그들의 말 발굽은 이르티쉬부터 드네스트르와 심지어 다뉴브 하구에까지 이르는 땅 위에 자국을 남겼다.

이 거대한 영역은 바투가 1236-1242년 전쟁에서 명목상이나마 지휘자의 역할을 했기 때문에 더욱 합법적으로 그의 것이 되었다. 그 뒤부터 그는 자신이 정복한 나라의 이름을 따라 '킵착의 칸'으로 역사에 알려지게 되었다.

투르게네Törgene의 섭정, 1242-1246

1241년 12월 11일 우구데이가 죽자 그의 과부인 정력적인 카툰 투르게네[42]가 섭정을 맡았다. 첫 남편이 메르키트 사람이었고[43] 그녀도 메르키트 사람이라는 말이 있으나, 나이만 사람일 가능성이 더 높은 이 왕녀는 1242년부터 1246년까지 집권하였다. 우구데이는 처음에 셋째아들 쿠추를 자신의 계승자로 생각하였으나 그가 남송과의 전투에서 사망하자(1236) 쿠추의 큰아들인 어린 시레문Siremün을 선택하였다. 그러나 투르게네는 자기 아들 구육이 대칸이 되기를 바랐고 그의 선출을 준비하기 위하여 그녀의 섭정기간을 연장하였다.

---

42. 이 황후에 대해서는 Pelliot, "Les Mongols et la Papauté," *Revue de l'Orient chrétien*(1931-1932), p. 53(별쇄 재판, p. 193)을 보시오.
43. 톡토아 베키의 아들 Qudu.

투르게네는 우구데이의 몇몇 조언자들, 특히 죽은 황제의 재상인 네스
토리우스 교도 친카이[44]와 우구데이의 재무장관이던 중국화한 거란인 야
율초재에 대해 호의적이지 않았는데, 그녀는 후자를 무슬림인 압둘 라흐만
'Abd ar-Rahman으로 교체시켜버렸다. 압둘 라흐만은 조세수입을 두 배
로 올릴 것을 약속하였다.

야율초재는 자신의 현명한 조언이 무시되는 것을 보고, 백성들에게 부
과될 과중한 부담을 예견하면서 카라코룸에서 겨우 나이 마흔다섯살 때
애통해 하며 사망하였다(1244년 6월). 투르게네는 또 두 명의 다른 고관
을 해임하였다. 한 사람은 투르키스탄과 트란스옥시아나의 지사이자 무슬
림인 마스우드 얄라바치Mas'ud Yalavach로서 투르게네는 그를 잠정적
으로 해임시켰고, 또 한 사람은 동부 페르시아의 지사로 위구르 사람인 쾨
르귀즈Körgüz로서 그녀는 그를 죽여버리고 오이라트 출신의 아르군 아가
Arghun Agha로 교체시켰다.

섭정의 권력은 비록 늙은 차가다이의 보호를 받았지만 흔들리는 기반
위에 있었다.[45] 그녀의 통치 초기에, 우리가 살펴본 대로 동몽골에서 길림
지역까지를 속령으로 갖고 있던 칭기스칸의 막내아우 테무게 옷치긴이 무
언가 수상쩍은 의도로 군대를 거느리고 제국의 궁장이 있는 곳으로 진격
하였다. 구육이 유럽에서 자기 울루스가 있는 이밀로 돌아옴으로써 이 불
온한 기도는 무산되고 말았다.

더욱 심각한 것은 킵착의 칸이며 구육의 개인적인 적이던 바투의 증
오였는데, 그는 러시아전쟁 중에 구육의 불복종 때문에 그에 대해 심한 분
노를 느꼈으며, 그것 때문에 구육은 소환당하기까지 했었다. 그래서 바투
는 투르게네가 구육을 대칸으로 선출할 쿠릴타이를 모든 수단을 다하여
지연시켰다. 마침내 회의가 소집되자 그는 병을 핑계로 불참하였다.[46]

---

44. 그는 투르게네의 증오에서 벗어나기 위해 도망하였다. 1246년 투르게네의 아들 구
　　육의 등극으로 그는 원래의 지위를 회복하게 되었다.
45. 그녀를 섭정으로 삼은 차가다이는 이듬해(1242년) 죽었다.
46. Barthold, "Bâtû-khân," *EI*, p. 700.

구육의 치세, 1246-1248

쿠릴타이는 1246년 봄과 여름 동안 카라코룸에서 멀지않은 작은 호수 쿠쿠 노르Kökö Nor와 오르콘 강의 상류 부근에서 열렸다. 여기에 거대한 천막 도시인 시라 오르도Sira Ordo, 즉 '황색의 궁장'이 생겨났고, 바투를 제외한 칭기스칸 일족의 왕자들과 함께 여러 지방의 지사들, 속국의 군주들이 서둘러 그곳으로 모여들었다.

참석한 고관들 가운데는 투르키스탄과 트란시옥시아나의 총독으로 다시 임명된 마스우드 얄라바치, 페르시아 총독인 아르군 아가, 그루지아의 왕위를 노리던 두 사람 다비드 나린David Narin과 다비드 라샤David Lasha, 러시아 대공 야로슬라브, 아르메니아(킬리키아) 왕 헤툼 1세의 동생인 원수 셈파드Sempad,47) 뒤에(1249) 소아시아의 술탄이 된 셀죽의 킬리치 아르슬란 4세Qilich Arslan IV, 키르만의 아타벡들의 사절, 그리고 심지어는 바그다드 칼리프의 사절단도 있었다.

섭정황후 투르게네의 소원대로 쿠릴타이는 그녀의 아들 구육을 대칸으로 선출하였고 그는 1246년 8월 24일 즉위하였다.48) 새 대칸은 제국이 자기 후손들에게만 상속되어야 한다는 것을 조건으로 권력을 받아들였다. "그러자 몽골 왕자들이 모자를 벗고 허리띠를 풀고 구육을 황금 대좌에 앉게 하고 그에게 카안 즉, 카간이라는 칭호로 경의를 표하였다. 대집회에 모인 사람들은 아홉 번 절함으로써 새 군주에게 충성을 표하였으며, 그동안 황실 천막 구역 밖에서 공손하게 있던 속국의 왕자들과 외국 사절들도 마찬가지로 땅에 얼굴을 대고 절하였다."49)

1246년의 쿠릴타이는 프란체스코회 수도사 플라노 카르피니가 쓴 보고서를 통하여 알려졌다. 그는 몽골인들에게 다른 나라를 더 이상 공격하지 말고 기독교도가 되라고 종용하는 교황의 서한을 지참하고 교황 인노

---

47. "Chronique de Kirakos," *JA*, I(1858), p. 452 ; *Recueil des historiens des Croisades. Documents arméniens*, I, p. 605 참조.
48. 투르게네는 그녀의 아들이 선출되고 두세 달 뒤에 죽었다.
49. D'Ohsson, *Histoire des Mongols*, II, p. 199.

센트 4세Innocent IV에 의하여 파견되었다. 플라노 카르피니는 1245년 4월 16일 리용Lyons을 떠나 독일, 폴란드, 그리고 러시아를 가로질러 여행하였다(그는 1246년 2월 3일 키예프를 떠났다). 그는 1246년 4월 4일 볼가 강 하류에서 킵착의 칸 바투를 알현하였다. 바투는 그를 옛 카라 키타이 지방, 발하쉬 호 남쪽, 그리고 옛 나이만 지방을 경유하도록 해서 — 통상적인 경로는 오트라르, 일리 하류, 그리고 이밀이었다 — 대칸에게로 보냈다.

1246년 7월 22일 플라노 카르피니는 카라코룸에서 반나절 거리인 황실 막영지(시라 오르도)에 도착하였는데 그때 그곳에서는 쿠릴타이가 열리고 있었다. 그는 구육의 선출을 목격하고 그에 관하여 다음과 같은 생생한 묘사를 남겼다. "그가 선출될 때 그의 나이는 마흔 살이거나 아무리 많아도 마흔다섯 살이었다. 그는 중키에 매우 현명하고 영민하며 진지하였고, 풍채와 태도가 매우 근엄하였다. 그는 좀체로 웃거나 즐겁게 노는 모습을 보이지 않았다."

종교적으로 구육은 네스토리우스교에 호의를 베풀었다. 플라노 카르피니는 네스토리우스 교도들이 구육의 장전 앞에서 미사를 올리는 것을 목격하였다. 그의 주요 대신들, 즉 그의 사부인 카닥Qadagh과 케레이트 출신의 재상 친카이가 네스토리우스 교도였다.[50] 그의 자문역들 가운데 '시리아 사람 랍반' 즉 랍반 아타는 "그의 종교 문제를 관장하고 있었다."[51] 플라노 카르피니가 몽골 조정에 그의 방문 목적을 설명할 수 있었던 것도 친카이와 카닥의 주선을 통해서였다. 그러나 최근에 뺄리오가 바티칸 문서보관소에서 발견한 것처럼 교황의 메시지에 대한 구육의 답신은 기독교권

---

50. Pelliot, "Chrétiens d'Asie Centrale et d'Extrême Orient," *TP*(1914), p. 628.
51. Pelliot, "Chrétiens d'Asie Centrale," p. 628 ; "Les Mongols et la Papa-uté," *Revue de l'Orient chrétien*(1922-1923), p. 247(51). 물론 구육은 네스토리우스교에 호의를 가지고 있었지만, 다른 몽골 종교들과 관련하여 그의 백성들이 갖고 있는 보편적인 '미신적 관용'에서 벗어나지는 않았다. 감숙에 속령을 갖고 있던 그의 아우 쿠텐(1251년 蘭州에서 죽음)이 유명한 티베트 사키야파 사원을 보호하였다는 것은 알려진 사실이다. Pelliot, "Les systèms d'écriture chez les anciens Mongols," *AM*(1925), p. 285 참조.

에 고무적인 내용이 아니었다. 위협적인 어조로 쓰인 그 글에서 몽골 군주
는 교황과 기독교도 왕공들이 복음을 전파하기 이전에 자신의 거영지로
와서 충성을 표하라고 요구하였다. 구육은 자기가 신성한 권리에 의해 집
권하였다고 주장하며, 신의 최고 대표자이며 다양한 종파의 중재자로서,
영원한 하늘(투르크어로 맹귀 텡그리Mängü Tängri, 몽골어로 뭉케 텡그
리Möngke Tengri)의 이름으로 말한다고 하였다.52)

플라노 카르피니는 구육의 회신을 가지고 11월 13일 천막 도시 시라
오르도를 떠나 귀환길에 올랐고, 볼가 강 하류와 바투의 거영지(1247년 5
월 9일 당도)를 경유하였다. 거기서부터 그는 키예프를 거쳐 서방 세계로
다시 들어갔다.

같은 시기에 형인 아르메니아의 헤툼 1세의 사절로 구육에게 온 원수
셈파드(셈파드의 여행은 1247년부터 1250년까지 지속되었다)는 기독교 왕
국들이 몽골과 동맹함으로써 얻을 수 있는 이익을 플라노 카르피니보다
잘 이해한 듯하다. 구육은 그를 정중히 대하고 헤툼 왕에 대한 그의 보호
와 우의를 확인하는 문서를 건네주었다. 셈파드가 귀환길에 매부인 키프로
스의 국왕 헨리 1세Henry I에게 쓴 편지가 우리에게 전해져 내려온다.
1248년 2월 7일 사마르칸드에서 쓴 이 편지에서 몽골 제국과 궁정에서
네스토리우스 교도들의 중요성에 대하여 강조하였다. 그는 "동방의 기독교
도들이 칸의 보호 아래 자신들의 입지를 확보하고 있으며, 그는 그들을 존
경으로 대하여 면책특권을 내렸고, 누구든 그들을 괴롭히지 못하도록 공식
적으로 금지하였다"고 적었다.53)

구육이 플라노 카르피니에게 준 엄격한 인상은 라시드 웃 딘에 의해
서도 확인된다. 정력적이고 능수능란하며 자신의 권리를 지키려고 몹시 경

---

52. 본문은 페르시아어, 서문은 투르크어이며, 國璽의 언어는 몽골어다. Pelliot, "Les
    Mongols et la Papauté," p. 21(18) 참조.
53. *Recueil des historiens des Croisades. Documents arméniens*, I, p. 605, p.
    651 ; Nangis, "Vie de saint Louis," *Recueil des historiens de la
    Frances*, XX, pp. 361-363 ; Grousset, *Histoire des Croisades*, III, pp.
    526-527 참조.

계하는 구육은 천성이 착했던 우구데이의 치세와 자기 어머니의 섭정기간 동안 국가 기강이 해이해졌다고 생각해, 대칸과 다른 왕자들 간의 권력관계를 칭기스칸 때처럼 돌려놓으려고 하였다. 그는 섭정을 공격할 계획을 세웠던 작은 할아버지 테무게 옷치긴의 수상쩍은 태도를 조사하여 그 측근들을 처벌하였다. 일리에 있는 차가다이 칸은 1242년 죽음에 임박하여 손자 카라 훌레구Qara Hülegü(바미얀 공성전에서 전사한 무투겐의 아들)를 계승자로 선택하였지만 구육은 대칸으로서 이 울루스의 문제에 개입해 그 젊은이를 차가다이의 작은아들이며 자신의 개인적인 친구인 이수 뭉케 Yisü Möngke로 갈아치워버렸다(1247). 그는 신임하는 엘지기데이를 무간에 있는 몽골군 사령관 바이주와 동등하거나 더 높은 자리에 임명하여, 1247년에서 1251년까지 일종의 고등판무관으로 근무토록 했다.54) 극동에서는 정복된 중국 각성의 재무행정관 압둘 라흐만을 횡령죄로 사형시키고 마흐무드 얄라바치로 교체하였다. 네스토리우스 교도인 케레이트 출신 친카이는 제국의 재상으로 재임명되었으며, 플라노 카르피니가 그를 만났을 때 그는 그 직책에 있었다.

구육은 조공을 바치는 민족들 가운데 그루지아를 두 사람의 왕위계승 경쟁자에게 나누어 맡겼으니, 다비드 라샤에게는 카르틸라Kartila를 주고 루수단 여왕의 아들 다비드 나린에게는 이메레티아Imeretia만 갖도록 하였다. 구육은 소아시아(코냐)의 셀죽 술탄국에 대해서 그때까지 통치하고 있던 형 카이 카부스 2세Kai-Kawus II보다 동생 킬리치 아르슬란 4세를 더 좋아하여 왕위를 동생에게 주었다.55)

구육은 칭기스칸 일족의 다른 지파들이 독립하려는 경향을 보이자 이를 근절시키려는 결심에서 장손인 조치가의 군주 바투와 충돌하였다. 1248

---

54. 바이주와 엘지기데이의 통치임무는 경계가 불명확하였으나 뻴리오가 지적한 대로 구육이 엘지기데이에게 부여한 권력이 바이주에게 준 것보다 우월하였던 것으로 보인다.
55. D'Ohsson, *Histoire des Mongols*, II, p. 206 ; "Chronique de Kirakos," *JA*, I(1858), p. 451 ; Brosset, *Histoire de la Géorgie*, Add. I, p. 298에서 Juvayni와 Rashid ad-Din.

년 초 그들의 관계는 매우 긴장되어 양측 모두 전쟁을 준비하기 시작하였다. 그는 세습영지인 이밀을 방문한다는 구실로 카라코룸에서 서쪽으로 진격하였다.

한편 바투는 톨루이가의 지도자 소르칵타니의 은밀한 경고를 받고 세미레치에로 진격하였다. 그는 카얄릭Qayaligh(오늘날의 카팔Kapal 시 근처) 못 미쳐 알락막Alaqmaq까지 7일 여정이 되는 곳까지 행군하였는데, 바르톨드는 이를 근거로 그가 이식쿨과 일리 강 사이 알라 타우Ala Tau까지 도달한 것으로 해석한다.

구육이 주색에 지나치게 탐닉한 나머지 베쉬발릭에서 하루 여정이 안 되는 곳에서 요절하기 전까지는 충돌이 불가피해 보였다. 바르톨드는 그가 죽은 곳이 우룽구 지역이라고 믿었고, 뻴리오는 베쉬발릭(오늘날의 짐사)의 동북이라고 하였다.56) 중국사료에는 구육의 죽음이 1248년 3월 27일에서 4월 24일 기사 안에 들어 있다.57) 그는 그때 겨우 마흔세 살이었다.

아마 이 죽음이 유럽을 절박한 위험에서 구하였을 것이다. 구육은 킵착의 칸을 패배시키는 것뿐 아니라, 플라노 카르피니도 증언하였듯이 기독교 왕국을 복속시키려는 꿈도 갖고 있었다. 하여튼 그는 주의를 특히 서방으로 돌린 듯하다. 그러나 톨루이 가문 왕자들의 즉위(처음에 뭉케, 그리고 누구보다도 쿠빌라이Qubilai)로 인해 몽골의 주된 노력은 극동으로 향하게 되었다.

오굴 카이미쉬Oghul Qaimish의 섭정

구육의 죽음과 함께 도오송이 오이라트 출신이라고 믿은 — 그러나 뻴리오는 메르키트 출신으로 수정하였다 — 그의 과부 오굴 카이미쉬가

---

56. Barthold, "Bâtu-khân," *EI*, p. 700 ; Pelliot, "Les Mongols et la Papauté," p. 58 (196)과 p. 61(199).
57. Bar Hebraeus는 구육의 죽음이 1249년 7월 22일에 일어났다고 했는데 이는 오류이다.

섭정의 지위를 차지하였다.58) 1250년 우구데이가의 세습영지인 타르바가 타이의 이밀과 코박Qobaq 지역에서 오굴 카이미쉬는 프랑스의 루이 9세 Louis IX의 사절인 세 사람의 도미니크Dominic회 사제들, 즉 앙드레 드 롱쥐모André de Longjumeau, 그의 동생 기Guy(또는 기욤Guillaume), 장 드 카르카손느Jean de Carcassonne를 접견하였다. 그들은 페르시아 (타브리즈)와 탈라스를 경유하여 왔는데, 그녀는 그들이 가져온 프랑스 국 왕의 선물을 조공으로 받아들이고 그의 좀더 확실한 항복을 요구하였다. 이 대사들은 1251년 4월에야 루이 국왕을 카이사리아에서 다시 만났다.

오굴 카이미쉬는 대칸의 자리가 우구데이계의 왕자들, 즉 구육의 조카 인 시레문59), 아니면 더 바람직하게는 그녀가 구육과의 사이에서 낳은 아 들(그러나 그는 너무 어렸다) 호자Khoja60)에게 돌아가기를 원했다.

그러나 칭기스칸 가문의 장로로서 그런 일에 중요한 역할을 한 바투 는 우구데이계를 밀어내기로 결심하였다. 더 정확하게 말하여 그는 톨루이 의 과부 소르칵타니와 합세하였다. 이 왕비는 케레이트 출신이었고(왕칸 토오릴의 조카딸) 따라서 네스토리우스 신앙을 갖고 있었으며 예민한 만 큼이나 지적이었다.61) 일찍이 구육이 칭기스칸 일가의 몇몇 왕자들이 국 가에 손해를 끼친 어떤 권력남용 사건에 대하여 엄격한 조사를 하게 하였 을 때, 톨루이가의 행위는 그녀 덕분에 비난받을 일이 없었다는 사실이 확 인된 적도 있었다.62)

---

58. d'Ohsson (*Histoire des Mongols*, II, p. 246)이 오굴 카이미쉬가 옛 오이라트 의 군주 Qutuqu Beki의 딸이라고 한 것은 잘못이다(Pelliot, "Les Mongols et la Papauté," p. 61[199]에서 정정되었다).
59. 이 이름(아마 Solomon)에 대해서는 Pelliot, "Les Mongols et la Papauté," pp. 63-64 (203-204) 참조. [역자] 그러나 몽골(문)어의 siremün~siremen은 '무쇠' 를 뜻한다.
60. *Ibid.*, p. 196(199) 참조. [역자] 원문에는 그의 이름이 쿠차Qucha로 표기되었으 나 정확하지 못하다.
61. 소르칵타니는 왕칸의 동생인 자카 감부의 딸이다. 그녀는 1252년 2월, 아들 뭉케 가 즉위하고 얼마 안되어 죽었다.
62. D'Ohsson, *Histoire des Mongols*, II, p. 204.

이제 그녀에게는 그녀 집안의 차례가 온 것 같았다. 그녀는 톨루이에게서 낳은 큰아들 뭉케를 대칸으로 지명하도록 바투를 설득하였다.[63] 따라서 바투는 그를 선택했고 그 목적으로 분명히 1250년에 이식쿨 북쪽에 있는 그의 알락막 거영지에서 소집된 쿠릴타이에서 뭉케의 선출을 강요하였다. 그러나 뭉케를 지지한 것은 조치와 뭉케 집안의 대표자들뿐이었다. 바르톨드가 보여준 대로 우구데이와 차가다이 가문의 대표들은 집회에 불참하거나 문제의 결말이 나기 전에 알락막을 떠났다.

뭉케가 지명된 것을 알았을 때, 그들은 집회가 칭기스칸 일족의 성지로부터 멀리 떨어진 곳에서 소집되었고 나아가 참석자들이 충분치 못했다는 이유를 들어 단호히 승인을 거부하였다. 결국 바투는 오논이나 케룰렌의 신성한 지역에서 또 다른, 더 완전한 쿠릴타이를 열기로 결정하였고, 그는 우구데이와 차가다이 집안사람들이 참석토록 초청하였으나 그의 초청은 물론 거절되었다.

바투는 이 같은 반대를 무시하고 동생 베르케에게 케룰렌의 쿠데에 아랄Köde'e Aral(또는 쿠데우 아랄Köde'ü Aral)[64]에서 재소집된 쿠릴타이의 책임을 맡겼다. 자신들이 밀려난 것에 대해 항의하는 우구데이가 사람들과 그 지지자인 차가다이 울루스의 수령 이수 뭉케의 반대에도 불구하고, 베르케는 뭉케를 대칸으로 선언하였다(주베이니에 의하면 1251년 7월 1일). 이렇게 해서 제국의 권위는 명백하게 우구데이가에서 톨루이가로 넘어갔다.[65]

이 쿠데타가 상대적으로 쉽게 이루어진 것은 강자의 전형인 뭉케에 비해 정통성을 지닌 우구데이가의 왕자들은 둘 다 어리고 평범하였다는 점으로 설명될 수 있을 것이다. 더구나 바투는 칭기스칸 일족의 최고참자

---

63. 몽골어 *möngke*, 투르크어 *mängü* 또는 *mangu*는 '영원한'을 뜻한다. Pelliot, "Sur quelques mots d'Asie Centrale," *JA*(1913), p. 451 참조.

64. "Les Mongols et la Papauté," p. 62(200)에 있는 Pelliot의 재구형. [역자] 영역본에 제시된 Pelliot의 재구형 Ködä'ä-aral 혹은 Kötö'ü-aral보다 본 역서에서 제시한 Köde'e Aral 혹은 Köde'ü Aral이 더 정확한 전사형이다.

65. D'Ohsson, *Histoire des Mongols*, II, p. 249 이하(Juvayni와 Rashid ad-Din에 의거).

로서, 또 큰집의 가장으로서 공위기간 중 일종의 독재를 휘두를 만한 위치
에 있었다. 그러나 톨루이가를 지지하고 우구데이가를 축출한 것은 그 주
요한 희생자들로서는 받아들일 수 없는 정통성에 대한 위반으로서 그들의
저항을 불러일으킬 만한 처사였다. 시레문을 포함하여 불법으로 추방당한
우구데이가의 왕자들은 마치 새로운 대칸에게 충성을 표시할 것처럼 쿠릴
타이가 끝날 무렵 도착하였으나, 실상은 그를 기습적으로 붙잡아서 폐위시
키려 하였던 것으로 보인다. 그러나 그들의 계획은 사전에 발각되었다. 수
행원들은 무장해제를 당하였고 카닥과 친카이를 비롯한 고문들은 처형당
하였으며66) 왕자들은 구금되었다.

  뭉케는 이 불운한 사촌들을 가혹하게 처벌하였다. 그가 미워한 전 섭
정 오굴 카이미쉬(뭉케는 그 여자가 '암캐보다 천한 여자'라고 루브룩에게
말하였다)를 옷을 벗겨 심문을 하고 자루에 넣고 꿰매서 물에 빠뜨렸다
(1252년 5-7월). 뭉케의 동생 쿠빌라이는 시레문을 중국에 있는 군대로
데려감으로써 임시 살려볼 수 있었으나, 결국 뭉케가 이 가련한 젊은이를
물에 빠뜨리는 것을 막지는 못하였다. 구육의 어린 아들 호자는 카라코룸
서쪽으로 추방되었다.

  자진해서 항복한 카다안은 목숨을 구하였으며(이는 그가 뭉케를 위하
여 구육의 페르시아 고등판무관 엘지기데이에게 복수한 것에 대한 체면
때문이었을 가능성이 매우 높다), 카이두도 마찬가지였다. 그래서 둘 다
이밀의 울루스를 그대로 지니게 되었다. 나중에 카이두는 우구데이가 정통
성의 깃발을 들어올림으로써 뭉케의 후계자에게 막대한 고통을 주게 된다.

  마지막으로 뭉케는 차가다이 울루스의 우두머리로 자신의 반대편에
섰던 이수 뭉케를 사형에 처하고 같은 가문의 왕자 카라 훌레구로 교체했
다가, 그 뒤에 카라 훌레구의 과부인 오르가나 왕비로 교체하였다(1252).
차가다이의 또 다른 손자 부리는 바투에게 넘겨져 유럽 원정 중 그에게
저지른 모욕의 대가로 사형당하였다.67)

---

66. Pelliot, "Les Mongols et la Papauté," p. 63(201).
67. *Ibid.*, p. 66(204)과 p. 79(217).

뭉케의 치세, 1251-1259

마흔세 살에 통치를 시작한 뭉케는 몽골 대칸들 가운데 칭기스칸 다음으로 가장 뛰어난 대칸이었다. 말이 없고 사치와 탐욕을 증오했고 유일한 오락이라고는 사냥뿐인 그는 야삭과 조상의 교훈을 원래의 엄격함으로 복구시켰다.

그는 정력적인 지도자였으며 엄격하면서도 공정한 통치자였고(그는 전임자들이 서명만 하고 갚지 않은 막대한 금액의 청구서들을 마지막 적은 부분까지 지불하였다),[68] 고지식하지만 지적인 정치가이자 훌륭한 군인이었다. 그는 칭기스칸이 세운 강력하고 효과적인 장치들을 그대로 완전히 복원하였다. 뭉케는 어떤 방식으로든 (그의 후계자 쿠빌라이처럼) 자신의 종족적 특성을 포기하지 않고 통치구조를 강화하고 몽골 제국을 위대하고 질서 정연한 나라로 만들었다.

그의 치세 초기에 (문자 그대로 그를 황제로 만든) 바투에 대한 그의 의무는 바르톨드가 지적했듯이 일종의 권력의 분할 — 명목적은 아니라 할지라도 적어도 실질적인 면에서 — 로 귀착되었으며, 그렇게 해서 바투는 발하쉬 서쪽에서 실질적으로 독립적이 되었다.[69] 그러나 바투의 죽음(늦어도 1255)으로 뭉케는 다시 한 번 몽골 세계의 유일하고 실질적인 주인이 되었다.

울루스나 칭기스칸 국가 속령의 여러 수령들은 조세를 면제받고 중앙 권력기관과 국고를 공유할 권한이 있다고 여겨왔지만, 뭉케는 이러한 관행을 금지시켰다. 만일 그가 좀더 오래 살았다면, 그리고 그의 후계자들이

---

68. D'Ohsson, *Histoire des Mongols*, II, p. 266(Juvayni와 Rashid ad-Din에 의거).

69. Rubruck(Chap.XXV)에 의하면 두 영역을 갈라놓는 경계는 이식쿨 북쪽인 알라타우 지역이었다. 이 여행가는 뭉케와 바투가 진정한 양두정치를 이루었다고 기록하였다. 뭉케 자신이 루브룩에게 "머리에는 두 눈이 있으며, 그것은 두 개지만 둘 다 같은 방식으로 본다"고 말하였다 한다. 어쨌든 뭉케는 그의 권위적인 성격과 경제적인 감각으로 인해 바투가 재물을 요구한 것을 간단히 거절하였다(d'Ohsson, *Histoire des Mongols*, II, pp. 320-321, 『元史』에 근거).

그의 정책을 지속하였다면 몽골 제국은 극동·투르키스탄·페르시아·러시아의 칸국들로 분열되지 않고 비교적 통합된 나라로 남았으리라는 것은 명백하다.

네스토리우스 교도인 어머니, 즉 케레이트 출신 소르칵타니 왕비가 키운 뭉케는 네스토리우스 신앙에 호의적이었다. 그는 네스토리우스 교도인 케레이트 출신 볼가이Bolghai[70]를 재상으로 선택하였다. 그러나 그는 불교와 도교에 대해서도 호의를 갖고 있었다.

1251-1252년 그는 자신의 최측근으로 도교와 불교지도자를 '국사國師'로 임명하였다. 전자는 도교 승려 이지상이었으며, 후자는 '서역에서 온' 나모那摩라는 라마승이었다.[71] 처음에는 특히 이지상이 군주의 총애를 받았다. 1255년 뭉케는 카라코룸에서 불교 승려 나마와 몇몇 도교 승려들의 토론에 참석하였고,[72] 1256년에는 카라코룸의 조정에서 일종의 불교 법회가 열렸다. 그는 루브룩에게 "모든 종교는 한 손의 다섯손가락과 같다"고 말하였다. 그러나 그는 불교도들에게 불교가 손바닥이며 다른 종교들은 손가락이라고 말했다고 한다.

사실 뭉케는 불교도와 도교도 사이에서 균형을 유지하였으나 결국에는 전자 쪽으로 약간 기울어졌는데 특히 1255년 도교도들이 불교의 기원에 대하여 근거없는 말들을 퍼뜨렸다고 탄핵을 받은 집회가 있은 뒤부터였다.

게다가 몽골 통치자는 모든 종파를 정치적 목적을 위하여 이용하였다. 바로 이러한 이유로 그는 불교도들에게 승려 해운海雲을 그들의 우두머리로 하였고 몽골의 이익을 위하여 똑같이 헌신적인 사람을 도교도들에게도 정해준 것이었다.

---

70. Pelliot, "Chrétiens d'Asie Centrale," p. 629.
71. Chavannes, "Inscriptions et pièces de chancellerie chinoises," *TP*(1904), p. 364, p. 374 ; (1908), p. 356, p. 362.
72. Bazin, "Recherches sur les odres religieux chinois," *JA*, II(1856), p. 138과 Chavannes, "Inscriptions et pièces de chancellerie chinoises," *TP*(1904), p. 367, p. 383.

루브룩의 여행

뭉케의 치세 중 프랑스의 루이 9세(생 루이Saint Louis)는 프란체스코회 윌리엄 루브룩(루브룩은 원래 카셀Cassel 부근의 지명)을 몽골에 파견하였다.[73] 루브룩은 1253년 5월 7일 크리미아의 이탈리아 소식민지를 향하여 콘스탄티노플을 출발,[74] 흑해를 건너 5월 21일 수닥에 도착하였다. 크리미아를 뒤로 하고 러시아 초원, 즉 킵착 칸국으로 들어온 루브룩은 유목의 세계라는 다른 세상으로 들어온 것을 느꼈다. 킵착 투르크인들에 대한 대량 학살 이후 그곳은 훨씬 더 황량한 세상, 그 지평선 위로 몽골 기마정찰대가 무뚝뚝하게 지나다니는 풀이 우거진 사막이었다. "그리고 타타르인들 사이에 있는 나를 발견하였을 때, 내게는 진정으로 내가 다른 시간 다른 세상으로 옮겨진 것처럼 보였다."

몽골 유목민들에 대한 루브룩의 기록은 고전으로 남아 있다. "다뉴브에서 극동까지 뻗친 전스키티아를 그들끼리 나누어 가졌기 때문에 그들은 상주지가 없다. 수령들은 각자가 거느린 사람 숫자에 따라 그가 한 계절 또는 다른 계절에 살아야 하는 목영지의 경계를 안다. 겨울이 다가오면 그들은 남쪽의 따뜻한 지방으로 내려갔다가 여름에는 북쪽으로 돌아간다."

루브룩은 계속해서 수레 위에 세우고 가끔 모여서 이동마을이 되는 몽골인들의 모전천막에 대해서도 기술하였다. 몽골인들에 관한 한 누구도 이 프란체스코회 수도사만큼 잘 묘사하지 못하였다. "남자들은 머리 꼭대기를 면도해 작은 사각형을 내며, 나머지 머리는 양쪽 귀까지 내려오도록 땋는다." 그들은 겨울에는 몸을 모피로 덮어 싸고 여름에는 중국 비단으로 아름답게 차려 입는다. 마지막으로 그는 발효한 말젖 술 쿠미스*kumiss*를 마시는 굉장한 주연에 대해서도 언급하였다.[75]

---

73. Grousset, *Histoire des Croisades*, III, p. 522.
74. 뺄리오는 루브룩이 콘스탄티노플을 향해 팔레스타인을 떠난 것이 Rockhill이 주장하듯이 1252년이 아니라 1253년 초라고 생각한다. "Les Mongols et la Papauté" p. 77(221).
75. 쿠미스의 여러 다른 종류에 대해서는 Pelliot, *JA*(1920), p. 170을 보시오.

7월 31일 루브룩은 볼가 강 하류에서 3일 여정이 채 못 되는 곳에 있는 바투의 아들 사르탁Sartaq의 거영지에 도착하였다. 프란체스코회 수도사는 깨닫지 못하였지만 사르탁은 네스토리우스 교도였고, 루브룩은 "그의 조정에서 주요 인물들 가운데 하나인 코야트Coyat라는 이름의 네스토리우스파 기독교도"에 의해 그에게 소개되었다.76) 그리고 루브룩이 그의 조정에서 한 성당기사聖堂騎士(Knight Templar)를 발견했다는 것은 사실이 아닐 수도 있지만, 사르탁은 서방의 문제에 대하여 잘 알고 있었다. 루브룩이 그에게 기독교 왕국의 가장 강력한 군주는 황제라고 하자, 사르탁은 이제 패권이 루이 국왕에게 넘어갔다고 대답하였다.

루브룩은 사르탁의 거영지를 떠나 볼가 강을 건너 강의 동쪽 기슭에 있는 바투의 오르두로 인도되었다. "바투는 금을 입힌 침대만한 크기의 높은 의자, 즉 보위에 앉아 있었고, 세 걸음 떨어져 그의 아내들 가운데 한 사람이 있었다. 다른 남자들은 그 부인의 좌우로 앉아 있었다." 바투는 루브룩을 대칸 뭉케의 조정으로 보냈다. 프란체스코회 수도사는 야익Yaik 즉, 우랄 강을 건너 "거대한 바다를 닮은 이 광대한 황야"인 아시아 초원에 발을 들여 놓았다. 그는 계속해서 추 강을 따라 거기서 6일 만에 탈라스를 건넜고, 일리를 지나 페르시아 말을 하는 타직인들이 거주하는 '에퀴우스Equius'의 고을 — 바르톨드는 그들이 카쉬가리아의 이키 외구즈Iki Ögüz와 같은 사람들일 수도 있다는 기발한 제안을 하였다 — 을 거쳐 일리 북쪽으로 갔다.77)

루브룩은 이어 중요한 네스토리우스파 근거지와 함께 위구르 불교도들의 중심지가 번창하고, 또한 '옴 마니 밧메 훔Om mani padme hu

---

76. 네스토리우스파에 대한 루브룩의 편견이 그를 어느 정도 잘못 이끌었을 수도 있지만 사르탁의 네스토리우스 신앙은 아르메니아의 연대기 편찬자 키라코스에 의해서도 확인된다(*JA*, I[1858], p. 459). 네스토리우스 승려들의 무지에 대한 루브룩의 얘기는, 쿠빌라이 칸이 진정한 기독교 사상으로 자신의 조정을 계몽시키고자 카톨릭 학자들을 보내줄 것을 요청할 때 폴로 일가에게 한 말에서도 확인된다(Marco Polo, *Il Milione*, Benedetto편, pp. 70-71).
77. Minorsky, *Hudud al-Alam*, p. 276.

폴란드
리그니츠
브레슬라우
올뮈츠
라티보르
수들로우
크라코우
부다
페스트
헝가리
세르비아
갈리치
러시아 공국들
노브고로드
트베르
수즈달
모스크바
블라디미르
콜롬나
체르니고프
리아잔
키예프
볼가르
바투의 울루스
그리스
불가리아
드네프르 강
돈 강
볼가 강
우랄 강
솔다이아
타나
쿠반 강
라틴 제국
콘스탄티노플
흑해
몽
오르다의 울루스
이르티쉬 강
프랑크인들
베니스인들
알란인들
카스피 해
쿠타이스
아랄 해
시르다리아
골
앙카라
트레비존드
티플리스
셀죽 술탄국
시바스
로리
아니
데르벤드
오트라르
코냐
에르진잔
카르스
간자
아무다리아
치가다이의 울루스
치나즈
아르메니아인들
시스
샤마하
사마르칸드
키프로스 왕국
안티오크
아미드
타브리즈
호
레
쉼
부하라
케쉬
알렙포
모술
아르벨라
아제르바이잔
알라무트
메르브
트리폴리
잔잔
이스파라인
투스
티레
다쿠카
하마단
카즈빈
라이
사락스
아크레
쿰
담간
니샤푸르
발흐
예루살렘
카산
후라산
바미안
카이로
아윱조 술탄국
바그다드
쿠지스탄
이스파한
헤라트
카불
야즈드
가즈니
슈쉬타르
파르스
세이스탄
칸다하르
시라즈
키르만
인더스 강

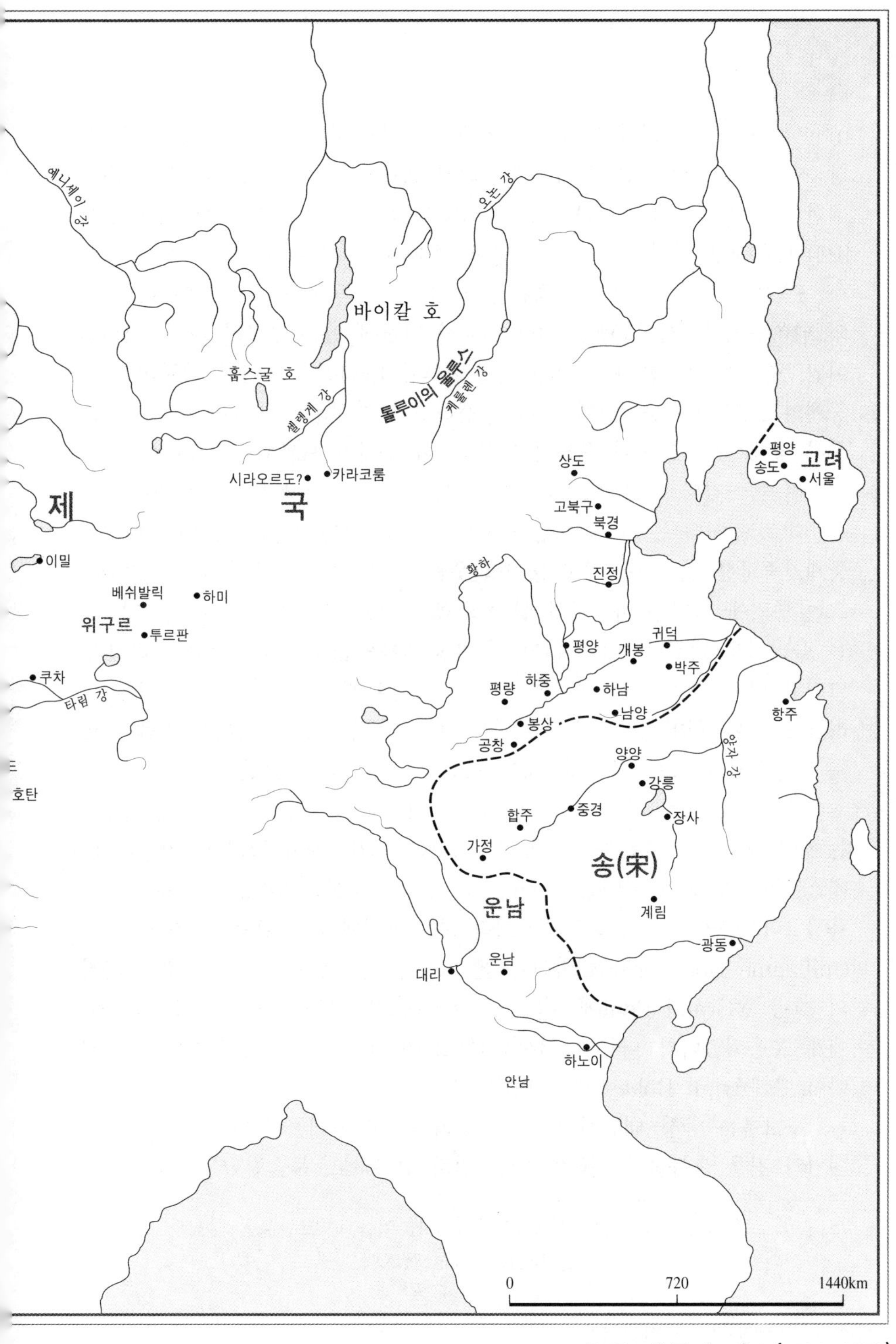

몽골 제국의 판도(1230~1255)

m'[78])을 외우는 소리가 들리는 '카일락Cailac'(카얄릭, 오늘날의 카팔 부근)을 지나갔다. 루브룩은 우리에게, "타타르인들(몽골인들)이 그들의 문자를 취한 것은 바로 위구르인들로부터이고, 망고Mango(뭉케) 칸이 폐하(루이 9세)에게 보낸 편지도 몽골어를 위구르문자로 쓴 것이다"라고 전한다.

1253년 11월 30일 루브룩은 발하쉬 호 동쪽 끝을 돌아 알타이 산맥의 남쪽 구릉들 사이, 옛 나이만 영토의 변경에 있는 우구데이가의 영지인 이밀, 즉 타르바가타이 지역을 횡단하였다. 1254년 1월 4일 마침내 그는 뭉케의 오르두에 도착하여 그를 알현하였다. "우리는 대궐로 인도되었고, 문간 앞에 있는 모전이 올라가자 찬송 '아 솔리스 오르투A Solis Ortu'를 부르며 들어갔다. 그곳에는 금실을 섞어 짠 천이 사방에 걸려 있었다. 그 가운데로 가시나무, 쓴 쑥뿌리, 가축똥이 타고 있는 화로가 있었다. 대칸은 물개가죽처럼 반짝이는 화려한 모피옷을 입고 작은 침대에 앉아 있었다. 그는 중키에 나이는 마흔다섯 살쯤 되었고 코는 조금 납작한 편이었다. 칸은 우리에게 백포도주처럼 맑고 단 쌀로 만든 음료를 대접하라고 하였다. 그리고 나서 그는 여러 종류의 맹금을 가져오게 해서 자기 주먹 위에 올려놓고 잠시 동안 주의깊게 들여다보았다. 그 뒤 그는 우리에게 말을 하도록 명령하였다. 그에게는 네스토리우스 교도인 통역이 있었다."

뭉케의 오르두에서 루브룩은 로렌Lorraine 출신의 파케트Paquette라는 여자를 만나 깜짝 놀랐는데, 그 여자는 헝가리에서 끌려왔으며 왕자의 네스토리우스 교도 아내들 가운데 한 사람을 모시고 있었고, 건축가로 고용된 러시아인과 결혼하였다. 카라코룸 궁정에서 루브룩은 기욤 부셰 Guillaume Boucher라는 파리 출신 금세공도 만났는데, "그의 형은 파리의 그랑 퐁Grand Pont에 살았다." 이 사람은 처음에 황태후 소르칵타니에게 고용되었다가 나중에 역시 기독교도에게 동정적이었던 뭉케의 동생 아릭 부케Arigh Böke에게 고용되었다.

루브룩은 궁정 대연회에서 네스토리우스교 사제들이 제복祭服을 입고 대칸의 잔을 축복하기 위하여 제일 먼저 입장하고, 무슬림 사제들과 '우상

---

78. "아! 보석이 실로 忘憂樹에 있도다!" [역자] 이는 티베트-몽골 불교의 진언으로 그 의미는 '오 그대 蓮花(=忘憂樹)에 있는 寶珠여, 훔!'

숭배자'인 승려들, 즉 불교와 도교 승려들이 그 뒤를 따른다는 것을 알게 되었다. 뭉케는 때때로 그의 네스토리우스 교도 아내를 동반하여 그 교회 예배에 참석하였다. "그가 오자 금을 입힌 침대가 그를 위하여 대령되었고, 그는 그의 아내인 황후와 제단 맞은편에 앉았다."[79]

루브룩은 조정을 따라 카라코룸으로 갔는데, 그곳에 도착한 것은 1254년 4월 5일이었다. 궁중 금세공으로 극진하게 대접받고 있던 기욤 부세가 그를 "큰 기쁨으로 맞이하였다. 그의 아내는 사라센 사람의 딸로 헝가리에서 태어났다. 그 여자는 훌륭한 프랑스어와 쿠만Cuman어를 구사하였다. 우리는 거기서 마찬가지로 헝가리에서 태어나 같은 언어를 구사하는 영국인의 아들 바실Basil도 발견하였다."

루브룩은 1254년 부활절 축제 때 카라코룸의 네스토리우스 교회에서 미사를 집전토록 허락받았는데, 그곳은 "금세공 기욤이 성모상을 프랑스풍으로 조각한 곳이었다." 네스토리우스 교회 말고도 카라코룸에는 모스크 두 군데와 12군데의 파고다 즉 '우상숭배자'들의 사원이 있었다. 루브룩은 예배에서 아릭 부케를 영접할 기회가 있었는데 그는 기독교에 대하여 매우 호의적인 왕자들 가운데 한 사람이었고, "우리네 주교들이 하는 식으로 십자가 모양으로 성호를 그으며, 그의 팔을 우리에게로 내밀었다." 어느 날 루브룩 앞에서 무슬림들과 기독교도들 사이에 논쟁이 일어났을 때, 아릭 부케는 공공연하게 기독교도들의 편을 들었다. 루브룩은 1254년 5월 30일 카라코룸에서 오순절 전야에 뭉케가 임명한 중재자 세 명이 배석한 가운데 대규모 공개 종교토론을 벌였다. 이 과정에서 그는 유일신론에 입각하여 불교 철학자들에 대항하는 무슬림 박사들을 지지하였다.[80]

---

79. Rubruck(Chap. XXXVI)에 의하면 이러한 네스토리우스파 축제는 큰 술잔치로 끝났다. 위에 언급된 의식이 끝난 뒤 뭉케의 아내는 몹시 취하였다. "쌀로 만든 맥주, 라 로셸르 포도주와 흡사한 엷은 적포도주, 쿠미스가 음료로 나왔다. 귀부인은 가득 채운 술잔을 들고 무릎을 꿇고 축복을 청하였다. 사제가 찬송하는 동안 그녀는 마셨다. ……그날은 저녁 때까지 그렇게 지나갔다. 마침내 귀부인은 다른 사람들처럼 취해서 집으로 마차를 타고 돌아갔는데, 사제들이 그녀를 수행하였으며 그들은 끊임없이 찬송한다기보다는 차라리 고함을 질러댔다."
80. 루브룩과 다른 서방 선교사들이 불교 승려들을 가리키는 이름 *Tuinan*이나 *Tuin*

루브룩은 1254년 8월 18일 뭉케의 회신을 지니고 카라코룸을 떠났다. "이것은 하늘의 계명이다. 하늘에는 신이 한 분뿐이고, 땅 위에 군주는 신의 아들 칭기스칸 한 사람뿐이다." 그리고 뭉케는 영원한 하늘과 지상에서의 그의 대리인인 카안의 이름으로, 프랑스 국왕이 자신의 신하임을 인정하라고 명하였다.[81]

루브룩은 뭉케의 편지를 갖고 카라코룸에서 볼가까지 두 달 6일이 걸리는 여행을 하였다. 그의 여행경로는 대칸에게 입조하러 오던 아르메니아의 헤툼 1세의 경로와 교차하였다. 루브룩은 9월에 바투의 오르두에 당도하였는데, 그때 바투는 사라이Sarai에 있는 새 거영지에 있었던 것 같다. 루브룩은 거기서 알란 지방과 데르벤드 고개를 지나 무간 평원에 도착하여 페르시아 주둔 몽골군 사령관 바이주 노얀의 영접을 받았는데, 통역은 페르시아의 민정 통치관 아르군 아가를 방문하기 위해 타브리즈로 가고 없었다. 그리고는 나히체반에서 크리스마스를 보내고, 에르진잔, 카이세리, 그리고 셀죽 술탄국의 코냐를 경유하여 소아르메니아(킬리키아)에 도착하였고, 키프로스 왕국으로 가기 위하여 라자조Lajazzo(라타키아Latakia?)에서 배를 탔다.

루브룩이 여행길에서 마주친 아르메니아 국왕(즉 아르메니아화한 킬리키아인) 헤툼 1세는 루브룩보다 더 뛰어난 외교관이었다.[82] 루브룩이 몽골인들의 개입을 불러일으키지나 않을까 하는 두려움 속에 지내는 동안, 그 영민한 아르메니아인은 도리어 그것을 통하여 이슬람에 대항하고 기독교 세계를 강화하기 위하여 할 수 있는 모든 일을 하였다. 이 목적으로 그는 처음에 페르시아에 주둔한 몽골군 사령관 바이주가 그 당시 거영하고 있던 카르스Kars로 갔다(1253). 그는 거기서 데르벤드를 거쳐 볼가 강 하류에 있는 바투의 거영지로 왔고, 그리고 나서 카라코룸 근방에 있는 뭉케의

은 *sramana*를 가리키는 중국어 道人에서 왔음에 틀림없다.

81. 승려 Hethum('Hayton')의 문구와 비교하시오 : "Changius Can, empereor par le comandement der Deu [*sic*]"(*Recueil des historiens des Croisades. Documents arméniens*, II, pp. 148-50).

82. Grousset, *Histoire des Croisades*, III, p. 527, p. 636.

오르두에 왔다. 그는 "찬란한 영광으로 즉위한" 이 통치자를 1254년 9월 13일 알현하였다.

뭉케는 이 충성스러운 신하를 따뜻하게 영접하고 '야를릭*yarligh*', 즉 서임과 보호의 증서[83])를 건네주었는데, 키라코스의 아르메니아 연대기는 이를 두고 "국새가 찍혀 있고 헤툼의 나라나 사람에 대한 어떠한 적대행위도 명백하게 금지하는 '증서'를 건네주었다. 그는 또 모든 곳의 교회에 자치권을 부여한다는 특허장을 그에게 주었다"고 하였다.

또 다른 아르메니아 사가인 승려 '하이톤Hayton'은 그의 저술 *Flor des estoires d'Orient*에서 뭉케가 방문자에게 그의 동생 훌레구 휘하의 위대한 몽골군이 바그다드를 공격하여 그들의 '불구대천의 적'인 칼리프조를 파괴하고 성지를 기독교도들에게 수복시켜줄 것을 보장하였다고 기록하였다.[84])

이 약속은 적어도 부분적으로는 이행되었다. 자신감으로 가득 찬 헤툼은 11월 1일에 몽골 조정을 떠나 통상적인 경로인 베쉬발릭(짐사), 알말릭(쿨자 부근), 아무다리아, 페르시아를 거쳐서 1255년 7월 킬리키아로 돌아왔다.[85])

---

83. 투르크어로 *yarligh*, 몽골어로 *jarliq*('칙령'). Pelliot, *TP*(1930), p. 292 참조.

84. Hayton, *Documents arméniens*, II, pp. 164-166 ; "Chronique de Kirakos," *JA*(1833), p. 279, 그리고 I(1858), pp. 463-473 ; Grousset, *Histoire des Croisades*, III, pp. 527-529 참조. 아르메니아 사가들의 무의식적으로 편향된 일정한 기록을 바로잡는 것이 필요할 듯하다. 칼리프조에 대한 뭉케의 의도는 순수하게 정치적인 것이었다. 그는 이슬람에게 그렇게 적대적이지 않았다. 그와는 반대로, 주베이니가 증언하듯이 그는 무슬림 기도문을 기독교나 다른 종교의 기도문에 대한 것과 똑같은 존경심을 갖고 들었다. 그래서 1252년 *bairam* 축제 때 호젠트의 위대한 판관 Jalmal ad-Din이 와서 그의 오르두 안에서 기도문을 외운 것이다. "뭉케는 그에게 이것을 몇 번 반복시키고 무슬림들에게 막대한 선물을 주었다."

85. Bretschneider, *Mediaeval Researches*, I, p. 168 참조.

뭉케의 남송 원정

　　뭉케는 우구데이가 죽은 뒤로는 거의 휴지기 상태로 있던 몽골 정복전에 새로운 자극을 주었다. 1253년 오논 강의 발원지에서 열린 쿠릴타이에서, 첫째 그는 동생 훌레구가 바그다드의 칼리프조를 복속시킴으로써 페르시아와 메소포타미아 정복을 완수하고 시리아를 정복해야 한다고 결정하였고, 둘째 뭉케 자신은 또 다른 동생 쿠빌라이[86]와 함께 한족인 송 제국에 대한 공세를 새로이 하기로 하였다.

　　항주 조정의 무기력, 대신들의 무능, 그리고 송 왕자들의 유약함에도 불구하고, 중국인들은 침략하는 몽골인들을 예상치 못한 저항으로 맞이하였다. 1239년 송의 용감한 장군 맹공孟珙(1246년 죽음)은 한수 중류 지방을 감제하는 중요한 도시인 양양을 몽골인들로부터 탈환하였으며, 사천 중부를 차지하기 위하여 몽골인들과 오랫동안 투쟁하였는데, 1241년까지 성도는 두 차례나 약탈당하기는 했어도 몽골인들의 손에 완전히 떨어지지 않았다.[87]

　　남부 중국의 광대한 인간 벌집에서 수많은 강과 산맥, 그리고 인구가 조밀한 수많은 도시지역의 저지를 받아가며 수행해야 하는 유일한 전쟁은 공성전이었고 이에 초원의 기병들은 상당히 당황할 수밖에 없었다. 북중국의 정복은 칭기스칸 국가 이전에도 다른 투르크-몽골 유목민들이 성취했었다. 4세기의 흉노와 선비, 5세기의 탁발, 10세기의 거란, 그리고 12세기의 금이 그러했다. 그러나 남중국에 대한 시도는 탁발에서 금에 이르기까지 모두 실패로 끝났다. 그곳에서 성공하기 위해서는 대규모 한인 보병부

---

86. 나는 칭기스칸의 부하 이름으로 Qubilai라는 형태를 사용한 뒤, 이 이름을 가진 왕자에는 의도적으로 Kublai라는 형태를 사용하는데, 이는 이 두 어휘의 기원이 달라서가 아니라 독자가 두 사람을 혼동하는 것을 피하게 하기 위해서다. [역자] 본 역서에서는 두 사람 모두 '쿠빌라이'로 옮겼다.
87. d'Ohsson은 몽골인들이 成都를 우구데이가 죽은 해(1241년 12월)에 손에 넣었다고 한다. 『通鑑綱目』에는 몽골인들이 성도를 다시 약탈하는 대목이 나오는데, 이는 몽골인들이 이 도시를 효과적으로 점령하고 있지 못하였다는 증거다.

대와 한인이나 무슬림 공병들이 운용하는 모든 공성용 '포병' 장비를 갖고 싸우는 중국식 전쟁이 필수적이었다.

뭉케는 몽골군의 분산된 노력을 조정하기 위하여 그의 모든 주의를 중국문제에 기울였다. 그가 이 과업을 맡긴 동생 쿠빌라이는 개인적으로 중국문명에 빠져 있었고 또 자기 행운을 그곳에서 찾으려고 이미 결심하였기 때문에, 오히려 형보다 이 문제에 더 열심이었다. 1251년 뭉케는 정복된 중국 땅의 통치를 쿠빌라이에게 맡기고 하남을 속령으로 주었다. 그곳은 황하의 옛 하도와 양자강 사이에 놓인 모든 지역이 포함되며 서쪽으로 동경 110도 지역까지 뻗쳤기 때문에, 오늘날의 이 이름의 성보다 훨씬 광대한 행정지구였다.[88]

뭉케는 그 밖에도 오늘날의 감숙에 있는 위수 상류의 공창鞏昌(농서隴西) 지구를 그에게 주었다. 쿠빌라이는 젊은 시절 자기에게 한자 기초를 가르친 중국인 학자 요추姚樞의 조언을 임무수행에 활용할 수 있었다. 하남에서 그는 농부들에게 씨앗과 농기구를 나눠주고 병사들을 농부로 전환시키기까지 하면서 전쟁으로 파괴된 농지를 복구시키기 위하여 노력했다.

쿠빌라이는 양자강 하류에 있는 송 제국을 정면공격하기에 앞서 뭉케의 명령으로 적의 측면을 공격하였다. 그는 저 위대한 수베에테이의 아들 우량카다이Uriyanqadai[89]와 함께 1252년 10월경 섬서를 떠나 사천을 지나 운남으로 들어섰다. 운남은 당시 중국의 영토가 아니었다. 그곳은 8세기 이래 롤로Lolo인들(이족彝族) 또는 타이Thai(태족泰族)인들이 거주하는 비중국계 왕국 남조南詔 또는 대리大理의 영토로서 첩첩산중이어서 언제나 완전 독립을 유지할 수 있었다. 쿠빌라이는 적의 수도 대리를 빼앗고 중국인들이 단흥지段興智라고 부르던 대리 국왕이 피신한 선천鄯闡(운남부雲南府 또는 아마도 오늘날의 평정향平定鄕?)을 함락시켰다(1253).[90] 그는

---

88. Herrmann, *Atlas of China*, 지도 52 참조.
89. Uriangqatai. Pelliot, "Les Mongols et la Papauté," p. 77(201) 참조. 페르시아어로는 Uriankqadai.
90. Chavannes, "Inscriptions et pièces de chancellerie chinoises d'époque mongole," *TP*(1905), pp. 1-7 ; 『南詔野史』, C. Sainson 역 (Paris, 1904),

이 지배자에게 토착수령처럼 그 왕위를 유지토록 허락하며 그의 곁에 귀화 중국인 유시중劉時中을 '몽골' 행정관으로 배치하였다. 운남 전역은 옛 왕조는 유지되었지만 몽골 군구들로 분할되었다.91) 그 다음에 우량카다이는 티베트인들을 공격하여 모두는 아니지만 인접한 주민들만이라도 몽골의 종주권을 인정하도록 하였다.

1257년 말 우량카다이는 안남安南 왕국(수도 하노이[河內])을 공격하였다. 그가 운남에서 통킹(東京) 평야로 내려와 하노이를 약탈하자(1257년 12월), 안남 국왕 쩐타이똥(陳太宗)은 자신이 신하임을 인정하는 것이 현명하다는 것을 깨닫게 되었다(1258년 3월).

1258년 9월 몽골에서 열린 쿠릴타이에서 뭉케는 대송전쟁의 지휘권을 자신이 담당하기로 결정하였다. 10월에 그는 몽골군의 주력과 함께 섬서에서 사천을 지나 1258년 12월경 보녕保寧을 점령하였으나 그의 모든 노력에도 불구하고 가릉강과 그 두 지류의 합류점에 위치해 매우 중요한 지점인 합주合州(오늘날의 합천合川)를 탈취하지는 못했다. 그는 1259년 8월 11일 공성전 기간 중에 걸린 이질로 그 도시 부근에서 죽었다.

뭉케가 죽음을 맞이했을 때 아우 쿠빌라이는 하북에서 다른 몽골군과 함께 내려와 양자강 중류 호북성 한구 맞은편에 있는 오늘날의 무창, 즉 무주武州를 포위 공격하고 있었다. 같은 시기에(1257년 말 통킹에서 운남으로 돌아온) 우량카다이는 운남을 떠나 광서로 가서 계림을 공격하고, 장사를 포위하기 위하여 호남으로 가 있었다.92) 그러므로 송 제국은 뭉케의 죽음으로 잠시 숨을 돌리게 될 당시 북·서·남쪽에서 동시에 포위되어 있었다.

실로 쿠빌라이는 칭기스칸 일족의 계승문제에 전념하고자 하는 생각

<p. 109 참조.

91. 雲南 통치는 옛 토착왕조는 물론, 쿠빌라이의 아들 Ügechi, Tughluq, 그리고 우게치의 아들 Esen Temür를 비롯한 칭기스칸 일족의 왕자들에게 위임되었다. 운남에서 옛 대리大理 왕들로부터 충성스러운 보조부대를 얻는 데 성공한 몽골인들의 정책과 방법에 대해서는 Chavannes, "Inscriptions," p. 7, p. 31, 그리고 『南詔野史』, pp. 110-112 참조.

92. Chavannes, "Inscriptions," p. 6, p. 29 참조.

에서 송의 대신 가사도賈似道와 서둘러 양자강을 경계로 하는 평화 또는
정전협정을 맺고 그의 군대와 함께 하북으로 돌아갔다.

7. 쿠빌라이와 중국의 몽골 왕조

쿠빌라이와 아릭 부케의 경쟁

뭉케에게는 세 아우가 남았는데 쿠빌라이,[1] 훌레구, 아릭 부케다.
1256년부터 페르시아의 칸이었던 훌레구는 계승권을 주장하기에는 너무
멀리 떨어져 있었다. 쿠빌라이와 아릭 부케가 남은 것이다. 막내인 아릭
부케는 몽골 본토의 총독이며 수도 카라코룸의 유수留守였다. 그는 몽골리
아의 지배자로서 쿠릴타이를 그 땅에서 소집하여, 자신의 대칸 선출을 확
실케 할 준비를 하였다.

그러나 쿠빌라이가 그를 앞질렀다. 그는 군대를 데리고 무창에서 북쪽
으로 오면서 중국과 몽골의 경계인 상도에 본부를 두었는데, 그곳은 바로
얼마 전에 자신의 여름 주거를 세운 곳이었다(오늘날의 돌론 노르 부근,
차하르와 열하 사이). 그곳에서 1260년 6월 4일, 그는 자신의 일파, 즉 그
의 군대에 의해 대칸으로 선언되었다.[2] 그때가 마흔네 살이었다.[3]

---

1. 『몽골비사』에는 쿠빌라이*Qubilai*다. 한자 전사체는 忽必烈이다. 페르시아어 전사형
   은 쿠빌라이*Qubilay* 또는 쿠블라이*Qublay*다. 우리는 몽골어 철자를 따르면서 동시
   에 중국어 전사체를 상기시키는 고전 전사형 쿠블라이Kublai(쿠빌라이Khu- bilai)
   를 고수해왔다.
2. 우구데이의 아들 카다안과 테무게 옷치긴의 아들 토가차르Togachar(Taghachar가
   정확-역자) 외에는 쿠빌라이의 선출에 참가한 칭기스칸 가 사람들의 이름은 좀체
   로 거론되지 않는다. 쿠빌라이의 가장 열성적인 지지자들 가운데는 아릭 부케의 장
   군 Qara Buqa를 패배시킨 웅구트 왕자들 Kün Buqa와 아이 부카(둘 다 네스토리
   우스 교도)가 있었다. A. C. Moule, *Christians in China*(New York, 1930), p.
   236.
3. Mailla, IX, pp. 275-282.

칭기스칸 가문의 법에 따르면 서두른 이 선출은 무효였다. 전통적으로 쿠릴타이는 몽골리아에서 적절하게 미리 소집된 칭기스칸 일족인 네 울루스의 대표자들이 참석한 가운데 열려야 했다. 이 일에서 뭉케의 재상이던 케레이트 출신인 네스토리우스 교도 볼가이에게 고무된 아릭 부케도 카라코룸에서 대칸의 칭호를 취하는 데 망설임이 없었다. 중국 섬서와 사천 지역 부대를 지휘하는 장군들은 그의 지지로 기울어 있었으나, 쿠빌라이는 곧 두 성의 군대를 자기 편으로 만들 수 있었다. 감주 동쪽 ─ 감숙성 ─ 에서 쿠빌라이의 부하가 아릭 부케의 부하에게 승리함으로써 몽골 지배 하의 중국에 대한 쿠빌라이의 소유가 확인되었다.

쿠빌라이는 상황이 자기에게 유리하자 계속 밀어붙여, 1260년 말 옹긴 강까지 북진해 겨울을 났고, 아릭 부케는 예니세이 강 상류로 후퇴하였다. 그러자 쿠빌라이는 전쟁이 끝난 것으로 여기는 실수를 저질러, 카라코룸에는 평범한 수비대만 남기고 중국으로 돌아갔다. 1261년 말 아릭 부케가 돌아와 수비대를 몰아내고 자기의 경쟁자를 향해 진격하였다. 고비 변두리에서 두 번의 전투가 있었다. 첫번째 전투에서 쿠빌라이가 이기기는 했지만 그는 아릭 부케를 추격하지 않는 실수를 되풀이하였고, 두 번째는 열흘 뒤로 맹렬하게 싸웠지만 결정적이지는 못하였다.

아릭 부케 편에는 우구데이 가문의 우두머리이자 이밀과 타르바가타이의 지배자인 카이두, 차가다이 왕자 알루구Alughu(Alghu)가 있었는데, 아릭 부케는 알루구가 제 사촌의 아내 오르가나Orghana에게서[4] 차가다이의 울루스를 빼앗을 때 도와준 일이 있었다. 그 덕분에 아릭 부케의 군대는 알루구가 아릭 부케를 버리고 쿠빌라이에게로 간 1262년 말까지는 적과 맞설 수 있었다(p. 472를 보시오).

이 예상치 못한 망명은 상황을 바꾸어놓았다. 쿠빌라이가 아릭 부케의 부하들을 몰아내고 카라코룸을 재점령하고, 아릭 부케는 일리에서 알루구

---

4. [역자] 불어본과 영역본에는 '그의 여자 사촌 오르가나'로 되어 있다. 그러나 오르가나는 알루구의 사촌 카라 훌레구의 과부였다. Cf. J. A. Boyle, *The Successors of Genghis Khan*, 1971. pp. 142-144. 뒤에 보겠지만, 오르가나와 알루구는 나중에 부부가 된다.

와 싸워야 했다. 두 적 사이에 낀 아릭 부케는 1264년 마침내 쿠빌라이에게 항복하였다. 그는 사면되었으나 볼가이를 비롯한 아릭 부케의 일부 지지자들은 처형되었다.[5] 쿠빌라이는 아릭 부케가 죽는 1266년까지 예방 차원에서 그를 사실상의 포로로 두었다.

송 제국 정복

가족 간의 경쟁을 종결지은 쿠빌라이는 송 제국에 대한 자신의 시도를 재개할 수 있었다. 송 황제인 도종度宗(1265-1274)은 유능한 지휘관들의 노력을 효과없게 만드는 간악한 대신 가사도賈似道에게 의지하였다. 도종이 죽자 가사도는 일을 꾸미며 네살박이 공제恭帝(1275-1276)에게 제위가 상속되도록 하여 그의 이름으로 지배하였다.

대송전쟁에서 쿠빌라이는 두 명의 뛰어난 부장 바얀Bayan[6]과 아주Aju(우랑카다이의 아들이며 수베에테이의 손자)를 거느리고 위구르인 아릭 카야Ariq Qaya의 지원을 받는 행운을 누렸다. 1268년 아주는 호북의 한수 하류 유역을 감제하는 쌍둥이 도시 양양과 번성樊城을 포위, 공격하였다. 5년을 끈 이 유명한 공성전(1268-1273)은 수많은 영웅적 일화 ― 수로를 통하여 보급품을 양양으로 가져오는 임무를 수행하다가 목숨을 잃은 두 명의 용감한 송군 장교 장귀張貴와 장순張順의 얘기(1271) 등이 그 예 ― 의 무대였다. 양양의 수비자인 여문환呂文煥은 완강하게 저항하였다. 그러자 아릭 카야는 메소포타미아에서 두 명의 유명한 무슬림 기술자 모술Mosul의 알라 웃 딘'Ala ad-Din과 힐라Hilla의 이스마일Isma'il을 공성기계와 함께 데려다(1272) 포위된 주민들의 저항을 분쇄하였다.[7] 1273

---

5. Pelliot, "Chrétiens d'Asie Centrale et d'Extrême-Orien," *TP*(1914), p. 629.
6. 바얀은 몽골어에서 '부유한, 재운이 있는'이라는 뜻이다. 이 장군은 바아린 부족 출신이다. 한자 전사형은 伯顔이다.
7. 마르코 폴로는 이 장치의 건설을 자기 아버지와 아저씨의 공으로 돌린다(Pauthier 편, II, pp. 470-476 ; Moule-Pelliot편[London, 1938], p. 318.)

년 2월에 번성이 떨어졌고, 송 조정의 음모에 괴롭힘을 당하던 여문환은 3월에 양양을 바쳤다.

한수 하류를 통제하게 된 바얀과 아주는 양자강 하류로 내려가, 1275년에는 동부 호북(한양, 무창, 황주), 안휘(안경安慶, 지주池州, 무호蕪湖, 태평太平, 영국寧國), 그리고 강소(남경과 진강鎭江)의 거점들을 굴복시켰다.8)

바얀은 다음에 절강을 침공하여 상주常州를 취하고, 송의 수도인 위대한 도시 항주에 이르렀다. 섭정 황태후는 풀이 꺾여 1276년 1-2월 도시를 넘겨주었다. 1276년 2월 25일 바얀이 어린 황제를 쿠빌라이에게 보내자, 쿠빌라이는 그에게 친절히 대하였다.9) 이것으로 칭기스칸 시대 이래 몽골인들이 이룬 진보를 판단할 수 있는데, 그들은 두 세대 만에 오논 강 유역의 반 야만인에서 고대의 개화된 인종 수준으로 자신들을 끌어올린 것이다.

남쪽은 한인들이 끝까지 저항하여 아직 굴복시켜야 할 땅으로 남아 있었다. 아릭 카야는 호남의 중요한 도시인 장사와 광서의 계림을 취하였다(1276). 쿠빌라이가 반역한 사촌들을 상대로 몽골에서 전쟁을 벌이는 동안 송의 완강한 유격대원들은 짧은 휴식을 취하며 복건과 광동의 해안에서 재편성을 시도하였다. 그러나 몽골인들은 수이게투Süyigetü 장군의 지휘 아래 공격하러 돌아와, 복건(복주와 천주, 1277)과 광동(광주 1277, 조주潮州 1278)의 항구들을 차례로 점령하였다.

중국의 마지막 '애국자들'은 영웅적인 장세걸張世傑의 지도 아래 아홉 살 난 새로운 어린 황제 병昺을 데리고, 그들의 함대를 끌고 해외로 피난

---

8. 몽고인들이 鎭巢를 포위, 공격할 때 몽골군을 위해 싸우던 일군의 기독교도(그리스정교회) 알란인들은 중국인들의 새로운 공세에 허를 찔려 유린되고 거의 학살되었다 (1275년 6월). 이에 격노한 바얀은 1275년 12월 마침내 도시가 정복되자 주민들을 강탈하고 진소의 세입을 희생자들의 가족들에게 할당함으로써 복수하였다. Marco Polo, Benedetto편, p. 141 ; Pelliot, "Chrétiens d'Asie Centrale," p. 641 ; Moule, *Christians in China*, p. 140 참조.
9. Marco Polo, Pauthier편, II, p. 460 ; Moule-Pelliot편, p. 313. Moule, "Hang-chou to Shang-tou," *TP*(1915), p. 393 참조.

하였다. 1279년 4월 3일 이 함대는 광주 남서쪽 애산도崖山島 근처에서 몽골 함대의 공격을 받아 파괴되고 붙들리고 흩어졌으며, 병은 물에 빠져 죽었다.

남부를 포함한 중국 전역이 처음으로 투르크-몽골 정복자의 수중으로 들어갔다. 5세기 탁발 투르크인들도 12세기 여진 퉁구스인들도 이룩하지 못한 일을 쿠빌라이가 마침내 해낸 것이다. '모전천막에 사는 모든 자들이', 수많은 세대의 유목민들이 10세기에 걸쳐 어렴풋이 품어온 꿈을 바로 그가 이룩한 것이다. 그와 더불어 초원에서 떠돌던 유목민들, '회색 늑대와 암사슴의 모든 아들들'은 마침내 아시아에서 가장 인구가 조밀한 정착농민들의 공동체인 중국의 주인이 되었다.

그러나 정복은 그 최악의 결과를 중화하기에 충분하리만큼 더디게 진행되었다. 그리고 사실 유목민의 후손 쿠빌라이는 중국을 정복하였지만, 자기 자신은 이미 중국문명에 정복되어 있었다. 그래서 그는 자기 정치의 불변의 목표를 실현할 수 있었는데, 그것은 진정한 천자가 되는 것이었고 몽골 제국을 중국의 제국으로 만드는 것이었다. 이를 위한 길이 열려 있었다. 송이 사라지자 그는 1500년 된 제국의 합법적인 주인이 되었다. 원元 (1280-1368)이라는 이름을 택한 그의 가문은[10] 옛 중국 22개 왕조의 선례를 따르기만을 열망하였다. 이 명백한 중국화의 징후는 쿠빌라이가 아릭 부케에게서 카라코룸을 빼앗은 뒤에도 결코 그곳으로 살러 가지 않았다는 사실에서도 알 수 있다. 1256-1257년 그는 오늘날의 내몽골 차하르 동부에 있는 돌론 노르 부근의 상도를 자신의 여름 주거로 정하고, 그곳에 대궐을 지었다. 1260년 북경에 정도하고 1267년 북경 옛 도시의 동북방에 대도大都 즉 '위대한 수도'라고 부른 — 칸의 도시를 뜻하는 칸발릭 Qanbaligh으로 알려진(서구 여행가들의 캄발룩Cambaluc) — 새 도시를 건설하기 시작하였다. 이곳은 몽골 군주들의 겨울 거처가 되었고 상도는

---

10. [역자] 이들이 大元이라는 국호를 채택한 것은 至元 8년 11월이므로 1271년이다. 그루쎄는 1280년을 元朝의 시작으로 보고 있으나 이유는 밝히지 않아 알 수 없다. 혹시 송의 마지막 임금 衛王 병이 죽은 해인 1279년의 이듬해부터를 원조의 공식 개시연도로 본 것일지도 모르겠다.

그들의 여름 주거로 남았다.[11]

일본, 인도차이나, 자바 원정

쿠빌라이는 중국의 새로운 황제로서 옳든 그르든 전통적인 중국의 정책이 당연한 위성국들로 간주해온 극동의 다른 나라들에게 신하의 예를 요구하였다.

몽골군 수비대가 주둔하고 있던 고려는 항구적인 반란상태에 있었다. 고려 왕조는 강화도로 들어가 그곳에서 항전을 시도하였다.[12] 1258년에는 늙은 왕 고종이 뭉케에게 아들 원종을 인질로 맡겼는데, 쿠빌라이는 등극 후 그 젊은 왕자를 고려로 보내 통치하게 하였다. 쿠빌라이는 또 그를 사위로 삼았는데, 고려 왕조는 이런 원의 지배가문과의 동맹으로 그때부터 순종적인 신하가 되었다.[13]

---

11. Bretschneider, *Recherches······sur* Pékin(Paris, 1879), 지도 III, V, p. 52, p. 84 참조. 이 Qanbaligh 즉 '칸의 도시'라는 이름은 오르두 발릭Ordu-baligh ('궁전 도시')처럼 투르크-몽골인들이 종종 자기네 군주의 거처에 붙이던 이름이다. 순례자 玄奘의 전기의 위구르어 번역에서는 唐 황제들의 수도 장안 또는 서안도 칸발릭Qan baliq이라고 하였다. A. von Gabain, "Die uigurische Uebersetzung der Biographie Hüen-tsangs," *Sitz. der preuss. Akad. der Wissenschaften*(Berlin, 1935), p. 30.
12. Demiéville, *BEFEO*, 1-2(1924), p. 195 참조. 고종 임금의 몽골인들에 대한 저항정책은 그의 대신이며, 1196년부터 세습하여 권세를 휘둘러온 가문의 마지막 대표자 崔竩에 의해 고무되었다. [역자] 이 가문의 마지막 대표자라면 1258년에 살해된 최의일 텐데, 불어본과 영역본의 Tch'eû Ou 혹은 Ch'eu Ou는 崔瑀를 가리키는 것 같다.
13. Courant은 "고려는 그때부터 원주민 왕이 다스리는 몽골의 성에 불과하였다. 이들은 몽골 여자와 결혼하였고, 몽골인 어머니에게서 태어났고, 몽골인 주재관의 조언을 받았으며, 칸의 마음대로 북경으로 소환되어 귀양을 가거나 폐위될 수 있었다. 그들은 元의 언어로 말하고 그의 의복을 입었으며 그들 주위에 고려다운 것은 아무것도 없었다"고 적었다.

쿠빌라이는 일본에게도 신하의 예를 요구하였으나 일본의 섭정인 슈켄執權 호죠 도키무네北條時宗(1251-1284)는 두 차례 다 거절하였다(1268, 1271). 그러자 쿠빌라이는 1274년에 고려의 동남 해안에서 승선한 원정군을 실은 150척의 함대를 일본 열도로 보냈다. 이들은 쓰시마對馬, 이키壹岐 두 섬을 황폐화시키고 시모노세키下關 해협 부근 큐슈九州 섬 치쿠젠筑前 지방의 하코자키(하카타) 만에 상륙하였다.

그러나 초원의 전사들은 이러한 해양원정전에 매우 익숙지 못하였다. 더욱이 침략군의 대부분은 별로 호전적이지 않은 한인과 고려인 보조부대로 몽골군은 그 핵심부만 구성하였을 뿐이다. 큐슈의 다이묘大名들은 미즈키 성의 요새 주변에 들어앉아 강하게 저항해 — 일시 어려움을 겪기는 하였지만(중국제 화기 때문이었다고 한다) — 침략자들이 도로 배에 오르도록 할 수 있었다.

1276년 쿠빌라이는 그의 요구를 되풀이하였지만 호죠 도키무네는 다시 거절하였다. 1281년 쿠빌라이는 오랜 준비 끝에 몽골인 4만 5,000명과 한인·고려인 12만 명으로 구성된 더욱 강력한 함대를 일본으로 보냈고, 그들은 큐슈의 하코자키 만과 히젠 지방의 다케시마, 히라도시마平戸島에 상륙하였다. 그러나 이번에도 몽골군은 너무 소수였고 한인과 고려인들은 너무 군사적 가치가 없어서 일본의 분노를 배겨낼 수 없었다. 더욱이 1281년 8월 15일의 지독한 태풍은 결국 몽골 함대를 흩어지게 하였고, 거점에서 차단된 몽골군은 사로잡히거나 학살당하였다.[14]

쿠빌라이는 인도차이나에서도 별로 잘 해내지 못하였다. 이 지역은 그 당시 네 개의 큰 나라로 분할되어 있었다. 안남 왕국(통킹과 훨씬 훗날 프

---

14. J. Murdoch와 I. Yamagata, *History of Japan*(London, 1925-1926, 3 vols.) I, pp. 491-592 ; 또한 N. Yamada, *Ghenkō, the Mongol Invasion of Japan* (London, 1916 ; 일본에서의 연구문헌·사료목록과 함께 p. 269 참조. 『太平記』에 나오는 대목은 G. Aston, *A History of Japanese Literature*(New York, 1925), p. 70에 번역되어 있음. 이 전쟁에 관한 일본 그림에 대해서는 Shizuya Fujikake, "On the Scroll Painting of the Mongol Invasion," *Kokka*(1921), Nos. pp. 371-379.

랑스령 안남이 된 지역의 북부로 현재의 북부 베트남)은 중국의 영향을 크게 받았다. 참파占婆 왕국(한때 프랑스령 인도차이나의 중부와 남부 지방, 오늘날의 남부 베트남)은 말레이·폴리네시아 인종으로 인도문화(브라흐만Brahman과 불교)를 갖고 있었다. 크메르 또는 캄보디아 제국은 몬-크메르Mon-Khmer 혈통으로 그들 역시 브라흐만과 불교문화를 갖고 있었다. 버마 제국은 버마-티베트 인종으로 인도문화를 갖고 있었으며, 몬·크메르 인종의 불교도인 페구Pegu가 그 속국이었다.

1280년 참파의 군주 인드라바르만 4세Indravarman IV는 쿠빌라이의 사신들에게 협박당해 몽골 보호국으로서의 지위를 받아들였지만, 백성들은 나라가 분할되어 중국의 행정구역으로 편입되는 것을 거부하였다(1281). 그러자 쿠빌라이는 광동에서 참파로 해로를 통하여 수이게투가 지휘하는 소규모 병력을 파견하여 오늘날의 빈딘平定 부근인 참파의 수도 비자야 Vidjaya(또는 Vijaya), 즉 차반Chaban을 점령하였다(1283). 그러나 이 군대는 참파 게릴라군을 제압하지 못하고 다시 배에 오를 수밖에 없었다.

1285년 쿠빌라이는 더 큰 규모의 군대를 인도차이나로 보냈는데 이번에는 랑썬諒山으로 해서 통킹을 통과하였고, 그의 아들 토곤Toghon(토간 Toghan)이 지휘하였다. 토곤은 박닌北寧 근처에서 승리해 하노이까지 진격하였으나 그뒤 델타 지역의 쯔엉즈엉章陽에서 패해 중국으로 쫓겨났다.

한편 수이게투는 통킹을 후방, 즉 남쪽에서 공격하려고 시도하였다. 참파에 상륙한 그는 토곤과 합류하기 위하여 예안義安과 타인호아淸化까지 이동하였으나 떠이키엣西結에서 안남인들의 기습을 받고 살해되었다 (1285). 1287년에 새로운 몽골 원정군은 통킹을 거쳐 하노이를 한 번 더 점령하였으나 이를 고수할 수 없었고, 이 나라에서 철수해야 했다.

안남 국왕 쩐년똥陳仁宗(1278-1293)은 모든 공격을 성공적으로 견뎌내고, 자신의 수도로 승리에 고무돼 다시 돌아왔다. 그러나 1288년에 그는 자신을 쿠빌라이의 신하로 인정하는 것이 현명하다고 판단하였다. 그가 북경에 직접 오기를 거절하였기 때문에 쿠빌라이는 1293년에 그의 사절 다오뜨끼陶子奇를 억류하기로 결정하였다. 쿠빌라이의 계승자인 테무르 Temür 황제는 결국 그의 옛 '반신叛臣'과 화해하였고(1294), 참파의 국왕

도 신하로서의 충성을 맹세하였다.[15)

1277년 버마에서는 몽골인들이 바모Bhamo 협로를 점령하였는데, 이
는 그들에게 이라와디Irrawaddy 계곡을 열어주었다(마르코 폴로는 몽골
궁수들이 버마인들의 전투용 코끼리를 이긴 전투를 생생하게 기술한다).

1283-1284년 그들은 이 나라를 다시 침공하였으며 버마의 통치자, 파
간Pagan의 왕 나라시하파티Narasihapati(1254-1287)는 그의 수도에서
달아났다. 그러나 몽골인들이 이라와디 계곡을 내려와 버마의 수도 파간까
지 약탈한 것은 1287년의 제3차 전쟁 때나 되어서였다. 1297년 파간의 새
로운 왕 키오즈와Kyozwa는 나라의 황폐화를 막기 위하여 스스로를 쿠빌
라이의 신하로 인정하였다. 1300년에 몽골인들은 파간의 왕위계승 문제로
다투던 샨Shan족의 군소 수령들 사이의 질서를 회복하기 위하여 다시 버
마에 개입하게 된다.[16)

몽골의 영향력은 캄보디아에서도 느껴지게 되었다. 1296년 쿠빌라이의
후계자 테무르 황제는 그 나라에 사절을 보냈는데, 일행 중에는 여행기를
남긴 주달관周達觀이 있었다.[17) 1294년부터는 타이(시암Siam)의 두 왕국
인 치앙마이Chiangmai(시엥마이Xiengmai)와 수호타이Sukhotai도 종속
국이 되었다.[18)

마지막으로 1293년 1월, 쿠빌라이는 3만의 원정대를 천주泉州에서 자
바로 보냈다. 자바의 최고통치자는 섬의 동부 지역 케디리Kediri의 왕이었
다. 한인 지휘관 사필史弼과 고흥高興이 지휘하던 몽골군은 라덴 비자야
Raden Vijaya라는 또 다른 자바 수령의 도움으로 그를 마자파히트Ma-

---

15. Georges Maspero, "Histoire du Champa," *TP*(1911), p. 462와 별쇄(1928),
    pp. 174-187 ; Pelliot, *BEFEO*, II(1902), p. 140.
16. Huber, "La fin de la dynastie de Pagan," *BEFEO*(1909), pp. 633-680
    Harvey, *History of Burmah*(1925), pp. 64-69 참조.
17. 그의 『眞臘風土記』는 Pelliot가 번역, 연구하였다(Cheu Ta-kuan, "Mémoire
    sur les coutumes du Cambodge," Pelliot역, *BEFEO*[1902], p. 123).
18. Pelliot, "Deux itinéraires de Chine en Inde," *BEFEO*(1904); G. Cædés,
    "Les origines de la dynastie de Sukhodaya," *JA*, I(1920), p. 242. 치앙마이
    (시엥마이)와 수코타이는 중국어로는 각각 八百(息婦國)과 暹으로 알려졌다.

japahit 부근에서 패배시켰다. 몽골인들은 적의 수도 케디리, 즉 다하Daha
를 탈취하였다. 그러나 그 뒤 라덴 비자야가 그들에게 대항하여 그들을 도
로 배에 타게 하였다. 그렇게 섬을 해방시킨 그는 마자파히트 제국을 세웠
다.19)

카이두와의 투쟁

이러한 '식민' 원정전은 쿠빌라이에게 칭기스칸 일족의 다른 지파들,
특히 이밀 강과 타르바가타이 산맥의 세습영역을 통치하던 우구데이의 손
자 카이두와 싸워야 했던 전쟁만큼 중요하지 않았다.20) 이 몽골인은 계속
자기 종족의 옛 전통과 생활방식에 충실했으며, 이미 부분적으로는 중국화
된 몽골인 쿠빌라이의 살아 있는 반명제反命題였다. 많은 몽골인들과 몽골
화한 투르크인들이 정부가 정복된 중국으로 이전한 것과 대칸이 천자로
변하는 것을 놀라움으로 바라보았을 것은 틀림없다. 아릭 부케는 이 반대
세력의 최초의 대표자였고 카이두도 같은 역할을 맡았으나 그는 훨씬 강
한 개성과 꺾이지 않는 정력을 갖고 이 역할을 수행하였다. 쿠빌라이에게
는 톨루이가에 도전한 그가 순수한 칭기스칸 가문의 전통을 저버리는 것
으로 보였겠지만, 그는 1251년 이래 권력에서 멀어지게 된 우구데이가의
가운을 복구하려고 애쓴 것이었다. 즉 카이두는 자신을 정통성 있는 계승
자로 주장하는 것을 목표한 것이었고, 아니면 무슨 일이 있어도 몽골리아
의 쿠빌라이가와 투르키스탄의 차가다이가를 희생시켜 중앙아시아에 자신
의 광대한 칸국을 만들어내려 한 것이다.

카이두는 먼저 후자에 대하여 적대행위를 개시하였다. 카이두는 1267

---

19. Mailla, IX, p. 452 ; N. J. Koram, *Hindoe-javaansche Geschiedenis*(The
Hague, 1926), pp. 352-359 참조. 몽골의 자바 침공시 놀란 수마트라 말라유의
군주도 마찬가지로 잠시 스스로를 신하로 인정하였다. G. Ferrand, *L'empire
sumatranais de Çrivijaya*, p. 231.
20. 카이두는 구육의 아우 카시Qashi의 아들이다.

년부터 1269년 사이에 바락Baraq을 패배시켜 그에게는 트란스옥시아나만 남겨놓고, 일리와 카쉬가리아를 차지하였다. 바락의 후계자들은 카이두 마음대로 선택되고 해임되는 신하에 지나지 않았다. 카이두는 이제 중앙아시아의 주인으로서 카안, 즉 카간을 칭하고 쿠빌라이를 공격하였다.

쿠빌라이는 넷째아들 노무칸Nomuqan(혹은 노모칸Nomoqan)[21]에게 카이두에 대항하여 싸우는 임무를 맡겨 1275년 군대와 함께 알말릭(일리에 있는 오늘날의 쿨자 부근)으로 보냈다. 노무칸은 총명한 왕자들을 참모로 데려갔는데, 그 중에는 툭 테무르Tugh Temür와 뭉케의 아들인 사촌 시리기Sirigi[22]가 있었다. 그러나 1276년 쿠빌라이에게 불만을 품은 툭 테무르는 시리기를 설득하여 자신의 음모에 가담케 하였다. 두 사람은 노무칸을 배신하고 그를 붙들어 카이두의 동맹자인 킵착의 칸 뭉케 테무르Möngke Temür에게 넘겨주면서 카이두 지지를 선언하였다. 그들은 차가다이의 둘째아들 사르반Sarban과 칭기스칸 가문의 다른 왕자들도 꾀어 반란에 가담케 하였다.

1277년 카이두는 알말릭에서 카라코룸으로 진격하였다. 상황이 심각해진 쿠빌라이는 자신의 가장 우수한 장군 바얀을 중국에서 소환하였다. 바얀은 시리기를 오르콘에서 패배시키고 이르티쉬까지 몰아냈으며, 툭 테무르는 탄누 울라에 있는 키르기즈 땅으로 달아났다가 거기서 제국 전위부대의 공격을 받고 다시 추격당했다. 이 패배 뒤에 시리기, 툭 테무르, 사르반은 자기들끼리 싸웠다. 툭 테무르는 시리기에게 죽임을 당하고, 시리기와 사르반은 서로 적대행위를 하였다. 두서없는 작전을 펼친 끝에 시리기를 포로로 잡은 사르반은 쿠빌라이에게 투항하고 포로를 넘겨주었다. 쿠빌라이는 사르반을 사면하고 시리기를 섬으로 유배하였고, 그 뒤 1278년에 왕자 노무칸이 석방되었다. 쿠빌라이에 대항했던 동맹은 구성원들의 열등한 자질로 인하여 실패하고 말았다.

그러나 카이두는 쿠빌라이와 여전히 전쟁상태에 있었으며, 그는 적어도 지도자적인 정신만큼은 갖고 있었다. 카이두는 이밀과 일리, 카쉬가리

---

21. 한자로 나목한那木罕.
22. 한자로 석리길昔里吉.

아의 주인이자 트란스옥시아나로 영역이 축소된 차가다이 왕자들의 종주로서, 쿠빌라이가 극동의 진정한 칸이라면 카이두는 중앙아시아의 진정한 칸이었다.

1287년에 그는 칭기스칸 아우들의 후손들인 방계 몽골 지파들의 지도자들을 끌어들여 쿠빌라이에 대항하는 새로운 동맹을 형성하였다. 그들 가운데는 왕자 나얀Nayan, 식투르Shiktur, 그리고 카다안Qada'an이 있었다. 칭기스칸의 막내아우 테무게 옷치긴과 이복 아우 벨구테이의 후손인 왕자 나얀은[23] 만주 지역을 영지로 갖고 있었으며 네스토리우스 교도였고, 마르코 폴로는 그가 자기 군기, 즉 '툭'에 십자가를 표시하였다고 주장한다. 식투르는 칭기스칸의 큰아우 카사르의 손자였고, 카다안은 둘째아우 카치운의 후손이었다.[24] 그들도 동몽골과 만주 지역에 영지가 있었다. 만일 카이두가 중앙아시아와 서부 몽골에서 부대를 데려와 나얀, 식투르, 그리고 카다안이 만주에서 소집하고 있는 군대와 합류하는 데 성공하게 되면 상황은 쿠빌라이에게 매우 위험해질 것이다.

쿠빌라이는 신속하게 행동하였다. 그는 바얀에게 카라코룸 지역에서 그의 위치를 지키며 카이두를 저지하라고 명령하고 자신은 군대를 이끌고 만주를 향하여 출발하였다. 그는 칭기스칸의 가장 충성스러운 동료였던 보오르추의 손자 이수 테무르Yisü Temür 장군[25]을 데리고 있었다. 제국 함대는 요하 하구에다 양자강 하류의 중국 항구에서 실어온, 몽골 제국의 운명이 결정될 전쟁에 쓸 막대한 양의 보급품을 부려놓았다. 나얀의 군대는 요하 부근에서 몽골식으로 수레를 일렬로 배치하여 방어하는 형태로 야영하고 있었다. 72세의 쿠빌라이는 코끼리 네 마리가 끄는 나무로 만든 지휘탑에서 전투에 몰두하였다. 라시드 웃 딘은 교전이 치열하였고 한동안

---

23. Rashid ad-Din (D'Ohsson, *Histoire des Mongols*, II, p. 456)은 나얀의 가계를 테무게로 소급한다. 반면에 『元史』는 벨구테이로 소급한다.
24. D'Ohsson, *Histoire des Mongols*, II, p. 456, 그리고 Erdmann, *Temudschin*, p. 569 참조.
25. [역자] 그루쎄는 그의 이름을 Yissu-Temr라고 표기하였다. 그러나 『元史』에 그의 이름은 玉速帖木兒 혹은 玉速鐵木兒 등으로도 표기되며 Pelliot는 이를 Üz Temür로 복원하였다.

우열이 가려지지 않았다고 전한다. 중국 사서에 나오듯이 쿠빌라이가 이겼는데 의심할 바 없이 수적 우세, 그리고 그가 한인 부대와 몽골인 부대를 효과적으로 배합한 덕이었다. 나얀은 포로로 붙들렸는데, 쿠빌라이는 그를 칭기스칸의 종손從孫이라는 신분에 걸맞게 모전천막 아래서 질식시킴으로써 피를 흘리지 않고 죽게 하였다(1288). 나얀의 편에 섰던 네스토리우스 교도들은 보복을 두려워했지만 쿠빌라이는 반역의 책임을 기독교에 지우려 하지 않았다.26) 쿠빌라이의 손자이자 미래의 계승자인 테무르 울제이투Temür Öljeitü는 카다안을 쳐부수고 만주 지방과 인접한 몽골 지역을 평정하여 더 이상 반란이 일어날 수 없도록 하였다.

카이두는 극동문제에 개입할 희망은 잃었지만 여전히 항가이산맥 서쪽의 서부 몽골과 투르키스탄의 주인이었다. 카이두의 부하들에 대항해 항가이 산맥의 국경을 수비하는 임무를 맡은 쿠빌라이의 손자 캄말라Qammala27)는 셀렝게 강 부근에서 패하여 포위되었다가 가까스로 빠져나올 수 있었다. 쿠빌라이는 고령에도 불구하고 몸소 가서 상황을 만회시킬 필요를 느꼈다(1289년 7월) 그러나 카이두는 유목민의 방식대로 멀리 떠나버렸다.

1293년 몽골리아의 제국 군대를 지휘하기 위하여 카라코룸 기지에 남은 바얀은 반군에 대한 원정전을 승리로 이끌었다. 같은 해 그는 쿠빌라이의 손자인 왕자 테무르와 교체되었다. 바얀은 쿠빌라이의 재상이 되었고, 쿠빌라이가 죽은 지 얼마 안된 1295년에 죽었다.

쿠빌라이는 카이두에 대한 전쟁의 결말을 보지 못하고 죽었다. 이 위대한 황제가 1294년 2월 18일 죽었을 때, 우구데이가의 우두머리는 여전히 항가이산맥 서쪽의 몽골리아와 중앙아시아의 주인이었다. 테무르 울제이투 황제(1295-1307)는 싸움을 계속하였다. 그때 카이두의 주요 동맹자이자 신하는 투르키스탄에 있던 차가다이 울루스의 우두머리 두와Duwa

---

26. Marco Polo, Moule-Pelliot편, p. 200 ; Benedetto편, pp. 69-70. Pelliot, "Chré tiens d'Asie Centrale et d'Extrême-Orient," *TP*(1914), p. 635 참조
27. 한자로 감마랄甘麻剌. 쿠빌라이의 둘째아들인 친킴Chinkim(Rashid ad-Din의 전사) 또는 眞金(『元史』의 전사)의 아들.

였다. 두와는 몽골리아의 제국 군대 사령관이며 테무르 울제이투 황제의 사위인 용감한 웅구트 왕자 쾨르귀즈(게오르게스 ; 웅구트인들이 네스토리우스 교도들이었다는 점을 기억할 것이다)를 기습해 사로잡았다.[28] 그리고 나서 두와는 탕구트 지방(서부 감숙) 국경을 지키고 있는 아난다Ananda 왕자의 또 다른 제국 군대에 기습을 시도하였으나 예상치 못한 공격을 받고 물러났다. 그는 이에 대한 복수로 포로 쾨르귀즈를 처형하였다(1298).

1301년 카이두는 제국에 대항하는 마지막 노력을 하였다. 그는 우구데이가와 차가다이가의 여러 왕자들에 둘러싸여 황제 테무르의 조카 카이산Qaishan이 지휘하고 있던 카라코룸으로 진격하였다. 1301년 카라코룸과 타미르Tamir(오르콘 강 동쪽 지류) 사이에서 큰 전투가 벌어졌지만 이때 카이두는 패하여 후퇴 중에 죽었다.

카이두의 아들 차파르Chapar[29]가 타르바가타이에 있는 이밀에서 우구데이 울루스의 지도자 지위를 계승하였으며, 쿠빌라이가의 제국 지배권에 대항하는 반황제反皇帝라는 똑같은 역할도 맡았다. 차가다이가의 우두머리 두와는 처음에는 차파르의 종주권을 인정하였으나, 곧 제국에 대항하는 끊임없는 전쟁에 염증을 느껴 자기 주군에게 테무르 황제의 종주권을 인정하도록 설득하였다.

1303년 8월 이 두 왕자의 사신들이 북경 조정으로 와서 충성을 표시하였는데, 이는 우구데이와 차가다이 울루스를 다시 한 번 톨루이 울루스의 속방으로서의 지위에 두고 몽골의 통합을 회복시킨 중대사였다. 그리고 나서는 — 뒤에서 보듯이 — 두와와 차파르가 다투었다. 두와는 차파르를 포로로 잡아 동·서양 투르키스탄을 양도하도록 강요하였다(1306년경). 두와가 죽은 뒤(1306-1307년경) 차파르는 1309년경 두와의 아들이자 계승자인 케벡Kebek 칸을 공격함으로써 우구데이 울루스의 차가다이 울루스

---

28. D'Ohsson, *Histoire des Mongols*, II, p. 513에서 Rashid ad-Din ; 그리고 Moule역, *Christians in China*, pp. 237-238에서 『元史』 참조.
29. [역자] 그루쎄는 그의 이름을 Chäpär라고 표기하였으나, 이는 투르크어의 chap-('치다, 때리다')의 파생어로 Chapar로 읽어야 할 것이다. Cf. Pelliot, *Notes sur l'histoire de la Horde d'Or*(Paris, 1949), pp. 183-184.

에 대한 주도권을 회복하려 했지만 도리어 케벡에 패하여 중국의 대칸에게로 피신할 수밖에 없었다.

이리하여 일리와 타르바가타이에 본거를 두고 40년 간(대략 1269년부터 1309년까지) 중앙아시아를 지배하면서 쿠빌라이가의 가운을 견제하던 우구데이가는 막을 내렸다. 이제 쿠빌라이 왕조, 즉 중국의 몽골 왕조는 다른 몽골 칸국들의 유일한 종주가 되었고, 북경은 다뉴브에서 유프라테스까지 세계의 수도가 되었다.

쿠빌라이가와 카이두가의 투쟁을 더욱 쉽게 이해하기 위하여 우리는 쿠빌라이가 죽은 지 50년이 될 때까지를 살펴보았다. 이제 우리는 이 통치자의 '내정'이라고 부를 만한 것을 살펴보도록 하자.

쿠빌라이의 정치 : 몽골과 중국의 정책

쿠빌라이는 자신을 대칸이며 칭기스칸의 계승자로 여기는가, 아니면 천자이며 중국의 19개 왕조의 상속자로 여기는가에 따라 양상이 달라지는 2중 정책을 추구하였다. 몽골인의 관점에서 보면 그는 원칙상(설사 실제로는 아니었더라도) 칭기스칸 제국의 도덕적 통합을 일관되게 주장하였다. 그는 최고의 칸 칭기스칸과 뭉케가 지녔던 권위의 계승자로서 독립적인 여러 칸국들이 된 칭기스칸 일족의 속방들에 대하여 계속 복종을 요구하였다. 우구데이(카이두)가와 차가다이가에 순종을 강요하기 위하여, 그는 몽골리아에서 전쟁을 수행하며 일생을 보냈다. 아우 훌레구가 통치하는 페르시아는 그에게 제국의 한 성일 뿐이었다. 페르시아의 칸 훌레구(1256-1265), 아바카Abaqa(1265-1281), 그리고 아르군Arghun(1284-1291)은 그의 눈에 '일 칸*il qan*' 즉 종속된 칸들, 그가 임명하고 그와 밀접한 관계를 유지하는 고위직 총독일 뿐이었다.[30]

전중국의 소유자, 투르키스탄과 몽골 지배 하에 있는 러시아의 이론적

---

30. Barthold, "Hülägu," *EI*, II, p. 353 참조.

종주, 그리고 이란의 진정한 종주인 쿠빌라이는 마르코 폴로가 진술한 대로 진정코 '위대한 주군', '아담의 시대 이래 오늘날까지 일찍이 세상에 나왔던, 사람과 땅과 보물의 가장 강력한 주인'이었다.[31]

쿠빌라이는 아시아의 다른 지역에서는 칭기스칸의 상속자인 반면, 중국에서는 19개 왕조의 충성스러운 계승자이기를 추구하였다. 다른 어떤 천자도 그만큼 자기 역할을 진지하게 받아들이지 않았다. 상처를 아물게 하는 그의 통치는 한 세기에 걸친 전쟁의 상처를 붕대로 감쌌다. 송이 멸망한 뒤 그는 그 왕조의 기구들과 행정요원들을 보전하였을 뿐 아니라, 그 시대에 기능하던 관리들의 개인적 충성심을 확보하려고 모든 노력을 기울였다. 그는 땅을 정복한 다음에는 마음까지 정복했으며, 그가 명성을 주장할 만한 가장 큰 권리는 아마 그가 역사상 중국 전역을 정복한 최초의 사람이라는 것이 아니라 그가 중국에 평화를 회복시켰다는 사실일 것이다.

그는 광대한 제국을 통치하는 데 매우 중요한 교통문제에 세심한 주의를 기울였다. 도로를 보수하고 길을 따라 그늘을 드리우는 나무를 심었으며 정규역참에 대상들의 숙소를 지었다. 20만 마리 이상의 말이 다양한 역참에 분배되었고, 제국의 우편업무에 이용되었으리라 생각된다. 북경의 식량 공급을 확보하기 위하여 중국 중부에서 수도로 쌀을 가져올 대운하를 보수하고 완성시켰다.[32]

기근과 싸우기 위하여 중국에서는 오래 전에 수립되어 개봉의 송조에서 왕안석王安石이 완성시킨 바 있는 국가통제를 부활시켰다. 풍년에는 남는 곡식을 국가가 사서 공공 곡식창고에 저장하고, 기근이 닥치거나 값이 오르면 곡식창고를 열어 곡식을 무상으로 분배하였다.[33]

공적부조도 조직되었다. 1260년의 칙명은 지방 수령들에게 늙은 학자, 고아, 그리고 병자와 약자들을 구제하고 도움을 베풀 것을 명령하였고, 1271년의 칙령은 병원 설립을 지시하였다.

이러한 조치들은 중국행정의 전통에 더하여 쿠빌라이의 심성에 불교

---

31. Pauthier편, I, 236 ; Moule-Pelliot편, I, p. 192.
32. Marco Polo, Pauthier편, p, 481 ; Moule-Pelliot편, I, p. 322.
33. Marco Polo, Pauthier편, p, 345 ; Moule-Pelliot편, I, p. 250.

가 매우 강력하게 영향을 끼친 결과임이 거의 확실하다. 가난한 가정에 쌀과 기장이 정기적으로 배급되었으며, 쿠빌라이 자신이 매일 빈민 3만 명을 먹였다고 마르코 폴로가 전한다.[34]

쿠빌라이의 행정에서 열등한 분야는 재정이었다. 쿠빌라이는 송의 제도 중에서 초鈔, 즉 지폐의 사용을 발견하였다. 그는 이것을 전반적으로 통용되도록 하였으며 그의 재정정책의 토대로 삼았다. 1264년에 그는 주요 재화에 대하여 지폐로 가치를 밝히는 법령을 반포하였다. 그의 최초의 재무대신이었던 부하라 출신인 무슬림 사이드 아잘Sayyid Ajall은 합리적인 한도 내에서 통화를 발행했던 것으로 보인다.[35]

그러나 후임 대신들은 무분별하게 행동했는데 처음에는 트란스옥시아나 사람 아흐마드 파나카티Ahmad Fanakati(1282년에 죽음), 그 다음에는 위구르 사람 상가Sanga였다.[36] 이 두 사람 모두 초의 가치를 급격히 떨어뜨린 무제한 통화 팽창정책을 추구하였다. 그들은 재화를 모으기 위하여 반복적인 환전換錢에 의존하였고 짐스러운 전매제도를 실시하였다. 1282년에 암살된 아흐마드는 죽은 후 쿠빌라이에 의해 강등되었고, 상가

---

34. Marco Polo, Pauthier편, p, 346 ; Moule-Pelliot편, I, p. 251.
35. 사이드 아잘 샴스 웃 딘 우마르Sayyid Ajall Shams ad-Din 'Umar(賽典赤瞻思丁烏馬兒)는 1210년경에 태어나서 1279년에 죽었다. 1274년부터 1279년까지 그는 운남의 행정관이었다. 그의 아들 나시르 웃 딘 Nasir ad-Din(1292년에 죽음)과 후세인 Hysayn은 이 왕조의 무슬림 관리들이 이슬람화를 촉진시킨 그 성의 행정을 계승하였다. 사이드 아잘 자신도 운남 최초의 모스크 두 곳을 세웠다. A. J. A. Vissière and Lepage, "Documents sur le Seyyid Edjell," Vissière, *Mission d'Ollone, Recherches sur les musulmans chinois*(Paris, 1911), pp. 20-203, Vissière, "Le Seyyid Edjell," *Revue du monde musulman*, IV, No. 2(1908년 2월) ; Bretschneider, *Mediaeval Researches*, I, p. 271 ; Chavannes, "Inscriptions et pièces de chancellerie chinoises," *TP* (1905), p. 19를 보시오.
36. 아흐마드 파나카티(한자로는 阿合馬)는 1270년부터 암살되던 1282년까지 권력을 잡고 있었다. 상가는 1288년부터 1291년까지 재무대신이었다. Marco Polo, Moule-Pelliot편, p. 214, p. 238 참조. [역자]『元史』「姦臣傳」에 의하면 상가는 티베트 사람.

는 독직 혐의로 사형당하였다(1291). 쿠빌라이의 치세가 끝난 뒤인 1303
년, 앞서 발행된 지폐의 가치 하락을 막고 새로운 지폐를 도입할 필요가
있었다. 그에 따라 새로 발행된 지폐들도 모두 가치가 저락되었다.

쿠빌라이와 계승자들의 종교정책 : 불교

    쿠빌라이는 마르코 폴로가 명백하게 진술한 대로[37], 1279년 무슬림
관습과 상치하는 가축 도살과 관련된 칭기스칸의 규율을 잠시 부활시켰고,
한때 『쿠란』이 무슬림들에게 부과한 '이교도들'에 대한 성전수행의 의무에
대하여 극도의 불쾌감을 드러냈지만, 모든 종파에 대하여 폭넓게 관용적이
었다.[38] 더욱이 불교도들에 대한 공감으로 인하여 그는 잠깐이나마 그들
의 경쟁자인 도교도들에게 상당히 개인적인 적의를 드러냈다. 불교는 그의
호의로 실로 매우 뚜렷하게 혜택을 입었고, 그가 몽골 전승에 알려진 것은
이 측면에서다. 헌신적인 불교도인 몽골의 역사가 사강 세첸Saghang
Sechen은 쿠빌라이에게 쿠툭투*qutughtu*('우러러볼, 거룩한')와 차크라바
르틴*Chakravartin*(불교 어휘로 '만국의 군주', [전륜성왕轉輪聖王])이라는
칭호를 추증할 정도였다.[39] 그는 등극하기 전인 뭉케의 치세 중에도 상도
에서 불교도가 도교도와 토론을 벌여 이긴 회의를 소집하였다(1258). 이
유명한 논쟁에서 이미 뭉케 앞에서도 토론한 적이 있는 나모Na-mo와 젊
은 티베트인 라마 팍바Lama Phags-pa가 불교의 교리를 상술하였다.
1255년의 토론에서처럼 그들은 불교 기원의 역사를 왜곡하여 불교를 도교
의 아류쯤으로 보이게 한 거짓얘기들을 퍼뜨린 도교도들의 잘못을 탄핵하

---

37. Marco Polo, *Il Milione*, Benedetto편, p. 70.
38. D'Ohsson, *Histoire des Mongols*, II, p. 491, Rashid ad-Din을 따라.
39. Sanang Sechen, Schmidt역, *Geschichte der Ostmongolen*, pp. 113, p. 115.
    [역자] 그루쎄는 Schmidt를 따라 이 몽골사가의 이름을 Sanang Sechen이라고
    하였지만, 그후 학자들이 모두 사용하듯이 Saghang Sechen으로 부르는 것이 마
    땅할 것이다.

였다. 이 논쟁 뒤에 쿠빌라이는 의심스러운 저작들을 불태우라는 칙령을
발하였고, 도교도들로 하여금 그들이 불교도들로부터 빼앗은 사원들을 돌
려주도록 강제하였다(1258, 1261, 1280, 1281년의 칙령).[40] 그는 황제가
되고 나서 실론Ceylon의 군주가 보낸 부처의 사리에 대하여 그에 걸맞은
장엄한 봉영의식을 올렸다고 마르코 폴로가 전한다.

불교계에서 쿠빌라이의 주요 조력자는 1239년에 태어나 1280년 12월
15일에 죽은 것이 확실한 티베트인 라마 팍바였다. 팍바는 짱Tsang 지역
사끼야Sa-skya의 승원장이었던 유명한 사끼야 반디타Sa-skya Pandita의
조카이자 계승자였다.[41] 쿠빌라이는 팍바를 티베트에서 불러와 몽골인들을
개종시키고 나아가 티베트의 신속臣屬을 확실히 하는 데 활용하였다. 그는
그에게 고대 중국불교에서 빌린 '국사國師'라는 칭호를 주었고,[42] 1264년경
에는 티베트 지방을 그의 정치·종교적 권위 아래 두었다. 그때까지 몽골인
들은 위구르문자만 알고 있었지만, 쿠빌라이의 명에 따라 팍바는 몽골인들
을 위하여 1269년에 티베트문자에서 영감을 받은 두르벨진dörbeljin, 즉
'네모'라고 부르는 새로운 문자체계를 만들었다. 그러나 뺄리오는 이 일에
서의 팍바의 역할이 과대평가되었다고 여겼으며, 어찌되었든 몽골인들은
그들의 국가 글자가 된 위구르문자를 본뜬 글자를 계속 사용하였기 때문
에 (쓰는 스타일과 더 각진 글자들을 갖고 있다는 점에서만 다르다) 네모
문자는 일시적인 성공만 누릴 수 있었다. 프랑스 국립 문서보관소에 있는
몽골인들의 공문서에 사용된 것은 바로 이 위구르문자였다.[43] 뺄리오는

---

40. Chavannes, "Inscriptions et pièces de chancellerie chinoises," *TP*(1908), p.
    382.
41. G. Huth, *Geschichte des Buddhismus in der Mongolei*(Strassburg, 1892–
    1896, 2 vols.), II, p. 139 ; Sanang Sechen, Schmidt 역, *Geschichte der Ost-*
    mongolen, p. 115 참조.
42. Pelliot, "Les 'Kouo-che' ou'ma tres du royaume' dans le bouddhisme chi-
    nois," *TP*(1911), p. 671.
43. 가장 오래 된 몽골어 비문은 위구르문자로 새긴 것이다. 이것은 레닌그라드의 아
    시아 박물관에 있는 칭기스칸의 돌로 알려진 것인데, 글의 내용에서 연대를 1225
    년경으로 추정한다. 뺄리오는 "영웅서사 연대기 『몽골비사』를 기록한 문자는 위구

이와 관련하여 위구르문자가 모음 *o*와 *u*를 구분해 표기하지 못하고 어두
의 *h*를 빠뜨리는 등, 13세기 몽골어의 음운을 완전하게 전달하지 못했다
는 결점을 지적하였다. 연구개와 뒤연구개자음을 나타내는 데도 위구르문
자는 팍바문자보다 완벽하지 못하였다.44)

    쿠빌라이의 계승자들은 대부분 열렬한 불교도였지만, 그들 가운데에서
도 첫번째는 쿠빌라이 바로 다음에 통치한 손자 테무르였다(1294-1307).
그러나 쿠빌라이의 또 다른 손자 아난다(이름은 불교 산스크리트식이지만)
는 이슬람에 가까웠다. '그는 『쿠란』을 암송하였으며 아랍글에 뛰어났고',
자신이 총독으로 있는 탕구트 지방(영하寧夏)에서 무슬림 신앙의 열성적인
포교자였다. 테무르는 그를 불교도로 전향시키려 하였으나 소용이 없었고,
잠시 그를 투옥하기도 하였다. 테무르가 죽자(1307년 2월 10일) 아난다가
보위를 차지하려 하였지만, 사촌 카이샨이 이를 차지하고 아난다를 사형에
처하였다.45) 카이샨은 치세 중에(1307년 6월 21일-1311년 1월 27일) 자
신이 헌신적인 불교도임을 보여주었으니, 수많은 불경을 몽골어로 번역시
킨 것이었다. 유교문화의 한인 지식층은 그가 라마들에게 베푼 호의를 비
난하였으며, 정부가 불교와 도교 재단이 그때까지 누려온 재정적 면세특권
을 철회한 것은 아마 이 편애에 대한 반작용이었을 것이다.46) 1323년 10

르문자일 수밖에 없었다. 이 『몽골비사』는 우리에게 중국어 번역과 한자 전사본으
로 전승되었다"고 한다(Pelliot, *AM*[1925], p. 288). 또 뻴리오가 1908년 감숙에
서 발견한 1362년의 거대한 몽골어 비문, 그리고 프랑스 국립 문서보관소에 보관
되어 있는 페르시아의 칸 아르군과 울제이투가 미남왕 필립에게 보낸 편지 2통도
위구르문자로 쓰였다. 또 다른 예는 구육이 인노센트 4세에게 보낸 편지에 찍힌
國璽의 글이다. Pelliot, "Les Mongols et la Papauté," *Revue de l'Orient
chrétien*(1922-1923), pp. 3-30 참조.

44. Pelliot, "Les systèmes d'écriture chez les anciens Mongols," *AM*(1925), p.
    284, 그리고 "Les mots á Hinitiale, aujourd'hui amuie, dans le mongol des
    XIIIe et XIV siècles," *JA*(1925), p. 193 참조.

45. D'Ohsson, *Histoire des Mongols*, II, p. 532, Rashid ad-Din을 따라.

46. Sanang Sechen, Schmidt역, *Geschichte der Ostmongolen*, p. 398 ; D'Ohsson,
    Histoire des Mongols, II, p. 533.

월 4일 즉위하여 1328년 8월 15일에 죽은 쿠빌라이의 증손자 이순 테무르Yisün Temür의 치세 중에 대신 장규張珪는 라마들에 대한 총애에 대하여 유교 공동체를 대신하여 공개적으로 항의하였다. 섬서는 특히 수많은 티베트 승려들의 유흥지였다.

그 시대의 보고서는 "이 라마들은 허리띠에 금 글자로 쓴 통행증을 달고, 서부 성들로 말을 타고 돌아다닌다. 그들은 고을들을 황폐화시키며, 여인숙에 묵는 대신 민가로 들어가 그 집 식구들을 내쫓았으니, 좀더 쉽게 그들의 아내들을 유혹하고 강간하기 위함이다. 그들은 환락에만 만족하지 못하고 사람들이 갖고 있는 적은 돈까지도 강탈한다. 세리들보다 훨씬 더 잔인한 이러한 공공연한 흡혈귀들에 대한 조치가 있어야 한다"고 적고 있다.[47] 이순 테무르 황제는 라마들의 중국 본토 출입을 규제해야 했다.

한인 지식층이 몽골 왕조의 책임으로 돌리는 지나친 불교 '사제주의'는 의심할 나위 없이 왕조 몰락의 한 원인이 되었다. 그러나 쿠빌라이가에 대한 불교의 과도한 영향력 행사는 중국땅의 투르크·몽골 왕조사에서 새로울 바가 없는 것이었다. 같은 일이 4세기 말 부견符堅에게, 그리고 6세기 초 탁발의 말기에도 일어났다(p. 112와 p. 119). 불교는 처음에 흉맹스러운 야만인들을 보다 부드럽게, 그리고 보다 고상하게 만들고, 다음에는 굼뜨게 만들어 마침내 그들 안에 있는 자기보존 본능을 죽였다. 이러한 무시무시한 주인들을 견뎌온 고대 유교국가 중국은 그들이 해롭지 않다는 것을 알아차리고는, 그들을 탁발의 경우처럼 흡수해버리거나 칭기스칸 국가의 경우처럼 쫓아내버렸다. 만일 쿠빌라이가가 이슬람을 받아들였다면, 즉 아난다가 1307년에 제 방식대로 한 것처럼 되었다면 상황은 훨씬 더 심각하였을 것이다. 이슬람의 승리는 고대 중국문명에 가공할 만한 타격이 되었을 것이다. 중국문명의 긴 역사과정에서 두 가지 가장 큰 위험은 아마도 1307년의 아난다의 시도와, 다행스럽게도 1404년 그 지도자의 죽음으로 피할 수 있었던 티무르의 침입이었을 것이다.[48]

---

47. Mailla, IX, p. 539. Quatremère가 그의 Rashid ad-Din(Paris, 1836), p. 189
　　에서 한 얘기를 보시오.
48. 중국에서 몽골 정권은 앞서 한족 왕조들이 금지하던 주술적 종파들과 비밀결사들

쿠빌라이와 계승자들의 종교정책 : 네스토리우스교

쿠빌라이의 불교에 대한 선호는 결코 그가 네스토리우스교에 동정을 보이는 것을 막지 않았다. 그는 큰 기독교 축전에서 전임자들처럼 자기 오르두에 배속된 네스토리우스파 사제들을 시켜 그에게 복음서를 가져오게 하여, 거기에 분향하고 경건하게 입을 맞추었다.[49] "1289년에 그는 전제국을 통하여 기독교 제식을 관장할 특별부서인 숭복사崇福司를 설치하기까지 하였다." 그는 우구데이나 뭉케처럼 칙령으로 불교와 도교의 승려들과 무슬림 학자들에게처럼 네스토리우스파 사제들에게도 조세를 면제하고 다양한 특권을 내렸다. 이와 관련하여, 몽골인들은 기독교도들을 타르사*tarsa*와 에르케군*erkegün*(에르케운*erke'ün* ; 복수형 에르케구드*erkegüd*, 에르케우드*erke'üd*, 한자 전사형 야리가온也里可溫), 사제와 승려들을 랍반에르케군*rabban-erkegün*, 주교들을 마르하시아*marhasia*라고 하여 시리아어 어원을 따라 가리켰다는 사실을 상기할 수 있을 것이다.[50]

을 똑같은 방식으로 은근히 장려하였다. "송에 의해 정도의 차이를 두고 박해받던 비국교도 종파들은 새 왕조를 도왔다. 그 보답으로 그들은 신앙의 자유를 허락받았을 뿐 아니라 공인과 관위도 하사받았다. 그래서 13세기 말과 14세기 초의『元史』, 그리고『元典章』이라는 제목이 붙은 칙령집에 정토종의 백운교, 백련교의 종교적 면제에 관한 잦은 언급이 나오는 것이다. 거기에는 여러 도교 종파와 모든 종류의 외래 종교, 즉 네스토리우스파와 카톨릭, 이슬람, 유대교 등에 관한 언급도 있다." Chavannes and Pelliot, "Un traité manichéen retrouvé en Chine," *JA*(1913), p. 364.

49. Marco Polo, Benedetto편, p. 70.
50. 우구데이, 뭉케, 그리고 쿠빌라이는 칙령으로 和尙과 道人(불교 승려들), 先生(도교 승려들), 也里可 또는 에르케운(네스토리우스파 사제들), 그리고 答失蠻(다니쉬만드, 즉 무슬림 학자들)에 대한 조세면제와 다양한 특권을 인정하였다. Deveria, "Notes d'épigraphic mongole-chinoise[edict of Buyantu-khan]," *JA*, II(1896), 396 ; Chavannes, "Inscriptions et pièces de chancellerie," *TP*(1904), p. 388 ; Pelliot, "Chrétiens d'Asie Centrale et d'Extrême-Orient," *TP*(1914), p. 637을 보시오. 오르도스의 한 씨족은 오늘날까지 중세어 ärkägüd의 현대형인 에르쿠드라는 이름을 지니고 있다. 에르쿠드 사람들을 연구

몽골인들과 이에 동화된 사람들 가운데서도, 특히 케레이트와 웅구트 투르크족에 네스토리우스 교도들이 많았다. 만리장성 북쪽 — 오늘날의 산서 가장자리 — 에 있던 사타 투르크인들의 자리를 인계받은 웅구트 투르크인들은 한자 전사형의 무거운 베일에도 불구하고 종종 네스토리우스 교도로서의 자신을 드러내는 이름, 즉 심온審溫(시메온Simeon), 활리길사闊里吉思(게오르게스Georges), 보육사保六賜(바오로Paul), 악난岳難(요하난, 요한Jean/John), 아고雅古(야고보, 야곱James), 천합天合(덴하Denha), 이삭易朔(이쇼Isho ; 예수), 록합碌合(누가Luke) 등을 사용하였다.

웅구트 사람들의 대다수는 오늘날의 수원성綏遠省, 현대의 톡토Toqto(托克托) 또는 귀화성歸化省 지역, 몽골 시대에 동승東勝으로 알려진 지역에 살았다. 뻴리오는 그 지명이 마르 야흐발라하 3세Mar Yahballaha III와 랍반 사우마Rabban Sauma의 전기에서 코샹Koshang 또는 토샹Toshang이라고 일컬어진 이름에서 파생되었다고 생각했다.[51] 뻴리오에 의하면, 같은 지역을 가리키는 마르코 폴로의 탄둑*Tanduc*은 당대唐代의 이름(천덕天德, 원래 티엔닥Thiän-tak으로 발음)에서 유래한다.[52] 이곳이 원래 네스토리우스교에 크게 애착을 느끼고, 동시에 칭기스칸 가문과 긴밀하게 관련된 투르크계 웅구트 왕조의 진정한 고향이었다.

칭기스칸 가문은 이 네스토리우스 교도 왕자들에게 결코 잊은 적이 없는 신세를 졌다. 웅구트의 수령 알라쿠쉬 티긴[53]은 몽골인들에게 결정적인 순간에 극히 중대한 공훈을 세웠으니 나이만이 몽골에 대항하는 동맹을 요청하였을 때 이를 반대하고 칭기스칸을 확고하게 지지한 것이다.[54]

한 Mostaert 신부는 이들이 무속신앙자들도 불교도들도 아니지만 ㅓ!자형 십자가를 숭배하며, 그들은 모르지만, 기독교에 대한 혼돈된 기억을 드러내는 것을 알아냈다. 그는 이것으로 그들이 틀림없이 칭기스칸 국가 시대 웅구트 지방의 네스토리우스 교도들의 후손들이라고 결론내렸다(Mostaert, "Ordosica," *Bulletin 9, Catholic University of Peking*[1934]).

51. Pelliot, "Chrétiens d'Asie Centrale," p. 634.
52. *Ibid.*, p. 630.
53. Alaqush-Tigin(혹은 Tekin)-Quri. Haenisch역, 『몽골비사』, p. 55를 보시오.
54. A. C. Moule, *Christians in China Before the Year 1550*(New York, 1930),

그는 그 대가로 목숨을 바쳤으니, 대나이만 전쟁 뒤 고향에 돌아와 나이만과의 동맹을 지지하였던 부족의 일원에 의해 큰아들 부얀 시반Buyan Shiban과 함께 암살당한 것이다. 그의 아내는 둘째아들 패요합을 데리고 운중雲中으로 달아날 수 있었다. 칭기스칸이 금의 정복자로서 운중에 입성하였을 때, 그의 진정한 소원은 자기 충신의 가문을 웅구트 지방의 통치자로 복원시키는 것이었다. 젊은 패요합은 대호레즘전쟁에 칭기스칸과 함께 나갔고, 칭기스칸은 돌아와서 그 젊은이를 자기 딸 알라가이 베키와 결혼시켰다.

패요합이 죽자 알라가이 베키는 칭기스칸의 진정한 딸답게 웅구트 지방을 강력하게 다스렸다. 소생이 없던 그녀는 남편이 후궁에게서 낳은 쿤 부카, 아이 부카, 촐릭 부카Choligh Buqa를 자기 아들로 대하였다. 위로 둘은 칭기스칸가의 공주들과 혼인하였는데, 쿤 부카는 대칸 구육의 딸 옐미쉬Yelmish와, 아이 부카는 쿠빌라이의 딸 유렉Yüreg(Yürek)과 결혼하였다.[55]

아이 부카의 아들 쾨르귀즈Körgüz(혹은 괴르귀즈Görgüz), 즉 게오르게스Georges는 처음에 쿠빌라이의 아들 진김眞金의 딸 쿠타드미쉬Qutad-mish 공주와, 다음에는 대칸 테무르의 딸 아야미쉬Ayamish 공주와 혼인하였다. 그가 테무르를 위하여 봉사하다가 1298년에 어떻게 살해되었는지는 앞에서 얘기되었다.[56]

그러므로 이 네스토리우스 교도 왕가가 몽골 왕조와 얼마나 긴밀히 동맹하고 있었는지는 명백하다. 그리고 그 가문은 몽골의 종교적 관용의 한계 안에서 기독교를 보호하기 위하여 자신들의 유리한 지위를 잘 이용하였다. 마르 야흐발라하와 랍반 사우마의 전기는 두 네스토리우스교 순례자들이 '예루살렘'으로 떠날 때 쿤 부카와 아이 부카가 호의의 증표와 선

---

p. 235를 보시오.
55. Pelliot, "Chrétiens d'Asie Centrale," p. 631 ; Moule, *Christians in China*, p. 236.
56. Marco Polo, Benedetto편, pp. 60-61 ; D'Ohsson, *Histoire des Mongols*, II, p. 513 ; Moule, *Christians in China*, p. 237.

물을 듬뿍 내리는 것을 보여준다.57) 게오르게스 왕자는 말년에 프란체스
코회 선교사 지오반니 다 몬테코르비노Giovanni da Montecorvino에 의
하여 카톨릭으로 개종하였다.58) 마르 야흐발라하와 랍반 사우마의 전기는
그들이 서쪽으로 떠날 때 탕구트 지방(감숙), 좀더 구체적으로는 '탕구트의
도시' 영하의 기독교인들로부터 가장 감동적인 환영을 받았다고 함으로써,
몽골 지배 하의 중국 북부 경계에서 네스토리우스교가 웅구트 지방에만
국한된 것이 아니라는 것을 분명히 보여준다.59)

실로 네스토리우스 공동체는 영하, 서녕, 감주, 숙주, 그리고 돈황 등
그 지역 도처에 존재하였다. 마르코 폴로는 영하 한 군데서만도 네스토리
우스파 교회 세 곳을 언급하였다.60)

그러나 네스토리우스 교도들은 그들이 분명히 당조 이래 미천하게 살
아온 옛 중국의 이러한 변경지역에만 국한된 채로 남아 있지 않았다. 칭기
스칸 일족의 정복 덕분에 중국 내부가 그들에게 개방되었다. 네스토리우스
교는 당의 몰락과 함께 중국에서 쫓겨났다가, 몽골인들과 함께 다시 들어
왔다고 할 수 있다. 1275년에 바그다드에 있는 네스토리우스교 총대주교
는 북경에 대주교구를 창설하였다. 몽골인들의 발자국을 따라 네스토리우
스파 신앙이 양자강 하류 지역까지 침투하였다. 1278년 쿠빌라이는 오늘
날의 강소성에 있는 진강鎭江(마르코 폴로의 *Cinghianfu*)의 통치를 마르
세르기스Mar Sergis(마설리길사馬薛里吉思)라는 자에게 맡겼는데, 그의
이름이 시사하듯이 그는 네스토리우스 교도였으며 그 고장에 교회를 세웠
다(1281).61) 그 외에 양주와 항주62)에도 네스토리우스 교회들이 건립되었
다.63)

---

57. Moule, *Christians in China*, p. 99.
58. *Ibid.*, p. 208.
59. *Ibid.*, p. 100.
60. Marco Polo, Benedetto편, p. 58, p. 60 ; Moule-Pelliot편, I. p. 181.
61. Marco Polo, Benedetto편, p. 141 ; Pelliot, "Chrétiens d'Asie Centrale," p. 637
    ; Moule, *Christians in China*, p. 145.
62. [역자] 영역본의 Hankow는 불어본의 Hang-tcheou, 즉 杭州의 잘못이다.
63. 오도리코 다 포르테노네가 언급한 양주의 네스토리우스 교회들 가운데 하나는 13

시리아어로 씌어진 마르 야흐발라하 3세와 랍반 사우마의 전기에는 몽골 네스토리우스교에 관한 유명한 증거가 있다. 랍반 사우마(1294년에 죽음)와 마르쿠스라는 이름의 그의 친구이자 미래의 총대주교 마르 야흐발라하(1245-1317), 이 두 네스토리우스 교도들 가운데 적어도 후자는 웅구트 사람이었다.64) 마르쿠스의 아버지는 앞에서 살펴본 대로 뻴리오가 오늘날의 수원과 동승의 경계인 중세의 톡토, 또는 현대의 동승으로 비정하는 웅구트 고을 코샹(토샹)의 부주교였다. 랍반 사우마는 한발릭, 즉 북경의 네스토리우스 교회에서 온 '순회 신부'(visiteur, 혹은 visitor)의 아들이었다. 수도생활은 랍반 사우마가 먼저 시작하였다. 북경 수좌 대주교구의 마르 귀와르귀스Mar Guiwarguis의 손에 체발剃髮을 받았으며, 그 뒤 도시에서 하루 여정에 있는 산속 은둔자의 집으로 들어갔는데, 거기서 마르쿠스를 만나게 되었다.

두 승려는 마르쿠스의 제안에 따라 예루살렘으로 순례를 떠나기로 결심하였다. 이 승려들이 자신들의 계획을 알리기 위하여 톡토 부근으로 네스토리우스 교도였던 두 명의 웅구트 왕자 쿤 부카와 아이 부카를 방문하자 그들은 매우 따뜻하게 환영하면서도 두 사람을 만류했다.

"우리가 서역에서 주교들과 승려들을 데려오기 위하여 그렇게 큰 고통을 당하는데 어째서 그대들은 그곳으로 가야 하는가?" 그러나 웅구트 왕자들은 랍반 사우마와 그의 동료가 가려고 단단히 결심한 것을 보고 더 이상 만류하지 않고 그들에게 말, 돈, 그리고 중앙아시아 횡단여행에 필요한 모든 것을 주었다.

순례자들은 네스토리우스교 공동체가 많은 탕구트 지방, 즉 오늘날의 감숙 북부인 영하 부근을 통과하였다. "탕구트 주민들의 신앙은 매우 열렬하였기 때문에 남자와 여자와 아이들이 그들을 만나러 왔다." 롭 노르와 타림의 남쪽 길을 따라 여행하여 차가다이가 칸의 영역인 호탄에 당도하였는데, 뻴리오의 추정에 의하면 이는 1275-1276년의 일이므로 이때는 두

세기 말 한 부유한 상인 Abraham이 세웠다. 뻴리오는 이 교회에 대해 언급하는 1317년의 칙령을 발견하였다("Chrétiens d'Asie Centrale," p. 638).
64. *Ibid.*, p. 631 ; Moule, *Christians in China*, pp. 94-127.

와가 칸이었다.65) 그때 중앙아시아를 휩쓸던 칭기스칸가 왕자들 간의 전쟁은 랍반 사우마와 마르쿠스가 카쉬가르에서 바로 페르시아로 여행하는 것을 막았다. 호탄은 기근에 사로잡혀 있고 카쉬가리아는 전쟁으로 인구가 줄어들었으며, 거기서 서쪽으로 가는 길은 여행자들에게 폐쇄되어 있었다. 그래서 그들은 북으로 방향을 돌려 탈라스(오늘날의 아울리에 아타Aulie Ata, 즉 잠불Dzhambul)로 갔는데, 우구데이가의 칸이었던 카이두가 그곳에서 막영하고 있었다.66) 그는 두 네스토리우스 교도를 따뜻하게 맞이하였고, 전투부대들의 야보野堡를 통과하여 아바카 칸(1265-1282)이 통치하는 페르시아의 몽골 칸국에 도착할 수 있는 안전통행권을 주었다.

필시 아랍어를 사용하는 시리아 출신 기독교도로서 한자로 애설愛薛, 즉 이세'Ise 또는 예수Jesus(1227-1308)라는 이름의 네스토리우스 교도는 쿠빌라이 밑에서 중요한 지위를 차지하고 있었다. 여러 언어를 구사하고, 의사이자 천문학자인 그는 구육을 위하여 일한 적도 있었다. 1263년에 쿠빌라이는 그를 천문대장으로 임명하였으며, 그는 쿠빌라이가 중국에서의 이슬람 선전을 억제하려고 1279년에 발한 칙령을 초안한 사람들 가운데 하나인 듯하다. 이세는 1284-1285년 몽골의 고관 승상丞相 볼로드가 페르시아의 칸 아르군에게 사절로 파견될 때 그를 수행하였다. 중국으로 돌아온 이세는 1291년 기독교 의식을 관장하는 숭복사사崇福司使, 1297년에는 평장정사平章政事에 임명되었다. 그의 아들 야리아也里牙(엘리야 Elya), 전합㐌哈(덴하Denha), 흑사黑厮, 활리길사闊里吉思(게오르게스Georges), 그리고 노합魯哈(누가Luc·Luke)도 그처럼 네스토리우스 교도였고, 북경 조정에서 중요한 일을 담당하였다.67)

마지막으로, 쿠빌라이와 그의 계승자들은 뭉케 시대에 코카서스에서 온 그리스정교도 3만 명의 알란인을 그들의 친위대로 편입시켰다. 이미 살

---

65. Duwa는 시리아어 전기에서 오코Oqo로 표기되었다.

66. Moule, *Christians in China*, p. 101.

67. Pelliot, "Chrétiens d'Asie Centrale," *TP*(1914), p. 640, (1927), p. 159, 그리고 "Les Mongols et la Papauté," *Revue de l'Orient chrétien*, 3-4(1924), p. 248 (52). 승상 볼로드에 관해서는 Pelliot, *TP*(1927), p. 159를 보시오.

펴본 대로 1275년 6월 이 알란인들의 군단은 양자강 하류의 북쪽 진소 공성전에서 송에 허를 찔려 학살되었다. 그러자 쿠빌라이는 진소의 세입을 전사한 알란인들의 유족들에게 넘겨주었다. 1336년 7월 11일 이 알란인들의 후손들은 교황 베네딕트 12세Benedict XII에게 복종의 편지를 보냈다. 1338년 아비뇽Avignon으로 이 편지를 제출한 사람들 가운데는 낫시오 Nassio의 안드류Andrew와 윌리암Wiiliam 외에도 알란 사람인 쏘가이 Thogay도 포함되어 있었다.68)

그 밖에, 뺄리오는 복건에서 송대에 부활하기 시작한 옛 마니교가 다시 활발해졌음을 입증하였다.69)

마르코 폴로의 여행

니콜로 폴로Niccolo Polo와 아우 마페오 폴로Maffeo Polo는 오랫동안 콘스탄티노플에 살던 베니스의 상인들이었다. 그들은 1260년에 그 도시를 떠나, 뒤에 남부 러시아가 된 킵착의 몽골 칸국으로 무역여행에 나섰다. 그들은 볼가 강 하류에 있는 사라이(마르코 폴로의 *Tigris*)에서 킵착의 칸이며 바투의 아우이자 계승자인 베르케(마르코 폴로의 *Barca*)의 영접을 받고 그에게 보석류를 팔았다. 그리고 나서 호레즘 길을 따라 차가다이 칸국의 부하라로 갔는데, 몽골 왕자들 간의 전쟁으로 돌아가는 길이 막혀 그곳에서 3년을 머물게 되었다. 그들은 마침내 페르시아의 칸 훌레구가

---

68. C. de La Roncière and Dorez, *Bibliographie de l' École des Chartes*, LVI (1895), p. 29 ; Pelliot, *TP*(1914), p. 641. 펠리오는 『元史』에서 이 사절들을 보낸 북경의 몇몇 알란인 수령들의 이름을 발견하였다. 즉 그들은 福定과 香山과 자얀 부카로, 이들의 이름은 베네딕트 12세에게 보낸 편지에 Fodim Jovens, Chyansam (Shyansam), 그리고 Chemboga(Shemboga)로 표기되었다.
69. Pelliot, "Les traditions manichéennes au Fou-kien," *TP*(1923), p. 193. 마르코 폴로가 복주에서 주목한 소위 기독교도들에 대하여 뺄리오는 그들이 마니교도들이었음에 틀림없다고 생각하였다. Benedetto편, p. 158 ; Moule, *Christians in China*, p. 143 ; Pelliot, *Journal des Savants*(1929년 1월), p. 42 참조.

그의 형 쿠빌라이에게로 보내는 사절단을 수행키로 하였다.

그들은 시르다리아의 오트라르, 일리 계곡의 알말릭, 그리고 베쉬발릭(고성 근방)과 그 당시에는 카라호자(마르코 폴로의 *Carachoço*)로 알려진 투르판 두 고을이 있는 위구리스탄Uiguristan(혹은 Ioguristan)을 경유하는 통상적인 대상로를 따라가야 했다.[70] 그들은 하미(마르코 폴로의 *Camul*)와 돈황 또는 사주沙州(*Saciu*)를 거쳐 마침내 중국에 이르러 북경 즉, 칸발릭Qanbaligh(*Cambaluc*)에 당도하였다.

쿠빌라이는 그들에게 최상으로 접대하고, 그들이 떠날 때 교황에게 7종 학문에 박식한 100명의 박사들을 보내도록 요구할 것을 다짐하였다.[71] 폴로 일가는 1266년에 중국을 떠나 킬리키아의 아르메니아 왕국의 으뜸 항구인 지중해에 있는 라자조Lajazzo(혹은 라야스Layas, 아야스Ayas)에 도착하였다. 그곳에서 1269년 4월 아크레Acre로 갔다가 다시 로마로 갔다. 그들은 쿠빌라이가 요청한 선교사들과 박사들을 얻지 못하자 다시 아크레로 가는 배에 올랐고, 1271년 말 아크레에서 다시 중국으로 향하였다. 그들은 이번에는 그 여행에 관한 불멸의 기록을 남긴 니콜로의 아들 마르코 폴로를 데리고 갔다.

마르코는 아버지, 아저씨와 함께 라자조를 떠나 소아시아의 셀죽 술탄국을 시바스 길로 여행하여 페르시아의 몽골 칸국에 도착하였다. 그들은 페르시아의 아바카 칸과 그의 사촌들로 카이두의 편에 선 투르키스탄의 차가다이 칸들 간의 전쟁으로 트란스옥시아나를 경유할 수가 없었다. 그래서 타브리즈, 술타니야, 카샨Kashan, 그리고 나서 야즈드Yazd와 키르만을 경유하여 호르무즈Hormuz(혹은 오르무즈Ormuz)로 가는, 즉 페르시아를 곧바로 통과하는 대각선 루트를 택하였다.[72] 그들은 아마 호르무즈에

---

70. 카라호자(카라호초)에서 마르코 폴로는 네스토리우스 공동체(*Il Milione*, Benedetto편, p. 46 ; Moule-Pelliot편, II, xx), 그리고 베쉬발릭 북쪽 지역에 있는 칭긴탈라스에서 어떤 석면 광산의 존재를 얘기한다.
71. Marco Polo, Moule-Pelliot편, I, p. 79 ; Benedetto편, pp. 70-71.
72. 뻴리오는 마르코 폴로가 모술과 바그다드에 대해서는 소문만 듣고 얘기하는 것이라는 것을 입증하였다. H. Yule(Yule-Cordier편[London, 1903], I, p. 19)은 그가 모술, 바그다드, 바스라간으로 여행했다고 간주하는 실수를 범하였다. 가장 그

서 배를 타고 중국으로 가려고 했겠지만, 뻴리오가 지적하는 대로 광동·천주·복주·항주의 큰 항구들은 그때까지 송에 속하였지 몽골에 속하지 않았다. 그래서 그들은 극동까지 해로로 간다는 희망을 버리고 (마르코 폴로가 '마른 나무의 지방' 또는 '단 한 그루 나무의 지방'이라고 부른) 후라산을 경유,73) 니샤푸르, 샤부르간Shaburgan(*Sapurgan*), 그리고 발흐(*Balc*)를 지나 중앙아시아로 들어갔다.

폴로 일가는 페르시아와 차가다이 울루스 칸들 사이의 끊임없는 전쟁의 현장인 트란스옥시아나를 피해 발흐에서 바닥샨(*Badascian*)을 가로질러 볼로르Bolor(*Belor*) 북쪽 와한Wakhan(*Vocan*)의 높은 계곡을 통하여 파미르(*Pamier*)를 넘는 북동쪽으로 향하였다. 그들은 유서 깊은 비단길로 (타쉬쿠르간Tashqurghan 즉 프톨레미의 '돌탑') 마르코 폴로가 '세상 모든 곳을 여행하며 교역하는' 주민들의 상업감각은 물론 아름다운 정원과 포도원을 칭찬한 카쉬가르(*Cascar*)로 내려왔다. 카쉬가르에서도 그는 고유의 교회를 갖고 있는 네스토리우스교 공동체를 목격하였다.

폴로 일가는 거기서부터 오래 된 야르칸드Yarkand(*Yarcan*), 호탄, 케리야(*Pem*), 그리고 체르첸Cherchen(*Charchan* 또는 *Ciarcian*)을 경유하는 타림분지의 남쪽 길을 택하였다. 롭 노르 호안을 따라, 그들은 오렐 스타인 경이 오늘날의 차르클릭Charqliq으로 비정한 고을 롭을 지나갔다.74) 그들은 다음에 돈황, 즉 사주(*Saciu*)로 왔다. 그리고 나서 옛 탕구트 지방에서 감숙성의 숙주(*Succiu*)75)와 중요한 교역 중심지인 감주(*Campiciu*)까지 와서 몽골 조정의 지시를 기다리면서 일년 가까이 머물렀다. 마르코 폴로는 네스토리우스 교도들이 감주에 교회 세 곳을 갖고 있는 것을 얘기하였으며, 그 고을에는 마르코 폴로가 객관적인 입장에서 덕을 칭송한 불교 승려들도 있었다.76)

랬음직한 여정은 P. M. Sykes, *Persia*, p. 262에 표시된 것이다.
73. Yule-Cordier편, I, 129 ; Moule-Pelliot편, I, p. 178.
74. Stein, *Serindia*, Chap. IX, p. 318 이하. 펨을 케리야로 비정한 것은 뻴리오다.
75. Marco Polo, Benedetto편, p. 48 ; Moule-Pelliot편, I, p. 158(*Succiu*) ;
    Pelliot, "Kao-tch'ang, Qotcho," *JA*, I(1912), p. 591 참조.
76. Pauthier편, I, p. 203 ; Benedetto편, p. 48 ; Moule-Pelliot편, p. 159.

감주에서 일년여 동안을 머물었던 폴로 일가는 양주凉州(*Erginul* 혹은 *Ergiuul*)와[77] 영하(*Egrigaia*)[78]를 통과하는 동쪽 길로 접어들었다. 옛 탕구트 수도였던 영하 주민의 절대 다수는 불교도였다. 그러나 마르코 폴로는 그곳에 있는 네스토리우스교 공동체와 교회 세 곳에 대해서도 얘기한다. 여행자들은 그리고 나서 마르코 폴로가 탄둑이라고 부르는 — 즉 그 중심은 오늘날의 톡토나 귀화성 부근에서 찾아야 할 — 웅구트 지방에 들어섰다.

마르코 폴로는 웅구트 왕자들의 네스토리우스교 신앙에 대해서도 얘기했는데, 그 때문에 그들을 프레스터 존의 가족, 즉 옛 케레이트 통치자들과 혼동하였다. 이 실수는 오도리코 다 포르데노네도 되풀이하였다. 마르코 폴로는 그 당시 대칸의 종주권 아래 웅구트를 통치하던 게오르게스 왕자(쾨르귀즈)에 대하여 구체적으로 전하고, 몽골 왕조와 웅구트 왕자 가문 사이의 결혼동맹에 대해서도 언급하였다.

이 지방을 떠난 폴로 일가는 마르코 폴로가 몽골식으로 카타이*Cathay* — 11세기 북경을 지배하던 키탄Qitan(거란) 혹은 키타이Qitai에서 유래 — 로 부르던 중국 본토, 더 정확하게 말해 북부 중국에 들어갔다. 톡토 지역에서 쿠빌라이의 여름 거처인 상도, 오늘날의 돌론 노르에는 1275년 5월에 닿았다.

폴로 일가는 쿠빌라이에게 교황 그레고리 10세Gregory X의 편지를 전하였다. 쿠빌라이는 마르코 폴로를 좋아한 듯, 그를 겨울 궁전인 칸발릭(*Cambaluc*) 즉 북경으로 데려갔다. 마르코 폴로의 증언에 따르면, 쿠빌라이는 그에게 정부 일자리를 구해주었으며, 앞으로 보겠지만 다양한 비밀임무를 맡겼다. 그럼에도 마르코 폴로는 중국어를 제대로 알지 못한 것으로 보인다. 반면에 그는 페르시아어를 알았고 중국 지명을 종종 페르시아문자로 전사하였다.[79]

---

77. Benedetto, p. 52 ; Moule-Pelliot, p. 178 참조.
78. Benedetto, p. 58 ; Moule-Pelliot, p. 181 참조.
79. 마르코 폴로 시대에 페르시아어는 중앙아시아와 동아시아에서 일종의 공용어 (*lingua franca*) 구실을 하였음에 틀림없다. Pelliot, *JA*, II(1913), p. 185.

폴로 일가가 수행할 수 있었던 역할은 일부 사람들이 그릇된 해석을
통하여 시사해온 것만큼 대단한 것은 아니었다. 마르코 폴로가 소금광 개
발에 대한 정보를 제공하는 데서 뻴리오는 그가 중국의 소금세 행정분야
에 고용되었을 것이며, 그러한 자격으로 양주 지방의 보좌관으로 3년간 근
무하였을 것이라고 추론한다.80) 그가 한 1268-1273년 양양 공성전에서의
아버지와 아저씨의 역할에 대한 얘기는 중국사료의 기술과 일치하지 않는
다. 저 유명한 베니스인이 자기 친척들의 역할을 다소 과장했던 것이고 비
록 그의 임무가 미미했다 하더라도 그 임무는 그에게 중국의 주요 도시들
을 방문할 기회를 주었다.

마르코 폴로의 책에는 두 가지 여정이 나온다. 하나는 북경에서 운남
으로 가는 것이고, 다른 하나는 북경에서 복건으로 가는 것이다. 첫번째
여정에서 그는 오늘날의 산서의 으뜸 도시 태원(마르코 폴로의 *Taianfu*),
그 성의 두 번째 도시인 평양(*Pianfu*), 그 당시에는 봉원부奉元府 또는
경조부京兆府(*Quengianfu*)라고 하던 섬서의 서안(쿠빌라이의 아들 망갈라
Manghala가 1272년부터 1280년까지 이곳의 총독이었으며, 마르코 폴로
는 이 사람에 대하여 얘기한다),81) 그리고는 사천의 성도(*Sindufu*)를 얘
기한다.

거기서부터의 여행은 마르코 폴로가 실제로 그 지역들로 심부름을 다
녔다는 것을 보여주면서, 매우 풍부하고 세세하게 기술되고 있다. 운남 즉
예전의 대리(*Caraian, Caragian*)의 영토에서 그는 대규모 무슬림 공동체
가 있는 대리(*Caragian*)와 운남(*Yachy, Iaci*) 두 도시를 얘기한다.82) 운
남은 칭기스칸 가문의 왕자들인 쿠빌라이의 아들 우게치Ügechi(1267), 투
글룩Tughluq(1274), 우게치의 아들 에센 테무르Esen Temür(1280)로
세습 통치되던 별개의 총독령이었다. 마르코 폴로는 자신이 여행할 당시에

---

80. Benedetto편, p. 137 ; Pelliot, *TP*(1927), pp. 164-168 참조.
81. 마르코 폴로는 京兆府에 있는 네스토리우스교 공동체에 대해서도 얘기한다
  (Benedetto편, pp. 107-108 ; Moule-Pelliot편, p. 264).
82. Benedetto, p. 115 ; Moule-Pelliot, p. 277을 참조. Caragian에 대해서는
  Pelliot, "Trois itinéraires," *BEFEO*(1904), p. 158을 보시오.

는 에센 테무르가 권력을 잡고 있었다고 한다.

버마 또는 면緬 지방에서의 몽골전쟁(1277, 1283-1284, 1287의 몽골 원정전)에 대한 상세한 기술은 그가 틀림없이 몽골군의 자취를 따라 국경까지 갔었음을 시사한다. 그는 1277년 몽골의 궁수들이 전투 중에 파간 왕의 전투용 코끼리들을 공포로 몰아넣은 것과 이라와디 상류의 바모 협로를 강습으로 탈취한 데 대한 상보를 전한다. 그는 몽골군의 파간 입성에 대해서도 얘기하는데, 이는 1287년까지는 일어나지 않은 일이다.[83]

마르코 폴로가 기술하는 두 번째 여정은 동부 중국을 북에서 남으로 동지나해를 끼고 통과하였다. 북경에서 하간(마르코 폴로의 *Cacianfu*)을 경유하여[84] 장로長蘆(*Cianglu*), 장릉將陵(*Ciangli*),[85] 산동의 제녕濟寧(*Singiumatu*), (그 당시 황하 하구였던) 회하淮河의 하구 근방 회안淮安(*Coigangiu*),[86] 절강浙江의 양주(*Yangiu*), 소주蘇州(*Sugiu*), 항주(*Quinsai*), 무주婺州(*Vugiu*), 난계蘭谿의 남쪽, 그리고 거기서 상당히 가까운 절강의 구주衢州(*Ghiugiu*), 역시 절강에 있는 처주處州(*Cugiu*), 복건의 건녕建寧(*Quenlinfu*), 현대 복건성의 수도 복주(*Fugiu*), 그리고 천주(*Çaiton*)로 갔다. 이 여정은 천주 이남으로는 더 이상 가지 않았기 때문에, 광동에 대한 얘기가 없다는 것이 지적되어야 할 것이다.

마르코 폴로에게는 쿠빌라이가 참파,[87] 그리고 그 유명한 부처의 이빨

---

83. Huber, "La fin de la dynastie de Pagan," *BEFEO*(1909), pp. 633-680 참조.
84. *Cacianfu*는 河間으로 정확하게 확인된다. A. J. Charignon은 그러나 (*Le livre de Marco Polos* [Peking, 1924-1928, 3 vols.], III, 2) 이를 正定으로 비정한다! Benedetto, p. 128 참조.
85. [역자] 그루쎄는 Ciangli를 Tsi-yang이라는 지명으로 설명하였고 이 책의 中譯者(魏英邦)는 Tsi-yang을 滋陽으로 옮겼지만, 여기서는 Pelliot(Notes on Marco Polo, I, pp. 259-260)에 따라 그대로 將陵으로 하였다. 장릉은 위수 연안의 능주와 동일한 지역이다.
86. 마르코 폴로는 황하를 카라모란*Caramoran*이라고 하였는데, 이는 몽골어 이름 카라 무렌Qara Müren 즉 '검은 강'에서 나온 것이다.
87. G. Maspero, *TP*(1911), p. 476 참조.

을 비롯한 사리를 가져오도록 실론으로 보내는 두 몽골 사절단에 참가할
기회가 있었던 것으로 보인다. 베니스인 여행자는 실론에서 석가모니불
(*Sagamoni Burcan*)[88]의 생애에 대하여 듣기를 청하였고, 이에 대한 성
실하고 매혹적인 요약을 남겨놓았다.[89]

1291년 봄, 마르코 폴로와 그의 친척들은 유럽으로 항해할 수 있게
되었다. 페르시아의 칸인 쿠빌라이의 조카 아르군은 쿠빌라이에게 바야우
트 부部의 공주를 자기와 결혼시켜 달라고 청하였다. 쿠빌라이는 그에게
그 부족의 쿠케친Kökechin(마르코 폴로의 기록에는 *Cocachin*) 공주를
보냈다. 그러나 중앙아시아 길은 쿠빌라이와 카이두 간의 전쟁으로 막혀
있었다. 쿠빌라이는 폴로 일가에게 교황과 프랑스·영국·카스티유Castile의
국왕에게 보내는 편지를 주면서 몽골 약혼녀를 페르시아까지 해로로 호위
하도록 청하였다. 폴로 일가는 틀림없이 참파의 수도 비자야 또는 차반(빈
딘平定 근방)에 입항하였을 것이고, 그리고 나서 말라카 해협으로 나갔을
것이다.

그러나 그들은 수마트라Sumatra 해안에서 역풍 때문에 5개월을 지체
해야 했다. 그리고 나서 그들은 그 당시의 모든 항해자들처럼 트라반코레
Travancore의 거대한 향신료 시장이었던 킬론Quilon 또는 콜람Kollam
(*Coilum*)을 방문하였다. 그곳에서 데칸고원의 가장자리를 따라 캄베이
Cambay 만으로 갔다가 페르시아의 해안을 따라 호르무즈에 상륙하였다.
거기서부터 그들은 키르만(*Cherman*)과 야즈드(*Yasd*)로 해서 페르시아를
여행해야 했다.

페르시아의 칸 아르군은 그들이 도착하기 바로 얼마 전에 죽었고, 폴
로 일가는 쿠케친 공주를 후라산 총독인 그의 아들 가잔Ghazan에게 인계
하고 나서 타브리즈에 있는 새 칸 게이하투Gaikhatu를 방문하러 갔다. 그
들은 아제르바이잔에서 3개월 동안 머물다가 트레비존드에서 콘스탄티노
플로 가는 배에 올라 1295년 베니스의 집에 도착하였다.

---

88. 몽골어 Burqan은 '붓다佛陀'.
89. Pauthier편, p. 588 ; Moule-Pelliot편, p. 407.

몽골 통치 하에서의 중국의 경제적 번영

마르코 폴로의 책에서 가장 흥미로운 특징 중 하나는 중국의 두 지역, 그가 줄곧 옛 거란의 이름에서 유래한 카타이로 부르는 북부 중국과 만지 Manzi라고 부르는 옛 송 제국, 즉 남부 중국의 경제활동에 대한 묘사다. "산의 광맥에서 뽑아내는 일종의 검은 돌을 마치 장작처럼 태우는데, 이 목적에 매우 적합하기 때문에 카타이 전역에서 다른 연료는 사용되지 않는다."

마르코 폴로의 이 말에서 우리는 북부 중국에서 석탄이 채굴되었다는 것을 알 수 있다. 수로의 이용도 석탄 채굴 못지않게 그를 놀라게 하였는데, 그는 무엇보다도 중국경제의 대동맥인 양자강(마르코 폴로의 *Quian*, 혹은 *Kian*)의 상업적 중요성에 대하여 말한다. "기독교 국가의 모든 강과 모든 바다 위보다 더 많은 배와 더 풍부한 화물이 이 강을 오르내린다." 그는 "이 강을 따라 내려오는 배는 그만두고 올라가는 배만 해도 매년 20만 척"이라고 하였다. 그는 쿠빌라이가 개수하고 완성시킨, 양자강 하류에서 북경으로 쌀을 가져오는 제국 운하의 경제적 기능에 대해서도 얘기한다.

이 막대한 국내상업을 통제하고 인도·인도네시아와의 무역거래를 위하여 중부 중국과 광동 지역의 항구에는 강력한 상인조합들이 형성되었다. 이러한 조합들은 플랜더스의 메티에Métiers나 피렌체의 아르티Arti 같은 동업조합과 대등하거나 오히려 그보다 우세하였다. 마르코 폴로는 킨사이 *Quinsai*(항주)의 조합에 대하여 "수많은 상인들과 부유한 사람들이 그곳에 있었으며, 그들은 그렇게도 막대한 상업거래를 하였기 때문에 아무도 그들의 부를 가늠할 수 없었다. 교역주들이나 그 아내들은 아무것에도 손대지 않은 채 다만 사치하고 우아한 삶을 살기 때문에, 그들을 왕으로 착각할 수 있다는 것도 알아두기 바란다"라고 썼다.

마르코 폴로가 익살스럽게 '진정한 철학자의 돌'이라고 부른 지폐의 통용도 상업거래를 촉진하였다. "나는 사람들이 대칸의 영토 어디를 가든지 이 지폐를 갖고 마치 순금처럼 쉽게 매매할 수 있기 때문에, 모든 사람이 이 지폐를 기꺼이 받아들인다는 것을 말해두겠다."[90]

한인들의 뛰어난 사업감각도 베니스 사람을 감탄시켰다. 그는 계속해서 다음과 같은 부의 장관을 환기시킨다. 후추, 새앙, 그리고 육계肉桂 같은 향신료를 싣고 인도에서 돌아오는 큰 배들, 쌀짐을 싣고 양자강을 내려오거나 대운하를 올라가는 정크선들, 생사나 문직紋織, 황금 카마카스(무거운 비단직물)와 능라綾羅, 사미테스(금실이나 은실을 섞어 짠 화려하게 수놓은 비단), 타르타리네스와 공단貢緞, 또는 '차이톤Çaiton'(공단) 직물 같은 값비싼 상품으로 넘치는 항주와 천주의 상점들.[91]

마르코 폴로는 중국의 주요 시장들에 대해서도 같은 맥락으로 기술한다. 북방에서 오는 비단의 중심지인 캄발룩(북경 ; 막대한 양의 금과 섞어 짠 천을 만들 비단 실은 수레 1,000대가 들어가지 않는 날이 없다) ; 센달 비단을 제조하여 그 비단제품을 중국에서 중앙아시아로 수출하는 신두푸(사천의 성도), 금실을 섞어 짠 천을 만드는 난긴Nangin 또는 남긴 Namghin(안경安慶 또는 개봉開封?)과 수지우Sugiu(강소의 소주), 양자강 하류의 대규모 쌀시장 얀지우Yangiu(강소의 양주). 특히 번화한 곳은 지난날 송의 수도였던 킨사이Quinsai(절강의 항주)였는데,[92] 이 도시는 몽골 치하에서도 예전의 상업활동과 전혀 달라진 게 없었다. 오히려 이 도시는 이제 광대한 몽골 제국의 모든 교역과 연계되었기 때문에 얻은 것이 더 많았을 것이다. 마르코 폴로는 이 도시를 일종의 '중국의 베니스'로 기술한다. 그 도시는 그 중에서도 대규모 설탕시장으로서 주목받았다. 수많은 배들이 인도와 동인도에서 향신료를 가져오고, 인도와 무슬림 세계로

---

90. Pauthier편, p. 325 ; Moule-Pelliot편, p. 239. Yule-Cordier판, I, pp. 426-430 참조. 또한 Ibn Batuta, Defrémery편(Paris, 1853-1879, 4 vols.), IV, pp. 259-260을 보시오.
91. Heyd, Furcy Raynaud역, *Histoire du commerce du Levant au moyen-âge*(Leipzig, 1923), II, p. 670, p. 693.
92. *Quinsai*, 또는 다양한 필사본에 따라 *Khansa, Khinsa, Khingsai, Khanzai, Cansay, Campsay*라고 표기되기도 하는 이 도시의 이름은 '임시 거처'를 의미하는 행재行在라는 말에서 유래하였다(Pelliot). Moule, "Marco Polo's Description of Quinsay," *TP*(1937), p. 105.

비단을 실어 날랐다. 그래서 그 도시에는 아랍, 페르시아, 그리고 기독교 상인들의 식민지가 있었다.

마지막으로, 복건에는 푸지우*Fugiu*(복주)와 자이톤*Zayton* 또는 차이톤*Çaition*(천주)이라는 두 개의 큰 항구가 있었다. 푸지우 상인들은 "믿을 수 없을 만큼 많은 새앙과 방동사니가 있었다. 이 도시에서도 설탕거래가 왕성했고, 인도 여러 나라에서 배로 가져온 대규모 진주·보석시장이 있다."

몽골 지배 하의 중국에서 가장 큰 창고는 마르코 폴로의 가족에 따르면 차이톤에 있었는데, "그 도시는 모든 배가 인도에서 향신료와 보석과 진주를 싣고 들어오는 곳이어서 바라보기에도 놀라웠다. 이는 모든 상인들이 모여드는 항구이고 전중국에서 대단히 중요한 수입 중심지다. 그리고 말하건대, 인도 여러 나라에서 후추를 싣고 알렉산드리아나 기독교 국가의 어떤 항구로 향하는 배가 한 척이면, 차이톤으로 들어오는 배는 100척이다." 이러한 진술은 1345년경의 자이톤을 말하는 아랍 여행가 이븐 바투타Ibn Battuta에 의해 확인된다.[93]

몽골 치하의 중국시장이 인도와 말레이시장과 밀접하게 연관되어 있었다는 것은 명백하다. 마르코 폴로의 증언에 의하면 수많은 중국 배가 자바항구에 정기적으로 입항하여, "차이톤의 상인들이 막대한 부를 끌어내는 여물지 않은 씨로 만든 후추, 육두구肉豆蔲, 방동사니, 보르네오산 후추열매, 정향나무, 그리고 다른 향신료들"을 내려놓았다.[94]

다른 사료에서도 쿠빌라이와 그의 계승자들이 트라반코레·카르나틱Carnatic의 군주들과 순수 통상조약을 맺었다는 것을 알 수 있다. 중국상

---

93. "자이톤의 항구는 세계에서 가장 큰 항구들 가운데 하나다. 아니, 자이톤은 세계에서 제일 큰 항구다"(Ibn Battuta, Defrémery편, IV, p. 269). 자이톤 근처 — 역시 복건 — 에는 마르코 폴로가 그 도자기류를 칭찬한 *Tingiu* 즉 德化가 있었다 (Moule-Pelliot편, p. 352 ; Heyd, *Histoire du commerce du Levant*, II, p. 247 참조).

94. Pauthier편, p. 561 ; Moule-Pelliot편, p. 368 ; Heyd, *Histoire du commerce du Levant*, II, p. 644 ; 그리고 G. *Ferrand, Relations de voyages et textes géographiques arabes, persans et turcs*(Paris, 1913-1914, 2 vols.), I, p. 31.

인들의 소형 선대들은 생사, 화려한 비단직물, 공단, 센달 비단, 그리고 금
실을 섞어 짠 능라를 싣고, 카베리파트남Kaveripatnam, 카일Cail 또는
카얄Kayal, 콜람 또는 킬론, 그리고 실론에 정기적으로 입항하였으며, 힌
두 세계의 후추, 새앙, 육계, 육두구, 무명 메린스, 솜, 인도양의 진주, 그
리고 데칸고원의 다이아몬드를 싣고 돌아갔다.

　　페르시아에 중국 몽골 왕조의 지파가 건립된 것도 두 나라 간의 활발
한 거래를 자극하였다. 훌레구가의 페르시아 칸들은 무슬림 환경 속에서도
그들의 몽골 취향을 거의 유지하고 있어서 중국으로 비단이나 자기瓷器
같은 사치품을 구하러 보냈고, 그 당시의 페르시아 세밀화가 중국 대가들
의 영향을 드러내기 시작하였다. 역으로 몽골 치하의 페르시아는 양탄자,
마구馬具, 갑옷, 청동제품, 그리고 에나멜칠 그릇을 중국에 수출하였다.

　　마지막으로, 마르코 폴로의 여행과 페골로티Pegolotti의 『상업실무서
商業實務書』(Pratica della mercatura)[95]는 몽골의 중국 정복이 중국 세
계를 유럽과의 접촉으로 밀어넣었음을 보여주었다. 13세기 말에는 두 거대
한 대륙횡단로가 극동과 서방을 연결시켰다. 첫번째 루트는 킵착에서 돈황
에 이르는 것으로, 서구인들은 크리미아에 있는 제노아인과 베니스인들의
소식민지, 더 정확하게는 돈 강 하구에 있는 타나Tana에서 출발하였다.
이 루트의 주요 역참들은 킵착 몽골 칸국의 수도인 볼가 강 하류의 사라
이, 시르다리아 중류의 오트라르, 이식쿨 호수 서쪽의 탈라스와 발라사군
이었다. 이식쿨에서 한 길은 이밀을 거쳐 카라 이르티쉬, 그리고 우룽구
강에서 오르콘 강 상류에 있는 카라코룸으로 해서 몽골리아로 연결되었으
며, 거기서부터 이 길은 북경으로 내려갔다. 또 다른 길은 이식쿨의 서쪽
끝에서 일리 상류의 알말릭(쿨자 근방), 베쉬발릭(오늘날의 짐사), 감숙에
있는 하미와 숙주로 해서 중국 본토로 들어갔다.

　　두 번째 루트는 페르시아의 몽골 칸국을 통과하였는데, 흑해의 그리스
계 국가인 트레비존드의 수도 트레비존드나 프랑크족의 시리아 국가에서
가까운 킬리키아의 아르메니아 왕국의 가장 번화한 항구 라자조에서 출발

---

95. 1335년에서 1343년 사이 피렌체에서 편찬된 저술. Heyd, *Histoire du comme-
　　rce du Levant*, I, p. xviii 참조.

하였다. 둘 중 어디서 출발하든 길은 소아시아의 셀죽 술탄국의 동부를 지나, 그 나라를 종속국으로 하며 밀접한 관계에 있는 페르시아 몽골 칸국의 실질적인 수도 타브리즈로 연결되었다.

그곳에서부터 주요 역참은 대개 카즈빈→라이→메르브→사마르칸드→타쉬켄트(그때는 샤쉬)→카쉬가르→쿠차→투르판→하미→감숙이었다. 또 다른 통로는 메르브→발흐→바닥산→카쉬가르→호탄→롭 노르→돈황이었다. 이러한 다양한 대상로를 통하여 극동의 상품이 직접 유럽으로 전달되었다.

몽골의 정복은 옛 실크로드와 일치하는 이러한 대륙루트들 외에 해상루트 즉, 향료의 길을 다시 열었다. 아랍과 셀죽 이란이 실질적으로 서구에 대하여 닫혀 있었던 데 반하여 페르시아의 몽골 칸들은 해로로 중국에 가고자 하는 상인들과 기독교 선교사들에게 자기네 나라를 자유롭게 열어 두었다. 바그다드 칼리프조의 몰락 이래 페르시아 칸국에서 이슬람의 최후의 승리까지, 라틴계 여행자들은 타브리즈에서 타나, 킬론, 자이톤으로 향하는 승선지인 호르무즈까지 아무 어려움없이 이란을 통과할 수 있었다. 앞으로 살펴보게 될 오도리코 다 포르데노네의 여행은 이 점에서 전형적이었다. 역으로 중국 비단과 동인도 제도의 향신료들은 대상들에 의해 몽골 치하의 페르시아를 지나 타브리즈의 큰 시장, 그리고 거기서부터 기독교권 항구인 트레비존드나 라자조까지 운반되기 위하여 호르무즈에 하역되었다.

이 통행의 자유는 그토록 많은 학살을 치른 몽골 정복이 가져온 한 가지 커다란 유익한 결과였다는 점을 강조할 필요가 있다. 중국, 투르키스탄, 페르시아, 그리고 러시아 대상들의 안전에 관심이 있고 모든 종파에 관용적인 왕자들 밑에서 엄격한 야삭으로 통제되는 하나의 거대한 제국으로의 통일은 고대 말부터 폐쇄되었던 세상의 길을 바다로 육지로 다시 열었다.

그러나 폴로 일가의 여행은 마에스 티티아노스Maès Titianos의 이름으로 상징되는 것보다 훨씬 더 위대한 활동을 증언한다. 역사상 처음으로 중국과 이란, 서방이 서로 진정한 접촉을 하게 된 그것이야말로 간담을 서늘하게 만든 칭기스칸 일족의 정복이 가져다 준 다행스러운 만큼이나 예기치 못하였던 결과이다.

몽골 왕조 치하 중국에서의 천주교

폴로 일가의 여행이 유일한 것은 아니었다. 1291년에 이탈리아 상인 페트루스 다 루칼롱고Petrus da Lucalongo가 타브리즈에서 인도양을 통하여 중국에 들어왔다. 그는 북경에 정착하였으며, 1305년 그가 프란체스코회 지오반니 다 몬테코르비노에게 대궐 근처의 땅을 준 것으로 미루어 볼 때 부유해진 것 같다. 20년쯤 뒤 제노아 사람 안달로 다 사비냐노Andalo da Savignano도 중국으로 가 대칸의 신임을 받았다. 그는 몽골의 대사로서 서방으로 돌아갔다가 1338년 분명 타나 루트를 거쳐 다시 중국으로 갔다.96)

이러한 모험적인 상인들과 선교사들이 동시에 왔다. 랍반 사우마를 통해 몽골 제국 내 여러 토착 기독교 공동체의 존재를 알게 된 교황 니콜라스 4세Nicholas IV는 페르시아의 칸 아르군과 대칸 쿠빌라이에게 보내는 편지와 함께 지오반니 다 몬테코르비노를 극동으로 보냈다. 몬테코르비노는 타브리즈에서 아르군과 얼마간 머문 뒤 1291년 인도를 향하여 떠났다. 인도에서는 밀라포레Mylapore에서 상인 페트루스 다 루칼롱고와 함께 13개월을 체류하였다. 그 후 그는 중국행 배를 탔고 쿠빌라이의 손자이자 계승자인 대칸 테무르의 따뜻한 영접을 받았다. 오도리코 다 포르데노네는 이에 대하여 "우리는 우리 수도사들 가운데 하급자를 황제의 궁정에 주교로 두고 있다. 그는 황제가 말을 타고 갈 때마다 축복을 하며 황제는 큰 신심으로 십자가에 입맞춘다"고 썼다.

몬테코르비노는 북경에 교회 두 곳을 세웠는데, 하나는 밀라포레에서 그와 함께 온 이탈리아 상인 페트루스 다 루칼롱고의 관대한 기부 덕분이었다(1305). 몇 년 동안 그는 '1만 명 이상의 타타르인들'에게 세례를 베

---

96. Heyd, *Histoire du commerce du Levant*, II, p. 218.

풀었고[97]), 그의 회중들 사이에 통용되는 언어들 가운데 하나로 「시편」을 번역하기 시작하였다.

천주교로 개종한 사람들 중에 유명한 인사로는 네스토리우스 교도로 태어나 성장한 웅구트의 쾨르귀즈 왕자 즉, 게오르게스가 있었다.[98] 이 개종은 너무나 귀중한 것이었는데, 그 뒤로 '게오르게스 왕자'는 테무르 황제의 사위로서, 그가 궁정 고위직에 임명한 카톨릭 선교사들을 더욱 효과적으로 보호하였기 때문이다. 쾨르귀즈의 어린 아들은 몬테코르비노로부터 출안尤安 즉 요한이라는 이름으로 세례받았다.

1307년 교황 클레멘트 5세Clement V는 몬테코르비노를 캄발룩의 대주교로 임명하였다. 1313년에 그의 부주교가 될 프란체스코회 수도사 세 사람이 이 도시에 도착하였는데 페루기아의 안드류, 게라르드Gerard, 페레그리노Peregrino가 그들이었다.[99] 교황은 거의 동시에 피렌체의 토마스Thomas, 제로메Jerome, 베드로Peter 수도사들도 몽골인들에게 보냈다. 제로메는 킵착 칸국 카톨릭에 대한 관할권을 갖는 크리미아(가자리아Gazaria 혹은 하자리아Khazaria)의 대주교가 되었다. 게라르드는 자이톤(복건의 천주)의 주교가 되었으며, 한 부유한 아르메니아 부인이 교회 건립자금을 제공하였다. 그가 죽자 자이톤의 주교직은 페레그리노에게 넘어갔고, 1322년 또는 1323년에 페레그리노가 죽자 주교직은 페루기아의 안드류로 대체되었다.

몽골 조정이 이들 선교사들에게 베푼 호의는 안드류가 1326년 자이톤에서 페루기아 수도원 상급자들에게 보낸 편지에서 강조되어 있다. 이 편지에서 그는 대칸 이순 테무르가 자신에게 금화 100플로린에 해당하는 은급을 내렸다고 썼다. 안드류는 자신이 자이톤 근방에 수도사 22명을 위한 집을 지었으며, 교회와 산속 은둔처에서 시간을 보낸다고 덧붙였다.

---

97. Pelliot, "Chrétiens d'Asie Centrale et d'Extrême-Orient," *TP*(1914), p. 633.
98. Moule, *Christians in China*, p. 191.
99. 페루기아의 안드류의 편지에 있는 1318년이라는 그의 북경 도착연대는 잘못된 것으로, Moule은 1313년으로 고쳐 읽을 것을 제안한다(*Christians in China*, pp. 191-192).

몽골 치하의 중국에서 몬테코르비노와 페루기아의 안드류 다음으로 유명한 카톨릭 선교사는 프란체스코회의 오도리코 다 포르데노네(1265년경-1331년경)였다. 오도리코는 1314년경 베니스에서 배를 타고 (일부 저자들은 1318년 이후라고 함) 트레비존드에 상륙하였다. 먼저 페르시아의 몽골 칸국으로 가서 타브리즈를 방문하였다. 그는 프랑스 국왕이 그의 왕국 전체에서 거둬들이는 것보다 그 도시가 페르시아의 칸에게 바치는 세금이 더 많다는 점을 관찰하고 타브리즈의 상업적 중요성에 대해 얘기하였다. 그는 아제르바이잔에 있는 수많은 네스토리우스교와 아르메니아 사람들의 공동체에 대해서도 얘기했다. 그는 이란 동부를 거쳐 인도로 가려고 했지만 야즈드 지역의 무슬림 광신주의의 폭력 때문에 거기서 돌아가야 하였다.

이 시기, 즉 1313년부터 1315년 사이의 동부 이란은 골육상쟁의 현장이었다. 페르시아의 칸 울제이투는 투르키스탄의 차가다이 칸인 에센 부카, 그리고 에센 부카의 조카로 아프가니스탄의 군주인 다우드 호자Daud Khoja와 전쟁 중이었다. 게다가 동부 이란과 인도 사이의 교통은 투르키스탄의 차가다이 몽골인들이 1305년부터 1327년까지 지속적으로 벌인 편잡 약탈원정 때문에 어려웠다. 오도리코는 서쪽 이라키 아랍으로 향해 바스라에서 호르무즈로 가는 배를 탔다. 호르무즈에서 인도로 항해한 그는 1322년이나 1323년 말 아니면 1324년 초에 봄베이 근처인 타나에 상륙하였다. 그곳에서 그는 얼마 전(1321년 4월 9일에서 11일) 무슬림들에게 살해당한 네 명의 프란체스코회 선교사들의 유해를 수습하였다.

그는 향신료의 땅이자 후추의 왕국인 말라바르Malabar 해안을 방문하였는데, 그 시대의 상업에 중요성이 큰 이 주제에 관하여 귀중한 기록을 남겼다.[100] 사도 토마스의 시신이 안치되어 있다고 얘기하고[101] 또한 거대한 기독교 공동체가 있었던 세인트 토메(밀라포레)로 가면서 우상들이 가득한 환경 속에서 거의 우상숭배자가 되어버린 이 옛 네스토리우스 공동

---

100. Odorico da Pordenone, Cordier편(Paris, 1891), p. 99.
101. H. Hosten, "St. Thomas and St. Thomé, Mylapore," *Journal of the Asiatic Society of Bengal* (1924), p. 153 참조.

체들의 타락에 대하여 논평하였다. 루브룩도 몽골에서 마찬가지로 네스토리우스파 사제들이 샤먼과 다투면서 그들과 거의 같은 수준으로 내려간 것을 보았다. 그에게 7세기 불교 순례자 현장이 질렀던 것과 똑같은 격한 외마딧소리를 지르게 만든 것은 다름아닌 힌두교의 기괴한 일탈, 즉 우상의 수레 밑으로 몸을 던지는 광신도들의 피에 흠뻑 젖은 광기였다. 오도리코는 실론 자바 참파를 방문한 다음 중국으로 가는 배를 탔다.

오도리코는 그가 신칼란Sincalan — 아랍어 신칼란Sinkalan 또는 시니칼란Sinikalan에서 옴 — 이라 부르는 광동에 상륙하였다. 그는 하나같이 타고난 상인이자 훌륭한 장인들인 주민들의 부지런한 성격과 인구가 몹시 조밀하고 물자가 풍부하고 값이 싼 것에 깊은 인상을 받았다. 그는 사람들이 숭배하는 신들의 수에도 충격을 받았다.[102] 그는 자신의 글에서 차이탄Caitan이라고 표기한 '로마보다 두 배나 큰' 도시 천주 또는 자이톤에 대해서도 그에 못지않은 흥미를 나타냈다. 그는 프란체스코회 수도원으로 맞이되었으며, 성 프란체스코회 수사들이 그곳에 세운 성당과 산에 지은 은둔처에 대해 경탄하였다.

오도리코의 글에 칸사이Cansay 또는 긴자이Guinzai로 나오는 항주는 그를 더욱 놀라게 하였다. 그는 그곳을 "우리의 베니스처럼 두 호수 사이에, 그리고 운하와 초호礁湖 사이에 자리잡은 세계에서 가장 위대한 도시"라고 하였다.[103] 한인, 몽골인, 불교도, 네스토리우스 교도, 무슬림 등 그렇게 다양한 민족들이 이 거대한 도시에 함께 거주하는 것은 그로 하여금 몽골 통치에 대하여 경탄을 금치 못하게 하였다. "그렇게 많은 인종들이 한 권력의 통제 아래 평화롭게 살 수 있다는 사실이 내게는 세상의 가장 위대한 경이 가운데 하나로 보인다."

그가 항주에서 프란체스코회 선교사들의 주선으로(아마 분명히 네스토리우스교에서) 만난 카톨릭으로 개종한 몽골 고관은 오도리코를 아타ata,

---

102. 신칼란의 중요성에 대해서는(특히 중국 도자기류의 인도와 예멘 수출) Ibn-Battuta, Defrémery역, IV, p. 272도 보시오.
103. Moule, *Christians in China*, p. 241, 그리고 "The Ten Thousand Bridges of Quinsai," *New China Review*(1922), p. 32 참조.

즉 투르크어로 '아버지'라는 칭호로 맞이하였다.104) 이 사람 덕에 그는 불교 사원의 방문을 허락받았고, 거기서 불교 승려들과 윤회에 대하여 토론하였다.

오도리코는 항주에서 우리에게는 남경으로 알려진 — 코르디에는 켈링푸*Quelingfu*라고 부름 — 금릉부金陵府로 갔다가, 프란체스코회 수도원과 몇몇 네스토리우스파 교회가 있는 얀주*Ianzu* 즉, 양주로 갔다. 다음에 그는 중요한 비단시장이라고 한 순주마투*Sunzumatu*, 즉 마르코 폴로의 신쥬마투Singiumatu(아마 산동의 제녕)를 방문하였다. 마침내 그는 '칸의 도시'인 칸발릭에 당도하였다.

"대칸은 얼마나 큰지 그 담의 둘레가 최소 4천 보(약 6킬로미터)나 되고 그 안에는 여러 전각殿閣이 있는 대궐에 산다. 제국의 수도는 그렇게 몇 개의 동심원을 그리는 울타리로 둘러싸인 지역으로 이루어지며 모두 사람이 산다. 대칸이 그의 모든 가족과 조신들과 사는 곳은 두 번째 구역이다. 이 구역에는 인공동산이 있으며 그 위에 정전正殿이 있다. 이 동산에는 매우 아름다운 나무를 심었으며 그래서 녹색동산이라고 불렀다. 그 동산은 호수와 연못으로 둘러싸여 있다. 호수에는 그 대리석의 질이나 건축의 정교함에서 내가 본 가장 아름다운 경탄할 만한 다리가 있다. 연못에서는 오리, 백조, 기러기 같은 수많은 고기잡이 새들을 볼 수 있다. 둘러친 담 안에도 야생동물이 가득한 큰 수렵장이 있기 때문에, 대칸은 몰이사냥의 즐거움을 탐닉하기 위해 그의 대궐 구획을 떠날 필요가 없다."

오도리코는 다음에 칭기스칸가의 궁정연회에 대하여 이렇게 기술한다. (이때의 대칸은 쿠빌라이의 증손자로 1323년 10월 4일부터 1328년 8월 15일까지 통치한 이순 테무르였다).

"대칸이 자신의 자리, 즉 황제 폐하의 자리에 앉을 때, 제1 황후는 그의 왼쪽 한 계단 아래 앉으며, 세 번째 계단에는 세 명의 다른 후궁들이 앉는다. 그들 다음으로 황족의 다른 귀부인들이 앉는다. 대칸의 오른쪽에는 그의 큰아들이 앉고 그 얼마 밑으로 황자들이 앉는다……

---

104. 항주의 네스토리우스 교회에 대해서는 마르코 폴로가 이미 얘기하였다(Bene-
    detto편, p. 69, p. 70).

그리고 나 오도리코는 우리 하급수사들과 함께 이 도시 '대도'에서 3년 반을 체재하였는데, 그들은 수도원을 갖고 있으며 심지어는 대칸의 조정에서 벼슬도 한다. 때때로 우리가 그를 축복하러 그곳에 가면, 나는 내가 배울 수 있는 것을 배우고 모든 것을 세밀하게 관찰할 기회가 있었다. 우리 수사들 가운데 한 사람 '지오반니 다 몬테코르비노'는 실로 조정의 대주교로서, 대칸이 여행을 하게 되면 언제나 그에게 축복을 내렸다.

하루는 이 통치자가 대도로 돌아올 때, 주교와 위에서 말한 하급수사들과 내가 도시에서 이틀 걸리는 곳까지 그를 마중나갔다. 우리는 기다란 지팡이에 붙인 십자가를 앞세우고, 찬송가 '베니 쌍테 스피리투스Veni Sancte Spiritus'를 부르면서, 마차에 앉아 있는 군주에게로 나아갔다. 우리가 황제의 마차에 다가가자, 대칸이 우리의 목소리를 알아듣고 자기 바로 앞으로 오도록 불렀다. 그래서 우리가 십자가를 높이 들고 접근하자, 그는 값을 매길 수 없을 만큼의 비싼 머리장식을 벗고 십자가 앞에 경건하게 머리숙였다. 주교가 축복하였고 대칸은 숭고한 신심으로 십자가에 입맞췄다. 나는 그때 향로에 향을 놓았고, 우리의 주교가 황제에게 향연香煙을 쐬였다. 선물을 올릴 때가 아니면 어느 누구도 폐하 앞에 나설 수 없는 것이 법도였기 때문에, 우리는 과일을 가득 담은 은접시를 선물하였고, 그는 마치 맛을 보려는 듯한 모습까지 보이며 진심으로 받아들였다. 그리고 나서 우리는 그를 따르는 기마호위병에게 다치지 않기 위하여 옆으로 물러나, 그 호위행렬에 있는 세례를 받은 어느 고귀한 사람들 — 네스토리우스파에서 카톨릭으로 개종한 투르크인들 — 사이로 들어갔다. 그들 역시 우리의 하찮은 선물을 마치 숭고한 선물이라도 되는 듯 기쁘게 받아들였다."105)

오도리코는 대도에서 20일 걸리는 황실 삼림에서 대칸을 위하여 조직된 거대한 몰이사냥에 대해서도 얘기한다. 사냥에 대한 그의 묘사는 코끼리를 탄 대칸과 각자 자기 고유의 색깔이 있는 화살을 날리는 몽골 왕공

---

105. Odorico da Pordenone, Cordier편, p. 375. 이와 관련하여 마르코 폴로가 말하는 기독교 축제에서 쿠빌라이가 맡은 역할에 대해 주목하시오(Benedetto편, p. 69, p. 70).

들의 모습이 너무도 생생하다. "짐승들의 울부짖는 소리, 개들 짖는 소리
가 하도 시끄러워 서로 다른 사람들이 하는 얘기를 들을 수 없다." 일단
절정에 오르고 현장이 적절하게 정돈되면, 이순 테무르는 자기 조상 칭기
스칸처럼 몰이꾼들의 포위망을 풀어 부처의 정신으로 살아남은 짐승들이
달아나도록 하였다.

　　마지막으로 오도리코는 몽골 제국 역참제도의 우수함에 대해 얘기한
다. "급사急使들은 엄청나게 빠른 말이나 경주용 단봉 낙타를 타고 전속력
으로 질주한다. 역참이 눈에 들어오면 그들은 도착을 알리는 뿔나팔을 분
다. 그렇게 예고된 역부들은 새 말을 탄 교대기수를 불러낸다. 이 사람은
급송 공문서를 움켜쥐고 안장 위로 뛰어올라 자기와 교대될 다음 역참까
지 질주한다. 그렇게 해서 대칸은 말을 타고도 보통 사흘 여정의 고장소식
을 24시간 안에 받는다."

　　오도리코 다 포르데노네는 북경에서 2~3년을 머물고 나서 중앙아시
아를 경유하여 유럽으로 돌아가기 위하여 1328년경 수도를 떠난 듯하다.
그는 그들의 왕공들 가운데 게오르게스(1298년에 죽음)가 지오반니 다 몬
테코르비노에 의해 카톨릭으로 개종한 네스토리우스 교도 웅구트 투르크
인들의 고장을 통과하였다.

　　앞서 마르코 폴로처럼106) 오도리코도 이 웅구트 왕자들을 케레이트
'프레스터 존'과 혼동하지만, 그가 칭기스칸 가문의 공주들과 그들 사이의
빈번한 결혼에 관하여 얘기할 때 그의 마음에 두고 있는 것은 거의 틀림
없이 웅구트 왕자들이었다(위를 보시오). 그가 웅구트의 수부라고 부른 토
잔*Thozan*이라는 고을은 뻴리오가 증명한 것처럼 중세의 동승東勝 즉, 톡
토 또는 아마도 현대의 수원綏遠일 것이다. 웅구트 지방에서 오도리코는
칸산*Kansan* 즉, 감숙의 감주로 갔는데, 그곳의 고을과 마을들이 대상로를
따라 아주 가깝게 줄지어 있어 여행자가 한 곳을 떠나면서 다음 곳의 성
벽을 알아볼 수 있을 정도였다고 한다.

　　오도리코는 그 뒤 고비를 가로질러, 티베트와 라마교의 신정神政에 관

---

106. Benedetto편, pp. 60-61.

한 흥미있는 정보를 수집하면서, 타림분지의 북쪽이나 남쪽으로 가는 길로 접어들었을 것이다. 그는 서술과는 달리 실제로는 티베트에 결코 들어가지 않았다.[107] 그는 1330년 5월 파두아Padua로 돌아와 자기 임무에 대한 얘기를 받아 쓰게 한 뒤, 1331년 1월 14일 우디네Udine에 있는 자신의 수도원에서 죽었다.

오도리코를 맞이한 북경의 대주교 지오반니 다 몬테코르비노는 그가 떠나고 얼마 지나지 않은 1328년이나 1329년에 죽었다.[108] 1333년 로마 교황청은 그의 후임으로 또 다른 하급수사 니콜라스Nicholas를 임명하였고, 그는 중앙아시아 루트를 택하였다. 니콜라스가 일리 지역에 있는 오늘날의 쿨자 부근 알말릭에 도착하였다는 소식이 1338년에 유럽에 이르렀으나, 그는 중국에 닿기 전에 이미 죽은 듯하다.[109] 1339년에 교황 베네딕트 12세 Benedict XII는 프란체스코회의 지오반니 다 마리뇰리Giovanni da Ma-rignolli를 중국에 보냈다. 나폴리를 떠나 1339년 5월, 콘스탄티노플에 도착한 마리뇰리는 크리미아의 카파Caffa(페오도시야Feodosiya)를 향하여 다시 배를 탔다. 그는 킵착에서 칸 우즈벡을 방문하여 교황의 선물 몇 가지를 바쳤다. 1340년 봄 그는 킵착에서 차가다이 칸국의 알말릭으로 가서, 그 전해에 일어난 박해로 큰 피해를 입은 기독교 공동체들을 재편성하였다(p. 486을 보시오). 그리고 나서 중앙아시아를 건너 1342년 북경에 도착하였다. 8월 19일 그는 쿠빌라이의 열 번째 후계자인 대칸 토곤 테무르 Toghon Temür를 알현하고 서양의 큰 말을 바치자, 황제는 그 선물에 매우 감사하였다.[110] 그는 1353년에 아비뇽으로 돌아갔다.[111]

1370년 교황 우르반 5세Urban V는 파리대학 교수 기욤 다 프라토 Guillaume da Prato를 북경 대주교로 임명하였고, 다음 해에는 프란시스

---

107. Odorico da Pordenone, Cordier편, p. 450. B. Laufer, "Was Odoric of Po-rdenone ever in Tibet?" *TP*(1914), p. 405 참조.
108. 북경의 알란인들이 교황 베네딕트 12세에게 보낸 1336년 7월 11일자 편지에는 몬테코르비노가 8년 전에 죽었다고 한다(Moule, *Christians in China*, p. 198).
109. *Ibid.*, p. 197.
110. Pelliot, "Chrétiens d'Asie Centrale," *TP*(1914), p. 642.
111. Moule, *Christians in China*, p. 254에서 Marignolli의 『연대기』를 보시오.

코 다 포디오Francesco da Podio를 중국 파견 대사로 지명하였다.

그러나 몽골 왕조는 그 직전에 전복되었다(아래를 보시오). 승리한 한인들 즉, 명조는 몽골인들에 의해 도입되거나 승인되었지만 이제 추방할 대상이 된 외래 종교 명단에 기독교를 포함시켰다. 그와 같은 일은 서기 840년에도 위구르 카간들의 몰락과 함께 일어났는데, 그들의 왕조에 의해 보호받던 마니교가 야만인들에 의해 강제된 것이라는 판단 하에 하룻밤 사이에 추방된 것이었다(p. 195 이하를 보시오).

쿠빌라이계의 종말과 중국에서의 몽골인 추방

중국의 몽골 제국의 다양한 종교를 고찰하기 위하여 우리는 어떤 사건들을 앞질러 살펴보고 쿠빌라이 왕조의 역사를 잠시 중단해야 했는데, 이제 그 쿠빌라이 왕조의 역사로 돌아가도록 하자.

황제 테무르(성종成宗, 1294-1307)는 중국 몽골 왕조의 마지막으로 유능한 사람으로, 그 뒤의 황제들은 자질이 떨어졌다. 칭기스칸이 예견한 대로 ─ 만일 그가 하였다는 말이 사실이라면 ─ 초원 사냥꾼의 후손들은 그들의 가난으로 단련된 근본과 권력을 장악하게 된 경위를 잊고, 정주생활과 마르코 폴로와 오도리코 다 포르데노네가 우리에게 어느 정도 짐작케 해준 사치의 쾌락에 굴복하였다.

뭉케는 정복자들을 초원의 검소한 생활방식으로 되돌리려고 시도한 마지막 사람이었다. 그의 뒤를 이은 쿠빌라이는 단호히 그의 왕조가 중국식 생활방식을 지향케 하였으니, 그것은 문명화된 쾌락 속의 정착된 생활이었다. 그 사람(이나 그의 손자 테무르) 치하에서 이것은 좋은 것, 즉 손상되지 않은 채 남아 있던 몽골의 강인함에 중국의 재능을 더하는 것이었다.

그러나 나약한 2류 황제들의 등장과 함께 이 배합은 전적으로 해롭다는 것이 증명되었다. 중국의 마지막 칭기스칸 일족은 지나치게 중국화되었고 궁정생활과 지나친 주색 탐닉으로 연약해졌으며, 총신들과 애첩들, 그리고 지식층과 관료들의 장막으로 바깥세상으로부터 차단되어 실질적으로 그들의 몽골적 활력의 모든 흔적을 잃어버렸다. 역사에 알려진 가장 무섭고 끔찍한 정복자의 이 후손들은 연약하고 무능하고 걸핏하면 눈물을 흘리는 우유부단한, 그리고 재난의 시기에는 통곡하는 자들로 왜소해져버렸다. 추상적 실체로서의 국가라는 중국적 관념에 자신들을 적응시키지 못하는 무능함만이 그들의 야만적 특성 가운데 남게 되었다.

그들은 비록 천자 자리를 차지하고는 있었지만, 그 구성원들은 공공연하게 말다툼하고 서로 권력을 강탈하며 서로를 파괴하는 씨족 수준을 벗어나지 못하고 있었다. 한인들이 반란을 일으켰을 때 그들은 아무런 가망 없이 분열되고 서로 질투하며, 위험 앞에서 단결하기보다는 한인들이 자신들을 하나씩 이기도록 놔두었다.

게다가 그들의 수명 또한 지나친 쾌락 때문에 단축되었다. 쿠빌라이는 1294년 2월 18일, 79세에 죽었다. 그가 총애하던 둘째아들 진김 ― 라시드 웃 딘의 친킴Chinkim ― 은 1286년 1월에 죽었다. 진김의 아들 테무르는 칭기스칸 일족의 뿌리깊은 음주습관에서 벗어나 그의 할아버지가 기대하였던 것보다 나은 군주임을 보여주었지만 1307년 2월 10일 42세 나이에 후사 없이 요절하였다.

위에서 본 대로 쿠빌라이의 손자인 탕구트(감숙) 총독 아난다[112]와 카라코룸과 몽골 본토 총독으로 항가이 국경에서 제국 최강의 부대를 지휘하던 증손자 카이샨(무종武宗) 간에 계승분쟁이 일어났다. 카이샨이 승리하였고 경쟁자는 사형에 처해졌다. 그는 특히 카이두와의 전쟁에서 군사적 재능을 입증하여 신하들의 희망을 불러일으켰으나, 주색에 빠져 31세(1311년 1월 27일)에 죽었다. 몽골인 지원자들에게도 한인 지식층들에게 부과하던 것과 똑같은 시험을 보게 하려던 '온화하고 자비로우며 참을성 있는' 그의 아우 부얀투Buyantu(아유르바르와다Ayurbarwada ; 인종仁宗)[113]는 35세로 죽었다(1320년 3월 1일). 부얀투의 열일곱 살 된 아들 시데발

---

112. 이 총독령은 쿠빌라이가 셋째아들 망갈라에게 주었고, 뒤에 망갈라의 아들 아난다에게 계승되었는데, 陝西를 포함하였고 그 首府는 서안 즉 장안이었다.
113. [역자] 원문에는 Ayurparibhadra로 되어 있다.

라Shidebala(영종英宗)114)는 3년 뒤 아버지의 사촌 이순 테무르를 황제로 선언한 몽골 고관 일당에게 암살당하였다(1323년 9월 4일).

몽골리아의 군대를 지휘하던 이순 테무르(태정제泰定帝)는 케룰렌 강가에 있는 거영지에서 황제로 선포되고 1323년 12월 11일 북경에서 정식으로 즉위하였다. 중국사료는 그를 무능하고 게으른 왕자, 거대하고 사치스러운 궁정의 포로로 묘사한다. 그가 죽자 내란이 일어났다. 카이샨의 아들 툭 테무르Tugh Temür가 1328년 11월 16일 권력을 잡았으나, 몽골리아의 총독이자 자기 형인 코실라Qoshila(명종明宗)115)에게 양위하였다.

1329년 2월 27일 코실라가 갑자기 죽자 툭 테무르(문종文宗)가 다시 등극하였으나, 그도 무절제로 쇠약해져 1332년 10월 2일 나이 28세에 죽었다.116) 6세에 황제로 선언된(1332년 10월 23일) 코실라의 작은아들 이린친발Irinchinbal(영종寧宗)117)은 즉위 두 달 만에 죽었다(12월 14일). 이린친발의 열세 살짜리 형 토곤 테무르Toghon Temür(순제順帝)가 1333년 7월 19일 그를 계승하였다.

토곤 테무르의 치세는 몽골 왕조의 몰락을 보았다. 그의 유년시절에 몽골 귀족들은 쿠데타와 음모 속에서 권력다툼을 벌였다. 처음에는 권력을 메르키트 출신 귀족 바얀이 휘둘렀다. 그가 총애를 잃고 1340년에 죽자 몽골 파벌들 간의 투쟁은 왕조의 위신을 완전히 파괴하고 중앙권력을 철저히 침식하였다. 약하고 우유부단한 토곤 테무르는 그의 총신들과 티베트 라마들과 어울리는 데서만 기쁨을 찾았다. 주색에 빠져 우둔해진 그는 국사에는 전혀 관심이 없었으며, 남쪽에서 으르렁대는 한인들의 반란도 무시해버렸다.

이 타락의 광경은 한인 '애국자들'을 외세의 지배에 대항하여 반란을 일으키도록 고무하였다. 반란은 1912년의 그것처럼 양자강 하류와 광동

---

114. [역자] 원문에는 Suddhipala로 되어 있다.
115. [역자] 원문에는 Kusala(Ksele)로 되어 있다.
116. L. Ligeti, "Les noms mongols de Wen-tsong des Yuan," *TP*(1930), p. 57 참조.
117. [역자] 원문에는 Renchenpal로 되어 있다.

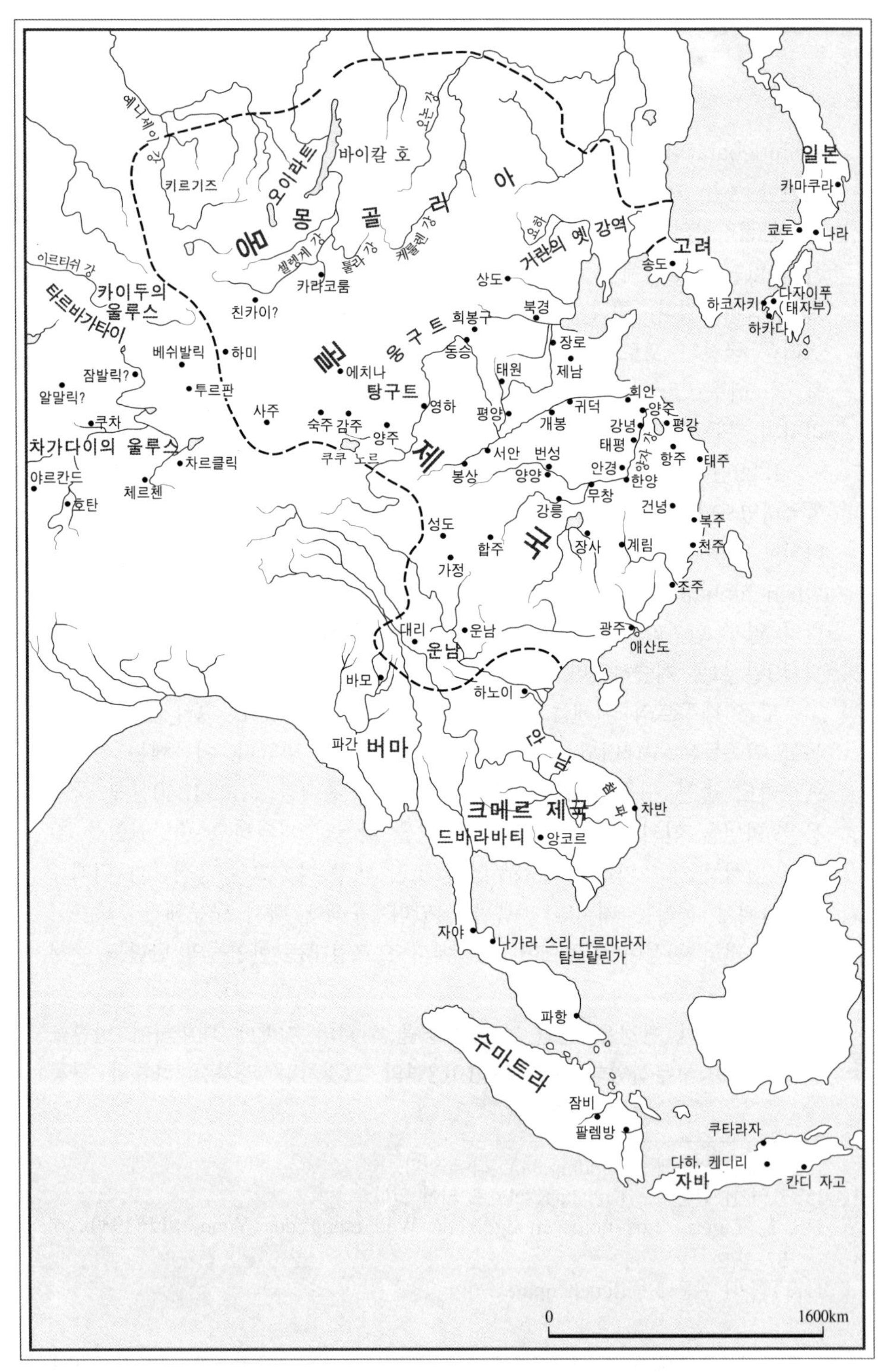

쿠빌라이 일족 치하에서의 중국의 몽골 제국

지역에서 시작되었다. 자발적이고 산발적으로 일어났는데, 몽골인들과 전쟁을 하는 한편 자기들끼리 다투는, 반은 애국자이고 반은 도적인 수많은 우두머리들이 이끌었다. 몽골인들로부터 호북의 쌍둥이 도시 한양과 무창을 빼앗고(1352), 그 다음에 양양(1356), 그리고 마침내 호북과 호남의 양호 지방과 강서 대부분 지역을 지배하게 된 서수휘徐壽輝는 그런 대표적인 인물이었다. 그러나 그는 1359년에 보잘것 없는 어부의 아들로 태어나 파양호鄱陽湖 북쪽 구강九江에 거처하면서 제국의 황제 후보 노릇을 하게 된 부하 진우량陳友涼에 의해 실각되었다. 이와 비슷한 예는 송조의 후예를 자처하며 1358년 잠시 개봉을 지배하였으나, 1359년 몽골 왕자 차간테무르Chaghan Temür에게 쫓겨난 모험가 유복통劉福通이었다. 네 번째 반란군 지도자는 절강과 복건의 해안을 대담한 해적 방국진方國珍이 유린하는 동안 양자강 하구의 양주를 점령한 장사성張士誠이었다.

이 모든 불한당들은 그들 가운데 가장 영리한 자였던 미래의 홍무제洪武帝이자 명조의 창업자인 주원장朱元璋에 의해 빛을 잃게 되었다. 그는 안휘安徽의 가난한 농장 노동자의 아들로 전직이 승려였다. 1355년에 그는 양자강 하류 기슭에 있는 태평 지역에서 무기를 들었다. 그의 다른 경쟁자들처럼 처음에는 한 무리의 지휘자였던 그는 정치적 감각, 그리고 지역주민에게 무력을 사용하지 않고 자기 편으로 만드는 재주와 인간성으로 인하여 두각을 나타냈다. 1356년에 그는 몽골인들로부터 남경을 빼앗아 수도로 삼았다. 그로부터 얼마 후 그는 무정부상황에서도 그곳에 정규정부를 수립하였다. 1363년 그는 파양호 동쪽 기슭인 요주 근처에서 경쟁자 진우량을 무찔러 죽이고, 그의 세습영역인 호북·호남·강서를 접수해 양자강 전 유역의 주인이 되었다. 1367년 그는 그의 또 다른 경쟁자 장사성으로부터 절강을 빼앗았으며, 1368년에는 해적 방국진에게서 복건의 항구들을 빼앗았다. 광동과 광서 양광 지역이 그를 이의없이 인정하였으며(1368), 이로써 명明은 남부 전역의 주인이 되었다.

몽골 조정은 한 세기 전에 쿠빌라이가 정복하고 그의 유약한 후손들의 무관심과 무능력 때문에 잃게 된 옛 송 제국의 영토인 남부 중국의 상실에 대하여 상대적으로 무관심하였던 것으로 보인다. 칭기스칸 일족은 그들의 첫번째 정복지이며 옛 금조의 영역이었던, 그리고 그때까지 그대로 남아 있던 북부 중국에 훨씬 더 관심이 많았다. 그러나 이를 지키기 위한 결속조치가 필요하였는데도 몽골 왕자들은 그 어느 때보다도 분열되어 있었다.

1360년 그들 가운데 가장 정력적이고 제국 군대의 가장 유능한 장군으로서 개봉을 재점령한 차간 테무르와 대동 총독인 볼로드 테무르Bolod Temür는 태원(그 당시는 기녕)의 총독직을 두고 산서로 진격하여 거의 충돌 직전까지 갔다. 다음에는 몽골리아에서 우구데이가의 한 왕자가 상황을 이용하여 쿠빌라이가를 전복하려 하였다. 그는 만리장성으로 진격하여 상도(돌론 노르) 부근에서 제국 군대를 격파하였으나 배반당해 살해되었다 (1361년 11월).

제국의 지도자들 사이에서도 내란이 맹위를 떨치고 있었다. 1363년 제국이 남부 중국을 잃자, 볼로드 테무르는 차간의 상속자인 쿠쿠 테무르 Kökö Temür로부터 태원 즉, 산서의 통치권을 빼앗으려고 무력을 사용하였다. 황태자 아유르시리다라Ayurshiridhara(북원 소종北元 昭宗)는 볼로드에 반대하여 쿠쿠 테무르에게 그를 대동 총독직에서 제거하도록 명령하였다. 그러자 1364년 9월 9일 볼로드는 군대를 이끌고 북경에 입성하여 토곤 황제에게 자신을 전군 최고사령관으로 임명하라고 협박하였고, 황태자는 태원에 있는 쿠쿠 테무르의 군대로 달아났다. 그러나 볼로드는 이 두 적을 무찌르는 데 실패하였고, 1365년 9월 황제 자신이 가담한 궁정 음모로 암살당하였다. 쿠쿠 테무르는 황태자와 함께 북경으로 돌아와 그 자신도 치욕스럽게 몰락하는 날까지(1367) 전군 최고사령관을 역임하였다.

몽골 조정과 귀족들이 내전을 벌이고 있는 동안 한인 반란군들이 남부 중국 전역을 점령할 수 있었던 것은 대단한 기적은 아니었다. 명 지도자의 북부 중국의 정복은 사기가 꺾인 적을 상대로 해서 성취된 것이었다.

그것은 승리의 행군이었다. 주원장은 1368년 8월 남경을 떠나 광평과 순덕을 거쳐 하북으로 들어섰다. 몽골 장군 부얀 테무르Buyan Temür가 대도의 접근로를 지키려고 하였으나 새로운 명조 통치자의 유능한 장군 서달徐達에게 통주에서 패하여 살해되었다. 황태자 아유르시리다라는 조상들의 위패를 갖고 몽골리아로 달아났다. 토곤 황제 자신도 9월 10일 밤 상도(돌론 노르)를 향하여 대도를 떠났다. 수도를 지키던 몽골 왕자 테무르 부카Temür Buqa가 장렬하게 전사하자 명이 대도에 입성하였다.

마지막 몽골군이 태원 총독 쿠쿠 테무르의 지휘 아래 산서를 점령하고 있었으나, 독립군주처럼 행세하던 그는 자기 영지를 지키는 데 병력을 집중하려고 주군 돕기를 거절하였다. 그러나 서달의 지휘 아래 중국군이 접근하자 그 역시 압도당하였다. 태원이 함락되고 쿠쿠 테무르는 감숙으로 달아났다. 가련한 황제 토곤 테무르는 돌론 노르에서 더 이상 안전하지 못함을 느끼고, 시라무렌 강가에 있는 응창으로 달아났다. 그는 중국 제국을 잃고, 아니 그보다는 제국 영지의 즐거움을 잃고 절망에 빠져 1370년 5월 23일 그곳에서 죽었다. "온갖 찬란함으로 장식된 내 위대한 도시 대도! 내 즐겁고 시원한 피서지 상도! 그리고 내 신성한 조상들의 즐거움이며 휴식처인 누렇게 물드는 평원! 내 무슨 사악을 저질러 그렇게 내 제국을 잃었는가!"118)

칭기스칸의 후손들이 중국에 세운 칸국은 쿠빌라이로부터 토곤 테무르까지 100년 이상 존속되지 못했다. 그러나 그들이 투르키스탄에 세운 비슷한 칸국은 운명의 기복과 티무르에 의한 단절에도 불구하고 17세기까지 버틸 운명이었다.

---

118. Courant, *L'Asie Centrale aux XVIIe et XVIIIe siècles*, p. 5.

8. 차가다이가 치하의 투르키스탄

차가다이 칸국 : 기원과 전반적 특징

　　칭기스칸의 둘째아들 차가다이[1]는 이식쿨 지역, 발하쉬 호 동남쪽 일리 강 분지, 그리고 추 강과 탈라스의 초원 ― 그 전부는 아닐지라도 이 지역의 동쪽 부분 ― 을 물려받았다. 주베이니에 의하면 그의 동영지는 일리 강 근처에[2], 하영지는 쿠야쉬Quyash에 있었는데, 둘 다 일리 계곡에 있었고 쿠야쉬는 (오늘날의 쿨자에서 멀지않은) 알말릭 부근이었다. 그는 카쉬가리아와 트란스옥시아나를 속령으로 갖고 있었다. 위구리아에서는 1260년경 전까지는 카라코룸의 대칸에게 부속되어 있었던 듯한 베쉬발릭(현대의 짐사), 투르판(카라호자), 쿠차 등 옛 위구르 지방이 차가다이조의 직속령이 되었다. 트란스옥시아나에서도 부하라와 사마르칸드 같은 도시들은 한동안 카라코룸 조정이 통치하였다.

　　군주의 이름에서 영역의 이름을 따온 차가다이 칸국은 옛 구르 칸들의 카라 키타이 왕국과 일치하였다. 그리고 이는 카라 키타이처럼 몽골 지배 하의 투르크 지방 즉, 몽골령 투르키스탄이었다. 그러나 차가다이의 통

---

1. 또는 차가타이Chaghatai. 『몽골비사』에는 차아다이Cha'adai로 나온다. 여기서 우리는 Pelliot(*TP*[1930], p. 304), Barthold(*Turkestan*)와 함께 서구의 관행인 Jagatai라는 형태를 사용한다. [역자] 앞서 얘기한 대로 본 역서에서는 차가다이로 일관한다.
2. [역자] 원문에는 거영지가 Marawsik-ila에 있다고 되어 있으나, Juvayni의 글에 나오는 Ila라는 河名 앞에 나오는 MRAWRYL의 의미는 불분명하다. Juvayni의 글을 번역한 Boyle는 이 부분을 '일리 강 근처' 정도로 이해하고 있어, 이에 따랐다.

치자들은 카라 키타이의 구르 칸들, 그리고 그보다 앞선 7세기 서돌궐의 칸들처럼, 서구식 또는 중국이나 페르시아식으로 어떻게 정규국가를 세워야 하는지에 대한 개념이 없었다. 그들에게는 이를 위한 역사적 배경이 없었다. 쿠빌라이가나 페르시아 훌레구가의 사촌들은 유구한 고대 중앙집권적 제국의 전통, 즉 행정관행과 아문衙門과 디반*divan*3)의 모든 역사를 자기네 영유지에서 발견하였다.

그들은 여기서는 천자, 저기서는 술탄이 되었다. 그들은 지리적으로나 역사적으로, 그리고 문화적으로 명확하게 정의된 국가들과 자신들을 동일시할 수 있었다. 차가다이의 아들들에게는 이와 같은 것이 없었다. 경계가 바뀌는 그들의 영토는 북경이나 타브리즈 같은 중심지가 없이 초원만이 있을 뿐이었다.

그들은 카쉬가르나 호탄 같은 타림의 오아시스에 결코 정착하지 않았으니, 그곳은 닫힌 정원이었고 그들의 가축과 기병에게 너무 좁았기 때문이다. 그들은 타직인들이나 부하라와 사마르칸드의 다소 이란화된 투르크인들 사이에 정착하지도 않았는데, 그러한 혼잡한 도시의 무슬림 광신주의와 폭도들의 불온은 그들의 유목민적 천성과 전혀 맞지 않았던 듯하다. 그들은 다른 울루스들의 친척들보다 훨씬 더 오랫동안 도시생활을 전혀 몰랐을 뿐만 아니라, 그 필요성이나 효용에 대한 어떠한 이해도 없었다. 그래서 칸 바락은 단지 군대양성을 위한 재원마련을 위하여 자기 도시인 부하라와 사마르칸드에 대한 약탈명령을 주저하지 않았다.4)

마지막 15세기까지 차가다이조는 계속해서 일리와 탈라스 사이를 옮겨 다니면서 초원의 사람들로 남아 있었다. 아르군, 가잔, 울제이투, 쿠빌라이, 그리고 테무르 같은 정치가들을 배출한 가문에서, 그들은 몽골문화의 후진성을 대표하였다. 그것은 그들이 중국인이 된 쿠빌라이의 가계나 페르시아 사람이 된 훌레구 가계보다 주위환경에 더 저항적이었기 때문이 아니었다. 그들은 투르크인들의 고장에서 살아오던 대로 살면서, 14세기 이래 동쪽 지역에서 사용된 투르크어가 차가다이 투르크어로 알려질 정도

---

3. [역자] *divan*은 페르시아어로 정부의 관청을 뜻한다.
4. Wassaf, D'Ohsson, *Histoire des Mongols*, III, p. 436에.

로 투르크인들이 되었다. 그리고 옛 튀르기쉬와 카를룩의 유민들인 이 일리 지역의 투르크인들은 몽골인들만큼이나 문화적 과거가 없었다. 그들은 위구르의 불교-네스토리우스교 문화와 부하라와 사마르칸드의 아랍-페르시아 문화 중 어느 것도 선택하지 못한 채 그 사이에 걸려 있었다. 처음에는 틀림없이 칭기스칸처럼 위구르의 영향, 즉 부처와 네스토리우스교의 십자가에 충실하였던 고대 투르크-몽골인들의 영향을 더 받았다. 차가다이 조는 그러다 14세기 초에 이슬람으로 개종하였지만, 몽골적이었기 때문에 광신주의도 경전도 없었고, 그래서 사마르칸드의 헌신적인 무슬림들의 눈에는 여전히 반 우상숭배자들로 보였고, 그들에 대한 티무르의 전쟁은 무슬림 성전의 측면을 갖게 되었다.

칸국의 창업자이자 1227년부터 1242년까지 통치한 차가다이는 구식 몽골인이었다. 그가 존경하면서도 두려워한 아버지 칭기스칸은 그를 야삭의 수호자, 즉 법전과 기율의 수호자로 임명하였는데, 그는 일생을 이 법을 준수하고 또 주위사람들도 그렇게 하도록 하면서 살았다.

하루는 당시 대칸이던 아우 우구데이와 말달리기 시합을 해 이긴 차가다이는 다음 날 마치 죄인처럼 용서를 빌러 갔다.[5] 그는 아우가 대칸의 자리에 오른데 대해서도 분노하지 않았는데 그것이 아버지의 선택이었기 때문이다. 같은 이유로 해서 그는 비록 무슬림 민족을 다스렸지만 이슬람에 대하여, 특히 『쿠란』의 계율이 몽골 관습과 야삭에 모순되는 세정洗淨행위와 가축도살을 규정한 것과 관련하여 상당한 적개심을 드러냈다.[6]

그의 대신들 가운데에서 오트라르의 쿠틉 웃 딘 하바쉬 아미드Qutb ad-Din Habash 'Amid(1260년 사망)는 무슬림이었다.[7] 칭기스칸은 부하라, 사마르칸드 등 트란스옥시아나 도시들의 행정과 재무를 페르가나의 호젠트에 거처를 정한 또 다른 무슬림 마흐무드 얄라바치에게 위임하였다. 그럼에도 불구하고 차가다이는 마흐무드를 해임하였는데(마흐무드가 대칸에게 직접 귀속되었기 때문), 당시 집권하고 있던 우구데이는 차가다이 행

---

5. Rashid ad-Din, *ibid.*, II, pp. 101-102.
6. Rashid ad-Din, *ibid.*, II, pp. 93, 100.
7. Barthold, "Caghatâi-khân," *EI*, p. 832.

위의 변칙성을 지적하고 마흐무드를 복직시켰다.8) 마흐무드의 뒤를 이어 그의 아들 마스우드 얄라바치 즉, 마스우드 벡Mas'ud Beg이 대칸의 이름으로 트란스옥시아나의 도시들을 계속 다스렸고, 바르톨드에 의하면 그는 중국과의 국경에 이르기까지 차가다이의 다른 '문명화된 지방들'도 다스렸다. 그는 이 자격으로 1246년의 쿠릴타이에 참석하였으며 자기 역할을 확인받았다. 1238-1239년 지주계급과 몽골 통치에 반대하는 무슬림의 대중운동이 부하라에서 일어났지만 마스우드가 이를 진압하였으며 동시에 몽골군의 복수로부터 도시를 구하는 데도 성공하였다.9)

차가다이는 죽으면서(1242) 대위를 자기의 손자, 즉 1221년 바미얀 공성전에서 전사하여 가족들에게 슬픔을 가져온 큰아들 무투겐의 아들 카라 홀레구에게 넘겨주었다. 카라 홀레구는 과부가 된 카툰 에부스쿤Qatun Ebuskun의 후견 아래 1242년부터 1246년까지 통치하였다. 1246년, 새로운 대칸 구육은 그를 차가다이의 아들10)이자 자신의 친구인 이수 뭉케 Yisü Möngke11) 왕자로 교체하였는데, 이수 뭉케는 음주로 인해 기지가 둔해져 나라의 통치를 아내와, 주베이니가 문학예술의 보호자라고 칭송한 그의 무슬림 재상 바하 웃 딘 마르기나니Baha ad-Din Marghinani에게 맡겨버렸다.12) 이수 뭉케 역시 매우 짧은 기간 동안에만 통치하였는데 (1246-1252) 마찬가지 이유에서였다. 그는 1249-1250년 모든 칭기스칸 가문을 분열시킨 제위계승 다툼에서 뭉케의 입후보에 반대하여 우구데이 가의 편을 든 것이다. 뭉케는 등극하고 나서 1252년 8월 이수 뭉케를 폐하고, 이수 뭉케가 5년 전에 쫓아낸 예의 카라 홀레구로 교체하였다. 카라

---

8. *Ibid.*
9. Juvayni, D'Ohsson, *Histoire des Mongols*, II, pp. 102-107에.
10. [역자] 영역본은 이를 '차가다이의 아우'라고 잘못 번역하였다.
11. 몽골어 Mongka는 투르크어 Mangu와 같은 말이다. 나는 차가다이조의 이 인물과 1252년에 그를 폐한 대칸과의 혼동을 피하기 위해 일부러 두 형태를 사용한다. [역자] 그러나 대칸의 이름은 Möngke이고, 차가다이 아들의 이름은 Yisü Möngke이므로 혼동의 여지가 없고, 본 역서에서는 이수 뭉케로 옮기기로 한다.
12. D'Ohsson, *Histoire des Mongols*, II, p. 204 ; Barthold, "Caghatâi-khân," *EI*, pp. 833-834.

훌레구에게는 집권 후 아저씨 이수 뭉케를 처형하는 임무까지 주어졌다. 이 일련의 궁정드라마를 볼 때 차가다이의 울루스가 이 시기에 결코 자주적이지 못하였으며, 카라코룸 조정에서 일어나는 일족의 분란의 모든 파장에 노출된 조정의 속국이었다는 것이 명백하다. 그것은 실로 중앙권력과 긴밀하게 연결된 총독령이었으며, 우구데이가와 톨루이가의 손위 집안임에도 불구하고 손아래 집안으로 취급되는 방계 지파였다.

그러나 카라 훌레구는 그의 영지에 대한 권리를 되찾으러 가는 길에 죽어(1252), 이수 뭉케를 처형하라는 제국의 명령은 그의 과부 오르가나에게 떨어졌다.13) 카라 훌레구의 추종자로서 이수 뭉케 치하에서 고통받던 노대신 하바쉬 아미드는 바하 웃 딘 마르기나니를 처형하는 것으로 사적인 복수를 하였다.14) 오르가나는 차가다이 칸국의 통치를 맡아 이를 9년간 장악하였다(1252-1261).

차가다이가의 종주권 아래 존재하던 칭기스칸 이전의 옛 왕조들도 마찬가지로 카라코룸의 궁정혁명에 영향을 받았다. 베쉬발릭(고성), 투르판, 쿠차의 위구르 왕국이 그 예이다. 위구르의 지배자 바르축은 이미 설명한 바와 같이 일생 동안 칭기스칸의 충성스러운 신하였으며, 쿠출룩, 호레즘의 샤, 그리고 서하에 대항하여 그를 지지하였다. 그 보답으로 칭기스칸은 그에게 자기 딸들 가운데 총애하던 알알툰 베키 혹은 알툰 베키를 주려 하였다고 한다.

그러나 결혼은 성사되지 않았는데, 첫째 칭기스칸이 죽었기 때문이고 또한 공주 자신도 죽었기 때문이다. 바르축도 오래지 않아 죽었고 이디쿠트*idiqut*, 즉 위구르의 군주위는 대칸 우구데이에게 군주 호를 수여받기 위하여 몽골 조정으로 간 아들 키쉬마인Kishmain이 계승하였다.15) 키쉬마인이 죽자 몽골의 섭정황후 투르게네는 그의 아우 살렌디Salendi에게

---

13. D'Ohsson, *Histoire des Mongols*, II, p. 271.
14. Barthold, "Caghatâi-khân," *EI*, pp. 833-834.
15. Muhammad Qazvini는 Juvayni의 철자가 모음을 끼워넣지 않은 Ksmain (*Ta'rikh-i Jahan-gusha*, p. 34), 또는 Kshmain(*ibid.*, Bérézin편, I, p. 165)임을 지적하였다.

군주 호를 수여하였다.16) 불교도인 살렌디는 이슬람에 대하여 적대적이었던 듯하며 무슬림들은 그의 가혹함을 불평하였다. 1251년, 우구데이가와 뭉케가 간의 계승분쟁에서 살렌디의 측근 가운데 적어도 일부는 우구데이가의 편에 섰다. 실로 그의 주요 부하 가운데 하나인 발라Bala는 승리한 뭉케로부터 오굴 카이미쉬의 공범으로 선고받고 운이 좋아 겨우 도망할 수 있었다.

마음이 편치 않았을 살렌디는 서둘러 뭉케에게 입조하였고(1252), 폭풍이 발발하였을 때는 제국의 오르두에서 막 돌아왔을 때였다. 위구리아의 무슬림들은 그가 자기들을 살육하려 한다며 세세한 내용과 함께 고발하였다. 그들은 '금요일, 모스크에서 기도 중에' 베쉬발릭과 전국에서 학살이 일어날 것이라고 주장하였다. 뒤에 판명된 일이지만, 그 당시 베쉬발릭에 있던 뭉케의 대표자들 가운데 세이프 웃 딘Sayf ad-Din이라는 무슬림이 고소를 접수하고, 대칸에게 사태를 설명하러 살렌디를 카라코룸으로 돌아가게 하였다. 불행한 위구르 왕자는 고문을 당해 원하는 대로 자백하게 되었다. 뭉케는 그를 처벌의 고통을 받도록 베쉬발릭으로 돌려 보냈다. 도오송은 이에 대하여 "그는 거대한 인파 앞에서, 그리고 불교도 왕자의 처형을 이끌어내기로 단단히 결심한 것으로 보이는 무슬림들에게는 만족스럽게도, 자신의 아우 외귄치Ögünch에 의해17) 금요일에 목이 잘렸다"고 설명하였다. 사실 살렌디는 우구데이가의 일당으로서 처형된 것이고 그 대신 뭉케의 충신인 그의 아우가 임명된 것이었으나, 위구리아의 소수파인 무슬림들에게는 이 가족 간의 다툼이 다수파인 불교도들에게 복수할 기회였다(1252).18)

---

16. Juvayni, I, p. 34, 그리고 Rashid ad-Din, Bérézine편, I, p. 165에 Saindi (Muhammad Qazvini의 편지에서).

17. Muhammad Qazvini는 이 왕자가 Juvayni의 글에서 모음을 끼워넣지 않은 형태·즉 Uknj 또는 Oukndj로 언급되었다고 하였다(Juvayni, I, p. 38). [역자] 그루쎄의 원문에는 그의 이름이 Ukenj로 되어 있으나, Juvayni의 글에서 그의 이름은 Ögünch로 읽는 것이 옳을 것이다. 『元史』에는 玉古倫的(Ügürüchi)으로 표기되어 있다.

18. D'Ohsson, *Histoire des Mongols*, II, pp. 271-273, Rashid ad-Din에 따라.

알루구의 치세 : 차가다이조의 독립 시도

아름답고 어질고 분별력 있는 왕녀로 기술되는 오르가나는 차가다이 칸국을 1252년부터 1261년까지 다스렸다. 그녀의 치세 말기의 칸국은 대칸위를 차지하기 위한 몽골리아에서의 투쟁, 이번에는 대칸 쿠빌라이와 그의 아우 아릭 부케 간의 경쟁의 메아리를 느끼기 시작하였다. 그때 몽골리아의 주인이던 아릭 부케는 차가다이의 손자이며 바이다르의 아들인 알루구 왕자를 '차가다이의 칸'으로 임명하고, 그에게 페르시아의 칸 훌레구가 쿠빌라이에게 증원군을 파견하는 것을 막도록 아무다리아의 국경수비 임무를 맡겼다. 알루구는 베쉬발릭으로 가서 오르가나를 권좌에서 제거하고 알말릭에서 아무다리아까지 이의없이 군주로 받아들여졌다.

그의 치세는 1261년부터 1266년까지 지속되었으나, 그는 아릭 부케가 의도한 것과는 매우 다른 노선을 걸었다. 알루구는 쿠빌라이와 아릭 부케 간의 투쟁을 틈타 독립된 칸처럼 행세하였는데, 그의 가문에서는 최초로 그렇게 한 것이다.

그의 종주 아릭 부케는 차가다이 영지에서 조세를 징수하고 무기와 가축을 징발할 목적으로 세무감독관들을 보냈다. 부를 탐낸 알루구는 그것을 빼앗고 사절들을 죽였으며 쿠빌라이 지지를 선언하였다(1262년경). 이 배신에 격분한 아릭 부케는 알루구를 향하여 진격하였다. 그러나 알루구는 적의 전위부대를 사이람 노르와 에비 노르 사이의 풀라드Pulad(혹은 볼로드Bolod) 근방에서 격파함으로써 성공적인 출발을 하였다.

그러나 그는 이 승리로 자신이 안전하다고 믿고 군대를 해산한 뒤 일리에 있는 본거지로 평화롭게 돌아와버리는 실수를 범하였다. 바로 이때 아릭 부케의 다른 부하가 새로운 부대를 데리고 일리분지에 침입하여 알말릭을 점령하자 알루구는 카쉬가르와 호탄 쪽으로 달아나지 않을 수 없었다. 그러자 아릭 부케가 차가다이 울루스의 심장부인 알말릭 지방으로 겨울을 나러 왔으며, 알루구는 사마르칸드로 후퇴하였다(1262-1263년경).

아릭 부케는 나라를 황폐화시키고 모든 적들을 살해하면서 아름다운 일리 지역에서 몹시 야만적으로 행동하였기 때문에 기근이 발생하자 몇몇 장교들조차 부대를 이끌고 도망해버렸다. 아릭 부케는 자기 군대가 흩어지는 것을 보고 알루구와 평화협상을 맺으려 하였다. 그때 자신을 차가다이의 칸국에서 제거시킨 것을 따지러 온 오르가나가 있었고, 그래서 사마르칸드에 있는 알루구에게 평화제의를 전달할 임무를 그녀와 마스우드 얄라바치에게 부여하였다.

그러나 여기서 사건은 극적인 전환을 하였다. 오르가나가 도착하자 알루구는 그녀와 결혼하고 마스우드를 재무대신으로 임명하였다. 마스우드의 지지는 매우 귀중한 것이었다. 이 현명한 행정관은 부하라와 사마르칸드에서 상당한 세금을 징수하여 알루구와 오르가나가 좋은 군대를 모집할 수 있도록 해 알루구는 이밀에서 내려온 우구데이가의 왕자 카이두의 침입을 격퇴할 수 있었다.

반면 자원이 고갈된 채 서쪽에서는 알루구에게, 동쪽에서는 쿠빌라이의 공격을 받던 아릭 부케는 1264년 앞서 본 바와 같이 쿠빌라이에게 항복하게 되었다.[19]

이러한 사건들은 그때까지 대칸들의 엄격한 통제를 받던 차가다이 칸국의 실질적인(명목상으로는 아니더라도) 해방이라는 결과를 가져왔다. 그때까지 대칸들을 위하여 부하라와 사마르칸드를 통치하던 마스우드 얄라바치(1289년에 죽음)는 그 후 알루구를 위하여 조세를 징수하였다. 알루구 역시 킵착의 칸 베르케와 전쟁을 하여 오르타르를 파괴시켜버리고 호레즘 지방을 빼앗아 영토를 확대하였다.[20]

알루구가 죽자(1265 또는 1266) 그의 아내 오르가나는 첫번째 결혼(카라 훌레구)에서 낳은 아들 무바락 샤Mubarak Shah를 즉위시켰는데, 그는 트란스옥시아나의 영향을 받아 이슬람으로 개종한 차가다이조 최초의 인물이었다(자말 카르시Jamal Qarshi는 그의 즉위를 1266년 3월이라고 한다). 그러나 차가다이조의 또 다른 인물인 무투겐의 손자 바락은 자

---

19. D'Ohsson, *Histoire des Mongols*, II, pp. 352-354. 나는 차가다이 칸국의 역사에 대한 이 설명에서 쿠빌라이의 역사에 관해 제7장에서 이미 간단히 기술한 일부 사실을 되풀이할 수밖에 없다.
20. Barthold, "Caghatâi-khân," *EI*, p. 833, 그리고 "Berke," *ibid.*, p. 726.

신을 사촌 무바락과 함께 공동통치자로 임명한 쿠빌라이의 칙령을 받았다.21) 바락은 당장 일리에서 무바락의 군대를 타도하고 호젠트에서 무바락을 붙들어(자말 카르시에 의하면 1266년 9월) 폐위시키고, 왕실의 사냥 책임자로 전락시켰다.

바락은 쿠빌라이 덕에 즉위하였지만 곧 쿠빌라이와 다투게 되었다. 대칸은 자기 부하인 모골타이Mogholtai를 중국령 투르키스탄의 총독에 임명하였으나 바락이 그를 쫓아내고 자기 부하로 교체해버렸다. 쿠빌라이는 해임된 총독을 재임명하기 위하여 기병 6,000명을 보냈지만 바락이 3만명으로 이들을 맞이하여 쿠빌라이의 기병은 싸워보지도 못하고 퇴각했다. 바락은 또 호탄을 약탈하러 부대를 보냈는데 그곳은 쿠빌라이가 지배하는 도시였다.

카이두의 종주권 하에서의 차가다이 칸국

바락은 카이두에 대해서는 운이 그리 좋지 못했다. 우구데이가의 가장이며 이밀과 타르바가타이의 지배자인 카이두가 대칸의 칭호와 칭기스칸 일족의 다른 울루스들에 대한 종주권을 놓고 쿠빌라이와 어떻게 경쟁하였는지에 대해서는 얘기한 바 있다.

카이두는 바락에게 충성을 요구하는 것으로 공격을 시작하였다. 아무다리아 부근에서 벌어진 초기 전투에서 바락은 적을 매복장소로 유인하여 많은 포로와 전리품을 거두었다. 카이두는 킵착의 칸 뭉케 테무르Möngke Temür의 지지를 받았는데, 그는 왕자 베르케체르Berkecher에게 5만 병력을 주어 바락에 대항하러 보냈다. 큰 전투에서 이 장군에게 패한 바락은

---

21. 이 이름의 통상적인 형태인 *Boraq*이나 *Borraq*은 이슬람화한 것이다. Pelliot는 마르코 폴로의 *Barac*과 『元史』의 八剌를 상기시키면서 몽골 이름은 *Baraq*이었다는 것을 강조한다("Sur la légende d'Ughuz-khan," *TP*[1930], p. 339). 이 왕자의 치세에 대해서는 D'Ohsson, *Histoire des Mongols*, II, pp. 359-360, 그리고 Barthold, "Burâk," *EI*, p. 814를 보시오.

트란스옥시아나로 퇴각하였지만 부하라와 사마르칸드에서 강탈한 것으로
군대를 재무장시킬 수 있었다.

카이두가 평화를 제의하였을 때 그는 최후의 저항을 준비하고 있었다.
카이두는 몽골리아에서 쿠빌라이와의 결전을 벌이기 위하여 자기 손이 자
유로워지길 바랐고 그 때문에 바락 가문으로 하여금 트란스옥시아나를 갖
도록 놔두었으며, 바락은 그 대가로 카이두가 일리와 동투르키스탄을 실질
적으로 지배하도록 해야 했고, 심지어는 투르키스탄에서도 자신이 카이두
의 신하라는 것을 인정해야 했다. 이를 토대로 화해를 위한 대쿠릴타이가,
와싸프에 의하면 사마르칸드 북쪽 카트완 초원에서 1267년경에 — 라시드
웃 딘에 의하면 탈라스에서 1269년 봄에 — 열렸다.22) 바르톨드는 이렇게
적었다. "그리하여 대칸 쿠빌라이로부터 완전히 독립한 제국이 카이두의
종주권 아래 중앙아시아에 수립되었다. '이 협정에 참여한' 모든 왕자들은
자신들을 피의 형제들(안다anda)로 간주해야 했다. 도시와 지방주민의 재
산이 보호받게 되었고, 왕자들은 초원과 산지의 초장에 만족하고 유목민들
의 가축을 경작지역에서 떨어져 있게 하기 위하여 주의해야 했다. 트란스
옥시아나의 3분의 2가 바락에게 남겨졌으나, 거기서도 농경지의 관리는 카
이두에 의해 마스우드(알라바치)에게 위임되었다."

바락을 동투르키스탄에서 떼어놓기 위하여, 그의 종주인 카이두는 칸
아바카가 대표하는 훌레구가로부터 페르시아의 칸국을 빼앗으러 그를 보
냈다. 다시 한 번 마스우드의 만류에도 불구하고 바락은 자기 군대를 무장
시키기 위하여 부하라와 사마르칸드 주민들에게 과중한 세금을 부과하였
으며, 마스우드의 간청이 아니었다면 그는 두 도시를 완전히 약탈해버릴
뻔하였다. 그리고 그는 부리와 자기 사촌들인 네구베이 오굴Negübei
Oghul23)과 (그가 폐위시킨 전임자) 무바락 샤를 비롯한 칭기스칸 가문의

---

22. 카이두가 차가다이조에 승리한 뒤 통상적으로 살던 곳은 탈라스에 있었으며
    (Pelliot, *TP*[1930], p. 272), 그가 북경에서 이란으로 가는 랍반 사우마와 마르
    야흐발라하의 방문을 받은 곳도 바로 그곳이었다.
23. [역자] 원문에는 Nikpai Oghul로 되어 있으나, 그루쎄 자신도 다음 주에서 추측
    하였듯이 Negübei가 옳다.

왕자들로 이루어진 참모진들이 돋보이는 전군의 선두에서 아무다리아를 건너 메르브 근처에 막사를 세웠다.24) 그의 첫째 목표는 아프가니스탄 정복이었다. 그가 그것을 원했던 것은 틀림없이 할아버지 무투겐이 1221년 바미얀 공성전에서 죽었기 때문이었을 것이다.

전쟁은 시작되었다. 바락은 헤라트Herat 부근에서 아바카의 아우이며 후라산 총독인 툽신Tübshin25) 왕자를 격파하였다. 그는 그 지방의 대부분을 점령하고(1270년 5월경) 니샤푸르를 약탈하였으며, 헤라트의 샴스 웃 딘 무함마드 케르트Shams ad-Din Muhammad Kert로 하여금 충성을 표하고 조공을 바치도록 하였다. 그러나 아제르바이잔에서 서둘러 온 페르시아의 칸 아바카는 그를 헤라트 부근의 함정으로 유인하여, 1270년 7월 22일 궤멸적인 패배를 안겨주었다. 바락은 그의 잔여병력과 함께 트란스옥시아나로 돌아왔다. 그는 말에서 떨어져 다리를 절게 되어 부하라에서 겨울을 보냈는데, 거기서 술탄 기야쓰 웃 딘Ghiyath ad-Din이라는 이름으로 이슬람으로 개종하였다.

바락이 재난을 당하자 그의 친척 왕자들과 신하들은 그에 대한 지지를 철회하였다. 그래서 그는 자신의 종주 카이두에게 도움을 구걸하기 위하여 타쉬켄트로 갔다. 카이두는 2만 병력으로 출정하였으나 그를 돕기 위해서라기보다는 그의 불행을 이용하기 위해서였다. 바락은 두려움으로 죽었다고도 하고, 그의 주군이 도착하는 순간 카이두의 부하에게 은밀하게 제거되었다고도 한다(자말 카르시에 의하면 1271년 8월 9일).26)

바락이 죽자 그의 네 아들은 트란스옥시아나에서 카이두의 군대를 제거하기 위한 노력으로 알루구의 두 아들에게 가담해 마스우드 얄라바치의

---

24. D'Ohsson, *Histoire des Mongols*, III, p. 435(Wassaf와 Rashid ad-Din을 따라). 여기 나오는 부리를 1252년 바투가 처형케 한 부리와 혼동해서는 안된다. 닉파이는 네구베이Negübei와 관련있는 게 틀림없다(Pelliot, *JA*, II [1927], p. 266).
25. [역자] 원문에는 Buchin이라고 되어 있으나 Abaqa의 동생 중에 그러한 이름은 없다. Tübshin으로 교정되어야 마땅하다.
26. D'Ohsson, II, pp. 450-451, 그리고 III, pp. 427-453 ; Barthold, "Burâk," *EI*, p. 814.

현명한 통치 아래 번영하기 시작한 트란스옥시아나의 도시들을 약탈한 경우도 있었으나 계속해서 패하기만 하였다. 그래서 카이두가 1271년 트란스옥시아나의 칸국을 준 것은 그들 가운데 누구도 아니고, 차가다이조의 또 다른 인물 네구베이 오굴이었다.

그러나 네구베이 오굴이 카이두의 굴레를 벗어던지려고 하자 카이두는 그를 사형에 처하고 부리의 손자인 같은 가문의 다른 왕자 투카 테무르Tuqa Temür로 교체하였다(1274년경?).[27] 투카 테무르가 얼마 지나지 않아 죽자 카이두는 이번에는 바락의 아들 두와(1274년경?)를 즉위시켰다. 그러는 동안 1270년의 침략행위를 잊지 않은 페르시아의 아바카 칸이 복수를 하였다. 1272년 말 그는 호레즘과 트란스옥시아나로 군대를 보내 우르겐치와 히바를 약탈하고, 1273년 1월 29일 부하라에 입성하였다. 약탈과 방화가 일주일간 계속되었고 피난가지 못한 주민들의 다수가 목숨을 잃었다.[28] 훌레구가의 군대는 페르시아로 5만의 포로를 끌고 갔다.

이러한 사건들에서 유목민의 지배가 도시주민들에게 강요한 가공할 만한 조건들을 보았을 것이다. 유목민의 우두머리들은 자신들의 도시를 파괴하고 있지 않을 때는 자신들의 가족분규를 구실삼아 이따금씩 반대편에 종속된 고을로 내려와 파괴하곤 하였다.

침략자들이 떠난 뒤 마스우드는 또다시 몽골인들 간의 내전이 트란스옥시아나의 불운한 도시들에 정기적으로 남겨놓은 폐허들을 재건하였다. 그는 1289년 10월 또는 11월에 죽을 때까지 이 일을 계속하였다. 그리고 그의 일은 부하라와 사마르칸드를 교대로 통치한 그의 세 아들 아부 바크르Abu Bakr(1298년 5월 또는 6월까지), 사틸미쉬 벡Satilmish Beg (1302년 또는 1303년까지), 그리고 수윤치Suyunchi에 의해 수행되었다.[29] 그러나 그들도 차가다이조 사람들을 피하여 두려운 카이두에게 종속되었는데, 처음 두 사람은 그가 임명하였고 세 번째는 카이두의 아들이

---

27. 네구베이 오굴의 죽음을 1272년이라고 하는 Rashid ad-Din과 Wassaf (D'Ohsson, *Histoire des Mongols*, II, p. 451)에 의거.
28. *Ibid.*, III, pp. 457-458, Wassaf를 따라.
29. Barthold, "Caghatâi-khân," *EI*, p. 833 참조.

자 계승자인 차파르가 권력에 밀어넣은 것이었다.

분명 전임자들의 예에서 교훈을 얻었을 두와는 자신을 카이두의 충성스러운 신하로 보이려고 하였다. 위구르의 이디쿠트가 대칸 쿠빌라이와 동맹관계를 지속함에 따라, 카이두와 두와는 1275년 그에게 편을 바꾸도록 강요하기 위하여 위구리아를 침공하였다. 그들은 그때 이디쿠트의 수도(베쉬발릭)로 진격하였으나, 제국 군대가 제때 당도하여 위구르 영토를 해방시켰다.30)

1301년에 두와는 카라코룸 서쪽 항가이 산맥 지역에서 벌어진 카이두와 황제 테무르(쿠빌라이의 후계자) 군대 간의 전투에서 다시 카이두의 빛나는 2인자로 행세하였다. 두와는 1298년 9월 테무르의 사위인 기독교도 웅구트 왕자 쾨르귀즈를 사로잡아 잔인하게 죽였다. 이 성공 뒤에 두와는 투르판과 감숙 사이 제국의 변경을 공격하려고 준비하였으나, 그의 군대는 제국 군대의 기습을 받아 궤멸되었다.31) 그때 카이두와 두와는 발하쉬 호의 서북 지역과 아랄해 북쪽을 다스리던 백장白帳 칸국(조치가의 동부 지파)의 칸인 바얀Bayan32)의 측면공격에 위협받고 있다는 것을 깨달았다. 마침내 1301년 두와는 카이두를 따라 제국 군대로부터 카라코룸을 탈환하기 위한 원정전에 나섰고, 그래서 같은 해 8월 카라코룸과 타미르 사이에서 우구데이계 반황제파가 겪은 패배에 같이 휩쓸리게 되었다.33) 얘기한 대로 카이두는 후퇴하던 도중에 죽었다.

원조의 역사서에는 단지 도망자의 모습으로만 묘사되는 카이두는 강인한 개성을 지닌 대단히 뛰어난 왕자였던 듯하다. 일종의 되다 만 구육이라고나 할까. 우구데이 가문의 이 마지막 일원에게는 하여튼 군주의 자질이 있었다. 트란스옥시아나의 농민과 도시들을 보호하기 위하여 그가 알루

---

30. D'Ohsson, *Histoire des Mongols*, II, pp. 451-452, 그리고 Cordier, II, pp. 310-311. 1274년에 카이두는 쿠빌라이의 대표자들을 카쉬가르, 야르칸드, 심지어는 호탄에서도 쫓아냈다. 쿠빌라이는 1276년 호탄을 재점령하였고, 야르칸드와 카쉬가르도 일시 재점령하였다.
31. D'Ohsson, *Histoire des Mongols*, II, pp. 512-515.
32. [역자] 원문에는 Bayan or Nayan이라고 하였지만, Bayan이 옳다.
33. *Ibid.*, II, pp. 516-517 ; Mailla, IX, p. 479.

구에게 요구한 현명한 대책들은 그의 안목이 통상적인 유목민들의 약탈 수준을 넘어선다는 것을 증명한다.[34] 그가 참가한 마흔네 번의 전투(그리고 그는 1241년 폴란드와 헝가리 대원정전의 일원이었다)는 그가 진정한 전쟁지도자였다는 것을 보여주었다.[35] 전아시아에서 유일하게 그만이 위대한 쿠빌라이의 행운을 방해할 수 있었으며, 쿠빌라이는 세력의 절정기에도 결코 그를 정복할 수 없었다. 그가 네스토리우스파 순례자들인 랍반 사우마와 마르쿠스에게 베푼 환영, 그리고 교황 니콜라스 4세가 그에게 건 희망(그는 1289년 7월 13일 카이두에게 카톨릭의 교의를 받들도록 촉구하는 편지를 썼다)은 모든 옛 몽골인들처럼 그가 기독교에 대하여 동정적이었다는 것을 증명한다.[36]

그의 불운은 쿠빌라이가 중국에서 확고하게 기반을 잡고 칭기스칸 일족의 다른 지파들이 이미 반쯤 중국화되고 투르크화되고 이란화되었을 때에야 즉, 너무 늦게 나타난 것이었다. 중앙아시아의 이 마지막 칸은 여러 면에서 마지막 몽골인이기도 하였다.

절정기의 차가다이 칸국 : 두와, 에센 부카, 케벡

두와는 카이두를 끝까지 충실하게 따랐다. 두려운 종주의 죽음은 그에게 구원으로 여겨졌겠지만, 그는 변화가 점진적이어야 한다는 것을 알았다. 카이두는 아들 차파르를 남겼는데, 그는 아버지의 모든 칭호를 물려받았다.

두와는 차파르의 종주권을 인정하였지만, 위대한 우구데이 가문의 계승자에게는 그의 아버지가 인위적으로 창립한 제국을 유지할 능력이 없었다. 두와는 그에게 황제 테무르의 종주권을 인정할 것을 제안하고, 1303년

---

34. Wassaf는 "트란스옥시아나가 공정하고 자비로운 통치자 카이두의 통치 아래 번영하였다"고 적었다. D'Ohsson, *Histoire des Mongols*, III, p. 458.
35. *Ibid.*, II, p. 511, 그리고 III, p. 431 ; Barthold, "Burâk-khân," *EI*, p. 814.
36. Moule, *Chirstians in China*, p. 101.

8월에는 두 사람 다 북경에 복종하는 것을 인정함으로써 지난 40년 간 중앙아시아를 유린한 족내 분규를 끝내고 몽골의 단결을 재확립하였다.[37]

그러나 두와는 자신에 대한 제국의 지지를 확인하자마자 차파르와 갈라섰다. 두 왕자의 군대는 호젠트와 사마르칸드 사이에서 교전했는데 처음에는 차파르가 패하였다. 그러나 두 번째 전투에서는 차파르의 아우 샤 오굴Shah Oghul이 승리하였다. 그러자 두와는 옛 우정의 회복을 제의하였고 두와와 샤 오굴이 타쉬켄트에서 만나 문제를 토의하기로 합의했다. 그때 샤 오굴은 전형적인 유목민의 방식에 따라 자기 군대의 일부를 해산하는 실수를 하였다. 두와는 타쉬켄트로 자기 군대를 전부 데려와 샤 오굴을 기습하고 약탈하였다. 그리고 그는 차파르의 도시들인 바나카트Banakat와 탈라스를 빼앗았다.

차파르는 그때 카라 이르티쉬와 율두즈 사이에서 거영하고 있었는데, 황제 테무르의 군대가 카라코룸에서 남부 알타이를 넘어 그의 후방을 공격하였을 때는 두와의 이 비겁한 행위를 몰랐던 듯하다. 불운한 차파르는 두와에게 항복할 수밖에 없었고, 두와는 그를 명예롭게 대하였으나 그의 소유 일체를 빼앗았다. 그렇게 해서 한때 카이두 가문에 의해 트란스옥시아나에 갇혔던 차가다이조는 일리와 카쉬가리아를 수복하고, 그들이 물려받은 유산 전부를 다시 소유하게 되었다(1306년경).[38]

두와는 1306년 말에 죽었기 때문에 자신의 새로운 행운을 즐길 시간이 거의 없었다. 그의 큰아들 쿤첵Könchek은 일년 6개월밖에 대위를 차지하지 못하였다. 그가 죽자 부리의 손자 탈리쿠Taliqu가 권력을 잡았다. 바르톨드는 그에 대하여 "그는 전장에서 자란 왕자였다. 이슬람을 믿던 그는 몽골인들에게 이를 전파하려고 애썼다"고 적었다.[39] 그러나 두와 가문의 일파가 반란을 일으켜 그 중의 하나가 연회에서 탈리쿠를 암살하였다(1308년 또는 1309년). 음모자들은 두와의 작은아들 케벡을 칸으로 선언

---

37. D'Ohsson, *Histoire des Mongols*, II, p. 518.
38. *Ibid.*, II, p. 519, 그리고 III, pp. 557-558 ; Barthold, "Caghatâi-khân," *EI*, p. 833.
39. D'Ohsson, *Histoire des Mongols*, II, p. 520.

하였다.

한편 이러한 소요는 앞서 두와에게 패해 칸위를 박탈당한 우구데이 가문의 칸위 도전자 차파르를 어느 정도 고무시켰다. 차파르는 케벡을 공격하였으나 패해 다시 일리를 건너 중국의 몽골 황제 카이샨의 조정으로 망명하였다. 우구데이가와의 마지막 투쟁을 마감시킨 이 승리 후 차가다이조의 왕자들은 쿠릴타이를 열어 그때 북경 조정에 있던 두와의 아들 에센 부카Esen Buqa 왕자를 칸으로 지명하기로 결정하였다. 와싸프에 의하면, 에센 부카는 자신의 자유의지로 와서 아우 케벡이 양보한 칸위를 취하였다고 한다. 1320년경 에센 부카가 죽자 케벡이 다시 권좌에 복귀하였다.40)

두와에 의해 그 주권을 정점까지 회복한 차가다이조는 인물들의 교체에도 불구하고 바깥세계로 영향력을 행사하기 시작하였다. 중국이나 아랄-카스피 해 초원과 페르시아 쪽으로의 진출이 막혀 있었기 때문에(쿠빌라이, 조치, 그리고 훌레구가가 굳게 지키고 있었다), 그들은 아프가니스탄과 인도를 목표로 삼았다. 이란의 저 반대편 끝, 아제르바이잔에 조정을 둔 페르시아의 군주들은 아프가니스탄 문제에 그다지 관심을 기울이지 않았다. 차가다이조는 이를 틈타 바닥샨, 카불, 가즈니로 밀고 들어갔다. 서부 아프가니스탄에는 케르트가의 아프간-구르 왕조의 강력하고 적응력이 뛰어난 토착정권이 들어서 있었다. 그 왕조는 페르시아 칸의 종주권 아래에 있었지만 실질적으로는 독립을 누리고 있었던 것이 사실이다. 이곳에서 아무것도 이룰 수 없었던 차가다이조는 동부 아프가니스탄으로 향하였고, 여기서 서북 인도로 이익이 남는 습격을 하였다. 1297년 두와는 편잡을 약탈하였으나 격퇴되었다. 이 시기에 술탄 알라 웃 딘 힐지'Ala ad-Din Khilji(1295-1315)가 통치하던 델리의 제국은 차가다이가의 모든 공격을 분쇄한 실로 강력한 군사왕국이었다. 물론 한때 위험이 극도에 달하여 술탄과 그의 노예용병들은 필사적으로 이에 대처해야 했다.

동시대의 사람들은 마침내 한 세기의 3/4이 지나서야 비로소 인도가 칭기스칸 일족의 정복에 굴복할 것이라고 믿기까지 하였다. 두와의 아들들

---

40. *Ibid.*, II, pp. 520-521, 그리고 IV, pp. 558-559, Wassaf에 의거.

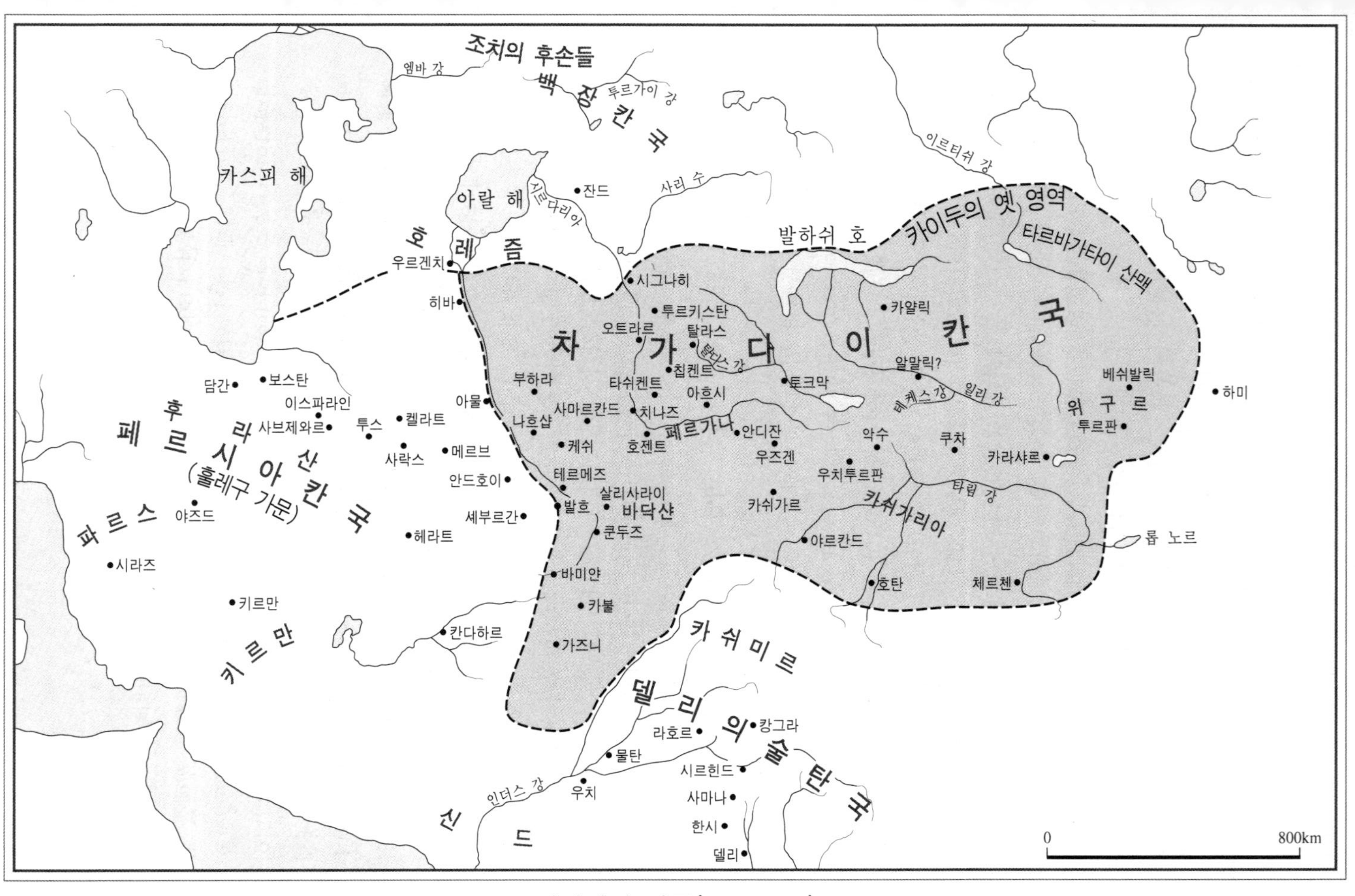

조치의 후손들
엠바 강
백장칸국
투르가이 강
이르티쉬 강
카스피 해
아랄 해
시르다리아
잔드
사리 수
발하쉬 호
카이두의 옛 영역
타르바가타이 산맥
호레즘
우르겐치
히바
시그나히
투르키스탄
오트라르
탈라스
탈라스 강
칩켄트
카얄릭
차 가 다 이 칸 국
담간
보스탄
이스파라인
사브제와르
투스
켈라트
아물
부하라
타쉬켄트
아흐시
토크막
알말릭?
베쉬발릭
하미
나흐샵
사마르칸드
치나즈
일리 강
추 강
위 구 르
투르판
페르시아칸국
(훌레구 가문)
사락스
메르브
케쉬
호젠트
페르가나
안디잔
악수
쿠차
카라샤르
파르스
야즈드
안드호이
우즈겐
우치투르판
타림 강
롭 노르
세부르간
테르메즈
살리사라이
카쉬가르
카쉬가리아
헤라트
발호
바닥샨
야르칸드
시라즈
쿤두즈
호탄
체르첸
키르만
바미얀
카불
카 쉬 미 르
칸다하르
가즈니
델리의 술탄국
신 드
인더스 강
우치
라호르
캉그라
물탄
시르힌드
사마나
한시
델리
차가다이 칸국(1230~1365)

가운데 쿠틀룩 호자가 동부 아프가니스탄에 자리잡았다. 그가 바로 델리의 성문까지 약탈 원정전을 이끈 것은(1299-1300년경?) 자신의 영역을 채 점유하기도 전이었다.

1303년에는 왕자 투르가이Turghai가 12만 병력을 이끈 차가다이조의 또 다른 침공이 있었다.[41] 몽골군은 델리의 성벽 밑에 진지를 구축하고 이곳을 두 달 간 봉쇄하였다. 전지역을 황폐화시키고 난 이 거대한 군대는 아마 공성장비가 부족했기 때문인지 아프가니스탄으로 돌아갔다. 1304년에 또 다른 침입이 있었다. 4만 몽골 기병은 라호르 북쪽 편잡을 유린하고 델리 동쪽 암로하Amroha까지 진격하였는데, 그들은 그곳에서 술탄 알라 웃 딘의 부하 투글룩Tughluq에게 격파되었다. 9천 명의 몽골 포로들이 코끼리에 밟혀 죽었다. 그들의 죽음을 복수하기 위하여 차가다이조의 왕자 케벡(훗날의 칸)은 물탄 지역을 황폐화시켰다. 그러나 귀환길에 인더스 강 기슭에서 투글룩의 기습을 받아 수많은 몽골인들이 살육되었다. 한번 더 포로들이 델리로 보내져 코끼리에 밟혀 죽었다.[42]

동부 아프가니스탄에 쿠틀룩 호자의 아들이자 계승자인 다우드 호자 의 지휘 아래 차가다이조의 영지가 형성되는 것은 페르시아의 칸들에게는 침략으로 여겨졌다. 1313년 페르시아의 칸 울제이투는 군대를 보내 다우 드 호자를 몰아내고 그가 트란스옥시아나로 철수토록 하였다. 다우드 호자 는 자기 아저씨이자 종주인 차가다이의 칸 에센 부카에게 도움을 청하러 갔다. 에센 부카는 페르시아의 칸국에 대항하여 아우 케벡과 다우드 호자 의 지휘 아래 군대를 파견하였다. 두 사령관은 아무다리아를 건너 무르갑 Murghab에서 적을 격파하고 헤라트까지 후라산을 유린하였다(1315).[43] 그러나 그들은 정복을 포기해야 했으니, 차가다이 칸국이 후방에서 중국의 몽골인들에게 공격받았기 때문이다. 에센 부카는 동시에 또 다른 전쟁을 일으켜 실로 불필요한 고통을 받게 되었으며, 승상 토가치Toghachi가 지 휘하는 제국 군대에 의해 틀림없이 쿠차와 이식쿨 사이에 있는 '텡그리

---

41. *Ibid.*, IV, p. 560.
42. *Ibid.*, IV, p. 561.
43. Hafiz-i Abru, K. Bayani역(Paris, 1936-1938, 2 vols.), pp. 37-41.

Tengri 언덕 부근'에서 패하였다. 그는 복수로 페르시아 조정에서 북경으로 돌아가는 대칸 — 당시 부얀투(일명 아유르바르와다) — 의 사절들을 살해하였고, 이에 토가치의 제국 군대는 차가다이 칸국에 침입하여 이식쿨에 있는 에센 부카의 동영지와 탈라스에 있는 하영지를 파괴해버렸다.

마지막 분규는 야사우르Yasa'ur라는 차가다이 왕자가 에센 부카·케벡과 다툰 것으로, 그는 대다수가 부하라와 사마르칸드 사람들인 자기의 추종자들을 모두 데리고 아무다리아를 건너 페르시아의 칸에게 투항하였고, 페르시아의 칸은 이 새로 온 사람들을 그때 이미 차가다이의 영토가 된 동부 아프가니스탄의 발흐·바닥샨·카불·칸다하르에 정착하도록 하였다 (1316).[44] 직후 야사우르는 페르시아의 칸에게 반란을 일으켜 후라산을 차지하였다(1318). 그러나 그 직전에 형 에센 부카를 계승한 차가다이의 칸 케벡은 야사우르의 개인적인 적으로서, 그는 페르시아의 칸에게 야사우르를 전복시키는 것을 돕겠다고 제의하였다. 그리하여 페르시아 군대가 야사우르를 후방에서 공격하는 동안 차가다이의 병력은 아무다리아를 건너 그에게 정면공격을 가하였다. 야사우르는 자기 군대에게 버림받고 도망치던 중에 살해되었다(1320년 6월).[45]

현존하는 주화에 의하면 케벡은 1326년까지 통치한 것 같다. 그의 치세의 중요성은 바르톨드가 관찰한 대로 전임자들과는 달리 그는 트란스옥시아나의 옛 문명지방과 도시생활에 대하여 흥미를 가졌다는 것이다. "나흐샵Nakhshab 또는 나사프Nasaf(사마르칸드 남서)의 이웃에 그는 대저택을 지었고, 여기에서 그 도시의 오늘날 이름인 카르시Qarshi(Karshi) — 몽골어로 대궐을 의미 — 가 유래하게 되었다. 훗날 '케베키*kebeki*'로 불리게 된 주화를 차가다이 국가 최초의 공식 화폐로 통용시킨 것은 바로 그였다. 그때까지 통화는 개개 도시들이나 지방왕조들의 것뿐이었다."[46]

그러나 트란스옥시아나에서의 삶에 대한 매력에도 불구하고 케벡은

---

44. *Ibid.*, pp. 43-46 ; D'Ohsson, *Histoire des Mongols*, IV, pp. 563-565.
45. Hafiz-i Abru, pp. 67-74, pp. 80-88 ; D'Ohsson, *Histoire des Mongols*, IV, pp. 567-568, pp. 618-629, pp. 642-644.
46. Barthold, "Caghatâi-khân," *EI*, p. 834.

무슬림이 되지 않았다.

차가다이 칸국의 분열 : 트란스옥시아나와 모굴리스탄

케벡은 그의 아우들인 엘지기데이Eljigidei, 두와 테무르Duwa Te-
mür, 그리고 타르마시린Tarmashirin에 의해서 계승되었다. 처음 두 사람
은 겨우 몇 달씩만 통치하였지만, 타르마시린의 치세는 중요한 듯하다
(1326-1333?).

1327년 타르마시린은 인도로의 대약탈 원정의 전통을 부활시켰다. 그
는 델리까지 침입하였으며 일부 사료에 의하면 많은 조공을 받고서야 철
수하였다고 한다. 다른 사료들은 델리의 술탄 무함마드 이븐 투글룩Mu-
hammad ibn Tughluq이 그를 격퇴하고 펀잡까지 추격하였다고 한다.[47]

타르마시린은 그의 불교식 이름에도 불구하고(산스크리트어 다르마스
리Dharmasri에서 유래) 이슬람으로 개종해 술탄 알라 웃 딘Sultan 'Ala
ad-Din이 되었다는 점을 지적할 만하다.

그러나 이 개종이 트란스옥시아나 사람들의 마음에는 들었을지 몰라
도 이식쿨과 일리의 유목민들의 비난을 불러일으켰으니, 그들은 그것이 칭
기스칸의 야삭에 대한 위반이라고 여겼다. 그 지역에서 타르마시린에 대항
하는 봉기가 발생하여(1333- 1334) 두와의 손자 젠크시Jenkshi를 새로운
칸으로 추대함으로써 결말이 났는데, 그는 일리 계곡에서 1334년경부터
1338년까지 통치하였다.

이 치세를 특징짓는 반무슬림 반동은 알말릭과 피쉬펙Pishpek의 옛
기독교 공동체 안에서 항상 번성하던 네스토리우스 교도들에게 이익이 되
었다.[48] 그것은 몇 달 동안이나마 설교하고 교회를 세울 수 있었던 카톨
릭 선교사들에게도 유리하였다. 칸 젠크시의 일곱 살 난 아들이 아버지의

---

47. D'Ohsson, *Histoire des Mongols*, IV, p. 562.
48. Guimet 박물관에 있는 피시펙(세미레치에)의 1264-1338년대 시리아어, 투르크어
    묘비들(Nau, *Expansion nestorienne*, p. 300).

동의 아래 (요한이라는 이름으로) 세례를 받았다고도 한다.[49]

1338년, 교황 베네딕트 12세는 프란체스코회 소속 부르군드의 리차드 Richard를 '아르말렉Armalech', 즉 알말릭의 주교로 다시 임명할 수 있게 되었다. 그러나 그는 임명 직후인 1339년이나 1340년에 그의 사도들인 알렉산드리아 출신의 프란시스Francis, 스페인 사람 파스칼Pascal, 안코나 출신의 로렌스Laurence, 통역으로 일하던 인도인 수도사 베드로Peter, 상인 길로토Gilotto 등과 함께 일리의 무슬림들 손에 순교당하였다.[50]

다음 해에 교황의 사절 지오반니 다 마리뇰리가 일리 계곡에 도착한 것은 사실이며 우리가 본 대로 그는 공적인 임무를 띠고, 카파·킵착 칸국·차가다이 칸국을 경유하여 북경의 대칸에게 파견되었다. 그는 알말릭에 머무는 동안 설교를 하고 교회를 세우고 수많은 사람들에게 세례를 베풀었다.[51]

그가 대칸에게 가는 대사라는 지위로 인하여 전임자들이 순교한 곳에서 존경을 받은 것은 확실하나, 그가 떠난 뒤 알말릭의 기독교는 급속하게 사라져 없어질 운명이었는데, 일리에 존속하던 고대 네스토리우스교 중심지는 티무르조의 박해에서 살아남지 못하게 되었기 때문이다.[52]

아미르 카즈간Amir Qazghan 치하의 트란스옥시아나

옛 차가다이 칸국은 이제 왕가의 서로 다른 지파들에 의하여 둘로 갈라져 트란스옥시아나와, 탈라스와 마나스 사이의 이식쿨 지방에 있는 모굴리스탄으로 분열되었다.

---

49. Barthold, "Caghatâi-khân," *EI*, p. 834.
50. Moule, *Christians in China*, pp. 255-256.
51. *Ibid.*, p. 255.
52. 1362년 명의상으로는 자이톤(현대 중국 복건성 천주)의 대주교인 마지막 선교사 피렌체의 제임스가 차가다이 칸국이 분명한 중앙아시아 지역에서 순교하였지만, 그곳은 페르시아일 가능성도 있다(*ibid.*, p. 197, p. 255).

트란스옥시아나의 통치자는 야사우르의 아들 카잔 칸Qazan Qan (1343-1346년경)이었고, 수도는 카르시였다. 『승전기』(*Zafar-nama*)에서 는 그가 폭군으로 묘사되는데,53) 실로 그는 자기를 즉위시킨 트란스옥시 아나의 투르크 귀족사회의 불복종을 진압하려 하였던 것으로 보인다.

그 당시 이러한 귀족들의 지도자는 오늘날의 카바디안Kabadian(미코 야나바드Mikoyanabad)의 약간 동남, 그리고 쿤두즈의 정북쪽 아무다리아 의 북쪽 기슭에 있는 살리 사라이 부근에 영지를 둔 아미르 카즈간이었다. 그는 카잔에게 반란을 일으켜 테르메즈와 카르시 사이의 철문 북쪽에서 싸웠는데, 첫 전투는 카잔이 이겼고 그는 화살로 카즈간의 눈을 쏘아맞혔 다고 한다. 그러나 카잔은 여세를 몰아 싸움을 끝내지 않고 카르시로 가서 겨울을 보냈으며, 거기서 군대의 일부가 그를 버렸다. 이 부주의는 치명적 인 것이어서, 그는 카즈간에게 한번 더 공격당해 패하고 그 도시 근방에서 살해되었다(1346-1347).54)

이제 트란스옥시아나의 진정한 주인인 카즈간은 서슴지 않고 정통성 있는 차가다이 계파와 결별하고, 트란스옥시아나의 칸위를 — 어쨌든 허 수아비에 불과하지만 — 다니쉬만드Danshmand55)라는 우구데이의 후손 에게 주었다(1346-1347년경). 그러나 국왕 옹립자는 자기의 군주를 사형 에 처하고, 한번 더 차가다이 일족으로 눈길을 돌려 두와의 손자 부얀 쿨 리Buyan Quli가 그 자리를 차지하도록 하였다(1348-1358). 『승전기』가 부얀 쿨리에게 칭찬을 아끼지 않고 있음은 그가 카즈간이 바라던 대로 다 루기 쉬운 도구였음을 뜻한다.56)

사실 트란스옥시아나의 차가다이 칸들은 명목상의 우두머리에 지나지 않았다. 권력은 '오늘은 카즈간, 내일은 티무르' 하는 식으로 투르크인 실 력자들의 손을 전전하였다. 소위 이 몽골 칸국은 사실상 투르크 왕국이었 다.

---

53. *Zafar-nama*, Pétis de la Croix역, I, p. 2.
54. 回曆 747년, 돼지의 해(*Zafar-nama*, I, p. 4).
55. [역자] 원문에는 Danishmendiya.
56. *Zafar-nama*, I, pp. 4-5.

카즈간의 치세(1347-1357)는 불명예스럽지 않았다. 그는 이란에서 트란스옥시아나의 힘이 느껴지도록 만들기 시작하였다. 헤라트의 이란 군주인 후세인 케르트는 대담하게도 안드호이Andkhoi와 샤부르간 지구를 약탈하였는데, 그곳은 아무다리아의 남쪽이지만 트란스옥시아나에 종속된 곳이었다. 카즈간은 허수아비 군주 부얀 쿨리를 데리고 가서 헤라트를 봉쇄하여(1351) 케르트가 신하임을 인정케 하고, 바로 사마르칸드로 입조토록 강요하였다.[57] 그리하여 페르시아 몽골 칸국의 소멸이 동부 이란에 기대하지 않던 이란인들의 복원을 가져온 순간(헤라트에 케르트조, 사브제와르Sabzewar에 사르베다르조, 그리고 시라즈에 무자파르조), 티무르의 진정한 선배 카즈간은 트란스옥시아나 귀족층의 선두에 서서 그곳에 개입하여 투르크의 패권을 재확립하였다.

카즈간은 1357년에 암살되었고[58] 아들 미르자 압둘라Mirza 'Abdallah는 그의 일을 지속할 능력이 없음을 드러냈다. 그는 부얀 쿨리의 아내를 탐내 이 왕자를 사마르칸드에서 암살함으로써(1358) 트란스옥시아나 봉건영주들의 불쾌감과 바얀 술두스Bayan Suldus의 분노를 샀고, 티무르의 아저씨이자 사마르칸드 남쪽의 ― 오늘날 샤흐리 사브즈Shahr-i Sabz(녹색 도시) ― 케쉬Kesh의 영주 핫지 바를라스Hajji Barlas의 적개심을 불러일으켰다.

이 두 귀족은 압둘라를 힌두쿠시 북쪽 안데렙까지 추격해 가서 죽였다.[59] 트란스옥시아나 영주들 간의 이러한 투쟁은 그들의 권력을 침식하였고 예상치 않던 칭기스칸 일족들의 반동을 도발하였다.

투글룩 티무르Tughluq Timur : 차가다이조의 재건

트란스옥시아나의 차가다이 지파가 투르크 영주들의 한낱 허수아비

---

57. *Zafar-nama*, I, pp. 6-18.
58. 回曆 759년, 개의 해(*Zafar-nama*, I, p. 19).
59. *Zafar-nama*, I, pp. 21-22.

임금들로 전락하고 있는 동안, '모굴리스탄', 즉 탈라스, 추 강 상류, 이식 쿨, 에비 노르, 그리고 마나스Manas에 있던 유목민들은 한동안의 무정부 상태가 지난 뒤 차가다이의 왕통을 다시 수립하였다. 그 지역의 으뜸가는 몽골 씨족은 두글라트Dughlat 인들이었는데, 그들은 모굴리스탄의 이식쿨 주위와 그 당시에는 알티샤흐르Altishahr, 즉 '여섯 도시'로 알려진 카쉬 가리아에 큰 영지를 갖고 있었다.60) 14세기 중엽 두글라트 씨족은 툴릭 Tulik, 불라지Bulaji, 그리고 카마르 웃 딘Qamar ad-Din 3형제가 이끌 었으며 이들이 그 땅의 진정한 주인들이었다. 『라시드사』(Ta'rikh-i Ra-shidi)에 의하면, 1345년경 불라지는 이식쿨에서 쿠차와 부구르Bugur까 지, 그리고 페르가나 국경에서 롭 노르까지를 다스렸고 악수를 본거지로 하였다.61) 당시 모굴리스탄으로 알려진 일리의 재건된 칸국의 군주를 맞 아들이기 위해, 트란스옥시아나 사람들에게 의존하지 않은 차가다이 가문 의 사람을 먼저 찾기 시작한 것은 불라지였다.

그때 에센 부카의 아들로 알려진 투글룩 티무르라는 인물이 일련의 전설적인 모험에 찬 생활을 하면서 모굴리스탄 동부에서 이름 없이 살고 있었다. 그의 계보가 진짜든 가짜든 이 사람이 바로 불라지가 찾아서 불러 들인 차가다이계 사람이었다.62) 불라지는 그를 악수에서 정식으로 맞아들 여 카간으로 선포하였다. 불라지의 형 툴릭은 울루스베기ulusbegi, 즉 제 국의 초대 아미르가 되었다.63)

그러나 만일 두글라트 일가가 반대파인 트란스옥시아나의 차가다이조 의 정통성에 대항하며 나름대로 차가다이조의 정통성을 만회하기 위한 명 목상의 두목을 원하였다면 그들은 꽤 실망하였을 것이다. 투글룩 티무르는 강력한 개성의 소유자였던 듯하며, 생활의 모든 방면에서 자신의 존재를 느끼도록 만들었기 때문이다. 그의 치세(1347-1363)는 대단히 중요하였는

---

60. Barthold, "Dûghlât," *EI*, p. 1, p. 112.
61. *Ta'rikh-i Rashidi*, Denison Ross역, pp. 7-8.
62. *Ibid.*, pp. 6-9.
63. [역주] 그러나 실은 ulusbegi라는 칭호를 페르시아식으로 표현하면 amir al-'umara 즉 '아미르들 중의 아미르'가 된다.

데 특히 종교적 관점에서 그러하다. 트란스옥시아나의 투르크·타직인들이나 부하라와 사마르칸드의 도시주민들은 열렬한 무슬림들이었지만, 모굴리스탄의 투르크·몽골인들이나 일리와 악수의 반유목민들의 대부분은 '우상숭배자들' 즉 불교도들이거나 무속신앙자들이었다. 그러나 그곳에서도 이슬람 전교가 유행하기 시작하였다. 두글라트 일가의 어른인 아미르 툴릭도 그때 카쉬가르에 살고 있었는데 이슬람으로 개종했다. 투글룩 티무르는 아미르 툴릭의 예를 따랐는데, 『라시드사』에 의하면 그가 고난의 시절에 하였던 맹세를 이행한 것이었다. "그는 할례를 받았으며, 같은 날 16만 명이 머리를 깎고 이슬람 신앙을 고백하였다."64)

투글룩 티무르는 두글라트의 무함마드 하이다르 2세Muhammad Haydar II의 회고록에 나타난 대로 영리하고 정력적인 지도자였다. 이슬람에 대해 그가 가졌을 수도 있는 정신적 매력과는 상관없이 그는 트란스옥시아나를 손에 넣으려는 목표에다 개종으로 얻게 될 이익까지 계산하였을 것이다. 부하라와 사마르칸드를 얻기 위해서는 쿠란식으로 엎드려 절할 만한 가치가 있었다.

투글룩 티무르는 일단 모굴리스탄에서의 지위가 강화되자, 옛 차가다이의 서부에 대해 자기 권리를 주장하려고 들었다. 물론 조건은 그에게 유리하였다. 아미르 카즈간의 아들 압둘라가 사라진 뒤로 트란스옥시아나는 분열과 무정부상태에 빠져 있었다.

바얀 술두스와 핫지 바를라스 두 아미르는 압둘라에게 승리하기는 했지만, 확고하고 일관성 있는 통치능력이 없었다. 『승전기』에 "자비롭고 천성이 착한" 것으로 기술된 바얀 술두스는 습관적인 취태로 인하여 무능해졌다. 자신의 영지인 케쉬에 확고하게 자리잡고 있었던 핫지 바를라스도 나중에는 유약한 성격을 드러내었다. 트란스옥시아나의 나머지 지역은 수많은 투르크 봉건영주들에 의해 분할되었다. 투글룩 티무르에게는 시기가 무르익어 보였다.

1360년 3월 투글룩 티무르는 타쉬켄트에서 샤흐리 사브즈로 진격하면

---

64. *Ibid.*, pp. 10-15.

서 트란스옥시아나를 침공하였다. 핫지 바를라스는 처음에는 샤흐리 사브
즈와 카르시의 병력으로 저항하려 하였으나, 적의 우세함에 눌려 아무다리
아를 건너 후라산으로 퇴각하였다.65)

투글룩 티무르의 승리는 그렇게 완전하였기 때문에, 핫지 바를라스의
조카 즉, 그때 스물여섯 살 난 티무르는 승자측에 가담하는 것이 현명하다
고 생각하였다. 『승전기』로 알려진 티무르조의 찬양서는 그가 굴레를 받
아들인 것은 단지 침입에 더욱 효과적으로 저항하기 위한 것이었으며, 그
의 아저씨와의 합의 하에 자발적으로 망명한 것임을 보여주기 위하여 무
척이나 애를 썼다.66) 하지만 이러한 서술은 문맥상 모순이 있다. 티무르는
투글룩 티무르에 대한 항복의 대가로 그때까지 핫지 바를라스의 영지였던
샤흐리 사브즈를 받았다.

그 뒤 얼마 안되어 투글룩 티무르가 모굴리스탄으로 떠나자, 핫지 바
를라스는 후라산에서 트란스옥시아나로 돌아와 티무르를 격파하고 그에게
샤흐리 사브즈를 다시 내놓도록 요구했을 뿐 아니라, 바를라스가의 손아래
사람답게 순종적인 가신이 될 것을 강요하였다.67) 그러나 얼마 지나지 않
아 투글룩 티무르가 모굴리스탄에서 트란스옥시아나로 다시 돌아왔고, 그
가 호젠트에 입성하는 순간 트란스옥시아나의 모든 귀족층이 그에게 무조
건 항복하였으며, 바얀 술두스는 그를 사마르칸드까지 호종하였다. 이번에
는 핫지 바를라스도 그에게 입조하러 왔으나, 칸이 호젠트의 아미르를 사
형에 처한 것에 놀라 후라산으로 달아나다가, 사브제와르(신단드Shindand)
부근에서 비적들에게 암살당하였다.68)

이 극적인 일화의 결과, 티무르는 바를라스 씨족의 족장이 되었고, 그
가 순종적으로 받아들인 칸 투글룩 티무르의 종주권 아래 샤흐리 사브즈
영역의 유일한 주인이 되었다.

카즈간의 손자인 아미르 후세인은 제멋대로 힌두쿠시 양쪽의 발흐, 쿤

---

65. *Ibid.*, p. 15.
66. *Zafar-nama*, Pétis de la Croix역, pp. 29-32.
67. *Ibid.*, pp. 37-38.
68. *Ta'rikh-i Rashidi*, Ross역, p. 18.

두즈, 바닥샨, 카불을 포함하는 동북 아프가니스탄의 영역을 떼어내 차지
하였다. 투글룩 티무르는 그에게 진격하여 바흐쉬Vakhsh 강에서 격파하
고 쿤두즈에 입성하여 그를 힌두쿠시까지 몰아낸 뒤, 자기 조상인 칭기스
칸처럼 그 지방에서 봄과 여름을 보냈다. 다시 사마르칸드로 돌아와 바얀
술두스를 사형에 처하고 자기 아들 일리야스 호자Ilyas Khoja를 총독으
로, 티무르를 그의 고문으로 남겨두고 모굴리스탄으로 돌아갔다. 티무르의
행위는 충성을 보증하기에 충분해 보였다.[69]

그리하여 옛 차가다이 칸국의 통일은 강력하고 가공할 만한 칸 아래
다시 성취되었다. 그 당시에는 채 몇 년도 지나지 않아 자신의 아들에게
자문 겸 대신으로 붙여준 티무르가 이 차가다이조의 부흥에 끝장을 내고
새로운 제국으로 교체하리라는 것을 아무도 예측하지 못하였다. 그러나 우
리는 트란스옥시아나의 정복자의 역사를 시작하기 전에 페르시아 몽골 칸
국의 형성과 몰락을 알아보기 위하여 발걸음을 되돌려야 한다.

---

69. *Zafar-nama*, Pétis de la Croix역, pp. 41-45 ; *Ta'rikh-i Rashidi*, Ross역,
　　 pp. 20-22.

9. 몽골 치하의 페르시아와 훌레구가

훌레구 이전 페르시아의 몽골 체제 :
초르마간, 바이주, 엘지기데이

잘랄 웃 딘(p. 377)의 신흥 호레즘 왕국이 몽골인들에게 최종적으로 정복되고 파괴되고 난 뒤, 페르시아는 매우 유동적이면서도 어느 정도 지리멸렬한 상황에 놓여 있었다.

아란과 무간초원의 쿠라 강 하류와 아라스 강 하류에서 숙영하던 서부 몽골군은 여전히 전권을 장악한 장군들의 지휘 아래 있었다. 처음에는 잘랄 웃 딘의 왕국을 파괴한 초르마간(1231-1241), 다음에는 소아시아의 셀죽인들을 정복한 바이주(1242-1256)가 그들이었다.

서쪽의 속신들, 즉 그루지아의 왕공들, 소아시아의 셀죽 술탄들, 킬리키아의 아르메니아 왕들, 그리고 모술의 아타벡들은 변경의 군사정부에 직접 종속되어 있기는 했지만 초기에는 그런 대로 라틴세계와 어느 정도 교섭이 있었다.

뻴리오가 지적한 대로 처남 두 명이 네스토리우스 교도였던 초르마간은 기독교에 대해 우호적이었다.[1] 그가 지휘하던 1233년부터 1241년 사이 대칸 우구데이는 이름이 시메온이지만 랍반 아타(열변아답列邊阿答)라는 시리아어 칭호로 더 유명한 시리아인 기독교도를 타브리즈로 보냈다.

---

1. 초르마간에 대해서는 Pelliot, "Les Mongols et la Papauté," *Revue de l'Orient chr-étien*(1924), p. 247(51)을 보시오. [역자] 영역본은 '두 명의 네스토리우스 교도 형제'라고 되어 있어 오해의 소지가 있으나 불어 원문과 뻴리오의 글은 이들이 초르마간의 '처남들'이었음을 분명히 보여준다.

랍반 아타는 훗날 대칸 구육의 공식적인 기독교관계 책임자가 되었다.[2] 그는 우구데이로부터 광범위한 권력을 위임받아 페르시아에 왔으며, 초르마간에게 몽골의 권위를 받아들여 무장해제된 기독교 공동체에 대한 학살을 금지하는 칙령을 전달하였다. 아르메니아의 연대기 편찬자인 간자의 키라코스는 "랍반 아타의 도착은 기독교인들에게 큰 구원을 가져왔으며, 그들을 죽음과 노예상태에서 구하였다. 그는 전에는 그리스도의 이름을 소리내는 것도 금지되던 무슬림 도시들 — 분명히 타브리즈와 나히체반 — 에 교회들을 세웠다. 그는 교회를 짓고 십자가를 세우고 밤낮으로 공을 울리게 하였으며(동방교회에서 우리의 종에 상당함), 복음서가 낭송되고 십자가와 촛불과 찬송 속에서 죽은 자가 묻히도록 하였다. 타타르인 장군들조차 그에게 선물을 하였다"고 보고한다. 랍반 아타의 전교는 몽골 체제가 — 초기에는 학살이 있었지만 — 서부 이란의 기독교 주민들에게 그 어느 때보다도 훨씬 유리한 환경을 가져다 주었다는 것을 뜻한다.

1241년경 초르마간은 (틀림없이 마비의 결과로) 벙어리가 되었다. 그를 대체한 바이주[3]는 교황 인노센트 4세가 보낸 도미니크회 아스켈린 Ascelin과 그의 네 명의 동료들에 대한 대우로 볼 때 아마 기독교에 대해 덜 동정적이었던 듯하다. 아스켈린은 티플리스를 거쳐 우회하여 갔는데, 거기서 또 다른 수도사 크레모나 Cremona의 기차르드 Guichard가 합류하였다(1240년 이래 티플리스에는 도미니크회 수도원이 있었기 때문이다). 그는 1247년 5월 24일 아라스 북쪽 곡차 Gokcha(세반 Sevan) 호수의 동쪽 아란 지역에 있는 바이주의 막영지에 도착하였다.[4] 그는 비외교적인 태도를 보이며 몽골인들에게 학살을 중지하고 교황의 영적 권위에 복종하라고 종용하면서 칸의 대리자인 바이주에게 세 번 무릎 꿇기를 거부하였다. 바이주는 격노하여 도미니크회 수도사들을 처형하겠다고 위협하였다.

---

2. *Ibid.*, p. 244(49).
3. 바이주에 대해서는 *ibid.*, p. 303 이하를 보시오(109 이하).
4. 몽골인들의 이 여름 본부는 아르메니아와 라틴사료에 Sisian이나 Sitiens로 나온다. 이는 시우니와 아르차크 사이 하반드 지구, '곡차 湖 바로 동쪽 산속'에 있었던 것으로 보인다. Pelliot, "Les Mongols et la Papauté," p. 302(106).

이때(1247년 7월 17일) 바이주의 막영지에 대칸 구육이 보낸 일종의 몽골판 천주의 사자 엘지기데이가 도착하였다.5) 바이주는 교황에게 보내는 답신을 아스켈린에게 맡겼는데, 이는 엘지기데이도 그 내용을 알고 있는 것으로, 1246년 11월 구육이 플라노 카르피니에게 준 답신을 바탕으로 작성한 것이었다. 몽골인들은 자신들의 제국이 신성한 권리에 의한 세계 제국이라고 주장하고, 교황이 직접 와서 대칸에게 충성을 표할 것을 명령하였으며, 그렇게 하지 않을 경우 적으로 취급될 것이라고 하였다.

아스켈린은 1247년 7월 25일 아이벡Aybeg ― 뻴리오는 그가 몽골 정권에 봉사하던 위구르인 관리일 것으로 생각하였다 ― 이라는 사람과 기독교도(틀림없이 네스토리우스파)인 세르기스Sergis 두 사람으로 이루어진 몽골 사절과 함께 바이주의 막영지를 떠났다.6) 일행은 분명히 타브리즈→모술→알렙포→안티오크→아크레를 경유하는 통상적인 루트를 택하였을 것이다. 1248년 몽골 사절들은 아크레에서 이탈리아로 항해하였고, 교황 인노센트 4세는 그들을 장시간 접견한 뒤 1248년 11월 28일 바이주에게 보내는 답신을 주었다.

아스켈린의 사절 임무의 부정적인 결과에도 불구하고 바이주보다 기독교에 훨씬 더 동정적인 엘지기데이는 1248년 5월 말 프랑스 국왕 루이 9세에게 두 명의 동방 기독교도 다비드David와 마가Mark에게 ― 틀림없이 페르시아어로 썼을 테지만 ― 라틴 번역문만 남은 흥미로운 편지를 들려 보냈다.

이 편지에서 엘지기데이는 동방 기독교도들을 무슬림의 노예상태에서 해방시키고 그들이 아무런 방해 없이 종교 의식을 행할 수 있게 하라는 대칸 구육이 자신에게 부여한 임무를 설명하였다. '지상의 군주'인 대칸의 이름으로 그는 그의 '아들' 프랑스 국왕에게 라틴·그리스·아르메니아·네스토리우스·야고보파Jacobite 할 것 없이 아무런 차별없이 모든 기독교도들을 보호하려는 것이 몽골인들의 의도임을 통지하였다. 루이 9세는 이 '대

---

5. 엘지기데이에 대해서는 Pelliot, "Les Mongols et la Papauté"(1931-1932), p. 33(171)을 보시오.
6. 아이벡과 세르기스에 대해서는 *ibid.,* (1924), p. 327(131)을 보시오.

사들'을 1248년 12월 후반 키프로스 체류 중에 접견하였다.7)

뻴리오는 이 임무의 진위에 대해 의심을 품긴 하였지만 그때 엘지기데이가 10년 뒤 훌레구가 성공적인 결말을 볼 바그다드의 칼리프조 공격을 계획하고 있었으며, 그러한 목적을 마음에 두고 생 루이Saint Louis가 이집트의 아랍세계로 내보내려고 한 십자군과 힘을 합하려 하였다고 생각한다.

1249년 1월 27일 두 명의 '몽골' 기독교인들은 루이에게서 물러나 키프로스에 있는 니코시아Nicosia에서 배를 탔는데, 도미니크회 수도사 세 명, 곧 앙드레 드 롱쥐모, 그의 아우 기욤, 그리고 장 드 카르카손과 동행하였다. 앙드레와 그의 동료들은 분명 1249년 4월이나 5월에 엘지기데이의 막영지에 도착하였고, 그는 그들을 타르 바가타이의 이밀과 코박에 있는 우구데이 일가의 영지에 있던 섭정황후 오굴 카이미쉬 영도하의 몽골 조정으로 보냈다. 그들은 빨랐어야 1251년 4월에 카이사리아에 있는 생 루이에게로 돌아왔을 것이다.8)

대칸 구육에게 신임받던 고문 엘지기데이는 대칸 뭉케가 선출되자 우구데이 지파 일당을 겨냥한 처형자 명단에 포함되었다.9)(p. 397을 보시오). 1251년 10월 중순에서 1252년 2월 사이 뭉케는 그를 체포하고 사형에 처하였다.10) 바이주는 국경의 군사정부를 단독으로 책임지게 되었고, 1255년 훌레구가 올 때까지 그 자리에 있었다.

그루지아와 소아시아 문제에 대한 바이주의 조치는 단호하였다. 몽골인들에게 복종하기를 완강하게 거부함으로써 그를 항상 성가시게 하던 그루지아의 여왕 루수단이 죽자, 그는 좀더 유순한 루수단의 조카 다비드 라샤에게 왕위를 주려고 하였다. 그러나 킵착의 칸 바투는 루수단의 아들 다

---

7. *Ibid.,* (1931-1932), p. 172(174)와 p. 193(105) ; Grousset, *Histoire des Croisades*, III, p. 520.

8. Pelliot, "Les Mongols et la Papauté," p. 175(177) 이하 ; Grousset, *Histoire des Croisades*, III, p. 521.

9. 그의 아들 Arghasun(Harqasun)은 뭉케를 모반해 이미 몽골리아에서 사형당하였다.

10. Pelliot, "Mongols et la Papauté" (1931-1932), p. 65(203).

비드 나린을 자기 보호 아래 두고 있었다. 두 왕위 경쟁자는 몽골리아로 가서 대칸 구육 앞에서 각자의 주장을 폈다(1246). 구육이 카르틀리아를 라샤에게, 이메레티아를 나린에게 줌으로써 왕국을 분할한 것은 위에서 이미 얘기되었다.11)

이와 비슷한 중재가 소아시아의 셀죽 술탄국에서도 있었다. 1246년 대칸 구육은 왕위를 (몽골리아로 그를 방문한) 젊은 왕자 킬리치 아르슬란 4세에게 주었는데, 이는 형 카이 카부스 2세보다 그를 더 좋아하였기 때문이다. 동시에 구육은 셀죽인들이 바칠 연간 조공의 규모를 "120만 히페르페르스hyperpers, 금과 비단을 섞어 짠 나사 500덩이, 말 500필, 낙타 500마리, 작은 가축(양과 염소 따위) 5,000마리, 그리고 여기다 조공과 같은 가격의 선물 추가" 등으로 결정해주었다.

1254년 대칸 뭉케는 카이 카부스가 키질 이르막Kizil Irmak 서쪽을, 그리고 킬리치 아르슬란이 동쪽을 다스리라고 결정하였으나, 두 형제가 싸워 승리한 카이 카부스가 아우를 투옥하였다. 그리고 카이 카부스가 조공을 제대로 바치지 않자 참을성을 잃은 바이주는 1256년 그를 악사라이 근방에서 공격해 격파하였다. 그 뒤 술탄이 니케아Nicaea의 그리스인들에게로 달아나자 몽골인들은 그 자리를 킬리치 아르슬란으로 교체해버렸다. 그러나 머잖아 카이 카부스가 돌아왔고 결국에는 뭉케의 결정에 따라 왕국을 아우와 나누기로 합의하였다.12)

대체로 몽골의 종주권은 이 서남 국경지대에서는 산발적으로만 표현되었다. 초르마간과 바이주는 종속국가들을 강력히 통제하면서도 카라코룸 조정과 지속적으로 협의하지 않을 수 없었고, 결정은 거리 때문에 몇 달씩 계속 연기되었으며 종속국 왕자들은 칭기스칸 일족 분쟁의 모든 위험 속에서 자기들의 주장을 탄원하기 위해 사신들처럼 그곳으로 가야 하였다.

---

11. Minorsky, "Tiflis," *EI*, p. 796에 있는 서적 해제(그루지아와 아르메니아 사료, 그리고 Juvayni).
12. "Kaikâ'ûs II," *EI*, pp. 677-678 참조.

훌레구 이전 페르시아의 몽골 체제 : 쾨르귀즈와 아르군 아가

이 시기에 문민통치의 초보적인 형태가 후라산과 이라키 아잠에 나타나고 있었다. 초르마간이 북서 지방에서 잘랄 웃 딘을 쫓아내는 동안, 1231년 몽골 장군 친 티무르Chin Timur(칭 테무르Ching Temür)는 후라산에서 호레즘 세력이 근거를 두고 저항하던 마지막 고립지대를 소탕하였다. 대칸 우구데이는 1233년에 후라산과 마잔다란의 총독으로 친 티무르를 임명하였다.13) 이 당시 총독의 기능은 단순히 재정적인 것이었다. 대칸과 칭기스칸 가문의 다른 세 울루스의 수령들 사이에 분배되는 조세수입은 모두 이 불행한 지방에서 가혹하게 징수되었는데, 앞서 몇 해 동안의 학살과 박해로 인해 땅은 완전히 황폐화되어 그 가혹함은 더욱 심하였다. 그러나 친 티무르 같은 총독도 이란인 학자들을 고용하기 시작하였으니, 그의 '사히비 디반sahib-i divan' 곧 재무대신은 역사가 주베이니의 아버지였다.14)

1235년 친 티무르가 죽자 짧은 공백기를 거쳐 위구르인 쾨르귀즈(1235-1242)가 그를 승계하였는데, 게오르게스라는 이름과는 달리 그는 불교도였다. 베쉬발릭(고성) 지역에서 온 그는 위구르 사람들 사이에서는 이름난 학자였다. 그런 까닭으로 그는 칭기스칸 생전에 조치 왕자에게 뽑혀 정복자 집안의 아이들에게 위구르문자를 가르치는 임무를 부여받았다. 네스토리우스 교도인 '재상' 친카이의 후원으로 우구데이는 쾨르귀즈에게 후라산에서 호구조사를 하고 세금을 징수하는 임무를 부여하였다. "모든 노얀, 모든 관리들이 각자의 구역에서 절대군주처럼 행세하였고, 세입의 대부분을 자기 개인용도로 전용하였다. 쾨르귀즈는 이 체제를 끝장냈고, 그들로 하여금 부정한 이득을 토해내게 하였다. 그는 몽골 관리들의 학정에 맞서

---

13. D'Ohsson, *Histoire des Mongols*, III, pp. 103-107 (Juvayni에 따라) 참조.
14. 주베이니의 아버지 바하 웃 딘 무함마드는 몽골 수령 쿨 불라드의 포로가 되었다. 그는 좋은 대우를 받았으며, 후라산의 사히비 디반으로서 몽골 벼슬을 시작하였다. 그는 1253년 이스파한에서 죽을 때까지 몽골 관료로 있었다. Barthold, "Djuwainî," *EI*, p. 1100 참조.

페르시아 사람들의 생명과 재산을 보호하였으며, 그때부터 그들은 더 이상 자기 마음대로 사람들의 목을 베지 못하였다."15)

그는 불교도였지만 무슬림들의 보호자가 되었고 마침내는 자신도 무슬림이 되었다. 자기가 복구한 투스에 정착한 지적이고 재주 있고 정력적인 이 위구르 사람은 몽골 국고를 위한 만큼이나 이란 주민들을 위하여 소위 문민통치라고 부를 만한 정규적인 행정을 펼치려고 시도하였다. 우구데이가 1236년에 후라산의 복구를 명령한 것도 그에게 크게 고무받아서였다. 그 결과 헤라트에는 다시 주민들이 살기 시작하였다. 그러나 우구데이가 죽자 쾨르귀즈가 약탈을 금지시킨 몽골 관리들은 그를 섭정황후 투르게네 앞으로 데려왔다가 차가다이의 손자 카라 훌레구에게 보냈는데, 그는 카라 훌레구의 감정을 상하게 하는 바람에 사형당하였다(1242).16)

그 후 투르게네는 후라산과 이라키 아잠의 통치를 오이라트 사람 아르군 아가에게 위임하였다. 그 역시 위구르문자에 대한 지식 때문에 선발된 것으로, 이 때문에 그는 우구데이의 관방官房에서도 근무하였다.17)

아르군 아가도 쾨르귀즈와 마찬가지로 총독 재임기간 중(1243-1255) 이란 주민들을 몽골 관리들의 재정적인 패악과 강탈로부터 보호하려고 하였다. 그는 칭기스칸 가문의 작은 집안이 그토록 맹목적이고 그토록 엄청난 양으로 발행한, 그래서 그들이 몽골 국고에 손댈 수 있었던 각종 청구서, 면세권, 특허장을 무효화하여 대칸 구육을 만족시켰다.

1251년에 뭉케의 조정을 방문한 그는 뭉케로부터도 전에 못지않은 굳건한 지지를 받았다. 그의 요청에 따라 뭉케는 정복 초기에 재정상황이 혼란스럽던 트란스옥시아나에 마흐무드와 마스우드 얄라바치에 의해 이미

---

15. D'Ohsson, *Histoire des Mongols*, III, pp. 116-117(Juvayni에 따라).
16. *Ibid.*, III, p. 120(Juvayni에 따라).
17. 아르군 아가의 체제에서 아버지와 함께 관리로 근무한 주베이니는 위구르 학자들의 아랍-페르시아인에 대한 우위를 강렬하게 항의하지 않을 수 없었다. "방금 세계를 뒤흔든 혁명에서, 특히 계몽의 근원지이며 박사들의 회합처인 후라산에서, 대학들은 파괴되고 학자들은 살해되었다. 나라의 모든 지식인들은 칼로 사멸되었다. 그들을 대신한 자들은 아무도 위구르어와 위구르문자 외에는 거들떠보지도 않았다." *Ibid.*, I, p. xxv를 보시오.

확립된 제도를 페르시아까지 확대시켰다. 즉 그는 납세자의 재력에 맞춘 인두세를 도입하였으니, 그 세입은 군대와 제국 역전업무를 유지하는 데 사용될 것이었다. 아르군 아가는 1278년 투스 근방에서 고령으로 죽었다. 그의 아들은 잠시 후라산의 총독을 지낸 그 유명한 아미르 노루즈Amir Nauruz였다.18)

1251년 대칸 뭉케는 그때 폐허에서 다시 일어나고 있던 헤라트 지방을 구르 지구의 영주 샴스 웃 딘 무함마드 케르트에게 위임하였는데, 인종적으로는 아프가니스탄 사람이고 종교적으로는 순니파 무슬림인 그는 조정에 대한 자신의 존경을 표시하기 위하여 몽골리아에 왔었다. 샴스 웃 딘은 동부 아프가니스탄의 구르조의 마지막 술탄들을 위해 봉사하던 고관의 손자였으며 1245년에 구르 지구를 물려받았다.

말릭malik(왕)이라는 칭호로 불리던 케르트의 왕들은 칭기스칸 일족의 전쟁의 와중에도 난파하지 않고 항해하기 위하여, 그리고 궁극적으로 그들의 작은 왕국 헤라트 안에서 몽골의 지배(1251-1389)로부터 살아남기 위하여 신중하고 빈틈없는 행동으로 몽골 주인들의 호의를 유지해야 했다. 샴스 웃 딘의 오랜 통치(1251-1278)로 그의 가문의 권위는 그 땅에서 확고하게 자리잡았다. 이 구르조의 복구는 몽골 통치의 엄호 아래, 그리고 그것과의 조화 속에 생겨났다는 점에서 더욱 흥미롭다.19)

또한 몽골인들은 적어도 처음에는 키르만에 있던 쿠틀룩 샤Qutlugh Shah 가문의 아타벡들과 파르스에 있던 살구르조의 아타벡들이 속신으로 존속하는 것을 인정하였다. 쿠틀룩 샤 가문은 잘랄 웃 딘의 호레즘의 돌풍에서 살아남은 교활한 인물 보락 하집Boraq Hajjib(1223-1235)이 세웠다. 그 아들 루큰 웃 딘 호자Rukn ad-Din Khoja(1235-1252년경)는 몽골리아에 있는 대칸 우구데이에게 재빨리 입조하였다(1235). 중국의 몽골군에서 근무하다가 나중에 그곳에 간 쿠틉 웃 딘Qutb ad-Din(1252-1257년경)은 차례가 되어 대칸 뭉케로부터 키르만을 영지로 부여받았다. 마찬가지로 시라즈에서는 살구르조의 아부 바크르Abu Bakr(1231-1260)

---

18. Juvayni와 Rashid ad-Din, *ibid.*, III, pp. 121-128.
19. *Ibid.*, III, pp. 129-131.

가 우구데이와 그를 계승한 대칸들의 총애를 받는 데 성공하였고, 그들은 그가 왕위를 유지하도록 놔두었다.[20]

훌레구의 치세 :
암살자단의 파괴, 바그다드 정복, 칼리프조의 절멸

몽골인들은 페르시아를 정복한 지 20년이 지나지 않아, 정규적인 정치 권력을 행사함으로써 그곳의 임시적이고 이중적인 통치체제(이란과 무간에서의 순수 군사통치와 후라산과 이라키 아잠에서의 재정행정)를 종결지으려고 생각하였다. 1251년 쿠릴타이에서 대칸 뭉케는 아우 훌레구[21]에게 이란 총독직을 주었다. 이 밖에도 훌레구에게는 페르시아에 여전히 존속하던 두 가지 신성한 권력, 즉 마잔다란의 이스마일리Isma'ili 이맘들의 영지와 바그다드의 압바스 칼리프조를 진압하는 임무도 주어졌다.

그에게 부과된 또 다른 임무는 시리아 정복이었다. "아무다리아의 기슭에서 이집트 땅의 끝까지 칭기스칸의 관례와 관습과 법을 확립하라. 항복하여 네 명령에 순종하는 모든 자를 친절과 호의로 대하라. 누구든지 네게 저항하는 자는 그를 굴욕 속으로 던져넣어라."[22]

훌레구는 몽골리아에서 알말릭과 사마르칸드를 거치는 짧은 코스로 여행하여 1256년 1월 2일 아무다리아를 건넜다. 강의 페르시아 쪽 기슭에서 그는 그의 새로운 신하의 대표자들, 곧 헤라트의 말릭인 샴스 웃 딘(무함마드) 케르트Shams ad-Din (Muhammad) Kert, 파르스의 살구르

---

20. *Ibid.*, III, p. 131 ; Minorsky, "Kutlugh-khân," *EI*, p. 1238 ; T. W. Haig, "Salghurides," *EI*, p. 109.
21. 훌레구Hülägu는 '지나치게'를 뜻하는 몽골어. 어근 hülä — 또는 ülä — 에서 유래한다. 페르시아어에서는 훌라쿠Hulaku다. Pelliot, "Les mots à H initial, aujourd'hui amui, en mongol des XIIIe et XIVe siècles," *JA*(1925), p. 236.
22. Rashid ad-Din, Quatremère역, p. 145. D'Ohsson, *Histoire des Mongols*, III, p. 139.

조 아타벡인 아부 바크르, 그리고 소아시아 셀죽조의 카이 카부스 2세와 킬리치 아르슬란 4세 부하들의 인사를 받았다. 뭉케의 계획에 따라 그는 먼저 마잔다란· 메이문디즈Meymundiz·알라무트Alamut 등지의 높은 곳에 있는 요새로 이스마일리파 곧, 암살자단을 공격하러 나섰다. 이스마일리파의 수령 루큰 웃 딘 쿠르샤Rukn ad-Din Kurshah는 훌레구에게 메이문디즈에서 포위되어 1256년 11월 19일 항복하였다.23) 그는 훌레구에 의해 몽골리아에 있는 대칸 뭉케에게 보내졌으나 도중에 살해되었다. 알라무트의 수비대는 12월 20일 항복하였고, 이로써 12세기에 셀죽 술탄들의 노력을 좌절시키고 술탄국과 칼리프국을 떨게 한, 전아시아 이슬람의 사기 저하와 분열의 요인이었던 무시무시한 종파는 마침내 소탕되었다. 이를 이룩함으로써 몽골인들은 문명과 질서의 대의를 위하여 이루 헤아릴 수 없는 공헌을 한 것이다.

홀레구는 다음으로 순니파 이슬람의 영적 지도자이자 이라키 아랍의 작은 영지의 군주인 바그다드의 압바스 칼리프를 공격하였다. 당시의 칼리프인 알 무스타으심al-Musta'sim(1242-1258)은 두드러진 데가 없는 사람이었으며, 차례로 이란의 패자가 되었던 부이, 셀죽, 호레즘, 몽골을 자신의 전임자들이 다루었듯이 자신도 몽골인들을 책략으로 다룰 수 있으리라고 까닭없이 믿었다.24) 과거에는 언제라도 당대 속세의 패자가 너무 강력한 것이 입증되면 칼리프는 이를 인정하였다. 10세기에 칼리프는 부이조의 아미르 알 우마라amir al-umara25)를, 11세기에는 셀죽의 술탄을 공동통치자로 받아들였다. 칼리프는 임시로 자신을 영적인 기능에 국한시키고 단기간에 그친 이 패자들의 소멸을 기다렸다. 기회가 왔을 때 칼리프는 다시 등장하였고 그들의 분쟁을 조정하였으며 최후의 일격을 가하도록 도

<hr>

23. Rashid ad-Din, Quatremère역, p. 217, p. 219 ; D'Ohsson, *Histoire des Mongols*, III, p. 197 참조
24. Abu'l Fida, *Recueil des historiens des Croisades. Historiens Orientaux*, I, p. 136 ; Rashid ad-Din, Quatremère역, p. 247 ; d'Ohsson, *Histoire des Mongols*, III, p. 212(Wassaf에 따라) ; Grousset, *Histoire des Croisades*, III, p. 568.
25. [역자] '아미르들 중의 아미르'라는 뜻.

왔다. 그의 권력은 하루 또는 한 세기의 주인보다 오래 지속되어, 영원을 같은 편으로 하는 거의 신성한 것이었으며, 설사 현실이 그렇지 못하더라도 그는 그렇게 믿었다.

그러나 칭기스칸 일족이 텡그리 곧 영원한 하늘로부터 받았다고 선언한 지상의 제국은 어떤 면에서든 위신의 손상을 허용하지 않았다. 라시드 웃 딘이 재록한 훌레구와 칼리프 간의 서신에는 역사상 가장 거만한 구절들이 사용되었다. 칸은 압바스 가문 36인의 칼리프들의 계승자에게 요구하기를, 바그다드에서 일단 부이조의 총수들에게 주어졌다가 나중에 셀죽의 강력한 술탄들에게 위임된 속세의 권력을 내놓으라고 하였다. "그대는 칭기스칸 이래 몽골군이 세상에 가져온 운명을 알았다. 영원한 하늘의 은총에 의해, 어떤 굴욕이 호레즘 샤들의, 셀죽들의, 다일람Daylam 왕들의, 그리고 여러 아타벡들의 왕조를 덮쳤던가! 그러나 바그다드의 문은 이러한 인종들 누구에게도 닫히지 않았고, 그들 모두 그곳에 그들의 지배를 확립하였다. 그러면 그러한 힘과 그러한 권력을 가진 우리가 이 도시에 들어가는 것을 어떻게 거절할 수 있는가? 기치에 대항하여 무기를 잡지 않도록 조심하라!"26)

칼리프는 이 엄숙한 경고를 무시하고 그의 조상들이 페르시아의 마지막 셀죽인들로부터 되찾아온 압바스의 세속영역을 넘겨주기를 거절하였다. 그는 칭기스칸 가문의 보편제국에 대해 그에 못지않게 보편적인 무슬림 '교황'의 주권으로 대항하였다. "오 이제 겨우 자신의 경력을 시작한, 그리고 열흘의 성공을 축하해 축배를 든, 모든 세상보다 그대가 우월하다고 믿는 젊은이여! 너는 동쪽에서 마그리브Maghrib까지 알라의 모든 숭배자들은 국왕이든 거지든 내 조정의 노예이며, 내가 그들에게 소집을 명할 수 있다는 것을 아는가?"27)

그러나 이는 헛된 위협이었다. 시리아와 이집트의 아윱조 술탄은 몽골인들의 접근에 질려 꼼짝하지 않았고, 훌레구와 그의 무속신앙자·불교도·네스토리우스 교도 장군들은 칼리프가 그들에게 내던진 무슬림적 예언에

---

26. Rashid ad-Din, Quatremère역, p. 231.
27. Rashid ad-Din, D'Ohsson, *Histoire des Mongols*, III, p. 217.

전혀 감동받지 않았다.

몽골군의 바그다드 내습은 1257년 11월에 시작되었다.[28] 티그리스 강 서쪽 기슭에서 바이주의 군대가 바그다드를 뒤에서 빼앗기 위해 모술 루트를 따라 접근하였다. 훌레구의 가장 우수한 사령관인 나이만의 키트 부카Kit Buqa(네스토리우스 교도)는 루리스탄Luristan 루트를 따라 압바스조의 수도로 좌익을 이끌었다. 마지막으로 훌레구 자신은 하마단에서 키르만샤Kirmanshah와 홀완Holwan을 거쳐 티그리스로 내려왔다. 1258년 1월 18일까지 몽골군이 재집결하였고 훌레구는 그의 막사를 바그다드 동쪽 교외에 세웠다. 칼리프의 작은 군대는 도시가 포위되는 것을 막으려다가 그 전날 산산조각이 나버렸다(1월 17일). 22일, 훌레구와 키트 부카가 그 반대편에서 포위망을 좁혀 오는 동안, 몽골 장군 바이주, 부카 테무르, 그리고 수군작Sughunjaq(혹은 순작Sunjaq)이 티그리스 강 서쪽 교외의 유리한 지점을 차지하기 위해 들어왔다. 칼리프는 몽골인들을 달래기 위해 열렬한 시어파 교도로 몽골인들과 같은 감정을 가졌을 수도 있는 그의 대신을 사신으로 보냈으며,[29] 네스토리우스교의 총대주교(catholikos)인 마키하Makikha까지도 보냈다.

그러나 때가 너무 늦었다. 몽골인들은 거센 공격으로 요새의 동쪽을 완전히 함락시켰고 포위된 주민들은 항복할 수밖에 없었다. 수비대의 병사들은 달아나려고 하였으나 몽골인들이 붙들어 중대별로 나누어 마지막 사람까지 죽였다.

2월 10일, 칼리프가 몸소 훌레구에게 항복하러 왔고, 훌레구는 그에게 모든 사람이 도시를 떠나고 그들의 무기를 내려놓도록 명령하라고 하였다. "주민들이 무장을 해제하고 무리지어 몽골인들에게 투항하러 왔고, 몽골인들은 그들을 그 자리에서 학살하였다."[30] 그리고 나서 몽골인들이 바그다드에 들어왔고, 그들의 명령에 복종하지 않은 시민들은 다시 학살되고 도

---

28. Grousset, *Histoire des Croisades*, III, p. 571.

29. Abu'l Fida, *Historiens des Croisades*, I, p. 136.

30. Rashid ad-Din, Quatremère역, p. 299 ; Kirakos, Dulaurier역, *JA*, I(1858), p. 489.

시에는 불을 질렀다(2월 13일).[31] 약탈은 17일 간 지속되었으며 그 기간 중 주민 9만 명이 죽은 것으로 생각된다.

칼리프로 말하자면 몽골인들은 그에게 재화를 모두 인계하고 모든 은 신처를 공개토록 하였지만, 그의 품위를 존중하여 피를 흘리는 것은 피할 수 있었던 듯하다. 대신에 그들은 그를 자루에 담아 꿰맨 뒤 말에 밟히도록 하였다(2월 20일경).[32] 그들은 도시의 대부분, 특히 대모스크를 불태웠으며 압바스조의 무덤을 파괴하였다.

기독교에 대한 훌레구의 호의

몽골인들의 바그다드 함락은 동방 기독교도들에게는 하늘의 응징처럼 보였다. 더욱이 나이만의 키트 부카같이 여러 네스토리우스 교도 병사들이 있는 몽골군은(카헤티아Kakhetia의 아르메니아·그루지아 왕자 하산 브로쉬Hasan Brosh가 지휘한 그루지아 보조부대는 말할 것도 없고) 바그다드 약탈 때 줄곧 기독교도들의 목숨을 살려주었다. 아르메니아인 연대기 편찬자 간자의 키라코스는 "바그다드가 함락될 때 네스토리우스 교도인 훌레구의 아내 도쿠즈 카툰Doquz Qatun은 네스토리우스파든 또는 다른 어떤 파든지간에 기독교도들을 변호하였고, 그들의 목숨을 위해 중간에 들어 잘 말해주었다. 훌레구는 그들의 목숨을 구해주었고 그들이 자신의 재산을 지키도록 놔두었다"고 적었다.[33]

바르탄Vartan의 지적대로 바그다드 강습시 기독교도들은 네스토리우스파 총대주교인 마키하의 명령에 따라 교회 안에 모여 문을 걸어닫고 있었고, 몽골인들은 교회도 회중도 살려주었다.[34] 훌레구는 총대주교 마키하에게 칼리프의 대궐들 가운데 작은 다와트다르*dawatdar*, 즉 부재상副宰相

---

31. Kirakos, *JA*(1858), p. 491.
32. Abu'l Fida, *Historiens des Croisades*, p. 137.
33. Kirakos, *JA*, I(1858), p. 493.
34. Vartan, *JA*, II(1860), p. 291.

의 저택을 주기도 하였다.[35]

　아르메니아 사람인 간자의 키라코스는 바그다드 함락에 대한 모든 동방 기독교도들의 기쁨과 심지어는 승리를 애기한다. "이 도시를 세운 지 515년이 되었다. 그 패권 기간 동안, 만족할 줄 모르는 흡혈귀처럼 그것은 전세계를 삼켜버렸다. 이제 빼앗긴 것이 모두 반환되었다. 그것은 그것이 흘리게 한 피와 그것이 행한 악에 대해 처벌받았으니 그 죄악의 크기는 극에 달하였다. 무슬림의 탐학은 647년 간 지속되었다."[36]

　네스토리우스 교도들의 눈에도, 그리고 시리아의 야고보파와 아르메니아 사람에게도 무시무시한 몽골인들은 억압받은 기독교 국가의 복수자로, 이슬람을 뒤에서 공격하여 그 기초를 흔들어놓기 위해 고비 깊숙한 곳에서 온 신의 구원자들로 보였다.

　7세기에 티그리스 위에 있던 셀레우키아Seleucia나 베이트 아베Beit Abe를 떠나 동투르키스탄이나 몽골의 황량한 땅으로 복음을 전파하러 간 겸손한 네스토리우스파 선교사들이 그렇게 위대한 수확의 씨를 뿌릴 줄이야 누가 상상이나 할 수 있었겠는가?[37]

　훌레구의 영향권 내에서 기독교도들이 누린 호의는 크게 그의 정비正妃 도쿠즈 카툰 덕이었다. 그녀는 케레이트의 공주로서 케레이트의 마지막 군주였던 칸 토오릴의 조카이다.[38] 그녀의 지혜를 매우 높이 산 뭉케는 훌레구에게 그녀와 상의하여 일을 처리하도록 충고하였다.[39] 라시드 웃 딘은 "케레이트는 오래 전에 기독교를 받아들였기 때문에, 도쿠즈 카툰은 기독교를 보호하기 위하여 늘 주의를 기울였고, 그녀가 살아 있는 동안에 기독교도들은 번영하였다. 훌레구는 아내를 기쁘게 하려고 그들에게 호의를 듬뿍 베풀었고, 배려의 징표

---

35. D'Ohsson, *Histoire des Mongols*, III, p. 270. *Recueil des historiens des Croisades. Documents arméniens*, II, pp. 169-170에서 승려 Hayton의 설명을 보시오 ; Grousset, *Histoire des Croisades*, III, pp. 574-575도 보시오.
36. Kirakos, *JA*, I(1858), p. 492.
37. Grousset, *Histoire des Croisades*, III, pp. 575-576.
38. 왕칸의 아우 자감부Jagambu의 딸. [역자]『몽골비사』의 표기를 존중하는 이 번역서의 자카 감부Jaqa-gambu.
39. Rashid ad-Din, Quatremère역, p. 145.

를 보였다. 그의 왕국 전역에 새 교회들이 건설되었고, 도쿠즈 카툰의 오르두 문앞에는 항상 예배당이 있었고 거기서는 종이 울렸다.”[40]

아르메니아 승려 바르탄도 이를 입증하고 있다. “페르시아의 몽골인들은 교회 모양을 한 천막을 갖고 다녔다. 자마하르*jamahar*(방울)가 독실한 신도들을 예배당으로 불러들였다. 사제와 부사제들이 매일 미사의식을 집전하였다. 여기서는 갖가지 언어를 사용하는 기독교도들로부터 뽑혀 온 성직자들이 평온 속에 살 수 있었다. 그들은 평화를 구하러 와서 그것을 얻었으며, 선물을 갖고 집으로 돌아갔다.”[41] 도쿠즈 카툰의 질녀인 투키티 카툰Tugiti Qhatun 역시 훌레구의 아내였는데, 그녀 또한 도쿠즈 카툰 못지않게 네스토리우스교에 헌신적이었다.

도쿠즈 카툰에게 그것은 조상들의 전통 이상의 문제였다. 그녀의 신임을 받은 승려 바르탄은 “그녀는 기독교가 영광 속에 창대하는 것을 보기를 바랐으며, 그 모든 발전은 그녀 덕으로 돌려져야 한다”고 하였다.

훌레구 자신은 불교도였지만 기독교에 대해 호의를 갖고 있었는데, 다음과 같은 바르탄의 얘기는 무엇보다도 이를 명백하게 보여준다. “1264년 일칸 훌레구가 나와 ‘바르타베드*vartabed*’들인 사르키스Sarkis(세르게Serge)와 크리코르Krikor(그레고리Gregory)와 티플리스의 사제 아박Avak을 소환하였다. 우리는 이 강력한 군주 앞에 타타르력의 신년 즉 7월, 쿠릴타이의 시기에 도착하였다. 기독교인은 오직 하나님에게만 절하기 때문에 훌레구에게 갔을 때 타타르 예법에 따라 세 번 무릎을 꿇었을 뿐 엎드리지 않아도 되었다. 그는 우리에게 포도주로 축복하라고 분부를 내렸고, 우리한테서 그것을 성찬으로써 배령拜領하였다. 훌레구는 내게 말하였다. ‘나는 그대가 나를 알고 나를 위하여 진심으로 기도하리라 하여 그대를 불렀다.’ 우리는 앉은 뒤 나와 동행한 형제들과 찬송가를 불렀다. 그루지아인들이 그들의 의식을 봉행하였고, 시리아인들과 그리스인들도 그랬다. 일칸이 내게 말하였다. ‘이 승려들은 나를 방문하고 축복하기 위하여 여러 곳에서

---

40. *Ibid.*, pp. 94-95.
41. Vartan, *JA*, II(1860), p. 290, p. 309 ; *Historiens des Croisades. Documents arm éniens*, I, p. 433.

왔다. 이는 신이 내게 호의를 갖고 있다는 증거다.'"42)

한번은 훌레구가 바르탄에게 네스토리우스 교도인 자기 어머니 소르 칵타니를 추억하는 말을 하였다. "하루는 그가 모든 사람을 물러가게 하고 두 사람만 시중들게 하였다. 그는 나와 함께 자신의 인생사와 어린 시절과 기독교도인 그의 어머니에 대하여 오래 얘기하였다."

하지만 훌레구 자신은 결코 기독교를 받아들이지 않았다. 우리는 그가 불교도라는 것, 특히 미륵보살 신봉자라는 것을 안다. 그러나 그의 이란 왕국에는 불교도는 없고, 반면에 네스토리우스파, 야고보파, 아르메니아인, 그루지아인을 막론하고 기독교도들은 많았는데, 자기와 같은 종교를 믿는 사람이 없는 곳에서 자기 어머니나 아내와 같은 종교를 믿는 자들에게 호의를 갖는 것은 당연하였다.

그는 승려 바르탄과 면담하는 중에, 기독교에 대한 자신의 호의로 인하여 사촌들인 남부 러시아와 투르키스탄의 칭기스칸 일족(킵착과 차가다이 칸국들) 칸들과의 사이가 벌어지기 시작하였음을 고백하였다. "그들(사촌들)이 무슬림들을 총애하는 반면, 우리는 기독교도들을 사랑한다."43)

훌레구의 시리아 원정

훌레구는 바그다드를 함락시키고 칼리프조를 멸망시킨 뒤, 자기에 앞서 그 길을 간 몽골 장군 초르마간과 바이주처럼 하마단 루트로 해서 아제르바이잔으로 갔고, 왕조의 수도를 그 지방 북부에 정하였다. 아제르바이잔의 도시 타브리즈와 마라게가 그의 수도였고, 여전히 유목적이었던 조정은 늘 도시 근처에서 이동을 멈췄다. 훌레구는 자신이 좋아하는 휴양지 우르미아Urmia 호 지역에 몇 개의 건물을 세웠는데, 그것은 "마라게 북쪽 언덕 위의 천문대, 알라탁Alatagh의 대궐, 호이Khoi의 몇몇 불교 사원들(butkhanaha)"이었다. 바그다드에서 약탈한 전리품은 호수에 있는 섬

---

42. Vartan, *JA*, II(1860), pp. 300-301.
43. *Ibid.*, p. 302 ; Rashid ad-Din, Quatremère역, p. 393으로 확인된다.

의 요새에 보관되었다.44)

아란과 무간평야는 훌레구와 그 계승자들의 동영지로 사용되었는데, 그들은 그곳에서 초르마간과 바이주가 했던 것처럼 말을 밖으로 몰아 풀을 뜯게 하였다. 여름에 훌레구가의 왕자들은 아라라트Ararat 산의 봉우리인 알라탁 언덕으로 올라갔다.

바그다드 함락은 무슬림 세계를 공포에 빠뜨렸다. 모술의 늙은 아타벡 바드르 웃 딘 룰루는 명령대로 성벽에 바그다드 대신들의 목을 내거는 것에 그치지 않고, 80이 넘은 나이에도 마라게에 있는 훌레구의 거영지로 입조하러 왔다.

다음으로는 파르스의 아타벡 아부 바크르가 칸에게 바그다드 함락을 축하하기 위해 자기 아들 사아드Sa'd를 보냈다. 이와 동시에 그때는 타브리즈에 있던 훌레구의 거영지로 소아시아의 두 셀죽 술탄, 즉 경쟁관계에 있는 형제 카이 카부스 2세와 킬리치 아르슬란 4세가 왔다. 카이 카부스는 1256년 그의 군대가 몽골 장군 바이주에게 저항을 시도한 일(악사라이에서 바이주에게 격파되었다) 때문에 떨고 있었다. 그는 여기서 얘기해둘 만한 다음과 같은 아첨으로 훌레구를 진정시켰다. 그는 장화 밑창에 자기 초상을 그리게 한 뒤 격노한 칸에게, "그대의 이 노예는, 자신의 임금께서 지체를 낮추시어 부디 그 거룩한 발을 종의 머리 위에 올려놓으심으로써 자신의 머리를 명예롭게 해주시기를 감히 바랍니다"라고 하면서 바쳤다.45) 이 사건은 이슬람이 얼마나 전락하고 실추되었는가를 보여주는 예이다.

뭉케가 부여한 계획을 완성하기 위하여 훌레구는 시리아와 이집트를 복속시켜야 했다. 시리아는 프랑크인들과 무슬림 아읍조로 나뉘어 있었다. 프랑크인들은 뚜렷이 두 국가로 나뉘어 있는 해안지역을 점유하고 있었는데, 북쪽은 왕자 보헤문트 6세Bohemund VI의 안티오크 공국과 트리폴리Tripoli 백작령이었고, 남쪽은 예루살렘 자체와 오래 전부터 이에 대한 어떤 실질적인 통치권도 상실한 예루살렘 왕국으로, 이는 실제로는 티레

---

44. Barthold, "Hûlâgû," *EI*, p. 533.

45. Rashid ad-Din, Quatremère역, p. 225 ; Kirakos, *JA*, I(1858), p.484 ; d'Ohsson, *Histoire des Mongols*, III, p. 262.

Tyre 남작령, 아크레Acre 행정구, 자파Jaffa 백작령 같은 호족령들과 행정구들로 구성되어 있었다.46)

안티오크-트리폴리의 왕자 보헤문트 6세는 그의 북쪽 이웃인 아르메니아(킬리키아)의 국왕이자 장인인 헤툼 1세의 긴밀한 동맹자였다.47) 헤툼의 예를 따라 보헤문트 6세는 당장 몽골 동맹군에 가담하였다. 이 기독교권의 반대편, 곧 시리아 내륙에는 알렙포, 다마스쿠스 같은 도시가 있었고, 이 영토는 기원적으로는 쿠르드 계통이지만 성격상 완전히 아랍화한, 그리고 위대한 살라딘Saladin이 세운 아윱 왕조에 속하였다. 이 시기의 통치자는 겁 많고 용렬한 인물 술탄 안 나시르 유숩an-Nasir Yusuf(1236-1260)이었는데, 그는 1258년 아들 알 아지즈al-Aziz를 훌레구에게 보내 신례를 표하였다.48)

이러한 복속의 표시에도 불구하고 훌레구는 서부 메소포타미아와 무슬림 시리아를 아윱조로부터 빼앗기로 결심하였다. 전쟁은 아윱조의 작은 집안 알 카밀 무함마드al-Kamil Muhammad 소유인 디야르바크르의 마이야파리킨Maiyafariqin 아미르령에 대한 국지적인 원정으로 시작되었다.49) 알 카밀에 대한 몽골인들의 불만 가운데 하나는 그가 광신적인 무슬림으로서, 이 나라에 몽골 통행증으로 입국한 야고보파 기독교 사제들을 십자가에 못박은 것이었다. 훌레구는 그루지아인 하산 브로쉬 휘하의 그루지아-아르메니아 혼성군단의 지원을 받는 몽골 분견대로 마이야파리킨을 포위하였다. 아르메니아 왕자인 세바타Sevata의 카첸Kachen은 공성전 중에 살해되었다. 아르메니아의 연대기 편찬자 바르탄은 이를 두고 "불멸의 왕관을 얻었으며 하나님과 일칸에게 영원히 충성하였다. 그는 그리스도를 위하여 피흘린 자들의 승리를 함께 나눌 것이다"라고 기술하였다.50) 이 십자가와 칭기스칸 일족의 기치의 연합을 주목할 필요가 있는데, 동방 기

---

46. Grousset, *Histoire des Croisades*, III, p. 549.
47. *Ibid.*, p. 515.
48. *Ibid.*, p. 579.
49. *Ibid.*, pp. 577-578.
50. Vartan, *JA*, II(1860), p. 294.

독교도들은 시리아의 무슬림에 대항하여 몽골군과 함께 행군하면서 일종의 성전에 참여하고 있다고 느낀 것이다.

오랜 공성전 끝에 마이야파리킨이 함락되고 알 카밀은 고문 끝에 죽었다. 몽골인들은 그의 살을 찢어 그가 죽을 때까지 그의 입에 쑤셔넣었다. 몽골인들은 창끝에 꿰인 그의 머리를 알렙포에서 다마스쿠스까지 시리아 무슬림 지역의 큰 도시들을 가수와 고수들을 앞장세우고 의기양양하게 통과했다. 마이야파리킨 아미르령의 무슬림 주민 대부분은 학살되었다. 기독교도들만 구제되었는데 그 도시는 매우 오래 된 야고보파 주교구이고 아르메니아파의 본부였기 때문에 기독교인들이 많았다. 간자의 키라코스는 "교회들은 존중되었으며 성 마루타St. Maruta가 수습하였던 무수한 성물들도 그러했다"고 적었다.[51]

마이야파리킨 공성전이 진행되는 동안 훌레구는 시리아의 무슬림 지역을 정복하였다. 아르메니아의 사가 헤이톤에 의하면, 몽골의 전쟁계획은 훌레구와 충성스러운 신하 헤툼 1세의 면담 중에 확정되었다고 한다. "칸은 헤툼에게 그가 예루살렘으로 가서 무슬림들로부터 성지를 해방시켜 기독교도들에게 돌려주기를 바라니 아르메니아의 모든 군대를 이끌고 에데싸Edessa에서 자기에게 합세하라고 하였다. 헤툼 왕은 이 소식에 기뻐하며 대군을 소집하여 훌레구와 합세하기 위하여 행군하였다." 바르탄은 아르메니아의 총대주교가 칸을 축복하기 위해 왔다고 한다.[52] 그리하여 칭기스칸의 손자가 지휘하는 원정전은 아르메니아-몽골 성전의 면모를 갖게 되었다. 어떤 면에서 그것은 프랑크-몽골 성전의 모습도 띠고 있었다. 앞서 얘기한 대로 헤툼 1세는 몽골인들과의 관계에서 자기뿐만 아니라 안티오크의 왕자이며 트리폴리의 백작인 사위 보헤문트 6세를 위해서도 협상하였다. 이는 티레의 성당기사가 쓴 『키프로스 연대기』(Gestes des Chiprois)에서도 확인된다. "아르메니아의 왕 헤툼은 사위 보헤문트를 위

---

51. Kirakos, *JA*, I(1858), p. 496 ; Rashid ad-Din, Quatremère역, pp. 330-331, pp. 350-375.
52. Hayton, *Recueil des historiens des Croisades, Documents arméniens*, II, p. 170 ; Vartan, *JA*, II(1860), p. 293.

하여 훌레구에게 얘기하였으며, 그 후 보헤문트는 훌레구의 총애를 받으며 높은 지위를 차지하였다."[53]

몽골의 대군은 1259년 9월 아제르바이잔을 나와 시리아를 향하여 행군하였다. 바그다드 공성전에서 마지막에 언급된 나이만 출신 네스토리우스 교도인 키트 부카 노얀이 전위부대를 이끌고 출발하였다. 우익은 늙은 바이주와 송코르Sonqor가 지휘하였고, 좌익은 수군작(순작)이, 그리고 중군은 훌레구가 아내 도쿠즈 카툰을 데리고 몸소 지휘하였다.[54] 쿠르디스탄을 경유해 알 자지라al-Jazira로 내습해 가면서 칸은 니시빈Nisibin(누세이빈Nusaybin)을 취하고 하란Haran과 에데싸의 항복을 받은 뒤 자신에게 저항한 세이한Seyhan 사람들을 학살하였다. 그는 비레칙Birecik을 점령한 뒤 유프라테스 강을 건너 멘비즈Menbij를 약탈하고 알렙포를 포위하였다. 술탄 안나시르는 그 도시에서 저항하는 대신 다마스쿠스에 남아 있었다. 알렙포의 야고보파 수좌 대주교인 역사가 바르 헤브라에우스는 몽골인들을 만나러 와서 훌레구에게 경의를 표하였다.[55]

1260년 1월 18일, 훌레구가 지휘하는 몽골군은 헤툼의 아르메니아군, 보헤문트 6세의 프랑크 증원군과 함께 아윱조의 늙은 군주 투란 샤Turan Shah가 지키는 알렙포에 대해 공성전을 개시하였다.[56] "그들은 투석기 20대를 진지로 들여왔고 1월 24일에는 단번에 입성하여 도시를 점령하였으며 2월 25일까지는 저항을 계속하던 성채도 함락시켰다." 학살은 칭기스칸 일족의 방식대로 철저하고 조직적으로 실시되었으며, 30일 훌레구의 말 한마디로 끝날 때까지 만 6일 간이나 지속되었다. 대모스크들은 아르메니아의 헤툼 왕이 불을 놓았으나 야고보파 교회들은 물론 구제되었다. 훌레구는 헤툼에게 약탈물의 일부를 주었고, 알렙포의 무슬림들이 아르메니아 왕국에서 빼앗은 몇몇 구역과 성들을 돌려주었다. 보헤문트 6세에게는

---

53. "Gestes des Chiprois," *Documents arméniens*, p. 751 ; Grousset, *Croisades*, III, p. 581.
54. Bar Hebraeus, D'Ohsson, *Histoire des Mongols*, III, p. 316에.
55. *Ibid.*, III, pp. 308-309 ; Grousset, Croisades, III, pp. 581-582.
56. Abu'l Fida, *Historiens des Croisades*, I, p. 140.

살라딘의 시절 이후 무슬림의 손에 있던 알렙포 공국 소유의 토지를 주었
다.57)

미친 듯한 공포가 시리아의 무슬림 전역으로 퍼졌고, 몇몇 무슬림 왕
자들은 몽골인이 도착하기도 전에 항복하러 왔다. 훌레구는 알렙포 공성전
에 앞서 홈스Homs의 전임군주인 아윱조의 알 아쉬라프 무사al-Ashraf
Musa를 접견하고, 자기 백성들에 의해 폐위된 그를 복위시켰다. 알렙포가
함락되자 하마Hama는 싸우지도 않고 항복하였다. 술탄 안 나시르 유숩은
알렙포와 마찬가지로 다마스쿠스에서도 이를 지키기 위한 노력을 하지 않
고 있다가 알렙포 함락소식을 듣고는 이집트로 달아났다.

다마스쿠스는 그 수비자들에게 버림받고 미리 투항하였다. 1260년 3
월 1일 키트 부카가 점령군 군단을 거느리고 아르메니아 국왕과 보헤문트
6세와 함께 그 도시에 도착하였다. 다마스쿠스의 통치권은 세 명의 페르시
아 서기에게 조력을 받는 몽골 총독의 손으로 넘어갔다. 저항하던 성채는
4월 6일 항복하였고, 총독은 훌레구의 명에 따라 키트 부카가 손수 목을
베었다.58)

그 뒤 3주일 동안 키트 부카는 시리아의 무슬림 지역을 완전히 정복
하였다. 사마리아Samaria로 침투한 몽골인들은 나블루스Nablus 수비대가
저항하자 칼로 죽였다. 그들은 가자까지 방해받지 않고 진격하였다. 술탄
안 나시르는 빌카스Bilqas에서 포로가 되었고, 키트 부카는 그를 아즐룬
Ajlun 수비대의 항복을 강요하는 데 이용한 뒤 훌레구에게로 보냈다. 바
니야스Baniyas를 통치하는 아윱조의 작은 집안이 정복자의 편으로 모였
다.59)

시리아 단성론파든 그리스정교회든 토착 기독교도들에게는 몽골군의

---

57. *Ibid.* ; Bar Hebraeus, *Chronicon Syriacum*, p. 533 ; Hayton, *Documents
   arméniens*, II, p. 171 ; Grousset, *Croisades*, III, p. 583.
58. Abu'l Fida, *Historiens des Croisades*, p. 141 ; "Gestes des Chiprois,"
   Recueil des historiens des Croisades. Documents arméniens, II, p. 751 ;
   Grousset, *Croisades*, III, p. 586.
59. Abu'l Fida, *Historiens des Croisades*, p. 143.

다마스쿠스 입성이 마치 6세기 동안의 억압에 대한 천벌로만 여겨졌다. 그들은 십자가를 받들고 찬송가를 부르며 하는 시가행진을 조직하였으며, 무슬림들은 그 앞에 공손히 서도록 강요되었다. 그들은 감히 '종을 울리며, 포도주가 우마이야Umayya 모스크에서조차 넘치게' 하였다. 티레의 성당 기사의 기록에 의하면, 아르메니아의 국왕 헤툼과 그의 사위인 안티오크의 왕자 보헤문트가 몽골인들의 다마스쿠스 정복을 돕고 나서, 모스크를 파괴하거나 무슬림들이 예배시에 전용했던 옛 비잔티움 교회를 기독교가 되찾아 사용하도록 키트 부카로부터 허락을 받았다고 한다. 무슬림들이 키트 부카에 대해 불평하였으나 그는 자신의 신앙적 성향을 자유롭게 따랐고, 기독교 각파의 교회와 고위 성직자들을 방문하였으며, 그들의 불평에는 전혀 아랑곳하지 않았다.[60]

이러한 정복은 예기치 않은 사건이 일어나기 전까지는 영구적일 듯이 보였다. 1259년 8월 11일, 대칸 뭉케가 중국에서 죽자 그의 두 아우 쿠빌라이와 아릭 부케 사이에 계승전쟁이 일어났다(p. 285). 넷째인 훌레구는 너무 멀리 있는데다가 이미 충분히 부유한 상태였기 때문에, 자신을 후보로 내세우지는 않았으나 쿠빌라이를 동정하였으며, 혹시 그의 지지나 중재가 요구될 수도 있는 상황이었다. 훌레구는 또 자기가 기독교를 편애하듯이 이슬람을 편애하는 킵착의 칸 사촌 베르케가 바그다드 학살을 이유로 자신을 비난하면서 코카서스 국경에서 위협하고 있다는 것을 알았다.[61] 이러한 이유들 때문에 훌레구는 시리아와 팔레스타인에서(키라코스에 따르면) 2만 명으로 감축시킨 — 그러나 헤이톤은 1만 명 이상으로 보지 않는 — 점령군의 지휘를 키트 부카에게 맡기고 페르시아로 떠났다.[62]

몽골 치하의 시리아와 팔레스타인을 지배하게 된 키트 부카는 그곳의 기독교도들을 호의로 대하였는데, 이는 자신이 네스토리우스 교도였을 뿐

---

60. *Ibid.* ; "Gestes des Chiprois," *Documents arméniens*, II. p. 751 ; D'Ohsson, *Histoire des Mongols*, III. p. 325 ; Grousset, *Croisades*, III, p. 589.
61. D'Ohsson, *Histoire des Mongols*, III, p. 377 ; Barthold, "Berke," *EI*, pp. 725-726.
62. Kirakos, *JA*, I(1858), p. 498 ; Hayton, *Documents arméniens*, II, p. 173.

아니라 프랑크·몽골 동맹이 양측에 유리하다는 점을 잘 알고 있었기 때문인 듯하다.[63] 안티오크·트리폴리의 왕자 보헤문트 6세는 이 문제에 대하여 같은 견해를 갖고 있었겠지만, 불행하게도 아크레의 호족들은 여전히 몽골인들을 오히려 무슬림보다 더 못한 야만인으로 보았다.[64] 이러한 호족들 가운데 하나인 시돈Sidon의 백작 율리안Julien은 몽골 순찰대를 공격하여 키트 부카의 조카를 죽였다. 이에 격노한 몽골인들은 시돈을 약탈하는 것으로 대응하였는데, 이것은 명시적이든 암묵적이든 간에 프랑크인들과 몽골인들 간의 동맹의 끝장을 의미했다.[65] 충돌은 무슬림들에게 새로운 용기를 불러일으켰다. 비록 알렙포·다마스쿠스의 아윱조 술탄국은 정복되었지만 강력한 무슬림 세력은 여전히 남아 있었는데, 그들은 이집트 술탄국의 주인 맘룩의 세력이었다. 맘룩들은 용병들로서 대개 투르크계였고, 이집트 아윱조 술탄들의 군대를 이루고 있다가 1250년 그 왕조를 전복시키고 나라의 주인이 되었고 그 장군들은 술탄이 되었다.

그때 카이로에서 통치하던 맘룩 술탄 쿠투즈Qutuz(1259-1260)는 형세가 자기에게 유리하게 돌아가는 것을 깨달았다. 일단 훌레구와 몽골군의 주력이 페르시아로 떠났기 때문에 키트 부카가 해안의 프랑크인들의 도움 없이 기껏해야 2만 명으로 감축된 병력으로 정복지를 유지하기란 불가능하다고 판단한 것이다. 그가 이들과 갈라섰으니 맘룩인들이 행동할 수 있게 된 것이다.

1260년 7월 26일, 아미르 바이바르스Baibars가 지휘하는 전위부대가 팔레스타인을 향하여 이집트를 떠났다. 바이다르의 지휘 아래 가자를 점령하고 있던 소규모 몽골 분견대는 압도되었다.[66] 아크레의 프랑크인들은 키트 부카와 화친하기는커녕 도리어 맘룩인들이 자기네 영토를 통과하고

---

63. *Ibid.*, p. 174.
64. Delaborde, "Lettres des chrétiens de Terre Sainte, 1260," *Revue de l'Orient latin*, II(1894), p. 214 ; Grousset, *Croisades*, III, p. 584.
65. Hayton, *Documents arméniens*, p. 174 ; "Gestes des Chiprois," p. 752 ; Grousset, *Croisades*, III, p. 594.
66. Rashid ad-Din, Quatremère역, p. 347.

자기네 도시의 바로 성벽 밑에서 음식물을 보충하는 것을 용인하였다.67)

프랑크의 해안지역을 통해 행군하고 그들의 군대에 물자보급을 허락받은 것은 맘룩조에게 처음부터 커다란 이점이었고, 그 다음의 문제는 그들의 수적인 우세가 해결해주었다. 칭기스칸 가문의 사람들이 무적임을 믿었던 키트 부카는 용감하게 저항하였다. 맘룩군은 아크레를 떠나 프랑크령 갈릴리Galilee를 통과하여 요르단으로 향하였다.

키트 부카는 그의 기병대와 소수의 그루지아·아르메니아 파견대를 거느리고 맘룩군에 대항하러 나왔다.68) 교전은 1260년 9월 3일 제린Zerin 근방 아인 잘루트'Ain Jalut에서 벌어졌다. 키트 부카는 수적인 열세에 밀려 패배하였지만 칭기스칸 국가의 깃발의 명예를 지켰다.

라시드 웃 딘은 "그는 열성과 용기를 다하여 강력하게 공격하며 좌우로 달렸다. 부하들은 그에게 퇴각할 것을 설득했지만 소용이 없었다. 그는 이 권고에 대하여, '내가 죽어야 할 곳은 이곳이다! 몇몇 병사들은 칸에게 가서 키트 부카가 수치스러운 후퇴를 거부하고 자신의 임무에 목숨을 바쳤다고 전할 것이다. 한 무리의 몽골군의 손실이 칸을 너무 깊이 슬퍼하게 해서는 안될 것이다! 칸으로 하여금 그의 병사의 아내들이 1년간 임신하지 못하였으며, 그의 종마들은 망아지를 낳지 못하였음을 기억하시게 하라! 칸의 삶이 행복하시기를!'이라고 함으로써 물리쳤다"고 적었다.

라시드 웃 딘은 또 "그는 모두에게 버림을 받았는데도 불구하고 1,000명의 적을 상대로 싸움을 해 나갔다. 그러나 마침내 그의 말이 쓰러지고 그는 포로가 되었다"라고 적었다. 그는 손을 뒤로 결박당한 채 쿠투즈 앞으로 끌려왔고, 쿠투즈는 정복된 정복자에 대해 다음과 같이 모욕하였다. "그렇게 많은 왕조들을 쓰러뜨리고, 이제 덫에 빠진 너를 보아라!"

네스토리우스 교도인 몽골인의 대답은 칭기스칸 국가의 영웅 서사시로서의 가치가 있다. "내가 만일 네 손에 죽는다면, 나는 그것이 네가 아닌 신이 한 것임을 인정한다. 순간의 성공에 도취하지 말라! 내 죽음에 대

---

67. "Gestes des Chiprois," p. 753 ; "Manuscrit de Rothelin," *Historiens des Croisades*, p. 637 ; Grousset, *Croisades*, III, pp. 601-603.
68. Kirakos, *JA*, I(1858), p. 498.

한 소식이 훌레구 칸의 귀에 닿으면 그의 분노는 폭풍우치는 바다처럼 끓어오를 것이다. 아제르바이잔에서 이집트의 문앞까지 모든 땅은 몽골의 말발굽에 짓밟히고 말 것이다!"

그는 몽골인들에 대한, 그리고 칭기스칸 국가의 당당함과 정통성에 대한 충성심을 마지막까지 분출시키며, 통상 전임자를 살해함으로써 권좌에 오르는 것을 당연스럽게 여겼던 기회주의적인 맘룩 술탄들을 모욕하였다. "나는 태어난 이래 칸의 노예였다. 나는 너같이 자기 주인의 살인자가 아니다!" 그러자 그를 체포한 자들이 그의 머리를 베었다.[69]

술탄 쿠투즈는 다마스쿠스로 승리의 입성을 하였고, 그 도시의 기독교도들은 친몽골 정서에 대해 호된 대가를 치렀으며, 시리아의 무슬림 전역은 유프라테스까지 이집트 맘룩 술탄국에 합병되었다.

훌레구는 한 번 더 시도하였다. 1260년 11월 말 몽골 분견대가 시리아로 다시 들어와 알렙포를 두 번째로 약탈하였으나, 홈스 부근에서 무슬림들에게 격퇴되고(12월 10일) 다시 한 번 유프라테스 동쪽으로 쫓겨났다.

훌레구의 만년

훌레구는 이렇게 시리아의 무슬림 지역을 복속시키려는 시도에서 실패하였는데, 그것은 사촌인 킵착의 칸 베르케의 위협으로 인하여 매우 불리한 입장에 있었기 때문이다. 남부 러시아의 초원을 다스리던 칭기스칸 가문의 이 손위 지파는 아마 훌레구가 기독교에 호의를 가진 것보다 훨씬 더 이슬람을 아꼈을 것이며, 따라서 훌레구의 승리는 그를 경악케 하였다. 라시드 웃 딘은 페르시아의 칸에 대하여 그가 한 말이라고 하며 다음과 같이 기록하였다. "그는 무슬림들의 모든 도시를 약탈하였으며, 친척들과 상의하지 않고 칼리프에게 죽음을 가져왔다. 나는 알라의 도움을 받아 그에게 그 많은 무고한 피에 대한 책임을 묻겠다!"[70]

---

69. Rashid ad-Din, Defrémery역, pp. 351-353.
70. *Ibid.*, p. 393 ; Vartan, *JA*, II(1860), p. 302.

그러한 감정으로 베르케는 몽골 정복의 주인공이면서 동시에 기독교도들의 보호자였던 자기 사촌 즉, 페르시아의 칸에 대항하기 위하여 명목상으로는 몽골인들의 적일지라도 무슬림 신앙의 보호자들인 맘룩조와의 합세를 망설이지 않았다.

킵착 계통의 투르크인인 새로운 맘룩 술탄 바이바르스(1260-1277)가 이러한 움직임을 부채질하였다. 1262년에 베르케와 바이바르스는 대사들을 교환하기 시작하였고, 베르케가 훌레구에게 선전포고를 하였다.[71] 그해 11월과 12월, 훌레구는 공세를 취하여 두 칸국 간의 코카서스 국경인 데르벤드 고개를 넘고 테렉을 지나 킵착 칸국의 영토로 진격하였다. 그러나 그는 테렉에서 베르케의 조카 노가이Noghai가 지휘하는 베르케군의 기습을 받아 아제르바이잔으로 퇴각하였다.[72] 처음부터 명백하였던 킵착 칸들의 적의와 그 뒤 차가다이 칸들의 적의는 곧 페르시아 칸국에 대한 포위로 귀결되었고, 페르시아 칸국은 코카서스와 아무다리아로부터의 지속적인 측면공격으로 마비되어 시리아 방면으로의 팽창이 저지되었다. 칭기스칸 일족 사이의 이 내전은 몽골 정복에 종지부를 찍었다.

훌레구는 몇몇 지방왕조들을 폐함으로써 최소한 페르시아의 영토적 통일은 이룩하였다. 모술의 아타벡인 늙은 바드르 웃 딘 룰루(1233-1259)는 몽골인들에 대한 예속을 인정함으로써 자신의 지위를 유지하였다. 그러나 뒤에 그의 아들들이 성급하게 맘룩의 편을 들자 훌레구는 모술을 점령, 약탈하고 영토를 합병해버렸다(1262).[73]

1262년부터 1264년까지 파르스의 아타벡이었던 살구르조의 셀죽 샤 역시 반란을 일으켰다가 몽골인들이 카제룬Kazerun을 탈취할 때 살해되었다(1264년 12월). 훌레구는 파르스의 왕위를 살구르조의 공주 아비쉬 카툰'Abish Qatun에게 주고, 그녀를 자기 넷째아들인 뭉케 테무르 왕자

---

71. Barthold, "Berke," *EI*, p. 726 ; Hayton, *Documents arméniens*, II, p. 176.
72. Rashid ad-Din, Quatremère역, p. 399 ; D'Ohsson, *Histoire des Mongols*, III, pp. 380-381.
73. D'Ohsson, *Histoire des Mongols*, III, p. 362, pp. 370-374(Rashid ad-Din 과 Bar Hebraeus에 의거).

와 결혼시켰는데, 이는 합병에 상당하는 조치였다.74) 훌레구의 또 다른 아들이자 그의 계승자인 아바카는 비슷하게 키르만의 쿠틀룩 샤 왕조의 상속녀 파디샤 카툰Padisha Qatun과 결혼하였다.75)

훌레구와 초기 계승자들 시대의 페르시아에서 불교도의 활동은 매우 흥미롭지만 관련정보는 거의 없는 편이다. 알려진 것이라고는 위구르 중국 티베트에서 일정수의 불교 승려들이 훌레구의 왕국에 정착하러 와서 그림과 조상彫像으로 꾸민 수많은 탑을 세웠다는 것뿐이다.76) 특히 훌레구의 손자 아르군은 그러한 탑에 자신을 그린 그림들로 장식케 하였다.77) 후기 페르시아 세밀화의 특징들을 원대 중국화의 영향으로 설명해줄 수 있었을 이러한 작품들이 망실된 것은 안타까운 일이다.

무슬림들에게는 바그다드를 약탈한 훌레구가 신이 내린 재앙으로 여겨졌지만, 사실 그는 페르시아 학문의 후원자이기도 하였다. 페르시아의 위대한 역사가 알라 웃 딘 주베이니'Ala ad-Din Juvayni가 가장 좋은 예다. 니샤푸르 지방 출신의 그의 아버지 바하 웃 딘Baha ad-Din(1253년에 죽음)은 몽골 행정관의 일원으로 후라산의 재정을 책임지고 있었다. 주베이니 역시 행정관이 되었다. 1256년에 그는 훌레구가 알 라무트의 이스마일리파가 수집한 귀중한 도서관에 불지르는 것을 만류하였다. 몽골리아를 두 차례 방문하고(1249-1251, 1251-1253) 중앙아시아 문제에 정통하였던 그는 1260년경 귀중한 『세계정복자의 역사』, 즉 칭기스칸과 1258년까지의 그의 계승자들의 역사를 썼다. 1262-1263년 훌레구는 그를 바그다드 총독(*malik*)으로 임명하였다. 1268년 무슬림 광신주의의 물결 속에서 네스토리우스파 총대주교인 마르 덴하Mar Denha가 그의 집에서 안전하게 피난할 수 있었던 것도 그의 공이라고 해야 할 것이다.78)

---

74. *Ibid.*, III, pp. 397-404(Rashid ad-Din과 Mirkhond에 의거) ; T. W. Haig, "Salgurides," *EI*, p. 109.
75. Rashid ad-Din, Quatremère역, p. 403 ; Minorsky, "Kutlugh-khân," *EI*, p. 1238.
76. D'Ohsson, *Histoire des Mongols*, IV, p. 148.
77. *Ibid.*, IV, p. 281.
78. Barthold, "Djuwainî," *EI*, p. 1100.

그의 아우 샴스 웃 딘 주베이니Shams ad-Din Juvayni는 1263년부터 1284년까지 훌레구 아바카·테구데르Tegüder 칸의 재무대신(*sahib-i divan*)이었다.

아바카의 치세

훌레구는 1265년 2월 8일 마라게 부근에서 죽었으며 왕후 도쿠즈 카툰도 곧 그의 뒤를 따랐다. 그들의 죽음으로 모든 동방 기독교도들은 상실감을 느꼈는데, 야고보파 시리아 교회의 이름으로 바르 헤브라에우스가, 그리고 아르메니아 교회를 대표하여 간자의 키라코스가 실감나게 쓴 대로 두 사람은 '기독교 신앙의 위대한 두 별', '또 다른 콘스탄틴과 헬렌'으로 애도되었다.[79]

훌레구 뒤를 이어 새로운 칸이 된 큰아들 아바카(1265-1282)는 계속 아제르바이잔에서 살았다. 훌레구 치하에서는 마라게가 수도였지만 술타니야로 옮겼던 울제이투Öljeitü의 치세(1304-1316)를 제외하고는 타브리즈가 수도로 선택되어 왕조 말까지 계속 기능하였다. 훌레구처럼 아바카는 자신을 대칸 쿠빌라이의 대리인 이상으로 여기지 않았으며, 쿠빌라이는 그의 요청에 따라 서임의 칙령 즉, 야를릭을 보냈다.

아바카가 자기 아버지처럼 — 아니 그 이상으로 — 불교도였음은 거의 확실하지만, 그 역시 국내의 아르메니아, 네스토리우스, 또는 야고보파 기독교 공동체에 호의를 보였으며, 이집트와 시리아의 맘룩조에 대항하는 국외 기독교권과의 동맹을 찬성하였다.

그는 등극하던 해에 비잔티움의 황제인 미카엘 팔레올로구스Michael Palaeologus의 딸 마리아Mary와 결혼하였다. 아바카는 시리아에서 네스토리우스파 총대주교 마르 덴하의 보호자였고,[80] 뒤에는 총대주교의 계승자인 그 유명한 마르 야흐발라하 3세의 친구가 되었다.

---

79. D'Ohsson, *Histoire des Mongols*, III, pp. 407-408.
80. 1266년부터 1281년까지 총대주교였던 마르 덴하는 마키하를 계승하였다.

우리는 앞서(p. 437) 각각 북경과 산서 북쪽 톡토 지역에서 온, 그리고 예루살렘 방문을 소망했던 네스토리우스파의 두 수도자 랍반 사우마와 마르쿠스의 순례에 대하여 얘기하였다. 그들이 1275년과 1276년 사이에 카쉬가리아를 횡단한 뒤 어떻게 페르시아에 도착하였는가를 보았다. 시리아어로 된 그들의 전기는 네스토리우스 교회가 몽골 치하의 페르시아에서 중요한 위치를 차지하였음을 보여준다.

그들은 후라산에 도착하여 투스 부근 마르 세흐욘Mar Sehyon의 수도원을 찾았다.[81] 아제르바이잔의 마라게 부근에서 몽골 당국으로부터 높이 평가받던 총대주교 마르 덴하를 만났다.[82]

그들은 거기서 총대주교좌가 있는 바그다드로 내려갔다가(그곳은 여전히 옛 이름인 셀레우키아로 통하고 있었다), 많은 지성소들과 아르벨라 Arbela, 베쓰 가르마이Beth Garmai, 니시빈의 수도원들이 있는 앗시리아로 갔다.[83] 랍반 사우마와 마르쿠스가 니시빈 부근인 타렐Tarel의 성 미카엘St. Michael 수도원으로 물러나 있을 때, 총대주교 마르 덴하가 그들을 소환하여 칸 아바카에게 가는 임무를 맡겼다. 칸은 그들에게 융숭한 대접을 했을 뿐 아니라 그들의 예루살렘 순례를 용이하게 하는 허가서까지 주었다. 그러나 페르시아의 칸국이 킵착 칸국·맘룩조와 전쟁 중이었기 때문에 이 여행은 할 수 없었다.

그러자 총대주교 마르 덴하는 마르쿠스를 웅구트와 키탄 지방, 곧 북부 중국의 수좌대주교로, 랍반 사우마를 그의 보좌주교로 임명하였다.[84] 그러나 그들이 새로운 교구로 떠나기 전에 마르 덴하가 죽었고(1281년 2월 24일), 바그다드 부근에서 열린 네스토리우스파 평의회에서 마르쿠스는 마르 야흐발라하 3세라는 이름으로 총대주교로 선출되었다. 이 선거에서 정치적인 고려가 크게 작용했음은 명백하다. 새 종정은 신앙심은 대단하였

<hr>

81. W. Budge, *The Monks of Kublai-khan*, pp. 139-140.
82. "Vie de Mar Yahballaha," J. B. Chabot역, *Revue de l'Orient latin*(1893), pp. 593-594.
83. 그들은 1275년경 중국을 떠나 1278년경 메소포타미아에 도착하였다.
84. Budge, *Monks of Kublai-khan*, p. 148.

지만 시리아어에 대해서는 사소한 지식밖에 없었고 아랍어는 전혀 몰랐다. 그러나 어쨌든 그는 '몽골'이었으며, 그 왕자들이 칭기스칸 가문과 긴밀하게 동맹하고 있는 투르크 웅구트 사람이었다. 하지만 네스토리우스파 교부들은 마르쿠스 이상으로 페르시아의 칸에게 인정받을 만한 총대주교가 없다고 생각했다.

그리고 실제로 마르 야흐발라하가 성직을 수여받으러 아바카에게 가자 몽골 통치자는 그를 친구로 환영하였다. "칸은 그의 어깨 위에 외투를 올려놓았으며, 자기의 의자를 주었는데 그것은 작은 왕좌였다. 칸은 또한 명예의 일산日傘을 주었으며 왕실 문장과 총대주교의 새璽가 들어 있는 파이자paiza(牌子) 곧, 황금패를 주었다."[85]

1281년 11월 2일 북경에서 온 고위 성직자는 셀레우키아 부근 마르 코카Mar Koka 대성당의 교회에서 예루살렘 수좌대주교 마르 아브라함 Mar Abraham, 사마르칸드 수좌대주교 마르 야고보스Mar James, 탕구트 즉 중국 감숙의 수좌대주교 마르 예수사브란Mar Jesusabran이 출석한 가운데 총대주교로 취임하였다.[86]

대외적으로 아바카는 아버지가 킵착의 칸 베르케를 적대함으로써 시작되었던 전쟁을 종결지었다. 1266년 봄 베르케의 조카 노가이가 데르벤드 고개를 넘고 쿠라를 건너 공세를 취하였으나 악수에서 아바카의 부하에게 패하여 시르반Shirvan까지 격퇴되었다. 그러자 베르케 자신이 더 큰 군대를 이끌고 데르벤드 고개를 통과, 쿠라를 건너기 위하여 진격하던 중 죽었고(1266), 그가 죽자 그의 군대는 철수하였다.[87]

동북부에서는 앞서 본 바와 같이 아바카는 트란스옥시아나의 칸인 차가다이가의 바락의 살육전에 직면했는데, 그가 1269-1270년 후라산에 침입하여 메르브와 니샤푸르를 점령한 것이다. 아바카는 적을 기만하는 거짓 후퇴를 하여 1270년 7월 22일 헤라트 부근에서 바락도 격파시켰다.[88]

---

85. "Vie de Mar Yahballaha," pp. 607-608.
86. *Ibid.*, pp. 609-610.
87. D'Ohsson, *Histoire des Mongols*, III, pp. 418-419.
88. *Ibid.*, III, pp. 432-449(Rashid ad-Din에 의거).

헤라트의 군왕 샴스 웃 딘 케르트가 이러한 몽골 간의 전쟁에 말려드는 것을 어떻게 피하였는지에 대해서도 설명할 필요가 있다. 이 기민한 아프가니스탄 사람은 차가다이조의 침략에서 제 도시를 구하기 위하여 그들에게 충성하기로 동의하였다. 그러나 아바카가 그의 군대와 함께 후라산에 당도하자 샴스 웃 딘은 다시 그의 편에 섰고, 그는 헤라트를 완강히 수비함으로써 페르시아의 칸도 침략자들을 매복장소로 끌어들여 거기서 격파할 수 있었다.

1273년 1월 아바카는 최종적인 보복을 가하였다. 그는 트란스옥시아나를 역습하면서 군대를 보내 부하라를 약탈하였다(위를 보시오). 헤라트의 말릭인 샴스 웃 딘이 1270년에 과시한 충성에도 불구하고 아바카는 그를 신용하지 않았다. 1277년 그에게 칭호와 영예를 내려 타브리즈로 유인한 뒤 거기서 은밀하게 독살하였다(1278년 1월). 그러나 그가 1279년 샴스 웃 딘 2세Shams ad-in Ⅱ라는 이름으로 헤라트의 군주로 세운 사람은 희생자의 아들인 루큰 웃 딘 2세Rukn ad-Din Ⅱ였다.[89]

서쪽에서 아바카는 맘룩조에 대한 아버지 때부터의 투쟁을 계속해야 했는데, 그들은 이제 이집트뿐 아니라 시리아의 무슬림 지역에서도 주인이 되었다. 이슬람의 수령이며 당대의 가장 무서운 전사들 가운데 하나인 맘룩의 술탄 바이바르스(1260-1277)가 몽골의 신하이자 긴밀한 동맹국인 킬리키아를 거듭 황폐화시키면서 공세를 취하였다. 1275년 4월 그는 주요 도시였던 시스Sis·아다나Adana·타르수스Tarsus·라자조를 약탈하고 소아시아 술탄국 문제에 개입하였다. 이 나라는 페르시아의 칸국에게 종속국으로 긴밀하게 연결돼 있었다.

젊은 술탄인 카이 호스로우 3세Kai Khosraw Ⅲ(1265-1283)가 어릴 적에는 페르바네*pervane*(재상)인 무인 웃 딘 술레이만Mu'in ad-Din Su-layman이 그 나라를 몽골의 보호령으로 다스렸다. 대단한 음모가였던 이 대신은 바이바르스와 비밀스런 서신왕래를 한 것으로 보이며, 틀림없이 몽골의 지배로부터 나라를 해방시키기 위하여 바이바르스를 불러들였을 것

---

89. *Ibid.*, Ⅲ, pp. 441-442 ; Ⅳ, pp. 179-183.

이다.

어찌되었든 1277년에는 바이바르스가 셀죽 술탄국에 들어와 4월 18일 카파도키아Cappadocia 입구 지훈Jihun의 상류에 있는 알비스탄Albistan 에서 몽골 점령군을 제압하였지만, 반면에 셀죽 분견대를 지휘하던 페르바 네는 패주하였다. 바이바르스는 4월 23일 카파도키아에 있는 카이세리 Kayseri로 개선하고 그 후 시리아로 돌아갔다.

이 패배소식에 아바카는 서둘러 아나톨리아로 가서(1277년 7월), 칭기 스칸 일족보다 무슬림 신앙에 더 충성하고, 그래서 형편없이 싸운 셀죽 투 르크인들을 가혹하게 처벌하고, 페르바네를 심문 처형하였다(8월 2일).[90]

아바카는 라틴세계와 맘룩군에 대항하는 견고한 동맹을 맺고자 1273 년에 교황과 영국의 에드워드 1세Edward I에게 편지를 썼다. 1274년 5 월에서 7월, 그의 대사 두 사람이 그레고리 10세Gregory X를 알현하고 리용Lyons 신부 평의회의 접대를 받았다. 그의 다른 사절들은 이탈리아에 1276년 11월(존과 제임스 바셀루스), 영국 에드워드 1세의 조정에 1277년 에 나타난 것으로 전해진다. 그러나 교황청도 프랑스도 영국도 몽골의 제 의에는 응하지 않았다.[91]

아바카는 혼자 행동하기로 결심하였다. 1271년 10월 말, 그는 알렙포 지역의 촌락들을 약탈하기 위해 기병 1만 명을 보냈다. 1280년 9월과 10 월에는 더 큰 분견대를 보내 성채를 제외한 알렙포를 잠시 점령하고 모스 크들에 불을 질렀다(10월 20일). 하지만 이것은 정찰전에 불과하였다. 1281년 9월 몽골군 5만이 시리아로 침공하였다. 아버지 헤툼처럼 몽골의 충실한 신하였던 아르메니아(킬리키아) 국왕 레오 3세Leo III는 자기 병력 을 데리고 이 군대에 가담하였다. 그래서 5만 몽골군에 3만의 아르메니아 인, 그루지아인, 프랑크인들이 합세했다. 아바카의 아우 뭉케 테무르가 전 군을 지휘하였다. 그들은 1281년 10월 30일 홈스 부근에서 술탄 칼라운

---

90. Abu'l Fida, *Historiens des Croisades*, I, p. 155 ; Hayton, *Documents armé-niens*, p. 180 ; D'Ohsson, *Histoire des Mongols*, III, pp. 481-488 ; Grousset, *Croisades*, III, p. 694.
91. Hayton, *Documents arméniens*, pp. 180-181.

Qalawun이 지휘하는 맘룩군과 교전하였다. 레오 3세가 지휘하는 몽골군의 우익인 아르메니아와 그루지아인들은 대항군을 달아나게 만들었으나, 중군을 지휘하던 뭉케 테무르가 부상을 입고 전장을 떠나자, 부하들의 사기가 꺾여 몽골인들은 한 번 더 유프라테스를 건너 퇴각해야 했고,[92] 후퇴 후 얼마 지나지 않은 1282년 4월 1일 아바카가 죽었다.

아르군의 치세

아바카의 아우이자 계승자(1282년 5월 6일)인 테구데르Tegüder는[93] 가문의 전통적인 정책을 파기하였다. 어머니(쿠투이 카툰Qutui Qatun)가 네스토리우스 교도였을 가능성이 있고 자신도 유년에 세례를 받았지만, 승려 헤이톤에 의하면, 그는 등극한 뒤 무슬림 신앙을 받아들여 아흐마드Ahmad라는 이름과 술탄이라는 칭호를 취하였으며, 페르시아의 칸국을 다시 이슬람으로 전환시키기 시작하였다. 승려 헤이톤은 "그는 타타르인들을 무함마드의 거짓된 법으로 개종시키는 데 자신의 모든 지식을 바쳤다"고 적었다.[94]

1282년 8월 테구데르는 맘룩조에 평화와 동맹을 제의하였다. 불교도와 네스토리우스 교도인 '옛 몽골' 일파는 테구데르의 아저씨이자 페르시아 칸국의 종주인 중국의 대칸 쿠빌라이에게 항의하였다. 마르코 폴로에 의하면 대단히 실망한 쿠빌라이가 개입하겠다고 위협하였다고 한다. 테구

---

92. Abu'l Fida, *Historiens des Croisades*, I, pp. 158-159 ; Hayton, *Documents arméniens*, pp. 183-184 ; Bar Hebraeus, *Chronicon Syriacum*, pp. 592-593 ; D'Ohsson, *Histoire des Mongols*, III, p. 524 ; R. Röhricht, "Les batailles de Homs," *Archives de l'Orient latin*, I, p. 638 ; Grousset, *Croisades*, III, p. 699.
93. [역자] 그루쎄는 본문에서 그의 이름을 Tekuder로 표기하고, 여기에 주를 붙여 몽골어로 "Täghüdär"라고 하였다.
94. Hayton, *Documents arméniens*, p. 185.

데르는 네스토리우스 교회의 지도층, 즉 총대주교 마르 야흐발라하와 그의
보좌주교 랍반 사우마가 북경 조정에 이러한 호소를 한 데 대하여 책임을
물었다. 이에 총대주교는 투옥되었는데 황태후 쿠투이 카툰이 석방허가를
받아내지 않았더라면 그는 목숨을 잃었을 것이다.[95]

한편 불만이 쌓인 모든 옛 몽골 일파는 불교도, 네스토리우스 교도 할
것 없이 아바카의 아들이자 후라산의 총독인 왕자 아르군에게 모여들었고
곧 내전이 일어났다.

몽골 치하의 페르시아가 몽골로 남을 것인가 아니면 무슬림 술탄국이
될 것인가? 국내의 네스토리우스파 교도와 야고보파 교도, 그리고 국외의
아르메니아인들과 프랑크인들이 계속 유리한 대우를 받을 것인가 아니면
나라가 맘룩조의 동맹국으로 들어갈 것인가? 투쟁은 처음에는 아르군에게
불리하게 진행되었다. 그는 자기 고유의 영지인 후라산에서 반란을 선동한
뒤 이라키 아잠으로 진격했지만, 카즈빈 근방 아크 호자Aq Khoja에서 패
해 1284년 5월 4일 테구데르에게 항복해야 했다. 그러나 군지휘관들 사이
의 음모가 곧장 궁정혁명으로 이어졌다. 테구데르는 자기 군대에게 버림받
고 1284년 8월 10일 사형당하였으며 다음 날 아르군이 등극하였다.

아르군은 나라의 이슬람화 경향을 정지시켰다. 아바카나 훌레구처럼
자신도 어느 정도 불교도인 그는 많은 관직, 특히 재정부문에 기독교도나
유대인들을 임명하였다. 아르군은 재무대신으로 유대인 의사 사아드 웃 다
울라Sa'd ad-Daula를 선택하였는데, 그는 1288년부터 아르군이 병으로
죽는 날까지(1291년 2월) 군주의 전적인 신임을 받았다. 지적이고 융통성
있고 투르크어와 몽골어에 유창하고 유능한 신하였던 ― 그는 주군에게
제공한 효력있는 하제下劑 덕분에 총애를 받았다 ― 사아드는 그의 나라
의 번영을 위한 헌신적인 노력을 제대로 평가한 아르군과 호흡이 잘 맞았
다.

그는 뛰어난 행정가로서 귀족들의 약탈을 금지함으로써 재정분야의
질서를 회복하였다. 또한 군지휘관들이 법정 판결을 업신여기는 것을 금하

---

95. "Vie de Mar Yahballaha," pp. 75-77.

고, 지체 높은 사람들이 보낸 징세리들이 백성에게 가혹한 징발을 부과하는 것을 억제하는 명령들을 발하였다. 간단히 말해 그는 악폐를 몰아내고 몽골인들의 순수 군사통치에 정규적인 문민통치의 관행을 도입하려고 시도한 것이다. 그는 이슬람 종교문제에 개입하지 않고 무슬림들 간의 소송을 몽골 관습이 아닌 『쿠란』의 법에 따라 처리하도록 하였다. 그는 또 종교기관에 대한 기부를 늘리고 학자들과 지식인들을 격려하고 후원하였다. 무슬림들은 그가 주요 행정관직을 그의 동포 유대인들을 위하여 남겨둔 것, 특히 아르군의 아들 가잔과 아우 게이하투의 속령인 후라산과 소아시아 지역을 제외하고는 모든 징세 청부직을 자기 친척들에게 나눠준 것 외에는 그에 대해 불평할 만한 것이 없었다.

그럼에도 불구하고 그 유대인 대신은 맹렬한 적개심을 불러일으켰다. 몽골 귀족들은 약탈을 중지시킨 데 대하여 분개하였으며, 열성적인 무슬림들은 그와 아르군이 새로운 종교를 시작하려고 하며 신앙심이 돈독한 자들을 '우상숭배자들'이 되도록 강요할 것이며, 메카의 카아바를 우상 사원 즉, 불교의 성지로 바꾸리라는 등의 모함을 했다. 이런 비난은 물론 터무니없는 것이었지만, 결국 그들은 나라의 한 위대한 사람을 잃게 만들었다.[96]

아르군의 아내들 가운데 우룩 카툰Uruk Qatun은 케레이트 출신으로, 선대 왕후 도쿠즈 카툰의 조카이며 네스토리우스 교도였다. 1289년 8월 그녀는 자기 아들들 가운데 장차 칸이 되는 울제이투를 교황 니콜라스 4세를 기리는 니콜라스라는 이름으로 세례받게 하였다. 승려 헤이톤에 의하면 "아르군은 기독교도들을 매우 사랑하고 존경하였다. 그는 테구데르가 헐어버린 기독교 교회들을 다시 지었다"고 한다. 네스토리우스파 총대주교 마르 야흐발라하의 전기에 의하면 그는 마라게에 있는 마르 샬리타Mar Shalita의 교회를 비롯하여 예전의 성지 몇 군데를 다시 복구하도록 하였다고 한다.

---

96. D'Ohsson, *Histoire des Mongols*, IV, pp. 31-38, pp. 49-57(Wassaf에 의거).

랍반 사우마 : 서구로의 사절

맘룩조에 대한 투쟁의 재개를 희망한 아르군은 기독교권으로부터 새로운 동맹을 확보하려고 시도하였다. 그는 십자군이 아크레나 다미에타로 상륙하는 것과 동시에 몽골군이 시리아의 무슬림 지역에 침공하고 나중에 시리아를 분할하자는 합동공격을 제의했다. 알렙포와 다마스쿠스는 몽골인들이 갖고 예루살렘은 십자군들이 차지하게 할 생각이었다.

아르군은 이 목적으로 1285년 교황 호노리우스 4세Honorius IV에게 편지를 보냈으며 그 라틴어 번역문은 바티칸에 보관돼 있다. 페르시아의 칸은 이 유명한 문서에서 '모든 타타르인들의 조상' 칭기스칸의 이름을 내세운 뒤, 중국의 황제이며 자신의 종조부이자 종주이고 동맹자이기도 한 쿠빌라이를 거론하면서, 칭기스칸 일족과 기독교권이 통합되었던 결속을 상기시켰다. 즉 기독교도인 그의 어머니, 할아버지 훌레구, 아버지 아바카가 모두 기독교도들의 수호자였다는 것이다. 그는 대칸 쿠빌라이가 자기에게 '기독교도들의 땅'을 해방시키고 보호할 책임을 맡겼다고 하면서 자신이 시리아를 침공하는 동안 십자군이 상륙할 수 있는지를 묻는 것으로 끝을 맺었다.

"사라센인들의 땅이 그대들과 우리 사이에 놓여 있으니, 우리가 함께 포위하여 목을 조를 것이다……. 우리는 사라센인들을 하나님과 교황과 대칸의 도움으로 몰아낼 것이다!"[97]

1287년 아르군은 네스토리우스파의 고위 성직자인 랍반 사우마가 이끄는 또 다른 사절을 같은 목적으로 서방에 보냈다. 북경 부근에서 태어난 이 옹구트 또는 위구르 승려가 중국에서 페르시아에 이르는 대모험여행을 한 것은 앞서 기술되었다.

랍반 사우마는 흑해의 (틀림없이) 트레비존드에서 배에 올라 콘스탄티노플에 상륙하였다. 비잔티움 황제 안드로니쿠스 2세Andronicus Ⅱ(1282-

---

97. Chabot, "Relations du roi Argoun avec l'Occident," *Revue de l'Orient latin* (1894), p. 571 ; Moule, *Christians in China*, p. 106 ; Grousset, *Croisades*, III, p. 699.

1328)는 아르군의 사신에게 융숭한 대접을 했는데 비잔티움 제국과 국경을 맞대고 있는 셀죽의 아나톨리아가 페르시아 칸의 종속국이었기 때문에 더 그랬다.[98] 랍반 사우마는 성 소피아Saint Sophia 교회에서 기도의식을 봉행한 뒤, 이탈리아로 항해하여 1287년 6월 23일 나폴리에서 내렸고, 나폴리 만에서 안게빈Angebin과 아라공Aragon 함대 간에 벌어진 해전을 목격하였다.[99] 그는 다시 로마로 갔지만 불행히도 교황 호노리우스 4세는 그가 도착하기 전에 죽었고(1287년 3월) 후계자는 아직 선출되지 않았다. 랍반 사우마는 소집된 추기경들의 영접을 받았다. 그는 몽골 기독교권의 중요성에 대해 그들에게 다음과 같이 설명하였다. "우리의 많은 교부들 — 즉 7세기와 8세기의 네스토리우스파 선교사들 — 이 투르크, 몽골, 중국인들의 땅으로 가서 그들을 가르쳤음을 아십시오. 오늘날 많은 몽골인들이 기독교도이고 그 중에는 왕과 왕비의 자녀들이 있으며, 그들은 세례를 받고 기독교 신앙고백을 하였습니다. 그들은 그들의 거영지에 교회를 갖고 있습니다. 아르군 왕은 나의 주인이신 총대주교와 우정으로 결합되어 있습니다. 그는 시리아를 갖기를 원하며, 예루살렘을 해방시키기 위하여 여러분의 도움을 간청하고 있습니다."[100]

랍반 사우마는 성 베드로Saint Peter 교회와 로마의 다른 교회들을 참례한 뒤, 제노아를 경유해 프랑스로 떠났다. 크리미아와 트레비존드의 중요한 소식민지들, 그리고 몽골령 페르시아에 많은 상인을 갖고 있는 제노아 사람들 역시 아르군의 사절을 따뜻하게 맞이하였다.[101] 랍반 사우마는 1287년 9월 10일경 파리에 도착하여 미남왕 필립의 영접을 받았는데 그는 랍반 사우마를 친히 생 샤펠Sainte-Chapelle로 안내하였다. 랍반 사우마는 소르본Sorbonne에서 생 드니까지 파리를 본 뒤 영국의 에드워드 1세를 방문하기 위하여 보르도Bordeaux로 갔다(10월 말과 11월 초). 에드워드도 프랑스 국왕처럼 몽골 대사에게 극진한 대접을 했으나 어떤 군주도

---

98. *Revue de l'Orient latin*(1894), pp. 82-83.
99. *Ibid.*, p. 89.
100. *Ibid.*, p. 91. Grousset, *Croisades*, III, pp. 715-716.
101. Chabot, *Revue de l'Orient latin*(1894), p. 104.

랍반 사우마가 성취하고자 하는 군사협정은 체결하려고 하지 않았다.[102]

상당히 낙심한 랍반 사우마는 로마로 돌아와 1288년 2월 20일 마침내 선출된 새 교황 니콜라스 4세를 만났다. 니콜라스는 몽골 고위성직자의 말을 대단한 흥미와 감동을 갖고 들었으며, 그를 성주간聖週間 의식에 들어오게 하고 어디를 가나 그를 위하여 명예로운 자리를 마련해 놓았으며 자기 손으로 성찬을 주었다. 랍반 사우마는 이것으로 한껏 위로를 받고 떠났다. 그의 방문에 관한 기록에서 북경 근처에서 태어난 이 고위성직자는 분명히 그러한 따뜻함과 신앙적 만족을 경험하리라고는 꿈도 꾸지 않았을 것이다.[103]

그러나 정치적 관점에서 그의 임무는 실패였다. 서방세력들은 시리아의 프랑크 식민지를 구하였을 수도 있는 십자군을 페르시아의 몽골군과 함께 조직하려들지 않았다. 그의 두 번째 제노아 방문시 투스쿨룸Tusculum의 추기경에게 한 랍반 사우마의 불평이 그것을 잘 나타낸다. "친애하고 존경하는 각하, 내가 그대에게 무슨 말을 할 수 있겠습니까? 나는 이곳에 아르군 왕과 예루살렘을 걱정하는 총대주교를 위하여 대사로 왔습니다. 온 일년이 다 지나갔습니다……. 내가 무슨 말을 하며, 내가 돌아가 몽골인들에게 무슨 대답을 해야 하겠습니까?"[104]

랍반 사우마는 니콜라스 4세, 미남왕 필립, 에드워드 1세가 칸 아르군에게 보내는 편지를 갖고 돌아왔다.[105] 그는 분명 1288년 여름이 다 갈 무렵에 조정으로 돌아왔을 것이다. 아르군은 그에게 깊이 감사해 하고 그를 오르두의 네스토리우스파 담당성직자로 배속시켰다. "아르군은 두 천막의 밧줄이 서로 얽힐 정도로, 왕실 천막 바로 곁에 예배당을 세우게 하였다. 그리고 이 교회에서 종소리가 중단되어서는 절대로 안된다고 명령하였다."[106]

---

102. *Ibid.*, p. 106-111. Grousset, *Croisades*, III, pp. 717-718.
103. Chabot, *Revue de l'Orient latin*(1894), pp. 113-121.
104. *Ibid.*, p. 112. Grousset, *Croisades*, III, p. 720.
105. Chabot, "Relations du roi Argoun," pp. 576-591.
106. Chabot, *Revue de l'Orient latin*, pp. 121-122. 랍반 사우마는 4년을 더 살았으며, 1294년 1월 10일 바그다드에서 죽었다.

　　1289년의 부활절 축전 이후(4월 10일), 아르군은 제노아 사람인 부스카렐 드 기솔프Buscarel de Gisolf를 교황 니콜라스 4세와 미남왕 필립과 에드워드 1세에게 새 대사로 보냈다. 부스카렐은 1289년 7월 15일에서 9월 30일 사이에 로마에 도착하였다. 처음에는 니콜라스 그리고 그 뒤에 필립의 영접을 받으면서(11월과 12월) 그는 성지해방을 위한 군주의 공격 동맹 제의를 되풀이하였다. 우리는 필립에게 보낸, 몽골어를 위구르문자로 쓴 편지 원문을 갖고 있다. "영원한 하늘의 힘에 의해, 지고의 칸(쿠빌라이)의 보호에 의해, 이것이 우리의 말이다. 프랑스의 국왕 그대를 우리는 표범해 겨울의 마지막 달에(1291년 1월) 출정하여, 봄의 첫달 15일경 다마스쿠스 앞에 설영하도록 초대한다. 만일 그대측에서 지정된 날짜에 군대를 보내면 우리는 예루살렘을 탈환하여 그대에게 줄 것이다. 그러나 만일 그대가 집결에 실패한다면 우리 군대의 진격은 아무 소용이 없을 것이다." 이 편지에는 부스카렐이 프랑스 말로 써서 미남왕 필립에게 제출한 문서가 첨부되었는데, 아르군이 시리아에 상륙하는 프랑스 십자군에게 필요한 군량과 새로운 보충마 3만 필을 공급하겠다고 약속한 것이었다.107)

　　1290년 아르군은 네 번째 대사를 교황과 필립과 에드워드에게 보냈는데, 차간Chagan이라는 이 사람의 세례명은 안드류Andrew로 이번이 두 번째 임무인 부스카렐 드 기솔프가 그를 수행하였다.108) 그러나 서방세력들은 이번에도 역시 형식적인 찬사 이상의 회답은 보내지 않아 프랑크-몽골의 맘룩 원정은 결코 실현되지 않았다.

　　아르군은 그 대신 북방 변경 후라산과 트란스코카시아를 수비하는 데만 주의를 기울여야 했다. 그는 큰아들 가잔을 후라산 총독으로, 오이라트 출신의 통치관 아르군 아가의 아들 아미르 노루즈를 부총독으로 임명하였다. 우리가 살펴본 대로 1243년부터 1255년까지 아르군 아가는 대칸을 위하여 거의 무제한적인 권력을 가지고 페르시아의 동부와 중부를 통치하였으며, 훌레구 왕조 출범 후에도 1278년 투스 부근에서 죽을 때까지 상당

---

107. Chabot, "Relations du roi Argoun," p. 604, p. 611, p. 612 ; Moule, *Christians in China*, pp. 117-118 ; Grousset, *Croisades* III, p. 724.
108. Chabot, "Relations du roi Argoun," pp. 617-618.

한 권한을 유지하고 있었다.

명예롭게 태어나 자란 노루즈는 후라산을 실질적인 자기 재산으로 여겼다. 그는 1289년에 반란을 일으켜 왕자 가잔을 사로잡는 데 성공할 뻔하였다. 시작은 성공적이었으나 곧 아르군 군대의 추격을 받고 우구데이가의 군주 카이두가 있는 트란스옥시아나로 피신해야 했다(1290).[109] 코카서스에서 킵착의 칸이 데르벤드 고개를 넘어 페르시아 국경을 공격하였으나, 1290년 5월 11일 아르군의 부하가 시르카씨아Circassia의 카라 수Kara Su 강 기슭에서 적의 전위를 무찌름으로써 침략은 격퇴되었다.[110]

게이하투와 바이두Baidu의 치세

아르군의 중앙집권화 정책에 대한 반동은 1291년 3월 7일 그가 병으로 죽으면서 시작되었다. 2월 30일, 그의 조신들은 유대인 대신 사아드 웃딘을 처형하였다. 가장 영향력 있는 군지휘관들은 그때 셀죽 아나톨리아의 총독으로 있던 아르군의 아우 게이하투를 칸으로 지명하였다.

그는 술과 여자와 남색에 빠진, 낭비벽이 심하고 통치에 대한 감각이 전혀 없는, 다시 말해 장점이라고는 전혀 없는 왕자였다. 그와 그의 대신 사드르 자한sadr-jahan 아흐마드 알 할리디Ahmad al-Khalidi는 대칸 쿠빌라이가 중국에서 한 것을 그대로 모방하여 1294년 5월 페르시아에 지폐(차오鈔) 사용을 도입할 만큼 무모하였다.[111] 첫번째 발행분은 같은 해 9월 12일 타브리즈에서 제작되었으나 결과는 중국에서보다 더 참담하였고, 일종의 상인파업과 시장폭동에 직면해 지폐는 회수되었다.

---

109. D'Ohsson, *Histoire des Mongols*, IV, pp. 42-49.
110. Ibid., p. 42. Barthold, "Mang Timur," *EI*, p. 260에서 "Arghûn"에 관한 그의 다른 글(*ibid.*, p. 436)을 수정한 것도 참조하시오.
111. D'Ohsson, *Histoire des Mongols*, IV, pp. 101-106 ; Barthold, "Gaikhâtû," *EI*, p. 13. 게이하투는 차오에 대한 정보를 페르시아 조정에 쿠빌라이의 사절로 온 승상 볼로드에게서 얻었다.

종교문제와 관련하여 마르 야흐발라하 3세의 전기는 게이하투가 총대주교를 랍반 사우마 못지않게 크나큰 자비로 대하였으며, 랍반 사우마가 마라게에 세운 네스토리우스파 교회를 방문하는 즐거움을 그들에게 베풀었다는 것을 확인시켜준다.[112] 그럼에도 불구하고 몽골 아미르들을 관직에서 제거하는 것이 목표였던 ― 모든 권력을 쥔 ― 대신 사드르 자한은 바르톨드가 지적한 대로 무슬림들을 총애하였다.

게이하투는 그러한 경향에 반대한 일단의 몽골 귀족들에게 타도되었다. 1295년 4월 21일, 그는 무간에 있는 자신의 거영지에서 활끈에 목졸려 '피를 흘리지 않고' 죽었다. 귀족들은 대신 그의 사촌이자 훌레구의 또 다른 손자인 바이두를 지명하였다. 새로운 칸은 단지 강요 때문에 권력을 받아들인 약간은 용렬한 사람이었다.[113]

바르 헤브라우스에 의하면, 그는 기독교에 기울어져 있었다. "그는 아바카의 아내인 그리스 공주와 함께 있으면서 기독교도들에 대하여 호의를 품게 되었고, 그들이 그의 오르두에 예배당을 갖고 종을 울리는 것을 허락하였다. 그는 심지어 그들에게 자신이 기독교도라고 말하였으며 목에 십자가를 걸었으나, 그들을 좋아하는 것을 감히 공개적으로 내색하지는 못하였다……. 그럼에도 불구하고 무슬림들은 그의 짧은 치세 중 많은 문관직을 받은 기독교도들에 대한 그의 편애에 분개하였다."[114]

후라산 총독이며 아르군의 아들인 왕자 가잔의 야망은 아버지의 대위를 계승하는 것으로, 그는 바이두에 대항해 반란을 일으켰다. 그는 이 일에 1294년에 화해하여 당시 자기 부하로 봉사하던 아미르 노루즈의 지지를 받았다. 열정적인 무슬림이던 노루즈는 가잔의 바이두에 대한 투쟁시에 페르시아 사람들의 지지를 얻을 수 있도록 이슬람을 위하여 불교를 버리라고 설득하였다. 바이두가 기독교도들의 지지를 받고 있었기 때문에[115]

---

112. Chabot, *Revue de l'Orient latin*(1894), pp. 127-128.

113. *Ibid.*, p. 133.

114. Bar Hebraeus, *Chronicon Syriacum*, p. 609 ; D'Ohsson, *Histoire des Mongols*, IV, p. 141.

115. D'Ohsson, *Histoire des Mongols*, IV, p. 132.

이것은 충분히 자연스러운 정책이었다.

바이두는 결국 관대한 성품의 희생자가 되었다. 바이두의 지지자들은 그에게 가잔을 만나는 중에 그 왕자를 제거하라고 촉구하였지만, 그는 오랜 동안의 애정 때문에 마음이 약해져 그 제의를 거절하였다.

그러나 그의 적들은 덜 양심적이었다. 그는 노루즈의 음모로 인하여 자신이 점점 지지자들에게 버림받고 있는 것을 깨달았으며, 싸움 한번 해보지 못하고 정복되었다. 그는 아제르바이잔에서 그루지아로 달아나려 하였으나 나히체반 근처에서 포로가 되어 1295년 10월 5일 사형당하였다.

가잔의 치세

가잔은 마침내 아버지 아르군이 죽은 이래 그렇게도 바라던 왕좌에 올랐다. 그는 이슬람으로 개종하였지만 철저한 몽골인이었다. 승려 헤이톤은 그를 키가 작고 그의 군대의 누구보다도 못생긴 사람으로 묘사하였다. 그가 노루즈를 다룰 때 보게 되는 것처럼 그의 정력은 지칠 줄 몰랐다. 그는 교활하였고 감정을 드러내지 않으며 끈질겼다. 그는 적들에게 냉혹하였으며 자신의 정책추구와 관련되는 한은 사람의 목숨을 중요시하지 않았다.

그러나 그는 건전한 통치자로 그러한 한도 안에서는 관대하고 훌륭한 장군이자 용감한 군인이었다(이것은 그의 부하들이 패주하자 혼자 힘으로 싸워 이긴 홈스 근처의 전투에서 증명되었다). 간단히 말해 시대의 변화를 감안한다면, 그는 어느 정도는 조상 칭기스칸을 상기시킨다. 더욱이 그는 매우 지적이고 박식하였다.

라시드 웃 딘에 의하면 "몽골어는 그의 모국어였으며, 그는 아랍어, 페르시아어, 힌두어, 티베트어, 중국어, 그리고 프랑크어도 조금씩 알았다. 그의 전문 지식분야는 그의 모든 민족들처럼 그가 가장 높이 평가하는 몽골 역사였다.

그는 볼로드 아가Bolod Agha를 제외한 다른 어떤 몽골인보다도 자신과 모든 몽골 수령들, 군지휘관들의 조상들의 계보를 잘 외우고 있었다"

고 한다.116)

칭기스칸 가문의 누구도 이 왕자만큼 자기 민족을 더 의식한 사람은 없겠지만, 환경의 힘 때문에 그는 자기도 모르는 사이에 그들을 이슬람의 길로 인도함으로써 자기 사람들의 비민족화를 시작하게 되었다.

가잔은 치세 초기에는 개성을 억누른 채 자신의 뜻과는 달리 그가 속한 집단의 정책을 따라야 하였다. 아미르 노루즈와 무슬림 당파의 지지를 받아 왕위를 획득한 그는 먼저 그들을 만족시켜야 했다. 페르시아의 몽골국은 공식적으로 무슬림이 되었고, 눈에 띄는 표시로 몽골인들은 터번을 둘렀다.

노루즈가 교사한 난폭한 무슬림 반동은 이제 훌레구, 아바카, 그리고 아르군의 모든 정책에 역행하는 것이었다. 수도 타브리즈에 들어서는 그 순간, 자기 추종자들의 포로나 마찬가지였던 가잔은 기독교도들의 교회, 유대인들의 회당, 배화교도들의 불의 사원, 그리고 불교도들의 탑을 파괴하라는 명령을 내렸다. 불교도들의 우상과 기독교도들의 성화聖畵는 부서지고 한데 묶여 타브리즈의 시가를 조롱 속에 행진하였다. 불교 승려들에게는 이슬람을 받아들이도록 명령하였다. 불탑 벽에는 가잔의 아버지 아르군의 초상이 그려져 있는데도 가잔은 그 그림들을 파괴하라고 하였다.117)

기독교도들과 유대인들은 구별되는 복장을 하지 않고는 더 이상 공공장소에 나타날 수 없었다. 노루즈는 군주의 지시를 넘어서서 승려와 교회 사제들에 대한 학살까지 추진하였다. 많은 불교 승려들은 신앙을 공개적으로 버려야 했다. 고령에 '몽골' 출신이었음에도 불구하고 명망이 높은 네스토리우스파 총대주교 마르 야흐발라하 3세는 무슬림 대중들이 마르 샬리타의 네스토리우스파 성지를 약탈하는 동안, 그의 마라게 저택에서 체포, 투옥되어 거꾸로 매달려 매를 맞았다. 노루즈는 마르 야흐발라하 3세를 사형에 처하기를 원했지만 때마침 타브리즈의 조정에 와 있다가 노인을 위해 가잔에게 잘 말해준 아르메니아(킬리키아) 국왕 헤툼 2세의 중재로 구제되었다. 거친 박해가 진행되는 도중이었지만 몽골 조정은 맘룩 술탄국에

---

116. Rashid ad-Din, *ibid.*, IV, pp. 359-360.
117. *Ibid.*, IV, pp. 281-282.

대해 국경수비를 담당하는 충성스러운 아르메니아 신하의 청을 감히 거절하지 못하였다.

가잔은 영구히 무슬림이 되었는데, 틀림없이 무슬림 국가의 통치자에게 왕조의 개종은 필수적이라고 느꼈기 때문이었겠지만, 그는 자기의 대신 노루즈의 종교적 증오를 하나도 공유하지 않았으니 그렇게 되기에는 그가 너무 몽골적이었기 때문이다.[118]

가잔은 얼마간 움직임의 자유를 얻자 몽골 출신인 마르 야흐발라하에 대해 동정심을 느껴 그를 복권시켰다(1296년 3월에서 7월). 그렇지만 1297년 3월, 속박에서 풀려난 마라게의 무슬림들은 총대주교의 저택과 네스토리우스파 성당을 약탈하면서 새로운 폭동을 일으켰다. 동시에 노루즈의 앞잡이들에게 선동된 산간 쿠르드족 주민들이 네스토리우스교의 피난처인 아르벨라의 성을 포위해 공격하였다.[119]

그러는 동안 성격이 강하고 자기 권위를 지키기 위해 몹시 경계하던 가잔은 노루즈의 독재를 거추장스럽게 느끼게 되었다. 노루즈는 동부 페르시아에서 거의 독립적인 총독이었던 몽골인의 아들로 아바카 칸의 딸인 공주의 남편이었다. 가잔을 즉위시킨 이래 그는 자신이 불가침의 존재이며 마음대로 행동할 자유가 있다고 착각하였다. 가잔은 그의 공로를 인정하여 제2인자로 만들어주었는데 이제 그의 오만과 불손은 끝간 데를 모르게 되었다.

갑자기 군주의 손이 그를 치기 시작하였고, 1297년 3월 가잔은 경고 없이 때마침 궁정에 있던 노루즈의 부하들을 모두 체포해 처형하였다. 그때 후라산 군대의 사령관이던 노루즈는 근왕군의 공격을 받고 니샤푸르 부근에서 격파되었다. 그는 믿을 수 있다고 생각한 루큰 웃 딘의 아들이자 계승자인 헤라트의 군왕 파흐르 웃 딘 케르트Fakhr ad-Din Kert에게로 피신하였다.

---

118. 광신도가 아닌 라시드 웃 딘은, 이슬람을 위해 불교 '우상'숭배를 버리겠다고 등극하기 오래 전에 이미 명백하게 선언한 가잔의 종교적 성실성을 증언한다. *Ibid.*, IV, p. 148.

119. "Vie de Mar Yahballaha," pp. 134-142, pp. 239-250.

그러나 케르트의 정책은 몽골전쟁의 와중에 강자의 편을 들어 살아남
자는 것이었다. 그러면 이 기민한 아프간 가문이 몰락한 대신을 위하여 칭
기스칸의 왕조와 충돌했겠는가? 제국 군대가 헤라트를 공격하고 노루즈를
붙들러 왔을 때, 파흐르 웃 딘은 도망자를 빈정대며 순순히 넘겨주었고,
노루즈는 그 자리에서 처형되었다(1297년 8월 13일).120)

노루즈의 후견에서 벗어난 가잔은 자기 과업을 시작하였다. 비록 이슬
람으로 개종하였지만 그는 진정한 몽골인이었으며, 계몽되고 엄격하며 정
력적인 통치자였다. 그는 자신의 목적을 방해할 만한 일족의 제왕들, 아미
르들, 그리고 관리들을 단순히 의심만 가도 무자비하게 처형함으로써 중앙
권력의 권위를 회복하였다. 바르톨드는 "그는 군주이자 입법자로서 편협한
신앙에서 완전히 벗어나 대단한 활약을 보였다. 그는 그의 관심을 국가재
정, 특히 통화에 쏟아부었다. 가잔은 3개 언어(아랍어, 몽골어, 티베트어)
가 새겨진 주화에, 더 이상 그의 전임자들처럼 북경에 있는 대칸의 대리인
으로서가 아니라 신의 은총에 의한 군주로 그려진다. 텡그리인 쿠춘두르
Tengri-yin küchün-dür(문자 그대로, 하늘의 힘에 의해)"라고 하였다.121)

그러나 중국에 있는 가잔의 대사들은 이 주권선언에도 불구하고 대칸
테무르에게 칭기스칸 가문의 수장, 특히 툴루이 가문의 수장이라는 데 대
하여 계속 충성을 표시하였다. 가잔은 고관들의 음모와 공금횡령에 대한
대책에서는 무자비하였지만, 주의깊은 그의 통치는 "지방주민들을 괴롭힘
과 강탈로부터 보호하였다." 하루는 그가 관리들에게 이렇게 말하였다.
"그대들은 내가 그대들이 타직인들(페르시아 경작자들)을 약탈하도록 내버
려두기를 바라고 있다. 그러나 그대들이 농부들의 가축과 곡식을 파괴한
뒤에는 무엇을 할 것인가? 만일 그대들이 내게 식량을 구하러 오면 나는
그대들을 가혹하게 처벌하겠다!"122)

그토록 많은 약탈과 황폐화가 있었던 후라산과 이라키 아잠의 경작

---

120. D'Ohsson, *Histoire des Mongols*, IV, pp. 174-190(Rashid ad-Din과
    Mirkhond에 의거).
121. Barthold, "Ghâzân," *EI*, p. 158.
122. D'Ohsson, *Histoire des Mongols*, IV, p. 367에서 Rashid ad-Din.

가능한 땅은 대부분이 황무지가 되었다. 유목민의 통치가 토양을 죽이고 있었다. 라시드 웃 딘은 이렇게 적었다. "들판은 대개 갈지 않은 채로 있었다. 공공재산이든 재산이든 할 것 없이 그렇게 많은 노력과 돈을 농사에 들인 뒤 빼앗길까 두려워 아무도 감히 들판을 돌보지 못하였다."

가잔은 '토지를 다시 만드는 일'을 시작하였다. 라시드 웃 딘은 이어서 "그는 그러한 기업을 장려할 필요를 느끼고, 경작자들의 노고의 열매를 공정한 조건으로 보장하는 칙령을 반포하였다. 몇 년 동안 경작되지 않은 공공토지는 경작하고자 하는 자들에게 주어졌고 첫해의 조세는 면제되었다. 같은 칙령에 의해, 일정 햇수 동안 돌보지 않은 상속 사유지는 원소유자의 동의 없이도 새로운 정착자들에게 이전될 수 있었다"고 썼다.123) 귀족들의 약탈에 대한 감시로 국고세입이 1,700토만toman에서 2,100토만으로 증가했다.

가잔의 재상은 위대한 페르시아의 사가 라시드 웃 딘(하마단의 파들 울라 라시드 웃 딘 타빕Fadl Allah Rashid ad-Din Tabib ; 1247년경에 태어나 1318년에 죽었고, 1298년에 사드르sadr의 지위에 올랐다)이었다.124) 라시드 웃 딘에게 몽골인들의 역사를 쓰도록 요청한 것은 가잔이었고, 그래서 그 유명한 학자에 의해 불후의 『집사』(*Jami' at-Tavarikh*)가 나오게 되었다. 앞서 본 대로 중국의 대칸이 페르시아 조정에 보냈던 사절 승상丞相 볼로드Bolod 못지않게 민족의 과거에 관하여 철저한 지식을 가진 가잔은 라시드 웃 딘의 주요 정보제공자 가운데 하나였다.

가잔은 또한 수도 타브리즈를 모스크, 마드라사(모스크 학교), 자선기관 등 화려한 건물로 덮었다. 라시드 웃 딘이 관찰한 대로 "그때까지는 파괴하던 몽골인들이 이제 건설하기 시작하였다."

가잔의 치세는 이 영원한 유목민들이 페르시아에서 실질적으로 정주생활을 하게 되는 시점을 나타낸다. 불행하게도 이러한 추세에는 단점도 있었다. 페르시아의 몽골인들은 점점 더 분파주의적으로 나가는 이슬람(라시드 웃 딘의 시련을 상기하시오)을 채택하느라 그들의 보편적 관용을 포

---

123. Rashid ad-Din, *ibid.*, IV, pp. 417-418.
124. E. Berthels, "Rashîd ad-Dîn Tabîb," *EI*, p. 1202.

기하였고, 곧 그들의 민족적 특성과 자질을 상실하였다. 그들은 나머지 주민들 속으로 빠져들었고 마침내 사라져버렸다.

정력적인 가잔의 치세에는 이러한 유감스러운 경향이 두드러지게 나타날 만한 시간도 기회도 없었다. 예를 들어 소아시아에서 이 왕자는 분리주의의 표출을 철저히 다루었다. 노얀 바이주의 손자 술라미쉬Sulamish는, 옛 리카오니아Lycaonia(동남부 카파도키아)의 카라만 왕조의 진정한 창업자이며 투르크멘인이었던 아미르 마흐무드 벡Mahmud Beg의 도움을 받아 자신의 독립국을 건설하려고 하였다. 하지만 반란은 1299년 4월 7일 에르진잔 부근 악세히르Aksehir에서 근왕군에게 분쇄되었다. 그리고 타브리즈 조정의 변덕에 따라 임명되고 폐위되는 코냐의 마지막 술탄들은 어떤 몽골 지사보다도 권위가 없었다. 그리하여 가잔은 술탄 마스우드 2세 Mas'ud II를 제거하고(1295) 카이 코바드 2세Kai Qobad II를 즉위시켰으며(1297), 다시 그를 폐위하고(1300) 그 유명한 가문의 마지막 왕자 마스우드 2세를 복위시켰다(1304년에 죽음).

가잔은 시리아의 맘룩 제국에 대해서는 훌레구와 아바카의 대외정책을 따라 새로운 침공을 개시하였다. 그는 성채를 제외한 알렙포를 점령하고(1299년 12월 12일), 홈스 앞에서 맘룩군을 격파하고(12월 22일) 다마스쿠스에 입성하였다(1300년 1월 6일). 그의 모든 가문처럼 몽골의 충성스러운 신하인 아르메니아(킬리키아)의 국왕 헤툼 2세는 자기 병력의 일부를 거느리고 그를 지원하였다. 그러나 이러한 몽골의 승리는 마지막 프랑크령이 함락되고 페르시아의 몽골인들이 이슬람으로 영구히 개종한 터에, 일종의 '사후'死後적인 의미밖에는 없는 별로 대단치 않은 것이었다. 하여튼 이 빛나는 기마행진이 끝난 뒤 가잔은 페르시아로 돌아왔으며(1300년 2월) 맘룩조는 시리아를 재점령할 수 있었다.

이란 동부가 차가다이조의 영토로 전환된 것이 페르시아 칸국을 다시 한 번 마비시킨 것은 사실이다. 투르키스탄의 칸인 두와의 아들 쿠틀룩 호자 왕자는 자신의 봉토를 아프가니스탄의 가즈니와 구르로 확장시켰으며, 가잔이 시리아를 원정하는 틈을 타 키르만과 파르스를 유린하였다. 1303년 봄 가잔은 새 군대를 시리아로 보냈으나, 그가 원정책임을 맡긴 장군 쿠틀룩 샤는 다마스쿠스 부근 마르즈 웃 수파르Marj as-Suffar에서 맘룩 조에게 패하였다(1303년 4월 21일). 이것이 시리아에 대한 몽골의 마지막 개입이었다.

가잔은 전적으로 무슬림적인 국내정책과 훌레구·아바카·아르군에서 유래된 대외정책을 결합시키는 데 성공하였다고 할 수 있을 것이다. 그의 이슬람 개종의 성실성과 영구성에 대하여 의심할 여지가 없다는 것은 지금까지 본 대로이며, 이에 대하여 라시드 웃 딘이 제공하는 증거도 충분하다. 그는 가족종교인 불교와 돌이킬 수 없는 결별을 하였으며, 그래서 불교 승려나 라마들은 그들의 신앙을 공개적으로 포기하거나 나라를 떠나도록 강요받았다. 다른 한편으로는, 틀림없이 그의 대외정책에 적합하도록, 그는 네스토리우스 교도들에 대한 박해를 중지하고 그들의 총대주교 마르 야흐발라하 3세에게 우정을 베풀었다. 1303년 6월, 가잔은 늙은 종정이 마라게에 다시 지은 수도원으로 그를 방문해 그에게 명예와 선물과 자신의 배려의 정표를 듬뿍 주었다.[125]

울제이투의 치세

1304년 5월 17일 가잔이 죽자 그의 아우 울제이투(1304-1316)[126]가 계승하였다. 울제이투는 네스토리우스 교도인 우룩 카툰의 아들로 니콜라스라는 이름으로 세례를 받았지만, 뒤에 그의 한 아내의 영향으로 이슬람으로 개종하였다. 그는 한때 페르시아 시어파를 추종하기도 하였다.[127]

이슬람은 페르시아에서 그의 치세 중에 새롭게 번성하였다. 가잔 때 누렸던 것과 똑같은 호의를 울제이투에게서 기대하였던 네스토리우스파 총대주교 마르 야흐발라하는 부자연스러운 예의 이상은 받지 못하였다고 전기작가가 말한다. 무슬림들은 이를 네스토리우스 교도들을 박해하는 기

---

125. "Vie de Mar Yahballaha," pp. 251-265.
126. 몽골어로 "Öljäitü"
127. J. H. Kramers, "Olčaitu Khudâbanda," *EI*, p. 1042.

회로 삼았다. 도쿠즈 카툰의 조카이며 울제이투 어머니의 아우인 케레이트 출신의 왕자 몽골 아미르 이린친Irinchin — 모든 케레이트 사람들처럼 옛날의 기독교에 대하여 동정심을 갖고 있는 — 이 아니었다면 타브리즈의 교회는 모스크가 되었을 것이다.

네스토리우스 교도들은 아르벨라(에르빌Erbil)의 성채를 거점으로 삼고 있었다. 1310년 봄 이 지역의 총독은 쿠르드인들의 도움으로 이 성을 빼앗으려고 하였다. 돌이킬 수 없는 재앙을 피하려는 마르 야흐발라하의 노력에도 불구하고 아르벨라의 기독교도들은 저항하였다. 성은 1310년 7월 1일 마침내 근왕군과 산간 쿠르드족 주민들에게 함락되었고, 수비자들은 모두 학살되었다. 마르 야흐발라하는 너무 오래 산 셈이었다. 그는 1317년 11월 13일, 그가 그토록 충성하였지만 자신을 배신하고 자기와의 관계를 부인하는 몽골인들에 대한 비통함으로 가득한 채 마라게에서 죽었다.[128]

울제이투는 네스토리우스 교파에 대해 전통적으로 칭기스칸 일족이 가졌던 동정은 버렸지만 대체로 형 가잔의 정책에는 따랐다. 그는 강인한 인물은 아니었지만 가잔이 만들어놓은 단단한 통치구조를 유지하였다. 무슬림 사료들은 그를 관대하고 고결한 사람으로 그린다.[129] 울제이투는 뛰어난 행정가이자 현명한 정치인인 위대한 역사가 라시드 웃 딘을 자신의 대신으로 계속 데리고 있었는데, 라시드 웃 딘은 가잔 밑에 있을 때보다 훨씬 큰 영향력을 발휘하였다. 그는 울제이투를 샤피이Shafi'i 파로 개종시키기까지 하였다. 울제이투는 당대의 또 다른 역사가 와싸프도 후원하였다.

마지막으로 울제이투는 위대한 건설자였다. 그는 1305-1306년 이라키 아잠 북서부에 수도 술타니야를 건설하였는데 이곳은 아버지 아르군이 선정해놓았던 곳으로 그가 단장을 한 것이다. 그는 마라게에 있는 천문대에도 관심을 나타냈다. 역시 건설자였던 라시드 웃 딘도 1309년 타브리즈 동쪽의 가자니야Ghazaniya에 도시 한 구역을 완전히 새로 조성하였다.[130]

---

128. "Vie de Mar Yahballaha," pp. 266-300.
129. Hafiz-i Abru, Bayani역, p. 4.
130. Berthels, "Rashîd al-Dîn Tabîb," *EI*, p. 1202. 술타니야의 건물에 대해서는 Hafiz-i Abru, Bayani역, pp. 5-7.

울제이투의 대외정책은 그의 무슬림 신앙에도 불구하고 가잔처럼 그의 조상들과 같은 노선을 따랐다. 그는 맘룩에 반대하고 기독교권 유럽과의 동맹을 추구하였다. 그는 서방의 조정에 기독교도인 토마스 일두치 Thomas Ilduchi를 대사로 보냈다. 그가 이때 교황 클레멘트 5세, 프랑스의 미남왕 필립, 영국의 에드워드 2세에게 보낸 편지들이 프랑스 국립 문서보관소에 보존되어 있다. 프랑스 국립 문서보관소에는 분명히 울제이투가 미남왕 필립에게 보낸 1305년 5월의 편지가 있는데, 그는 편지에서 자신과 칭기스칸 일족 울루스의 다른 지도자들, 곧 중국의 대칸 테무르, 우구데이 울루스의 수장 차파르, 그리고 킵착의 칸 톡타이Toqtai 사이의 화합을 자축하고 있다. 울제이투는 그의 조상들과 기독교권 지도자들이 가졌던 좋은 관계를 유지하고 싶다는 소망도 표현하였다.[131]

그러는 동안 페르시아의 칸국과 이집트의 맘룩 술탄국 간의 국경전쟁이 다시 시작되었다. 1304년과 1305년, 맘룩조는 몽골인들의 종속국인 킬리키아의 아르메니아 왕국에 약탈공격을 가하였다. 그들은 두 번째 공격에서 소아시아의 몽골 수비대를 만나 상당한 손실을 입었다.[132] 1313년 울제이투는 유프라테스 중류에 있는 맘룩 국경 초소인 라히바Rahiba 요새를 포위하였으나 그 도시가 항복하기도 전에 더위 때문에 공성을 포기해야 했다.[133]

소아시아에서는 셀죽 왕조가 1302년에 소멸하고, 코냐의 몽골 총독들이 그곳의 통치자가 되었다. 사실 몽골인들은 편리한 셀죽이라는 '가림막'이 사라지는 바람에 중앙권력의 부재를 틈타 저마다 독립을 시도하는 군소 투르크 아미르들을 직접 상대하게 된 것이다. 그들은 이번에는 코냐에서 셀죽인들의 자리를 대신 차지하려고 하였는데, 그들은 가잔이 1299년 징벌해야 했던(위를 보시오) 에르메낙Ermenak 산간지방의 투르크멘 수령들인 카라만Karaman 아미르들이었다. 1308년에서 1314년 사이 카라만의 아미르 마흐무드 벡이 코냐의 주인이 되었다. 울제이투는 그를 치기 위해

---

131. D'Ohsson, *Histoire des Mongols*, IV, pp. 587-597.
132. *Ibid.*, IV, pp. 532(Nowairi와 Maqrizi를 따라).
133. Hafiz-i Abru(Bayani역, p. 35)는 포위된 주민들이 항복하였다고 주장한다.

장군 초판Chopan을 보냈는데, 초판은 처음에는 마흐무드 벡을 달아나게
하였고 바로 뒤 1319년에는 항복하러 오지 않을 수 없게 만들었다.[134]

프리기아와 비씨니아Bithynia 서북에 자리잡은 오스만인들은 그들대
로 비잔티움을 밀어붙이며 팽창을 시작하고 있었다. 오스만 제국의 창업자
우쓰만 1세'Uthman I는 특히 비잔티움의 대도시 니케아를 위협하였다.
비잔티움 황제 안드로니쿠스 2세는 울제이투와의 동맹을 추구하였고 그에
게 누이 마리아Maria를 주어 결혼시켰다.[135] 일단의 몽골 병력이 에스키
셰히르Eskishehir의 오스만 지역을 침공한 것은 이 동맹의 결과로 보이
며, 그들은 우쓰만의 아들 오르한Orhan에게 격퇴되었다.[136]

서북 아나톨리아의 투르크-비잔티움 국경은 페르시아의 몽골인들에게
별다른 흥미를 끌지 못하였다. 그들이 어떻게 그곳에 이제 막 자리잡기 시
작한 군소 오스만 아미르국들이 한 세기 내에 세계에서 가장 강력한 무슬
림 세력이 될 줄 짐작이나 하였겠는가? 그들은 계속해서 사촌들인 트란스
옥시아나의 칸들의 침략을 방어해야 했고, 그들의 신복인 헤라트의 케르트
가문의 아프간인들이 독립을 달성하려고 벌이는 은밀한 기도를 진압해야
했기 때문에 동부 이란의 문제에 훨씬 더 깊은 주의를 기울였다.

울제이투는 1306년 케르트 왕조의 세 번째 군왕(말릭) 파흐르 웃 딘
이 독립군주처럼 행세하고 있던 헤라트의 도시를 공격하라고 장군 다니쉬
만드 바하두르Danishmand Bahadur를 보냈다. 파흐르 웃 딘은 아만쿠흐
Amankuh의 요새로 철수하기로 동의하였고 다니쉬만드는 도시 자체는 점
령할 수 있었다. 그러나 파흐르 웃 딘의 부하 무함마드 삼Muhammad
Sam이 지키는 성채는 난공불락이었다. 1306년 9월, 무함마드 삼은 자부
심이 지나쳤던 다니쉬만드를 자신의 성채로 유인하여 죽였다. 그러자 울제
이투는 아미르 야사우르Yasa'ur와 다니쉬만드의 아들 부자이Bujai가 지휘

---

134. D'Ohsson, *Histoire des Mongols*, IV, p. 576 ; J. H. Kramers, "Karamân-
    oghlu," *EI*, p. 794.
135. G. Pachymeres, II, pp. 433-444 ; D'Ohsson, *Histoire des Mongols*, IV,
    p. 536.
136. J. H. Kramers, "Othmân I," *EI*, p. 1075.

하는 새 군대를 보냈다. 오랜 봉쇄와 극적인 사건들이 일어난 후 헤라트의
도시와 성채는 음모와 배신, 그리고 그에 못지않은 굶주림 때문에 항복하
였다(1307). 한편 파흐르 웃 딘은 아만쿠호에서 죽었다.[137] 그러나 울제이
투는 상황을 케르트 왕조를 해체해버리는 기회로 삼지 않고 헤라트의 공
국령을 즉시 파흐르 웃 딘의 아우 기야쓰 웃 딘Ghiyath ad-Din에게 주
었다(1307년 7월). 기야쓰 웃 딘은 잠시 새로운 반란을 일으키려 한다는
의심을 받기도 했지만 울제이투 앞에 와서 자신의 결백을 입증하고 헤라
트를 영구히 소유하게 되었다(1315).[138]

　　1313년(p. 453을 보시오) 울제이투는 차가다이조의 작은 집안 다우드
호자에게서 동부 아프가니스탄을 빼앗았는데, 이 행동은 결과적으로 차가
다이의 칸 에센 부카의 침공을 불러들였고, 그는 무르갑을 점령하고 후라
산 일부를 차지하였다(1315). 그러나 페르시아는 곧 이 싸움에서 벗어나게
되었는데, 그것은 차가다이의 영토를 후방에서 공격하면서 탈라스까지 침
투한 중국 대칸의 견제 덕분이었다(1316년경).[139] 그러나 후라산은 그 뒤
울제이투가 망명한 차가다이 왕자 야사우르를 너무 성급하게 받아들였기
때문에 이제 그가 독립을 하려고 하자 위협을 받게 된 것이다(1318). 페
르시아로서는 다행스럽게도 야사우르는 그의 개인적인 적인 차가다이의
칸 케벡에게 1320년 6월 살해되었다.[140] 이 전쟁에서 헤라트의 아미르 기
야쓰 웃 딘 케르트는 1319년 5월중 야사우르에게 도시를 포위당하고도 그
에게 저항하였다. 그런 그는 훌레구가家 대의의 충성스러운 방어자로 보였
고 타브리즈 조정은 그를 축하해주었지만, 사실상 그는 단순히 헤라트 공
국령에 대한 자기의 지배를 강화하고 있었을 뿐이다.[141] 타브리즈는 여전

---

137. Hafiz-i Abru, Bayani역, pp. 17-29 ; D'Ohsson, *Histoire des Mongols*,
　　　IV, p. 497, p. 527.
138. D'Ohsson, IV, pp. 568-571 ; Hafiz-i Abru, Bayani역, p. 37, p. 43, p. 67.
139. D'Ohsson, *Histoire des Mongols*, IV, pp. 562-564.
140. *Ibid.*, IV, p. 565, pp. 567-568, pp. 612-629, pp. 642-644 ; Hafiz-i Abru,
　　　Bayani역, p. 86.
141. Hafiz-i Abru, Bayani역, p. 71, pp. 80-86 ; D'Ohsson, *Histoire des Mongols*,
　　　IV, pp. 620-629.

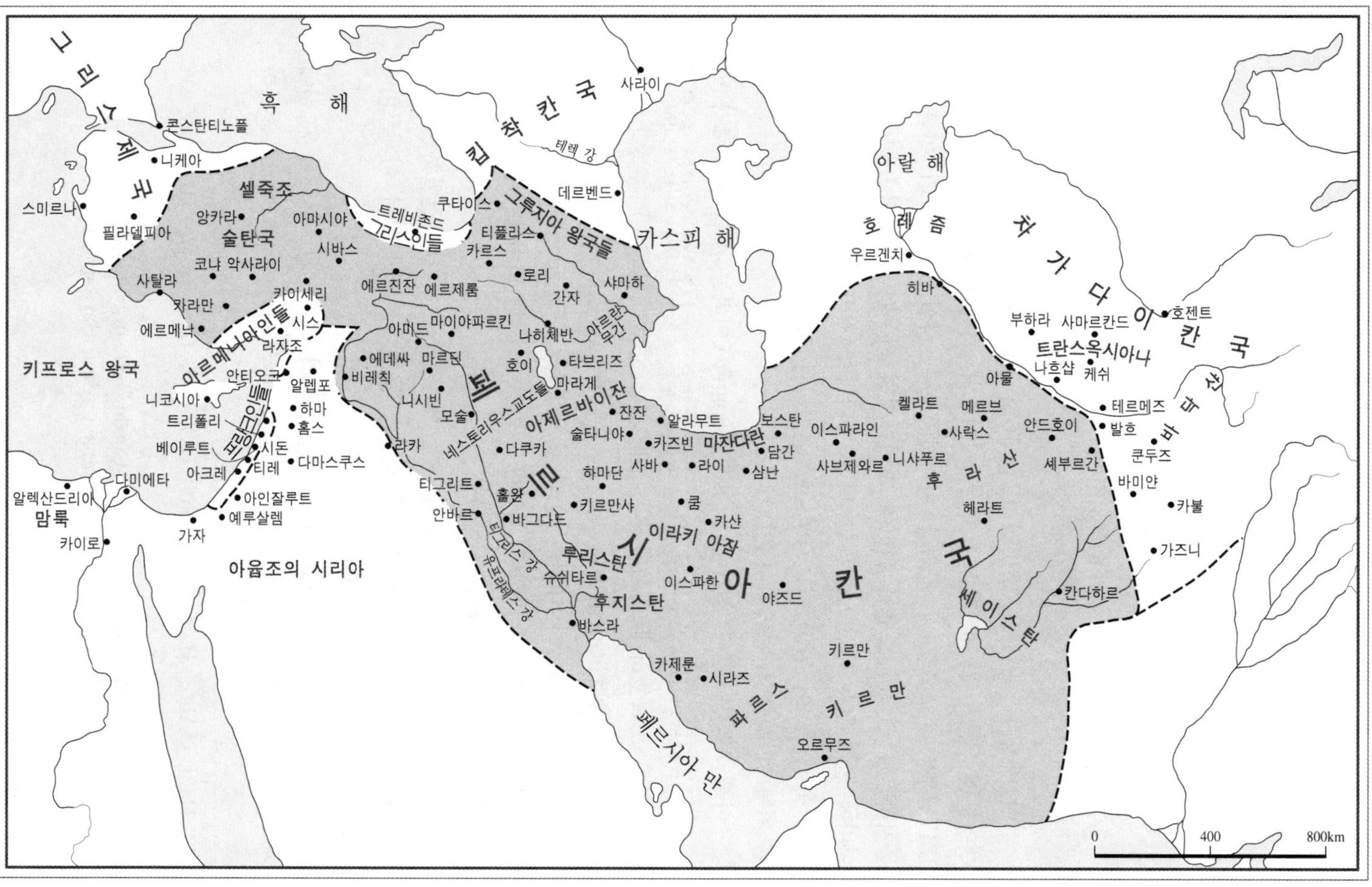

훌레구 가문이 통치하던 몽골 칸국

히 그를 없어서는 안될 동북 국경의 수비자로 생각하였지만, 그는 생애의 끝 무렵(그는 1329년에 죽었다)에 실질적으로 독립하게 되었다.

아부 사이드Abu Sa'id의 치세

이 마지막 사건들은 1316년 12월 16일 술타니야에서 죽은 아버지 울제이투를 열두 살 때 계승한 아부 사이드의 치세 중에 일어났다. 그는 1317년부터 1334년까지 왕위를 차지하였으나, 사실 그는 그의 이름으로 통치하면서 권력과 소유를 위하여 자기들끼리 싸우던 몽골 귀족들의 허수아비에 불과했다. 대신으로서 늘 나라의 이익을 지키던 위대한 역사가 라시드 웃 딘은 이 일당들의 희생물로 전락하여 거짓되고 끔찍스런 죄목들로 처형되었다(1318년 7월 18일).[142]

아부 사이드 치세 초기에는 초판Chopan[143]이라는 몽골 아미르가 권력을 휘둘렀다. 1317년부터 1327년까지 초판은 페르시아의 진정한 통치자로서 나라를 확고하게 통치하였다. 1322년에 그는 소아시아 총독인 자기 아들 티무르타쉬Timurtash의 반란을 진압하였고, 1325년에는 테렉에 이르기까지 킵착 칸국에 대한 성공적인 원정전을 이끌었으며, 1326년에는 그의 아들 후세인이 후라산에 침입한 차가다이의 칸 타마르시린을 가즈니 부근에서 격파하고 트란스옥시아나로 몰아냈다.

그러나 아부 사이드는 그의 후견에 지쳐 1327년 그와 결별하였다.[144] 그러자 초판은 후라산에서 반란의 깃발을 들고 마쉬하드에서 아제르바이잔으로 진격할 준비를 하였다.

그러나 그는 자기 군대에게 버림받고 헤라트의 군왕 기야쓰 웃 딘에게 피신했지만 군왕은 그를 목졸라 죽이고 아부 사이드에게 "그의 손가락

---

142. Hafiz-i Abru, Bayani역, p. 56 ; D'Ohsson, *Histoire des Mongols*, IV, pp. 609-612.
143. 이 말의 어원에 대해서는 Barthold, "Cüpän," *EI*, p. 904 참조.
144. 이 불화의 중대한 원인에 대해서는 Hafiz-i Abru, Bayani역, p. 91.

을 보냈다"(1327년 10-11월).145)

초판의 아들들 가운데 소아시아 총독이었던 티무르타쉬는 카이로로 달아났으나, 아부 사이드가 불쾌해 할 것을 두려워한 맘룩조가 그를 사형에 처하였다.146)

위대한 대신 라시드 웃 딘의 합법적인 암살에 뒤이어 초판 같은 강자의 몰락은 페르시아의 칸국에 치명타를 가하였다. 몇 년 뒤 아부 사이드가 세상을 떠나자 군인이고 민간인이고 간에 몽골·페르시아 나라를 하나로 모을 지도자가 없었고, 훌레구의 울루스는 분해되어버렸다.

초판의 몰락은 투르크인의 아나톨리아를 운명에 맡겨버리는 결과를 가져왔다. 1304년 술탄 마스우드 2세가 죽고 코냐의 술탄국이 사라진 이래 페르시아 조정이 임명한 몽골 총독들은 자치 왕공들처럼 행세하는 경향을 보였다.

우리는 초판의 아들 티무르타쉬가 어떻게 독립을 목표하고 있었는지를 이미 보았다. 그의 가문에 재앙이 없었다면 그는 아부 사이드가 죽은 뒤 코냐나 카이세리에 아나톨리아의 몽골 술탄국을 세웠을 것이고, 그 술탄국은 분명 오스만 제국의 팽창에 장애물이 되었을 것이다.147)

1327년 티무르타쉬가 몰락하고 8년 뒤에 아부 사이드의 죽음이 뒤따랐는데, 이로써 아나톨리아는 주인 없이 남겨지고 동남의 카라만가와 서북의 오스만가의 토착 투르크 아미르들을 자유롭게 만들어주었다. 그러므로 오스만 제국의 발흥은 간접적으로는 1327-1335년까지 중요한 몇 해 동안 페르시아의 몽골 조정에서 일어난 분쟁의 결과인 것이다.

---

145. *Ibid.*, pp. 100-105.
146. *Ibid.*, p. 107.
147. "티무르타쉬는 룸(셀죽 지배 하의 아나톨리아)의 총독으로서 몽골군이 일찍이 나타난 적이 없고 그가 그리스인들, 투르크 반도들과 차례로 싸운 지중해 바로 해안까지 뻗친 정복으로 두각을 나타냈다." D'Ohsson, *Histoire des Mongols*, IV, p. 686.

페르시아의 몽골 칸국의 와해

아부 사이드의 죽음(1335년 11월 30일)은 페르시아의 몽골 칸국의 와해로 이어졌다. 귀족들은 훌레구가에서 새로운 칸을 뽑는 대신 칭기스칸 일족의 다른 지파, 곧 뭉케·훌레구·쿠빌라이의 아우인 아릭 부케의 후손 아르파가온Arpagaon(아르파카완Arpakawan)을 선출하였다. 1336년 이 예상치 못했던 칸은 반란을 일으킨 총독에게 패해 살해되었다.[148]

그 뒤 두 봉건영주가 몽골 귀족들을 나누어 자기 편으로 끌어들여 허수아비 임금들을 이용하여 권력투쟁을 하였다. 그 가운데 하나는 하산 부주르그Hasan Buzurg(큰 하산), 또는 그가 나온 몽골 부족의 이름을 딴 잘라이르 하산Jalayir Hasan이었다.[149] 다른 하나는 하산 퀴칙Hasan Küchük(작은 하산)으로, 그 역시 몽골족으로 자기 친척들에 대한 학살 때 도망갔던 초판의 손자였다.[150] 1338년에 초판의 후손 하산이 경쟁자인 잘라이르 하산에게서 당시 페르시아의 수도 타브리즈를 빼앗는 데 성공하였고, 서북부에 아제르바이잔과 이라키 아잠을 포함해 자기 왕국을 세웠다. 1343년에 그가 죽자, 아우 아쉬라프Ashraf가 이 영역을 상속해 여전히 타브리즈를 수도로 하였다.[151]

한편 잘라이르는 바그다드를 다스렸고, 1340년 거기서 독립군주임을 선언하였으며 1347년에는 아쉬라프의 모든 공격을 격퇴하였다. 이 무정부 상태에 더하여 외세의 침입이 발생하였다. 1355년 킵착(남부 러시아)의 칸 자니벡Janibeg이 아제르바이잔에 침입하여 초판 가문의 아쉬라프를 죽였으나 그는 확고한 기반 위에 영역을 만들려는 아무런 시도도 하지 않은 채 러시아로 돌아갔다.[152] 이 재난은 잘라이르 사람들에게는 이익이 되었

---

148. Hafiz-i Abru, Bayani역, pp. 111-119.

149. Hafiz-i Abru, Bayani역, p. 120 ; D'Ohsson, *Histoire des Mongols*, IV, pp. 723-742.

150. 초판의 아들인 전직 아나톨리아 총독 티무르타쉬의 아들. Hafiz-i Abru, Bayani역, p. 124 ; D'Ohsson, *Histoire des Mongols*, IV, pp. 726-734 참조.

151. D'Ohsson, IV, p. 735 ; Hafiz-i Abru, Bayani역, pp. 127-140.

152. D'Ohsson, *Histoire des Mongols*, IV, pp. 741-742 ; Hafiz-i Abru, Bayani

다. 하산 부주르그가 죽자(1356), 아들 우와이스Uwais가 바그다드의 왕위를 상속하고 아제르바이잔으로 진격하여 처음에는 후퇴하였으나, 뒤에 그곳을 빼앗았다.[153] 그는 바그다드와 타브리즈 양쪽의 지배자로서 1374년에 죽을 때까지 서부 페르시아를 다스렸고, 아들 후세인 잘라이르가 그의 뒤를 이었다(1374-1382). 뒤에서 보겠지만 후세인의 아우이자 계승자인 아흐마드 잘라이르는 훗날 타브리즈와 바그다드의 소유권을 놓고 티무르와 다투게 된다.

한편 헤라트와 동부 후라산에서는 케르트 통치자들의 아프간 왕국이 완전히 독립해 있었다. 기민한 기야쓰 웃 딘이 1329년 10월에 죽자, 그의 뒤로 두 아들 샴스 웃 딘 2세Shams ad-Din II와 하피즈Hafiz는 단지 몇 개월씩만 통치하였다. 그러나 셋째아들 무이즈 웃 딘 후세인Mu'izz ad-Din Husayn은 어린 나이에도 불구하고 스스로 군주임을 선언하였으며, 1332년부터 1370년까지 통치하면서 왕국을 비교적 강력한 나라로 만들었고, 한때 트란스옥시아나 문제에 개입할 만큼 대담하였다(p. 487을 보시오).[154]

서부 후라산에서는 사브제와르Sabzewar의 요새를 빼앗은 비적의 두 목 압둘 라작'Abd ar-Razzaq이 1337년에 새 공국 사르베다르Sarbedar를 세웠다. 그를 살해한(1338) 아우 와지흐 웃 딘 마스우드Wajih ad-Din Mas'ud는 당장 니샤푸르를 함락시킴으로써 그의 일을 계속하였다.[155]

총체적인 소란 속에 칭기스칸의 아우 카사르의 후손인 몽골 왕자 토굴 티무르Toghul Timur가 1337년에 칸으로 선언되었다.[156] 그는 서북 후라산의 비스탐Bistam에 자리잡고 마잔다란도 지배하였다. 그는 도시 마쉬하드를 보수하였으며, 여름을 라드칸Radkan 부근에서, 겨울은 카스피

역, pp. 153-156.

153. D'Ohsson, *Histoire des Mongols*, IV, pp. 742, 745 ; Hafiz-i Abru, Bayani 역, p. 153.

154. D'Ohsson, *Histoire des Mongols*, IV, pp. 713-714 ; T. W. Haig, "Kart," *EI*, p. 822 ; *Zafar-name*, Pétis de la Croix, I, p. 6.

155. V. F. Büchner, "Serbedârs," *EI*, p. 240.

156. Minorsky, "Tugha Tîmûr," *EI*, p. 863; Hafiz-i Abru, Bayani역, p. 122.

해에서 멀지않은 구르간Gurgan에서 보냈다.

사르베다르조는 그의 명목상의 종주권 이상은 인정하지 않았다. 그들은 1353년 12월경 그를 암살하고 케르트조의 소유로 남아 있던 동남부 지역을 제외한 후라산 서북부 전역의 주인이 되었다. 이 두 이란 왕조인 케르트조와 사르베다르조는 종교적 차이 때문에 더욱 격앙되고 야만적인 전쟁을 벌였는데, 케르트조는 순니파 아프간 사람들이었고 사르베다르조는 시어파 페르시아인들이었다.

제3의 이란 왕조, 아니 좀더 정확하게는 아랍-이란 왕조인 무자파르조는 키르만과 파르스에 자리잡았다.157) 창업자인 아랍인 무바리즈 웃 딘 무함마드Mubariz ad-Din Muhammad는 이미 야즈드와 키르만에서 권력을 잡았으며, 1353년 시라즈, 그리고 1356-1357년에 이스파한을 장악하였다. 1358년 아들 샤 슈자Shah Shuja(1384년에 죽음)가 그를 폐위시키고 장님으로 만든 뒤 시라즈에서 그를 계승하였고, 이스파한은 무자파르가의 다른 사람에게 넘어갔다.

당시 상황에 대한 묘사를 완성하기 위하여 그토록 짧은 기간 통치했던 군주들 외에, 내일의 군주들이 이미 떠오르고 있었다는 것을 말하지 않으면 안될 것이다. 그들 가운데는 검은 양을 상징으로 삼았기 때문에 카라 코윤루Qara Qoyunlu로 알려졌으며 여전히 유목민인 서부 페르시아의 투르크멘 부족이 있었다.

훌레구 칸국이 분할될 때 이 흑양부는 아르메니아의 무스Mus 지역에서 살았고 모술로 잠식해 들어오고 있었기 때문에, 우와이스 잘라이르가 그들을 쫓아냈다(1336년경). 1374년 우와이스가 죽자 흑양부의 우두머리인 바이람 호자Bayram Khoja는 모술과 잔잔을 재점령하였다. 그의 손자 카라 유숩은 잘라이르조로부터 타브리즈를 빼앗아 티무르가 올 때까지 그 곳에서 자기 왕조의 기반을 쌓게 되었다.158)

처음에는 셀죽조(1304), 그 다음에는 그들의 종주 페르시아 칸국의 소

---

157. D'Ohsson, *Histoire des Mongols*, IV, pp. 743-747 ; Zettersteen, "Muza-ffarides," *EI*, p. 852.
158. Hurat, "Kara-koyûn-lu," *EI*, p. 785.

멸과 함께 소유자가 정해지지 않은 상태로 전락한 소아시아의 셀죽 옛 영
토에서는, 카파도키아의 소유를 둘러싸고 두 투르크멘 공국들이 다투고 있
었다.

시바스Sivas와 카이세리에는 아르테나 오글루Artena Oghlu 씨족이
있었는데, 1380-1399년까지의 통치자는 유명한 시인이었던 왕자 부르한 웃
딘Burhan ad-Din이었고,[159] 1400년에는 백양부(아크 코윤루Aq Qoyun-
lu)로 알려진 또 다른 투르크멘 씨족이 뒤를 이었다.[160] 라란다Laranda
(오늘날의 카라만Karaman)에서는 카라만(마찬가지로 투르크멘) 아미르들
의 왕조가 일어났는데, 잠시 소아시아의 패권과 셀죽 승계를 놓고 비씨니
아-프리기아 국경의 오스만 투르크인들과 싸웠다.[161] 후에 티무르가 이러
한 격렬한 경쟁에 뛰어들게 된다.

---

159. "Artena," *EI*, p. 469 ; Hurat, "Burhân al-Dîn," *ibid.*, p. 817.
160. Hurat, "Ak-koyûn-lu," *EI*, p. 228.
161. J. H. Kramers, "Karamân-oghlu," *EI*, p. 792.

10. 킵착 칸국

조치와 그의 아들들 :
금장金帳 칸국, 백장白帳 칸국, 샤이반의 울루스

칭기스칸은 자기보다 6개월 앞선 1227년 2월경에 죽은 아들 조치에게
이르티쉬 서쪽의 평원을 주었는데, 이는 세미팔라틴스크, 악몰린스크, 투르
가이, 우랄스크, 아다지, 그리고 호레즘 본토(히바)였다. 칭기스칸은 죽을
때 이 영역을 조치의 아들들, 특히 둘째아들 바투에게 남겼는데, 바투는
거기에다가 1236-1240년에 있었던 전쟁에서 승리해 러시아 공국들에 대
한 종주권과 더불어 옛 킵착과 불가르 영토 전역을 추가하였다.
　바투 칸국은 유럽 지역만 해도 우선 흑해 북쪽의 가로로 긴 초원대,
즉 우랄분지, 돈 강 하류 유역, 도네츠, 드녜프르, 부그, 드녜스트르 하구,
그리고 프루트Prut 하류로 이루어진 광활한 영역이었다. 또한 쿠반, 쿠마,
테렉분지를 가로질러 코카서스 북쪽을 잇는 초원도 포함되었다. 간단히 말
해서 고대 스키타이가 지배하였던 유럽 지역 전역을 포함하였다. 이 밖에
도 불가르 지방, 즉 볼가 강 중류와 그 지류인 카마Kama 강이 흐르는
삼림과 농경지대까지 뻗쳤다. 헤르도투스가 묘사한 고대 스키타이아처럼 이
‘유럽 속의 몽골리아’의 끝없는 초원은 빈 공간이었다.
　루브룩의 기록을 보면 이에 대하여 어느 정도 개념을 알 수 있다. “우
리는 계속 동쪽으로 여행하면서 길에서 하늘과 땅, 그리고 간혹 우리 오른
쪽으로 바다, 때로는 20리 밖에서도 알아볼 수 있는 쿠만인들의 무덤 즉
쿠르간kurgan들 말고는 아무것도 보지 못하였다.”1) 이러한 외로운 공간

---

1. Rubruck, Chap. XV.

위로 몽골 유목민들, 아니(라시드 웃 딘에 의하면, 칭기스칸은 '유언'으로 바투에게 진짜 몽골인을 4,000명 이상 할당하지 않았기 때문에 군대의 나머지는 전부 몽골의 기치 아래 모여든 킵착·불가르·오구즈 등 투르크인들로 구성되었다. 조치의 칸국이 어떻게 그토록 빨리 투르크적인 성격을 띠게 되었는지도 이로써 설명될 수 있다) 몽골인들이 지휘하는 투르크인들의 군대가 돌아다녔다.[2]

바투는 볼가 강을 따라 계절적으로 거처를 옮겼는데, 봄에는 카마의 옛 불가르 지방과 몽골 주화가 주조되던 교역도시 볼가르가 있는 상류까지 갔다. 8월에는 하구로 내려오기 시작하였으며 그곳에 있는 그의 거영지는 훗날 수도인 위대한 사라이가 되었다.[3]

루브룩이 그의 천막에 입장하도록 허용된 것은 볼가 강 하류에서였다. "바투는 침대 크기의 높은 의자, 즉 보좌에 앉았는데 전부 금을 입혔으며 세 걸음까지 접근이 허용되었다. 그의 가까이에는 그의 아내들 가운데 하나가 있었다. 다른 남자들은 이 귀부인의 좌우로 앉아 있었다. 입구에는 얼마간의 쿠미스와 보석으로 치장된 큰 금잔과 은잔이 몇 개 놓인 긴 의자가 있었다. 바투는 우리를 찬찬히 뜯어보았다. 그의 얼굴은 약간 불그스레하였다."[4]

바투의 형제들 가운데 오르다Orda는 가문의 최연장자이기는 했지만, 가문의 문제해결에 큰 역할을 하지 못하였으며 오늘날의 카자흐스탄에 속령을 받았다.[5] 그의 땅은 남쪽으로 시르다리아의 오른쪽 기슭에서(대략 카라 타우Kara Tau 산맥 부근의 시그나히부터) 아랄 해에 있는 그 강의 델타지역까지를 포함하였으며 아무다리아의 델타까지 뻗치는 시르다리아 델타 왼쪽 기슭의 좁고 긴 땅도 포함되었던 것 같다. 그러므로 그는 아랄 해의 동쪽 해안을 거의 다 통치하였다. 북쪽으로는 사리 수 분지와 이 분지를 투르가이 분지와 갈라놓는 울루 타우Ulu Tau 산악지대를 가졌다.

1376년 오르다의 마지막 계승자 톡타미쉬는 정주세계와의 접촉지점인

---

2. Rashid ad-Din, Erdmann, *Temudschin*, p. 453에서.
3. Barthold, "Bâtû-khân," *EI*, p. 698 ; Barthold, "Sarâi," *EI*, p. 163.
4. Rubruck, Chap. XXI.
5. D'Ohsson, *Histoire des Mongols* II, pp. 335-336에서 Rashid ad-Din.

시그나히와 오트라르와 같은 도시들을 점령하였다.6) 바투의 칸국은 역사
상 킵착 칸국 또는 금장 칸국(알툰 오르두Altun Ordu)으로, 오르다의 것
은 백장 칸국(차간 오르두Chaghan Ordu 또는 아크 오르두Aq Ordu)으
로 알려지게 된다.

　　바투의 또 다른 형제 샤이반(1241년 헝가리전쟁에 참여)은 오르다의
북쪽을 몫으로 받았는데, 그곳은 남부 우랄의 동쪽과 동남 지방, 특히 후
자에서 오늘날 러시아의 악튜빈스크와 투르가이 지역에 상당한 부분이다.
그의 오르두는 여름에 우랄 산맥 사이, 즉 일렉Ilek 강(오늘날의 츠칼로프
Chkalov인 오렌부르그 남쪽 우랄 강의 지류)과 이르기즈Irgiz 강에서 거
영한 것으로 보이며, 겨울에는 오르다의 울루스를 향하여 남쪽으로 이동하
였던 것 같다. 훗날 샤이반조는 그들의 영역을 서부 시베리아로 확장하였
음에 틀림없다.7)

바투와 베르케

　　가장 중요한 유목집단으로 화제를 돌려보면, 1227년부터 1255년까지
통치한 바투는 칭기스칸 일족의 장자 지파의 (분명히 오르다의 승인으로)
가장이 되어 몽골 정책에 상당한 영향력을 미쳤다.8) 그러나 그는 결코 최

---

6. *Zafar-nama*, Pétis de la Croix역, p. 278.
7. 샤이반조는 튜멘, 즉 시비르의 시베리아 칸국을 1480년경에 복속시켰으며, 이는
　　1598년에 러시아인들이 정복할 때까지 그들의 소유로 남아 있었다(p. 490). 1380년,
　　백장 칸국의 지도자 톡타미쉬 칸이 금장 칸국을 정복하였을 때, 백장 칸국의 대다
　　수는 그와 함께 유럽으로 갔다. 그래서 시르다리아 하류 북쪽의 오르다의 옛 영지
　　에는 주민이 없어졌고, 점진적으로 샤이반조 칸국에 재점령되었다. 1428년 서부 시
　　베리아의 투라 지역에서 통치하기 시작한 샤이반조의 아불 하이르Abu'l Khayr는
　　시르다리아에 본부를 두고 발하쉬 호에서 우랄까지 다스리게 되었다. 그의 손자인
　　무함마드 샤이바니는 1500년에 뒤에서 언급하는 대로 부하라와 사마르칸드의 우즈
　　벡 제국의 창업자가 되었다.
8. 플라노 카르피니가 관찰하기로는 오르다는 실제로 칭기스칸 일족 큰집 지파의 최고

고 칸으로서의 권리를 주장하지 않았다는 점이 특기할 만하다. 처음에 그는 제국을 우구데이가에 유산으로 남겨준 할아버지의 결정을 존중하기까지 하였다. 이처럼 권리행사를 회피한 것은 조치의 출생과 관련된 의심으로 설명될 수 있을 것이다. 네 황자의 어머니인 칭기스칸의 아내 부르테는 조치를 임신할 무렵 메르키트 수령에게 납치되었다. 그의 출생이 적법한가에 대한 의문은 고의로 덮어놓았던 것 같다. 큰아들에 대한 칭기스칸의 사랑의 결여와 조치의 이상한 행동은, 그가 우르겐치 공성 이후 삶이 다하는 마지막 5년을 칭기스칸의 전쟁에 참여하지 않고 속령인 투르가이·엠바·우랄 등지에서 보냈을 때 언급한 바 있다. 마지막에는 모든 사람이 그들 간의 불화를 알게 되었다. 이러한 사정이 처음에 조치 가문이 별로 뚜렷하지 않은 역할만 하도록 운명지웠다.

1250-1251년 바투는 우구데이가를 몰락시키고 톨루이가를 즉위시킴으로써 복수하였다. 1250년 알락막Alaqmaq에서의 그의 결정적인 개입과, 1251년 그가 우구데이가의 희생 위에 톨루이의 아들 뭉케를 즉위시키기 위하여 아우 베르케를 어떻게 몽골리아로 보냈는가는 앞서 얘기하였다. 의심할 나위 없이 뭉케는 즉위하기 위하여 그의 신세를 졌으며 결코 그 은혜를 잊지 않았다. 그는 1254년 루브룩에게 그와 바투의 권세가 햇살과 같이 온지구 위로 뻗쳤다고 하였는데, 일종의 공동주권이나 공동제국을 암시하는 듯한 말이었다. 루브룩이 진술하기를, 뭉케의 영토에서 바투의 대표자들은, 바투의 영역에서 뭉케의 부하들보다 훨씬 더 공손하게 대우받는다고 하였다.9)

바르톨드가 지적한 대로, 1251년부터 1255년까지 몽골 세계는 크게 볼 때 실질적으로는 대칸 뭉케와 '원로' 바투 사이에 추 강과 탈라스 강 사이의 초원을 가로지르는 경계로 나뉘어 있었다.10) 칭기스칸 가문의 다른 나머지 사람들 사이에서 바투는 최고중재자였으며 대칸 옹립자로서의 지위를 누렸다. 그에 대한 평가는 매우 다양하였다. 몽골인들은 그를 사인

참자였다 : "타타르인들의 선임 隊長이며 公爵인 Ordu"(Chap. V).

9. Rubruck, Chaps. XXV와 XLVI.

10. Barthold, "Bâtû-khân," *EI*, p. 699.

칸Sain Qhan 즉 '훌륭한 임금'이라고 불렀으며 그의 착한 천성과 관대함을 칭송하였다. 그러나 기독교권에서의 그는 1237-1241년의 러시아·폴란드·헝가리전쟁에서 드러나듯이 이루 말할 수 없는 잔학한 행위를 사주한 인물로 보였다. 플라노 카르피니는 이러한 모순에 대하여 그를 "자기 백성들에게는 온화하고 붙임성 있으며 인자하나, 전쟁에서는 매우 잔인한 인물"이라고 요약, 기술하였다.[11]

모든 칭기스칸 일족 지파의 대표들이 참가하여 슬라브 러시아, 폴란드, 실레지아, 그리고 모라비아를 지나 헝가리와 루마니아로 들어간 1237-1241년의 '유럽전쟁'은 주로 바투의 이익을 위하여 준비되었다. 그는 적어도 공식적으로는 총사령관이었고(전략 지시는 수베에테이가 하였지만 바투의 이름으로 선포되었다), 결국 그 혼자서 정복의 과실을 차지하였다. 최후의 킵착 투르크인들이 분쇄되었을 뿐 아니라 리아잔·수즈달·트베르·키예프·갈리씨아의 러시아 공국들이 정복되었고, 이들은 200년 이상을 금장칸국에 신속臣屬하게 되었다. 그것은 15세기 말까지도 볼가 강 하류에 있는 칸의 거영지로 와서 칸 앞에서 "자기네 이마를 땅바닥에 조아릴" 의무가 있는 러시아 왕공들을 칸이 마음대로 임명하고 폐위시킬 정도로 엄격한 신속이었다.

이처럼 자기를 낮추어 복속하는 정책은 1243년 바투에게 충성을 표하고 그로부터 '러시아 왕자들의 최선임자'로 인정받기 위해서 온 블라디미르의 야로슬라브Yaroslav 대공 때부터 시작되었다.[12] 1250년 갈리씨아의 다니엘Daniel 공(1255년에 공의 칭호를 받았다) 역시 자신의 항복을 확인하고 인정을 받기 위해서 왔다. 야로슬라브의 아들이자 계승자인 알렉산드

---

11. Plano Carpini, Chap. III.
12. 몽골 종주들에 대한 이러한 아첨은 러시아 왕공들 가운데 가장 총애받는 자에게조차 위험이 따르지 않는 것이 아니었다. 플라노 카르피니(Chap. XIII)는 야로슬라브가 몽골리아로 입조하였을 때(그는 1246년 대칸 구육의 선거에 참석하였다), 황태후 투르게네가 "그녀의 손으로 손수" 음식을 덜어주었는데, 자기 숙소로 돌아와 발병해 일주일 뒤에 죽었으며, 그의 몸은 수상쩍어 보이는 점들로 뒤덮여 있었다고 한다.

르 네브스키Alexandr Nevsky(1252-1263)는 최소한 발트 지역에 있는 러시아의 적들과 대결하기 위하여 몽골의 엄격한 신속을 이용하였다. 그 나라가 그러한 무서운 시대를 견뎌내기 위해서는 이 같은 예속이 유일한 방법이었다. 모스크바 국가는 15세기 말 이반 3세Ivan III에 의해 해방될 때까지 속박상태로 있었다.

킵착 칸국의 역사는 다른 칭기스칸계 칸국들의 역사와는 근본적으로 다르다. 몽골인들은 정복한 다른 땅에서는 자신들을 어느 정도 주위환경에 적응시켰으며 정복된 자들로부터 교훈을 얻었다. 중국에서 쿠빌라이와 그의 후손들은 중국인들이 되었고, 이란에서는 가잔·울제이투·아부 사이드로 대표되는 훌레구의 후손들이 페르시아의 술탄이 되었다.

반면에 남부 러시아의 칸들인 그들의 사촌은 슬라브·비잔티움문화에 정복되고 러시아인이 되기를 거부하였다. 그들은 그 지리적인 명명이 암시하듯이 '킵착의 칸들', 즉 그 이름 그대로 투르크 유목민들의 계승자로 남았다. 그리하여 그들은 과거도 없고 과거의 것에 대한 기억도 없으며 러시아 초원에 아무 역사도 남겨놓지 않은 '쿠만' 투르크인들, 즉 폴로브츠이의 단순한 계승자에 불과하였다.

킵착 칸들의 이슬람화는 ― 문화적으로는 너무 피상적인 동시에 유럽인의 관점에서는 너무 고립적이어서 ― 상황을 아무것도 바꾸어놓지 못하였다. 그들의 이슬람화는 오히려 그들이 이란·이집트의 고대문명을 정말로 공유하지 못한 채, 마침내 서구 세계로부터 그들을 갈라내 (훗날의 오스만인들처럼) 유럽땅에 천막을 친 결코 동화되지 않을 외국인들로 만들었다.13)

금장 칸국이 지탱되는 동안 아시아는 키예프의 남쪽 교외에서부터 시작되었다. 플라노 카르피니와 루브룩은 바투의 칸국에 들어설 때 서구인들이 받은 인상을 잘 전달하고 있다. 그들은 자신이 전혀 다른 세계로 들어가는 것을 느꼈다.14) '서구주의'의 표명은 조치의 계승자들보다는 10세기

---

13. 나는 여기서 정확하게 반대가 사실인 오스만 투르크나 Kemal 시대의 터키에 대해 얘기할 필요가 없다.
14. R. P. Batton, *Wilhelm von Rubruk*, pp. 37-45, p. 62, 인용한 책의 여기저기

하자르 투르크인들 사이에서 확실히 더 많았다.15)

그러나 역사는 달라질 수도 있었다는 것을 인정해야 한다. 루브룩이 뭐라고 하든 그는 몽골 제국에서의 네스토리우스파의 정치적 중요성을 완전히 알지 못하였기에 네스토리우스파 사제들의 무지와 취태에 너무 큰 충격을 받았다(기독교는 바투의 집안에 뿌리를 내렸다).16) 프란체스코회 수도사의 진술과는 달리 바투의 아들 사르탁은 네스토리우스 교도였다.17) 아르메니아(키라코스), 시리아(바르 헤브라에우스), 그리고 무슬림(주즈자니와 주베이니) 사료들도 이 점에서 일치된다.18)

오직 예기치 않았던 죽음이 이 네스토리우스 교도였던 왕자가 자기 아버지를 계승하는 것을 막았다. 1255년 바투가 마흔여덟 살의 나이로 볼가 강 하류에 있는 그의 장막에서 죽었을 때, 사르탁은 아버지 친구인 대칸 뭉케에 입조하기 위해 몽골리아에 있었다. 뭉케는 그를 킵착의 칸으로 임명하였으나, 사르탁은 귀로에, 또는 볼가 강에 도착한 뒤 곧바로 죽었다. 뭉케는 그 대신 주베이니는 사르탁의 아들이라 하고 라시드 웃 딘은 아우라고 하는 젊은 왕자 울락치Ulaghchi를 지명하였다. 바투의 아내 보락친Boraghchin이 섭정하였다. 그러나 울락치는 분명히 1257년에 죽었고, 바투의 아우 베르케가 킵착의 칸이 되었다.19)

베르케의 치세(대략 1257년에서 1266년 사이)는 칸국의 방향에 결정적인 변화를 가져왔다.20) 만일 사르탁이 살아 있었다면 기독교가 왕실의

참조

15. 이는 이슬람, 러시아, 그리고 다른 문화에서 금장 칸국의 '문화'요소를 발견할 수 없으리라는 얘기는 아니다. 이와 관련하여 Balodis, "Neuere Forschungen über die Kultur der Goldenen Horde," *Zeitschrift für Slavische Philologie*, IV(1927)를 보시오. 그러나 우리는 그 문화의 상대적 가치에 대해 분명해야 한다.

16. Rubruck, Chap. XIX.

17. Sartaq('Sart', 'Sarta'ul')이라는 이름에 대해서는 Pelliot, "Les Mongols et la Papauté," *Revue de l'Orient chrétien*(1931-1932), p. 78(217).

18. 특히 Kirakos, *JA*, I(1858), p. 459를 주목하시오.

19. Barthold, "Berke," *EI*, pp. 725-726 ; D'Ohsson, *Histoire des Mongols*, II, p. 336에서 Juvayni.

20. 베르케는 15세기 말까지 이 지방이 때때로 베르케의 초원(Dasht-i Berke)이라고

보호로 이익을 얻었으리라는 것은 루브룩이 뭐라 했든 합리적인 추측이다. 그러나 베르케는 오히려 이슬람으로 기울어졌다. 그가 몽골인들, 특히 칭기스칸 일족의 특징인 종교적 관용을 잃어버린 것은 아니었다. 네스토리우스교는 그의 백성들의 종교 가운데 하나였고 확실히 그는 그것을 금하지 않았다. 그러면서도 그는 특히 대외정책에서는 주로 이슬람 쪽으로 기울었다. 바르톨드의 주장에 귀기울인다면, 그것이야말로 킵착 칸국에서 이슬람화 경향이 시작된 이유였다.21)

우리가 본 대로 베르케는 칭기스칸 일족의 모든 내전에 얽혀들었다. 우리는 그가 아주 효과적인 도움을 준 것은 아니었지만 쿠빌라이에 대항해서 아릭 부케의 편을 들었다는 것을 안다. 그리고 나서 그는 1262년에서 1265년 사이, 그에게서 호레즘을 빼앗은 투르키스탄의 차가다이조 칸인 알루구와의 싸움에서 패했다. 그때까지 킵착의 종속국으로 간주되던 호레즘은 그 후 차가다이 칸국의 일부가 되었다. 그 뒤 오래지 않아(1266년 이전) 알루구는 베르케나 베르케의 형 오르다에게서 오트라르의 요새(시르 다리아 중류 북쪽 기슭의 대상들을 위한 중요한 역참)를 빼앗아 파괴해버렸다. 이리하여 추 강 서쪽 초원은 조치 후손들의 희생을 대가로 차가다이 칸국에 보태졌다. 뒤에서 보게 보듯이 베르케는 그의 군대가 코카서스에서 교전중이었기 때문에 이 적에 대해서는 아무것도 할 수 없었다.

무슬림에 대한 베르케의 동정이 아랍-페르시아 사가들이 주장하는 것처럼 그와 페르시아의 칸 훌레구 사이에 불화를 일으키지는 않았겠지만, 적어도 그러한 분쟁에서 외교상의 구실로는 기능하였다. 페르시아의 사가들에 의하면, 킵착의 칸은 훌레구가 바그다드 주민들을 살육하고 다른 칭기스칸 가문의 왕자들과 상의 없이 칼리프를 고문한 것을 비난하였다고 한다.22) 실제로 조치 가문은 훌레구의 아제르바이잔 점령을 일종의 찬탈

일컬어질 만큼 킵착(문자 그대로 Dasht-i Kipchak 즉 '킵착초원')에 깊은 흔적을 남겼다. 이 말은 'Arabshah(*Life of Tamerlane,* Sanders역[London, 1936], p. 73)에서 관행적으로 사용되었다.

21. *Ibid.,* pp. 77-78.
22. Rashid ad-Din, Quatremère역, p. 393 ; Grousset, *Histoire des Croisades,*

과 침입으로 여겼던 게 분명하다.[23]

베르케는 자기 사촌들인 페르시아의 몽골인들에 대항하기 위하여 칭기스칸 일족의 전통적인 적이자 무슬림 저항의 장본인, 즉 술탄 바이바르스 치하의 이집트 맘룩조와 기꺼이 동맹하였다. 두 조정의 대사들은 1261년부터 왕래하였는데, 바이바르스의 사신들은 크리미아의 수닥에 상륙하였고, 베르케의 사신들은 알렉산드리아에 상륙하였다. 1263년 두 군주 사이에 페르시아의 칸국에 대항하는 구체적인 동맹이 체결되었다.[24]

바이바르스는 이 협정으로 두 배를 얻었고, 그때부터 그는 금장 칸국의 신민인 킵착 투르크인들 가운데서(그 자신도 킵착 투르크였다는 것을 기억할 것이다) 자기 군대를 위하여 새로운 맘룩들을 모집할 수 있었다. 더욱 중요한 사실은 그가 칭기스칸 일족의 칸국들이 서로를 무력화시키도록 조장함으로써 외교적인 승리를 거두었다는 데에 있다. 조치 가문의 지원과 베르케가 코카서스에서의 전투에 관심을 돌린 덕에, 그는 훌레구가의 시리아를 향한 진출을 영구히 봉쇄하는 데 성공하였다.

데르벤드 고개에서 위협을 받고 있던 페르시아의 칸들은 아인 잘루트의 재난을 알렙포에서 보복할 수 없었다(p. 516 이하를 보시오). 앞서 말한 대로 훌레구는 베르케가 자신에게 입힌 상처에 몹시 분개하고 있었다. 1262년 11월에서 12월, 그는 두 칸국의 코카서스 국경이었던 데르벤드 고개를 넘어 테렉까지 진격하였다.

하지만 그는 베르케의 종손從孫 노가이가 지휘하는 적군에게 쿠라 강 근처에서 기습당하고 아제르바이잔으로 격퇴되었다. 훌레구군의 많은 기병들은 다시 테렉을 건너려다 말 발굽에 얼음이 깨지는 바람에 강물에 빠져 죽었다.

이러한 칭기스칸 일가의 내분은 통탄할 만한 결과를 가져왔다. 훌레구는 손댈 수 있는 페르시아의 킵착 상인들은 모두 처형시켰고, 베르케도 킵

III, p. 612.

23. Wassaf, D'Ohsson, *Histoire des Mongols*, III, p. 379.

24. Rashid ad-Din, Quatremère역, p. 399 ; Maqrizi, p. 211 ; D'Ohsson, *Histoire des Mongols*, III, pp. 380-381.

착에서 장사하는 페르시아 상인들에게 똑같은 짓을 하였다.[25] 1266년, 이번에는 노가이가 데르벤드 고개를 넘고 쿠라 강을 건너 페르시아 칸국의 심장부 아제르바이잔을 직접 위협하였다. 그러나 그는 악수Aksu에서 훌레구의 계승자인 아바카에게 패해, 자신은 눈을 다치고 군대는 시르반까지 무질서하게 후퇴하였다. 이때 베르케가 몸소 증원군을 데리고 서둘러 왔지만, 그는 같은 해 티플리스 부근에서 도강하기 위하여 쿠라 강의 북쪽 기슭을 올라가다가 죽었다.

기독교권인 유럽에서는 러시아 왕공인 갈리씨아의 다니엘이 몽골 지배에 대항하여 반란을 일으켰다(1257). 그는 칸국의 국경을 공격하는 모험까지 감행했지만 베르케가 직접 개입할 것도 없이 다시 복속되었다. 다니엘은 칸의 명령에 따라 그가 지은 요새의 대부분을 허물어야 하였다.

크로메루스Cromerus의 연대기는 1259년조에서 몽골의 또 다른 서방 원정에 대해 말해주고 있다. 몽골인들은 리투아니아를 침공하여 미처 숲이나 늪지대로 피신할 틈이 없었던 주민 모두를 살육하고, 그들을 따르도록 강요된 러시아인 보조부대와 폴란드로 들어갔다. "그들은 산도미레즈Sando-mirez를 두 번째로 불태우고 주민들이 피난한 성을 포위하였다. 사령관인 크렘파Crempa의 페테르Peter는 항복을 거부하였다. 몽골인들은 다니엘의 아우와 아들을 그에게 보내 매우 유리한 조건으로 항복하도록 설득하였다. 그러나 몽골인들은 그들과의 약속을 깨고 통상적인 방식으로 그 불행한 사람들을 모두 학살하였다. 그곳에서 그들은 크라코우로 가서 불을 질렀다. '순결왕' 볼레슬라브Boleslav는 헝가리로 도망해야 했다. 몽골인들은 옵펠른Oppeln 지구의 비톰Bytom까지 짓밟고, 3개월 후 전리품을 가득 싣고 킵착으로 돌아왔다."

베르케의 치세 중에 불가르인들의 군주였던 콘스탄틴 티취Constantine Tych가 몽골인들을 불러들여 발칸문제에 개입하고 비잔티움 황제 미카엘 팔레올로구스를 공격하도록 하였다. 베르케의 종손인 몽골 왕자 노가이는 기병 2만 명을 거느리고 다뉴브를 건넜다. 미카엘 팔레올로구스가 그들에

---

25. Wassaf, D'Ohsson, *Histoire des Mongols*, III, p. 381.

게 대항하기 위해 왔다. 그러나 파키메레스Pachymeres에 의하면, 불가리아 국경에 도착한 그리스인들은 몽골인들을 보자마자 공포에 사로잡혀 흩어져 달아났고 거의 모두 베여 넘어졌다(1265년 여름). 미카엘 팔레올로구스는 몽골인들이 트라키아를 짓밟는 동안 제노아 배를 타고 콘스탄티노플로 돌아갔다.[26]

노가이는 이 원정전 중에 콘스탄티노플에서 반 포로상태에 있던 전 셀죽 술탄인 카이 카부스 2세를 구출해냈다. 카이 카부스는 약탈물을 갖고 귀향하는 몽골인들을 따라가 베르케의 딸과 결혼하였으며, 베르케는 그에게 크리미아의 중요한 교역 중심지인 수닥(솔다이아)을 속령으로 주었다.[27]

한편 미카엘 팔레올로구스는 이제 몽골이라는 변수의 중요성을 제대로 평가하기 시작하였다. 그는 강력한 노가이와 친딸 유프로시네Euphrosyne를 결혼시키고 굉장히 멋진 비단을 보냈는데, 칭기스칸 가문의 사람은 그것을 받고는 자신이 결국 비단보다는 양가죽을 더 좋아한다는 것을 깨닫게 되었다.[28] 그러나 그때부터 미카엘 팔레올로구스와 킵착 칸국의 동맹은 뒤에서 보게 되는 대로 전자에게 크게 이익이 된다는 것이 입증되었다. 그들과 이집트의 맘룩 술탄국은 잠시 라틴인들(안조우Anjou와 베니스의 찰스Charles)과 페르시아의 칸국에 대항하는 진정한 3각 동맹을 구성하였다.[29]

맘룩 사신들은 베르케에 대하여 매우 생생한 묘사를 남겼다. 그는 누런 피부, 성긴 수염, 그리고 귀 뒤로 모아 땋은 편발을 한 진정한 몽골인이었다. 그는 높은 모자를 썼고, 한쪽 귀에는 보석을 박은 금귀걸이를 달

---

26. Conrad Chapman, *Michel Paléologue*(Paris, 1926), p. 79(Pachymeres에 의거) ; G. I. Bratianu, *Recherches sur le commerce génois dans la Mer Noire*, pp. 233-234.
27. G. I. Bratianu, p. 205.
28. Chapman, *Michel Paléologue*, p. 80 ; G. I. Bratianu, *Recherches sur Vicina et Cetatea Alba*, p. 39.
29. M. Canard, "Le trait de 1281 entre Milchel Paléologue et le sultan Qalâ'un," *Byzantion*(193), pp. 669-680 ; Grousset, *Histoire des Croisades*, III, p. 613, p. 625.

았다. 그는 금을 입히고 보석으로 장식한 불가르제 녹색 혁대를 맸고 붉은 가죽장화를 신었다.

초기의 킵착 몽골인들에게는 — 루브룩에게는 움직이는 도시와 같은 인상을 주면서 볼가 강 기슭을 따라 계절적으로 이동하던 — 모전천막과 수레로 이루어진 거대한 거영지들 말고는 주거장소가 없었다. 베르케는 정주수도로서 사라이의 건설을 명령하였거나, 아니면 바투가 시작한 것을 완성시켰다. 바투의 통상적인 거영지들 가운데 하나에서 생겨난 것이 틀림없는 이 도시는 볼가 강 하류의 동쪽 기슭, 카스피 해로 들어가는 하구 부근에 있었다. 아니면 바르톨드가 얘기하듯이 바투의 사라이는 오늘날의 셀리트렌노에Selitrennoe와 일치하며, 약간 북쪽의 짜레프Tsarev 유적지에 위치한 베르케의 사라이와는 구별되어야 한다.[30]

그러나 베르케의 사라이는 대략 1253년에 건설될 때부터 1395년 티무르에 의해 파괴될 때까지 킵착 칸국의 수도였을 가능성도 있다. 그것은 오트라르, 알말릭, 베쉬발릭, 그리고 하미와 탕구트와 웅구트 지방을 거쳐 북경으로 가는 중앙아시아와 극동행 대상들의 출발점으로서 같은 지역에 있던 옛 하자르 수도보다 훨씬 더 중요성을 지녔다.[31] 베르케와 그의 계승자들, 특히 우즈벡 칸과 자니벡 칸은 하나피Hanafi파와 샤피이Shafi'i파 양측의 무슬림 학자들을 사라이로 끌어들였고, 이는 나라의 이슬람화에 신선한 자극을 주었다.[32]

베르케의 계승자는 (투르크어로) 망구 티무르 즉 뭉케 테무르로서, 바투의 손자이자 투투칸Tutuqan(혹은 투쿠칸 Tuquqan)의 아들이었다.[33] 1266년부터 1280년까지 킵착을 통치한 뭉케 테무르는 칭기스칸 가문의 중앙아시아 내전 때 투르키스탄의 칸인 차가다이가의 바락에 대항해 우구데이가의 카이두 편을 들었다. 이미 얘기한 대로 1269년에 그는 카이두가 승리하도록 베르케체르 왕자의 지휘 아래 5만 병력을 중앙아시아로 보냈다.

---

30. Barthold, "Sarâi," *EI*, p. 163.
31. Ibn 'Arabshah, Sanders역, pp. 76-79 ; Heyd, *Histoire du commerce du Levant*, II, pp. 227-229.
32. Ibn 'Arabshah, Sanders역, p. 78.
33. Barthold, "Mangû Timur," *EI*, p. 261.

대칸 쿠빌라이로부터 제국을 억지로 빼앗기 위한 카이두의 투쟁에서 뭉케 테무르는 적어도 외교분야에서는 카이두의 편을 들었다. 우리는 쿠빌라이의 아들인 왕자 노무칸이 몽골리아에서 포로가 된 뒤 바로 그에게 인계되는 것을 보았다. 뭉케 테무르는 뒤에 그를 그의 아버지에게 보내주었다. 이 투쟁 덕에 킵착 칸국은 대칸과의 관계에서 독립을 재확인할 수 있었다. 그때까지 불가르에서 주조되던 대칸의 이름이 새겨진 금장 칸국의 주화에는 그 뒤부터 뭉케 테무르나 그의 후계자들의 이름만 새겨지게 되었다.

뭉케 테무르는 한편으로는 이집트의 맘룩 술탄국, 다른 한편으로는 비잔티움 제국과의 관계에서 베르케와 친선정책을 유지하였다. 그는 그리스 정교회 사제들의 특권을 보장하기 위하여 칙령을 반포하였으며, 사라이의 주교 테오그노스테스Theognostes를 갖가지 경우에 콘스탄티노플 조정으로 보내는 대사로 고용하였다.34)

노가이와 톡타이

누와이리Nuwairi에 의하면, 뭉케 테무르의 아우이자 계승자인 투다 뭉케Tuda Möngke(1280-1287)35)는 "엄격하게 금식을 지키며 늘 세이흐shaykh들과 파키르fakir들에게 둘러싸인" 매우 열성적인 무슬림이었으나 무능한 통치자였다. 그는 곧바로 퇴위해야 했고 앞선 두 칸의 조카인 툴라 부카Tula Buqa(1287-1290)가 뒤를 이었다.

하지만 칸국의 진짜 주인은 조치 일족의 작은 지파로 1262년과 1266년 베르케의 페르시아 원정, 그리고 1265년 비잔티움 제국 원정전에서 군대를 지휘한 노가이였다.36) 가자리아(크리미아)의 프란체스코회 선교단 지

---

34. Bratianu, *Recherches sur le commerce génois*, p. 259 참조.
35. [역자] 원문에는 Tuda Mangu라고 되어 있지만 여기서는 몽골식대로 Tuda Möngke로 하였다.
36. Bratianu, *Recherches sur Vicina*, pp. 38-39.

도자인 라디슬라스Ladislas는 1287년 4월 10일 수도회 총장에게 보고하면서 노가이를 툴라 부카와 같은 지위로, 심지어는 공동황제라고 말하였다.37) 투다 뭉케, 그리고 툴라 부카의 영역은 볼가 강 하류의 사라이에 있었던 반면, 노가이의 영역은 돈과 도네츠 지역에서 찾아야 할 것으로 보인다.38)

프란체스코회 사람들 간의 서신은 노가이가 기독교에 대하여 적대적이 아니었음을 증명한다. 예를 들어 프란체스코회 사람들이 자일락Jaylak이라고 부르는, 그리고 파키메레스가 알라카Alaka로 비정하는 그의 아내들 가운데 하나가 키르키Kirki 또는 추푸트 칼레Chufut Kale라는 곳으로 프란체스코회의 세례를 받으러 왔었다. 그리고 무슬림들이 크리미아에 있는 솔하트Solhat(솔가트Solgat)의 카톨릭 예배당의 종을 떼어냈을 때 어떤 몽골 고관이 범죄자들을 처벌하러 왔다.

노가이는 비잔티움 사람들에게 그들이 의지할 만한 동맹자라는 것을 보여주었다. 노가이는 1279년 그들이 불가르인들의 왕 이바일로Ivailo 또는 라하나스Lakhanas를 타도하는 것을 도왔는데, 다양한 부침끝에 '쿠만' 즉 킵착 투르크 출신의 귀족 게오르게 테르테르George Terter가 그를 계승하였다.39) 니코프P. Nikov와 까엥G. Cahen이 지적한 것처럼, 테르테르의 치세(1280-1292) 중에 불가리아는 노가이 개인과의 긴밀한 관계로 맺어진 진정한 몽골 보호령이었다. 테르테르의 아들 스베토슬라브Svetoslav는 노가이의 조정에 인질로 왔고, 그의 누이는 그 가공할 만한 수령의 아들인 차카Chaqa(혹은 제쿠Jeku)에게 시집왔다.40)

---

37. G. Golubovitch, *Bibliotheca Bio-bilbliografica della Terra Santa e dell' Oriente francescano*, II, p. 444, Marco Polo에 나오는 노가이에 대한 찬사, Moule-Pelliot편, p. 488.
38. 다양한 설명이 Cheshire, "The Great Tartar Invasion of Europe," *Slavonic Review*, V(1926), p. 101, 그리고 Bruce Boswell, "The Kipchak Turks," *Ibid.*, VI (1927), p. 82에서 발견될 것이다.
39. Chapman, Paléologue, pp. 136-137 ; Bratianu, *Recherches sur le commerce génois*, p. 234.
40. G. Cahen, "Les Mongols dans les Balkhans," Rev. historique(1924), p. 55

드디어 젊은 칸 툴라 부카는 노가이의 권력에 불안을 느끼자, 노가이를 제거하기 위하여 군대를 소집하였다. 그러나 늙은 전사는 그의 의심을 진정시키는 데 성공하고 그를 소위 친선모임에 초대하였는데 그것은 실제로는 덫이었다. 툴라 부카는 모임에서 대화하는 도중에 자기가 노가이의 군대에 포위된 것을 알아차렸지만, 그들은 그를 말에서 떨어뜨려 결박하였다.

노가이는 그를 뭉케 테무르의 아들 톡타이Toqtai(톡타Toqta 혹은 톡토아Toqto'a)에게 넘겨주었는데, 그의 개인적인 적인 톡타이는 불행한 젊은이를 사형에 처하였다. 그러자 노가이는 톡타이를 즉위시키고(1290), 새 칸이든 누구든 자기 손 안에 있는 편리한 도구라고 자신하였다.

옹립자의 명령을 받는 것에 지친 톡타이는 노가이를 공격하였지만, 1297년 돈 강 근처에서의 첫전투에서 완패하였다. 하지만 늙어가는 노가이는 적이 철수한 사라이로 당장 진격하지 않는 실수를 저질렀다.[41] 1299년 드네프르 부근에서 벌어진 두 번째 전투에서 노가이는 톡타이에게 패하고 자기 부하들에게 버림받았다.

"그의 아들들과 그의 군대는 그날이 저물 무렵 달아났다. 그는 고령이었고 그의 긴 눈썹은 그의 눈을 덮었다. 톡타이 군대의 러시아 병사가 그에게 다가와 죽이려고 하였다. 노가이는 그에게 자신이 누구인지를 알리고 톡타이에게 데려가 달라고 부탁하였으나 그 러시아인은 그의 머리를 베어 칸에게 가져갔다. 톡타이는 노인의 죽음을 슬퍼하며 그 살인자를 처형하였다."[42]

노가이의 아들들은 저마다 유산을 차지하려고 다툼을 벌임으로써 톡

; Bratianu, *Recherches sur Vicina*, p. 109. 노가이에 대해서는 *Mémoires de l'Acad mie des sciences de l'U.R.S.S.*, XIII(1912)에 있는 Veselovskii의 러시아어 단행본을 보시오. 노가이의 딸이 러시아 왕자 리아잔의 Fedor와 결혼한 데 주목하시오.

41. 1299년 12월 노가이는 수닥 앞에 있었고, 그의 마지막 전투를 위해 그곳에서 드네프르로 진격하였다.

42. Nuwairi와 Rashid ad-Din, D'Ohsson, *Histoire des Mongols*, IV, p. 755, p. 758.

타이로 하여금 그들을 무찌를 수 있게 하였다. 누와이리는 그들 가운데 차카가 톡타이의 추격을 받고 처음에는 바쉬키르Bashkir인들에게, 그리고 아스(알란)인들에게, 마지막으로 자기 처남 스베토슬라브가 통치하던 불가리아로 피신하였다고 한다. 그러나 스베토슬라브는 칸 톡타이의 보복이 두려워 차카를 티르노보Tirnovo에서 죽였다(1300).[43]

라시드 웃 딘에 의하면, 이러한 내전으로 금장 칸국이 교란되어 있는 동안, 사리 수와 투르가이 초원의 백장 칸국은 창업자 오르다의 손자인 칸 나얀, 정확히 말하면 바얀의 지배 하에 있었으며, 그들은 투르키스탄의 두 군주인 우구데이가의 칸 카이두와 차가다이가의 칸 두와의 지원을 받는 바얀의 사촌이자 경쟁자 쿠일렉Kuilek(혹은 코블룩Kobluk)의 반란을 진압하느라 투쟁하고 있었다고 한다. 바얀은 중국의 대칸 테무르의 도움을 받으려 하였지만, 실질적인 도움을 얻기에는 거리가 너무 멀었다. 그럼에도 불구하고 그는 자기 고향 초원의 주인으로 남는 데 성공하였다.[44]

지난 50년 동안 크리미아에 — 또는 한때 거기에 살던 투르크 사람들의 이름을 따라 가자리아에 — 제노아와 베니스 사람들의 교역기관들이 설치되었다. 명백히 1266년에는 몽골 정부가 영사관과 창고부지를 카파의 제노아인들에게 할양하였는데, 이것은 분명 크리미아에서 번영하게 될 제노아 식민지의 출발이었다.[45]

이탈리아 상인들은 킵착 칸국의 수도이며 북쪽에서 오는 거대한 모피 시장이었던 볼가 하류의 사라이에서도 활동적이었다. 그들이 이집트의 맘룩조에게 병정으로 되팔기 위하여 젊은 투르크인 노예들도 사들였다는 것은 알려진 일이다. 초원으로부터 그 우수한 병사들을 빼앗아가는 거래를 불쾌하게 여긴 칸 톡타이는 이러한 이탈리아 상인들에게 적대적인 태도를 취하였다. 1307년 그는 사라이에 거주하는 제노아인들을 체포하고, 카파의

---

43. Bratianu, *Recherches sur Vicina*, pp. 39-40, p. 72.
44. Rashid ad-Din, D'Ohsson, *Histoire des Mongols*, IV, p. 515.
45. Heyd, *Histoire du commerce du Levant*, II, p. 163 ; Bratianu, *Recherches sur le commerce génois*, p. 219 ; Hammer, *Geschichte der Goldenen Horde*, p. 254.

제노아 식민지를 포위 공격하도록 군대를 보냈다. 1308년 5월 20일, 제노아인 정착민들은 자기네 도시에 불을 지르고 배를 타고 탈출하였다. 상황은 1312년 8월 톡타이가 죽을 때까지 긴장상태로 있었다.[46]

우즈벡Özbeg과 자니벡Janibeg

톡타이에 이어 조카 우즈벡(1312-1340)이 즉위하였다. 우즈벡의 종교관에 대한 기사들은 서로 약간씩 모순된다.

라시드 웃 딘에 의하면, 그는 톡타이 치세 중에 분별없는 이슬람 포교로 몽골 수령들의 비위에 거슬리게 하였다. "우리가 그대에게 복종하는 것으로 만족하라! 우리 종교가 그대와 무슨 상관인가? 그리고 왜 우리가 아랍 신앙을 위하여 칭기스칸의 야삭을 버려야 하는가"가 그들의 반응이었다. 톡타이가 죽자 몽골 수령들은 그의 아들을 칸으로 지명하기에 앞서, 우즈벡을 잔치에 꾀어내 암살함으로써 그를 후보에서 제외시키기로 결정하였다.

그러나 누군가 우즈벡에게 귀띔을 해주어 그는 말을 타고 전속력으로 빠져나가 군대를 데리고 돌아올 시간이 있었다. 음모자들을 포위하고 그들을 톡타이의 다른 계승자들과 함께 학살하고 나서 스스로 즉위하였다.

이집트의 맘룩 술탄 안나시르가 칭기스칸 집안 공주와의 결혼을 청하였을 때, 우즈벡은 많이 망설이긴 했지만 결국 동의하였다. 이는 몽골인의 눈에는 전례가 없는 호의였으며 킵착 칸국과 이슬람의 공식적인 수호자들 사이의 유대를 보증하였다(1320).[47]

그러나 우즈벡은 자신의 이슬람 신앙에도 불구하고 기독교도들에게 너그럽게 대하였다.[48] 교황 요한 22세John XXII의 1338년 7월 13일자

---

46. Heyd, *Histoire du commerce du Levant*, II, p. 170 ; Bratianu, *Recherches sur le commerce génois*, pp. 282-283.
47. D'Ohsson, *Histoire des Mongols*, IV, pp. 573-575.
48. 그의 누이 콘차카는 러시아 대공 게오르기와 결혼하였다(1318).

편지는 카톨릭 선교사들에 대한 그의 친절에 감사하고 있다.49) 1339년 우
즈벡은 베네딕트 12세가 킵착을 거쳐 차가다이와 북경으로 보내는 프란체
스코회의 지오반니 다 마리뇰리를 접견하였다. 그때 그는 우즈벡에게 훌륭
한 군마를 선물하였다.50)

또한 우즈벡은 제노아와 베니스 사람들과 교역협정도 체결하였고, 제노
아에서 온 대사 안토니오 그릴로Antonio Grillo와 니콜로 디 파가나Nicolo
di Pagana에게 카파의 성벽과 창고를 재건할 권한도 주었다.51) 1332년
우즈벡은 베니스인들에게 돈 강 하구인 타나에 식민지를 건설하도록 허락
하였다.52)

한편 러시아에 있던 트베르 사람들은 1327년 8월 15일 조공징수 책
임을 진 몽골 감독관들을 학살하고 심지어 우즈벡의 사촌까지 죽였다. 그
러자 우즈벡은 모스크바의 이반Ivan 왕자에게 그에 대한 진압대책 마련을
명령하면서 5만 병력을 파견하였다. 미래의 위대함을 향하여 모스크바의
왕공들이 처음으로 취한 조치는 칸의 소망을 집행하는 것이었다.

우즈벡의 아들이자 계승자인 칸 자니벡(1340-1357)은 집권 초기에는
이탈리아 상인들의 특권을 인정하였다(1342). 그러나 1343년 타나에서 이
탈리아인들과 무슬림들 간에 소란이 있자 그 도시에서 베니스인들과 제노
아인들을 몰아내고 카파Caffa를 두 번 포위 공격했지만(1343, 1345),53)
제노아인들의 식민지가 너무 완강하게 저항하는 바람에 포위를 풀어야 했
고,54) 그러자 제노아와 베니스는 케르치 동쪽, 즉 흑해의 몽골해안을 봉쇄
하기 시작했다. 결국 1347년 자니벡은 타나 식민지의 재건을 인정할 수밖

---

49. 마찬가지로 우즈벡은 모스크바 수좌대주교 Peter의 청원에 따라 러시아 교회에
    막대한 특권을 부여하였다(1313).
50. Moule, *Christians in China*, p. 255.
51. Heyd, *Commerce du Levant*, II, p. 170 ; Bratianu, *Recherches sur le
    commerce génois*, p. 283.
52. Heyd, *Commerce du Levant*, II, pp. 181-183 ; Bratianu, *Recherches sur
    le commerce génois*, p. 286.
53. Heyd, *Commerce du Levant*, II, p. 187 이하.
54. 이 포위로 인해 서방에 흑사병이 퍼지기 시작하였다.

에 없었다.[55]

　서구인들에 대한 적개심은 이슬람화의 새로운 물결과 보조를 맞추었다. 우즈벡 치하에서 그토록 두드러졌던 이슬람의 진보는 이제 열매를 맺었고, 맘룩 이집트의 영향력은 정치와 사회생활의 모든 분야에서 느끼게 되었다. 금장 칸국은 칭기스칸 일족의 전통적인 종교적 관용에서 맘룩조의 '전체주의적' 무슬림 광신주의로 순식간에 넘어가고 있었다.[56]

　자니벡은 가문의 오랜 야망인 아제르바이잔 정복을 실현하기 위하여 훌레구 칸국 몰락 이래 페르시아를 휩쓸고 있던 무정부상황을 기회로 삼았다. 그는 1355년 페르시아 칸들의 옛 수도인 타브리즈를 함락시킴으로써 이 야망을 이룩하였다. 자니벡은 토착수령인 초판 집안의 아쉬라프를 죽이고, 그의 목을 타브리즈의 대모스크 문에다 걸어두었다. 그러나 그가 타브리즈 총독으로 남겨둔 아들 베르디벡Berdibeg은 아버지의 병 때문에 곧 킵착으로 소환되었고, 킵착 군대는 1358년 잘라이르조에 의해 아제르바이잔에서 쫓겨났다.[57]

마마이Mamai와 톡타미쉬Toqtamish

　베르디벡의 치세 기간은 1357년부터 1359년까지 겨우 2년에 불과했다. 그의 뒤로 킵착은 조치 집안 사람 몇몇이 왕위다툼을 벌이는 동안 무정부 상태로 전락하였다. 권력은 주로 새로운 칸 옹립자의 손에 있었으니, 한때 노가이가 그랬던 것처럼 정력적인 마마이Mamai(또는 마마크Mamaq)가 1361년부터 1380년까지 금장 칸국의 진정한 주인이었다.[58]

　몽골은 내전으로 위신이 실추되어 1371년부터 러시아 왕공들은 사라

---

55. Heyd, *Commerce du Levant*, II, p. 197 이하.
56. 1320년, 우즈벡은 수닥에서 종을 울리는 것을 칙령으로 금지하였다(*ibid.*, II, p.204).
57. D'Ohsson, *Histoire des Mongols*, IV, pp. 741-742.
58. 처음에는 돈에서, 다음에는 사라이에서. Hammer, *Geschichte der Goldenen Horde*, pp. 318-326.

이 조정에 입조는커녕 조공조차 바치지 않게 되었다. 모스크바의 드미트리 돈스코이Dmitrii Donskoi 대공이 몽골의 징벌침공을 물리쳤고(1373), 다음에는 카잔 방면으로 보복전쟁을 일으켰다(1376). 1378년 8월 11일, 그는 보자Vozha에서 최초로 마마이의 군대를 패배시켰다. 1380년 9월 8일, 그는 돈 강과 네프랴드바Nepryadva의 합류점에 있는 쿨리코보Kulikovo 벌판에서 매우 중요한 두 번째 전투를 벌였다. 싸움은 매우 격렬해 처음에는 결과가 불분명하였으나, 결국 손실로 약화된 마마이가 후퇴하였다.

마마이의 활약에도 불구하고 크리미아의 제노아 식민지에 대해서도 별로 성과가 없었고, 몽골인들은 헛된 공격 끝에 수닥과 발라클라바Balaklava 사이의 '고티아Gothia' 전역에 대한 제노아인들의 소유를 인정할 수밖에 없었다(1380).[59]

그 순간부터 킵착의 칸국은 기독교 세력의 복수에 붕괴될 것처럼 보였지만, 동쪽에서 온 새로운 인물 백장 칸국의 칸 톡타미쉬의 등장으로 예기치 않게 강화되고 새로워졌다.

북쪽으로 울루 타우, 그리고 남쪽으로 시그나히(오늘날의 튜멘 부근)에 이르는 시르다리아의 사리 수 초원은 앞서 얘기한 것처럼 조치의 아들인 바투와 베르케의 형 오르다를 우두머리로 하는 백장 칸국에 할당되었다. 오르다로부터 여섯 번째 계승자인 칸 우루스Urus(1361-1377)는 톡타미쉬라는 친척과 전투를 벌였다. 일부 사료에서는 이 사람이 우루스의 조카라고 하지만 아불 가지는 그를 먼 친척, 즉 오르다·바투·베르케의 형제인 투카 티무르의 후손이라고 한다.[60]

톡타미쉬는 트란스옥시아나의 군주 티무르에게 지원을 청하러 사마르칸드로 갔다. 티무르는 칭기스칸가의 왕위 도전자를 신하로 두게 된 것이 기뻐서 그에게 트란스옥시아나와 백장 칸국의 경계인 시르다리아 중류의 북쪽 기슭에 있는 도시 오트라르, 사브란Sabran, 그리고 시그나히를 주었다.[61] 그러나 톡타미쉬는 그것을 평화롭게 소유하지 못하였고, 우루스와

---

59. Heyd, *Commerce du Levant*, II, p. 205.
60. Barthold, "Toktamish," *EI*, p. 850.
61. *Zafar-nama*, Pétis de la Croix역, I(II, Chaps. XX-XXI), p. 278.

우루스의 세 아들인 쿠틀룩 부카Qutlugh Buqa,[62] 톡타 키야Toqta Qiya, 티무르 말릭Timur Malik에게 몇 차례 쫓겨났다.

쿠틀룩 부카는 톡타미쉬를 격파하고 패주하도록 했으나 승리의 순간 피살되었다. 톡타미쉬는 또다시 티무르의 도움을 청하러 트란스옥시아나로 돌아왔고 다시 한 번 사브란으로 들어갈 수 있었으나, 톡타 키야가 또다시 그를 쫓아냈기 때문에 그것은 잠깐 동안에 불과하였다. 그러자 티무르가 직접 초원으로 와서 1377년 초에 백장 칸국에 커다란 패배를 안겼다.

그 뒤 곧 늙은 칸 우루스가 죽자 그의 두 아들 즉 처음에는 톡타 키야, 다음에는 티무르 말릭이 차례로 계승하였다. 아무런 결말도 나지 않았다. 티무르가 트란스옥시아나로 철수하자마자 티무르 말릭이 다시 같은 해인 1377년에 톡타미쉬를 패배시킨 것이었다. 마침내 1377-1378년에 톡타미쉬는 역시 티무르의 도움으로 티무르 말릭을 누르고 백장 칸국의 칸이 될 수 있었다.

그때까지는 티무르의 연약한 동맹자로 보였던 톡타미쉬는 이제 더욱 더 야심을 품게 되었다. 그때 금장 칸국 또는 킵착 칸국은 우랄 강의 서쪽에서 러시아 신하들의 반란을 진압하기 위하여 싸우고 있었다. 톡타미쉬는 이러한 혼란을 틈타 간섭을 하고 나서 스스로를 킵착 칸위의 후보로 선언하였다. 바르톨드의 연대추정에 따르면, 그는 1378년 몽골령 러시아를 정복하려는 의도로 시그나히를 떠났다. 별로 알려진 것이 없는 이 투쟁은 7년을 끌었다. 금장 칸국의 지도자 마마이는 북쪽에서 러시아 왕자들의 공격을 받았다. 얘기한 대로 그는 1380년 9월 8일 쿨리코보에서 러시아의 대공 드미트리 돈스코이에게 패하였다.

그 뒤 얼마 안되어 톡타미쉬가 마마이를 남쪽 국경에서 공격하여 158년 전 수베에테이가 유명한 승리를 거둔 칼카 또는 칼미우스 강가 마리우폴 지역의 아조프 해 부근 전투에서 그를 압도하였다. 마마이는 크리미아의 카파로 달아났다가 그곳에서 제노아인들의 간계에 빠져 살해되었다.

드디어 톡타미쉬는 금장 칸국의 칸이 되었다. 이미 백장 칸국의 지도

---

62. 또는 Qutlugh Bugha.

자였던 그는 그렇게 자기 조상 조치의 소유를 재통일한 것이다. 그는 수도 사라이를 근거로 시르다리아 하구에서 드녜스트르 하구에 이르는 모든 초원을 다스렸다.

톡타미쉬는 당장 자기 힘을 이용하여 러시아 왕공들에게 그들이 전통적으로 킵착의 칸들에게 표시하던 충성을 바치라고 요구하였다. 하지만 쿨리코보에서의 승리로 의기가 충천해 있던 그들은 톡타미쉬의 요구를 거절하였다(1381). 그러자 톡타미쉬는 러시아 공후국들을 침략하여 그들을 살육하였고, 수즈달·블라디미르·유리엘Yuriel·모자이스크Mozhaisk를 약탈하였으며, 13 82년 8월에는 모스크바를 철저히 파괴하였다. 러시아 문제에 개입하려고 든 리투아니아인들은 그들대로 폴타바Poltava 근처에서 처절한 패배를 겪었다. 또 다른 한 세기 동안 기독교권 러시아는 다시 몽골의 굴레로 들어갔다.

톡타미쉬는 예기치 않은 반전을 통하여 킵착 칸국의 세력을 완전히 복구하였다. 금장 칸국과 백장 칸국의 통일, 모스크바 국가의 절멸은 그를 새로운 바투, 새로운 베르케로 만들었다. 그의 부흥은 칭기스칸 일족이 중국에서 쫓겨나고 페르시아에서 제거되고, 투르키스탄에서 절멸된 지금 더 큰 충격력이 있었다. 그 유명한 가문에서 톡타미쉬는 홀로 굳건히 섰다.

그는 몽골의 위대함의 복구자로서 당연히 조상 칭기스칸의 발자취를 따르도록 요청되고 있음을 느꼈으며, 그가 트란스옥시아나와 페르시아의 재정복에 나선 것은 틀림없이 이것을 마음에 두었기 때문이었을 것이다. 아마 20년 전이었다면 그는 당시 두 지역을 휩쓸던 무정부상태 속에서 성공을 거두었을 것이다.

그러나 몇 해 뒤에 트란스옥시아나와 페르시아는 일류 지도자, 실로 톡타미쉬를 도와 통일을 일으킨 바로 그 사람, 티무르의 소유로 돌아갈 운명이었다. 1387년에 일어나 1398년까지 끈 그들 사이의 전쟁은 초원의 제국이 고대 몽골 왕조로 남을 것인가, 아니면 새 투르크 정복자에게 넘어갈 것인가를 보여줄 것이다.

3부. 최후의 유목제국들

11. 티무르

모굴 칸국의 침입과 티무르

티무르 — 티무리 랑Timur-i lang('절름발이 티무르')이라는 별명으로 불렸고 여기에서 서양인들이 부르는 타멀레인Tamerlane이라는 이름이 나옴 — 는 1336년 4월 8일 사마르칸드 남쪽에 있는 오늘날의 샤흐리 사브즈('녹색 도시') 즉, 케쉬Kesh라는 곳에서 태어났다.[1] 티무르조에 속한 역사가들은 그의 출신을 칭기스칸의 동료, 혹은 심지어 그 일족 가운데 한 사람으로까지 소급시키려고 하지만 사실 그는 몽골인이 아니라 투르크인이었다. 그는 트란스옥시아나 지역의 케쉬 근처에 영지를 갖고 그곳을 지배하던 바를라스Barlas 씨족에 속한 귀족가문 출신이었다.

차가다이 칸국과 관련해서 우리는 앞에서 당시 트란스옥시아나가 차지했던 비중을 살펴보았다(p. 487 참조). '궁정의 실권자'였던 카즈간Qazghan의 활약에 힘입어 이 지역은 명목상으로는 몽골인의 칸국이었지만 실제로는 투르크인의 연합체로서 중앙아시아에서 다시 한 번 중요한 역할을 하기 시작했다.

그러나 1357년 아미르 카즈간의 암살은 다시 무정부상태를 불러오고 말았다. 그의 아들 미르자 압둘라Mirza 'Abdallah는 케쉬의 영주였던 티무르의 숙부 핫지 바를라스Hajji Barlas와 또 다른 토착 투르크 귀족인

---

1. [역자] 그루쎄는 본서에서 Tamerlane이라고 일관되게 표기하고 있으나, 이는 그도 지적했듯이 Timur-i lang의 서구화된 형태이기 때문에, 여기서는 티무르Timur로 표기를 통일하기로 한다. 그러나 Timur 역시 투르크어 Temür의 이란어형이라는 사실을 잊어서는 안될 것이다.

바얀 술두스Bayan Suldus에게 쫓겨났다(1358). 그러나 이 두 사람 모두 트란스옥시아나의 투르크 귀족들을 통제할 만큼 충분한 정치적 역량을 갖추지는 못했다. 더구나 카즈간의 손자인 미르 후세인Mir Husayn은 카불·발흐·쿤두즈·바닥샨 등지를 비롯한 아프가니스탄의 중요한 거점들을 장악하였다. 이로써 이 지역은 봉건적인 할거상태를 초래하게 된 것이다.

일리에 근거를 두고 있던 차가다이 계통의 투글룩 티무르Tughluq Timur는 이러한 혼란스런 상황을 이용하여 트란스옥시아나를 침입하고 복속시킴으로써 과거와 같은 차가다이 '울루스'를 자신의 주도 하에 재통합시킬 기회로 삼았다(『승전기』에 의하면 1360년 3월).2) 핫지 바를라스는 이들에 대한 승산 없는 싸움을 포기하고 케쉬에서 후라산으로 도망쳐버렸다.

티무르는 훨씬 더 영리한 사람이었다. 25세의 이 젊은이는 무명의 존재에서 벗어나 출세할 기회를 포착하였다. 그것은 일리의 몽골인들이 재개한 공격에 대해 트란스옥시아나의 투르크인들을 규합해 절망적인 항전을 주도하는 영웅으로서가 아니었다. 오히려 당시 정반대로 전개되는 상황을 이용하여 핫지 바를라스를 대신하여 합법적으로 바를라스 부족의 수령이자 동시에 케쉬 통치자의 자리를 차지할 수 있는 방도를 찾은 것이었다.

이러한 생각으로 그는 침략군의 군주인 투글룩 티무르에게 때맞추어 충성을 서약하였다. 『승전기』의 저자 샤라프 웃 딘Sharaf ad-Din3)이 그때 자기 주인공의 입을 통하여 하게 한 말은 그럴 듯한 위선의 백미라고 할 수 있다. 즉 그는 숙부의 도망으로 인해 몰락의 위기에 처해 있던 부족을 보호한다는 공적인 이익을 위하여 어떠한 개인적인 희생을 감내하고서라도 투항을 결행했다는 것이다.4) 투글룩 티무르는 이용가치가 높은 지지자를 얻게 된 것을 기뻐하며 티무르에게 은사를 내림과 동시에 케쉬에 대한 영유권을 인정해주었다.

얼마 후 핫지 바를라스는 차가다이 군대의 일시적 회군을 이용하여 케쉬로 돌아왔다. 티무르는 그에 대한 공격을 주저하지 않았고 최초의 전

---

2. *Zafar-nama*(D. Ross 역, *Ta'rikh-i Rashidi*, p. 15에서 인용).
3. [역자] 원서의 Sharif ad-din은 잘못된 표기다.
4. *Zafar-nama*, Pétit de la Croix 번역본, I, p. 28.

투에서 성공을 거두기는 했지만 곧 병사들로부터 버림받음으로써 핫지 바를라스에게 공식적으로 사죄하는 것 외에 달리 도리가 없었다. 핫지 바를라스도 그를 용서해주었다.[5]

투글룩 티무르가 일리에서 돌아오면서(1361) 상황은 티무르에게 다시 호전되었다.[6] 칸이 도착하자 이번에는 트란스옥시아나의 모든 귀족들 — 미르 바야지드Mir Bayazid, 호젠트의 수령, 바얀 술두스, 티무르, 핫지 바를라스 — 이 그를 찾아갔다. 그러나 칸은 본보기를 보여줌으로써 매우 고집스러운 투르크인들에게 겁을 주기 위해 아무런 이유도 없이 미르 바야지드를 처형시켜버렸다.[7] 이에 핫지 바를라스는 겁을 집어먹고 도주하였다. 그러나 그는 자기 행동에 대한 대가를 치르지 않을 수 없었으니, 후라산에 도착한 직후 사브제와르 근처에서 암살되고 말았다. 티무르는 즉시 암살자들을 응징한다면서 나서긴 했지만, 사실 이로써 그의 경쟁자는 간단히 처리된 셈이었고 그는 케쉬의 영주이자 바를라스 부족의 수령으로서의 자리를 독자적이며 항구적으로 차지하게 된 것이다.

투글룩 티무르는 티무르의 노련함을 높이 평가하여 자신의 아들인 일라이야스 호자의 자문으로 임명한 뒤, 일리야스 호자를 트란스옥시아나 총독으로 남겨두고 자신은 일리로 돌아갔다.[8]

이때까지 티무르는 차가다이인들에 대해 충성의 카드를 사용하였는데, 이는 물론 그들의 통치체제 안에서 주도적인 지위를 확보하기 위해서였다. 그런데 칸이 벡칙Begchik이라는 또 다른 수령을 자기 아들의 보좌관으로 임명하여 막강한 권력을 쥐어줌으로써 티무르는 2인자에 불과해졌다. 이렇게 되자 그는 칸의 대리인들과 손을 끊고 발흐·쿤두즈·카불의 군주로서 언젠가 바닥산을 복속시킬 때 자기가 도와준 적이 있는 처남 미르 후세인을 찾아가 합세하였다. 이 두 사람은 페르시아로 가 그곳에서 유랑하는 전사의 생활을 하다가 세이스탄 영주의 가신으로 봉사하였다.

---

5. *Ibid.*, pp. 36-38.
6. *Ta'rikh-i Rashidi*, D. Ross역, p. 18.
7. 그는 후일 바얀 술두스도 처형시켰다.
8. *Ta'rikh-i Rashidi*, D. Ross역, p. 22.

　이러한 경험을 한 뒤 그들은 아프가니스탄의 쿤두즈 지방으로 돌아가 아직도 그곳에 있던 미르 후세인 휘하의 병사들을 재조직한 뒤 트란스옥시아나로 다시 돌아갔다.9) 차가다이 군대는 바흐쉬Vakhsh 강의 '석교石橋'(Pul-i Sangin)에서 이들을 저지하려고 하였지만10) 티무르는 계책을 써서 강을 건넌 뒤 적을 패배시키고, '철문鐵門'을 지나 케쉬를 해방시키기 위해 진격하였다. 차가다이 가문의 왕자 일리야스 호자는 한 번 더 그를 막으려고 시도했지만, 『승전기』에 의하면 케쉬와 사마르칸드 근처의 타쉬 아리기Tash Arighi와 카바 마탄Kaba Matan(혹은 미탄Mitan) 사이의 한 지점에서 벌어진 일대 결전에서 패배를 당하고 말았다. 그는 겨우 붙잡히지 않고 온힘을 다해 일리로 도망쳤고,11) 티무르와 미르 후세인은 호젠트를 지나 타쉬켄트에 이를 때까지 그를 추격하였다. 이렇게 해서 트란스옥시아나는 몽골인들의 지배에서 벗어나게 되었다(1363). 그리고 석교의 전투와 카바 마탄의 전투 사이에 투글룩 티무르는 일리에서 사망하고 말았다.

　이로써 트란스옥시아나는 몽골인들의 침입으로부터 벗어났고 차가다이 가의 지배로부터 자유로워졌지만, 티무르나 미르 후세인은 물론 어떠한 토착 투르크 수령들도 차가다이 가문의 군주가 없이 될 정도로 자신감을 갖지는 못했다. 그만큼 칭기스칸 가문의 정통성은 적어도 명목적일지언정 요지부동이었고, 그들은 차가다이가 출신의 허수아비를 내세워 자신들의 승리를 합법화시키고 그를 앞세워 배후에서 통치권을 행사할 수밖에 없었다.

　그들은 당시 수도자로 위장하고 은신해 있던 두와의 증손자 카빌 샤Kabil Shah(혹은 카불 샤Kabul Shah)라는, 바로 그들이 원하던 인물을 찾아내었다. "그들은 그를 왕좌에 앉히고 그에게 군주의 술잔을 올렸다. 모든 영주들이 모여 그에게 아홉 번의 절을 하는 의식을 치르었다." 그리고 나서는 그에게 더이상 아무런 신경도 쓰지 않았다. 그렇지만 트란스옥

---

9. *Zafar-nama*(Pétit de la Croix역), I, p. 45, p. 54.
10. *Ibid.*, pp. 68-74 ; *Ta'rikh-i Rashidi*, D. Ross역, pp. 27-29.
11. *Zafar-nama*(Pétis de la Croix역), I, p. 75.

시아나 정권의 군주로서의 그의 존재는 칭기스칸 법에 의해 자신들의 정권을 합법화시키기에 충분했다.[12]

일리에 있던 차가다이가의 군주 일리야스 호자는 더이상 트란스옥시아나의 일에 간여할 명분이 없어졌다. 부하라와 사마르칸드에는 이제 성스러운 권위를 부여받은 또 다른 차가다이가의 칸이 지배하고 있었고, 티무르와 미르 후세인은 양심의 거리낌없이, 그리고 법적인 요건을 충족시키며 행동할 수 있게 된 것이다.

일리야스 호자는 일리로 돌아가 부왕의 후계자로서의 자리를 굳힌 뒤 최후의 시도를 하였다. 1364년 군대를 새로 조직하여 돌아온 그는 시르다리아 북방 타쉬켄트와 치나즈Chinaz 사이에서 티무르와 미르 후세인의 군대를 격파하였는데, 이는 '진흙탕의 전투'(1365)라는 이름으로 알려지게 되었다. 미르 후세인과 티무르는 아무다리아까지 후퇴하여, 전자는 살리사라이Sali Saray(쿤두즈 북방)로, 후자는 발흐로 물러감으로써 트란스옥시아나를 일리야스 호자의 침략에 내맡겨버렸다.

일리야스 호자의 군대는 곧 사마르칸드를 포위하였지만[13] 여기서 전세가 역전되기 시작하였다. 사마르칸드 주민들은 무슬림 '성직자'들의 독려 속에 거세게 항전하는 반면 포위군 사이에는 역병이 돌기 시작하였다. 결국 1365년 일리야스 호자는 트란스옥시아나에서 퇴각하여 일리로 돌아갈 수밖에 없었고, 뒤에서 설명하듯이 이 패배 후 얼마 되지 않아 그는 반란을 일으킨 두글라트 부족의 한 수령에 의해 희생되었다.

티무르와 미르 후세인의 대결

티무르와 미르 후세인은 트란스옥시아나를 완전히 해방시켰다. 티무르와 후세인의 여동생과의 혼인으로 더욱 공고해진 두 사람의 양두체제는 처음부터 긴장의 조짐을 보이기 시작하였다. 트란스옥시아나는 물론 아프

---

12. *Zafar-nama*, I, pp. 76-78 ; *Ta'rikh-i Rashidi*, pp. 29-31.
13. *Zafar-nama*, I, pp. 80-92 ; *Ta'rikh-i Rashidi*, pp. 31-37.

가니스탄에 발흐·쿤두즈·훌름·카불과 같은 도시들을 아우르는 자신의 왕국을 소유하고 있던 후세인이 더 강력해 보였지만,14) 사마르칸드의 바로 문앞이라고 할 수 있는 케쉬와 카르시에 자기 영지를 확고히 장악하고 있던 티무르는 후세인보다 강인한 개성의 소유자였다.

일리야스 호자가 도주한 뒤 이 두 사람은 국가를 재조직하기 위해 사마르칸드로 갔다. 후세인은 최고의 귀족들에게도 세금을 징수하면서 군주로서 군림하는 반면, 티무르는 그들을 자기 편으로 끌어들이기 위해 자기 호주머니를 털어서 그들이 필요로 하는 것을 공급해주었다. 심지어 그는 자기 아내 소유의 보석을 후세인에게 돌려줌으로써 마치 굴복하는 것처럼 보여주기도 했다.15)

그러나 아내의 죽음은 두 사람 사이의 갈등을 파탄으로 몰고 갔다. 처음에는 후세인이 우세하여 티무르를 카르시에서 몰아냈으나 티무르는 사다리를 이용한 공격으로 성채를 다시 함락시켰고 같은 방식으로 부하라도 차지하였다. 후세인은 이에 대한 보복으로 트란스옥시아나를 정복하기 위해 자기 영지가 있던 쿤두즈 북방의 살리 사라이에서 대규모 군대와 함께 출정하였다. 그는 티무르측으로부터 부하라와 사마르칸드를 빼앗았고 수적으로 크게 열세임을 깨달은 티무르는 수치에 아랑곳하지 않고 후라산으로 도주해 버렸다.16)

과거 투글룩 티무르와 일리야스 호자가 침공했을 때 도주한 것에 이어 이번에 다시 도망친 것은 티무르의 성격을 분명히 드러내주고 있다. 물론 그가 겁쟁이라고 비난받아야 한다는 것을 의미하지는 않는다. 그의 용맹함은 의심할 여지가 없기 때문이다. 일반병사들처럼 돌진을 서슴지 않는 성급함과 대담함에도 불구하고 정치적인 사려도 깊어 필요하다면 물러서서 시간을 기다릴 줄도 알았다.

그는 후라산과 타쉬켄트 사이를 오가며 모험으로 가득 찬 협객과 같은 생활을 하다가, 숙적이나 마찬가지였던 일리 지역의 몽골인들과 두 번

---

14. 그러나 후세인은 보통 쿤두즈 북방 아무다리아 북안에 있는 Sali-Sarai에 살았다.
15. *Zafar-nama*(Pétis de la Croix역), I, p. 97.
16. *Ibid.*, pp. 127-132.

째로 협약을 맺게 되고, 그들을 부추겨 그 다음 해 봄에 다시 침공해 오
도록 하였다.17) 티무르는 일리의 몽골인들로 하여금 트란스옥시아나를 깨
끗이 정리하도록 하고, 자신은 그들의 군대를 앞세워 후세인에게 잃은 지
배권을 다시 되찾게 되었다. 『승전기』는 이 위대한 영웅의 생애에서 이
부분을 설명할 만한 마땅한 구실을 찾는 데 급급해 하고 있다. 티무르가
처음부터 후세인을 제거하려는 계획을 세운 것은 아니었다. 다만 후세인은
자신의 경쟁자가 불러들인 몽골인들의 침략으로 위협받게 되자 도망칠 수
밖에 없었고, 티무르에게 서로 연합하여 반은 '우상숭배자'나 다름없는 일
리와 율두즈의 몽골인들이 성스러운 트란스옥시아나의 땅을 약탈하는 것
을 막자고 제의하였다.18)

티무르는 바로 이 기회를 기다렸던 것이다. 그는 후세인의 충심어린
제안에 감동받았으며 그의 제안에 따를 것을 암시하는 꿈도 꾸었다고 말
했다. 그와 후세인 사이에는 평화가 맺어졌고 일종의 현상유지, 즉 분명히
정의되지 않은 공동지배체제가 이루어지게 되었으며, 이렇게 해서 잃어버
렸던 케쉬에 대한 지배권도 회복했다. 이러한 일련의 사건들은 희화적일
정도로 동양적인 위선의 한 전형을 보여준다. 우정 어린 항변, 화해의 포
옹, 그리고 끊이지 않고 계속되는 『쿠란』 구절의 인용, 뒤이은 배반, 급습,
무자비한 처형.

티무르는 적어도 외면상으로는 후세인의 충실한 동맹자로서의 역할을
계속하는 것처럼 보였다. 그는 후세인이 카불에서 일어난 반란을 진압할
때와 바닥샨의 말썽 많은 산간주민들을 다스리는 데 도움을 주었다. 그러
나 이제 이러한 도움은 감독, 강압, 심지어 위협의 측면을 보이기 시작하
였다. 경쟁자의 손에서 트란스옥시아나를 빼앗기 힘들다고 생각한 후세인
은 스스로를 점차 아프가니스탄에만 국한시키게 되었고 서둘러 발흐의 성
채를 다시 지었다. 그의 이러한 행동은 "티무르를 불쾌하게" 하였다고 한
다.19)

---

17. *Ibid.*, I, pp. 148-156.
18. *Ibid.*, I, pp. 157-160.
19. *Ibid.*, I, pp. 160-175.

『승전기』는 "신이 하고자 하신다면 그의 섭리에 따라 이루어질 수 있도록 원인을 만들어주신다. 신은 백성들에게 행복을 가져다 줄 선정을 예견하시고 티무르와 그의 후손에게 아시아의 제국을 예정해주셨다"[20]고 신실하게 언명하고 있다. 이와 같은 종교적인 어투는 역설적으로 보일지도 모르지만 사실 매우 적절한 것이다. 작가인 샤라프 웃 딘은 미르 후세인의 탐욕, 다른 봉건영주들을 소외시킨 그의 경직성과 용렬한 태도 등을 꼬집었다. 또한 복잡하게 얽힌 음모들에 대한 묘사에서, 후세인은 항상 잘못된 쪽에 서 있었고 티무르에 대해 덫을 놓으려 했다는 비난이 가해졌다.

그러나 전쟁을 선포하지도 않고 후세인에 대해 갑작스런 공격을 감행한 쪽은 사실 티무르였다. 그는 케쉬에서 출정하여 테르메즈라는 곳에서 아무다리아를 건넌 뒤 적의 영지가 있는 박트리아를 침공하였다. 쿤두즈에 주둔해 있던 후세인의 군대는 아무런 준비도 없이 기습당하여 항복했고 바닥샨의 영주도 마찬가지였다. 기습적으로 발흐에 나타난 티무르에 의해 후세인은 포위되었고, 결국 지원군에 대한 희망도 상실한 이 불운한 사람은 항복할 수밖에 없었다.

그는 권력을 포기하고 메카로 순례의 길을 떠났다. 티무르는 관용으로 그를 용서하였고 그를 다시 보는 순간에는 감정에 복받쳐 눈물까지 흘릴 정도였다고 한다. 그러나 『승전기』에 의하면, "티무르도 알지 못하는 사이에" 정복자의 부하가 망명자를 죽였다고 한다. 발흐 주민들의 대부분은 후세인에게 충성을 바친 대가를 죽음으로 치르었다.[21]

트란스옥시아나의 군주와 티무르 제국

이 고전적인 비극은 티무르의 개성을 아주 잘 표현해주고 있다.[22] 그

---

20. *Ibid.*, I, p. 175.
21. *Ibid.*, I, pp. 180-194.
22. 이 점에서 티무르에 대해 분노에 찬 악담을 퍼부은 이븐 아랍샤Ibn ' Arabshah
    (J. H. Sanders, 1936 번역본)의 글은 샤라프 웃 딘의 충성스런 변명보다 차라리

가장 중요한 측면은 마키아벨리적인 통찰력, 국가라는 것을 내세우며 행해지는 일관된 위선이라고 할 수 있다. 그는 푸셰Fouché의 영혼을 지닌 나폴레옹, 앗틸라의 피를 이은 필립 2세와 같았다. 에스코리알Escorial에 있던 그 사람처럼 "심각하고 침울하며 즐거움을 적대시"하였다. 그와 마찬가지로 신앙심이 돈독하면서도 겁을 모르는 전사였고 경험이 많고 명석한 판단력을 지닌 지도자였으며, 시라지Shirazi와 같은 페르시아 시인의 시를 즐길 줄도 아는 예술가와 지식인의 벗, 바로 이러한 사람이 발흐를 함락시킴으로써 중앙아시아 최고의 지배자가 된 인물이었다. 권좌에 오르기까지 치밀한 계획으로 이루어진 듯한 과정, 즉 필요하면 투항을 주저 않고 상황이 요구되면 망명의 길을 떠나갈 수 있는 그의 냉정한 판단력은 칭기스칸을 연상케 한다.

트란스옥시아나의 지도자는 그 시작이 미미하여 봉건영주 — 그러나 후세인처럼 대담함과 강인함이 결여된 영주 — 밑에서 신하로서의 일을 할 수밖에 없었는데, 몽골의 정복자 칭기스칸도 무능한 왕칸에게 봉사한 적이 있었다. 티무르가 후라산으로 도망가서 세이스탄과 타쉬켄트 사이에서 모험에 찬 생활을 한 것도 칭기스칸이 발주나에서 보냈던 역경의 시절을 생각케 한다.

칭기스칸이 케레이트의 군주와 결별할 때 그러했던 것처럼 티무르도 후세인과 손을 끊으며 주도면밀하게 — 적어도 겉으로 보기에는 — 명분을 차렸다. 리비Livy와 같은 담화에다가 독실한 이슬람 신앙심이 보태어진 대신 몽골 목축민의 거친 단순성이 빠져 있는 『승전기』의 서술은 『몽골비사』에 나오는 저 유명한 운문투의 불평을 연상시킨다.

그러나 『쿠란』에 나오는 기원祈願의 구절들의 인용과 함께 법질서의 수호자로 묘사된 티무르는 자신의 숙적이 행한 배신 — 실제이든 허구이든 — 에 대항하여 그 역시 음모로써 스스로를 방어하였고, 그는 후세인을 마치 칭기스칸이 토오릴에게 했던 것처럼 철저하게 짓밟았던 것이다.

칭기스칸은 자신을 유일한 최고의 황제인 '칸'으로 선포함으로써 과업

더 효과적이지 못하다. 티무르를 비난하는 것보다 변호하는 것이 그의 치부를 더 드러내보인다고 할 수 있다.

을 완성하였다. 그는 자기보다 더 확실하게 정통성을 인정받는 고대 몽골 제왕들의 후손들 가운데 한 사람을 명목상의 대표로 앉히려는 생각은 하지 않았다. 더구나 그는 케레이트족의 군주나 금나라 황제의 동생을 앞세우고 동아시아를 정복하려고 하지도 않았다.

티무르 역시 발흐에서 스스로를 군주로 선포했다. 34세 되던 해인 1370년 4월 10일 "그는 보좌에 올라 황금관을 머리에 쓰고 제왕의 혁대를 허리에 두른 채, 귀족과 장군들은 그 앞에 무릎을 꿇었다."『승전기』는 그가 칭기스칸과 차가다이의 후예이자 계승자임을 선포했음을 확인시켜주고 있다. 그러나 그의 칭호는 확실히 정해지지 않았고 1388년이 되어서야 비로소 '술탄'이라는 칭호를 취하였다. 더구나 그와 후세인이 즉위시킨 칸 카불 샤가 공공연히 자기에게 대항하여 후세인의 편을 들었음에도 불구하고, 그는 칭기스칸 가문의 허수아비 군주를 감히 폐위시키지 못했다.『라시드사』에 의해 확인되듯이 사실 그는 한때 스스로 칸이 되려는 생각을 했었다. 그러나 트란스옥시아나의 귀족들로부터 복종심을 확보하기 위해서는 정당한 법적인 원칙을 앞세우고 그 뒤에서 실권을 행사하는 것이 더 낫다는 사실을 깨달았던 것이다.[23]

따라서 그는 카불 샤의 죽음을 유도한 뒤 자신에게 충실한 또 다른 칭기스칸 일족인 소유르가트미쉬Soyurghatmish를 칸으로 세웠다. 그가 1370년부터 1388년까지 칸으로 있은 뒤 사망하자[24] 그의 아들 마흐무드 칸Mahmud Qan(1388-1402)으로 하여금 뒤를 잇게 하였다.[25] 티무르조의 칙령들은 관례를 충실히 지키면서 이 권위있는 가문의 후손들의 이름으로 발행되었다.[26] 물론 그들이 완전히 티무르에게 복속되어 있었고 티무르 마음대로 임명한 존재로서 아무도 그들의 존재에 대하여 생각도 관심도 없는 허수아비 군주에 불과했음은 의심할 나위가 없다. 두글라트족 출신인 무함마드 하이다르 2세는 "나의 시대에 칸들은 사마르칸드에서 마

---

23. *Ta'rikh-i Rashidi*(D. Ross 영역본), p. 83.
24. *Zafar-nama*, I, p. 186, p. 193(cf. p. 181) ; *Ta'rikh-i Rashidi*, p. 72, p. 83.
25. *Zafar-nama*, II, pp. 19-20 ; IV, p. 40.
26. *Ta'rikh-i Rashidi*, p. 83.

치 정치범들처럼 취급받고 있다"라고 기록하였다.

그렇지만 티무르가 정치적 통치권의 문제에 대해 모호하고 궤변론적인 입장을 취한 것은 사실이다. 그는 감히 완전히 새로운 법률을 만들지는 않았지만, 몽골인의 지배를 투르크인의 지배로, 또한 칭기스칸 제국이 아니라 티무르 제국으로 대치하는 새로운 상황을 만들어낸 것이다. 그는 법적으로 변한 것이 실제 아무것도 없다고 공언하였고, 따라서 그가 칭기스칸의 야삭*yasaq*을 폐지하고 그 대신 이슬람의 샤리아*shari'a*를 시행하겠다고 말한 적은 한 번도 없었다. 이상하게 들릴지는 모르겠지만 이븐 아랍샤Ibn 'Arabshah는 그가 "이슬람의 율법보다 칭기스칸의 법을 더 추종한다"고 하면서 그를 옳지 못한 무슬림이라고까지 불렀던 것이다.27) 물론이는 극히 피상적인 비난에 불과한 것인지도 모른다. 왜냐하면 당시 중앙아시아 주민들의 눈에는 티무르가 칭기스칸의 후계자로 자임하며 심지어새로운 칭기스칸이 되려고 하는 것처럼 비쳤기 때문이다. 그러나 사실은그 반대가 더 옳은 것으로 보인다. 그가 항상 기대었던 것은 『쿠란』과, 그리고 그의 성공을 예언했던 이맘*imam*들과 수도자(*darvish*)들이었다. 그가 치른 전쟁들도 '성전'(*jihad*)의 성격을 띠었으며 이는 그가 무슬림들과싸울 때 — 그의 전쟁은 거의 대부분 무슬림들과의 전쟁이었다 — 에도마찬가지였다. 그는 개종한 지 얼마 되지 않은 일리와 위구리아 지방의 차가다이인들이나 수백만 명의 힌두교도들에 대해 관용하고 있는 — 그리고학살하지도 않는 — 델리의 술탄들에 대해서 무슬림으로서의 미온적인 태도를 비난하였다.

티무르의 제국은 처음부터 균형을 갖추지 못했고 칭기스칸의 제국이가졌던 결속력·건전함·안정성이 결여되어 있었다. 그 문화는 투르크·페르시아적이며, 법체계는 투르크·칭기스칸적이었고, 정치·종교적 원칙은 몽골·아랍적인 것이었다. 이 점에서 티무르는 유럽의 황제 찰스 5세처럼 복합적인 성격의 소유자였다. 그러나 그의 이러한 복합성은 겉으로 드러나지않았고, 차라리 변화무쌍함이 그의 개성을 더욱 두드러지게 보여주어, 중

---

27. Ibn ' Arabshah(Sanders 번역본), p. 299.

세와 근세의 중간 시대에 여러 문명지역을 오가며 활약한, 일찍이 그 예를 찾아보기 힘든 초인의 모습을 나타내었다. 커다란 머리, 붉은 빛을 띤 얼굴색, 그리고 훤칠한 키의 절름발이 사나이 — 언제나 칼에서 자신의 손을 떼지 않고 "그의 귀까지 활시위를 당기던" 정확한 궁수이기도 했던 불구자 — 는 온세상을 누비고 다니며 과거 칭기스칸처럼 자신의 시대를 지배했던 것이다.

그런데 칭기스칸은 사라졌어도 그의 제국은 — 비록 용렬한 후손들이 계승했어도 — 남았다. 그러나 티무르의 제국은 샤 루흐Shah Rukh, 울룩 벡Ulugh Beg, 후세이니 바이카라Husayn-i Baiqara, 바부르Babur와 같은 걸출한 사람들에 의해 계승되었지만 금세 사라져버리고 그가 태어난 트란스옥시아나의 작은 땅과 후라산 지역으로만 축소되어버렸다.

칭기스칸 제국의 생존력은 그 제국이 세워진 기반의 견고함으로 설명할 수 있다. 칭기스칸은 몽골초원의 고대제국, 즉 오르콘 강을 중심으로 세워졌던 저 영원한 초원의 제국, 옛날 흉노의 시대부터 시작되어 그들이 유연과 에프탈에게, 유연은 돌궐에게, 돌궐은 다시 위구르에게 넘겨주었다가, 칭기스칸이 태어날 무렵에는 케레이트인들의 손으로 넘어간 초원제국을 일으켜 세운 것이었다. 거기서 자연적인 틀은 초원이었고 종족적·사회적 틀은 투르크-몽골 유목주의였기 때문에, 단순함이 그들의 강점이 되었고 유목민들은 오로지 자연법칙에 따라 정주농경민을 약탈하고 기회가 오면 그들을 지배하였다.

이렇게 볼 때 초원제국의 기반과 그 주기적인 흥기는 인문지리적 법칙이었다. 오랜 시간이 지나 그들과 접경하고 있는 정주민들이 과학적인 무기를 수단으로 인위적인 우위를 점할 때까지 그들은 유목민에 의해 지배되었고, 유목민의 제국은 마치 강물이 넘치듯 짧거나 혹은 긴 간격을 두고 다시 생성되었던 것이다.

그러나 티무르가 세운 제국에서는 이러한 면모를 전혀 찾아볼 수 없다. 트란스옥시아나는 외면상으로만 지리적인 중심일 뿐 그 자체가 활력의 근원은 아니었다. 14세기 말 그곳을 태풍의 눈으로 만든 상황은 순전히 우연이었다. 아시아 역사의 흐름 속에는 두 가지 종류의 지배가 존재했다.

하나는 중국·인도·이란과 같은 고대 정주문명이 주변에 대해 행사했던 지배로서, 조금씩 그리고 확실하게 '야만'의 지역을 동화시켜 나갔는데, 이것은 장기적으로 무력에 의한 것보다 더 강력한 과정이었다. 지배의 두 번째 형태는 대륙의 심장부에서 용솟음쳐 나오는 유목민의 거친 힘이었는데, 그것은 그들이 굶주렸기 때문에 나오는 힘이었고 게걸스러운 늑대가 어떤 수단을 쓰든 언젠가는 가축을 쓰러뜨리고야 마는 것과 같은 힘이다.

그러나 티무르가 트란스옥시아나에 세운 제국은 이 두 가지 가운데 어디에도 속하지 않았다. 그가 구세계를 잠시나마 혼란에 빠뜨렸던 것은 무엇보다도 그의 탁월한 개성에 의한 것이었고, 이는 '티무르' 즉 투르크어로 '철인鐵人'이라는 뜻을 갖는 그의 이름이 너무도 잘 표현해주고 있다.

또한 이 쇠의 배합, 즉 구세계의 투르크인들이 몽골족과 혼합한 것, 아니면 적어도 그들이 칭기스칸 제국 아래에서 단련을 받은 것이 14세기 말 타쉬켄트와 아무다리아 사이의 지역에서 막강한 군사력을 탄생시켰던 점도 잊어서는 안된다. 그러나 그것이 일시적인 현상에 불과하다는 것 또한 지적할 필요가 있다.

칭기스칸 이전에 트란스옥시아나의 투르크인들처럼 규율이 없는 — 아무리 용맹하다고 해도 — 사람들이 어디 있었는가? 그 같은 사실은 호레즘의 무함마드나 잘랄 웃 딘과 같은 13세기의 불운한 용사들이나 그에 앞선 산자르까지 거슬러올라갈 것도 없이 호레즘의 무함마드나 잘랄 웃 딘과 같은 불운한 전사들을 통해 생생하게 드러나며, 근대에 들어와서 투르크멘이나 카자흐[28]인들의 혼란상까지 강조할 필요도 없을 것이다.

이에 비해 『승전기』에 나오는 평가에 의하면, 티무르 시대의 트란스옥시아나 투르크인들은 그들의 핏속에 규율을 타고나서, 한마디의 명령 없이도 전열을 정비하고 북과 나팔이 울리기도 전에 명령을 기다렸으며, 젊은 이들은 200년 동안 칭기스칸의 '야삭'의 훈도를 받으며 직업군인으로 길들여졌다. 겨울의 시베리아나 타는 듯한 인도를 향해 감행된 티무르의 원정

---

28. [역자] 그루쎄는 본서에서 '카자흐'를 '키르기즈'라고 칭하고 '키르기즈'를 '카라 키르기즈'라고 부르고 있는데, 이는 그가 과거 러시아인들의 용법을 그대로 따랐기 때문이다. 여기서는 현재의 호칭에 맞게 고쳐 적는다.

은 그러한 사실을 확실히 입증하고 있다. 투르크의 용맹함에 칭기스칸의 규율이 부가되어 태어난 이러한 힘은 그 전쟁하기 좋아하는 기질을 제대로 발휘하지 못한 채 200년 동안이나 묶여 있었던 것이다.

쿠빌라이의 휘하에 있던 투르크인들은 동아시아 전체를 정복의 무대로 삼았고, 킵착 칸국 아래의 투르크인들은 비엔나 성문까지 치달았으며, 훌레구 휘하의 투르크인들도 이집트의 강가에 다다랐다. 오직 차가다이의 영지인 투르키스탄의 '중원왕국'에 있던 투르크·몽골인들만이 칭기스칸 일족의 세 울루스에 둘러싸여 때가 오기를 기다릴 수밖에 없었다.

그런데 이제 그들을 둘러싸던 담이 갑자기 허물어진 것이다. 서쪽으로 트란스옥시아나를 두르고 있던 페르시아의 국가가 사라졌고, 킵착 칸국이 지배하던 서북방도 쇠퇴하여 길을 막을 능력이 없어졌다. 고비사막 방향으로도 '모굴리스탄'이 폐허화되면서 길이 열렸고, 델리의 술탄국도 일시적으로 붕괴되어 과거 차가다이 칸국 때처럼 인더스 강을 방어할 만한 상황이 아니었다. 따라서 그들에게는 오랫동안 강요되었던 휴식을 보상할 기회가 찾아온 것이다. 그동안 외곽에 있던 투르크-몽골 울루스들만이 정복의 재미를 맛보았고 트란스옥시아나의 사람들은 몽골식 전투의 영광과 보상받을 기회를 갖지 못했었다. 이제 마침내 그들의 시대가 찾아왔다.

티무르의 서사시 — 계속된 배반과 살육을 우리가 그렇게 불러도 무방하다면 — 는 비록 종족으로는 투르크였지만, 그리고 비록 늦기는 했어도 몽골의 서사사의 일부였던 것이다.

호레즘 정복

티무르의 정복활동은 볼가에서 다마스쿠스까지, 스미르나Smyrna에서 갠지스와 율두즈까지 미쳤는데, 이들 지역에 대한 그의 원정은 지리적인 순서에 의한 것이 아니었다. 그는 적의 공격에 대응하여 타쉬켄트에서 시라즈로, 타브리즈에서 호젠트로 뛰어다녔으며, 러시아 원정은 두 차례의 페르시아 원정 중에 일어났고, 중앙아시아 원정은 두 차례의 코카서스 침략 사이에 벌어졌다.

거기서는 칭기스칸이 보여준 것과 같이 단순명쾌한 계획을 찾아볼 수 없다. 칭기스칸은 몽골 원정, 극동 원정, 투르키스탄과 아프가니스탄 원정, 그리고 다시 극동으로의 회귀라는 순서를 밟았다. 티무르 원정의 순서는 뒤죽박죽이었는데, 그것은 어디에서도 확실하게 처리하고 돌아왔던 칭기스칸과는 달리 원정을 성공리에 마치고 돌아오면서도 정복지를 통어할 하등의 조치도 취하지 않았기 때문이다. 이 점에서 호레즘과 페르시아는 예외인데 이 두 지역에서도 거의 마지막에 가서야 그러한 조치를 취하였다. 그역시 저 위대한 몽골의 정복자처럼 철저하고 의도적으로 적을 도살하여 오래도록 잊혀지지 않을 경고로써 산처럼 쌓인 시체를 뒤로 하고 돌아온 것은 사실이다.

그러나 살아남은 사람들은 그 경고를 잊어버렸고 곧바로 은밀히, 혹은 공개적으로 저항을 재개해 그는 모든 것을 처음부터 다시 시작하지 않으면 안되었다.

또한 그 같은 도륙 때문에 티무르는 가장 중요한 목표물에 대한 주의를 게을리하였던 것 같다. 그는 바그다드, 부르사Bursa(혹은 브루싸Brussa), 사라이, 카라샤르, 델리 등지를 약탈했지만, 오스만 제국, 킵착 칸국, 모굴리스탄 칸국, 인도의 술탄국을 넘어뜨리지는 못했고, 심지어 이라키 아랍 지방에 있던 잘라이르조도 그가 지나간 직후에 다시 일어났다. 그랬기 때문에 그는 호레즘을 세 번 정복해야 했고, 일리에는 여섯 내지 일곱 번(원정 기간 이상으로 이 지역을 장악해보려는 시도조차 하지 않았다), 동부 페르시아에는 두 번, 서부 페르시아에는 적어도 세 번, 여기에다 러시아에는 두 번 원정을 하였고, 이외에 다른 지역으로도 원정을 떠났다.

티무르의 원정은 '반드시 다시 치러져야 했고' 사실 그는 다시 수행하였다. 치밀한 전략과 완벽한 전술에도 불구하고 정치사적인 관점에서 볼 때 이 같은 원정들에서는 어떠한 일관성도 찾아볼 수 없다. 연대순으로 이를 연구하는 것 역시 순전히 개인적인 측면에서 한 영웅의 성격을 파악하는 것 이상의 흥미는 주지 못한다. 따라서 정복된 지역별로 구분하되 트란스옥시아나에서부터 시작하여 외곽으로 나아가면서 정리하는 방법을 사용하면 그런 대로 분명한 느낌을 갖게 될 것이다. 즉 이제부터 티무르의 활동을 호레즘에서 시작하여, 동투르키스탄, 페르시아, 러시아, 터키, 인도의 순서로 살펴보도록 하자.

아무다리아 하류와 아랄 해로 들어가는 델타로 이루어진 호레즘 — 히바라고 불리기도 함 — 은 12세기 말과 13세기 초반 18년까지 투르크 계통에 의해 건설되었다가 1220년 칭기스칸에 의해 붕괴된 호레즘 왕조의 지배를 받는 동안 역사상 일시적이나마 중요한 역할을 했다. 그 후 이 지역은 원칙적으로 킵착 칸국에 소속되어 있다가 차가다이 칸국의 군주 알루구가 킵착 칸국의 베르케로부터 빼앗아(1260년에서 1264년 사이) 차가다이 칸국의 일부가 되었고, 지리적으로도 그렇게 되는 것이 당연하였다. 그러나 이 정복의 결과는 단기간에 그치고 말았다. 바르톨드의 연구에 의하면, 호레즘은 곧 킵착 칸국과 차가다이 칸국에 의해서 분할되어, 전자가 시르다리아 델타와 우르겐치를 장악하고 후자가 카트Kath(샤 압바스왈리 Shah Abbaswali)와 히바를 비롯한 남부를 지배하게 되었다.[29]

1360년 직후 쿵그라트Qunghrat 부족의 투르크계 수령인 후세인 수피Husayn Sufi라는 인물이 킵착 칸국에서 벌어진 혼란을 이용하여 독립적인 호레즘 왕국을 건설하였다. 그는 트란스옥시아나 주민들과 전쟁하여 카트와 히바를 탈취했는데, 티무르가 등장해 곧 이 도시들에 대한 영유권을 요구하였다(1371).[30] 후세인 수피가 이를 거부하자 티무르는 카트를 점령하고 우르겐치를 포위하였다.[31] 후세인 수피는 포위된 상황에서 사망하였고 그의 뒤를 이은 동생 유숩 수피Yusuf Sufi는 화평을 청하여 티무르에게 카트 지방(히바 지방)을 돌려주기로 하였다.[32] 하지만 유숩 수피는 곧 자신이 양도키로 한 결정을 후회하여 카트 지방을 약탈하였다.[33] 티무르는 1373년[34] 적대관계로 돌아섰다가, 유숩의 딸인 아름다운 한자데Khan-

---

29. Barthold, "Khwârizm", *EI*, p. 962.
30. *Zafar-nama*, I, p. 226.
31. 쥐의 해 回曆 773년(1372) 봄. *Zafar-nama*, I, p. 229.
32. *Ibid.*, I, p. 239.
33. *Ibid.*, I, p. 242.
34. 소의 해 回曆 774년 Ramadan월(1373년 2월 24일-3월 25일). *Zafar-nama*, I,

zade를 자기 아들인 자항기르Jahangir의 처로 맞아들이면서 분노를 누그러뜨렸다. 그러다가 1375년[35])에 전쟁이 발발했지만 티무르는 사마르칸드에서 부하 두 사람이 반란을 일으켜 회군하고 말았다.

뒤이은 평화는 짧게 끝났다. 티무르가 시르다리아 하류의 북방에 있던 백장 칸국과 싸우는 틈을 타 유숩 수피는 트란스옥시아나 깊숙이 들어와 사마르칸드 부근을 약탈하였다. 티무르의 군대가 다른 곳에서 전쟁을 시작하자 마자 수도까지 위협할 정도로 이 위험한 이웃은 제거되어야만 했다.

1379년[36]) 유숩의 도발에 대응하여 티무르는 한 차례의 회전으로 끝장내기 위해 우르겐치 성문 앞으로 진격하였다. "그는 가벼운 갑옷을 입고 칼을 찬 뒤 방패를 어깨에 걸쳤다. 그리고 군주의 투구를 쓰고 말에 올라 도시로 전진하였다. 신에게 자신을 의탁한 채 그는 홀로 해자垓字 앞에까지 가서 유숩에게 둘이서 힘으로 한번 겨루어보자고 외쳤다. 그러나 명예보다는 목숨을 더 아낀 유숩은 아무런 대답도 하지 않았다."[37])

우르겐치의 포위는 3개월 동안 계속되었다. 궁지에 몰린 유숩은 절망 속에서 죽었고, 도시는 마침내 함락되었으며 흔히 그러했듯이 살육이 뒤따랐다(1379).[38]) 호레즘의 병합은 트란스옥시아나 왕국을 완성시켰다.

모굴리스탄과 위구리아 원정

티무르는 트란스옥시아나의 왕좌를 차지한 지 얼마 되지 않아 옛 차가다이 칸국의 동부 지역(일리와 율두즈 지방)에서 전쟁을 치르지 않으면 안되었다.

---

p. 243.

35. 악어의 해 回曆 777년(1375년 6월 2일-1376년 5월 20일) 봄. *Zafar-nama*, I, p. 260 ; *Ta'rikh-i Rashidi*, p. 44.
36. 전쟁은 양의 해 回曆 780년 Shawwal월(1379년 1월 21일-2월 18일)에 일어났다. *Zafar-nama*, I, p. 299.
37. *Ibid.*, I, pp. 301-302.
38. *Ibid.*, I, pp. 305-306.

그곳에서는 그 직전에 혁명이 터졌었다. 우리가 위에서 살펴보았듯이 몽골계의 두글라트 일족은 악수를 중심으로 카쉬가리아를 거의 장악했었고, 아울러 차가다이의 고유한 영역으로 칸들의 본거지가 있는 일리에도 거대한 영지를 소유하고 있었다.[39] 두글라트의 아미르였던 풀라지Pulaji (불라지 Bulaji)는 1347년 수년 간의 혼란 끝에 일리에 있는 차가다이 칸국의 군주를 투글룩 티무르로 바꾸는 데 주도적인 역할을 하였다.[40] 투글룩 티무르의 치세 중(1347-1363) 불라지가 죽은 뒤 울루스 베기ulus begi의 직책 — 재상과 비슷한 지위 — 은 그의 어린 아들 후다이다드 Khudaidad에게 주어졌다. 그 자리를 탐내던 불라지의 동생인 카마르 웃 딘Qamar ad-Din은 투글룩 티무르 칸에게 항의했지만 아무 소용이 없었고, 그가 죽은 뒤 그의 아들 일리야스 호자가 승승장구하던 티무르에게 패배하고 트란스옥시아나에서 돌아온 직후(1365-1366년경) 그를 살해함으로써 앙갚음을 하였다.

차가다이 칸국을 넘어뜨리고 칸의 지위를 찬탈한 카마르 웃 딘은 1366년경부터 1392년까지 모굴리스탄(탈라스, 이식쿨, 일리, 율두즈, 마나스 등지는 물론, 거의 확실히 알티샤흐르, 즉 카쉬가리아 대부분의 지역도 포함)을 지배하였다.[41] 일리야스 호자의 동생 히즈르 호자Khizr Khoja는 후다이다드 덕분에 카마르 웃 딘의 마수에서 벗어나 카쉬가르를 빠져나와 파미르 산중으로 도망쳤고, 그는 거기서 좋은 시기가 올 때까지 숨어 지냈던 것이다.[42]

티무르는 카마르 웃 딘에 대해서 여러 차례의 원정을 감행했다. 이 원정은 페르시아나 델리 혹은 앙카라에 대한 것보다는 훨씬 덜 화려했지만 그 의미는 더 컸다고 할 수 있다. 원정이 보다 어려운 지형에서 포착하기 어려운 적을 상대로 수행되었기 때문이다. 이 원정은 유목민들이 트란스옥시아나에 대해서 빈번하게 행하던 약탈을 예방하기 위한 것이었다. 티무르

---

39. Barthold, "Dûghlât," *EI*, p. 1112.
40. *Ta'rikh-i Rashidi*, p. 38.
41. *Ibid.*, pp. 38-39.
42. *Ibid.*, p. 39, p. 51.

휘하의 장군들은 이식쿨 호수 북방의 알마아타Alma Ata — 후일 베르느이Verny라고도 불림 — 방향으로 탐색전을 폈을 뿐, 적과 평화나 휴전을 체결하고 돌아왔다. 티무르는 이를 폐기시키고 타쉬켄트를 출발하여 그 북쪽에 있는 사이람을 거쳐 『라시드사』에 기록된 탄키Tanki — 일리아스Elias와 로스Ross는 이것이 양기Yangi, 즉 탈라스(아울리에 아타Aulie Ata라고도 불림)라고 생각하였다 — 라는 곳에 왔다. 여기서 그는 유목민들을 패주시키고 많은 약탈물을 거두었다.43)

1375년 티무르는 세 번째 원정에 나섰다.44) 그는 사이람을 출발하여 추 강의 상류를 건너 탈라스와 토크막 지방을 통과하였다. 카마르 웃 딘은 통상적인 유목전술을 사용하면서 『승전기』에 비르케히 구리안Birkeh-i Gurian 혹은 아르샬 아타르Arshal Atar라고 기록된 곳으로 퇴각하였다. 일리아스와 로스는 이곳이 일리 상류 계곡 근처의 알라 타우 산맥의 북사변에 있는 오타르Otar를 나타낸다고 보았는데,45) 어쨌든 이식쿨의 서북쪽에 있는 산지에 위치한 곳으로 보인다. 티무르의 장남인 자항기르Jahangir가 이곳에서 적을 급습하자, 그들은 일리 쪽으로 흩어져 도망갔다. 티무르는 차가다이 칸국 동부의 심장부를 이루던 일리 너머의 지방(Ap-ili)을 유린한 뒤, 나린Naryn 강 상류 계곡으로 들어갔던 것으로 보인다. 『승전기』에는 그가 카쉬가르 북서쪽의 아르파Arpa 강과 야지Yazi 강가에서 활동하였다고 기록되어 있다.46) 그는 카마르 웃 딘의 딸인 딜샤드 아가Dilshad Agha를 생포하여 자기 후궁으로 만들었다. 그리고 페르가나의 우즈겐과 호젠트를 거쳐 사마르칸드로 돌아왔다.

그러나 이로써 카마르 웃 딘이 패망한 것은 아니었다. 티무르의 군대가 트란스옥시아나로 돌아가자 그는 다시 티무르의 영토였던 페르가나를 공격하고 안디잔을 약탈하였다. 격분한 티무르는 페르가나로 급히 달려가

---

43. *Ibid.*, p. 40.
44. 이 원정은 回曆 776년 Shaban월(1375년 1월 5일-2월 2일)에 시작되었다. *Ibid.*, p. 41 ; *Zafar-nama*(Pétis 역), I, p. 251.
45. *Ta'rikh-i Rashidi*, p. 41.
46. *Ibid.*, p. 42 ; *Zafar-nama*, I, p. 255.

그를 추격하여, 우즈겐을 지나서 야시 산맥을 넘어 나린 강 상류의 남쪽 지류인 아트바시Atbashi 계곡까지 갔다. 그러나 천산산맥의 이 지역에 도달한 티무르는 그를 기다리고 있던 카마르 웃 딘의 매복에 걸려들고 말았다. 그는 '창과 몽둥이, 칼과 밧줄'을 사용하여 오로지 자신의 용기로써 도망쳐 나올 수 있었는데, 그는 돌아와 적을 또 한 번 패주시켰다. 그리고 나서 그는 그 직전에 자기 아들 자항기르가 사망(1375 혹은 1376)한 사마르칸드로 돌아왔다.47)

뒤이어(1376-1377) 티무르는 카마르 웃 딘에 대하여 다섯 번째 원정을 감행하였다. 그는 이식쿨 서쪽의 협곡에서 전투를 벌였고 그를 호수 서쪽 끝에 있는 코츠카르Kochkar까지 추격하였다.48) 『승전기』는 1383년경 티무르가 카마르 웃 딘을 치기 위해 이식쿨로 보낸 여섯 번째 원정군에 대해 언급하고 있는데, 이때에도 역시 칸은 붙잡히지 않았다.49)

1389-1390년 티무르는 모굴리스탄의 유목민들을 제거하기 위해 혼신의 노력을 기울였다.50) 1389년 그는 일리와 이밀의 전지역, 즉 발하쉬 호(『승전기』의 Atrek Kul)의 남쪽과 동쪽, 그리고 알라 쿨Ala Kul 근처를 누비고 다녔다. 이 지역은 후일 러시아령 세미레치에와 중국령 타르바가타이가 되었지만, 그 당시에는 모굴리스탄의 심장부였다. 그는 군주인 동시에 정복자 역할을 하면서 과거 차가다이와 우구데이와 같은 칸들이 아정을 두었던 유서깊은 초원 — 오늘날 쿨자와 추구착 지방 — 으로 기동성이 뛰어난 군대를 보냈고, 그의 전위대는 알타이 남쪽의 카라 이르티쉬 강까지 몽골인들을 추격하였다.51)

그 뒤 그의 군대는 몇 개로 나뉘어 개별적으로 발하쉬 분지에서부터 천산 산맥을 넘어 바그라시 호수가 있는 평원으로 향하였다. 각 부대들은

---

47. *Ta'rikh-i Rashidi*, pp. 46-47 ; *Zafar-nama*, I, pp. 264-269.
48. *Ta'rikh-i Rashidi*, p. 50 ; *Zafar-nama*, I, pp. 264-269.
49. 回曆 785년(1383년 3월 6일-1384년 2월 23일), 즉 쥐의 해 ; *Zafar-nama*, Pétis역, I, p. 361.
50. 이 원정은 回曆 791년(1388년 12월 31일-1389년 12월 19일)에 시작되었다. *Zafar-nama*, II, p. 35.
51. *Ibid.*, II, p. 43.

율두즈 계곡에서 합류하였고, 티무르는 쿵게스Kunges 계곡을 거쳐 그곳에 도착하였다.52) 『승전기』의 기록에 의하면, 티무르측의 선발대는 동쪽으로 카라 호자에 이르러 거의 투르판까지 접근했다고 한다.53)

그 지역에서 티무르와 싸웠던 몽골 수령들 가운데 『승전기』는 차가다이 가문의 후계자이자 카마르 웃 딘의 찬탈로 인해 일시적으로 왕좌에서 밀려났던 히즈르 호자를 언급하고 있다. 우리는 『라시드사』를 통해서 히즈르 호자가 동투르키스탄에서 가장 동쪽 지방(처음에는 호탄으로, 그 뒤롭 노르 지역으로)으로 도망쳐 투르판에 남은 위구르인들을 강제로 이슬람으로 개종시키면서 그곳에서 자신의 근거지를 세우려 했다는 사실을 알 수 있다.54) 티무르의 가장 큰 적인 카마르 웃 딘은 히즈르 호자의 적이기도 했지만, 티무르는 히즈르를 공격함에 조금도 주저함이 없었다. 그것은 차가다이 가문이 위구리스탄에서 새로운 세력을 끌어모으지 않을까 하는 두려움 때문이었다. 히즈르 호자는 패배하고 고비로 도망쳤다.55)

승승장구하던 티무르는 찰리쉬Chalish(혹은 잘리쉬Jalish) — 현재의 카라샤르 — 에서 군사들을 집결시켜 유목민들로부터 빼앗은 약탈물을 나누어주었다.56) 『승전기』는 중앙아시아의 심장부를 확고히 장악한 티무르가 마치 칭기스칸 후계자의 위상을 갖게 된 듯한 인상을 주고 있다. 그러나 사실 명이 중국에서 몽골의 지배를 타도한 바로 그 순간 그는 동투르키스탄에서 몽골의 지배를 멸해버린 것이다.

티무르는 사마르칸드로 돌아가기 전에 자기 아들 우마르 셰이흐'Umar Shaykh를 율두즈에서 우치 페르만Uch Ferman 즉 우치 투르판Uch Turfan과 카쉬가르 루트를 통해 먼저 보냈다.57) 그 자신도 본군을 데리고 같은 루트로 갔는지, 아니면 율두즈에서 일리 강·추 강·탈라스를 거쳐서 귀환했는

---

52. *Ibid.*, II, p. 45, p. 51. Cf. Chavannes, *Documents sur les T'ou-kiue occidentaus*, No. 5, p. 270.
53. *Zafar-nama*, II, p. 46.
54. *Ta'rikh-i Rashidi*, p. 52.
55. *Zafar-nama*, II, pp. 50-53.
56. *Ibid.*, II, p. 53.
57. *Ibid.*, II, pp. 54-55.

지 우리로서는 알 길이 없다.

그러나 티무르는 이번에도 역시 황야의 심장부58)까지 철저히 파괴했지만 그의 가장 큰 적인 카마르 웃 딘은 건재하였다. 티무르의 군대가 트란스옥시아나로 돌아가자마자 카마르 웃 딘은 다시 일리 계곡에서 자신의 세력을 재건하였다. 1390년 티무르는 다시 군대를 보낼 수밖에 없었다. 이 원정군은 타쉬켄트를 출발해 이식쿨을 거쳐 알말릭에 있는 일리를 거쳐 카라탈Qara Tal을 넘어 진군해, 카라 이르티쉬까지 카마르 웃 딘을 추격하였지만 거기서 그를 놓치고 말았다. 카마르 웃 딘은 알타이 산중의 '초피貂皮와 흑초피黑貂皮의 고장으로' 사라져버린 후 누구도 그의 소식을 듣지 못했다. 티무르의 부하들은 알타이 산맥의 소나무에 벌겋게 달군 쇠로 그들의 지도자의 이름을 새기는 것으로 만족하고 아트렉 쿨(즉 발하쉬 호)의 호반을 따라 행군하여 트란스옥시아나로 돌아왔다.59)

찬탈자 카마르 웃 딘의 퇴장으로 차가다이가의 히즈르 호자는 모굴리스탄의 왕좌를 되찾을 수 있었다. 카마르 웃 딘의 조카이자 두글라트 가문의 새로운 수령인 아미르 후다이다드 ― 그는 언제나 '정통주의자'였다 ― 는 가장 먼저 히즈르 호자를 불러들여 그의 복권을 지원하고 실현시켰다.60)

새로운 칸은 독실한 무슬림이었다. 그는 투르판을 장악한 뒤 그곳에 잔류해 있던 위구르인들을 강제로 개종시켰다.61) 이러한 입장으로 인해 그는 티무르와 보다 가까워졌고, 마침내 이 두 지도자 사이에 평화가 체결되었다. 그 결과 1397년경 히즈르 호자는 자기 딸을 티무르에게 시집보냈고, 티무르는 이 연맹으로 인해 자신이 위대한 칭기스칸 가문의 일원이 된 것을 매우 뜻깊게 생각하였다.62)

---

58. [역자] 원저에는 '고비사막의 심장부까지'라고 되어 있으나, 티무르는 고비까지 진출하지 않았고, 여기서의 의미는 모굴리스탄의 황야(gobi)를 가리키는 것으로 이해하는 것이 옳을 것이다.
59. *Ibid.*, II, pp. 66-70(1389년 12월 20일에 시작되는 回曆 792년, 말의 해 초). Cf. Minorsky, *Hudud al-'Alam*, pp. 195-196.
60. *Ta'rikh-i Rashidi*, p. 56.
61. *Ibid.*, p. 52.
62. *Ibid.*, p. 52 ; *Zafar-nama*, II, p. 421.

히즈르 호자는 1399년에 사망하였다. 『라시드사』는 그의 뒤를 이어
세 명의 아들 — 샤미 자한Sham'-i Jahan(1399-1408년경), 낙크시 자한
Naqsh-i Jahan, 무함마드 칸Muhammad Qan(1428년경 사망) — 이
계승하였다고 기록하였으며, 마지막 칸에 대해서는 무슬림으로서의 신앙심
을 칭송하였다.63) 이 세 명 모두는 두글라트의 아미르인 후다이다드의 감
시와 보호 아래 지냈다.

티무르는 장인의 죽음이 가져다 준 기회를 저버리지 않았다. 그는 일
리 본지까지는 아니었지만 적어도 카쉬가리아로 새로운 원정군을 파견하
였다(1399-1400). 정복자의 손자인 미르자 이스칸다르Mirza Iskandar가
이끄는 이 군대는 카쉬가르에 입성해 야르칸드를 약탈했으며 성채화된 도
시 악수를 점령 — 이 도시의 주민들은 자신들의 몸값으로 그곳에 섞여
살던 부유한 중국 상인들을 넘겨주었다 — 하였다. 그리고 한 분견대는
서북방으로 가서 바이Bai와 쿠차를 노략하였다. 미르자 이스칸다르는 이어
서 호탄으로 진군했는데 그곳의 주민들은 헌물을 갖고 나와 그를 환영하
며 자신들이 티무르의 속민이라고 선언하였다. 마침내 그는 페르가나를 경
유하는 안디잔 루트를 따라 사마르칸드로 돌아왔다.64)

---

63. 이러한 순서는 *Ta'rikh-i Rashidi*에 기록된 것이다. *Zafar-nama*와 미르혼드
   Mirkhond는 무함마드 칸과 낙시 자한의 이름만 기재하였다(*Ta'rikh-i Rashidi*,
   pp. 41-42). [역자] 그러나 이러한 순서는 『明實錄』의 기록과 대조해볼 때 약간
   의 착오가 발견되기 때문에 다음과 같이 수정되어야 할 것이다. 즉 히즈르 칸을
   계승한 것은 그의 장자 Sham'-i Jahan(1399-1407)이고, 다음에는 차자인
   Muhammad(1407-1415)였으며, 그 뒤를 이은 것이 Sham'-i Jahan의 아들인
   Naqsh-i Jahan(1415-1417)이었다. 또한 그루쎄는 Sham'-i Jahan의 이름을
   Shama-i Jahan이라고도 표기할 수 있다고 하였지만 옳지 않다. 이에 대해서는
   金浩東, 「前期 모굴汗國의 繼承紛爭을 통해 본 遊牧的 部族政治의 特徵」, 『東
   洋史學研究』, 제33집(1990), p. 69 참조.
64. *Zafar-nama*, III, pp. 213-220. 회력 802년(1399년 9월 3일-1400년 8월 21일),
   즉 토끼 해의 기사에 포함되어 있고, 이 원정 소식은 당시 페르시아에 있던 티무
   르에게 전달되었다.

동부 이란의 정복

티무르가 트란스옥시아나의 자신의 왕국 — 명목적으로는 칭기스칸 제국의 한 칸국이지만 실제로는 투르크인의 왕국 — 을 확고히 하자, 이제 이란에서 타직인들에 대한 투르크-몽골인의 투쟁이 재개되었다. 그 지방의 전체적인 분열로 인해 이란 민족은 결연한 자세를 지닌 최초의 침입자에 대해 속수무책이었다.

칭기스칸은 그 당시에 적어도 호레즘 제국이라고 하는 카불에서 하마단에 이르는 하나의 통일세력과 맞부딪쳐야 했다. 반면 티무르의 상대는 과거의 훌레구 제국이 아무렇게나 분할되어 생겨나 서로 대립하는 4-5개의 세력들이었다. 이 국가들은 극도로 심각하게 분열되어 있었으며 그 군주들은 투르크인에 대항해 연합을 꾀하려는 생각조차 하지 않았다.

케르트조는 종족적으로는 아프간인이며 종교적으로는 순니파였고 헤라트에 살았다. 그들은 사브제와르 지방에 있던 시어파 페르시아인인 사르베다르조와 숙적이었다. 파르스 지방의 아랍·페르시아계 무자파르조는 타브리즈와 바그다드에 있던 몽골인 지배자들인 잘라이르조와 대립하였다. 더구나 무자파르 일족 내부에서는 자식들은 아버지의 눈을 파낼 생각밖에 하지 않았고 모든 왕족들은 서로 혐오하고 배신하였으며, 촌락 하나를 두고도 서로 싸우는 지경이었다. 모굴리스탄과 킵착 유목민들과의 전투에서 그토록 끈질기게 싸웠던 티무르는 이곳의 적들이 자신의 손 안에 저절로 들어오리라는 것을 알고 있었다. 1380년의 페르시아는 그야말로 정복자를 자초하고 있었던 것이다.

사실 훌레구 왕국의 붕괴 이후 동부 이란은 곧 트란스옥시아나의 투르크인들의 위협을 느끼기 시작하였다. 이미 지적했듯이 1351년 트란스옥시아나인들의 수령인 아미르 카즈간은 헤라트를 포위하고 그곳을 지배하던 케르트 왕조를 부용국으로 만들어버렸다. 이제 티무르에 의해 그런 행위가 반복되었다.

1380년 그는 헤라트의 '말릭*malik*' 즉 군왕인 기야쓰 웃 딘 2세 피르 알리Ghiyath ad-Din II Pir Ali를 자신이 개최하는 쿠릴타이에 가신으로 참석하도록 소환하였다. 기야쓰 웃 딘 2세(1370-1381) — 무이즈 웃 딘 후세인Mu'izz ad-Din Husayn의 후계자이자 케르트조의 7대 군주 — 는 분명히 그의 아버지와 선조들이 훌레구가의 전란 속에서 그 예봉을 비껴 나갔고 또 카즈간의 권위를 인정했던 것과 같은 정치적 적응력을 갖지 못했다. 그는 복속을 표명하면서도 여전히 꾸물거렸다. 1381년 봄 티무르는 헤라트로 진군하였다. 기야쓰 웃 딘은 그때 마침 동부 이란의 또 다른 왕조인 사르베다르로부터 니샤푸르를 점령했었고, 이렇게 해서 벌어지게 된 케르트와 사르베다르 사이의 전쟁은 후라산 지방의 혼란과 소요를 더욱 가중시켰다.65) 더구나 헤라트 남쪽의 사라흐 성을 지휘하던 기야쓰 웃 딘의 형제는 자기 의사에 따라 티무르에게 복속하였고 "제왕의 카펫에 입맞추는 영광을 부여받았다."

헤라트 북방의 부상Bushang 성채는 공격에 무너졌다. 기야쓰 웃 딘 자신이 지키고 있던 헤라트에서도 구르 지방의 거친 아프간인들로 구성된 수비대가 모두 항전을 주장했고 심지어 반격까지 원하였지만, 시민들은 "카샨Kashan에서 온 아름다운 도자기들로 장식된 그들의 집을 위해 평화를 원했고," 전투에 반대하였다. 결국 기야쓰 웃 딘은 항복하는 수밖에 없었다.66)

티무르는 그를 맞아들여 "그의 보좌 아래의 카펫에 입맞추는 영광을 부여하였다." 그러나 그 도시의 모든 재물들은 그에게 넘겨졌다. 말릭의 아들들 가운데 아만쿠흐Amankuh 혹은 이쉬칼차Ishkalcha라는 난공불락의 성채를 지키던 사람도 그의 아버지의 설득에 따라 투항하였다.

티무르는 기야쓰 웃 딘을 헤라트의 명목상 군주로 남겨두었지만, 도시의 성벽은 철거되었고 도시 자체도 이제 티무르 제국의 종속적인 지위로 전락하고 말았다. 기야쓰 웃 딘 자신은 보잘것 없는 가신의 몸이 되어 사마르칸드로 보내져 강제로 그곳에 머물러야 했다. 만약 1382년 말 구르

---

65. *Zafar-nama*, I, p. 317 ; Mu'in ad-Din, "Histoire de Hérat", Barbier de Meynard 역, *JA*(1861), pp. 515-516.
66. 개의 해, 回曆 783년 Muharram월(1381년 3월 28일-4월 26일) ; *Zafar-nama*, I, p. 326.

출신의 아프간인들이 헤라트 주민들의 도움을 받아 도시를 급습하여 지배
권을 회복한 일이 일어나지 않았다면 그러한 상황은 오랫동안 지속되었을
지도 모른다.[67] 티무르의 셋째아들 미란 샤 왕자는 이 반란을 가혹하게
진압해 해골무지들이 쌓였다. 『승전기』는 이 사건이 벌어진 뒤 기야쓰 웃
딘과 그의 가족은 처형명령을 받았다 — 분명히 공모혐의를 받았을 것이
다 — 고 간략하게 전하고 있다.[68]

이렇게 해서 비록 정복자들의 잔혹함을 맛보아야 했지만 그래도 갖가
지 침략에도 불구하고 헤라트의 성채에서 거의 130년 동안 교묘하게 생명
을 유지할 수 있었던 케르트의 아프간 왕조는 끝나고 말았다.

헤라트의 케르트 영역을 복속시킨 티무르는 1381년 동부 후라산으로
진군하였다. 당시 이 지방의 영유권을 두고 두 국가가 분쟁을 벌이고 있었
다. 하나는 알리 무아야드'Ali Mu'ayyad(1364-1381)가 사브제와르를 수
도로 해서[69] 지배하던 사르베다르 공국이었고, 다른 하나는 투가 티무르
Tugha Timur가 죽은 뒤 스스로를 왕으로 칭한 야심가 아미르 왈리
Amir Wali (1360-1384)가 지배하는 마잔다란 — 여기에는 아스테라바
드Asterabad, 비스탐Bistam, 담간Damghan, 삼난Samnan 등지가 포함
되어 있었다.[70] — 이었다. 여기에 켈라트와 투스의 지배자인 알리 벡'Ali
Beg이라는 또 다른 영주도 있었다.

티무르가 접근하자 알리 벡은 자발적으로 복속하였다.[71] 알리 무아야
드는 아미르 왈리의 위협에 직면하여 티무르에게 호소하지 않을 수 없었
는데, 그는 정복자를 환영하였고 사브제와르에서 그에게 충성을 서약하며
스스로 그의 신하임을 선언하였다(1381).[72] 그 후 그는 티무르의 휘하로
들어가 1386년 그를 위하여 싸우다가 죽었다. 티무르는 이스파라인Isfa-
rain을 포위하고 얼마 지나지 않아 아미르 왈리로부터 그 도시를 빼앗아

---

67. 回曆 784년 말(1382-1383) ; *Zafar-nama*, I, p. 359.
68. *Ibid.*, I, p. 361.
69. Minorsky, "Tugha Timûr", *EI*, p. 863.
70. D'Ohsson, *Histoire des Mongols*, IV, pp. 739-740.
71. *Zafar-nama*, I, pp. 329-330.
72. *Ibid.*, I, p. 330.

부수어버렸다.73)

그리고 나서 티무르는 이란에서의 새로운 작전을 계속하기 전에 잠시 사마르칸드로 돌아왔다. 1381-1382년 겨울 그는 켈라트 황야에서 알리 벡을 궁지에 몰아넣고 다시 한 번 그를 항복시켰다.74) 얼마 지나지 않아 알리 벡은 트란스옥시아나로 보내져 처형되었다(1382). 티무르는 주르잔과 마잔다란의 영주인 아미르 왈리에 대한 원정을 계속하였고 결국 그로 하여금 조공을 바치게 만들었다.75)

1383년 티무르는 사마르칸드에서 페르시아로 돌아와 반란을 일으킨 사브제와르에 대해 끔찍한 보복을 가했다. "거의 2,000명의 죄수들이 산 채로 차곡차곡 쌓이고 진흙과 벽돌이 함께 섞여 탑을 이룰 지경이었다."76) 반항하던 세이스탄도 같은 운명을 맞았다. "우리의 병사들은 시체로 산을 만들었고 해골로 탑을 쌓았다." 세이스탄의 수도인 자란지Zaranj에서 티무르는 "남녀노소를 불문하고 요람에 있던 아이에 이르기까지 주민들을 처형시켰다."77) 특히 그는 세이스탄 교외의 관개시설을 파괴하여 그 고장을 사막으로 만들어버렸다. "그들은 헬만드Helmand 강가에 도착해 루스탐Rustam의 둑이라고 불리던 제방을 부수어버려, 이 고대의 공사는 아무런 자취도 남기지 않게 되었다."78) 심지어 오늘날까지 이 지역을 찾는 여행가가 마주치는 황폐함은 이러한 파괴와 학살의 결과이다.79)

티무르 휘하의 수령들은 칭기스칸의 몽골인들이 이미 시작한 일을 완성하고 있었던 것이다. 양자 모두 조상 대대로 해오던 유목과 조직적인 파

---

73. *Ibid.*, I, p. 331.
74. *Ibid.*, I, pp. 338-346
75. *Ibid.*, I, p. 353.
76. *Ibid.*, I, p. 377. Ibn ' Arabshah(Sanders역), pp. 25-27.
77. 자란지의 함락은 쥐의 해 回曆 785년 Shawwal월(1383년 11월 27일-12월 25일)의 일이었다.
78. *Zafar-nama*, I, p. 379.
79. 1936년 Hackin 탐사대는 세이스탄 지방의 사르 오타르Sar Otar 혹은 타르 웃사르 Tar Ussar(Zahidan) 폐허를 조사했는데, 그곳은 1384년 티무르의 파괴로 인해 모래에 뒤덮여버린, 언젠가 경작의 흔적이 있는 지역에 위치해 있었다.

괴체제를 통해 '사막화'(Saharifying) 과정의 적극적인 매체로 기능하였는데, 아시아의 중앙부는 그 지리적 변화를 통해서 이미 그러한 과정에 취약해 있었다. 광대한 경작지를 파괴하고 그 땅을 초원으로 바꾸어놓음으로써 그들은 토지의 죽음을 가져온 무의식적인 공범자가 된 것이다. 특히 이란의 고원지대 — 그곳에서는 물과 나무가 드물어서 세심한 경작을 통해서만이 그런 것들을 보존시킬 수 있고 경작지의 보존 자체가 끊임없는 투쟁이다 — 에서 유목민들이 나무를 죽이고 정원을 말려버리고, 얼마 안되는 물마저 구덩이로 만들거나 경작된 농지를 사막으로 바꾸어버렸다.

티무르는 세이스탄에서 아프가니스탄으로 들어가 칸다하르를 손에 넣었다(1383). 자기가 사랑하는 사마르칸드에서 석 달 동안 휴식을 취한 그는 최종적으로 마잔다란의 영주 아미르 왈리를 처리하기 위하여 다시 페르시아로 돌아왔다. 아미르 왈리는 아트렉 강에서부터 깊숙한 삼림지방까지 자신의 영토를 한치라도 빼앗기지 않기 위해 용맹하게 싸웠고, 티무르의 군영에 대한 야습에 성공할 뻔하기도 했다.[80] 그러나 결국 티무르가 승기를 잡기 시작했고 1384년에는 적의 수도인 아스테라바드를 점령하고 주민 모두를, "심지어 젖먹이 어린아이까지" 학살하였다.[81] 왈리가 아제르바이잔으로 도망쳐버리자, 그제서야 티무르는 이라키 아잠 지방으로 들어갔다.

서부 이란의 정복

이라키 아잠, 아제르바이잔, 바그다드 등은 1382년 술탄 아흐마드 잘라이르 이븐 우와이스Sultan Ahmad Jalair ibn Uways가 통치하는 잘라이르 부족의 몽골계 왕조에 속해 있었다(p. 548 이하). 아흐마드는 마치 12세기의 셀죽인들이나 호레즘조의 군주들처럼 환경에 의해 바뀌어 아랍·페르시아풍의 술탄으로 변용된 몽골귀족들의 전형적인 예라고 할 수 있다.

80. 回曆 786년 Shawwal월(1384년 11월 16일-12월 14일).
81. *Zafar-nama*, I, pp. 388-395.

"그는 잔인하고 신앙심도 없는 전제군주이지만, 그래도 동시에 학자와 시인의 보호자요 용감한 전사였다."[82] 그는 1382년 자신의 형인 후세인 Husayn을 처형하고 이어서 1383년과 1384년에는 다른 형제들을 제압함으로써 권력을 장악하였다.

티무르가 아흐마드를 치러 갈 때 그는 당시 이라키 아잠에서 가장 중요한 도시였던 술타니야에 있었다. 그는 서둘러 떠나버렸고 티무르는 그곳에 군영을 설치하였다.[83] 아흐마드 잘라이르는 타브리즈로 도주하였지만 티무르는 그를 추격하지 않고 아물Amul과 사리Sari를 거쳐 사마르칸드로 돌아와 그의 습관대로 원정 후의 휴식을 취하였다(1385).

티무르가 2년의 세월이 소요된 서부 이란의 정복을 본격적으로 시작한 것은 1386년이 되어서였다. 원정의 구실은 메카로 가는 대상단을 약탈해 온 루리스탄 지방의 산간민들을 응징하지 않으면 안된다는 그의 갑작스런 종교적 충동이었다. 실제로 그는 이러한 치안조치를 성공적으로 수행하여 "수많은 산적들을 붙잡아 산꼭대기에서 던져버렸다."[84]

티무르는 아제르바이잔으로 진격하여 타브리즈에 입성하였다. 그가 접근하자 아흐마드 잘라이르는 바그다드로 도망쳐버렸다.[85] 티무르는 타브리즈에 본영을 세우고 1386년 여름을 그곳에서 보낸 뒤 나히체반을 거쳐서 그루지아를 침공하였다.

그루지아인들은 기독교도였기 때문에 티무르는 자신의 원정에 성전이라는 성격을 부여할 수 있었다. 카르스Kars를 파괴한 뒤 1386년 겨울 티플리스를 습격하여 그루지아의 왕 바그라트 5세Bagrat V를 포로로 잡았다. 후에 그는 이슬람으로의 개종을 표명함으로써 석방될 수 있었다.[86]

뒤이어 티무르는 쿠라Kura 강 하류의 초원에 위치한 카라바흐Kara-bakh의 동영지로 돌아왔다. 여기서 티무르는 자신의 피후견인이자 킵착의

---

82. Barthold, "Ahmed Djalâir", *EI*, p. 200 ; cf. Ibn ' Arabshah, pp. 63-64.
83. 표범의 해, 回曆 787년(1385년 2월 12일-1386년 2월 1일) ; *Zafar-nama*, I, pp. 399-400 ; cf. Ibn ' Arabshah, p. 54.
84. *Zafar-nama*, I, p. 407 ; Ibn ' Arabshah, p. 55.
85. *Zafar-nama*, I, pp. 408-411 ; Ibn ' Arabshah, pp. 57-58.
86. *Zafar-nama*, I, p. 414 ; cf. Minorsky, "Tiflis", *EI*, p. 796.

군주였던 톡타미쉬의 급습을 받았는데, 그는 1387년 초 강력한 군대를 이끌고 아제르바이잔 지방의 영유권을 주장하며 데르벤드 관문을 통과해 내려와 티무르를 공격한 것이다.

쿠라 북방에서 일대 회전이 벌어졌다. 티무르가 보낸 군대는 처음에 패배를 맛보았으나 그의 아들인 미란샤가 지원군과 함께 도착하면서 적을 누르기 시작하였고 톡타미쉬를 다시 데르벤드 북방으로 밀어냈다. 아프간인과 페르시아인들을 비정하게 탄압했던 티무르는 여기서 예상치 않은 관용을 베풀어 모든 포로들을 킵착의 칸에게 돌려 보냈다. 이제 갓 권력을 잡은 투르크인 티무르도 톡타미쉬로서 대표되는 당당한 칭기스칸 가문에 대해서는 여전히 두려움을 느끼고 있었던 것이다.[87]

곡차 호반에 본영을 세운 뒤 티무르는 대아르메니아 서부 지역에 대한 정복전에 착수하였다. 당시 이 지방은 여러 투르크멘 아미르들에 의해 분할되어 있었는데, 그들은 모두 독실한 무슬림들이었지만 『승전기』에 의하면, 티무르는 그들에 대하여 성전을 내세웠고, 이 투르크멘들이 메카 대상단을 공격했다는 것을 그 구실로 삼았다.[88]

그는 하루 만에 에르주룸Erzurum을 함락시켰다. 에르진잔Erzincan의 영주인 투르크멘인 아미르 타헤르텐Taherten은 스스로 조공을 바치기로 했고 티무르는 그가 자신의 신하임을 확인시켜주었다. 그 다음에 티무르는 자기 아들 미란샤를 무스Mus와 쿠르디스탄Kurdistan으로 보내 카라 무함마드 투르무쉬Qara Muhammad Turmush가 지휘하던 흑양부라고 불리는 투르크멘 유목집단을 공격케 하였다. 그 자신은 무스 지역을 약탈하였는데, 투르크멘은 접근하기 어려운 산간으로 도망쳐버렸다.

반Van 호를 장악하고 그 주민들을 험준한 바위산에서 던져버림으로써 아르메니아 정복을 마친 티무르는 파르스(시라즈), 이스파한, 키르만 등지를 지배하던 무자파르 왕조를 향해 말머리를 돌렸다.

이븐 아랍샤가 묘사한 바에 의하면, 무자파르조의 군주인 샤 슈자Shah

---

87. *Zafar-nama*, I, pp. 425-429(1387년 1월 22일에 시작되는 토끼 해, 回曆 789년 초).

88. *Ibid.*, I, p. 432.

Shuja는 모든 덕목을 갖춘 전형적인 인물 — 단지 그의 아버지를 장님으로 만들어 감옥에서 죽게 한 것을 제외하고는 — 이었으며, 복속을 표시하라는 티무르의 요구를 받은 바 있었다.[89] 그는 즉시 티무르를 주군으로 인정함으로써 침략 위협으로부터 자신의 영지를 보호할 수 있었다. 그가 수도인 시라즈에서 사망했을 때 그는 그곳과 파르스를 아들인 제인 울 아비딘Zayn al-'Abidin에게 넘겨주고 키르만은 동생인 아흐마드Ahmad에게 주었으나, 이스파한과 야즈드를 놓고 그의 조카인 샤 야흐야Shah Ya-hya와 샤 만수르Shah Mansur가 경합을 벌였다(결국 전자가 야즈드를 장악하고, 후자가 이스파한을 점령하였다).[90] 그가 죽기 전에 샤 슈자는 그의 가족 모두를 티무르의 보호 하에 두었다. 그가 써보낸 편지의 확신에 찬 어조에도 불구하고(『승전기』는 그 원문을 그대로 옮겨놓았다고 주장한다), 그가 결코 안심하지 못했다는 것은 분명하게 드러난다.[91]

티무르는 가신의 죽음을 침략의 호기로 삼아, 즉시 무자파르 영토로 침공해 들어가(1387년 10-11월) 하마단을 거쳐 곧바로 이스파한으로 진군하였다. 이스파한에 있던 무자파르조의 태수 무자파리 카흐시Muzaffar-i Kahsi는 서둘러 그에게 도시의 열쇠들을 갖다 바쳤고, 티무르는 당당하게 입성한 뒤 본영은 교외에 세웠다.

모든 것이 순조로워 보였으나, 주민들은 밤중에 반란을 일으켜 징세를 위해 임명된 티무르조의 관리들은 물론 트란스옥시아나의 병사들도 눈에 띄는 대로 살해하였다. 분노에 찬 티무르는 전면적인 학살을 명령하였다. 각 부대는 정해진 숫자의 사람 머리를 갖다 바쳐야 했고, 티무르의 입장을 변호하는 공식적인 기록인 『승전기』는 "7만 개의 머리가 이스파한 성벽 밖에 무더기로 쌓였고, 시내 곳곳에 해골무지가 생겨났다"고 적었다.

이븐 아랍샤가 전하는 끔찍한 장면들은 1221년 발흐·헤라트·가즈니에서 일어난 학살과 관련하여 칭기스칸 시대의 역사가들이 기록한 것보다 더 심하였다. 초기의 몽골인들은 단순한 야만인들이었지만, 티무르는 문화

---

89. Ibn ' Arabshah, pp. 27-30.
90. Cf. Zettersteen, "Muzaffarides," *EI*, p. 853 ; Ibn ' Arabshah, p. 36.
91. *Zafar-nama*, I, pp. 442-447.

적 세례를 받은 투르크인이었고 페르시아 시인의 열렬한 애독자였음에도 불구하고 이란문명의 꽃을 파괴해버렸으며, 독실한 무슬림이었지만 무슬림 세계의 중요한 도시들을 겁략했던 것이다.[92]

납골당으로 변해버린 이스파한에서 티무르는 시라즈로 향했고, 무자파르 조의 군주 제인 울 아비딘은 그 직전에 그곳에서 도망쳤다. 공포에 질린 시민들은 티무르를 안심시키려 애썼고, 그는 그곳에 본영을 두었다. 키르만과 야즈드의 무자파르 지배자인 샤 아흐마드와 샤 야흐야는 두려움에 떨면서 "제왕의 카펫에 입맞춤을 했고," 그 대가로 샤 아흐마드는 키르만을, 샤 야흐야는 파르스에 대한 영유권을 보존할 수 있었다. 뛰어난 기술을 지닌 시라즈의 장인들은 티무르의 수도를 아름답게 꾸미기 위해 사마르칸드로 이송되었다.[93]

이때 티무르 자신은 킵착의 칸이 1387년 말 트란스옥시아나를 침공하였기 때문에 사마르칸드로 되돌아가지 않으면 안되었다. 그는 1392년 소위 5년전쟁(1392-1396)이 시작될 때까지 페르시아로 다시 돌아올 수 없었다.

그의 원정은 마잔다란에서 처음 시작되어, 사이드Sayyid 왕조의 지방 정권이 있던 아물, 사리, 마쉬하디 사르Mashad-i Sar(바불사르Babulsar) 등을 점령하고, 그 낯선 지방을 뒤덮고 있는 처녀림을 통과하면서 시어파 주민들 — 이들의 신앙은 여전히 잔존해 있던 이스마일리파의 영향을 받고 있었다 — 을 정통 순니파 교도로 개종시키려고 애썼다.[94]

마잔다란에서 겨울을 지낸 뒤 그는 니하반드Nihavand 길을 거쳐 루리스탄으로 갔고 거기서 고질적인 산적활동을 하던 루르Lur 인들을 응징하였다. 그리고는 디즈풀Dizful과 슈쉬타르Shushtar를 거쳐 가면서 계속해서 무자파르 반군들을 제압하였다.

무자파르조의 군주들 가운데 하나인 샤 만수르는 티무르가 떠나자 다

---

92. *Ibid.*, I, pp. 449-454 ; II, pp. 173-183 ; Ibn ' Arabshah, pp. 43-46.
93. *Zafar-nama*, I, pp. 454-462(티무르의 시라즈 입성은 回曆 789년 Zu'l Qadah 1일, 즉 1387년 11월 13일이다).
94. *Zafar-nama*, II, pp. 143-154.

른 사람들에 비해 더 적극적으로 자신의 경쟁자들을 제거하고, 티무르에 대항하여 조상 때부터 내려온 자기 영역을 다시 통합하였다. 그는 조카인 제인 울 아비딘을 장님으로 만들었고, 형제인 야흐야를 시라즈에서 야즈드로 물러나게 한 뒤 시라즈를 장악하고, 이스파한과 함께 그곳을 수도로 삼았다. 그의 일족들처럼 쉽게 변심하고 활동적이면서 적극적이며 놀라운 용기를 지녔던 그는 심지어 티무르까지 배척하였다.

1393년 4월 티무르는 슈쉬타르에서 군대를 정비한 뒤 시라즈를 향해 진군하였다. 5월 초 도중에 있던 칼라이 세피드Qal'a-i Sefid를 점령하였는데, 그 성채는 그때까지 난공불락이었다. 만수르는 그를 맞아 시라즈 교외에서 처절한 전투를 벌였다. 무자파르인들은 놀라운 용맹으로 트란스옥시아나 수비대의 일각을 무너뜨리는 데 성공하였다. 이어 그는 티무르를 향해 돌진하여 칼로 그를 두 번이나 내리쳤으나, 티무르의 단단한 투구에 맞아 효과를 거두지는 못했다. 결국 만수르는 죽임을 당하고 말았다. 티무르의 아들(당시 17세) 샤 루흐는 그의 머리를 잘라 승리자의 발 밑에 던졌다고 한다(1393년 5월).95)

티무르는 시라즈에 당당히 입성하였다. 그는 이 옛 도시의 모든 재물들을 넘겨주는 것은 물론 거액의 전쟁배상금을 요구하였다. "그는 잔치와 환락으로 거기서 한 달을 지냈다"고 『승전기』는 자랑스럽게 적었다. "풍금과 하프가 연주되었고, 맛좋은 시라즈 포도주가 황금의 술잔에 담겨 도시에서 가장 아름다운 소녀에 의해 바쳐졌다." 생존한 무자파르조의 지배자들 — 키르만의 샤 아흐마드와 야즈드의 샤 야흐야 — 은 그를 찾아와 겸손하게 인사를 올렸다. 그러나 그 뒤 티무르는 그 가족 거의 모두를 처형시켰고 그들의 영지를 자기 휘하의 장군들에게 나누어주었다.96) 파르스 지방의 장인들과 지식인들은 티무르가 아시아의 수도로 만들고자 했던 사마르칸드로 보내졌다.

1393년 6월 티무르는 시라즈를 떠나 이스파한과 하마단으로 가서 그곳에 본영을 설치한 뒤, 몽골계 잘라이르 왕조의 마지막 잔존세력인 술탄

---

95. *Ibid.*, pp. 183-198 ; Ibn 'Arabshah, pp. 36-42.
96. Ibn 'Arabshah, pp. 48-49 ; *Zafar-nama*, II, pp. 201-207.

아흐마드로부터 바그다드와 이라키 아랍을 탈취하기 위한 원정을 개시하
였다. 그가 10월 초 바그다드 성문 앞에 나타나자 아흐마드 잘라이르는
서쪽으로 도주하였다. 그는 카르발라Karbala 근처에서 추격해온 미란샤에
게 거의 붙잡힐 뻔하였지만 다행히 빠져나가 이집트로 도망쳤고 거기서
맘룩조의 술탄인 바르쿡Barquq의 영접을 받았다. 티무르는 전투를 치르지
도 않은 채 바그다드로 입성하였다. 『승전기』는 "타타르 군대는 이라크를
마치 개미떼나 메뚜기떼처럼 덮쳤고, 각지를 휩쓸고 약탈하였다"고 기록하
였다. 티무르는 바그다드에서 휴식을 취하며 "티그리스 강가에 있는 열락
의 거처에서 기쁨을 누리면서" 석 달을 지냈다.[97]

　　그 후 티무르는 북쪽으로 돌아갔다. 그곳을 지나면서 그는 티크리트
Tikrit(혹은 테크리트Tekrit)의 요새를 함락하고, 쿠르디스탄과 디야르바
크르의 성채들을 장악하였다. 이 원정에서 그는 둘째아들인 우마르 셰이흐
― 쿠르드족의 요새를 공격하다가 1394년 2월 활에 맞아 사망[98] ― 를
잃었다. 격렬한 포위공격 끝에 마르딘Mardin(1394년 3월)[99]과 아미드
Amid(디야르바크르)도 함락시키고, 이어 위로 올라가 대아르메니아로 다
시 들어가면서 무스 지방에서 투르크멘족 흑양부의 수령인 카라 유숩을
밀어냈다. 그리고 그는 반호를 거쳐 그루지아로 들어가 전투를 벌였다
(1394년 말).

　　1395년 티무르가 코카서스를 넘어 남러시아에서 킵착의 칸과 전쟁을
벌이는 동안 그루지아인들은 나히체반 근처의 알린작Alinjaq을 포위하고
있던 그의 셋째아들 미란샤를 패배시켰다.[100] 티무르는 1399년 코카서스
로 돌아와 카헤쓰Kakheth(동부 그루지아) 지방을 유린하여 미란샤에 대
한 앙갚음을 하였다. 더욱 가혹한 복수는 1400년 봄 그가 티플리스로 진

---

97. Ibn ‘Arabshah, p. 64 ; *Zafar-nama*, II, pp. 221-238(티무르의 바그다드 도착
　　은 回曆 795년 Shawwal월 말, 즉 1393년 8월 10일-9월 7일경이다).
98. 닭의 해, 回曆 796년 Rabi I(1394년 1월 4일-2월 2일) ; *Zafar-nama*, II, p.
　　270.
99. 回曆 796년 Rabi II(1394년 2월 3일-3월 3일) ; *Zafar-nama*, II, p. 275.
100. Cf. Minorsky, "Tiflis", *EI*, p. 796. 回曆 798년(1395년 10월 16일-1396년 10
　　월 4일).

군하여 그곳에 수비대를 둔 뒤 그 지방을 완전히 파괴해버린 것이었다. 그곳의 군주 기오르기Giorgi 6세는 산지로 도망쳤다. 1401년 티무르는 그에게 조공을 바치는 대가로 '사면'(aman)을 부여하였다. 그러나 1403년에 그는 다시 돌아와서 거의 700개의 큰 촌락과 작은 도시들을 파괴하고 주민을 학살하고 티플리스의 기독교 교회를 무너뜨리는 등 그 지방을 약탈하였다.101)

위에서 13세기 몽골인들이 덜 잔인했다고 했는데, 몽골인들은 — 그저 그렇게 하는 것이 여러 세기 동안 정주농경민들에 대한 유목민들의 본능적인 행동이었다 — 단순한 야만인이었기 때문이다. 티무르는 이러한 잔인성에다 종교적 살인까지 가미한 것이다. 그는 신앙심을 갖고 살해하였다. 그는 아마 역사에서 일찍이 보지 못했던 몽골의 야만성과 무슬림 광신성의 결합을 표상하였고, 추상적인 이념을 위해 의무와 성스러운 소명으로써 자행한, 말하자면 원시적 학살의 발전된 형태를 상징하였다.

티무르의 이란 지배에 대해 최후로 저항했던 인물은 술탄이었던 아흐마드 잘라이르와 투르크멘의 수령 카라 유숩이었다. 1393년 12월과 1394년 1월, 티무르에 의해 바그다드에서 쫓겨난 아흐마드 잘라이르는 앞서 말한 대로 이집트의 맘룩 술탄 바르쿡에게 망명했다. 티무르의 군대가 철수한 뒤 그는 바르쿡의 지원을 받아 1394년 바로 그해에 바그다드로 돌아올 수 있었다. 그가 그곳에 1401년 여름까지 그런 대로 머물 수 있었던 것은 티무르가 다른 곳에서의 전투에 여념이 없었기 때문이었고, 부분적으로는 흑양부 카라 유숩의 지원이 있었기 때문이다.

그러나 티무르가 이라키 아랍에서 돌아오자 아흐마드 잘라이르는 다시 맘룩으로 도망쳤고 그의 부하들은 자기들 희망대로 남아서 도시를 수비하였다. 바그다드는 1401년 7월 10일 다시 함락되었다. 수비대는 절망적인 힘을 다해 싸웠으나 티무르의 보복은 가차없었다. 지난 7년 동안 그는 바그다드를 비교적 부드럽게 취급하였으나 이제는 대량학살을 명령하였다. 샤라프 웃 딘은 병사들이 주민의 머리를 하나씩 가져와야 했다고 적

---

101. Minorsky, "Tiflis".

었고, 이븐 아랍샤는 두 개씩이라고 하였다.[102]

이러한 집단살육의 와중에도 문학적 심성을 가진 티무르는 일부 지식인들의 목숨을 살려주었고 심지어 그들에게 영예의 외투를 하사하기까지 하였다. 이러한 사람들을 제외하고는 주민 전부가 학살되었고 모스크를 제외한 모든 건물이 파괴되었다. 이븐 아랍샤는 희생자의 숫자가 9만 명에 달할 것으로 추정하였다. 이라크의 하늘 아래서 7월의 열기는 곧 쌓인 시체에서 전염병을 발생시켰고 이로 인해 승리자들도 물러갈 수밖에 없었다.

뒤에서 설명할 티무르와 오스만의 술탄 바야지드Bayazid 사이에 전쟁이 벌어지는 동안 고집 센 아흐마드 잘라이르는 다시 기회를 포착하여 바그다드로 돌아왔으나, 한때 그의 연맹자였던 흑양부의 수령 카라 유숩에 의해 패배하고 밀려났다. 카라 유숩 자신도 티무르의 손자인 아부 바크르Abu Bakr가 지휘하는 군대의 새로운 공격을 받고 쫓겨났다(1403). 카라 유숩과 아흐마드 잘라이르는 둘 다 이집트로 도주하였고, 티무르가 죽은 뒤에야 비로소 돌아올 수 있었다.[103]

티무르와 킵착

1376년 티무르는 사마르칸드에서 칭기스칸 가문 조치의 후손인 톡타미쉬의 방문을 받았다. 톡타미쉬는 시르다리아 하류의 북방, 사리 수 초원, 울루 타우 산맥 근처를 장악하던 백장 칸국의 칸이자 자신의 주군이기도 한 우루스에 대항하기 위해 지원을 요청하러 온 것이었다.[104] 톡타미쉬가

---

102. *Zafar-nama*, III, pp. 363-371(바그다드에 대한 최종공격은 回曆 803년 Zu'l Qadah 27, 즉 1401년 7월 9일이었다).
103. *Zafar-nama*, IV, pp. 93-97 ; Barthold, "Ahmed Djalâir", *EI*, p. 201.
104. 나는 몽골의 러시아 지배와 관련하여 이미 앞에서 설명한 부분을 여기서 다시 상세히 재론하는 것에 대해 사과를 드리고 싶다. 주제의 복잡성으로 인해 이 같은 반복을 피한다는 것은 불가능하다. 왜냐하면 그렇지 않을 경우 이해하기 어려워지기 때문이다.

우루스 칸의 조카였는지 아니면 더 먼 일족이었는지는 분명치 않다.105) 티무르는 이 칭기스칸 가문의 칸위 후보자를 자신의 수하로 두는 것이 유용하리라는 판단 아래, 백장 칸국의 초원과 마주한 시르다리아 중류 북방의 오트라르, 사브란, 시그나히 등의 도시를 그에게 주었다. 톡타미쉬는 자신의 조그만 영지에서 우루스 칸에 의해 두 번이나 쫓겨났으며, 그때마다 사마르칸드에 있던 티무르의 도움을 받았다. 『승전기』에 의하면, 우루스 칸은 그를 인도해줄 것을 요구하였다. 그러나 티무르는 이 요구에 응하기는 커녕 시르다리아 전선을 방어하기 위해 출정하여, 시그나히와 오트라르 사이에서 우루스 칸을 패배시키고 그를 초원으로 물러나게 하였다(1377년 초).106)

우루스는 그해에 죽었고 그의 두 아들인 톡타 키야와 티무르 말릭이 차례로 계승하였다. 티무르가 트란스옥시아나로 돌아온 직후 톡타미쉬는 다시 티무르 말릭에게 패배하였고, 티무르는 다시 한번 시그나히를 되찾아주고 그에게 지원군을 보내주었다. 이 군대로 톡타미쉬는 마침내 동영지 ─『승전기』에 의하면, 카라탈이라는 이름의 지역 ─ 에 있던 적을 급습하였다.107) 승리는 결정적이었고 이로 인해 톡타미쉬는 백장 칸국의 권좌에 오를 수 있었다(1377-1378년 겨울).108)

그때까지 톡타미쉬는 개인적으로 하등의 탁월한 능력을 보이지 않았고, 『승전기』는 그의 성공이 순전히 티무르의 지원에 힘입은 것이라고 하였다. 그러던 그가 백장 칸국의 칸이 되자 갑자기 놀라울 정도로 활력을 보이기 시작하였다. 그는 그 즉시 금장 칸국(킵착 칸국), 즉 남러시아의 몽골 제국을 복속시키려고 하였다. 1380년 그는 금장 칸국의 지도자인 마마이를 아조프 해에서 멀지않은 마리우폴Mariupol 지구에 위치한 칼카(칼

---

105. Cf. Barthold, "Toktamish", *EI*, p. 850.

106. *Zafar-nama*, I, pp. 276-286(용의 해 말, 즉 1377년 초).

107. 이것은 일리 동쪽, 발하쉬 호 남쪽에 있는 지류인 또 다른 카라탈Qaratal(Kara-Tal) ─ 이것은 백장 칸국의 영역 안이 아니라, 일리의 차가다이 칸국, 즉 모굴리스탄에 있었다 ─ 과는 구별되어야 한다.

108. *Zafar-nama*, I, pp. 292-294. Barthold의 "Toktamish", EI, p. 850에 있는 연대 참조.

미우스) 강 근처에서 벌어진 결정적인 전투에서 분쇄하였다. 그는 금장 칸국의 칸으로 인정받게 되었고, 그럼으로써 금장 칸국과 백장 칸국 — 이 두 영역은 대부분 과거 조치 가문의 영지였다 — 을 통합하였다. 이렇게 해서 그는 시르다리아 하류에서 드녜스트르까지, 시그나히와 오트라르에서 키예프의 성문에 이르는 지역에 군림하게 되었다. 그는 볼가 하류의 수도인 사라이에서 그 시대 최대권력자의 한 사람으로 약진하게 된 것이다.

칭기스칸 가문의 조상들의 전통을 부활시키며 그는 대대적인 원정을 감행하였다. 기독교권 러시아를 침략하여 1382년 8월 모스크바를 불태우고, 블라디미르, 유리엘, 모자이스크Mozhaisk를 비롯한 여러 러시아 도시들을 약탈하였으며, 심지어 간섭의 기미를 보이던 리투아니아인들도 폴타바 근처에서 패배시켰다. 이렇게 해서 그는 모스크바 세력에게 또다시 100년 동안 몽골의 멍에를 지웠던 것이다.

이러한 승리는 그의 판단력을 잃게 하였다. 칭기스칸 가문의 진정한 후예인 자기 자신과 비교할 때 확실히 규정된 적법한 칭호도 없는데 시원치 않은 가문 출신으로 갑작스럽게 출세한 투르크인 티무르는 도대체 무엇이란 말인가? 더구나 논쟁의 여지가 없는 그의 권리는 이제 엄청난 수의 초원전사들이 사는 서북방의 모든 유목집단들의 후원을 받고 있었다. 북방 유목민들의 총수인 그의 눈에 트란스옥시아나와 이란의 왕인 티무르는 보잘것 없는 일개 타직인으로 비쳤음에 틀림없다. 몽골인이었던 톡타미쉬가 투르크인들의 통합자이며 4분의 3은 정주민이라고 할 수 있는 티무르에 대해 느꼈던 것은 아마 티무르가 이스파한이나 시라즈의 주민들에 대해 가졌던 은근한 경멸감과 비슷한 것이었으리라.

활력에 넘치고 적극적이며 당당한 체구에 몽골인들 사이에서도 공정하기로 이름난 그가 자신을 아들이라고 부르는 이 투르크인의 부하로 행동한다는 것에 대해 못마땅했던 것이다. 그는 자신의 성공이 바로 그 투르크인 덕택이었다는 사실을 망각한 것도 잘못이었지만, 그 투르크인의 가공할 만한 힘을 올바로 평가하지 못한 것은 더 큰 잘못이었다.

베르케의 시대 이래 킵착 칸국의 군주들이 그래왔던 것처럼 톡타미쉬는 아제르바이잔에 대한 영유권을 주장했다. 전술한 바이지만 1260년부터

1330년에 이르기까지 사라이에 근거를 둔 군주들은 트란스코카시아나 서북 페르시아가 그들의 울루스에 속한 지역이 아니라는 사실을 전적으로 인정한 적이 한 번도 없었다. 그래서 톡타미쉬는 이 지역이 여전히 술탄 아흐마드 잘라이르에 속해 있고 아직 티무르가 개입하기 전인 1385년, 시르반 길을 거쳐서 아제르바이잔을 침공했고 타브리즈를 함락하고 약탈하였다(1385-1386년 겨울).109)

그리고 그는 몽골인들처럼 약탈물을 갖고 퇴각했고 아흐마드 잘라이르는 그 지역을 다시 차지하였다. 방금 페르시아를 정복한 티무르가 아제르바이잔을 제국의 영역에 합병시킨 것은 바로 그때였다(1386). 이 합병은 과거 동맹관계에 있던 두 사람을 갈라놓게 하였다. 아니, 정확히 말하면 그로 인해 톡타미쉬는 선전포고도 없이 자신의 후원자를 급습해 무방비상태에서 티무르를 잡으려고 했던 것이다.

티무르는 1386-1387년 겨울을 아제르바이잔 북방 카라바흐 지구에서 보냈고, 1387년 봄 톡타미쉬가 갑작스레 데르벤드 협로를 지나 곧바로 카라바흐를 향해 덮칠 때에도 그곳에 있었다. 쿠라 강 남쪽의 바르다아 Bardhaa에 진영을 치고 있던 티무르는 강 북쪽으로 정예의 전위부대를 급파하는 수밖에 다른 조치를 취할 만한 시간적 여유가 없었다. 이 소규모 부대는 톡타미쉬의 군대와 교전을 벌여 패배하였는데, 마침 그때 티무르의 셋째아들인 미란샤 왕자가 후원군을 데리고 도착함으로써 상황이 역전되어 톡타미쉬를 패주시켰다.

이때의 티무르의 행동은 주목할 만하다. 패배한 군대에서 잡힌 많은 포로들이 그의 앞으로 끌려왔는데, 그가 포로들을 어떻게 무시무시한 방법으로 처리하는지는 잘 알려져 있었다. 그러나 그는 그들의 목숨을 살려두었을 뿐 아니라 그들을 톡타미쉬에게로 돌려 보냈고, 심지어 식량과 필요한 장비까지 제공해주었다. 동시에 『승전기』에 의하면, 그는 톡타미쉬 — 여전히 '자신의 아들로 간주'하기를 고집했다 — 에 대해서 분노라기보다

---

109. *Zafar-nama*, I, pp. 402-404 ; E. G. Browne, *History of Persian Literature under Tartar Dominion*(Cambrdige, 1920), III, p. 321 ; Minorsky, "Tabriz", *EI*, p. 616.

는 애정 어린 슬픈 어조로 나무랐다고 한다.[110]

그의 이러한 태도를 투르크나 이란의 적들에 대해 보여준 냉정하고 거만한 경멸과 가차없는 보복과 비교해볼 때, 적법한 칭기스칸의 후손들이 그에게 어느 정도의 권위를 지니고 있었는지 짐작케 한다. 실제로 티무르가 칭기스칸의 업적을 능가하였고, 아니면 적어도 그 자신의 성취로 대체한 것이었지만, 이론상으로 그는 여전히 그것을 감히 공개적으로 내세우지 못했고, 아마 자기 자신에 대해서조차 그러했을 것이다. 그는 우회적인 방법을 채택하였고 자신의 투르크 제국의 겉모습을 몽골 제국으로 꾸몄으며, 칭기스칸의 후예들에게 — 그들이 당당한 자세로 나올 때면 언제나 — 아마 자신도 어찌할 수 없는 놀랄 만한 경의를 표시하였다. 그도 역시 트란스옥시아나 사람들이 북방의 유목민들에 대해 지니던 무의식적이기는 하나 뿌리깊은 공포를 느꼈던 것으로 보인다.

그러나 톡타미쉬는 그의 이러한 호소에 귀기울이지 않았을 뿐 아니라, 티무르가 페르시아에 남아 있을 때 그의 부재를 기회삼아 제국의 심장부인 트란스옥시아나를 공격하였다. 같은 해인 1387년 말경, 그는 시그나히 근처의 시르다리아 전선을 공격하고 사브란을 위협하였다. 공성전을 하기에는 장비가 부족하자 그는 지방을 노략하기 시작하였다. 티무르의 둘째아들인 우마르 세이흐가 침략자들을 막아보려고 하였지만 오트라르 부근에서 패배해 거의 포로가 될 뻔하였다.[111] 마침 페르가나를 공격한 모굴리스탄의 유목민들로 인해 군대가 빠져버린 트란스옥시아나의 후방이 뚫렸기 때문에 상황은 더욱 심각했다. 톡타미쉬 군대는 트란스옥시아나에 널리 펼쳐지면서 성벽이 없는 도시들을 약탈하고 심지어 부하라를 포위할 정도였다. 그들에 의한 파괴는 카르시 부근과 아무다리아 하안까지 확대되었다.[112]

티무르는 가능한 빠른 속도로 페르시아에서 돌아와야 했다(1388년 2월 초). 톡타미쉬는 그를 기다리지 않고 백장 칸국의 초원을 다시 확보하

---

110. *Zafar-nama*, I, pp. 423-429(Pétis는 뱀의 해인 回曆 787년, 즉 1385년 2월 12일-1386년 2월 1일로 잘못 기록하였다).
111. *Ibid.*, I, pp. 463-465.
112. *Ibid.*, I, pp. 465-469.

였다. 1388년 말 킵착에서 강력한 군대를 규합한 톡타미쉬는 ―『승전기』
는 모스크바인들도 포함되어 있었다고 밝히고 있다 ― 트란스옥시아나에
대한 공격을 재개하였고, 이번에는 동쪽으로 우회하여 페르가나의 호젠트
근처로 들어갔다. 티무르는 동원 가능한 소수의 병력을 이끌고 진군하여
눈과 혹한 속에서 그를 시르다리아 북방으로 밀어냈다(1389년 1월경).113)
그러나 톡타미쉬는 여전히 시르다리아 중류 북방을 돌아다니면서 사르반
을 포위하고 야시(지금의 투르키스탄 시)를 약탈하였다. 그러나 티무르가
시르다리아를 건너자 적군은 초원으로 흩어져버렸다.114)

　　이러한 일들을 경험한 티무르는 트란스옥시아나를 톡타미쉬의 침략에
그대로 방치한 채 서아시아에 대한 정복전을 추진할 수 없다는 사실을 깨
달았다. 그는 백장 칸국의 초원 안에 위치한 적의 군영을 공격하기로 결심
하였다. 1391년 1월115) 타쉬켄트를 떠난 그는 도중에 톡타미쉬가 보내온
사신을 만났는데, 그는 전쟁의 폭풍을 피하기 위해 준마와 사냥매들을 선
물로 바쳤다. "그는 매를 손에 잡고 쳐다보기만 할 뿐, 아무런 환영의 표
시도 하지 않았다."

　　1387년과 1388년의 일을 경험한 티무르는 톡타미쉬가 자기 조상들의
영지인 백장 칸국의 초원, 사리 수 분지, 울루 타우 산지, 투르가이 분지
등에서 군대를 준비하고 있으리라는 것을 믿어 의심치 않았다. 그래서 그
는 그 방향으로 진군하였다. 야시에서 서북방으로 사리 수 하류의 황야를
지난 뒤, 사리 수 분지와 투르가이 분지의 경계인 울루 타우(울룩 탁
Ulugh Tagh) 산지를 지나 행군하였다. 『승전기』는 "그는 산꼭대기로 올
라가서, 마치 바다와 같이 푸르고 아스라한 드넓은 평원을 경탄의 마음으
로 바라보았다"고 적었다.116)

　　그러나 그곳에서 백장 칸국의 유목민들은 자취도 보이지 않았다. 톡타

---

113. *Ibid.*, II, pp. 22-26(回曆 791년 Safar월, 즉 1389년 1월 30일-2월 27일).
114. *Ibid.*, II, pp. 27-31(回曆 791년 Rabi I, 1389년 2월 28일-3월 29일).
115. 티무르가 타쉬켄트를 떠난 것은 回曆 793년 Safar월 12일, 즉 1391년 1월 19일
　　이었다(*Zafar-nama*, II, p. 73).
116. *Ibid.*, II, p. 81. 回曆 793년 Jumada I월말조 기사(1391년 5월 5일에 끝남).

미쉬는 티무르가 오기 전에 마치 흉노나 돌궐이 그랬던 것처럼 이미 철수해버린 것이다. 티무르의 군대는 사냥으로 식량을 획득하면서 이 광대한 지역을 지나서 자만 아크 쿨Jaman Aq Kul 호수로 흘러드는 질란칙Jilanchik(Pétis de la Croix는 일란죽Ilanjuk이라고 함) 강을 건넜다.[117] 이어서 군대는 카라 투르가이Kara Turgai 강(호워쓰Howorth는 이것을 『승전기』에 나오는 아타카로가이Ataqaroghai 강 — Pétis는 이를 아나카르구Anacargou라고 함 — 과 같은 것으로 보았다)을 건넜다.[118]

이제 타쉬켄트를 떠난 지 4개월이 지났다. 5월 6일과 7일에 사냥감을 모으기 위해 거대한 몰이사냥이 조직되었다.[119] 그리고 군대의 사기를 높이기 위해 사마르칸드의 광장에서 했던 것과 똑같이 세심한 의식을 갖춘 엄숙한 열병식이 열렸다.[120] 사실 원정 그 자체가 완전한 실패로 끝날 수도 있었다. 만약 톡타미쉬가 계속 북쪽으로 이동했다면 티무르의 군대는 마침내 쇠진하여 그들의 반은 추위와 배고픔으로 죽었을 것이고, 그러면 그때 톡타미쉬가 다시 돌아와 그들을 제압할 수 있었을 것이다.

적이 자기 군대를 피해 도주하고 있다고 믿은 티무르는 시베리아 깊숙이 들어갔다. 투르가이에서 그는 현재 쿠스타나이Kustanai 지구에 있는 토볼 강 원류에 이르렀다.[121] 마침내 그의 전초병들이 토볼 강 건너편에서 불자국을 찾아냈다. 티무르는 강을 건넜지만 아무것도 발견하지 못했고, "파견된 전초병들 모두가 이 거대한 황무지 여기저기를 헤매면서 사람의 자취라고는 찾지 못하고 적의 행방에 대해서도 아무것도 알아내지 못했다."

---

117. *Ibid.*, II, p. 82.
118. *Ibid.*
119. *Ibid.*, II, p. 83(回曆 793년 Jumada II의 첫날, 즉 1391년 5월 6일).
120. "티무르는 예복을 입고 말 위에 올랐다. 그의 머리 위에는 루비로 장식된 황금의 관이 얹혀져 있었고, 손에는 소의 머리모양을 한 황금 의장이 쥐어져 있었다." (*Zafar-nama*, II, p. 85). 이 열병식에서 한 부대 한 부대마다에 대한 상세한 묘사는 놀라울 정도로 다채롭고, 내가 아는 영웅사기들 가운데 가장 멋진 구절들 가운데 하나이다.
121. *Zafar-nama*, II, p. 93.

마침내 한 포로가 티무르에게 톡타미쉬가 우랄 지역에 있다고 말해주었다. 군대는 즉시 서쪽으로 향하여 아마 오르스크Orsk 지역에서 야익(우랄) 강을 건너, 그 지류인 삭마라Sakmara 강(호워쓰에 의하면 『승전기』의 셈무르Semmur 강)에 도달하였다.122) 톡타미쉬는 군대를 오렌부르그 근처에 집결시켰던 것으로 보인다.

마침내 티무르는 그를 찾아내는 데 성공하였다. 1391년 6월 9일 결정적인 전투가 벌어졌다. 호워쓰는 그곳이 사마라(오늘날의 쿠이비셰브Kuibyshev)에서 멀리 떨어지지 않은 속Sok 강의 지류인 콘두르차Kondurcha 강 근처의 콘두르친스크Kondurchinsk라고 하였지만, 아마 쿤두즈차Kunduzcha일 것이라고 한 바르톨드의 지적이 더 맞을 것이다.123) 격렬한 접전 끝에 톡타미쉬는 패배하고 도주하였다. 그의 병사들은 트란스옥시아나 승전군과 볼가 강 사이에서 포위되어 죽임을 당하거나 포로가 되었다.124)

패잔병의 일부는 볼가 강에 있는 섬으로 피신하였으나 『승전기』는 이들이 티무르의 초병들에게 붙들려 포로가 되었다고 하였다. 『승전기』는 볼가 강 옆에 있는 우르투파Urtupa 평원에서 벌어진 티무르 군대의 자축 장면을 여유있게 묘사하고 있다. "볼가 강의 이 지역은 위대한 칭기스칸의 아들인 조치 나라의 본령이며 그의 후손들도 대대로 여기에 머물렀다. 티무르는 그들의 왕좌에 오르는 만족감을 누렸다. 빼어난 미모의 후궁들이 그의 옆에 앉았고, 영주들도 모두 자기 여자를 데리고 손에는 술잔을 들고 있었다. 전군이 잔치에 참가하였고, 병사들은 전쟁의 고난도 잊어버렸다. 26일 동안 그들은 그들이 누려야 할 응당의 기쁨을 만끽하였다."125)

그런데 이처럼 엄청난 노력을 들여 어렵게 승리를 얻은 뒤에 티무르가 금장 칸국의 심장부를 파괴하는 것으로만 만족했을 뿐, 자신의 정복을

---

122. *Zafar-nama*, II, pp. 96-97에서는 티무르가 처음 'Semmur'에, 그리고 나서야 야익강에 도착한다(야익에 도착한 날은 回曆 793년 Rajab I, 즉 1391년 6월 4일).
123. Barthold, "Toktamish", *EI*, p. 851.
124. *Zafar-nama*, II, pp. 110-120(回曆 793년 Rajab 15일, 즉 1391년 6월 18일조 기사).
125. *Ibid.*, II, p. 127.

확고히 하기 위한 아무런 조치도 취하지 않은 것은 주목할 만한 일이다. 물론 그는 우루스 칸의 손자인 티무르 쿠틀룩Timur Qutlugh과 같이 톡타미쉬와 대적했던 칭기스칸 가문의 사람들에게 권력과 지위를 부여해주긴 하였다.126)

티무르 쿠틀룩은 즉시 새로운 속민들을 찾기 시작했고 그들을 규합하는 데 성공하였다. 그러나 그는 이들을 티무르의 휘하로 데려온 것이 아니라 도리어 그들을 데리고 초원을 건너 떠나버림으로써 티무르에 대한 대항의 의지를 분명히 나타냈다.127) 그때까지 티무르의 후원을 받던 조치 가문의 또 다른 후손인 이디쿠Idiqu 역시 똑같은 행동을 취하였다. 그는 킵착 유목민의 일부를 조직하라는 임무를 부여받았으나, 일단 자유로워지자 자신의 이익을 위해 행동하였다.128) 티무르는 그들을 다시 복속시키기 위한 별다른 노력도 하지 않고, 병사들이 끌어모은 엄청난 양의 약탈물을 갖고 후일 러시아령인 투르키스탄의 악튜빈스크를 경유하여 트란스옥시아나로 돌아왔다.

분명히 티무르의 유일한 목적은 킵착 칸국 사람들에게 다시는 그의 영토를 공격하지 못할 정도의 공포심을 불어넣는 데에 있었다. 이 목적이 일단 성취되었기 — 아니면 그렇게 믿었기 — 때문에 그는 킵착 칸국의 운명에 대해서는 더 이상 관심이 없었다. 그 결과 톡타미쉬는 곧 권좌를 다시 회복하였다. 바르톨드에 의해 이미 연구되었듯이 1393년 5월 20일 타나Tana(아조프)에서 씌어져 폴란드 국왕 자기엘로Jagiello에게 보내진 편지에서 톡타미쉬는 자신의 패배와 복권을 다음과 같이 설명하고 있다. "티무르는 칸의 적들이 불러들였다. 톡타미쉬는 이 사실을 뒤늦게 깨달았고, 전투가 시작되자 반역자들은 그를 버리고 떠나갔다. 그렇게 해서 그의

---

126. 티무르 쿠틀룩은 백장 칸국의 군주 우루스의 아들인 티무르 말릭의 아들이다.

127. *Zafar-nama*, II, p. 124.

128. Idiqu(Idakou 혹은 Idaku)의 활동은 Ibn 'Arabshah의 글에 자세히 서술되어 있다(pp. 82-84). 티무르에 대한 원시적인 증오감을 갖고 서술한 저자는 그가 이디쿠에게 기만당하는 것을 기뻐하였다. 샤라프 웃 딘(II, p. 124)이 이디쿠의 '도주'를 티무르의 1차 '러시아 원정' 이후에 둔 반면, 이븐 아랍샤는 2차 원정 후의 일로 본 듯하다. 그는 두 차례의 러시아 원정을 혼동하고 있다.

제국은 무질서에 빠지게 되었지만, 지금은 모든 것이 제자리를 찾았다. 자기엘로는 예정된 조공을 바치도록 하라!" 동시에 그는 1394년과 1395년에 이집트의 맘룩 술탄인 바르쿡과 반티무르 연맹을 맺었다. 1394년 그는 티무르 제국의 일부를 이루고 있던 데르벤드 남쪽의 시르반 지구를 공격할 정도로 충분한 힘을 되찾았으나, 티무르가 접근하고 있다는 소식만으로도 침략을 중지하였다.[129]

톡타미쉬의 새로운 침략으로 인해 티무르는 1395년 봄 2차 킵착 원정을 감행키로 결정하였다. 경험을 통해 그는 길을 잃기 쉽고 힘든 투르키스탄-시베리아 루트보다는 금장 칸국의 '수도들'인 사라이와 아스트라한으로 곧바로 연결되는 코카서스 루트를 취하는 것이 낫다는 것을 알았다. 데르벤드 남쪽의 사무르에서 그는 톡타미쉬의 사신을 접견했으나 그 해명과 변명에 만족하지 못하였다.

그는 협로를 통과하여 1395년 4월 15일[130] 테렉 강가에서 톡타미쉬의 군대를 공격하였다. 다른 평범한 병사들처럼 싸운 티무르는 "자기 화살을 모두 다 써버리고 창도 부러졌지만, 그래도 여전히 칼을 휘둘렀다." 그는 거의 전사하거나 포로가 될 뻔하였다. 그러나 마침내 톡타미쉬가 패배해 그는 불가르인들의 땅인 카잔 지역으로 도주하였다. 『승전기』는 티무르의 전위대가 말을 달려 그를 추격하기 전에 그곳의 삼림지대로 사라져 버렸다고 기록하고 있다.

추격자들은 되돌아오면서 도중의 여러 지방을 약탈하였다. "금과 은, 모피와 루비와 진주, 그리고 미소년과 아름다운 소녀들도 있었다." 티무르 자신은 북상하여 몽골인의 킵착과 슬라브인의 러시아 사이의 경계에 위치한 돈 강 상류의 옐레츠Yelets라는 러시아 도시까지 올라갔다. 『승전기』에서 단언하고 있는 것과는 달리 그는 모스크바인들을 공격하지는 않았다. 옐레츠에 도착한 뒤 1395년 8월 26일, 그는 다시 남쪽으로 발길을 돌렸다.[131] 돈 강 하구에서 그는 제노아와 베네치아 출신의 수많은 상인들이

---

129. *Zafar-nama*, II, pp. 331-332.
130. 回曆 797년 Jumada II 23일, 즉 1395년 4월 15일(*Zafar-nama*, II, p. 446).
131. Barthold, "Toktamish", *EI*, p. 851.

오가는 타나(아조프)로 들어갔고, 그곳의 주민들은 그의 약속을 믿고 선물을 잔뜩 보냈다.

그러나 그 후에 벌어진 사태는 그들의 믿음이 얼마나 잘못된 것이었나를 보여준다. 오로지 무슬림 주민들만 목숨을 건졌을 뿐 모든 기독교도들은 노예가 되었고 그들의 상점·사무소·교회·영사관 등은 모두 파괴되었다. 이는 크리미아의 제노아인 거류지와 중앙아시아 사이에 이루어지던 교역에 치명적인 타격을 주었다.132) 티무르는 거기서 쿠반으로 가서 시르카스 지방을 약탈하고, 이어 코카서스의 삼림과 접근하기 힘든 협곡으로 들어가 알란과 아스(몽골어로는 아수드)인들 — 오늘날 오세트Osset 인들의 조상 — 의 땅을 유린하였다.133) 1395-1396년 겨울 그는 볼가 강 하구로 진출하여 후일 아스타르한Astarkhan이라는 이름으로 알려진 핫지 타르한 Hajji Tarkhan을 허물어뜨리고 킵착의 수도인 사라이를 불태워버렸다. 바르톨드는 아흐투바Akhtuba 지구의 짜레프 발굴에서 테레셴코Tere-shchenko가 찾아낸 머리가 없고 손이 없거나 발이 없는 해골들은 이때 티무르가 저지른 학살의 유물들이라고 생각하였다. 『승전기』에는 사라이가 불타고 있을 때 그곳의 생존자들은 끔찍한 추위 속에서 "군대에 의해 마치 양처럼 끌려갔다"라고만 간단히 적혀 있다.134) 1396년 봄 티무르는 데르벤드를 거쳐 페르시아로 돌아왔다.

티무르는 킵착을 황폐화시켰다. 그는 타나와 사라이를 파괴시킴으로써 유럽과 중앙아시아 사이의 교역에 치명적인 타격을 가하였다. 즉 그는 마르코 폴로가 묘사했던 고대의 대륙간 교통로를 막아버렸고, 칭기스칸의 정복을 거치면서 그나마 잔존하여 유럽에게도 도움이 되었을 그러한 흔적조차 지워버렸던 것이다. 다른 곳이나 마찬가지로 킵착에서도 그는 모든 것을 파괴하였고 아무것도 건설하지 않았다.135)

---

132. Heyd, *Histoire du commerce du Levant*, II, p. 375.
133. *Zafar-nama*, II, p. 368.
134. *Ibid.*, II, pp. 379-382 ; Ibn ʻArabshah, p. 82 ; Heyd, *Histoire du commerce du Levant*, II, p. 229 ; Barthold, "Sarâi", EI, p. 163.
135. 티무르가 1395년 승전 이후에 명목상 금장 칸국의 칸으로 지명했던 코이리착 공

티무르가 페르시아로 돌아가자 톡타미쉬는 다시 금장 칸국의 권좌에 올랐다. 바르톨드도 지적했듯이 이븐 하자르 아스칼라니Ibn Hajar Asqalani 글의 한 구절은 그가 1396년 9월과 1397년 10월 사이에 제노아의 식민지였던 크리미아에 대한 전쟁을 감행하고 있었음을 보여준다.

한편 그의 경쟁자였던 티무르 쿠틀룩은 칸위에 대한 그의 권리에 도전하였다. 뿐만 아니라 그는 이디쿠라는 또 다른 토착수령도 상대하지 않으면 안되었다. 이븐 아랍샤는 나라를 피폐하게 만든 이 같은 새로운 전쟁의 경과를 설명하고 있다.[136]

이 여러 경쟁자들 가운데 티무르 쿠틀룩이 ― 비록 몇 년에 불과했지만 ― 승리자로 부상하였다. 그는 자신을 티무르의 보호 아래 두는 것이 현명하다고 판단하였고, 그에게 보낸 사신이 1398년 8월 17일에 도착하였다. 패배한 톡타미쉬는 리투아니아의 대공인 위토우트Witowt(Vitovt, Vitautas)에게 망명하였다. 위토우트가 그를 지원했으나 톡타미쉬는 1399년 8월 13일 드녜프르 강의 지류인 보르스클라Vorskla 하반에서 티무르 쿠틀룩에게 패배했다.

한낱 방랑자의 처지가 되어버린 톡타미쉬는 티무르의 환심을 사려고 노력하였고, 티무르는 1405년 1월 그가 보낸 사신단을 오트라르에서 맞이하였다. 이 배은망덕한 친구에게 항상 약한 면을 보여왔던 티무르는 그를 다시 권좌에 앉히려고 생각했지만 톡타미쉬의 죽음으로 성사되지 못하였다. 티무르 쿠틀룩의 형제인 샤디 벡Shadi Beg(1400-1407년경)이 킵착의 칸 자리에 올랐다. 러시아측 자료에 의하면 1406년 시베리아에 있는 튜멘Tiumen으로 도망친 톡타미쉬를 죽인 장본인은 바로 샤디 벡이었다고 한다.

Prince Koirijak ― 백장 칸국의 우루스 칸의 아들이라고 전해진다 ― 은 통제권을 장악하는 데 성공하지 못했다. *Zafar-nama*, II, p. 355.

136. Ibn ' Arabshah, pp. 84-87.

인도 원정

티무르는 인도로 약탈원정을 감행했던 차가다이 칸국 군주들의 전통에서도 역시 영감을 찾았다. 서북 인도 — 펀잡과 도압Doab — 는 칭기스칸 가문의 군주들에게 일종의 사냥터처럼 여겨졌다. 1292년부터 1327년(pp. 481-483을 보시오)까지 그들은 기마군단의 정기적인 기습공격을 감행하여 라호르와 물탄을 약탈하고 눈앞에 있는 모든 것들을 파괴하면서 델리의 성문 바로 앞까지 말을 달렸고, 때로는 델리를 포위하기도 하였다.

이러한 침공은 모두 몇 개월이 지나면 썰물처럼 빠져나갔는데, 그 까닭은 첫째 그들의 유일한 목적이 거의 약탈에 있었고, 둘째 차가다이 몽골이 강력한 국가의 저항에 직면했기 때문이다. 델리의 술탄국은 그 지휘조직이 무슬림을 신봉하는 투르크계 혹은 투르크·아프간계에 의해서 장악되어 있었고, 알라 웃 딘 힐지'Ala ad-Din Khilji(1296-1316)나 무함마드 이븐 투글룩Muhammad ibn Tughluq(1325-1351)과 같이 정력적인 군주들을 배출한 그들은 언제나 황금 아니면 무기를 사용하여 아프가니스탄의 협곡을 타고 내려오는 몽골군을 막아낼 수 있었다.

이러한 차가다이 칸국의 관례를 받아들였던 티무르에게도 역시 세계에서 가장 풍요한 지역으로 이름난 그곳으로 들어가 많은 수입을 올리는 약탈을 재개하는 것 이외에 다른 목적은 없었다.

그러나 그는 습관적으로 자신의 행동에 대해서 종교적인 구실을 대었다. 물론 델리의 투르크계 술탄국이 기본적으로는 무슬림이고 일부 군주들이 조직적인 박해를 통해서 힌두 피지배민들을 대량으로 개종시키려 시도했던 것도 사실이지만, 티무르는 그들이 이교도에 대하여 지나치게 너그럽다고 생각하였다.

『승전기』는 그가 인도를 정복하기 위해 출정한 것은 오로지 무슬림들의 신앙의 적과 전쟁하기 위해서였다고 주장하고 있다. "『쿠란』은 사람이 자기 스스로 신앙의 적에 대해 전쟁을 수행함으로써 가장 고귀한 존엄성을 획득할 수 있다고 강조한다. 위대한 티무르가 언제나 자신이 직접 이교도들을 절멸시키는 데 관심을 보였던 것은 영광을 얻기 위해서뿐만 아니라 '선행을 통해' 덕을 쌓기 위해서였던 것이다."[137]

　이 같은 신념에 찬 구실의 이면에는 인도의 정치적 상황에 대한 정확한 지식이 깔려 있었다. 1335년에 인도 전역을 장악했던 델리 술탄국은 그 직후부터 급속한 쇠퇴의 길로 접어들었고 곧이어 다수의 커다란 성들이 술탄의 권위를 부정하고 독자적인 무슬림 국가들을 건설하기에 이르렀다. 그렇게 해서 제국은 바흐만Bahman 왕조가 들어선 데칸Deccan (1347), 벵갈(1358-1359), 우드Oudh 혹은 자운푸르Jaunpur 왕국(1394), 마지막으로 구자라트(1396) 등을 차례로 상실하였다. 이러한 무슬림 왕국들의 이탈은 델리 술탄국을 펀잡과 도압 지방으로만 국한시켰고, 심지어 펀잡조차도 살트 산맥에 있던 호하르Khokhar 부족의 반란으로 혼란에 빠졌다. 더구나 그 당시 델리를 지배하던 마흐무드 샤 2세Mahmud Shah II(1392-1412)는 강력한 재상 말루 이크발Mallu Iqbal의 영향 아래 있던 연약한 군주였다.[138]

　이렇게 되자 티무르는 지방총독들의 이탈로 인해 풍요로운 성들이 빠져버린 쇠잔한 술탄국에 지나지 않은 인도를 상대한 셈이다. 1398년 초 그는 손자 피르 무함마드가 지휘하는 선발대를 보냈는데, 이들은 인더스 강을 건너 물탄을 공격했고 6개월의 포위 끝에 함락시켰다. 티무르 자신은 주력군을 이끌고 1398년 9월 24일 인더스를 건너, 그의 군대가 물탄의 동북방에 있던 탈람바Talamba 시를 약탈하도록 명령(혹은 허락)한 뒤 피르 무함마드와 합류하였다.

　수틀레즈Sutlej 하반에서 호하르 부족의 수령인 자스라트Jasrat를 패배시키고, 북위 30도선보다 약간 남쪽으로 그것과 평행으로 달리던 물탄-델리 직선루트를 따라 델리로 진군하였다. 그 중간에는 라즈푸트Rajput의 수령인 라이 둘 찬드Ray Dul Chand가 방어하던 바트나이르Bhatnair 성채가 가로막고 있었다. 티무르는 그 성채를 점령하고 허물어버린 뒤 시르수티Sirsuti를 함락시켰다. 이어 델리에서 북북동으로 11킬로미터 떨어진

---

137. *Zafar-nama*, III, p. 11 ; *Malfuzat-i Timuri*(Ishwari Prasad의 *L'Inde du VIIe au XVIe siécle*, p. 342에서 인용).
138. Cf. Ibn ' Arabshah, p. 95.

곳에 있는 로니Loni 성을 장악하고, 1398년 12월 10일 그곳에 본영을 세
웠다.

결정적인 전투를 벌이기 전에 그는 거추장스럽던 수십만 정도의 힌두포
로들을 학살하는 것이 현명하다고 판단했다. 『티무르 연대기』(*Malfuzat-i
Timuri*)는 이 명령이 치밀하게 수행되었다고 기록하고 있다.139) 12월 17
일, 티무르는 파니파트Panipat와 델리 사이에 위치한 줌나Jumna 하반에
서 술탄 마흐무드 샤와 재상 말루 이크발이 지휘하는 적군과 교전에 들어
갔다. 다시 한번 승리는 그의 것이었다. 인도의 전쟁용 코끼리들도 마케도
니아 사람들을 막아냈던 것처럼 티무르의 기병들은 막지 못했고, "사람들
은 금세 코끼리의 몸뚱이가 시신들과 죽은 사람의 머리와 뒤엉켜 흩어져
있는 땅을 보았다."140)

술탄이 구자라트로 도망쳤을 때 티무르는 델리로 개선하여 입성하였
다. 무슬림 '성직자'들의 요구에 따라 그는 주민들의 목숨을 살려주었지만,
군인들의 잔인한 보급물 요구는 반발을 불러일으켰다. 이는 군인들의 분노
를 사게 되어 그들은 도시를 약탈하고 주민을 학살했으며 방화를 저질렀
다. 노략물은 엄청났다. 델리에는 지난 200년 동안 투르크-아프간 술탄들
이 라자들이 지배하는 인도에서 빼앗은 보물들로 가득 찼었기 때문이다.
엄청난 황금과 보석들이 단숨에 트란스옥시아나 사람들의 수중에 들어갔
다. 학살도 그에 비례한 것이어서 잘린 목으로 이루어진 피라미드들이 도
시 곳곳에 세워졌다.141) 그러나 상황이 허락하는 한 티무르는 과거와 마찬
가지로 유능한 직인들을 살려주고 사마르칸드를 치장하기 위해 그들을 그
곳으로 보냈다.

티무르는 델리에서 보름을 보냈다. 그는 인도 술탄들의 보좌에 근엄하
게 앉아서 120마리의 전쟁용(혹은 의례용) 코끼리들을 불러모으기를 매우

---

139. Prasad의 *L'Inde*, p. 346에 의거. 이러한 행동을 합리화하는 대목은 *Zafar-
    nama*, III, pp. 89-90에 보인다.
140. *Zafar-nama*, III, p. 100.
141. *Malfuzat-i Timuri*(Prasad의 L'Inde, p. 349) ; *Zafar-nama*, III, pp. 110-
    113.

즐겼다. "잘 훈련된 이 코끼리들은 그에게 복종을 표시하며 머리를 숙이고 무릎을 굽혔다. 그리고 마치 충성을 표시하기라도 하듯이 일제히 코를 올려 나팔소리를 내었다."142) 그들은 길게 줄지워져 사마르칸드·헤라트·시라즈·타브리즈와 같은 티무르 제국의 여러 도시들로 보내졌다.

티무르는 델리의 대모스크에서 예배를 드렸고, 그곳에서 후트바khu-tba143)가 그의 이름으로 행해졌다. 그는 마치 인도의 황제처럼 행동하고, 다른 곳에서와 마찬가지로 모든 것을 파괴하고 아무 새로운 것도 세우지 않고 떠나가버렸다.

1399년 1월 1일 그는 이제 지겨운 델리를 떠났다. 귀환하는 똑같은 길에서 미라즈Miraj를 약탈하고 기념물들을 부수었으며 힌두 주민들을 산 채로 살을 벗겨버림으로써, 성전을 치르겠다고 했던 자신의 맹세를 실천하였다.144) 그리고 나서 그는 시왈릭Siwalik 산맥과 고지대 펀잡을 거쳐 가는 가장 북방루트를 따라 고향으로 향하였다. 체납Chenab 강 상류에서 그는 잠무Jammu의 라자를 포로로 잡고 그로 하여금 힌두교를 버리고 이슬람을 받아들이며 쇠고기를 먹게 하는 즐거움을 만끽하였다.145) 도중에 그는 카쉬미르의 무슬림 군주인 시칸다르 샤Sikandar Shah로부터 신하의 서약을 받아내었다.

그는 카쉬미르로 들어가지 않고 아프가니스탄으로 돌아갔다. 그곳을 떠나기 전 그는 히즈르 칸Khizr Qan '사이드sayyid' — 그로부터 13년 뒤 델리의 술탄이 되었다 — 라는 한 인도-무슬림 영주를 물탄과 펀잡의 총독으로 임명하였다.

실제로 티무르는 통상 해왔던 대로 델리의 인도-무슬림 제국을 기초부터 흔들어놓고 그 나라를 완전한 무정부상태에 빠뜨렸으며, 모든 것을

---

142. *Zafar-nama*, III, p. 106.
143. [역자] 금요일 예배시 행해지는 '설교'이며, 이때 군주의 이름이 언급되었다. 따라서 이슬람권에서는 이 후트바는 sekke鑄錢에 누구의 이름이 기명되느냐 하는 것과 함께 누가 합법적인 군주로 인정되었느냐를 판정하는 중요한 기준이었다.
144. 回曆 801년 Jumada I, 첫날(1399년 1월 9일) ; *Zafar-nama*, III, p. 118.
145. *Zafar-nama*, III, p. 152.

파괴하고 아무런 질서도 세우지 않은 채 떠나버린 것이다. 비록 그가 브라만교와 싸우기 위해서 왔다고 선언하기는 했지만 그가 타격을 가한 것은 인도의 이슬람이었다. 상당한 교양을 갖추었고 페르시아 문학과 이란의 예술을 애호했던 이 사람은 구세계에서 가장 세련된 문명지역의 하나인 인도를 접하고는 마치 한떼의 유목집단의 수령처럼 약탈을 위한 약탈을 자행하고 특정한 문화적 가치체계에 대한 냉담과 무지를 통해 살육과 파괴를 저질렀다. 이 기이한 이슬람 전사는 인도의 변경에 있던 이슬람의 전위대에게 등뒤에서 칼을 꽂은 셈이다. 그는 루마니아 전선에 있던 오스만 제국에 대해서도 똑같은 태도를 취하게 된다.

티무르와 맘룩조

전통적인 근동 지역에서 티무르는 맘룩조와 오스만 제국이라는 두 개의 강력한 무슬림 세력과 마주하였다. 1250년부터 이집트를, 그리고 1260년부터는 시리아를 편입한 맘룩 제국은 근본적으로 군사국가였다. 투르크-시르카스인들로 구성된 맘룩 군대는 원래 근위부대였는데 1250년에 정통 왕조를 폐지하고 자신들의 장군을 카이로의 왕위에 앉히고는 군사귀족으로서 아랍 주민들을 착취하였다. 1260년 아인 잘루트의 전투에서 맘룩이 몽골의 정복을 중지시키고 페르시아의 몽골인들을 유프라테스 동쪽으로 밀어낸 사실을 기억할 것이다.[146]

그러나 14세기 말경이 되면서 십자군과 몽골인을 시리아에서 쫓아냈던 그 강력한 군사체제는 이집트·시리아의 식읍들 및 왕좌를 두고 맘룩 장군들 사이에 끊임없는 분쟁이 일어나 흔들리기 시작하였다. 정력적인 맘룩 술탄인 바르쿡(1382-1399)은 자신의 부장들 사이에 일어난 반란을 진압하는 데 일생을 보냈다. 티무르는 그와의 동맹을 희망했지만 동방의 이

---

146. Grousset, *Histoire des Croisades*, III, pp. 603-607 ; G. Wiet, *Histoire de la nation égyptienne*, IV, p. 410.

새로운 세력이 맘룩 제국에 대하여 가하는 위협을 의식한 바르쿡은 1393
년 티무르의 사신들 가운데 하나를 처형시키고, 티무르에 의해 쫓겨난 바
그다드의 군주인 아흐마드 잘라이르에게 한 차례 이상 망명처를 제공하였
다. 바르쿡의 아들이자 계승자인 젊은 술탄 파라즈Faraj(1399-1412)는 즉
위 직후부터 티무르의 종주권을 인정하는 것과 일부 망명자들을 돌려 보
내는 것을 거부하였다. 그리하여 티무르는 전쟁을 결심하게 되었다.

당시 그는 말라티야Malatiya 근처에 있었고 알렙포로 진군하기 위해
1400년 10월 아인탑Aintab 루트를 거쳐 시리아로 내려가던 중이었다. 이
도시 앞에서 그는 총독 티무르타쉬Timurtash가 지휘하던 맘룩 군대를 격
파했는데, 그가 인도에서 데리고 왔던 코끼리들도 적진에 공포를 확산시키
는 데에 한몫 하였다(10월 30일).[147] 알렙포는 즉각 함락되었고 4일 후
티무르타쉬는 성채까지 바쳤다.

일단 이곳을 장악한 티무르는 다시 한 번 세련된 문인이자 대량 학살
자라는 전과 마찬가지의 이중적 측면을 드러냈다. 그는 이슬람의 교사들에
게 악의에 찬 다음과 같은 어려운 문제를 제기하였다. '이 전쟁에서 죽은
어느 쪽 — 자신의 병사들 혹은 맘룩들 — 이 순교자의 칭호를 받아 마
땅한가?' 그리고 그는 그들과 신학을 토론했고 정통의 순니파들에게 알리
를 정통 칼리프들 가운데 하나로 포함시키라고 강요함으로써 그들을 최악
의 곤경에 빠뜨렸다.[148] 율법학자들과 고상한 토론을 벌이지 않을 때는 성
채의 주둔병들을 학살하고 '잘린 머리로 쌓은 탑들'을 세웠으며 시내를 약
탈하였다. 레반트 지방에서 가장 거대한 교역 중심지의 하나를 시장으로
갖고 있던 이 위대한 도시에 대한 약탈은 사흘 동안 계속되었다.

티무르는 이어 하마Hama, 홈스Homs, 바알벡Baalbek을 점령하고 다
마스쿠스 앞에 나타났다. 맘룩의 젊은 술탄 파라즈는 자신이 직접 방위군
을 격려하기 위해 카이로에서 왔다. 1400년 12월 25일 파라즈는 티무르
군대가 군영을 옮기는 것을 이용하여, 이동 중인 그들을 공격하기 위해 구

---

147. Wiet, *Histoire*, IV, p. 526 ; *Zafar-nama*, III, pp. 294-298 ; Ibn ' Arabshah,
    p. 124.
148. Ibn ' Arabshah, pp. 128-130.

타Ghuta로 들어갔다. 그러나 격렬한 전투 끝에 그는 패퇴하고 말았다.149)
자신의 휘하에서 일어날 이반을 두려워한 파라즈는 다마스쿠스를 운명에
내맡긴 채 카이로로 돌아가버렸다.

그 도시의 책임자들은 용기가 꺾였고 항복하는 수밖에 없었다. 이러한
목적으로 티무르를 찾아간 사절단 속에는 튀니스 출신의 위대한 역사가
이븐 할둔이 있었다. "그 역사가의 탁월한 기품에 충격을 받고 그의 담론
에 감탄을 금치 못한 티무르는 그에게 자리를 권하고 그렇게 박식한 사람
을 알 수 있는 기회를 갖게 된 것에 대해 감사를 표하였다."150)

염주를 손에 들고 경건과 관용만을 말하던 정복자는 협상자들을 안심
시켰고 도시는 성문을 열었다. 성채는 저항을 계속했고 정규적인 포위공격
을 받은 뒤에야 투항하였다. 티무르는 다마스쿠스를 장악하자마자 주민들
에게 합의된 배상금의 10배를 요구하였고 그들의 모든 재산을 압수하였다.
결국 도시에 대한 철저한 약탈과 주민 일부의 학살로 연결된 일련의 과정
에 대하여 『승전기』는 다마스쿠스 사람들이 659년 예언자의 사위인 알리
에 대하여 불경하게 대한 사실에 대해 티무르가 응징을 내린 것뿐이라고
단언하고 있다.151)

이러한 극도의 만행이 저질러지는 중에 엄청난 화재가 발생하여 도시
대부분을 불태웠고 수많은 사람들의 목숨을 앗아갔으며, 수천 명이 대피해
있던 우마이야조 최대의 모스크를 불길이 삼켜버렸다.

1401년 3월 19일 마침내 티무르는 사마르칸드를 꾸미는 일에 부리기
위해 그가 끌어모았던 직인들 — 비단직조공, 무기제작공, 유리세공인, 도
공 등 — 을 모두 데리고 다마스쿠스를 떠났다. 또한 그는 많은 수의 작
가들 및 이제 노예의 처지로 전락한 무리들도 자신을 동반하도록 만들었
다.152) 이렇게 강제로 끌려간 사람들 가운데에는 훗날 역사가가 된 당시

---

149. Wiet, *Histoire*, IV, p. 529. *Zafar-nama*, III, p. 325는 回曆 803년 Jumada
    I, 19일(1401년 1월 5일)이라고 명시하고 있다.
150. Wiet, *Histoire*, IV, p. 530 ; cf. Ibn ' Arabshah, p. 143, p. 296.
151. *Zafar-nama*, III, pp. 343-344.
152. Ibn ' Arabshah, p. 162.

12세의 이븐 아랍샤도 끼여 있었다.[153] 그는 나중에 이 정복자에 대해 가차없는 책을 집필함으로써 원한을 갚았다. 시리아를 폐허로 만든 티무르는 그곳에 여하한 종류의 정규적인 통치체제를 세우려는 시도도 하지 않고 빠져나왔고, 그곳은 즉시 맘룩에 의해 다시 점거되었다.

티무르와 오스만 제국

티무르는 카쉬가리아와 남러시아에 있던 칭기스칸 후예들과 인도의 술탄들을 패배시켰으며, 방금 우리는 이집트의 술탄들이 그에게 줄 수 있던 어려움이 얼마나 미미한 것인가를 보았다. 이제 그의 주변지역에서 잔존해 있는 단 하나의 강대국은 오스만 제국뿐이었다.

오스만의 술탄 바야지드(1389-1403)는 오스만 제국의 국력을 정점에 올려놓았다.[154] 그의 부친이 1389년 세르비아의 군대가 괴멸된 코소보 Kosovo의 전투에서 사망한 뒤 술탄으로 선포된 그는 세르비아 정복을 완료하고 불가리아를 병합하였다(1394).

소아시아에서 그는 아이든Aydin과 사루한Saruhan에 있는 투르크 아미르국들과 카라만의 투르크멘 아미르국을 합병하고(1390),[155] 멘테세 Mentese와 케르미안Kermian의 투르크 아미르국들(1391), 그리고 마지막으로 카스타모누Kastamonu의 아미르국과 토카트Tokat, 시바스Sivas, 카파도키아 지방의 카이세리를 지배했던 부르한 웃 딘Burhan ad-Din의 과

---

153. Iban ‘Arabshah는 1392년에 출생하였다. Cf. J. Pedersen, “Ibn ‘Arabshâh”, *EI*, pp. 384-385.

154. Cf. J. von Hammer-Purgstall, *Histoire de l’empire ottoman*(Paris, 1835-1843, 18 vols.), I, pp. 292-356 ; N. Iorga, *Geschichte des osmanischen Reiches*(Gotha, 1908-1913), I, pp. 266-323.

155. 카라만의 아미르인 ‘Ala ad-Din은 악차이Akcay에서 1390-1391년에 오스만의 재상 티무르타쉬에게 패배하여 포로가 되었으며 재판도 받지 않고 교수형에 처해졌다. Cf. F. Babinger, “Tîmûrtâsh”, *EI*, p. 823 ; J. H. Kramers, “Karaman-oghlû”, *ibid.*, p. 795.

거의 아미르국(1392)을 장악하였다.156) 1396년 니코폴리스Nicopolis에서 그는 헝가리의 시기스문드Sigismund 왕과 부르군드Burgund 지방의 왕위계승권자인 쟝 상 푀르Jean sans Peur가 이끄는 유명한 십자군을 격파시켰다.

'벽력왕'이라는 별명으로 불리던 바야지드는 유럽에서는 콘스탄티노플을 제외한 트라키아 지방, 살로니카를 제외한 마케도니아, 불가리아, 그리고 세르비아의 보호국들을 포함하는 거대한 제국 위에 군림하게 되었다. 아나톨리아에서 그의 영역은 타우루스Taurus 산맥(바야지드의 영토와 맘룩 치하의 킬리키아 사이의 경계), 아르메니아 고지대(티무르의 영토와의 경계), 폰투스Pontus 산맥(트레비존드의 그리스 왕국과의 경계)까지 미쳤다.

프랑크-부르군드의 화려한 기사단을 괴멸시킨 그의 군대는 당연히 근동에서 최상의 부대로 여겨졌다. 그는 이제 그리스인들로부터 콘스탄티노플을 빼앗아 자신의 승리를 마지막으로 멋지게 장식할 순간에 있는 것처럼 보였고, 이미 그 도시에 대한 봉쇄에 들어갔다.

처음으로 티무르는 자기에 걸맞은 맞수를 만난 것이다. 이를 인식했던 두 지도자는 서로를 살피면서 정탐하였고, 그들이 획득한 것 — 한 사람은 아시아에서, 또 한 사람은 발칸에서 — 을 위태롭게 할지도 모를 전투에 휘말려들기를 주저하였다.

적대적인 행동을 먼저 취한 쪽은 바야지드였다. 그는 티무르에 복속하던 에르진잔과 에르주룸의 군주였던 타헤르텐에 대해 종주권을 관철시키려고 하였다. 티무르는 자신을 위해 소아시아의 변경을 잘 방어하고 있던 이 투르크멘 수령에 대해 높은 신뢰를 품고 있었고, 델리를 약탈한 뒤 전쟁용 코끼리 한 마리를 그에게 선물로 보내기도 했다. 반면 바야지드는 또 다른 투르크멘 수령, 즉 흑양부의 지도자로서 티무르에게 대적했다가 그에게 쫓겨난 카라 유숩을 자기 영토 안으로 기꺼이 받아들였다.

이렇게 해서 전투는 복속국에 대한 이중의 문제 — 타헤르텐을 보호

---

156. Cf. Ibn 'Arabshah, pp. 170-171 ; *Zafar-nama*, III, pp. 255-256.

하는 티무르와 카라 유습을 지원하는 바야지드 — 를 둘러싸고 벌어지게
되었다. 『승전기』는 이 문제에 관해 티무르가 바야지드에게 보낸 서한의
텍스트를 문자 그대로 옮겼다고 주장한다.157) 티무르는 오스만조의 불분명
한 기원에 대해 약간 신랄한 모욕을 가한 뒤, 오스만 제국이 유럽에서 이
슬람 요새로서의 역할을 하였고 술탄들이 그곳에서 성공적으로 성전을 수
행했다는 점을 감안하여, 자신의 적수를 용인해줄 의향을 표시하였다. 그
러나 이 로마화된 투르크, 룸 지방의 케사르에 대한 그의 태도는 투르크
종족의 정통군주이자 주군으로서의 그것이었다. 그는 두 제국의 영역을 비
교한 뒤 다음과 같은 협박하는 말로 글을 맺고 있다. "너처럼 왜소한 군
주가 나와 감히 비교할 수 있겠는가?" 이에 대해 바야지드는 "너를 타브
리즈와 술타니야까지 추격하리라!"는 말로써 도전을 받아들였다.158)

　이 회답을 접한 티무르는 1400년 8월 소아시아를 향해 진군하였다. 9
월 초 에르주룸과 에르진잔에서 그에게 복속하던 타헤르텐의 충성서약을
받은 뒤, 그는 오스만 영내로 들어가 요새화된 도시 시바스를 포위하였
다.159) 참호와 공성장비들의 공격에 직면한 시바스는 최후의 공격까지 버
티지 못한 채 약 3주일 후에 투항하고 말았다. 티무르는 무슬림들의 목숨
은 살려두었으나 오스만 수비대에 포함되어 있던 4,000명 정도의 아르메
니아 군인들은 산 채로 묻거나 우물에 던져버렸다. 그리고 나서 도시의 방
벽을 허물어버렸다.

　이때 티무르는 더 이상 진격하지 않았다. 그는 맘룩의 군대와 바그다
드의 아흐마드 잘라이르의 일시적인 복권으로 인해 후방이 위협을 받고
있었기 때문에 소아시아로 들어갈 수 없었다. 그가 시리아의 맘룩을 휩쓸
어버리고 바그다드를 다시 정복한 것이 바로 이 시점이었다(앞의 서술 참
조). 이 일을 마친 뒤 그는 소아시아로 돌아갔다. 한편 바야지드는 타헤르

---

157. *Zafar-nama*, III, p. 259, p. 397, p. 408 ; cf. Ibn 'Arabshah, p. 178.
158. *Zafar-nama*, III, pp. 261-262. Cf. Ibn 'Arabshah, pp. 171-173 ; Hammer-
　　Purgstall, *Histoire de l'empire ottoman*, II, pp. 79-82.
159. 티무르가 오스만 제국으로 들어간 것은 回曆 803년 Muharram I, 즉 1400년 8
　　월 22일이었다. *Zafar-nama*, III, p. 264.

텐으로부터 에르진잔을 빼앗고 그의 가족을 포로로 하였다.[160] 티무르는 즉각 보복하지 않았다. 대신 시리아와 바그다드에서 돌아온 뒤 1401-1402년 겨울을 카라바흐에서 보내고 봄을 그루지아의 변경지대에서 지내면서 군대를 집결시켰다.

그가 오스만 제국을 공격한 것은 1402년 6월이 되어서였다. 그는 타헤르텐을 에르진잔에 다시 앉힌 뒤 시바스 평원에서 자신의 군대를 사열하였다. "어떤 부대는 붉은 깃발을 지녔고, 그들의 가슴막이·안장·안장덮개·활통·혁대·창·방패·철퇴까지 모두 붉은색이었다. 또 다른 부대는 노란색이었고, 또 어떤 것은 흰색이었다. 한 여단은 쇠미늘로 된 갑옷을 걸쳤고 어떤 여단은 쇠판으로 된 갑옷을 입었다." 그리고는 카이세리 루트를 거쳐 바야지드가 있는 앙카라로 진군하였다.

결정적인 전투는 그 도시의 동북방에 있는 주북Cubuk이라는 곳에서 1402년 7월 20일에 벌어졌다. 전투는 아침 6시부터 밤이 될 때까지 계속되었으며 거의 100만 명의 병사들이 동원되었다.[161]

바야지드는 자신이 정복한 민족들로부터 징발한 군대를 데리고 왔다. 티무르조차 놀랄 정도로 세르비아인들과 그 국왕인 스테펜Stephen은 바야지드에게 끝까지 충성하였지만, 아이든·멘테세·사루한·케르미안 등지에서 온 투르크인들은 티무르의 군대에 자기들의 왕족이 있는 것을 보고 티무르 군대에 가담하였다. 티무르는 인도에서 데리고 온 전쟁용 코끼리를 잘 이용했던 것으로 보인다.[162] 바야지드는 1만 명의 예니체리[163]와 세르비아인들 앞에서 하루 종일 싸웠으나, 자신의 근위대가 괴멸한 것을 보고서야 비로소 석양 무렵에 퇴각을 결정했다. 그러나 그의 말이 넘어지면서 그는 자기 아들 하나와 함께 붙잡히고 말았다.[164]

---

160. *Ibid.*, III, pp. 375-376 ; cf. Ibn ' Arabshah, p. 189.
161. *Zafar-nama*, IV, pp. 11-15 ; Ibn ' Arabshah, p. 182.
162. *Monstrelet*, I, p. 84.
163. [역자] 원문은 Janizary/Janisary로 되어 있지만, 이는 투르크어 Yenicheri('신군'新軍)를 서구인들이 자기들 방식대로 읽은 것이다.
164. 앙카라 전투에 대한 서구측 자료로는 Sanudo(L. A. Muratori, XXII, p. 791), the Religieux de St. Denis(III, pp. 46-51), Monstrelet(ed. L. C. Douët

티무르는 자신의 적을 예의를 갖추어 다루었다.[165] 그러나 술탄이 도주를 기도했기 때문에 그를 울이 쳐진 가마에 싣고 가도록 하였는데, 이로 인해 '철창'이라는 과장된 이야기가 생겨나게 된 것이다. 바야지드는 절망과 모멸을 견디지 못해 몇 달 후에 사망하고 말았다(1403년 3월 9일 아크 셰히르Ak Shehir에서).

일단 오스만 군대가 패배하고 술탄이 포로가 되자 티무르에게 서부 아나톨리아의 정복은 한낱 장거리 행군에 불과했다. 그가 쿠타흐야에서 잠시 머무르는 동안 전위부대는 오스만의 수도인 부르사를 약탈하였다. 이븐 아랍샤와 샤라프 웃 딘은 한 무리의 야만인들처럼 행동한 정복자들의 모습을 묘사하였고, 그 아름다운 도시는 불길에 휩싸였다. 티무르의 손자인 아부 바크르는 니케아Nicaea(후일 이즈닉Iznik)까지 말을 달려 "가는 곳마다 살육하고 약탈하였다"고 샤라프 웃 딘은 흥미있다는 듯이 서술하고 있다. 티무르 자신은 로데스Rhodes 기사단에게 속해 있던 스미르나 Smyrna(후일 이즈미르Izmir)를 포위하였다. 공격하기 전에 그는 총독이었던 수사修士 기욤 드 문트Guillaume de Munte에게 무슬림이 될 것을 권유하였다. 물론 총독은 분개하며 거절하였다.

『승전기』에 의하면, 포위는 1402년 12월 2일에 시작되었고 2주일 후 급습에 의해 함락됨으로써 막을 내렸다.[166] 학살이 뒤따랐고 기독교 함대에 의해 구출된 몇몇 기사들만이 목숨을 구했다. 『승전기』는 기독교의 영토인 이곳에서 거둔 승리에 큰 중요성을 부여하였는데, 이는 오스만 제국을 파괴함으로써 이슬람에 결정타를 가하였다는 독실한 무슬림들의 근거 있는 비판에 대해 티무르를 합리화하기 위함이었다. 스미르나의 함락과 뒤

---

d'Arcq, I, p. 84), J. Schiltberger(p. 73), Juvenal des Ursins(II, p. 423) 등이 있다. 이것들은 J. M. Delaville-le-Roulx, *La France en Orient au XIVe siècle*(Paris, 1886), p. 393에 열거되고 이용되었다.

165. Ibn ' Arabshah, p. 188 ; *Zafar-nama*, IV, pp. 16-20, p. 32, p. 35.

166. *Zafar-nama*, IV, p. 49(回曆 805년 Jumada I, 6일, 즉 1402년 12월 2일). Ibn ' Arabshah, p. 192는 스미르나가 Jumada II, 2일, 즉 1402년 12월 28일에 함락되었다고 하였다. 서방측 자료로는 Delaville-le-Roulx, *La France en Orient au XIVe si écle*, p. 395 참조.

이은 대량학살은 앙카라 원정 — 물론 그 뒤에 일어난 일이지만 — 을 성전으로 변모시켰던 것이다.

"오스만 술탄이 7년 동안이나 포위했어도 함락시키지 못했던 스미르나를 티무르는 2주도 채 못 되어 정복해버렸다. 무슬림들은 신을 찬양하며 시내로 들어가 적의 머리를 감사의 제물로 드렸다."167) 투르크·이탈리아의 중요한 교역 중심지였던 포케아Phocaea도 티무르 군대에 의해 포위되었지만 조공을 바치기로 하고 겨우 화를 면할 수 있었다. 그 맞은편 섬 키오스Chios를 소유하던 제노아인들의 교역회사인 '마호네Mahone'도 역시 충성의 서약을 하였고,168) 비잔티움의 섭정 요한 7세John Ⅶ는 티무르의 종주권을 인정하라는 요구를 받고 추종의사를 밝히는 의미에서 즉시 사신을 보냈다.169) 스미르나의 대량학살에도 불구하고 바야지드에 대한 티무르의 승리는 기독교권을 구한 셈이었다. 바야지드가 니코폴리스의 십자군에게 승리를 거둔 이후 비잔티움은 오스만에 의해 철저하게 봉쇄되어 사멸될 운명에 놓여 있었고 단지 몇 달 만에 함락되느냐가 문제였다.

오스만이 앙카라에서 겪은 갑작스러운 재난은 비잔티움 제국에게 기대하지도 않았던 반세기 동안의 숨돌릴 틈을 주었다(1402-1453). 마치 티무르의 금장 칸국에 대한 승리로 모스크바 국가가 혜택을 입었듯이, 이 돌연한 사건의 결과 트란스옥시아나 사람들의 서아시아 정복의 가장 큰 수혜자는 비잔티움이었다. 발칸의 기독교권의 이 같은 행운은 오스만을 눌러버린 티무르가 그의 재기를 막기 위해 모든 조치를 취함으로써 더욱 커졌다. 투르크령 소아시아에서 그는 바야지드가 10년 전에 파괴했던 여러 아미르국들을 복원시켰다. 바야지드는 카라만의 아미르인 알라 웃 딘으로부터 동부 프리기아Phrygia와 리카오니아Lycaonia를 빼앗았는데, 티무르는 알라 웃 딘의 아들 무함마드 2세를 코냐와 라란다Laranda(카라만Kara-man)의 통치자로 임명하였다.170) 마찬가지로 그는 이스펜디야르 오글루

---

167. *Zafar-nama*, Ⅳ, p. 51, p. 53.
168. *Ibid.*, Ⅳ, p. 56, p. 58.
169. *Ibid.*, Ⅳ, pp. 38-39.
170. *Ibid.*, Ⅳ, p. 33.

Isfendiyar Oghlu 가문의 카스타모누 아미르를 파플라고니아Paphlagonia
에 다시 앉혔고, 사루한의 아미르들 중에서 히즈르 샤를 마그네시아Magne-
sia와 시필룸Sipylum(현재의 마니사Manisa)에, 케르미얀의 아미르 야쿱
Ya'qub을 쿠타흐야와 카라히사르에,171) 아이딘의 아미르인 이사'Isa를 에
페수스 근처의 이오니아에 있는 그의 봉지에, 멘테세의 아미르 일리야스
Ilyas를 카리아Caria에, 텍케Tekke의 아미르 우쓰만Uthman을 리키아
Lycia에 각각 두었다. 아시아에서 오스만의 영토는 다시 북부 프리기아, 비
씨니아Bithynia, 미시아Mysia로 국한되어버렸다. 오스만을 더욱 약화시키
기 위해 티무르는 유산을 둘러싸고 싸우고 있던 바야지드의 아들들의 불화
를 더욱 조장하였다.

중국 원정

티무르는 1404년 트란스옥시아나로 돌아왔다. 사마르칸드에서 그는 카
스티유Castile의 헨리 3세Henry III가 보낸 사신으로 후일 귀중한 여행기
를 남긴 클라비호Clavijo를 접견하였다. 콘스탄티노플·트레비존드·타브리
즈·라이를 거쳐 클라비호는 1404년 8월 31일 사마르칸드에 도착하였고 9
월 8일 티무르를 알현하였다.

티무르는 이제 칭기스칸 일족을 몰아내고 한족의 왕조를 세워 국력의
절정에 오른 명이 있는 중국을 정복할 생각이었다. 명의 초대황제였던 홍무
제(朱元璋)는 칭기스칸 일족 대칸의 계승자로서 과거 차가다이 칸국의 신속
을 요구하였다. 따라서 그는 1385년에 중앙아시아로 사절단을 보내, 부안傅
安(志道)172)과 유유劉惟는 하미, 카라호자(투르판), 일리발릭Ilibaligh으로

---

171. *Ibid.*, IV, p. 60.
172. [역자] 그루쎄는 傅安의 이름 뒤에 Chih Tao라고 부기하였는데, 이는 그의 字
　　인 志道를 나타낸 것이다. 그러나 그루쎄의 서술과는 달리 傅安과 劉惟가 파견된
　　것은 1395년이 처음이었고, 이들은 티무르에 의해 사마르칸드에 억류되었다가 티
　　무르가 죽은 후인 1407년에 명조로 귀환할 수 있었다.

톡타미쉬에 의해 통합된 킵착 칸
드네프르 강
카마 강
쿨리코보
옐레츠
사마라
볼가 강
타나
아조프 해
솔다이아
카파
아조프
사라이
그리스인들
콘스탄티노플
제노아인들
아스트라한
엠바 강
부르사
흑
해
포케아
테레 강
스미르나
앙카라
아마시야
시바스
그리스인들
트레비존드
티플리스
데르벤드
카스피 해
코냐
카이세리
에르진잔
에르주룸
그루지아 왕국
카라만
아르메니아
간자
샤마하
로데즈 기사단
켈라트
아르지쉬
나히체반
니코시아
알렙포
에데싸
아미드
파마구스타
비레칙
마르딘
타브리즈
키프로스 왕국
하마
모술
마라게
홈스
다마스쿠스
잔잔
술타니야
유프라테스 강
아스테라바드
하마단
카즈빈
사바
라이
담간
이스파라인
키르만샤
쿰
사브제와르
바그다드
이라키 아랍
후라산
티무르제국
티그리스 강
이스파한
슈쉬타르
야즈드
후지스탄
시라즈
키르만
키르만
0
600
900km

칸국)과 백장 칸국
튜멘
이르티쉬 강
자이산 호
발하쉬 호
카얄릭
차가다이 칸국
베쉬발릭
알말릭?
투르판
잔드
시그나히
악숨베
투르키스탄
알마아타
사이람
카라샤르
오트라르
쿠차
토크막
침켄트
악수
롭 노르
타쉬켄트
아흐시
바나케트
우치투르판
부하라
치나즈
안디잔
우즈겐
사마르칸드
케쉬
철문 폴리상긴(石橋)
카쉬가르
두글라트 아미르령
카르시
체르첸
테르메즈
야르칸드
살리-사라이
샤부르간
호탄
발흐
쿤두즈
탈레칸
바미안
카쉬미르 왕국
카불
가즈니
잠무
칸다하르
라호르
사마나
탈람바
델리 술탄국
하르드와르
물탄
바트나이르
시르스티
로니
미라트
인더스 강
델리
코일
카나우지
바야니
자운푸르
칼피
갠지스 강
가우르

티무르 제국

가서 그곳에서 어려움없이 차가다이가의 칸들과 두글라트의 아미르들로부터 신속을 받아냈다. 그러나 그들은 사마르칸드에서 티무르측에 의해 구금되었고 오랜 협상 끝에야 비로소 풀려날 수 있었다. 그러나 티무르는 조공품으로 여겨질 수도 있는 선물을 한 차례 이상 중국의 궁정에 보냈다 (1387, 1392, 1394). 1395년 홍무제는 티무르에게 보내는 감사의 편지와 함께 부안을 다시 한 번 사마르칸드로 파견하였다.

티무르가 중국을 정복하여 이슬람으로 개종시키겠다는 의도를 공포하고 오트라르에 대군을 집결시키기 시작했을 때는 홍무제의 아들[173]이자 두 번째 후계자인 영락제(1403-1424)가 즉위한 직후였다.

이것은 분명히 중국문명이 이제껏 직면했던 가장 중대한 위협의 하나였다. 왜냐하면 불교와 유교를 존숭하고 진정한 천자가 되기를 바랐던 쿠빌라이와 같은 사람의 침략이 아니라, 나라를 전부 이슬람으로 바꾸어 놓음으로써 중국의 문명과 사회를 철저하게 파괴할지도 모를 한 광신적인 무슬림의 폭거였기 때문이다.

명조의 황제들 가운데 가장 호전적이었던 영락이 아마 좋은 맞수가 될 수도 있었을 것이다. 그러나 티무르가 오트라르에서 병이 들어 1405년 1월 19일 71세의 나이로 사망할 때까지 여전히 엄청난 위험은 계속되었다.

티무르조의 계승 : 샤 루흐의 치세

칭기스칸이 사망한 뒤 몽골 제국은 쿠빌라이와 아릭 부케가 대립할 때까지 30년 간의 내적인 평화기(1227-1259)를 누렸다. 그러나 티무르가 죽은 뒤 트란스옥시아나의 투르크 제국은 죽은 사람의 자식들과 손자들 간의 분쟁으로 분열되어버렸다.

티무르는 많은 수의 가족을 남겼다.[174] 마지막 유언에서 그는 자식과

---

173. [역자] 그루쎄는 永樂帝를 洪武帝의 '동생'이라고 하였으나 물론 잘못이다.
174. Cf. *Zafar-nama*, IV, p. 301 ; Ibn ʿArabshah, p. 239.

손자들 각각에게 식읍을 물려주었지만, 동시에 장자상속의 원칙을 지키려고 하였다. 우리가 보았듯이 그의 큰아들인 자항기르는 그보다 훨씬 일찍인 1375년경에 세상을 떠났다.[175] 그래서 정복자는 자항기르의 큰아들을 자신의 뒤를 잇는 제국의 영수로 선택하였다. 그가 동부 아프가니스탄(발흐·카불·칸다하르)의 총독이던 29세의 피르 무함마드 이븐 자항기르Pir Muhammad ibn Jahangir였다. 동시에 가족의 모든 성원들은 거대한 식읍을 받았고, 따라서 제국은 이론적으로 피르 무함마드의 권위 아래에 있으면서도 사실상 이미 분열된 상태였다.

티무르의 둘째아들인 우마르 셰이흐 역시 1391년 디야르바크르 원정에서 전사함으로써 아버지보다 먼저 사망하였다. 그러나 그의 아들들인 피르 무함마드 이븐 우마르 셰이흐Pir Muhammad ibn 'Umar Shaykh,[176] 루스탐Rustam, 이스칸다르Iskandar, 바이카라 등은 파르스(시라즈)와 이라키 아잠(하마단과 이스파한)에 유산을 받았다.

티무르의 셋째아들로 당시 서른여덟 살이던 미란샤는 무간, 아제르바이잔(타브리즈), 이라키 아랍(바그다드)을 받았으나, 낙마로 입은 뇌의 손상은 그로 하여금 극도의 광포함과 잔인함을 보이게 하여, 티무르는 그에게 일종의 가족회의와 같은 것의 통제를 받도록 하였다. 특히 미란샤의 아들인 22세의 우마르 미르자'Umar Mirza에게 아버지의 이름으로 그 영토를 관할하도록 하였다.

티무르의 넷째아들인 샤 루흐는 아버지가 죽을 때 스물여덟 살이었고 후라산을 받았다. 그는 가족들 가운데 가장 안정된 성품의 소유자로 유일하게 정치적인 심성을 갖춘 사람이었다.

티무르가 죽은 바로 그 다음 날부터 분쟁과 반란과 궁정혁명이 시작되었다. 그의 손자인 피르 무함마드 이븐 자항기르는 최고의 권력을 부여받았지만 트란스옥시아나에서 너무 멀리 떨어진 칸다하르에 있었기 때문에 어떠한 조치도 취할 수 없이 자신의 권리가 짓밟히는 것을 바라볼 수

---

175. 回曆 777년(1375년 6월 2일-1376년 5월 20일). *Ta'rikh-i Rashidi*, D. Ross tr., p. 48.
176. 티무르의 후계자로 지명된 그의 사촌과 혼동해서는 안된다.

밖에 없었다.

또 다른 손자로 21세의 할릴Khalil ─ 미란샤의 넷째아들 ─ 이 타쉬켄트에 있는 군대에 의해 군주로 선포되었다. 그는 사마르칸드를 향해 진군해 거기서 권좌에 올랐다(1405년 3월 18일).[177] 피르 무함마드 이븐 자항기르는 아프간에서 나와 트란스옥시아나로 갔으나 나사프Nasaf(카르시)에서 할릴의 군대에 패배했다.[178] 아프간의 영지(발흐·카불·칸다하르)는 그대로 그의 소유로 남았지만 그는 6개월 뒤 자신의 재상에 의해 암살되고 말았다(1406).

일단 사마르칸드의 권좌를 장악한 할릴은 그 나이 사람이라면 누구에게서나 예측될 수 있을 법한 행동, 즉 황실의 재산을 무절제하게 낭비하고 자신의 권력을 그가 총애하는 샤드 울 물크Shad al-Mulk의 변덕을 달래는 데에 사용하였다.[179] 곧 반란을 일으킬 수밖에 없었던 아미르들은 그를 폐위시키고(1406년 또는 1407년) 티무르의 넷째아들로서 이미 후라산의 지배자였던 샤 루흐를 트란스옥시아나의 군주로 인정하였다. 샤 루흐는 젊은 망나니 할릴을 이라키 아잠에 있는 라이 지방을 주어 달랬고, 할릴은 거기서 1411년에 사망하였다.

샤 루흐는 티무르조에서 가장 뛰어난 군주였다.[180] 무시무시한 티무르의 이 아들은 비록 평화로운 성품의 소유자였으나 훌륭한 지도자였고 용맹한 전사였다. 그는 인간적이고 온화했으며 페르시아 문학을 애호하였고 뛰어난 건설자였다. 또한 시인과 예술가의 후원자였으며 아시아가 그때까지 배출할 수 있었던 가장 탁월한 군주였다. 그 과정은 칭기스칸에서 쿠빌라이로 진행된 동일한 패턴을 밟아 나갔다. 1407년부터 1477년까지의 그의 긴 치세는 문화적 방면에서 페르시아 문학과 예술의 황금기를 맞아 '티

---

177. *Zafar-nama*, IV, p. 281, p. 284 ; Ibn ' Arabshah, p. 243.
178. Ibn ' Arabshah, p. 259, p. 268. 피르 무함마드 이븐 자항기르가 할릴의 군대에 패배한 날짜는 回曆 808년 Ramadan월(1406년 2월 20일에 시작) 초이다.
179. *Zafar-nama*, IV, p. 191.
180. 샤 루흐의 치세에 대해서는 'Abd ar-Razzaq Samarqandi, *Matla' as-sa'dayn*, tr. Quatremère, *JA*, II(1836), pp. 193-233, pp. 338-364 ; L. Bouvat, *Empire mongol*(Paris, 1927), p. 96 이하.

무르조의 르네상스'로 불릴 만큼 결정적인 것이었다. 그가 수도로 삼았던 헤라트와 그의 아들인 울룩 벡 — 트란스옥시아나의 총독 — 의 거처가 있던 사마르칸드는 이 르네상스의 가장 화려한 중심지였다.[181] 역사에서 흔히 일어나는 패러독스처럼 이스파한과 시라즈를 파괴한 도살자의 아들들이 이란문화의 가장 적극적인 보호자가 된 것이다.

샤 루흐의 직접적인 지배권은 트란스옥시아나와 동부 이란을 넘어서 지는 못했고, 이스파한과 파르스는 그의 조카인 피르 무함마드 이븐 우마르 세이흐, 루스탐, 이스칸다르, 바이카라 등에게 속해 있었다. 이 왕자들은 처음부터 샤 루흐의 종주권을 인정해 그들 사이에 일어난 분쟁을 조정해달라고 여러 차례 청원까지 하였다. 특히 1415년에는 그가 이스파한으로 직접 가서 이스칸다르를 폐위시키고 루스탐을 자신의 대리로 앉혔다. 그리고 나서 그는 조카인 바이카라가 일으킨 반란을 진압하기 위해 시라즈로 가 그를 유배시켜버렸다.[182]

티무르조의 후계자들 사이에서 발생한 무질서와 분란은 동부 이란에는 동요를 미치지 못했는데, 그것은 강력하고 현명한 행정가인 샤 루흐가 그것을 종식시키고 효과적으로 조정함으로써 다시 통합을 이룰 수 있었기 때문이다.

그러나 서부 페르시아, 아제르바이잔, 이라키 아랍에서는 사정이 달랐다. 앞서 지적한 대로 이 지역은 정신적 장애로 인해 거의 무능해진 티무르의 셋째아들 미란샤와, 서로 기피하면서 항상 대립하고 있던 미란샤의 두 아들 아부 바크르와 우마르 미르자에게 유산으로 남겨졌다. 그들의 분쟁은 티무르가 몰아냈던 그 지방 과거의 군주들 — 한때 바그다드의 군주였던 술탄 아흐마드 잘라이르, 흑양부 투르크멘의 수령인 카라 유숩 — 이 돌아오기에 좋은 여건을 만들었다. 아흐마드 잘라이르는 바그다드로 다시 입성하였고(1405), 이집트 망명에서 돌아온 카라 유숩은 아제르바이잔으로 가서 티무르 조의 아부 바크르를 나히체반 근처에서 패배시키고 타브리즈를 재점령하였다(1406). 아부 바크르와 그의 아버지 미란샤는 아제

---

181. E. G. Browne, *History of Persian Literature.*
182. *Matla' as-sa'dayn,* tr. Quatremère, p. 193 이하.

르바이잔의 탈환을 시도했지만, 1408년 4월 20일 카라 유숩은 그들에게 결정적인 패배를 안겨주고 미란샤는 전사했다.[183] 동방의 역사에서 매우 중요한 의미를 갖는 이 전투는 티무르가 서방에서 거둔 정복의 결과들을 백지화시켜버렸다. 4년 뒤 그의 후예들은 서부 페르시아에서 쫓겨나버렸다.

흑양부의 수령인 카라 유숩은 이제 타브리즈를 수도로 하고 아제르바이잔의 군주로 확고하게 자리잡았지만, 과거 자신의 동지였던 바그다드의 술탄 아흐마드 잘라이르와 충돌하게 되었다. 아흐마드는 아제르바이잔의 점령을 기도하였으나, 1410년 8월 30일 타브리즈 근처에서 패배해 그 다음 날 암살되었다.[184]

바그다드와 이라키 아랍이 카라 유숩의 수중에 들어감으로써 이제 그는 그루지아 변경에서 바스라에 이르는 광대한 영역의 군주가 되었다. 불과 몇 달 만에 타브리즈와 바그다드를 수도로 한 흑양부의 이 투르크멘 왕국은 동방에서 가장 중요한 세력의 하나를 형성하였다. 1419년 카라 유숩은 또 한 번 티무르조의 내분을 이용하여 이라키 아잠에 있는 술타니야와 카즈빈을 점령하였다.

이러한 사건들은 샤 루흐에게 불안을 안겨주었다. 그의 형 미란샤의 원한을 갚고 서부 페르시아에서 티무르조의 지배권을 다시 확립하기 위해 그는 강력한 군대를 이끌고 헤라트를 출발해 아제르바이잔으로 향하였다.[185]

그러나 그가 도착하기 전인 1419년 12월에 카라 유숩은 사망하고, 그의 아들인 이스칸다르가 저항을 시도했지만 샤 루흐는 그를 무너뜨리고 아제르바이잔을 복속시켰다(1421). 만약 샤 루흐가 기회를 활용했다면 티무르조의 부흥은 지속적인 것이 되었을지도 모른다. 그러나 그는 곧 후라산으로 되돌아가 이스칸다르가 즉시 아제르바이잔을 다시 점거하였다. 샤

---

183. Bouvat의 *Empire mongol*, pp. 110-111에 나와 있는 Khondemir의 기록을 참조.

184. Ibn ' Arabshah, p. 280.

185. Khondemir(Bouvat, *Empire mongol*, p. 114 이하)를 참조하시오.

루흐는 1429년 다시 돌아와 이스칸다르를 다시 패배시켰으나, 이스칸다르는 티무르조 군대가 떠난 뒤 또다시 그 지방을 점령해버렸다.

1434년 샤 루흐는 아제르바이잔으로 3차 원정군을 보냈고 이번에도 이스칸다르를 어렵지 않게 격파해 도망치게 하였다. 그러나 아제르바이잔에 티무르조의 총독을 임명하는 대신 샤 루흐는 그 나라를 이스칸다르의 형제인 자한 샤Jahan Shah에게 위임하였으니(1435), 이는 흑양부 투르크멘이 아제르바이잔과 바그다드를 점유하고 있음을 확인한 것이었다. 샤 루흐의 사망 후 자한 샤는 티무르조로부터 이라키 아잠(1452), 이스파한, 파르스, 키르만(1458) 등지를 빼앗았다. 그의 사망은 티무르조의 보복에 의한 것이 아니라 디야르바크르에 주둔하고 있던 또 다른 투르크멘 부족, 즉 백양부의 수령인 우준 하산Uzun Hasan의 갑작스런 공격에 의한 것이었다.

우준 하산은 1467년 11월 11일 무스 지방에서 자한 샤를 급습해 죽이고 그를 대신하여 서부 페르시아의 군주가 되었다. 이렇게 해서 샤 루흐의 노력에도 불구하고 서부 페르시아는 영원히 티무르 후예들의 손에서 벗어나 투르크멘의 소유 하에 들어갔다.

중국에 관한 한 샤 루흐는 티무르가 갖고 있던 정복야욕을 포기하였다. 그는 영락제와 몇 차례 사신을 교환하였다. 예를 들어 1417년에 그는 아르다시르 토가치Ardashir Toghachi를 북경으로 보냈고, 이미 티무르의 치세에 트란스옥시아나를 방문한 적이 있던 부안은 사마르칸드는 물론 샤 루흐의 궁정이 있던 헤라트를 찾았다.186)

이 여러 사절단의 방문은 쿠빌라이와 차가다이의 몽골 칸국들 사이에 존재했던 교역관계를 티무르 제국과 명조 중국 사이에 다시 수립하려는 데에도 부분적인 목적이 있었다.187)

샤 루흐는 다른 방면에서는 티무르의 본보기를 따라 그의 아들 울룩 벡이 지휘하는 원정군을 모굴리스탄의 차가다이 칸국으로 보냈다(1425).

---

186. [역자] 『明實錄』에 의하면 아르다시르 토가치(阿兒都沙)와 함께 티무르조에 파견된 사절의 대표는 傅安이 아니라 李達이었다.

187. 샤 루흐는 1421년에 또 다른 사절단을 보냈다. Cf. *Matla' as-sa'dayn*, p. 387.

『양성의 상승』*Matla' as-sa'dayn*[188])에 의해 알려진 바에 의하면, 울룩 벡은 차가다이 가문의 시르 무함마드Shir Muhammad를 패배시켰다.[189] 강력한 두글라트 가문의 수장이자 칸 옹립자였고 카쉬가르와 야르칸드의 영주였던 후다이다드는 무슬림으로서의 신앙심 때문에 울룩 벡과 연합하게 되었고, 이식쿨의 동북방에 있는 일리 강의 남쪽 지류인 차린Charin 강 너머에서 그와 합류하였다.[190]

1447년 3월 2일 샤 루흐가 사망하자 그의 아들 울룩 벡이 계승하였다. 오랫동안 트란스옥시아나의 지배자였던 울룩 벡은 문화인이었으며 학자요 — 특히 천문학에 관심을 가졌다 — 시인이었으며, 그는 사마르칸드의 궁정을 페르시아 문학의 찬란한 중심지로 만들었다. 그러나 그에게는 권위가 전혀 없었다. 우즈벡인들 — 즉 시베리아-투르키스탄 지구의 악튜빈스크와 투르가이에 자리잡은 몽골인들로 샤이바니Shaybani의 추종자들 — 은 트란스옥시아나로 침투해와 그 과정에서 사마르칸드를 파괴하고 울룩 벡이 건설한 자기瓷器로 된 유명한 탑을 부수었으며 그의 화랑을 파괴해버렸다.

친족들의 노리갯감이 될 정도로 방심했던 울룩 벡은 발호에서 반란을 일으킨 아들 압둘 라티프'Abd al-Latif의 희생물이 되었다. 압둘 라티프는 자기 아버지를 감금하고 1449년 10월 27일에 처형시켰다. 그러나 그 존속살인자 역시 몇 달 후 암살되었다(1450년 5월 9일).

---

188. [역자] 이 자료의 원제목은 『兩星의 上昇과 兩海의 合一』(*Matla' as-sa'dayn wa majma' al-bahrayn*)이며, 저자는 'Abd ar-Razzaq Samarqandi(1413-1482)이다.

189. Elias와 D.Ross의 *History of the Moghuls of Central Asia*, p. 43과 Barthold, "Dûghlât", *EI*, p.1113에 있는 *Matla' as-sa'dayn*의 기사.

190. 전게 *Matla' as-sa'dayn*은 또 다른 곳에서 후다이다드의 아들인 사이드 아흐마드 Sayyid Ahmad가 1416년 티무르조에 의해 카쉬가르에서 쫓겨났으며, 그들로부터 두 도시를 탈환한 사람은 사이드 아흐마드의 아들인 사이드 알리Sayyid 'Ali(1458년 사망)였다고 기록하였다. 이러한 기록들 사이의 상충을 해소하기는 매우 어렵다.

아부 사이드Abu Sa'id

울룩 벡의 죽음으로 다시 티무르 일족의 내전기가 도래하였다. 그의 조카였던 압둘라'Abd Allah는 1450-1451년에 사마르칸드와 트란스옥시아나의 군주가 되었고 또 다른 조카인 바부르 미르자Babur Mirza는 헤라트와 후라산에 군림하였다(1452-1457). 그러나 1452년 압둘라는 또 다른 티무르의 후예 아부 사이드(미란샤의 손자)에게 패배하고 살해당하였다.[191] 아부 사이드로 하여금 사마르칸드의 권좌를 확보케 했던 이 승리가 우즈벡의 칸, 즉 시그나히에서 우즈겐에 이르는 시르다리아 전선을 장악하고 이제 티무르조의 내분에 조정자로서의 역할까지 하게 된 아불 하이르 Abu'l Khayr의 도움으로 이루어졌다는 것은 흥미롭다. 이것은 티무르의 손자들에 대한 칭기스칸 일족의 예상치 않았던 재기였기 때문이다.[192] 또한 차가다이 가문의 왕자들, 즉 모굴리스탄(일리와 율두즈 지역)의 칸들도 곧 이와 비슷한 반격을 가할 것처럼 보였다.

모굴리스탄의 칸이었던 에센 부카Esen Buqa(혹은 Esen Bugha) 2세는 이식쿨과 쿠차와 카쉬가르 사이에 위치한 악수에 거처를 정하고 트란스옥시아나의 변경지역을 침범하던 차가다이 일족의 전통을 되살려 사이람·투르키스탄·타쉬켄트 등지를 약탈하였다(1451년과 그 이후). 그러나 이제 막 사마르칸드의 보위에 오른 아부 사이드는 에센 부카를 추격하여 탈라스 부근에서 그를 따라잡고 그의 군대를 지리멸렬시켰다.[193]

1457년 티무르의 후예로 후라산의 군주였던 바부르 미르자가 사망한 뒤 아부 사이드는 그 지방을 점령하고 1457년 7월 19일 헤라트에 입성하였다.[194]

---

191. Barthold와 Berveridge, "Abu Sa'îd", *EI*, p. 107 ; Bouvat, *Empire mongol*, p. 136.
192. Cf. Barthold, "Abu'l-Khair", *EI*, p. 98.
193. *Ta'rikh-i Rashidi*, p. 79.
194. Mu'in ad-Din, "Chronique de Hérat", tr. Barbier de Meynard, *JA*, XX (1862), pp. 304-309.

이제 후라산과 트란스옥시아나 두 지역을 모두 지배하게 된 그는 일족들 사이에서 벌어진 경쟁과 반발이 허용하는 범위 안에서 티무르 제국의 부흥에 착수하였다. 차가다이계 칸인 에센 부카 2세를 약화시키기 위해 그는 전통적인 방법을 동원하였다. 1429년 에센 부카는 형 유누스 칸 Yunus Qan을 몰아내 사마르칸드의 울룩 벡에게 망명하게 했었다. 아부 사이드는 에센 부카의 경쟁자를 다시 내세우기 위해 1456년 유누스를 정통 칸으로 인정하였다. 유누스는 티무르조가 빌려준 군대를 데리고 모굴리스탄으로 돌아가 그 지방의 서반부, 즉 일리 하 유역에 대한 자신의 주권을 인정받았다. 에센 부카는 동반부인 율두즈와 위구리스탄 지방에 대한 지배권을 계속 유지하였다. 얼마 뒤 유누스는 카쉬가르로 진군하였지만 카쉬가르와 악수 중간 지점에서 율두즈에서 급히 달려온 에센 부카와 카쉬가르에 있던 두글라트 부족 아미르인 사이드 알리에 의해 저지되고 패배 당하였다. 유누스는 다시 트란스옥시아나로 도주했다. 아부 사이드는 1458년경 다시 그에게 증원군을 주었고 이로써 그는 모굴리스탄 서부 — 일리 근처와 이식쿨 방면 — 에 대한 지배권을 다시 회복한 것으로 보인다.

한편 모굴리스탄 동부(투르판에 이르기까지의 율두즈와 위구리스탄)는 여전히 에센 부카의 치하에 있었고, 1462년 그가 사망한 뒤에는 그의 아들인 두스트 무함마드 칸Dust Muhammad Qan(1462-1469) — 대체로 악수를 본거지로 하였다 — 에게 넘겨졌다. 이렇게 해서 아부 사이드는 차가다이가의 영역을 경쟁하는 두 지파에 의해 나뉘게 만듦으로써 저항세력을 무력화시키는 데 성공하였다.[195]

아부 사이드는 페르시아에 대해서도 적극적이었다. 이 지방의 서부인 아제르바이잔, 이라키 아랍, 이라키 아잠, 이스파한, 파르스, 키르만 등지는 흑양부 투르크멘 유목집단의 수령인 자한 샤의 지배 하에 있었다. 1458년 자한 샤는 후라산으로 진격하여 헤라트를 점거하였다(1458년 7월). 그러나 발흐로 퇴각했던 아부 사이드가 6개월 뒤 무르갑 강가에서 자한 샤의 아들인 피르 부닥Pir Budaq에게 잔인한 패배를 안겨주어 후라산을 해방시

---

195. *Ta'rikh-i Rashidi*, pp. 81-82, pp. 83-88.

켰다. 담간과 라이 사이에 위치한 삼난시는 티무르조와 흑양부의 영토 사
이의 경계로 인정되었다(1458년 12월경).

자한 샤는 자기 나라 안에서 디야르바크르에 근거를 두었던 경쟁적인
투르크멘 집단 백양부와 충돌하였다. 티무르의 시대 이래로 이 집단은 전
통적으로 티무르조측과 동맹관계에 있었다. 1467년 이 경쟁자를 제거할
생각으로 자한 샤는 디야르바크르로 들어갔으나 1467년 11월 11일 무스
와 에르진잔 사이에 위치한 키기Kigi에서 백양부의 수령 우준 하산의 급
습을 받아 패배하고 도망가던 중에 살해되었다.[196] 이 참극의 결과 흑양부
의 영역은 그 경쟁집단에게 넘어가버렸다.

우준 하산은 이러한 변화를 자기 집안과 오랜 동맹관계에 있던 티무르
조측이 우호적으로 인식할 것으로 기대하였다. 그러나 아부 사이드는 두 투
르크멘 집단 사이의 갈등을 이용하여 서부 페르시아를 회복하려고 생각하였
다. 실제 서부 아제르바이잔을 우준 하산에게서 다시 빼앗으려고 노력하던
자한 샤의 아들 하산 알리Hasan 'Ali는 그의 개입을 요청하기도 했다.

하산 알리의 요청에 따라 아부 사이드는 우준 하산에 대해 전쟁을 선
포하고 이라키 아잠을 거쳐 아제르바이잔으로 들어갔다. 아라스 하류와 쿠
라 하류의 초원, 즉 우준 하산의 본거지가 있던 카라바흐로 진격하였다.
동절기가 시작되었고 우준 하산은 투르크멘이 그래왔던 것처럼 이미 어디
론가 사라져버렸다.

아부 사이드는 기후가 온화하기로 이름난 카라바흐에서 겨울을 보내
기로 마음먹었다. 그러나 아라스 강으로의 이동은 끔찍한 결과를 낳았다.
그는 마흐무다바드Mahmudabad에서 우준 하산에 의해 길이 차단되어 보
급물자가 떨어져 퇴각하려고 했으나 1469년 2월 11일 투르크멘에 의해
붙잡혔고, 6일 뒤 우준 하산은 그를 처형했다. 당시 그의 나이는 마흔 살
에 불과하였다.

아부 사이드는 카쉬가르에서 트란스코카시아에 이르는 티무르 제국을
복원시키려고 노력했던 최후의 군주였다. 외부의 적보다는 친족들 내부에

---

196. Mu'in ad-Din, "Chronique de Hérat", pp. 317-319 ; Huart, "Karakoyûn-
    lu", *EI*, p. 785.

서의 끊임없는 반란에 기인한 그의 실패는 티무르의 업적에 종지부를 찍었다. 그의 죽음은 서부 페르시아 전역을 백양부의 수중에 건네준 셈이었다. 그 뒤 타브리즈, 바그다드, 시라즈, 이스파한, 술타니야, 라이, 그리고 심지어 키르만에까지 이르는 지역에서 요지부동의 군주가 된 우준 하산은 외부세계에 페르시아의 왕으로 비쳐졌고(1469-1478), 그의 일족은 타브리즈를 수도로 하면서 1502년 페르시아 민족의 왕조인 사파비조가 흥기할 때까지 그 지방을 점유하였던 것이다.197)

티무르조의 말예

페르시아에 있던 강력한 투르크멘 왕국을 이웃으로 한 티무르조의 말예들은 트란스옥시아나와 후라산에 있던 한낱 토후에 불과했다. 심지어 그 제한된 영지조차 적대적인 친족들에 의해 분열되어 있었다. 아부 사이드의 아들인 아흐마드 술탄Ahmad Sultan이 그를 계승했으나 오직 사마르칸드를 수도로 한 트란스옥시아나에만 국한되었고(1469-1494), 자신의 형제들과 전쟁을 하지 않으면 안되었다.

한편 아부 사이드가 두 경쟁집단에게 나누어 놓아 약화시켰던 모굴리스탄의 차가다이 칸국은 통일된 세력을 회복하였다. 율두즈와 위구리스탄의 차가다이 군주 케벡Kebek 2세(1469-1472년경) — 두스트 무함마드의 아들이자 후계자 — 가 피살되자, 이미 서부 모굴리스탄(일리)의 칸이었고 얼마 전에 카쉬가르의 두글라트 아미르들을 규합한 그의 종조부 유누스가 차가다이 영역을 다시 통합하였다.

카쉬가르에 있던 그의 신하이자 두글라트 부족의 아미르인 무함마드 하이다르Muhammad Haydar 1세(1465-1480)의 지지를 확보한 유누스 칸은 중앙아시아에서 가장 강력한 군주가 되었다. 이렇게 해서 상황은 반전되었다. 이제는 티무르의 말예들인 트란스옥시아나의 군주 아흐마드와

---

197. Cf. Minorsky, "Uzun Hasan", *EI*, p. 1123.

그의 형제이자 페르가나의 영주인 우마르 셰이흐'Umar Shaikh 사이에 벌어진 분쟁에서 그가 도리어 중재자 역할을 하였다. 몇 차례인가 유누스는 아흐마드의 공격에 직면한 우마르 셰이흐를 보호해주었고, 그렇게 해서 페르가나에 있던 티무르의 후예는 칸의 진정한 신하가 되었다. 그가 반란을 일으키면 그를 응징한 뒤 관용을 베풀고 안디잔에서 그와 함께 본영을 설치하기도 하였다.198)

칭기스칸 가문과 티무르 가문의 처지의 반전은 더욱더 분명해졌다. 타쉬켄트와 사이 람의 영유권을 둘러싸고 아흐마드와 우마르 셰이흐 두 형제 사이에 새로이 분쟁이 발생하자, 중재를 요청받은 유누스는 갈등을 해결하기 위해 두 도시를 모두 자기에게 양도하도록 하였다(1484).199) 유누스는 이렇게 칭기스칸 가문의 눈부신 부흥을 성공적으로 성취한 뒤 1487년 타쉬켄트에서 사망하였다. 아흐마드는 유누스의 죽음을 이용하여 유누스의 아들이자 계승자인 마흐무드Mahmud로부터 타쉬켄트를 빼앗으려 시도했지만, 치르칙Chirchik(혹은 파락Parak) 강가에 있는 도시 부근에서 패배하였고, 타쉬켄트는 몽골 칸들의 근거지로 남게 되었다.

오로지 모굴리스탄의 차가다이 칸들의 보호 아래에서만 페르가나의 지배권을 유지할 수 있었던 티무르조의 왕자 우마르 셰이흐(1469-1494)는 1494년 6월 8일에 사망하였다. 트란스옥시아나의 군주였던 그의 형 아흐마드는 다시 한 번 페르가나를 취하려 했으나 원정 도중 우라 튜베 근처에서 사망하였다(1494년 7월). 페르가나는 우마르 셰이흐의 아들인 어린 바부르 — 후일 '위대한 모굴' — 의 소유로 남게 되었다.

아흐마드에게는 마흐무드Mahmud, 마스우드Mas'ud, 바이송코르Baysong-qor, 알리'Ali라는 네 아들이 있었는데, 이들은 트란스옥시아나의 영유권을 놓고 서로 싸웠다. 마흐무드(1494-1495)는 방탕한 폭군으로 1495년 7월에 사망하였다. 마스우드의 통치지역은 미르혼드에 의하면 사마르칸드였다고 하고, 바부르에 의하면 히사르Hissar였다고 한다. 여하튼 그는 짧은 기간 동안 형제들과 싸우다가 어느 간악한 신하에 의해 장님이 되었다. 엄청

---

198. *Ta'rikh-i Rashidi*, pp. 95-97.
199. *Ibid.*, pp. 112-113.

난 혼란 속에서 잠깐 사마르칸드를 장악했던 바이송코르도 그의 형제를 살해한 반역자의 손에 죽임을 당하였다. 이들의 사촌이며 페르가나의 왕자였던 바부르는 당시 열네 살에 불과했고 이러한 소란을 이용하여 사마르칸드의 영주가 되었지만(1497년 말) 그곳에서 버틸 수 없었다. 사마르칸드는 1498년 바부르의 사촌이자 아흐마드의 마지막 남은 아들인 알리에게 넘어갔다.

그러나 이 같은 내부갈등은 침입자들을 불러들였다. 칭기스칸 장자의 후예이자 우즈벡 집단의 수령인 '몽골' 칸 무함마드 샤이바니Muhammad Shaybani는 이미 눈을 트란스옥시아나로 돌려, 시르다리아 하류의 북안에 자리를 잡은 채 강을 건널 좋은 기회만 엿보고 있었다. 티무르조의 말예들 사이에 벌어진 어리석은 분쟁이 그에게 그 기회를 제공하였다.

1500년 그는 부하라에 입성해 사마르칸드 앞에 나타났다. 티무르조의 왕 알리는 성급하게도 밖으로 나가 그와 협상하였다. 교양있는 왕자라는 겉모습 이면에 초원의 침입자로서의 본능을 그대로 간직하고 있던 샤이바니는 이 순진한 젊은이를 처형하고 트란스옥시아나의 권좌에 올랐다.

이러는 사이에 티무르가의 또 다른 후예인 후세이니 바이카라가 후라산에 남아 있었고, 그의 일족들 사이에 벌어진 전면적인 전쟁과정에서 그는 구르간과 마잔다란을 복속시키고 아스테라바드를 수도로 삼았다(1460년 9월). 트란스옥시아나의 군주였던 자신의 사촌 아부 사이드에 의해 1461년 밀려난 그는 망명생활을 하다가 아부 사이드의 죽음으로 운명이 갑자기 바뀌었다. 그는 1469년 3월 25일 헤라트의 주민들에 의해 군주로 인정되었고 1506년 죽음을 맞이할 때까지 후라산을 통치하였다.

비록 그의 영토는 크지 않은 규모였지만 37년에 달하는 오랜 치세는 동방의 역사에서 가장 풍성한 성과를 거둔 시기의 하나였다.[200] 후세이니 바이카라는 부드러움과 너그러움에서 당대의 다른 인물들과 큰 대조를 보였고, 헤라트의 궁정을 찬란하고 지적인 중심지로 만들었다. 그곳으로 초

---

200. Khondemir의 글(Ferté, *Vie du sultan Hosein Baykara*, 1898) ; A. S. Beveridge, "Husain Mîrzâ", *EI*, p. 364 ; *Babûr-name*, ed. Beveridge (Leiden, 1905 ; cf. Bouvat, *Empire mongol*, p. 162).

치된 사람들 가운데에는 페르시아의 시인 자미Jami, 두 명의 페르시아 역사가 미르혼드Mirkhond와 혼데미르Khondemir(할아버지와 손자), 위대한 페르시아 화가 비흐자드Bihzad, 서예가인 마쉬하드 출신의 술탄 알리Sultan 'Ali 등이 있었다.

재상으로 있던 저 유명한 미르 알리 시르 네바이Mir 'Ali Shir Neva'i (1441-1501)는 차가다이 투르크어 문학에서 최초의 위대한 시인 가운데 한 사람이었다. 페르시아어나 투르크어를 모두 능숙하게 구사했던 그는 투르크어가 문학언어로서 페르시아어에 필적할 뿐 아니라 더 우월할 수 있다는 사실을 증명하려고 애썼다.201) 그의 탁월한 치세에 헤라트는 앞서 말한 티무르조의 르네상스에 있어서 플로렌스와 같은 곳이었다.

이렇게 하여 역사상 가장 잔혹한 투르크 정복자이자 가장 야만적인 파괴자의 한 사람의 4대째 후손은 페르시아의 왕자요, 시인이요 예술의 애호가였고, 그의 후원 아래 이란의 문명은 새로운 광채를 발하였다. 그뿐 아니라 알리 시르는 막 봉오리를 틔우던 차가다이 투르크 문학으로 하여금 이 이란의 르네상스에서 한몫을 담당하게 하였다. 칭기스칸에 의해 그토록 잔인하게 파괴되고 티무르에 의해 매우 혹독하게 취급되었던 도시 헤라트는 — 부하라나 사마르칸드보다 더 화려하게 — 다시 한 번 사만조 치하의 모습을 되찾았을 뿐 아니라, 13세기 이래 이루어진 문명들의 광범위한 혼효에서 생겨난 새로운 특징들을 가미하게 되었다. 몽골의 정복에 의해 도입된 중국적인 영향은 장식적 예술에 은근한 분위기를 가져다 주었다. 우리가 영원한 폐허라고 생각했던 것들 가운데에서 꽃을 피운 이 같은 영광을 떠올리고자 한다면 비흐자드의 세밀화를 생각하면 될 것이다.

그러나 헤라트 자체가 황야 한가운데 존재하는 오아시스였듯이 이것도 침략들 사이에 벌어진 짧은 간주곡에 불과하였다. 후세이니 바이카라의 아들이자 계승자인 바디 웃 자만Badi' az-Zaman(1506-1507)은 즉위 직후부터 이미 1500년 이래 트란스옥시아나의 지배자였던 우즈벡의 침입에

---

201. Cf. E. Belin, "Notice sur Mîr 'Alî Chîr Néwaï", *JA*, XVII(1861), p. 175, p. 281 ; (1866), p. 523 ; Bouvat, "Débat sur les deux langues", *JA*(1902), p. 367.

직면하였다. 우즈벡 정복자 무함마드 샤이바니는 바디 웃 자만을 무르갑 강 근처에 있는 쿠히 바바Kuh-i Baba로 도망치게 하고 헤라트에 입성하였다(1507).

부하라나 사마르칸드 지방과 마찬가지로 후라산도 이렇게 해서 샤이바니가의 우즈벡 칸들의 수중에 들어갔다. 100년 만에 칭기스칸 일족은 티무르가에 대하여 최후의, 그리고 영원한 승리를 거두었던 것이다.

12. 러시아의 몽골인

킵착 칸국의 종말

몽골의 세력은 한순간에 사라져버리지는 않았다. 티무르조에 대한 칭기스칸 일족의 최종적인 반격의 예를 통해서도 알 수 있듯이 그들은 가끔씩, 그리고 오랜 시간이 흐른 뒤 갑작스러운 생기와 활력을 발휘해 당대의 관찰자들을 놀라게 해 혹시 칭기스칸의 시대가 다시 온 것은 아닌가 하는 의심을 갖게 할 정도였다.

16세기 칭기스칸가 — 설령 투르크화했다고 할지라도 — 의 부흥이 있은 지 한참 뒤인 17세기 후반에서 18세기 중반에 이르기까지 서부 몽골인들은 중화 제국에 대항하여 칭기스칸의 야망을 되살리려는 노력을 기울였다. 이 마지막 시도는 중세의 위대한 서사시에 에필로그를 이루는데, 그 간략한 요약을 아래에서 제시하기로 한다.

러시아에서 티무르의 최후작전의 결과는 금장 칸국 혹은 킵착 칸국의 우두머리에 톡타미쉬 대신 경쟁자이자 역시 오르다의 후손인 백장 칸국의 티무르 쿠틀룩을 앉힌 것이었다.[1] 티무르 쿠틀룩은 전임 칸이었던 톡타미쉬의 망명에 고무되어 칸국의 문제에 간섭하려고 시도했던 리투아니아의 대공 위토우트를 1399년 8월 13일 드녜프르의 지류인 보르스클라 강 부근에서 패배시킴으로써 러시아에 대한 몽골의 '지배권을 확고히 하였다. 그의 뒤를 형제인 샤디 벡Shadi Beg[2](1400-1407년경)이 계승하여 킵착

---

1. 티무르 쿠틀룩은 티무르 말릭의 아들로, 백장 칸국의 유명한 칸이자 티무르의 적수였던 우루스의 손자이기도 하다.
2. Ibn 'Arabshah의 Rashadibeg. Sanders tr., *Life of Tamerlane*(1936), p. 86.

초원 본지에 군림했으며, 동부 초원은 티무르의 보호를 받던 백장 칸국의
또 다른 후예 코이리작Koirijak에게로 넘어갔다. 샤디 벡의 지배 아래에서
금장 칸국은 러시아의 리아잔 공국의 변경지대를 약탈하였다. 티무르 쿠틀
룩의 아들이며 샤디 벡의 조카인 칸 풀라드Pulad(몽골어로 Bolod)의 치
세(1407-1412경)에도 마찬가지로 금장 칸국의 군대는 이디쿠Idiqu의 지휘
아래 1408년 12월 모스크바 국가를 공격하여 니즈니 노브고로드와 고로데
츠Gorodets를 불태우고 모스크바를 봉쇄하였으나, 보상금을 약속받고 물
러났다.

샤디 벡과 풀라드의 치세 중에 실권을 휘두른 사람은 노가이 혹은 망
기트3) 부족의 수령인 바로 그 이디쿠였는데, 이븐 아랍샤는 그를 진정한
'궁재宮宰'(majordomo)라고 묘사하였다. 이 작가는 이어 티무르라는 신임
칸이 그의 전제專制(1412-1415년경?)를 받아들이기를 거부하자 내란이
일어났다고 덧붙였다. 결국 티무르가 승리하고 이디쿠4)는 살해되었다.

칸 퀴췩 무함마드Küchük Muhammad의 긴 치세(1423-1459) 동안
금장 칸국의 해체가 완결되고 카잔 칸국과 크리미아 칸국의 초석이 세워
졌다. '장님' 대공 바실 2세의 치세(1425-1462)기였던 이때 모스크바 국가
역시 비슷한 가족분규로 인해 마비되어 있었던 것이 사실이다.

결정적인 힘의 대결은 퀴췩 무함마드의 아들이자 계승자인 칸 아흐마
드Ahmad(1460-1481년경)와 '위대한' 대공 이반 3세(1462-1505) 사이에
벌어졌다. 이반 3세는 금장 칸국의 종주권을 벗어던지기 위해 크리미아의
멩글리 기레이Mengli Girei(Geray)5)와 우호관계를 맺으려 했고, 아울러
카잔의 궁정에서도 친구들을 얻을 수 있었다. 1476년 그는 베네치아인 마
르코 루포Marco Ruffo에게 사라이의 궁정에 대항하기 위해 서부 페르시
아의 군주인 투르크멘 우준 하산과 세 번째 협약을 체결하라는 임무를 부
여하였다. 이렇게 해서 그는 금장 칸국을 어느 정도 고립 혹은 포위한 뒤
공납을 바치기를 거부하였다. 1474년 칸 아흐마드는 그에게 공납을 요구

---

3. Cf. Barthold, "Mangit", *EI*, p. 259.
4. Ibn 'Arabshah, pp. 86-87. 이디쿠는 러시아측 자료에 Yedigei로 나온다.
5. 1469-1475년, 그리고 1478-1515년 동안 통치했던 크리미아의 칸.

하며 카라쿠춤Qarakuchum이라는 사신을 보냈다. 1476년에는 또 다른 사신을 보내 이반 3세로 하여금 칸국으로 직접 오라고 명령했지만 이반은 이를 거부하였다. 폴란드의 국왕 카시미르 4세Casimir IV와 동맹하여 나름대로 모스크바인들을 포위하려고 시도했던 아흐마드는 모스크바를 향해 진군하였다. 이반은 그의 진격로를 막기 위해 오카 강에 진을 쳤고, 몽골군이 서쪽으로 밀고 들어오자 다시 우그라Ugra 강에 자리를 잡았다(1480). 거기서 양군은 오랫동안 상대방을 관찰하며 있었는데, 이반은 칸에게 와서 그의 '아들에게 키스하는 것'을 거부하면서도 러시아의 운명을 단 한 번의 전투에 거는 데 대해 주저하였다.

아흐마드 역시 크리미아의 칸이 후방에서 자신을 공격하지 않을까 하는 두려움 때문에 주저하기는 마찬가지였다. 병사들의 얼굴을 매섭게 때리는 10월의 추위에 직면하여 결국 그는 우그라를 떠나 약탈물만 갖고 사라이로 돌아가버렸다. 전투 없이 끝난 이 원정은 사실상 러시아의 해방을 가져다 주었다(1480).

잠시 뒤 아흐마드는 우랄 동쪽을 휘젓고 다니던 샤이바니 유목집단의 수령인 이박Ibaq의 급습을 받아 죽임을 당하였다(1481). 아흐마드의 아들이자 계승자인 세이흐 알리Shaykh 'Ali는 리투아니아와 손을 잡고(1501) 모스크바 국가에 대한 적대정책을 재개했지만 이반 3세는 그에 대항하기 위해 크리미아의 칸과 동맹을 체결하였다. 1502년 멩글리 기레이는 사라이를 공격하고 파괴해버렸는데, 이것이 금장 칸국의 최후였다. 그 자리는 이미 칸국으로부터 이탈해 나간 세 개의 '소칸국'들, 즉 크리미아·카잔·아스트라한 칸국들에 의해 메워졌다.

크리미아·카잔·아스트라한 칸국

크리미아 칸국은 바투의 형제 투가 티무르Tugha Timur의 후손인 핫지 기레이Hajji Girei에 의해 1430년경에 건설되었다. 그의 치세에 만들어진 최초의 주화에는 1441-1442년으로 찍혀 있고 그의 통치는 1466년까지 지속된 것으로 알려져 있다.6) 그가 건설한 칸국은 동쪽에서는 돈 강 하류에 의해, 서쪽으로는 드네프르 강 하류에 의해 경계가 지워졌고, 북쪽으로는 옐레츠Yelets와 탐보프Tambov까지 뻗쳐 있었다. 1454년 핫지 기레이는 칸국의 수도를 크리미아 남부, 전에는 키르크 예르Qirq Yer라 불리던 박체 사라이Baghche Saray에 두었다. 핫지에 의해 건설된 이 기레이 왕조는 1771년 러시아의 정복과 1783년 최종적인 병합이 이루어질 때까지 지속되었다. 독실한 무슬림이었던 이 집안은 크리미아 칸국에 매우 강한 이슬람적 특징을 부여하였다. 그렇지만 핫지 기레이는 카파에 있는 제노아 식민지와 처음에는 충돌을 벌였으나, 그곳에서 얻을 수 있는 재정적인 이익을 인식하여 1466년 죽을 때까지 아주 좋은 관계를 유지하였다.

그 뒤 그의 아들들은 왕위계승을 둘러싸고 분쟁을 벌였다. 처음에는 둘째아들 누르 다울라트Nur Daulat가 우세했지만(1466-1469, 1475-1477) 종국에 가서는 여섯째아들인 멩글리 기레이가 승리를 거두었다(1469-1475, 1478-1515). 1468년 멩글리 기레이는 카파의 제노아인들을 방문하여 누르 다울라트를 포로로 잡아두어 자기를 도와 준 그들에게 감사를 표시하였다.7)

한편 터키의 술탄 메흐메드 2세는 괴뒥 아흐메드 파샤Gödük Ahmed Pasha가 지휘하는 함대를 카파로 보내 1475년 6월 4-6일 그곳을 점령하였다. 멩글리 기레이는 제노아인들을 강력하게 지원하며 그들과 함께 카파를 수비하였으나 오스만에 의해 포로가 되어버렸다. 그러나 2년 뒤 그는 술탄의 신하로서 다시 크리미아로 돌려 보내졌다. 크리미아의 남부 연안은 오스만측의 직접적인 관할 하에 들어가 카파에는 한 명의 파샤pasha가 상주하였고, 이슬람 기레이 2세Islam Girei Ⅱ(1584-1588)가 즉위한 뒤에는 터키의 술탄의 이름이 후트바에서 언급되었다. 그러나 주화는 여전히 기레이 왕조의 칸들의 이름으로 주조되었고, 1502년에는 멩글리 기레이가 금장 칸국에 대해 최후의 일격을 가하였다.

금장 칸국의 해체 결과 생겨난 두 번째 칸국은 카잔이었다. 금장 칸국

---

6. Barthold, "Girây", *EI*, p. 181.
7. Cf. Heyd, *Histoire du commerce du Levant*, Ⅱ, p. 399.

의 퀴췩 무함마드의 치세(1423-1459)에 불운한 칸위 후보자 울루 무함마드Ulu Muhammad — 바투의 형제인 투가 티무르의 후예 — 는 자기 아들인 마흐무덱Mahmudek과 함께 카잔으로 가서 그곳에다 독자적인 칸국을 세웠다. 1445년부터 1552년까지 존속했던 이 신생국가는 볼가 강 중류와 카마 강에 위치해 있던 옛날 불가르 왕국과 대체로 일치하였다. 주민의 근간은 투르크어를 말하는 체레미스Cheremis와 바쉬키르Bashkir, 그리고 핀-우그르계의 모르도바Mordova 인과 추바쉬Chuvash 인들이었다.

1446년 아버지 울루 무함마드를 살해한 마흐무덱은 새로운 국가의 기반을 확고히 다졌다. 마흐무덱의 형제인 카심Qasim(1469년 사망)은 모스크바인들에게 도망쳐, 1452년경에는 그의 이름을 딴 카시모프Kasimov라는 오카 강변에 위치한 도시를 사여받았다. 이렇게 해서 카시모프 소칸국은 처음부터 모스크바의 대공과 엄격한 주종관계를 맺는 속국이었고, 모스크바가 카잔 칸국의 문제에 개입할 때 그를 돕는 도구로서의 역할을 하였다. 카심 자신은 러시아인들과 연합하여 카잔에 대항하는 전쟁에 참여하기도 하였다.[8]

해체된 금장 칸국에서 태어난 세 번째 칸국은 1466년 역시 카심이라는 이름의 왕자 — 금장 칸국의 칸 퀴췩 무함마드의 손자 — 에 의해 건설되었다. 아스트라한이 비록 옛 사라이의 상업적 중요성의 일부를 물려받기는 했지만, 그곳에 자리잡은 칸국은 동쪽으로는 볼가 강 하류, 서쪽으로는 돈 강 하류, 남쪽으로는 쿠반 강과 테렉 강에 둘러싸여 역사상 보잘것없는 역할밖에 하지 못했다. 크리미아의 칸들과 우랄 강 지역에 있는 노가이의 칸들 사이에 끼여 있었기 때문에, 그들 마음에 내키는 인물들을 번갈아 아스트라한의 군주로 앉혔다.[9]

남부 및 동부 러시아에 있던 칭기스칸 일족들은 모두 몽골(고전시대의 역사에서는 타타르로 잘못 불렀다)로 알려졌고 실제로 왕조들은 진정한 칭기스칸의 후손들이 통치한 것이었지만, 킵착 몽골은 투르크인들로 이

---

8. Cf. Howorth, *History of the Mongols*, II, pp. 365-429 ; Barthold, "Kazân", *EI*, p. 887, "Kasimov", *EI*, p. 848.
9. Cf. Howorth, *History of the Mongols*, II, pp. 349-362.

15세기의 티무르조

샤이바니 유목집단
바이칼 호
칼묵(오이라트)
아스트라한
카스피 해
그루지아 왕국
티플리스
에르주룸
데르벤드
디야르바크르
마르딘
모술
샤마하
아란
무간
타브리즈
아제르바이잔
잔잔
술타니야
카즈빈
하마단
바그다드
키르만샤
쿰
카샨
이라키 아잠
이스파한
아스테라바드
후라산
야즈드
시라즈
키르만
파르스
키르만
이라키 아랍
무간
무칸
샤 루흐 제국
세이스탄
티무르조
최후의 영역
마쉬하드
사락스
메르브
카르시
헤라트
쿤두즈
발흐
바미얀
카불
칸다하르
가즈니
히바
카트
가자완
부하라
사마르칸드
케쉬
타쉬켄트
치나즈
호젠트
안디잔
바다흐샨
오트라르
탈라스
침켄트
투르키스탄
시그나히
잔드
아랄 해
시르 다리야
아무 다리야
사리 수
발하쉬 호
토크막
차가다이 칸국
두글라트 영지
카쉬가리아
우즈겐
우치투르판
아흐시
사이람
쿠차
야르칸드
호탄
카라샤르
롭 노르
돈황
체르첸
자이산 호
카라 이르티쉬 강
알말릭
마나스
베쉬발릭
투르판
하미
모굴리스탄
볼가 강
우랄 강
엠바 강
투르가이 강
이르티쉬 강
예니세이 강
셀렝게 강
오르혼 강
톨라 강
델리
라호르
델리 술탄국

0   800   1600km

--- 샤 루흐 제국
티무르조 최후의 영역

15세기의 티무르조

루어진 다수의 토착민들 속에 극소수의 수령들뿐이었기 때문에 철저하게 투르크적 인 특징을 갖게 되었다. 그들의 몽골적인 틀을 제외한다면 크리미아와 카잔과 아스트라한의 칸국들은 투르키스탄의 카자흐 유목집단들과 같은 무슬림 투르크 칸국들이었다.

이 세 칸국의 역사는 러시아의 반격에 대한 저항의 역사였다. 카잔이 러시아의 공격을 가장 먼저 받았다. 마흐무덱의 아들이자 후계자가 된 이브라힘은 러시아인들과의 싸움에서 처음에는 잘 견뎌내 심지어 1468년에는 뱌트카Viatka까지 함락시켰으나, 곧 화평을 맺고 포로들을 되돌려줄 수밖에 없었다. 그의 두 아들 일함Ilham과 무함마드 아민Muhammad Amin이 계승권을 놓고 서로 싸워, 일함이 이기자 무함마드 아민은 러시아인들에게 도움을 청하였다. 러시아는 그를 앞세워 대군을 이끌고 카잔으로 와서 그를 일함 대신 권좌에 앉혔다(1487). 그러나 1505년 무함마드 아민은 러시아 당국에 대한 반란을 일으켰고 그 다음 해에는 모스크바국의 군대를 패배시켰다.

무함마드 아민의 사망과 함께 울루 무함마드가 카잔에 건설한 왕조는 끊어지게 되었다(1518). 왕좌는 이제 러시아파와 크리미아파 사이의 분쟁의 대상이 되었다. 모스크바의 대공인 바실리 이바노비치Vasili Ivanovich (바실 3세)는 칸국을 1516년 이래 자신의 감독 하에 카시모프를 지배하던 아스트라한 왕가의 한 지파의 샤 알리Shah ‘Ali라는 왕자에게 주었다. 그러자 이번에는 멩글리 기레이의 아들이자 후계자인 크리미아의 칸 무함마드 기레이(1515-1523)가 나서서 1521년 카잔의 왕좌에 동생인 사힙 기레이Sahib Girei를 앉히고 러시아의 꼭두각시를 몰아내었다.

이렇게 두 칸국을 통합하자 무함마드 기레이와 사힙 기레이는 모스크바국에 대한 갑작스런 공격을 감행하여 오카 강변에서 러시아 군대를 급습하여 물리친 뒤 모스크바 근교에까지 이르렀다(1521). 그들은 감히 러시아의 수도를 공격하지는 않았으나 총독들로부터 매년 공납을 바치겠다는 약속을 받아내고, 카파의 시장에 내다 팔 수많은 포로들을 데리고 돌아갔다. 1523년 무함마드 기레이는 다시 한 번 러시아 침공을 시도하였으나, 오카 강변에서 포병의 지원을 받는 모스크바국 군대에 의해 저지되었다.

무함마드 기레이는 이러한 성공을 활용할 여유도 없이 1523년 노가이의 칸인 마마이Mamai의 기습을 받아 살해되었고 크리미아는 잔혹하게 파괴되었다. 1524년 무함마드의 동생인 사힙 기레이는 카잔을 자기 아들인 사파 기레이Safa Girei에게 맡기고 크리미아로 돌아왔다. 1530년 모스크바국은 사파 기레이를 몰아내고 샤 알리의 동생인 잔 알리Jan 'Ali로 대체하였다. 크리미아의 칸이 된 사힙 기레이는 카잔을 되찾기 위해 새로운 시도를 감행하였고, 그 결과 카잔에서는 '민족' 폭동이 터져 그 와중에서 잔 알리는 사망하고 사힙의 지원을 받은 사파 기레이가 되돌아왔다(1535). 1546년 러시아는 그들의 후원을 받는 샤 알리를 다시 앉혔으나, 그들이 떠나자마자 사파 기레이가 돌아왔다. 그는 1549년 갑작스런 죽음을 맞이할 때까지 카잔의 왕좌를 지켰으나, 그 뒤 러시아는 그의 아들 외테미쉬 Ötemish를 폐위시키고 다시 한 번 샤 알리를 앉혔다.

또 다른 '민족적' 운동이 샤 알리를 무너뜨리고 노가이 지방에서 아스트라한 칸가의 왕자인 야디야르Yadiyar를 초치하였다. 모스크바 국가의 짜르였던 '공포왕' 이반 4세(1533-1584)는 카잔의 독립에 종지부를 찍기로 결심하고, 1552년 6월 강력한 포병을 이끌고 와서 도시를 포위하였다.[10] 10월 2일 그는 공세를 취하여 도시를 함락하고 남자주민들의 대부분을 학살하고 여자와 아이들은 노예로 삼았으며 모스크들을 부수었다. 칸국의 영토는 러시아에 편입되어버렸다.

카잔 칸국의 붕괴는 러시아와 칭기스칸 일족과의 관계를 반전시키는 분수령을 이룬다. 아스트라한 칸국의 정복도 즉시 뒤따랐다. 1554년 공포왕 이반은 아스트라한으로 3만 명의 군대를 보내 당시 집권가문의 일원(즉 퀴췩 무함마드의 후손)이었던 데르비쉬Dervish라는 인물을 조공을 바치는 칸으로 세웠다. 데르비쉬는 그 다음 해에 반란을 일으키고 러시아 주

---

10. 중국에서와 마찬가지로 러시아에서도 몽골군의 마지막 저항을 분쇄한 것은 포병이었다. 강희제가 칸 갈단이 이끄는 준가르 유목민에 대해 포화를 퍼부은 것에 대해서는 p. 732를 참조하시오. 유목민들의 뛰어난 기동성과 기마군대로 인해 옛날부터 가졌던 전술적인 우위는 대포의 사용으로 단번에 인위적인 우위를 갖게 된 정주문명에 굴복하고 말았다.

모스크바 국가
리투아니아
야로슬라블
코스트로마
우르줌
트베르
수즈달
니즈니 노브고로드
체레미스인
블라디미르
카잔
유코틴
우파
모스크바
콜롬나 카시모프
카잔 칸국
스몰렌스크
볼가르
바쉬키르인
툴라
리아잔
오렐
쿨리코보
나로우자
사마라
옐레츠
모르도바인
체르니고프
탐보프
키르기즈인
키예프
쿠르스크
보로네츠
사라토프
우랄스크
갈리치
키지케르멘
가
이
이지움
돈 강
크
리
미
아
칸
국
노
사라이
사라이칙
이슬람 케르만
아스트라한 칸국
볼가 강
드네프르 강
보리스클라 강
다뉴브 강
드네스트르 강
부그 강
프루트 강
도네츠 강
페레코프
아조프-타나
흑 해
코즐레프
카스피 해
박치사라이
수닥
케르치
카파
코파루
쿠반 강
타만
쿠마 강
인케르만&발라클라바
망굽
0   320   640km

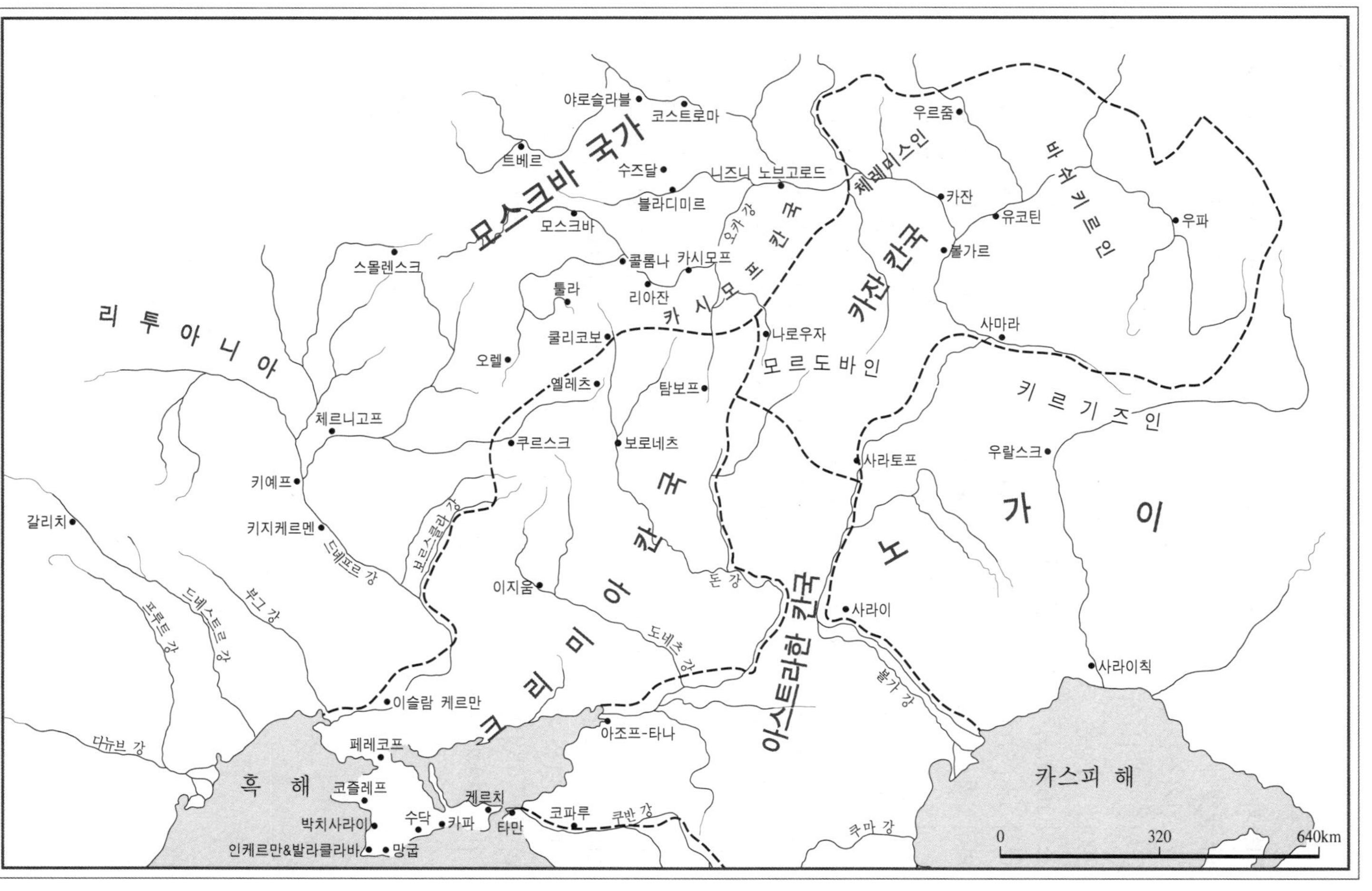

금장 칸국 분포도

민들과 만수로프Mansurov라는 외교관리를 몰아냈다. 1556년 봄 러시아의 군대가 다시 나타나 데르비쉬를 쫓아내고 아스트라한을 합병시켰다.

칭기스칸 일족의 최후 칸국인 크리미아의 기레이 왕조는 오스만의 종주권을 받아들여 이스탄불측의 함대와 군대에 의해 보호를 받았기 때문에 200년 이상은 더 버틸 수 있었다. 표트르 대제가 카를로비츠Karlowitz 조약(1699)으로 아조프를 점령했지만 프루트Prut 조약(1711)으로 칸국을 다시 내주었다. 1736년 러시아는 다시 한 번 아조프를 점거하고 박체 사라이까지 차지하였지만, 벨그라드Belgrade 조약(1739)으로 다시 한 번 점령지를 반환하였다. 결국 퀴췩 카이나르야Küchük Kainarya 조약(1774)을 통해 러시아는 오스만측에게 크리미아의 '독립'을 인정하도록 강요하였다. 그리고 나서 러시아의 요원들은 칸이었던 다울라트 기레이 3세Daulat Girei III를 퇴진시키고 그의 사촌인 샤힌 기레이Shahin Girei로 대치했으며, 그는 즉시 에카테리나 2세Ekaterina II에 대한 복속을 선언하였다 (1777).

크리미아의 귀족들은 곧 샤힌에 대해 반란을 일으켰으나, 그의 구원요청을 받아들인 러시아는 포템킨Potemkin이 지휘하는 7만 명의 군대를 크리미아로 보내 합병시켜버렸다(1783). 불운한 샤힌 기레이는 추방되어 오스만 국경을 넘어갔고, 오스만은 그를 로데스로 보내 처형시킴으로써 보복하였다. 이렇게 해서 프랑스혁명 전야에 유럽에 있던 칭기스칸 일족의 마지막 세력은 종말을 고하고 말았다.

13. 샤이바니조

샤이반에서 아불 하이르까지

페르시아, 중국, 트란스옥시아나, 남러시아에 있던 칭기스칸 일족들이 쇠퇴하고 소멸해감에 따라 이 집안의 다른 지파들, 즉 북방의 초원에 남겨져 잊혀졌던 사람들이 그들을 대신하고 역사상의 제국들 중에 자신의 몫을 주장하며 나타났다. 그 대표적인 예가 샤이바니조이다.[1]

이미 지적했듯이 샤이바니 일가는 칭기스칸의 손자이자 킵착의 칸들인 바투와 베르케의 형제인 샤이반에서 비롯되었다. 샤이반은 1241년 몽골의 헝가리 원정시 눈에 띄게 활약하여, 라시드 웃 딘에 의하면 만약 몽골이 그 지방을 점거하였다면 그가 총독으로 주둔했을 정도였다고 한다.

칭기스칸의 사망시 샤이반은 남부 우랄 강의 동쪽과 동남쪽에 있는 영토 — 악튜빈스크 성과 투르가이 성의 대부분을 포함 — 를 분배받았다. 이곳에는 오늘날 중中오르다(서쪽으로는 토볼 강 원류와 동쪽으로는 이르티쉬 상류의 세미팔라틴스크 지구 사이에 위치)와 소小오르다(우랄과 사리 수 사이)에 속하는 카자흐인들이 살고 있다.

샤이반과 그의 후계자들은 우랄 산맥과 일렉Ilek 강(오렌부르그 남쪽에 있는 우랄 강의 한 지류)과 이르기즈 강 사이에 하영지를 두었고, 겨울의 둔영지는 사리 수에 보다 가까이 이동하였던 것으로 보인다. 14세기 말까지는 이 지역에 샤이바니 유목민들만 있었던 게 아니라 그들의 이웃인 백장 칸국에 속하는 사람들도 사리 수 초원과 울루 타우 산맥이 있는 곳에서 유목하였다.

---

1. Cf. Barthold, "Sahibânides", *EI*, p. 283.

그러나 1380년 톡타미쉬의 치세 이후 백장 칸국의 지도자들이 금장 칸국의 칸이 되면서부터 백장 칸국의 유목민들 거의 대부분은 남러시아로 이동하였으며, 1391년 티무르의 초원 지역 '탐험'에 관한 기록도 그러한 인상을 주고 있다.[2] 이 사리 수와 울루 타우 전지역은 투르가이와 마찬가지로 샤이반 일족에 의해 점거되고 있었던 것이 분명하다. 14세기 중반경 샤이반 일족에 복속하던 유목민들은 외즈벡Özbeg — 혹은 오늘날 일반적으로 불리듯 우즈벡Uzbeg — 이라는 명칭을 취하였는데, 이 명칭의 기원은 아직 불분명하지만 그 이름으로 역사에 알려지게 되었다.

우즈벡 세력의 진정한 건설자는 모험으로 가득 찬 인생을 살았던 샤이반 가문의 왕자 아불 하이르였다.[3] 1428년 그는 열일곱 살의 나이에 현재 시베리아의 토볼스크 서쪽에 위치한 투라 강가에서 자기 유목집단의 칸으로 선포되었다. 그 직후 그는 조치의 다른 후손들로부터 우랄 강 동쪽과 시르다리아 북쪽에 있던 자기 일족의 과거 울루스를 모두 탈취하였다. 1430 - 1431년에는 호레즘을 점거하고 우르겐치를 약탈하였다. 1447년 직전에 그는 티무르조를 압박하여 시그나히에서 우즈겐에 이르기까지 시르다리아 강을 따라 형성된 요새화된 도시들을 장악하였는데, 바르톨드는 시그나히가 그의 수도였다고 믿고 있다.

한편 오늘날 투르키스탄이라는 도시가 된 야시는 티무르조의 수중에 남아 있었다. 아불 하이르는 티무르조의 후예들 사이에 벌어진 분쟁을 이용하여 트란스옥시아나에 개입하였고, 그렇게 해서 그는 티무르조의 아부 사이드가 사마르칸드의 권좌를 차지하는 것(1451)을 도왔던 것이다.

1456-1457년 오이라트 혹은 칼묵이라 불리는 서몽골인[4]들이 침입할 즈음에 아불 하이르의 세력은 절정에 달하였는데, 그의 제국은 토볼스크 인근 지역에서 시르다리아까지 뻗쳐 있었다. 오이라트는 거대한 영토를 보유하고 있었는데, 타르바가타이와 준가리아에서부터 바이칼 호 서남 연안

---

2. *Zafar-nama*, II, pp. 70-93.
3. Cf. Barthold, "Abu'l-Khair", *EI*, p. 98 ; Howorth, *History of the Mongols*, II, p. 687 ; *Ta'rikh-i Rashidi*, tr. D. Ross, p. 82.
4. [역자] 영역본은 '동몽골'이라고 했는데 오역이다.

에 이르기까지 대알타이와 항가이 산맥을 포함하였고, 카라 이르티쉬, 우룽구, 홉도, 울리아수타이, 셀렝게와 홉스굴의 원류가 있는 지역을 가로지르고 있었다. 그 당시 세력을 팽창하고 있었던 그들의 약탈 원정대는 북경의 교외에서부터 서투르키스탄까지를 무대로 하였다. 그들과의 큰 전투에서 패배한 아불 하이르는 시그나히로 도망칠 수밖에 없었고, 그들은 시르다리아 중류의 북방 전역을 황폐화시켰다(1456-1457).

이 재난은 아불 하이르의 권위를 크게 손상시켰다. 이미 이에 앞서 그에게 복속하던 기레이Girey[5])와 자니벡Janibeg이라는 두 수령 — 두 사람 모두 그처럼 조치 가문의 일원이었다 — 이 그에게서 떨어져나가 차가다이의 에센 부카 2세(1462년경 사망)에게로 갔었다. 그들은 에센 부카에게 땅을 요구하여 모굴리스탄 변경지대에 정착하였다. 뒤이어 1465-1466년경에 이전에 아불 하이르에게 복속하던 다수의 유목민들이 기레이와 자니벡과 연합하여 독자적인 생활을 누리기 위해 그를 떠났다.

우즈벡 칸국으로부터 분리해 나간 이 유목민들은 카작Qazaq(혹은 카자흐Kazakh, 즉 '방랑자들, 반도들') 혹은 키르기즈-카자흐라는 이름으로 불리기도 하였다.[6]) 그들의 이탈은 역사적으로 상당한 중요성을 갖는데, 이는 그들이 차지하게 되었고 심지어 오늘날에도 그 후손들의 이동대상이 되고 있는 지역의 광범위함을 생각해보면 알 수 있다. 중오르다의 영역은 악튜빈스크와 세미팔라틴스크 사이의 초원이고, 소오르다의 영역은 우랄강 하구에서 사리 수까지였으며, 대오르다는 투르키스탄 시에서부터 발하쉬 호 남안까지 이르렀다.[7])

---

5. [역자] 그루쎄는 Qarai라고 표기하였지만 『라시드사』에는 Girey로 표기되어 있다.

6. Cf. Barthold, "Kazak", *EI*, p. 886 ; Barthold, "Kirgiz", *EI*, p. 1084 ; *Ta'rikh-i Rashidi*, pp. 272-273.

7. 카자흐인들 자신은 이 세 오르다를 '百'을 의미하는 jüz라는 이름으로 불렀는데, 대오르다는 Ulu Jüz, 소오르다는 Kishi Jüz, 중오르다는 Orta Jüz로 알려져 있다. 이처럼 세 오르다로의 구분은 17세기 말까지는 완성되지 못했다. 바르톨드는 "그 민족의 입법자로 알려졌고 1694년 러시아 사절단과 1696년 칼묵 사절단을 접견한 바 있는 Tyawka(Teüke) 칸(의 후손들)이 아직도 세 오르다를 지배하고 있고 각각에 대리인을 두고 있다"고 하였다("Kirgiz", p. 1085).

아불 하이르는 1468년(바르톨드에 의해 수정된 연대) 카자흐를 다시 자신의 지배 하에 두기 위해 그들과 벌인 최후의 전투에서 사망하였다.

그로부터 약 3년 뒤 모굴리스탄의 차가다이 칸이었던 유누스는 우즈벡에 끝까지 충성하던 사람들을 흩어놓아버렸다. 한편 반란을 일으킨 우즈벡, 즉 카자흐인들은 순수한 유목국가를 형성하여 최초의 두 수령이 죽은 뒤에는 그들의 아들, 즉 기레이의 아들인 바란둑Baranduk(1488-1509년경)과 자니벡의 아들 카심Qasim(1509-1518)이 지배하였다.[8]

카심은 타쉬켄트를 공략하려고 시도한 적도 있지만 결국 실패했는데 그가 계속 그러한 시도를 했던 것 같지는 않다. 사실 그는 자신이 생각한 대로 순수한 유목민의 완벽한 전형이라고 할 수 있다. 하이다르 미르자는 그가 했다는 다음과 같은 흥미로운 말을 전하고 있다. "우리는 초원민들이다. 우리의 모든 재산은 말이고, 그 고기는 우리가 좋아하는 식량이며, 암말의 젖은 우리의 최상의 음료수이다. 우리는 집을 갖지 않으며, 우리의 중요한 소일거리는 가축들과 말떼를 살펴보는 것이다."[9]

이러한 뿌리깊은 유목주의와 시그나히를 중심으로 한 반유목제국의 요구를 접목시키려는 기도가 아불 하이르의 패배를 불러왔던 것이다. 아불 하이르의 시도는 실패한 칭기스칸의 시도였다고 할 수 있다. 그는 유목집단을 통합하고 거대한 왕국을 건설하려고 했던 것 같다(이미 트란스옥시아나의 티무르조 내분을 중재할 정도로 영향력을 지녔다). 그러나 그는 그의 정주취향의 생활을 싫어했던 휘하의 일부 부족민의 이반으로 크게 약화되어 결국 보다 야만적인 또 다른 유목민들의 공격으로 자신의 유목제국이 허물어져 내리는 것을 볼 수밖에 없었다. 자신의 목적을 성취한 한 사람의 칭기스칸을 위해 얼마나 많은 아불 하이르들이 초원의 역사를 점철하여 사라져갔던가! 그러나 아불 하이르가 실패한 그 지점에서 그의 후손들은 성공을 거두었던 것이다.

---

8. Cf. N. Elias & D. Ross, *History of the Moghuls of Central Asia*, p. 272.
9. *Ibid.*, p. 274, p. 276. 카심은 발하쉬 호 남쪽, 일리 하 동쪽의 카라 탈 계곡에 동영지를 두었다.

무함마드 샤이바니와 트란스옥시아나의 샤이바니 칸국

아불 하이르의 아들인 샤 부닥Shah Budaq은 그의 아버지와 같은 해에 사망하였다(1468). 모굴리스탄의 차가다이 칸인 유누스는 우즈벡에 대항하는 카자흐를 도우러 와서 타쉬켄트와 투르키스탄 사이에 위치한 카라 셍기르 투가이Qara Sengir Tughai에서 급습하여 샤 부닥의 목을 베었다.[10]

샤 부닥의 아들로 당시 열일곱 살이던 무함마드 샤이바니는 방랑하는 전사로서의 그의 인생을 시작하였다.[11] 모든 것을 상실한 그는 서부 모굴리스탄을 지배한 차가다이계 칸으로 타쉬켄트에서 군림하고 있던 마흐무드 칸Mahmud Qan의 휘하로 들어갔다. 마흐무드는 그의 복속에 만족하며 그에게 식읍으로 투르키스탄 시를 주었다(1487-1493). 여전히 마흐무드 칸의 도움을 받던 —『라시드사』는 그가 품 안에 독사를 키운 셈이라고 신랄하게 꼬집었다 — 샤이바니는 앞서 서술한 대로 티무르조의 말예들 사이에 벌어진 분쟁으로 외적의 침입에 전혀 무방비상태였던 트란스옥시아나에 간섭할 정도로 금세 성장하였다. 그는 시간을 낭비하지 않고 1500년 여름 내분으로 어떠한 저항도 할 수 없었던 부하라에 입성하였고, 그리고는 전술했다시피 사마르칸드에 나타났다. 여기서 티무르조의 통치자인 알리가 지나치게 성급하게 협상하는 바람에 샤이바니는 그를 처형시킨 뒤 티무르조의 몰락을 선언하고 트란스옥시아나의 왕좌에 올랐다(1500).

샤이바니는 곧 호레즘, 즉 후라산에 있던 티무르조의 군주 후세이니 바이카라에게 종속되어 있던 히바 지방을 새로운 영역으로 추가하였다. 1505-1506년 그는 후세인 수피라는 총독이 방어하던 히바를 포위하였는데, 그 도시는 10개월 간의 공격 끝에 함락되었다. 다음 차례는 후라산, 즉 헤라트 왕국이었다. 후세이니 바이카라는 그 직전에 사망하였고 이란을

---

10. *Ta'rikh-i Rashidi*, pp. 92-93.
11. Cf. Bouvat, "Sahibânî-khân", *EI*, p. 281과 *Empire mongol*, p. 191 ; Howorth, *History of the Mongols*, II, pp. 652-739 ; A. Vambéry, II, pp. 35-98 ; Abu'l Ghazi Bahadur Khan, *Histoire des Mongols et des Tatares*, tr. Desmaisons.

지배한 티무르조의 마지막 군주이며 무능한 바디 웃 자만이 그를 대신하고 있었다. 무함마드 샤이바니는 후라산 정복을 발흐 포위에서 시작하여 1506-1507년에 항복시켰다. 티무르조의 최후의 수도였던 헤라트는 그로부터 사흘 뒤(1507년 5월 27일)에 투항하였고 그는 주민들을 관대하게 처리하였다. 바부르와 『라시드사』가 반야만적인 모험꾼으로 묘사했던 이 왕자는 매우 탁월한 인물로서 자신을 통해 구현되고 있는 칭기스칸 일족의 부흥의 중요성과 자신이 속한 종족의 영광을 깊이 인식했던 것 같다.

그의 지배 하에서 티무르조가 사마르칸드와 헤라트에서 발아시킨 투르크·페르시아적인 화려한 르네상스는 계속해서 꽃을 피웠다. 그레나르는 "비록 샤이바니가 우즈벡이긴 했지만 고도의 교양을 갖춘 사람이었고 아랍어와 페르시아어에 능숙했으며, 투르크어로 웬만한 수준의 시를 짓기도 했고, 시인과 예술가의 너그러운 후원자였다"고 평가하였다.[12]

또 다른 칭기스칸가의 왕조, 즉 일리와 타쉬켄트에 근거를 둔 모굴리스탄의 차가다이 칸들 — 당시에는 타쉬켄트에 있던 칸 마흐무드(1487-1508) — 은 무함마드 샤이바니의 등장을 환영하였다. 그러나 샤이바니는 트란스옥시아나의 군주로만 만족하지 않았고, 곧 자신의 종속적인 입장에 불만을 느껴 타쉬켄트를 공격하였다. 칸 무함마드는 악수와 위구리아를 통치하던 형 아흐마드Ahmad(1487-1503)에게 도움을 청하였다. 그러나 1503년 6월 두 칸은 안디잔의 서북방과 호칸드의 동북방에 있는 페르가나 계곡의 아흐시Akhsi에서 벌어진 전투에서 패배해 포로가 되고 말았다. 그는 이들을 어느 정도 예우를 갖추어 대우한 뒤, 자신에게 행운을 가져다준 그들의 '실수'에 대한 보답의 표시로 그들을 곧 풀어주었다. 그러나 타쉬켄트와 사이람은 그가 차지하였다.

나아가 그는 칸 무함마드의 딸을 자기 아들에게 줄 것을 요구했는데, 그렇게 해서 자기 후손을 위해 칭기스칸가의 잔존한 두 가문, 즉 조치가와 차가다이가의 권리를 통합시키려고 하였다. 1508-1509년 마흐무드는 다시 한 번 더 무함마드 샤이바니에게 포로로 붙잡혔는데, 이때 샤이바니는 정

---

12. Grenard, *Baber*(Paris, 1930), p. 75 ; cf. Vambéry, II, p. 64.

치가는 한 번은 관용을 베풀 수 있지만 두 번이나 그런 실수를 저지른다면 바보일 뿐이라고 하면서 그를 호젠트 근처에서 처형시켜버렸다.[13]

서투르키스탄, 트란스옥시아나, 페르가나, 후라산의 주인이 된 무함마드 샤이바니는 우즈벡 제국을 중앙아시아에서 가장 강력한 국가로 만들었다. 그는 지난 4세기 반 동안(1055-1502) 수많은 투르크 및 몽골 군주들에게 복속했다가 이제 막 독립을 회복한 페르시아와 충돌하였다. 백양부의 투르크멘 유목민들을 넘어뜨리고 권좌에 오른 민족왕조 사파비(1502-1736)는 이제 우즈벡으로부터 후라산을 빼앗아옴으로써 이란의 재통합을 완성시키려고 하였다.

사파비와 우즈벡은 사실상 모든 면에서 서로 반대였다. 하나는 열렬한 시어파였고 이란인이었지만, 다른쪽은 확고한 순니파로서 몽골·투르크족이었다. 순니파의 영웅이자 칭기스칸의 후손이라는 두 가지 역할을 동시에 하고자 했던 샤이바니는 사파비조의 샤 이스마일Isma'il에게 '이단적인' 시어파를 버리고 복속하라고 명령하였으며, 만약 그러지 않을 경우 우즈벡은 "검으로써 그를 개종시키기 위해" 아제르바이잔으로 가겠다고 하였다. 또한 이 우즈벡 군주는 사파비조의 뿌리(시어파 셰이흐의 가문)를 빗댈 양으로 페르시아의 샤에게 수도자가 구걸할 때 사용하는 그릇을 보내면서 세속의 권력은 칭기스칸의 자손들에게 맡겨두고 그는 자기 조상들의 직분으로 돌아가라고 요구하였다. 이러한 모욕에 대하여 샤 이스마일은 자신이 수도자이기 때문에 후라산의 심장부에 있는 마쉬하드의 이맘 레자Imam Reza의 성묘에 참배하러 군대를 이끌고 가겠다고 응답하였다.

페르시아의 샤는 자기가 한 말을 지켰다. 그 당시 무함마드 샤이바니의 후방에서는 카자흐가 공격해와 그의 아들 무함마드 티무르Muhammad Timur를 파멸시켜버렸다.[14] 샤 이스마일은 이러한 혼란을 이용하여 후라산을 침공하였고 자신의 약속대로 마쉬하드에 입성하였다. 메르브에서 그를 기다리던 무함마드 샤이바니는 전투에서 패배해 그 도시 근처에서

---

13. *Ta'rikh-i Rashidi*, p. 120.
14. 이때는 사실 카자흐가 극도로 팽창하던 시기였다. 그들의 칸이었던 카심(1518년 사망)은 특히 막강했었다. Cf. Barthold, "Kirgiz", *EI*, p. 1085.

1510년 12월 2일 살해되고 말았다.

이 승리는 동방에 상당한 충격을 가져다 주었다. 이란 독립의 회복자가 투르크·몽골세력의 부흥자를 죽였다는 사실 — 즉 위대한 사산조 제왕들의 후손이 칭기스칸의 자손을 패배시키고 죽였다는 사실 — 은 이제 시대가 변했고 오랜 세기에 걸친 침입을 끈질기게 참아왔던 정주민이 유목민과 대등한 위치에 서기 시작했으며 농경지가 초원보다 우위를 점하기 시작했음을 보여주는 징표였다. 전승에 의하면 이 같은 복수의 표시로 페르시아의 군주는 샤이바니조의 칸의 해골로 술잔을 만들었으며, 저항이 다시 거세지자 그의 두피를 짚으로 채워서 또 다른 투르크 실력자인 오스만의 술탄 바야지드 2세에게 보냈다고 한다.

샤이바니조와 우즈벡 왕국은 사라진 것처럼 보였다. 티무르조의 후예이며 장차 인도의 제왕이 될 바부르는 트란스옥시아나에서 추방된 뒤 카불에 작은 왕국을 건설했었는데, 샤 이스마일이 마련해준 지원군을 데리고 서둘러 돌아가 사마르칸드로 당당히 입성하였다(1511년 10월). 사마르칸드에 이어 부하라도 그에게 성문을 열었고, 우즈벡인들은 타쉬켄트로 퇴각하였다.

트란스옥시아나에서 티무르조의 부흥은 후라산에서의 이란인들의 승리에 의해 거의 완성되는 것처럼 보였다. 그러나 예상치 못했던 어려움이 바부르를 가로막기 시작하였다. 그가 도움을 청했고 또 종주권을 인정한 페르시아인들은 시어파였다. 요지부동의 순니파였던 부하라와 사마르칸드의 주민들은 그가 '이단자들'과 어울리는 것을 비난하며 그와의 관계를 단절하였다. 그들의 종파적인 열정은 티무르조에 대한 충성보다도 더 강했던 것이다.

우즈벡인들은 이 같은 종교적 소요에 고무되어 다시 나타났다. 페르시아인 장군 나즘 사니Najm Sani와 바부르가 부하라 북방의 가자완Ghaja-wan에서 그들과 일대 회전을 벌였으나 이번에는 패배하고 말았다(1512년 12월 12일). 나즘은 이때 전사하였다. 바부르는 트란스옥시아나에 대한 생각을 모두 버리고 카불에 있는 자기 왕국으로 되돌아갔고, 그로부터 7년 뒤 그는 인도 정복에 착수하였다.

이렇게 해서 부하라와 사마르칸드를 비롯한 트란스옥시아나 전역이 다시 우즈벡인들에게 돌아갔다. 아무다리아가 과거에는 사산조 이란과 훈족 유목민들을 갈라놓았듯이 이제 사파비 이란과 우즈벡 칸국의 경계를 이루었다. 부흥을 이룩한 샤이바니 가문은 트란스옥시아나를 1500년부터 1599년에 이르기까지 16세기 내내 지배하였다. 사마르칸드는 칸국의 공식적인 수도였지만, 부하라도 칸에 못지않은 강력한 왕족 — 칸위 계승자를 포함하여 — 의 식읍으로 지정되는 경우가 많았다.

타쉬켄트에도 역시 그 나름의 토착 샤이바니조가 들어섰다. 기원은 몽골이지만 언어나 문화에서 완전히 투르크화한 이 왕조는 티무르조가 그러했던 것처럼 극심한 분열상황으로 빠져들었으나, 공동의 적을 앞에 두고 최소한의 통합을 유지할 수 있었다는 점에서는 차이가 있었다. 무함마드 샤이바니의 삼촌이었던 칸 퀴츠퀸지Küchkünji(1510-1530)의 치세에 우즈벡은 페르시아로부터 마쉬하드와 아스테라바드를 포함한 후라산 일부 지역을 빼앗았다(1525-1528). 페르시아의 샤였던 타흐마습Tahmasp(1524-1576)은 1528년 9월 26일 마쉬하드와 헤라트 중간에 있는 투르바티 잠Turbat-i Jam에서 우즈벡에 승리를 거둠으로써 그 지방을 되찾았다.

1526년 이후 인도의 제왕이 된 티무르가의 바부르는 우즈벡의 패배를 이용하여 트란스옥시아나의 재점령을 시도하였다. 그의 아들 후마윤Huma-yun은 샤 타흐마습과 연합하여 아무다리아 북방의 히사르를 차지했지만, 타흐마습이 서방의 오스만과의 전쟁을 위해 작전지역을 떠나자(1529) 그도 철수할 수밖에 없었다. 퀴츠퀸지는 사망하던 해(1529-1530)에 페르시아인과 티무르의 일족을 아무다리아 이남으로 몰아내었다. 무함마드 샤이바니와 퀴츠퀸지의 조카였던 칸 우베이둘라Ubaidallah(1533-1539)는 페르시아의 샤인 이스마일 2세Isma'il II를 잘 막아냈다.

무함마드 샤이바니 이후 가장 탁월한 지도자였던 압둘라 2세'Abd-allah II는 그의 친족들에게 분배되었던 가족의 영토를 다시 통합하였다.15) 그렇게 해서 그는 1557년에는 부하라, 1578년에는 사마르칸드, 그리

---

15. Cf. *EI,* p. 25에 있는 Barthold의 글(Vambéry, II, p. 191을 수정하였다)을 참조하시오.

고 1582년에는 타쉬켄트를 모두 장악하였다. 아버지 이스칸다르Iskandar (1560-1583)의 이름으로 통치했던 그는 1583년부터 1598년까지는 자신이 직접 군림했다.

1582년 봄 카자흐인들의 침입으로부터 트란스옥시아나를 보호하기 위해 그는 소오르다가 있는 초원으로 원정을 나가 사리 수와 투르가이 사이에 있는 울루 타우 산맥까지 진출하였다. 그는 또한 카쉬가리아로도 출정하여 카쉬가르와 야르칸드 인근 지역을 초토화시켰으며, 마지막으로 페르시아로부터 후라산 지방을 빼앗았다. 헤라트는 9개월 간의 포위 끝에 함락시켰고, 젊은 샤 압바스'Abbas가 구출에 실패한 시어파의 성도聖都 마쉬하드를 우즈벡인들은 독실한 순니파답게 의도적으로 약탈하고 그 주민들 일부를 학살하였다.

압둘라 2세는 이와 비슷하게 니샤푸르·사브제와르·이스파라인·테베스 등지를 페르시아로부터 탈취하였다. 간단히 말해 헤라트에서부터 아스테라바드에 이르는 후라산의 모든 거점들이 그의 수중에 들어갔다. 발흐는 이미 1582년부터 압둘라의 아들인 압둘 무민'Abd al-Mu'min의 관할구역이 되었다.

그러나 압둘라 2세의 행운은 말년이 되자 그로부터 떠나갔다. 1597년 페르시아의 군주 샤 압바스 대제는 헤라트 부근에서 우즈벡인과의 싸움에서 확실한 승리를 거두었고 이로써 후라산은 해방되었다. 압둘라의 아들인 압둘 무민은 반란을 일으켰고, 카자흐는 이 기회를 이용하여 타쉬켄트 지방을 약탈하였다. 압둘라는 자신의 과업이 황폐화되어가는 것을 보면서 1598년 초에 사망하였다. 그를 이은 압둘 무민은 6개월도 채 못되어 피살됨으로써 샤이바니조는 막을 내렸다.

이 왕조는 1세기가 채 못되는 기간 동안 트란스옥시아나를 지배했고, 그동안 부하라와 사마르칸드에 대한 '칭기스칸 일족'의 지배권을 재확립하는 데 성공하였다. 그러나 그들이 이란의 영토 후라산을 소유하려는 꿈을 키울 때마다(처음에는 무함마드 샤이바니, 그 후에는 압둘라 2세) 페르시아의 샤들에 의해 좌절되어버렸다. 제국들의 모습이 형태를 갖추어가던 그 시점에 페르시아는 페르시아인들의 것으로, 투르키스탄은 그 종족적인 현실에 걸맞게 투르크인들의 것으로 정해졌던 것이다.

아스트라한 가문과 망기트 부족 치하의 부하라 칸국

트란스옥시아나의 우즈벡 칸국은 이제 또 다른 집안, 즉 잔Jan 가문 혹은 아스트라한Astrakhan 가문에게로 넘어갔다. 1554년 러시아가 아스트라한 칸국을 병합했을 때 그곳의 칭기스칸 일족의 후손(오르다와 우루스 칸의 집안) 가운데 야르 무함마드Yar Muhammad라는 사람이 그의 아들 잔과 함께 부하라에 있던 샤이바니계의 칸 이스칸다르(1560-1583)에게 망명하였고, 칸은 자기 딸을 잔과 혼인시켰다.

1599년 압둘 무민의 죽음으로 샤이바니계의 남자 후손이 소멸되었기 때문에 부하라의 권좌는 정규적인 방식에 의해 아스트라한계의 바키 무함마드Baqi Muhammad — 잔과 샤이반계 상속녀 사이에서 출생한 아들 — 에게로 넘어갔다.

아스트라한조는 1599년부터 1785년까지 부하라를 수도로 하며 트란스옥시아나를 통치하였다. 1700년경 호칸드에 독립된 칸국이 건설될 때까지는 페르가나도 지배했으며, 아스트라한계 후계자들의 식읍이었던 발흐도 1740년 7월 페르시아의 왕 나디르 샤Nadir Shah에 의해 정복될 때까지 그 지배하에 있었다. 대포의 힘을 빌려 우즈벡을 정복한 나디르 샤는 1740년 9월 22일 부하라 성문 앞에 나타났다. 아스트라한조의 칸이었던 아불 페이즈Abu'l Fayz(1705-1747)는 나디르 샤의 종주권을 인정하고 아무다리아를 부하리아의 남쪽 변경으로 받아들일 수밖에 없었다.

16세기 초 무함마드 샤이바니와 고락을 같이했던 몽골 씨족들 가운데 노가이 혹은 망기트라고 불리는 집단이 있었는데, 그들은 볼가 강 하구와 우랄 사이에서 유목하던 동일한 이름의 유목집단에서 나왔다. 아스트라한조 치하에서 이 씨족은 부하라에서 점차 영향력을 강화해 나가 18세기 후반에는 그들의 수령이 궁정의 실권자로서 자리했다.

최후의 아스트라한 군주였던 아불 가지Abu'l Ghazi(1758-1785) 치하에 망기트의 수령 마으숨 샤 무라드Ma'sum Shah Murad는 군주의 딸과 혼인하여 실질적인 통치자가 되었고 그 뒤에는 스스로 권좌에 올랐다(1785-1800). 마으숨은 아무다리아 남쪽으로 밀고 내려가 아프가니스탄의 두라니Durrani 조의 티무르 샤Timur Shah[16]로부터 메르브와 발흐를 장악하려고 시도하였다. 그럼에도 불구하고 발흐는 1826년까지 부하라 칸국에 합병되지 못하였고, 1841년에는 아프간에 의해 영구히 점령되었다. 그러나 메르브는 부하라 칸국의 일부로 남아 있었다.

망기트조는 1785년부터 1920년까지 부하라를 지배했다. 1866년에는 러시아의 보호국으로서의 지위를 받아들였고, 1920년 칭기스칸의 마지막 후예들은 소비에트에 의해 무너지고 말았다.

히바 칸국

우즈벡의 정복자 무함마드 샤이바니는 1505-1506년 호레즘(즉 히바 지방)과 트란스옥시아나를 점령하였다. 1510년 12월 그가 메르브의 전투에서 사망하자 승리한 페르시아인들은 트란스옥시아나와 호레즘을 차지했지만(1511-1512), 독실한 순니파였던 우르겐치와 히바의 주민들이 시어파였던 페르시아의 장군들에 대항하여 반란을 일으켜 그들을 몰아냈다. 그때 반란을 주도했던 샤이바니가의 한 지파의 수령 일바르스Ilbars는 독립적인 히바 칸국[17]을 건설하였다.[18]

샤이바니조는 1512년부터 1920년까지 호레즘을 지배하였다. 그 창건자인 일바르스(1515-1525) 이외에도 핫지 무함마드Hajji Muhammad(1558-1602)를 언급할 만한데 그의 치세에 부하라의 칸인 압둘라 2세가

---

16. 티무르 샤(1772-1793)는 아프가니스탄 두라니 왕조의 2대 군주이고, 유명한 두라니 가문 아흐마드의 아들이자 후계자였다.
17. [역자] 원문에 부하라 칸국이라고 한 것은 잘못이다.
18. Cf. Abu'l Ghazi, Desmaisons역, pp. 194-220. Cf. Barthold, "Khwârizm", *EI*, p. 963.

호레즘을 일시적으로 정복한 적이 있었다(1594, 1596). 아랍 무함마드 'Arab Muhammad의 치세(1603-1623)에는 1,000명의 러시아 군대가 우르겐치를 향하여 진군하였다가 최후의 한 사람까지 죽음을 당한 일이 있었다. 1613년경 호레즘은 칼묵의 침공을 받았는데, 그들은 그 후 약탈물을 싣고 떠나버렸다. 아랍 무함마드의 치세 중반기쯤에 아무다리아의 왼쪽 지류가 말라버리는 바람에 우르겐치는 더 이상 수도로서의 기능을 하지 못하고 히바가 그 자리를 대신하였다.

히바의 칸들 가운데 가장 유명한 인물은 아불 가지 바하두르Abu'l Ghazi Bahadur(1643-1665)이다. 그는 차가다이 투르크어로 『투르크 계보』(*Shajare-i Turk*)를 저술한 위대한 역사가이기도 한데, 이 책은 칭기스칸과 칭기스칸 일족, 특히 그가 속했던 조치 가문의 역사에 관한 매우 값진 역사서이다.[19] 칸으로서 그는 1648년 카트 지방을 약탈하러 온 호쇼트 부족의 칼묵인들의 침공을 격퇴하고 그 지휘관 쿤델룽 우바시Kündelüng Ubashi를 기습하여 부상을 입히기까지 하였다.

그는 또한 토르구트 부족의 칼묵인들이 하자라습Hazarasp 인근지방을 약탈했을 때(1651-1653)에도 물리쳤다.[20] 나아가 그는 부하라의 칸 압둘 아지즈'Abd al-'Aziz와 전쟁을 하여 1661년에는 그 도시에 대한 약탈 원정을 감행하기도 하였다.

히바의 칸 일바르스 2세Ilbars II는 페르시아의 사신들을 살해함으로써 그 국왕인 나디르 샤의 분노를 샀다. 1740년 나디르는 호레즘으로 진격하여 일바르스가 피신해 있던 한카Khanka 성을 압박하여 항복케 한 뒤 히바를 점령하였다(11월).

여기서는 부하라에서처럼 관용을 보이지 않고 자기 사신을 죽임으로써 분노를 샀던 일바르스를 처형시켰다. 1740년부터 1747년 나디르의 사망 때까지 히바의 칸들은 페르시아에 철저히 종속된 상태로 있었다.

1873년 히바의 칸인 사이드 무함마드 라힘 칸Sayyid Muhammad

---

19. Cf. Abu'l Ghazi, Desmaisons역, pp. 338-358 ; Bouvat, *Empire mongol*, p. 347.
20. Cf. Courant, *L'Asie Centrale aux XVIIe et XVIIIe siècle*, pp. 36-37.

Rahim Qan은 러시아의 보호국임을 받아들여야 했고, 1920년 히바에 있던 칭기스칸계의 마지막 후예인 사이드 압둘라 칸Sayyid 'Abdallah Qan은 소비에트에 의해 폐위되었다.

호칸드 칸국

페르가나는 샤이바니조와 초기 아스트라한조 시대에 트란스옥시아나의 칸국의 일부를 이루었다. 그러나 아스트라한조 후기에 들어 이러한 통합은 명목상일 뿐, 페르가나는 대체로 카자흐인들의 수중에 들어갔고, 시르다리아 북방의 차닥Chadak에 근거한 호자khoja들도 독립하였다.

1710년경 샤이바니계로서 아불 하이르의 후손이었던 샤 루흐Rukh라는 사람이 이 호자들을 압도한 뒤 호칸드를 수도로 삼아 페르가나에 독립적인 우즈벡 칸국을 건설하는 데 성공하였다(1710-1876년경).[21]

1758년 호칸드의 칸인 이르다나Irdana(혹은 Erdeni)는 당시 변경 부근까지 군대를 몰고 왔던 중국에게 종주권을 인정하지 않을 수 없었다. 그는 아프가니스탄의 국왕인 두라니조의 아흐마드와 연합전선을 펴려고 했지만, 두라니조가 호칸드와 타쉬켄트 중간 지역에서 1763년 벌였던 시위는 아무런 효과도 거두지 못했다.

1800년에서 1809년 사이 호칸드의 알림 칸'Alim Qan은 타쉬켄트를 합병하여 영토를 두 배로 늘렸고, 그의 동생이자 계승자인 무함마드 우마르Muhammad 'Umar(1809-1822년경)는 투르키스탄 시까지 점령하였다(1814). 우마르를 이은 그의 아들 무함마드 알리Muhammad 'Ali(혹은 Madali, 1822-1840년경)의 치세에 투르키스탄 시와 발하쉬 호 남안 사이의 지역을 차지하고 있던 카자흐 대大오르다가 호칸드 칸국의 종주권을 인정함으로써 그 세력은 절정에 이르렀다. 1865년 직전 부하라 칸국은 타

---

21. Cf. Barthold, "Farghâna", *EI*, p. 70과 "Khokand", *EI*, p. 1020 ; Nalivkine, *Histoire du khanat de Khokand*(tr. Dozon, Paris, 1889).

쉬켄트를 재점령하였지만, 그해 6월 다시 러시아인에게 빼앗겼다. 1876년 호칸드 칸국은 러시아에 합병되어버렸다.

시베리아의 샤이반 일족

15세기에 이르티쉬 강 중류에 위치한 이스케르Isker(시비르Sibir) — 서부 시베리아에 있는 오늘날 토볼스크의 동남쪽 — 에서 칭기스칸 계통이 아닌 '타이부가 베키Taibugha Beki의 후손'을 칸으로 하는 투르크·몽골 칸국이 흥기하였다. 그러나 우랄 산맥 남쪽과 토볼 강의 원류가 있는 지역에서 유목하던 샤이반 가문의 칭기스칸 후손들은 곧 그 강 동안 지역을 모두 점령하였다. 샤이반가의 수령이던 아불 하이르가 1428년 칸으로 선포된 곳도 토볼 강의 지류인 투라 강이 있는 지역이었다.

1480년경 샤이반가의 한 지파에 속하는 이박Ibaq(1493년 사망)이 시비르의 칸들로부터 투라와 토볼의 합류점 근처에 있는 '도시' 튜멘Tyumen을 탈취하였다(1481년 금장 칸국의 아흐마드 칸을 기습하여 살해한 사람이 바로 이박이었다). 이박의 손자인 퀴춤Küchüm(1556-1598년경)은 시비르의 칸인 야디가르Yadighar와 전쟁을 벌이게 되었고, 야디가르는 1556년 모스크바의 짜르인 '공포왕' 이반에게 구원을 요청하였다. 그러나 그는 1563년에서 1569년 사이에 퀴춤에게 패배하여 피살되고, 퀴춤은 시비르 칸국의 주인이 되었다.

퀴춤은 자신의 지배를 확고히 하기 위해 츠아의 종주권을 인정하겠다고 했지만, 일단 칸국 안에서의 지위가 자리잡히자 오스티악Ostyak 인들에 대한 종주권을 둘러싸고 러시아와 분쟁을 벌였으며 러시아인 스트로가노프Stroganov가 세운 요새화된 교역 거점을 공격하였다. 동시에 그는 시베리아에서 이슬람을 전파하기 위해 혼신의 힘을 기울였다.

'공포왕' 이반은 1579년 코삭크 수령인 예르막Ermak을 시베리아로 파견했다. 한편 퀴춤은 그의 군대(투르크·몽골 전사들과 보티악Votiak 및 보굴Vogul 토착민들)를 조카인 마흐메트 쿨Makhmet Kul(즉 무함마드 쿨리Muhammad Quli)에게 맡겨 "추바쉬 산맥 아래에 있는 토볼 강 어귀에 요새화된 캠프를 설치하고 시비르로의 접근로를 방어하도록" 하였다. 그러나 1581년 러시아인은 '화승총 덕분에' 이 거점을 장악하고 시비르를 점령함으로써 퀴춤을 도주하게 만들었다.

그러나 노회한 퀴춤은 잠복전투를 계속했고, 1584년에는 이르티쉬 강에 있는 섬에서 예르막을 기습하였다. 코삭크 수령 예르막은 후퇴하다가 익사하고 그의 동료들도 살해되었으며, 퀴춤은 시비르를 다시 점거하게 되었다.

러시아인들은 칸국을 한치 한치 다시 정복해야 했다. 그들은 전진하면서 튜멘(1586), 토볼스크(1587), 톰스크 등지에 군사식민지를 건설하였다. 1598년 8월 20일 오브 강가에서 벌어진 최후의 전투에서 패배한 퀴춤은 노가이 부족에게로 숨었으나 거기서 피살되고 말았다(1600). 그의 저항은 북방에서 칭기스칸 일족의 역사에 마지막 한 줄기 영광의 빛을 발했던 것이다.22)

---

22. Cf. Howorth, *History of the Mongols*, II, p. 982 ; Barthold, "Kučum khân", *EI*, p. 1156 ; Courant, *L'Asie Centrale aux XVIIe XVIIIe siécles*, p. 38 이후 ; Abu'l Ghazi, p. 177(Desmaisons역) ; 'Abd al-Karim Bukhari, *Histoire de l'Asie Centrale*(C.Schefer역, Paris, 1876, 2 vols.), p. 303.

14. 최후의 차가다이인들

티무르 이후 모굴리스탄의 재기 :
우와이스Uways[1]와 에셴 부카Esen Buqa

　티무르의 전성기가 끝나고 차가다이 칸국 ― 혹은 투르크-페르시아 역사가들이 부르듯이 모굴리스탄 ― 은 15세기에 들어와 생각지도 않던 부흥기를 맞이하였다.

　기억하겠지만 이 칸국은 한편으로는 모굴리스탄 본토 ― 즉 토크막과 카라콜 주변의 이식쿨 지역, 일리 강 계곡과 그 지류인 테케스·쿵게스 강 유역, 카라 탈 분지, 에비 노르 분지와 마나스 등지 ― 와 다른 한편으로는 과거 위구르인들이 살던 위구리스탄 ― 즉 쿠차, 카라샤르, 투르판 혹은 카라호자 등지 ― 으로 구성되어 있었다. 여기에 카쉬가르, 야르칸드, 호탄 등의 도시를 포함하는 카쉬가리아 혹은 알티샤흐르Altishahr도 추가될 수 있다.

　카쉬가리아는 차가다이 칸들의 종주권 아래에서 두글라트 부족의 아미르들의 영지를 이루고 있었다. 그들도 차가다이인들과 마찬가지로 몽골족 출신으로 이 지역 전체에 걸쳐 실질적으로 칸들만큼이나 강력했다.

　『라시드사』의 단편적인 기록들을 통해 유추해볼 때 15세기의 몇몇 차가다이 칸들은 흥미로운 성격을 지녔던 것으로 보인다. 그 한 예가 우와이스 칸(1418-1428년경)인데 그는 투르판-카라호자 오아시스의 관개사업을

---

1. [역자] 『라시드사』를 번역한 E. D. Ross를 비롯하여 서구의 대다수 학자들은 이 이름을 Vais Khan이라고 옮겨왔으며 그루쎄도 이를 따랐지만, 정확한 轉寫는 Uways가 되어야 할 것이다.

실시했던 것으로 기록되어 있다.[2] 독실한 무슬림이었던 그는 오이라트(칼묵) ― '우상숭배자'였던 서몽골인 ― 에 대해 전쟁을 벌여 그들의 군주인 토곤의 아들 에센 타이시Esen Tayishi(한자로는 也先)[3]의 포로가 되었다. 오이라트의 군주들은 비록 순수한 몽골인이지만 칭기스칸 일족은 아니었으며, 『라시드사』는 에센이 우와이스 칸을 극진히 후대해 즉시 석방시켰다고 적고 있다.[4] 일리 지역에서 에센에게 두 번째로 패배했을 때[5] 우와이스는 말에서 떨어졌지만, 그의 신하이자 두글라트가의 수령이고 카쉬가르의 영주였던 사이드 알리Sayyid 'Ali가 자기 말을 그에게 주어 도망치도록 하는 등, 그의 헌신적 봉사로 겨우 살아날 수 있었다.[6]

투르판 근처에서 오이라트와 세 번째로 충돌했을 때에도 우와이스는 다시 한 번 포로가 되었는데 이번에는 우와이스가 여동생을 에센 타이지의 가문과 혼인시킬 때까지 풀려나지 못했다. 앞에서 보았듯이 유목민들은 칭기스칸가의 왕녀들과 혼인함으로써 자기 후손들에게 고귀한 혈통을 남기려고 애썼다.

우와이스 칸이 죽자(1429) 그의 두 아들인 유누스와 에센 부카 2세는 왕위를 두고 싸움을 벌였는데, 그보다는 그들의 지지자들이 그들의 이름으로 싸웠다고 하는 것이 더 옳을 것이다. 왜냐하면 형이었던 유누스는 당시 기껏해야 열세 살이 안됐기 때문이다. 경쟁에서 승리한 것은 어린 소년이

---

2. *Ta'rikh-i Rashidi*, p. 67.
3. [역자] 그루쎄는 토곤을 오이라트의 '칸khan'이라고 했지만 토곤은 한 번도 칸을 칭한 적이 없었기 때문에, 여기서는 단순히 '군주'라고 옮겼다. 또한 그는 에센을 taiji라고 하였는데 이 역시 잘못된 것이다. taiji·tayiji는 '太子'에서 유래한 말이며, 에센은 '太師'에서 나온 tayishi라는 칭호를 취했고, 한문자료에도 也先太師라고 칭해졌다.
4. *Ibid.*, p. 65. 작자는 에센이 우와이스를 포로로 잡았던 전투가 밍락Ming-lak에서 벌어졌다고 하였다.
5. *Ta'rikh-i Rashidi*(p. 65)는 두 번째 전투를 'Ailah 강에서 멀지않은 모굴리스탄 변경의 Kabaka에서' 벌어졌다고 하였다. 이는 곧 일리 강과 동일한 곳이며, *Hudud al-Alam*(ed. Minorsky, p. 71)에도 Ila로 되어 있다.
6. *Ta'rikh-i Rashidi*, pp. 65-66. 사이드 알리는 사이드 아흐마드 미르자의 아들이자 유명한 후다이다드의 손자이다(*Ibid*, p. 61).

었던 에센 부카 2세였고, 유누스는 사마르칸드에 있는 티무르조의 울룩 벡에게 망명하였다.7)

에센 부카 2세는 어린 나이에도 불구하고 모굴리스탄 전역을 지배하였다(1429-1462). 그의 즉위를 도왔던 두글라트의 아미르 사이드 알리(1457-1458년경 사망)는 어느 때보다 더 막강해졌다. 그 당시 두글라트부는 차가다이 칸들의 종주권 아래에서 악수·바이·쿠차를 지배했고, 카쉬가르는 트란스옥시아나와 후라산의 군주였던 샤 루흐와 그의 아들 울룩 벡에게 빼앗겨 일시적으로 지배권을 상실하였다.8) 1433-1434년경 사이드 알리는 울룩 벡의 대리인으로부터 카쉬가르를 되찾는 데에 성공하였다.9) 『라시드사』는 그가 카쉬가르에서 복구작업을 관할하고 농업과 목축에 주의를 기울인 것에 대해 찬사를 보내고 있다.

에센 부카 2세는 트란스옥시아나의 티무르조 군주인 아부 사이드와 싸웠고, 1451년에는 티무르조의 북방 변경지대인 사이람·투르키스탄·타쉬켄트에 대한 약탈원정을 이끌었다. 아부 사이드는 탈라스까지 그를 추격하였다.10) 에센 부카가 이번에는 페르가나의 안디잔 지역을 다시 공격하자 아부 사이드는 차가다이 가문의 세력을 분열시키기로 결심하고, 시라즈에 망명중이던 유누스를 불러들여 그에게 군대를 주어 동생 에센 부카와 싸우도록 하였다. 이렇게 지원을 받은 유누스는 모굴리스탄 서반부인 일리 부근에서 칸으로 인정받았고, 반면 에센 부카는 악수·율두즈·위구리스탄 등 동부 지역의 영주로 남아 있었다(1456).

얼마 뒤 유누스는 카쉬가르의 복속을 시도하였으나, 카쉬가르의 통치자인 두글라트부의 아미르 사이드 알리는 에센 부카에게 도움을 요청하였다. 에센 부카는 율두즈에서 급히 달려와 사이드 알리와 합세해 카쉬가르 동북방 악수로 가는 길에 위치한 하니 살라르Khwan-i Salar에서 유누스

---

7. 유누스의 추종자들의 어리석음에도 불구하고 울룩 벡과 샤 루흐가 그를 얼마나 따뜻하게 맞이했는지에 대해서는 *ibid.*, p. 74, p. 84 참조.

8. *Ibid.*, p. 75.

9. *Ibid.*, p. 76.

10. *Ibid.*, pp. 79-80.

를 패주시켰다.[11] 추종자들을 잃은 유누스는 트란스옥시아나의 아부 사이드에게 지원군을 요청하였고, 이렇게 해서 그는 일리와 이식쿨 지방에서 다시 근거지를 확보할 수 있었다.

여전히 악수·율두즈·모굴리스탄의 군주였던 에센 부카는 1462년에 사망하였고, 경험이 없는 젊은 아들(불과 17세) 두스트 무함마드Dust Muhammad는 방종한 행동으로 종교인들로부터 소외되고 카쉬가르를 약탈함으로써 강력한 두글라트 가문을 분노케 하였다. 그는 1469년 사망하여 대대적인 반란은 피할 수 있었다. 그의 삼촌이며 일리와 이식쿨의 칸이었던 유누스는 당시 모굴리스탄의 '수도'로 여겨졌던 악수를 즉각적으로 점거하였다. 두스트 무함마드의 어린 아들 케벡 2세Kebek II는 지지자들에 의해 구출되어 위구리아에 있는 카라샤르(찰리쉬)와 투르판으로 옮겨져 거기서 칸으로 선포되었다. 그러나 4년 뒤 바로 그 추종자들이 이 어린아이를 살해하고 그의 머리를 유누스에게로 가져왔다. 유누스는 비록 이 살인으로 모굴리스탄의 유일한 군주가 되었지만, 암살자들에 대해 전율하며 처형을 명령하였다(1472).[12]

티무르 일족에 대한 유누스와 차가다이가의 보복

악수에서 복권에 성공한 뒤 유누스가 직면한 유일한 위협은 에센 타이지의 아들인 아마산지 타이시Amasanji Tayishi[13]가 이끄는 오이라트(칼묵)의 침입이었다. 오이라트는 일리 강(『라시드사』의 Ailah) 근처에서 그를 공격하여 패배시킨 뒤 투르키스탄 시 부근으로 퇴각하도록 만들었다.[14] 그러나 그들의 행동은 별다른 정치적 결과를 수반하지 않는 유목민

---

11. *Ibid.*, p. 86. [역자] 그루쎄는 전투가 벌어진 장소를 Kona Shahr라고 하였는데, 이는 그가 잘못 옮긴 것이다.
12. *Ibid.*, p. 95.
13. [역자] 이 역시 그루쎄는 Amasanji taiji라고 표기하였다.
14. 이 사건은 1468년 이전에 일어났다(*Ta'rikh-i Rashidi*, pp. 91-92).

의 습격 이상의 아무것도 아니었음을 보여준다.

오이라트가 가버리자 유누스는 시르다리아에서 일리로, 즉 반정주지역에서 유목지역으로 돌아왔다. 이것은 그가 모굴리스탄의 부족들을 만족시켜주기 위함이었다. 그들은 자신들의 칸이 칭기스칸의 훌륭한 후손으로서 도시적인 취향과 시라즈문화를 잊어버리고 모전천막 안에서 조상 대대로의 생활을 영위해주기를 기대했기 때문이다.[15]

한편 모굴리스탄에 종속되어 있는 카쉬가르와 야르칸드는 두글라트의 아미르인 사이드 알리의 두 아들, 즉 처음에는 사니즈 미르자Saniz Mirza가, 그 뒤에는 무함마드 하이다르 1세Muhammad Haydar I가 지배하고 있었다. 『라시드사』는 난폭하기는 해도 도량이 넓은 성격의 사니즈가 카쉬가르를 얼마나 잘 통치했는지 그의 치세는 후일 황금기로 기억될 정도였다고 단언하고 있다.[16]

그를 계승한 무함마드 하이다르는 처음에는 칸 유누스의 종주권을 인정하며 카쉬가르와 야르칸드를 평화롭게 다스렸다. 그러나 사니즈의 아들이자 무함마드 하이다르의 조카인 아바 바크르Aba Bakr[17]가 얼마 안 가서 그 평화를 깨뜨리고 말았다.[18] 그는 야르칸드를 취한 뒤 두글라트 가문에 속한 또 다른 수령으로부터 호탄도 탈취하였다. 그때부터 그는 독립적인 군주로 행세하기 시작하였다.

무함마드 하이다르는 반역한 조카에 대항하기 위해 유누스의 도움을 간청했고, 그와 유누스 두 사람은 야르칸드에서 아바 바크르에 의해 두 번씩이나 패배를 경험하였다(1479-1480). 양차에 걸친 이 승리 이후 아바 바크르는 삼촌 무함마드 하이다르로부터 카쉬가르마저 빼앗았기 때문에, 그는 1480년 칸 유누스가 있는 악수로 물러갈 수밖에 없었다.[19]

유누스는 카쉬가리아 본지에 있는 두글라트의 아미르들 사이에서 벌

---

15. *Ibid.*, p. 95.
16. *Ibid.*, pp. 87-88.
17. [역자] 원문에는 Abu Bakr로 잘못 표기되어 있다.
18. *Ibid.*, pp. 99-107.
19. *Ibid.*, pp. 106-107.

어진 이 분쟁에서 자기 입장을 관철시킬 수는 없었지만, 치세 말년에 중국과 트란스옥시아나 방면에서는 상당한 성공을 거두었다. 『명사』는 1473년에 투르판의 술탄인 알리Ali(아력阿力)라는 인물이 고비사막에 위치한 오아시스 도시 하미를 중국에 복속하던 거란 계통의 왕조로부터 빼앗았다고 전하고 있다. 중국의 군대가 투르판으로 파견되었으나 침략자를 잡는 데에는 실패했고, 그는 이들이 되돌아가자마자 다시 하미를 점령하였다. 1476년 이 알리는 북경에 사신과 함께 '조공'을 보냈다. 만약 『명사』의 연대가 정확하다면 알리의 치세는 유누스의 치세에 상응하는 것이다.[20]

여하튼 칸 유누스는 티무르조의 쇠퇴를(p. 650 이하) 트란스옥시아나의 사태에 중재자로서 개입할 수 있는 호기로 포착하였다. 아부 사이드의 아들들인 사마르칸드의 군주 아흐마드와 페르가나의 군주 우마르 셰이흐는 원래 우마르 셰이흐가 소유했던 타쉬켄트를 차지하기 위한 무익한 경쟁에 온힘을 쏟고 있었다. 유누스는 아흐마드에 대항하여 한 차례 이상 우마르 셰이흐를 보호해주었으며 그 결과 페르가나 영지는 그의 속령이 되었다. 종국에는 그는 조정자이자 공평한 중재자로서의 역할을 활용하여 1484년에는 양측의 동의 하에 문제가 된 타쉬켄트와 사이람을 자신이 소유하였다.[21] 그리고 유누스는 타쉬켄트를 자신의 거처로 정하고 1486년 그곳에서 사망하였다.[22]

유누스 칸은 타쉬켄트와 같이 많은 사람이 북적이는 트란스옥시아나의 문턱에 위치한 옛 도시에 자리잡음으로써 평생의 꿈을 실현하게 되었다. 젊은 나이에 시라즈에서 망명생활을 하며 페르시아문명의 즐거움을 맛

---

20. 『明史』의 알리(阿力)는 아흐마드 칸의 아버지이자 전임자로 나와 있다. 그러나 유누스는 아흐마드의 아버지이고, 아흐마드는 위구리스탄에서 아버지 뒤를 이었다. 『明史』와 『라시드사』는 동일인을 다른 이름으로 부른 것으로 보인다. [역자] 그루쎄의 이러한 추측과는 달리 알리는 투르판 지방에 독자적인 근거를 둔 모굴 유목민의 한 수령이었을 가능성이 더 많다. 이에 관해서는 金浩東, 「이슬람勢力의 東進과 하미王國의 沒落」, 『震檀學報』 76호, 1993을 참조하시오.

21. *Ta'rikh-i Rashidi*, pp. 112-113. 여기서 무함마드 하이다르 2세는 Mirkhond를 인용하고 있다. Cf. Vambéry, II, pp. 19-20.

22. *Ta'rikh-i Rashidi*, pp. 112-114.

본 이래 교양을 갖춘 이 칭기스칸의 후예는 정착생활에 대한 향수를 버리
지 못하였다. 그는 '몽골인들'에 대한 의무감에서 천산산맥의 기슭에 있는
일리와 율두즈 계곡에서 유목민으로서의 생활을 보내며 많은 세월을 참아
왔다.23) 그러나 그는 왕으로서 단지 의무를 수행하는 것에 불과하였다.24)

　　『라시드사』에는 나시르 웃 딘 우베이둘라Nasir ad-Din 'Ubaidallah
가 무함마드 하이다르에게 전해준 개인적인 인상을 통해 그의 모습이 이
렇게 묘사되어 있다. "나는 한 몽골인을 보리라고 기대했는데 수염이 잔뜩
난 페르시아인과 같은 사람을 보게 되었다. 그는 페르시아인들 사이에서도
찾아보기 어려울 정도의 품위를 갖추었고 말과 행동이 세련되어 있었다
."25) 따라서 그는 타쉬켄트의 지배자가 되자마자 ── 그의 나이는 거의 80
에 가까웠다 ── 그곳에 살기로 결심했던 것이다.

　　그를 따르던 일부 유목민들은 그가 타직인들과 같은 방식으로 정착생
활을 하려고 생각하는 것에 경악하였고, 자신들처럼 자유로운 생활을 즐기
던 유누스의 둘째아들 아흐마드를 데리고 그들이 사랑하는 율두즈와 위구
리스탄의 초원으로 떠나가버렸다. 아흐마드가 그들과 함께 있다는 것이 그
들의 충성을 보장하는 것이었으므로 칸은 그들을 추격하지 않았다.26)

　　아흐마드는 아버지가 죽은 뒤 자신이 사망할 때까지(1486-1503) 일리
·율두즈·투르판 지방과 같은 칸국의 일부를 지배하였다. 그는 이 초원에
만족하면서 오이라트나 카자흐와의 전투에서도 성공을 거두었다. 『라시드
사』는 오이라트인들이 그를 '알라차Alacha' 즉 '도륙자'라는 경외의 칭호
로 불렀다고 하였다.27) 1499년경 그는 두글라트의 아바 바크르로부터 카
쉬가르와 양기-히사르를 빼앗았다. 이 활력에 찬 칭기스칸의 후예는 국내
에서 일련의 응징적인 원정과 처형을 통해 반란을 일으킨 부족의 수령들
을 복속시키는 데에 성공하였다.

---

23. *Ibid.*, p. 95.
24. *Ibid.*, pp. 112-113.
25. *Ibid.*, p. 97.
26. *Ibid.*, pp. 112-113, p. 120.
27. *Ibid.*, p. 122.

『명사』는 하미 오아시스의 아흐마드 — '투르판의 술탄 아흑마阿黑馬'
— 의 활동을 기록하고 있다. 1482년 거란 계통의 토착왕조28)의 왕족인
한신罕愼이 중국의 지원을 받아 하미를 차가다이 칸국으로부터 다시 탈취
하였는데, 1488년 아흐마드는 매복했다가 한신을 죽이고 그 지방을 차지
하였다.

그 다음 해 한신의 추종자들은 하미를 되찾았으나, 1493년에 아흐마
드는 다시 하미의 영주와 중국인 거주자들을 붙잡아 구금하였다. 북경은
투르판으로부터 오는 대상들을 국경에서 차단하고 위구리아에서 감숙으로
들어와 있던 상인들을 추방함으로써 보복하였다. 『명사』에 의하면 이러한
조치가 위구르와 차가다이의 지방에서 아흐마드에 대한 극도의 불만을 야
기시켜 그는 하미를 중국의 영향 아래에 있는 토착왕조에게 맡기고 돌아
갈 수밖에 없었다고 한다.

천산산맥 동부로 쫓겨난 차가다이, 카쉬가르에 미친 티무르조 르네상스의 영향, 역사가 하이다르 미르자Haidar Mirza

아흐마드는 악수와 투르판을 중심으로 동부 모굴리스탄과 위구리스탄
을 통치한 반면(1486-1503), 그의 형 마흐무드는 타쉬켄트와 서부 모굴리
스탄에서 아버지 유누스를 계승하였다(1487-1508). 앞에서도 언급한 대로
사마르칸드에 있던 티무르조의 말예들은 1488년 마흐무드로부터 타쉬켄트
를 되찾았으나, 그 도시 근처에 있는 치르칙 혹은 파락에서 그에게 패배하
였기 때문에 타쉬켄트는 여전히 몽골 칸의 본거지로 남아 있었다.29)

그러나 마흐무드가 당시 방랑자에 불과하였고 칸에게 봉사하기 위하

---

28. [역자] 하미 왕국의 지배층은 명초 몽골리아에서 온 차가다이의 후손 Gunashiri
(혹은 Unashiri)에서 기원하며, 그곳의 주민들은 回回(무슬림 투르크), 畏兀兒(불
교도 투르크), 哈剌灰(몽골계)로 구성되어 있었다. 따라서 하미 왕국에 대해 '거란
계통의 토착왕조'라고 한 그루쎄의 단언은 받아들이기 힘들다.
29. *Ta'rikh-i Rashidi*, pp. 115-116.

여 찾아왔던 저 유명한 무함마드 샤이바니를 환영한 것은 불행히도 큰 실수였다. 그에 대한 대접으로 마흐무드는 그에게 투르키스탄 시를 식읍으로 주었다(1487년에서 1493년 사이).30)

지나치게 남을 신뢰했던 마흐무드의 지원으로 무함마드 샤이바니는 티무르조의 말예들로부터 부하라와 사마르칸드를 탈취하고 1500년에는 트란스옥시아나의 군주가 되었다. 무함마드 샤이바니는 트란스옥시아나를 장악하자마자 마흐무드와 적대했기 때문에, 마흐무드는 자신의 관대함에 대해 후회하지 않을 수 없게 되었다. 마흐무드는 동생 아흐마드에게 도움을 청해, 그가 신속히 위구리아에서 타쉬켄트로 달려왔으나, 샤이바니는 페르가나의 호칸드 동북방에 위치한 아흐시의 전투에서 이들을 패배시키고 포로로 붙잡았다. 그때 그는 자신에게 도움을 주었던 마흐무드의 순진함을 비웃기는 했어도 그들을 정중하게 대우하였고 지체없이 풀어주고(1502-1503) 타쉬켄트와 사이람은 자기가 차지하였다. 그 직후, 즉 1503-1504년 겨울 아흐마드는 악수에서 마비증상으로 사망했고, 마흐무드는 어리석게도 또 샤이바니의 수중에 들어갔는데 이번에는 호젠트 부근에서 처형당했다(1508-1509).31)

마흐무드의 죽음은 차가다이인들이 최종적으로 서부 투르키스탄에서 추방된 것을 의미하였다. 천산 동부로 밀려난 그들은 그곳에서 다시 100년 간 머물렀다. 위구리스탄에 있는 투르판·카라샤르(찰리쉬)·쿠차 등지에서 아흐마드의 큰아들 만수르 칸Mansur Qan은 아버지가 죽은 뒤 군주로 인정되었고 그 지역을 40년 동안 지배하였다(1503-1543). 그에게도 처음에는 시련이 있었다. 카쉬가르의 두글라트 수령인 아바 바크르가 악수로 들어와 차가다이 일족의 보화를 약탈하였고, 그 뒤 쿠차와 바이와 같은 도시들을 약탈하였다.32)

1514년, 이번에는 만수르의 동생인 사이드 칸Sa'id Qan이 아바 바크르로부터 카쉬가르(1514년 5-6월), 야르칸드, 호탄을 빼앗고 그를 라다크

---

30. *Ibid.*, p. 118.
31. *Ibid.*, p. 120, pp. 122-123.
32. *Ibid.*, pp. 123-124, p. 126.

지방으로 쫓아냈다.[33) 사이드는 반란을 일으킨 두글라트부의 수령과의 싸움에서 차가다이 가문에 충성하던 또 다른 두글라트 수령의 지원을 받았는데, 그가 바로 역사가인 두글라트 미르자Dughlat Mirza였다. 이어 사이드는 카쉬가리아 본토를 지배하고(1514-1533),[34) 그의 형 만수르는 모굴리스탄(일리와 율두즈)과 위구리스탄을 지배하였다(1503-1543). 이 두 형제 사이의 화목한 관계는 중앙아시아의 평화를 약속하였고, "여행자들은 페르가나에서 하미, 나아가 중국까지 완벽한 안전 속에서 여행할 수 있었다."[35)

두글라트 가문의 계승자인 무함마드 하이다르 2세(하이다르 미르자)의 『라시드사』[36)는 당시 차가다이의 후손들과 두글라트 가문의 비교적 발달된 문화수준을 입증해주고 있다. 유누스 칸(1456-1486)은 차가다이인들 사이에 머무는 동안 — 그는 실제로 젊은 시절을 시라즈에서 보냈다 — 페르시아인으로서의 예절과 품위를 익혔다. 하이다르 미르자(1499/1500-1551)는 원래 몽골 출신의 귀족으로서 그 같은 분위기 속에서 완전히 변모한 좋은 예이다.[37) 그가 몽골어를 알았을까? 일리아스Elias도 지적했듯이 그처럼 독실한 무슬림에게 그의 조상들의 언어는 '우상숭배자들'의 언어로만 인식되었을 것이기 때문에 그 대답은 불문가지이다. 사실 그는 그의 집안이 오랫동안 그래왔던 것처럼 차가다이계 투르크어를 사용하였다. 그러나 그가 중앙아시아 몽골인의 역사인 『라시드사』를 기록한 것은 페르시아어였다. 반면 그와 이웃이자 친구이기도 했던 티무르조의 바부르는 마찬가지로 불후의 회고록을 저술하였지만 차가다이계 투르크어 방언을 충실히 사용하였다.

이처럼 문화수준이 높은 인물들의 존재는 오늘날 처참할 정도로 낮은 문화를 가진 동투르키스탄 — 과거의 동부 차가다이 칸국 — 이 16세기

---

33. *Ibid.*, p. 133, p. 325, p. 327.
34. 그는 1514년 5-6월에 카쉬가르를 점령하고, 1533년 7월 9일에 사망하였다.
35. *Ta'rikh-i Rashidi*, p. 134.
36. 이 책은 1541년에서 1547년 사이에 집필되었다. Cf. Barthold, "Haidar-mîrzâ", *EI*, p. 233.
37. 하이다르 미르자의 모친이 유누스 칸의 딸로 칭기스칸의 후손이었기 때문에(부계 모계) 쌍방이 모두 몽골계인 셈이다.

전반에는 지적인 중심지로서 번영했었음을 보여준다. 비록 과거 트란스옥시아나의 문화적 중심지가 지니던 영광을 누리지는 못했지만 — 카쉬가르·악수·투르판을 부하라나 사마르칸드에 비견할 수는 없기 때문에 — 티무르조와 불가분의 관계에 있는 투르크·페르시아 르네상스 기간 동안 사마르칸드와 부하라의 영향은 그 지방 전역에 강하게 미쳤다.

인도에서 제국을 건설하기 전에는 페르가나 지방을 지배하던 티무르조의 군주였던 바부르와 하이다르 미르자와의 절친한 교분은 차가다이 가문의 칸들과 두글라트부의 모든 수령들이 서쪽의 티무르조를 모방하려고 얼마나 애썼는가 하는 사실을 잘 보여준다. 바부르가 통치하던 이란화된 사마르칸드와 현재의 중국령 투르키스탄 지역과의 관계는 단절됨이 없이 교류가 지속적으로 이루어졌다. 그래서 트란스옥시아나 사람인 바부르가 차가다이 투르크어로 책을 썼지만, 모굴리스탄의 아미르인 하이다르 미르자는 페르시아어로도 저술한 것이다. 하이다르 미르자의 주군인 차가다이 가문의 사이드 칸은 투르크어만큼이나 페르시아어로 훌륭하게 말할 줄 알았다.

따라서 16세기 차가다이계 마지막 칸들의 제국을 마치 쇠퇴하는 나라로 생각한다면 잘못된 것이다. 유누스 칸이나 하이다르 미르자와 같이 고도의 교양을 갖춘 사람들의 존재는 도리어 그 반대였음을 입증한다. 중국인들이 그 민족적 특징과 성격을 압살시키고 어떻게 해서든지 외부와의 관계를 차단하려고 했던 이 지방은 그 당시에는 이란·투르크 이슬람으로부터 불어오는 각종 문화적인 훈기를 받아 새로워지고 생기가 넘쳤다. 유누스 칸의 일생이 이를 입증한다. 시라즈의 학자에게서 공부를 배웠던 이 사람은 후일 쿠차와 투르판을 지배했다. 르네상스 시기의 귀족이었던 하이다르 미르자는 트란스옥시아나에서 바부르와 함께 싸우기도 했고, 칭기스 칸가의 사이드 칸을 도와 카쉬가르와 야르칸드를 수복하기도 했으며, 1541년에는 카쉬미르를 정복하여 자신이 군주가 되었다.

율두즈와 위구리스탄에 사는 부족들의 뿌리깊은 유목주의가 차가다이계 마지막 후예들에게 많은 어려움을 가져다 주었던 것은 사실이지만, 차가다이가문의 지배가 남긴 최후의 결실은 카쉬가리아뿐만 아니라 쿠차나

카라샤르나 투르판과 같은 옛 위구르인들의 지방을 사마르칸드와 헤라트
의 페르시아 혹은 이란화된 투르크문명과 연결시킨 것이었다.

최후의 차가다이인들

차가다이계 칸들은 티무르조 르네상스의 무슬림적 투르크·이란문화를
극동, 즉 명대 중국의 변경으로까지 확장시키려고 하였다. 『명사』는 만수
르 칸이 중국과 벌인 전쟁을 기록으로 남겼는데, 『라시드사』도 같은 내용
을 전하면서 이러한 대립을 '우상숭배자들'에 대한 '성전'으로 묘사하였
다.[38]

문제가 되었던 것은 여전히 하미 오아시스였다. 1513년 하미의 토착
귀족 ― 한자로는 배아즉拜牙卽 ― 이 만수르에게 복속하였다. 1517년 만
수르는 하미에 자리잡고 그곳에서 중국 본토를 향해 감숙 지방의 돈황·숙
주·감주 등지를 습격하였다. 한편 카쉬가리아의 지배자인 그의 동생 사이
드 칸은 티베트 지방인 라다크Ladakh에 대한 공성전을 감행하였고, 1531
년 그곳에서 역사가 하이다르 미르자가 자신의 군대를 지휘하였다.[39]

만수르의 뒤를 이어 그의 아들인 샤 칸Shah Qan이 위구리스탄 혹은
투르판 칸국의 군주가 되어 1545년부터 1570년까지 통치하였다. 『명사』에
의하면[40] ― 『라시드사』는 그의 치세에서 서술이 끝난다 ― 샤 칸은 하
미 지역을 점령하고 오이라트(칼묵)의 지원을 받은 그의 형제 무함마드
Muhammad(마흑마馬黑麻)와 싸워야 했다. 1570년경 샤 칸이 죽자 무함
마드가 투르판의 지배자가 되었지만, 그는 중국으로 사신을 보내 지원을
받으려고 했던 또 다른 형제인 수피 술탄Sufi Sultan(쇄비속단瑣非速壇)
과 충돌하지 않으면 안되었다. 이 시점 이후로는 『명사』도 투르판의 차가

---

38. *Ta'rikh-i Rashidi*, p. 127.
39. *Ta'rikh-i Rashidi*, 「서문」, pp. 13-14.
40. 하이다르 미르자는 1545년에 "그는 오늘날 투르판과 찰리쉬(=카라샤르)를 지배하
　　고 있다"고 기록하였다(p. 129).

다이 칸국에 대해 침묵하고 있다. 그러나 중국측이 차가다이의 진정한 후예로 여겼던 투르판의 한 술탄이 1647년과 1657년에 북경의 조정에 사신을 보냈다는 사실은 확인할 수 있다.[41]

카쉬가리아의 차가다이 칸국에서 사이드 칸을 계승한 사람은 그의 아들인 압둘 라시드'Abd ar-Rashid(1533-1565)였다. 이 새로운 군주는 즉시 막강한 두글라트 가문과 충돌하여 그 수령들 가운데 하나인 사이드 무함마드 미르자Sayyid Muhammad Mirza, 즉 역사가 하이다르 미르자의 숙부를 처형시켰다.[42] 사이드 칸을 충실히 섬겼고 그를 위해 라다크를 정복하기도 했던 하이다르 미르자는 숙부와 같은 운명을 맞을 것이 두려워 인도로 떠났고, 1541년에는 카쉬미르의 지배자가 되었다. 『역사의 정화』(Zubdat at-Tavarikh)에 의하면 라시드는 자신의 통치기간 중에 일리와 이식쿨 지역을 침입했던 카자흐 대오르다의 세력을 꺾는 데 주력하였다고 한다.

라시드의 장남이던 용맹한 압둘 라티프'Abd al-Latif는 카자흐의 칸인 나자르Nazar와의 전투에서 사망하였다.[43] 이러한 그의 노력에도 불구하고 라시드는 카자흐가 모굴리스탄 본토의 대부분, 즉 일리와 쿵게이 Kungei 지역을 점거하는 것을 막을 수 없었고, 그의 영토는 카쉬가리아로만 한정되어버렸다. 이러한 사실은 하이다르 미르자가 남긴 글을 통해서 분명히 알 수 있다.[44]

라시드는 1565년까지 살았고 카쉬가리아의 칸위는 그의 아들인 압둘 카림'Abd al-Karim에게 넘어갔으며 그는 아흐마드 라지Ahmad Razi가 집필하던 1593년에도 통치하고 있었다.[45] 당시 카쉬가리아의 '수도' — 즉 칸이 통상 머무는 곳 — 는 야르칸드였던 것으로 보인다. 카쉬가르는 압둘 카림의 동생인 무함마드의 식읍이었다. 바로 이 무함마드가 압둘 카림의 뒤를 이었고, 1603년 포르투갈의 제수이트 선교사인 베네딕트 드 고에

---

41. *Mémoires concernant les Chinois*, XIV, p. 19.
42. *Ta'rikh-i Rashidi*, p. 143, p. 450.
43. *Ta'rikh-i Rashidi*, 「서문」 p. 121에 나오는 *Zubdat at-Tavarikh*.
44. *Ibid.*, p. 377, p. 379.
45. *Haft Iqlim*(Quatremère, *Notes et extraits*, XIV, p. 474).

스Benedict de Goës가 이 지방을 지날 때 그가 통치하고 있었다. 악수는 무함마드의 조카가 지배하였고, 찰리쉬(카라샤르, 즉 Goës의 'Cialis')는 그의 서자가 지배하였다. 사료들은 이 왕조에 대해 더 이상 아무런 기록도 남기지 않았다.

일라야스는 17세기 후반에 살았던 이스마일 칸Isma'il Qan이라는 인물도 그 일족이었을 것으로 믿는다.46) 그러나 이미 그때 카쉬가리아의 차가다이 칸국은 야르칸드, 카쉬가르, 악수, 호탄 등지를 중심으로 하는 소칸국들로 분할되었던 게 분명하며, 실질적인 통치권은 호자들의 수중으로 넘어갔던 것으로 보인다.47)

카쉬가리아의 호자들

트란스옥시아나와 카쉬가리아에서 '호자'는 예언자 무함마드나 ·최초의 4인의 칼리프의 후손인 독실한 무슬림들로 여겨졌다. 부하라와 카쉬가르 지방에는 그러한 가족들이 많았다. 『라시드사』는 이러한 성스러운 배경을 지닌 인물들이 사이드 칸(1514-1533)에게 어느 정도 강한 영향력을 발휘했는지를 보여준다. 이 군주는 얼마나 독실한 신자였는지 자신이 수도자가 되려는 생각까지 했는데, 사마르칸드에서 호자 무함마드 유숩Khoja Muhammad Yusuf이 카쉬가르에 도착하면서 그러한 생각을 포기하였다. 무함마드 유숩은 세속에 살면서도 구원을 얻을 수 있다고 그를 설득하였던 것이다.48)

사이드 칸은 그에 못지않게 존경받는 또 다른 호자, 즉 이적을 행하고

---

46. *Ta'rikh-i Rashidi*, 「서문」, p. 123.
47. [역자] 본서에는 압둘 라시드 칸 이후 모굴 칸국의 역사에 대해서 극히 소략하게 기술되어 있다. 그러나 Shah Mahmud Churas의 역사서(일명 *Khronika*)가 활용되고 있는 현재, 이보다 훨씬 자세한 내용을 알고 있다. O. F. Akimushkin이 해설하고 역주한 *Khronika*(Moskva, 1976)를 참조하시오.
48. *Ta'rikh-i Rashidi*, p. 371.

가르침이 높은 것으로 유명했던 하즈라트 마흐두미 누라Hazrat Makhdumi Nura라는 사람을 초치하였다.

『라시드사』는 그가 1530년경 카쉬가리아에서 포교했으며 1536년에 인도로 떠났다고 기록하였다.[49] 현지의 전승에 따르면 1533년 사마르칸드 출신의 유명한 호자가 카쉬가르로 와서 사이드 칸과 우즈벡 사이에 벌어진 협상에 참여하였고, "그 지방에 정착하여 두 부인 — 하나는 사마르칸드, 다른 하나는 카쉬가르 출신 — 으로부터 하나씩 아들을 얻었다.

이 아들들은 자기들끼리의 반목을 자손들에게도 물려주어, 카쉬가리아는 두 개의 파벌, 즉 카쉬가르를 지배한 백산당白山黨(Aq Taghliq)과 야르칸드를 장악한 흑산당黑山黨(Qara Taghliq)으로 분열되어버렸다."[50]

이러한 분열의 기원이 어디에 있든 간에 16세기 말부터 17세기 후반에 이르기까지 종교적인 분쟁과 개인적인 갈등에 의해 나뉜 두 파벌은 카쉬가리아에 대한 실질적인 지배권을 분점하였다. 백산당은 일리의 카자흐인들 사이에서 지지를 얻었고, 흑산당은 남부 천산의 키르기즈의 지지를 받았다.

차가다이 가문의 세속정권은 점차 '무슬림 성직자들'로 구성된 이 두 집단의 조종을 받았다. 1678년 카쉬가르의 마지막 칸인 이스마일은 그들에게 적대적인 행동을 취하여 백산당의 영수인 호자 하즈라티 아팍Khoja Hazrat-i Apak을 몰아내버렸다.

하즈라티 아팍을 지원한 준가르, 즉 서몽골인들은 카쉬가르에 입성해 이스마일을 포로로 잡고 그 대신 하즈라티 아팍을 그 자리에 앉혔다. 그는 준가르의 도움으로 경쟁집단인 야르칸드의 흑산당도 제압하고 그곳을 수도로 삼았다.

---

49. *Ibid.*, p. 395.

50. Courant, *L'Asie Centrale aux XVIIe XVIIIe siècle*, p. 50. [역자] Courant 에 근거한 그루쎄의 이 같은 주장은 타당하지 않다. 카쉬가리아의 두 호자집단, 즉 백산당과 흑산당의 기원은 Makhdum-i A'zam(본명은 Ahmad Khwajagi-yi Kasani로서 1542-1543년 사망)이라는 인물에서 비롯되는데, 그는 카쉬가르에 온 적이 없었다.

이렇게 해서 카쉬가리아는 다시 통일이 되었지만, '무슬림 신권정치'神
權政治 아래에 새로운 몽골 제국인 준가르의 보호령이 되어버린 것이다.51)

51. Martin Hartmann, "Ein Heiligenstaat im Islam", *Islamische Orient*, I, p.
195 참조. 일반적으로 말해 칭기스칸의 국가가 카쉬가리아에서 소멸된 것은 중국
에서 원조가 붕괴한 것과 다른 상황에서 벌어졌지만, 그 밑을 흐르는 원인은 결코
상이하다고 말하기가 어렵다. 중국에서 14세기 전반 쿠빌라이의 후손들은 불교의
과도한 영향을 그대로 허용하였고 그것이 중국인 식자들의 반감을 불러일으켰다.
카쉬가리아에서 차가다이의 후손들도 무슬림 경건주의에 지나치게 경도되어 이슬
람의 '성스러운 가족'에 의해 밀려나게 된 것이다. 뒤에서 고찰하겠지만 후일 17세
기에 들어가 티베트 라마교 역시 오르도스와 차하르, 심지어 할하 몽골인들을 취
약하게 만드는 데 적지 않은 영향을 미쳤다. 과거에 야만인이던 이들 모두는 일단
개종하면 이슬람이든 불교든 열렬한 신도가 되었다. 그러나 그러한 개종을 통해
그들은 '미덕'의 일부, 적어도 상무적인 정신을 상실하였던 것이다. 우리가 불교와
이슬람 신비주의가 지닌 도덕적인 가치를 부정하는 것은 아니지만, 몽골리아에서
라마교가 몽골인들의 정신을 둔화시켰던 것처럼, 이슬람도 카쉬가리아의 마지막
몽골인들의 민족정신을 없애버리고 편협한 믿음에 빠지게 하여 결국 능란한 호자
들에게 왕위를 넘겨주게 만들었던 것이다.

15. 몽골리아의 마지막 제국 : 15-18세기

1370년 이후 혼란에 빠진 몽골리아

몽골의 대칸인 쿠빌라이가 중국에 건설한 제국은 1368년 중국인들의 반란으로 무너졌다. 북경에서 쫓겨났던 쿠빌라이의 후손인 토곤 테무르 Toghon Temür는 1370년 5월 23일 시라무렌 근처의 응창應昌[1])에서 엄청난 파국을 슬퍼하면서 사망하였다. 칭기스칸의 후예들을 자기 영토에서 몰아낸 한인 왕조 명(1368-1644)은 지체없이 그들을 추격하여 몽골리아로 들어갔다.

카라코룸에서 토곤 테무르의 아들 아유시리다라Ayushiridhara는 아버지의 부음을 접하고 대칸의 칭호를 취한 뒤 그곳에 1370년부터 1378년까지 머물면서 언젠가는 중국의 왕좌를 되찾으리라는 헛된 희망을 갖고 있었다.

그러나 그는 이를 실현시키기는커녕 몽골리아 깊숙이 침투해 들어온 중국인들과 맞부딪쳐야 했다. 1372년 탁월한 장군 서달徐達은 카라코룸으로 진군했지만 툴라 강을 넘지 못하였다. 아유시리다라가 죽자 그의 아들인 투구스 테무르Tögüs Temür[2])가 뒤를 이어 카라코룸에서 즉위하였다. 이제 몽골 제국의 영역은 원래의 영토로 줄어들었다. 1388년 10만 명의 중국군이 몽골리아로 들어가 할하 강과 케룰렌 강 사이에 위치한 부유르 노르에서 벌어진 회전에서 투구스 테무르의 군대를 격파하였다. 투구스는

---

1. [역자] 그루쎄는 여기에 괄호를 붙여 Kailu라는 말을 첨가하였으나, 이것이 어떠한 한자어를 옮긴 것인지는 불분명하다.
2. [역자] 원문에는 Toquz Temür로 잘못 표기되어 있다.

이 같은 재난을 당한 뒤 자신의 일족에게 피살되었다.

이처럼 거듭되는 권위의 하락으로 쿠빌라이 가문의 명성은 땅에 떨어졌고 대부분의 몽골부족들은 다시 독립을 주장하고 나섰다. 사강 세첸에 의하면, 몰락한 쿠빌라이 가문에 대해 반란을 일으킨 대표적인 부족수령인 우게치Ügechi(혹은 Ökächi)는 예니세이 상류를 따라 훕스굴 호수에 이르는 지역까지 살던 케르구드Kergüd 인들의 — 몽골인들이 키르기즈를 부르던 명칭 — 수령이었다.3) 우게치는 쿠빌라이계의 대칸인 엘벡Elbek의 종주권을 거부하고, 1399년에는 그를 패퇴시키고 살해한 뒤 여러 부족들에 대한 주도권을 탈취하였다.

명조의 3대 황제이자 매우 탁월한 능력을 지녔던 영락제는 그 같은 탈권에 의해 몽골 고원에서 쿠빌라이 가문이 넘어지고 몽골의 내분이 격화된 것에 대해 당연히 만족스러워하였고, 칭기스칸 일족들이 복수하러 올지도 모른다는 악몽에서 헤어나올 수 있었다. 따라서 그는 우게치를 인정하였다. 그러나 『명사』에 의하면 우게치는 그 뒤에 반란을 일으킨 부족들의 두 수령, 즉 아수드Asud 부족의 아룩타이Aruqtai(아로태阿魯台)와 오이라트 부족의 마흐무드Mahmud(마합목馬哈木)에게 패배하였다.4)

---

3. Courant(*L'Asie Centrale*, p. 11)는 우게치가 케르구드가 아니라 오이라트 4부족 가운데 하나인 토르구드Törgüd(혹은 Torghut)의 수령이었다고 적었다. 그러나 Saghang Sechen, pp. 143-145를 참조하시오.

4. 몽골의 역사가 사강 세첸이 말하는 Aruqtai가 음운상으로 『明史』의 阿魯台에 해당된다고 보는 Pelliot의 견해를 필자도 지지한다. 물론 『明史』에서 阿魯台가 적극적인 활약을 하던 시기에 사강 세첸의 Aruqtai는 포로로 잡혀 있었다는 문제가 있는 것은 사실이다. Howorth는 *History of the Mongols*(I, p. 353)에서 이 점을 근거로 중국사료의 阿魯台가 아수드의 수령 Aruqtai와 동일인이 아니라 호르친 부족의 Adai와 동일인으로 보아야 한다고 주장하였다. 그러나 이러한 주장은 음운학적으로 지탱하기 어려운 것 같다. 어쨌든 이 점에 관해 『明史』에는 약간의 혼란이 존재하는 것으로 보인다. 사강 세첸과 『明史』 간에 존재하는 이와 유사한 상위점은 오이라트의 수령 마흐무드에 관해서도 발견된다. 사강 세첸은 15세기 초 실권을 장악하고 있던 오이라트 수령은 Batula라고 불렸으며 'Toghon이라는 별칭을 지닌' 그의 아들 Baqamu이 계승했다(1415, 1418년경)고 하였다. 그러나 『明史』에 의하

아수드는 알란Alan 혹은 아스As를 몽골식으로 옮긴 말이다. 이들은 원래 이란계(정확히 말하면 스키타이·사르마트계) 종족으로서 코카서스(쿠반과 테렉) 지방에서 기원하였는데 13세기 중국의 몽골 군대에 많은 병력을 충원하였다. 알란인들로 구성된 몽골군은 1275년 중국인에 의해 진소鎭巢에서 와해된 적이 있었고, 쿠빌라이 가문을 위해 일하던 다른 알란인 집단은 1366년 북경에서 교황에게 한 통의 서신을 보내기도 하였다.[5]

1400년의 아수드는 쿠빌라이 가문을 따라 중국에서 몽골리아로 와 그곳에서 몽골인들과 동화되면서 운명을 같이했던 알란인들이었던 것이다. 그리고 기억하듯이 오이라트는 칭기스칸 제국 시대에 바이칼 호 서부 연안에 살던 강력한 삼림 몽골인들이었다. 17세기 이후로 오이라트들은 4개의 소부족으로 구성되었던 것으로 보이는데, 초로스Choros, 두르베트Dörbet[6], 호쇼트Qoshot, 토르구트Torghut가 그것이다. 군주의 가문은 ─ 적어도 그 당시에는 ─ 초로스 씨족에 속해 있었다.

아룩타이와 마흐무드는 몽골의 다른 칸위 후보자들로부터의 완전한 독립을 강조하기 위하여 북경의 조정에 직접 신속하고 있음을 천명하였는데, 이는 자기들이 독자적인 주권을 행사할 수 있음을 선언하는 동시에 명조로부터 호의적인 지원을 확보하기 위해서였다. 오이라트는 상황을 이용하여 서부 몽골 전체, 즉 바이칼 호의 서안에서부터 상류 이르티쉬에 이르는 지역에 대한 주도권을 확장시켰고, 나아가 일리가 있는 서남쪽 방향으로 더욱 팽창하려는 의도를 보였다(후술하듯이 『라시드사』는 이를 보여주고 있다).

그러나 동부와 중부 몽골리아는 여전히 혼란상태에 빠져 있었는데, 그 까닭은 사강 세첸이 기록하고 있듯이 아룩타이와 마흐무드의 존재에도 불구하고 우게치의 아들인 에세쿠Essekü가 1425년에 사망할 때까지 최고 칸위에 대한 자신의 주장을 계속했기 때문이다.

면 Batula에 해당되는 사람이 馬哈木이라 불렸고 그의 아들의 이름은 脫歡이었다고 한다.

5. Pelliot, *TP*(1914), p. 641 ; Moule, *Christians in China*, p. 260, p. 264.
6. [역자] 원문에는 Turbet(Dörböt, Dörböt)로 되어 있다.

그러나 1403-1404년 칭기스칸 가문의 부흥은 엘벡의 아들, 즉 몽골의 역사가 사강 세첸이 울제이 테무르Öljei Temür라고 부르고 『명사』가 산스크리트어의 불교식 호칭인 푼야스리Punyasri(본아실리本雅失里)라고 했던 인물에 의해 실현되었다.7) 아룩타이는 즉시 정통성을 지닌 이 인물의 편에 섰다. 북경 정부는 쿠빌라이 가문의 재출현에 대해 물론 당황하였고, 영락제는 울제이 테무르로부터 신속을 표시하는 조치를 받아내려고 하였다. 이것이 거부당하자 그는 군대를 이끌고 몽골리아로 들어가 오논 강 상류와 칭기스칸의 고향 초원까지 진격하여, 울제이 테무르와 아룩타이의 군대를 격파하였다(1410-1411). 울제이 테무르에게 있어 이 패배는 권위를 상실케 하였기 때문에 치명적이었다. 오이라트의 수령 마흐무드는 그를 공격하여 패배시키고 주도권을 장악하였다(1412년경).

이때까지 마흐무드는 영락제와 우호적인 관계를 유지했었는데, 그것은 오이라트 혹은 서몽골로서는 쿠빌라이 가문이나 동부 몽골의 다른 수령들에 대항하기 위해 중국 조정의 지원을 구하는 것이 당연했기 때문이다. 그러나 그의 세력이 충분히 강화되고 몽골리아의 모든 부족과 왕족들에 대한 자신의 지배권을 강요할 수 있으리라 생각한 이 오이라트의 수령은 명조 통치자와의 관계를 서슴지 않고 단절하였다. 영락제는 고비사막을 건너서 진격하였지만 마흐무드는 중국군에 막대한 피해를 입힌 뒤 툴라 강을 건너 공격의 사정권에서 벗어나버렸다(1414, 1415).

얼마 전까지도 중국식 생활의 편안함으로 인하여 약화되고 느슨해졌던 이 유목민들은 원래의 초원으로 돌아감으로써 옛날의 강인함을 되찾았다. 더구나 이들은 오이라트, 즉 삼림지역에서 나온 서부 몽골의 부족들이었다. 그들은 오르콘이나 케룰렌 지역의 유목민들에 비해 칭기스칸 가문의

---

7. 사강 세첸의 울제이 테무르와 『明史』의 本雅失里는 동일인을 나타내는 것 같다. 다만 이 두 자료의 연대적인 사실들은 상세한 부분에서 정확히 일치하지 않고, 두 자료에서 모두 혼란이 발견된다. [역자] 울제이 테무르의 즉위는 1408년으로 보아야 할 것이다. D. Pokotilov, *History of the Eastern Mongols during the Ming Dynasty from 1368 to 1634*(R. Lowenthal역, Philadelphia, 1976 repr.), p. 27.

정복의 과실을 상대적으로 적게 맛보았기 때문에 그들의 천성적인 활력을 더 유지하고 있었던 게 분명하다.

그러나 중국인의 침공으로 마흐무드의 권위는 일시적이나마 손상을 입었는데, 그것은 그가 명조의 군대가 몽골 초원으로 들어오지 못하도록 하는 데 실패했기 때문이다.

『명사』는 이때 아룩타이가 다시 등장하여 푼야스리 즉, 울제이 테무르를 대칸으로 다시 세웠다고 한다(1422년경). 그는 영하에 이르기까지 감숙의 변경지대를 쑥밭으로 만들었고, 영락제가 급히 그를 응징하러 왔을 때는 고비를 건너 북방으로 물러갔기 때문에 그를 잡을 수 없었다. 그 직후 아룩타이는 울제이 테무르를 살해하고 자신을 대칸으로 선포했다고 『명사』는 기록하고 있다.[8] 영락제는 다시 한 번 그에 대한 원정에 나섰는데(1424, 1425), 때마침 운좋게 오이라트의 수령 토곤 테무르 ― 마흐무드의 아들이자 후계자 ― 가 아룩타이의 주도권에 대항하여 반란을 일으키고 그를 패배시킨 일이 벌어지긴 했지만, 그의 원정은 성공을 거두지 못하고 끝나고 말았다.

이것이 중국측의 역사기록인 『명사』가 전하는 내용이다. 그런데 몽골의 역사가 사강 세첸은 분명히 구별하고 있는 두 사람을 그 찬자撰者는 아로태阿魯台라는 하나의 이름으로 혼동하고 있는 것 같다. 즉 하나는 아수드의 수령인 아룩타이로서 1414년에 이르기까지 그의 행적은 위에서 설명하였고 이 시점까지는 대체로 두 자료가 서로 일치하고 있다. 또 하나는 아다이Adai인데, 사강 세첸의 글에서 그는 호르친Qorchin 부의 지도자로 되어 있다.[9]

호르친은 흥안령산맥의 동부, 즉 눈 강과 만주 지방의 경계에 가까운 곳에 근거하고 있던 동몽골 부족이었다. 그들의 수령은 테무게 옷치긴 혹

---

8. [역자] 이 부분의 서술은 잘못되어 있다. 『明史』에 의하면 울제이 테무르를 살해한 장본인은 아룩타이가 아니라 오이라트의 마흐무드였으며 연도도 1412년의 일이다. 또한 아룩타이는 스스로 '칸'을 칭한 적도 없었다. 전게 Pokotilov, p. 29 참조
9. 칭기스칸 국가의 군사적인 용어에서 'qorchin'은 箭筒士, 즉 '친위병'을 의미하였다. Pelliot, *JA*(1920), p. 171과 *TP*(1930), p. 32 ; Mostaert, "Ordosica", p. 41.

은 카사르 — 둘 다 칭기스칸의 동생 — 의 후손들이었다. 사강 세첸에 의하면, 1425년 칸국(아니면 적어도 동부 지역)은 호르친 부의 수령인 아다이가 아룩타이의 지지를 받아 장악했다고 하는데, 이는 『명사』의 기록과는 달리 이 두 사람이 별개의 인물이었음을 보여주는 분명한 증거이다. 아다이와 그의 신하였던 아룩타이는 연합하여 오이라트와 중국에 대한 전쟁을 벌였고, 오이라트는 마치 시계추가 왔다갔다하듯이 다시 한 번 영락제에게 접근하였다. 영락은 몽골리아의 아다이에 대한 최후의 원정(1422-1425)에서 보르지긴 출신의 정통 칸국에 대한 오이라트의 저항을 지원해주었다.

제1차 오이라트 제국 : 토곤과 에센 타이시

명조의 위대한 황제가 추구했던 정책, 즉 성장하기 시작하는 신생 오이라트 세력을 도와 쿠빌라이 가문을 몰락시키려고 했던 정책은 그가 죽은 뒤에야 성공을 거두었다. 1434년에서 1438년 사이에 마흐무드의 아들이자 후계자인 오이라트 수령 토곤은 아다이를 살해하였다. 이러한 사강 세첸의 서술과는 달리 『명사』는 그가 살해한 것이 아로태였다고 하였다. 어쨌든 그는 몽골부족들에 대한 주도권을 장악하게 되었고, 그러자 정통주의자들은 쿠빌라이 가문의 후손인 아자이Ajai — 엘벡의 아들이자 울제이테무르의 동생 — 를 대칸으로 선포하였다(1434년이나 1439년). 사실상 몽골리아의 제국은 오이라트의 수중에 넘어간 것이다.

중국의 조정은 이 같은 혁명에 대해 자축했던 게 분명하다. 왜냐하면 아직도 두려움을 느끼고 있는 칭기스칸 가문과 동몽골 — '가깝기에 더 두려운' — 의 세력이 쇠퇴하고 대신 상대적으로 멀고 따라서 덜 두려운 상대인 서몽골이 흥기했기 때문이다. 칭기스칸 가문의 악몽에서 벗어나고 있었던 셈이다.

초원의 새로운 주인은 화려한 과거를 지니지도 못했고 칭기스칸 일족의 역사에서 그들이 했던 역할도 보잘것 없는 것이었다. 12세기의 중국인들은 바로 이와 똑같은 방식으로 거란이 여진에 의해 바뀌는 것을 어리석게도 즐긴 적이 있었다. 그러나 사실 서몽골인들 — 그들 자신은 오이라트 연맹이라 불렀고, 카쉬가리아에 있던 투르크인 이웃들은 칼묵이라고 불렀다 — 은 계속 칭기스칸 일족의 전통을 추구함으로써 영락한 쿠빌라이 가문이 그렇게 바보처럼 사라지게 했던 위대한 몽골 제국을 자신들이 중심이 되어 부흥시키는 것을 유일한 야망으로 품고 있었다.10)

오이라트의 팽창은 '모굴리스탄'의 차가다이계, 즉 일리와 율두즈 및 쿠차와 투르판에 군림했던 칭기스칸 가문의 칸들을 상대로 서남방을 향해 시작되었다. 오이라트의 수령 토곤은 차가다이계 칸인 우와이스(1418-1428)를 공격했다. 오이라트의 공격에 따라 전쟁터는 일리분지에서 투르판 지구로 바뀌었지만, 이들의 대립에서 오이라트는 줄곧 우세했었다. 『라시드사』에 기록되어 있는 것처럼 토곤의 아들 에센 타이시는 우와이스를 포로로 잡았지만, 그가 칭기스칸의 피를 잇고 있기 때문에 극진한 배려로써 그를 대우했다고 한다.

투르판 근처에서 벌어진 또 다른 전투에서 우와이스는 또다시 에센에게 포로로 붙잡혔다. 에센은 이번에는 그를 풀어주는 대가로 우와이스의 누이인 마흐툼Makhtum을 자기 집안으로 시집보낼 것을 요구하였다. 칭기스칸 일족이 아니었던 오이라트가 그 같은 결맹으로 큰 자산을 얻었음은 두말할 나위 없다.

에센 타이시 — 중국측 자료의 야선也先 — 가 그의 아버지 토곤의 자리를 계승했을 때 오이라트, 즉 칼묵의 영역은 최대의 판도를 구가하였다(1439-1455). 이제 그 영역은 발하쉬 호에서 바이칼 호까지, 그리고 바이칼 호에서 장성 연변에까지 미치게 되었다. 과거 몽골의 수도였던 카라코룸도 그의 영역의 일부가 되었다. 또한 에센은 하미 오아시스를 장악하고 1445년에는 중국의 일부였던 올량합兀良哈, 즉 후일 열하에 해당되는 지역도 수중에 넣었다. 5년 뒤 그는 차가다이계에게 했던 대로 중국의 공

---

10. 그러나 사강 세첸에 의하면(Schmidt역, p. 151) 오이라트의 수령 토곤은 1439년에 사망했는데, 그것은 그의 뻔뻔스러운 찬탈에 분노한 칭기스칸이 그에게 그림자를 드리움으로써 신비하고 기적적으로 발생했다고 한다.

주를 요구하였다. 북경의 조정은 그러기로 약속했으나 그것을 이행하지는 않았다. 에센은 산서 북방의 대동에 이르기까지의 중국의 변경지대를 폐허화시켰고, 명의 황제 영종과 환관 왕진은 그를 상대하기 위하여 진격하였다. 충돌은 하북성 서북부(현재 차하르) 선화 근처에 있는 토목土木에서 벌어졌다. 에센은 그에게 결정적인 패배를 안겨주고 10만 명 이상을 죽였으며 영종 본인을 포로로 붙잡았다(1449). 그러나 공성전에 능하지 못했던 그는 대동이나 선화와 같이 그 지역의 요새들을 함락시키지 못한 채 황제를 포로로 삼고 몽골리아로 돌아갔다.11) 3개월 뒤 그는 다시 돌아와 북경까지 진격하였고 이 대도시의 서북 근교에 캠프를 쳤다. 그러나 그의 공격은 실패했고 곧 말먹이가 떨어지게 되었으며, 중국의 지원군이 요동에서 도착하였다. 에센은 공격이 실패로 끝나고 막강한 군대의 위협까지 받게 되자 서둘러 거용관居庸關(南口)을 거쳐 퇴각하였다. 그 직후 그는 영종을 석방시키기로 결정하고(1450) 1453년에는 중국과 화평을 맺었다.

이어 『명사』에 따르면, 에센은 자신의 누이와 결혼한 칭기스칸 가문 출신의 톡토 부카Toqto Buqa12)라는 인물을 명목상의 대칸으로 인정했으며, 이 결합에 의해 태어난 자식이 칭기스칸 가문의 정통 후예로 인정받기를 희망했지만, 톡토 부카가 이를 거부하자 에센은 그를 살해하였다. 그리고 나서 그는 1453년 중국의 신하임을 선포했는데, 이는 칭기스칸 가문의 종주권이라는 허구를 빌리지 않고서도 자신을 독자적인 칸으로 부각시키려는 조치였다. 그러나 그는 1455년 도리어 살해되고 말았다.

『라시드사』에 의하면, 에센의 뒤를 이어 오이라트 즉, 칼묵 영토의 우두머리가 된 것은 그의 아들 아마산지Amasanji였다. 1456년부터 1468년 사이 어느 때인지는 분명치 않으나 아마산지는 모굴리스탄의 차가다이계 칸국을 침공하여 일리 근처에서 당시 칸이던 유누스를 패배시켰다. 유누스

---

11. 사강 세첸은 이 포로에 대한 대우는 좋았다고 하였다. "에센은 chingsang Alima에게 황제를 맡기고, 겨울에도 기후가 온화한 6천호 Uchiyed가 있는 지방에서 포로를 돌보도록 하였다." 영종은 석방된 직후 우치에드에 대한 감사의 표시로 많은 선물을 주었다.
12. [역자] 원문에 Toqtoa-buqa. 한문자료에는 脫脫不花로 표기되어 있다.

는 투르키스탄 시로 도주하지 않을 수 없었다. 이 사료는 에센이 일찍이 오이라트 가문으로 시집오게 했던 마흐툼이 그곳에서 문제를 일으켰다고 기록하고 있다. 독실한 무슬림이었던 그녀는 이브라힘 옹Ibrahim Ong (王)과 일리야스 옹Ilyas Ong이라는 아들을 자신의 종교에 따라 길렀고, 이 젊은이들은 아마산지와의 갈등으로 상당한 내분을 일으킨 뒤 중국으로 망명해버렸다고 한다.13)

이러한 내적인 혼란에도 불구하고 오이라트는 정기적인 약탈을 통해 오랫동안 그 주변 — 특히 서남방 — 을 괴롭혔다. 그 방향으로는 카자흐 유목민들의 영역이 있었는데, 그들은 일리 강 하류, 추 강, 사리 수, 투르 가이 강 근처의 초원에서 이동하던 극도로 이슬람화된 야만인들이었으며, 칸이었던 카심Qasim(1509-1518년경)과 무마쉬Mumash(1518-1523년경) 의 시대에 그들은 트란스옥시아나의 샤이바니조에게 공포의 대상이었다.14)

하이다르 미르자가 기록하였듯이 이 거친 유목민들의 많은 씨족들이 무마쉬의 후계자인 타히르 칸Tahir Qan(1523-1530년경)의 권위주의적인 지배를 성가시게 여겨서 떨어져나간 것도 사실이다.15) 카자흐 칸국은 타 와쿨 칸Tawakkul Qan에 의해 다시 건설되었지만, 그는 1552-1555년경 홉도 지역에서 일리 쪽으로 마치 회오리바람처럼 밀고 내려온 오이라트의 공격으로 인해 도망치지 않을 수 없었다.

이렇게 해서 트란스옥시아나의 정주민들에게 공포의 대상이었던 발하 쉬 호 근처 광대한 초원의 투르크 유목민들은 알타이 지역의 몽골 유목민 들에 의해 밀려나고 말았다. 물론 트란스옥시아나의 대도시에 살던 개화된 주민들 역시 카자흐인들과 마찬가지로 몽골인들을 두려워했음은 두말할 필요도 없다.

타와쿨은 타쉬켄트를 다스리던 샤이바니조의 토착군주인 노루즈 아흐 마드Nauruz Ahmad에게 은신했는데, 그로부터 지원을 요청받은 노루즈 는 "설사 10명의 수령들이 있다고 해도 칼묵(오이라트)에 대해서는 어떤

---

13. *Ta'rikh-i Rashidi*, p. 91. 해당되는 구절은 불분명하고 훼손되어 있다.
14. Cf. *Ta'rikh-i Rashidi*, p. 272.
15. *Ibid.*, p. 273.

일도 할 수 없을 것"이라고 대답하였다.[16] 1570년경 오이라트는 예니세이 강 상류에서 일리 강 계곡에 이르는 지역을 장악하였다.

간단히 말해 에센 타이시가 죽은 뒤(1455) 오이라트는 동몽골의 칭기스칸 일족과 겨루어야 했던 동방에서는 쇠퇴를 경험했지만, 서방에서는 여전히 일리 강과 카스피 해 사이의 초원지역을 위협하고 있었다.

칭기스칸 가문의 최후의 부흥 : 다얀 칸Dayan Qan과 알탄 칸Altan Qan

오이라트 혹은 서몽골의 쇠퇴가 동몽골의 칭기스칸 일족에게 즉각적으로 도움을 준 것은 아니었다. 그 당시 동몽골은 종족 내부의 치열한 싸움으로 서로를 죽이고 있었다. 칭기스칸의 27대 후계자인 대칸 만두굴Mandughul은 종손인 볼후 지농Bolqu Jinong과의 전쟁으로 1467년에 사망하였는데, 볼후 지농 역시 칸으로 선포되기 전에 피살되었다(1470). 한때 그렇게 많던 쿠빌라이 일족들 가운데 남은 사람은 볼후 지농의 아들인 불과 다섯 살밖에 안된 다얀뿐이었는데, 그는 "모든 사람에 의해 버려졌고, 심지어 재혼한 그의 어머니도 그를 돌보지 않았다."[17] 만두굴의 젊은 과부였던 만두카이 카툰Manduqai Qatun은 다얀을 데리고 와 보호하며 칸으로 선포하였다. 그리고 충성을 바치던 몽골인들을 몸소 지휘하여 오이라트에 패배를 안겨주었다.

1481년 그녀는 젊은 다얀과 혼인하였다. 마치 칭기스칸의 모친 후엘룬 에케를 연상케 하는 이 여걸은 1491-1492년 "다시 한 번 오이라트를 격퇴한 군대의 지휘관으로 묘사되고 있다." 전승에 의하면, 그녀가 오이라트의 우위를 무너뜨리고 동몽골의 주도권을 재확립한 장본인으로 되어 있다.

---

16. Barthold, "Kalmucks", *EI*, p. 743.
17. Courant, *L'Asie Centrale*, p. 6.

다얀 칸은 처음에는 여후의 섭정을 통해, 그리고 후에는 자기 자신의 용맹함을 통해 긴 치세를 누렸고 칭기스칸 일족의 권위를 부흥시켰다. 그는 전통적인 구분방식에 따라 동몽골의 부족들을 동부의 좌익(준가르 *jün-ghar, jegün-ghar*)과 서부의 우익(바룬가르*barun-ghar, baraghun-ghar*)으로 나누었다[18](이러한 배치는 모두 남쪽을 향해 있었다). "제1익은 카간의 직접적인 통제 하에 있었고, 제2익은 카간이 자기 자식들 가운데에서 뽑은 지농jinong의 휘하에 두어졌다. 전자는 차하르Chahar(군주를 배출), 할하Qalqa, 우량칸Uriyangqan으로 구성되었고, 후자는 오르도스Ordos, 투메트Tümet,[19] 융시예부Yüngshiyebü(하라친 혹은 하르친으로도 불림)로 되어 있었다."[20]

다얀이 이러한 재조직을 수행할 때 어느 정도의 폭력이 동원되지 않은 것은 아니었다. 우익(즉 서부)의 투메트인들의 일부가 그들의 수령으로 임명된 다얀 칸의 아들을 살해하였다. "그 결과 몽골의 이 두 익 사이에 치열한 전투가 벌어졌다. 처음에는 수세에 몰렸던 다얀은 호르친부 — 칭기스칸의 동생인 카사르의 후손들에게 복속을 서약했던 눈 강 계곡의 부족 — 의 지원을 받아 나중에 승리를 거두었다. 그는 반도들을 쿠쿠 노르까지 추격하여 거기서 항복을 받아냈다. 그리고 나서 그는 셋째아들인 바르스 볼로드Bars Bolod를 그들의 지농으로 임명하였다(1512)."

다얀 칸은 우량칸의 반란을 진압하는 과정에서 그 집단을 해체하여 다른 다섯 부족들에게 나누어주었다. 마지막으로 1497년에서 1505년 사이에 그는 중국의 변경지대, 즉 요동에서 감숙에 이르는 지역에 대한 약탈전을 성공적으로 수행하였다.

---

18. 『몽골비사』의 *bara'un-ghar*와 *je'ün-ghar*에 대해서는 Mostaert, "Ordosica", pp. 49-50을 참조하시오.
19. Tümet 혹은 Tümed는 1만을 의미한다.
20. Courant, *L'Asie Centrale*, pp. 7-9. 이들 대부분의 부족은 오늘날에도 존재한다. 차하르는 산서 북쪽인 장성의 북변, 할하는 외몽골의 웁사 노르에서 부유르 노르까지 분포해 있고, 우량칸은 다얀 자신에 의해 폐치되었다. 오르도스는 여전히 황하의 만곡인 오르도스 지방에 있고, 투메트는 그 북방에 있으며, 하라친은 하북성의 북쪽인 남부 열하에 살고 있다.

1543년 다얀이 죽은 뒤 그의 자식과 손자들이 이 부족들을 분배하였다. 차하르 부족은 다얀의 손자로서 종가의 우두머리였던 보디 칸Bodi Qan에게 돌아갔고 그는 대칸이 되었다. 보디 칸은 칼간Kalgan과 돌론 노르 사이의 지역에 자리잡았는데, 이곳은 지금도 차하르 영역의 중심지이다.

몽골의 최고 칸위는 1544년부터 1634년에 이르기까지 계속 차하르의 왕가에서 차지하였고, 보디 칸(1544-1548), 쿠뎅Küdeng(1548-1557), 투멘 자삭투Tümen Jasaghtu(1577-1593), 세첸Sechen(1593-1604), 릭단 Lighdan(1604-1634)이 차례로 지배했는데 마지막 칸 릭단은 만주 황제들에 의해 폐위되었다.

다얀 칸의 셋째아들인 지농 바르스 볼로드와 오르도스를 지휘했던 그의 아들인 지농 군 빌릭투 메르겐Gün Biligtü Mergen(1550년 사망)은 황하의 만곡부에 캠프를 두었다(1528, 1530년경).

군 빌릭투의 동생이자 다얀 칸의 손자들 가운데 가장 유명하고 또 투메트의 지배자였던 알탄 칸(『명사』의 俺答)은 만곡부의 동북방 후흐호트 Köke Qota 혹은 귀화성歸化城에 근거를 두었다.21) 마지막으로 다얀의 막내아들인 게레센제 옷치긴Geresenje Otchigin은 할하부족들에 대한 지배권을 위임받았는데, 꾸랑에 의하면, 그들은 당시 할하 강, 부유르 노르, 케룰렌 하류를 근거지로 하고 있었다. 할하는 그곳에서부터 오이라트를 밀어내면서 서쪽으로 웁사 노르까지 확대해 나갔다.

오이라트를 홉도 지역까지 밀어낸 이 같은 정복은 투메트의 군주 알탄 칸이, 오르도스의 수령이자 자신의 종손인 쿠툭타이 세첸 홍타이지 Qutuqtai Sechen Qongtayiji의 지지를 받아 통합된 다얀계의 몽골인들을 직접 지휘함으로써 성취한 것이었다. 여러 차례의 전투에서 패배한 오이라트는 1552년 몽골 제국의 종주권의 상징이자 본거지인 카라코룸을 상

---

21. 귀화성에 있던 알탄의 '수도' 즉 성벽으로 둘러싸인 캠프는 그 당시 Bayishing이라는 이름으로 불렸다. Cf. Mostaert, "Ordosica", p. 37. [역자] bayishing은 학자들에 따라 '白城' 혹은 '白身'(즉 평민)의 음사로 보고 있으며, 후흐호트(歸化城)가 오늘날의 내몽골의 중심지 呼和浩特이다.

실하였다. 토르구트와 호쇼트 두 부족은 다얀 일족에게 패배하고 밀려나 우룽구 강과 카라 이르티쉬 강까지 쫓겨갔고 거기서 서쪽으로의 이동을 시작하였다.

알탄 칸의 치세는 1543년에서 1583년이지만, 그의 조부인 다얀의 치세중에 그는 전쟁터에서 이름을 날렸고 특히 명조와의 전투에서 그러하였다. 1529년 그는 산서성 북부의 대동 지방을 겁략하고, 1530년에는 감숙의 영하를 약탈한 뒤 북경 서북방의 선화를 공격하였다. 1542년에 그는 중국의 장군인 장세충張世忠을 살해하고 20만 명의 포로와 200만 두의 가축을 획득했다고 한다. 이렇게 거의 매년 대동이나 선화를 거쳐 중국 영토를 침입함으로써 그는 칭기스칸 일족의 오랜 전통을 부활시켰다. 1550년 그는 북경의 성문까지 진격하여 도시의 외곽을 불태우기도 하고, 귀환하면서 보정 지구를 겁략하였다.

그러나 이 활력에 찬 칭기스칸의 후예는 전쟁 이외의 다른 것을 생각하고 있었다. 1550년과 1574년 두 차례에 걸쳐 그는 중국인들이 변경 관소關所에 시장을 설치하여 몽골의 가축과 중국의 상품을 교환하도록 할 것을 요구하였다. 그가 중국을 약탈할 때 그의 종손인 오르도스의 수령 쿠툭타이 세첸 홍타이지(1540-1586)는 그를 적극적으로 지지하였고 자신이 직접 영하와 유림 사이의 변방을 습격하기도 하였다. 쿠툭타이의 원정은 그의 손자인 몽골의 역사가 사강 세첸에 의해 기록되었다.

다얀 제국의 분할 : 오르도스와 할하의 칸국들

이 몽골 국가들의 가장 큰 약점은 가족의 유산을 분배하는 관습에 있었다. 다얀의 제국은 비록 외국에 대한 정복전을 거의 수행하지 않았고 팽창의 범위가 몽골리아에 한정되어 있었지만, 그래도 칭기스칸 제국과 유사한 점이 있었다. 그 건국자가 사망한 뒤 여러 수령들, 즉 모든 형제와 사촌들은 차하르의 수령을 배출하는 분파의 지도자에 대해 최고의 권위를 인정하였는데, 그것은 마치 일종의 봉건적 가족국가와 같은 것이었다.

이 같은 분할은 칭기스칸 후예들의 역사에서 그동안 볼 수 있었던 어떠한 예보다도 더 철저한 분열을 초래하였다. 그 한 예가 오르도스 집단의 건설자이자 강력한 군주였던 군 빌릭투 메르겐 지농이다. 1550년 그가 죽자 그의 부족은 9명의 아들들에게 세밀하게 분할되었고,[22] 장자인 노얀다라Noyandara가 받은 것은 오늘날 왕Wang 부족에 해당되는 두르벤 코리야Dörben Qoriya의 '깃발'에 불과하였다.[23]

봉건적인 연대도 느슨해졌고 이와 동시에 최고의 칸이 배출되던 일파에 대해 마땅히 표시해야 했던 명목상의 복속도 약해졌다. 여기서 우리는 다시 칭기스칸의 뒤를 이은 바로 그 다음 후손들의 권위를 허물어뜨렸던 것과 똑같은 과정을 보게 된다. 13세기 중반부터 카라코룸에서 아주 멀리 떨어진 곳에 영지를 갖고 있던 왕공들은 독립적인 군주나 마찬가지였다. 루브룩은 킵착의 칸 바투가 명실상부하게 대칸 뭉케와 동등했다고 기록하였다. 그로부터 20년 뒤 대칸 쿠빌라이는 심지어 이밀 지역의 칸이었던 카이두의 복속을 받아내지도 못하였다.

똑같은 일이 다얀의 후손들에게도 벌어졌다. 할하의 왕공들이 오이라트를 홉도 지방으로 몰아내고 케룰렌과 항가이 산맥 사이의 광대한 영토를 차지하게 되자, 차하르 지방에서 아주 멀리 떨어져 있던 사람들은 실질적으로는 독립을 했다. 그러한 예가 할하의 왕족인 게레센제의 증손자 숄로이 우바시 홍타이지Sholoi Ubashi Qongtayiji였다. 그는 1609년경 과거 오이라트인들의 본거지였던 키르기스 노르Kirgis Nor와 웁사 노르 지방을 장악하고, 거기에서 오이라트를 카라 이르티쉬와 타르바가타이로 쫓아냈다(1620, 1623). 그는 알탄 칸Altan Qan(혹은 알튼 칸Altyn Qan)이라는 칭호를 취하고 그후 1690년까지 지속된 칸부部를 건설한 것이다. 그와 사촌이었던 또 다른 할하 왕공 라이코르 칸Laiqor Qan 역시 오이라트를 정복했었는데, 알탄 칸의 동쪽, 즉 울리아수타이의 서쪽에 자리잡았고,

---

22. 아홉 명의 아들은 Noyandara Jinong, Bayisangghur, Oyidarma, Nomtarni, Buyanggh Ulai, Banjara, Badma Sambhava, Amurdara, Oghlaqan이었다 (Mostaert, "Ordosica", p. 28).
23. *Ibid.*, p. 51.

그의 아들 수바티Subati는 자삭투 칸Jasaghtu Qan이라는 칭호를 취하고 자신의 칸부에 그 이름을 부여하였다.

세 번째 할하 왕공은 게레센제의 손자인 투맹켄Tümengken으로 그는 오르콘 강의 원류, 옹긴 강 상류와 셀렝게 강 지역에 사인 노얀Sayin Noyan 칸부를 건설하였다. 투맹켄의 형제인 아바타이Abatai는 투시예투 Tüsiyetü 칸부의 창시자가 되었는데 이것은 오르콘 강을 경계로 사인 노얀부와 나뉘었으며, 우르가Urga(울란바토르)로 알려진 툴라 강 계곡이 그 영역에 포함되었다.

가족적인 서열로 인해 사인 노얀 가문은 투시예투 칸부에 복속해야 했으며 1724년에 이르기까지 독립된 동등한 지위를 얻지 못했다. 마지막 으로 1724년 역시 숄로이라는 이름을 지닌 게레센제의 손자가 케룰렌에 근거를 두고 세첸 칸이라는 칭호를 취하고 할하의 다섯 번째 칸부를 형성 하였다.24)

이 다섯 칸부는 모두 게레센제의 후손들이었지만 항상 긴밀하게 연합 했던 것은 아니었다. 1662년 알탄 칸이었던 롭상Lobdzang(1658-1691년 경)은 이웃이던 자삭투 칸을 공격하여 그를 포로로 잡은 뒤 처형시켰다. 이로 인해 투시예투 칸은 다른 몽골의 왕공들과 연맹을 맺어 알탄 칸을 공격하여 도망치게 하였다. 알탄 칸은 외부의 도움에 힘입어(준가르 주도 하의 오이라트 및 북경의 조정) 잠시 세력을 회복하였으나, 1682년에 새 로운 자삭투 칸에게 급습을 받고 붙잡혀, 1691년에 그와 함께 그의 칸부 도 소멸되어버렸다. 할하에서 가장 서쪽에 위치한 칸부의 소멸은 뒤에서 보듯이 오이라트로 하여금 옛 원한을 갚고 알탄 칸의 영역, 즉 후일 홉도 라 불리게 된 지역을 다시 차지할 수 있게 하였다.25)

다얀 일족의 몽골 제국 혹은 칭기스칸 제국 가운데 일부 국한된 지역 에서의 재흥은 선조들과 마찬가지로 족내의 분규로 인해 쇠퇴했다. 100년 안에 차하르의 대칸은 오르도스의 칸들에 대해서조차 명목적인 종주권을 행사하는 위치로 전락하였고, 그것도 할하에 있던 네 명의 군주들과는 전

---

24. Courant, *L'Asie Centrale*, p. 27 이하(『東華錄』에 근거한 것).
25. *Ibid.*, p. 31(『東華錄』에 의거).

혀 무관하였다. 이렇게 해서 동몽골은 다얀 칸이 등장하기 전에 존재했던 것과 똑같이 다시 혼란스런 상황으로 되돌아가고 말았다.

동몽골의 라마교로의 개종

그 당시 동몽골인들은 황교黃敎라는 개혁 티베트 불교에 점차 더 강력한 영향을 받아가고 있었다. 그때까지 무속신앙자였거나 옛 티베트의 홍교紅敎 교리에 조금 물든 몽골인들은 불교의 영향에서 벗어나 있었다. 한때 원대 중국에 있던 그들의 선조들은 불교를 열렬하게 믿었지만, 중국에서 쫓겨난 뒤 상당한 정도의 지적인 빈곤화를 겪게 되었다. 그러나 15세기 초 티베트에서 총카파Tsong-kha-pa에 의해 창시된 황교는 그들이 장차 황교의 후원자가 될 것으로 보고 그들에 대한 도덕적인 정복을 목표로 삼았다.

오르도스는 1566년 라마교를 받아들임으로써 하나의 전범을 보였다.[26] 그들의 수령 가운데 하나였던 지농 쿠툭타이 세첸 홍타이지[27](우신Ushin 기旗 소속)는 그해 티베트 원정에서 돌아올 때 많은 라마승을 데리고 왔고 그들이 개종을 위한 일을 시작하였다. 쿠툭타이 세첸은 1576년 그의 종조였으며 당시 세력의 절정을 구가하던 투메트의 군주 알탄 칸을 개종시켰다.[28] 그리고 나서 오르도스와 투메트는 몽골인들 사이에 황교의 형태로 티베트 불교의 규범들을 재흥시킬 것을 합의하였다. 뒤에서 언급되겠지만 그들의 선조인 쿠빌라이와 라마승 팍바의 전례가 이러한 정책을 더욱 강력하게 추진케 하는 힘이 되었음은 분명하다.

---

26. 당시 오르도스에는 옹구트 시기의 네스토리우스교가 여전히 잔존했던 것으로 보인다. 이는 에르케구드Erkegüd 부족의 경우 분명한데, 그 이름은 칭기스칸의 몽골인들이 기독교도(erkegün)를 부르던 호칭이었다. Cf. Mostaert, "Ordosica".
27. 1540년에 출생하여 1586년에 사망하였다. 그는 역사가 사강 세첸의 증조부였다.
28. Cf. Mostaert의 "Ordosica"에 있는 'Notes sur le Khutuktai Setsen Khung Taidzi', p. 56.

알탄 칸과 쿠툭타이 세첸은 티베트에 있는 황교의 수장인 고위 라마 승 소남 갸초bSod-nams rgya-mts'o를 초청하기까지 하였다. 그들은 쿠쿠 노르 호반에서 성대하게 그를 맞이하였고 그와 함께 개최한 대회의에서 몽골교회의 성립이 공식적으로 선포되었다(1577). 알탄 칸은 자신이 쿠빌라이의 화신이며 소남 갸초는 팍바의 화신임을 상기시켰다. 알탄은 소남에게 달라이 라마Dalai Lama라는 칭호를 주었으며 그 후로부터 그의 후계자들은 이 칭호로 불리게 되었다. 이렇게 해서 황교는 다얀과 알탄에 의해 성취된 칭기스칸 일족의 부흥에 대해 신성한 권위를 부여하였고, 그 대신 새로이 강해진 몽골인들은 그 교회를 위해 헌신하게 되었다.

티베트를 향해 떠날 때 소남 갸초는 한 명의 '활불活佛' — 동쿠르 만주스리 쿠툭투Dongqur Manjusri Qutuqtu — 을 남겨두었고, 그는 후흐호트에 있는 알탄 칸의 처소와 가까운 곳에 자리를 잡았다. 알탄 칸이 죽은 뒤(1583)인 1585년 소남 갸초는 투메트로 돌아와 알탄 칸의 화장을 집전하였다.

차하르의 대칸인 투멘 자삭투Tümen Jasaghtu(1557-1593)도 개종하여 불교의 교리에 근거한 새로운 몽골법전을 반포하였다. 그의 두 번째 계승자인 대칸 릭단Lighdan(1604-1634) 역시 사원을 짓고 불경을 집찬集撰한 티베트어로 된 간주르Kanjur를 몽골어로 번역하도록 하였다. 할하의 주민들은 빠르게는 1558년경부터 이 종교를 받아들이기 시작했고, 1602년에는 또 다른 '활불'인 마이트레야 쿠툭투Maitreya Qutuqtu가 우르가 지방에 자리를 잡고 그의 전생轉生들이 1920년에 이르기까지 차례로 계승하였다.29)

백성들과 함께 티베트 불교로 개종할 때 알탄과 다른 다얀의 일족들은 그들이 쿠빌라이의 전철을 따른다고 믿었다. 그러나 쿠빌라이가 개종했을 때에는 몽골의 중국 정복이 거의 완료된 상태였다. 비록 알탄 칸이 여러 차례 장성을 넘고 북경의 교외를 불태우기도 했지만 그 이상은 아니었

---

29. G. Huth, *Geschichte des Buddhismus in der Mongolei*, II, p. 200, p. 221, p. 326 ; G. Schulemann, *Geschichte des Dalailamas*(Heidelberg, 1911), p. 110 이하, p. 121 이하 ; Courant, *L'Asie Centrale*, p. 13.

고, 몽골의 정복전은 처음부터 다시 시작해야 할 형편이었다.

그렇지만 팽배해가는 라마교는 즉시 동몽골인들을 약화시키는 효과를 발휘하기 시작하였다. 오르도스와 투메트, 그리고 차하르와 할하, 특히 앞의 부족들은 티베트적인 승단주의의 영향을 받으면서 매서운 성격을 잃어갔다. 이미 당대唐代의 가공할 티베트인들을 총카파와 같은 꿈을 꾸거나 기적을 행하는 사람으로 바꾸어놓은 이 불교 사원은 근대의 몽골인들을 그보다 더 비참하게 만들었다. 왜냐하면 하등의 철학적인 기질을 지니지 못했던 그들이 이 새로운 종교로부터 얻을 수 있었던 것은 완고함과 승단주의 이외에 아무것도 없었기 때문이다.

15세기 말 칭기스칸의 서사시를 되풀이하기 시작했던 그들은 갑작스럽게 멈추어서고 종교적인 무력함에 빠져서, 토지에서 나는 맛난 것으로 그들의 라마승들을 부양하는 것 외에는 아무것에도 관심이 없었다. 오르도스의 왕족인 사강 세첸이 기록한 그들의 역사는 그들이 세계의 정복자와 그의 영광을 잊어버리고 오로지 영혼의 정복만을 꿈꾸고 있었음을 보여준다.[30]

이러한 정도의 영적인 발전과 신성함에 도달한 동몽골인들은 이제 칼묵이든 만주든 그들의 정복에 순순히 복속할 상태에 있었고, 꾸랑이 지적했듯이 그 둘 중에서 누가 그들을 복속시키느냐 하는 문제만 남아 있었다.

만주인들의 중국 정복

이미 살펴보았듯이 퉁구스인들은 동북아시아의 매우 넓은 지역을 차지하고 있다. 즉 만주(만주족Manchu, 다구르족Daghur, 솔론족Solon, 마네기르족Manegir, 비라르족Birar, 골디족Goldi 등의 집단), 러시아의 연

---

30. 오르도스의 Ushin 기에 속한 왕족(칭기스칸과 다얀의 후손) 사강 세첸은 오르도스부의 종가(왕기)의 수령인 Erinchin Jinong으로부터 Erke Sechen Qongtayiji 라는 칭호를 받았다. 그는 1662년 동몽골의 역사를 완성했고, 그의 사망연도는 알려져 있지 않다.

해주 지방(오로츠족Oroch), 예니세이 중류의 동안 및 시베리아의 두 개의 퉁구스카Tunguska 강의 계곡(예니세이족과 차포기르족), 레나 강과 실카 강 사이의 비팀Vitim 지역(오로촌족Orochon), 오호츠카 해 연안지역과 아무르 강에서 캄차카 인근지역(킬레족Kile, 사마기르족Samagir, 올차족 Olcha, 네그다족Negda, 랄레기르족Lalegir, 잉카기르족Inkagir, 라무트족 Lamut, 우추르족Uchur 등)이 그러하다. 오랫동안 믿어져왔던 것과는 반대로 이들 민족은 극동의 고대사에 아무런 역할도 하지 못했으며 12세기에 이르는 중세 전반기에도 마찬가지였다.

다만 그들 부족 가운데 하나가 7세기 말에 건설한 발해渤海 왕국은 예외였다. 이 왕국은 926년까지 지속되었으며 만주 전역과 한국韓國의 아주 북방을 포함하였다. 그때에도 말갈靺鞨계 퉁구스인들을 개화시킨 한국인 이주자들이 부분적으로 발해를 구성하는 데 기여하였다. 후르카Hurka (牧丹) 강변에 위치한 닝구타Ninguta(Ningan)의 남쪽에 위치한 홀한성忽汗城 ― 숭가리Sungari 강의 지류 ― 을 수도로 한 이 나라는 퉁구스 종족들로서는 처음으로 문명화된 정치적 실체라고 할 수 있다. 앞에서도 지적했듯이 이는 926년 몽골족에 속하는 거란의 정복자 아보기에 의해 파괴되었다.

퉁구스가 역사의 본류에 처음으로 들어오는 것은 여진족부터이다. 이들은 후일 만주국의 동북방을 넘어서 심지어 러시아의 연해주까지 미치는 산간 삼림지대의 우수리 강 계곡에 자리잡았던 부족이었다. 12세기 초에 이 여진족은 완안부에 속하는 아골타(1113-1123)라는 강력한 수령의 지휘 아래 만주, 차하르, 북중국에 있던 거란의 영역을 정복하고(1122) 송 제국으로부터 양자강 이북의 중국 대부분 지역을 빼앗아(1126) 최초의 퉁구스인 제국을 건설하였다.

금 제국은 북경을 그 수도들 가운데 하나로 두었고 1122년부터 칭기스칸 가문의 몽골족에 의해 최종적으로 붕괴된 1234년까지 존속하였다. 중국의 편년사들은 최후의 여진인들이 칭기스칸 및 그의 아들 우구데이와 한 치의 땅을 두고 벌어진 싸움에서 보여준 용맹함과 그렇게 함으로써 거의 25년 동안 붕괴를 저지했던 사실을 기록하였고, 몽골의 장군들이 그

같은 절망적인 영웅심과 충성심에 대해 자주 경탄을 금치 못했음을 적고 있다.31)

원조가 붕괴된 직후, 즉 명조 초기에 후일 만주로 불리게 된 여진족은 숭가리 강과 동해 사이에 거주하면서 어느 정도 중국의 종주권을 인정하고 있었다. 11세기 그들의 선조들처럼 그들은 문화의 본류에서 단절되어 수렵과 어로로써 생계를 유지하던 삼림의 씨족집단이었다.32)

1599년 누르하치Nurhachi라는 강력한 수령이 7개의 여진 '아이만 ayman', 즉 부족들을 하나의 왕국으로 재통합하고 1606년 역사적인 만주인의 국가를 건설하였다. 이 왕족의 최초의 본거지는 숭가리 강의 지류인 후르카 강의 원류에 후일 닝구타라는 도시 근처의 오돌리Odoli에 있었다. 그러나 그 전에도 누르하치는 훨씬 남쪽에 위치한 장춘 ― 심양의 동북방 ― 에 그의 4대 조상들의 무덤이 있는 곳에 자리잡은 적이 있었다.

그때까지 만주 부족들은 고대 여진문자를 사용했는데, 이는 12세기 금대에 만들어진 것으로 중국의 한자에서 빌려온 것이었다. 이 한자식 여진문자는 퉁구스어의 음운을 표현하기에는 부적절하였기 때문에, 1599년경 누르하치 휘하의 만주인들은 고대 위구르문자에서 기원한 몽골문자를 약간 수정하여 사용하기 시작했다.

누르하치는 명조가 만력제萬曆帝의 치세(1573-1620)에 퇴락의 상태에 빠져들어갔음을 깨닫고 1626년 스스로 황제를 칭하였다. 1621-1622년 그는 심양(묵덴Mukden이라고도 불림)이라는 변방 거점을 장악하고 1625년에는 그곳을 수도로 삼았다. 1622년 그는 요양을 점령하고 1624년에는 홍안령 동부와 숭가리 강의 만곡부 서쪽에서 유목하던 호르친부 몽골인의 복속을 받아냈다. 그가 사망할 때(1626년 9월 30일) 만주는 군사적 조직이 훌륭하게 갖춰진 왕국이 되어 있었다.

누르하치의 아들이자 계승자인 홍타이지Qongtayiji(1626-1643)33)는

---

31. Mailla, IX, pp. 133-156.
32. 만주족의 옛 씨족에 대해서는 E. Haenisch, "Beiträge zur alt-mandschurischen Geschlechterkunde", *FFH*, pp. 171-184 참조.
33. [역자] 원문에는 그의 이름이 Abakhai라고 되어 있다. 과거 서구학자들은 별다른

부친의 과업을 이어나갔다. 만주인들이 내적인 단결을 강화하는 동안 몽골인들은 자신들의 결속 — 그래도 뭔가 남아 있는 것이 있었다면 — 을 파괴하고 있었다. 차하르의 칸인 릭단 또는 링단Lingdan(1604-1634)은 동몽골 전체의 대칸의 칭호를 갖고 다른 부족들에 대해 자신의 종주권을 행사하기 위한 헛된 노력을 하고 있었다. 오르도스와 투메트가 그의 주도권에 대해 반란을 일으켰다. 오르도스의 수령인 에린친 지농Erinchin Jinong은 하라친과 아바 가 부족들의 도움을 받아 1627년 그를 패배시켰다.

오르도스와 투메트는 자기 종족의 지도자라고 할 수 있는 차하르의 칸에게 복속하느니 만주의 군주인 홍타이지에게 충성을 바치기로 하였다. 만주인들은 릭단을 공격하여 그를 티베트로 쫓아버리고 그는 그곳에서 1634년에 사망하였다. 이렇게 되자 차하르도 홍타이지에게 복속하게 되었고, 그는 릭단의 일족을 그들의 수령으로 남겨두었다. 릭단의 큰아들 에르케 홍고르Erke Qonghor는 1635년 홍타이지의 신하임을 인정하였고, 같은 해 홍타이지는 오르도스의 수령인 지농 에린친의 복속을 받아내었다.

1649년 오르도스는 6개의 기旗(*qoshun*)[34]로 재편성되었고, 그 각각은 칭기스칸 가문의 지농 군 빌릭투 메르겐의 후손들인 왕공(jasaq)의 지휘 하에 두어졌다.[35] 이렇게 해서 내몽골 전체가 만주 제국의 울타리 안에 들어가게 된 것이다. 그 후 차하르, 투메트, 오르도스의 칸들은 신종臣從의 연대와 봉건적인 동맹서약을 통해 만주 왕조와 결합했고 이는 1912년 왕조가 무너질 때까지 지속되었다.

엄밀히 말해 명조는 만주인의 공격에 굴복한 것이라기보다는 자살을 행한 셈이었다. 명의 숭정제崇禎帝(1628-1644)는 학자였을 뿐 그 이상 아무것도 아니었다. 대담한 모험꾼이었던 이자성李自成은 하남과 산서의 지배자였는데(1640년 이후) 결국 1644년 4월 3일 북경을 손 안에 넣었고

근거도 없이 누르하치의 아들을 Abakhai라는 이름으로 표기했었다.
34. [역자] 원문에는 gushu라고 표기되어 있는데, 당시 '旗'를 나타내는 몽골어는 qoshighun·qoshun이었고, 만주어로는 gusa였다.
35. Mostaert, "Ordosica", p. 26, p. 39.

비운의 숭정제는 그에게 붙잡히지 않기 위해 스스로 목을 매고 말았다.

명 제국에 충성하던 군대의 마지막 하나는 산해관山海關 지역에서 만주족과 싸우던 부대였다. 이 군대의 지휘관인 오삼계吳三桂는 무엇보다도 이자성을 응징하려는 마음에 만주인들과 합의해 그들 군대의 지원을 받아 북경으로 내려왔다. 영평永平의 문턱에서 승리를 거둔 뒤 그는 찬탈자를 북경에서 몰아냈다. 그리고 그는 만주의 지원군에게 감사의 표시를 한 뒤 정중하게 물러가줄 것을 요청하였다.

그러나 일단 북경에 들어온 만주인들은 주인으로 행세하기 시작하였다. 그들의 군주인 홍타이지는 1643년 9월 21일 사망했고 여섯 살짜리 그의 아들을 중국의 순치제順治帝(世祖, 1644-1661)로 선포하였다. 그들에게 속아넘어갔다가 이제는 동조자가 될 수밖에 없어진 오삼계는 처음에 섬서陝西 지방에 봉읍을 받았다가 뒤에 더 먼 사천과 운남에 영지를 받았다. 당시 만주인의 침략을 막아낼 수 있었던 중국의 유일한 군사지도자 이자성을 제거한 것이 우연히도 바로 그였던 것이다.

이렇게 해서 만주인들은 정복이라기보다는 속임수에 의해서 북중국의 주인이 되었다. 남중국을 복속시키는 데에는 더 긴 시간이 걸렸지만, 그러나 칭기스칸의 몽골인들이 남송으로부터 받았던 것에 비견될 만한, 거의 반세기에 가까웠던(1234-1279) 강력한 저항은 결코 없었다. 명조의 한 왕족이 남경에서 황제임을 선포했지만, 만주족이 그 도시를 함락시키자 그는 물에 투신하고 말았다(1645).

또 다른 세 명의 명조의 왕족들은 더 남쪽에서 항전을 준비하였다. 노왕魯王은 절강의 항주에서, 당왕은 복건의 복주에서, 그리고 계왕桂王은 광동 지방에서 항전하였으나, 그들 사이에 벌어진 반목은 침략자를 돕는 결과를 낳았다. 1646년 만주족은 노왕과 당왕을 압도하고 절강과 복건을 점령하였다. 광서의 계림에 근거를 둔 계왕(혹은 영력제 혹은 영명왕)과 대부분 기독교도였던 그의 추종자들은 비교적 잘 싸웠다. 역시 기독교도였던 그의 용감한 장군 구식瞿式은 계림에 대한 만주군의 최초의 공격(1647-1648)을 막아냈다. 그러나 중국인 동조자들의 도움을 받은 만주군은 복명復明을 위해 헌신한 소수의 군대를 쓸어버리고 광동을 장악했으며,

명조의 마지막 지배자들은 운남으로 도망가버렸다(1651).

이제 중국 전역의 주인이 된 만주족은 그 전의 몽골족처럼, 아니 그보다 더 철저하게 중국적인 환경에 적응하였다. 그들의 지도자들 — 순치제(1643-1661), 순치가 죽은 뒤 그의 어린 아들 강희 대신 통치했던 섭정왕들(1661-1669), 오랜 치세를 구가했던 강희제康熙帝(聖祖, 1669-1722), 그의 아들인 옹정제雍正帝(世宗, 1723-1735)와 옹정의 아들 건륭제乾隆帝(高宗, 1736-1796) — 은 모두 중국적인 전통에 아주 충실하게 천자로서 행동하였다. 그들이 이러한 역할을 쿠빌라이와 그의 손자들보다 훨씬 더 잘 수행했음은 두말할 나위도 없다.

13-14세기 중국을 지배했던 칭기스칸 일족의 황제들은 천자가 된 뒤에도 언제나 몽골의 대칸으로 남아 있었고, 지나간 19개의 왕조들의 유산을 받아들였으면서도 그들은 차가다이와 훌레구와 조치의 가문이 지배하고 있던 투르키스탄과 페르시아와 러시아의 다른 칸국들의 주군이면서 동시에 칭기스칸의 후예로 남아 있었다.

반면에 만주인들은, 당시 그들이 소유하고 있던 모두 삼림이거나 약간의 화전만이 있었던 자기들의 고향 만주를 제외한다면, 중원 제국이 유일한 관심거리였다. 그들이 쿠빌라이 가문에 비해 정신적인 고유성을 훨씬 덜 가졌고 보다 철저하게 중국화된 까닭도 거기에 있었다. 실제로 그들은 쿠빌라이 가문처럼 결코 중국에서 쫓겨나지 않고 동화되어버렸던 것이다. 그들은 종족적인 순수성을 보존하기 위한 칙령을 내렸지만 1912년 그 왕조가 무너졌을 때 이미 과거 만주인 정복자들은 다수의 중국인 속에 빠져 흡수된 지 오래였다. 이는 중국 본토에서뿐만 아니라 만주에서도 그러했으며, 하북이나 산서에서 온 이주자들에 의해 퉁구스적인 요소들은 철저하게 동화되고 제거되어, 민족분포를 나타내는 지도는 그곳이 완전히 중국인의 땅임을 나타내게 되었다.

퉁구스인들의 영역은 아무르 강에서나 비로소 시작되었다. 이러한 침투의 결과 만주의 삼림은 심양에서 하얼빈으로, 다시 하얼빈에서 흑룡강으로 이주해간 한인들에 의해 개간되어 쌀이나 콩을 심는 농장으로 변모해버렸다.

17세기의 서몽골

동몽골, 보다 정확하게 말하면 내몽골인들은 만주 왕조가 북경을 장악하기 9년 전인 1635년 그들을 지원해줌으로써 만주족의 승리에 기여했다. 그러나 만주족의 주도권이 확립된 뒤 일부 몽골인들의 생각이 달라졌다. 1675년 쿠빌라이 가문의 종가에 해당되는 차하르의 칸 부르니Burni는 이웃 투메트를 비롯한 동몽골인들을 부추겨 강희제에 대하여 대대적인 반란을 일으키도록 했는데 이미 때는 늦었다. 부르니는 패배하고 황제의 군대에 포로로 붙잡혔다. 이것은 내몽골에서 최후의 반발이었고 그때부터 그곳의 '팔기八旗'들은 양순한 신하가 되었다.

그러나 만주인의 중원 제국에 대한 진정한 위협은 다른 곳에 있었다. 그것은 이제 형편없이 쇠퇴해버려 두려움의 대상이 아닌 동몽골이 아니라, 그 쇠퇴에 도움을 받아 칭기스칸의 제국을 다시 부흥시키려고 시도한 서부에 있었다.

서몽골 혹은 오이라트 연맹체 ― 그들 자신은 그렇게 불렀지만 투르크인들은 칼묵이라고 불렀다[36] ― 가 15세기에 했던 중요한 역할에 대해서는 이미 주의를 환기시킨 바 있다.

1434년부터 1552년까지 몽골리아 전역을 지배했던 그들은 투메트의 수령 알탄 칸이 주도하는 동몽골에게 패배하여 홉도 지역으로 밀려났었다. 그들은 거기서도 할하의 왕공들 가운데 하나였던 알탄 칸에 의해 쫓겨나 더 서쪽의 타르바가타이로 물러났었다. 더구나 1455년 그들의 칸이었던 에센 타이시가 사망한 뒤로 오이라트 연맹체는 와해되어버렸다. 그렇게 오랫동안 서몽골 칸국을 형성했던 4부 연맹체의 주민들은 각자 독립을 획득하였다.

뒤에서 그 역사가 설명될 이 4부 주민들에는 건륭제의 증언에 따르면 초로스, 두르베트, 토르구트, 호쇼트가 있었고 여기에 두르베트의 속부屬部인 호이트Qoyit가 첨가되었다.[37] 초로스, 두르베트, 토르구트, 호쇼트는 비

---

36. 이 말의 기원에 대해서는 Barthold, "Kalmucks", *EI*, p. 743 참조.
37. Courant, *L'Asie Centrale*, p. 6.

록 정치적으로는 분리되어 있었지만 '4부 연맹체'라는 일반적인 호칭으로 불렸다. 그들은 또한 '좌익의 주민들', 즉 '왼팔'이라는 의미의 '준가르'(Jungar←*jegün ghar*)라고도 불렸으며, 서양의 'Zungar'라는 말도 여기서 나온 것이다.

이 명칭은 건륭제의 증언으로 밝혀졌듯이 원래 4부족을 가리키는 것이었지만, 후에는 그 중심부족인 초로스로 한정되었다.[38] 더구나 초로스와 두르베트와 호이트의 수령들은 동일한 가족에 속했다는 사실도 알려지고 있다. 토르구트 — 몽골어로 '호위, 위병'을 뜻하는 *torghaq*(복수형은 *torgha'ut*)에서 나온 말 — 는 지금도 고대 케레이트 군주들의 후손이라고 자부하고 있는 왕가에 충성을 바치고 있다.[39]

마지막으로 호쇼트의 지배가문은 칭기스칸의 동생인 카사르의 후손이라고 주장하였다. 주도권을 갖고 있던 부족은 초로스였는데 울루트Ölöt라고도 불렸다. 서구의 작가들이 사용하는 'Eleuth'라는 명칭은 거기서 나온 것으로, 간혹 잘못된 어원으로 해석하여 4부 오이라트 전체에 대한 비하적인 명칭으로 사용되기도 하였다.[40]

이 당시 서몽골은 정치적인 불안정(이에 관해서는 뒤에서 설명할 것이다)뿐만 아니라 새로운 지적인 활동도 보여주고 있었다. 자야 반디타 Zaya Pandita가 몽골어의 발음을 보다 정확하게 표기하기 위해 모음표시를 첨가함으로써 7개의 새로운 문자를 만들어 고대 위구르식 몽골문자를 완벽하게 만든 것도 1648년경의 일이었다.[41]

---

38. Cf. Pelliot, *JA*, II(1914), p. 187은 Courant의 글에 보이는 혼선에 대해서 지적하고 있다.
39. Pelliot, "Notes sur le Turkestan", *TP*(1930), p. 30.
40. Cf. Pelliot, *JA*, II(1914), p. 187 ; J. Deny, "Langues mongoles", *Les langues du monde*, p. 223. Courant은 가끔 Ölöt를 Khoshot가 아니라 Choros와 동일시하고 있다.
41. Deny, "Langues mongoles", p. 231.

서몽골에서의 주민이동 : 칼묵의 이주

17세기 초 할하의 알탄 칸이 4부 오이라트에 대해 가한 압력은 그들을 차례로 밀어냄으로써 주민의 광범위한 이동을 초래하게 되었다. 알탄 칸이 초로스를 홉도 지역에서 예니세이 상류로 밀어내자, 그로 인해 토르구트는 더 서쪽으로 이동할 수밖에 없었다. 토르구트의 수령 코 우를룩Qo Ürlük이 준가리아를 버리고(1616) 카자흐 초원을 거쳐 아랄 해와 카스피 해 북방을 향한 서진의 길에 나선 것도 이때였다. 카자흐 소부는 그를 엠바 강 서안에서 저지하려고 했고, 노가이 부족은 아스트라한 근처에서 그러했다. 그러나 그는 이들을 모두 패배시켰다. 그의 영향권은 북으로 토볼 강 상류까지 미쳤고, 시비르의 마지막 샤이반계 칸인 이심 칸(퀴춤의 아들)에게 자신의 딸을 주었다(1620). 1603년 그의 부민들은 남쪽으로 아랍 무함마드‘Arab Muhammad 1세(1602-1623)와 이스펜디야르Isfendiyar (1623-1643)가 군주로 있던 히바 칸국을 약탈하였다. 토르구트는 1632년부터는 서남쪽을 향해 볼가 강 하류지역에 자리잡기 시작하였다. 1639년 코 우를룩은 카스피 해 동쪽 망기쉴락 반도의 산간지역에 있던 투르크멘들을 복속시켜 이 지역은 그 뒤 그 일족의 지배 하에 들어가게 되었다. 1643년 그는 약 5만장萬帳에 달하는 휘하의 부민들을 아스트라한 근처로 이주시켰으나 그곳의 토착민들과 벌인 전투에서 사망하였다.42)

이러한 불행에도 불구하고 토르구트는 카스피 해 북방, 즉 볼가 강 하구부터 망기쉴락 반도에 이르는 초원을 장악하였고, 그곳을 근거로 하자라습·카트·우르겐치 등 히바 칸국에 속하는 도시들을 약탈하였다. 코 우를룩의 손자인 푼축 몬착 칸Puntsuk Monchak Qan(1667-1670)43)의 치세에 세 개의 투르크멘 부족들을 망기쉴락에서 코카서스 쪽으로 추방시켜버렸다.44) 반면 토르구트는 러시아측과 우호관계를 맺을 수 있었고 한 차례

---

42. Courant, *L'Asie Centrale*, p. 40.
43. [역자] P. Pelliot의 *Notes critiques d'histoire Kalmouke*(Paris, 1960)의 「系譜表」 에는 코 우를룩의 손자로 Püngsük이라는 인물이 있다.
44. Barthold, "Mangishlak", *EI*, p. 259.

이상 그 종주권을 인정하기도 하였다(1656, 1662).

푼축의 아들인 아유키 칸Ayuki Qan(1670-1724)[45]은 이러한 정책을 더욱 강화하였다. 1673년 2월 26일 그는 아스트라한 총독을 만나 자신이 짜르의 신하임을 인정하였고 성대한 환영연까지 받았다. 토르구트는 불교도였기 때문에 러시아는 당시 크리미아의 무슬림 칸국과 역시 무슬림이었던 우랄 지방의 바쉬키르족과 쿠반 지역의 노가이족에 대항하기 위한 정책으로 그들을 이용하였던 것이다. 대국적으로 볼 때 사태의 진상은 그러했다. 그러나 러시아와 칼묵 사이에 분쟁도 일어났으니, 예를 들어 1682년 인질들을 인도하라는 요구에 격분한 아유키가 반란을 일으키고 카잔에 대한 약탈전까지 벌였던 일이 있었다. 그 뒤 그는 다시 짜르에게 신속하였다. 1693년 그는 러시아인들을 위해 바쉬키르에 대하여, 그 뒤 노가이에 대하여 성공적인 원정을 감행하였다. 1722년 표트르 대제는 그의 공로를 인정하여 예우를 갖추어 그를 사라토프에서 접견하였다.[46]

전반적으로 토르구트 칸국은 러시아의 보호 아래서 번영을 누렸다. 그 영역은 우랄 강에서 돈 강까지, 차리친Tsaritsyn에서 코카서스까지 미쳤다. 그러나 1770년 러시아 관리의 우매함이 우바시 칸Ubashi Qan으로 하여금 자기 부민들을 중앙아시아로 철수하게 하였다. 토르구트의 대라마는 출발일자를 1771년 1월 5일로 정하였다. 7만 가구 이상이 이 대탈주의 대열에 참가하였다. 토르구트인들은 우랄 강을 건너 수많은 고난과 위험을 극복하고 투르가이에 도달하였다. 그곳에서 그들은 누르 알리 칸Nur 'Ali Qan이 지배하는 카자흐 소부의 공격을 받고 그 뒤 다시 아블라이Ablai가 지휘하던 중부에게 약탈을 당했다. 발하쉬 호에 도착한 이 불행한 이주자들은 또다시 키르기즈(혹은 부루트Burut)인들에 의한 공격에 직면했다. 생존자들은 최종적으로 일리 계곡에 도착해 그곳에서 중국 당국에 의해 식량을 보급받고 정착했다.[47]

---

45. [역자] 원문에는 Ayuka로 되어 있으나 Ayuki(鄂岳奇)가 정확하다.
46. Courant, *L'Asie Centrale*, pp. 44-45.
47. *Ibid.*, pp. 134-136.

차이담과 쿠쿠 노르의 호쇼트 칸국 : 티베트 교회의 보호자

토르구트가 아랄·카스피 해 초원에서 자신들을 위한 제국을 만들려고 떠났을 때, 또 다른 오이라트인들은 티베트로 눈을 돌렸다. 17세기 초 할하의 압력이 4부 오이라트를 서쪽으로 밀어낸 결과 호쇼트는 자이산 호와 이르티쉬 강 유역 — 오늘날 세미팔라틴스크 지역 — 과 야미셰브스크Yamishevsk 혹은 페샤나야Peschanaia에 이르는 지역에서 유목하게 되었다.

1620년 그들의 수령 바이바가스 바아투르Bayibaghas Ba'atur[48]는 황교파 티베트 라마교로 개종하였는데, 그의 종교적 열정은 대단하여 그의 제의로 세 명의 다른 칼묵 왕족들 — 초로스의 수령 카라 쿨라Qara Qula, 두르베트의 수령 달라이 타이시Dalai Tayishi, 토르구트의 수령 코우를룩 — 이 각자 티베트에서 라마교를 공부하기 위해 아들을 하나씩 보낼 정도였다.

바이바가스는 그의 두 아들에 의해 계승되었는데, 자이산 지역을 지배한 오치르투 세첸Ochirtu Sechen과 세미팔라틴스크의 이르티쉬 유역을 지배한 아블라이 타이시Ablai Tayishi였다. 그들 역시 아버지 못지않게 종교적으로 독실하여 이르티쉬 서쪽에, 세미팔라틴스크와 타라 사이에 라마교 사원을 건설하였다.

1636년 바이바가스의 형제인 구시 칸Güshi Qan은 쿠쿠 노르 근처로 이주하여 이 호수와 차이담 지역에 자신의 영역을 확보하였다. 그는 캄도Qamdo 혹은 동부 티베트를 수중에 넣고 그곳을 자신의 세속적인 지배와 황교의 종교적인 권위에 복속시켰다. 구시 칸 역시 다른 호쇼트 왕공들과 마찬가지로 매우 열렬한 라마교 신자였기 때문이다.

그 당시 황교는 심각한 위험에 직면해 있었다. 짱Tsang 지방의 데시 de-srid[49]였던 한 티베트 왕족이 옛 홍교의 보호자로서 라사Lhasa를 점령하였다(1630년에서 1636년 사이의 일). 황교의 수장이었던 달라이 라마

---

48. [역자] 원문에는 Boibeghus로 되어 있는데 정확한 음사가 아니다.
49. [역자] 일종의 '大臣'.

가방 롭장Nag-dbang bLo-bzang이 구시 칸에게 호소하자 그는 즉시 '신성동맹'을 맺어 황교의 보호에 나섰다. 이 동맹에는 다른 모든 칼묵의 왕공들이 참여하였다. 즉 자이산과 세미팔라틴스크에 있던 그의 조카 오치르투 세첸과 아블라이 타이시, 우룽구와 카라 이르티쉬와 타르바가타이의 이밀 강 유역을 지배하던 초로스의 수장 바아투르 홍타이지Ba'atur Qong-tayiji, 당시 아랄 해와 카스피 해 북방의 초원을 정복하고 있던 토르구트의 수령 코 우를룩 등이 그들이었다.

그러나 성전을 감행한 장본인은 구시 칸과 그의 형제 쿤둘렝 우바시 Kündüleng Ubashi였다. 그는 1차 원정(1639년경?)에서 티베트로 들어가서, 홍교의 추종자들이든 아니면 고대 본포Bon-po 무속신앙을 따르는 무리든, 달라이 라마의 적들이라면 모두 패배시켰다. 2차 원정에서 그는 짱 지방의 데시를 투옥하고(1642년경?) 라사를 점령했으며 달라이 라마인 가방 롭장을 중부 티베트(Dbus와 Tsang)의 군주로 선포하였다. 호쇼트 왕공이 그에게 부여한 세속적 통치권의 표현으로, 롭장은 티베트의 고대 군왕들의 궁전이 있던 자리에 자신의 거처를 건설했으니 그것이 라사의 포탈라Potala 궁이다(1643-1645). 그 대신 이미 쿠쿠 노르와 차이담과 북부 티베트의 영주였던 구시 칸은 교회의 수장에 의해 라사에서도 황교의 보호자이자 동시에 세속의 대주교로 인정받게 되었다. 1656년 그는 사망할 당시 북경 조정에서도 그렇게 불렀듯이 사실상 '티베트인들의 칸'이었다.[50]

쿠쿠 노르와 차이담, 그리고 티베트의 보호령으로 이루어진 호쇼트의 영역은 구시 칸의 죽음과 함께 그의 아들인 다얀 칸Dayan Qan(1656-1670)에게 넘어갔고, 이어 손자인 달라이 칸Dalai Qan(1670-1700)에게로 계승되었다. 달라이 칸의 아들인 라창 칸Latsang Qan(1700-1717) 역시 황교의 적극적인 보호자여서, 자신의 임무를 중대하게 여겨 '활불'들을 선출하기 위한 회의를 소집하였다. 그는 바로 그러한 방식으로 티베트에 개

---

50. Huth, *Geschichte des Buddhismus*, II, p. 248, p. 265(Jigs-med-nam-mka 의 기록에 의한 것임) ; Courant, *L'Asie Centrale*, pp. 23-25(『東華錄』에 의 거) ; Schulemann, *Geschichte des Dalailamas*, p. 133 ; W. Rockhill, "The Dalai-Lamas of Lhasa", *TP*(1910), p. 7.

입하여 어린 달라이 라마의 이름으로 황교의 실질적인 영수노릇을 하던 막강한 대신 샹게 갸초Sangs-rgyas rgya-msho의 지위에 대항하였다.

1705-1706년 라창 칸은 라사에 입성하여 이 미덥지 못한 대신을 처형시킨 뒤, 잘못 선출된 어린 달라이 라마를 폐위시키고 보다 정통성을 가진 사람으로 대치하였다(1708-1710). 구시 칸에서 라창 칸에 이르기까지 쿠쿠 노르와 차이담을 장악한 호쇼트의 지배자들이 티베트 교회와 유지했던 관계는 마치 피핀Pepin과 샤를마뉴Charlemagne가 교황측과 가졌던 것과 비슷하였다.

그러나 황교가 중앙아시아와 극동의 정치판도에서 발휘했던 영향력이 엄청났기 때문에 이같이 높은 지위는 질투를 불러일으킬 수밖에 없었다. 칼묵의 또 다른 부족, 즉 초로스 역시 준가리아에서 핵심적인 자리를 장악하려고 하였다. 1717년 6월 초로스의 수령인 체렝 돈돕Tsereng Dondob은 티베트를 향해 진군했고, 라창 칸은 석 달 동안 초로스를 텡그리 노르Tengri Nor(Nam Tso)의 북방에 묶어둘 수 있었다. 그러나 곧 수적인 열세로 라사로 퇴각했고, 거기서 12월 2일 그 도시를 점령한 체렝 돈돕에 의해 쫓겨나고 말았다. 끝까지 포탈라를 수비하던 라창은 도망치다가 죽임을 당했다.51)

이렇게 해서 호쇼트의 티베트 지배는 끝나고 말았다. 그러나 구시 칸이 이르티쉬에서 데리고 온 호쇼트인들은 아직도 차이담 지역 인구의 주요부분을 이루고 있고, 이 종족에 속하는 다른 세 집단도 쿠쿠 노르의 서부와 동북부, 그리고 이 호수의 동남쪽에 있는 속파Sokpa 지방의 루창Lutsang과 라키아시Lakiashih(Aru-rarja)에 잔존해 있다.

자이산 호 근처의 이르티쉬 강 유역에 남아 있던 호쇼트는 오치르투 세첸과 아블라이의 지배 하에 있었는데 이 두 사람 사이에 분쟁이 벌어졌다. 아블라이가 패배하여 이주하면서 우랄과 볼가 사이에 있는 초원의 영

---

51. Cf. Huth, *Geschichte des Buddhismus*, II, p. 269 ; Schulemann, *Geschchte des Dalailamas*, pp. 161-170 ; Rockhill, "The Dalai-Lamas of Lhasa", *TP* (1910), p. 20 ; Courant, *L'Asie Centrale*, p. 10. 이에 관한 생생한 묘사가 Mailla, XI, p. 216에 나와 있다.

유권을 두고 토르구트와 싸워 그들의 수령인 푼축 몬착을 생포하였다
(1670년경). 그러나 토르구트 역시 즉시 보복을 가해 아블라이를 포로로
잡고 그의 부민들을 궤산시켰다. 자이산 호에 남아 있던 오치르투 세첸도
초로스의 수령인 갈단의 공격을 받아 1677년에 사망하고, 그 부족의 일부
는 갈단의 지배 하에 들어갔고 나머지는 차이담과 쿠쿠 노르에 정착한 호
쇼트인들과 합류하였다.[52]

초로스 지배 하의 준가르 왕국 : 바아투르 홍타이지의 치세

토르구트나 호쇼트와 마찬가지로 오이라트 부족 — 칼묵·준가르·오이
라트는 동일한 집단을 가리키는 상이한 명칭이었다 — 즉 초로스와 두르
베트도 할하인들에 의해 서북 몽골 지방에서 밀려나 더 서쪽으로 이주하
였다. 1620년경 웁사 노르 지역(후일의 홉도)에서 할하의 알탄 칸과의 치
열한 전투를 치른 뒤 초로스는 흩어질 수밖에 없었다. 일부는 두르베트의
일파와 함께 북방으로 시베리아의 오브 강 상류 유역의 산간지역 — 후일
소련이 '오이라트 자치공화국'을 설치한 울랄라Ulala 부근 — 으로 도주했
고, 심지어 더 북쪽으로 올라가 추미쉬Chumysh 강과 오브 강이 합류하
는 오늘날의 바르나울Barnaoul까지 간 사람들도 있었다. 그러나 대부분의
초로스는 두르베트 동맹부족들과 함께 카라 이르티쉬, 우룽구, 이밀, 일리,
타르바가타이 등지에 최종적으로 정착하였다.
초로스가 가졌던 힘의 근원 — 즉 그들로 하여금 다른 오이라트인들
에 대해 주도권을 유지하게 하였던 — 은 토르구트가 카스피 해 북방으로
이주하였고 호쇼트는 쿠쿠 노르로 떠나간 반면, 그들은 몽골 본토와 접촉
을 유지할 수 있었기 때문이다. 두르베트와 호이트를 그 보호 아래 두면서
초로스의 칸들은 오이라트, 즉 그 뒤에 새로운 명칭으로 불렸듯이 준가르
국가를 재건할 수 있었던 것이다. 준가르라는 이름은 초로스와 그 군주에

---

52. Courant, *L'Asie Centrale*, p. 37.

게 복속하던 연맹집단 — 두르베트와 호이트 — 을 지칭하게 되었다.53)

몽골에 대한 재원정에 착수하기 전에 부민들의 붕괴를 막고 그들을
타르바가타이에 정착시킨 최초의 초로스 수령은 카라 쿨라였고, 바르톨드
에 의하면 그는 1634년에 사망했다고 한다.54) 그의 뒤를 이은 아들 바아
투르 홍타이지Ba'atur Qongtaiji(1634-1653)는 그의 과업을 계속하였
다.55)

준가르를 타르바가타이에 정착시키기를 희망한 그는 이밀 하반, 즉 오
늘날 추구착 근처에 있는 쿠박 사리Qubaq Sari에 돌로 된 수도를 건설
하였다. 꾸랑은 "때로는 그의 새로운 수도에, 때로는 일리나 홉도 지방의
천막에서, 그는 외국의 왕족이나 시베리아의 사령관들이 보낸 사신을 위엄
있고 당당하게 접견하였다. 유목적 전사는 법률을 제정하고 농경과 교역을
장려하는 군주로 변모하고 있었던 것이다"라고 적었다.56)

바아투르 홍타이지는 서쪽으로는 투르키스탄 시에서 동쪽으로는 일리
까지 유목하고 있던 카자흐 대부에 대한 원정을 성공리에 마쳤다. 그들의
칸이었던 이심에 대한 최초의 원정(1635)에서 그는 칸의 아들인 야항기르
Yahangir를 포로로 잡았지만 포로는 도망쳤다. 1643년 바아투르는 다시
한 번 이제 술탄이 된 야항기르를 공격하여, 호쇼트의 수령인 오치르투와
아블라이의 도움을 받아 그를 패배시켰다.

이렇게 해서 외면적으로는 무슬림이면서 부하리아의 정주민들을 공포
에 몰아넣던 이들 유목 투르크인들은 종족적으로는 몽골이면서 종교로는
불교를 신봉하는 더 기동성이 뛰어난 유목집단에게 공격을 받은 것이다.
이미 지적했듯이 1638년경 그는 차이담과 쿠쿠 노르에 있던 호쇼트의 수
령 구시 칸을 도와, 티베트 황교를 억압세력으로부터 해방시키는 성전에

---

53. 몽골어의 j는 칼묵어에서 z가 되었다. 따라서 Jungar라는 발음은 Zungar가 되었
    고, Courant이 'Soungar'라고 한 것도 거기에서 비롯된 것이다. Cf. Deny,
    "Langues mongoles", *Langues du monde*, p. 224.
54. Cf. Courant, *L'Asie Centrale*, p. 49에 인용된 『東華錄』의 기사.
55. 홍타이지는 한자의 皇太子에서 나온 말이다. Cf. Pelliot, "Notes sur le Turke-
    stan", *TP*(1930), p. 44.
56. Courant, *L'Asie Centrale*, p. 46.

참여하기도 했다.[57]

갈단Galdan의 치세, 1676-1697 : 준가르 제국의 형성

포즈드네프Pozdneev에 의하면, 1653년 바아투르 홍타이지가 죽은 뒤 준가르의 왕위는 아들 셍게Sengge(1653-1671년경)에게로 넘어갔다. 셍게는 1671년경 그의 두 형제, 즉 세첸 칸Sechen Qan과 초드바 바아투르 Tsotba Ba'atur에 의해 살해되었다.

바아투르 홍타이지의 넷째아들로 1645년에 태어난 갈단은 라사에 있는 달라이 라마에게 보내져 승단에 들어가 있었다. 1676년경 그는 달라이 라마로부터 종교적인 허락을 얻어 라사로 돌아와서는 그의 형제인 세첸 칸을 죽이고 초드바 바아투르를 쫓아내었다. 그 후 그는 초로스의 칸이자 준가르의 다른 부족들의 주군으로 인정받게 되었다.[58]

갈단의 승리는 자이산 호에 있던 호쇼트의 칸 오치르투 세첸의 지원이 있었기 때문에 가능했다. 그러나 그는 1677년에 주저하지 않고 그를 공격하여 패배시키고 살해하였다. 그리고는 그의 영토와 부민들을 병합하고 나머지는 감숙 방면으로 밀어냈다.[59]

이 같은 혁명을 완료한 갈단은 일리에서 홉도 남쪽에 이르기까지 확고하게 자리잡힌 준가르 영역의 군주가 되었고, 그 안에서 두르베트와 호쇼트 일부와 호이트, 즉 다른 지역으로 이주해 가지 않고 남아 있던 오이라트 부족 전부가 초로스 왕족에게 순순히 복속하게 되었다. 칭기스칸도 그 같은 방식으로 13세기의 몽골인들 전체를 보르지긴 씨족의 주도 아래

---

57. *Ibid.*, p. 47.
58. 바아투르 홍타이지의 죽음과 갈단의 즉위 사이에 벌어진 상황에는 불분명한 점들이 있다. 『東華錄』과 『聖武記』, Mailla와 *Mémoires concernant les Chinois* 사이에는 서로 상충되는 기사들이 있다. 상황의 재구성에 대해서는 Pozdneev의 연구를 참조하시오(Courant, *L'Asie Centrale*, p. 48, n.1).
59. *Ibid.*, p. 49(『東華錄』에 의거).

통합했었다.

이제 타르바가타이의 유목영지 주변에 자기가 마음대로 부릴 수 있는 신뢰할 만한 추종자들을 갖게 된 갈단은 중앙아시아 정복에 나섰다. 그의 1차 대상은 카쉬가리아였다. 그곳에서는 종교적인 호자 가문이 차가다이 칸들의 권위를 점차로 잠식하면서, 칭기스칸 가문의 옛 칸국 안에서 일종의 무슬림 사제체제 혹은 이슬람적인 신권정치를 교묘하게 심어가고 있었다. 백산당과 흑산당이라는 두 호자 가문은 그런 방식으로 실제적인 권력을 장악하였는데, 전자는 카쉬가르에 그리고 후자는 야르칸드에 자리잡았다.

1677년경 마지막 칸인 이스마일은 백산당의 영수인 하즈라티 아팍을 카쉬가르에서 추방시킴으로써 그들에게 대항하였다.[60] 하즈라티 아팍은 티베트로 망명했고 거기서 그는 달라이 라마에게 도움을 호소하였다. 이러한 처신은 불교와 이슬람 사이에 존재하는 거리감을 생각하면 이상하게 보일지도 모르지만 정치세계에서 두 교회는 교리와 무관하게 하나가 될 수 있었던 것이다.

'불교의 교황'은 자신의 문하였던 갈단이 자신의 말을 잘 따를 것으로 생각하고, 그에게 무함마드의 대리인을 카쉬가르에 다시 앉히도록 종용하였다. 그러한 소임은 갈단으로 하여금 라마교와 무슬림 '교회'에 대해 공히 보호자가 되게끔 하는 것일 뿐 아니라, 나아가 카쉬가리아에 대한 준가르의 지배권을 확립시킬 수 있었기 때문에, 갈단은 그러한 요청을 더없이 반가워하였다.

그렇게 해서 갈단은 아무런 힘도 들이지 않고 카쉬가리아를 점령할 수 있었다. 그는 이스마일 칸을 포로로 잡아 일리 강가에 있는 쿨자로 보내 구금시켰다(1678-1680). 호자 하즈라티 아팍을 카쉬가르의 대리인으로 앉힌 것만으로는 만족하지 못한 갈단은 적대적인 다른 호자 가문 흑산당

---

60. Cf. M. Hartmann, *Chinesisch-Turkestan*(Halle, 1908), p. 17, p. 45 ; Barthold, "Kashgar", EI, II, p. 835 ; Courant, *L'Asie Centrale*, p. 50 ;『聖武記』(Lepage역, *Mission d'Ollone, Recherches sur les musulmans chinois*, p. 330).

을 제치고 야르칸드도 그에게 주었다. 이처럼 카쉬가리아는 준가르의 보호 국이 되었고 호자들은 초로스 칸들의 관리에 불과했다.

이 같은 사실은 하즈라티 아팍이 사망하고 백산당과 흑산당 사이에 해묵은 분쟁이 다시 일어났을 때 분명히 드러났다. 준가르는 두 가문의 수령들, 즉 백산당의 아흐마드 호자Ahmad Khoja와 흑산당의 다니얄 호자 Daniyal Khoja를 포로로 잡아가기로 결정하였다. 그 뒤 다니얄이 카쉬가리아의 대리인으로 뽑혀 야르칸드에 주재하게 되었지만(1720), 그것은 쿨자에 있는 준가르의 홍타이지에게 신하로서 겸허한 행동을 한다는 조건에서였다. 아울러 준가르의 영주들은 카쉬가리아에서 광범위한 지역을 자기것으로 취하기도 하였다. 카쉬가리아를 정복한 뒤 — 분명히 1681년 이후의 일이다 — 갈단은 투르판과 하미를 취하였는데, 그때까지 차가다이 가문의 동부 지파가 그곳에 살고 있었음은 확실하다.

갈단은 이제 칭기스칸의 서사시를 다시 시작하려고 마음먹었다. 그는 모든 몽골인들에게 극동의 제국을 만주인들, 즉 일찍이 칭기스칸에게 굴복했던 여진족의 풋내기 자손들로부터 탈취하자고 부추겼다. "우리가 과거에 우리의 명령을 받던 그들의 노예가 되어야 하겠는가? 제국은 우리 조상들의 유산이다"라고 하였다.[61]

몽골족을 통합하기 위해 갈단은 할하에 있는 네 명의 칸들을 그의 휘하에 끌어들여야만 했다. 이 점에서 때마침 벌어진 분쟁, 특히 자삭투 칸과 투시예투 칸 사이의 경쟁이 그를 도운 셈이다. 그는 자삭투 칸과 연합하여 투시예투 칸과 적대하였고 곧 개입할 수 있는 가장 합법적인 구실을 찾아내었다. 투시예투 칸인 차쿤 도르지Tsaqun Dorji의 군대를 지휘하던 젭춘담바Jebtsundamba에게 패배한 자삭투의 칸 샤라Shara는 도망치다가 물에 빠져 죽었다. 그리고 나서 그들은 준가르의 영토에 침입하여 갈단의 형제들 가운데 한 사람을 살해하였다.[62]

이에 대해 갈단은 적극적으로 대응하였다. 1688년 초 그는 투시예투 칸의 영역을 침공하여 그의 군대를 오르콘 강의 지류인 타미르 하반에서

---

61. Courant, *L'Asie Centrale*, p. 54(『東華錄』에 의거).
62. *Ibid.*, pp. 33-34, p. 55.

괴멸시킨 뒤, 자기 군사들이 카라코룸에 있던 칭기스칸 가문의 사원인 에르데니 주Erdeni Juu를 약탈하는 것을 허용하였다. 그것은 준가르가 동몽골을 대신해 몽골민족의 지도자가 되었음을 보여주는 상징적인 조치였다.

갈단에게서 도망친 투시예투 칸과 다른 할하의 칸들(투시예투 칸에 의해 피살된 마지막 자삭투 칸의 형제이자 후계자인 체왕 샵Tsewang Shab을 포함)은 당시 청 제국의 보호 아래 있던 산서성 서북 변경지역의 투메트 영토 안에 위치한 후흐호트로 피신하여 강희제에게 도움을 탄원하였다. 오르콘과 툴라 유역을 점령한 갈단은 케룰렌 하곡을 따라 만주 부근까지 진출하였다(1690년 봄). 할하 지방 전역이 준가르에 의해 정복되고 그 제국의 영역은 일리에서 부유르 노르까지 확대되었다. 갈단은 심지어 우르가-칼간 루트를 따라 내몽골까지 진출하려고 하였다.

강희제는 이 신흥 몽골 제국이 중국의 바로 코 앞에서 흥기하는 것을 좌시할 수 없었다. 그는 갈단을 상대하기 위해 진군하여 "북경에서 80일정 떨어진 곳, 즉 칼간과 우르가 사이에 있는 울란 부퉁Ulan Butung에서" 그를 저지하였다.63) 갈단으로서는 제수이트 선교사들이 강희제를 위해 제작한 대포를 상대하기가 벅찼고, 이 새로운 칭기스칸은 당황하여 할하 지방에서 철수하였다(1690년 말).

1691년 5월 강희제는 돌론 노르에서 대집회를 개최하여, 그곳에서 투시예투 칸과 세첸 칸을 비롯한 할하의 주요한 수령들은 만주 제국에 대한 복속의사를 표명하고, 황실의 재고에서 봉록을 받는 대신 조공을 바칠 것을 합의하였다. 나아가 그들은 개인적인 충성이라는 연대로써 제국과 결부되었음을 인정하였고, 이것은 때로 혼인결맹에 의해 강화되었다.

여기서 우리가 주목해야 할 사실은 이 같은 체제가 비록 '야만인'들을 다루던 중국의 행정적 경험에 근거를 둔 것이긴 하지만, 그 주된 토대는 몽골의 칸들이 만주의 대칸들에게 복속하는, 즉 유목민과 유목민 사이의 관계에 있었다는 점이다. 때문에 1912년 만주 왕조가 무너지고 중국의 공화국이 이를 대치했을 때 몽골의 왕공들은 충성의 맹약으로부터 자신들이

---

63. *Ibid.*, p. 57. 전투일자는 1690년 음력 7월 29일(양력 9월 2일)이었다.

자유로워졌다고 생각하고 독립을 선언한 것이다.

1695년에 갈단과 청 제국 사이에 전쟁이 다시 발발하였다. 갈단은 다시 할하 지방을 건너서 케룰렌 계곡까지 진출하여, 눈 강가에 있던 호르친 부족과 연결함으로써 그들을 청의 보호막에서 끌어내리려고 하였다. 그러나 호르친은 이 같은 음모를 북경의 조정에 미리 알렸고, 1696년 봄 강희제는 전 병력을 이끌고 갈단을 향해 진군하여 칼간에서 곧바로 케룰렌으로 향하여, 적군을 추적하여 상류 쪽으로 돌렸다.[64] 준가르의 칸은 그를 피했지만 강희제의 장군으로서 전초부대를 지휘하던 비양고費揚古는 툴라 강가에서 그와 조우하여, 1696년 6월 2일 우르가 남쪽의 자운 모도Ja'un Modo라는 곳에서 다시 한 번 대포와 소총의 도움을 받아 그를 격파하였다. 갈단의 부인은 사망하고 그 시종들은 포로가 되었으며 그녀의 가축들 역시 청군의 소유가 되었다.

병력의 반을 상실한 준가르의 군주는 서쪽으로 도망쳤고, 강희제는 승리를 안고 북경으로 돌아왔다. 제국의 승리에 의해 구원을 받은 할하인들은 다시 자기의 영토를 되찾았다. 그 다음 해 여름 강희제는 다시 한 번 준가르를 원정하여 그들을 타르바가타이 쪽으로 밀어내려 했지만, 갈단이 병에 걸려 1697년 5월 3일에 사망했다는 소식을 들었다.[65]

만주 왕조가 이 승리의 결과 얻은 가장 큰 이익은 할하에 대한 영구적인 지배권의 확보였다. 강희제가 준가르의 장악으로부터 구해준 네 명의 할하 칸들은 그를 거부할 아무런 이유가 없었다. 제국 관리들의 주재지가 그들이 있는 곳에 설치되었고 제국 수비대가 그 영역의 심장부인 우르가에 두어졌다. 외적인 행동이 지극히 만주적이었으며 유목민의 심리를 잘 이해하고 있던 강희제는 동몽골인들의 조직에 간섭하지 않으려고 조심하였다.

그는 "그 나라의 맹盟(*chulghan*),[66] 부部(*ayimaq*), 기旗(*qosighun*,

---

64. 이때 Père Gerbillon이 강희제를 수행했고, 그는 생생한 기록을 남겼다(Mailla, XI, p. 95 이하).
65. Courant, *L'Asie Centrale*, pp. 56-63(『東華錄』에 의거).
66. [역자] 원문의 tsuglan은 잘못된 것이다.

qoshun), 수문(*sumun*, 즉 '화살')으로 이루어진 전통적인 부족적, 군사적, 행정적인 구분"을 존중하였다.[67]

이와 똑같은 현상이 오르도스에서도 일어났다. 이에 대해 모스테르 Mostaert 신부는 다음과 같이 서술하고 있다. "여러 부족들은 만주의 팔기제에 따라 기로 편성되었다. 상당수는 옛날 지배가문인 왕공들의 지배를 받고 있었지만, 차하르부나 귀화성의 투메트부와 같이 일부는 자기들의 수령을 잃고 만주 관리들의 지배 하에 곧바로 편입되었다. 동일한 기에 소속된 개인들은 일정한 수의 수무sumu로 나뉘었고 이는 다시 여러 카리야 *qariya*로 분할되었다. 수무는 장긴*janggin*이, 그리고 카리야는 잘란*jalan* 이 지휘하였다. 이러한 체제는 귀족(*tayiji*←太子)과 그 예속민(*albatu*)을 연결해주는 결속력을 이완시켰고, 한때 이 귀족들과 평민들(*qarachu*) 사이에 존재하던 간격을 좁히는 결과를 낳았다."[68]

영토적인 관점에서 볼 때 강희제는 하미의 무슬림 왕족인 압둘라 타르칸 벡'Abd Allah Tarkhan Beg에게 자신의 종주권을 인정토록 함으로써 동투르키스탄으로 향하는 대상루트의 출발지점에 대한 통제권을 획득하였다.

체왕 랍탄Tsewang Rabtan 치하의 준가르 제국 : 1697-1727

할하를 보호령으로 만든 데 대해 만족하고 갈단의 죽음으로 안심이 된 강희제는 타르바가타이의 준가르 영역을 정복하려는 시도를 하지 않았다. 그는 갈단의 조카이며 셍게의 아들인 체왕 랍탄이 초로스의 왕좌에 오르는 것을 방관하였다. 더구나 과거에 갈단에 의해 죽음을 당할 뻔했던 체왕 랍탄은 마지막에 가서 자신의 숙부에 대해 반란을 일으켰기 때문에, 북

---

67. Deny, "Langues mongoles", *Langues du monde*, p. 221.
68. Mostaert, "Les noms des clans chez les Mongols Ordos", in "Ordosica", p. 21 이하.

경의 조정은 준가르 부족들이 이제 중국의 동맹자에 의해 통치되리라고
믿었던 것이다. 사실 꾸랑Courant도 분명히 보여주었듯이 체왕 랍탄은 그
의 숙부가 추진했던 반청反淸 정책을 취하기 전에 타르바가타이와 일리에
서 자신의 지위를 공고히 해야 할 필요가 있었다. 일리 지역은 새 칸에게
특별한 중요성을 갖고 있었다. 그는 쿨자를 수도로 정하고 이밀 시를 자기
형제인 체렝 돈돕에게 맡겼던 것으로 보인다.69)

일리 지역에서 주도권을 확립하려던 준가르는 발하쉬 호에서 우랄 강
에 이르는 지역을 장악하던 무슬림 투르크 유목민인 카자흐와 충돌하게
되었다. 비교적 느슨하게 연결되어 있던 그들의 세 집단은 여전히 테우케
Teüke(1718년 사망)라는 한 명의 칸에게 복속하고 있었는데, 바르톨드에
의하면 그는 그들에게 법률을 정해준 인물로 알려져 있고 이 변함없는 유
목민들은 그의 치하에서 다소나마 조직과 안정을 얻을 수 있었다고 한다.

타와쿨의 치세인 1597-1598년경부터 카자흐인들은 부하라의 우즈벡
혹은 샤이바니조로부터 투르키스탄과 타쉬켄트와 같은 도시를 빼앗아 장
악해오고 있었다. 그로부터 100년 뒤 테우케는 러시아(1694)와 칼묵
(1698)에서 보낸 사신을 투르키스탄에서 맞았다.70) 테우케는 자신의 확고
한 지위, 그리고 중국과의 대립과정에서 준가르 내부에서 야기된 혼란을
이용하여 여러 명의 준가르 사신들과 그들을 호위하며 동행해 온 500명을
서슴없이 매우 가혹한 방식으로 처형시켜버렸다.71)

17세기 말 일리와 시르다리아 사이의 초원에서 사신단 전원을 학살한
이 사건은 분명히 유목민 집단들 사이에 벌어진 또 하나의 싸움에 불과한
것이었지만, 그 이면에는 해묵은 종족적·종교적 갈등이 깔려 있었다. 즉
투르크인과 몽골인 혹은 무슬림과 불교도 중에서 누가 초원의 서부 제국
을 장악하느냐 하는 문제였다. 최종적인 우세를 점한 것은 후자였다. 체왕
랍탄은 테우케를 공격하여 패배를 안겨주었다(1698). 1718년 테우케를 계
승한 카자흐 중부의 불라드Bulad(풀라드Pulad) 칸은 더욱 불운하였다. 준

---

69. Cf. Courant, *L'Asie Centrale*, p. 64, p. 67.
70. Barthold, "Kirgiz", *EI*, p. 1085 ; Courant, *L'Asie Centrale*, p. 65.
71. Courant, *L'Asie Centrale*, p. 66(『東華錄』에 의거).

가르는 카자흐로부터 사이람·타쉬켄트·투르키스탄(1723)을 빼앗았고, 패배로 인해 동요된 세 집단은 분리되어버렸다. 대부와 중부의 일부 수령들은 체왕 랍탄의 종주권을 인정하였고, 이식쿨 호의 키르기즈(부루트)도 마찬가지였다. 체왕 랍탄은 그의 전임자 갈단이 확립해 놓은 대로 카쉬가르와 야르칸드의 호자들에 대한 지배권도 유지하였다. 자이산 호와 이밀 강에 근거를 둔 그의 형제 체렝 돈돕은 러시아인들과 무력충돌을 벌여 한때는 그들로 하여금 예니세이 하반의 요새 야미셰브스크에서 철수하게 만들기도 하였다(1716).

1720년 봄 러시아의 원정군이 자이산 근처에서 체왕 랍탄의 아들인 갈단 체렝Galdan Tsereng과 충돌했지만, 갈단 체렝이 이끄는 2만 명의 준가르 전사들은 활로 화기火器를 상대해야 하는 무기의 열세에도 불구하고 러시아인들을 저지하는 데 성공하였다. 이로써 자이산 분지는 준가르의 소유로 남게 되었다. 마침내 러시아와 준가르의 경계는 그해, 즉 1720년에 러시아인들이 예니세이 강가에 건설한 우스트 카메노고르스크Ust Kame-nogrosk(북위 50도)로 정해지게 되었다.[72]

체왕 랍탄은 서방에서의 자신의 제국이 공고해질 때까지 기다리지 않고 동방의 만주 왕조에 대해 숙부 갈단이 취했던 정책을 재개하였다. 티베트 교회 내에서의 정치·종교적 불안이 그에게 기회를 제공하였다. 1680년부터 달라이 라마 가방 롭장이 사망한 1682년에 이르는 사이에 라마 교회는 평민출신의 데시였던 상게 갸초가 관리하고 있었다. 그는 처음에는 고인이 된 달라이 라마의 이름으로 — 공식적으로는 생존한 것으로 되어 있었지만 —, 그리고 뒤에는(1697) 새로운 달라이 라마로 선출된 어린 소년의 이름으로 자기 마음대로 지배하였다. 상게는 중국과 적대하는 준가르측을 지지하였다. 강희제는 그를 상대하기 위해 쿠쿠 노르의 호쇼트부의 칸인 라창 칸을 부추겼고, 칸은 1705-1706년에 라사로 들어가 상게를 처형하고 젊은 달라이 라마를 폐위시켰다.[73] 라창 칸과 강희제는 상당히 복잡한

---

72. *Ibid.*, p. 68.
73. Cf. Huth, *Geschichte des Buddhismus*, II, p. 269 ; Schulemann, *Geschichte des Dalailamas*, pp. 161-170 ; Rochhill, "The Dalai-Lamas of Lha-

음모를 거쳐 중국측의 공식적인 재가를 얻은 새로운 달라이 라마를 선출토록 하였다(1708-1710).

체왕 랍탄은 이 같은 상황을 달갑지 않은 눈으로 보고 있었다. 티베트 교회가 몽골에게 미치는 정신적 영향이 너무나 강했기 때문에 그로서는 이것이 중국측에 이용되는 것을 용인할 수 없었다. 1717년 6월경 그는 자신의 형제인 체렝 돈돕이 지휘하는 군대를 티베트로 보냈다. 체렝 돈돕은 호탄을 출발하여 쿤룬산맥과 고지대 사막평원을 넘는 미증유의 대담한 행군을 강행하여 호쇼트의 칸 라창과 중국측 대표단들이 사냥을 즐기고 있던 낙추Nagchu로 곧바로 내려갔다. 급습을 당하긴 했지만 라창은 낙추와 텡그리 사이의 협곡 — 샹슝라Shang-shung-la 고개임이 분명하다 — 에서 적군을 저지할 수 있었다. 그러나 10월이 되어서 그는 라사로 퇴각하지 않을 수 없었고 그의 뒤를 체렝 돈돕의 군대가 바짝 뒤쫓았다. 1717년 12월 2일 라사의 성문이 어이없게 열렸고 체렝 돈돕의 준가르 군대는 사흘에 걸쳐 중국을 추종하던 모든 사람들 — 실제로 그랬거나 그런 의심이 가는 사람이거나 불문하고 — 을 학살하였다. 포탈라 궁을 수비하려 노력하던 라창 칸은 도주하다가 살해되었고, 가장 신성한 장소 포탈라 궁도 약탈에서 제외되지는 못했다. 꾸랑은 신실한 라마교 신자였던 준가르인들이 쿨자의 라마 사원을 치장하기 위해 자기 종교의 성도를 약탈한 사실에 대해 도저히 믿을 수 없는 일이라고 하였지만, 중세 기독교권의 베네치아인들이 알렉산드리아와 콘스탄티노플에서 자행했던 것은 그런 일이 아니었는가? 그리고 '성물聖物'을 차지하기 위한 전쟁은 불교의 가장 초기 역사에서부터 시작된 것이 아닌가?

한편 강희제는 준가르가 티베트를 차지하도록, 그래서 준가르 제국의 영토가 자이산 호수와 타쉬켄트에서 라사까지 확대되는 것을 방관할 수만 없었다. 1718년 그는 사천의 총독으로 하여금 티베트로 진군토록 하였지만, 낙추에 도착한 직후 이 고관은 준가르 군대에 의해 쫓거나 살해되었다. 1720년 두 무리의 청군이 하나는 사천에서, 다른 하나는 차이담을 통

---

sa", *TP*(1910), pp. 20-36 ; Mailla, XI, p. 216.

러 시 아
카마 강
볼가 강
사마라 강
벨라야 강
우파 강
우랄 강
일레 강
베르호튜레(1598)
펠림(1592)
토볼스크(1587)
튜멘(1586)
시비르
타라(1594)
수르구트(1594)
오브 강
나림(1595)
케트 강
예니세이
이르티쉬 강
옵니세이 강
톰스크(1604)
러시아의
미누
쿠즈네츠크(1618)
부아 강
야미셰브스크(1716)
세미팔라틴스크(1718)
우스트카메노고르스크(1720)
크라스
카 자 흐 중 부
토르구트부
카 자 흐 소 부
우스트우르트 고원
엠바 강
망기쉴락
아랄 해
투르가이
뎅기즈 호
누라 강
기 근 의 초 원
발하쉬 호
가 락 알 탄 칸 부
추구착
이밀
자이산 호
호 쇼 트
카스피 해
투르크멘
잔드
히바칸국
카 자 흐 키 르 기 즈
추 강
대 부 쵸
일리 강
쿨자
마나스
카트
히바
투르키스탄
타라즈
토크막
쿠차
타쉬켄트
안디잔
우치투르판
부하라
호칸드
호젠트
카쉬가르
타림 강
아스테라바드
카르시
호 자 정 권
아무다리야
야르칸드
체르첸
호
소
마쉬하드
메르브
파미르
발호
쿤두즈
호탄
케리야
페르시아
헤라트
카불
스리나가르
카 쉬 미 르
라 다 크
티
아프가니스탄
무
인
칸다하르
가즈니
두
라호르
니 가 리
스
제 국
라 즈 푸 트 령
델리
브라마푸트라 강
페르시아 만

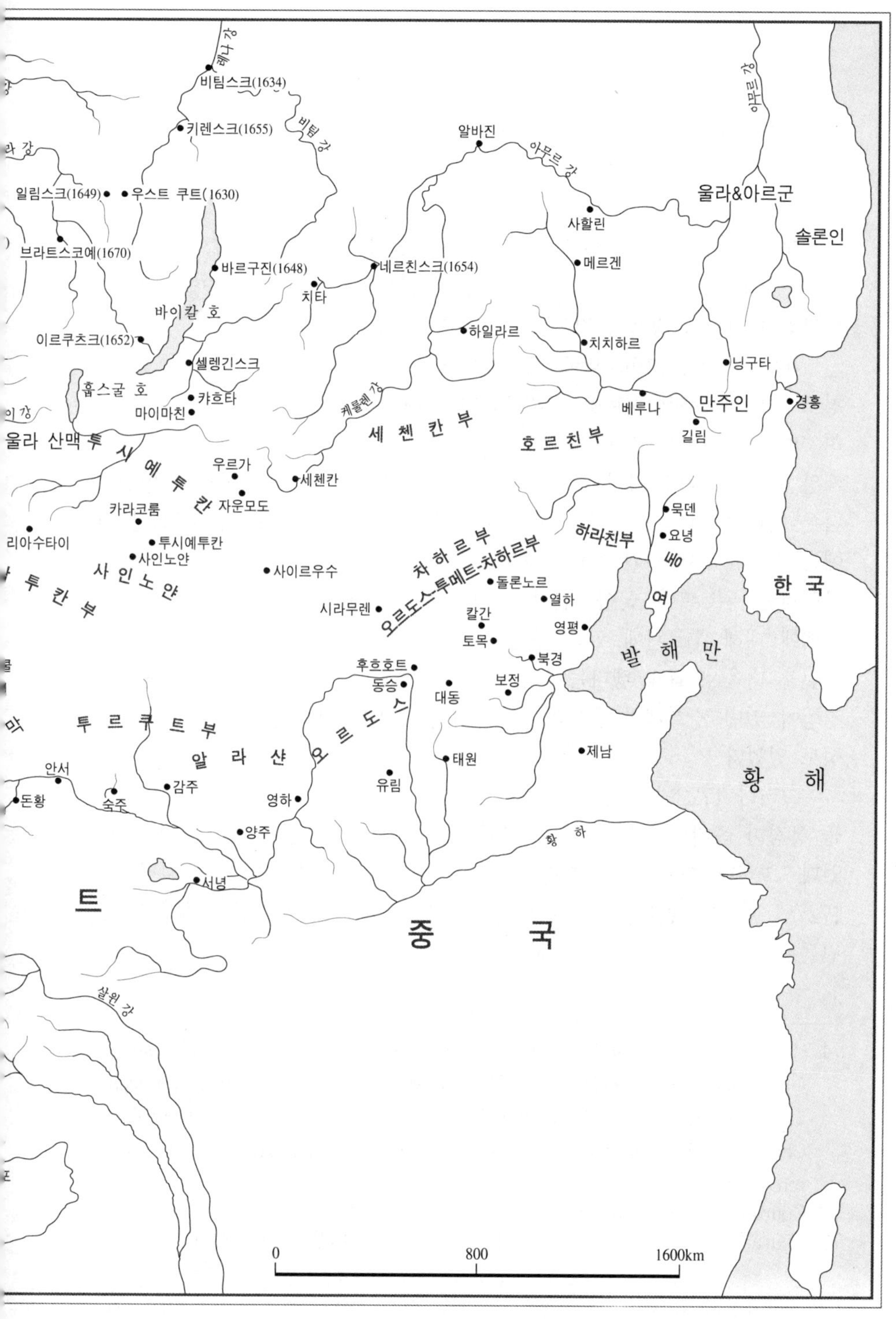

17-18세기의 내륙아시아

해서 티베트로 진입하였다. 두 번째 부대는 이미 티베트 주민들의 증오를 불러일으키고 있던 준가르 군대를 격파했고 준가르인들은 서둘러 티베트에서 물러나지 않으면 안되었다(1720년 가을).

체렝 돈돕이 준가리아로 다시 데리고 돌아온 군대는 전체의 반도 되지 못했다. 친중국적인 달라이 라마가 즉위했고 그 휘하에 두 명의 청 고위관리가 황교의 정책을 감독하는 임무를 띠고 배치되었다.[74]

체왕 랍탄은 고비사막에서도 마찬가지로 어려움을 겪어, 그의 군대는 청조 수비대로부터 하미를 탈취해내지 못했다(1715). 제국의 군대는 오히려 역공을 취하여 1716년 바르쿨을 점령하였다. 그러자 청의 두 군대가 체왕 랍탄을 향해 양면으로 공격을 펼쳤는데, 하나는 바르쿨을 출발했고 다른 하나는 더 북방에서 작전을 펼치면서 투르판을 점령하고 1720년 말에는 우룸치에서 준가르를 격파하였다. 중국군은 비록 우룸치는 장악하지 못했지만 투르판에 군사식민지를 건설하는 데에는 성공하였다. 준가르의 지배에 대해 투르판에 있던 무슬림 주민들이 반란을 일으킨 것이 그들의 작전을 더욱 수월케 했다는 사실도 주목할 만하다.[75] 먼 지역을 정복하는 경향이 있던 강희제가 준가리아 그 자체에 대한 정복전을 감행했을 가능성도 있었다.

그러나 1722년 12월 그의 죽음, 그리고 전쟁에 취향이 없던 그의 아들 옹정이 즉위함으로써 중국 조정은 1724년 체왕 랍탄과 화평을 맺게 되었다. 그러나 이 화평은 휴전에 불과하였다. 체왕 랍탄은 그가 사망하던 1727년 말 투르판을 점령함으로서 공세를 취하였고, 투르판의 무슬림 주민들은 중국령 돈황으로 피신하였다.[76]

---

74. Cf. Courant, *L'Asie Centrale*, p. 77(『東華錄』에 의거) ; Schulemann, *Geschichte des Dalailamas*, p. 171 ; Rockhill, "The Dalai-Lamas of Lhasa", *TP*(1910), pp. 38-43 ; E. Haenisch, "Bruchst cke aus der Geschichte Chinas, I, Die Eroberung von Tibet, aus dem 'Feldzug gegen die Dzunga-ren,'" *TP*(1911), p. 197.
75. Courant, *L'Asie Centrale*, p. 79(『東華錄』에 의거).
76. Courant, *L'Asie Centrale*, p. 84는 이 일을 1724년경으로 보고 있다.

갈단 체렝의 치세 : 1727-1745

체왕 랍탄을 계승한 이는 그의 아들 갈단 체렝이었다. 준가르의 이 새로운 군주는 처음부터 중국에 대해 적대감을 드러냈기 때문에 옹정제는 1731년 전쟁을 재개하였다. 청군은 바르쿨에서 우룸치로 진격하여 적군의 주력부대를 흐트러뜨렸지만 그곳에 주둔하지는 못했다.[77] 또 다른 군대는 더 북쪽으로 홉도까지, 심지어 그보다 더 먼 준가르 지방의 심장부까지 진출하였지만[78] 두 달 뒤 패배해 거의 완전히 괴멸당했다. 기가 꺾인 옹정제는 홉도뿐만 아니라 투르판에서도 철군할 것을 명령하였다.

갈단 체렝은 중국측의 파국을 이용하기 위해 자신의 숙부인 체렝 돈돕으로 하여금 할하 지방을 침공하러 가도록 하였다. 체렝 돈돕은 홉도를 해방시키고 케룰렌까지 밀고 나갔지만,[79] 할하인들은 바이다릭Baidarik, 툴라, 옹긴 등의 강의 합류점에 거점을 만들어 강력한 저항을 펼쳤다.『동화록東華錄』에 의하면, 이러한 사정으로 인해 1731년 말경 준가르는 그곳에 더 이상 머물 수 없게 되었다고 한다.

1732년 봄 준가르 군대가 우룸치를 떠나 하미에 있던 청군 수비대를 몰아내려고 시도했지만 이 역시 성공하지 못했다. 여름이 끝날 무렵 할하 지방을 약탈하던 소규모 준가르군이 도리어 할하의 한 왕공에 의해 카라코룸 근처에서 기습을 받아 그 일부가 참살되고 말았다.[80] 이제 공세를 취하기 시작한 청군은, 1733-1734년에는 항가이 산맥의 중심에 있는 울리아수타이를 장악하고 카라 이르티쉬 강까지 진군하였으며, 홉도도 다시 점령하였다.[81]

비록 잠정적일지는 몰라도 울리아수타이와 홉도를 점거하고 있었고 군사적인 성공을 거두었음에도 불구하고 옹정제는 1735년 갈단 체렝에게

---

77. 1731년 음력 7월(양력 8월).
78. 1731년 음력 5월(양력 6월).
79. 1731년 음력 10월(양력 11월).
80. 1732년 음력 8월 5일(양력 9월 23일).
81. Courant, *L'Asie Centrale*, p. 86(『東華錄』에 의거).

화평을 제의하여, 중국이 항가이 산맥의 동쪽(할하 지방)을 차지하고 준가르는 산맥의 서쪽과 서남쪽(준가리아와 카쉬가리아)을 차지하자고 하였다. 이를 바탕으로 암묵적인 휴전이 이루어졌고 옹정이 사망한(1735) 뒤 그의 아들이자 계승자인 건륭제는 1740년 공식적으로 이에 서명하였다. 준가르의 칸인 갈단 체렝이 사망한 1745년 말까지 이 평화는 유지되었다.[82]

다와치Dawachi와 아무르사나Amursana : 만주 제국의 준가리아 병합

갈단 체렝의 사후 준가르 제국은 혼란에 빠져들었다. 방종하고 잔인한 성격을 지닌 그의 아들 체왕 도르지 남잘Tsewang Dorji Namgyal (1745-1750년경)은 귀족들에 의해 실명당해 악수에 구금되었다. 새 칸이 된 라마승 다르자Darja(1750-1753) 역시 통솔력을 갖지 못했다.

한 세기 동안 초로스의 홍타이지들에게 복속하던 두르베트, 호쇼트, 호이트 등의 부족은 독립하겠다고 위협하였다. 통합은 깨어졌고 그와 함께 준가르 국가도 와해될 수밖에 없었다. 결국 1753년 체렝 돈돕의 손자인 다와치(혹은 타와치Tawachi)라는 이름의 정력적인 한 지도자가 호이트부의 귀족이며 갈단 체렝의 사위였던 아무르사나의 지원을 받아 쿨자로 진군하여 다르자를 처형시켰다.[83] 칸으로 선포된 다와치(1753-1755)는 이제 과거의 동지였던 아무르사나와 대결하게 되었다. 아무르사나는 일리에 근거를 두고 스스로 독립군주처럼 행세하였는데, 다와치는 그를 패배시키고 몰아냈다.

아무르사나는 호이트, 두르베트, 호쇼트의 많은 수령들과 함께 중국의

---

82. *Ibid.*, p. 87-89(『東華錄』에 의거). [역자] 그루쎄는 갈단 체렝을 준가르의 '칸'이라고 하였지만, 사실 갈단이 달라이 라마로부터 '보슉투 칸Boshughtu Qan'이라는 칭호를 받은 것을 제외하고는 어떠한 준가르 군주도 '칸'을 칭한 적이 없었다.
83. 다르자의 처형과 다와치의 즉위는 1753년의 일이고 음력 5월(양력 6월 2일부터 시작) 이전에 일어났다. Courant, *L'Asie Centrale*, p. 99(『東華錄』에 의거).

영내로 피신하여 건륭제를 섬기겠다고 제안하였다(1754). 건륭은 열하에서 엄숙한 의식으로 그를 접견했고 자신의 보호 하에 둔 뒤, 1755년 봄 만주인 장군 반디班第(Bandi)가 지휘하는 청군과 함께 그를 준가리아로 돌려보냈다. 반디는 전투도 하지 않고 쿨자로 들어갔고, 다와치는 도망쳤지만 얼마 후 악수에서 붙잡혀 중국측에 넘겨져 북경으로 호송되었다. 그는 건륭제에게 친절한 대우를 받았으나 1759년에 자연사했다.[84]

한편 총독으로 쿨자에 머물던 장군 반디는 신속히 준가르의 정치적 조직의 해체를 선언하고 초로스, 두르베트, 호쇼트, 호이트 등 각 부족들에게 개별적인 칸을 지명하였다. 다와치가 남긴 유산 가운데 적어도 일부를 끌어모으리라고 기대했던 아무르사나는 대단히 실망하였다. 그의 분노를 제어하기 위해 반디는 그를 강제로 북경으로 보냈다. 그러나 아무르사나는 도중에 탈출하여 쿨자로 되돌아와서, 준가르 부민들을 중국의 지배에 대항하라고 선동하였다. 성급하게 군사력을 감축했던 반디는 포위되어 구원을 받을 희망도 상실한 채 자살하고 말았다(1755년 늦은 여름과 가을).[85]

조혜兆惠라는 적극적인 만주인 장군에 의해 상황은 호전되었다. 그는 1756년 겨울 우룸치에서 포위되어 있으면서도 바르쿨에서 지원군이 올 때까지 버티었다. 1757년 봄 그는 타르바가타이의 이밀 강까지 진출하였고, 다른 중국군도 쿨자를 다시 점령하기 위해 파견되었다. 사방에서 추격을 받은 아무르사나는 시베리아로 가 러시아로 망명해버렸다(1757년 여름).[86]

이로써 준가르의 독립은 막을 내리고 말았다. 준가리아 — 넓게 말해 홉도 지역, 타르바가타이, 일리 혹은 쿨자 지역 — 는 중원 제국에 직접적으로 병합되었다. 준가르 부민들, 특히 초로스와 호이트는 거의 전멸당했다(두르베트의 피해는 이들에 비해 비교적 가벼웠다). 청조는 카자흐, 타란치Taranchi(카쉬가리아의 무슬림), 둥간Dungan(감숙 출신의 무슬림), 차

---

84. *Ibid.*, pp. 93-103(『東華錄』에 의거).
85. 반디의 자살은 1755년 음력 8월 29일(양력 10월 4일)이었다. *Ibid*, pp. 105-106 (『東華錄』에 의거).
86. 『東華錄』의 기록에 의하면, 이 전투는 게릴라식 혹은 역(逆)게릴라식으로 진행되었으며, 중국인에 의한 잔혹한 억압조치가 수반되었다고 한다(*Ibid.*, pp. 106-114).

하르, 할하, 토빈스크Tovinsk 계통의 우량카이 혹은 소요트Soyot인들, 심지어 만주의 시보Sibo와 솔론Solon 등 각지의 이주민들로 그 지역을 채웠다.

1771년 다른 이주민들도 왔는데, 우바시 칸의 지휘 아래 볼가 강 하류를 건너 일리의 고향으로 돌아온 토르구트인들이 바로 그들이었다. 건륭제는 북경에서 우바시를 접견하고 그의 환심을 사기 위해 극진히 대접하였으며, 지쳐 있던 이주민들에게 식량을 공급해주었다. 그리고 같은 해 그들을 쿨자의 남부와 동부, 즉 율두즈 계곡과 우룽구 상류 지역에 정착시켜,87) 초로스와 호이트 형제 부족들의 절멸로 생겨난 공백을 메우도록 하였다.

실현되지 못한 서몽골의 운명

준가르 영역의 파괴는 몽골의 역사에 종지부를 찍었다. 만약 그 말을 유연이나 거란과 같이 종족적으로 몽골임이 확실하거나 거의 그럴 것으로 보이는 고대민족들을 제외한 제한된 의미로 사용한다면, 순수 몽골인의 역사는 12세기 말 칭기스칸과 함께 시작된다.

몽골은 한때 그 절정에 이르렀고, 칭기스칸은 칸으로 선출된 뒤 20년 만에 초원세계를 통일하고 중국과 이란에서 작전을 시작하였다(1206-1227). 또 다른 50년 동안 이란과 중국의 나머지 지역이 정복되어, 산맥이라는 천연장애로 인해 그 자체가 단절되어 있던 대륙인 인도를 제외한다면 몽골 제국은 아시아 대륙의 제국이 되었다.

이 강역은 형성된 직후 신속하게 무너졌다. 1360년이 되면서 몽골은 중국과 이란을 상실하였고 트란스옥시아나도 사실상 잃어버려, 아시아에서는 몽골리아와 모굴리스탄 — 후일 중국령 투르키스탄의 북부를 형성 —

---

87. *Ibid.*, p. 137(『東華錄』에 의거). Cf. Albert Herrmann, *Atlas of China*, 지도 67.

만을 보유했을 뿐이다.

그러나 칭기스칸의 정복과 제국은 오논, 케룰렌, 오르콘 강 유역에 있던 동몽골인들에 의해서만 성취된 것이었다. 서부의 몽골, 즉 오이라트(칼묵)는 칭기스칸의 서사시적 드라마에 동맹자로서 참여하였지만 종속적인 역할밖에는 하지 못했다. 따라서 막대한 치욕, 즉 후손들의 눈에는 칭기스칸이 중국에서 쫓겨난 것과 마찬가지로 상상할 수 없을 정도로 체면이 깎인 뒤, 서몽골인들은 동몽골 부족의 무기력한 손에서 초원의 제국을 탈취하고 칭기스칸처럼 중국 정복에 손을 대려고 했던 것이다. 그들은 거의 성공할 뻔하였고 1449년에는 중국의 황제를 포로로 잡기도 하였다. 그러나 그들은 결코 북경을 점령할 수 없었기 때문에 그 같은 성과는 모두 수포로 돌아가고 말았다.

50년도 채 되지 않아 최초의 오이라트 제국은 철저히 무너졌고, 다얀과 그의 손자인 알탄 칸이 지휘하는 동몽골에서 신기할 정도로 칭기스칸 가문의 부흥이 가능하게 된 상황을 만들어주었다. 이 부흥은 그 당시로서는 중국인들로 하여금 칭기스칸의 시대가 다시 돌아온 것이 아닐까라고 생각할 만큼 인상적인 것이었다. 그러나 다얀이 '세계 정복자'가 아니었던 것처럼 알탄도 쿠빌라이는 아니었다. 이 같은 부흥은 서북방으로 홉도 너머의 지역과 동남쪽으로 장성 너머로는 거의 느껴지지 않았고, 그의 마지막 정열은 몽골인들을 모두 티베트 라마불교의 황교로 개종시키려는 종교적인 목적으로 돌아갔다. 깨어나던 몽골의 정신은 라마승들의 중얼거리는 기도 속에 다시 혼미해졌고, 만주 지배 하의 중국은 종교적 헌신에 열중하던 이 승려나 다름없는 전사들을 통어하는 데 아무런 어려움도 느끼지 않았다.

따라서 주역은 다시 한 번 알타이 산맥의 황량한 계곡에 남아 훨씬 더 강인하고 상무적인 서몽골인들에게로 돌아갔다. 17세기 초 그들은 거대한 팽창의 격랑에 휩싸였다. 토르구트는 바투와 금장 칸국의 자취를 따라 남러시아의 아스트라한 근처 볼가 강 하류로 이주하였다. 호쇼트는 쿠쿠노르 지역에 정착해 멀리 티베트의 라사까지 지배하였다. 초로스, 즉 준가르 본부는 한쪽으로는 모스크바 국가 지배 하의 시베리아에서부터 부하라 칸국, 그리고 중국의 변경에 이르는 지역을, 다른쪽으로는 홉도에서 타쉬켄트와 홉도에서 케룰렌에 이르는 지역을 장악하였다. 그들의 '수도'인 홉도와 쿨자는 카라코룸을 대신할 듯 보였다.

더구나 그 시대를 표상하듯이 그들은 이미 칭기스칸 일족의 성소들을 약탈하였다. 처음에는 갈단의 정치적 활동에 의해, 뒤에는 체왕 랍탄과 체렝 돈둡의 군사적 작전에 의해 그들은 라사의 군주가 되었고, 라마교회의 영적인 힘이 그들의 수중에 들어가게 되었다.

카쉬가르와 야르칸드에 있던 무슬림 '성직자'인 호자들 역시 비슷한 도구였다. 100년 이상 그들은 내륙아시아의 진정한 주인이었다. 그들의 지도자인 홍타이지들, 즉 바아투르, 갈단, 체왕 랍탄, 갈단 체렝은 자신들이 탁월한 정치가였고 대담하며 먼 안목을 지닌 강인한 전사였으며 칭기스칸에게 승리를 가져다 준 기마전사들의 놀라운 기동성 — 유목민의 보편적 특징 — 을 완벽하게 만든 장본인이었다는 것을 입증하였다. 이 역시 거의 성공에 이르른 것이다.

어떻게 했으면 그들이 실패를 피할 수 있었을까? 만주인들의 지배가 늙은 중국에 새로운 활기와 군사적 체제를 가져다 주기 몇 해 전에 출현했다면 그랬을지도 모른다. 명말의 중국은 너무도 피폐해 있어 어느 누구라도 — 몽골이든, 일본이든, 만주든 — 그것을 빼앗을 수 있었다.

그러나 만주 왕조가 천자의 권좌에 확고하게 자리잡자마자 중국은 150년 동안의 새로운 생명력을 부여받게 되었다. 지적이고 적극적이었으며 그러면서도 케케묵은 편견에서 자유로웠던 최초의 만주 황제들은 나라를 근대화시키기 위해 혼신을 다했는데, 이는 제수이트 선교사들이 만들어준 화포들이 입증해준다.

루이 14세와 동시대인이었지만 정신적으로는 칭기스칸과 동무였던 갈단과 체왕 랍탄은 전시대의 낙오자였고, 동부 고비에서 만주의 대포를 향해, 또 예니세이에서 모스크바 국가의 화력에 스스로를 부숴버렸다. 13세기가 18세기와 충돌하였으니 불평등한 적수였던 것이다. 최후의 몽골 제국은 그 자체가 역사적 시대착오였기 때문에 흥기와 동시에 붕괴하고 말았다.

만주 제국의 카쉬가리아 합병

야르칸드를 수도로 한 카쉬가리아는 1755년 이전에 준가르 칸들의 확고한 보호령으로서 흑산당의 호자 가문의 통치를 받는 일종의 무슬림 종교국가의 형태로 형성되었다. 흑산당의 다니얄 호자가 사망한 뒤 준가르의 군주 갈단 체렝(1727-1745)은 사거한 수령의 소유지를 네 명의 아들에게 분배하여, 자한Jahan[88]이 야르칸드를, 유숩Yusuf이 카쉬가르를, 아윱Ayyub이 악수를, 압둘라'Abd Allah가 호탄을 차지하게 되었다.

준가르의 칸위 후보들 사이에 내전이 벌어졌을 때 열렬한 무슬림이었던 유숩은 카쉬가리아를 '이교도'의 지배에서 벗어나게 할 기회로 포착하였다(1753-1754). 아직 장군 반디와 행동을 같이하던 아무르사나는 흑산당의 반란을 그들과 대대로 적대하던 또 다른 호자 가문 백산당을 풀어줌으로써 진압하려 하였다. 1720년 이후 백산당은 쿨자에 반구금상태로 준가르 군주들에게 붙잡혀 있었다. '큰 호자'라고도 불리던 백산당의 수령 부르한 웃 딘Burhan ad-Din과 그의 동생인 '작은 호자' 호자 자한Khoja Jahan[89]은 이 제의를 적극적으로 받아들였다. 아무르사나와 청조가 내준 소수의 군대를 이끌고 부르한 웃 딘은 흑산당에게서 먼저 우치 투르판을 빼앗고, 그 다음에는 카쉬가르, 마지막에는 야르칸드를 점령하여 카쉬가리아 전역을 수중에 넣었다.

부르한 웃 딘과 호자 자한은 이 지역을 손에 넣자마자 그때 막 아무르사나와 중국 정부 사이에 벌어진 전쟁을 이용하여 그 양측으로부터 독립을 선언하였다. 청조의 군대는 학살되었다(1757년 늦은 봄). 그러나 맑은 날이 길지는 않았다. 중국은 준가리아를 합병하자 이 두 호자에게로 눈을 돌렸다. 1758년 장군 조혜가 지휘하는 중국군은 일리에서 타림분지로 내려왔다. 호자 자한은 쿠차 근처에서 패배하여[90] 야르칸드로 피신하였고 거기서 격렬하게 저항하였다.

---

88. [역자] 원문에는 Jagan으로 잘못 표기되어 있다.
89. [역자] 청측의 사료에 이들 형제는 大·小和卓木(khojam)으로 불렸다.
90. 1758년 음력 5-6월(양력 6-7월).

한편 부르한 웃 딘은 카쉬가르에서 농성籠城하였다. 포위과정에서 중국군이 도리어 포위되기도 했던 서로 밀고 밀리는 파란많은 전투의 결과 조혜는 부덕富德의 지원군에 힘입어 1759년 다시 공세를 취하기 시작하였다. 호자 자한이 도주한 뒤 비로소 야르칸드가 먼저 투항하였다. 그 다음으로는 마찬가지로 부르한 웃 딘이 포기한 카쉬가르가 투항하였다(1759).[91]

두 호자는 바닥샨으로 피신했는데, 무슬림들의 형제애에도 불구하고 토착수령은 중국의 위협에 굴복하여,[92] 두 도망자를 처형하고 호자 자한의 머리를 장군 부덕에게 넘겨주었다. 조혜는 카쉬가리아를 청 제국으로 합병하고 ('신강新疆' 즉 '새로운 강역'을 이루게 되었다) 무슬림 주민들을 다루는 데 수완을 발휘하였다.

건륭제가 일리와 카쉬가리아를 병합한 사건은 반초班超의 시대 이래 1800년 동안 중국의 아시아 정책이 추구해온 목표, 즉 유목민에 대한 정주민의 보복, 초원에 대한 농경의 보복을 완수했음을 의미하는 것이었다.

---

91. 중국인들에 의한 카쉬가르의 함락은 1759년 음력 6월(양력 8월)이었다. 이 모든 사건에 대한 가장 좋은 자료는 『東華錄』이다(Courant, *L'Asie Centrale*, pp. 115-120).
92. Cf. Abd al-Karim Bukhari(Schefer역), *Histoire de l'Asie Centrale*, pp. 285-286.

ㄱ

유라시아 유목제국사

1998년　9월 10일　1판　1쇄
2022년　9월 23일　1판 19쇄

지은이 | 르네 그루쎄
옮긴이 | 김호동·유원수·정재훈

기획 편집 | 조영준
제작 | 박홍기
마케팅 | 이병규·양현범·이장열
홍보 | 조민희·강효원

출력 | (주)블루엔
인쇄 | 천일문화사
제책 | 책다움

펴낸이 | 강맑실
펴낸곳 | (주)사계절출판사
등록 | 제406-2003-034호
주소 | (우) 10881 경기도 파주시 회동길 252
전화 | 031) 955-8588, 8558
전송 | 마케팅부 031) 955-8595　편집부 031) 955-8596
홈페이지 | www.sakyejul.net　전자우편 | skj@sakyejul.com
페이스북 | www.facebook.com/sakyejul
트위터 | twitter.com/sakyejul
블로그 | blog.naver.com/skjmail

ⓒ *L'Empire des Steppes* by René Grousset, 1939

ISBN 978-89-7196-506-1 93920